Mackensen
Das moderne Fremdwörter-Lexikon

LUTZ MACKENSEN

Das moderne Fremdwörter-Lexikon

Über 40000 Stichwörter und Erklärungen
Herkunft · Wortverbindungen · Beugung
Bedeutung · Aussprache

3., erneuerte und vermehrte Auflage
In Zusammenarbeit mit
Dr. Gesine Schwarz-Mackensen

3. Auflage 1988
© 1971 Südwest Verlag GmbH & Co. KG, München
Alle Rechte vorbehalten
Redaktion: Helmut Gajić, München
Umschlag: Kaselow Design, München
Satz: Utesch Satztechnik GmbH, Hamburg
Druck und Bindearbeiten: May & Co., Darmstadt
ISBN: 3-517-01102-9

VORWORT

Vor nicht so langer Zeit hatten manche Leute viel gegen Fremdwörter. Die einen fanden sie unpatriotisch. Sie hängten sich zwar Giottos oder Renoirs – in Reproduktionen – in ihre guten Stuben; sie lasen Galsworthy, Dickens oder Thackeray (von Homer, Shakespeare und Dante zu schweigen); aber Fremdwörter zu benutzen hielten sie für ein nationales Vergehen. Das war weder folgerichtig noch klug. Denn sie nahmen, erstens, nicht davon Kenntnis, daß, so weit wir zurückblicken können, fremdes Wortgut in unsere Sprache eingedrungen ist. Dabei verschlägt es wenig, ob diese Fremdlinge inzwischen dies oder das von der uns eigenen Betonung oder Lautung angenommen haben, d. h. „Lehnwörter" geworden sind oder nicht. Der *Affe,* in der Urzeit aus einer uns nicht greifbaren Sprache herübergenommen, das *Eisen,* das wir vom Keltischen bekamen, das *Fenster,* das uns vom Lateinischen zuwuchs, sie haben vor dem *Jazz* oder dem *Beat* nur die Länge und Intensität des Aufenthaltes bei uns voraus. Hätten damals, als sie an unsere Tür klopften, „Patrioten" jener Art ihnen den Zutritt verweigert, sie hätten sich nicht bei uns einbürgern können. Oder anders gesagt: läßt man einem fremden Wort genug Zeit, sich einzuleben, dann schmiegt es sich auch nach Vermögen in unsere Sprache ein. Dazu kommt, daß nur beharrt, was wir gebrauchen; das andere versickert von selbst. Davon werden wir noch reden.

Andere, etwas intelligenter, meinten, das fremde Wort passe nicht in unseren Sprachklang. Sie dachten z. B. daran, daß unsere germanische Sprache ihre Wörter im allgemeinen auf der ersten Silbe betont; nichtgermanische Sprachen tun das meist nicht *(Vater, essen;* aber: *Büro, garantieren).* Oder es schleichen sich Laute ein, die unsere Sprache nicht kennt *(Inschenjör = Ingenieur).* Aber Betonung und Lautstand sind auch bei uns in ständiger Entwicklung; warum sollten sie nicht von draußen angeregt und bereichert werden? Zudem hat jedes Fremdwort die Chance, ein „Lehnwort" zu werden, d. h. sich unsern Sprachbesonderheiten anzupassen. Auch diese Karte sticht nicht.

Schließlich gibt es die Kulturpessimisten. Sie behaupten, es sei ein Verfallzeichen, wenn sich eine Sprache überfremden ließe. Sie können leicht mit geschichtlichen Feststellungen widerlegt werden. Unsere Sprache hat Zeitabschnitte überstanden, in denen Fremdwörter über sie hinfluteten – jedesmal, wenn neue Gedanken oder Kulturformen den Beifall unserer Vorfahren fanden oder ihren „Nachholbedarf" weckten. Die Römer haben uns mit ihren Waren deren Bezeichnungen ins Land getragen; Mönche und Priester lehrten uns die Kultformen und -gegenstände der christlichen Religion benennen; die Ritter schwärmten über Europa und bis nach Asien und brachten neue Sitten und Gebrauchsdinge mit; humanistische Gelehrte und Reformatoren gewöhnten uns nicht nur an den Gebrauch wissenschaftlicher Fremdwörter, sondern brachten uns auch die Kunst bei, aus griechischem oder lateinischem Wortgut neue Wörter zu bilden. Dann kam eine Zeit, in der Frankreich in fast allen Lebensbereichen tonangebend wurde; fast gleichzeitig lernten wir, italienische Musik- und Bankbezeichnungen zu nutzen und richtig zu gebrauchen. Und während noch die französische Diplomatie ihren „guten Ton" bis in unsere Bürgerstuben hineinstrahlen ließ, meldeten sich im Sport- und Börsenwesen die ersten englischen Wortwellen, die, das haben wir alle erlebt, schon nach dem Ersten und besonders nach dem Zweiten Weltkrieg von den amerikanischen Wortfluten zurückgedrängt wurden. Immer wieder hat unsere Sprache (um ein Bild Goethes zu gebrauchen) das Fremde nicht abgewiesen, sondern es verschlungen. Zu keiner Zeit drohte sie mit denen, die so sprachen, unterzugehen.

Welch ein großflächiges, starkfarbiges Bild ließe sich aus einer Geschichte des Fremdworts im Deutschen entwickeln! Und wie müßte sich unsere Brust weiten, wenn wir uns bei der Nutzung der Fremdwörter, die uns in zwei Jahrtausenden zuwuchsen, klarmachten, daß wir die ganze Welt (so weit wir sie sehen) in uns hineingenommen haben: aus dem griechischen Altertum z. B. die zum Sinnbild gewordenen Sagengestalten (reich[1] wie *Krösus;* in *Morpheus'* Armen), Grundbegriffe der athenischen Staatserfahrung *(Demokratie, Demagogie),* ein paar Tatsachen aus der Philosophie *(Ethos),* Redekunst *(Antithese)* und Mathematik *(Ellipse, parallel)* und vieles aus dem Bereich christlicher Kultübung *(Krypta, Litanei, Liturgie),* um nur dies zu erwähnen. Dann aus dem Römerreich die vielen Bezeichnungen unseres religiösen Lebens *(Kurie, Magnifikat, Novize, Nonne* usw.), aber auch vieles aus dem Rechtswesen *(majorenn, Kuratel);* aus dem Französischen die Fachwörter der Diplomatie *(Demarche),* des – manchmal fragwürdigen – Gesellschaftslebens *(Libertin, Gourmand, Bonvivant, Demimonde, Bordell;* vom Rennplatz: *Parcours, Kurbette,* auch *Eskapade,* eigentlich ein falscher Sprung des Pferdes), besonders zählebig die Namen feiner, modischer Stoffe und beliebter Süßigkeiten und Speisen *(Musselin, Linon, Kotelett, Kroketten, Nougat, Bonbon, Krokant, deliziös),* manches aus dem Theater *(Kulisse, Repertoire),* vom Exerzierplatz *(Kroki),* vom Behördenschreibtisch *(Büro, Enquete),* aus dem Stadtbild *(Esplanade)* oder schlechthin aus dem Wortschatz der einstmals Tonangebenden *(apart, passé, Elan, partout, Faible, kokett, borniert).* Davon ist vieles über die Salons gewandert, in denen sich um und nach 1800 die Intellektuellen der Zeit trafen; anderes wuchs aus den Hugenottenstuben der *Refugiés,* die sich, Flüchtlingsheime von einst, bei uns auftaten. Dann kamen die Engländer mit ihren Schiffen *(Gangway),* Sportspielen *(Tennis, Krocket, Hockey)* und -übungen *(kraulen),* ihrem Lebensstil *(Lunch, Bridge, Brandy, Lady),* ihren Moden *(Cutaway, Breeches)* und ihren Parlaments- und Geschäftsusancen *(Speaker, Lobby –*

---

[1] Die Beispiele wollen nur andeuten, nicht erschöpfen.

Konzern, Trust). Dazwischen mischten die Italiener ihre Fachwörter des Banklebens *(Saldo, pari, Lombard, Delcredere)*, des Warenumschlags *(Kollo, in grosso)*, der Oper *(Libretto)* und der künstlerischen Machweisen *(Graffito)*; ein Rüchlein haucht aus dem Vatikan (wen der Papst *in petto* hat, will er zum Kardinal ernennen, ohne ihn einstweilen bekannt zu machen), ein kräftiger Duft aus der Küche *(Gorgonzola, Parmesan, Espresso)*, ein Hauch modischer Eleganz *(Korso, Borsalino)*; das wehte meist über die Alpen und das habsburgische Österreich (Wien) zu uns, ehe die Touristen es in ganzen Bündeln herschleppten.

Das sind die großen Fremdwortwinde der Vergangenheit. Die kleineren wehen dazwischen, aus den verschiedensten Richtungen. Natürlich zumeist aus Europa: aus den Niederlanden, ihren Kanälen *(Gracht)*, Schiffen *(Gangspill, Lee, Gösch)*, Käsen *(Gouda)*, aus Rußland *(Kulak, Muschik, Kopeke, Nerz)* und Polen *(Litewka)*, viel aus Spanien *(Moskito, Lasso, Eldorado)*, das nicht nur überseeisches, sondern auch arabisches Gut vermittelte *(Admiral)*; andere arabische Gäste kamen auf anderen Wegen *(Koran, Elixier, Fakir)*. Die Türkei brachte manches über Rußland in unser Land – und oft denken wir nun, es sei russischen Ursprungs, so sehr haben wir die Erinnerung an die türkische Quelle vergessen *(Kosaken, Kaviar)*. Wieder anderes überwand längere Wege: wir haben indianische Wörter auf der Zunge *(Kuguar, Mahagoni)*, aber auch indische *(Kuli, Maharadscha, Kopra)*; einige kommen gar vom Sanskrit, der altindischen Kultsprache, zu uns *(Nirwana)*. Wir gebrauchen Kaffernwörter *(Gnu, Gorilla)*, chinesische und mexikanische Sprachbrocken *(Kotau, Kopal)*; Japanisches *(Kimono)* ist uns so geläufig wie Malaiisches *(Gong)*; aus Peru (das *Lama, Kautschuk*) und aus Australien *(Emu)* strömten die Gäste – einige in so hellen Haufen, daß wir uns hinfort nicht nur ihrer selbst, sondern auch ihrer Bildungsweisen bedienten: so kamen u. a. Vor- und Endsilben in Gebrauch, die wir uns von fern holten (z. B. aus dem Lateinischen: *in-, re-, de-, ex-, inter-*; aus dem Griechischen *eu-, anti-, hyper-*; wieder aus dem Lateinischen *-ismus, -ik, -ieren* und *-fizieren*). Da wirbeln gelegentlich Bausteine der verschiedensten Herkunft durcheinander: *in-offizi-ell* z. B. ist zu zwei Dritteln lateinisch, im letzten Drittel französisch; *de-kuvr-ieren* mutet vorn und hinten lateinisch, in der Mitte französisch an (ist aber als Ganzes von Frankreich herübergekommen); *Eu-phem-ismus* ist in den beiden ersten Dritteln griechisch, im letzten lateinisch, *Hyper-kultur* in der ersten Hälfte griechisch, in der zweiten lateinisch. Andere Fremdwörter sind uns so geläufig geworden, daß wir sie unbedenklich mit deutschen Wörtern zusammenbauen *(Leit-motiv, Loko-geschäft, Ketten-reaktion, Servier-tochter, Gradier-werk)*. *Motel* ist eine englische Zwitterbildung aus dem lateinischen *mobil* = beweglich und dem französischen *Hotel*, *Exponat* eine russische Zusammensetzung aus dem lateinischen Stamm *expon-* = ausstellen und der gleichfalls lateinischen Endung *-at*. Hierher gehört auch, daß viele Fremdwörter aus altsprachlichen Bausteinen, die uns in den letzten Jahrzehnten zukamen, Neubildungen amerikanischer Herkunft sind. Und manches Wort, das sich bieder wie ein Landsmann gebärdet, ist im Grunde ein Ausländer

(wie z. B. die jetzt gängige *Plattform,* die nichts mit einer Eisen- oder Straßenbahn, wohl aber mit dem amerikanischen *platform* = Meinung zu schaffen hat).
Fremdwort und Fremdwort ist nicht das gleiche; Alter und Gebrauchsgelegenheiten gliedern das nur scheinbar komplexe Gebilde. Der Schulunterschied zwischen Lehn- und Fremdwörtern, d. h. zwischen unserer Sprache angeglichenen Fremdlingen und solchen, die ihre ursprüngliche Aussprache und Betonung beibehielten, ist nicht so scharf, daß er überall eingesehen werden kann. Daß *Fenster* ein „Lehnwort" ist, wird niemand bestreiten. Aber wie steht es mit *Dementi, Kurier, Lakai, Languste,* lauter Franzosen, die französisch auszusprechen keinem mehr einfällt? Wie steht es beim *Büro,* das wir fast ein Jahrhundert so schreiben, wie wir es sprechen (und so, daß kein Franzose es als zu sich gehörig anerkennen würde)? Die „eindeutschende" Schreibweise hat Konrad Duden gefördert; dabei hat er vielen Fremdwörtern schnell und gründlich im Deutschen eine Heimstatt bereitet. Aber er hat auch Anlaß zu ärgerlichen Streitereien gegeben. Die Chemiker z. B. bestehen auf der fremdländischen Schreibung *(Calcium,* wo Duden auch *Kalzium* erlaubt; am liebsten blieben sie auch bei der *Citrone).* Die Mediziner sind da weniger streng und zeigen sich eindeutschenden Schreibungen gegenüber nicht so empfindlich. Aber damit machen sie das Durcheinander nur noch spürbarer: denn nun gibt es bei manchen Wörtern, die Chemiker und Mediziner gleichermaßen benötigen, auch in der fachwissenschaftlichen Schreibweise verschiedene Möglichkeiten, und der Laie hat mit der Wahl zwischen beiden auch die Qual. Auch in anderen Fachbereichen gibt es Divergenzen *(Kotangens* oder *Cotangens?).* So müssen wir, bis eine Stelle befugt wird – nach dieser oder jener Richtung hin –, ein Machtwort zu sprechen, mit der Zwieheit „wissenschaftliche" und „volkstümliche" Schreibung leben; sie macht den Lernenden ihre Aufgabe nicht leichter und wirkt im Zeitalter der Bildungsexplosion etwas rückschrittlich. Und wir wissen nicht, wie diese „Stelle" aussehen sollte.
Fremdwort ist nicht gleich Fremdwort. Manches sieht alt aus und ist verhältnismäßig jung: die lateinisch anmutenden *Lokomotive* und *Automobil,* die griechische *Narkose* und das griechische Maß *Erg,* Begriffe des Wirtschaftslebens *(multilateral)* und besonders solche der Medizin *(Legasthenie, Leukämie, Insemination, Libido:* die Mediziner haben eine jahrhundertelange Schulung, altsprachliche Bausteine miteinander zu neuen Fachwörtern zu verbinden). Auch die verschiedenen Gebrauchsangelegenheiten nötigen, vorsichtig den Einzelfall zu beurteilen. Es gibt Fachsprachen, die so nur für sich leben, daß sie kaum in die Gemeinsprache einstrahlen. Je mehr sie nur von Gelehrten gesprochen werden, um so eher bewahren sie sich ihren fremden Klang: das gilt für die weitgehend mit altsprachlichen Bestandteilen arbeitende Chemie und Physik so gut wie für die einstweilen fast ausschließlich amerikanische Sprache der Datenverarbeitung. Andrerseits: je mehr das Fach darauf angewiesen ist, die Hilfe geschickter, aber ungelehrter Hände in Anspruch zu nehmen, um so größer wird die Wahrscheinlichkeit, daß die fremden Bezeichnungen in

den „Werkstätten" durch einheimische ersetzt werden (wie das z. B. in der Sprache der Kernphysik im Lauf der allerletzten Jahrzehnte geschehen ist). Manche Fachwörter bürgern sich auch deshalb ein, weil sie es ermöglichen, Dinge, deren deutsche Bezeichnungen mehr oder weniger tabu sind oder waren, in einer Weise zu benennen, die allgemein als taktvoll oder sublim empfunden wird (*Genitalien* = Geschlechtsteile).

Gegen Fachwörter läßt sich also nichts einwenden. Auch nichts gegen Fremdwörter des täglichen Lebens, die Formen eines neuen, nicht von uns geschaffenen Stils bezeichnen. Wörter dieser Art kommen heute und seit Jahrzehnten vornehmlich aus den Vereinigten Staaten zu uns: der *Nonstopflug* und das *Layout*, die *Party* und das *Musical*, der *Boom* und das *Establishment*, der *Hipster* und der *Fan, Fading, Jazz, No iron, Go-in* und *Necking* – man mag die einzelnen Erscheinungsformen, die wir so nach amerikanischem Muster bezeichnen, gut oder schlecht, schön oder häßlich, begrüßenswert oder abscheulich finden, jedenfalls sind sie da und spielen an irgendwelchen Stellen unseres Lebens eine Rolle. Bei vielen fällt es uns – zunächst oder für die Dauer – schwer, eine überzeugende, sachlich zutreffende und sprachlich glatte Entsprechung zu finden. Man darf aber auch nicht jeden, der sich dieser Neulinge bedient, als Snob verdächtigen: es ist z. B. schlechthin falsch zu fordern, den *Swimmingpool* durch das gutdeutsche *Schwimmbecken* zu ersetzen. Dies ist eine öffentliche, jenes eine private Einrichtung; niemandem wird es einfallen, zum *Swimming-pool* im Stadtbad zu gehen. Aber vom *Dining-room* reden in der Tat nur Snobs, denen die Auswahl zwischen dem *Speisezimmer,* dem *Speisesaal* und dem schlichten *Eßzimmer* nicht genügt. Die alte Regel, daß man, was man gut auf deutsch sagen könne, nicht mit einem Fremdwort sagen solle, bleibt vernünftig. Damit wird ein Teil der Gefahr, die eine „Sprachbarriere" (d. h. ein sprachlicher Anlaß zur Vertiefung sozialer Spannungen) bildet, abgebaut – nur ein Teil. Gewiß ist jedes Wort, das nur innerhalb einer als bevorrechtet beargwöhnten Gruppe lebt, eine Barriere gegen andere, sozial mißtrauische Gruppen. Die Verwissenschaftlichung unseres Lebens gibt uns da Nüsse zu knacken. Gerade die Wissenszweige, die gern den Ring zwischen Adepten und Laien sprengten, die Politologie etwa, die Pädagogik, Psychologie oder die Soziologie (um nur diese zu nennen), spreizen sich oft mit Fachwörtern, die, auch und gerade wenn sie neu gebildet sind, den Zugang zum Anliegen ihrer Forschungspläne nicht erleichtern. Seit vielen Jahrzehnten glaubt man hierzulande, es sei ein Beweis „echter" Wissenschaftlichkeit, nicht allgemeinverständlich zu sein. Das ist ein Mißverständnis, das den elfen beinernen Turm unserer Wissenschaften nicht unbeträchtlich erhöht hat. Auch diese Überlegung macht eine Perspektive frei, unter der sich Fremdwortgebrauch und -import sehen lassen können.

Denn so großartig das Bild unseres Fremdwortschatzes auch ist, die Flecken, die es hat, sollen weder vertuscht noch verschwiegen werden. Wir sprachen von den Ärgernissen, die man bei der Schreibung von Fremdwörtern erleben kann. Auch die Silbentrennung ist ganz uneinheitlich: in manchen Fällen folgt sie dem deutschen Gesetz der Sprechtakte *(Pai-deu-*

ma; Rhap-so-die; Tran-sit), in anderen besteht sie schulmeisterlich und nur für ganz „Gebildete" einsichtig auf der fremden Etymologie *(ad-op-tie-ren; Päd-era-stie; Hekt-ar; Vit-amin; In-itia-ti-ve)*; wieder in andern läßt sie sich von einem Systemzwang leiten, der willkürlich aussieht (*ab-strakt* wie *ab-norm;* aber die lateinischen Bestandteile sind die Vorsilbe *abs-* und das Partizip *-tractum*). Warum schreiben wir *Etüde*, aber *Etui*, warum *Likör*, aber *Poseur*, warum *Soße*, aber *Saucier*, *Ragout*, aber *Ragoût fin*, *dekuvrieren*, aber *desavouieren*, *Furage*, aber *Dessous*, *Fortüne*, aber *perdu*? Da manche fremden Sprachen unsere Dreigeschlechtigkeit nicht kennen, entstehen oft Zweifel oder Doppelmöglichkeiten in der Artikelanwendung: heißt es *der* oder *das Lampion*, *der* oder *das Pendel*? Das macht sich bei vielen neuen, aus dem Amerikanischen entlehnten Wörtern unliebsam bemerkbar. Auch die Aussprache macht oft Schwierigkeiten: sagt man nun *Jatz* oder d~~schä~~ß (= *Jazz*)? Und wie heißt die Mehrzahl von *Index*? Darf man eindeutschend *Indexe* sagen, oder muß es beim gelehrten *Indices* bleiben? Die *Motore* (richtig: *Motoren*) scheinen unausrottbar. Aber haben nun die Österreicher recht, wenn sie die Mehrzahl *Omeletten* bilden, oder wir Deutschen, die *Omelette* oder *Omeletts* sagen (der Franzose sagt: *omelettes*). Da sind an vielen Stellen Fallstricke, zumal wir zu oft unkorrekt waren, als daß wir nun in andern Fällen Korrektheit der Aussprache verlangen dürften. Beim *Null ouvert* z. B. sprechen wir das erste Wort deutsch, das zweite französisch aus; dem *Requisiteur* unterstellen wir in seiner ersten Hälfte Herkunft aus dem Lateinischen *(Rekwi-)*, am Schluß Herkunft aus dem Französischen *(-tör)*. Wer näher hinsieht, merkt bald, daß wir, je länger ein Fremdwort bei uns lebt und je häufiger wir es benutzen, um so eher dazu neigen, es nach unsern eigenen Sprech- und Schreibgewohnheiten zu behandeln. In Zeiten heftigen Fremdwörtereinfalls mangelt oft die Zeit, einsichtige Regeln zu finden und vorzuschlagen. So verwirren uns eben bei vielen amerikanischen Gastwörtern Bindestrich-, Getrennt- und Kleinschreibungsgewohnheiten (*Party flair – Partygirl – Pop-art – Popcorn* usw.).

Fremdwörter leben genau so lange, wie sie benötigt werden. Das ist ein Argument gegen die, die Angst (womöglich Kulturangst) vor Fremdwörtern haben. Modetorheiten erledigen sich in kurzer Zeit von selbst, auch in der Sprache. Vieles fällt mit dem Wandel des Lebensstils fort. Für vieles findet sich über kurz oder lang ein deutsches Wort, dem die Zunge besser folgt. Die unablässige Bewegung, die wir als „Leben" der Sprache bezeichnen, wird im Hin und Her unseres Fremdwortschatzes gut sichtbar. Sie sollte uns lehren, vorschnelle Urteile zurückzuhalten oder doch zu dämpfen. Im übrigen unterliegt es keinem Zweifel, daß die Sprache unserer Zeit einen größeren Bedarf an Fremdwörtern hat als vergangene Jahrzehnte oder Jahrhunderte. Das hängt u. a. damit zusammen, daß sich der Wortschatz jedes einzelnen von uns im letzten halben Jahrhundert etwa verzehnfacht hat. Aber es hat auch damit zu tun, daß die großen Massenmedien unserer Zeit, Zeitungen, Rundfunk und Fernsehen, täglich daran arbeiten, die Fachsprachen durchlässig zu machen. Schon haben die Ärzte sich daran gewöhnt, uns – auch wenn wir nicht studiert haben – unsere Krankheiten mit ihren Fachbezeichnungen zu erklären; schon sind wir dabei, in unsere Gärten Blumen zu pflanzen, für die wir die Fachnamen der Botaniker benutzen. Hygiene und Kosmetik, Sport und Photographieren gewöhnen uns an Fremdwörter. Der Tourismus langt überallhin und bringt uns seine *Souvenirs* in die Bürgerstuben, fremde Speisen, Bräuche, Meinungen. Es gibt wenige Bereiche in unserm Alltag, die fremdwortfrei sind, und es gibt keinen unter uns, der Fremdwörtern aus dem Wege gehen könnte. Je größer der Rahmen der EG, je enger ihr Zusammenhalt wird, um so dichter wird auch der Austausch von Begriffen zwischen ihren Mitgliedsstaaten. Auch so wird unser Fachwörtervorrat wachsen und sich wandeln.

Darum sind Fremdwörterbücher in dieser Zeit auch so häufig. Dieses hier versucht, vom Kanon der landläufigen Werke insofern abzuweichen, als es Abgestorbenes und allzu Fachsprachliches beiseite läßt und gerade Absterbendes nur dann aufführt, wenn das Verlöschen nicht unmittelbar bevorzustehen scheint. Dagegen bringt es gern die Neu- und die Neuestankömmlinge. Der Umbruch unserer Seins- und Denkformen, den sie markieren, wird allem Vermuten nach so nachhaltig wirken, daß die meisten seiner Zeugen lange unter uns leben werden. So werden ihnen in diesem Buch weite Grenzen gesteckt. Daß Aussprache, Betonung und Beugung kurz vermerkt werden, versteht sich; die Silbentrennung wurde nicht vermerkt, weil sie in vielen Fällen strittig ist. Beispiele aus ihrer umgangssprachlichen Verwendung deuten an, wie selbstverständlich uns viele Fremdwörter geworden sind. – Verlag und Verfasser, die sich bis in Einzelheiten hinein um Form und Inhalt bemüht haben, hoffen, ein nützliches Handbuch vorzulegen.

ERKLÄRUNGEN ZUM BUCH

Die Stichwörter sind alphabetisch geordnet. Etymologisch zusammengehörige Stichwörter sind in Blöcke zusammengefaßt.

Bei jedem Stichwort findet sich
seine Betonung durch Unterstreichung bezeichnet
seine grammatikalische Funktion

(m = männliches Hauptwort
w = weibliches Hauptwort
s = sächliches Hauptwort
EW = Eigenschaftswort
UW = Umstandswort
ZW = Zeitwort)

seine Beugung
   in runden Klammern ()
seine Aussprache, wenn diese von der Schreibung abweicht, kursiv
   in eckigen Klammern []
seine Herkunft
   in runden Klammern ()
sein besonderer Verwendungsbereich
   in Sigeln (vgl. die Zeichenerklärung!)
seine Bedeutung
notfalls besondere Anwendungsformen
   in runden Klammern, Kursivdruck

Beispiel:
Kapo m (~s; ~s) (fr. KW) ⚔ Unteroffizier; ↓ Arbeitsgruppenleiter im KZ

d. h.:
> das Wort Kapo (auf dem a betont!) wird männlich gebraucht (*der* Kapo); der Genetiv der Einzahl heißt „*Kapos*", die Mehrzahl ebenso. Das Wort ist ein Kurzwort aus dem Französischen; im militärischen Bereich bezeichnet es einen Unteroffizier; früher auch einen Arbeitsgruppenleiter im KZ

oder:
kappen ZW (-ppte, gekappt) ↗ (nl.) abbauen

d. h.:
> das Wort kappen, auf der 1. Silbe betont, ist ein Zeitwort, dessen Vergangenheit „kappte", dessen 2. Mittelwort „gekappt" lautet. Es wird zielend gebraucht (man kann also sagen: jemanden kappen) und stammt aus dem Niederländischen.

ZEICHENERKLÄRUNG

~	=	wie das Stichwort
–	=	fehlt
|	=	getrennt zu sprechen (ist nicht für die Silbentrennung maßgebend!)
ñ	=	genäseltes n (wie in Bonbon)
~~sch~~	=	stimmhaftes sch (wie in Jongleur)
~~ch~~	=	wie ch in ach
↗	=	zielend (transitiv)
↙	=	nichtzielend (intransitiv)
↖	=	rückbezüglich (reflexiv)
↓	=	veraltend
→	=	siehe
←	=	nicht flektierbar
♪	=	musikalisch
□	=	architektonisch
∢	=	mathematisch
✚	=	medizinisch
⚗	=	chemisch
†	=	christlich – kirchlich
¢	=	abgekürzt (aus)
∪	=	humoristisch
⚔	=	militärisch
⚶	=	weidmännisch
⚒	=	bergmännisch
⚓	=	seemännisch
✿	=	botanisch

ABKÜRZUNGSVERZEICHNIS

abstr.	= abstrakt	g.	= germanisch
afr.	= afrikanisch	Ggs.	= Gegensatz
äg.	= ägyptisch	göttl.	= göttlich
am.	= amerikanisch	gr.	= griechisch
an.	= altnordisch		
ar.	= arabisch	hait.	= haitisch
aram.	= aramäisch	haw.	= Hawaii(sprache)
as.	= asiatisch	heb.	= hebräisch
ass.	= assyrisch	hi.	= Hindi
AT	= Altes Testament	hind.	= hindostanisch
äth.	= äthiopisch	hott.	= hottentottisch
austr.	= australisch		
austro.	= austronesisch	i.	= indisch
aw.	= Awesta	idg.	= indogermanisch
		ind.	= indianisch
		ir.	= irisch
ba.	= Bantu	irak.	= irakisch
bask.	= baskisch	isl.	= isländisch
bab.	= babylonisch	it.	= italienisch
berb.	= berberisch		
berl.	= berlinerisch		
birm.	= birmesisch	jap.	= japanisch
bras.	= brasilianisch	jav.	= javanisch
		Jh.	= Jahrhundert
		jidd.	= jiddisch
chin.	= chinesisch		
		kaf.	= kafferisch
d.	= deutsch	kar.	= karibisch
dän.	= dänisch	kelt.	= keltisch
draw.	= drawidisch	kis.	= Kisuaheli
DV	= Datenverarbeitung	kopt.	= koptisch
		kub.	= kubanisch
		KuW	= Kunstwort
		KW	= Kurzwort
e.	= englisch		
E	= Einzahl	lapp.	= lappisch
eigtl.	= eigentlich	lat.	= lateinisch
esk.	= Eskimosprache	lett.	= lettisch
EW	= Eigenschaftswort	lit.	= litauisch
		m	= männlich
finn.	= finnisch	M	= Mehrzahl
fr.	= französisch	mal.	= malaiisch

maor.	= maorisch	schott.	= schottisch
menschl.	= menschlich	schw.	= schweizerisch
mex.	= mexikanisch	schwed.	= schwedisch
mong.	= mongolisch	s. d.	= siehe dies!
MW	= Mittelwort	sem.	= semitisch
MW I	= Mittelwort der Gegenwart	serb.	= serbisch
		singh.	= singhalesisch
MW II	= Mittelwort der Vergangenheit	skand.	= skandinavisch
		skr.	= Sanskrit
		slaw.	= slawisch
nd.	= niederdeutsch	slow.	= slowenisch
nl.	= niederländisch	sp.	= spanisch
norw.	= norwegisch	sum.	= sumerisch
		syr.	= syrisch
ON	= Ortsname		
öst.	= österreichisch	tat.	= tatarisch
ostas.	= ostasiatisch	tib.	= tibetanisch
		tsch.	= tschechisch
per.	= peruanisch	tung.	= tungusisch
pers.	= persisch	türk.	= türkisch
phys.	= physikalisch	turk.-tat.	= turktatarisch
PN	= Personenname		
polit.	= politisch	ung.	= ungarisch
poln.	= polnisch	urug.	= uruguayisch
polyn.	= polynesisch	urspr.	= ursprünglich
port.	= portugiesisch	UW	= Umstandswort
prov.	= provenzalisch		
		vietn.	= vietnamesisch
r.	= russisch		
relig.	= religiös	w	= weiblich
rom.	= romanisch		
rotw.	= rotwelsch (Gaunersprache)	zig.	= zigeunerisch
		ZW	= Zeitwort
rum.	= rumänisch	z. T.	= zum Teil
s	= sächlich – Substantiv	?	= Herkunft ungewiß

A

abaissieren ZW (-rte, -rt) (fr.) [*abäßî-*] ↗ demütigen; senken.

Abakus m (~; ~) (gr.-lat.) □ Säulendeckplatte; antike Rechentafel.

Abandon m (~s; ~s) (fr.) [*abañdoñ*] Verzicht auf Anteilrechte durch Einzahlung der Einlagen; Abtretung, Preisgabe; ZW: **abandonnieren** [*-bañ-*] (-rte, -rt) ↗; **Abandonnement** s (~s; ~s) [*abañdonmañ*] = → Abandon.

à bas (fr.) [*ába*] nieder!

Abasie w (~; -i|en) (gr.) ⚥ Gehunfähigkeit.

Abatis M (fr.) [*abâtî*] eßbare Innereien der Schlachttiere ↓.

abatisch EW (gr.) ⚥ gehunfähig.

Abbé m (~s; ~s) (fr.) Titel für Weltgeistliche.

Abbevillien s (~[s]; –) [*-wiljäñ*] altsteinzeitl. Epoche (nach fr. Fundort).

Abbreviatur w (~; ~en) (lat.) Abkürzung, = **Abbreviation** w (~; ~en); ZW: **abbrevi|ieren** (-rte, -rt) ↗.

abchecken ZW (checkte ab, abgecheckt) (e.) [*-tschäcken*] ↗ der Reihe nach überprüfen (und abhaken).

ABC-Staaten M ∉ Argentinien, Brasilien, Chile; **ABC-Waffen** M ∉ atomare, biolog., chem. Waffen.

Abderit m (~en; ~en) (gr. nach der thrakischen Küstenstadt Abdera) Spießbürger; EW: **abderitisch.**

abdestillieren ZW (destillierte ab, -rt) ↗ (lat.-fr.) wegverdampfen.

Abdikation w (~; ~en) (lat.) Abdankung eines Herrschers ↓; **abdikativ** EW.

abdiktieren ZW (diktierte ab, abdiktiert) (d.-lat.) ↗ alles diktieren (*die Post a.*).

abdizieren ZW (-rte, -rt) ✓ (lat.) abdanken ↓.

Abdomen s (~s; -mina/~) (lat.) ⚥ Bauch, Unter-, Hinterleib; EW: **abdominal;** **Abdominalgravidität** w (~; -en) ⚥ Bauchhöhlenschwangerschaft.

Abduktion w (~; ~en) (lat.) Abdankung; Verzicht, Spreizung; **Abduktor** m (~s; -toren) (lat.) ⚥ Abziehmuskel; **Abduktorenparalyse** w (~; ~n) ⚥ Lähmung der Stimmritzenmuskeln; **Abduzenzlähmung** w (~; ~en) (lat.-d.) ⚥ Lähmung des Augenmuskelnervs; **abduzieren** ZW (-rte, -rt) ↗ ⚥ spreizen; abziehen.

Aberdeenrind s (~[e]s; ~er) (nach einer schott. Stadt) [*eberdîn-*] hornloses Rind.

Ab|erration w (~; ~en) (lat., = Abirrung) Sternverschiebung; abnorme Art; Abbildungsfehler; **Aberrationskonstante** w (~; ~n) gleichbleibender Wert der jährlichen Sternverschiebung.

Abessini|en (eigtl. = Äthiopien) ∪ Nacktbadestrand.

abfiltrieren ZW (filtrierte ab, abfiltriert) ↗ (d.-lat.) abseihen.

abhorrent EW (lat.) schrecklich; unpassend.

abhorreszieren ZW (-rte, -rt) ↗ (lat.) verabscheuen; ✓ zurückschrecken, = **abhorrieren** ZW (-rte, -rt).

Abi|etinsäure w (~; –) (gr.-d.) ⚬ Harzsäure.

Ability w (~; –) (e.) [*ebiliti*] Leistungsfähigkeit (des Menschen).

Abiogenese w (~; –) (gr.) Annahme der Urzeugung der Lebewesen; **Abiose** w (~; ~n) Lebensunfähigkeit; **abiotisch** EW leblos; **Abio|trophie** w (~; -i|en) ⚥ schlechte Gewebe- oder Organsubstanz.

Abitur s (~s; –) (lat.) Reifeprüfung einer Oberschule, = **Abiturium** s (~s; ~ri|en); pers. s.: **Abituri|ent** m (~en; ~en), **Abituri|entin** w (~; ~nen).

Abjudikation w (~; ~en) (lat.) (gerichtliche) Aberkennung; ZW: **abjudizieren** (-rte, -rt) ↗.

Abjurations|eid m (~[e]s; ~e) (lat.-d.) e. Beamteneid; ZW: **abjurieren** (-rte, -rt) ↗.

abkapiteln ZW (kapitelte ab, -lt) ↗ (d.-lat.) scharf tadeln.

abkassieren ZW (kassierte ab, -rt) ↗ (d.-fr.) den ganzen Verzehr berechnen; ✓ alles Geld an sich nehmen.

abklören ZW (klörte ab, abgeklört) ↗ (d.-fr.) entfärben.

abkommandieren ZW (kommandierte ab, -rt) ↗ (d.-lat.-fr.) ✗ zu anderem Dienst befehlen.

abkonterfeien ZW (konterfeite ab, abkonterfeit) ↗ (d.-fr.) abbilden.

abkopieren ZW (kopierte ab, -rt) ↗ (d.-lat.) Durchschlag (Ablichtung) machen.

Ablaktation w (~; ~en) (lat.) Entwöhnen, Abstillen; ZW: **ablaktieren** (-rte, -rt) ↗; ⊕ auch: veredeln.

Ablation w (~; ~en) (lat.) Gletscherschmelzen, Festlandeinebnung.

Ablativ(us) m (~[s]; ~e/-vi) (lat.) Beugefall (wo[her]?).

Ablegat m (~en; ~en) (lat.) päpstl. Gesandter.

Ablepsie

Ablepsie w (~; -i|en) (gr.) ✝ Blindheit; Verblendung.
Ablutiomanie w (~; –) (lat.-gr.) krankhafter Drang, sich (die Hände) zu waschen; **Ablution** w (~; ~en) Abwaschung, Spülung (bes. ✝: Spülen des Meßkelches).
abmontieren ZW (montierte ab, abmontiert) (d.-lat.) ↗ abnehmen; auch: ↙ in der Luft zerbrechen (Tragflügel verlieren).
ABM-Vertrag m (~-~es; –)(e. ≠ Anti-Ballistic-Missile) zwischen UdSSR und USA, verbietet ballistische Raketen.
abnorm EW (lat.) regelwidrig, widernatürlich; **Abnormität** w (~; ~en) (lat.) Regelwidrigkeit; ✝ Mißbildung.
Ab|olition w (~; ~en) (lat.) Verzicht auf Strafverfolgung; **Abolitionismus** m (~; –) Abschaffung der Prostitution (e.); Aufhebung der Sklaverei (am.); pers. s.: **Abolitionist** m (~en; ~en); EW: **abolitionistisch**.
abominabel EW (lat.) scheußlich.
Abondance w (~; –) (fr.) [*aboñdañß*] Fülle, Überfluß ↓.
Abonnement (~s; ~s) (fr.) [-*mañ*] Erwerb eines Anrechts auf eine zeitlich begrenzte Leistung; **Abonnementfernsehen** s (~s; –) besonderer, gebührenpflichtiger Fernsehkanal; **Abonnent** m (~en; ~en) Dauerbezieher; **abonnieren** ZW (-rte, -rt) ↗ ständig beziehen.
Abort m (~s; ~e) = → Abortus; (e.:) Abbruch eines Raumfluges; **abortieren** ZW (-rte, -rt) ↙ (lat.) fehlgebären; ⊕ keine Frucht ansetzen; **ab|ortiv** EW unfertig; gekürzt; ✝ nicht entfaltet; **Abortivum** s (~s; -va) (lat.) ✝ abtreibendes Mittel; **Ab|ortus** m (~; -ti) ✝ Fehlgeburt, = **Abort** m (~s; ~e); ⊕ Organschrumpfung.
ab ovo (lat.) von Anfang an.
abparken ZW (parkte ab, abgeparkt) ↗ (d.-lat.-e.) nicht abgelaufene Parkuhr benutzen.
Abprodukte M (d.-lat.) nicht verwertbare Reste; Abfälle der Müllvernichtung.
abqualifizieren ZW (qualifizierte ab, -rt) ↗ (d.-lat.) entwerten; negativ beurteilen.
Abrakadabra s (~s; ~s) (?) sinnloses Gerede.
Ab|rasion w (~; ~en) (lat., = Abschabung) Brandungsabschliff; ✝ Auskratzung; **Abrasit** m (~s; ~e) (lat.) Tonerdeerzeugnis aus Bauxit.
abreagieren ZW (reagierte ab, abreagiert) ↗ (d.-lat.) einen Druck vermindern; **Abreaktion** w (~; ~en) (lat.) psychische Entspannung.
Abri m (~s; ~s) (fr.) Schutzdach; Felsüberhang.
Abrogation w (~; ~en) (lat.) Gesetzesverdrängung durch Gesetzgebung; ZW: **abrogieren** (-rte, -rt) ↗ abschaffen ↓.
abrupt EW (lat.) abgebrochen; plötzlich; unzusammenhängend; **Abruption** w (~; ~en) plötzliches Verstummen; ♪ Abbruch der Melodie.
Absence w (~; ~n) (fr.) ✝ [-*ßañs*] Anfall von Bewußtlosigkeit; **absent** EW (lat.) abwesend; **absentieren** ZW (-rte, -rt) ↖ sich absondern; **Absentismus** m (~; –) dauerndes Fernbleiben; **Absenz** w (~; ~en) (lat., = Abwesenheit) Fernbleiben vom Arbeitsplatz; ✝ kurze Bewußtseinsstörung.
abservieren ZW (servierte ab, -rt) ↗ (d.-lat.) Tisch abdecken; Schauspieler von der Bühne abtreten lassen; entlassen; besiegen; entwenden; Verkehr abbrechen.
Absinth m (~[e]s; ~e) (gr.-lat.) ⊕ Wermut; daraus hergestelltes Alkoholgetränk; **Absinthismus** m (~; –) ✝ Krämpfe nach überreichem Absinthgenuß.
absolut EW (lat.) unbedingt; unbezüglich (Ggs.: *relativ*); **a.es Gehör** Fähigkeit, Töne (Klänge) instinktiv zu bestimmen; **a.er Nullpunkt:** −273°C; **a.e Kunst** abstrakte Kunst; **Absolute** s (~n; –) (lat.) das Göttliche, Ewige; **Absolution** w (~; ~en) ✝ Lossprechung, Freispruch; **Absolutismus** m (~; -men) Herrschaftsform der unbeschränkten Monarchie; pers. s.: **Absolutist** m (~en; ~en); EW: **absolutistisch**; **Absolvent** m (~en; ~en) wer eine Ausbildung durchlaufen hat; **absolvieren** ZW (-rte, -rt) ↗ ✝ lossprechen; beenden.
Absorber m (~s; ~) (lat.-e.) Absauger (von Gas, Strahlen, Flüssigem); **absorbieren** ZW (-rte, -rt) ↗ aufsaugen; ganz beanspruchen; versenken, verschlucken, verzehren; **Absorption** w (~; ~en) (lat., = Verschlingung) Aufnahme zugestrahlter Energie; Verschluckung langsamer Neutronen (von Bor, Kadmium); Lösung von Gasen in Flüssigkeiten; **Absorptionsko|effizi|ent** m (~en; ~en) (lat.) Meßgröße der Lichtabsorption; **Absorptionsprinzip** s (~s; –) ✝ Bestrafung eines mehrfachen Verbrechers nach dem schwersten Delikt; **Absorptions|spektrum** s (~s; -ren/-ra) Spektrum, an dem man

ablesen kann, wo eine Strahlung absorbiert wurde; **absorptiv** EW verschluckend, aufsaugend; **Absorptiv** s (~[e]s; ~e) absorbierter Stoff.
Abstergens s (~; -genzi|en) (lat.) ⚕ Abführmittel; **abstergieren** ZW (-rte, -rt) ↗ ⚕ abführen; **abstersiv** EW reinigend; ⚕ abführend.
abstinent EW (lat.) enthaltsam; **Abstinenz** w (~; -) Enthaltsamkeit; m.s.: **Abstinenzler** (~s; ~).
ab|strahieren ZW (-rte, -rt) ∠ (lat.) abziehen, absehen von; nur das Wesentliche berücksichtigen; **abstract** s (~s; ~s) (e.) [*äbßträckt*] Kurzfassung eines Buches (einer Abhandlung); **ab|strakt** EW nur gedacht; gedanklich; **a.e Schadensberechnung** nur geschätzte Schäden; **a.es Rechtsgeschäft** vom Zuwendungszweck losgelöstes Geschäft; **a.es Schuldversprechen** Bestätigung einer Schuld ohne nähere Angaben; **a.e Kunst** ungegenständlicher Stil; **a.es Substantiv** = → Abstraktum; **a.e Zahl** unbenannte Zahl; **Abstrakt** s (~[e]s; ~e) = → Abstraktum; **Ab|straktion** w (~; ~en) Nichtbeachtung individueller Eigenschaften zugunsten gemeinsamer Befunde; Berücksichtigung nur des Allgemeinen; Absehen vom Konkreten; **Ab|straktum** s (~s; -ta) Hauptwort zur Benennung von etwas Nichtgegenständlichem; allgemeiner Begriff.
ab|strus EW (lat., = verborgen) verworren.
absurd EW (lat.) vernunftwidrig; **a.es Theater** will die Widersinnigkeit des Lebens zeigen; **Absurdität** w (~; ~en) Unsinn.
ab|szedieren ZW (-rte, -rt) ∠ (lat.) ⚕ eitern; **Ab|szeß** m (-sses; -sse) ⚕ Eitergeschwür; **heißer A.** akute Eiterung; **kalter A.** chronische Eiterung; **metastatischer A.** vom Blut verschleppte Eiterung.
Ab|szisse w (~; ~n) (lat., = die Weggerissene) ⚔ waagerechte Achse im Koordinatensystem.
Abt m (~[e]s; Äbte) (syr.) † Klosterleiter.
Abulie w (~; -i|en) (gr.) ⚕ Unentschlossenheit; Antriebsschwäche; EW: **abulisch.**
abundant EW (lat.) reichlich; **Abundanz** w (~; -) Überfluß.
ab|usiv EW (lat.) mißbräuchlich; **Abusus** M (~; ~) Mißbrauch (von Medikamenten, Rauschgiften).
Ab|utilon s (~s; -la) (lat.-gr.) ⚘ Malvengewächs.

abyssal EW (gr., = abgründig) im tiefen Meer; **a.er Bereich** über 900 m tief, = **a.e Region; Abyssalregion** w (~; ~en) (gr.-lat.) = → abyssale Region; **abyssisch** EW = → abyssal.
Académie Française w (~ ~; -) (fr.) [*akadêmî franßäs*] fr. Sprach- und Literaturakademie (seit 1635).
a cappella (it.) ♪ ohne Begleitung; **A-cappella-Chor** m (~-~-~[e]s; ~-~- Chöre) ♪ Chor ohne Instrumentalbegleitung.
ACC (e.: Area Control Centre) Flugsicherungszentrale.
accelerando (it.) [*atschê-*] ♪ schneller werdend; s.: **Accelerando** s (~s; -di); **Accelerator** m (~s; ~s) (e. aus lat.) [*äkßälerait'r*] für Termine Zuständiger (Werbung).
Accesso|ire s (~s; ~s) (fr.) [*akzessoâr*] Bekleidungsbeiwerk; Modeschmuck = → Akzessori|en.
Accident s (~s; ~s) (e.) [*äxident*] Rennunfall.
Accompagnato s (~s; ~s/-ti) (it.) [*akkompanjáto*] ♪ Rezitativ mit Instrumentenbegleitung.
Accordatura w (~; -) ♪ übliche Stimmung von Saiteninstrumenten.
Account m (~s; ~s) (e.) [*äkaunt*] Rechnung; Werbeetat; **Accountant** m (~s; ~s) [*-tänt*] Rechnungsprüfer.
Accrochage w (~; ~n) (fr.) [*-schâsch*] ⚔ unvorhergesehenes Gefecht der Vorhuten; Zusammenstoß zwischen Polizei und Demonstranten; Zusammenstellung von Werken verschiedener Künstler.
Accuracy w (~; -) (e.) [*äkjureßi*] statist. Fehlerspanne, Genauigkeit.
Ace s (~s; ~s) (e.) [*eiß*] = → As; Erreichen des Golfloches mit *einem* Schlag.
Acella s (~; -) (KuW) Kunststoffolie.
Acetat s (~[e]s; ~e) (lat.) Salz der Essigsäure; **Acetatfaser** w (~; ~n) Faser aus Acetatcellulose; **Acetatfilm** m (~[e]s; ~e) mit Trägerschicht aus Acetatcellulose; **Acetatseide** w (; ~n) Kunstseidenart.
Acetimeter s (~s; ~) (lat.-gr.) Essigsäuremesser; **Aceton** s (~s; -) (KuW, lat.) Lösemittel (z. B. in Nagellackentferner); **Aceton|ämie** w (~; -) (lat.) Aceton im Blut; **Aceton|urie** w (~; -) Aceton im Harn; **Acetophenon** s (~s; -) Duftstoff; **Acetum** s (~s; -) (lat.) Essig; **Acetyl** s (~s; -) (gr.-lat.) Säurerest der Essigsäure; **Acetylcholin** s (~s; -) (lat.-gr.) ⚕ Überträgersubstanz der Nervenenden; **Acetylen** s (~s; -)

19

Acetylsäure

(KuW) geruchloses Gas; **Acetylsäure** w (~; –) Essigsäure.
Achat m (~[e]s; ~e) (gr.) Halbedelstein; EW: **achaten**.
acheln ZW (-lte, geachelt) ↗ (heb.) essen.
Acher m (~s; ~) (heb., = der andere): **junger A.** junger Freund; junger Schauspieler.
Acheron m (~s; –) (gr., nach einem Fluß in Epirus) Unterweltsstrom; **acherontisch** EW unterirdisch.
Acheuléen s (~s; –) [aschöléañ] (nach einem südfr. Ort) Altsteinzeitstufe.
achlamyde|isch EW (KuW, gr.-lat.) ⊕ nacktblütig.
Achlorhydrie w (~; –) (KuW, gr.-lat.) ⚕ Fehlen von Salzsäure in der Magensäure.
Acholie w (~; -i|en) (gr.) ⚕ Gallenmangel.
Achro|it m (~[e]s; ~e) (gr.-lat.) [akr-] = → Turmalin.
Achromasie w (~; -i|en) (gr.) ⚕ [-kro-] farblose Lichtzerlegung; **Achromat** m (~en; ~en) [-kro-] Linsenanordnung zur Vermeidung von Bilderfarbfehlern; **achromatisch** EW [-kro-] Licht nicht in Farben zerlegend; farbecht, randscharf; **Achromatismus** m (~; -men) [-kro-] = → Achromasie; **Achromat|opsie** w (~; -i|en) (gr.) ⚕ [-kro-] Farbenblindheit; **Achromie** w (~; –) (gr.) [-kro-] Fehlen der Hautpigmente.
achronisch EW (gr.) [-kro-] zeitlos; bei Auf- und Untergang der Sonne ihr genau gegenüber.
Achylie w (~; -i|en) (gr.) ⚕ Magensaftmangel.
acid s (~s; ~s) [äß-] (e.: Säure) LSD; **Acidität** w (~; –) (lat.) Stärkegrad einer Säure; **Aciditätsreihe** w (~; ~n) ↻ Aufreihung der Säuren nach ihrer Stärke; **acidoklin** EW (lat.-gr.) ⊕ saure Böden bevorzugend; sauer färbbar, = **acidophil** EW; **Acidose** w (~; ~n) ⚕ Säureüberschuß im Blut.
Ackja m (~s; ~s) (finn.-schwed.) Rettungswachtschlitten.
à condition (fr.) [akoñdißjoñ] nur bedingt bestellt (im Buchhandel).
a conto (it.) auf (laufende) Rechnung; → Akontozahlung.
Acquit s (~s; ~s) (fr.) [ackí] Quittung ↓.
Acridin s (~s; –) (lat.) ↻ Steinkohlenteerverbindung (Desinfektionsmittel).
Acrylsäure w (~; –) (KuW) ↻ Ausgangsstoff für Kunstharze.

Acta M (lat.) † Apostelgeschichte; **A. Martyrum** † Märtyrerbiographien; **A. Sanctorum** † Heiligenbiographien.
Actinide(n) M (gr.-lat.) ↻ mehrere chem. Elemente; **Actinium** s (~s; –) (gr.-lat., ⊄ Ac) ↻ Element.
action w (~; ~s) (e.) [äktsch'n] Handlung, Aktivität; spannender Inhalt von Buch, Film; **Action directe** w (~ ~; –) (fr.) [akzjoñ –] linksterrorist. Vereinigung; **Action Film** m (~ ~[e]s; ~ ~e) (e.) [äktsch'n –] brutaler, handlungsreicher Film; **Action painting** s (~ ~s; –) (am.) [äktschn peintiñ] Stil (will durch den Malvorgang das Erlebnis ausdrücken).
actum ut supra (lat.) verhandelt wie oben dargestellt.
ad absurdum führen (lat.) ↗ als unsinnig erweisen.
ad acta (lat.) zu den Akten abzulegen.
Adagio s (~s; ~s) (it., = sachte) [adâdscho] ♪ langsamer Satz; EW: **adagio** [adâdscho] ♪.
Adaktylie w (~; -i|en) (gr.) ⚕ angeborene Fingerlosigkeit; EW: **adaktyl(isch)**.
Adamantinom s (~s; ~e) (KuW, gr.-lat.) ⚕ Kiefergeschwulst.
adamitisch EW (nach dem 1. Menschen Adam) nackt; urzeitlich; **Adamskostüm** s (~s; ~e) Bekleidungslosigkeit (im A. herumlaufen nackt).
Adamsit s (~s; –) Reizgas (nach dem Erfinder Adams).
ad|aptabel EW (lat.) passend; **Ad|aptation** w (~; ~en) (= Anpassung) ⚕ Möglichkeit, das Auge der Lichtstärke anzupassen; **Ad|apter** m (~s; ~) (lat.-e.) [ädepter] Funkzusatzgerät; Zwischenrahmen (in der Kamera); **ad|aptieren** ZW (-rte, -rt) ↗ anpassen, herrichten; **Ad|aption** w (~; ~en) = → Adaptation; **ad|aptiv** EW (lat.) anpassungsfähig; **Ad|aptometer** s (~s; ~) mißt Helldunkelreaktion der Augen.
Ad|äquanz w (~; –) (lat.) Angemessenheit, Üblichkeit eines Verhaltens; **ad|äquat** EW angemessen, passend.
a dato (lat.) vom Ausstellungstag an.
ad calendas graecas (lat., = bis zum gr. Kalendertag) nie.
Adcock-Peilung w (~-~; ~-~en) [ädkock-] (e., nach dem Erfinder) Funkpeilung mit Antennen.
Addend m (~en; ~en) (lat.) hinzuzuzählende Zahl; **Addenda** M Zusatz; Nachtrag.
ad depositum (lat.) zur Verwahrung.
Adder m (~s; –) (e.) [ädder] Schaltung auf Summe aller Signale (Elektronik); **addieren** ZW (-rte, -rt) ↗ (lat.) zu-

sammenzählen; **Addierer** m (~s; ~) (lat.), = **Addiermaschine** w (~; ~n) automatisches Rechengerät; **Addition** w (~; ~en) Zusammenzählen; **additional** EW zusätzlich; **additiv** EW durch Hinzufügen entstanden; beifügbar; **Additiv** s (~s; ~e) = **Additive** s (~s; ~s) (lat.-e.) [*ädítif*] ✆ Zusatz.

Adduktion w (~; ~en) (lat.) ✠ Anziehen eines Gliedes zur Körperachse; **adduktiv** EW heranziehend; **Adduktor** m (~s; -toren) (lat.) ✠ heranführender Muskel.

Adenin s (~s; ~e) (gr.) ✆ Bestandteil der Nukleinsäure; **Adenitis** w (~; -itiden) (gr.) ✠ Drüsenentzündung; **Adenohypophyse** w (~; ~n) Vorderlappen der Hypophyse; **adeno|id** EW ✠ drüsenartig; **Adenom** s (~[e]s; ~e) ✠ Drüsengeschwulst, = **Adenoma** s (~s; ~ta); **adenomatös** EW drüsenartig; **adenös** EW ✠ Drüsen...; **adenotrop** EW = glandotrop; **Adenovirus** m (~; -ren) ✠ Erreger von Drüsenkrankheiten.

Adept m (~en; ~en) (lat., = der erlangt hat) Eingeweihter, Jünger.

Adermin s (~[e]s; ~e) (gr.) ✠ Leberpräparat (Vitamin B₆).

à deux mains (frz.) [*adö́män*] ♪ zweihändig zu spielen.

adhärent EW (lat.) angewachsen; anhaftend; **Adhärenz** w Anhang; Anhänglichkeit; **adhärieren** ZW (-rte, -rt) ⟋ anhängen, -haften; **Adhäsion** w (~; ~en) Bindekraft zweier Körper; ✠ Verklebung, Verwachsung; **Adhäsionsbahn** w (~; ~en) Gebirgsbahnart; **Adhäsionsverfahren** s (~s; ~) Einklagung von Schadensersatz, der durch eine strafbare Handlung verursacht ist, = **Adhäsionsprozeß** m (-sses; -sse); **Adhäsionsverschluß** m (-sses; -schlüsse) mehrfach benutzbarer Klebeverschluß; **adhäsiv** EW anhaftend.

adhibieren ZW (-rte, rt) ⟋ (lat.) hinzuziehen.

ad hoc (lat.) zu diesem Zweck; **Ad-hoc-Gruppe** w (~-~-~; ~-~-~n) (lat.-d.) für einen best. Zweck gebildete Gruppe.

Adhortation w (~; ~en) (lat.) Ermahnung; EW: **adhortativ**.

Adiabasie w (~; -) (gr.) ✆ Konstanthaltung der Wärme; **Adiabate** w (~; ~n) (gr.-lat.) Gas-(Luft-)kurve bei unveränderter Wärme; **adiabatisch** EW (gr.) ✆ ohne Wärmezu- noch -abführung.

adiagnostisch EW (gr.) ✠ schwer feststellbar.

Adiantum s (~s; -ten/-ta) (lat.) ✾ Zimmerfarn.

Adiaphora M (gr., = Mitteldinge) was weder gut noch schlecht ist; Belanglosigkeiten.

adieu (fr.) [*adjö́*] leb wohl!; s. s.: **Adieu** (~s; ~s) ↓.

ad infinitum (lat.) endlos.

ad interim (lat.) einstweilen, -lig.

Adipinsäure w (~; -) (lat.) ✆ Rohstoff für Nylon.

Adipocire w (~; -) (lat.-fr.) [-*ßír*] Leichenwachs; **adipös** EW (lat.) ✠ fett; **Adipositas** w (~; -) (lat.) ✠ Fettsucht.

Adipsie w (~; -) (KuW, gr., lat.) ✠ Trinkunlust.

à discrétion (fr.) [*adißkréßjoñ*] im Vertrauen, nach Ermessen.

ADI-Wert m (~es; ~e) (e. KW ⊄ = acceptable daily intake) Höchstmenge eines Gifts pro Tag ohne Schädigung.

Adjektiv(um) s (~[e]s; ~e/-va) (lat.) Eigenschaftswort; EW: **adjektiv(isch)**.

Adjunkt m (~en; ~en) (lat.) Hilfsbeamter; **Adjunktion** w (~; ~en) (lat.) Verknüpfung zweier Aussagen durch „oder".

Adjustage w (~; ~n) (lat.-fr.) [-*tásch*] Zurichterei in Hammer-(Walz-)werken; **adjustieren** ZW (-rte, -rt) ⟋ genau einstellen, zurichten; **Adjustierschraube** w (~; ~n) Stellschraube; **Adjustierung** w (~; ~en) Normung; Dienstanzug.

Adjutant m (~en; ~en) (lat.) ⚔ Helfer; Hilfsoffizier; **Adjutantur** w (~; ~en) ⚔ sein Amt, seine Dienststelle.

Adjuvans s (~; -anzi|en) (lat.) ✠ stützendes Heilmittel.

Adlatus m (~; -ti) (lat.) Helfer, Mitarbeiter.

ad libitum (lat.) nach Belieben (⊄ *ad l[ib].*).

ad maiorem De|i gloriam (lat.) zur größeren Ehre Gottes.

Administration w (~; ~en) (lat.) Verwaltung(sbehörde); **administrativ** EW auf dem Verwaltungsweg; **a.er Protektionismus** Erschwerung ausländischen Imports durch Verwaltungsmaßnahmen; **Administrator** m (~s; -toren) Verwalter; **administrieren** ZW (-rte, -rt) ⟋ verwalten; austeilen.

admirabel EW (lat.) erstaunlich, bewundernswert.

Admiral m (~s; ~e) (ar.) hoher Seeoffizier; Tagfalter; warmes Rotweingetränk; **Admiralität** w (~; ~en) (lat.) ⚔ alle Admirale.

Admission

Admission w (~; ~en) (lat.) † Amtsübertragung an umstrittene Person; Dampfeinlaß in Maschinenzylinder.
admonieren ZW (-rte, -rt) ↗ (lat.) ermahnen ↓; **Admonition** w (~; ~en) Ermahnung.
ad multos annos (lat.) für viele Jahre.
Adnexe M (lat., = Anhängende) Anhang; ⚕ anhängendes Organ (Gebilde); ⚕ Eileiter und Eierstöcke.
ad notam (lat.) zur Kenntnis (*etw. a. n. nehmen*).
Adobe m (~; ~s) (sp.) luftgetrockneter Lehmziegel.
ad oculos (lat.) vor den Augen, öffentlich (*etwas a. o. demonstrieren*).
adoleszent EW (lat.) im Reifealter; **Adoleszenz** w (~; –) Reifealter.
Adonis m (~; –) (gr., nach einem Sagenjüngling) junger schöner Mann; ⚘ Hahnenfußgewächs.
adoptieren ZW (-rte, -rt) ↗ (lat.) als Kind annehmen; **Adoption** w (~; ~en) Annahme als Kind.
adorabel EW (lat.) anbetungswürdig.
ad|oral EW (lat.) ⚕ mundwärts.
Ad|orant m (~en; ~en) (lat.) Anbeter; **Ad|oration** w (~; ~en) Anbetung.
ad referendum (lat.) zum Bericht!
ad rem (lat.) zur Sache!
Adrema w (~; ~s) (KW) ⚔ Adressiermaschine; ZW: **adremieren** (-rte, -rt) ↗.
Adrenalin s (~s; ~e) (lat.) ⚕ Hormon der Nebenniere; EW: **adrenal**.
Adressant m (~en; ~en) (lat.-fr.) Absender; **Adressat** m (~en; ~en) (lat.) Bezogener des Wechsels; Empfänger (der Sendung); **Adresse** w (~; ~n) (fr.) Anschrift; feierlich abgefaßter Glückwunsch (Gruß, Beschwerde, Bittschrift); Verlagsangabe; **adressieren** ZW (-rte, -rt) ↗ (lat.) beanschriften; **Adressiermaschine** w (~; ~n) Druckgerät für Postanschriften (⚔ → Adrema).
adrett EW (fr.) sauber; reinlich; ordentlich; gefällig.
Adria s (~s; –) (KuW) Seidenrips.
Adrittura w (~; –) (it.) unmittelbare Einziehung eines Wechsels.
Adsorbat s (~[e]s; ~e) (lat.) angelagerter Stoff; **Adsorber** m (~s; ~) (lat.-e.) anlagernder Stoff, = **Adsorbens** s (~; -enzi|en) (lat.); **adsorbieren** ZW (-rte, -rt) ↗ (Gase) fester anlagern; **Adsorption** w (~; ~en) Bindung von Gasen an der Körperoberfläche; **Adsorptiv** s (~s; ~e) = → Adsorbat.
Adstringenzi|en M (lat.) ⚕ gefäßverengende Heilmittel; **adstringieren** ZW (-rte, -rt) ↗ (lat.) ⚕ zusammenziehen.
adult EW (lat.) herangewachsen; **Adulter** m (~s; –) (lat.) Ehebrecher; **Adult school** w (~ ~; –) (am.) [*ădalt skūl*] Institut zur Fort-, Weiterbildung (Umschulung) von Erwachsenen.
ad usum Delphini (lat., = für den Gebrauch des Thronfolgers; für die Jugend) bearbeitet.
ad valorem (lat.) nach dem Wert.
Advantage m (~s; ~s) (fr.-e.) [*edwäntidsch*] Vorteil (beim Tennis: 1. Pluspunkt nach dem Einstand).
Adveniat s (~; ~s) † kath. Weihnachtsspende für Südamerika; **Advent** m (~[e]s; ~e) (lat., = Ankunft) † Vorweihnachtszeit; **Adventist** m (~en; ~en) (lat.) † Mitglied einer (am.) Sekte; EW: **adventistisch**; **Adventitia** w (~; –) ⚕ Wanderung der Blutgefäße; **Adventivbildung** w (~; ~en) ⚘ Pflanzenorgan an ungewöhnl. Stelle; **Adventivkrater** m (~s; ~) (lat.-gr.) Nebenkrater am Hang; **Adventivpflanze** w (~; ~n) absichtlich oder zufällig eingeführte Pflanze.
Adverb(ium) s (~s; -bi|en/[-bia]) (lat.) Umstandswort; EW: **adverbial, adverbi|ell**.
Adversari|en M (lat.) Notizen, = **Adversaria** M; **adversativ** EW gegensätzlich.
Advertising s (~s; ~s) (am.) [*ädwertaisiñ*] Reklame; Werbung; **Advertising Agency**) [*ädwertaisiñ eidschenßi*] Werbeagentur; **Advertisement** s (~s; ~s) [*ädwertis-*] Anzeige, Werbung.
Advocatus Diaboli m (~ ~; -ti ~) (lat., = Anwalt des Teufels) gegen die Heiligsprechung argumentierender Kirchenvertreter; Gegenpart; **Advocatus De|i** m (~~; -ti ~) die Heiligsprechung vertretender Kirchenvertreter; **Advokat** m (~en; ~en) Rechtsanwalt ↓; **Advokatur** w (~; ~en) Anwaltsbüro.
Adynamie w (~; -i|en) (gr.) ⚕ Schwäche; EW: **adynamisch**.
A|erämie w (~; -i|en) (gr.) [*a-erämi*] Stickstoff im Blut; **a|eril** EW (gr.) durch Luft (Wind) entstanden, = **a|erisch** EW; **a|erob** EW (gr.-lat.) Sauerstoff benötigend; **A|erobic** s (~; –) (KuW, gr.-lat.) zügige Tanzgymnastik; **A|erobi|er** m (~s; ~) (gr.) von Sauerstoff wachsende Bakterie, = **A|erobiont** m (~en; ~en); **A|erobiologie** w (~; –) Erforschung der Lebewesen in der Atmosphäre; **A|erobus** m (~ses; ~se) (gr.) Taxihubschrauber;

Kabinenschwebebahn; **A|erodynamik** w (~; –) (gr.) Mechanik der Gase; **A|erodynamiker** m (~s; ~) Erforscher der A|erodynamik; EW: **a|erodynamisch**; **A|ero|elastizität** w (~; –) Verhalten elast. Flugzeugteile in bewegter Luft; **A|eroflot** w (~; –) r. Luftfahrtgesellschaft; **A|erogeologie** w (~; –) Geologie durch Beobachtung aus der Luft; **A|erogeophysik** w (~; –) Geophysik durch Beobachtung aus der Luft; **A|erogramm** s (~[e]s; ~e) (lat.-gr.) Luftpostleichtbrief; graph. Aufzeichnung von Temperatur und Feuchtigkeitsgehalt der Atmosphäre; **A|erographie** w (~; –) Luftbeschreibung(slehre); **A|erokartograph** m (~en; ~en) Luftbildmesser, -aufzeichner; **A|eroklimatologie** w (~; –) Erforschung des Klimas in der Atmosphäre; **A|eroklub** m (~s; ~s) (gr.-e.) Luftsportverein; **a|erol** EW (gr.) Sauerstoff einatmend; **A|erolimnologie** w (~; –) Binnengewässerforschung vom Flugzeug aus; m. s.: **A|erolimnologe** (~n; ~n); EW: **a|erolimnologisch**; **A|erolith** m (~en; ~en) Meteor ↓; **A|erologie** w (~; –) Erforschung von Temperatur, Luftdruck und -feuchtigkeit; EW: **a|erologisch**; **A|erolose** w (~; –) Feinverteilung flüssiger oder fester Stoffe in der Luft; **A|eromechanik** w (~; –) = → Aerodynamik; EW: **a|eromechanisch**; **A|eromedizin** w (~; –) (gr.-lat.) Erforschung der Flugwirkungen; EW: **a|eromedizinisch**; **A|erometer** s (~s; ~) (gr.) Meßgerät der Luftdichte; **A|eronaut** m (~en; ~en) (gr.-lat.) Flieger; **A|eronautik** w (~; –) Lehre der Flugzeugführung; Luftschiffahrt ↓; EW: **a|eronautisch**; **A|eronavigation** w (~; –) Steuerung von Flugzeugen; **A|eronomie** w (~; –) (gr.) Erforschung der Atmosphäre in über 30 km Höhe; **A|erophagie** w (~; –) ⚕ Luftschlucken; **A|erophobie** w (~; -i|en) ⚕ Luftscheu; **A|erophor** m (~s; ~e) Atmungsgerät für Taucher; **A|erophotogrammetrie** w (~; -i|en) Luftbildmessung; **A|erophotographie** w (~, -i|cn) Luftaufnahme; **A|erophyt** m (~en; ~en) ⚘ Schmarotzer, der den Boden nicht berührt; **A|eroplan** m (~s; ~e) Flugzeug ↓; **A|erosol** s (~s; ~e) Luftbeimischung; Entkeimungsmittel; **a|erosolieren** ZW (-rte, -rt) ↗ (gr.-lat.) versprühen; **A|erosoltherapie** w (~; -i|en) (gr.) ⚕ Inhalation aerosolhaltiger Medikamente; **A|erosonde** w (~; ~n) Meßgerät am Ballon für Luftdruck, -feuchtigkeit, Tempera-

tur; **A|erospace-Medicine** w (~-~; –) (am.) [a|eroßpeß mädßin] Raumfahrtmedizin; **A|erostatik** w (~; –) (gr.-lat.) Lehre vom Gleichgewicht (der Gase); EW: **a|erostatisch**; **A|erotaxe** w (~; ~n) (gr.) Mietflugzeug; Verkehrsflugzeug von Stadt zu Stadt; **A|erotherapie** w (~; -i|en) ⚕ Luftbehandlung; **a|erotherm** EW mit heißer Luft; **A|erotrain** m (~s; ~s) (KuW, gr.-e.) [-trein] Luftkissenzug; **A|erotriangulation** w (~; ~en) (gr.-lat.) Luftbildvermessung; **A|erotropismus** m (~; –) ⚘ Wachstumsbewegung durch Gase; **A|erozin** s (~s; –) (KuW) Raketentreibstoff. **A|ethan** s (~s; –) (gr.) ⚗ Kohlenwasserstoffgas.
afebril EW (lat.) ohne Fieber.
Affäre w (~; ~n) (fr.) Angelegenheit, aufsehenerregende Sache; Streitfall.
Affekt m (~[e]s; ~e) (lat.) Gemütsbewegung; Zorn; **affektiert** EW (lat.) geziert; unnatürlich; **Affektion** w (~; ~en) ⚕ Krankheitsbefall; Zuneigung ↓; **affektioniert** EW (lat.-fr.) zugetan ↓; **Affektions|interesse** s (~s; –) (lat.) Liebhaberwert; **affektisch** EW gemütsbestimmt; **affektiv** EW Gefühls…; **Affektivität** w (~; ~en) (lat.) ⚕ hohe Erregbarkeit; Gefühlsreichtum; **Affektlabilität** w (~; –) häufiger Gefühlswechsel ↓; **Affektprojektion** w (~; ~en) Gefühlsübertragung (auf Tiere und Gegenstände); **Affektpsychose** w (~; ~n) (lat.-gr.) z. B. ⚕ manische Depression; **affettuoso** (it.) ♪ bewegt; m. s.: **Affettuoso** s (~s; -si) ♪.
Affiche w (~; ~n) (fr.) [affisch] Anschlag, Plakat; ZW: **affichieren** (-rte, -rt) ↗.
Affidavit s (~s; ~s) (lat.) schriftl. eidesstattliche Tatsachenerklärung; Lieferbarkeitsbescheinigung; Einwanderungsbürgschaft.
Affiliation w (~; ~en) (lat.) Beigesellung; ZW: **affili|ieren** (-rte, -rt) ↗.
affin FW (lat.) verwandt; ↻ chem. Verbindungen bildend; **Affinage** w (~; ~n) (fr.) [-násch] Trennung der Edelmetalle aus Legierungen, = **Affination** w (~; ~en) (lat.), **affinieren** ZW (-rte, -rt) ↗ (Edelmetalle, Zuckerkristalle) trennen; w. abstr. s.: **Affinierung** (~; ~en); **Affinität** w (~; ~en) Grund zur Verbindung von Erscheinungen; ↻ Reaktionstendenz; ⚔ Beziehung zwischen Figuren (sachliche oder menschliche) Nähe; **logische A.** Begriffsverwandtschaft.
Affirmation w (~; ~en) (lat.) Bekräfti-

23

affirmativ

gung; **affirmativ** EW bejahend; **a.e Kunst** bestätigende Kunst; **affirmative** (am.) [*effermetif*] genehmigt! (im Funksprechverkehr); **affirmieren** ZW (-rte, -rt) ↗ bekräftigen.

Affix s (~es; ~e) (lat.) angefügte Silbe.

affizierbar EW ⚕ reizbar; **affizieren** ZW (-rte, -rt) ↗ ⚕ erregen; **affiziert** EW ⚕ befallen; erregt.

Afflux m (~es; –) (KuW, lat.) Zustrom zur Gruppe (aus deren Sicht).

Affodill m (~s; ~e) (gr.-lat.) ⚘ Lilienart.

Affrikata w (~; -tae/-ten) (lat.) „angeriebener" Laut (pf, tz), = **Affrikate** w (~; ~n).

Affront m (~s; –) (fr.) [*affroñ*] Beleidigung.

affrös EW (fr.) scheußlich.

Afghalaine m (~s; –) (fr., nach dem Staat *Afghanistan*) [-*län*] Mischgewebestoff (für Damenkleider); **Afghan** m (~s; ~e) Wollteppich mit geometrischen Mustern; **Afghane** m (~n; ~n) Windhundrasse.

Aflatoxin s (~s; ~e) (KuW) krebserzeugendes Pilzgiftgemisch.

afokal EW (KuW, lat.), ohne Brennpunkt.

à fonds perdu (fr.) [*afoñ perdü*] für immer verloren; auf Verlustkonto.

a fresco → Fresko (it.).

Afrikaander m (~s; ~) (lat.-nl.) Kapholländer, Bure; **Afrikaans** s (~; –) (nl.) Kapholländisch; **Afrikanist** m (~en; ~en) (lat.) Afrikaforscher; w. abstr. s.: **Afrikanistik** (~; –); EW: **afrikanistisch**; **Afrik|anthropus** m (~; –) (lat.-gr.) Frühzeitmensch(enschädel); **afroasiatisch** EW Afrika und Asien angehend.

Afro|look m (~s; –); → (am.) [*äffroulûk*] Mode nach afr. Vorbildern.

After image s (~ ~s; ~ ~s) (e.) [-*imidsch*] halluzinogener Eindruck; **Afterpacht** w (~; ~en) Weiterverpachtung durch Pächter; **After-Shave** s (~-~s; ~-~s) (e.) [*äfter-schêiv*] Hautmittel für die Nachrasur; **A.-S. Jelly** m, s (~-~ ~s; –) [-*dscheli*] Rasiergelee; **A.-S. Lotion** w (~ ~; ~ ~s) (e.) [-*louschn*] Rasierwasser.

Afzelia M (KuW) ⚘ Hülsenfrüchtler (nach Botaniker; † 1837).

Agalaktie w (~; –) (gr.) ⚕ Ausbleiben der Milch; EW: **agalaktisch**.

agam EW (gr.) unbefruchtet (*a. e Fortpflanzung*); **agamisch** EW geschlechtslos; **Agamogonie** w (~; –) Vermehrung nur durch Zellteilung.

Agapanthus m (~; -then/-thi) (gr.-lat.) ⚘ Schmucklilie.

Agape w (~; ~n) (gr.) † Abendmahl; christliche Liebe.

Agar-Agar m, s (~-~s; –) ⚕ (mal.) Gelatine aus Algen (als Nährboden).

Agave w (~; ~n) (gr.) ⚘ tropische Pflanzengattung.

Agenda w (~; -den) (lat.) Merkbuch; Verhandlungsprogramm; **Agende** w (~; ~n) † Gottesdienstordnung.

Agenesie w (~; –) (gr.) ⚕ fehlende Organanlage; EW: **agenetisch**.

Agens s (~; -genzi|en) (lat., = das Wirkende) wirkende Ursache; ⚕ wirksames Mittel; **Agent** m (~en; ~en) Beauftragter; Handelsmakler, -vertreter; Spion; **agentieren** ZW (-rte, -rt) ↙ (lat.-it.) Kunden werben; **Agent provocateur** m (~ ~; ~s ~s) (fr.) [*aschañ provokatör*] Lockspitzel; **Agentur** w (~; ~en) (lat.) Agenten-, Vermittlungsbüro.

Ageratum s (~s; -ten/-ta) (lat.) ⚘ Leberbalsam.

Agetheorie w (~; –) (e.-gr.) [*eidsch-*] beschreibt Verhalten der Neutronen bei ihrer Bremsung.

Ageusie w (~; -i|en) (gr.) Fehlen der Geschmacksnerven.

Agger m (~s; ~es) (lat.) ⚕ (Schleimhaut-)Wulst.

Agglomerat s (~[e]s; ~e) Zusammensetzung aus losen (Stein-)Brocken; **Agglomeration** w (~; ~en) Ballung (von Betrieben); ZW: **agglomerieren** (-rte, -rt) ↗.

Agglutination w (~; ~en) (lat.) Zusammenballung, Verklebung; ⚕ Zellen-, Bakterienverklebung; **agglutinierend** EW anklebend; **a. e Sprache** arbeitet mit Nachsilbenanfügung an den nicht veränderlichen Wortstamm; **Agglutinin** s (~s; ~e) ⚕ Antikörper im Blutserum (z. B. gegen Bakterien); **Agglutinogen** s (~s; ~e) (gr.-lat.) Antigen zur Bildung von Agglutinin.

Aggravation w (~; ~en) (lat.) ⚕ Übertreibung der Schwere einer Krankheit; Verschlimmerung der Krankheit; ZW: **aggravieren** (-rte, -rt) ↗.

Aggregat s (~[e]s; ~e) (lat., = Zueinandergesellung) Mengen von Objekten; Maschinensystem; ⚔ mehrgliedrige Größe; Kristallanhäufung; **Aggregation** w (~; ~en) Häufung (von Molekülen).

Aggression w (~; ~en) (lat.) Angriffstrieb, bewaffneter Angriff; Unterjochung, Angriffskrieg; -lust; **Aggressions|politik** w (~; –); **aggressiv** EW angriffslustig; w. s.: **Aggressivität** (~; ~en); **Aggressor** m (~s; -oren) Angreifer; **aggressorisch** EW angreiferisch.

Ägide w (~; -) (gr.) Schutz *(unter der Ä. von...)*.

agieren ZW (-rte, -rt) ↗ (lat.) handeln; als Schauspieler spielen; gestikulieren.

agil EW behende; s.: **Agilität** w (~; ~en).

Agio s (~s; ~s) (it.) [*ádscho*] Unterschied zwischen Nennwert und Ausgabekurs eines Wertpapiers, Aufgeld; **Agiokonto** s (~s; -ten) (it.) Bankrechnung über Gewinn und Verlust; **Agiotage** w (~; ~n) (it.-fr.) [*ádschotásche*] Spekulation bei Kursschwankungen; **Agioteur** m (~s; ~e) [*ádschotör*] Börsenmakler; ZW: **agiotieren** (-rte, -rt) [*ádschö-*] ↙.

Agitation w (~; ~en) (lat.) Verbreitung polit. Gedanken durch Wort oder Schrift; **agitato** (it.) [*ádschi-*] ♪ heftig; **Agitator** m (~s; -toren) (lat.) polit. Werber; Beeinflusser von Massen; EW: **agitatorisch**; **agitieren** ZW (-rte, -rt) ↙ (lat.) (politisch) hetzen; **Agitprop** ¢ **Agit**ation und **Prop**aganda (zur Anfachung des Klassenkampfs).

Aglobulie w (~; -i|en) (gr.-lat.) ⚕ Schrumpfung der Zahl der roten Blutkörperchen.

Aglykon (~s; -kone) (gr.) ⚗ zuckerfreie Verbindung.

Agnat m (~en; ~en) (lat.) Mitglied der Vatersippe; EW: **agnatisch**.

Agnosie w (~; -i|en) (gr.) ⚕ mangelnde Sinneswahrnehmung.

Agnostiker m (~s; ~) (gr.) Anhänger des → Agnostizismus; EW: **agnostisch**; **Agnostizismus** m (~; -) mangelndes Vertrauen gegen metaphysische Fragen; Lehre von der Unerkennbarkeit des Übersinnlichen; EW: **agnostizistisch**; **agnoszieren** ZW (-rte, -rt) ↗ anerkennen; Leiche identifizieren.

Agnus De|i s (~ ~; -) (lat. – Lamm Gottes) † Christus.

Agogik w (~; -) (gr., = Führung) ♪ freie Zeitmaßbehandlung; ♪ Lehre von Tonstärke und Tempo; EW: **agogisch**.

Agon m (~s; ~e) (gr.) [-*ōn*] Wettkampf (-spiel); EW: **agonal**.

Agonie w (~; -i|en) (gr.) ⚕ Todeskampf.

Agonist m (~en; ~en) Wettkämpfer; **Agonistik** w (~; -) Gymnastik für Wettkämpfe; EW: **agonistisch**.

Agora w (~; -) (gr.) Versammlungsplatz der Bürger, Markt; **Agoraphobie** w (~; -i|en) ⚕ Platzangst.

Agraffe w (~; ~n) (fr.) Gewandspange; ⚕ Wundklammer; □ Klammerverzierung.

Agrammatismus m (~; -men) (gr.-lat.) falsche Sprechweise; ⚕ Unvermögen, in Sätzen zu sprechen; m. s.: **Agrammatist** (~en; ~en).

Agranulozytose w (~; -) ⚕ (lat. KuW) Fehlen oder Abnahme von → Granulozyten im Blut.

Agraphie w (~; -i|en) (gr.) ⚕ Schreibunvermögen.

Agrari|er m (~s; ~) Landwirt; **Agraringenieur** m (~s; ~e) [-*schēnjör*] (lat.-fr.) grad. Landwirt; EW: **agrarisch**; **Agrarkredit** m (~[e]s; ~e) (lat.) zeitweilige Wertüberlassung an landwirtschaftliche Betriebe; **Agrarland** s (~es; -länder) (lat.) vorwiegend Landwirtschaft treibendes Land; **Agrarmarkt** m (~es; -märkte) Angebot und Nachfrage landwirtschaftl. Güter; **Agrarkrise** w (~; ~n) (lat.-gr.) gefährliche Wirtschafts- und Soziallage in der Landwirtschaft; **Agrarpolitik** w (~; -) Behandlung der Wirtschafts- und Sozialfragen der Landwirtschaft; **Agrarpreise** M (garantierte Mindest-) Preise für Landwirtschaftsprodukte; **Agrarprodukt** s (~[e]s; ~e) (lat.) Landwirtschaftserzeugnis; **Agrarreform** w (~; ~en) Versuch einer Verbesserung der landwirtschaftlichen Struktur; **Agrarsoziologie** w (~; -) Erforschung der bäuerlichen Gesellschaft; m. s.: **Agrarsoziologe** (~n; ~n); EW: **agrarsoziologisch**; **Agrarstruktur** w (~; ~en) Landwirtschaft als bestimmendes Strukturelement; **Agrar|union** w (~; -) Versuch, die Länder der Montanunion landwirtschaftlich aufeinander abzustimmen; **Agrarzone** w (~; ~n) (lat.-gr.) Gebiet mit vorherrschender Landwirtschaft.

Agreement s (~s; ~s) (e.) [*ägrīment*] (formlose) Vereinbarung; **Agrément** s (~s; ~s) (fr.) [*mañ*] Einwilligung in die Entsendung eines Diplomaten (Journalisten).

Agrest m (~s; ~e) (it.) Saft aus unreifen Trauben; Fruchtessig.

Agrikultur w (~; -) (lat.) Ackerbau und Viehzucht ↓; **Agrikulturchemie** w (~; -) (lat.-gr.) ⚗ Chemie der Landwirtschaft; **Agrikulturphysik** w (~; -) (lat.-gr.) Lehre von den physikal. Vorgängen in der Landwirtschaft; **Agroklima** s (~s; ~te) Witterung in Land-

Agroklimatologie

wirtschaftszonen; **Agroklimatologie** w (~; –) ihre Erforschung.
Agronom m (~en; ~en) (gr.) Landwirt; **Agronomie** w (~; –) Landwirtschaftslehre; **agronomisch** EW; **Agrophysik** w (~; –) = Agrikulturphysik; **Agropyrum** s (~s; -ra) (lat.-gr.) ⚘ Quecke; **Agrostologe** m (~n; ~n) (gr.) Gräserforscher; w. abstr. s.: **Agrostologie** (~; –); EW: **agrostologisch**; **agrotechnologisch** EW (lat.-gr.) landwirtschaftliche Produkte verarbeitend.
Agrumen M (lat.-it.) Zitrusfrüchte, = **Agrumi** M.
Agrypnie w (~; -i|en) (gr.) $ Schlaflosigkeit.
Aguja m (~s; ~s) (sp.) [*aguscha*] südam. Bussard.
Aguti m, s (~s; ~s) (ind.-sp.) südam. Goldhase.
Agynie w (~; –) (gr.) Frauenlosigkeit.
Ägyptologe m (~n; ~n) (gr.) Erforscher Altägyptens; **Ägyptologie** w (~; –) Erforschung Altägyptens; EW: **ägyptologisch**.
Ahasver, Ahasver m (~s; ~) (heb., = der Fürst) ewiger Jude, rastlos Umhergetriebener; EW: **ahasverisch**.
a|hemi|tonisch EW (gr.) ♪ ohne Halbtöne.
a|historisch EW (lat.) Geschichtsverlauf nicht berücksichtigend.
ai (e. ≠ amnesty international) Vereinigung gegen unmenschliche Behandlung Gefangener.
A|ida s (~s; –) (it.-ar.; eigtl. PN) Stickereigrundstoff.
Aide-mémoire s (~-~s; ~-~s) (fr.) [*ädmêmôậr*] schriftliche Fixierung einer Unterredung (Abmachung).
Aidoi|omanie w (~; -i|en) (gr.) $ übersteigerter Geschlechtstrieb; EW: **aidoioman(isch)**.
AIDS s (~; –) (e., ≠ Acquired Immune Deficiency Syndrome) schwere Infektionskrankheit (Immunschwäche).
Aigrette w (~; ~n) (fr.) [*ègrette*] Kopfschmuck.
Ailerons M (lat.-fr.) [*äleroñ*] Flügelstücke vom Federvieh.
Air s (~s; –) (fr.) [*ặr*] Haltung *(sich ein A. geben* anspruchsvoll auftreten) ♪ Lied, Tanz, Instrumentalstück; **Airbag** m (~-~s; ~-~s) (am.) [*ặrbäg*] Luftsack als Kraftfahrzeugschutz; **Airbus** m (~ses; ~se) (fr.-lat.) [*ặr-*] Großraumverkehrsflugzeug; d.-fr. Flugverkehrsprojekt; **Aircap** s (~s; ~s) (am., KW ≠ *Airborne capsule*) [*ặrkäp*] Container für Flugzeuge; **Airconditioner** m (~s; ~) [*ặrkondischener*], **Air-conditioning** s (~-~s; ~-~s) [*ặrkondischniñ*] Klimaanlage; **air conditioned** durch Klimaanlage temperiert; **Aircrew** w (~; ~s) [*ặrkru*] Flugzeugbesatzung.
Airedale m (~s; ~s) (e., nach einem Flußtal) [*ặrdệ'l*] Terriermischung, = **Airedaleterrier** m (~s; ~) [*ặrdệ'l-*].
Air-Flow-Methode (~-~-~; –) (am.-gr.) [*ặrflou-*] Textilprüfverfahren; **Airfoil** w (~; ~s) (e.) [*ặr-*] Flugboot; **Air Force** w (~ ~; –) [*ặrforß*] e., am. Luftwaffe; **Airformverfahren** s (~s; ~) zum Guß gewölbter Betonkonstruktionen; **Air-fresh** s (~-~; –) [*ặrfresch*] Mittel zur Luftverbesserung; **Airglow** s (~s; –) (e.) [*ặr|glou*] Leuchten in der Ionosphäre; **Airlift** m (~s; ~s) (e.) [*ặr-*] Luftbrücke; **Airliftverfahren** s (~s; ~) (e.-d.) Ölförderung durch Luftzufuhr; **Airline** w (~; ~s) [*ặrlein*] Fluglinie; Luftverkehrsunternehmen; **Air Mail** s (~ ~; –) [*ặrmệ'l*] Luftpost; **Airotor** m (~s; -toren) [*ặrotor*] Zahnbohrer; **Air pollution** w (~~; –) (e.-am.) [*-polljusch'n*] Luftverschmutzung; **Airport** m (~s; ~s) (am.) Flughafen; = **Air|terminal** m (~; ~s)[*-töminäl*].
Ajatollah m (~[s]; ~s) (pers.) islam. Würdenträger.
Ajax m (~; –) (gr. Held) Pyramide aus 3–5 Männern.
à jour (fr.) [*àschûr*] auf dem laufenden; **Ajour** s (~s; ~s) [*aschûr*] Durchbrucharbeit, = **Ajour|arbeit** w (~; ~en) = **Ajoursaum** m (~[e]s; -säume); ZW: **ajourieren** (-rte, -rt) ↗.
Akademie w (~; -i|en) (gr.) Institution zur Pflege wissenschaftl. Arbeiten; **Akademiker** m (~s; ~) Studierter; Akademiemitglied; **akademisch** EW gelehrt; weltfremd; **a.es Viertel** eine Viertel- nach der vollen Stunde; Wohngegend für Studenten; **Akademismus** m (~; –) starres Kunstdogma (in Anschauung und Betätigung).
Akalit s (~s; –) (KuW) Kase|in-Kunststoff.
Akalkulit w (~; ~ien) (gr.-lat.) Rechenschwäche nach Gehirnerkrankung.
Akampsie w (~; -i|en) (gr.) $ Gliederstarre.
Akanthus m (~; –) (gr.-lat.) ⚘ Bärenklau; □ Säulenzierat.
Akarpie w (~; -i|en) (gr.) Unfruchtbarkeit.
Akaryobiont m (~en; ~en) (gr.-lat.) Bakterien; Blaualgen; **akaryot** EW kernlos.

akatalektisch EW (gr.) unvollständig (*a.er Vers*).
Akatalepsie w (~; -i|en) (gr.) ✣ Hirnzerstörung; EW: **akataleptisch**.
akatastatisch EW (gr.) ✣ wechselnd (vom Fieber).
akausal EW (lat.) frei von Logik; w. abstr. s.: **Akausalität** (~; ~en).
akaustisch EW (gr.) unverbrennbar.
Akazi|e w (~; ~n) (gr.-lat.) ⊕ Hülsenfruchtbaum, -strauch.
Akelei w (~; ~en) (lat.) ⊕ Hahnenfußgewächs.
akephal EW (gr.) kopflos; w. s.: **Akephalie** (~; -).
Aki s (~s; ~s) (KW) ∉ Aktualitätenkino.
Akinakes m (~; ~) (pers.-gr.) Kurzschwert der Skythen, Perser.
Akinese w (~; ~n) (gr.) ✣ Unbeweglichkeit; **Akinesie** w (~; -i|en) ✣ Bewegungsarmut, -störung; **Akineten** M unbewegliche Algenzellen; **akinetisch** EW ✣ bewegungsgestört.
akkablieren ZW (-rte, -rt) ↗ (fr.) niederdrücken.
Akklamation w (~; ~en) Abstimmung durch Zuruf oder Handaufheben; Zustimmung, Beifall; ♪ Anrufung; ZW: **akklamieren** (-rte, -rt) ↙.
Akklimatisation w (~; ~en) (lat.) Anpassung an Klima, Umgebung; ZW: **akklimatisieren** (-rte, -rt) ↗; w. abstr. s.: **Akklimatisierung** (~; ~en).
Akkolade w (~; ~n) (lat.-fr.) zusammenfassende Schweifklammer; Umarmung bei staatlichen Empfang.
akkommodabel EW (lat.) bequem, zweckmäßig; **Akkommodation** w (~; ~en) Anpassung(sfähigkeit des Auges); **akkommodieren** ZW (-rte, -rt) ↗ anpassen; ↖ sich über eine Schuld einigen; **Akkommodometer** s (~s; ~) (lat.-gr.) ✣ Augenprüfgerät.
Akkompagnement s (~s; ~s) (fr.) [*akkompanjemaṅ*] ♪ Begleitung; **akkompagnieren** ZW (-rte, -rt) [-*panjī*-] ↗ begleiten (auch ♪).
Akkord m (~[e]s; ~e) (fr.) ♪ Tonzusammenklang; Vereinbarung der Gläubiger, Stücklohnarbeit, -bezahlung; **Akkordant** m (~en; ~en) (lat.-fr.) Stücklohnarbeiter; **akkordant** EW sich geolog. Strukturen anpassend; **Akkordeon** s (~s; ~s) (lat.) ♪ Ziehharmonika; = **Akkordion** s (~s; ~s); **akkordieren** ZW (-rte, -rt) ↙ (fr.) verhandeln; zur Übereinstimmung gelangen; **akkordisch** EW (lat.) ♪ in Akkorden.
akkreditieren ZW (-rte, -rt) ↗ (lat.) beglaubigen; Kredit verschaffen; **Akkreditiv** s (~[e]s; ~e) Beglaubigungsschreiben eines Diplomaten; Zahlungsanweisung einer Bank (*Akkreditivgeschäft* = Zahlung durch die Bank bei Vorlegung der Dokumente).
Akku m (~s; ~s) ∉ → Akkumulator.
Akkulturation w (~; ~en) (lat.) Kulturwandel durch kulturelle Kontakte; Anpassung an die kulturelle Umwelt.
Akkumulation w (~; ~en) (lat.) Anhäufung (von Kapital); Aufschüttung (von Erde, Gesteinen); Aneinanderreihung (von Begriffen zum Oberbegriff); **Akkumulationsrate** w (~; ~n) Zuwachs im (kommunistischen) Staatshaushalt; **Akkumulator** m (~s; -toren) Energiespeicher; **elektrischer A.** Elektrizitätssammler; **hydraulischer A.** Druckwasserspeicher; **akkumulieren** ZW (-rte, -rt) ↗ (lat.) häufen, speichern.
akkurat EW (lat.) sorgfältig; **Akkuratesse** w (~; -) (lat.-fr.) Sorgfalt.
Akkusations|prinzip s (~s; -) (lat.) für den Prozeßbeginn unumgängliche Anklage durch den Staatsanwalt; **Akkusativ** m (~s; ~e) Beugefall (wen? was?); **Akkusativ|objekt** s (~[e]s; ~e) Ergänzung im Akkusativ.
aklastisch EW (gr.) Strahlen nicht behindernd.
Akline w (~; -) (gr.-lat.) Linie der Orte ohne magnet. Inklination.
Akme w (~; -) ✣ Höhepunkt der Krankheit; höchste Blüte; = → Orgasmus.
Akne w (~; ~n) (gr.) Finnenausschlag.
Akoasma s (~s; -men) (gr.) ✣ Gehörstäuschung.
A-Kohle w (~; -) (KW) ∉ Aktivkohle.
Akolasie w (~; -) (gr.) Unmäßigkeit; **Akolast** m (~en; ~en) Schlemmer.
Akoluthie w (~; -i|en) (gr.-lat.) † orthodoxe Gottesdienstordnung; notwendige Konsequenz aus den Gegebenheiten; ✣ Hemmung einer Erregung durch die noch akute vorangegangene.
Akon s (~s; -) (KuW) Füllmaterial aus Pflanzenseiden.
Akonit s (~s; ~e) (gr.-lat.) ⊕ Gattung der Ranunkulazeen.
Akonto s (~s; -ten/~s) (it.) Anzahlung; **Akontozahlung** w (~; ~en) (it.-d.) Abschlagszahlung.
Akorie w (~; -i|en) (gr.) Unersättlichkeit; ✣ pupillenlose Iris.
akotyledon EW (gr.-lat.) ⊕ keimblattlos; w. s.: **Akotyledone** (~; ~n) ⊕.
akquirieren ZW (-rte, -rt) ↗ (lat.) erwerben; **Akquisiteur** m (~s; ~e) (fr.,

Akquisition

= Erwerber) [-*tör*] Versicherungs-, Anzeigenwerber; **Akquisition** w (~; ~en) (lat.) Erwerbung; **akquisitorisch** EW kundenwerbend.
Akribie w (~; –) (gr.) Exaktheit; EW: **akribisch**.
akritisch EW (gr.-lat.) kritiklos.
Akrobat m (~en; ~en) (gr., = Zehengänger) Turnkünstler; **Akrobatik** w (~; –) (gr.) Geschicklichkeit; äußerste Körperbeherrschung; EW: **akrobatisch**.
akrokarp EW (gr.) ⊕ gipfelfrüchtig.
Akrokeph- → Akrozeph-.
Akromegalie w (~; -i|en) (gr.) ⚕ Riesenwuchs.
Akromikrie w (~; -i|en) (gr.) ⚕ Kleinwuchs.
Akronym s (~[e]s; ~e) (gr.) Wort aus Anfangsbuchstaben anderer Wörter (z. B. → *Aids*).
Akropolis w (~; -polen) (gr., = Oberstadt) befestigter (altgr.) Burghügel.
Akrostichon s (~s; -cha) (gr.) Gedicht, dessen Versanfangsbuchstaben einen Sinn ergeben; EW: **akrostichisch**.
Akroterion s (~s; -ri|en) (gr.) □ Tempelgiebelzierde, = **Akroter** s (~s; ~e), = **Akroteri|e** w (~; ~n).
Akrozephale m (~n; ~n) (gr.) Spitzkopf; w. s.: **Akrozephalie** (~; -i|en); EW: **akrozephal(isch)**.
Akt m (~[e]s; ~e) (lat., = Handlung) Tätigkeit, Bühnenstückeinheit; Koitus; Darstellung des Nackten; Schriftbeleg (M: ~en); **Akte** w (~;~n) zusammengeheftete Schriftstücke über *eine* Sache; **Aktei** w (~; ~en) Aktensammlung; **Akteur** m (~s; ~e) (lat.-fr.) Schauspieler, Handelnder.
Akti|e w (~; ~n) (lat.-nl.) Wertpapier (*wie stehn die A.n?* wie geht es?); **Akti|en|index** m (~es; ~e/-dizes) Wert von Aktien, an der Normzahl 100 gemessen; **Akti|enkapital** s (~s; ~i|en) Grundvermögen einer Aktiengesellschaft; **Akti|enkurs** m (~es; ~e) Börsenwert eines Wertpapiers; **Akti|enmarkt** m (~es;~e) alle gehandelten Aktien; **Akti|enpaket** s (~[e]s; ~e) mehrere gleichartige Aktien in *einer* Hand; **Akti|ensplits** M (lat.-am.) Aktienaufteilung zur Steigerung der Spekulation.
Aktin s (~s; ~e) (gr.) Eiweißverbindung in Muskeln; **Aktini|e** w (~; ~n) Seeanemone; **aktinisch** EW (lat.) strahlenerzeugt (*a.e Krankheit*); **Aktinograph** m (~en; ~en) (gr.-lat.) Sonnenstrahlungsverzeichner; **Aktinometer** s (~s; ~) (gr.) Sonnenstrahlungs-, Belichtungsmesser; **Aktinometrie** w (~; –) Strahlungsmessung; EW: **aktinometrisch**; **aktinomorph** EW strahlenförmig *(a.e Blüten* ⊕*)*; **Aktinomykose** w (~; ~n) ⚕ Strahlenpilzerkrankung; **Aktinomyzet** m (~en; ~en) ⊕ Strahlenpilz; **Aktinotherapie** w (~; –) ⚕ Strahlenbehandlung; EW: **aktinotherapeutisch**.
Aktion w (~; ~en) (lat.) Tat; Verfahren; **Aktionär** m (~s; ~e) (lat.-fr.) Gesellschafter; **Aktionismus** m (~; –) (lat.) übertriebene politische Handlungsbereitschaft; **Aktionist** m (~en; ~en) Anhänger des Aktionismus; EW: **aktionistisch**; **Aktions|ausschuß** m (-schusses; -schüsse) (lat.-d.) Gremium zur Vorbereitung von Aktionen; **Aktionsforschung** w (~; ~en) (aus am.) Erforschung negativer sozialer Verhältnisse; **Aktions|potential** s (~[e]s; ~e) (lat.) zu ihrer Erregung erforderliche Nervenspannung; **Aktions|programm** s (~[e]s; ~e) (lat.-gr.) verabredeter Handlungsplan; **Aktions|radius** m (~; -di|en) (lat.) Reichweite; **Aktions|strom** m (~es; -ströme).
aktiv EW (lat.) tätig (Ggs.: *passiv*); noch dienend (Ggs.: *in|aktiv*); ⚭ sehr reaktionsfähig; **a.er Offizier** Berufsoffizier; **Aktiv** s (~s; ~e/~s) Handlungsform des Zeitworts (Ggs.: *Passiv*); Arbeitsgruppe; **Aktiva** M Vermögenswerte eines Unternehmens; **Aktivator** m (~s; -toren) steigernder Stoff; ⚕ Kiefernregulator; **Aktivfinanzierung** w (~; ~en) Kapitaltentleihung; **Aktivgeschäft** s (~es; ~e) (lat.-d.) Gewährung von Bankkredit; **Aktivhandel** m (~s; –) (lat.-d.) Außenhandel inländ. Handelspartner; **aktivieren** ZW (-rte, -rt) ⚚ (lat.) in (schnelleren) Gang bringen; unter die Vermögenswerte aufnehmen; **Aktivierung** w (~; ~en) Indienstnahme; Verstärkung; Beschießen von Atomen mit Neutronen; **Aktivierungs|energie** w (~; -i|en) ⚭ erforderliche Kraftmenge zur Einleitung von Reaktionen; **aktivisch** EW im Aktiv stehend; **Aktivismus** m (~; –) Überzeugung, daß Willen und Leistung entscheiden; **Aktivist** m (~en; ~en) normüberschreitender Arbeiter; EW: **aktivistisch**; **Aktivitas** w (~; –) alle aktiven Mitglieder einer Studentenverbindung; **Aktivität** w (~; ~en) Betriebsamkeit; Zerfallzahl radioaktiver Substanzen; **Aktivkohle** w (~; –) (lat.-d.) Kohlenstoff aus organ. Substanzen (z. B. Holz); **Aktivlegitima-

tion w (~; ~en) (lat.) Befugnis des Klägers zur Zivilprozeßführung (Ggs.: *Passivlegitimation*); **Aktivposten** m (~s; ~) Vermögen auf der positiven Bilanzseite; **Aktivprozeß** m (-prozesses; -prozesse) vom Kläger geführt; **Aktivruder** s (~s; ~) (lat.-d.) mit Propelleraggregat verbundenes Schiffsruder; **Aktivsaldo** s (~s; -den) (lat.-it.) Guthaben (auf dem Konto); **Aktivstoff** m (~es; ~e) ☥ Stoff mit starker Reaktionsfähigkeit; **Aktivum** s (~s; -va) (lat.) Vermögen; Tätigkeitsform; **Aktiv|urlaub** m (~s; ~e) Ferien mit großem Beschäftigungs|angebot; **Aktivzinsen** M Bankengewinne aus Krediten.

Aktrice w (~; ~n) (fr.) [*-triß*] Schauspielerin ↓.

aktualisieren ZW (-rte, -rt) ↗ (lat.) auf den letzten Stand bringen; s.: **Aktualisierung** w (~; ~en); **Aktualismus** m (~;–) Überzeugung, daß sich die Welt in unablässiger Bewegung befindet; EW: **aktualistisch**; **Aktualität** w (~; ~en) Zeitnähe; **Aktualitätenkino** s (~s; ~s) (lat.-gr.) Kino mit aktuellem Programm; **Aktualitäts|theorie** w (~; –) (lat.-gr.) Lehre von der unablässigen Seinsveränderung; Vorstellung von einer nur in ihren Erlebnissen lebenden Seele; **Aktualneurose** w (~; ~n) (lat.) ♯ plötzlich ausgelöste Neurose.

Aktuar m (~s; ~e) (lat.) Protokollant ↓.

aktu|ell EW (fr.) gegenwärtig bedeutsam.

Akuität w (~; –) (lat.) akuter Krankheitsverlauf.

Akumeter s (~s; ~) = → Audiometer.

Akupressur w (~; ~en) (lat.) Schmerzlinderung durch Druck der Fingerkuppen; **Akupunktur** w (~; ~en) (lat.) ♯ Behandlung durch Einstiche.

Akustik w (~; –) (gr.) Lehre von den Tönen; Klangwirkung; m. s.: **Akustiker** (-s; ~); **akustisch** EW schallgerecht; das Gehör betreffend; **a.er Typ** Mensch, der überwiegend auf Hörbares reagiert.

akut EW (lat., = scharf) brennend; ♯ rasch auftretend (verlaufend) *(a.e Krankheit)*; **Akut** m (~s; ~e) Betonungszeichen (´).

Akzeleration w (~; ~en) (lat.) Beschleunigung; ♯ schnellere körperliche Entwicklung in der Gegenwart; **Akzelerations|prinzip** s (~s; –) (= Beschleunigungsgrundsatz) Weitergabe der Nachfrage in die Zubringerindustrien; **Akzelerations|prozeß** m (-zesses; -zesse) Vorgang der Beschleunigung; **Akzelerator** m (~s; -toren) Beschleuniger; Verhältniszahl aus der Netto|investition; ZW: **akzelerieren** (-rte, -rt) ↗.

Akzent m (~[e]s; ~e) (lat.) ♪ Tonzeichen, -verstärkung, -fall; fremdartige Sprechweise; **Akzentuation** w (~; ~en) Betonung(szeichen); **akzentuieren** ZW (-rte,-rt) ↗ betonen; betont sprechen; **akzentuiert** EW (lat.-fr.) deutlich; **Akzentuierung** w (~; ~en) = → Akzentuation.

Akzepisse s (~; ~) (lat.) Quittung; **Akzept** s (~[e]s; ~e) durch Unterschrift anerkannter Wechsel; schriftl. Anerkennung des Wechsels auf diesem; **akzeptabel** EW annehmbar; **Akzeptant** m (~en; ~en) wer sich durch Unterschrift zur Bezahlung eines Wechsels verpflichtet hat ("Bezogener"); w. abstr. s.: **Akzeptation** (~; ~en); **akzeptieren** ZW (-rte, -rt) ↗ billigen; **Akzeptkredit** m (~[e]s; ~e) Wechselkredit; **Akzeptor** m (~s; -toren) ☥ Atom (Molekül), das Elektronen, Wasserstoffionen etc. aufnehmen kann; daraus bestehender Stoff; Empfänger eines Wechsels.

Akzeß m (-sses; -sse) (lat.) Zutritt; Zulassung (zum öffentl. Dienst ↓); **Akzession** w (~; ~en) vertraglicher Beitritt zu einem bestehenden Staatsvertrag; Zugang; **Akzessionsklausel** w (~; ~n) Zusicherung der Beitrittsmöglichkeit anderer Staaten zum Staatsvertrag; **Akzessionsliste** w (~; ~n) Liste der Neuzugänge in Bibliotheken; **Akzessori|en** M Zutaten, Nebenerscheinungen; ⚛ Samenanhängsel statt Fruchtfleisch; **Akzessori|etät** w (~; ~en) Abhängigkeit eines Teilnahmedelikts (Sicherungsrechtes) vom Tatbestand; **akzessorisch** EW nebensächlich; nur als Beihelfer tätig (*a.e Handlung* Beihilfe zum Delikt; *a.e Rechte* Nebenrechte; *a.e Nährstoffe* Vitamine, Wasser, Salze); **Akzessorium** s (~s; -ria/ ri|en) Beiwerk ↓.

Akzidens s (–; enzi|en) (lat.) unwesentliches Beiwerk (Ggs.: *Substanz*); M: ♪ Versetzungszeichen; **Akzidentat** s (~s; ~en) ♪ Versetzungszeichen; **Akzidentali|en** M Nebenpunkte; zusätzliche Abmachungen; **akzident(i)ell** EW zufällig; unselbständig; **Akzidenzdruck** m (~[e]s; ~e) (lat.-d.) Gelegenheitsdruck; **Akzidenzen** M (lat.) kleine Drucksachen; nicht wesensbe-

stimmte Eigenschaften; **Akzidenzi|en** M Nebeneinnahmen; Beiwerk; ♪ Versetzungszeichen.
Akzise w (~; ~n) (lat.) Verkehrs-, Warensteuer, Zoll.
à la baisse (fr.) [*alabậß*] das Sinken der Kurse erwartend.
Alabaster m (~s; ~) (gr., nach einer äg. Stadt) durchscheinendes Gipsgestein; EW: **alabastern**.
à la bonne heure (fr.) [*alabonör*] zur rechten Zeit; vortrefflich.
à la carte (fr.) [*alakart*] nach der Speisekarte.
à la hausse (fr.) [*alaộß*] das Steigen der Kurse erwartend.
Alaktie w (~; -i|en) (gr.) ⚕ Milchlosigkeit; EW: **alaktisch**.
Alalie w (~; -i|en) (gr.) ⚕ fehlendes Sprechvermögen.
à la longue (fr.) [-*loñ*] auf lange Sicht, auf Dauer.
à la mode (fr.) [-*môd*] modisch.
Alan s (~s; ~e) (KuW) Aluminiumwasserstoff; M: **Alanate** = Mischhydride des Aluminiums.
Alanin s (~s; –) (lat.) eine Aminosäure.
Alarm m (~s ;~e) (it.-fr.) Ruf zur Bereitschaft; **alarmieren** ZW (-rte, -rt) ↗ (fr.) zu den Waffen (zum Dienst) rufen; beunruhigen; w. s.: **Alarmierung** (~; ~en).
à la suite (fr.) [*alaswit*] zum Gefolge gehörend.
Alaun m (~[e]s; ~e) (lat.) Doppelsalz; ZW: **alaunisieren** (-rte, -rt) ↗.
Albatros m (~ses; ~se) (ar.-sp.) Sturmvogel; Erreichung des Golfloches mit drei Schlägen weniger als vorgeschrieben.
Albe w (~; ~n) (lat.) † Meßgewand.
Albedo w (~; -den) (lat.) Verhältnis von einfallendem zu reflektiertem Licht; **Albedometer** s (~s; ~) Albedomeßgerät.
Albigenser m (~s; ~) (nach der fr. Stadt *Albi*) † Mitglied einer südfr.-it. Sekte (12. Jh.); EW: **albigensisch**.
Albinismus m (~; –) (lat., = Weißheit) Pigmentmangel, -ausfall; EW: **albinitisch**; **Albino** m (~s; ~s) (lat.-sp.) pigmentloses Lebewesen; EW: **albinotisch**.
Albion s (~s; –) (kelt.) England.
Albolit s (~s; –) (lat.-gr.) ein Kunstharz.
Albugo w (~; -gines) (lat.) ⚕ weißer Fleck der Hornhaut.
Album s (~s; -ben) (lat.) Sammelmappe; Erinnerungsbuch; s (~s; ~s) Doppelhülle für mehrere Schallplatten; Schallplatte(n) mit unverkürztem Musikstück (mit mehreren Musikstücken).
Albumen s (~s; –) (lat., = weiße Farbe) Eiweiß; **Albumin** s (~s; ~e) (= Eiweiß) einfacher wasserlöslicher Eiweißstoff (*technisches A.* Klebstoff); **Albuminat** s (~[e]s; ~e) ⚗ Alkalisalz in Albuminen; **Albuminimeter** s (~s; ~) (lat.-gr.) Eiweißgehaltmeßröhrchen; **albumino|id** EW (lat.) eiweißartig; **albuminös** EW eiweißhaltig; **Albumin|urie** w (~; ~i|en) (lat.-gr.) ⚕ Eiweißausscheidung im Harn; **Albumose** w (~; ~n) (lat.) Ergebnis einer Eiweißspaltung.
Alchemilla w (~; -llae) (lat.) ✿ Frauenmantel.
Alchimie w (~; –) (ar.) Lehre von der Stoffverwandlung; Goldmacherei; m. s.: **Alchimist** (~en; ~en); auch: **Alchemie** w (~; –) EW: **alchimistisch, alchemistisch**.
al corso (it.) zum Tageskurs.
Aldehyd s (~s; ~e) (lat., ⚗ alcoholus dehydrogenatus) ⚗ durch Wasserstoffentzug entstehende Verbindung.
Aldose w (~; ~n) (KuW) Zuckerverbindung mit 1 Aldehydgruppe; **Aldosteron** s (~s; –) (KuW) Hormon der Nebennierenrinde.
Aldrey s (~s; –) (KuW) sehr leitfähige Aluminiumlegierung.
Ale s (~s; –) (e.) [*eil*] Bitterbier.
alea iacta est (lat.) der Würfel ist gefallen (Caesar am Rubikon, 49 v. Chr.).
Aleatorik w (~; –) (lat.) ♪ individuell abwandelbare Tonfolgen; **aleatorisch** FW Spiel- und Wettform vereinbart (*a.es Rechtsgeschäft, a.er Vertrag*).
Aleppobeule w (~; ~n) (nach einer syr. Stadt) Pestbeule.
alert EW (it.-fr.) frisch, aufgeweckt; w. s.: **Alertheit** (~; –).
Aleukämie w (~; ~i|en) (gr.) ⚕ Form der Leukämie; EW: **aleukämisch**.
Aleuron s (~s; –) ✿ Reserve|eiweiß von Pflanzen.
Alexandriner m (~s; ~) (nach dem altfr. Alexanderlied) Dramenversform; **alexandrinisch** EW in, aus der äg. Stadt Alexandria; **a.e Kultur** Hellenismus; **Alexandrit** m (~en; ~en) (gr.) Edelstein (nach Zar *Alexander II.*).
Alexie w (~; ~i|en) (gr.) ⚕ Ausfall des Schriftverstehens.
Alexine M (gr.) ⚕ Abwehrstoffe aus dem Blutserum.
Alfa w (~; –) (ar.) Esparto(grasfaser).

Alfanzerei w (~; ~en) (it.) Possenreißerei; Unehrlichkeit.
Alfenit s (~s; -) (fr.) galvan. versilbertes Neusilber.
Alferon s (~s; -) (gr.-lat.) hitzebeständiges Gußeisen.
al fine (it.) ♪ bis zum Schluß.
al fresco → Fresko (Ggs.: *al secco*); s.: **Alfresco** s (~s; ~s).
Alge w (~; ~n) (lat., = Seetang) ⊕ niedrige Wasserpflanze.
Algebra w (~; -) (ar.) Lehre von den Gleichungen und den Rechenbereichen; EW: **algebra|isch**.
Algesie w (~; -i|en) (gr.) ⚕ Schmerz (-empfindlichkeit); **Algesimeter** s (~s; ~) Schmerzmesser; EW: **algesimetrisch**; **Algesiologe** m (~n; ~n) Schmerzforscher; w. abstr. s.: **Algesiologie** (~; -); EW: **algesiologisch**.
Algogene M (gr.) chem. Kampfstoffe, die Schmerz hervorrufen.
ALGOL s (~s; -) (KW ∉ **Algo**rithmic **L**anguage) formalisiertes Computerprogramm (1960); **Algolagnie** w (~; i|en) (KW, gr.) sexuelles Lustgefühl bei ausgeübten oder erduldeten Grausamkeiten.
Algologe m (~n; ~n) (lat.-gr.) Algenforscher; **Algologie** w (~; -) Algenforschung; EW: **algologisch**.
Algonkium s (~s; -) (lat., nach einem Indianerstaat) Urzeitepoche mit ersten Organismen; EW: **algonkisch**.
Algorithmus m (~; -men) (ar., nach einem Mathematiker des 8. Jh.s) Rechenverfahren; die 4 Rechnungsarten; Anleitung zur Zehnerrechnung.
Algraphie w (~; -i|en) (lat.-gr.) Flachdruckmethode.
Alhidade w (~; ~n) (ar.) ⚔ Dreharm des Winkelmessers.
alias (lat.) anders, oder; entsprechend.
Alibi s (~s; ~s) (lat.) (Beweis der) Abwesenheit vom Tatort; **Alibi|funktion** w (~; ~en) (KuW, lat.) zur Verschleierung eines Tatbestandes benötigte Person, Sache, Angabe.
Ali|enation w (~; ~en) (lat.) Entfremdung; ⚕ Geisteskrankheit; ZW: **ali|e-nieren** (-rte, -rt) ↗.
Alignement s (~s; ~s) (fr.) [*alinjemañ*] Abstecken der Richtung beim Straßen-, Bahnbau; ZW: **alignieren** (-rte, -rt) [*alinjī-*] ↗.
alimentär EW (lat.) ⚕ durch Nahrungsmittel (Stoffwechsel); **Alimentation** w (~; ~en) Unterhaltung; Ernährung; **Alimentationspflicht** w (~; -) Fürsorgepflicht (für Beamte); **Alimente** M Unterhalt(s|anspruch, -s|pflicht) (des unehelichen Kindes gegen den Vater, des Geschiedenen gegen den Partner); ZW: **alimentieren** (-rte, -rt) ↗.
a limine (lat.) kurzerhand.
a linea (lat.) vorn neu beginnend.
aliphatische Verbindungen M (gr.-lat.-d.) ♍ organ. Verbindungen mit offenen Kohlenstoffketten.
aliquant EW (lat.) ⚔ ungleich teilend.
aliquot EW (lat.) ⚔ ohne Rest teilend; w. s.: **Aliquote** (~; ~n); **Aliquot|ton** m (~[e]s; -töne) ♪ mitklingender Oberton.
Alit s (~s; ~e) (KuW) hitzebeständige Legierung von Eisen und Aluminium; **alitieren** ZW (-rte, -rt) ↗ (lat.-fr.) Oberfläche mit Aluminium veredeln.
Alizarin s (~s; -) (ar.-sp.) Farbstoff (aus der Krappwurzel).
Alk m (~[e]s; ~e) (skand.) Meeresvogel.
Alkalde m (~n; ~n) (ar.-sp.) sp. Dorfvorsteher.
Alkali s (~s; ~en) (ar.) ♍ Art Lauge; EW: **alkalisch**; **Alkalimetall** s (~s; ~e) sehr reaktionsfähiges Metall; **Alkalimetrie** w (~; -) (ar.-gr.) Laugengehaltbestimmung; **alkalin** EW (ar.) ♍ alkalihaltig; alkalisch reagierend; w. abstr. s.: **Alkalinität** (~; -); **alkalisch** EW laugenartig; **alkalisieren** ZW (-rte,-rt) ↗ (ar.-fr.) ♍ alkalisch machen; **Alkalität** w (~; -) (ar.-lat.) Laugengehalt; **Alkalizelle** w (~; ~n) (ar.-lat.) lichtelektrische Zelle; **Alkalo|id** s (~[e]s; ~e) (ar.-gr.) ♍ ⚕ organ. Stickstoffverbindung mit basischen Eigenschaften, enthalten in Pflanzen; Heilmittel; **Alkalose** w (~; ~n) (ar.-lat.) ⚕ Erregbarkeit durch Säuremangel oder Basenüberfülle im Blut.
Alkan s (~s; ~e) (KW) gesättigter Kohlenwasserstoff; Paraffin.
Alkanna M (ar.-sp.) ⊕ Rauhblattgewächse.
Alkine M (KW) Acetylenkohlenwasserstoffe.
Alkohol m (~s; ~e) (ar.) Weingeist; **Alkoholat** s (~[e]s; ~e) (ar.-sp.-lat.) ♍ Metallverbindung eines Alkohols; **Alkoholika** M alkoholhaltige Getränke; **Alkoholiker** m (~s; ~) Trinker; **alkoholisch** EW voll (mit) Weingeist; **alkoholisieren** ZW (-rte, -rt) ↗ mit Weingeist versetzen; betrunken machen; **Alkoholismus** m (~; -) ⚕ Mißbrauch geistiger Getränke; **Alkoholtest** m (~s;~s) Feststellung des Alkoholgehalts im Blut.
Alkor m (~s; -) Stern im Großen Wagen; s (~s; -) Kunststoffolie.

Alkoven, Alkoven m (~s; ~) (ar., = Zelt) Bettnische.
Alkyl s (~s; ~e) (ar.-gr.) ↻ einwertiger Kohlenwasserstoffrest; **Alkylation** w (~; ~en) Verbindung mit Alkylgruppen, = **Alkylierung** w (~; –); ZW: **alkylieren** (-rte, -rt) ↗.
alkyonisch EW (gr., nach einer Sagenfigur) ruhig (*a.e Tage* Tage der Stille); windstill.
alla breve (it.) ♩ schneller, in doppeltem Tempo.
Allah (ar.) (ar.) Gott.
alla marcia (it.) [-*martscha*] ♩ in Marschart.
Allanto|in s (~s; ~e) (gr.-lat.) Harnstoffwechselprodukt; **Allantois** w (~; –) Embryonenharnsack.
alla prima (it.) ohne Untermalung.
allargando (it.) ♩ langsamer werdend.
Allasch m (~s; ~s) (nach einem livländischen ON) Kümmellikör.
alla turca (it.) ♩ im türkischen Stil.
Allantal s (~s; –) (KuW) mit Aluminium überzogenes Lantal.
Allee w (~; ~n) (fr.) Baumstraße.
Allegat s (~[e]s; ~e) (lat.) Zitat; **Allegation** w (~; ~en) Zitierung; ZW: **allegieren** (-rte, -rt) ↗.
Allegorese w (~; ~n) (gr.-lat.) † Erklärung auf einen verborgenen Sinn hin; **Allegorical** s (~s; ~s) (gr.-am.) [-*kel*] allegorisches Bühnenstück; **Allegorie** w (~; -i|en) (gr.) bildhaftes Gleichnis eines Abstrakten; EW: **allegorisch**; **allegorisieren** ZW (-rte, -rt) ↗ symbolisieren.
allegretto (it.) ♩ heiter; mäßig schnell; s.: **Allegretto** s (~s; -tti).
allegro (it., = munter) ♩ schnell; s.: **Allegro** s (~s; -gri); (*a. ma non troppo* ♩ nicht zu schnell).
Allele M (gr.) ⚕ Erbanlagengruppe eines Chromosomenpaares; EW: **allel**.
Allelie w (~; –) (gr.-lat.) verschiedene Zustände einer Erbeinheit, = **Allelomorphismus** m (~; –); **Allelopathie** w (~; ~i|en) (gr.) Wechselbeeinflussung.
Allemande w (~; ~n) (fr.) [-*mañde*] ♩ mäßig bewegte Suite.
Allergen s (~s; ~e) (gr.) ⚕ Allergie erzeugender Stoff; **Allergie** w (~; -i|en) Überempfindlichkeit (gegenüber körperfremden Stoffen); **allerg(isch)** EW; **Allergiker** m (~s; ~) ⚕ wer überempfindlich ist; **Allergologe** m (~n; ~n) Facharzt für **Allergologie** w (~; –) Wissenschaft von den Allergien; **Allergose** w (~;~n) ⚕ allergische Krankheit.

Allfinanz-Unternehmen M (d.-fr.) bieten Bank- und Versicherungsleistungen an.
Allianz w (~; ~en) (fr.) Staatenbündnis; Interessengemeinschaft ↓.
Allicin → Allizin.
Alligation w (~; ~en) (lat.) (Metall-) Gemisch; Zusatz.
Alligator m (~s; -toren) (lat.-sp.) Krokodilart.
alliieren ZW (-rte, -rt) ↗ (fr.) vereinigen; **Alliierte**, m, w (~n; ~n) (lat.) Verbündete(r) (gegen Deutschland).
Alliin s (~s; –) (lat.) Aminosäure der Laucharten.
Alliteration w (~; ~en) (lat.) Stabreim; ZW: **alliterieren** (-rte, -rt) ↗.
Allizin s (~s; –) (lat.) Knoblauchwirkstoff (↻ Allicin).
Allobar s (~s; ~e) (gr.-lat.) ↻ künstl. Element.
Allochorie w (~; –) (gr.) [-*ko-*] ⚕ Samenverbreitung durch Wasser, Tiere, Wind.
allochromatisch EW (gr.) mit Farbbeimengungen (*a.e Kristalle*).
allochthon EW (gr.) aus (von) fremdem Boden.
Allogamie w (~; -i|en) (gr.) ⚕ Fremdbestäubung; EW: **allogam(isch)**.
Allokarpie w (~; -i|en) (gr.) ⚕ Fruchtbildung durch Fremdbestäubung; EW: **allokarp**.
Allokation w (~; ~en) (lat.) Zuweisung.
Allokution w (~; ~en) (lat.) † päpstliche Ansprache an die Kardinäle.
Allolalie w (~; -i|en) (gr.-lat.) ⚕ abnormes Sprechverhalten Geisteskranker.
Allometrie w (~; -i|en) (gr.) ⚕ verschiedenes Wachstum der Organe.
allomorph EW (gr.) = → allotroph; w. abstr. s.: **Allomorphie** (~; –).
Allonge w (~; ~n) (fr.) [-*loñsch*] Wechsel angehängter Zettel mit weiteren Erklärungen; Leerblatt am Buchende zur Befestigung von Tabellen, Karten usw.; ↻ Glasröhrchen; **Allongeperücke** w (~; ~n) [*alloñsche-*] Langlockenhaaraufsatz.
Allonym s (~[e]s; ~e) (gr.) Deckname; EW: **allonym**.
Allopath m (~en; ~en) (gr.) ⚕ Vertreter der Allopathie; **Allopathie** w (~; –) ⚕ Heilung durch Gegenwirkung; Schulmedizin; EW: **allopathisch**.
Alloplastik w (~; ~en) (gr.-lat.) ⚕ Gewebeersatz aus Kunststoffen; EW: **alloplastisch**.
allothigen EW (gr.) an anderem Ort entstanden.

Allotria M (gr.) Unfug.
allotrop EW (gr.) andersartig; durch → Allotropie verursacht.
allotroph EW (gr.) sich nur von organischen Stoffen nährend.
Allotropie w (~; -) (gr.) ☉ Vorkommen in mehreren Kristallformen.
allowance w (~; ~s) (e.) [ä̱llau̱änß] zugelassene Normschwankung (von Gewichten, Münzlegierungen), Toleranz.
Alloyeau m (~s; ~s) (fr.) [aloajo̱] ganzer Rinderbraten.
All|quanter m (~s; ~) (KW, lat.) mathemat. Aussage zu allen Elementen einer bestimmten Menge; = All|aussage.
all right (e.) [ôl ra̱it] in Ordnung!; **All-right-Signal** s (~-~s; ~-~e) (am.-lat.) Ballon zur Bestätigung der Plazierungen (beim Pferderennen).
allround (e.) [ôlra̱und] vielseitig begabt; überall verwendbar (z. B. im Sport); **Allrounder** m (~s; ~) = **Allroundman** m (~s; -men) [-raundmän] Tausendsassa; **Allroundjournalist** m (~en; ~en) (e.-fr.) [-ra̱und-] vielseitiger Zeitungs-, Rundfunk-, Fernsehreporter; **Allround(sport)ler** m (~s; ~) [-ra̱und-] Sportler, der mehrere Sportarten beherrscht; **Allroundtheater** s (~s; ~) (e.-gr.) [-ra̱und-] Bühne in Arenaform.
All Star Band w (~ ~ ~; ~ ~ ~s) (am.) [-bänd] ♪ Solistenkapelle.
Allüre w (~; ~n) (fr.) Gangart des Pferdes; M: Benehmen (vornehme A.n haben).
alluvial EW (lat.) angeschwemmt; **Alluvion** w (~; ~en) (lat.) Schwemmland; Anlandung; **Alluvium** s (~s; -) (= Anschwemmzeit) = → Holozän ↓.
Allyl|alkohol m (~[e]s; -) (gr.-lat.-ar.) ☉ ungesättigter Alkohol; **Allylen** s (~s; -) (gr.-lat.) ein ungesättigter Kohlenwasserstoff.
Alma mater w (~~; -) (lat., = Nährmutter) Universität.
Almanach m (~s; ~e) (ar.-fr.) Jahrbuch.
Almandin m (~s; ~e) (lat.) roter Halbedelstein.
Almosen s (~s; ~) (gr.) milde Gabe.
alodieren ZW (-rte, -rt) (KuW) Aluminiumgegenstände korrosionsfest machen.
Alo|e w (~; ~n) (gr.) Liliengewächs.
a|logisch EW (gr.) vernunftwidrig; w. s.: **Alogik** (~; -).
Alopezie w (~; -i|en) (gr.-lat.) ⚕ Kahlheit durch Krankheit; Haarausfall.
Alpaka s (~s; ~s) (ind.-sp.) Lamaart;

Glanzwollstoff; Kupferlegierung; Reißwolle aus Lumpen.
al pari (it.) zum Nennwert.
Alpha s (~[s]; ~s) (gr.) gr. Buchstabe: A, a; das ~ und das Omega = Anfang und Ende; **Alphabet** s (~[e]s; ~e) (gr.) Buchstabenfolge; EW: **alphabetisch**; **alphabetisieren** ZW (-rte, -rt) ↗ nach der Buchstabenfolge ordnen; **Alphabetisierung** w (~; -) Voranschreiten der Lese- und Schreibefähigkeit einer Bevölkerung; **Alphadaten** M; **alphanumeriert** EW (gr.-lat.) (a.e Darstellung) = aus Buchstaben und Sonderzeichen bestehend (a.e Tastatur für Buchstaben- und Ziffernlochung; a.er Code für die Datenverarbeitung); **Alpha|rhythmus** m (~; -) (gr.) Entspanntheit; ↯ Wellenform des EEC in Ruhe; **Alphateilchen** s (~s; ~) (gr.-d.) Heliumkern, = **Alphastrahlen** M; **Alphatron** s (~s; ~e) (gr.-lat.) Feinmeßgerät für Gasdruck; **Alphatier** s (~[e]s; ~e) Leittier in Rudeln; **Alphazeichen** s (~s; ~) (gr.-d.) Buchstaben und Sonderzeichen für die Datenverarbeitung; **Alphazerfall** m (~s; -) radioaktiver Kernzerfall (strahlt Alphateilchen aus).
Alpiden M (lat.) wie die Alpen im Tertiär entstandene europ. Gebirge; **alpin** EW (d.-lat.) aus, in den Alpen; **a.e Rasse** ostischer Menschenschlag; **a.e Stufe** liegt über der Waldgrenze; **a.er Sport** = → Alpinismus; **a.e Kombination** Abfahrtslauf mit Slalom (Skisport); **Alpinarium** s (~s; -i|en) (KuW) alpiner Naturpark; **Alpiniade** w (~; ~n) Bergsteigerwettbewerb in Osteuropa; **Alpinismus** m (~; -) (d.-lat.) Hochgebirgssport; m. s.: **Alpinist** (~en; ~en); w. abstr. s.: **Alpinistik** (~; -); **Alpinum** s (~s; -na/-nen) (d.-lat.) Gebirgspflanzenanlage.
al secco (it.) auf Trockengrund gemalt (Ggs.: al fresco).
al segno (it.) [-ßenjo] ♪ bis zum Zeichen.
Alstroemeria w (~; -i|en) (nach Botaniker) ⊕ Inkalilie.
Alt m (~[e]s; -) (lat.) ♪ tiefe Knaben-, Frauenstimme (A. singen).
Altan m (~s; ~e) (it.) □ Vorbau.
Altar m (~s; -täre) (lat.) † gottesdienstlicher Tisch (in der Kirche); **Altarsakrament** s (~[e]s; ~e) (lat.) † Abendmahl.
Alt|azimut s, m (~[e]s; ~e) (lat.-ar.) Meßgerät für die Gestirnhöhe, das Azimut.
Alteration w (~; ~en) (lat.) Erregung;

Alter ego

✝ entzündliche Gewebebeschädigung (= *alterative Entzündung*); ♪ chromatische Akkordveränderung.
Alter ego m, s (~ ~; –) (lat.) das andere Ich.
alterieren ZW (-rte, -rt) ⬉ (lat.) sich aufregen ↓; ♪ Akkord chromatisch ändern.
Alternanz w (~; ~en) (lat.) Wechsel (im Obstertrag), = **Alternation** w (~; ~en); **Alternat** s (~s; –) (lat.) festgelegte Reihenfolge bei Vertragsunterzeichnung; **alternativ** EW (lat.) die Wahl zwischen 2 Möglichkeiten lassend; **a.er Nobelpreis** → Right Livelihood-Preis; **Alternative** w (~; ~n) (fr.) Wahl zwischen 2 Möglichkeiten; **Alternativ|energie** w (~; -i|en) (fr.-gr.) aus Sonne, Wind, Biogas; **Alternativ|entwurf** m (~s; -würfe) Gegenvorschlag (der Opposition); **Alternative Liste** w (~n ~; –) Partei aus Bürgerinitiativen, außerparlamentar. Opposition; **Alternative Szene** w (~n ~; –) Spontis, Revolutionäre, Mitglieder von Bürgerinitiativen; **alternieren** ZW (-rte, -rt) ⟋ ⟲ abwechseln; ⟋ Rolle durch 2 Schauspieler darstellen lassen; **a.des Fieber** Wechselfieber.
Althe|e w (~; ~n) (gr.-lat.) ⚕ Eibisch.
Altigraph m (~en; ~en) (gr.) selbsttätiger Höhenschreiber; **Altimeter** s (~s; ~) (lat.-gr.) Höhenmeßgerät.
Altist m (~en; ~en) (lat.-it.) ♪ (kindlicher) Sänger mit Altstimme; w. s.: **Altistin** (~; ~nen) Sängerin mit Altstimme.
Altitudo w (~; –) (lat.) Meereshöhe, = **Altitude** w (~, ~n).
Altokumulus m (~; -li) (lat.) mittelhohe Haufenwolke; **Altostratus** m (~; -ti) (lat.) mittelhohe Schichtwolke.
Altru|ismus m (~; –) (lat.) Bevorzugung des Wohles anderer vor dem eigenen Wohl (Ggs.: *Individualismus*); m. s.: **Altru|ist** (~en; ~en) EW: **altru|istisch**.
Alu s (~s; –) ∉ → Aluminium; **Alucobond** s (~s; –) (KuW) Verbundwerkstoff; **Alufoli|e** w (~; ~n) (KW) = Aluminiumfolie; **alumetieren** ZW (-rte, -rt) ⟋ Stahl mit Aluminium beschichten; **Aluminat** s (~[e]s; ~e) (lat.) aluminiumsaures Salz; **aluminieren** ZW (-rte, -rt) ⟋ (lat.) mit Aluminium überziehen; **Aluminium** s (~s; –) (lat., ∉ *Al*) ein Leichtmetall; **Aluminiumfoli|e** w (~; ~n) (lat.) dünn ausgewalztes Aluminium; **Aluminium|oxid** s (~s; –) (lat.-gr.) Tonerde.
Alumnat s (~[e]s; ~e) (lat.) Internatsschule; m. s.: **Alumne** (~n; ~n) = **Alumnus** m (~; -ni.)
Alunit m (~s; –) (lat.) Alaunstein.
alveolar EW (lat. an den Zahnhöhlen gebildet; **alveolär** EW (lat.) mit kleinen Hohlräumen; **Alveolarnerv, Alveolärnerv** m (~s; ~en) Kiefernerv; **Alveole** w (~; ~n) (lat., = kleine Mulde) ✝ Zellen-, Gewebehohlraum; Zahnhöhle, Lungenbläschen; **Alveolitis** w (~; -litiden) (lat.) ✝ Knochenhautentzündung an Zahnlöchern; Entzündung der Lungenbläschen.
Alwegbahn w (~; ~en) (schwed.-d.; KW nach dem schwed. Großkaufmann Axel Lenard Wenner-Gren, 1881 bis 1961) Einschienenhochbahn.
Alzheimer Krankheit w (~ ~; –) ✝ Degenerationserkrankung (Gedächtnisschwund).
amabile (it.) ♪ lieblich.
amagnetisch EW nicht magnetisch.
Amalgam s (~[e]s; ~e) (ar.) Metall-Quecksilber-Legierung; **Amalgamation** w (~; ~en) (ar.-gr.-lat.) Gewinnung von Edelmetallen aus Erzen mit Hilfe von Quecksilber; **amalgamieren** ZW (-rte, -rt) ⟋ (mit Quecksilber) verschmelzen; Edelmetall aus Erzen gewinnen.
Amal-Miliz w (~-~; –) paramilitär. Organisation der Schiiten im libanes. Bürgerkrieg.
Amanu|ensis m (~; -sen) (lat.) Gehilfe ↓.
Amarant m (~en; ~en) (gr.) ⚕ Fuchsschwanz; Prachtfink; **amarant(en)** EW (lat.) unverwelklich; fuchsrot.
Amarelle w (~; ~n) (lat.) Sauerkirsche.
Amarum s (~s; -ra) (lat.) ✝ Bittermittel (fördert Speichel und Magensaftabsonderung).
Amaryl m (~s; ~e) (gr.) Saphirart.
Amaryllis w (~; -llen) (gr., nach einer Nymphe) ⚕ Ritterstern.
Amateur m (~s; ~e) (fr.) [-tö̱r] (nicht berufsmäßiger) Kunst-, Sportausübender; Nichtfachmann.
Amati w (~; ~s) (it., nach einer Geigenbauerfamilie, 17. Jh.) kostbare Geige.
Amaurose w (~; ~n) ✝ Fehlen der Sehempfindung.
Amazone[1] w (~; ~n) (jidd.) Schlepperin zum Falschspiel.
Amazone[2] w (~; ~n) (gr., = Brustlose) wehrhaftes (streitbares) Mädchen; Frau in Uniform; Turnierreiterin; EW: **amazonenhaft** = **amazonisch**.
Ambassade w (~; ~n) (fr.) [añbassā̱d]

Gesandtschaft; ↓ m. s.: **Ambassadeur** m (~s; ~e) [*anbassadör*].

Ambe w (~; ~n) (lat.) Doppeltreffer im Lottospiel.

Amber m (~s; ~n) = → Ambra.

ambidexter EW (lat.) mit 2 gleichgeschickten Händen; w. s.: **Ambidextrie** (~; -i|en); **Ambi|ente** s (~s; ~s) (it.) Milieu.

ambig EW (KuW, e.) = → ambivalent; **Ambiguität** w (~; ~en) (lat.) Zweideutigkeit.

Ambisexualität w (~; –) (lat.) kindliche Triebrichtung auf Personen beiderlei Geschlechts; **Ambitendenz** w (~; ~en) ℘ Unterbrechung von Bewegungen durch Gegenantriebe.

Ambition w (~; ~en) (lat.) Ehrgeiz; EW: **ambitiös**; ZW: **ambitionieren** (-rte, -rt) ↗ ehrgeizig erstreben; MW II: **ambitioniert** ehrgeizig.

Ambivalenz w (~; ~en) (lat.) Doppelwertigkeit; Zweideutigkeit (von Gefühlen); EW: **ambivalent** EW.

Amblyopie w (~; -i|en) (gr.) ℘ Sehschwäche.

Ambo¹ m (~s; ~s/-ben) (lat.) = → Ambe.

Ambo² m (~s; -ben/-bonen) (lat.) ☐ freistehende Lesekanzel.

Ambra w (~; ~s), m (~s; ~s) (ar.-lat.-fr.-nl.) Darmfett des Pottwals.

Ambro|id s (~[e]s; ~e) (ar.-lat.) Preßbernstein.

Ambrosia w (~; –) (gr., = Unsterblichkeit) Götterspeise; Süßspeise; **ambrosisch** EW herrlich (riechend).

ambulant EW (lat.) umherziehend; nicht stationär; **a.es Gewerbe** Wandergewerbe; **a.e Behandlung** ℘ Behandlung beim Arzt (nicht stationär im Krankenhaus); **Ambulanz** w (~; ~en) (lat.) ℘ fliegende Sanitätsstation; Krankenwagen; Behandlungsstelle für nichtstationäre Patienten; **Ambulanzpati|ent** m (~en; ~en) Patient im Krankenhaus, der kein Bett belegt.

Amelie w (~; -i|en) (gr.-lat.) ℘ Gliedmaßenlosigkeit (von Geburt an).

Amelioration w (~; ~en) (lat.) Verbesserung des Bodens; ZW: **ameliorieren** (-rte, -rt) ↗.

Amen s (~s; ~) (gr.-heb.) † Gebetsabschluß (*sicher wie das A. in der Kirche*).

Amend(e)ment s (~s; ~s) (fr.) [*amañdemañ*]; (e.) [*emendment*] Zusatzbestimmung; Abänderungsparagraph; **amendieren** ZW (-rte, -rt) ↗ (lat.) Zusatzantrag einbringen.

Amenorrhö w (~; ~en) (gr.) ℘ Ausbleiben der Monatsblutung; EW: **amenorrhoisch**.

Amenz w (~; ~en) (lat.) ℘ zeitweiliges Irresein, = **Amentia** w (~; -tiae).

Americium s (~s; –, ∉ *Am*) (am.-lat.) ℧ Element, = **Americum** s (~s; –).

Amerikana M (lat.) Werke über Amerika; **amerikanisieren** ZW (-rte, -rt) ↙ ↗ amerikanisch werden, gestalten; **Amerikanismus** m (~; –) am. Eigenart des Englischen; **Amerikanistik** w (~; –) Erforschung der am. Sprache, Literatur, Kultur; m. s.: **Amerikanist** (~en; ~en); EW: **amerikanistisch**.

a metà (it.) miteinander geteilte Rechnung; **A|metageschäft** s (~[e]s; ~e) Geschäft mit Einsatz und Gewinn in gleicher Höhe.

amethodisch EW (gr.) ohne Methode.

Amethyst m (~s; ~en) (gr., = untrunken) Halbedelstein.

Ametrie w (~; -i|en) (gr.) Ungleichmäßigkeit; Schiefheit; EW: **ametrisch**; **Ametropie** w (~; -i|en) (gr.) Fehlsichtigkeit durch Linsenfehler.

amharisch EW abessinisch.

Ami m (~s; ~s) ∉ Amerika**ner**; w (~; ~s) am. Zigarette ↓.

Amid s (~[e]s; ~e) (gr.) ℧ Verbindung des Ammoniaks; **Amidase** w (~; ~n) Enzym (spaltet Säureamide).

Amikronen M (gr.) kleinste Teilchen in Suspensionen.

amikroskopisch EW (gr.) durchs Lichtmikroskop nicht mehr erkennbar.

Amin s (~[e]s; ~e) (gr.-lat.) ℧ Ammoniakderivat; w. s.: **Aminierung** (~; ~en); **Aminobenzol** s (~s; –) (gr.-lat.-d.) = → Anilin; **Aminogruppe** w (~; ~n) (lat.-d.) ℧ Gruppe -NH² in organ. Molekülen; **Aminoplast** s (~[e]s; ~e) (gr.-lat.) härtbares Kunstharz; **Aminosäure** w (~; ~n) (gr.-lat.-d.) ℧ Eiweißmoleküle; **Aminosäuresequenz** w (~; ~en) Reihung verschiedener Aminosäuremoleküle.

Amitose w (~; ~n) (gr.) unmittelbare Zellkernteilung; EW. **amitotisch**.

Amminsalz s (~es; –e) → Ammoniakat.

Ammon s (~s; ~e) ∉ → Ammonium.

Ammoniak s (~; ~e) (gr.-lat.) ℧ Wasser-Stickstoffverbindung; EW: **ammoniakalisch**; **Ammoniakat** s (~s; ~e) entsteht, wenn Ammoniak an Metallsalzen anlagert.

Ammonit m (~en; ~en) (äg.) ausgestorbenen Kopffüßler; Sprengstoff.

Ammonium s (~s; –) (gr.-lat.) Atomgruppe; **Ammoniumnitrat** s (~s; ~e) Stickstoffdünger.

Amnesie w (~; -i|en) (gr.) Gedächtnislücke.

Amnestie w (~; -i|en) (gr.) Straferlaß als Gnadenerweis; ZW: **amnestieren** (-rte, -rt) ↗; **Amnesty international** (~ ~; –; ≠ ai) [ämnesti internäsch^{e}l] internationaler Verband zur Betreuung politischer Gefangener.

Amnion s (~s; –) (gr.-lat.) ⚕ Eihaut; **Amnioskopie** w (~; –) (gr.) ⚕ Fruchtwasseruntersuchung bei gefährdeter Spätschwangerschaft; EW: **amnioskopisch**.

Amöbe w (~; ~n) (gr.) einzelliges Urtierchen; **Amöbiase** w (~; ~n) (gr.-lat.) ⚕ Erkrankung durch Amöben; **amöbo|id** EW (gr.-lat.) in Amöbenart.

Amok m (~s; –) (mal.): **A. laufen** ZW blindwütig rasen; **Amoklauf** m (~s; –) (mal., = Wutlauf) sinnloser Massenmord eines einzelnen (in geistiger Verwirrung); m. s.: **Amokläufer** (~s; ~).

amön EW (lat.) lieblich ↓.

Amoral w (~; –) (gr.-lat.-fr.) Mangel an Sittlichkeit; EW: **amoralisch** EW; **Amoralität** w (~; –) Ablehnung sittlicher Grundsätze.

Amorces M (fr.) [amorß] Filmabfall; Zündplättchen.

Amorette w (~; ~n) (lat.-fr.) □ geflügelte Putte; **amoroso** (it.) ♪ hingebungsvoll.

amorph EW (gr., = gestaltlos) nicht scharf begrenzt; nichtkristallin, = **amorphisch** EW; **Amorphie** w (~; -i|en) Gestaltlosigkeit.

amortisabel EW (lat.-fr.) tilgbar; **Amortisation** w (~; ~en) Abschreibung von Produktverschleiß; Erwerb durch Körperschaften; Annullierung eines Vertrages; Schuldentilgung; **Amortisations|quote** w (~; ~n) regelmäßige Tilgungssumme; ZW: **amortisieren** (-rte, -rt) ↗.

Amouren M (fr.) [-mû-] Liebschaften; **amourös** EW (fr.) lieblich (a.e Abenteuer Liebschaften); zum Verlieben ↓.

Ampel w (~; ~n) (lat.) Hängeleuchte; Gerät mit geschalteten Lichtsignalen zur Verkehrsregelung; **Ampelographie** w (~; –) (gr.) Rebenkunde; m. s.: **Ampelograph**; EW: **ampelographisch**.

Ampere s (~[s]; ~) (fr., nach dem Physiker André Marie *Ampère*, 1775 bis 1836; ≠ *A*) [-ấr] Maßeinheit der Stromstärke; **Amperemeter** s (~s; ~) (fr.-gr.) Stromstärkemesser; **Amperesekunde** w (~s; ~n) el. Ladung von 1 Ampere in 1 Sekunde; **Amperestunde** w (~s; ~n) el. Ladung von 1 Ampere in 1 Stunde.

Ampex s (~; –) (KW: am. ≠ automatic programming system extended) Band mit aufgezeichneten Bildimpulsen, = **Ampexverfahren** s (~s; ~)

Amphet|amin s (~s; ~e) (gr.) chem. hergestelltes Aufputschmittel (Weckamin).

Amphibi|e w (~; ~n) (gr.-lat.) Lurch; **Amphibi|enfahrzeug** s (~s; ~e) ⚔ Land- wie Wasserfahrzeug; **Amphibi|enflugzeug** s (~s; ~e) Flugzeug, das auch wassern kann; **amphib(isch)** EW im Wasser und auf dem Lande lebend; **a.er Behälter** schwimm- und transportfähiger Großbehälter; **a.e Operation** ⚔ Unternehmung zu Wasser und auf dem Lande; **Amphibium** s (~s; -bi|en/ -bia) = → Amphibi|e.

Amphibol m (~s; ~e) (gr.) Hornblende; **amphibol(isch)** EW schwankend; doppeldeutig; **Amphibolie** w (~; -i|en) Zweideutigkeit; **Amphibolit** m (~en; ~en) Gestein [= → Amphibol].

Amphicar s (~s; ~s) (e.) [ämfikấr] Kraftfahrzeug für Land- und Wasserfahrten.

Amphigonie w (~; –) (gr.-lat.) zwiegeschlechtige Fortzeugung.

amphikarp EW (gr.-lat.) ♠ mit Früchten verschiedener Gestalt; mit Früchten über und in der Erde; w. abstr. s.: **Amphikarpie** (~; –).

Amphikranie w (~; -i|en) (gr.) ⚕ ganzseitiger Kopfschmerz.

amphimiktisch EW (gr.-lat.) mit (durch) vertauschte(n) Erbanlagen; w. s.: **Amphimixis** (~; –).

Amphipoden M (gr.) Flohkrebse.

Amphitheater s (~s; ~) (gr.) Bühne mit (halb)rund angeordneten ansteigenden Sitzreihen.

Amphora w (~; -phoren) (gr.-lat., = Doppelhenkelkrug) Vase mit 2 Henkeln, = **Amphore** w (~; ~n).

amphoter EW (gr.-lat.) ⚗ teils als Säure, teils basisch.

Amplifikation w (~; ~en) (lat.) Erweiterung, Ausführung; ZW: **amplifizieren** (-rte, -rt) ↗.

Amplitude w (~; ~n) (lat.) Schwingungsweite, -ausschlag; ⚕ Pulshöhe, Atmungstiefe; **Amplitudenmodulation** w (~; ~en) funktechn. Verfahren.

Ampulle w (~; ~n) (lat., = Krüglein) ⚕ geschlossenes Gläschen für sterile Heilmittel; ⚕ Organblase; † Kännchen für den Gottesdienst.

Amputation w (~; ~en) (lat.) ⚕ chirurgi-

sche Entfernung eines Gliedes; ZW: **amputieren** (-rte, -rt) ↗.
Amulett s (~[e]s; ~e) (ar.-lat.) magischer Schutzgegenstand.
amüsant EW (fr.) unterhaltsam; **Amüsement** s (~s; ~s) [*-man*] Zeitvertreib; ZW: **amüsieren** (-rte, -rt) ↗.
amusisch EW (gr.) nicht kunstverständig.
AMVER m (-; -) (≠ Atlantic Merchant Vessel Report) Handelsschiffahrtsbericht.
Amyl s (~s; ~e) (gr.) Pflanzenstärke; **Amyl|acetat** s (~s; -) (gr.-lat.) Essigsäureester von Amylalkohol; **Amylase** w (~; ~n) (KuW) ⚕ Ferment im Mundspeichel; **amylo|id** EW (gr.-lat.) stärkehaltig; **Amylo|idose** w (~; ~n) (gr.) ⚕ Gewebeverhärtung; **amylophil** EW stärkeliebend; **Amylum** s (~s; -) (gr.-lat.) Pflanzenstärke.
amythisch EW (gr.) sagenlos.
Anabaptist m (~en; ~en) (gr.) † Wiedertäufer; abstr. s.: **Anabaptismus** m (~; -) EW: **anabaptistisch**.
anabatisch EW (gr.) wiederkehrend.
Anabiose w (~; ~n) (gr.) ⊕ Fähigkeit zu überdauern.
Anabolie w (~; ~i|en) (gr.) Wechsel der Aufbaustoffe; Bildung neuer Merkmale beim Einzelwesen; EW: **anabol**; **Anabolika** M leistungssteigernde Substanzen, Medikamente; **Anabolismus** m (~; -) (gr., KuW) ⚕ Stoffwechselvorgang von einfacheren zu komplizierteren Substanzen.
Anachoret m (~en; ~en) (gr.) † Einsiedler; EW: **anachoretisch**.
Anachronismus m (~; -men) (gr.) Verstoß gegen den Zeitstil; EW: **anachronistisch**.
An|acidität w (~, -) (lat.) ⚕ Fehlen von Salzsäure im Magen.
Anadenie w (~; -i|en) (gr.) ⚕ Drüsenschwund.
an|a|erob EW (gr.) ohne Luftsauerstoff ablaufend; **An|a|erobi|er** M (gi.) ohne Sauerstoff lebensfähige Bakterien, = **An|a|erobiont** m (~en; ~en); **An|a|-erobiose** w (~; -) (gr.) keinen Sauerstoff benötigende Lebensvorgänge.
Anagenese w (~; -) (gr.) Höherentwicklung in der Stammesgeschichte; EW: **anagenetisch**.
Anaglyph m (~en; ~en) (gr.) Halbrelief, = **Anaglypt** m (~en; ~en); EW: **anaglyptisch**; **Anaglyptik** w (~; -) (gr.) Hochreliefkunst.
Anagnostiker m (~s; ~) (gr.) Dichter eines Lesedramas; **anagnostisch** EW

mehr zum Vorlesen als für die Bühne geeignet.
Anagramm s (~[e]s; ~e) (gr.) Neuwort durch Buchstabenumstellung; EW: **anagrammatisch**.
anaklitische Depression w (~n ~; ~ ~en) (gr.-lat.) extremer Hospitalismus im frühen Kindesalter.
Anakoluth s (~[e]s; ~e) (gr.) Stummelsatz; EW: **anakoluthisch**.
Anakonda w (~; ~s) (ind.?) Boaschlange.
Anakreontiker m (~s; ~) (nach dem gr. Lyriker Anakreon, 6. Jh. v. Chr.) Dichter von Liebe und Wein (18. Jh.); EW: **anakreontisch**; w. abstr. s.: **Anakreontik** (~; -).
An|akusis w (~; -) (gr.) ⚕ Taubheit.
anal EW (lat.) ⚕ am Atter; **a.e Phase** w (~n ~; -) (lat.-gr.) früher Kindheitsabschnitt (Freud).
Analekten M (gr.) Zitaten-, Aufsatzsammlung; EW: **analektisch**.
Analeptikum s (~s; -ka) (lat.-gr.) ⚕ Anregungsmittel; EW: **analeptisch**.
Anal|erotik w (~; -) (lat.-gr.) After-, Koterotik.
Analgen s (~s; -) (gr.) ⚕ Schmerzmittel; **An|algesie** w (~; ~i|en) Schmerzlosigkeit; **An|algetikum** s (~s; -ka) ⚕ schmerzlinderndes Mittel; EW: **an|algetisch**; **An|algie** w (~; ~i|en) = → Analgesie.
anallaktisch EW (gr.) unveränderlich.
analog EW (gr.) im Sachverhalt ähnlich; **Analog-Digital-Konverter** m (~- ~-~s; ~-~-~) (e.) [*-wörter*] setzt analoge Eingänge in digitale Ausgangssignale um (DV); = **Analog-Digital-Wandler** m (~-~-~s; ~-~-~); **Analogie** w (~; -i|en) Übereinstimmung; Vergleichbarkeit; gleiche Funktion entwicklungsgeschichtl. verschiedener Organe; Gesetzanwendung auf ähnlichen Tatbestand; **Analogismus** m (~; -men) (gr.-lat.) Schluß von einer auf eine ähnliche Erscheinung; **Analogon** s (ʒ; ga) (gr.) Entsprechung; **Analogrechner** m (~s; ~) Anlage mit geometr. oder physikal. Größen statt Zahlen; **Analog|uhr** w (~; ~en) Uhr mit Zifferblatt.
An|alphabet m (~en; ~en) (gr.) wer nicht (kaum) lesen u. schreiben kann; EW: **an|alphabetisch**; m. s.: **An|alphabetismus** (~; -).
Analysand m (~en; ~en) (KuW, gr.) wird psychologisch analysiert; **Analysator** m (s; -toren) (gr.-lat.) Meßgerät für chem. Analysen, polarisiertes Licht; Schwingungszerleger (nimmt

37

Analyse

psycholog. Analysen vor); **Analyse** w (~; ~n) (gr.) Feststellung der Bestandteile (☉: qualitativ, quantitativ; ♪; psychologisch; literarisch); **analysieren** ZW (-rte, -rt) ↗ (gr.-lat.) zergliedern; bis ins einzelne untersuchen; **Analysis** w (~; -lysen) (gr.) Auflösung; ⚔ mehrere Gebiete (Funktionenlehre; Differential-, Integralrechnung u. a.) zergliedernde Methode; **höhere A.** Infinitesimalrechnung; **Analyst** m (~s; ~s) (e.) [*änälist*] Börsenfachmann; **Analytik** w (~; –) Zergliederungsverfahren; m. s.: **Analytiker** (~s; ~) Fachmann in verschiedenen Fachrichtungen: Arbeitsplatz-, Berufs-, DV-, Finanz-, Marktforschung; für chem., psychol. Analysen; **analytisch** EW zergliedernd, auflösend; **a.e Chemie** ☉ erarbeitet die Zusammensetzung der Stoffe; **a.e Geometrie** ⚔ Rechenmethoden bei geometrischen Aufgaben; **a.es Drama** allmähliche Enthüllung der Tragik im Schauspiel.

An|ämie w (~; -i|en) (gr.) ✚ Blutarmut; EW: **an|ämisch**.

Anamnese w (~; ~n) (gr.) Wiedererinnerung; ✚ Vorgeschichte der Krankheit, = **Anamnesis** w (~; -nesen); EW: **anamne(s)tisch**.

Anamorphot m (~en; ~en) (gr.) Entzerrlinse für Filme; EW: **anamorphotisch** (*a.e Bilder* sind bewußt verzerrt).

Ananas w (~; ~) (ind.-port.) tropische Frucht.

Anankasmus m (~; -men) (gr.-lat.) ✚ Zwangsvorstellung, -neurose; m. s.: **Anankast** (~en; ~en) ✚; EW: **anankastisch**.

Ananke w (~; –) (gr.) Schicksalszwang.

Anapäst m (~s; ~e) (gr., = der zurückgeschlagene [Daktylus]) Versfuß (∪ ∪ –); EW: **anapästisch**.

Anaphalis m (~; –) (lat.) ⚘ Perlpfötchen.

Anaphase w (~; ~n) (gr.) Kernteilungsphase einer Zelle.

Anapher w (~; ~n) (gr.) gleicher Satzbeginn, = **Anaphora** w (~; -rä) (gr.-lat.) (EW: **anaphorisch**); † (Gebet vor der) Eucharistie.

An|aphrodisiakum s (~s; -ka) (gr.-lat.) ✚ Mittel zur Dämpfung des Geschlechtstriebes; **An|aphrodisie** w (~; -i|en) geringer Geschlechtstrieb.

Anaphylaxie w (~; -i|en) (gr.-lat.) ✚ Allergie gegen artfremdes Eiweiß; EW: **anaphylaktisch**.

An|archie w (~; -i|en) (gr.) Zwangs- und Staatenlosigkeit der Gesellschaft;

an|archisch EW herrschaftslos; **An|archismus** m (~; –) Forderung nach freier Gruppenbildung (statt rechtlichen Zwanges); m. s.: **An|archist** (~en; ~en); EW: **an|archistisch**; **An|archo** m (~s; ~s;) (KuW) lehnt sich aktiv gegen bestehende Ordnung auf.

An|arthrie w (~; -i|en) (gr.-lat.) ✚ mangelnde Fähigkeit, Laute zu bilden; EW: **an|arthrisch**.

Anasarkie w (~; –) (gr.-lat.) ✚ Hautwassersucht.

Anaspasmie w (~; -i|en) (gr.) ✚ Magenkrampf; EW: **anaspasmisch**.

anastatisch EW (gr.) erneuernd (*a.er Druck* Steindrucknachdruck).

An|ästhesie w (~; -i|en) (gr.) ✚ Schmerzbetäubung; ZW: **an|ästhesieren** (-rte, -rt) ↗; **An|ästhesin** s (~s; ~e) ✚ Lokalbetäubungsmittel; **An|ästhesiologe** m (~n; ~n) ✚ Narkoseforscher; w. abstr. s.: **An|ästhesiologie** (~;–); EW: **an|ästhesiologisch**; **An|ästhesist** m (~en; ~en) ✚ Narkosearzt; **An|ästhetikum** s (~s; -ka) (gr.-lat.) ✚ Schmerzdämpfungsmittel; **an|ästhetisch** EW ✚ schmerzbetäubend; **an|ästhetisieren** ZW (-rte, -rt) ↗ = → anästhesieren.

Anastigmat m (~s; ~e) (gr.) Objektiv zur Vermeidung der Bildfeldwölbung; EW: **anastigmatisch**.

Anastomose w (~; –) (gr.-lat.) Verbindung zwischen: ⚕ Gefäßsträngen; ✚ Blut- und Lymphgefäßen.

Anastrophe w (~; -strophen) (gr.) umgekehrte Wortfolge; EW: **anastrophisch**.

Anathem(a) s (~s; -emata) (gr.) Kirchenbann; Verurteilung von Irrlehren; ZW: **anathematisieren** (-rte, -rt) ↗.

a|national EW (lat.) nicht völkisch eingestellt.

Anatol m (~s; ~s) (nach dem Ländernamen Anatolien = Türkei) Knüpfteppich.

Anatom m (~en; ~en) (gr.) Lehrer der Leichenzergliederung; **Anatomie** w (~; ~i|en) Zergliederung des Körpers; Institut hierfür; **pathologische A.** Erforschung der krankhaften Veränderungen; EW: **anatomisch**.

Anatozismus m (~; ~-men) (gr.-lat.) Zinsenverzinsung.

anatrop EW (gr.) ⚘ gegenläufig; w. s.: **Anatropie** (~; -i|en).

an|axial EW (gr.-lat.) nicht achsrecht; asymmetrisch.

An|azidität w (~; –) = → In|azidität.

anazyklisch EW (gr-lat.) wie ein → Palindrom.

Angiosperme

ANC m (≠ African National Congress) verbotene südafrikan. Widerstandsbewegung.
Anchovis → Anschovis.
Anchusa w (~; -sen/-sae) (lat..) ⊕ Ochsenzunge.
Anci|ennität w (~; ~en) (fr.) [añßi|enn-] Dienstalter; **Anci|ennitäts|prinzip** s (~s; –) Beförderung nach dem Dienstalter.
Andante s (~s; ~s) (it., = gehendes [Musikstück]) ♪ mäßig bewegtes Tonstück; EW: **andante** ♪.
Andantino s (~s; -ni/~s) (it.) ♪ graziöses (etwas schnelleres) Andante; EW: **andantino** ♪.
andocken ZW (dockte an, angedockt) ↗ (d.-e.) Raumschiffe aneinanderkoppeln.
Andoran s (~s; –) (KuW) Kunststoff für Zahnprothesen.
Androgen s (~s; ~e) (gr.) m. Geschlechtshormon.
Andragogik w (~; –) (gr.-lat.) Erwachsenenbildung; EW: **andragogisch**.
Androgamet m (~en; ~en) (gr.) m. Keimzelle; **Androgen** s (~[e]s; ~e) m. Geschlechtshormon; **Androgynie** w (~; -i|en) ⚥ Zwitterbildung; EW: **androgyn(isch)**; **Andro|id** m (~en; ~en) Computer auf Beinen („Roboter"); **Androloge** m (~n; ~n) ⚥ Männerarzt; Erforscher m. Erkrankungen; w. abstr. s.: **Andrologie** (~; –); EW: **andrologisch**; **androman** EW (gr.) mannstoll; w. s.: **Andromane** (~n; ~n); w. abstr. s.: **Andromanie** (~; –); **Andropause** w (~; ~n) (gr.-lat.-fr.) ⚥ m. Wechseljahre; **Androphobie** w (~; -i|en) (gr.) ⚥ Männerscheu; **Androspermi|en** M (m. Geschlecht übertragende) Spermien; **Androsteron** s (~s; –) (KuW, gr.) wichtiges Androgen.
Andröze|um s (~s; –) (gr.-lat.) ⊕ alle Staubblätter einer Blüte.
Anekdote w (~; ~n) (gr., = die Nichtveröffentlichte) knappe charakterisierende Geschichte; EW: **anekdotisch**.
Anellierung w (~; ~en) (lat.) ⚛ Bildung von Kondensringen mit gemeinsamen Kohlenstoffatomen.
Anemochoren M (gr.) ⊕ Pflanzen, deren Samen der Wind verbreitet; w. abstr. s.: **Anemochorie** (~; –); EW: **anemochorisch**.
anemogam EW (gr.) ⊕ windbestäubt; w. s.: **Anemogamie** (~; –) **anemogen** EW vom Wind gebildet; **Anemogramm** s (~[e]s; ~e) Aufzeichnung eines Windmessers; **Anemograph** m (~en; ~en) Windmeßgerät; **Anemo-**

logie w (~; –) Windforschung; **Anemometer** s (~s; ~) Windstärkenmesser; EW: **anemometrisch**; **Anemone** w (~; ~n) ⊕ Buschwindröschen; **anemophil** EW ⊕ windbestäubt; **Anemoskop** s (~s; ~e) Gerät, das die Windschnelle sichtbar macht; **Anemostat** m (~en; ~en) Luftverbesserer; **Anemotaxis** w (~; -taxen) Bewegung von Lebewesen in der Luftströmung; **Anemotropograph** m (~en; ~en) Windrichtungsaufzeichner; EW: **anemotropographisch**; **Anemotropometer** s (~s; ~) Windrichtungsanzeiger.
An|energie w (~; –) = → An|ergie; **an-(en)ergisch** EW (gr.) kraft-, entschlußlos; unempfindlich; **An|ergie** w (~; -i|en) (gr.-lat.) ⚥ Reaktionsunfähigkeit; Energiearmut; nicht umwandelbare Energie.
Ä|neolithikum s (~s; –) (lat.-gr.) Steinkupferzeit, = Chalkolithikum.
Anero|id m (~s; ~e) = **Anero|idbarometer** s (~s; ~) (gr.) Trockenbarometer.
An|erosie w (~; –) (gr.-lat.) ⚥ Geschlechtskälte.
an|euplo|id EW (gr.) mit ungleicher (abnormer) Chromosomenzahl; w. s.: **An|euplo|idie** (~; –).
An|eurie w (~; –) (gr.-lat.) ⚥ Nervenschwäche.
An|eurin s (~s; –) (gr.-lat.) Vitamin B₁.
Aneurysma s (~s; -men) (gr.) Ausbuchtung der Herz-, der Arterienwand.
anfixen ZW (fixte an, angefixt) ↗ (d.-e.) zur Drogeneinnahme überreden.
Angari|enrecht s (~s; –) (lat.-d.) Verwendung fremder Schiffe in eigenen Häfen.
Angelus m (~; –) (lat., = Engel) † Feierabendläuten.
Angi|itis w (~; -itiden) (gr.-lat.) ⚥ Gefäßentzündung; **Angina** w (~; -nen) (lat.) ⚥ Mandelentzündung; **A. pectoris** w (~ ~; –) Schmerzanfälle in der Herzgegend; EW: **anginös**
Angiogramm s (~[e]s; ~e) (gr.) ⚥ Röntgenbild der Gefäße; **Angiographie** w (~; -i|en) ⚥ Röntgenkontrastdarstellung von Herz, Venen und Arterien, = **Angiokardiographie** w (~; -i|en); **Angiologie** w (~; –) Gefäßforschung; m. s.: **Angiologe** (~n; ~n); EW: **angiologisch**; **Angiom** s (~s; ~e) ⚥ Blutschwamm, (gutartige) Geschwulst, = **Angioma** s (~s; -ta); **Angiopathie** w (~; -i|en) ⚥ Gefäßkrankheit, = **Angiose** w (~; ~n); **Angiosperme** w (~; ~n) ⊕ Bedecktsamige.

39

Anglaise w (~; ~n) (fr.) [*an̄glås*] ♪ Tanz im Dreivierteltakt ↓.

Angle-Winder m (~~~s; ~~~) (am., = Winkelkurbel) [*ān̄gl waindr*] Schrägantrieb des Rennwagens.

anglikanisch EW (lat.) zur e. Staatskirche gehörend *(a.e Kirche)*; **Anglikanismus** m (~; -) Lehre von der e. Staatskirche; **anglisieren** ZW (-rte, -rt) ↗ englischer Form annähern; **Anglist** m (~en; ~en) Englandforscher; **Anglistik** w (~; -) Erforschung der e. Sprache, Literatur, Kultur; EW: **anglistisch**; **Anglizismus** m (~; -men) e. Spracheigenart in einer anderen Sprache; **anglophil** EW (gr.) englandfreundlich; w. abstr. s.: **Anglophilie** (~; -); **anglophob** EW (gr.) englandfeindlich; w. abstr. s.: **Anglophobie** (~; -).

Angophrasie w (~; -i|en) (lat.-gr.) stoßweises Sprechen.

Angostura m (~s; ~s) aus **Angosturarinde** w (~; ~n) hergestellter Likör (eigtl.: Engpaß bei Bolivar).

angular EW (lat.) winklig.

An|hedonie w (~; -) (gr.-lat.) ⚥ Unfähigkeit zur Wollust.

An|heliose w (~; -) (gr.) ⚥ Leistungsschwäche durch Fehlen des Sonnenlichts.

an|hemitonisch EW (gr.) ♪ ohne Halbtöne.

Anhidrose w (~; -) (gr.) ⚥ Schweißverminderung; EW: **anhidrotisch**.

Anhydrämie w (~; -i|en) (gr.) ⚥ Wasserarmut im Blut; **Anhydramnie** w (~; -) (gr.-lat.) ⚥ Fehlen des Fruchtwassers bei Schwangeren; **Anhydrid** s (~[e]s; ~e) (gr., = Wasserloses) ⚗ Verbindung nach Wasseraustritt; **Anhydrit** m (~[e]s; ~e) wasserfreier Gips.

änigmatisch EW (gr.) rätselhaft.

Anilin s (~s; ~e) (ar.-lat.) ⚗ Aminobenzol (Steinkohlenteerbestandteil); **Anilindruck** m (~s; ~e) Hochdruckverfahren mit Anilinfarben.

Anima w (~; -) (lat.) w. Urbild im m. Seelenleben; unedler Kern einer Münze aus Edelmetall.

animal(isch) EW (lat.) triebhaft; tierisch; **Animalismus** m (~; -) Tieranbetung; **Animalität** w (~; -) tierische Art; **Animateur** m (~s; ~s) (fr.) [*-tör*] Unterhalter zur Verbreitung guter Stimmung; **Animatismus** m (~; -) Allbelebung; **Animator** m (~s; -toren) (lat.-am.) Trickfilmzeichner; bayr. Starkbier; **animieren** ZW (-rte, -rt) ↗ ermuntern; Bewegungsabläufe filmen (im Trickfilm zeichnen); **Animismus** m (~; -) Beseelung des Unbeseelten; **Animist** m (~en; ~en) Anhänger des Animismus; EW: **animistisch**; **animos** EW reizbar; erbittert; **Animosität** w (~; ~en) Abneigung; Reizbarkeit; **animoso** (it.) ♪ munter.

Animus m (~; -) (lat.) Gegenstück zu → Anima.

An|ion s (~s; ~) (gr., = das Aufsteigende) negativ geladenes → Ion.

Anis m (~es; ~e) (gr.-lat.) ⊕ oriental. Doldengewächs; **Anisette** m (~s; ~s) (fr.) [*-sätt*] Anisschnaps.

Ankathete w (~; ~n) (gr.-lat.) ⊿ ein Schenkel des rechtwinkl. Dreiecks.

Ankylose w (~; ~n) (gr.) ⚥ Gelenkversteifung; **Ankylostomiase** w (~; ~n) (gr.-lat.) ⚥ Wurmkrankheit, = **Ankylostomiasis** w (~; -asen), = **Ankylostymose** w (~; ~n); **ankylotisch** EW ⚥ gelenkversteift; **Ankylotom** s (~[e]s; ~e) (gr.) ⚥ geschweiftes Skalpell.

An|moderation w (~; ~en) (d.-lat.) Einstimmung auf Einzelbeitrag einer Sendung.

Annalen M (lat.) Jahrbücher, -aufzeichnungen; Zeitschriftentitel.

Annalin s (~s; -) (e.) ⚭ feiner Gips.

Annalist m (~en; ~en) (lat.) Autor, Erforscher von Annalen; w. abstr. s.: **Annalistik** (~; -); EW: **annalistisch**.

Annaten M (lat.) † Pfründenzins an den Papst.

annektieren ZW (-rte, -rt) ↗ sich (Gebiete) aneignen.

Anneliden M (lat.) Ringwürmer.

annex EW (lat.) angefügt; **Annex** m (~es; ~e) Anhang; **Annexion** w (~; ~en) gewaltsame Einverleibung eines ausländischen Gebietsteiles; **Annexionismus** m (~; -) annexionistische Politik; m. s.: **Annexionist** (~en; ~en); EW: **annexionistisch**.

anni currentis (lat.; ⚭ *a. c.*) in diesem Jahr.

Anni|hilation der Materi|e w (~ ~ ~; ~en ~ ~~) (KuW) vollständige Umwandlung von Materie in Energie beim Treffen auf → Antimaterie.

Anniversar s (~[e]s; ~e) (lat.) † jährliches Gedenken an den Verstorbenen, = **Anniversarium** s (~s; -ri|en).

anno dazumal (lat.-d.) einst; **Anno Domini** (lat.) im Jahre des Herrn.

Annonce w (~; ~n) (fr.) [*an̄nōn̄ße*] Inserat; **Annoncen|expedition** w (~; ~en) (fr.-lat.) Inseratenannahme; **Annonceuse** w (~; ~n) (fr.) [*anon̄ßöse*] Ansagerin der Bestellungen in die Gasthausküche; **annoncieren** ZW

40

(-rte, -rt) [*anoñßi-*] ↗ in der Zeitung anzeigen; dem Publikum von der Bühne herab mitteilen.
annu|ell EW (lat.) ⊕ einjährig *(a.e Pflanzen)*; **Annu|ität** w (~; ~en) jährliche Schuldzahlung (Tilgung + Zins).
annullieren ZW (-rte, -rt) ↗ (lat.) für nichtig erklären; **Annullierung** w (~; ~en) Lösung, Aufhebung.
Annuntiations|stil m (~s; -) (lat.) Jahresrechnung mit Jahresanfang am 25. März.
An|ode w (~; ~n) (gr.) positiv geladene Elektrode; **An|odenbatterie** w (~; -i|en) (gr.-fr.) Trockenelementbatterie.
An|odyna M (gr.) ⚕ schmerzstillende Mittel; **An|odynie** w (~; -i|en) (gr.) ⚕ Schmerzlosigkeit.
anogen EW (gr.) von unten her (Ggs.: *katogen*).
Anola w (~; -) (gr.) ⚕ Blödsinn.
An|olympiade w (~; ~n) (gr.) Zeitrechnung nach nichtolympischen Wettkämpfen.
Anolyt m (~s; ~en) (KuW) ✝ Elektrolyt im Anodenraum.
anomal EW (gr.) unregelmäßig, regelwidrig; **Anomalie** w (~; -i|en) (gr.) Regelwidrigkeit; astronom. Winkel; EW: **anomalistisch** (*a.es Jahr* Zeit von einer größten Sonnennähe der Erde bis zur nächsten; *a.er Mond* Zeit von einer größten Erdnähe des Mondes bis zur nächsten); **An|omaloskop** s (~[e]s; ~e) ⚕ Gerät zur Prüfung des Farbensinns; w. abstr. s.: **Anomaloskopie** (~; -i|en) Regellosigkeit als Folge der Arbeitsteilung; Ohnmachtsgefühl; Störung des Sprechvermögens; Zusammenbruch kultureller Ordnung; EW: **anomaloskopisch**.
Anomie w (~; -i|en) (gr.) Gesetzlosigkeit; EW: **anomisch**.
anonym(isch) EW (gr.) namen-, unterschriftlos; **Anonyme Alkoholiker** M (¢ *AA*) Selbsthilfeorganisation von Alkoholikern; **Anonymität** w (~; -) Namen-, Unterschriftlosigkeit; **An|onymus** m (~; -mi/-men) (gr.-lat.) wer seinen Namen nicht angibt.
Anopheles M (gr.-lat.) Stechmückengattung.
An|ophthalmie w (~; -i|en) (gr.) Fehlen eines Augapfels (beider Augäpfel).
An|opie w (~; -i|en) (gr.-lat.) ⚕ Untätigkeit eines Auges; **an|opisto|graphisch** EW nur einseitig beschrieben.
Anorak m (~s; ~s) (esk.) Windjacke.
An|orch(id)ie w (~; -) angeborenes Fehlen der Hoden.

anorektal EW (lat.) am (beim) Mastdarm (After).
An|orexie w (~; -i|en) (gr.) ⚕ Appetitlosigkeit; Magersucht.
an|organisch EW (gr.) nicht von Organismen stammend; sich in kein Gesamtwerk einfügend; metallisch; **a.e Chemie** Erforschung der Elemente u. ihrer (meisten) Verbindungen; **a.e Natur** unbelebte Natur.
An|orgasmie w (~; -i|en) (gr.-lat.) ⚕ Unfähigkeit zum höchsten Geschlechtsgenuß.
anormal EW falsch für: → anomal; → abnorm.
An|osmie w (~; -i|en) (gr.) ⚕ Geruchsunfähigkeit; EW: **an|osmisch**.
An|ostose w (~; ~n) (gr.) ⚕ Knochenschwund.
anotherm EW (gr.) Kälte in größerer Tiefe (Wasser); w. s.: **Anothermie** (~; -i|en).
An|ox|ämie w (~; -) (gr.) ⚕ Sauerstoffmangel (im Blut); **An|oxie** w (~; -) ⚕ Sauerstoffmangel (in den Geweben); **an|oxisch** EW (gr.-lat.) Sauerstoff ermangelnd.
An|oxyhämie w (~; -) (gr.) = → Anoxämie.
ANSA w (~it., ¢ Agenzia Nazionale Stampa Associata) it. Nachrichtenagentur.
Anschovis w (~; ~) (bask.-nl.) kleine Sardelle.
Antacid s (~s; ~e) (gr.-lat.) gegen Säuren unempfindl. Eisen-Silicium-Legierung.
Ant|agonismus m (~; -men) (gr., = Gegensatz) Gegenspiel; m. s.: **Ant|agonist** (~en; ~en); EW: **ant|agonistisch**.
Ant|algikum s (~s; -ka) (gr.-lat.) ⚕ schmerzstillendes Mittel; EW: **ant|algisch**.
Ant|apex m (~; -apices) (gr.-lat.) Gegenpol des → Apex.
Ant|aphrodisiakum s (~s; -ka) (gr.-lat.) ⚕ geschlechtstriebdämpfendes Mittel.
Ant|arktik(a) w (;) (gr.) Südpolmeere; **Ant|arktis** w (~; -) Südpolgegend; EW: **ant|arktisch**.
Ant|arthritikum s (~s; -ka) (gr.-lat.) ⚕ Mittel gegen Gicht; EW: **ant|arthritisch**.
antasthenisch EW (gr.) ⚕ kräftigend.
ante Christum (natum) (lat.) vor Christi Geburt.
antedatieren ZW (-rte, -rt) ↗ (lat.) früheres Datum einsetzen; w. s.: **Antedatierung** (~; ~en).
antediluvianisch EW (lat.) vorm Diluvium ↓; s. s.: **Antediluvium** (~s; -) ↓.

Antemetikum s (~s; -ka) (gr.) Mittel gegen Erbrechen.
ante mortem (lat.) $ vor dem Tod.
Anten M (lat.) ▢ zweisäulige Vorhalle.
Antenne w (~; ~n) (lat., = Segelstange) Gliederfüßlerfühler; Empfänger (Sender) von Radiowellen *(für etw. eine A. haben* Verständnis).
Antentempel m (~s; ~) (lat.) Tempel mit zweisäuliger Vorhalle (= → Anten).
Antependium s (~s; -i|en/-ia) (lat., = Vorhang) † Altarvorsatz.
anteponierend EW (lat.) $ zu früh.
ante portas (lat.) schon vor der Tür.
Antezedens s (~; -denzi|en) (lat.) = → Prämisse; Ursache; **antezedent** EW durch (infolge) Antezedenz; **Antezedenz** w (~; -i|en) = → Antezedens; Talbildung durch Fluß.
Ant|helium s (~s; -i|en) (gr.) Gegensonne.
Anthem s (~s; ~s) (am.) [*änßm*] ♪ Vertonung geistlicher Texte.
Anthemis w (~; –) (gr.-lat.) ⊕ Hundskamille.
Anthere w (~; ~n) (gr.-lat.) ⊕ Staubbeutel.
Antheridium s (~s; -di|en) ⊕ m. Geschlechtsorgan niederer Pflanzen.
Anthese w (~; ~n) ⊕ vom Auf- bis zum Verblühen.
Anthesteri|en M (gr.) altgr. Frühlingsfest.
Ant|hidrotikum s (~s; -ka) (gr.-lat.) $ Mittel gegen Schweiß; EW: **ant|hidrotisch**.
Anthochlor s (~s; ~e) (gr.) [-*klôr*] ⊕ Blütenfarbstoff.
Anthocyan s (~s; –) (gr.) ⊕ Pflanzenfarbstoff.
Anthologie w (~; -i|en) (gr.) Gedicht-, Textsammlung; **anthologisch** EW ausgewählt.
Anthoxanthin s (~s; ~e) (gr.) ⊕ Blütenfarbstoff.
Anthozo|on s (~s; -zo|en) ⊕ Blumentier.
Anthraknose w (~; ~n) (gr.-lat.) Pilzbefall von Pflanzen.
Anthrakose w (~; ~n) (gr.-lat.) $ Kohlenstaublunge; **Anthrax** m (~; –) $ Milzbrand.
Anthrazit m (~[e]s; ~e) (gr.) Steinkohlenart.
Anthropobiologie w (~; –) (gr.) Erforschung der menschlichen Lebensäußerungen; m. s.: **Anthropobiologe** (~n;~n); EW: **anthropobiologisch**; **Anthropochoren** M (gr. [-*ko-*]) durch Menschen verbreitete Tiere (Pflanzen); w. abstr. s.: **Anthropochorie** (~; -i|en) [-*ko-*]; EW: **anthropochorisch** [*ko-*]; **anthropogen** EW vom Menschen verursacht (beeinflußt); **a.e Faktoren** vom Menschen stammende Naturveränderungen; **Anthropogenie** w (~; –) (gr.) Entstehungsgeschichte der Menschen, = **Anthropogenese** w (~; –); **Anthropogeographie** w (~; –) Erforschung der Beziehungen zwischen Mensch und Umwelt; **Anthropographie** w (~; –) (gr.) Rassenbeschreibung; **anthropo|id** EW menschenartig; **Anthropo|ide** m (~n; ~n) Menschenaffe; **Anthropoklimatologie** w (~; –) (gr.) Erforschung der Zusammenhänge zwischen Mensch und Klima; **Anthropolatrie** w (~; –) (gr.) Menschenkult; **Anthropologe** m (~n; ~n) Abstammungs-, Rassenforscher; Erforscher des Menschen; **Anthropologie** w (~; –) Lehre vom Menschen; EW: **anthropologisch**; **Anthropometer** s (~s; ~) genaues Körpermeßgerät; **Anthropometrie** w (~; –) Erforschung der menschlichen Meßwerte; EW: **anthropometrisch**; **anthropomorph** EW vermenschlichend; **Anthropomorphe** (~n; ~n) Menschenaffe; **anthropomorphisieren** ZW (-rte, -rt) ⤳ vermenschlichen; **Anthropomorphismus** m (~; –) Vermenschlichung nichtmenschlicher Lebewesen; **Anthropomorphose** w (~; ~n) Vermenschlichung; **Anthroponose** w (~; ~n) $ Krankheit, die nur Menschen befällt; **Anthroponym** s (~s; ~e) Personenname; **Anthropophagie** w (~; –) (gr.) Menschenfresserei; EW: **anthropophag**; m. s.: **Anthropophag(e)** (~[e]n; ~[e]n); **Anthropophobie** w (~; -i|en) (gr.) $ Menschenscheu; EW: **anthropophob**; **Anthroposkopie** w (~; –) = → Physiognomik; EW: **anthroposkopisch**; **Anthroposophie** w (~; –) (gr., = Wissen vom Menschen) Philosophie des gesteigerten Bewußtseins; m. s.: **Anthroposoph** (~en; ~en); EW: **anthroposophisch**; **Anthropotechnik** w (~; ~en) (gr. KuW) Versuch, Maschinen dem Menschen anzupassen; **Anthropotherapie** w (~; –) $ Menschenheilkunde; EW: **anthropotherapeutisch**; **anthropozentrisch** EW vom Menschen her gesehen; **Anthropozo|on** s (~s; -zo|en) vom Menschen unbeabsichtigt eingeschlepptes Tier; **Anthropozo|onose** w (~; ~n) $ vom Tier auf Menschen übertragene Krankheit; **Anthropus** m (~; –) (gr.-lat.) Mensch der Urzeit.

Anthurium s (~s; -ria) (gr.-lat.) ⊕ Aaronstab, = **Anthuri|e** w (~; ~n).
anti| (Vorsilbe) (lat.) gegen, dagegen.
Anti|alkoholiker m (~s; ~) (lat.) Gegner von Alkohol; EW: **anti|alkoholisch**.
Antiarin s (~[e]s; ~e) (gr.) Pfeilgift.
Anti|asthmatikum s (~s; -ka) (gr.-lat.) ⚕ Asthmamittel.
anti|autoritär EW (lat.) gegen jede Bevormundung.
Antibabypille w (~;~n) (lat.-e.) Empfängnisverhütungsmittel (meist ∉ *Pille*).
antibakteri|ell EW (gr.) ⚕ bakterienfeindlich.
Antibiont m (~en; ~en) (gr.-lat.) Kleinstlebewesen; bewirken **Antibiose** w (~; ~n) Hemmung oder Vernichtung anderer Mikroorganismen; **Antibiotika** M ⚕ Stoffwechselprodukte mit biotischer Aktivität (gegen Pilze, Viren, Bakterien); EW: **antibiotisch**.
antichambrieren ZW (-rte, -rt) ✓ (gr.-fr.) [*-schan*-] in Vorzimmern herumstehen; liebedienern.
Antichrese w (~; ~n) = **Antichresis** w (~; -sen) (gr.) Nutzpfand statt Zinsen; EW: **antichretisch**.
Antichrist m (~en; ~en) (lat.) † Gegner Christi (der Christen); EW: **antichristlich**.
antidemokratisch EW (gr.) demokratiefeindlich; m. s.: **Antidemokrat** (~en; ~en).
Antidepressivum s (~s; -va) (lat.) Mittel gegen Depressionen.
Antiderapant m (~en; ~en) (gr.-lat.) Gleitschutzreifen.
Antidiabetikum s (~s; -ka) (gr.-lat.) ⚕ Blutzuckersenkungsmittel; EW: **antidiabetisch**.
Antidiarrho|ikum s (~s; -ka) (lat.) ⚕ Mittel gegen Durchfall.
Antidiuretin s (~s; ~e) (gr.) harnausscheidungshemmendes Hormon.
Antidotum s (~s; -ta/-ten) (gr.-lat.) ⚕ Gegengift, = **Antidot** s (~[e]s; ~e), = **Antidoton** s (~s, -ta).
Antidumpingzölle M (gr.-e.) Zölle gegen Auslandswaren zu extremen Unterbietungspreisen.
Anti|elektron s (~s; ~en) (lat.-gr.) Antiteilchen des Elektrons; = → Positron.
Anti|enzym s (~s; ~e) (gr.-lat.) ⚕ Antikörper gegen artfremde Enzyme.
Antifaktor m (~s; -toren) (gr.-lat.) ⚕ Mittel gegen Blutgerinnung.
Antifaschismus m (~; -) (lat.-it.) scharfe Einstellung gegen den Faschismus;

Antifaschist m (~en; ~en) Gegner des Faschismus; EW: **antifaschistisch**.
Antifebrile M (gr.-lat.) ⚕ Mittel gegen Fieber.
Antiferment s (~[e]s; ~e) (gr.-lat.) fermenthemmender Stoff.
Antigalaxie w (~; -i|en) (lat.-gr.) Spiralnebel aus → Antimaterie.
Antigen s (~s; ~e) (gr.) ⚕ ∉ **Anti**somatogen, = die Bildung von Antikörpern anregender Stoff.
Antihistaminikum s (~s; -ka) (KuW, lat.) Mittel gegen Allergien.
Antihormon s (~s; ~e) (gr.) Schutzstoff gegen Überfülle an Hormon.
Anti|intellektualismus m (~; -) (gr.-lat.) Betonung des Willens (des Gefühls, der Intuition) gegenüber dem Verstand; m. s.: **Anti|intellektualist** (~en; ~en); EW: **anti|intellektualistisch**.
antik EW (lat.) aus dem gr., röm. Altertum; aus vergangener Zeit.
Antikagli|en M (it.) [*-kalli|en*] kunstvolle Kleinigkeiten.
Antikat(h)ode w (~; ~n) (gr.) Anode einer Röntgenröhre.
Antike w (~; ~n) (lat.) Zeit und Welt der „Klassik" (der alten Griechen und Römer); EW: **antikisch**; **antikisieren** ZW (-rte, -rt) ↗ nach klassischem Vorbild formen.
antiklerikal EW (gr.-lat.) † gegen Kirche und Geistliche; abstr. s.: **Antiklerikalismus** m (~; -).
Antiklimax w (~; -) (lat.) Abschwächung des Ausdrucks.
antiklinal EW (lat.) ⚒ sattelförmig; **Antiklinale** s (~s; ~s) (gr.-lat.) Gewölbe-, Sattelfalte, = **Antikline** w (~; ~n); **Antiklinorium** s (~s; -i|en) Faltenbündel.
Antikoagulanti|en M (lat.) ⚕ Mittel gegen Blutgerinnsel.
Antikominternpakt m (~[e]s; -) (gr.-r.-lat.) Bündnis Deutschland–Japan 1936.
Antikonzeption w (~, -) (lat.) ⚕ Empfängnisverhütung; EW: **antikonzeptionell** (lat.) ⚕ empfängnisverhütend; **Antikonzeptivum** s (~s, -va/-ven) (lat.) empfängnisverhütendes Mittel.
Antikörper m (~s; ~) (lat.) ⚕ aus Eiweiß aufgebauter körpereigener Immunstoff (gegen Antigene).
Antikritik w (~; ~en) (lat.-gr.) Antwort auf Kritik; EW: **antikritisch**; **Antikritikus** m (~; ~se/-tizi) Zug im Kunstschach.
Antilogik w (~; -) (gr.) unlogisches

43

Denken; **antilogisch** EW der Logik widersprechend.
Antilope w (~; ~n) (gr.-lat.-fr.) afr. Paarhufer.
Antimachiavellismus m (~; –) (nach einer Schrift Friedrichs d. Gr. gegen den florentin. Staatsmann Niccolo *Machiavelli* [*-makjavelli-*], 1469–1527) Einstellung gegen bedenkenlose Machtpolitik; m. s.: **Antimachiavellist**; EW: **antimachiavellistisch** [*-makja-*].
Antimaterie w (~; –) (lat.) Elementarteilchen mit entgegengesetzten Vorzeichen für Ladung, Parität und Spinrichtung.
antimetaphysisch EW (gr.-lat.) gegen die Metaphysik.
Antimetrie w (~; –) (lat.-gr.) □ symmetr. Auflage, asymmetrisch belastet.
Antimilitarismus m (~; –) (lat.) Ablehnung militärischer Maßnahmen; m. s.: **Antimilitarist** (~en; ~en); EW: **antimilitaristisch**.
Antimon s (~s; ~e) (äg.-ar.-lat.) ☌ Element (∉ *Sb*); EW: **antimonig**.
Antimonarch m (~en; ~en) (gr.) wer gegen den Monarchismus ist; EW: **antimonarch(ist)isch**.
Antimonit m (~s; ~e) Salz der antimonigen Säure; wichtigstes Antimonerz.
Antimoralist m (~en; ~en) (gr.-lat.) Gegner moralischer Grundsätze; m. abstr. s.: **Antimoralismus** (~; –); EW: **antimoral(ist)isch**.
Anti|mykotikum s (~s; -ka) (KuW, lat.-gr.) Mittel gegen Pilzbefall; EW: **antimykotisch**.
Antineuralgikum s (~s; -ka) (gr.-lat.) ⚕ Nervenschmerzmittel; EW: **antineuralgisch**.
Antineutron s (~s; -ronen) (gr.) Elementarteilchen mit dem Neutron entgegengesetzten Eigenschaften.
Antinomie w (~; -i|en) (gr.) Gegensatz zweier an sich beweisbarer Sätze; EW: **antinomisch**; **Antinomismus** m (~; –) (gr.-lat.) † Betonung der göttl. Gnade und der Glaubensfreiheit (gegenüber dem Moralgesetz); m. s.: **Antinomist** (~en; ~en); EW: **antinomistisch**.
Anti|oxydans s (~; -dantien) (lat.) Mittel gegen Schäden durch Luftsauerstoff.
antiparallel EW ⚔ parallel, aber entgegengesetzt verlaufend.
Antiparallelogramm s (~[e]s; ~e) (gr.) ⚔ gerades Trapez.
Antipartikel m (~s; ~) (lat.) = → Antiteilchen.
Antipassat m (~[e]s; ~e) (gr.-lat.) Tropenwind vom Äquator zum Pol.

Antipasto s (~s; -sti) (it.) Vorspeise.
Antipathie w (~; -i|en) (gr.) Abneigung, Widerwillen; EW: **antipathisch** (Ggs.: *sympathisch*).
Antiperistaltik w (~; ~en) (gr.) ⚕ Brechreiz; EW: **antiperistaltisch**.
Antiphlogistikum s (~s; -ka) (gr.-lat.) ⚕ entzündungshemmendes Mittel.
Antiphon w (~; ~es) (gr.) ♪ Wechselgesang; abstr. s.: **Antiphonie** w (~; -i|en); EW: **antiphonal, antiphonisch**;
Antiphonar s (~s; ~e) † Chorgebetbuch mit Melodien, = **Antiphonale** s (~s; -li|en).
Antiphrase w (~; ~n) (gr.) Ironisierung durch Aussage des Gegenteils.
Antipode m (~n; ~n) (gr., = Gegenfüßler) Bewohner der andern Erdseite; ganz anders Gearteter; Gegenfüßlerzele; EW: **antipodisch**.
Antiproton s (~s; -tonen) (lat.-gr.) Antiteilchen des Protons.
Antipyrese w (~; ~n) (gr.) ⚕ Fieberbekämpfung; **Antipyretikum** s (~s; -ka) (gr.-lat.) ⚕ Fiebermittel; EW: **antipyretisch**; **Antipyrin** s (~s; –) (gr.) ⚕ Fieber-, Schmerzmittel.
Antiqua w (~; –) (lat.) Druckschrift, aus der Humanistenschrift abgeleitet; **Antiquar** m (~s; ~e) Altbuch-, Altertümerhändler; **Antiquariat** s (~[e]s; ~e) Altbuchladen (*modernes A.* verbilligte Lizenzausgaben neuer Bücher); **antiquarisch** EW alt gekauft (kaufbar); **antiquiert** EW überaltert; veraltet; w. abstr. s.: **Antiquiertheit** (~; ~en); **Antiquitäten** M Altertümer; schöne alte Gegenstände.
Antirakete(nrakete) w (~; ~n) (lat.-gr.-it.) Raketenabwehrgeschoß.
Antireaktivität w (~; –) (mögliche) Reaktion von Abschaltorganen bei Gebrauch (im Kernreaktor).
Antireflexbelag m (~s; -läge) Glasbeschichtung zur Entspiegelung.
Antirheumatikum s (~s; -ka) (gr.-lat.) ⚕ Heilmittel gegen Rheuma; EW: **antirheumatisch**.
Antisemit m (~en; ~en) (lat.) Judenfeind; EW: **antisemitisch**; **Antisemitismus** m (~; –) prinzipielle Abneigung gegen Juden.
antisandinistisch EW zu den Contras (in Nicaragua) gehörig.
Antisepsis w (; -psen) (gr.) ⚕ Keimtötung (seit 1867); **Antiseptikum** s (~s; -ka) (lat.) ⚕ Mittel gegen Infektionserreger; EW: **antiseptisch**.
Antiserum s (~s; -seren/-ra) (gr.-lat.) Heilserum.
Anti|skating s (~s; –) [*-skei-*] Vorrich-

tung zur Verringerung von Reibungsverlusten des Tonarms von Plattenspielern.
Antispasmodikum s (~s; -ka) (gr.-lat.) ≠ Krampfmittel, = **Antispastikum** s (~s; -ka); **antispastisch** EW ≠ entkrampfend.
Antistatikum s (~s; -ka) (KuW, lat.) verhindert el. Aufladung; **antistatisch** EW (gr.-lat.) nicht zu elektrischer Aufladung neigend.
Antiteilchen s (~s; ~) ⊕ komplementäres Elementarteilchen.
Antitheater s (~s; ~) (gr.) gesellschaftlich engagiertes, modernes experimentelles Theater.
Antithese w (~; ~n) (gr.) Gegensatz, Gegenbehauptung, = **Antithesis** w (~; -sen); **Antithetik** w (~; –) Konfrontierung sich ausschließender Behauptungen; **antithetisch** EW gegenüberstellend; gegensätzlich.
Antitoxin s (~s; ~e) (gr.) ≠ Gegengift; körpereigener Immunstoff.
Antitrustbewegung w (~; -) (lat.-e.-d.) [*-trast-*] Gruppe gegen Kartellbildung, gegen wirtschaftl. Übermacht.
Antivitamin s (~s; ~e) (gr.) ≠ vitaminhemmendes Mittel.
Antizipandozahlung w (~; ~en) (it.-d.) Zahlung vor Fälligkeit; **Antizipation** w (~; ~en) (lat.) wissenschaftl. Vorwegnahme (des Ergebnisses, einer Erkenntnis, der Schachaufgabe); Vorschußzahlung; ≠ vorzeitiger Ausbruch der Krankheit; † Übertragung der Anwartschaft auf ein Amt; **antizipieren** ZW (-rte, -rt) ↗ vorwegnehmen.
antizyklisch EW (gr.-lat.) in einer Folge, die der regelmäßigen entgegenläuft (in Politik, Verhalten, Werbung, Wetter).
Antizyklone w (~; ~n) (gr.) Hochdruckgebiet, = **Antizyklon** s (~[e]s; ~e).
Antizymotikum s (~s; -ka) (gr.-lat.) zögert Gärung hinaus.
Ant|öken M (gr.-lat.) Bewohner desselben Meridians auf der entgegengesetzten geogr. Breite; EW: **ant|ökisch.**
Antonym ε (~[e]s; ~e) (gr.-lat.) Wort mit gegensätzlichem Sinngehalt.
antörnen = → anturnen.
antunen ZW (am.) [*-tju-*] ⟋ (tunte an, angetunt) sich mit Drogen stimulieren.
anturnen ZW (am.) [*-tör-*] ⟋ (turnte an, angeturnt) rauschsüchtig werden, sein.
An|urie w (~; -i|en) (gr.) ≠ Harnverhaltung.
ANZUS (KuW) Verteidigungsbündnis zwischen Australien, Neuseeland (New Zealand), USA.
AOC (≠ Appellation d'Origine Controllé) Gütezeichen fr. Weine.
äolisch EW (gr.) durch Wind; **Äolsharfe** w (~; ~n) (gr.-d.) ♪ Instrument, dessen Saiten von Luft bewegt werden.
Äonen M (gr., nach dem Zeitgott *Aion*) Epochen; geistige Kräfte von Gott.
Aorist m (~[e]s; ~e) (gr.) gr. Erzählzeitform.
Aorta w (~; -ten) (gr.) ≠ Hauptschlagader; **Aort|algie** w (~; -i|en) Schmerz um die Aorta; **Aorten|insuffizi|enz** w (~; ~en) (gr.-lat.) ≠ Mangelhaftigkeit der Herzklappentätigkeit; **Aortitis** w (~; -it|den) (gr.) ≠ Entzündung der Hauptschlagader; **Aortographie** w (~; -i|en) ≠ Röntgendarstellung der großen Körperschlagader; EW: **aortographisch.**
aosmisch EW ohne Geruch.
Apache m (~n; ~n) [auch: *-patsche*] (ind.) berittener Nomade; Ganove, Verbrecher.
Apanage w (~; ~n) (fr.) [*-nasch*] Unterhalts-, Abfindungssumme für die Mitglieder des Herrscherhauses.
apart EW (fr.) besonders; **Apartheid** w (~; –) (afr.) Rassentrennung zwischen Weißen und Farbigen (in Südafrika); **Apart|hotel** s (~s; ~s) Hotel mit Apartments; **Apartment** s (~s; ~s) (lat.-it.-fr.-am.) [*appât-*] Kleinwohnung (im Luxusstil); **Apartmenthaus** s (~es; -häuser) (am.) Miethaus mit Kleinwohnungen; auch: Bordell.
Apastron s (~s; -stren) (gr.) größte Entfernung zwischen Doppelsternen.
Apathie w (~; -i|en) (gr.) ≠ Teilnahmslosigkeit; EW: **apathisch.**
Apatit m (~[e]s; ~e) (gr.) Mineral (für Phosphatdüngung).
Apeiron s (~; –) (gr.) Urstoff; hypothet. Elementarteilchen.
aper EW (lat.) schneefrei.
Aperçu s (~s; ~s) (fr.) [*-ßü*] hübscher Einfall, nette Nebensache.
Aperi|ens s (~; -enzi|en/-entia) (lat.) ≠ Abführmittel.
aperiodisch EW (lat.-gr.) rasch abklingend; ohne Schwingungen verlaufend; **a.er Verstärker** an keine Frequenz gebundener Hochfrequenzverstärker; **a.er Kreis** auf keine Wellenlänge abstimmbarer Kreis.
Aperitif m (~s; ~s/~e) (fr.) alkoholischer Appetitanreger; **Aperitivum** s (~s; -va) (lat.) ≠ abführendes (appetitanregendes) Mittel.

aperspektivisch EW (gr.) ohne Perspektive.
Apertometer s (~s; ~) (lat.-gr.) Meßgerät für Mikroskoplinsen; EW: **apertometrisch; Apertur** w (~; ~en) (lat.) Öffnung; **Aperturblende** w (~; ~n) (lat.-d.) Öffnungsblende optischer Geräte.
apetal EW (gr.-lat.) ⊕ ohne Blütenkrone; s. M: **Apetalen**.
Apex m (~; -pices) (lat.) ⚕ Spitze (der Lunge, Zahnwurzel, des Herzens); Punkt, auf den die Erdbewegung hinzielt; Betonungszeichen ('); Längenzeichen (~, ∧).
Aphärese w (~; ~n) (gr.) Vokalabwurf im Wortanlaut, = **Aphäresis** w (~; -resen).
Aphasie w (~; -i|en) (gr.) ⚕ Sprechstörung durch Erkrankung des zentralen Sprechbereichs; Urteilsenthaltung (über Unbekanntes).
Aphel s (~s; ~e) (gr.) Punkt der Umlaufbahn in größter Sonnenferne, = **Aphelium** s (~s; -i|en).
Aphemie w (~; -i|en) (gr.-lat.) = → Aphasie.
Aphonie w (~; -i|en) (gr.) ⚕ Stimmverlust; **Aphongetriebe** s (~s; ~) geräuschloses Schaltgetriebe.
Aphorismus m (~; -men) (gr.-lat., = Abgesondertes) zugespitzte Aussage; EW: **aphoristisch; Aphoristik** w (~; –) Gabe, Aussagen zuzuspitzen.
a|photisch EW (gr.) lichtlos.
Aphrasie w (~; -i|en) (gr.) Stummheit, Sprechunfähigkeit.
Aphrodisiakum s (~s; -ka) (gr.-lat., nach der gr. Liebesgöttin *Aphrodite*) ⚕ Anregungsmittel der Geschlechtsfunktion; **Aphrodisie** w (~; -i|en) ⚕ krankhafte Geschlechtserregung; **aphrodisisch** EW den Geschlechtstrieb anregend (steigernd).
Aphthe w (~; ~n) (gr.) ⚕ kleines Schleimhautgeschwür; M: ⚕ Mundfäule; **Aphthenseuche** w (~; ~n) Maul- und Klauenseuche.
Aphyllen M (gr.-lat.) ⊕ Blattlose; **Aphyllie** w (~; –) ⊕ Blattlosigkeit; EW: **aphyllisch** ⊕.
a piacere (it.) [*a piatschēre*] nach Belieben (zu zahlen).
apikal EW (lat.) an der Spitze (*a.es Wachstum* ⊕).
Apirie w (~; –) (gr.) Unendlichkeit.
Aplanat m, s (~[e]s; ~e) (gr.) Linsensystem (korrigiert Bildfeldwölbung); EW: **aplanatisch.**
Aplasie w (~; -i|en) (gr.) ⚕ Fehlen eines Organs; EW: **aplastisch.**

Aplit m (~[e]s; –) (gr.) feinkörniges Ganggestein.
Aplomb m (~s; –) (fr.) [auch: *-ploñ*] dreistes, sicheres Auftreten ↓, Betonung; Bewegungsstopp (beim Ballett).
Apno|e w (~; ~n) (gr.) ⚕ Atemlähmung.
Apo, APO w (~; ~s) ∉ Außerparlamentarische Opposition.
Apochromat m, s (~[e]s; ~e) (gr.) [*-kro-*] farbfrei arbeitender Linsensatz; EW: **apochromatisch** [*-kro-*].
Apod(e)iktik w (~; –) (gr.-lat.) Lehre vom Beweis; **apodiktisch** EW (gr.) unwiderlegbar; selbstsicher; keinen Widerspruch duldend.
Apo|enzym s (~s; ~e) (gr.) Eiweißanteil eines Enzyms.
Apoferment s (~[e]s; ~e) = → Koferment.
apogam EW (gr.) ohne Befruchtung; **Apogamie** w (~; -i|en) ⊕ unbefruchtete Embryonenbildung.
Apogä|um s (~s; -en/-a) (gr.-lat.) sonnenfernster Punkt der Umlaufbahn; **Apogä|umssatellit** m (~en; ~en) vom entferntesten Punkt der Übergangsbahn in Umlaufbahn geschossener Satellit.
Apo|graph m (~en; ~en) (gr.) Abschrift, Kopie nach Original.
Apokalypse w (~; ~n) (gr.) Offenbarung († des Johannes); **Apokalyptik** w (~; –) Endzeitvorstellung, -schriften; **apokalyptisch** EW aus (in) der Offenbarung des Johannes; das Weltende angehend; geheimnisvoll, unverständlich; **a.e Reiter** M = Tod, Krieg, Pest, Hunger.
Apokamnose w (~; ~n) (gr.) ⚕ Ermüdbarkeit.
apokarp EW (gr.-lat.) ⊕ getrenntfrüchtig; **Apokarpie** w (~; -i|en) (gr.) ⊕ Fruchtstand aus mehreren Früchten.
Apokoinu s (~s; ~s) (gr.) Bezug eines Wortes (Satzteils) zugleich auf das Vorhergehende wie auf das Folgende.
Apokope w (~; –) (gr.) Auslautausfall; **apokopieren** ZW (-rte, -rt) ↗ Auslaut abstoßen.
apokryph EW (gr., = verborgen) † nicht genau begrenzt (*a.e Bücher* der Bibel angehängte Schriften, = **Apokryphen** M).
apolitisch EW (gr.) unpolitisch.
apollinisch EW (gr., nach dem gr. Gott *Apollo*) ausgeglichen, harmonisch.
Apolog m (~[e]s; ~e) (gr.-lat.) Lehrfabel; **Apologet** m (~en; ~en) (gr.) Verteidiger († des Christentums); **Apologetik** w (~; –) † Rechtfertigung

(des Christentums); EW: **apologetisch; Apologie** w (~; -i|en) Verteidigung(srede).
apologetisch EW (gr.-lat.) in Fabelart.
Apomixis w (~; –) (gr.-lat.) = → Apogamie.
Apo|morphin s (~s; ~e) (gr.) Droge gegen Angstzustände.
Apo|neurose w (~; ~n) (gr.) → Faszie.
apophantisch EW (gr.) nachdrücklich.
Apo|phonie w (~; -i|en) (gr.) Ablaut im Stamm wurzelverwandter Wörter.
Apophthegma s (~s; -men/-mata) (gr.) ⚜ Kernspruch; EW: **apophthegmatisch**.
Apo|phyllit m (~s; –) ein Mineral.
Apophyse w (~; ~n) (gr.) Seitenader im Gestein; ⚜ Knochenfortsatz.
Apoplektiker m (~s; ~) (gr.) ⚜ wer zu Schlaganfällen neigt; EW: **apoplektisch; Apoplexie** w (~; -i|en) ⚜ Schlaganfall.
Aporem s (~[e]s; -mata) (gr.) was logisch unlösbar ist; EW: **aporematisch; Aporetik** w (~; –) Behandlung schwieriger Fragen unbeschadet ihrer Beantwortbarkeit; m. s.: **Aporetiker** (~s; ~); EW: **aporetisch; Aporie** w (~; -i|en) Zweifel; Auswegslosigkeit.
Aposiopese w (~; ~n) (gr.-lat.) Abbrechen eines Satzes (als Stilmittel).
Aposporie w (~; –) (gr.) ✦ übersprungene Sporenbildung.
Apostasie w (~; -i|en) (gr.) † Abfall vom Glauben; unerlaubter Austritt aus einem Kloster (Orden); EW: **apostatisch; Apostat** m (~en; ~en) † Abtrünniger.
Apostel m (~s; ~) (gr., = Sendbote) † Jünger Christi.
a posteriori (lat.) durch Erfahrung gültig; abstr. s.: **Aposteriori** s (~s; ~); EW: **aposteriorisch**.
Apostilb s (~s; ~) (gr.-lat.) Maßeinheit der Leuchtdichte (¢ *asb*).
Apostolat s (~[e]s; ~e) (gr.-lat.) † Amt eines Apostels (Bischofs, Diakons); **Apostolikum** s (~s; -ka) † Glaubensbekenntnis (seit 6. Jh.); **apostolisch** EW (gr.) zu den Aposteln gehörend; **a.e Vater** unmittelbare Schüler der Jünger; **a.er Legat** † Priester mit päpstlicher Vollmacht; **a.er Vikar** † Missionsbezirksleiter; **A.er Stuhl** päpstliche Behörde.
Apostroph m (~s; ~e) (gr.) Auslassungszeichen ('); **Apostrophe** w (~; ~n) feierliche Ansprache; **apostrophieren** ZW (-rte, -rt) ↗ durch ein Auslassungszeichen kürzen; jmdn. (etw.) **a.** ansprechen.

apoth s (~; ~es) (e.) [*äpeß*] Drogenmaß, -gewichtseinheit; **Apotheke** w (~; ~n) (gr.) Heilmittelgeschäft; teurer Laden; m. s.: **Apotheker** (~s; ~).
Apotheose w (~; ~n) (gr.) Vergottung; Schlußeffekt; EW: **apotheotisch**.
apotropä|isch EW (gr.) Unheil (zauberisch) abwehrend.
APP w (⚢ e. **app**roach Control [*äpproutsch-*]) Kontrolle beim Näherkommen (Anflug).
Appa (e. ⚢ **A**frican **P**etroleum **P**roducers **A**ssociation) Organisation der afr. Ölförderländer.
Apparat m (~[e]s; ~e) (lat.) alle Hilfsmittel; Gerät, Maschine, Fernsprecher; zu dickes Mädchen; Ding, das größer (dicker) als erwartet ist; **kritischer A.** Verzeichner aller Lesarten aller Handschriften eines Werkes; EW: **apparativ; Apparatschik** m (~s; ~s) (lat.-r.) ∪ Funktionär einer Diktatur; **Apparatur** w (~; ~en) (lat.) alle Hilfsmittel (Geräte).
Appartement s (~s; ~s) (fr.) [*-mañ*] komfortable Kleinwohnung.
appassionato (it.) ♪ leidenschaftlich; **Appassionata** w (~; –) (it.-lat.) Klaviersonate Beethovens (op. 57).
Appeasementpolitik w (~; –) (e.) [*epîsment*] Beschwichtigungspolitik; Entgegenkommen; Abwenden von Gewalt (zuerst durch Chamberlain).
Appell m (~[e]s; ~e) (lat.-fr.) Aufruf (✕ zum Antreten; ⚘ des Jagdhundes); Fußstellung beim Fechten; **Appellation** w (~; ~en) (lat.) Berufung ↓; **Appellativ(um)** s (~s; ~e/-va) Gattungsbezeichnung; **appellieren** ZW (-rte, -rt) ↗ sich wenden an; Berufung einlegen.
Append|ektomie w (~; -i|en) (lat.-gr.) ⚜ Blinddarmoperation; **Appendix** m (~; -dices) (lat.) Anhang; Beiblatt; ⚜ Blinddarm; **Appendizitis** w (~; -itiden) (lat.-gr.) ⚜ Blinddarmentzündung.
Appersonierung w (~; –) (lat.) ⚜ Krankheitsbild der Schizophrenie.
Apperzeption w (~; ~en) (lat.-fr.) bewußtes Erleben (seit Leibniz); ZW: **apperzipieren** ZW (-rte, -rt) ↗.
Appetenzverhalten s (~s; –) (lat.-d.) Instinktverhalten der Tiere zur Entdeckung triebbefriedigender Reize.
Appetit m (~[e]s; ~e) (lat.-fr.) Anreiz zum Essen; **appetitlich** EW sauber; **Appetitzügler** m (~s; ~) ⚜ Eßlust verringerndes Mittel; **Appetizer** m (~s; ~s) (e.) [*äppetaiser*] appetitanregendes alkoholisches Getränk.

applanieren

applanieren ZW (-rte, -rt) ↗ (fr.) einebnen.
applaudieren ZW (-rte, -rt) ↙ (lat.) Beifall zollen; **Applaus** m (~es; ~e) (lat.) Beifall.
applikabel EW (fr.) anwendbar; **Applikation** w (~; ~en) (lat.) Aufnäharbeit; Eingabe; ⚕ Verschreibung von Heilmitteln; **applizieren** ZW (-rte, -rt) ↗ verabreichen; Farben auflegen, Muster aufnähen.
Appoggiatur(a) w (~; -ren) [-*dscha-*] (it.) ♪ Vorschlag.
Appo|int m (~s; ~s) (fr.) [-*poäñ*] kleiner Geldschein (Wechsel).
apponieren ZW (-rte, -rt) ↗ (lat.) beifügen.
Apport m (~s; ~s) (fr.) Sacheinlage ins Gesellschaftervermögen; Heranbringen einer Sache durch den Hund (auf Befehl); **apport!** bring her!; ZW: **apportieren** (-rte, -rt) ↗.
Apposition w (~; ~en) (lat.) Beifügung, -satz; ⊕ Wachstum der Zellendicke, **appositionell** EW als Beifügung.
Appraisor m (~s; ~s) (e.) [*äppreis'r*] Taxator; Sachverständiger; Wert/Eigenschaften angebendes Zeichen; manipulierte Bezeichnung.
Appreteur m (~; ~e) (lat.-fr.) [-*tôr*] Gewebezurichter; **appretieren** ZW (-rte, -rt) ↗ (fr.) mit Appretur versehen; **Appretur** w (~; ~en) (fr.-lat.) Garn-, Gewebestärkung, Glanz.
Approach m (~; -) (am.) [*approutsch*] Annäherung (an Problem); Anflug; Blickfänger.
Approbation w (~; ~en) (lat.) Zulassung zum Arzt-, Apothekerberuf; **approbiert** EW (lat.) behördlich zugelassen.
Appropriation w (~; ~en) (lat.) Besitzergreifung; **Appropriationsklausel** w (~; ~n) (KuW, lat.) bewilligte Haushaltsmittel sind zweckgebunden und nicht zu überschreiten.
Approvisionierungsmarkt m (~es; -märkte) (lat.-d.) Direktverkauf ohne Zwischenhandel.
Approximation w (~; ~en) (lat.) ⋖ Annäherungswert; ⋖ näherungsweise Berechnung von Werten; **approximativ** EW (lat.) annähernd.
Apraxie w (~; -i|en) (gr.) ⚕ fehlende Zielsicherheit (von Bewegungen).
Après-Bain s (~-~s; ~-~s) (fr.) [*aprä-bäñ*] Kleid für die Zeit (Gesellschaft) nach dem Baden; **Après-Sex** s (~-~; -) [-*βex*] hausrockartiger Pyjama; **Après-Ski** s (~-~s; ~-~s) [-*schî*] bequeme Kleidung für Wintersportler(innen).
apricot EW (fr.) [-*kô*] aprikosefarben; **Aprikose** w (~; ~n) (lat.-gr.-ar.-fr.-nl.) Steinfrucht.
April m (~s; ~e) (lat., = Öffnungsmonat) Frühlingsmonat; 4. Monat.
a prima vista (it.) ♪ vom Blatt.
a priori (lat.) ohne Bestätigung gültig; s.: **Apriori** s (~s; ~s); EW: **aprioristisch**; **Apriorismus** m (~; -) Annahme einer von der Erfahrung unabhängigen Erkenntnis; m. s.: **Apriorist** (~en; ~en); EW: **aprioristisch.**
à propos (fr.) [*apropô*] beiläufig.
Apros|exie w (~; -i|en) (gr.) ⚕ Konzentrationsschwäche.
Apside w (~; ~n) (gr.-lat.) Punkt der größten (kleinsten) Planetenferne; = → Apsis; EW: **apsidial**; **Apsis** w (~; -iden) (gr.) Achsenendpunkt; halbrunde Nische; = **Apside** w (~; ~n).
apterygot EW (gr.-lat.) flügellos; s. M: **Apterygoten** Insekten.
Aptitude w (~; ~s) (am.) [*äptet(j)ûd*] Leistungsfähigkeit.
Aptualismus m (~; -) (gr.) ⚕ Ausbleiben der Speichelabsonderung.
apyretisch EW (gr.) ⚕ ohne Fieber; s.: **Apyrexie** w (~; -i|en) ⚕; **apyrisch** EW (gr.) feuerfest.
Aqua destillata s (~ ~; -) (lat.) chemisch reines Wasser (≠ *aq. dest.*).
Aquädukt m (~[e]s; ~e) (lat.) überbrückende Wasserleitung.
Aquakultur w (~; ~en) (lat.) Bewirtschaftung des Meeres für menschliche Nahrung.
äqual EW (lat.) gleichartig, entsprechend.
Aquamanile s (~s; ~s) (lat.) † Handwaschungsgefäß.
Aquamarin m (~s; ~e) (lat.) Beryllart.
Aquanaut m (~en; ~en) (lat.) Tiefseeforscher; w. abstr. s.: **Aquanautik** (~; -); EW: **aquanautisch.**
Aquaplaning s (~s; -) (lat.-e.) Rutschen des Wagenreifens auf Wasserglätte.
Aquarell s (~s; ~e) (lat.-it.) Bild(malerei) auf Papier mit wasserlöslichen Farben; ZW: **aquarellieren** (-rte, -rt) ↗ ↙; m. s.: **Aquarellist** (~en; ~en).
Aquarist m (~en; ~en) (lat.) Aquarienforscher; w. abstr. s.: **Aquaristik** (~; -); EW: **aquaristisch**; **Aquarium** s (~s; -ri|en) (lat., = Wassergefäß) Becken für Wassertiere.
Aquatel s (~s; ~s) (KuW, lat.) Hotel auf Hausboot.

Aquatinta w (~; -ten) (lat.-it.) radierter Kupferstich.
Äquations|teilung w (~; ~en) (lat.-d.) ⚥ Längs|spaltung des Zellkernchromosoms.
aquatisch EW (lat.) im (aus dem) Wasser; wasserhaltig.
Aquatoneverfahren s (~s; ~) (e.-d.) [*-ton-*] Offsetdruck für sehr feine Raster.
Äquator m (~s; –) (lat., = Gleicher) Großkreis mit überall gleichem Polabstand; EW: **äquatorial; Äquatoreal, Äquatoral** s (~s; ~e) schwenkbares Fernrohr; **Äquatorprojektion** w (~; ~en) (lat.) Art der Kartenprojektion.
Aquavit m (~[e]s; ~e) (lat.) Schnaps mit Kümmelgeschmack.
äqui|distant EW (lat.) ⚔ mit gleichen Abständen; w. s.: **Äqui|distanz** (~; ~en).
Aquilegia w (~; -i|ae/-i|en) (lat.) ✿ Akelei.
Äquilibrismus m (~; –) (lat.) Gleichgewichtslehre; Ansicht, daß im freien Willen die Motive gleichgewichtig sind; **Äquilibrist** m (~en; ~en) (lat.) Kunstturner; EW: **äquilibristisch;** w. s.: **Äquilibristik** (~; –).
äquinoktial EW (lat.) zur Zeit der Tag- und Nachtgleiche; **Äquinoktium** s (~s; -ti|en) (lat.) Tag- und Nachtgleiche.
äquivalent EW (lat.) gleichwertig. s.: **Äquivalent** s (~[e]s; ~e); **Äquivalentgewicht** s (~s; ~e) was einem Gramm entspricht; **Äquivalenz** w (~; ~en) Gleichwertigkeit; **Äquivalenzhypothese** w (~; –) (lat.-gr.) Annahme, daß Gravitation und Beschleunigung gleichwertig sind; **Äquivalenzprinzip** s (~s; –) (lat.) Grundsatz, nach dem beim Tausch Leistung und Gegenleistung gleich sein müssen; Grundlage der Relativitätslehre; Steuerberechnung nach der Leistungsfähigkeit des Besteuerten; **Äquivalenztheorie** w (~; –) (lat -gr.) Rechtslehre, nach der alle Bedingungen unterschiedslos erheblich für den Erfolg sind, „Bedingungstheorie".
aquivok EW (lat.) doppelsinnig; gleichlautend; w. abstr. s.: **Äquivokation** (~; ~en) bei Übertragung verlorene Information.
Ar m, s (~[e]s; ~e) (lat.-fr.) 1000 m² (¢ *a*).
Ara (Arara) m (~s; ~s) (Tupi-ind.) südam. Papagei.
Ära w (~; -ren) (lat.) Zeitspanne; Erdzeitalter; Jahreszählung; **christliche Ä.** Zeitrechnung von Christi Geburt an.

Arabeske w (~; ~n) (it., = in arabischer Art) ☐ Schnörkel, Ranke; ♪ heiteres Stück; Abschweifung; **Arabesque** w (~; ~) (fr.) [*-besk*] Balletthaltung.
Arabische Liga w (~n ~; –) Zusammenschluß der arabischen Staaten.
Arabist m (~en; ~en) (nach dem Ländernamen *Arabi|en*) Arabienforscher; w. abstr. s.: **Arabistik** (~; –); EW: **arabistisch.**
arachno|id EW (gr.) spinnenartig; **Arachno|idea** w (~; –) (gr.) ⚥ eine der drei Hirnhäute des Zentralnervensystems (Säuger); **Arachn(oid)itis** w (~; -itiden) Entzündung der Arachnoidea; **Arachno|iden** M Spinnen; **Arachnologe** m (~n; ~n) Spinnenforscher; w. abstr. s.: **Arachnologie** (~; –); EW: **arachnologisch.**
Aralie w (~; ~n) (lat.) ✿ immergrüne Zimmerpflanze.
Arancini M (it.) [*-tschî-*] kandierte Orangenschalen.
Aräometer s (~s; ~) (gr.) Senkwaage (zur Bestimmung des spezifischen Gewichts von Flüssigkeiten); EW: **aräometrisch.**
Ärar m (~s; –) (lat.) = → Fiskus; Staatsvermögen; Urkundenarchiv; **ärarisch** EW staatseigen.
Arara → **Ara!**
Araukari|e w (~; ~n) (ind., nach einem Indianerstamm) ✿ Zimmertanne.
Arbeiterakti|e w (~; ~n) Belegschaftsaktie; **Arbeiterbataillon** s (~s; ~e) (d.-fr.) [*-bataljôn*] geschlossene Masse der Proletarier (Lassalle, 1864); **Arbeits|hypothese** w (~; ~n) (d.-gr.) Hilfsannahme; **arbeits|intensiv** EW (d.-lat.) Einsatz von Arbeitskräften als teuerste Erzeugungsinvestition; **Arbeits|zyklus** m (~; -klen) (d.-gr.) sich wiederholender Arbeitsgang von Gruppe oder Maschine.
Arbiter elegantiarum (lat.) Schiedsrichter in Geschmacksfragen.
Arbitrage w (-; ~n) (fr) [*-trâsch*] Gutachten, Entscheidung ↓; Nutzung von Wertunterschieden der Ware an verschiedenen Plätzen zur selben Zeit; Verpflichtung zur Abnahme auch minderwertiger Ware (bei etwaigem Preisnachlaß); kaufmännische Schiedsgerichtsbarkeit; **arbitrar** EW (lat.) nach Gutdünken; **Arbitration** w (~; ~s) (lat.-e.) [*arbitrê|schn*] Schlichtungsspruch ↓; **arbitrieren** ZW (-rte, -rt) ↗ ↙ Kursunterschiede nutzen; **Arbitrium** s (~s; -ria) Schiedsspruch.
Arboreal s (~s; ~e) (lat.) Lebensraum

Arboretum

Wald; Arboretum s (~s; -ten) (lat.) ⊕ Baumgarten.

Arbuse w (~; ~n) (pers.-r.) Wassermelone.

Archa|ikum s (~s; –) (gr.) Urzeit (vor dem → Algonkium); Grundgebirge; **archa|isch** EW altertümlich; **a.es Zeitalter** früheste gr. Geschichte; **a.e Kunst** vorklassische gr. Kunst; **archäisch** EW zum (im, vom) Grundgebirge; aus (in, von) dem Archa|ikum; **archa|isieren** ZW (-rte, -rt) ⁄ ⁄ (gr.-lat.) altertümeln; **Archa|ismus** m (~; -men) veraltetes Wort; EW: **archa|istisch**; **Arch|anthropine** m (~n; ~n) (gr.) Mensch der grauen Frühzeit; **Archäologe** m (~n; ~n) Erforscher der vorgeschichtl. Kunst und Kultur, Altertumswissenschaftler; **Archäologie** w (~; –) Altertumskunde; Kunstgeschichte des (klassischen) Altertums; EW: **archäologisch**; **Archäometrie** w (~; –) (gr.) Zweig der Archäologie mit naturwissenschaftl. Ansatz; **Archäophyt** m (~en; ~en) vor langer Zeit eingeschleppte Pflanze; **Archäopteryx** w, m (~; ~e) reptilartiger Urvogel; **Archä|ozo|ikum** s (~s; –) (gr.-lat.) Frühzeit der Erde.

Arche w (~; ~n) (lat.) Kastenschiff.

Archegonium s (~s; -i|en) (gr.) Geschlechtsorgan der Moose und Farne.

Archetyp(us) m (~s; -typen) (gr., = Urbild) typische Vorstellung; älteste rekonstruierbare Handschrift eines Werkes; Urbild, -form, Muster; EW: **archetypisch**.

Archidiakon m (~s; ~e) (gr.) † Domkapitelpriester; **Archidiakonat** s (~[e]s; ~e) sein (Amts-)Sitz; **Archimandrit** m (~en; ~en) † gr. Erzabt.

Archimedisches Prinzip s (-schen ~s; –) (gr.-lat., nach dem gr. Mathematiker *Archimedes*, 287–212) Lehrsatz vom Auftrieb einer Flüssigkeit; **a.e Schraube** Schneckenrad als Wasserheber.

Archipel m (~s; ~e) (gr.) Inselgruppe.

Archiplex m (~es; ~e) (gr.-lat. KuW) Baukasten für Erwachsene.

Archipresbyter m (~s; ~) (gr.) Erzpriester.

Architekt m (~en; ~en) (gr., = Urkünstler) ☐ Baumeister; **Architektonik** w (~; –) ☐ Bauwissenschaft; **architektonisch** EW (gr.) ☐ den Baugesetzen entsprechend; gut aufgebaut; **Architektur** w (~; ~en) Baukunst.

Architrav m (~[e]s; ~e) (lat.) ☐ Säulenbalken auf den Kapitellen.

Archiv s (~s; ~e) (gr.-lat., = Amtslokal) Sammlung, Sammelstelle von (staatlichen) Schriftstücken; **Archivalien** M Urkunden im (fürs) Archiv; **archivalisch** EW urkundlich; zum (im, vom) Archiv; **Archivar** m (~s; ~e) (gr.-lat.) Archivbeamter; **archivieren** ZW (-rte, -rt) ⁄ ins Archiv einordnen; ordnend sammeln; w. abstr. s.: **Archivierung** (~; ~en).

Archivolte w (~; ~n) (it.) ☐ Portal-, Säulenbogen(band).

Ardabil, Ardebil m (~s; ~s) (nach einem iranischen ON) Knüpfteppich.

ardente (it.) ♪ feurig.

Ardometer s (~s; ~) (gr.) Meßgerät für Wärmestrahlen; EW: **ardometrisch**.

Areafunktion w (~; ~en) (lat.) ⊀ umgekehrte Hyperbelfunktion; **Areal** s (~s; ~e) Fläche; begrenzter Raum; **Arealkunde** w (~; –) Erforschung der Verbreitung von Pflanzen und Tieren; **Areallinguistik** w (~; –) Sprachgeographie; **Arealmethode** w (~; –) (lat.-gr.) Stichprobe bei der Meinungsforschung; **Area Sampling** s (~ ~s; ~ ~s) (am.) [*eri|e βämpliñ*] Flächenstichprobe bei einer Meinungs-, Markterforschung.

areligiös EW (lat.) ohne Religion; w. abstr. s.: **Areligiosität** (~; –).

Arena w (~; -nen) (lat., = Sand) Kampf-, Schauplatz; Sommerbühne.

Argali m (~s; ~s) (mong.) as. Wildschaf.

Argentan s (~s; –) (lat.) Neusilber ↓; **argent(in)** EW silberfarben; **Argentine** w (~; ~n) Silberfarbe; **Argentit** m (~s; –) ⊕ Silbersulfid, -glanz; **Argentum** s (~s; –) (lat.) ⊕ Silber (∉ *Ag*).

Arginase w (~; ~n) (KuW) ⚡ Stoffwechselferment; **Arginin** s (~s; ~e) (KuW) ⊕ eine Aminosäure.

Argon s (~s; –) (gr.) ⊕ ein Edelgas (∉ *Ar*).

Argonaut m (~en; ~en) (gr., nach sagenhaften Helden) Seefahrer auf Irrfahrt; eine Art Tintenfisch („Papiernautilus").

Argot s (~s; ~s) (fr.) [-*gô*] Gauner-, Berufs-, Gruppensprache; m. s.: **Argotismus** (~; –) Gaunerwort in der Umgangssprache.

Argument s (~[e]s; ~e) (lat.) Beweis-, Bestätigungsgrund; ⊀ Zahl als Ausgangswert; **Argumentation** w (~; ~en) Beweisführung; EW: **argumentativ**; **argumentieren** ZW (-rte, -rt) ⁄ (lat.) als Grund (Beweis) anführen; **argumentum e contrario** s (~ ~ ~s; -ta ~ ~) Beweis aus dem Gegenteil.

Argus|augen M (gr., nach einem vieläu-

gigen Sagenriesen) wachsame, scharfe Blicke.
Arhythmie = → Arrhythmie.
Ariadnefaden m (~s; –) (gr.-d., nach dem Wollknäuel der kretischen Prinzessin *Ariadne,* mit dessen Hilfe Theseus aus dem Labyrinth fand) Leitfaden; rettendes Hilfsmittel.
Ariane w (~; –) europ. Trägerrakete für Nutzlasten in den Weltraum.
Arianismus m (~; –) (nach dem alexandrin. Priester *Arius,* 4. Jh.) Lehre, daß Christus von Gott geschaffen, nicht gottgleich sei (verworfen 325); m. s.: **Arianer** (~s; ~); EW: **arianisch.**
Ariboflavinose w (~; ~n) (KuW) ✿ Vitaminmangelkrankheit.
arid EW (lat.) trocken, dürr; w. abstr. s.: **Aridität** (~; –); **Ariditätsfaktor** m (~s; ~en) Formel zur Trockenheitsberechnung.
Ari|e w (~; ~n) (lat., = Luft) Opernlied.
Ari|er m (~s; ~) (skr.) Angehöriger einer idg. Sprachengruppe; EW: **arisch.**
Arillus m (~; -lli) (lat.) ✿ fleischiger Samenmantel.
arioso (it.) ♪ im Arienstil; **Arioso** s (~s; -si) (it.) ♪ Rezitativ.
arisch EW → Arier.
Arist|archie w (~; -i|en) (gr.) Herrschaft der Besten; **Aristokrat** m (~en; ~en) Adliger; Herr; **Aristokratie** w (~; -i|en) Adelsherrschaft; EW: **aristokratisch**; **Aristolochia** w (~; -i|en) (gr.-lat.) ✿ Osterluzeigewächs (z. B. Pfeifenkraut); **Aristonym** s (~[e]s; ~e) adliger Tarnname.
aristophanisch EW (nach dem gr. Lustspieldichter *Aristophanes,* etwa 445 bis 385 v. Chr.) wie Aristophanes; voll beißender Ironie.
Aristotelismus m (~; –) Philosophie der Schüler des altgr. Philosophen *Aristoteles* (384–322 v. Chr.); EW: **aristotelisch.**
Arithmetik w (~; –) (gr.) Zahlenlehre; EW: **arithmetisch** (*u.es Mittel* Zahlensumme, durch die Anzahl der Zahlen geteilt, *u.e Reihe* gleichmäßig ansteigende Zahlenreihe).
Arkade w (~; ~n) (lat.) ☐ Bogenreihe; EW: **arkadisch** aus (in, wie in) der gr. Landschaft *Arkadien* (*a.e Dichtung* Schäferpoesie).
Arkanum s (~s; -na) (lat.) Geheimnis; geheime Kraft; Geheimmittel.
Arkebuse w (~; ~n) (nl.-fr.) Hakenbüchse ↓; **Arkebusier** m (~s; ~e) Soldat mit Arkebuse ↓.

Arkose w (~; –) (fr.) Sandstein mit Glimmer und Feldspat.
Arktiker m (~s; ~) (gr.-lat.) Bewohner der Nordpolargegend; **Arktis** w (~; –) (gr., = Bärenland) Nordpolargegend; EW: **arktisch.**
Arkus m (~; –) (lat.) ⊀ Bogenmaß eines Winkels (¢ *arc*); **Arkusfunktion** w (~; ~en) Umkehrfunktion (Trigonometrie).
Arlequino m (~s; ~s) (it.) → Harlekin.
Armada w (~; –) (sp.) sp. Flotte gegen England (1588).
Armagnac m (~s; ~s) [*-manjack*] (nach einer fr. Landschaft) Weinbrand.
Armatur w (~; ~en) (lat.) Bewaffnung; Maschinenzusatzgerät(e).
Armee w (~; ~n) (lat.) Heer(esteil); **Armeekorps** s (~s; ~) [*-kôr*] ⚔ Divisionsverband; **armieren** ZW (-rte, -rt) ↗ (lat.) bewaffnen; **Armierung** w (~; ~en) (lat.) Bewaffnung; Verstärkung durch Einlagen (Stahl in Beton, Glasfasern in Kunststoffen).
Armorial s (~s; ~e) (lat.-fr.) Wappenbuch.
Arni m (~s; ~s) (hi.) i. Großbüffel.
Arnika w (~; ~) (lat.) ✿ Wohlverleih.
Aroma s (~s; -men) (gr.) Geruch, Geschmack, Würze, = **Arom** s (~[e]s; ~e); **Aromat** m (~en; ~en) ⚛ aromatische Verbindung; Gewürzmischung; **Aromaten** M (KuW) Benzol und alle abgeleiteten Verbindungen; **aromatisch** EW wohlriechend, würzig; dem Benzol ähnlich; **a.e Reihe** Kohlenwasserstoffe; ZW: **aromatisieren** (-rte, -rt) ↗.
Arpeggiatur w (~; ~en) (it.) [*-dschatur*] ♪ Reihe gebrochener Akkorde; ZW: **arpeggieren** (-rte, -rt) [*-dschi-*] ✓; **Arpeggio** s (~s; -ggi) (it., = Harfe) [*arpedscho*] ♪ gebrochener Akkord; EW: **arpeggio**; **Arpeggione** s (~; ~) fünfsaitiges Streichinstrument.
Arrak m (~s; ~e/~s) (ar.-fr.) Schnaps.
Arrangement s (~s; ~s) (fr.) [*arrañschemañ*] Aufbau; Verabredung (ein A. treffen); außergerichtlicher Vergleich; Abwicklung eines Börsengeschäfts; **Arrangeur** m (~s; ~e) [*-rañschör*] ♪ Instrumentator eines Musikstücks; Auslagendekorateur; Ballettchoreograph; Bühnen-, Rundfunkregisseur; Betreiber einer Veranstaltung; **arrangieren** ZW (-rte, -rt) (fr.) ↗ [*-rañschîr-*] einrichten (auch ♪); **Arrangierprobe** w (~; ~n) [*-rañschîr-*] Stellprobe.
Arrest m (~[e]s; ~e) (lat.) Freiheitsentzug; Haftlokal; Beschlagnahme zur Si-

Arrestant

cherung von Geldforderungen; **Arrestant** m (~en; ~en) (lat.-fr.) Häftling; **Arrestbruch** m (~[e]s; -brüche) (lat.) Pfandverletzung; **Arrest|hypothek** w (~; ~en) (fr.-lat.-gr.) Zwangshypothek; **arre(s)tieren** ZW (-rte, -rt) ↗ (lat.-fr.) verhaften; beschlagnahmen.

arretinisch EW aus Arezzo (in Mittelitalien); **a.e Keramik** → Terra sigillata.

Arrêt m (~s; ~s) (fr.) [*arä̂*] schnelles Anziehen der Zügel; **Arretierung** w (~; ~en) (fr.-d.) Feststellvorrichtung; Feststellen von erschütterungsempfindlichen Meßgeräten; **Arrêtstoß** m (~es; -stöße) [*arä̂-*] Fechtstoß.

Arrhenoblastom s (~s; ~e) (gr.-lat.) ♀ Eierstockgeschwulst; **arrhenogen** EW (nur m.) Nachkommen erzeugend; w. s.: **Arrhenogenie** w (~; -i|en); **Arrhenol|idie** w (~; -i|en) Vermännlichung w. Lebewesen.

Arrhythmie w (~; -i|en) (gr.) ♀ Herzschlagstörung; EW: **arrhythmisch**.

Arrival s (~s; ~s) (e.) [*äraiwel*] Ankunft, Landung; **arrivieren** ZW (-rte, -rt) ↙ (fr.) (vor)ankommen; **arriviert** EW sozial aufgestiegen; **Arrivierte** m, w (~n; ~n) Emporkömmling; anerkannte(r) Schriftsteller(in); w. abstr. s.: **Arriviertheit** (~; -).

arrogant EW (lat.) anmaßend; **Arroganz** w (~; -) (lat.) Dünkel.

arrondieren ZW (-rte, -rt) ↗ (fr.) abrunden, zusammenlegen; **Arrondierung** w (~; ~en) (lat.-fr.) Zusammenlegung von Streufeldern; Abrundung; Flurbereinigung; **Arrondissement** s (~s; ~s) [*-dißmañ*] fr. Unterbezirk.

Arrosement s (~s; -) (lat.-fr.) [*-semañ*] Abänderung einer zuzahlungspflichtigen Staatsanleihe; **arrosieren** ZW (-rte, -rt) ↗ (fr.) Raten zahlen; gegen Aufzahlung Anleihe in höherverzinsliche umtauschen; **Arrosierung** w (~; ~en) = Arrosement.

Arrosion w (~; ~en) (lat.) Befall durch Rost o. ä.

Arrowroot s (~s; -) (am.) [*ärrorût*] Stärkemehl; ⊕ Pfeilwurz.

Arschin m (~s; ~[en]) (r.) Längenmaß (1500 A. = 1 Werst).

Arsen s (~s; -) (gr., ≠ *As*) ↻ Element.

Arsenal s (~s; ~e) (it.) Magazin.

Arsenat s (~s; ~e) (gr.-lat.) ↻ Salz der Arsensäure; **Arsenid** s (~s; ~e) ↻ Metall-Arsen-Verbindung, **arsenig** EW (gr.-lat.) ↻ arsenhaltig; **Arsenik** s (~s; -) ↻ giftige Arsenverbindung; **Arsin** s (~s; -) ↻ giftige Arsenverbindung.

Arsis w (~; -sen) (gr.) Hebung; Tonsilbe; ♪ betonter Taktteil.

Arsonvalisation w (~; -) (fr.) ♀ Behandlung mit hochfrequentem Strom.

Art deco w (~~; -) (fr. ≠ **Art décoratif**) [*âr-*] kunst(gewerbl.) Stil (1920 bis 1940); **Art Director** m (~ ~s; ~ ~s) (e.) [*ât dairekter*] Werbeabteilungsleiter.

Arte cifra w (~~; -) (it.) [*-schifra*] moderne Kunstrichtung („Neue Wilde").

artefakt EW (lat.) künstlich entstanden; **Artefakt** s (~[e]s; ~e) Kunstwerk; vorgeschichtliches Werkzeug; selbst beigebrachte Verletzung.

Artemisia w (~; -siae) (lat.) Beifuß.

Arteri|e w (~; ~n) (gr.) ♀ Schlagader; EW: **arteri|ell; Arteriogramm** s (~[e]s; ~e) ♀ Röntgenbild der Schlagadern; **Arteriographie** w (~; -i|en) ♀ Röntgendarstellung der Arterien; **Arteriole** w (~; ~n) (gr.-lat.) ♀ Äderchen; **Arteriosklerose** w (~; ~n) (gr.) ♀ Arterienverkalkung; EW: **arteriosklerotisch**.

artesisch EW (nach der fr. Landschaft *Artois*): **a.er Brunnen** selbst fließender Brunnen.

Arthritiker m (~s; ~) (gr.-lat.) ♀ Gichtkranker; **Arthritis** w (~; -itiden) (gr.) ♀ Gicht; EW: **arthritisch; Arthritismus** m (~; -) ♀ angeborene Neigung zur Gicht; **arthrogen** EW vom Gelenk her; **Arthropathie** w (~; -i|en) ♀ Gelenkerkrankung; EW: **arthropathisch; Arthroplastik** w (~; ~en) (gr.-lat.) ♀ künstliches Gelenk; EW: **arthroplastisch; Arthropode** m (~n; ~n) (gr.) Gliederfüßler; **Arthrose** w (~; ~n) ♀ degenerativer Gelenkrheumatismus, = **Arthrosis** w (~; -sen).

artifizi|ell EW (lat.) künstlich.

Artikel m (~s; ~) (lat.) Geschlechtswort; Aufsatz; Warenart; Abschnitt; Worterklärung im Lexikon; † Glaubenssatz; **artikular** EW vom (im, beim) Gelenk; **Artikulation** w (~; ~en) Lautbildung; Zahnreihenordnung; ♪ Beziehung aufeinanderfolgender Töne; **Artikulationsbasis** w (~; -sen) Sprechorganstellung vor der Lautbildung; **artikulieren** ZW (-rte, -rt) ↗ Silbe für Silbe (Laut für Laut) sprechen; formulieren; ⤳ sich aussprechen; MW: **artikuliert** ♀ durch ein Gelenk verbunden; **Artikulierung** = → Artikulation.

Artillerie w (~; -i|en) (lat.-fr.) Geschütztruppe; m. s.: **Artillerist** (~en; ~en); EW: **artilleristisch**.

Asphyxie

Artischocke w (~; ~n) (ar.-it.) ⊕ Distelgemüse.
Artist m (~en; ~en) (lat.-fr.) Zirkuskünstler; w. abstr. s.: **Artistik** (~; –); **artistisch** EW (lat.) künstlerisch, gewandt.
Artothek w (~; ~en) (lat.-gr.) ausleihbare Sammlung von Plastiken, Gemälden.
Aruncus m (~; -ci) (lat.) [-*kus*] Geißbart.
As s (~ses; ~se) (lat.-fr.) höchste Spielkarte; Würfeleins; Spitzensportler, -darsteller; nicht rückschlagbarer Aufschlagball auf die Linie (Tennis); = → Ace.
ASA w (am. ¢ American Standards Association) Normenausschuß in den USA; Maßzahl für Lichtempfindlichkeit von photograph. Filmen.
Asant m (~[e]s; ~e) (pers.-lat.) stinkendes Gummiharz, = **Asa fötida** (*Asafoetida*) w (~~; –).
Asbest m (~s; ~e) (gr.) feinfaseriges Mineral; **Asbestose** w (~; ~n) ✣ Staublunge; Krebserkrankung durch Asbeststaub.
Aschkenasim M (heb.) Ostjuden; EW: **aschkenasisch**.
ASCII m (am. ¢ American standard code of information interchange) am. genormter Code (DV).
aseismisch EW (gr.) erdbebensicher.
Asemie w (~; –) (gr.-lat.) ✣ Fehlen von Gebärden-, Zeichensprache.
Asepsis w (~; –) (gr.) ✣ Keimfreiheit; **Aseptik** w (~; –) ✣ Keimfreimachung; EW: **aseptisch** (*a.es Fieber* ✣ Fieber ohne Bakterienerreger) (Ggs.: *septisch*).
ASEAN (e. ¢ Association of South East Asian Nations) Verband südostasiat. Staaten.
asexual EW (lat.) ungeschlechtig; **Asexualität** w (~; –) Fehlen des Geschlechtstriebs.
Ash-in s (~-~s; ~-~s) (am.) [*äsch-*] Bekämpfung von Umweltentstellung durch Schockplakate.
Ashram m/s (~s, '~s) (skr.) Stätte für Konzentrationsübungen (Indien).
Asianismus m (~; –) (zum Namen des Erdteils *Asien*) Schwulststil; **Asiatika** M (lat.) Gegenstände aus, Werke über *Asien*.
Asiderit m (~s; ~e) (gr.-lat.) Meteor (fast) ohne Eisen; **Asiderose** w (~; ~n) ✣ Eisenmangel.
Askari m (~s; ~s) (ar.) Schutztruppensoldat ↓.

Askaris w (~; -iden) (gr.-lat.) Spulwurm.
Askese w (~; ~n) (gr., = Übung) † fortgesetzte religiöse Übung; strenge Enthaltsamkeit; **Asket** m (~en; ~en) wer streng enthaltsam lebt; EW: **asketisch.**
Askogon s (~s; ~e) (gr.-lat.) w. Geschlecht von Schlauchpilzen; **Askomyzeten** M (gr.) Schlauchpilze.
Äskulapstab m (~[e]s; –) (nach dem gr. Gott der Heilkunst) Sinnbild des Arztberufes, Schlangenstab.
ASME (am. ¢ American Society for Mechanical Engineers) am. Gesellschaft techn. Ingenieure.
asomatisch EW (gr.) körperlos.
Asomnie w (~; -i|en) (lat.) ✣ Schlaflosigkeit.
asozial EW (lat.) gesellschaftsfeindlich; m., w. s.: **Asoziale** (~n; ~n) nicht akzeptierte Randgruppe(n) der Gesellschaft; abstr. s.: **Asozialität** w (~; –).
As|paraginase w (~; –) (gr.-lat.) ✣ Therapie zur Verbesserung der Blutbildung; **As|paragus** m (~; -gi/-gen) (lat.) ⊕ Zierspargel; **Asparaginsäure** w (~; ~n) ♡ wichtige Aminosäure.
Aspartame w (~; –) synthet. Zuckerersatz.
As|pekt m (~[e]s; ~e) (lat., = Anblick) Blickwinkel; Planetenstellung beim Sonnenumlauf; EW: **as|pektisch.**
As|perations|prinzip s (~s; –) (lat.) Rechtsgrundsatz, nach dem bei mehreren gleichzeitig abgeurteilten Delikten die Strafe für das schwerste Vergehen entsprechend erhöht wird.
As|pergill s (~s; ~e) (lat.) † Weihwedel; **As|pergillus** m (~; -llen) ⊕ Kolben- oder Gießkannenschimmel.
aspermatisch EW (gr.-lat.) ohne Samen; **Aspermatismus** m (~; -men) ✣ Unfähigkeit zur Besamung; Mangel an Samenzellen, = **Aspermie** w (~; -i|en).
Aspersion w (~; ~en) (lat.) † Weihe; **Aspersorium** s (~s; -ri|en) † Weihwasserbecken.
Asphalt m (~[e]s; ~e) (gr.) Erdpech, -harz; **Asphaltbeton** m (~s; –) (gr., lat., fr.) Sandasphalt; **Asphaltmakadam** m (~s; –) Asphaltschotter als Fahrbahndecke; **asphaltieren** ZW (-rte, -rt) ↗ mit Asphalt befestigen; EW: **asphaltisch.**
Asphodill = → Affodill.
a|sphyktisch EW (gr.-lat.) ✣ ohne Pulsschlag; nahe am Ersticken; **A|sphyxie** w (~; -i|en) (gr.) ✣ ausfallender Atem; Erstickungs|tod.

53

Aspik m (~s; ~s) (fr.) salziges Gelee.
Aspirant m (~en; ~en) (lat.) Bewerber; **Aspirantur** w (~; ~en) Etappe des Nachwuchses ↓; **Aspirata** w (~; -ten) Hauch-, stark behauchter Laut; **Aspirateur** m (~[e]s; ~e) (lat.-fr.) [-*tör*] Getreidevorreiniger; **Aspiration** w (~; ~en) Erwartung, Hoffnung; ♃ Ansaugung durch ein Gerät; **Aspirator** m (~s; -toren) Ansauger (von Luft, Gas); **aspiratorisch** EW mit Hauchlaut; **aspirieren** ZW (-rte, -rt) ↗ mit Hauchlaut sprechen; ansaugen; erstreben.
As|pirin s (~s; ~e) (gr.-lat.) ♃ Schmerzmittel.
As|plit s (~[e]s; –) (KuW) selbsthärtender Phenolharzkitt.
assa|i (it.) ♪ ziemlich.
assanieren ZW (-rte, -rt) ↗ (lat.-fr.) ♃ gesund machen; hygienisch verbessern; w. s.: **Assanierung** (~; ~en).
Assaut m (~s; ~s) (lat.-fr.) [*assô*] Fechtkampf.
Assekuranz w (~; ~en) (lat.) Versicherung(swesen) ↓; ZW: **assekurieren** (-rte, -rt) ↗.
Assemblage w (~; ~s) (e.) [*äßämbledsch*] dreidimensionales Kunstwerk aus verschiedenen Objekten; **Assemblee** w (~; ~n) (fr.) [*aßañblê*] Versammlung (**A. nationale** [-*naßjônal*] fr. Nationalversammlung).
assentieren ZW (-rte, -rt) ↗ (lat.) beipflichten; Militärtauglichkeit prüfen.
asserieren ZW (-rte, -rt) ↗ (lat.) behaupten; w. abstr. s.: **Assertion** (~; ~en); EW: **assertorisch**.
Asservat s (~[e]s; ~e) (lat., = Verwahrtes) aufgehobenes Beweisstück (bei einer Deliktuntersuchung); **Asservatenkonto** s (~s; -ten) (zweckgebundenes) Bankkonto; **asservieren** ZW (-rte, -rt) ↗ aufheben.
Assessor m (~s; -ssoren) (lat.) Beisitzer; jüngerer Beamter; EW: **assessorisch.**
Assibilation w (~; ~en) (lat., = Anzischung) Verschiebung eines Verschlußlautes in einen Zischlaut; ZW: **assibilieren** (-rte, -rt) ↗; **Assibilierung** w (~; ~en) = → Assibilation.
Assiduität w (~; –) (lat.) Ausdauer.
Assignant m (~en; ~en) Aussteller einer Anweisung; **Assignat** m (~en; ~en) (lat.) der, auf den die Anweisung lautet; M: Papiergeld der Fr. Revolution.
Assimilat s (~[e]s; ~e) (lat.) Körpererzeugnis, das bei der Nährstoffverarbeitung entsteht; **Assimilation** w (~; ~en) Angleichung, Synthese organischer Verbindungen aus Kohlendioxid und Wasser mit Lichtenergie; ○ Entstehung komplexer Verbindungen (Ggs.: *Dissimilation*); wenn Ähnliches gleichartig wirkt; Zuordnung neuen Wissens in bekannte Deutungsmuster; erbliche Fixierung erworbener Merkmale, = **Assimilierung** w (~; ~en); EW: **assimilatorisch;** ZW: **assimilieren** (-rte, -rt) ↗.
Assistent m (~en; ~en) (lat.) Gehilfe; ♃ Hilfsarzt; **Assistenz** w (~; –) Beistand, Hilfe, Anwesenheit; Mitbeteiligung; **assistieren** ZW (-rte, -rt) ↙ (lat.-fr.) mitwirken, helfen.
Associated Press w (~~; ~~) (am.) [*äßoßjeitid* –] US-Nachrichtenbüro (⊄ *AP*).
Assoluta w (~; -ten) (it.) w. Opern-, Ballettstar.
Assonanz w (~; ~en) (lat.) Gleichklang; Halbreim.
assortieren ZW (-rte, -rt) ↗ (fr.) Waren nach Gattungen ordnen; **Assortiment** s (~s; ~s) [-*mañ*] Warenlager ↓.
Assoziation w (~; ~en) (lat.) Verbindung von nacheinander auftauchenden Eindrücken, Vorstellungen; Verbindung einzelner für bestimmte Ziele; Komplex aus gleichartigen Molekülen; gemeinsames Auftreten von Mineralen (Ggs.: *Determination*); **assoziativ** EW verbindend; **assoziieren** ZW (-rte, -rt) ↗ vereinigen (*assoziierte Staaten* ohne Vertrag verbündete); **Assoziierung** w (~; ~en) Beitritt zu einer Vereinigung.
Assum(p)tion w (~; –) (lat.) Mariä Aufnahme in den Himmel (auch als Bild), = **Assumta** w (~; –) (lat.-it.); **Assumptionist** m (~en; ~en) † Priestervereinigung; w. s.: **Assumptionistin** w (~; ~nen).
Assumta w (~; –) = Assum(p)tion.
Assyriologe m (~n; ~n) (gr.) Altassyrienforscher; **Assyriologie** w (~; –) Erforschung Altassyriens; EW: **assyriologisch.**
Astasie w (~; -i|en) (gr.) ♃ Stehunvermögen; **astasieren** ZW (-rte, -rt) ↗ (gr.-lat.) Meßgerät vor Fremdkräften schützen; w. abstr. s.: **Astasierung** (~; ~en).
Astat s (~[e]s; ~e) (gr.; ⊄ *At*) radioaktives Element; **astatisch** EW ♃ unstet; immer im Gleichgewicht (*a.es Nadelpaar* Magnetnadelkonstruktion, die Erdmagnetismus ausschaltet); **Astatium** s (~s; –) (lat. KuW) ○ radioaktiver unstabiler Grundstoff.

Aster w (~; ~n) (gr.) ⊕ Korbblütler; **asterisch** EW (gr.-lat.) sternartig; **Astero|id** m (~en; ~en) kleinster Wandelstern; **Asteronym** s (~[e]s; ~e) 3 Sternchen statt des Namens ↓.

Asthenie w (~; -i|en) (gr.) ≠ allgemeine Gewebeschwäche; **Astheniker** m (~s; ~) ≠ Schlaffmuskeliger, Schwachknochiger; EW: **asthenisch**; **Asthenopie** w (~; –) ≠ Ermüdbarkeit der Augen; **Asthenosphäre** w (~; –) Erdmantel in 100–200 km Tiefe.

Ästhesie w (~; -i|en) (gr.) ≠ Vermögen zu fühlen; **Ästhet** m (~en; ~en) Schöngeist; **Ästhetik** w (~; –) Lehre vom Schönen (seit 1750, Baumgarten); m. s.: **Ästhetiker** (~s; ~); **ästhetisch** EW schön, geschmackvoll; sauber und ansprechend; **ästhetisieren** ZW (-rte, -rt) ∕ nach Schönheitsgesetzen beurteilen; **Ästhetizismus** m (~; –) Überzeugung, der Lebenssinn liege nur in der Erzeugung des und im Umgang mit dem Schönen; m. s.: **Ästhetizist** (~en; ~en); EW: **ästhetizistisch**.

Asthma s (~s; –) (gr.) ≠ Anfall von Atemnot; **Asthmatiker** m (~s; ~) wer an Atemnot leidet; EW: **asthmatisch**.

Asti m (~s; ~) (nach einem oberit. ON) it. Wein (*A. spumante* it. Sekt.)

astigmatisch EW (gr.) stabsichtig; **Astigmatismus** m (~; -men) (gr.-lat.) ≠ Stabsichtigkeit; Sehfehler durch anomale Krümmung der Augenhornhaut oder -linse.

Astilbe w (~; ~n) (gr.) ⊕ Steinbrechgewächs.

ästimieren ZW (-rte, -rt) ↗ hochschätzen.

ASTM (am. ⊄ American Society for Testing and Materials) am. Normenausschuß für Werkstoffe.

Ästometer s (~s; –) (gr.) Strahlungsmesser mit Photozelle.

Astrachan m (~s; ~s) (nach einem südl. ON) Lammfell; Plüschart.

Astragal m (~s; ~e) (gr.-lat.) □ plastische Perlschnur; **Astragalus** m (~; -li) ≠ Fußwurzelknochen; antiker Spielstein.

astral EW (gr.-lat.) bei, zu, aus den Sternen; **Astralleib** m (~[e]s; ~er) (gr.) nach dem Tode weiterlebender unsichtbarer Körper; **Astralon** s (~s; –) (gr.) zelluloidartiger Kunststoff; **Astralreligion** w (~; ~en) (gr.-lat.) Gestirnverehrung; **Astrodynamik** w (~; –) (gr.) Teilgebiet der Astrophysik; **Astrofix** w (~; –) (KuW) Flugzeugnavigation nach drei Gestirnen; **Astrograph** m (~en; ~en) (gr.) astronom. Himmelskamera; w. abstr. s.: **Astrographie** (~; –); EW: **astrographisch**; **Astrokompaß** m (-passes; -pässe) vom Erdmagnetismus unabhängiger Kompaß; **Astrokuppel** w (~; ~n) durchsichtige Haube oben am Flugzeugrumpf; **Astrolabium** s (~s; -bi|en) Sternhöhenmesser ↓; **Astrologe** m (~n; ~n) Sterndeuter; **Astrologie** w (~; –) Sterndeutung; EW: **astrologisch**; **Astrometer** s (~s; ~) Sternhelligkeitsmesser; **Astrometrie** w (~; –) Gestirnmessung; EW: **astrometrisch**; **Astronaut** m (~en; ~en) Weltraumfahrer; **Astronautik** w (~; –) Weltraumfahrt; EW: **astronautisch**; **Astronavigation** w (~; ~en) (gr.-lat.) Schiffs-, Flugzeuglenkung nach den Gestirnen; EW: **astronavigatorisch**; **Astronom** m (~en; ~en) (gr.) Sternforscher; **Astronomie** w (~; –) Sternkunde; **astronomisch** EW zu (bei, von) den Sternen; unfaßbar groß (*a.e Einheit* mittlere Erdentfernung von der Sonne; *a.er Ort* genaue Gestirnsposition am Himmel; *a.e Uhr* höchst genau gehende Uhr; *a.e Zeichen* Symbole für Sonne, Mond, Planeten; Tierkreisbilder).

a|strophisch EW (gr.-lat.) ohne Strophengliederung.

Astrophotometrie w (~; –) (gr.) Sternhelligkeitsmessung; **Astrophysik** w (~; –) Erforschung physikal. Vorgänge im Weltall; m. s.: **Astrophysiker** (~s; ~); **Astrospektroskopie** w (~; –) Untersuchung der Gestirnspektren.

Ästuar s (~s; ~e), **Ästuarium** s (~s; -ri|en) (lat.) trichterförmige Flußmündung.

Asyl s (~s; ~e) (gr.) Obdach; Zufluchtsort; **Asylant** m (~en; ~en) polit. Verfolgter, der in fremdem Land um Aufenthaltserlaubnis nachsucht, = **Asylbewerber** m (~s; ~); **Asylierung** w (~; ~en) Einweisung ins Asyl; **Asylrecht** s (~s; –) jurist. Feststellung, wer Recht auf Asyl hat.

Asymblastie w (~; -i|en) (gr.-lat.) ⊕ Keimung von Samenpflanzen zu verschiedener Zeit.

Asymmetrie w (~; -i|en) (gr.) Ungleichmäßigkeit; Mißverhältnis; EW: **asymmetrisch**.

Asymptote w (~; ~n) (gr.) ⊰ Gerade, die die angesteuerte Kurve nie erreicht; EW: **asymptotische Kurve** ⊰ Annäherungskurve.

asynchron EW (gr.) entgegenlaufend;

Asynchronmotor m (~s; ~en) (gr.-lat.) = → Induktionsmotor.
Asyndeton s (~s; -ta) (gr.) unverbundene Reihung (von Wörtern); EW: **asyndetisch.**
Asyn|ergie w (~; -i|en) (gr.-lat.) ✠ Muskelgruppen in gestörtem Bewegungsablauf.
Asystolie w (~; -i|en) (gr.-lat.) ✠ Herzrhythmusstörung.
Aszendent m (~en; ~en) (lat.) Vorfahr in direkter Linie; Schnittpunkt von Horizont und Ekliptik (bei astrolog. Berechnungen); **Aszendenz** w (~; ~en) die Vorfahren in direkter Linie; Aufgangspunkt eines Gestirns; **Aszension** w (~; -) Himmelfahrt ↓.
Aszese w (~; ~n) (gr.) = → Askese.
Aszites m (~; -) (gr.-lat.) ✠ Bauchwassersucht.
ataktisch EW (gr.) unregelmäßig.
Ataman m (~[e]s; ~e) (r.) Kosakenführer.
Ataraktikum s (~s; -ka) (gr.-lat.) ✠ Dämpfungsmittel; EW: **ataraktisch; Ataraxie** w (~; -) (gr.) ewig gleiche Seelenruhe.
Atavismus m (~; -men) (lat.) Entwicklungsrückschlag; Beibehalten veralteter Formen; EW: **atavistisch.**
Ataxie w (~; -i|en) (gr.) ✠ Bewegungsstörung.
atektonisch EW (gr.) vom geologischen Aufbau unabhängig.
Atelier s (~s; ~s) (fr.) [*ateljé*] Werkstatt für Künstler, Filmschaffende, Modekünstler u. ä.
a tempo (it.) gleich, schnell; ♪ wie zu Beginn weiterspielen.
Athanasie w (~; -) (gr.) Unsterblichkeit; **Athanatismus** m (~; -) Glaube an die Unsterblichkeit.
Athe|ismus m (~; -) (gr.) Leugnung eines Gottes; m. s.: **Athe|ist** (~en; ~en); EW: **athe|istisch.**
athematisch EW (gr.-lat.) ohne Thema (-vokal).
Äther m (~s; -) (gr.) unsichtbarer Weltstoff; ✞ organ. Verbindung; **ätherisch** EW (gr.) durchscheinend; zart; leicht verdunstend; ZW: **ätherisieren** (-rte, -rt) ↗.
atherman EW (gr.) wärme|undurchlässig.
Atherom s (~[e]s; ~e) (gr.) ✠ Kopfhaut-, Schlagaderfettgeschwulst; EW: **atheromatös; Atheromatose** w (~; ~n); **Atherosklerose** w (~; ~n) = → Arteriosklerose.
Athesie w (~; -) (gr.) Treulosigkeit.
Athlet m (~en; ~en) (gr.) Sportkämpfer; **Athletik** w (~; -) Sportwettkampf; **Athletiker** m (~s; ~) muskulöser Mann; EW: **athletisch.**
Äthrioskop s (~[e]s; ~e) (gr.) Raumstrahlungsmeßgerät.
Äthyl s (~s; -) (gr.-lat.) ✞ reaktionsfreudiges einwertiges Kohlenwasserstoffradikal; **Äthyl|alkohol** m (~s; -) Weingeist; **Äthylen** s (~s; -) ✞ ungesättigter Kohlenwasserstoff.
Athymie w (~; -i|en) (gr.) ✠ Antriebslosigkeit, -schwäche.
Ätiologie w (~; -) (gr.) Ursachenlehre; **ätiologisch** EW ursprungdeutend; **ätiotrop** EW (gr.-lat.) ✠ die Krankheitsursache beeinflussend.
Atlant m (~en; ~en) (gr.) ☐ m. Stützfigur; → Atlas[1].
Atlantik m, w (~s/~; -) (gr.-lat.) Atlantischer Ozean; **Atlantikcharta** w (~; -) (lat.) [-*kar-*] Programm der amer.-r. Nachkriegspolitik (auf einem Kriegsschiff im Nordatlantik im August 1941 entworfen); **Atlantikpakt** m (~[e]s; -) (lat.) → NATO; **Atlantikum** s (~s; -) (gr.-lat.) warme Nacheiszeitperiode; **atlantisch** EW (gr.-lat.) zum (vom, im) Atlantischen Ozean (Pakt); **Atlas**[1] m (~/-lanten; ~se/-lanten) (gr., nach einem Sagenriesen, der den Himmel trug) Sammlung von Landkarten.
Atlas[2] m (~ses; ~se) (ar.) rechts glänzendes Gewebe.
Atlas-Rakete w (~-~; ~-~n) (gr.-lat.-it.) am. Flüssigkeitsrakete.
atm (∉ **Atm**osphäre) Druckmaß; **Atmolyse** w (~; ~n) (gr.) ✞ Diffusionstrennung von Gasen; **Atmometer** s (~s; ~) Verdunstungsmesser; EW: **atmometrisch; Atmosphäre** w (~; ~n) Lufthülle der Erde; Luftdruckmaß; Stimmungsgehalt (einer Gegend, Gesellschaft, eines Hauses); **atmosphärisch** EW Lufthüllen...; stimmungsvoll; **Atmosphärograph** m (~en; ~en) Beschreiber der Atmosphäre; w. abstr. s.: **Atmosphärographie** (~; -); EW: **atmosphärographisch; Atmosphärologe** m (~n; ~n) Erforscher der Atmosphäre; w. abstr. s.: **Atmosphärologie** (~; -); EW: **atmosphärologisch.**
ATO-Anlage w (~-~; ~-~n) (e. ∉ **A**rsist-**T**ake-**O**ff) Starthilfeanlage in Flugzeugen.
Atoll s (~[e]s; ~e) (mal.-fr.) kleine runde Korallen|insel.
Atom s (~[e]s; ~e) (gr., „das Nichtzerschneidbare") Materieteilchen; **atomar** EW von (in) einem (durch ein)

Atom; (*a.e Diplomatie* Politik, die mit Einsatz von Atomwaffen droht; *a.e Garantie* Zusage an ein nichtnuklear bewaffnetes Land, es nuklear zu verteidigen; *a.e Konditionierung* Vorbereitung abgebrannter Kernbrennstäbe auf die Endlagerung; *a.e Mauer* Kette von Antiraketenstützpunkten; *a.e Parität* etwa gleicher Bestand an Atomwaffen der Supermächte); **Atombasis** w (~; -sen) ✕ Stützpunkt für Atomwaffen; **Atombatterie** w (~; -i|en) (gr.-fr.) Strahlenumwandler; Reaktor; **Atombrenner** m (~s; ~) Kernreaktor; **Atomgewicht** s (~s; ~e) Masse eines Atoms; **Atomgitter** s (~s; ~) Kristallgitter mit ungeladenen Atomen an Gitterpunkten; **Atomhülle** w (~; ~n) alle um den Atomkern angeordneten Elektronen eines Atoms; **Atom|energie** w (~; –) Kernkraft; **atomisieren** ZW (-rte, -rt) ↗ (gr.-lat.) in kleinste Teile zerlegen; **Atomisierung** w (~; ~en); **Atomisierung der Arbeit** w (~; –) Auflösung der Arbeit in Elementarschritte; **Atomismus** m (~; –) = → Atomistik; m. s.: **Atomist** (~en; ~en); **Atomistik** w (~; –) (gr.) altgr. Philosophie, nach der die Welt aus unteilbaren Partikeln besteht; EW: **atomistisch**; **Atommodell** s (~[e]s; ~e) (gr.-lat.) Versuch einer bildhaften Nachkonstruktion eines Atoms, = **Atomium** s (~s; –); **Atomphysik** w (~; –) Erforschung der Kernspaltung; m. s.: **Atomphysiker** (~s; ~); **Atompool** m (~s; ~s) (gr.-e.) [-*půl*] (geplante) Zusammenfassung der (atomaren) NATO-Waffen; **Atomreaktor** m (~s; ~en) (gr.-lat.) Anlage zur Erzeugung von Atomkraft; Atommeiler; **Atom spirale** w (~; ~n) Eskalation im Atomkrieg; **Atomstopp** m (~s;–) (gr.-am.) Einstellung der Atomwaffenproduktion; **Atomtest** m (~[e]s; ~s) Erprobung von Atomwaffen; **Atomstrom** m (~s; –) aus Kernspaltung gewonnener Strom; **Atomuhr** w (~; ~en) (sehr genaues) Zeitmeßgerät; **Atomvolumen** s (~s; -mina) (gr.-lat.) Rauminhalt eines Grammatoms im festen Zustand; **atomwaffenfrei** EW nicht atomar bewaffnet; **Atomwärme** w (~; –) Wärmemenge, die 1 Gramm-atom um 1°C erwärmt.
atonal EW (lat.) ♪ nicht an eine bestimmte Tonalität gebunden; abstr. s.: **Atonalität** w (~; –).
Atonie w (~; -i|en) (gr.) $ Erschlaffung (der Nerven, Muskeln); EW: **atonisch**.
Atonon s (~s; -na) (gr.) tonloses Wort.

Atophan s (~s; –) (KuW) $ Gichtmittel.
Atopie w (~; -i|en) (gr.-lat.) = → Idiosynkrasie.
Atout m (~s; ~s) (fr.) [*attû*] Trumpf; **à tout prix** [*attûprí*] um jeden Preis.
atoxisch EW (gr.-lat.) nicht giftig.
atramentieren ZW (-rte, -rt) ↗ (lat.) mit Rostschutz überziehen.
Atrichie w (~; -i|en) (gr.-lat.) $ Haarschwund.
Atrium s (~s; -ri|en) (lat.) Mittelhalle; Kirchenvorhof; gartenartiger Hof; $ Herzvorhof; **Atriumhaus** s (~es; -häuser) um gartenartigen Hof erbautes Haus.
atrop EW (gr.-lat.) ⊕ mit gerader Samenanlage.
Atrophie w (~; -i|en) (gr.) $ Organschwund durch Zellenschrumpfung; Abmagerung ↓; ZW: **atrophieren** (-rte, -rt) ∕; EW: **atrophisch**.
Atropin s (~s; –) (gr.) $ Tollkirschenpräparat (Krampfmittel).
Atrozität w (~; ~en) (lat.) Grausamkeit.
attacca (it.) ♪ ohne Pause in den nächsten Satz hinüberspielen!
Attaché m (~s; ~s) (fr.) [*attasché*] Gesandtschaftsmitglied mit besonderem Auftrag; Anwärter des diplomat. Dienstes; **Attachement** s (~s; ~s) [*attaschmañ*] Anhänglichkeit; **attachieren** ZW (-rte, -rt) ↗ [-*taschí-*] beigesellen; ⤥ sich eng anschließen.
Attack s (~; ~s) (fr.-am.) [*ättäck*] ♪ improvisierter Solisteneinsatz (beim Jazz); **Attacke** w (~; ~n) (fr.) Angriff (✕ der Reiterei); $ Krankheitsanfall; ♪ lautes Anspiel (beim Jazz); **attackieren** ZW (-rte, -rt) ↗ (fortgesetzt) angreifen.
Attentat s (~[e]s; ~e) (lat.) Anschlag auf das Leben (auf ein Gebäude); **Attentäter** m (~s; ~) wer ein Attentat verübt (versucht).
Attention w (~; –) (fr.) [*attañßjoñ*] Aufmerksamkeit; **Attentismus** m (;) (lat.) abwartende Haltung.
Attest s (~[e]s; ~e) (lat.) Bescheinigung (bes. $), = ↓ **Attestat** s (~[e]s; ~e); **attestieren** ZW (-rte, -rt) ↗ (lat.-fr.) bescheinigen.
Attika w (~; -ken) (gr.-lat.) Umland von Athen; □ Halbgeschoß über dem Hauptgesims.
Attilla w (~; ~s) (ung.) Husarenjacke.
attisch EW (nach der gr. Landschaft *Attika*) elegant; geistreich (*a.es Salz* sublimer Witz).
Attitüde w (~; ~n) (lat.-fr.) Haltungs-

ausdruck; Schlußfigur im Ballett; Pose; Einstellung zu einer best. Lage.

Attizismus m (~; -men) (nach der gr. Landschaft *Attika*) athenische Sprechweise; Anhänger der athenischen Sprechart; m. s.: **Attizist** (~en; ~en); EW: **attizistisch.**

Attonität w (~; -) (lat.) ⚕ Starre.

Attraktion w (~; ~en) (lat.) Anziehung; außergewöhnliche Schaustellung; **attraktiv** EW anziehend; **Attraktivität** w (~; ~en) Anziehungskraft; aufsehenerregende Neuigkeit (bes. M).

Attrappe w (~; ~n) (fr.) täuschende Nachbildung; Falle.

Attribut s (~[e]s; ~e) (lat.) Eigenschaft; Sinnbildzeichen; nähere Bestimmung eines Dingwortes; EW: **attributiv.**

atypisch EW (gr.) nicht der Regel entsprechend.

Aubergine w (~; ~s) (fr.) [*ôberschin*] gurkenartige Eierfrucht; chin. Porzellanglasur; Modefarbe.

Aubri|eti|e w (~; ~n) (fr., nach dem Blumenmaler *Aubriet*) [*obri|é-*] ✿ Blaukissen.

au contraire (fr.) [*ôkoñtrấr*] im Gegenteil.

audiatur et altera pars (lat.) man soll auch die Gegenseite hören; **Audience Research** s (~ ~s; -) (e.) [*odjens riβörtsch*] Zuschauer-, Leserforschung; **Audi|enz** w (~; ~en) (lat.) Empfang bei, Gespräch mit hochgestellter Persönlichkeit (*eine A. gewähren*); **Audimax** s (~; -) ⌀ → Auditorium maximum; **Audimeter** s (~s; ~) (lat.-gr.) Hörerzähler (für Rundfunk und Fernsehen); **Audio** s (~s; ~s) (lat.) vom menschlichen Ohr wahrnehmbar Ton; **Audiogramm** s (~[e]s; ~e) (gr.) ⚕ Aufzeichnung des menschlichen Hörvermögens; **Audiometer** s (~s; ~) (lat.-gr.) ⚕ Gehörprüfer; **Audiometrie** w (~; -) ⚕ Gehörprüfung; EW: **audiometrisch**; **Audion** s (~s; ~s) (lat.) Gitterröhre zum Hochfrequenzrichten; **Audio-Video-Technik** w (~-~-~; ~-~-~en) Aufnahme (Speicherung, Wiedergabe) von Ton- und Bildsignalen, = **Audiovision** w (~; -) (lat.), auch: Kassettenfernsehen; **audiovisuell** EW durch Hören und Sehen wahrnehmbar; **Audiphon** s (~[e]s; ~e) (gr.) ⚕ Hörgerät; **Audit** s (~s; ~s) (am.) [*eddit*] Untersuchung der Wirtschaftslage, -region; **auditiv** EW (lat.) dem Hören dienend; **Auditor** m (~s; -toren) (lat.) öst. Militärrichter, = **Auditeur** m (~s; ~e) [-*tốr*]; **Auditorium** s (~s; -i|en) Hörsaal (*A. maximum* s [~ ~; -ria -ma] größter Hörsaal der Universität); **audivisu|ell** EW (lat.) mit Ton- und Bildträgern; **Audivision** w (~; -) (lat.) Fernsehen; Fernsehgerät; Kassettenfernsehgerät.

Auerlicht s (~[e]s; -) Gasglühlicht (nach dem öst. Chemiker *Auer* v. Welsbach, 1858 bis 1929); **Auermetall** s (~s; -) Legierung aus Cer und Eisen.

au fait (fr.) [*ôfấ*] zur Sache!; unterrichtet; **au fond** [*ôfoñ*] im Grunde; **au four** [*ôfûr*] gebacken.

aufpolieren ZW (polierte auf, aufpoliert) ↗ (d.-lat.) (wieder) glänzend machen; auffrischen.

Augias|stall m (~[e]s; -) (gr., nach dem von Herkules gereinigten Stall des Königs *Augias* v. Elis) unleidliche Mißstände.

Augit m (~[e]s; ~e) (gr.) Gesteinsgemengeteil; **Augitit** m (~[e]s; ~e) (gr.) Eruptivgestein.

Augment s (~[e]s; ~e) (lat.) zeitbezeichnender Vokal in der gr., i. armen. Beugung; abstr. s.: **Augmentation** (~; ~en); ZW: **augmentieren** (-rte, -rt) ↗.

au gratin (fr.) [*ogratäñ*] mit Kruste, überbacken.

Augur m (~en; ~en) (lat.) röm. Priester, der Prophetie benutzte; **Augurenlächeln** s (~; -) Lächeln zum Zeichen gegenseitiger Übereinstimmung.

August m (~[e]s; ~e) (lat.: nach Caesar Octavianus *Augustus*, der eine Kalenderreform durchführte, seit 8 n. Chr.:) der 8. Monat; **auguste|isch** EW im (aus dem) Zeitalter des *Augustus* (um Christi Geburt).

Augustiner m (~s; ~) (lat.) † Mitglied eines Mönchsordens; w. s.: **Augustinerin** (~; ~nen).

Auktion w (~; ~en) (lat.) Versteigerung; **Auktionator** m (~s; -toren) (lat.) Versteigerer; **auktionieren** ZW (-rte, -rt) ↗ (lat.) versteigern; **Auktionsschaltung** w (~; ~en) elektron. Schaltung, um Höchstanzeigen aller Meßkanäle weiterzugeben.

Aula w (~; -len) (gr.-lat., = Hof) Festsaal; Hof; Palast.

au naturel (fr.) [*ônatürell*] ohne Zusatz; **au pair** [*ôpấr*] auf Gegenseitigkeit ↓; Leistung gegen Leistung; **au porteur** [*ôportốr*] auf den Inhaber ausgefertigt.

Aura w (~; -ren) (lat., Name einer Begleiterin der Jagdgöttin) Schimmer des Ätherleibes; Wirkungskraft; ⚕ Vorstufe des epileptischen Anfalls.

Auto|antikörper

aur**a**l EW (lat.) ≢ am (im, beim) Ohr.
Auram**i**n s (~s; -) (KuW, lat.) gelber Farbstoff.
A**u**rea medi**o**critas (lat.) das rechte Mittelmaß; Aure**o**le w (~; ~n) Heiligenschein; ≢ Regenbogenhautinnenzone; Hof (um Sonne, Mond; ✕ Grubenlicht); Lichterscheinung an hochgeladenen Körpern; Aureomyc**i**n s (~s; ~e) (lat.-gr.) ≢ Antibakterienmittel.
Aurignaci**e**n s (~s; -) [órìnjaßjā̃n] Altsteinzeitepoche (nach einem fr. Fundort); Aurign**a**crasse w (~; -) (fr.-d.) [órìnjack-] Altsteinzeitmensch.
Aur**i**kel w (~; ~n) (lat.) ⊕ Primelart.
aurik**u**lar EW (lat.) am (im, vom) Ohr.
Auripigm**e**nt s (~[e]s; -) (lat.) Rauschgelb.
Auripunkt**u**r w (~; ~en) (lat.) ≢ Trommelfellstich.
Aur**o**ra w (~; -) (lat.) (Göttin der) Morgenröte.
aus|agieren ZW (agierte a**u**s, **au**sagiert) ↗ Gefühle frei in Handlung umsetzen.
ausbalancieren ZW (balanc**ie**rte aus, -rt) ↗ (d.-fr.) [-balañβí-] ins Gleichgewicht bringen.
ausbaldowern ZW (bald**o**werte aus, -rt) ↗ (d.-heb.) = → baldowern.
aus|checken ZW (checkte a**u**s, **au**sgecheckt) ↗ (d.-e.) alle Möglichkeiten durchprüfen; ✓ Kontrollen passieren.
ausdiskutieren ZW (diskut**ie**rte aus, -rt) ↗ (d.-lat.) bis zum Ergebnis durchsprechen.
ausflippen ZW (fl**i**ppte aus, **au**sgeflippt) ✓ (d.-am.) zu Drogen flüchten; durch Drogen gefährdet sein; aus einer Depression zur → Euphorie kommen.
ausklarieren ZW (klar**ie**rte aus, **au**sklariert) ↗ (d.-lat.) ⚓ vor der Ausfahrt verzollen; w. s.: **Ausklarierung** (~; ~en).
ausknocken ZW (kn**o**ckte aus, **au**sgeknockt) ↗ (d.-e.) [**au**sn-] k. o. schlagen; jmdn. verdrängen
auskristallisieren ZW (kristalli**sie**rte aus, **au**skristallisiert) (d.-lat.-tr.) ↗ aus L**ö**sung Kristalle bilden.
Auskultat**i**on w (~; ~en) (lat.) ≢ Ab- horchen; ZW: **auskultieren** (-rte, -rt) ↗.
auslogieren ZW (log**ie**rte aus, **au**slogiert) ↗ (d.-fr.) [-loschí-] jmdn. an andrer Stelle unterbringen.
ausmanövrieren ZW (manövr**ie**rte aus, **au**smanövriert) ↗ (d.-fr.) geschickt (listig) ausstechen.
Aus|pizium s (~s; -zi|en) (lat.) Vorzeichen; Schutz.

aus|powern ZW (p**o**werte aus, **au**sgepowert) ↗ (d.-fr.) ausbeuten.
ausquartieren ZW (quart**ie**rte aus, **au**squartiert) ↗ (d.-fr.) in einer andern Wohnung unterbringen.
ausrangieren ZW (rang**ie**rte aus, **au**srangiert) ↗ (d.-fr.) [-*rañschí*-] ausmerzen, ausscheiden.
ausstaffieren ZW (staff**ie**rte aus, **au**sstaffiert) ↗ (d.-fr.-nl.) ausrüsten; w. s.: **Ausstaffierung** (~; ~en).
aus|tarieren ZW (tar**ie**rte aus, -rt) ↗ (d.-it.) Leergewicht auswiegen.
Auster w (~; ~n) (gr.-lat.-nl.) eßbare Meeresmuschel.
Aust**e**rity w (~; -) (e.) [*oβ*-] Einfachheit, Strenge; Sparpolitik; eingeschränkte Lebensweise.
austral**i**d EW (nach dem Erdteilnamen *Australi|en*) nach (von) australischer Rasse; m. s.: **Australide** (~n; ~n); **australo|id** EW (lat.-gr.) den Australiden ähnlich; m. s.: **Australo|ide** (~n; ~n).
Austriaz**i**smus m (~; -) (lat.) öst. Sprechart; öst. Art.
aus|tricksen ZW (trickste aus, **au**sgetrickst) ↗ (d.-fr.-e.) jmdn. geschickt ausstechen.
aus|trimmen ZW (trimmte a**u**s, **au**sgetrimmt) (d.-e.) ↗ (Flugzeug) in richtige Lage zurückbringen.
Austromarx**i**smus m (~; -) (lat.) öst. Form des Marxismus (Anfang 20. Jh., ↓); m. s.: **Austromarxist** (~en; ~en); EW: **austromarxistisch**.
aut**a**rk EW (gr.) bedürfnislos; sich selbst versorgend; unabhängig durch Askese; Aut|**a**rk**ie** w (~; -i|en) (gr.) wirtschaftliche Unabhängigkeit eines Landes; EW: **autarkisch**.
aut**e**rg EW (gr.-lat.) auf eigener Leistung beruhend.
authentifizieren ZW (-rte, -rt) ↗ (gr.-lat.) beglaubigen; **auth**e**ntisch** EW (gr.) verbürgt (*a.e* Kadenz ♪ klassische Beendung einer Komposition; *a.e Auslegung* Interpretation durch den Gesetzgeber); **authentisieren** ZW (-rte, -rt) ↗ (gr. lat.) rechtsgültig machen; bevollmächtigen; **Authentizität** w (;) (gr.) Echtheit; Glaubwürdigkeit.
authigen EW (gr.) an Ort und Stelle entstanden.
Aut**i**smus m (~; -men) (gr.-lat.) ≢ Versunkensein in sich selbst; ein Hauptsymptom der Schizophrenie; EW: **autistisch**.
Auto s (~s; ~s) ∉ → Automobil; **Autoaggressions|krankheit** w (~; ~en) ≢ durch Auto|**a**ntikörper (M; gegen ei-

genes Immunsystem wirkend) hervorgerufen; **Auto|analizer** m (~s; ~) (gr.-am.) [-*änaleiser*] Kontrollgerät für Blutuntersuchungen; **Autobie** w (~; –) (gr.) Selbstbefriedigung; ZW: **autobieren** (-rte, autogeb<u>ie</u>rt) ✓; **Autobiograph** m (~en; ~en) (gr.) Verfasser seines eigenen Lebensberichtes; **Autobiographie** w (~; -i|en) eigene Lebenserinnerungen (schriftl.); EW: **autobiographisch**; **Autobus** m (~ses; ~se) ≠ Auto|omnibus; **Autocar** m (~s; ~s) (gr.-e.) Omnibus; **Autochore** w (~; ~n) (gr.-lat.) ⊕ selbstaussamende Pflanze; **Autochorie** w (~; –); **Autochromverfahren** s (~s; ~) (KuW, gr.-lat.-d.) photograph. Verfahren, Diapositive herzustellen; **autochthon** EW bodenständig; eingeboren; m. s.: **Autochthone** (~n; ~n); w. s.: **Autochthonin** (~; ~nen); **Auto-Cross** s (e.) Geländeprüfung für Kraftfahrer; **Autodafé** s (~s; ~s) (lat.-port.) Bekanntgabe u. Vollstreckung eines Inquisitionsurteils; Ketzer-, Bücherverbrennung; **Autodetermination** w (~; –) (gr.-lat.) Selbstbestimmung; **Autodeterminismus** m (~; –) Lehre von der Willensfreiheit; **Autodidakt** m (~en; ~en) (gr.) wer sich durch Selbstunterricht gebildet hat; EW: **autodidaktisch**; **Autodrom** s (~s; ~e) = Motodrom; Fahrbahn für → Skooter; **autodynamisch** EW selbsttätig; **Auto|elektronik** w (~; –) DV in Kraftfahrzeugen; **auto|erotisch** EW in sich selbst verliebt; m. s.: **Auto|erotismus** (~; –); **Autogamie** w (~; -i|en) ⊕ Selbstbestäubung; EW: **autogam**; **autogen** EW ursprünglich, selbstwirkend (*a.es Training* [*trēniñ*] bewußte, eigene Steuerung des Nervensystems; *a.es Schweißen* mit Azetylen-[Sauerstoff-, Wasserstoff-]Stichflamme schweißen); **Autogiro** s (~s; ~s) (gr.-sp.) Art Hubschrauber; **Autognosie** w (~; -i|en) (gr.) Selbsterkenntnis; **Autogramm** s (~[e]s; ~e) (gr.-lat.) Originalhandschrift, -unterschrift, = **Autograph** s (~s; ~e[n]); **Autographie** w (~; -i|en) (gr.-lat.) Umdruckverfahren; ZW: **autographieren** (-rte, -rt) ↗; EW: **autographisch**; **Autogravüre** w (~; ~n) (KW) Rastertiefdruck; **Autohypnose** w (~; ~n) Selbsthypnose; EW: **autohypnotisch**; **Auto|infektion** w (~; ~en) (gr.-lat.) ⚕ Selbstansteckung (von einem zum andern Körperteil); **Auto|intoxikation** w (~; ~en) (gr.-lat.) ⚕ Selbstvergiftung (durch den eigenen Stoffwechsel); **Autokarpie** w (~; -i|en) ⊕ selbstbestäubte Frucht; EW: **autokarp**; **Autokatalyse** w (~; ~n) ↻ Reaktion durch ein eigenes Produkt; **Autokinese** w (~; –) (KuW, gr.) Scheinbewegung (Sinnestäuschung); **Autokino** s (~s; ~s) Freilichtfilmtheater; → Drive-In-Kino; **Autoklav** m (~s; ~en) (gr.-lat.) ↻ druckfestes Gefäß; ⚕ Entkeimungskochgefäß; ZW: **autoklavieren** (-rte, -rt) ↗ im Autoklav erhitzen; **Autokologie** w (~; –) (gr.) Wirkung von Umweltfaktoren auf den einzelnen; **Autokorso** m (~s; ~s) (gr. it.) Autoschaufahrt; **Autokran** m (~s; ~e) (gr.-d.) Fahrzeugkran mit Eigenantrieb; **Autokrat** m (~en; ~en) (gr.) Selbstherrscher; **Autokratie** w (~; -i|en) Selbstherrschaft; Herrschaft durch Machtergreifung; **autokratisch** EW selbstherrlich; **Autolyse** w (~; ~n) ⚕ Selbstauflösung; **autolytisch** EW ⚕ selbstauflösend; **Automat** m (~en; ~en) teilweise selbsttätige Maschine; **Automatenmißbrauch** m (~[e]s; –) Leistungs|erschleichung; **Automatenrestaurant** s (~s; ~s) (gr.-fr.) [-*rañ*] Lokal mit Selbstbedienung aus Automaten; **Automatentheorie** w (~; -i|en) (gr.) ⚔ Theorie der selbsttätigen Maschinen; **Automatie** w (~; –) ⚕ vom Willen unbeeinflußte Organtätigkeit; Willenlosigkeit während einer Betäubung; **Automatik** w (~; ~en) (gr.-lat.) Selbststeuerung(sgerät); **Automation** w (~; ~en) (lat.-am.) Mechanisierung von Arbeitsfunktionen; **Automatisation** w (~; ~en) Umstellung auf Automation; **automatisch** EW (gr.) selbsttätig (*a.e Bewegung* erfolgt ohne äußeren Reiz; *a.e Werkzeugmaschine* arbeitet mit selbsttätiger Bedienungsschaltung); **automatisieren** ZW (-rte, -rt) ↗ (gr.-lat.) auf mechanische Produktion umstellen; **Automatisierung** w (~; ~en) (lat.) Anlage der Automation; **Automatismus** m (~; -men) (gr.) ⚕ krankhafte Wiederholung nichtgewollter Bewegungen; ungelenkter Ablauf einer Tätigkeit; **Automatograph** m (~en; ~en) (gr.) zeichnet unwillkürliche Bewegungen auf (psychologisch); **Autominute** w (~; ~n) (gr.-lat.) Strecke, die ein Auto in 1 Minute fährt; **Automobil** s (~s; ~e) (gr.-lat.) Kraftfahrzeug; **Automobilismus** m (~; –) Kraftfahrzeugsport, -wesen ↓; **automorph** EW (gr.-lat) → idiomorph; geordnete algebraische Elemente in eigener algebraischer Struktur; m. s.: **Automorphismus**; **autonom** EW (gr.)

eigengesetzlich (**a.es Nervensystem** arbeitet vom Willen unabhängig); **Autonomie** w (~; -i|en) (gr.) Selbstverwaltung, -bestimmung (Ggs.: *Heteronomie*); m. s.: **Autonomist** (~en; ~en); **autonym** EW (gr.-lat.) unter eigenem Namen veröffentlicht; **Autophilie** w (~; -) (gr.) Eigenliebe; **Autopilot** m (~[e]s; ~en) (gr.-it.-fr.) automatische Steuerungsanlage; **Autoplastik** w (~; ~en) (gr.-lat.) ⚥ Ersatzteil aus dem eigenen Körper; **Autopolyploidie** w (~; -) ⚥ Vermehrfachung des eigenen Chromosomensatzes eines Lebewesens; **Aut|opsie** w (~; -i|en) (gr.) ⚥ Leichenöffnung; Besichtigung; EW: **aut|optisch**.
Autor m (~s; -toren) (lat.) Verfasser; **Autorenkollektiv** s (~s; ~e) mehrere (anonyme) Verfasser eines Werks.
Auto|radiogramm s (~s; ~e) (gr.-lat.) Selbstabbildung radioaktiver Körper auf Fotoplatte durch **Auto|radiographie** w (~; -i|en).
Auto|reverse s (~; -) (e. aus gr.-lat.) [*otóriwóß*] Umstellautomatik von Tonbandgeräten, Kassettenrecordern.
Auto|rhythmie w (~; -i|en) (gr.) rhythmisch unterbrochene Impulse; **Autorisation** w (~; ~en) (lat.) Bevollmächtigung; **autorisieren** ZW (-rte, -rt) ↗ (lat.) bevollmächtigen; **autoritär** EW (lat.) auf Autorität gegründet; machtbesessen (*a.es Regime* [*réschîm*] Diktatur); **Autoritarismus** m (~; -) Beanspruchung der absoluten Herrschaft; **Autorität** w (~; -en) (lat., = Urheberschaft) (Anspruch auf) Anerkennung; anerkannter Fachkenner; **autoritativ** EW (lat.) undemokratisch, behördlich; entscheidend; **Autorkorrektur** w (~; ~en) (lat.) vom Verfasser durchgeführte Satzberichtigung; zu diesem Zweck an ihn geschickte Fahnenabzüge; **Auto|rotation** w (~; ~en) (lat.) Weiterrotieren des Hubschraubers nach Abschalten des Antriebs; **Auto-salon** m (-·e; ~s) (gr.-fr.) [*-loñ*] Kraftfahrzeugschau; **Autosensibilisierung** w (~; -) (gr.-lat.) ⚥ Bildung von Antikörpern als Reaktion auf körpereigene Substanzen; **Autosex** m (~; -) Sex im Auto; Selbstbefriedigung; EW: **auto-sexual**; **Autoskopie** w (~; -i|en) (gr.) ⚥ Kehlkopfuntersuchung ohne Spiegel; EW: **autoskopisch**; **Autoslalom** m (~s; ~s) (KuW; gr.-norw.) Geschicklichkeitsprüfung für Kraftfahrzeugfahrer; **Autosomen** M (KuW) alle 22 Chromosomenpaare (nicht geschlechtsgebunden); **Autostrada** w (~;

~s) (it.) Autobahn; **Autostunde** w (~; ~n) (KuW) Strecke, die man im Auto in einer Stunde zurücklegt; **Autosuggestion** w (~; ~en) (gr.-lat.) Selbstbeeinflussung, -täuschung; EW: **autosuggestiv**; **Autotelefon** s (~s; ~e) (KuW, gr.) Telefon im Auto; **Autotomie** w (~; -i|en) (KuW, gr.-lat.) Verluste von Körperteilen, die nachwachsen (bei Tieren); **Autotoxin** s (~s; ~e) körpereig. Gift; **Autotransformator** m (~s; ~en) (gr.-lat.) mit nur 1 Wicklung, der die Sekundärspannung entnommen wird; **Autotransfusion** w (~; ~en) (gr.-lat) Eigenblutübertragung; **Auto-transplantat** s (~s; ~e) (gr.-lat.) Transplantatspender ist zugleich Empfänger; **autotroph** EW (gr.) ⚥ nur von anorganischen Stoffen lebend; w.s.: **Autotrophie** (~; -) ⚥; **Autotropismus** m (~; -) (KuW, gr.-lat.) ⚥ Tendenz von Pflanzen, in Normalstellung zu bleiben oder zurückzukehren; **Autotypie** w (~; -i|en) (gr.) Tonätzung (fotogr. Verfahren); EW: **autotypisch** (*a.er Tiefdruck* Tiefdruck ohne Pigmentpapier); **Autovakzine** w (~; ~n) (gr.-lat.) ⚥ Eigenimpfstoff; **Aut-oxidation** w (~; ~en) (KuW; gr.-lat.) ↻ von selbst ablaufende Reaktion mit Luftsauerstoff bei normaler Temperatur; **Autozoom** s (~s; ~s) [*-sûm*] (gr.-e.) Filmobjektiv mit automatischer Schärfeneinstellung.
auxiliar EW (lat.) hilfreich; als Hilfe; **Auxiliartruppen** M Hilfstruppen.
Auxin s (~s; ~e) (lat.) ⚥ Pflanzenwuchsstoff; **auxochrom** EW ↻ [*-króm*] (gr.) Farbänderung bewirkend; **auxo-heterotroph** EW (gr.) unfähig, eigene Wuchsstoffe freizusetzen; **Auxospore** w (~; ~n) Wachstumssperre bei Kieselalgen; **auxotroph** EW angewiesen auf hochwertigen Nährboden.
Availabilities M (e.) [*aweilebilitis*] Werbezeiten in Funk, Fernsehen.
Aval m, s (~s; ~e) (it.-fr.) Wechselbürgschaft: ZW. **avalieren** (-rte, -rt) ↗; m. s.: **Avalist** (~en; ~en); **Aval-kredit** m (~[e]s; ~e) Bankkredit mit Bürgschaft der Bank gegenüber Behörden.
Avance w (~; ~n) (fr.) [*awañß*] Gewinn, Vorschuß (*jmdm. A.n machen* Aussichten vorspiegeln); **Avancement** s (~s; ~s) (fr.) [*awañßmañ*] Beförderung; **avancieren** ZW (-rte, -rt) ↙ [*awañßíren*] ✗ vorrücken ↓; befördert werden.
Avantage w (~; ~n) (fr.) [*-tâsche*] (fr.) Gewinn; **Avantgarde** w (~; ~n)

Avantgardismus

[*awañgarde*] ✕ Vorhut ↓; Spitze (einer Bewegung), **Avantgardismus** m (~; –) (fr.-lat.) fürs Moderne eintretende (Kunst-)Richtung; **Avantgardist** m (~en; ~en) (fr.) [*awañgardist*] Vorkämpfer; EW: **avantgardistisch**; **avanti** [-*w*-] (it.) schnell! vorwärts!.

avdp → avoirdupois.

Avenue w (~; ~n) (fr.) [*awenü*] Prachtstraße.

average EW (am.) [*äweridsch*] durchschnittlich; **Average** m (~; –) (ar.-fr.-it.-e.) [*äweridsch*] Mittelwert; ⚕ Havarie.

Averbo s (~s; ~s) (lat.) alle Zeitwortstammformen.

Avers m (~; ~e) (fr.) [*awār*] Vorderseite der Münze; Abfindung; **Aversion** w (~; ~en) (lat.) Abneigung; **Aversum** s (~s; -sen/-sa) (lat.) Pauschalzahlung, = **Aversalsumme** w (~; ~n), = **Aversionalsumme** w (~; ~n).

Avertin s (~s; –) (KuW) ☣ Betäubungsmittel (rektal anzuwenden).

Aviatik w (~; –) (lat.) Flugwesen, -technik; m. s.: **Aviatiker** (~s; ~) ↓.

Avifauna w (~; –) (lat.) Vogelwelt.

Avio-Agronom m (~-~(en); ~-~en) (KuW, lat.) Fachmann für aviochemischen Flugdienst; **Avionik** w (~; –) (KuW) elektron. Ausrüstung der Luftfahrt.

avirulent EW (lat.) [-*wi*-] ☣ nicht (mehr) krankheitserregend (von Bakterien).

Avis m, s (~; ~e) (fr.) [*awî*] Anzeige; Nachricht; Mitteilung über Deckung der Schuldsumme an Schuldner; **avisieren** ZW (-rte, -rt) ↗ (fr.) ankündigen; **Avisklausel** w (~; ~n) (KuW, fr.-lat.) Berichtsvermerk auf Wechseln; **Aviso** m (~s; ~s) (fr.-it.) ✕ Meldeschiff.

a vista (it.) [-*w*-] bei Sicht (Vorlegung); ♪ vom Blatt.

Avitaminose w (~; ~n) (lat. KuW) ☣ Vitaminmangelkrankheit.

Avivage w (~; ~n) (lat.-fr.)[-*wâsch*-] Nachbehandlung von Stoffen (Garnen); ZW: **avivieren** (-rte, -rt) ↗.

Avocado w (~; ~s) (ind.-span.) eßbare Steinfrucht aus Südamerika, auch: **Avocato** (it.).

avogradosch EW (nach dem it. Physiker A. *Avogrado*, 1776–1856) (*A.es Gesetz = A.e Regel* alle Gase enthalten unter gleichen Bedingungen die gleiche Anzahl Moleküle; *A.e Zahl* die Zahl der Moleküle eines idealen Gases).

avoirdupois s (~; –) (fr.) [*awoardüpoa*] e., am. System für Maß- und Gewichtseinheiten.

Avulsion w (~; ~en) (lat.) ☣ Selbstverstümmelung.

Avunkulat s (~s; –) (lat.) (im Mutterrecht) Bruder statt Vater als Erzieher.

Avus w (~; –) (KW) Automobil-Verkehrs- und Übungsstraße = wichtige Zufahrt Berlins.

AWACS (KW, am.) **A**irborne early **w**arning and **c**ontrol **s**ystem = Frühwarnsystem der NATO; M.: fliegende Radarstationen.

Awesta s (~; –) (pers.) Sammelname der heiligen Schriften der Parsen; **awestisch** EW das Awesta betreffend; **awestische Sprache** w (~n ~; –) altostiranisch (= Sprache des Awesta).

Axel m (~s; ~) schwieriger Sprung im Eiskunstlauf (nach *Axel* Paulsen, norw. Eiskunstläufer).

axial EW (lat.) in Richtung (Anbetracht) der Achse; w. s.: **Axialität** (~; –); **axillar** EW (lat.) in (bei, von) der Achsel.

Axinit s (~s; ~e) (gr.) Silikatmineral (für Schmucksteine).

Axiologie w (~; –) (gr.) Wertlehre; EW: **axiologisch**; **Axiom** s (~s; ~e) (gr.) einleuchtender, aber unbeweisbarer Grundsatz; **Axiomatik** w (~; –) (gr.) ⚔ Ordnung und Nutzung der Axiome; EW: **axiomatisch**; ZW: **axiomatisieren** (-rte, -rt) ↗; **Axiometer** s (~s; ~) (gr., = Ruderzeiger) Meßgerät für Steuerabweichungen.

Axonometrie w (~; –) (gr.) ⚔ Figurenzeichnungsverfahren; EW: **axonometrisch**.

Ayatollah m (~s; ~s) (pers.-ar.) Schiitenführer.

Azale|e w (~; ~n) (gr.) ✿ Topfstrauch, = **Azali|e** w (~; ~n).

Azarol|apfel m (ar.-span.-d.) Frucht eines südeurop. Rosengewächses.

azentrisch EW (gr.-lat.) ohne Mitte.

azeotrop EW (KuW, gr.) Stoffgemische, nicht durch Destillation zerlegbar.

azephal → akephal.

Azeriden M (gr.-lat.) Salben ohne Wachs.

Azetat s (~ [e]s; ~e) (lat.) = → Acetat.

Azid s (~[e]s; ~e) (lat.) ⚡ explosive Metallstickstoffverbindung; **Azidität** w (~; ~en) (lat.) → Acidität; **Azidose** w (~; ~n) (lat.-gr.) → Acidose.

Azili|en s (~s; ~) [*asiljän*] (nach dem fr. Fundort) Mittelsteinzeitperiode.

Azimut m, s (ar., = die Wege) Winkel zwischen N und einem Punkt (zwi-

schen einem Gestirnhöhenkreis und dem Ortsmeridian); EW: azimutal.
Azinfarbstoffe M (gr.-lat.-d.) = **Azine** M (gr.-lat.) ᴛ synthetische Farbstoffe; **azinös** EW (lat.) ⚘ trauben-, beerenartig (Drüsen); **azinoform** EW (lat.) traubenartig, = **azinös** EW.
Azofarbstoffe M (gr.-fr.-d.) organische Farbstoffe.
Azo|ikum s (~s; –) (gr.-lat.) älteste Erdepoche (ohne Lebewesen); EW: **azo|isch**.
Azo|ikum s (~s; –) (gr.-lat.) älteste Erd|epoche (ohne Lebewesen); EW: **azo|isch**.
Azo|spermie w (~; -i|en) (KuW, gr.) ⚘ Fehlen von Samenzellen in der Samenflüssigkeit.
Azot|ämie w (~; -i|en) (KuW, gr.) ⚘ Reststickstoff im Blut; Serum.
Azote m (~s; –) [*asôt*] (fr.) Stickstoff; **Azotier|ofen** m (~s; -öfen) (gr.-fr.-d.) Ofen zur Kunstdüngererzeugung; ZW: **azotieren** (-rte, -rt) ↗; **Azotobakter** s (~s; ~i|en) (gr.) Bodenbakte-

rien, die Stickstoff binden; **Azotobakterin** m, s (~s; –) Düngemittel; **Azotogen** s (~s; ~e) Impfdünger aus Luftstickstoff; **Azot|orrhö** w (~; ~en) (KuW) erhöhter Stickstoff im Harn; **Azot|urie** w (~; -i|en) (fr.-gr.) ⚘ zu starke Harnstoffabsonderung.
Azulen s (KuW, sp.) tiefblaue Kohlenwasserstoffverbindung.
Azur m (~s; –) (pers.-it.) Blau des Himmels; EW: **azur(n)**; **Azureelini|en** M (KuW, fr.-lat.) gedruckte Linienmuster zur Erschwerung von Fälschungen; EW: **azuriert**.
Azyanoblepsie w (~; -i|en) (KuW, gr.) Blaublindheit.
azygot EW (gr.) unpaarig.
azyklisch EW (gr.) nicht ringförmig; nicht dem Turnus gemäß wiederkehrend; ᴛ: offene Kohlenstoffkette im Molekül.
Azyma M (gr.-lat.) ungesäuertes Brot; Bezeichnung für Passahfest.
Azzurri(s) M (it.) [*adsurri*] „die Blauen" = it. Sportmannschaft(en).

B

Baal m (~s; ~e) (heb.) Abgott.
Baas m (~es; ~e) (nl.) Meister; Chef.
BAB w (KW ⚘ Bundesautobahn(en).
Baba[1] w (~; -be) (slaw.) Großmutter.
Baba[2] m (~; –) (türk.) geistl. Ehrentitel.
Babbitt m (~s; ~s) (am.) [*bäbbit*] Durchschnittsbürger der USA (nach einem Romanhelden von S. Lewis, 1922); s (~s; ~s) Blei-, Zinnbronze.
Babine w (~; ~n) (r.) Katzenfell(futter).
Babirussa m (~[s]; ~s) (mal.) Hirscheber (Celebes).
Babismus m (~; -] (pers. lat.) islam. Bewegung im 19. Jh ; **Babist** m (~s; ~en) Anhänger des Babismus.
Babo Verfahren s (~-~s; ~-~) (e.: Beam Approach Beacon System) Blindlandeverfahren.
Babuschen M (türk.-pers.) Pantoffeln.
Babuschka w (~; -ke) (poln.) alte Frau, Großmutter.
Baby s (~s; ~s/-ies) (e.) [*bêbi*] Kleinstkind; **Baby-Bonds** M (am.) [*bêbi*-] Schuldverschreibungen kleinsten Nennwerts; **Babyboom** m (~s;–) ((e.) [*bebibûm*] Hochschnellen der Geburtenziffer; **Babycar** m (~s; ~s) (am.)

[*bêbikar*] ∪ Kleinauto; **Babydoll** s (~s; ~s) (am.) [*bêbi*-] zweiteiliger Damenpyjama mit kurzen Höschen; **Babyhandel** m (~s; –) illegale Vermittlung von Säuglingen aus der 3. Welt zur Adoption; **Babyjahr** s (~[e]s; ~e) auf die Rente anrechenbare Säuglingszeit der eigenen Kinder; **Babykiller** m (~s; ~) (am.) [*bêbi*-] Kindermörder.
Babylon s (~s; –) = Babel; EW: **babylonisch** *(b.e Sprache)* Sprachverwirrung = Stimmengewirr, Verständigungsprobleme.
Babylook m, s (~s; ~s) (am.) [*bêbiluck*] Gesichtsverjüngung; **Baby-Pro** w, m (~s; ~s) (KW aus **Baby-Prostitution**) Minderjährigenstrich; **Babysitter** m (~s; ~) (am.) [*bêbißitter*] hütet fremde (schlafende) Kinder.
Bacchanal s (~[e]s; ~e) (nach dem gr. Weingott *Bacchus*) Gelage; **Bacchant** m (~en; ~en) wandernder Scholar ↓; Trinkfreudiger, Ausgelassener; w. s.: **Bacchantin** (~; ~nen); EW: **bacchantisch**.
Bachelor m (~s; ~s) (e.-am.) [*bätschler*] akademischer Grad (→ Bakkalaure|us).
Bachtiari m (~[s]; ~[s]) (pers.) Perser-

teppich (der **Bachtiaren** M iran. Bergvolk).
Bacile s (~; -li) (it.) [*batschile*] (Majolika) Becken.
Bacillus m (~; -lli) (lat.) ⚕ Stäbchen für schmale Kanäle; vgl. → Bazillen.
Back m (~s; ~s) (e.) [*bäck*] Verteidiger (im Fußballspiel); **Backbencher** m (~s; ~) (e.) [*-benscher*] Hinterbänkler; **Backcheck** m (~s; ~s) (e.) [*bäcktscheck*] defensive Rückfahrt aufs eigene Tor (beim Eishockey); **Backgammon** s (~s; -) (e.) [*bäkgemen*] Brettspiel; **Background** m (~s; ~s) (am.) [*bäckgraund*] Hintergrund; ♪ Solistenbegleitung; ⚓ linke Schiffsseite (von hinten); **Background-Musik** w (~-~; -) (am.-lat.) zum Konsum anregende Musik; **Backhand** w (~; ~s) (e.) [*bäckhänd*] Rückhand (beim Tennisspiel u. Eishockey); **Back-Lash** m (~- ~s; ~-~s) (am.) [*backläsch*] Protest: **Backspring** m (~s; ~s) (e.) [*bäckβpriñ*] Rücksprung (beim Boxkampf); **Backstick** s (~s; ~s) (e.) [*bäckβtick*] Schlag mit dem Stockrücken (beim Eishockey) **Back-Up** s (~-~s; ~-~s) (am.) [*bäck app*] Ersatzmannschaft, -gerät im Raumschiff.
Bacon m (~s; -) (e.) [*beikn*] Frühstücksspeck; **Baconschwein** s (~[e]s; ~e) [*beikn-*] (e.) e. Magerspeckschwein.
Badge s (~s; ~s) (am.) [*bädsch*] Namensschildchen für Tagungsteilnehmer.
Badlands M (am.) [*bädländs*] unbebaubare Ländereien.
Badminton s (~; ~[s]) (e.) [*bädmintn*] Federballspiel (nach einem e. Landsitz); Rotweingetränk mit Gurken.
Bad trip m (~~; ~~s) (am.) [*båd-*] unangenehmer Drogenrausch.
Bafel m (~s; -) (jidd.-it.) Abfall(seide); schlechte Ware.
Baffy m, s (~s; ~s) (e.) [*bäffi*] kurzer Golfschläger.
Baföġ s (~s; ~) ∉ Bundesausbildungsförderungsgesetz (regelt staatl. Unterstützung von Schülern und Studenten); Förderungssumme *(B. haben)*.
Bag s (~[s]; ~[s]) (e.) [*bäg*] Sack (= 40,8 kg [Kanada]).
Bagage w (~; ~n) (fr.) [*-gåsche*] ✗ Troß; Gepäck ↓; Gesindel.
Bagasse w (~; ~n) (lat.-fr.) Rohrzuckerpreßrückstand; **Bagassose** w (~; ~n) (fr.) ⚕ Staublunge von Zuckerrohrarbeitern.
Bagatelldelikt s (~s; ~e) Ordnungswidrigkeit ohne Strafverfolgung; **Bagatel-**

le w (~; ~n) (fr.) Kleinigkeit; ♪ Kurzkomposition; **bagatellisieren** ZW (-rte, -rt) ↗ (fr.) als unwichtig hinstellen; **Bagatellsache** w (~; ~n) (fr.-d.) Rechtsfall minderer Bedeutung.
Baggage-Tag s (~-~s; ~-~s) (e.) [*beggedsch täġ*] Quittung für den Fahrgast.
Bagger[1] m (~s; -) (e.) [*bäg-*] Zuspiel von unten beim Volleyball.
Bagger[2] m (~s; ~) (nl.) Grabemaschine; ZW: **baggern** (-rte, gebaggert) ↙.
Baggings M (e.) [*bäggiñs*] Jutepackzeug.
Bagno s (~s; ~s/-gni) [*banjo*] (it., = Bad) it. Strafkolonie ↓.
Baguette w (~; ~n) (fr.) [*-gett*] Edelsteinschliff; fr. Stangenbrot.
Bahai m (~; ~s) (pers.) Anhänger des **Bahaismus** m (~; -) pers. Religion.
Bahar m, s (~[s]; ~s) (ar.) osti. Handelsgewicht.
Bahasa Indonesia w (~~; -) amtl. indones. Sprache.
Bahiaholz s (~es; -hölzer) (nach einem bras. Staat) am. Rotholz.
Bahuwrihi s (~s; ~s) (skr.,= reich an Reis) → Possessivkompositum.
Bai w (~; ~s) [auch: *bå*] Bucht.
Baiao m (~s; -) (südam.) lateinam. Gesellschaftstanz.
Baigneuse w (~; ~n) (fr.) [*bänjös*] Badehaube.
Bain-marie w (~-~; ~-~s) (fr.) [*bänmarî*] Wasserbad zum Speisewärmen.
Bairam m (~[s]; ~s) (türk.) Name zweier großer islam. Feste.
Baiser m (~s; ~s) (fr.,= Kuß) [*bäse*] gebackener Eierschneeschaum.
Baisse w (~; ~n) (fr.) [*båβ*] Tiefstand der Kurse; **Baisseklausel** w (~; ~n) (fr.-lat.) Bindung einer Rechnung an den Dollarstand; **Baissier** m (~s; ~s) (fr.) [*båβjê*] Börsenmakler, der mit Kursstürzen spekuliert; = **Baissespekulant** (~en; ~en) [*båβ-*].
Bajadere w (~; ~n) (port.) Tempel-, Berufstänzerin.
Bajazzo m (~s; -zzi) (it.,= Strohsack) Spaßmacher, Gaukler, Hanswurst.
Bajonett s (~[e]s; ~e) (fr.) aufs Gewehr aufgesetzte Stichwaffe; ZW: **bajonettieren** (-rte, -rt) ↗; **Bajonettverschluß** m (-sses; -schlüsse) Aufsteckverbindung.
Bakel m (~s; ~) (lat.) Prügelstock.
Bakelit s (~[e]s; ~e) (fr., nach dem belg. Chemiker *Baekeland*, 1863 bis 1944) Kunstharz ↓; ZW: **bakelisieren** (-rte, -rt) ↗.
Baker-Plan m (~-~[e]s; -) [*bäik-*] In-

itiative des US-am. Finanzministers zur Minderung der Verschuldung der 3. Welt.
Bakkalaureat s (~[e]s; ~e) (lat.) unterster akadem. Grad; **Bakkalaure|us** m (~; -re|i) (lat.) Absolvent des am., e. College *(den B. erwerben)*.
Bakkarat s (~s; ~s) (fr.) Glücksspiel.
Bakken m (~s; ~) (norw.) Sprungschanze (Skisport).
Bakschisch s (~s; ~s) (pers., = Gabe) Trinkgeld.
Bakteri|ämie w (~; -i|en) (gr.) ⚕ Bakterien in der Blutbahn; **Bakteri|en** M (gr.) Spaltpilze; EW: **bakteri[ell**; **Bakteriologe** m (~n; ~n) (gr.) ⚕ Bakterienforscher; **Bakteriologie** w (~; –) (gr.) Bakterienforschung; EW: **bakteriologisch**; **Bakteriolyse** w (~; ~n) (gr.) ⚕ Auflösung von Bakterien; EW: **bakteriolytisch**; **Bakteriolysin** s (~s; ~e) Schutzstoff im Blut gegen Bakterien; **Bakteriophage** m (~n; ~n) (lat.-gr.) ⚕ bakterienvernichtendes Virus; EW: **bakteriophag**; **Bakteriose** w (~; ~n) (gr.-lat.) ⚕ Bakterienkrankheit; **bakteriostatisch** EW (gr.) bakterienhemmend; **Bakteriotherapie** w (~; –) (gr.) ⚕ Behandlung mit Bakterien; EW: **bakteriotherapeutisch**; **Bakteri|urie** w (~; -i|en) (gr.) ⚕ Bakterien im Harn; **bakterizid** EW (gr.) ⚕ bakterientötend; s. s.: **Bakterizid** (~[e]s; ~e) ⚕.
Balaclava w (~; –) (gr.) Honigkuchen mit Mandelsplittern.
Balalaika w (~; -ken) (r.) ♪ Zupfinstrument.
Balance w (~; ~n) (fr.) [*balañß*] Schwebe; Bilanz; ♎ Ladeschein *(B. of power* (e.) [*-of pauer*] europäisches Gleichgewicht); **Balancé** m (~s; ~s) (fr.) [*balañßé*] schwebender Tanzschritt; **Balance|akt** m (~[e]s; ~e) (fr.-lat.) [*-lañß|akt*] Seilkunststück; **Balancement** s (~s; ɜ) [*-lañßmgñ*] ♪ Bebung; **Balanci|er** m (~s; ~s) (fr.) [*ba-lañßjé*] Auf- und Abbewegen dei Zweiarme (bei der Lokomotive, der Taschenuhr); **balancieren** ZW (rte, -rt) [*balañßí-*] ↗ (fr.) in Schwebe halten; Saldo aufstellen.
Balanitis w (~; -itiden) (gr.) ⚕ Vorhautentzündung.
Balata w (~; –) (ind.-sp.) eingetrockneter Milchsaft trop. Pflanzen für Riemen, Schuhe usw.
Balatum s (~s; –) (ind.-sp.-lat.) Linoleumersatz.
balbieren = barbieren↓.

Balboa m (~[s]; ~[s]) Münzeinheit Panamas (nach sp. Entdecker).
Baldachin m (~s; ~e) (it., nach der Stadt Bagdad) Bett-, Thron-, Traghimmel; Altar-, Grabüberbau; **Baldachin|aufzug** m (~s; -züge) hydraulischer Unterfluraufzug mit Haltestelle.
baldowern ZW (-rte, -rt) ↗ (heb.) auskundschaften.
Balenit s (~s; ~e) (lat.) Fisch-, Elfenbeinersatz.
Balester m (~s; ~) ⚔ (lat.) Kugelarmbrust.
Balestra w (~; -tren) (it.) Fechtausfall.
Balkanisierung w (~; ~en) (nach dem Kontinentteil *Balkan*) Erzeugung unübersichtlicher Zustände; Aufsplitterung; **Balkanologe** m (~n; ~n) Balkanforscher; w. s.: **Balkanologie** (~; –); EW: **balkanologisch**.
Balkon m (~s; ~s) (fr.) [-*koñ*] □ Vorbau; Theaterlaube.
Ball m (~[e]s; Bälle) (gr.-lat.-fr.) Tanzfest; **ballabile** (it.) ♪ wie ein Tanz; **Ballade** w (~; ~n) (prov.) Erzählgedicht; ♪ Tanzlied; EW: **balladesk**.
Ballawatsch m (~; –) (it.) Durcheinander; Unsinn.
Ballei w (~; ~en) (lat.) Ordensritter-, Amtsbezirk.
Ballerina w (~; -nen) (it.) Ballettänzerin, = **Ballerine** w (~; ~n); **Balleron** m (~s; ~s) (fr.-schw.) Aufschnittwurst; **Ballett** s (~[e]s; ~s) (it.) Tanzgruppe; Werk für diese; **Balletteuse** w (~; ~n) (fr.) [*balletöse*] Ballettänzerin; **Ballettkorps** s (~; ~) (gr.-lat.-it.-fr.) [*-kôr*] Theatertanzgruppe.
ballhornisieren ZW (-rte, -rt) ↗ = verballhornen (nach Buchdrucker I. *Balhorn*, 16. Jh.).
Ballismus m (~; –) (lat.) ⚕ plötzliche Schleuderbewegung der Arme; **Ballistik** w (~; –) (gr.) Flugbahn-, Schußlehre; m. s.: **Ballistiker** (~s; ~) EW: **ballistisch** (*b.e Kurve* Geschoßbahn; *b.es Galvanometer* Schwingungsgalvanometer); **Ballistoka₁diographie** w (~; –) (gr.) ⚕ Meßverfahren für die Herzleistung.
Ballit ɜ (~ɛ; –) (KuW) knetbares Kunstholz.
Ballon m (~s; ~s) (fr.) [-*loñ*] Luftfahrzeug; bauchige Flasche (Vase); **Ballonett** s (~[e]s; ~s/~e) (fr.) Luft- (Gas-) Kammer im Fesselballon; **Ballonfahrer** m (~s; ~) (jidd. *baal* Mann) Strichjunge; Erpresser; Homosexueller; **Ballonkatheter** m (~s; ~) (fr.-gr.) ⚕ Gummikatheter mit Ballon zum Aufblasen; **Ballonklüver** m (~s; ~) (fr.-

Ballonreifen

nl.) Großsegel; **Ballonreifen** m (~s; ~) (fr.-d.) Niederdruckreifen.
Ballot[1] s (~s; ~s) (g.-fr.) [*-lô*] kleiner Warenpacken.
Ballot[2] s (~s; ~s) (gr.-it.-fr.-e.) [*bället*] Geheimabstimmung.
Ballotade w (~; ~n) (fr.) Sprung der Hohen Reitschule.
Ballotage w (~; ~n) (fr.) [*-tâsche*] Abstimmung mit Kugeln; ZW: **ballotieren** (-rte, -rt) ✓; **Ballotines** M (fr.) [*-tîns*] gefüllte Geflügelkeulchen.
Ballyhoo s (~; –) (am.) [*bällihû*] Reklamemache.
Balneodiätetik w (~; –) (lat.-gr.) ⚕ Erforschung der Badekurdiät; **Balneographie** w (~; -i|en) (lat.-gr.) Badeortbeschreibung; m. s.: **Balneograph** (~en; ~en); EW: **balneographisch**; **Balneologie** w (~; –) (gr.) ⚕ Bäderkunde; m. s.: **Balneologe** (~n; ~n); EW: **balneologisch**; **Balneophysiologe** m (~n; ~n) ⚕ Erforscher der Wirkung von Wässern auf den Menschen; w. s.: **Balneophysiologie** (~; –) EW: **balneophysiologisch**; **Balneotherapie** w (~; –) (gr.) ⚕ Heilbehandlung mit Bädern; EW: **balneotherapeutisch**.
Bal paré m (~ ~; ~s ~s) (fr.) Festball.
Balsa s (~s; ~s) (sp.) Binsenboot; Holz des am. Balsabaums.
Balsam m (~s; ~e) (heb.-gr.) Baumharzmischung; Wohltat; **balsamieren** ZW (-rte, rt) ↗ (lat.) einsalben; **Balsamine** w (~; ~n) (heb.-gr.-lat.) ⊕ Rührmichnichtan; **balsamisch** EW (lat.) duftend, würzig.
Baluster m (~s; ~) (gr.) □ ausgebauchte Säule; **Balustrade** w (~; ~n) (gr.-lat.-fr.) Brüstung auf Säulen.
Balyk m (~s; –) (r.) getrockneter Störrücken (Delikatesse).
Bambina w (~; ~s) (it.) Backfisch; **Bambino** m (~s; -ni) (it.) (Jesus-)Knabe.
Bambule w (~; ~n) (bantu-fr.: Negertrommel, -tanz) Häftlingsprotest *(B. machen).*
Bambus m (~/~ses; ~/~se) (mal.) Grasbaum.
Bami-goreng s (~-~[s]; ~-~s) indones. Gericht.
banal EW (fr.) abgedroschen; platt; gewöhnlich; **banalisieren** ZW (-rte, -rt) ↗ (fr.) ins Gewöhnliche herabziehen; **Banalität** w (~; ~en) (fr.-lat.) Plattheit; Gewöhnlichkeit; Gerede.
Banane w (~; ~n) (afr.-port.) tropische Frucht; **Bananenrepublik** w (~; ~en) kl. Staat, abhängig von Südfrüchten und am. Kapital.

Banause m (~n; ~n) (gr., = Handwerker) Engstirniger, Unverständiger; EW: **banausisch**.
Band w (~; ~s) [*bänd*] (e.) ♪ Musikergruppe, Tanzorchester; Bande; **Banda** w (~; -de) (g.-it.) ♪ Bläsergruppe.
Bandage (~; ~n) [*-dâsche*] ⚕ Verband; ⚕ Stützgerät; Boxbinde; Fechterschutz; Pferdefesselbinde; ZW: **bandagieren** (-rte, -rt) ↗; **Bandagist** m (~en; ~en) (fr.) [*-schist*] Verfertiger orthopädischer Hilfsmittel.
Bandanadruck m (~[e]s; ~e) (hind.-d.) Druck weißer Muster auf buntes Zeug; Ergebnis dieses Verfahrens.
Bande w (~; ~n) (fr.) innerer Billardtafelrand; Spielfeldbegrenzung; Reihe aneinanderliegender Spektrallinien im Molekülspektrum; **Banden|spektrum** s (~s; -tren) (g.-lat.) Molekülspektrum; **Bandenwerbung** w (~; –) Reklame auf Spielfeldeinfassung.
Banderilla w (~; -llen) (sp.) [*-rilja*] Stierkampfspieß; **Banderillero** m (~s; -ri) (sp.) [*-riljêro*] Spießkämpfer beim Stierkampf.
Banderole w (~; ~n) (fr.) Spruch-, Steuerband; ZW: **banderolieren** (-rte, -rt) ↗; **Banderoliermaschine** w (~; ~n) Art Etikettiermaschine.
Bandgenerator m (~s; -toren) (d.-lat.) Hochspannungserzeuger.
Bandit m (~en; ~en) (it.,= Verbannter) Räuber; **Banditismus** m (~; –) (it.-lat.) Bandenbildung; Rowdytum.
Bandleader m (~s; ~) (e.) [*bändlîder*] ♪ Jazzdirigent; führender Bläser im Jazz; Leiter einer Beatgruppe.
Bandola w (~; -len) (sp.) ♪ Mandolinenart.
Bandoneon, -nion s (~s; ~s) (nach dem d. Musikverleger H. *Band,* 1821–1860) große Ziehharmonika.
Bandura w (~; -ren) ♪ = → Bandola;
Bandurria w (~; ~s) (sp.) Zupfinstrument mit 10 Saiten.
Banjan M (skr., e.) i. Kaufmannskaste.
Bandwaggon-effect m (~-~s; ~-~s) (e.) [*bändwägn ifekt*] Meinungsänderung unter Mehrheitseinfluß.
bang ZW (-gte, gebangt) (am.) [*bän*] ↗ Drogen spritzen.
Banjo s (~s; ~s) (e.) [*bändscho*] ♪ Zupfinstrument (Jazz); **Banjo|achse** w (~; ~n) (sp.d.) Starrachse bei Hinterradantrieb.
Bank w (~; ~en) (it.) Geldinstitut; **Bank|akzept** s (~[e]s; ~e) (d.-lat.) von der Bank angenommener Wechsel; **Bank-Aval** m, s (~-~s; ~-

~e) (it.-fr.) Wechselbürgschaft einer Bank.
Bankazinn s (~s; -) (nach einer Sundainsel) indonesisches Zinn.
Bankdepot s (~s; ~s) (d.-fr.) [*-pô*] Ort der Wertpapierhinterlegung; **Bank|enquete** w (~; ~n) (it.-fr.) [*-aṅkêt*] Erforschung der Situation der Geldinstitute; **Banker** m (~s; ~) (e.) [*bänk-*] führender Bankfachmann; **bankerott** → bankrott.
Bankett s (~[e]s; ~e) (fr.) Festmahl; Straßenrand ohne Befestigung; □ Brüstungsabsatz; ZW: **bankettieren** (-rte, -rt) ✓ ↓ festliches Mahl feiern.
bankgiriert EW (d.-it.) [*-sehi-*] von der Bank angenommen; **Banki|er** m (~s; ~s) [*-kjê*] Inhaber, Hauptbeteiligter eines Bankgeschäfts; **Bankingsystem** s (~s; -) (e.-gr.) [*bänkiñ-*] Unbegrenztheit des Notenumlaufs bei vorliegender Deckung; **Bankkonto** s (~s; -ten/-ti) (it.) Kundenguthaben auf einer Bank; **Banknote** w (~; ~n) (it.-lat.) Papiergeldschein einer Notenbank; **Bankomat** m (~s: ~en) (KW; ¢ **Bank-Automat**) Geldautomat; **Bankrott** m (~[e]s; ~e) (it., = zerbrochene Bank) Zahlungs|unfähigkeit eines Geschäftsunternehmens; EW: **bankrott**; **Bankrotteur** m (~s; ~e) (it.-fr.) [*-tör*] Zahlungsunfähiger; Glücksritter; **bankrottieren** ZW (-rte, -rt) ✓ (it.-fr.) Bankrott machen.
Banner Headline w (~~; ~~s) (e.) [*bänner hädlain*] Balkenüberschrift.
Banquette w (~; ~n) (fr.) [*-kett*] Sprungwall, -hecke.
Bantamgewicht s (~[e]s; -) (hind.-am.-d.) [*bäntm-*] (Angehöriger einer) Gewichtsklasse (Ring-, Boxkampf) (nach einer indonesischen Provinz); **Bantamhuhn** s (~[e]s; -hühner) e. Zwerghuhn; **Bantamladen** m (~s; -läden) kleines Lebensmittelgeschäft mit Markenartikeln.
Bantingkur w (~; ~en) [*bantiñ-*] (nach einem e. Forscher, 1797–1878) Ahmagerungskur.
Banzai (jap.) [*-sei*] jap. Hochruf.
Baobab m (~s; ~s) (afr.) ⊕ Affenbrotbaum.
Baptisia w (~; -i|ae) (lat.) ⊕ ein Schmetterlingsblütler.
Baptist m (~en; ~en) (gr.) † Mitglied einer Sekte (seit 1633); abstr. s.: **Baptismus** m (~; -); **Baptisterium** s (~s; -ri|en) (gr.-lat.) Taufkirche; **baptistisch** EW (gr.-lat.) † der Erwachsenentaufe zuneigend.
Bar[1] w (~; ~s) (lat.-fr.-e.) Schankstube, -tisch; Betrinkstübchen; Alkoholvorrat im Haus; seine Aufbewahrung.
Bar[2] s (~s; ~s) (gr.) Luftdruckmaß.
Baraber m (~s; ~) (it.) schwerarbeitender Bauarbeiter; ZW: **barabern** ✓ (-rte, -rt).
Barack m (~s; ~s) (ung.) Aprikosenschnaps.
Baracke w (~; ~n) (sp., = Hütte) zerlegbares Holz-, Wellblechhaus.
Baranken M (r., = Widder) Lammfellart.
Baratt m (~s; ~s) (it.) Warentausch; **Baratterie** w (~; -i|en) (it.) ⚓ Unredlichkeit der Besatzung; **barattieren** ZW (-rte, -rt) ↗ (it.) tauschen.
Barbar m (~en; ~en) (gr., = der Fremde) grausamer, brutaler Kerl; **Barbarei** w (~; ~en) (gr.) Roheit (Ggs.: *Kultiviertheit*); EW: **barbarisch**; **Barbarismus** m (~; -men) Fremdausdruck in antik-klassischen Sprachen; Sprachschnitzer; primitive Kunstform.
Barbe w (~; ~n) (lat.) Karpfenfisch; Haubenspitze.
Barbecue s (~[s]; ~s) (am.) [*barbikjû*] im Freien geröstetes Fleisch; Party, auf der dies Fleisch geröstet wird; Bratrost; Rotation eines Weltraumkörpers.
Barbette w (~; ~n) (fr.) ⚔ Geschützbank, -brustwehr.
Barbier m (~s; ~e) (fr.) Frisör ↓; ZW: **barbieren** (-rte, -rt) ↗ ↓.
Barbiturat s (~s; ~e) Schlafmittel auf Basis von **Barbitursäure** w (~; ~n) (lat.-d.) ⚛ Harnstoffprodukt.
Barchan m (~s; ~e) (r.) Bogendüne.
Barchent m (~s; ~s) (ar.-lat.) Baumwollgewebe; EW: **barchenten**.
Barde[1] m (~n; ~n) (kelt.) kelt. Kriegersänger; Dichter.
Barde[2] w (~; ~n) (ar.-sp.-fr.) Speckscheibe für Bratgeflügel; ZW: **bardieren** (-rte, -rt) ↗.
Bardiet s (~[e]s; ~e) (kelt.) kelt. Kriegsgesang; ↓ vaterländisches Lied, Schauspiel.
Barège m (~s, -) [*barasch*] (nach einem fr. ON) durchsichtige Seide.
Barett s (- [e]s; ~e) (fr.) Kopfbedeckung (der Geistlichen, Professoren ↓, Richter).
Bargründung w (~; ~en) Ggs. zu Sachgründung.
Barilla w (~; -) Soda aus Pflanzenasche.
Bariolage w (~; ~n) (fr.) [*-lâsch*] ♪ Spiel gleicher Töne auf verschiedenen Saiten.
barisch EW (gr.) Luftdruck...

Bariton

Bariton m (~s; ~s) (gr.-it.) ♪ etwas tieferer Tenor; Blechblasgerät; Streichinstrument; EW: **baritonal**; m. s.: **Baritonist** (~en; ~en).
Barium s (~s; –) (gr., ≠ *Ba*) ☿ Erdkalimetall; **Bariumsulfat** s (~[e]s; ~e) (gr.-lat.) ☿ Schwerspat.
Bark w (~; ~en) (e.) ⚓ Dreimaster; **Barkarole** w (~; ~n), **Barkerole** w (~; ~n) (it.) venezianisches Schifferlied; **Barkasse** w (~; ~n) (lat.-sp.) ⚓ großes Beiboot; **Barke** w (~; ~n) (it.) ⚓ Kleinboot ohne Mast.
Barkeeper m (~s; ~) (e.-am.) [*-kîper*] Leiter einer Bar.
Barkerole = → Barkarole; **Barkette** w (~; ~n) (kopt.-gr.-lat.-fr.) ⚓ kleines Ruderboot.
Barmixer m (~s; ~) (e.-am.) wer die Mischgetränke an der Bar herstellt.
Barn s (~s; ~s) (e.) Maßeinheit für Querschnittsfläche eines Atoms.
Barock m, s (~s; –) (port., = unregelmäßige Perle) Kunst der Gegenreformation, Schwulststil; EW: **barock**; **barockal** EW barockartig; ZW: **barockisieren** (-rte, -rt) ↗.
Barogramm s (~[e]s; ~e) (gr.) Aufzeichnung des Luftdruckverlaufs; **Barograph** m (~en; ~en) (gr.) Luftdruckaufzeichner; EW: **barographisch**; **Barometer** s (~s; ~) (gr.) Luftdruckmeßgerät; **Barometrie** w (~; -i|en) (gr.) Luftdruckmessung; EW: **barometrisch** (*b.es Maximum* Hochdruckgebiet; *b.es Minimum* Tiefdruckgebiet).
Baron m (~s; ~e) (fr.) Freiherr; w. s.: **Baronesse** (~; ~n) Freifräulein; **Baronin** w (~; ~nen) Freifrau; w. s.: **Baronie** (~; -i|en) Freiherrnstand, -gut; ZW: **baronisieren** (-rte, -rt) ✓.
Baroskop s (~[e]s; ~e) (gr.) Luftschweremesser; **Barothermograph** m (~en; ~en) Aufzeichnungsgerät für atmosphärische Zustände.
Barquettes M (fr.) [*-ketts*] schiffchenförmiges Mürbteiggebäck.
Barrakuda m (~s; ~s) (sp.) Pfeilhecht.
Barras m (~; –) (?) ⚔ Militär; Dienst „beim Bund".
Barrel s (~s; ~) (e.-am., = Tonne) [*bärrel*] Flüssigkeitsmaß; Gewicht; **Barrelhouse** s (~s; ~s) (am.) [*bärrelhauß*] Jazzstil mit Improvisation; **Barrelhousepiano** s (~s; -ni) (am. = Faßhauspiano) [*bärrelhauß-*] ♪ volkstümliches Jazzpiano.
Barretter m (~s; ~) (fr.-e.) Brückenschaltung zur Messung geringer Wechselströme.

Barri|ere w (~; ~n) (fr.) [*-järe*] Schranke; **Barrikade** w (~; ~n) (fr.) Straßensperre.
Barring w (~; ~s) (fr.-nl.) ⚓ Bootgerüst auf Schiffen.
Barrister m (~s; –) (e.) [*bärister*] Rechtsanwalt beim e. Obergericht.
Barscheck m (~s; ~s) (Ggs.: *Verrechnungsscheck*) auf Barzahlung lautende Zahlungsanweisung an eine Bank.
Barsoi m (~s; ~s) (r.) [*-ßeu*] Windhundart.
Barsortiment s (~[e]s; ~e) (fr.) Buchhandlung; m. s.: **Barsortimenter** (~s; ~).
Bartergeschäft s (~[e]s; ~e) (am.-d.) [*bât-*] bargeldloses Kompensationsgeschäft.
Bary|etik w (~; –) (gr.) Schwereforschung; m. s.: **Bary|etiker** (~s; ~); EW: **bary|etisch**; **Barymetrie** w (~; –) (gr.) Erforschung der Luftschwere; EW: **barymetrisch**; **Baryonen** M Gruppe schwerer Elementarteilchen wie Protone, Neutrone, Hyperone u. Antiteilchen; **Barysphäre** w (~; ~n) (gr.) Teil der Erdatmosphäre (200–1300 km); EW: **barysphärisch**; **Baryt** m (~[e]s; ~e) (gr.) Schwerspat; ☿ Bariumoxid; = → Bariumsulfat; **Baryton** s (~s; ~e) Saiteninstrument ähnlich der Viola; **Barytonon** s (~s; -na) (gr.) Wort mit unbetonter letzter Silbe; **baryzentrisch** EW (gr.) schwerpunktmäßig; **Baryzentrum** s (~s; -ren) (gr.) Schwerpunkt.
Barzelletta w (~̆; -tten/~s) (it.) nordit. Tanzlied.
basal EW (gr.-lat.) grundlagengemäß, -mäßig; **Basal** s (~s; ~e) (gr.) Lage der untersten geolog. Schicht; **Basaliom** s (~s; ~e) (gr.) ⚕ Oberhautkrebs.
Basalt m (~[e]s; ~e) (lat.) Vulkangestein.
Basal|temperatur w (~; ~en) (gr.-lat.) ⚕ morgens im After gemessene Temperatur.
basalten EW (gr.-lat.) aus Basalt, = **basaltig** EW, = **basaltisch** EW; **Basaltit** m (~[e]s; ~e) (gr.) Basaltart.
Basalzelle w (~; ~n) (gr.) ⚕ Zelle der Oberhaut.
Basane w (~; ~n) (ar.-sp.-fr.) Schafleder für Bucheinbände.
Basar m (~s; ~e) (pers.) Warenmarkt mit reichem Angebot; Händlerquartier oriental. Städte.
Baschlik m (~s; ~s) (türk.) Wollkapuze.

Base¹ w (~; ~n) (gr.) ⟲ Verbindung, die mit Säuren Salze bildet.
Base² s (~; ~s) (e.) [bấβ] Malquadratecke im Baseballfeld.
Baseball m (~s; -) (e.) [bḗβbôl] Schlagballspiel.
Basedow(-Krankheit) w (~[-~]; -) ⚕ (nach d. Arzt) Überfunktion der Schilddrüse.
Basement s (~s; ~s) (am.) [bḗβment] = → Souterrain; **Basementsystem** s (~s; ~e) Verkauf von Schleuderware im Kaufhauskeller.
BASIC s (~s; -) (KW: **b**eginners **a**ll purpose **s**ymbolic **i**nformation **c**ode) problemorientierte Programmiersprache; **Basic English** s (~ ~; -) (e.) [beisick inglisch] e. Grundkenntnisse; **Basic-training** (~-~s; ~-~s) (am.) [beisicktrḗniñ] Grundausbildung.
Basidie w (~; -i|en) (gr.-lat.) ♣ Sporenträger bestimmter Pilze; **Basidiospore** w (~; ~n) Spore an einer Basidie.
basieren ZW (-rte, -rt) ⤳ (gr.-lat.) fußen auf, beruhen.
Basil s (~s; ~s) (ar.-sp.-fr.-e.) halbgares Schafleder.
basilar EW (gr.-lat.) unten.
Basilie w (~; ~n) (gr.-lat.) ♣ as. Gewürzpflanze, = **Basili|enkraut** s (~[e]s; -kräuter); **Basilika** w (~; -ken) (gr., = Königshalle) □ frühchristliche Hallenkirche; **Basilikum** s (~s; -ken) = → Basili|e.
Basilisk m (~s; ~en) (gr.) Flügelschlange mit tötendem Blick; Leguanart.
Basils M (e.) [bḗsils] pflanzlich gegerbte große Schafledersticke.
Basion s (~s; -) (gr.-lat.) ⚕ vorderster Punkt des Hinterhauptloches (Schädelmeßpunkt); **basipetal** EW (gr.-lat.) ♣ nach unten; **basiphil** EW (gr.) ♣ v. a. auf basischen Böden wachsend; **Basis** w (~; -sen) (gr.) Grundlage; unterste Partei-, Gruppenschicht; ⚔ Grundzahl (eines Logarithmus, einer Potenz); ⚔ Grundfläche einer Figur; □ ermessene Geländegrundfläche; Kristallfläche senkrecht zur Hauptachse; Rückstand in der Grundmasse von Eruptivgesteinen; → Base²; Ausgangswort einer Ablautbildung; **basisch** EW (gr.) ⟲ alkalisch (b.e Gesteine Kieselsäure; b.e Reaktion alkalische); **Basiseinheit** w (~; ~en) Grundeinheit (wie m, kg, sec); **Basis|erhebung** w (~; ~en) Meinungsumfrage zu allgemeinen Fragen; **Basisfraktur** w (~; ~en) (gr.-lat.) ⚕ Schädelgrundbruch; **Basisgruppe** w (~; ~n) Kleingruppe zu grundlagenpolit. Betätigung; **Basiskurs** m (~es; ~e) festgesetzter Kurs im Optionsgeschäft; **Basizität** w (~; ~en) (gr.-lat.) Wasserstoffatome, die in einer Säure durch Metalle ersetzt werden können; = Alkalität.

Baskerville w (~; -) eine Antiqua- und Kursivdruckschrift (nach e. Buchdrucker).
Basketball m (~[e]s; -) (e.-d.) Korbball.
Bas|küle w (~; ~n) (fr.) Halsrückenlinie des springenden Pferdes nach oben gewölbt; Riegelschloß (für Fenster), = **Bas|küleschloß** s (-sses; -schlösser).
basophil EW (gr.-lat.) ♣ zur basischen Reaktion neigend; mit basischen Farbstoffen färbbar; **Basophobie** w (~; -i|en) (gr.) ⚕ Geh|angst; EW: **basophob**.
Basreli|ef s (~s; ~s) (fr.) Flachplastik.
Baß m (-sses; Bässe) (it., = tief) ♪ tiefste Männerstimme; Cello; Grundstimme eines Musiksatzes; **Baß|anhebung** w (~; -) Einstellung am Radio zur Verstärkung der tiefen Töne; **Baßbuffo** m (~s; ~s) (it.) ♪ Sänger komischer Baßrollen.
Basselisse w (~; ~n) (fr.) [baβliβ] Gobelinwebweise; **Basselissestuhl** m (~[e]s; -stühle) Webstuhl für Gobelingewebe.
Bassena w (~; ~s) (it.) allgemeines Wasserbecken im Flur eines Mietshauses.
Basset m (~s; ~s) [fr.: baβḗ; e.: bḗβet] kurzbeinige Hunderasse.
Bassett|horn s (~s; -hörner) (fr.-d.) Altklarinette.
Bassiafette M Fette aus Samen der i. Bassiapflanzen.
Bassidsch m (~; -) (iran.) Kriegsfreiwilliger im Golfkrieg.
Bassin s (~s; ~s) (fr.) [baβḗñ] Wasserbecken.
Bassist m (~en; ~en) (it.) Baßsänger; **Baßklarinette** w (~; ~n) (it.) ♪ tiefe Klarinette; **Basso continuo** m (~ ~; -) (it.) ♪ Generalbaß.
Bassotti M (it.) dünne Makkaroni.
basta (it.) genug! fertig! aus!
Bastard m (~[e]s; ~e) (g.-fr.) Mischling; **Bastardierung** w (~; ~en) (fr.) Mischung mit fremder Art.
Baste w (~; ~n) (sp.) Treffas.
Bastei w (~; ~en) = → Bastion.
Baster m (~s; ~) (afrikaans) Mischlingsnachkommen von Europäern und Hottentottenfrauen.
Bastille w (~; ~n) (fr.) Turm, Burg; fr.

Bastion

Staatsgefängnis (1789 erstürmt); **Bastion** w (~; ~en) (fr.) Bollwerk.
Bastonade w (~; ~n) (fr.) Schläge auf die Fußsohlen.
Bataillon s (~s; ~e) (fr.) [*bataljôn*] ✗ Infanterieeinheit.
Batate w (~; ~n) (ind.-sp.) kartoffelartige Wurzelknolle.
Batch Processing s (~ ~s; ~ ~s) (am.) [*bätsch proußessiñ*] Stapel-, Schubverarbeitung (DV), = **Batch-Verarbeitung** w (~-~; ~-~en).
Batholith m (~en; ~en) (gr.) Eruptivsteinmasse; **Bathometer** s (~s; ~) (gr.) Meerestiefenmesser; EW: **bathometrisch**; **Bathophobie** w (~; -i|en) (gr.) ♄ Schwindel(gefühl); **Bathyal** s (~s; -) (gr.-lat.) dunkle Meeresregion (in 200 m bis 800 m Tiefe); EW: **bathyal**; **Bathygraph** m (~en; ~en) (gr.) w. s.: **Bathygraphie** (~; -); EW: **bathygraphisch**; **Bathymeter** s (~s; ~) (gr.) = → Bathometer; EW: **bathymetrisch**; **Bathyscaphe** m, s (~[s]; ~), = **Bathyskaph** m (~en; ~en) (gr.) Tiefseetauchkugel; **Bathysphäre** w (~; ~n) (gr.) größte Meerestiefe; EW: **bathysphärisch**.
Batik w (~; -) (jav.) Wachsmustertechnik; w (~; ~en) mit Wachs bemustertes Gewebe; ZW: **batiken** (batikte, gebatikt) ↗.
Batist m (~[e]s; ~e) (fr., nach einem flämischen Leinweber *Baptist*) feinfädiges Baumwollgewebe; EW: **batisten**.
Battaglia w (~; -i|en) (it.) ♪ [*-talja*] Kampf, Schlachtengetümmel, Sieg (in der Musik).
Batterie w (~; -i|en) (fr.) ✗ Geschützgruppe; ⚡ Akkumulatorengruppe; ♪ Schlaggeräte; Schachstellung; Testreihe für eine Prüfung.
Batteur m (~s; ~e) (fr.) [*-tôr*] Spinnereischlaggerät.
Baud s (~s; ~) [*bô*] (¢ Baudot, nach dem fr. Erfinder des Telegraphen) Einheit für Geschwindigkeit der Nachrichtenübermittlung.
Baumégrad m (~[e]s; ~e) [*bomê-*] (nach einem fr. Chemiker, 1728–1804) Einheit des spezifischen Gewichtes.
Bautastein m (~[e]s; ~e) (skand.-d.) Gedenkstein der Wikinger.
Bauxit m (~[e]s; ~e) (nach dem fr. Fundort Les Baux) Rohstoff für Aluminium.
Bavaria w (~; -) (lat.) w. Figur als Symbol Bayerns.
bazillär EW (lat.) mit (durch, von) Spaltpilzen; **Bazillen** M (lat., = Stäbchen) sporenbildende stäbchenförmige Bakterien; **Bazill|urie** w (~; -i|en) = → Bakteri|urie; **Bazillus** m (~; -llen) E zu → Bazillen.
Bazooka w (~; ~s) (am.) [*basûka*] ✗ rückstoßfreie Panzerabwehrwaffe.
bbl (am.) [¢ dry barrel] Hohlmaß.
BCD-Code m (~-~s; ~-~s) [¢ binary coded decimals =] Verschlüsselung von Dezimalstellen mit Binärzellen.
Bé ¢ Baumé → Baumégrad.
Beagle m (~s; ~s) (e.) [*bîgl*] Jagdhund auf Niederwild.
Beam|antenne w (~; ~n) (e.-lat.) [*bîm-*] Richtantenne.
Bear m (~s; ~s) (am., = Bär) [*bîr*] Baissespekulant; **Bear and bull Emissionen** M Anleihevariante.
Béarnaisesoße w (~; ~n) (fr., nach dem Grafen von *Bearn*) [*bêarnâse-*] Würzsoße, = **Béarner Soße**.
Beat m (~s; ~s) (am., = Grund-, Pulsschlag) [*bît*] ♪ unrhythmisch gleichmäßiger Ablauf von Perkussionsschlägen; ♪ Jazzstil; ♪ Aufeinanderfolge von Akzenten; = → Beatnik; **Beatband** w (~; ~s) (am.) [*bîtbänd*] ♪ Jazzgruppe; **Beatboy** m (~s; ~s) (am.) [*bîtbeu*] Freund (eines → Teenagers); **beaten** MW (e.) [*bîtn*] geschlagen(es Rennpferd); Beatmusik spielen, nach ihr tanzen; **Beaten-Handicap** s (~-~s; ~-~s) (e.) [*bîtn händikäpp*] Ausgleichsrennen; **Beat generation** w (~~; -) [*bîtschenerêischn*] am. Jugend mit gesteigerter Lebensintensität zur Überwindung des Bürgertums (1960 bis 1970).
Beatifikation w (~; ~en) (lat.) † Seligsprechung.
Beatle m (~s; ~s) (e.) [*bîtl*] ♪ Mitglied einer Liverpooler Beatband; langhaariger Jugendlicher ↓; **Beatmusik** w (~; -) mit el. verstärkten Instrumenten gespielte (Tanz-)Musik; = Beat; **Beatnik** m (~s; ~s) (am.) [*bît-*] Vertreter der jungen unbürgerlichen Generation; Nonkonformist; **Beatnik life** s (~ ~s; -) [*bîtnik laif*] unbürgerliches Leben junger Avantgardisten; **Beatpad** s (~s; ~s) (am.) [*bîtpäd*] Drogenkaufgelegenheit; **Beatschuppen** m (~s; ~) (am.-d.) Tanzlokal.
Beau m (~s; ~s) (fr.) [*bô*] „schöner" Mann.
Beaufortskala w (~; -len) (e.-lat.) [*bôfert-*] (nach einem e. Admiral) Gradmesser der Windstärke.
Beaujolais m (~; ~) (fr.) [*bôscholê*] fr. Rotwein.
Beaune m (~s; ~s) [*bôn*] (nach einem mittelfr. ON) ein Burgunderwein.

Beauté w (~; ~s) (fr.) [*bôtę*] Schönheit; schöne Frau, = **Beauty** w (~; ~s) (am.) [*bjūti*]; **Beauty-case** m (~-~s; ~-~s) [*-keiß*] Kosmetikköfferchen; **Beautyfarm** w (~; ~en) Kuranstalt für Kosmetik; Klinik für Schönheitsbehandlung(en); **Beauty Fluid** s (~ ~s; ~ ~s) Gesichtscreme.
Bébé s (~s; ~s) (fr.) Kleinstkind.
Bebop m (~s; ~s) (am.) [*bi-*] Jazzstil.
Bécarre s (~; ~s) (fr.) [*bękar*] ♪ (Auflösungs-)Zeichen.
Bêche-de-mer s (~-~-~; -) (fr.) [*bäschdemär*] Sprache zwischen Europäern und Eingeborenen im westl. Stillen Ozean.
Béchamelkartoffeln M (fr.-d.) Kartoffeln mit → Béchamelsoße; **Béchamelsoße** w (~; ~n) (fr., nach dem Haushofmeister Ludwig XIV., Louis *Béchamel*) [*bêschamęll-*] Sahnesoße.
becircen ZW (-rcte, -rct) (nach einer gr. Sagenzauberin) ↗ verführen, betören.
Becquerel m (~[e]s; ~) (fr.-lat., nach einem fr. Physiker) [*beckeręll*] Maßeinheit der Strahlung eines radioaktiven Stoffs; **Becquerel|effekt** m (~[e]s; -) Elektrodenspannung bei Bestrahlung von Metallelektroden.
Beduine m (~n; ~n) (ar., = Wüstenbewohner) ar.-afr. Nomade.
Beefburger m (~s; ~s) (am.) [*bifbörger*] mit Hackfleisch belegtes Brötchen; **Beef|eater** m (~s; ~) (e.) [*bifīter*] ∪ kgl. Leibwache im Tower; **Beefsteak** s (~s; ~s) (e.) [*bifstêk*] Rindslende; **Beeftea** m (~s; ~s) (e.) [*biftī*] Rinderkraftbrühe.
Be|elzebub m (~; -) (heb.-gr.) † Oberteufel.
Befehls|automatie w (~; -) (d.-gr.) ≴ abnorme Fügsamkeit; **Befehlsnegativismus** m (~; -) (d.-lat.) ≴ folgerichtige Ausführung des Gegenteils dessen, was die Aufforderung besagte.
Beffchen s (*-·ε; ~) (lat.) m. Kragen aus 2 Stoffvierecken.
Beg m (~[s]; ~s) → Bei.
Begard(e) m (~[e]n; ~[e]n) (nl.) † Mönch ohne Gelübde; **Begine** w (; ~n) (nl.) † Klosterfrau ohne Gelübde.
Begoni|e w (~; ~n) (fr., nach einem Statthalter auf Haiti) ⊕ Schiefblatt.
Begum w (~; ~en) (türk.) Titel i. Fürstinnen.
Behaviorismus m (~; -) (am.) [*biheiwje-*] Wirtschaftspolitik mit Betonung der menschlichen Belange; m. s: **Behaviorist** (~en; ~en); EW: **behavioristisch**.

Behemoth m (~s; ~s) (heb.-lat.) Höllenvieh; Nilpferd.
Behennuß w (~; -nüsse) (pers.-ar.-d.) osti. Ölfrucht.
Bei m (~s; ~s) (türk.: Herr) türk. Titel.
beige EW (fr.) [*bêsch*] natur-, sandfarben; s. s.: **Beige** (~; -).
Beignets M (fr.) [*benjęs*] gefülltes Gebäck.
Beisel s (~s; ~) (jidd.) Kneipe.
bekalmen ZW (-mte, -mt) ↗ (e.) ⚓ Wind aus dem Segel nehmen.
Bekassine w (~; ~n) (lat.-fr.) Sumpfschnepfe.
Bel s (~s; ~s) (nach am. Fernsprechkonstrukteur *Bell*) arithm. Maßzahl für die Intensitätsabnahme bei Dämpfungsvorgängen.
Bel|ami m (~s; ~s) (fr.) Frauenheld.
Belcanto m (~s; -) (it.) ♪ it. Sing-, Vortragsstil; ZW: **balcantieren** (-rte, -rt) ✓ ♪.
Belemnit m (~en; ~en) (gr., = Geschoß) urzeitl. Tintenfisch(versteinerung).
Bel|esprit m (~s; ~s) (fr.) [*bel|esprī*] Schöngeist.
Bel|etage w (~; ~n) (fr.) [*bäl|etaseh*] ☐ 1. Stock.
Belladonna w (~; -nnen) (it., = schöne Frau) ⊕ Tollkirsche; **Belladonnin** s (~s; -) ein Alkaloid.
Belle époque w (~ ~; -) (fr.) [*bälepok*] fr. Gründerzeit Anf. 20. Jh.; **Belle mère** w (~ ~; -) (fr.) [*bälmär*] Schwiegermutter; **Belletrist** m (~en; ~en) (fr.) Unterhaltungsschriftsteller; **Belletristik** w (~; -) (fr.) schöngeistiges Schrifttum; EW: **belletristisch**; **Belle-vue** w (~; -) (fr. „schöner Blick") [*bälwü*] Aussichtspunkt; Name von Bauten an solchen.
Bel-Pa|ese m (~-~; ~-~[s]) (it.) Weichkäse.
Belt|tunnel m (~s; -) (dän.-d.) geplante Verkehrsverbindung zw. Fünen und Seeland.
Beluga w (~; ~s) (r.) Stör; **= Beluga-kaviar** m (~s;) (türk.-gr -it.-r.) Kaviar einer Weißfischart.
Deluteeh m (~[e]s; ~e) (nach dem iranischen Belutschenstamm) langbefranster Teppich.
Belvedere s (~s; -) (it.) = → fr. Bellevue.
Bema s (~s; ~ta) (gr. „Stufe") erhöhter Altarraum.
Bémol s (~; ~s) (fr.) ♪ Erniedrigungszeichen *(b)*.
bene (lat.) [*bene*] gut!; **benedeien** ZW (-eite, -eit) ↗ (lat.) lobpreisen; w. s.:

Benedeiung

Benedeiung (~; ~en); **Benediktenkraut** s (~s; -kräuter) ⚕ Bitterdistel; echte Nelkenwurz; **Benediktiner** m (~s; ~) (lat., nach *Benedikt* von Nursia, 480–543) † Mönch des Benediktinerordens; Kräuterlikör (seit 1510); EW: **benediktinisch**; **Benediktion** w (~; ~en) (lat.) † Segnung; ZW: **benedizieren** (-rte, -rt) ↗; **Benefiz** s (~es; ~e) (lat.) Wohltätigkeitsvorstellung zugunsten eines Mitspielers, = **Benefizvorstellung** w (~; ~en); **Benefiziant** m (~en; ~en) der, für den eine Wohltätigkeitsvorstellung veranstaltet wird; **Benefiziat** m (~en; ~en) (lat.) † Pfründeninhaber, = **Benefiziar** m (~s; ~e); **Benefizium** s (~s; -zi|en) (lat.) † Pfründe; **Benefizvorstellung** = → Benefiz.

Benelux w (~; –) (KW) Zoll- und Wirtschaftsunion zwischen Belgien, Niederlanden, Luxemburg (seit 1947); = **Beneluxländer** M.

Bengaline w (~; –) (nach einer i. Landschaft) Halbseide; **bengalisch** EW durch ein Salpeter-Schwefel-Antimongemisch bunt brennend *(b.es Feuer)*.

Benignität w (~; –) (lat.) ¶ Gutartigkeit; Güte; EW: **benigne** ¶ gutartig (bei Geschwüren).

Benjamin m (~s; –) (heb.) ∪ der Jüngste (eines Kreises, einer Familie).

Benne w (~; ~n) (schw.) Schiebkarre.

Bennuß = → Behennuß.

ben tenuto MW II (it.) ♪ getragen.

Benthal s (~s; –) (gr.-lat.) Gewässer-, Meeresgrund; **Benthos** s (~; –) Flora u. Fauna dort; EW: **benthonisch**.

Bentonit m (~s; ~e) (KuW nach Fort *Benton*, USA) besondere Art des Tons.

Benz|aldehyd s (~s; ~e) (KuW) Bittermandelöl; **Benzedrin** s (~s; –) (KuW) ¶ Anregungsmittel; **Benzidin** s (~s; ~e) (KuW) ↻ Vorprodukt für Farbstoffsynthesen; **Benzin** s (~s; ~e) (nach dem d. Autobauer Karl *Benz*, 1844–1929) Kraftstoff; **Benzinsynthese** w (~; ~n) künstl. Benzinherstellung aus Kohle und Wasserstoff; **Benzo|e** w (~; ~n) (ar.-it.) ostas. Baumharz; **Benzol** s (~s; –) (ar.-lat.) ↻ Leichtöl; **Benzolring** m (~s; ~e) ringförmige Anordnung der Kohlenstoffatome im Benzol und Aromaten; **Benzpyren** s (~s; –) (KuW) ¶ aromat. Kohlenwasserstoff im Steinkohlenteer, Zigarettenrauch, in Abgasen (krebserregend).

Berber m (~s; ~) (lat.?, ar.?) Nordafrikaner; marrokan. Teppich.

Berberin s (~[e]s; ~e) (lat.) ¶ Bittermittel.

Berberitze w (~; ~n) (ar.-lat.) ⚕ Sauerdorn.

Berceuse w (~; ~n) (fr.) *[-βȫse]* Wiegenlied.

Bergamasca w (~; ~s) (it.) Volkstanz; **Bergamo** m (~s; ~s) (nach einer kleinasiat. Stadt) geometrisch gemusterter handgeknüpfter Teppich, = **Bergama** m (~s; ~s).

Bergamotte w (~; ~n) (nach *Pergamon* = *Bergama* genannt) ⚕ Birnensorte; Zitrusfrucht.

Bergenie w (~; ~n) (lat.) ein Steinbrechgewächs.

Beriberi s (~s; –) (singh.) ¶ Vitaminmangelkrankheit.

Berkelium s (~s; –) (nach der am. Stadt *Berkeley*) ↻ künstl. radioaktives Element (∉ *Bk*).

Berlinale w (~; ~n) Filmfestspiele in Berlin.

Berlitzschule w (~; ~n) (nach dem Deutschamerikaner Maximilian D. *Berlitz*, 1852–1921) Fremdsprachenschule.

Berlocke w (~; ~n) (fr.) Uhrkettenanhänger.

Bermudas M (nach Inseln im Atlantik) Teil modischer Damenkleidung; **Bermuda Shorts** M *[-schôrts]* enganliegende Kurzhosen.

Bernhardiner m (~s; ~) (nach dem hl. Abt. Bernhard v. Clairvaux, 12. Jh.) † Zisterzienser; (nach dem hl. *Bernhard* v. Menthon, um 1000, dem Gründer der Herbergen auf den Alpengipfeln Großer und Kleiner St. Bernhard) alpine Tibetdogge.

Berolina w (KuW) w. Figur als Symbol Berlins ↓.

Bersagli|eri M (it.) *[berßaljēri]* it. Scharfschützentruppe.

Berserker m (~s; ~) (an.) riesenstarker Zornmütiger.

Berthe w (~; ~n) (fr.) Halsausschnittkragen.

Beryll m (~[e]s; ~e) (gr.) Mineral; **Beryllium** s (~s; –) (gr.-lat.) ↻ Element (∉ *Be*); **Berylliumbronze** w (~; –) (gr.-lat.-fr.) rostbeständige Beryllium-Kupfer-Legierung.

Besanmast m (~[e]s; ~en) (nl.-d.) ⚓ hinterster, Kreuzmast; **Besan** m (~s; ~e) ⚓ Segel am Kreuzmast.

Beschir m (~s; ~[s]) (turkmen.) rotgrundiger Teppich.

Beschmet m (~s; ~) (tatar.) Umhang.

Beschores m (~; –) (jidd.) unredlicher Gewinn.

Besemschon s (~s; -) (nl., = besenrein) Bezahlung der Warenteile, die an der Verpackung hängenblieben.
Besik s (~s; -) (fr.) = **Bésigue** s (~s; -) (fr.) [*bėsick*] Kartenspiel.
Bessemerverfahren s (~s; -) (e.-d., nach dem e. Erfinder Henry *Bessemer*, 1813–1898) Stahlherstellung mit der **Bessemerbirne** w (~; ~n) Kippgroßbehälter; ZW: **bessemern** (-rte, gebessemert) ↗.
bestialisch EW (lat.) viehisch; **Bestialismus** m (~; -men) Sodomie, = **Bestialität** w (~; ~en) (lat.) viehische Roheit; **Besti|e** w (~; ~n) wildes Tier; Raubtier; viehischer Kerl.
Bestseller m (~s; ~) (am.) Erfolgsbuch, -produkt.
Betabion s (~s; -) (KuW) ✚ Vitaminpräparat; **Beta|in** s (~s; -) (lat.) ↻ Aminosäure aus Rübenmelasse; ✚ Mittel zur Anreicherung von Magensäure.
Betanker m (~s; ~) (d.-e.) Treibstoff heranführendes Flugzeug; ZW: **betanken** (-kte, -kt) ↗.
Beta-Spektrometer s (~-~s; ~-~) (KuW; gr.) Gerät zur Messung der Energie von **Betastrahlen** M (gr.-d.) sich geradlinig fortpflanzende Elektronen (= *β-Strahlen*); **Betateilchen** s (~s; ~) Elektronen aus radioaktivem Zerfall (= *β-Teilchen*); **Betatron** s (~s; ~e) (gr.) Elektronenbeschleuniger; **Betaxin** s (~s; -) (KuW) ✚ Vitaminpräparat; **Beta-Zerfall** m (~-~s; -) radioaktiver Kernzerfall, bei dem Betastrahlen entstehen.
bête EW [*bât*] (*b. sein* das Spiel verlieren); **Bête no|ire** (fr.) [*bâtnoâr*] Sündenbock.
Betel m (~s; ~) (mal.) ⊕ osti. Ranke; Kaumittel aus ihrer Nußfrucht.
Beton m (~s; ~e) (lat.-fr.) Baubindemittel.
Betoni|e w (~; ~n) (lat.) ⊕ ✚ Heilpflanze.
betonieren ZW (-rte, -rt) ↗ (fr.) □ mit der Härtebindung behandeln; ein tur allemal festlegen; s.: **Betonierung** w (~; ~en).
Betriebsmaximum s (~s; -ma) (d.-lat.) obere Grenze der Betriebswirtschaftlichkeit; **Betriebsminimum** s (~s; -ma) (d.-lat.) untere Grenze der Betriebswirtschaftlichkeit; **Betriebs|optimum** s (~s; -ma) (d.-lat.) beste Betriebswirtschaftlichkeit genau zwischen Maximum und Minimum; **Betriebs|organisation** w (~; ~en) (d.-lat.) Ordnungsprinzip innerbetrieblicher Vorgänge;

Betriebs|psychologie w (~; -) (d.-gr.) Eignungs-, Leistungs|psychologie; m. s.: **Betriebs|psychologe** (~n; ~n); EW: **betriebs|psychologisch**.
betucht EW (jidd.) reich.
Beugniotgestell s (~s; ~e) (fr.-d.) [*bönjô-*] Vorrichtung, um benachbarte Achsen von Schienenfahrzeugen parallel zu verschieben.
Bevatron s (~s; ~e) (KuW) Kernteilchenbeschleuniger.
bezirzen ZW = → becircen.
Bezoar m (~s; ~e) (ar.-pers.) Magenstein gewisser Wiederkäuer, = **Bezoarstein** m (~[e]s; ~e).
bi (⚥ *bisexuell*).
Bias s (~; ~) (am., = Vorurteil) [*baieβ*] verzerrte Repräsentativbefragung.
Biasse w (~; ~n) (it.) Mittelmeer-Rohseide.
Bi|athlon s (~s; ~s) (lat.-gr.) Vereinigung von Skilanglauf und Scheibenschießen.
Bibel w (~; ~n) (gr., = Bücher) † Sammlung heiliger Schriften; **Bibelkonkordanz** w (~; ~en) (gr.-lat.) † Nachschlagewerk über verwandte Bibelstellen.
Bibelot m (~s; ~s) (fr.) [*-lô*] Nippsache.
Biberette w (~; ~n) aus Kaninchenfell gefertigter Biberfellersatz; Plüschart.
Bibernelle = Pimpernelle.
Bibliochrom s (~s; ~e) (gr.) [*-krôm*] Druck auf Buntpapier; **Bibliograph** m (~en; ~en) (gr.) Verfasser einer **Bibliographie** w (~; -i|en) (gr., = Buchbeschreibung) Bücherkunde ↓; Bücherverzeichnis; EW: **bibliographisch**; ZW: **bibliographieren** (-rte, -rt) ↗ Büchertitel fest-, zusammenstellen; **Bibliomane** m (~n; ~n) (gr.) leidenschaftlicher (krankhafter) Büchersammler; w. abstr. s.: **Bibliomanie** (~; -i|en); EW: **bibliomanisch**; **bibliophil** EW (gr.) (als Buch) von Seltenheitswert; (alte) Bücher sammelnd; **Bibliophile** m (~n; ~n) (gr., = Bücherfreund) Sammler seltener Buchausgaben; w. abstr. s.: **Bibliophilie** (~; -);
Bibliothek w (~; ~en) (gi., = Bücherei) (öffentliche) Büchersammlung; **Bibliothekar** m (~s; ~e) (gr.) Büchereiverwalter; EW: **bibliothekarisch**; **Bibliothekonomie** w (~; -) (gr.) Bibliothekskunde; EW: **bibliothekonomisch**; **Bibliotherapie** w (~; -) Restaurierung beschädigter Bücher.
biblisch EW (gr.) in (aus, von) der Bibel; **Biblizismus** m (~; -) (gr.-lat.) †

Biblizist

wörtliches Bibelverständnis; m. s.: **Biblizist** (~en; ~en); EW: **biblizistisch**.
Bicarbonat = → Bikarbonat.
Bichord s (KuW, lat.) [*-ke-*] Gerät mit 2 Saiten, um Schwingungen zu untersuchen.
bichrom EW (lat.-gr.) [*-kr-*] zweifarbig; **Bichromat** m (~[e]s; ~e) (lat.-gr.) ⁀ chromsaures Salz; **Bichromie** w (~; –) (lat.-gr.) Zweifarbigkeit.
Bidet s (~s; ~s) (fr.) [*-dḗ*] Sitzbecken.
Bidonville s (~s; ~s) (fr.) [*bidoñ* = Kanister] afr. Slum.
bien! EW (fr.) [*bjän*] gut!
bi|enn EW (lat.) ⊕ zweijährig; **Bi|ennale** w (~; ~n) (lat.) zweijährlich stattfindende Veranstaltung; **Bi|ennium** s (~s; -nni|en) (lat.) ♪ Zweistimmengesang ohne Begleitung.
bifilar EW (lat.) zweifädig (*b.e Wicklung* induktionsfreie Wicklung); **Bifilarmagnetometer** s (~s; ~) (lat.-gr.) Meßgerät für die erdmagnetische Horizontalkraft; **Bifilarwicklung** w (~; ~en) Doppeldrahtwicklung, um Induktivität zu senken; **Biflu|enz** w (~; ~en) (lat.) Stromgabelung; **bifokal** EW (lat.) mit 2 Brennpunkten; **Bifokalglas** s (~es; -gläser) doppelt geschliffenes Brillenglas; **Biforium** s (~s; -rien) (lat.) □ (got.) Fenster mit Mittelsäule; **biform** EW (lat.) zweigestaltig; **Bifurkation** w (~; ~en) (lat.) = → Biflu|enz; $ Gabelung; **Bigamie** w (~; -i|en) (lat.-gr.) Doppelehe; EW: **bigamisch**; m. s.: **Bigamist** (~en; ~en).
Bigarade w (~; ~n) (fr.) Bratensaft mit Orangen(Zitronen-)saft.
Big Band w (~ ~; ~ ~s) (am., = große Kapelle) [*-bänd*] ♪ klassische Jazzkapelle; **Big Business** s (~ ~; ~) (am.) [*-bisineß*] übernat. Großunternehmen.
BIGE-Abkommen s (~-~; –) [*bische-*] eur. Abkommen zur Herabsetzung der Eisenbahntarife für Jugendliche.
Bigeminie w (~; –) (lat.) Herzrhythmusstörung durch Doppelschlag.
BIGFON (⊄ Breitbandiges Integriertes Glasfaser Fernmeldeortsnetz) Großversuch der Bundespost.
bigenerisch EW (lat.) zweigeschlechtig.
Bignoni|e w (~; ~n) (KuW, lat.) ⊕ trop. Zierpflanze (Trompetenbaumgewächs).
bigott EW (sp.-fr.) scheinheilig; frömmelnd; **Bigotterie** w (~; -i|en) (sp.-fr.) Frömmelei.
Big Science w (~ ~; –) (am.) [*-ßaienß*] Zukunftsforschung; privatwirtschaftliches Wissenschaftsunternehmen; Großforschungsvorhaben.

bijektiv EW (lat.) ⊰ eineindeutig = umgekehrt eindeutig; (*b.e Abbildung* w [~n ~; ~n ~en] ist injektiv wie subjektiv) = **Bijektion** w (~; ~en).
Bijou s (~s; ~s) (fr.) [*bischû*] Kleinod; **Bijouterie** w (~; -i|en) [*bischûterie*] Schmuckwaren(laden).
Bikarbonat s (~[e]s; ~e) (lat.) ⁀ saures Salz der Kohlensäure.
Bike s (~s; ~s) (e.) [*baik*] (motor.) Fahrrad.
Bikini m (~s; ~s) (nach einem Atoll der Marshall-Inseln) zweiteiliger Badeanzug.
bikollaterale Leitbündel s (~n ~s; ~n ~) ⊕ Gewebestrang im Gefäßsystem von Pflanzen.
bikonkav EW (lat.) beidseitig hohl geschliffen; **bikonvex** EW (lat.) beidseitig nach außen gewölbt; **Bikulturalismus** m (~[ses]; –) (KuW, lat.) zwei Kulturen zugehörig; **bilabial** EW (lat.) mit beiden Lippen; **Bilabial** m (~s; ~e) mit beiden Lippen geformter Laut.
Bilanz w (~; ~en) (it., = Waage) (jährl.) Auflistung von Vermögen und Verpflichtungen eines Unternehmens; **Bilanzdelikt** s (~[e]s; ~e) (it.-lat.) Vergehen gegen die Zuverlässigkeit einer Bilanz; **bilanzieren** ZW (-rte, -rt) [auch: *-lañßî-*] ∕ (lat.-fr.) sich ausgleichen; w. s.: **Bilanzierung** (~; ~en); Bilanzstichtag = Stichtagsinventur.
bilateral EW (lat.) zweiseitig; **Bilateralismus** m (~; –) (lat.) auf zweiseitige Abkommen aufgebaute Handelspolitik.
Bilge w (~; ~n) (e.) [*bildsch*, auch: *bilsch*] ⚓ Kielraum.
Bilharziose w (~; ~n) (nach dem d. Arzt und Entdecker Th. *Bilharz*, 1851) ⚕ Wurmkrankheit; **Bilharzi|e** (~; ~n) Saugwurmart.
biliar EW (lat.) ⚕ Gallen..., = **biliär** EW.
bi|lingual EW (lat.) zweisprachig; zwei Sprachen betreffend; **bilingue** EW [*-gwe*] = **bilingu|isch** EW in 2 Sprachen geschrieben; zweisprachig; **Bilinguität** w (~; –) Zweisprachigkeit.
biliös EW (lat.) ⚕ gallig; gelbsüchtig; **Bilirubin** s (~s; –) (lat.) ⚕ roter Gallenfarbstoff; **Biliverdin** s (~s; –) (lat.) Gallenfarbstoff.
Bill w (~; ~s) (e.) Gesetz(entwurf).
Billard s (~s; ~s) (fr.) [*biljart*] Kugelspiel; **billardieren** ZW (-rte, -rt) ∕ (fr.) [*-ljar-*] die Kugeln versehentlich zweimal berühren; **Billardqueue** s (~s; ~s) [*-ljartkö*] Billardstock.

Billbergi|e w (~; ~n) (nach einem schwed. Pflanzenzüchter) ⊕ Zimmerananas.
Billett s (~s; ~s) (fr.) [*billjett*] Brieflein; Fahrkarte (*B. doux* s [~ ~; ~s ~] [*bijédû*] Liebesbrief).
Billiarde w (~; ~n) (fr.) 1000 Billionen;
Billion w (~; ~en) (fr.) 1000 Milliarden.
Billon m, s (~s; -) (fr.) [*biljoñ*] Silberlegierung.
Billrothbatist m (~[e]s; ~e) (nach dem Wiener Chirurgen Th. v. Billroth, 1829–1894) wasserfester Verbandstoff.
Biluxlampe w (~; ~n) (lat.-d.) Autoscheinwerfer; **bimanu|ell** EW (lat.) zweihändig; **Bimetall** s (~s; ~e) aus 2 verschiedenartigen Metallen bestehende, miteinander verbundene Streifen; EW: **bimetallisch**; **Bimetallismus** m (~; -) auf zwei Metallwerten fußendes Währungssystem; **bimolekular** EW durch Zusammenstoß zweier Moleküle entstehend; **binär** EW aus 2 Einheiten, = **binar(isch)** EW; **Binärcode** m (~s; ~s) [*-koud*] Code aus nur 2 Zeichen; **Binärziffer** w (~; ~n) (lat.-d.) die Ziffern 0–1; **Bin|ode** w (~; ~n) (lat.-gr.) Doppelröhre in Glasgefäß; **Binokel** s (~s; ~) Kartenspiel; Linsensystem für beide Augen, = **Binokular** s (~s; ~e); **binokular** EW (lat.) für beide Augen, = **binokular** EW; **Binom** s (~[e]s; ~e) (lat.-gr.) ⊀ Summe aus 2 Summanden; **binom(isch)** EW (gr.) ⊀ zweiteilig *(b.er Lehrsatz ⊀)*.
bio|aktiv EW (KuW, gr.-lat.) biologisch aktiv; **Bio|alkohol** m (~s; ~e) aus biolog. Abfällen gewonnener Treib- und Brennstoff; **Bio|architektur** w (~; -) Bauweise nach ökolog. und natürl. Gesichtspunkten; **Bio|astronautik** w (~; -) Erforschung des Lebens im Weltall; **Biobibliographie** w (~; -i|en) (gr.) Zusammenstellung aller von *einem* Autor verfaßten Schriften; EW: **biobibliographisch**; **Bioblasten** M Zellkernteilchen als Lebenseinheiten; **Biochemie** w (~; -) $ ↻ chemische Erforschung der belebten Welt; **biochemisch**; m. s.: **Biochemiker** (~s; ~); **Biochip** s (~s; ~s) Mikroprozessor aus Eiweißstoffen; **Biochor** s (~s; ~en) (gr.-lat.) = **Biochore** w (~; ~n) = **Biochorion** s (~s; -ri|en) [*-ko-*] Lebensumkreis eines Biotops;
Biocide M Chemikalien zur Schädlingsbekämpfung; **Biocomputer** m (~s; ~) Datenverarbeitungsgerät mit Proteinen (in Planung); **Biodynamik** w (~; -) (gr.) Erforschung der Lebenstätigkeit; EW: **biodynamisch**, auch: nur organisch gedüngt; **Bio-Element** s (~ - ~[e]s; ~ - ~e) (gr.-lat.) wichtiges Spuren|element; **Bio|energetik** w (~; -) Lehre von den Gesetzen der Lebensvorgänge; **Biofeedback** s (~s; ~s) (gr.-e.) willentl. Beeinflussung von Körperprozessen wie z. B. Atmung; **Biogas** s (~es; ~e) Gas, das bei Vergärung vieler Abfallstoffe entsteht; **biogen** EW (gr.) durch Lebensvorgänge entstanden (*b.e Sedimente* von Lebewesen stammende Bedeckung des Meeresbodens); **Biogenese** w (~; ~n) Entstehung des Lebens, Entwicklungsgeschichte; **Biogenetik** w (~; -) Nutzung der Energiegesetze zur Deutung der Lebensvorgänge; EW: **biogenetisch** (*b.es Grundgesetz* die Entwicklung des Lebendigen wird im Zeitenablauf immer differenzierter [Haeckel]) **Biogenie** w (~; -) Entwicklungsgeschichte der Lebewesen, = → Biogenetik; **Biogeographie** w (~; -i|en) Erforschung der Verbreitung von Pflanzen und Tieren; EW: **biogeographisch**; **Biogramm** s (~s; ~e) (gr.-lat.) Darstellung des Lebens einer Gruppe; **Biograph** m (~en; ~en) wer das Leben eines anderen erforscht und darstellt; **Biographie** w (~; -i|en) (Sammlung von) Lebensbeschreibung(en); EW: **biographisch**; **Bio-Ingenieur** m (~-~s; ~-~e) (gr.-fr.) [*-inschênjör*] Erforscher der Tatsachen des gesunden Lebens; **Biokatalysator** m (~s; -toren) (gr.-lat.) ↻ Lebensvorgänge regulierender Wirkstoff (Enzyme, Hormone); **Bioklimatologie** w (~; -) Erforschung, wie das Klima aufs Leben wirkt; **Biokontrolle** w (~; ~n) (gr.-fr.) Wissenschaft von der Beherrschung geistiger Vorgänge mit bioelektrischen Impulsen; **Biokurve** w (~; ~n) Rhythmus im Lebensablauf eines einzelnen; **Biokybernetik** w (~; -) Wissenschaft von der Steuerung und Regulation bei Lebewesen; **Biolith** m (-s; ~e) (gr.-lat.) Sediment aus Lebewesen; **Biologe** m (~n; ~n) (gr.) Erforscher der Lebensvorgänge; **Biologie** w (~; -) Erforschung der Lebewesen; EW: **biologisch**; **Biologismus** m (~; -) einseitige Anwendung biologischer Feststellungen; EW: **biologistisch**; **Biolumineszenz** w (~; -) (gr.-lat.) Leuchten lebender Organismen; **Biolyse** w (~; ~n) (gr.-lat.) ↻ Zersetzung organischer Substanzen durch Lebewesen; **Biom** s (~s; ~e) Lebensgemeinschaft in geograph. Einheit;

Biomagnetismus m (~; –) von Lebewesen ausgesandte Magnetfelder; **Biomant** m (~s; ~en) sagt Geschichte aus biol. Tatsachen voraus; **Biomasse** w (~; –) Gesamtheit lebender organ. Substanz (z. B. in See o. ä.); **Biomechanik** w (~; –) (gr.) Erforschung der mechanischen Lebensvorgänge; m. s.: **Biomechaniker** (~s; ~); EW: **biomechanisch**; **Biomedizin** w (~; –) erforscht Erkrankungen der Lebensvorgänge; **Biometeorologie** w (~; –) Erforschung der Wetterwirkung auf Lebewesen; m. s.: **Biometrie** w (~; –) Messung (Statistik) der Lebewesen; **Biometrik** w (~; –) Zählung der Lebensvorgänge; EW: **biometrisch** (*b.e Identifizierungssysteme* elektron. Speicherung persönl. biometr. Eigenheiten als Erkennungsmerkmale); **biomorph** EW vom Leben geprägt; **Biomorphose** w (~; –) vom Leben bewirkte Veränderung; **Biomotor** m (~s; -toren) (gr.-lat.) ⚕ Lungenbeatmungsgerät; **bionegativ** EW lebensfeindlich; **Bionik** w (~; –) (KuW, ⊄ **Bio**logie + Elektro**nik**) Erforschung biologischer Vorgänge zur Nachahmung im technischen Bereich; **Bionomie** w (~; –) Erforschung der Lebensgesetze; EW: **bionomisch**; **Biontologie** w (~; –) Erforschung der Lebewesen; m. s.: **Biontologe** (~n; ~n); EW: **biontologisch**; **Bioperiodik** w (~; –) ⚕ Lehre von der Rhythmik der Lebensabläufe; EW: **bioperiodisch**; **Biophor** m (~s; ~e) Elementarteilchen des Zellplasmas; **Biophysik** w (~; –) Erforschung der physikalischen Lebenserscheinungen; EW: **biophysikalisch**; m. s.: **Biophysiker** (~s; ~); **Biopsie** w (~; -i|en) ⚕ Mikroskopie von Gewebeteilchen; EW: **bioptisch**; **Biopsychismus** m (~; –) (gr.-lat.) Überzeugung, daß jedes Lebewesen beseelt ist; **Biorisator** m (~s; -toren) Milchkonservierungsgerät; **biorisieren** ZW (-rte, -rt) ↗ (gr.-fr.) Milch durch Zerstäuben haltbar machen; **Bio|rhythmik** w (~; –) (gr.-lat.) natürl. period. Lebensablauf, = **Biorhythmus** m (~; –) EW: **biorhythmisch**; **Bio(r)rheuse** w (~; –) (gr.-lat.) Alterprozeß; **Bios** m (~; –) (gr., = Leben) Leben; → Biosstoff; **Biosatellit** m (~en; ~en) mit Pflanzen oder/ und Tieren bestückter künstlicher Erdtrabant; **Biose** w (~; ~n) (lat.) Zucker mit 2 Sauerstoffatomen im Molekül; **Bioskop** s (~s; ~e) (gr., = Lebenseher) Vorstufe des Films ↓; **Bioskopie** w (~; –) ⚕ Untersuchung der Lebensfähigkeit; EW: **bioskopisch**; **Biosoziologie** w (~; –) Erforschung der gesellschaftsbedingten biologischen Vorgänge (beim Menschen); EW: **biosoziologisch**; **Biosphäre** w (~; ~n) von Organismen belebter Teil der Welt; EW: **biosphärisch**; **Biosstoff** m (~es; ~e) lebenswichtiger Wirkstoff von Pflanzen; **Biosynthese** w (~; ~n) chem. Aufbau lebender Zellen; Herstellung organ. Stoffe mit Hilfe von Mikroorganismen; **Biotechnik** w (~; –) technische Anwendung von Lebensvorgängen (Gärung, Hefe u. ä.); **Biotechnologie** w (~; –) Verwendung von Mikroorganismen zur Stoffumwandlung; EW: **biotechnisch**; **Bio|telemetrie** w (~; –) Übertragung biolog. Vorgänge auf entfernte Meßgeräte; **Biotin** s (~s; –) (gr.-lat.) Hefewuchsstoff (Vitamin H); **biotisch** EW (gr.-lat.) auf das Leben bezüglich; **Biotit** m (~s; ~e) (nach einem fr. Physiker) dunkler Glimmer; **Biotonus** m (~; –) (gr.-lat.) Spannkraft; **Biotop** s (~[e]s; ~e) (gr.) Lebensraum; **biotrop** EW auf Lebewesen bestimmend einwirkend (*b.e Faktoren*); **Biotropie** w (~; –) Wetterfühligkeit; **Biotyp(us)** m (~; -pen) von einem einzigen selbstbefruchteten Lebewesen (Tier, Pflanze) abstammende Reihe; **Biowerkstoffe** M natürl., naturbelassenes (Bau-) Material; **biozentrisch** EW mit dem Leben im Mittelpunkt; **Biozid** s (~s; ~e) (gr.-lat.) Schädlingsbekämpfungsstoff; **Biozönologe** m (~n; ~n) (gr.) Erforscher der Lebensgemeinschaften; w. s.: **Biozönologie** (~; –); EW: **biozönologisch**; **Biozönose** w (~; ~n) Lebensgemeinschaft (von Tieren und Pflanzen in einem → Biotop).

Bipede m (~n; ~n) (lat.) Zweifüßler; EW: **bipedisch**; w. abstr. s.: **Bipedität** (~; -); **bipolar** EW (lat.) mit 2 Polen; w. s.: **Bipolarität** (~; -); **Biquadrat** s (~[e]s; ~e) (lat.) ⚔ 4. Potenz; EW: **biquadratisch** (*b.e Gleichung*).

Biquet m (~s; ~s) (fr.) [*bikē*] Goldschnellwaage; ZW: **biquetieren** (-rte, -rt) ↗.

Birdie s (~s; ~s) (e. = Vögelchen) [*bördi*] (Golf-)Lochgewinn mit einem Schlag weniger als vorgeschrieben.

Bireme w (~; ~n) (lat.) (antiker) Zweiruderer.

Birett s (~[e]s; ~e) (lat.) = → Barett ↓.

Bisam m (~s; –) (sem.-gr.) Moschusdrüsensaft; m, s (~s; ~[s]) Bisamrattenfell.

Biseauschliff m (~[e]s; ~e) (fr.-d.) [-*sô*-] schräger Edelsteinschliff.

Bischof m (~s; -schöfe) (gr.) † Kirchenprovinzleiter.

biserial EW (lat.) zweisitzig, -zeilig; **biseriert** EW (lat.) doppelt gebrannt *(b.e Magnesia)*; **Bisexualität** w (~; -) (lat.) Zweigeschlechtlichkeit; EW: **bisexuell**.

Biskotte w (~; ~n) (it.) Löffelbisquit; **Biskuit** m, s (~s; ~s) (lat.-fr.) [*biß-kwit*] Teegebäck; Porzellanart; **Biskuitporzellan** s (~s; ~e) (lat.-fr.-it.) [*bißkwit*-] unglasiertes Weichporzellan.

Bismutit m (~s; -) (d.-lat.) ein Mineral; **Bismutum** s (~s; -) (lat.) = Wismut (∉ *Bi*).

Bison m (~s; ~s) (gr.-lat.) nordam. Rinderart.

Bis|phenol A (KuW) Kunststoffvorprodukt aus Phenol und Aceton.

bistabil EW (lat.) mit 2 stabilen Zuständen geschaltet.

Bister m, s (~s; ~) (fr.) braune Manganfarbe.

Bistouri m, s (~s; ~s) (fr.) [-*tû*-] ⚕ Operationsmesser mit beweglicher Klinge.

Bistro m (~s; ~s) (fr.) Kneipwirt; s (~s; ~s) (fr.) Kneipe; **Bistronet** s (~s; ~s) (fr.) [*bistrônä*] Schnellimbiß (mit fr. Küche).

Bisulfat s (~[e]s; ~e) (lat.) saures schwefelsaures Salz; **Bisulfit** s (~[e]s; ~e) (lat.) saures schwefligsaures Salz.

Bit s (~s; ~s) (KW; ∉ *bit* =) Maßeinheit der Computerinformation.

Bitok m (~s; ~s/-tki) (r.) Boulette, Hackrundstück.

bitonal EW (lat.) ♪ zweitonig; w. s.: **Bitonalität** (~; -) ♪.

Bitumen s (~s; -mina) (lat.) Erdwachs, -pech, -öl, -gas; Rückstand der Erdöldestillation; **bitumig** EW mit Bitumen; ZW: **bituminieren** (-rte, -rt) ↗; EW: **bituminös**.

bivalent EW (lat.) zweiwertig; w s: **Bivalenz** (~; ~en).

Bivalven M (lat.) Muscheln.

Biwak s (~s; ~s) (fr.) ✕ Lager (im Freien); ZW: **biwakieren** (-rte, -rt) ↗.

bizarr EW (fr.) verzerrt; launisch; abstr. s.: **Bizarrerie** w (~; -i|en).

Bizeps m (~es; ~e) (lat.) Gelenkbeugemuskel am Oberarm.

bizyklisch EW (lat.-gr.) mit 2, durch ein Kohlenstoffatom vereinigten, Atomkreisen.

Black-and-tan-Terrier m (~-~-~-~s; ~) (e.) [*bläck änd ten-*] = → Manchesterterrier; **Blackband** s (~s; -) [*bläck-bänd*] geringwertiges, stark vermischtes Eisenerz; **Black box** w (~~; ~~es) (e., = Zauberkasten) [*bläk bôks*] kybernet. System, von dem nur Input und Output bekannt sind; **Black-Bottom** m (~-~s; ~-~s) (am.) [*bläckbottm*] Gesellschaftstanz; **Black Jack** s (~~s; -) (am.) [*bläck dschäk*] Kartenspiel; **Blackmail** s (~[s]; -) (e.) [*bläckmeil*] Erpressung; **Blackout** s (~s; ~s) [*bläck|aut*] Szenenverdunklung bei Aktschluß; (Wirkung eines) Kabarettsketch(es); kurze Bewußtlosigkeit; Verlust der Sehfähigkeit bei überschneller Raumfahrt; Luftalarmverdunkelung; Ausfall der Funkverbindung des Raumschiffes bei Eintritt in die Erdatmosphäre (= **Black-out-Phase** w (~-~-~; ~-~-~n); **Black-Power** m (~-~s; -) [*bläckpauer*] militante Negerbewegung in den USA; **Black Velvet** s (~ ~s; -) [*bläckwelwit*] Champagnermischgetränk.

blamabel EW (fr.) beschämend; **Blamage** w (~; ~n) (fr.) [*blamâsche*] Bloßstellung; **blamieren** ZW (-rte, -rt) ↗ (fr.) bloßstellen.

Blanc d'Espagne s (~ ~; -) (fr.) [*blañk-deßpanje*] sp. Weiß; weiße Schminke; **Blanc de volaille** s (~ ~ ~; -) [*-wolläj*] Geflügelbrust; **Blanc fixe** s (~~; -) [-*fix*] Permanentweiß.

blanchieren ZW (-rte, -rt) (fr.) [-*schi-*] ↗ (Gerichte) abbrühen; (Leder) glätten.

Blancmanger s (~s; ~s) (fr.) [*blañk-mañsche*] Mandelgelee.

bland EW (lat.) ⚕ ungewürzt; ⚕ leicht verlaufend.

Blangel m (~s; -) wasserziehendes Mittel zum Trockenhalten der Luft.

BLANK s (~; ~s) (e.) [*blänk*] Sonderzeichen in der DV (Befehl an Computer, Leerstelle zu lassen).

Blanket s (~s; ~s) (e.) [*blänkit*] Brutzone des Kernreaktors.

Blankett s (~[e]s; ~s) (fr.) Urkunde mit Unterschrift des Ausstellers; **blankieren** ZW (-rte, -rt) ↗ Effekten verkaufen, die man noch nicht besitzt; **blanko** EW (sp.) unausgefüllt; **Blanko|akzept** s (~[e]s; ~e) (it.-lat.) un vollständig ausgefüllter, aber akzeptierter Wechsel (= *Blankowechsel* m [~s; ~]); **Blankogiro** s (~s; ~s) (sp.-it.) Indossement ohne Text; **Blanko-indossement** s (~s; ~s) (it.-fr.) [-*mañ*] nur mit dem Namen des Erwerbers versehener Wechsel; **Blankokredit** m (~[e]s; ~e) (it.-lat.) ohne Sicherheit eingeräumter Kredit; **Blankoscheck** m

(~s; ~s) (it.-e.) unvollständig ausgefüllter Scheck; **Blankovollmacht** w (~; ~en) unbeschränkte Vollmacht; **Blankowechsel** m (~s; ~) = → Blankoakzept.
blasiert EW (fr.) eingebildet, dünkelhaft; s.: **Blasiertheit** w (~; ~en).
Blason m (~s; ~s) (fr.) [*-soñ*] Wappenschild; **blasonieren** ZW (-rte, -rt) ⚯ Wappen ausmalen (deuten).
Blasphemie w (~; -i|en) (gr.) Gotteslästerung; EW: **blasphemisch, blasphemistisch**.
Blastem s (~s; ~e) (gr.) undifferenzierte Zellenmasse; **Blastoderm** s (~s; ~e) Keimhaut; **Blastogenese** w (~; ~n) (gr.) ⊕ ungeschlechtige Vermehrung; **Blastom** s (~s; ~e) ⚕ Geschwulst; **Blastomere** w (~; ~n) Furchungszelle; **Blastomykose** w (~; ~n) (gr.) ⚕ Hautkrankheit durch Sproßpilze; **Blastomyzet** m (~en; ~en) Hefepilz; **Blastophthorie** w (~; -i|en) Keimschädigung; **Blastozöl** s (~s; ~e) Furchungshöhle der Blastula; **Blastozyten** M undifferenzierte Keimzellen; **Blastula** w (~; -) (gr.-lat.) embryonaler Zustand.
Blazer m (~s; ~) (fr.-e.) [*bleîser*] Klubjacke(n|art).
Bleaster s (~s; ~) (e.) [*blîster*] Pferdepflaster (bei Sehnenzerrungen u. ä.).
Blend m, s (~s; ~s) (e.) Vermischung von Wörtern zu beabsichtigter Kontamination; **Blended Whisky** m (~; -) (e.) [*blendid-*] schottischer Whisky.
Blennorrhagie w (~; -i|en) = **Blennorrhö** w (~; ~en) (gr.) ⚕ Bindehautentzündung.
Blepharitis w (~; -itiden) (gr.-lat.) ⚕ Lidrandentzündung; **Blepharo|chalasis** w (~; -) ⚕ Erschlaffen der Augenlidhaut; **Blepharoklonus** m (~; -klonen) ⚕ = **Blepharo|spasmus** m (~; -men) ⚕ Lidkrampf; EW: **blepharospastisch**.
blessieren ZW (-rte, -rt) ⚯ (fr.) verwunden; **Blessur** w (~; ~en) Verwundung.
bleu EW (fr.) [*blö*] bläulich ←.
Blimp m (~s; ~s) (e.) Schallabdichtung der Filmkamera.
Blini m, s (~s; ~s) (r.) Buchweizenpfannkuchen.
Blister m (~s; -) (e.) Klarsichtfolie zur Verpackung; Heilmittel, mit dem die Vorderläufe des Pferdes gegen Überanstrengung eingerieben werden; ZW: **blistern** (-rte, geblistert) ⚯.
Blizzard m (~s; ~s) (am.) [*blisert*] am. Wirbelsturm.
Blockade w (~; ~n) (nl.-it.) Hafen-, Küsten-, Stadtabsperrung; **blockieren** ZW (-rte, -rt) ⚯ absperren.
blond EW (lat.-fr.) hellhaarig; **Blonde** w (~n; ~n) (fr.) hellhaarige Frau; Glas helles Bier; Seidenspitze; **blondieren** ZW (-rte, -rt) ⚯ hell färben (Haar); **Blondine** w (~; ~n) hellhaariges w. Wesen.
Blouson s, m (~s; ~s) (fr.) [*blûsoñ*] über den Rock gezogene Bluse (*B. noir* m [~ ~; ~s ~s] [*-noâr*] Halbstarker in Schwarzlederkleidung).
Blow-Up s (~-~s; ~-~s) (am.) [*blou ap*] Vergrößerung (eines Lichtbildes).
Blue baby s (~ ~s; ~ ~s) (e.) [*blû beibi*] Kind mit Blausucht durch Herzfehler; **Blueback** m (~s; ~s) (am., = Blaurücken) [*blûbäck*] grauer Seehundpelz; **Bluebox** w (~; ~es) [*blûböks*] Gerät für Projektionsverfahren; **Blue Chips** M (e.) [*blû tschipps*] Börsenstandardwerte; hochwertige Pokermarken; **Bluejeans** M [*blûdschîns*] Nietenhosen; **Blue notes** M [*blû nouts*] ♪ Jazzintervalle; **Blues** m (~; ~) [*blûs*] ♪ Negergesang; Gesellschaftstanz; **Blue screen** m (~ ~s; ~ ~s) [*blû skrîn*] = Bluebox.
Bluette, Blüette w (~; ~) (fr.) [*blüät*] amüsantes Kurzschauspiel.
Bluff m (~s; ~s) (e.) [auch: *blaff*] Einschüchterungsversuch; Pokerverhalten; **bluffen** ZW (-ffte, gebluff) [auch: *bla-*] ⚯ irreführen; prahlerisch vortäuschen; **Bluffer** m (~s; ~) [auch: *bla-*] Spiegelfechter.
blümerant EW (fr.) schwindelig, schwach.
Bluse w (~; ~n) (fr.) w. Oberbekleidungsstück.
Bluttransfusion w (~; ~en) (d.-lat.) Übertragung von Blut vom gesunden Spender auf den Kranken; **Blutkonserve** w (~; ~n) (d.-lat.) sterilisiertes Blut für künftige Übertragungen.
Boa w (~; ~s) (lat.) Riesenschlange; Damenpelzkragen (*B. constrictor* Königsschlange).
Board s (~s; ~s) (e.) [*bôrd*] Anschlagtafel; Behörde.
Boardinghouse s (~; ~s) (e.) [*bôrdiñhaus*] Pension; **Boarding-School** w (~-~; ~-~s) [*-skûl*] Landschulheim.
Boat people M (e.) [*bout pîpel*] vietnamesische Flüchtlinge (in Booten).
Bob m (~s; ~s) (e.) mehrsitziger doppelkufiger Sportschlitten; **bobben** ZW (-bbte, gebobbt) ⚯ Körper beim Bobfahren taktmäßig vorwerfen.
Bobby m (~s; -bies) (e., nach dem Schöpfer der e. Polizei Sir Robert

Peel, 1788-1850) e. Schutzmann; Filmkern.
Bobine w (~; ~n) (fr.) Feingarnspule; ✄ Seilfördertrommel; **Bobinet** s (~s; ~s) [-é] e. Tüll; **Bobino|ir** m (~s; ~s) [-noár] Spulmaschine.
Bobo m (~s; ~s) (sp.) Narr des span. Theaters.
Bobsleigh m (~s; ~s) (e.) [bopslêi] ¢ → Bob; **Bobslet** m (~s; ~s) Zweierbob; **Bobtail** m (~s; ~s) [bopteil] e. Hirtenhund.
Boccia w (~; -) (it.) [botscha] Kugelspiel.
Bochara m (~s; ~s) = → Buchara.
Boche m (~s; ~s) (fr., = Schwein) [bosch] Deutscher (als Schelte).
Bodega w (~; -gen) (sp.) Weinstube; Warenlager.
Bodoni w (~;-) (nach it. Buchdrucker) Antiquaschrift.
Bodybuilder m (~s; ~) (e.) [-bil-] Muskeltrainierender; **Bodybuilding** s (~s; -) [-bil-] Muskeltraining; **Bodycheck** m (~s; ~s) [-tscheck] erlaubter Körperstoß beim Eishockeyspiel; **Bodyguard** m (~s; ~s) [-gâd] Leibwächter; **bodystocking** m (~; ~s) [-stok-] = **Bodysuit** m (~s; ~s) [-swît] enganliegende Unterkleidung.
Bogardus-Skala w (~-~; ~-len) (KW) Skala, um sozialen Abstand in Gruppen zu messen.
Bogey s (~s; ~s) (e., = Einheit) [bou-gi] festgesetzte Golflochschlagzahl.
Bogheadkohle w (~;-) (e., nach einem schott. Ort) [boghed-] e. Steinkohlenart.
Bogomoletz-Serum s (~-~s; -) (nach r. Erfinder) Verjüngungsserum.
Bogumile m (~n; ~n) (slaw.) (nach Gründer Bogumil) Sekte.
Boheme w (~; -) (fr., zu: Böhmen) [boäm] antibürgerlicher Lebensstil (um 1900); m. s.: **Bohemi|en** (~s; ~s) [boämjän]; **Bohemist** m (~en; ~en) Wissenschaftler für tsch. Sprache und Literatur; **Bohemistik** w (~, -) Erforschung der tsch. Sprache und Literatur; EW: **bohemlstisch.**
Boi m (~s;-) (fr.) Baumwollstoff.
Boiler m (~s; ~) (e., = Sieder) elektr. Heißwasserspeicher.
bo|isieren ZW (-rte, -rt) ↗ (fr.) [boa-] täfeln; **bo|isiert** EW (fr.) [boa-] holzgetäfelt.
Bojar m (~en; ~en) (r.) r. Adeliger ↓; rumän. Großgrundbesitzer ↓.
Boje w (~; ~n) (nl.) ♃ schwimmendes Seezeichen.

Bokmål s (~s; -) [bokmôl] norw. Schriftsprache.
Bola w (~; ~s) (sp., = Kugel) Schleuderwaffe.
Bolero m (~s; ~s) (sp.) andalusischer Volkstanz; Jäckchen; dazu passender Hut.
Boletus m (~;-ti) (gr.-lat.) Pilz (Dickröhrling).
Bolid m (~s/~en; ~e[n]) (gr.-lat.) heller Meteor; Rennwageneinsitzer.
Bollandist m (~en; ~en) (nach dem jesuit. Begründer der Reihe, gest. 1665) † Mitarbeiter an einer Aufzeichnung lat. Heiligenleben.
Bolletrieholz s (~es; -hölzer) (e.) Holz für Geigenbögen.
Bollette w (~; ~n) (it.) Zollabfertigungsschein.
Bologneser m (~s; ~) [bolonjêser] (nach der it. Stadt Bologna) Zwerghund [= Bologneser Hund m (~ ~[e]s; ~ ~e)].
Bolometer s (~s; ~) (gr.) Feingradmesser für Strahlungs-, Temperaturunterschiede; EW: **bolometrisch; Boloskop** s (~s; ~e) (gr.-lat.) ✠ Fremdkörpersucher; EW: **boloskopisch** ✠.
Bolschewik m (~en; ~i/~en) (r.) = → Bolschewist; **Bolschewismus** m (~;-) (r.-lat., = Mehrheitspartei) Ziel und Handlungsweise der Mehrheit der Russischen Sozialistischen Arbeiterpartei (1903); m. s.: **Bolschewist** (~en; ~en); w. s.: **Bolschewistin** (~; ~en); EW: **bolschewistisch;** ZW: **bolschewisieren** (-rte, -rt) ↗.
Bolson m (~s; ~e) (sp.) abflußloses Gebirgsbecken.
Bolus m (~;-) (gr.-lat.) Tonerdesilikat (Poliermittel, Mineralfarbe); große Pille; **Bolus|tod** m (~es; ~e) Erstikkungstod durch Verschlucken großer Fremdkörper.
Bomätsche m (~n; ~ n) (tsch.) Schiffszieher (Elbe); ZW: **bomätschern** ↗.
Bombage w (~; ~n) (fr.) [bombasche] Konservendosenaufblähung, Glasbiegen (im Ofen).
Bombardement s (~s; ~s) (fr.) [-mañ] anhaltender Artilleriebeschuß, = **Bombardierung** w (~, en); ZW **bombardieren** (-rte, -rt) ↗; **Bombardon** s (~s; ~s) (fr.) [-doñ] ♪ Baßtrompete.
Bombasin m (~s; ~s) (fr.) [boñbažän] Seidenköper.
Bombast m (~[e]s;-) (lat.-e.) Schwulst; Auswattierungsbaumwolle; **bombastisch** EW (lat.-e.) schwülstig.
Bombe w (~; ~n) (gr.-lat.-it.-fr.) Ge-

bombed

schoß mit Sprengstoff; ∪ runder steifer Hut; großer Erfolg, große Überraschung; Fußballschuß; aufreizende Frau; gutgehende Ware; **bombed** EW (e.) [*bombd*] teilnahmslos nach Drogengenuß; **Bombenform** w (~; –) (it.-fr.-d.) Leistungsstärke; **Bombenreklame** w (~; ~n) (gr.-lat.-it.-fr.) ganz große Werbung; **bombensicher** EW auch: ganz bestimmt; **Bomber** m (~s; ~) (gr.-lat.-it.-fr.-d.) bombenabwerfendes Flugzeug; ∪ runder steifer Hut; starker Boxer; Torschütze; **bombieren** ZW (-rte, -rt) ↗ (fr.) Blechplatten wölben; **bombig** EW großartig; **Bombilla** w (~; ~s) (sp.) [-*bilja*] südam. Saugrohr mit Sieb.
Bombus m (~; –) (lat., = Hummel) ⚵ Ohrensausen; Darmgeräusch.
Bombykometer s (~s; ~) Tabelle zur Feststellung der Fadenstärke nach Fadengewicht.
Bon m (~s; ~s) (fr.) [*boñ*] Gutschein; **bona fides** w (~; –) (lat.) Treu und Glauben; **bona fide** in gutem Glauben; **Bonbon** m, s (~s; ~s) (fr.) [*boñboñ*] Zuckerwerk; **Bonbonni|ere** w (~; ~n) (fr.) [*boñbonnjäre*] Pralinenpackung.
Bond m (~s; ~s) (e.) festverzinsl. Wertpapier; im Ausland emittierte d. Auslandsanleihe.
Bondage s (~; –) (e.) [*bondedsch*] Fesselung (zur Luststeigerung).
Bonded Whisk(e)y m (~ ~s; ~ ~) (am.) [*bandid-*] hochprozentiger alter am. Whisky.
bondern ZW (-rte, gebondert) (KW) ↗ mit rosthemmendem Phosphat überziehen; s. s.: **Bonderverfahren.**
bongen ZW (-gte, gebongt) (fr.) [*boñ-*] ↗ Gutschein (Quittung, Zahlungsanweisung) ausstellen.
Bongo m (~s; ~s) (afr.) afr. Großantilope; (sp.) kub. Trommel.
Bongosi(holz) s (~[es]; –) (afr.) Holz des afr. Bongosibaums.
Bonhomie w (~; –) (fr.) Gutmütigkeit; **Bonhomme** m (~s; ~s) [*bonomm*] gutmütiger Mensch.
Bonifikation w (~; ~en) (lat.) Vergütung; Rabatt; Gutschrift am Jahresende; ZW: **bonifizieren** (-rte, -rt) ↗; **Bonität** w (~; –) (lat.) Zahlungsfähigkeit; Warenqualität; Sicherheit einer Forderung; Ertragsvermögen (eines Wahlstücks; Raumes); **bonitieren** ZW (-rte, -rt) ↗ abschätzen; **Bonitierung** w (~; ~en) Gütebewertung von Agrarland; Berechnung der Besiedlungsfähigkeit (Nutzfähigkeit) eines Raumes; **Bonito** m (~s; ~s) (sp.) trop. Makrelenart; **Bonmot** s (~s; ~s) (fr.) [*boñmô*] schlagfertige Formulierung, Redewendung; **Bonne** w (~; ~s) (fr.) Kindermädchen.
Bonneterie w (~; -i|en) (fr.) Kurzwarengeschäft.
Bonsai m (~s; ~s) (jap.) Zwergbaum; Kunst, diese Zwergbäume zu ziehen.
Bonus m (~; ~se) (lat.) zur Erhöhung der Versicherungssumme benutzte Prämie; außerordentliche Zuwendung; Sonderausschüttung an Aktionäre; Vorteil.
Bonvivant m (~s; ~s) (fr.) [*boñwiwañ*] Lebemann.
Bonze m (~n; ~n) (jap.-port.-fr.) Buddhistenpriester; Parteibürokrat; **Bonzokratie** w (~; -i|en) (jap.-port.-fr.-gr.) ∪ Bürokratenherrschaft.
Boogie-Woogie m (~~s; ~~s) (am.) [*bugiwugi*] ♪ Negerpiano; Modetanz.
Booking s (~s; ~s) (e.) [*bucking*] Buchung; **Booklet** s (~s; ~s) [*bucklet*] (Werbe-)Broschüre.
Bool'sche Algebra w (~n ~; –) [*bûl-*] (nach e. Begründer der math. Logik) Schaltalgebra.
Boom m (~s; ~s) (e.) [*bûm*] plötzlicher Konjunkturaufschwung; anhaltende → Hausse.
Booster m (~s; ~) (am.) [*bû-*] 1. Raketentriebwerk; bes. Vakuumpumpe; Verstärkeraggregat; **Boosterdiode** w (~; ~n) (am.-gr.) Gleichrichter zur Rückgewinnung der Spannung (am Fernsehgerät); **Boosterspannung** w (~; ~en) (am.-d.) zurückgewonnene Spannung.
böotisch EW (nach einer gr. Landschaft) dumm, derb; denkfaul.
Bootlegger m (~s; ~ (am.) [*bût-*] Alkoholschmuggler.
Boots M (e.) [*bûtz*] Überziehschuhe; Hufstulpen.
boot up ZW (am.) [*bût ap*] Drogen genießen.
Bop m (~s; ~s) (am.) ♪ moderner Jazzstil (≠ → Bebop).
Bor s (~s; –) (pers.-ar.-lat.) ⚛ hartes Element (≠ *B*).
Bora w (~; ~s) (gr.-lat.-it.) trockener dalmatinischer Küstenwind; **Boraccia** w (~; ~s) [-*ratscha*] heftige Bora.
Borat s (~[e]s; ~e) (pers.-ar.-lat.) Salz der Borsäure.
Borax m (~; –) (pers.-ar.-lat.) leichtlösliches Mineral.
Bordeaux m (~; ~) (fr., nach einer fr. Großstadt) [-*dô*] fr. Rotwein; **bordeaux(-rot)** EW [*bordô-*] dunkelrot.
Bordelaiser Brühe w (~ ~; –) (von dem

fr. ON *Bordeaux*) [*-lêser-*] Pflanzenschutzmittel.
Bordell s (~[e]s; ~e) (lat., = Hüttchen) Freudenhaus.
Bordereau m, s (~s; ~s) [*-rô*], **Bordero** m, s (~s; ~s) (fr.) Liste.
Borderpreis m (~es; ~e) (e.-d.) Preis frei Grenze.
Bor|diamant m (~s; ~en) Kunstdiamant aus Aluminium und Bor.
bordieren ZW (-rte, -rt) ↗ (g.-fr.) einfassen; **Bordüre** w (~; ~n) (fr.) bandartiges Ornament.
Bordun m (~s; ~e) (it.) ♪ tiefstes Orgelregister; Baßton des Dudelsacks; Orgelpunkt; tiefste mitschwingende Saite.
Bore w (~; ~n) (e.) Flutwelle stromaufwärts in Trichtermündungen.
boreal EW (gr.) winterkalt (*b.er Klimagürtel* Wintergebiet; *b.er Waldgürtel* Baumzone); **Boreal** s (~s; -) warme Nacheiszeit.
Borgis w (~; -) (rom.) Schriftgrad.
Borid s (~s; ~e) (pers.-lat.) ⟡ Verbindung aus Bor und Metall.
borniert EW (fr.) beschränkt, dumm; abstr. s.: **Borniertheit** w (~; ~en).
Bornit s (~s; ~e) (nach dem öst. Metallurgen J. v. *Born*) Buntkupfererz.
Borrago m (~s; -) (ar.-lat.) ⚶ Gurkenkraut.
Borreli|e w (~n; ~n) (nach A. *Borrel*) Bakterie (Spirochäte).
Borsalino m (~s; ~s) (nach dem 1. it. Hersteller) breitkrempiger Herrenhut.
Borschtsch m (~s; -) (r.) Kohlsuppe.
Börse w (~; ~n) (gr.-lat.-nl.) Geldbeutel; Haus für Wertpapierhandel; Boxergage; **Börsenkurs** m (~es; ~e) auf der Börse ermittelter Wertpapierwert; **Börsianer** m (~s; ~) Makler; Spekulant.
Borusse m (~n; ~n) (lat.) Preuße; **Borussia** w (~; -) Sinnbild Preußens.
Boskett s (~[e]s; ~e) (it.-fr.) waldähnlicher Parkteil, Blumenbeet.
Bosko(o)p m (~s; -) (nl.) Apfelsorte.
Boson s (~s; ~e) (nach i. Physiker *Bo*-*oo*) Elementarteilchen mit ganzzahliger Spin, = **Boseteilchen** s (~s,).
Boß m (-sses; -sse) (am.-nl.) Chef.
Bosse w (~; ~n) (fr.) Rohform der Steinplastik; Metallknopf, -buckel als Schmuck.
bosseln ZW (-lte, gebosselt) ↗ (it.-fr.) kegeln; an etw. herumarbeiten; = → boss(el)ieren; **bossieren** ZW (-rte, -rt) ↗ (it.-fr.) (Stein zur Bearbeitung) behauen, = **bosselieren** ZW (-rte, -rt) ↗.

Boston m (~s; ~s) (nach einer am. Stadt) [*bostn*] langsamer Walzer; s (~s; -) Kartenspiel.
Botanik w (~; -) (gr.) ⚶ Erforschung der Pflanzen (*angewandte B.* in Landwirtschaft und Forstbetrieb verwandte botanische Forschungsergebnisse); **Botaniker** m (~s; ~) Pflanzenforscher; **botanisch** EW aus (mit, von, bei, durch) Pflanzen; **botanisieren** ZW (-rte, -rt) ↗ Pflanzen sammeln.
Botel s (~s; ~s) (KuW) Schiff als Hotel.
Botter m (~s; ~) (nl.) Segelschiff mit flachem Kiel.
Bottle inspector m (~~s; ~~en) (KuW) Reinigungsprüfgerät für Flaschen; **Bottle neck** m (~~s; ~~s) (e.) [*botl näk*] metall. Fingeraufsatz zum Guitarrespielen (Blues); **Bottle-Party** w (~-~; ~-ties) (am.) [*bottlpâti*] Besuch, zu dem der Besucher alkohol. Getränke beisteuert.
Bottoms M (am.) [*bottms*] nordam. Überschwemmungsgebiete.
Bottom Weight s (~ ~s; -) (e.) [*battm weit*] niedrigste Gewichtsklasse für Rennpferde.
Botulismus m (~; -men) (lat.) ⚶ bakterielle Lebensmittelvergiftung.
Bouchées M (fr.) [*bûschê*] Pastetchen; Gabelbissen.
boucherisieren ZW (-rte, -rt) (nach fr. Chemiker) [*bûsch-*] Saft frischen Holzes durch Lösung ersetzen (Holzschutz).
Bouclé m (~s; ~s) (fr.) [*bû-*] Haargarnteppich, -läufer; **Bouclé** s (~s; ~s) Wollstoff.
Boudo|ir s (~s; ~e) (fr.) [*bûdoâr*] Damenzimmer(chen).
Bouffonnerie w (~; -i|en) (fr.) derbe Spaßmacherei.
Bougassin m (~s; -) (fr.) [*bûgaßân*] = → Bougran.
Bougie w (~; ~s) (fr.) [*buschi*] ⚶ Stäbchen zur Einführung von Heilmitteln in Körperkanäle; ⚶ Bougie-Wougie; ZW: **bougieren** (-ite, rt) ↗ [*-schî-*]; **Bougierohr** s (~[e]s; ~e) Kabelschutz.
Bougie(-Wougie) m (~s; -) (am.) [*bug-gi-wuggi*] Jazztanz.
Bougran m (~s; -) (fr.) [*bûgran*] Steifleinenfutter.
Bouillabaisse w (~; ~n) (fr.) [*bûjabâs*] Marseiller Fischsuppe.
Bouillon w (~; ~s) (fr.) [*bûljoñ*] Fleischbrühe; **Bouillondraht** m (~[e]s; -drähte) [*buljoñ-*] Drehdraht aus Edelmetall für Tressen u. ä.

Boulangerit m (~s; –) (nach fr. Geologen [*bûlanseherit*]) ein Mineral.
Boule w (~; ~n) (fr.) [*bûl*] Glücksspiel (-kugel).
B(o)ulette w (~; ~n) (fr.) Hackklößchen.
Boulevard m (~s; ~s) (fr.) [*bûlwâr*] breite Ringstraße; **Boulevardi|er** m (~s; ~s) (fr.) [*bûlewardjê*] Autor von Bühnenreißern; **Boulevardpresse** w (~; ~n) (fr.-lat.) Sensationspresse; **Boulevardtheater** s (~s; ~) (fr.-gr.) großstädtische Unterhaltungsbühne.
Boulle|arbeit w (~; ~en) (fr., nach einem fr. Tischler, 1642–1732) [*bûl-*] eingelegte Tischlerarbeit.
Boulonnais m (~; ~) (nach einer alten fr. Landschaft) [*bûlonnê*] Kaltblüter (Pferderasse).
Bounce s (~s; ~s) (am.) [*bauns*] ♪ langsamer Jazz mit wechselnd betonten Taktteilchen; **Bounce light** s (~ ~s; ~ ~s) (e.) [*baunßlait*] Ausleuchtungseffekt beim Blitzlicht; ZW: **bouncen** (-te, gebounct) ✓.
Bourbaki M (KuW) [*bur-*] Pseudonym für Gruppe von Mathematikern.
Bourbon m (~s; ~s) (e.) [*bôbn*] am. Whisky.
Bourdon-Rohr s (~-~[e]s; ~-~e) (fr.) [*bur-*] Röhrenfedermanometer zur Gasdruckmessung.
Bourgeois m (~; ~) (fr.) [*bûrsehoa*] Bürger, Kleinkapitalist; Philister; EW: **bourgeois**; **Bourgeoisie** w (~; –) (fr.) [*bûrsehoasí*] Mittelklasse des 19. Jh.s.
Bouquinist m (~en; ~en) (fr.) [*bûk-*] Straßenbuchhändler.
Bourrée w (~; –) (fr.) [*burrê*] bäuerlicher Tanz.
Bourrette w (~; ~n) (fr.) [*bûrett*] Seidenabfall; Dekorationsstoff.
Bouteille w (~; ~n) (fr.) [*bûtâj*] Flasche.
Boutique w (~; ~n/~s) (fr.) [*bûtîk*] Modelädchen.
Bouton m (~s; ~s) (fr.) [*bûtoñ*] Ohrschmuckknopf.
Bowdenzug m (~[e]s; -züge) (nach dem e. Erfinder) [*baudn-*] Kabelzug zur Übertragung von Hebelbewegungen; **Bowdenzugbremse** w (~; ~n) Drahtzugbremse.
Bowiemesser s (~s; ~) (e., nach dem e. Oberst J. *Bowie*, 1799 bis 1836, der viel zur Verbreitung beitrug) [*bo(w)i-*] Dolchmesser.
Bowle w (~; ~n) (e.) [*bô-*] Wein-, Obstgetränk; bauchige Schale für derartige Getränke.

bowlen ZW (-te, gebowlt) ✓ (e.) [*boul-*] Bowling spielen.
Bowler m (~s; ~) (e.) [*bou-*] ∪ steifer Rundhut.
Bowling s (~s; –) (e.) [*bouliñ*] Kegel-, Rasenkugelspiel; Einwerfen beim Kricket; **Bowling|green** s (~s; ~s) [*-grîn*] Rasenspielplatz.
Bowstringhanf m (~[e]s; ~e) (e.) [*bostriñ-*] afr. Blattfasern für Bogensehnen.
Box w (~; ~en) (e.) Pferde-, Vieh-, Kraftfahrzeugstand; Schallplattenautomat; Schachtel.
boxen ZW (-xte, geboxt) ✓ (e.) mit der Faust kämpfen; **Boxer** m (~s; ~) (e.) Faustkämpfer; e. Bulldogge; EW: **boxerisch**; **Boxermotor** m (~s; ~en) (e.-lat.) Verbrennungsmotor mit einander gegenüberliegenden Kolben.
Boxin s (~s; –) (e.) Kunstleder; **Boxkalf** s (~s; ~s) [*-kâf*] Chromkalbleder.
Boy m (~s; ~s) (e.) [*beu*] Junge; Diener; = → Boi; Hilfsgerät; **Boyfriend** m (~s; ~s) (e.) [*beufränd*] Freund eines Teenagers.
Boykott m (~s; ~e) (e., nach einem Gutsbesitzer *Boycott*, der wegen seiner Strenge um 1880 geächtet wurde) Absperrung durch Verrufserklärung; ZW: **boykottieren** (-rte, -rt) ↗.
Boy sales M (am.) [*beußails*] Verkauf durch fliegende Händler; **Boy-Scout** m (~-~s; ~-~s) (e.) [*beußkaut*] Pfadfinder.
Bozzetto m (~s; -tti) (it.) Wachsentwurf eines Standbilds.
Brabançonne w (~; –) (fr.) [*brabañßon*] belg. Nationalhymne.
brachial EW (lat.) gewaltsam; mit den Armen; **Brachialgewalt** w (~; –) rohe Gewalt; **Brachialgie** w (~; -i|en) Armschmerzen; **Brachial|index** m (~es; -dices) Verhältnis vom Ober- zum Unterarm; **Brachiopode** m (~n; ~n) Armfüßer; **Brachiosauri|er** m (~s; ~) Dinosaurier; **Brachisto|chrone** w (~; ~n) kürzester Weg eines Körpers in Schwerkraft zum nächstunteren Punkt.
Brachyblast m (~s; ~e) (gr.) ⊕ Kurztrieb; EW: **brachyblastisch**; **brachydaktyl** EW $ mit kurzen Fingern; w. s.: **Brachydaktylie** (~; –); **brachykephal** = brachyzephal; **Brachykranie** w (~; -i|en) $ Kurzschädligkeit; EW: **brachykran**; **Brachylalie** w (~; -i|en) als *ein* Wort ausgesprochene Abkürzung mehrerer Wörter (wie → Desy); **Brachylogie** w (~; -i|en) knappe Redeweise; EW: **brachylogisch**; **Brachy-**

pno|e w (~; ~n) ⚜ Kurzatmigkeit; **brachystyl** EW ⊕ kurzgrifflig; **brachyzephal** EW ⚜ kurzköpfig; m. s.: **Brachyzephale** (~n; ~n); w. abstr. s.: **Brachyzephalie** (~; -i|en).
Bradyarthrie w (~; -i|en) (gr.-lat.) ⚜ schleppende Sprache; **Bradykardie** w (~; -i|en) (gr.) ⚜ Pulsverlangsamung; EW: **bradykard(isch); Bradykinesie** w (~; -i|en) ⚜ Bewegungsschrumpfung; EW: **bradykinetisch; Bradyphrenie** w (~; -i|en) (gr.) ⚜ Antriebsmangel; EW: **bradyphren(isch); Bradypno|e** w (~; ~n) ⚜ Verlangsamung der Atmung.
Bragg-Methode w (~-~; ~-~n) nach e. Physiker) [*bräg*] Verfahren zur Untersuchung von Kristallstrukturen mit Röntgenstrahlen.
Brahmane m (~n; ~n) (i.) Angehöriger der höchsten i. Kaste; m. abstr. s.: **Brahma(n)ismus** (~; -); EW: **brahmanisch; Brahmine** m (~n; ~n) = → Brahmane.
Brailleschrift w (~; -) (fr., nach dem Erfinder Louis Braille, 1809-1852) [*braii-*] Blindenschrift.
Brain-Drain m (~-~s; -) (e.) [*brein-drein*] Abwanderung der Intelligenz; **Brainstorming** s (~s; ~s) [*breinstormiñ*] Prüfung und Auswahl von Lösungsaufgaben (der Wirtschaft usw.); Industrieplanungsgruppe; **Brain-Trust** m (~-~s; -) (am., = Gehirntrust) [*breintrast*] Beraterkreis des Präsidenten; **Braintruster** m (~s; ~) Unternehmensberater.
Braise w (~; ~n) (fr.) [*bräs*] Dämpfbrühe; ZW: **braisieren** (-rte, -rt) ↗ [*brä-*] schmoren.
Brakteat m (~en; ~en) (lat., = Dünnblech) einseitig geprägter Hohlpfennig; **Brakte|e** w (~; ~n) (lat.) ⊕ Deckblatt, das entstehenden Trieb oder Blüte schützt; **Brakteole** (~; ~n) (lat.) ⊕ Vor-, 1. Blatt.
Bram w (~, ·cn) (nl.) ⚓ Mastverlängerung (der Takelage).
Bramahschloß s (-sses; -schlösser) (nach dem e. Erfinder) Steckschlüsselschloß.
bramarbasieren ZW (-rte, -it) ⚡ (ap., nach der zuerst fr. Spottgestalt *Bramarbas* [1707]; verbreitet seit 1741) laut angeben.
Bramburi M (tsch., „Brandenburger") Kartoffeln.
Branche w (~; ~n) (fr.) [*brañsch*] Fach (-richtung); Geschäftszweig; **Branchenwerbung** w (~; -) gemeinsames Anpreisen von gleichartigen Waren.
Branchiaten M (gr.) Kiemenatmer;

Branchi|en M Kiemen; EW: **branchiogen.**
Brand manager m (~ ~s; ~ ~) [*bränd mänedschɐr*] Werbefachmann eines Unternehmens; **Brandy** m (~s; ~s) (e.) [*brändi*] Branntwein.
Branflakes M (e.) [*bränfleiks*] Kleieflocken.
Branle m (~; -) (fr.) [*brañle*] ältester Rundtanz.
Brasil m (~s; ~s/~e) (nach dem Namen eines südam. Staates) dunkler Tabak; Kaffeesorte; w (~; ~) dunkle Zigarre; **Brasile|in** s (~s; -) (sp.-lat.) ein Naturfarbstoff; **Brasili|enholz** s (~es; -hölzer) südam. Rotholz; **Brasilin** s (~s; -) Farbstoff hiervon.
Brassband w (~; ~s) (am.) [*bräßbänd*] ♪ Jazzkapelle; Marschkapelle mit Blechblas|instrumenten; **Brasserie** w (~; -i|en) (fr.) Bierlokal; **Brass Section** w (~ ~; ~ ~s) [*bräß ßekschn*] die Blechbläser im Jazzorchester.
Bratsche w (~; ~n) (it., ⚜ Viola di braccio = Armgeige) ♪ Saiteninstrument; m. s.: **Bratscher** (~s; ~) = **Bratschist** m (~en; ~en).
brav EW (lat.-fr.) tüchtig; ordentlich; artig; **Bravade** w (~; ~n) (it.-fr.) [-*wa-*] Renommiererei; **bravo** (it.) gut!, ausgezeichnet!; Steigerung: **bravissimo!; Bravo** m (~s; -vi) [-*wo*] bezahlter Mörder; s (~s; ~s) Applaus; **Bravour** w (~; -) (fr.) [-*wûr*] Tapferkeit; Schneid; **Bravour|ari|e** w (~; ~n) ♪ virtuos gesungene Arie (für Frauenstimme); **bravourös** EW [-*wu-*] ausgezeichnet, großartig (gemacht, dargeboten, geleistet); **Bravour|stück** s (~[e]s; ~e) Glanzleistung.
break (e.) [*breik*] trennen! (Kommando beim Boxsport); **Break** m, s (~s; ~s) (e., = Brechung) [*breik*] Spielgewinn beim Aufschlag des Tennisgegners; ♪ Solophrase beim Jazz; Hobbyfunk; Wagen mit Längssitzen; **Breakdance** m (~; -) tänzer. Übungen zur Diskomusik; **Breake** m (~; ~s) (e.) [*breiki*] Hobbyfunkgerat; ZW. **breaken** (-te, gebreakt) ⚡; **Break-Even-Analyse** w (~-~-~; ~-~-~ n) (am.) [-*iwn-*] Deckungsbeitragsrechnung; **Break-Even-Chart** w (~-~-~; ~-~-~s) [-*iwn tschât*] ihre graphische Darstellung; **Break-Even-Point** m (~-~-~s; ~-~-~s) (am.) [-*iwn peunt*] Gewinnschwelle.
Breakfast s (~s; ~s) (e.) [*bräckfest*] Frühstück.
Brec|ci|e w (~; ~n) = → Brekzi|e.

Bredouille w (~; ~n) (fr.) [-du̲lje] schwierige Lage.
Breeches M (e.) [bri̲tsches] Sporthose.
Bregma s (~s; –) (gr.) $ Meßpunkt am Schädel.
Brekzi|e w (~; ~n) (it.) Trümmergestein.
Brenzreaktion w (~; ~en) (KuW, lat.) Zersetzung durch trockenes Erhitzen.
Bresche w (~; ~n) (fr.) Mauerriß (*in die B. springen* Lücke ausfüllen; *eine B. schlagen* für etw. Neues erfolgreich werben).
Bretesche w (~; ~n) (fr.) □ Erker (an Burgen) zum Beschuß des Mauerfußes.
Breve s (~s; ~s) (lat.) † päpstlicher Kurzerlaß; **Brevet** s (~s; ~s) (lat.) † Gnadenbrief; ZW: **brevetieren** (-rte, -rt) ↗ ↙; **Breviar(ium)** s (~s; -ri|en) (lat.) = → Brevier; Auszug; Wirtschaftsbuch; **Brevier** s (~[e]s; ~e) (lat., = Kurzverzeichnis) † Pflichtgebetbuch; Anthologie; **brevi manu** (lat.) kurzerhand.
Briard m (~[s]; ~s) (fr.) [bria̲r] fr. Schäferhund.
Bric-à-brac s (~-~[s]; –) (fr.) Trödel; Sammelsurium von Kunstnippes.
Bridge s (~s; –) (e., = Brücke) [bridsch] Kartenspiel (seit 19. Jh.).
bridieren ZW (-rte, -rt) ↗ (fr., = schnüren) Braten (Geflügel) zum Servieren zurichten.
Brie m (~s; ~s) (fr., nach einer fr. Landschaft) [bri̲] Käsesorte.
Briefhypothek w (~; ~en) (d.-gr.) urkundlich festgelegte Hypothek.
Briefing s (~s; ~s) (am.) ✕ Lagebesprechung; Zusammenfassung der Reklame|idee; Besprechung; **Briefing Conference** w (~ ~; ~ ~s) (am.) Diskussion über neuen Werbeauftrag.
Briekäse m (~s; ~) = → Brie.
Brigade w (~; ~n) (it.-fr.) ✕ Truppenverband; Arbeitsgruppe; alle Köche einer Gastwirtschaft; **Brigadi|er** m (~s; ~s) (it.-fr.) [-dje̲] ✕ Brigadeführer; Mitglied einer Arbeitsgruppe.
Brigant m (~en; ~en) (it.) Straßenräuber ↓.
Brigantine w (~; ~n) (Leder-)Rüstung, = **Brigg** w (~; ~s) (dän.-e.) zweimastiges Segelschiff.
Brighella m (~; -lle) (it.) Figur der Commedia dell'Arte.
Brikett s (~[e]s; ~s) (fr.) gepreßter Heizstoff; **brikettieren** ZW (-rte, -rt) ↗ (fr.) Kohlenstaub u.ä. in Formstükke pressen; abstr. s.: **Brikettierung** w (~; -en).

brikolieren ZW (-rte, -rt) ↙ (fr.) mit der rückprallenden Billardkugel eine andere treffen; w. s.: **Brikole** (~; ~n).
Brillant m (~en; ~en) (fr.) [-ja̲nt] geschliffener Diamant; Schriftgrad; **brillant** EW aus Brillanten; glänzend; hervorragend; **brillante** (it.) [bril-] ♪ virtuos; **brillantieren** ZW (-rte, -rt) ↗ (fr.) [-ljan-] Messing (Weißblech) auf Hochglanz beizen; **Brillantine** w (~; –) Pomade, = (öst.) **Brillantin** s (~s; –);
Brillantsatz m (~es; -sätze) Feuerwerkskörper mit starkem Spüheffekt;
Brillanz w (~; –) (fr.) [-ja̲nz] Edelsteinfeuer; Glanz (des Auftretens, des Stils, der Rede); **brillieren** ZW (-rte, -rt) ↙ [-lji̲-] glänzen; durch außergewöhnliche Leistungen Aufsehen erregen; **Brillonetten** M [brijo-] Halbedelsteine.
Brimborium s (~s; –) (lat.-fr.) unnötiger Aufwand.
Brinellhärte w (~; ~n) (schwed.-d., nach dem schwed. Ingenieur J. A. *Brinell*, 1849–1925) Härteprüfung.
Brinkmanship w (~; –) (e.) [bri̲nkmänschip] polit., wirtschaftl. Pokern bis zur äußersten Grenze; Spiel mit der Krise.
Brio s (~s; –) (it.) ♪ Leidenschaft (*con b.* ♪ leidenschaftlich).
Brioche w (~; ~n) (fr.) [brio̲sch] dünnes Buttergebäck.
Briolette w (~; ~s) (fr.) Edelsteinschliff; **Brioletts** M Diamanten als Ohrgehänge.
brioso (it.) ♪ forsch.
brisant EW (fr.) zertrümmernd; aufsehenerregend; **Brisanz** w (~; –) (fr.) heftige Explosion.
Brise w (~; ~n) (fr.) Segelwind; **Brisesoleil** m (~s; ~s) (fr.) [bri̲sesolä̲i] Sonnenschutz vorm Fenster.
Brisolett s (~s; ~s) (fr.) Klops, = **Brisolette** w (~; ~n).
Brissago w (~; ~s) (nach einem schw. ON) Zigarrensorte.
Bristolkarton m (~s; ~s) (nach e. Stadt) [bri̲stl-] glatt weißes Papier.
Brisur w (~; ~en) (kelt.-fr.) feines Gelenk (an Geräten); Ohrschmuckgelenk.
Britanniametall s (~s; –) (nach dem lat. Namen für e. Insel) (gr.-lat.) Hartlegierung für Hausgerät.
Brittleness-Temperatur w (~-~; ~-~en) (e.-d.) Versprödungstemperatur von Kunststoffen.
Broadcasting s (~s; ~s) (e.) [bro̲ᵃdkâstin̲] Rundfunk; **Broadside-Technik** w (~-~; –) [bro̲ᵃdßaid-] Querlage in der

Kurve (Automobilsport); **Broadway** m (~s; ~s) (am.) [*brodwē*] Hauptstraße (von New York); **Broadwaysystem** s (~[e]s; –) Aufführung in gemieteten Theatern.

Broca-Aphasie w (~-~; ~-i|en) (nach fr. Anthropologen) Unvermögen, Begriffe in Worte umzusetzen.

Broché m (~s; ~s) (fr.) [*-schê*] gemustertes Gewebe; ZW: **brochieren** [*-schî-*] (-rte, -rt) ↗.

Brochette w (~; ~n/~s) (fr.) [*-schett*] Grillspießchen.

Broderie w (~; -i|en) (fr.) Einfassung(s-stickerei); **brodieren** ZW (-rte, -rt) ↗ (fr.) säumen; ausschmücken ↓.

Broika m (~s; ~s) (KW aus **Broi**ler und **Ka**ninchen) [*breu*] Mastkaninchen; **Broiler** m (~s; ~) (e.) [*breu*] Masthähnchen.

Brokat m (~[e]s; ~e) (lat.-it.) großmustriges Seidengewebe mit Metallfadendurchschuß; **Brokatelle** w (~; ~n) (it.-fr.) dickgemusterter Baumwollstoff, = **Brokatell** m (~s; ~e); **Brokatello** m (~s; -lli) (it.) gemusterter Marmor, = **Brokatmarmor** m (~s; ~e); **brokaten** EW (lat.-it.) aus (wie) Brokat.

Broker m (~s; ~) (e.) Makler im Auftrag von Banken.

Brokkoli M (it.) Gemüseart.

Brom s (~s; –) (gr., ⚔ *Br*) 🜔 ein Halogen (Element); **Brom|aceton** s (~; –) (KuW) Tränengas; **Bromat** s (~[e]s; ~e) (gr.-lat.) 🜔 Salz der Bromsäure; **Brom|äthyl** s (~s; –) (gr.) 💊 Narkotikum.

Bromeli|e w (~; ~n) (nach schwed. Botaniker O. *Bromel* † 1705) trop. Ananasgewächs.

Bromide M 💊 Beruhigungsmittel (= Salze der Bromwasserstoffsäure); **bromieren** ZW (-rte, -rt) (gr.-lat.) ↗ 🜔 mit Brom vermischen; **Bromismus** m (~; –) (gr.-lat.) 💊 Bromvergiftung; **Bromit** m (~s; –) (gr.) derbes Bromsilber; **Bromoderma** s (~s, –) Hautausschlag nach Bromgenuß; **Bromsilber** s (~s; –) lichtempfindliche Schicht von Filmen, – **Bromsilbergelatine** w (~; –); **Bromural** s (~s; –) (KW) 💊 Beruhigungsmittel.

Bronche w (~; ~n) = → Bronchus; **bronchial** EW (gr.) an (in, bei) den Luftröhrenästen; **Bronchial|asthma** s (~s; –) Anfälle von Atemnot; **Bronchialbaum** m (~s; -bäume) alle Bronchien; **Bronchialkatarrh** m (~s; ~e) (gr.) 💊 Erkrankung der Bronchien; **Bronchi|ektasie** w (~; -i|en) (gr.) 💊 Luftröhrenerweiterung; **Bronchi|en** M

→ Bronchus; **Bronchiole** w (~; ~n) (gr.) 💊 Luftröhrenästchen; **Bronchitis** w (~; -iti̯den) (gr.-lat.) = → Bronchialkatarrh; **Bronchogramm** s (~s; ~e) Röntgenbild der Luftröhrenäste, = **Bronchographie** w (~; -i|en) (gr.-lat.); EW: **bronchographisch**; **Bronchopneumonie** w (~; -i|en) (gr.) 💊 herdförmige Lungenentzündung; Pferdetyphus; **Bronchoskopie** w (~; -i|en) (gr.) 💊 Luftröhrenbetrachtung, -spiegelung; EW: **bronchoskopisch**; **Bronchotomie** w (~; -i|en) (gr.) 💊 Luftröhrenschnitt; **Bronchus** m (~; -chi|en) (gr.-lat.) 💊 Luftröhre.

Brontosaurus m (~; -ri|er) (gr.-lat.) fossiles Reptil.

Bronze w (~; -zen) (it.-fr.) [*-oñ-*] Kupfer-Zinn-Legierung; **bronze** EW bronzefarben ←; **Bronzediabetes** w (~; –) (it.-gr.) 💊 Zuckerkrankheit mit Hautverfärbung; **bronzieren** ZW (-rte, -rt) ↗ (it.-fr.) mit Bronze bestreichen; **Bronzit** s (~s; –) (it.-fr.) Mineral.

Brosche w (~; ~n) (kelt.-fr.) Kleiderverschluß, Schmuck am Halsausschnitt.

broschieren ZW (-rte, -rt) ↗ (fr.) Buch heften; Alaun aus Glacéleder auswaschen; Muster einweben; MW II: **broschiert** gehefтет; **Broschur** w (~; ~en) (fr.) Heften (von Büchern); Druckschrift im Umschlag; **Broschüre** w (~; ~n) (fr.) geheftetes Buch; Druckheft; Mustereinwebung.

brossieren ZW (-rte, -rt) ↗ (fr.) Flor bürsten.

Brotophilie w (~; –) (gr.) Sexualverkehr ohne Rücksicht auf Altersunterschiede.

Brouillon s (~s; ~s) (fr.) [*brûjoñ*] Konzept, Entwurf; Kladde.

Browning m (~s; ~s) (am., nach dem Büchsenmacher M. *Browning*, 1855–1926) [*brauniñ*] Handfeuerwaffe.

Brownsche Molekularbewegung w (~n ~; ~n ~en) (nach e. Botaniker 18./19. Jh.) unauthörliche Wärmebewegung der Moleküle.

Brown stout s (· ·) (·) [*braunstaut*] starkes Porterbier.

Brucellen M (nach einem e. Arzt) 💊 Bakterienart.

Bru|itismus m (~; –) (lat.-fr.) ♪ lärmfreudige Musik.

Brunch m (~[e]s; ~[e]s) (am., KuW ⚔ **Br**eakfast + **Lunch**) [*bransch*] ausgedehntes Frühstück, das gleichzeitig als Mittagessen dient.

Brunelle w (~; ~n) (rom.) ⚘ Wiesenkraut; Alpenorchidee.
Brünelle w (~; ~n) (fr.) Pfirsichart; geschälte Pflaume ohne Kern.
brünett EW (fr.) braunhaarig, -häutig; **Brünette** w (~n; ~n) (fr.) w. Wesen mit dunklem Haar und dunkler Haut; **brünieren** ZW (-rte, -rt) ↗ (g.-fr.) (Metall) bräunen.
brüsk EW (it.-fr.) barsch, rauh; **brüskieren** ZW (-rte, -rt) ↗ (it.-fr.) barsch zurückweisen; bloßstellen.
brut EW (fr.) [*brü*] herb (Champagner).
brutal EW (lat.) roh; w. abstr. s.: **Brutalität** (~; –); **Brutalismus** m (~; –) □ mod. Baustil.
bruttieren ZW (-rte, -rt) ↗ (lat.-fr.) vorschleifen (Diamanten).
brutto EW (it., = roh) Ware + Verpackung; Einkommen ohne Abzüge (Ggs.: *netto*); **Bruttobilanz** w (~; ~en) (it.) Bilanz aus den Hauptbuchsummen; **Brutto|ertrag** m (~s; -träge) Rohertrag; **Bruttofallhöhe** w (~; ~n) Gesamtfallhöhe im Wasserkraftwerk; **Bruttogewinn** = Brutto|ertrag; **Brutto|investitionen** M (it.-lat.) alle Investitionen einer bestimmten Zeit; **Bruttoregistertonne** w (~; ~n) (it.-lat.) ⚓ Schiffsraummaß; **Bruttosozialprodukt** s (~[e]s; ~e) (it.-lat.) gesamtwirtschaftl. Leistung einer Nation.
Bruxismus m (~ses; –) (gr.) 𐆐 Zähneknirschen (nachts).
Bruyère s (~s; ~) (kelt.-lat.-fr.) [*brüjár*] Wurzelholz der Baumheide; w (~; ~s) Pfeife aus diesem Holz.
Bryologie w (~; –) (gr.) ⚘ Mooskunde; m. s.: **Bryologe** (~n; ~n); EW: **bryologisch**.
Bryonie|e w (~; ~n) (gr.-lat.) ⚘ Zaunrübe.
Bryophyten M (gr.-lat.) ⚘ Moose; **Bryozo|en** M (gr.) Moostierchen.
BS (≠ British Standard) e. Normblätter.
Bschores m (~; –) (heb.) Wucher.
BSI (≠ British Standards Institution) e. Normenausschuß; **BSP** (≠ Bruttosozialprodukt).
Btx ≠ Bildschirmtext.
Bubbles M (e., = Blasen) [*babbls*] Scheingeschäfte; Sprechblasen.
Bubo m (~s; -onen) (gr.) geschwollener Leistenlymphknoten.
Buchara m (~s; ~s) (nach einem r. ON) tiefroter handgeknüpfter Teppich.
Buccherokeramik w (~; ~en) (it.) [*bukkerô*-] hartgebrannte, schwarzglänzende Tonware der Etrusker.
Buchhypothek w (~; ~en) (d.-gr.) nur ins Grundbuch eingetragene Hypothek.
Buchtel w (~; ~n) (tsch.) Hefegebäck.
Buckram m (~s; ~s) (e.) [*backrem*] Bucheinbandgewebe; **Buck|skin** m (~s; ~s) (e., = Bocksfell) Wolltuch; Wollgemisch; Schaf-, Hirschleder.
Buddhismus m (~; –) (skr.-lat.) Lehre des Buddha; **Buddhist** m (~en; ~en) (skr.-lat.) Anhänger Siddhartas des *Buddha* (= der Erleuchtete, um 550 bis 480 v. Chr.); EW: **buddhistisch**.
buddisieren ZW (-rte, -rt) ↗ (nach dän. Chemiker *Budde*) Milch entkeimen.
Buddleja w (~; ~s/-jen) (e.-lat.) ⚘ Schmetterlingsstrauch.
Budget s (~s; ~s) (fr.) [*büdsché*] = (e.) [*budschet*] Voranschlag; Haushaltsplan; EW: **budgetär; budgetieren** ZW (-rte, -rt) ↙ [*budschettiren*] Haushaltsplan aufstellen; w. s.: **Budgetierung** (~; ~en).
Budike w (~; ~n) (fr.) Kneipe; kleiner Laden; m. s.: **Budiker** (~s; ~).
Budo s (~s; –) (jap.) Sammelname für Selbstverteidigungssportarten (Judo usw.); **Budoka** m (~; ~s) wer Budo ausübt.
Büfett, Buffet s (~s; ~e/~s) (fr.) [*büfé*] Anrichte, Schanktisch; (*kaltes B.* zur Selbstbedienung ausgestellte Gabelbissen); m. s.: **Büfetti|er** (~s; ~s) [-*tjé*].
Bufferstock m (~s; ~s) (am., = Pufferlager) [*baffrstack*] Rohstofflager zur Erhaltung der Preisstabilität.
Buffeting s (~s; –) (e.) [*baffetin*] a|erodynam. Schwingungen des Leitwerks.
Buffo m (~s; ~s) (it.) Sänger in einer komischen Oper; EW: **buffonesk**.
Bufotalin s (~s; –) (KuW, lat.) herzwirksames Krötengift.
Buggy m (~s; ~s) (e.) [*baggi*] Hochrad; Zweiradeinspänner; offener (schwimmfähiger) Sportwagen; leichte klappbare Sportkarre.
Buglehorn s (~[e]s; -hörner) (e.-d.) [*bagl*-] ♪ Horninstrument.
bugsieren ZW (-rte, -rt) ↗ (nl.) ⚓ (Schiff) schleppen; stoßen; m. s.: **Bugsierer** (~s; ~).
Builder m (~s ;~) (e.) [*bilder*] waschaktiver Waschmittelzusatz; **Build-upper** m (~-~s; ~-~s) (am.) [*bild appr*] Reklamechef.
Bukett s (~s; ~e) (fr.) ⚘ Blumenstrauß; Weinduft.
Bukolik w (~; –) (gr.) Hirtendichtung; **Bukoliker** m (~s; ~) Hirtenlieddichter; **bukolisch** EW (gr.) ländlich.
bulbär EW (gr.-lat.) 𐆐 am (im, vom)

Butadi|en

verlängerten Mark; **Bulbärparalyse** w (~; ~n) ⚥ Rückenmarkslähmung; **bulbös** EW (gr.-lat.) ⚥ knollig; **Bulbus** m (~; -ben/-bi) (lat.) ⚥ Schwellknolle; Augapfel; Zwiebel.
Bulette w (~; ~n) (fr.) Klops.
Bulimie w (~; -) (gr.) ⚥ Heißhunger.
Bulk carrier m (~ ~s; ~ ~) (e.) [*balk kärri|er*] ⚲ Frachter für Massengüter; **Bulkladung** w (~; ~en) Ladung aus Schüttgut.
Bull m (~s; ~s) (e.) Haussespekulant.
Bulla w (~; -lae) (lat.) ⚥ Blase.
Bulldog m (~s; ~s) (e.) Zugmaschine; **Bulldogge** w (~; ~n) (e.-fr.) Hundeart; **Bulldozer** m (~s; ~) [*-doser*] Erdbewegungsraupe.
Bulle w (~; ~n) (lat.) Siegel(kapsel); besiegelte Urkunde.
Bulletin s (~s; ~s) (fr.) [*bülletän*] amtliche Verlautbarung; Regierungsblatt.
Bullfinch m (~s; ~s) (e.) [*-fintsch*] Rennhindernis (Dornenhecke).
Bullion s (~s; -) (e.) [*buljen*] ungeprägtes Gold oder Silber.
bullös EW (lat.) ⚥ blasig.
Bullterri|er m (~s; ~) (e.) e. Hunderasse.
Bully s (~s; ~s) (e.) Anspiel zwischen 2 Spielern (beim [Eis-]Hockey).
Bumerang m (~s; ~s) (e.) Wurfholz, Wiederkehrkeule; **Bumerangeffekt** m (~s; ~e) Verhaltensbeeinflussung, die das Gegenteil des Gewünschten erreicht.
Bumtrip m (~s; ~s) (am.) [*bam-*] unerfreulicher Drogenrausch.
Buna m (~s; -) (KW ¢ **Bu**tadien + **Na**trium) Kunstkautschuk.
Bunda w (~; ~s) (ung.) gesticktes Schafleder mit Innenpelz.
Bungalow m (~s; ~s) (e.) [auch: *banga-lo*] EingeschoBvilla (mit Terrasse).
Bunker m (~s; ~) (e.) Kohlen-, Kornspeicher; Schutzraum; Haftanstalt; künstliche Vertiefung des Golfbodens; **bunkern** ZW (-rte, gebunkert) ↗ ↙ Massengüter einlagern; ⚲ kohlen.
Bunny 3 (~s; -nnies) (e., = Kaninchen) [*banni*] aufreizend aufgeputztes Mädchen im Junggesellenklub.
Bunsenbrenner m (~s; ~) (nach R. W. Bunsen, d. Chemiker, 1811–1899) Gasbrennerart.
Buphthalmie w (~; -i|en) (gr.) ⚥ Augapfel krankhaft vergrößert; **Buphthalmum** s (~s; -ma) (gr.-lat.) ⊕ ein Korbblütler (Rindsauge).
Buran m (~s; ~e) (türk.) Steppenwind.
Burberry m (~s; ~s) (e.) [*börberri*]

(Mantel aus) wasserfestes (-tem) Kammgarngewebe; Mantel daraus.
Bürette w (~; ~n) (gr.) ↻ Glasrohr mit Hahn.
Buridans Esel m (~ ~s; -) (fr.-d., nach dem fr. Gelehrten Jean Buridan, 14. Jh., dem Gründer der Wiener Universität) einer, der zwischen zwei gleich guten Möglichkeiten wählen soll.
burlesk EW (it.) schwankartig; verdreht-komisch; **Burleske** w (~; ~n) (it.) Schwank, Posse; **Burletta** w (~; -tten) (it.) kleines Lustspiel.
Burnout s (~s; ~s) (am.) [*börn|aut*] Brennschluß der Rakete; Ausfall des Strahltriebwerkes.
Burnus m (~; ~se) (ar.) weißwollenes Mantelgewand.
Büro s (~s; ~s) (fr.) Amtszimmer; Akten-, Sekretärinnenzimmer; **Bürokommunikation** w (~; -) vernetzte Datenverarbeitungsgeräte im Bürobereich; **Bürokrat** m (~en; ~en) (fr.-gr.) Aktenmensch; **Bürokratie** w (~; -i|en) (fr.) Beamten|apparat; privilegiertes Verwaltungssystem; EW: **bürokratisch**; **bürokratisieren** ZW (-rte, -rt) ↗ (fr.) mehr und mehr Beamtenstellen einrichten; **Bürokratismus** m (~; -) (fr.-lat.) Beamtenherrschaft; -stil; **Bürokratius** m (~; -) (fr.-gr.-lat.) ∪ Geist der Bürokratie *(Heiliger B.!)*; **Büropalme** w (~; ~n) (fr.-lat.) ⊕ Zyperngras; **Bürotechnik** w (~; ~en) datenverarbeitende Geräte im Büro; **Bürotel** s (~s; ~s) (fr., KuW) Hotel, das auch Büros vermietet; Hotel(appartement) für Industriekapitäne.
burschikos EW (fr.-lat.) ungezwungen; derb; abstr. s.: **Burschikosität** w (~; -).
Burse w (~; ~n) (lat.) Studentenwohnheim.
Burst m (~s; ~s) (e.) [*börßt*] Strahlungsausbruch bei Sonneneruption.
Bus m (~ses; ~se) ¢ Auto-, **Omnibus**; **Bus-System** s (~-~s; ~-~e) Nachrichtenübertragung (DV) in 2 Richtungen möglich.
Bushel m (~s; ~s) (e.-am.) [*buschl*] Hohlmaß (etwa 35 l; ¢ *bu*).
Business s (~; -) (am.) [*bisniß*] Profitgeschäft, -gewerbe.
Bussard m (~s; ~e) (lat.-fr.) Greifvogel.
Bussole w (~; ~n) (lat.) magnetischer Kompaß.
busten ZW (-tete, gebustet) ↙ (am.) [*basten*] Ärger beim Rauschgifthandel haben.
Butadi|en s (~s; -) (KuW) ↻ zur Her-

stellung von Synthesekautschuk und Kunststoffen verwendeter doppelt ungesättigter Kohlenwasserstoff.
Butan s (~s; -) (gr.) gasförmiges Alkan als Brennstoff.
Butike w (~; ~n) (fr.) = → Budike.
Butin s (~s; -) von Butan abgeleiteter dreifach ungesättigter Kohlenwasserstoff.
Butler m (~s; ~) (e.) [*bat*-] Kammerdiener, (Haus-)Hof-, Kellermeister.
Butterfly m (~s; -) (e.) [*bateflai*] Sprung im Eiskunstlauf; frei gesprungener Salto; **Butterflystil** m (~s; -) Schmetterlingsart (Schwimmstil).
Button m (~s; ~s) (e.) [*battn*] herausfordernde Meinungsplakette; **buttondown** EW [-*daun*] mit festgeknüpften Kragenspitzen.
Butyl s (~s; -) (gr.-lat.) Kohlenwasserstoffrest, meist in Zss. wie **Butyl|alkohol** m (~s; ~e) Riechstoff.
Butyrometer s (~s; ~) (gr.) Fettgehaltmesser.
Buvette w (~; ~n) (fr.) [*büwett*] Weinstübchen.

Buxus m (~; -) (lat.) ⊕ Buchsbaum.
Buzz Session w (~ ~; ~ ~s) (am.) [*bas ßeschn*] Diskussion in kleinen Gruppen.
bye-bye (e.) [*baibai*] leb wohl!
Buyer Market s (~ ~s; ~ ~s) (am.) [*baier mákit*] Angebotsüberschuß.
Byssus m (~; -) (gr.-lat.) antiker Leinenschleier; Muschelausfluß.
Bypass m (~es; ~es) (e.) [*baipâß[is]*] Umleitung (von Blutbahn, Strömung); Nebenleitung; Kondensator zur Funkentstörung; **Bypasstriebwerk** s (~s; ~e) Düsentriebwerk, bei dem die angesaugte Luft nur teilweise in die Brennkammer gelangt.
Byte s (~s; ~[s]) (e.) [*bait*] Datenverarbeitungseinheit (= 8 + 1 Bits).
byzantinisch EW aus (in, von der Stadt) *Byzanz* (= Konstantinopel); übertrieb. unterwürfig; **Byzantinismus** m (~; -) (gr.-lat.) würdelose Kriecherei; **Byzantinistik** w (~; -) (gr.-lat.) Erforschung der byzantinischen Geschichte und Kultur; m. s.: **Byzantinist** (~en; ~en); EW: **byzantinistisch**.

C
(vergleiche auch K- und Z-!)

Cab s (~s; ~s) (e.) [*käb*] Einspänner.
Caballero m (~s; ~s) (sp.) [*kabaljéro*] Herr.
Caban m (~s; ~s) (fr.) [*kaban*] kurzer Herrenmantel; lange Damenjacke.
Cabcart s (~s; ~s) (e.) [*käbkart*] zweirädr. Einspänner.
Cable transfer m (~s ~; ~s ~) (e.) [*kä'bl träns*-] telegraphische Auszahlung; Umrechnung für Auszahlungen auf Überseeplätzen.
Cabochon m (~s; ~s) (fr.) [-*schoñ*] gewölbter Edelsteinschliff.
Cabretta s (~s; -) (sp.) feines Nappaleder.
Cachenez s (~; ~) (fr.) [*kaschné*] seidenes Halstuch; **Cache-sexe** s (~-~s; ~-~s) (am.) [*kaschßex*] Höschen.
Cachet s (~s; ~s) (fr.) [*kaschê*] Petschaft; Anstrich; Eigentümlichkeit.
Cachetage w (~; ~n) (fr.) [*kaschetâsch*] Oberflächengestalt mod. Kunst, in der Gegenstände in erhöhte Farbschichten gedruckt werden.
Cachetero m (~s; ~s) (lat.-sp.)

[*katsch*-] Stierkämpfer, der dem Stier den Gnadenstoß gibt.
Cachot s (~s; ~s) (fr.) [*kaschô*] strenger Arrest (in dunkler Zelle).
Cachou s (~s; ~s) [-*schû*] asiat. Gerb-, Heilmittel von einer Strauchpflanze; Salmiakpastille.
Caciocavallo m (~s; ~s) (it.) [*kaschok*-] Räucherkäse.
CAD (¢ Computer Aided Design) computerunterstütztes Verfahren.
Caddie m (~s; ~s) (e.) [*kä*-] Golfschlägerträger; Einkaufswagen im Supermarkt.
Cadett m (~s; -) (fr.) gestreifter Baumwollstoff.
Cadmium s (~s; -) (KW) hochgiftiges Schwermetall.
Café s (~s; ~s) (fr.) Kaffeewirtschaft (*C. complet* m [~s ~; ~s ~s] [*kompla*] Kaffee mit Sahne und Milch; *C. chantant* [-*schantañ*] Tingeltangel); **Cafeteria** w (~; ~s) (ar.-türk.-it.-sp.) am. Selbstbedienungsgaststätte; **Cafeterie** w (~; -*i*|en) (ar.-türk.-it.-sp.) = Café;
Cafeti|er m (~s; ~s) (ar.-türk.-it.-fr.)

[*-tję*] Kaffeehauswirt; **Cafeti|ere** w (~; ~n) (ar.-türk.-it.-fr.) [*-tjār*] Kaffeehauswirtin; Kaffeekanne.
Caisson m (~s; ~s) (fr.) [*käßǫñ*] □ Senkkasten (zur Unterwasserarbeit); **Caissonkrankheit** w (~; ~en) (fr.-d.) [*käßǫñ-*] ≠ Stickstoffembolie.
Cakewalk m (~s; ~s) (e.) [*kęⁱkwôk*] urspr.: Negertanz; Modetanz Ende 19. Jh.
CAL (e. ≠ Computer Aided Learning) Lernen mit Computern zur Hilfestellung.
calando (it.) ♪ nachlassend.
Calcane|us m (~; -nei) (lat.) [*-ne|us*] ≠ Fersenbein.
Calciferol s (~s; -) (KuW) Vitamin D₂; **Calcination** w (~; ~en) (lat.) ⊙ Umwandlung in eine Art Kalk; Wasserausscheidung aus Kristallen; Zersetzung der Erhitzung; ZW: **calcinieren** (-rte, -rt) ↗; **Calcispongiae** M (lat.) [*-i|ä*] Kalkschwämme; **Calcit** m (~s; ~e) Kalkspat; **Calcium** s (~s; -) (lat., ≠ *Ca*) ⊙ Grundstoff; vgl. → Kalz-!.
Calendula w (~; -lae) (lat.) ⊕ Ringelblume.
Calf s (~s; -) (e.) [*kâf*] Buchbinderleder.
Caliche m (~s; -) (sp.) [*kalische*] Stickstoffdünger.
Californium s (~s; -) (nach einem USA-Staat) ⊙ Grundstoff (≠ *Cf*).
Calina w (~; ~s) (sp.) sp. Staubnebel.
Calit s (~s; -) (KuW) [*ka-*] ein Isolierstoff.
Calla w (~; ~s) (gr.-lat.) [*ka-*] Schlangenwurz.
Callboy m (~s; ~s) (e.) [*kôlbeu*] m. Prostituierter mit Telefon; **Call-Girl** s (~-~s; ~-~s) (am.) [*kôlgörl*] Prostituierte mit Telefon.
calmato (it.) ♪ beruhigt.
Calmette-Serum s (~-~s; ~-ren) [*ka-*] (nach fr. Bakteriologen) antitox. Serum, bes. gegen Schlangengift.
Calutron s (~s, ͻ/-·e) (KnW aus California University Cyclotron) Trennanlage für Isotope.
Calvados m (~; ~) (nach einem fr. Departement) Apfelschnaps.
Calvaria w (~; -i|en) (lat.) [*kalwa-*] Schädeldecke; **Calviti|es** w (~; -) [*kalwiziäs*] ≠ Kahlköpfigkeit.
Calx w (~; Calces) (lat.) [*kalks*] Fersenbein; M: Kalk.
calycynisch EW (gr.-lat.) ⊕ kelchartig.
Calypso m (~s; ~s) (?) ♪ afroam. Gesangsform; rumbaartiger Stegreiftanz.
Calyx m (~; -lyces) (lat.) [*kalüks*] ⊕ Blütenkelch; Teil der Seelilie.

CAM (e. ≠ Computer Aided Manufacturing) rechnergestützte Fertigung.
Camaieu w (~; -) (fr.) [*kamajö*] Kamee aus farbig geschichtetem Stein; Gemälde in Abtönung einer Farbe.
Camarera w (~; ~s) (gr.-lat.-sp.) Kellnerin; m. s.: **Camarero** (~s; ~s).
Camber m (~s; ~) (e.) [*kämbr*] m. weicher Filzhut.
Cambio m (~; -) (it.) [*ka-*] (Geld-) Wechsel.
Came s (~; ~s) (am.) [*keim*] Rauschdrogen.
Camembert m (~s; ~s) (fr., nach einem Dorf in der Normandie) [*kamañbär*] Weichkäse.
Camera obscura w (~ ~; -) (lat.) Lochkamera.
Camerlengo m (~s; -gi/~s) (it.) † päpstl. Schatzmeister.
Camion m (~s; ~s) (fr.) [*kamjǫñ*] Lastkraftwagen; **Camionnage** w (~; ~n) (fr.) [*kamjonąsche*] Rollgeld.
Camouflage w (~; ~n) (fr.) [*-fląsch*] Tarnung ↓; ZW: **camouflieren** (-rte, -rt) ↗.
Camp s (~s; ~s) (e.) [*kämp*] Zelt; Lager; m. Homosexueller mit extravagantem Verhalten.
Campanula w (~; -lae) (lat.) ⊕ Glockenblume.
Campari m (~s; ~) (it.) alkohol. Getränk.
campen ZW (-pte, gecampt) (e.) [*kämpen*] ∕ zelten; m. s.: **Camper** (~s; ~); **Campesino** m (~s; ~s) (sp.) [*ka-*] sp. und südam. Landarbeiter.
Campigni|en s (~s; -) [*kañpinjäñ*] (nach einem fr. ON) Mittelsteinzeitabschnitt.
Camping s (~s; ~s) (e.) [*kämpiñ*] Zeltlager; Wohnwagenausflug; **Campmeeting** s (~s; ~s) (am.) [*kämpmįtiñ*] † Gottesdienst im Freien; Zeltmission;
Campo m (~s; ~s) (lat.-sp.) bras. Grassavanne; südam. Rinderhaut; **Camposanto** m (~s; -ti) (it.) Friedhof; **Campus** m (~; -pi) (lat.); (lat.-am.) [*k-*] m (~; -) Universitätsareal.
Can w (~; ~s) (e.) [*kan*] Hülse von Kernbrennelementen.
Canadi|enne w (~; ~s) (fr.) [*-djänn*] Windbluse ↓.
Canasta s (~s; -) (sp.) Kartenspiel (aus Uruguay).
Cancan m (~s; ~s) (fr.) [*kañkañ*] Tanz (19. Jh.).
Cancer m (~s; ~) (lat.) ≠ Krebs(geschwür); **cancerogen** EW krebserzeugend; **Cancerologe** m (~n; ~n) (lat.-gr.) ≠ Krebsforscher; w. s.: **Cancerolo-**

cancerologisch

gie (~; –) ⚥; EW: **cancerologisch**; → Kanz-!
Candela w (~; -len) (lat.) Einheit der Lichtstärke.
Candida w (~; –) Antiquadruckschrift; ⚥ ein Hautpilz.
Candlelight s (~s; ~) (am.) [kändelait] Kerzenlicht.
Caninus m (~; -ni) (lat.) ⚥ Eckzahn.
Cannabis m (~; –) (lat.) Hanf; Haschisch.
Cannelé m (~s; –) (fr.) Ripsgewebe.
Cannelloni M (it.) gefüllte Röhrennudeln.
Canning s (~s; ~s) (am.) [känniñ] Brennstoffhülle in Atommeilern.
Cañon m (~s; ~s) (sp.) [kanjon] scharfe Flußtalrinne.
Canotier m (~s; ~s) (fr.) [kanôtjê] flacher Strohhut.
Cant m (~s; –) (e.) [känt] Gaunersprache; Heuchelei.
cantabile (it.) ♪ ausdrucksvoll; **cantando** (it.) ♪ wie singend; **Cantus firmus** m (~ ~; ~ -mi) ♪ (lat., = fester Gesang) Hauptmelodie einer polyphonen Komposition.
Canvassing s (~s; –) (am.) [kännwässiñ] Stimmenfang.
CAP (e. ⚥) Computer Aided Publishing = Computerunterstützte Texterhebung.
Cape s (~s; ~s) (e.) [kä̂p] Umhang ohne Ärmel; **Capeador** m (~s; ~es) (lat.-sp.) Stierkämpfer im bunten Mantel.
capriccioso (it.) [-pritschô-] ♪ kapriziös; leicht und bewegt; vgl. auch Ka-!
Captatio benevolentiae (lat.) Voraussetzung des Wohlwollens (der Hörer, Leser).
Capuchon s (~s; ~s) (fr.) [kapüschoñ] Damenmantel mit Kapuze.
Caput mortu|um s (~ ~; –) (lat.) rote Malerfarbe, Poliermittel; unnützes Zeug.
CAQ (e. ⚥ Computer Aided Quality Control) kontrolliert Produkte mit Computern auf Qualität.
Car m (~s; ~s) (fr., e.) [k-] Personenauto.
caramba! (sp.) Donnerwetter! (Fluch.)
Caravan, Caravan m (~s; ~s) (pers.-it.-am.) [auch: kärewän] Reise-, Kombi-, Wohnwagen; m. s.: **Caravaner** (~s; ~); s. abstr. s.: **Caravaning** (~s; ~s).
Caravelle w (~; ~s) (fr.) [karawäl] Passagierflugzeug.
Carbonado m (~s; ~s) (lat.-sp.) künstlicher, verformbarer Diamant.
Cardenolide M (KuW) Gruppe herzwirksamer Pflanzengifte (wie z. B. roter Fingerhut).
Cardigan m (~s; ~s) (nach e. Adligen 19. Jh.) lange (Strick-) Jacke.
Card-jam m (~-~s; ~-~s) (e.) [ka'd dschäm] Kartensalat; Störung im Programmablauf (DV).
care of (e.) [kär off] wohnend bei (⚥ c/o).
CARE (⚥ Cooperative for American Remittances to Europe) [kä'] (e., = Sorge); **Carepaket** s (~[e]s; ~e) (am.) [kä'r-] Liebesgabensendung.
CARICOM (e. ⚥ Caribbean Community) Wirtschaftsgemeinschaft karib. Staaten (1973).
Carillon s (~s; ~s) (lat.-fr.) [-joñ] ♪ Glockenspiel(stück).
Carioca w (~; ~s) (ind.-port.) Art Rumbatanz.
Caritas w (~; –) (lat.) † Hilfsverband.
Carmagnole w (~; ~s) (fr.) [karmanjôl] revolution. Tanzlied; Jakobinerjacke.
Carnegiestiftung w (~; –) (am.-d., nach dem am. Stahlgroßhändler A. *Carnegie*, 1835–1919) wissenschaftl. Stiftung.
Carneiro com Batatas m (~s ~ ~; ~s ~ ~) (port.) Hammelfleischgericht mit Kartoffeln.
Carnet s (~s; ~s) (fr.) [karnê] Zollpassierscheinheft für Kraftfahrzeug.
carpe di|em (lat.) nutze die Zeit!
Carpenter-Effekt m (~-~s; ~-~e) [kar-] unbewußte Nachahmung der Bewegungen anderer.
carrarisch EW aus der it. Stadt *Carrara* (*c.er* Marmor = *Carrara* m [~s; –]).
Carré s (~; ~s) (fr.) unzerteilter Schweinerücken.
Carrier m (~s; ~s) (e.) [kärrie'] Beförderungsunternehmen für Personen und Güter.
Carry back s (~ ~s; ~ ~s) (e.) [käri bäk] Verlustrücktrag bei kurzfristigem Konjunktureinbruch.
Carte blanche w (~ ~; ~s ~s) (fr.) [kartblansch] unbegrenzte Vollmacht.
Carting s (~s; –) (e.) [kâtiñ] = → Karting (Rennwagensport).
Cartoon m, s (~s; ~s) (e.) [-tûn] Karikatur.
Casanova m (~s; ~s) (it., nach einem it. Abenteurer, 1725–1798) Weiberheld.
Cäsarenwahn m (~[e]s; –) (lat.-d., nach Gajus J. *Caesar*, 100–44 v. Chr.) krankh. Größenwahn; **cäsarisch** EW selbstherrlich; **Cäsarismus** m (~; –) = → Diktatur; **Cäsaropapismus** m (~; –) vereinte weltl. und geistl. Macht.

Casco m (~s; ~s) (sp.) südamerikan. Mischling.
Case Study w (~ ~; ~ -dies) (am.) [*kês stadi*] Einzelfalluntersuchung (als Forschungs- und Lehrmethode).
Casework s (~s; -) (am.) [*kês"örk*] Sozialfürsorge.
Cash s (~s; ~s) (e.) [*käsch*] Bargeld, -zahlung; **Cash and carry** [*-end kärri*] Ware muß beim Verkäufer gegen Zahlung abgeholt werden; **Cash before delivery** s (~s ~ ~; ~s ~ ~) [*käsch bifór diliwri*] Zahlung vor der Lieferung; **Cash flow** s (~ ~s; -) [*käsch flou*] Ertragskennziffer.
Cashewnuß w (~; -nüsse) (port.-e.) [*käschu-*] Frucht des südam. Nierenbaums.
Cäsium s (~s; -) (lat., ¢ *Cs*) ⓪ weiches Alkalimetall.
Cassata w (~; -) (it.) Eis mit kandierten Früchten.
Cassettenrecorder m (~s; ~) (am.) Tonbandgerät (für → Kassetten).
Cassinet m (~s; ~s) (fr.-e.) [*käßnet*] leichter Anzugsstoff.
Cassiopeium s (~s; -) ⓪ ↓ = → Lutetium.
Cassis m (~; -) (fr.) [*kassîs*] Johannisbeerlikör.
Cassoulet s (~s; ~s) (fr.) [*kassulê*] Gänsefleisch mit Bohnen.
Cast s (~s; -) (am.) [*kâßt*] alle Mitarbeiter am Film.
Castize m (~n; ~n) (sp.) Bastard zwischen Weißen und Mestizen.
Castor m (~s; -) (gr.-lat., = Biber) langhaariger Wollstoff.
Castrismus m (~; -) (nach dem kub. Diktator Fidel *Castro*) kub. Kommunismus.
Casus belli m (~ ~; -sûs ~) (lat.) Kriegs-, Streitursache; **Casus obliquus** m (~ ~; -sûs -qui) abhängiger Beugefall; **Casus rectus** m (~ ~; -sûs -ti) = > Nominativ.
Catboot s (~s; ~s) (e.) [*kätbût*] ⚓ Kleinboot mit Großsegel.
Catch-as-catch-can s (~-~-~-~s; -) (am.) [*kätsch äs kätsch ken*] Kampfart, die alles erlaubt; **catchen** ZW (-tchte, gecatcht) ✓ (e.) im Freistil ringen; **Catcher** m (~s; ~) Baseballfänger, Freistilringer; **Catcherpromoter** m (~s; ~) [*-promouter*] Freistilringkampfveranstalter; **Catch Up** s (~ ~s; ~ ~s) (am.) [*-app*] Übergang des Raumschiffes in eine höhere Umlaufbahn.
Catenaccio s (~s; -) (it.) [*katenatscho*] defensives Fußballspiel; Riegelspiel.

Catering s (~s; ~s) (am.) [*kätterin*] Bewirtschaftung von Großbetrieben; Versorgung der Fluggäste mit Bordverpflegung im Flughafen.
Caterpillar m (~s; ~) (e.) [*kätterpillr*] Raupenschlepper.
Catinga w (~; ~s) (ind.-port.) Savannenzone.
Catlinit s (~s; -) (nach am. Forscher Catlin) nordam. Pfeifenstein (Tonschiefer).
Cattleya w (~; -eyen) (nach dem e. Züchter) ⚘ amer. Orchideensorte.
Cauda w (~; -) (lat.) [*kau-*] Schwanz; ♩ Endstück eines Körperteils; ♪ Notenhals; † Schleppe liturg. Gewänder.
Caudex m (~; -dices) (lat.) [*kau-*] Stamm von Palmen und Farnen; Gehirnteil bei Säugetieren.
Caudillo m (~s; -) (sp., = Häuptling) [*-diljo*] Falangenführer, Machthaber.
Causa w (~; -sae [*-sä*]) (lat.) [*k-*] Rechtsgrund; Schuldrechtsgeschäft; **Cause célèbre** w (~ ~; ~s ~s) (fr.) [*kôs ßélâbr*] wichtiger Rechtsfall; Skandalgeschichte; **Causerie** w (~; -i|en) (fr.) [*kôseri*] Plauderei; **Causeur** m (~s; ~e) (fr.) [*kôsör*] Plauderer ↓; **Causeuse** w (~; ~n) [*kôsôs*] Kleinsofa; Plauderin ↓.
Cayennepfeffer m (~s; ~) [*kajenn-*] (nach der Hauptstadt von Guayana) scharfes Gewürz.
Cb (¢ Coulomb); **CBR-Wert** m (~-~s; ~-~e) (¢ California Bearing ratio) empir. Produktenziffer; **CBU** (¢ Cluster bomb unit) Behälterbombe.
CCC (fr. ¢ Cellutes Communistes Combattantes) linksextrem. belg. Terrororganisation.
Cd (¢) = → Candela.
CD ¢ Compact Disc; **CD-Player** m (~-~s; ~-~s) (e.) [*plei-*] Abspielgerät für CDs; **CD-Speicher** m (~-~s; ~-~) Datenspeicher für Computer; **CD-Video** s (~-~s; ~-~s) neuartige CD mit kombinierten Bild-Ton-Speichern.
Cedille w (; ~n) (fr., eigtl. = Zeta) [*ßedîj*] fr. Aussprachezeichen unter c (ç = ß).
CEL (¢ Central European Line).
Celesta w (~; -ten) (it.) [*tschê-*] ♪ Stabstahlspiel mit Tasten.
Cella w (~; -llae) (lat.) □ lichtloser Tempelkern; Klosterzelle; **Cellerar (-ius)** m (~s/~; ~e/-ri|i) (lat.) † Wirtschaftsverwalter des Klosters.
Cellist m (~en; ~en) (it.) [*sch-*] ♪ Cellospieler; EW: **cellistisch**; **Cello** s (~s; -lli) [*schello*] = → Violoncello.

Cellometer s (~s; ~) (lat.-fr.-e.-gr.) Wolkenhöhenmeßgerät; EW: **cellometrisch**.

Cellon s (~s; –) (lat.) Kunststoff.

Cellophan s (~s; ~e), **Cellophane** w (~; ~n) (lat.-gr.) Zellglas (dünne, durchsichtige Folie).

Celsius m (~; –; ∉ *C*) (nach dem schwed. Astronomen A. Celsius, 1701 bis 1744) Temperaturgradmaß.

Cembalist m (~s; ~en) (it.) [*tsch-*] Cembalospieler; EW: **cembalistisch**; **Cembalo** s (~s; ~s) [*tschem-*] ♪ Kielflügel.

Cent m (~s; ~s) (e.) [*bänt*] Währungsuntereinheit (USA u. a.); **Cental** s (~s; ~s) (e.) [*bäntel*] e. Gewichtseinheit; **Centavo** m (~s; ~s) (sp.) [*bänt-*] südam. Währungsuntereinheit.

Center s (~s; ~) (am.) [*ße-*] Selbstbedienungsladen; (Spieler in) Mittelpunktstellung; Hockeypaß von der Seitenlinie; Beginn einer Eislauffigur.

Centesimo m (~s; -mi) (it.) [*tsch-*] it. Währungsuntereinheit; **Centime** m (~[s]; ~s) (fr.) [*bañtim*] Währungsuntereinheit; **Centimo** m (~s; ~s) (sp.) [*bän-*] Währungsuntereinheit.

Centipoise w (~; –) (fr.) [*bañtipoas*] Maßeinheit für Viskosität von Flüssigkeiten.

Centweight s (~s; ~s) (am.) [*bäntweit*] Gewichtseinheit.

Cer s (~s; –) (nach einem Planetoiden) ⚴ Grundstoff; = **Cerium** s (~s; –).

Cera w (~; -ren) (lat.) Bienenwachs.

Cercle m (~s; ~s) [*bärkl*] Staatsempfang (*C. halten,* die Gäste zum Empfang defilieren lassen).

Cerealien M (lat.-e.) Getreidenahrung.

Cerebellum s (~s; -lla) (lat.) ⚕ Kleinhirn; **Cerebrum** s (~s; -bra) (lat.) ⚕ Großhirn; vgl. auch → zere-!

Cereolus m (~; -li) (lat.) ⚕ Wachsstäbchen.

Cereus m (~; -i) (lat.) [*ße-*] Säulenkaktus.

cerise EW (gr.-lat.-fr.) [*ßerîs*] ← kirschrot.

Cermet s (~s; ~s) (KW) halbmetallischer Keramikwerkstoff.

CERN, Cern (∉ Conseil Européen pour la recherche nucléaire) Europ. Organisation für Kernforschung.

Certepartie w (~; -i|en) [*ßört-*] = → Charte(partie).

Certification mark w (~ ~; ~ ~s) [*ßörtifikeischn mâk*] am. Gütezeichen.

Cerumen s (~s; –) (lat.) ⚕ Ohrenschmalz.

Cervelat m (~s; ~s;) (fr.) [*bärwelat*] Brühwurst.

Cervix w (~; -ces) (lat.) [*ßärwiks*] Nakken, Hals (auch von Körperteilen).

c'est la guerre (fr.) [*ßâlagär*] so ist der Krieg (nun eben einmal); **c'est la vie** (fr.) [*ßâlawi*] so ist es (im Leben) nun einmal.

Cetace|um s (~s; –) (gr.-lat.) Walrat.

ceteris paribus (lat.) unter gleichen Voraussetzungen, in gleicher Lage; **Ceteris paribus-Klausel** w (~ ~-~; ~ ~-~n) Beschränkung der Gesetzeswirkung, wenn die im Gesetz genannten Faktoren konstant bleiben; **Ceterum censeo** s (~ ~; –) feste Überzeugung.

Chablis m (~; ~) (fr.) [*schablî*] weißer Burgunder.

Cha-Cha-Cha m (~-~-~s; ~-~-~s) (ind.?) [*tschatschatscha*] Modetanz.

Chaconne w (~; ~s) (fr.) [*schakonn*] ♪ langsamer Tanz im Dreivierteltakt.

Chacun à son goût (fr.) [*schakön a son gû*] jeder, wie er will!

Chagrin s (~s; ~s) (türk.-fr.) [*schagrän*] Weichleder (v. Pferd, Esel); ↓ Verdruß.

Chain w (~; ~s) (e.-am.) [*tschein*] Längeneinheit (= 22 yards = 20,1168 m); **Chain break** w (~ ~; ~ ~s) (am.) [*-breik*] Werbeeinblendung zwischen Programmen.

Chaine w (~; ~n) (fr.) [*schân*] Tanzfigur („Kette"); Kettfaden.

Chairleder s (~s; ~) (fr.-d.) [*schär-*] Schmuckleder; **Chairman** m (~; -men) (e.) [*tschârmän*] Vorsitzender, Obmann.

Chaise w (~; ~n) (fr.) [*schäse*] Liege ↓; halbverdeckter Wagen ↓; **Chaiselongue** w (~; ~n) [*schäselongue*] Liege ↓.

chalandieren ZW (-rte, -rt) (fr.) [*schalañd-*] ↗ Kundschaft werben.

Chalaza w (~; -lazen) = **Chalaze** w (~; ~n) (gr.-lat.) ⊕ Knospengrund; Eiweißstrang im Vogelei.

Chalazium s (~s; -i|en) (gr.-lat.) ⚕ Lidschwellung.

Chalet s (~s; ~s) (fr.) [*schalê*] Holzhäus|chen.

Chalikose w (~; ~n) (gr.-lat.) ⚕ Kalklunge.

Chalinet m (~s; ~s) (fr.) [*schalinê*] = → Chaly.

Chalkochemigraphie w (~; –) (gr.) Metallgravierung; **Chalkographie** w (~; -i|en) (gr.) Kupferstich; m. s.: **Chalkograph** (~en; ~en); EW: **chalkographisch**; **Chalkolithikum** s (~s; –) (gr.-lat.) Endabschnitt der Jungsteinzeit; EW: **chalkolithisch**; **Chalkose** w (~;

~n) ⚄ Ablagerung von Kupfer(salzen) im Gewebe.

Challenger s (~s; ~) (am. challenge = Herausforderung) US-Raumfähre.

Chaly s (~s; ~s) (fr.) [*schalî*] starkgemusterter weicher Stoff, = **Chalynette** w (~; ~n) [*schalînett*].

Chalzedon s (~s; -) (nach einer kleinas. Landschaft) Mineral.

Chamäleon s (~s; ~s) (gr., = Bodenlöwe) [*ka-*] Greifschwanzeidechse mit wechselnder Hautfarbe; seine Ansicht leicht andern anpassender Mensch.

Chambertin m (~s; ~s) (nach einem fr. Ort) [*schanbertän*] roter Burgunder.

Chambre garnie s (~ ~; ~s ~s) (fr.) [*schanbrgarnî*] möbliertes Zimmer; **Chambre séparée** s (~ ~; ~s ~s) [*schanbr βέparê*] Sonderraum in der Gaststätte.

Chamo|is s (~; ~) (fr.) [*schamoa*] hellbraunes Leder; **chamo|is** EW [*schamoa*] gemsfarben ←.

Chamosit m (~s; -) (nach einem schw. Ort) [*scha-*] Mineral.

Champagner m (~s; ~) (nach einer fr. Landschaft) [*schampanjer*] Schaumwein; **champagner** EW zartgelb ←.

Champignon m (~s; ~s) (lat.-fr.) [*schampînjoñ*] ⚄ Blätterpilzart.

Champion m (~s; ~s) [fr.: *schampjoñ*; e.: *tschämpjen*] Sportmeister; Vorkämpfer; Kaminaufsatz; **Championat** s (~[e]s; ~e) [*tschämpjô-*] Meisterschaft.

Chamsin m (~[e]s; ~e) (ar.) [*k-*] äg. Wüstenwind.

Chance w (~; ~n) (fr.) [*schanβ*] gute Möglichkeit, Aussicht *(jmdm. eine C. geben; eine gute C. haben)*; **Chancengleichheit** w (~; -) (fr.-d.) [*schanβen-*] gleiche Möglichkeit für alle, (Aus-, Fort-)Bildungsangebote zu nutzen.

Chandoo s (~; -) (e.) [*tschendû*] rauchfertiges Opium.

Change w (~; -) (fi.) [*schañsche*] = m (~; -) [*schêntsch*] (e) Tausch, Geldwechsel(stube).

Changeant ь (~s; ~s) (fr.) [*schañschañ*] Schillertaft, -seide; **changeant** EW schillernd ←; **changieren** ZW (-rte, -rt) ✓ [*schañschî-*] (Fährte, Galoppart) wechseln; verändern ↓; schillern.

Chanoyu s (~s; -) (jap., = Tee|extrakt) [*tschanojû*] Teezeremonie.

Chanson s (~s; ~s) (fr.) [*schañsoñ*] Kabarettlied; w (~; ~s) mehrstimmiges Lied (15. Jh.); **Chansonette** w (~; ~n) [-*nett*] Liedchen; Kleinkunstsängerin, = **Chansonni|ere** w (~; ~n) [*-sonjâr*];

Chansonni|er m (~s; ~s) [*-sonjê*] Brettlliedddichter, -sänger.

Chantillyspitze w (~; ~n) (fr.-d., nach einem fr. Ort) [*schantijî-*] schwarzseidene Klöppelspitze.

Chanukka w (~; -) (heb., = Weihe) [*cha-*] jüd. Fest der Tempelweihe.

Chaos s (~; -) (gr.) [auch: *kaos*] der ungeordnete Weltstoff vor der Schöpfung; EW: **chaotisch**; **Chaot** m (~en; ~en) wer die bestehende Ordnung zerschlagen will; wer nicht Ordnung halten kann.

Chapeau claque m (~ ~s; ~ ~s) (fr.) [*schapô klack*] zusammenlegbarer hoher Seidenhut ↓.

Chapelure w (~; -) (fr.) [*schappelür*] rindenlose Weißbrotkrumen zum Panieren.

Chaplinade w (~; ~n) (e., nach dem Komiker Ch. Chaplin) [*tschä-*] komisches Vorkommnis.

Chaps M (sp.-am. KW, ⚄ *chaparajos*) [*tschäpps*] lederne Überhosen.

chaptalisieren ZW (-rte, -rt) (nach fr. Gelehrten) [*schapp-*] ↗ Wein zukkern.

Charakter m (~s; ~) (gr., = Stempel) [*ka-*] geistige Prägung; alle Wesenszüge; künstlerische Geschlossenheit der Aussage (*C. indelibilis* unzerstörbares Kennzeichen); Eigenheit des jeweil. Weines; **Charakterdrama** s (~s; -men) Schauspiel, das bes. Charaktere schildert; **charakterisieren** ZW (-rte, -rt) ↗ genau kennzeichnen; **Charakterisierung** w (~; ~en) Kennzeichnung; Darstellung des Wesentlichen; **Charakteristik** w (~; ~en) (gr.-lat.) genaue Beschreibung; ⚄ Logarithmenkennziffer; Kurve, die das bezeichnende Verhalten einer Maschine darstellt; **Charakteristikum** s (~s; -ka) wichtiges Kennzeichen; **charakteristisch** EW bezeichnend (*c.e Strahlen* Röntgenstrahlen aus schnell bewegten Elektronen, die auf ein Hindernis stoßen); **Charakterologie** w (~; -) (gr.) Erforschung des menschlichen Wesens; m. s.: **Charakterologe** (~n; ~n); EW: **charakterologisch**.

Chardonnetseide w (~; ~n) (fr.-d.) [*schardonnê-*] nach dem Erfinder, (1839–1924) Kunstseide.

Charge w (~; ~n) (fr.) [*scharsche*] Nebenrolle; ✗ Dienstgrad; stud. Verbindungsvorstand; **Chargé d'affaires** m (~ ~; ~s ~) [*scharschê daffär*] Geschäftsträger; **chargieren** ZW (-rte, -rt) ↗ [*scharschî-*] beauftragen; Gewichtsverlust des Entbastens ausglei-

Chargierte

chen (bei Seide); in den metallurgischen Ofen einbringen; ∕ in Studentenwichs die Verbindung vertreten (m. s.: **Chargierte** [~n; ~n]); **Chargierung** w (~; ~en) [*scharschî-*] Beschickung.
Charisma s (~s; -men) (gr.) † göttliche Gnade; bedeutende Begabung eines Menschen; EW: **charismatisch**.
Charité w (~; ~n) (fr.) [*scha-*] Krankenhaus.
Charitin w (~; ~nen/-ten) (gr.) eine der 3 Anmutsgöttinnen.
Charleston m (~s; ~s) (am.) [*tschâlstn*] synkopierter Modetanz.
Charlotte w (~; ~n) (fr.) [*schar-*] Obstpudding mit Semmelschnitten (*C. russe* [*-rüß*] w [~ ~; ~s ~s] gefüllte Löffelbiskuits in Wein).
Charly m (~; -) (e.) [*tschậrli*] ∪ Kokain.
CHARM Forschungsgruppe des → **CERN** (aus **H**amburg, **A**msterdam, **R**om, **M**oskau) zur Erforschung der Neutronen.
charmant EW (fr.) [*schar-*] liebenswürdig, gewinnend = (e.:) **charming** [*tschạrming*].
Charmelaine w (~; -) (fr.) [*scharmlận*] weiches Kammgarn.
Charmeur m (~s; ~s/~e) (fr.) [*scharmộr*] liebenswürdiger Plauderer.
Charmeuse w (~; -) (fr.) [*-mộs*] kunstseidene Wirkware; Damenkleiderstoff mit einer glänzenden Seite; liebenswürdige Plauderin.
Charpie w (~; -) (fr.) [*scharpî*] Gewebefasern (als Verbandstoff ↓).
Chart m (~s; ~s) (e.) [*tsch-*] Verzeichnis der Spitzenschlager; Diagramm, Tabelle, Schaubild.
Charta w (~; -) (lat.) (e.) [*k-*] Verfassungs|urkunde (1215) (= *Magna C.; C.* der Vertriebenen Grundsatzerklärung der Heimatvertriebenen; *C.* der Vereinten Nationen, 1945).
Charter w (~; ~n) (e.) [*tsch-*] Mietvertrag für Schiff oder Flugzeug, = **Charterpartie** w (~; -i|en); **Charterer** m [~s; ~) Mieter eines Schiffs, Flugzeugs; **Chartermaschine** w (~; ~n) (e.-lat.) gemietetes Flugzeug; **chartern** ZW (-rte, gechartert) ∕ (Flugzeug) mieten; **Charterung** w (~; ~en) Mietung eines Schiffes, Flugzeugs, = **Chartervertrag** m (~[e]s; -träge); **Chartist** m (~s; ~s) (am.) [*tsch-*] Graphiker für Börsendarstellungen.
Chartreuse m (~s; ~) (fr., nach dem fr. Stammkloster der Kartäuser) [*schartrộs*] Kräuterlikör; Fleisch-Gemüse-Pudding.

Charybdis w (~; -) (gr.-lat.) Meeresstrudel (*zwischen Szylla und C.* ausweglos eingeengt).
Chasan m (~s; ~e) (heb.) jüd. Vorbeter.
Chase s, w (~; -) (fr.-am.) [*tschâß*] regelmäßiger Wechsel zwischen Soloimprovisationen (Jazz.)
Chasmogamie w (~; -i|en) (gr.) ⊕ Fremdbestäubung bei offener Blüte; EW: **chasmogam**.
Chasse w (~; ~s) (fr.) [*schaß*] Billardspiel mit 15 Bällen; 3stimmiger Kanon (14. Jh.).
Chasseur m (~s; ~s) (fr.) [*schassộr*] Jäger (auch ⚔).
Chassidismus m [~; -) (heb.-lat.) jüd. Gefühlsreligion; s.: **Chassidim** M.
chassieren ZW (-rte, -rt) (fr.) [*schaß-*] ∕ mit kurzen Schritten (im Tanz) nach rechts oder links treten.
Chassis s (~; ~) (fr.) [*schaßî*] Rahmen; Fahrgestell.
Chasuble s (~s; ~s) (lat.-am., = Meßgewand) [*tschậsjubl*] ärmelloses Überkleid.
Chateaubriand s (~s; ~[s]) (fr., nach dem fr. Reisenden Vicomte de *Chateaubriand* [*schatôbriañ*], 1768–1848) gebratene Rindslende.
Chatonfassung w (~; ~en) (fr.-d.) [*schatoñ-*] kastenförmige Edelsteinfassung.
Chaudeau m (~s; ~s) (fr.) [*schôdộ*] Weinschaumsoße.
Chauffeur m (~s; ~e) (fr.) [*schoffộr*] Kraftfahrzeuglenker; ZW. **chauffieren** (-rte, -rt) ∕ ∕.
Chaussee w (~; ~n) (fr.) [*schoßệ*] Landstraße; **chaussieren** ZW (-rte, -rt) ∕ (fr.) beschottern; abstr. s.: **Chaussierung** w (~; ~en).
Chauvinismus m (~; -) (fr.-lat., nach einem napol. General) [*schôwi-*] überhitztes Nationalgefühl; m. s.: **Chauvinist** (~en; ~en); w. s.: **Chauvinistin** (~; ~en); EW: **chauvinistisch**.
Chawer m (~[s]; ~n) (heb.) [*chaw-*] Ehrentitel; Freund, Kamerad (als Anrede).
Check m (~s; ~s) (pers.-ar.-fr.-e.) [*tschäck*] Spielbehinderung (Eishokkey); ZW: **checken** (-te, -t) ∕ ∕ Spiel behindern; überprüfen, nachkontrollieren; ∪ kapieren; **Checker** m (~s; ~) Kontrolleur; **Checkflug** m (~s; -flüge) Testflug; **Check-in** s (~-~[s]; ~-~s) Abfertigung der Fluggäste vorm Abflug; **Checklist** w (~; ~s) (am.) [*tsch-*] technische Kontrolliste = **Checkliste** w (~; ~n), auch: Liste der

Fluggäste; **Checkout** s (~s; ~s) [*-aut*] Kontrolle technischer Geräte; **Checkpoint** m (~s; ~s) [*-peunt*] Kontrollstelle (am Berliner Mauerübergang); Fixpunkt (für Flugzeugpiloten; im Computerprogramm); **Check up** s (~ ~s; ~ ~s) [*-app*] Untersuchung ($ eines Patienten).
Cheddar(käse) m (~s; ~s) (nach einem e. ON) [*tschäddr-*] fetter Hartkäse.
Chederschule w (~; ~n) (heb.-d.) [*chä-*] erster Unterricht für jüd. Knaben.
cheerio (e.) [*tschirio*] prost! hoch!
Cheerleader m (~; ~s) (e.) [*tschirlider*] feuert Sportgruppen und -fans (mit Gesängen) an.
Cheeseburger m (~s; ~) (am.) [*tschisbörgr*] Brötchen mit heißem Belag (Frikadelle und Käsescheibe).
Chef m (~s; ~s) (fr.) [*scheff*] Leiter (*C. d'œuvre* [*-dǫwre*] Meisterwerk; *C. de mission* [*-mißjǫn*] Leiter einer [Sport-] Abordnung); **Chefideologe** m (~n; ~n) Haupttheoretiker einer politischen Haltung; **Chefpilot** m (~en; ~en) (fr.-gr.-it.-fr.) Führer des Flugzeugs; **Chefredakteur** m (~s; ~e) [*-tör*] Leiter der Zeitung; **Chefsekretärin** w (~; ~nen) Bürokraft des Betriebsleiters.
Cheiloplastik w (~; ~en) (gr.-lat.) operative Formung der Lippe; EW: **cheiloplastisch**; **Cheilos|chisis** w (~; -sen) $ Hasenscharte.
Cheiro- → Chiro-.
Chellé|en s (~s; -) [*schellê|än*] (nach einem fr. ON) Altsteinzeitstufe .
Chelsea-Porzellan s (~-~[e]s; ~-~e) (e.-lat.-it., nach einem Londoner Stadtteil) [*tschelßi-*] weinrotes Porzellan (18. Jh.).
Chemcor s (~s; -) (KW) Glas mit harter Außenschicht.
Chemical mace w (~ ~; ~ ~s) (e.) [*kemikel meiß*] chemische Keule (Kampfstoff); **Chemie** w (~; -) (ar.-fi.) ⟲ Erforschung der Stoffe (*allg., theoret., physikal. C.* Erforschung des gesetzm. Ablaufs chem. Vorgänge; *analytische C.* Erforschung der Zusammensetzung der Verbindungen; *synthetische C.* Herstellung von Verbindungen); **Chemiefaser** w (~; ~n) (gr.-d.) Kunstfaser; **Chemigraphie** w (~; -) (gr.) Herstellung von Druckstöcken auf chem. Wege; m. s.: **Chemigraph** (~en; ~en); EW: **chemigraphisch**; **Chemikali|e** w (~; ~n) (gr.-lat.) ⟲ chem. Erzeugnis, = **Chemikal** s (~s; ~e/~i|en); **Chemikant** m (~en; ~en) (ar.-fr.-lat.) Laborhelfer; **Chemiker** m (~s; ~) (ar.-fr.) Forscher auf dem Gebiet der Chemie; **Chemilumineszenz** = → Chemolumineszenz; **chemisch** EW (ar.-fr.) von (mit) der, durch die Chemie (*c.e Elemente* unveränderbare Grundstoffe; *c.e Keule* Kampfstoff, der durch Reizung von Augen-, Nasen-, Mundschleimhäuten wehrlos macht; *c.e Kinetik* Mechanismus und Geschwindigkeit chem. Reaktionen; *c.e Verbindung* Vereinigung mehrerer Grundstoffe; *c.e Reaktion* Umwandlung von Stoffen; *c.e Verwandtschaft* Stoffumwandlungskraft; *c.e Formel* Symbol einer Stoffumwandlung; *c.e Dynamik* = → Kinetik; *c.e Technologie* Anwendung chemischer Vorgänge in der Technik; *c.e Reinigung* vorsichtige Anwendung von Lösungs- und Waschmitteln zur Textilsäuberung; *c.e Waffen* → C-Waffen).
Chemisett s (~[e]s; ~s/~e) (gr.-fr.) [*sche-*] gestärkte Hemdbrust; weißer Einsatz, = **Chemisette** w (~; ~n) ↓.
chemisieren ZW (-rte, -rt) (fr.) [*schmi-*] ↗ mit Soße (Gelee) überziehen.
Chemisi|erkleid s (~[e]s; ~er) (lat.-fr.-d.) [*schemisjê-*] Kittelkleid.
Chemismus m (~; -men) (ar.-lat.) ⟲ alle Stoffumwandlungen (im Pflanzen-, Tierkörper); **Chemo|autotrophie** w (~; -i|en) Ernährung bestimmter Mikroorganismen mit anorgan. Stoffen; **Chemolumineszenz** w (~; -) (gr.-lat.) Erzeugung von Lichterscheinungen bei niedr. Temperaturen durch chem. Vorgänge; **Chemoplast** m (~[e]s; ~e) (ar.-gr.-fr.-lat.) härtbares Kunstharz; EW: **chemoplastisch**; **Chemo|resistenz** w (~; ~en) (gr.-lat.) $ Unempfindlichkeit von Krankheitserregern gegen Chemotherapeutika; EW: **chemoresistent**; **Chemorezeptor** m (~s; -toren) (ar.-fr.-lat.) $ Geruchs-, Geschmacksorgan; **Chemosynthese** w (~; ~n) (gr.) Stoffwechselaufbau aus chemischen Reaktionen; EW: **chemosynthetisch**; **Chemotaxis** w (~; -xen) durch chem. Reize bewirkte Tier-, Pflanzenbewegung; EW: **chemotaktisch**; **Chemotechniker** m (~s; ~) Hilfskraft in chem. Fabriken; EW: **chemotechnisch**; **Chemotherapie** w (~; -i|en) $ Behandlung mit chemischen Mitteln; EW: **chemotherapeutisch**; **Chemotherapeutikum** s (~s; -ka) $ Heilmittel, dessen chemische Substanz die Krankheitserreger schrumpfen macht; **Chemotropismus** m (~; -men) (gr.-lat.) ⊕ Wachstumsbewegungen aufgrund che

mischer Reize; EW: **chemotropisch**;
Chemurgie w (~; -) (gr.) Nutzung
landwirtschaftlicher (chem.) Nebenprodukte.
Chenille w (~; ~n) (lat.-fr.) [*schenij*]
Haargarn.
Cheopspyramide w (~; -) (äg.-gr.-lat.)
Großgrab bei Giseh (um 2600 v.
Chr.).
Chephrenpyramide w (~; -) (äg.-gr.-lat.) altäg. Großgrab (um 2500 v.
Chr.).
cherchez la femme (fr.) [*scherschē la famm*] da steckt eine Frau dahinter!
Cherry Brandy m (~ ~s; ~ ~[s]) (e.)
[*tschärri brändi*] Kirschwasser, -likör.
Cherub m (~s; ~im) (heb.) Erzengel;
EW: **cherubinisch**.
Chester m (~s; ~) (nach einer e. Stadt)
[*tsch-*] Hartkäse; **Chesterfield** m (~s;
~s) einreihiger Herrenmantel; **Chesterkäse** m (~s; ~) = → Chester.
chevaleresk EW (fr.) [*schewallresk*] nobel, ritterlich; w. s.: **Chevalerie** (~;
-i|en) [*schewall-*]; m. s.: **cheval heure**
w (~ ~; ~ ~s) (fr.) [*schewalōr*] fr.
Leistungseinheit = **cheval vapeur** (~
~; ~ ~s) [*-wapōr*] (⊄ *cv; chv*); **Chevali|er** m (~s; ~s) [*-lje*] Ritter; frz.
Adelstitel.
chevillieren ZW (-rte, -rt) ↗ (lat.-fr.)
Kunstseidenglanz steigern.
Cheviot m (~s; ~s) (fr.-e.) [*schewjet*]
Wollgewebe (*C. mêlé* mischfarbiger
Cheviot).
Chevreau m (~s; ~s) (fr.) [*schäwrō*]
feines Ziegenleder, = **Chevreauleder** s
(~s; ~) [*schäwrō-*].
Chevrette w (~; ~n) (fr.) [*schäwrett*]
mit Chromsalz gegerbtes Schafleder.
Chevron m (~s; ~s) (fr.) [*schäwroñ*]
Wollstoff mit Fischgrätenmuster;
Wappensparren.
Chewing-gum m (~-~s; ~-~s) (am.)
[*tschu|iñgam*] Kaugummi.
Chianti m (~s; ~s) (nach einer it. Landschaft) [*ki-*] it. Wein.
Chiaroscuro s (~s; ~s) (it.) [*kiaroskūro*] = → Clair-obscur.
Chiasma s (~s; -men) (gr.) Überkreuzung zweier Halbchromosomen während der Reduktions|teilung (*C. opticum* ⚕ Sehnervenkreuzung); **Chiasmus**
m (~; -men) kreuzweise Stellung der
Satzglieder; EW: **chiastisch**.
chic EW [*schik*] = **schick**.
Chicagostil m (~s; -) (am.-lat.) ♪ Jazzform, = **Chicago-Jazz** m (~-~es; -).
Chicha w (~; -) (sp.) [*tschitscha*] ind.
Maisbier.
Chicle m (~s; -) (ind.-sp.) Sapotillsaft
(für Kaugummi);**Chiclegummi** s (~s;
~s) (am.) [*tschikl-*] Art Kaugummi.
Chico m [~s; ~s) (sp.) [*tschi-*] Junge,
Bursche.
Chicorée w (~; ~s) (gr.-lat.-fr.) [*schikorē*] ⚕ Salatzichorie.
Chief m (~s; ~s) (e.) [*tschîf*] = → Chef.
Chiffon m (~s; ~s) (fr.) [*schiffoñ*] feinfädiger, glatter Stoff; **Chiffonade** w
(~; ~n) (fr.) [*schiff-*] Kopfsalat in
Streifen; **Chiffoni|er** m (~s; ~s)
[*schiffonjē*] Schrank mit Klapp|platte;
Chiffoni|ere w (~; ~n) [*schiffonjär*]
Nähtisch; Kleiderschrank; **chiffonnieren** ZW (-rte, -rt) ↗ (fr.) zerknittern.
Chiffre w (~; ~n) (fr.) [*sch-*] Kenn-,
Geheimwort, -zeichen; **Chiffreur** m
(~; ~e) [*schiffrōr*] Entzifferer von Geheimschriften; **chiffrieren** ZW (-rte,
-rt) ↗ in Geheimschrift umschreiben;
Chiffriermaschine w (~; ~n) Art
Schreibmaschine zum Chiffrieren.
Chignon m (~s; ~s) (lat.-fr.) [*schinjoñ*]
Haarknoten im Nacken (aus Fremdhaaren).
Chihuahua m (~s; ~s) (sp. nach mex.
Stadt) [*schiwawa*] winziger Hund mit
Riesenohren.
Chilana w (~; -) (KW) mittelwertige
Chinaseide.
Child guidance w (~ ~; ~ ~s) (am.)
[*tschaild gaidenß*] Erziehungsberatung.
Chilesalpeter m (~s; ~) (nach südam.
Land) Natronsalpeter.
Chili m (~s; -) (ind.-sp.) [*tschi-*] Cayennepfefferschote; Pfeffersoße.
Chiliasmus m (~; -) (gr.) Erwartung
des Tausendjährigen Endreiches; m.
s.: **Chiliast** (~en; ~en); EW: **chiliastisch**.
Chiller m (~s; ~) (e.) [*tsch-*] Bühnenstück, Roman mit schauerlicher Handlung.
Chimäre w (~; ~n) (gr.-lat.) Sagenungeheuer; ⚕ Pfropfbastard (aus Geweberverpflanzung); **chimärisch** EW (gr.)
phantastisch.
Chinacracker M [*tschainakräcker*] Feuerwerkskörper; **Chinagras** s (~es;
-gräser) = Rami|e; **Chinakohl** m (~s;
-) Kohlart mit sehr dicht gewickelten
Blättern; **Chinakrepp** m (~s; -) feiner
Stoff aus Kunstfasern; **Chinaleinen** s
(~s; -) Grasleinen → Rami|e; **Chinarinde** w (~; -) chininhaltige Rinde
südam. Bäume; **Chinatinktur** w (~; -)
(ind.-sp.-lat.) Alkoholauszug aus Chinarinde; **Chinawein** w (~s; ~e) chininhaltiger Wein; **Chinawhite** s (~s; -)

(am.) [*tschainàwait*] sehr starke Droge.
Chinchilla w (~; ~s/-llen) (sp.) [*tschin-tschi-*] Hasenmaus.
Chiné m (~s; ~s) (fr.) [*schiné*] Gewebe mit unklarem Muster; **chiniert** EW geflammt.
Chinin s (~s; –) (ind.-it.) $ Fiebermittel.
Chino|is m (~; ~) (fr.) [*schinoa*] gezukkerte Pomeranze; unten spitzes Metallsieb; **Chino|iserie** w (~; -i|en) [*schinoasrí*] chin. Kunstgewerbestück.
Chinolin s (~s; –) 🜋 organische Base.
Chinook m (~s; –) (Indianerstamm) [*tschinúk*] Mehrtageföhn an der Ostseite der Rocky Mountains.
Chintz m (~; ~) (e.) [*tschinß*] bedruckter abwaschbarer Kattun.
Chionograph m (~en; ~en) (gr.-lat.) Mengenmeßgerät für feste Niederschläge; EW: **chionographisch**.
Chip m (~s; ~s) (e. = Span) [*tschipp*] Spielmarke; M: Bratkartoffeln; Zimtbruch; Spritzgutformen; $ kleine Knochentransplantate; Programmplättchen für Mikroprozessor mit integrierter Schaltung (DV); **Chipkarte** w (~; ~n) Kreditkarte mit Informationen auf Mikroprozessor.
Chippendale s (~s; ~s) (e., nach einem Tischler, 1709–1779) [*schippendähl*] Stilmöbel; Möbelstil (schlank, zierlich).
Chippy m (~s; -pies) (am.) [*tsch-*] Anfänger im Drogenkonsum.
Chiragra s (~s; -gren) (gr.) $ Handgicht.
Chirimoya w (~; ~s) (sp.) [*tschirimoja*] 🜨 subtrop. Honig- oder Zimtapfel (Baum und Frucht).
Chirognomie w (~; –) = → Chirologie; EW: **chirognomisch**; **Chirograph** s (~s; ~en) Schuldschein; † vom Papst unterzeichnetes Schreiben; Handschrift; EW: **chirographisch**; **Chirologie** w (~; –) Handlesekunst; m. 3.: **Chirologe** (~n; ~n); w. s.: **Chirologin** (~; ~nen); EW: **chirologisch**; **Chiromant** m (~en, ··en) Handlinjendeuter; **Chiromantie** w (~; –) Wahrsagerei aus der Hand, = **Chiromantik** w (~; –); w.s.: **Chiromantin** (~; ~nen); EW: **chiromantisch**; **Chiromegalie** w (~; -i|en) $ Tatzenhand.
Chironja w (~; ~s) (sp.) [*tschirongeka*] Zitrusfrucht aus Puerto Rico.
Chiropädie w (~; –) Unterricht in Handfertigkeiten; **Chiropraktik** w (~; –) (gr.) $ Heilverfahren für Wirbelverschiebungen (1895, am.); m. s.: $ **Chiropraktiker** (~s; ~); EW: **chiropraktisch**; **Chiroptera** M (gr.-lat.) Fledermäuse; **Chirospasmus** m (~; -men) $ Schreibkrampf; EW: **chirospastisch**; m. s.: **Chirospastiker** (~s; ~); **Chirotherapie** w (~; -i|en) $ ärztl. Chiropraktik; **Chirurg** m (~en; ~en) (gr.) $ Facharzt für Operationen; **Chirurgie** w (~; –) (gr.) $ (Kunst der) operative(n) Behandlung; Krankenhausabteilung; EW: **chirurgisch**.
Chitin s (~s; –) (gr.) 🜋 stickstoffhaltiges Kohlehydrat; **chitinig** EW wie Chitin; **chitinös** EW aus Chitin; **Chitonen** M Gattung der Käferschnecken.
Chlamyd(obakteri)en M (gr.) Fadenbakterien.
Chloasma s (~s; -men) (gr.) $ brauner Hautfleck; EW: **chloasmisch**.
Chlor s (~s; –) (gr., ≠ *Cl* [*klôr*] 🜋 Element (Halogen); **Chlor|acetophenon** s (~s; –) Tränengas; **Chloral** s (~s; ~e) (KuW) 🜋 Chlorverbindung (Schlafmittel); **Chloralhydrat** s (~[e]s; –) $ Schlafmittel; **Chloralismus** m (~; –) Chloralvergiftung; **Chlor|ämie** w (~; -i|en) $ Bleichsucht; **Chlor|amin** s (~s; –) (gr.-lat.) Keimtöter; Bleichmittel; **Chlorat** s (~[e]s; ~e) (gr.) 🜋 Salz der Chlorsäure; **Chlor|äthyl** s (~s; –) = → Äthylchlor; **Chloration** w (~; –) (gr.-lat.) Art des Goldentzugs aus goldhaltigen Erzen; **Chloratit** s (~[e]s; ~e) Sprengstoff.
Chlorella w (~; -llen) (gr.-lat.) Grünalge (Sauerstofferzeuger, u. a. für Weltraumfahrer).
chloren ZW (-rte, gechlort) (gr.) [*k-*] ↗ Wasser durch Chlorbeimischung entkeimen; **Chlorid** s (~[e]s; ~e) (gr.-lat.) Salz der Salzsäure; **chlorieren** ZW (-rte, -rt) ↗ (gr.) 🜋 Chlor zuführen; mit Chlor behandeln; **chlorig** EW (gr.-lat.) 🜋 chlorhaltig; **Chlorit** m (~s; ~e) Mineral; Salz der chlorigen Säure; ZW: **chloritisieren** (-rte, -rt) ↗; **Chlorkalk** m (~s; –) Desinfektionsmittel; **Chlorkautschuk** m (ɑ; –) Bestandteil von Klebstoffen und Lacken; **Chlorknallgas** s (~es; ~e) explosives Gemisch aus Chlor und Wasserstoff; **Chlornatrium** s (~s; –) (gr.-lat.) Koch salz; **Chloroform** s (~[e]s; –) (gr.-lat.) 🜋 Lösungs-, Betäubungsmittel; ZW: **chloroformieren** (-rte, -rt) ↗; **chloroformiert** EW, *auch:* betrunken; **Chlorom** s (~s; ~e) (gr.) $ grüne Knochenhautgeschwulst; **Chlorophyll** s (~s; –) grünes Pigment; **Chlorophytum** s (~s; -ten) (gr.-lat.) 🜨 südafr. Grünlilie; **Chlorophyze|en** M (gr.) 🜨 Grünalge;

Chloroplast

Chloroplast m (~en; ~en) (gr.-lat.) ⌬ Chlorophyllkugeln in Zellen; **Chlorose** w (~; ~n) (gr.) $, ⌬ Bleichsucht.
Choke s, m (~s; ~s) (e.) [*tscho"k*] Vergaserklappe am Kraftfahrzeug.
Chol|ämie w (~; -i|en) (gr.) $ Vergallung des Blutes; EW: **chol|ämisch**; **Chol|angie** w (~; -i|en) $ nicht entzündliche Gallenwegerkrankung; **Cholangiographie** s (~; -i|en) $ Röntgendarstellung der Gallenwege; EW: **chol|angiographisch**; **Cholangitis** w (~; -itiden) $ Gallenblasenentzündung; **Cholansäure** w (~; ~n) Hauptsubstanz von Gallensäuren; **Cholekinetikum** s (~s; -ka) $ regt Entleerung der Gallenblase an; **Cholelith** m (~en; ~en) $ Gallenstein; **Cholelithiasis** w (~; -sen) Gallenstein(-kolik); **Cholera** w (~; –) schwere Infektionskrankheit mit Brechdurchfall; **Cholerese** w (~; ~n) $ Gallenausscheidung; **Choleretikum** s (~s; -ka/-ken) (gr.-lat.) $ Galle absonderndes Lebermittel; **choleretisch** EW (gr.) $ Galle absondernd; **Choleriker** m (~s; ~) [*ko-*] reizbarer Mensch; EW: **cholerisch**; **Cholerine** w (~; ~n) (gr.-lat.) $ Brechdurchfall; **Cholestase** w (~; ~n) $ Gallenstauung; **Cholesterin** s (~s; ~e) (gr.) $ Gallenfett; **Cholezystektomie** w (~; -i|en) $ operative Entfernung der Gallenblase; **Cholezystitis** w (~; -itiden) $ Gallenblasenentzündung; **Cholezystographie** w (~; -i|en) $ Röntgendarstellung der Gallenblase; EW: **cholezystographisch**; **Cholezystopathie** w (~; -i|en) $ Gallenblasenleiden.
Choliambus m (~; -ben) (gr.) jambischer Vers mit vorletzter kurzer Silbe.
Cholin s (~s; –) (gr.-lat.) $ Gallenwirkstoff.
Cholo m (~s; ~s) (sp.) [*tsch-*] Indianerdiener.
Cholostase w (~; ~n) (gr.) $ Gallenstauung; EW: **cholostatisch**; **Chol|urie** w (~; -i|en) $ Galle im Harn.
Chomageversicherung w (~; ~en) (fr.-lat.-d.) [*schômâsch-*] Versicherung gegen entfallenen Gewinn (z. B. Mietverlust, Stilliegen).
Chondren M (gr.) Kristallaggregate; **Chondrin** s (~s; ~e) Knorpelleim; **Chondrit** m (~s; ~e) Meteorstein aus Chondren; Abdruck in Gesteinen, der pflanzl. Verzweigungen ähnelt; **Chondritis** w (~; -itiden) $ Knorpelentzündung; **chondritisch** EW wie ein Chondrit strukturiert; $ mit Knorpelentzündung; **Chondroblast** m (~en; ~en) $ verknorpelnde Bindegewebszelle;

Chondroblastom s (~s; ~e) $ Knorpelgeschwulst; **Chondrologe** m (~n; ~n) (gr.) $ Knorpelforscher; w. s.: **Chondrologie** w (~; –); **Chondrom** s (~[e]s; ~e) $ Knorpelgeschwulst; **Chondromatose** w (~; ~n) (gr.) $ viele Chondrome; **Chondro|sarkom** s (~s; ~e) $ bösartige Knorpelgeschwulst; **Chondrulen** M (gr.-e.) Steinchen in Meteoriten.
Chonte w (~; ~n) (jidd.) Prostituierte.
Chop m (~s; ~s) (e.) [*tschapp*] Hackschlag (beim Tennis); **Chopper** m (~s; ~) Gerät, das Strahlungen in Impulse zergliedert; altsteinzeitliches rohes Felsgerät.
Chor m, s (~[e]s; Chöre) (gr.) [*k-*] Tanzplatz; Sprecher im gr. Schauspiel; ♪ mehrstimmiger Gesang; die ihn singen; □ Altarraum; Musterabteilung in den Webgeschirrketten; **Choral** m (~[e]s; -räle) (gr.-lat.) † Kirchenlied.
Chorda w (~; -den) (gr.-lat.) [*k-*] Wirbelsäulenanlage des Embryos; **Chorditis** w (~; -itiden) (gr.) $ Stimmbänderkatarrh; EW: **chorditisch**; **Chordom** s (~[e]s; ~e) $ Schädelbasisgeschwulst.
Chorea minor w (~ ~; –) (lat.) [*ko-*] Veitstanz; **choreaform** EW = **chore|iform** EW (gr.-lat.) [*k-*] $ wie epileptisch; **Choreograph** m (~en; ~en) (gr.) Tanz, Ballettleiter; **Choreographie** w (~; –) Tanzgestaltung, -beschreibung; EW: **choreographisch**; **Chor(e)omanie** w (~; -i|en) krankhafter Bewegungsdrang; **Choreutik** w (~; –) Tanzkunst; EW: **choreutisch**.
choripetal EW (gr.-lat.) [*ko-*] ⌬ getrenntblättrig.
chorisch EW (gr.-lat.) ♪ im (durch den) Chor; **Chorist** m (~en; ~en) Chorsänger; w. s.: **Choristin** (~; ~nen).
Chorographie w (~; –) (gr.) Raumbeziehungslehre; Länderkunde; Erforschung der Pflanzen-, Tierverbreitung; EW: **chorographisch**; **Chorologie** w (~; –) = → Chorografie; EW: **chorologisch**.
Chor|ton m (~s; –) (gr.-d.) [*ko-*] ♪ Normalstimmung von Orgel und Chor; **Chorus** m (~; –) (gr.-lat.) ♪ variiertes Hauptthema (im Jazz); = → Chor ↓.
Chose w (~; ~n) (fr.) [*schōse*] (mißliche) Angelegenheit.
Chow-Chow m (~-~s; ~-~s) (chin.-e.) [*tschau-tschau*] Hundeart.
Chrestomathie w (~; -i|en) (gr.) Auswahl für die Schule; EW: **chrestomathisch**.
Chrisam s (~s; –) (gr.) † Salböl, **Chrisma** s (~s; -).

christianisieren ZW (-rte, -rt) ↗ (gr.-lat.) [*k*-] zu(m) Christen machen; zum Christentum bekehren; **Christian Science** w (~ ~; -) (am.) [*krīstjen ßeiʳnß*] † „Christliche Wissenschaft" (Sekte); **Christolatrie** w (~; -) (gr.) † Verehrung Christi als Gott; **Christologie** w (~; -) † Lehre von Christus; EW: **christologisch**; **Christologe** m (~n; ~n) † Christusforscher; **Christophanie** w (~; -) † Erscheinung Christi; **christozentrisch** EW (gr.-lat.) mit Christus im Mittelpunkt; **Christus|akazi|e** w (~; ~n) ⊕ = → Gleditschi|e.
Chrom s (~s; -) (gr., ⊄ Cr) [*krôm*] ⭕ silberweißes Metall; **chromaffin** EW Zellteile durch Chromsalze anfärbbar; **Chromameter** s (~s; ~); ♪ Tonbestimmgerät; EW: **chromametrisch**; **Chromasie** w (~; -i|en) Farbenzerstreuung durch Linsen; **Chromat** s (~[e]s; ~e) ⭕ chromsaures Salz; **Chromatiden** M Chromosomenspalthälften, von denen sich die Tochterchromosomen spalten; **Chromatie** w (~; -i|en) Projektion künstlicher Hintergründe für Fernsehen; **chromatieren** ZW (-rte, -rt) ↗ mit Schutzschicht aus Chromat überziehen; **Chromatik** w (~; -) [*kr*-] ♪ Tonerhöhung, -erniedrigung; Farbenlehre; **Chromatin** s (~s; ~e) leicht färbbarer Zellteil; **chromatisch** EW (= farbig) ♪ in 12 Halbtonschritten (*c.e Aberration* Abbildungsfehler von Linsen); **chromatisieren** ZW (-rte, -rt) ↗ (gr.-lat.) mit Chromat beschichten; **Chromatogramm** s (~[e]s; ~e) (gr.) Farbdarstellung einer chromatographischen Analyse; **Chromatographie** w (~; -i|en) ⭕ Trennung gemischter Stoffe durch die Verschiedenheit ihrer Löslichkeit; EW: **chromatographisch**; **Chromatometer** s (~s; ~) Farbmesser; EW: **chromatometrisch**; **chromatophil** EW leicht zu färben; **Chromatophoren** M farbtragende Zellen (⊕ Zellplasmateile); **Chromat|optometer** s (~s; ~) = → Chrom|optometer; **Chromatose** w (~; n) ⚥ abnorme Hautfärbung; **Chromatron** s (~s; ~s/-one) Farbfernsehröhre; **Chromgelatine** w (~; ~n) (gr.-fr.) [*-sche-*] Gelatine für die Photographie; **Chromgelb** s (~s; -) deckende Malerfarbe; **Chromgrün** s (~s; -) Deckfarbe; **chromieren** ZW (-rte, -rt) ↗ (gr.-e.) (Wolle) beizen; **Chromit** m (~s; ~e) ein Mineral; **Chromleder** s (~s; ~) speziell gegerbtes Leder; **chromogen** EW (gr.) Farbstoff bildend; **Chromolith** m (~en/~s; ~en)

farbig verziertes unglasiertes Steinzeug; **Chromolithographie** w (~; -i|en) mehrfarbiger Steindruck; **Chromomer** s (~s; ~e) Chromosomenteil; **Chromonema** M Fäden, die Chromosomen bilden; **Chromonika** w (~; -ken/~s) chromatische Mundharmonika; **Chromophor** m (~s; ~e) ⭕ farbtragende Atomgruppe in organischen Farben; **Chromophotographie** w (~; -) Farbphotographie; EW: **chromophotographisch**; **Chromoplast** m (~en; ~en) ⊕ Farbstoffträger; **Chromoprote|ide** M Eiweißstoffe mit Farbstoffen; **Chrom|optometer** s (~s; ~) Meßgerät für Farbwahrnehmung; EW: **chrom|optometrisch**; **Chromoskop** s (~[e]s; ~e) Projektor für Farbbilder, -filme; EW: **chromoskopisch**; **Chromosom** s (~[e]s; ~en) ⚥ Kernschleife; Träger der Merkmalsanlagen EW: **chromosomal**; **Chromosomenaberration** w (~; ~en) Veränderung der Chromosomen vor Spaltung; **Chromosomen|anomalie** w (~; -i|en) Veränderung der Chromosomen durch **Chromosomenmutation** w (~; ~en) Strukturänderung der Chromosomen (ändert Erbgut); **Chromosphäre** w (~; -) Schicht der Sonnenatmosphäre; EW: **chromosphärisch**; **Chromotypie** w (~; -i|en) Farbdruck; **Chrom|oxidgrün** s (~s; -) deckende Malerfarbe; **Chromozentrum** s (~s; -tren) stark anfärbender Chromosomenabschnitt; **Chromozinkographie** w (~; -i|en) Farbdruck von Zinkplatten; **chromrot** EW (gr.-d.) rötlich.
Chronik w (~; ~en) (gr.) [*k*-] Geschichtswerk, das Tatsachen der Reihe nach berichtet; EW: **chronikalisch**; **Chronique scandaleuse** w (~ ~; ~s ~s) (fr.) [*krônik skandalǫs*] Klatschgeschichte (nach einem Buchtitel 1611); **chronisch** EW (gr.) langwierig, langsam (verlaufend); *c.e Krankheit*); **Chronist** m (~en; ~en) (Jahr-um-Jahr-)Geschichtsschreiber; **Chronobiologie** w (~; -) Erforschung des Zeitrhythmus in seiner biolog. Wirkung; **Chronogramm** s (~[e]s; ~e) Satz, der die Jahreszahl, auf die er hin weist, in röm. Buchstaben führt; **Chronograph** m (~en; ~en) Registriergerät für den Ablaufbeginn; Gerät zur Zeitangabe auf Papierstreifen; **Chronographie** m (~; -i|en) zeitl. Geschichtsablauf, -darstellung; EW: **chronographisch**; **Chronologie** w (~; -i|en) Zeitrechnung; EW: **chronologisch**; **Chronometer** s (~s; ~) (gr., nach dem

Chronometrie

Zeitgott *Chronos*) [*kro-*] gegen Schwankungen stabilisierte Uhr; **Chronometrie** w (~; -i|en) Zeitmessung; EW: **chronometrisch**; **Chronopathologie** w (~; -i|en) Erforschung von im Zeitablauf gestörten Lebensvorgängen; **Chronophotographie** w (~; –) Vorstufe des Kinos mit Folge von Einzelphotos; **Chronophysiologie** w (~; –) $ Erforschung des normalen Lebensrhythmus; **Chronoskop** s (~s; ~e) Zeitspannenmesser; w. abstr. s.: **Chronoskopie** (~; -i|en); EW: **chronoskopisch**; **Chronostichon** s (~s; -cha) → Chronogramm in Versen; **Chronotherm** s (~s; ~e) (gr.) Uhr mit Temperaturregler.

Chrysantheme w (~; ~n), = **Chrysanthemum** s (~s; -ma) (gr.-lat.) ⊕ Winteraster; Margerite.

Chrysoberyll m (~s; ~e) (gr.-lat.) grüner Edelstein; **Chrysographie** w (~; -i|en) (gr.) Schreiben (Malerei) mit Goldtinktur; EW: **chrysographisch**; **Chrysokalk** m (~[e]s; –) (gr.-lat.) Goldbronze; **Chrysolith** m (~[e]s/~en; ~e[n]) (gr.) Schmuckstein; **Chrysopras** m (~es; ~e) Halbedelstein; **Chrysotil** m (~s; ~e) ein farbloses Mineral.

chthonisch EW (gr.) aus der Tiefe (Erde) (*c.e* Götter in der Tiefe wohnende).

Chubbschloß s (-sses; -schlösser) (nach dem e. Konstrukteur) [*tschap-*] Sicherheitsschloß.

Chutney s (~s; ~s) (e.) [*tschatnê*] gewürztes Fruchtmark.

Chuzpe w (~; ~n) (hebr.) Dummdreistheit; Unverfrorenheit.

chylös EW (gr.-lat.) $ milchig trübe; **Chylus** m (~; –) (gr.-lat.) $ (fettreiche) Darmlymphe.

Chymosin s (~s; –) (gr.-lat.) [*chü-*] Labferment; **Chymus** m (~; –) (gr.-lat.) Speisebrei.

CIA m (am.: Central Intelligence Agency) [*βi-ai-ai*] US-Geheimdienst.

ciao (it.) [*tschau*] leb wohl!

Cicero w (~; –) (lat., nach dem röm. Redner M. Tullius *Cicero*, 106–43 v. Chr.) Schriftgrad (Zwölfpunktschrift); **Cicerone** m (~s; ~s) (it.) [*tschitsche-*] Fremdenführer.

Cicisbeo m (~s; ~s) (it.) [*tschitschis-*] Liebhaber der Ehefrau.

Cidre m (~; –) (fr.) [*βidr^e*] Apfelwein.

cif (≠ e.: costs, insurance, freight) [*βif*] Verkäufer trägt Transport- und Versicherungskosten für Frachtkredite.

cifi (≠ e.: costs, insurance, freight, interest) [*βifi*] Verkäufer trägt Transport-, Versicherungs- und Zinskosten für Frachtkredite.

CIM (≠ e. Computer Integrated Manufacturing) alle computergesteuerten Produktionsabläufe.

Cinchona w (~; -nen) (nach per. Gräfin) [*βintschôna*] Chinarindenbaum.

Cineast m (~en; ~en) (fr.) [*βi-*] Filmkenner, -forscher, -produzent, -schauspieler; **Cinema** s (~; –) (it.) [*tschi-*] = **Cinema** s (~; –) (fr.) [*βi-*] Kino; **Cinemascope** s (~s; ~s) (e.) [*βi-*] Breitfilm(-verfahren, -theater).

Cinepimastie w (~; –) (gr.) sexuelle Erregung der Frau durch Brustliebkosung.

Cinerama s (~s; ~s) (e.) [*βi-*] Film(verfahren) mit Superbreitwand.

Cinquecento s (~s; –) (it.) [*tschinku|etschento*] 16. Jh. (in Italien); **Cinquecentist** m (~en; ~en) Erforscher der (it.) Kunst des 16. Jh.s.

Cipollata w (~; ~s/-ten) (lat.-it.) [*tschi-*] Bratwürstchen mit Zwiebeln, Beigemüse und Speck; **Cipollin** m (~s; –) (lat.) zwiebelartig gemusterter Marmor.

circa (lat.) [*tzirka*] ungefähr (≠ *ca.*).

Circarama s (~s; ~s) (KuW) Filmwiedergabe als Rundbild.

Circe w (~; –) (nach sagenhafter gr. Gestalt) [*βirtse*] Frau, die Männer zu betören sucht.

Circuittraining s (~s; –) (am.-e.) [*βörkit-*] Gesundheitsübungen an im Kreise stehenden Geräten.

Circular Flow s (~ ~s; ~ ~s) (am.) [*βörkjuler flo"*] Umlauf des investierten Kapitals.

Circulus vitiosus m (~ ~; -li -si) (lat.) Zirkelschluß; $ Krankheitsverschlimmerung durch mehrere sich steigernde Prozesse.

Ciré m (~; –) (fr.) [*βirê*] Seide mit Glanzschicht.

Cire perdue Verfahren s (~ ~ ~s; ~ ~ ~) (fr.-d.) [*βirpärdü-*] Bronzeguß in verlorener (Wachs-)Form.

citissime (lat.) brandeilig; **cito** (lat.) schnell.

Citizen band s (~ ~s; ~ ~s) (e.) [*βitisn bänd*] für Privatfunk zugänglicher Wellenbereich (≠ *CB*).

Citoyen m (~s; ~s) (fr.) [*βitoajäñ*] Bürger (der Fr. Revolution).

Citrat s (~s; ~e) (KuW) Salz der Zitronensäure.

City w (~; ~s) (e.) [*βitti*] Innenstadt; **City-bike** s (~~s; ~~s) [-*baik*] Kleinmotorrad für die Stadt; **Citybil-**

dung w (~s; ~en) Geschäftskonzentration in der Innenstadt bei Rückgang der Wohnbevölkerung.

Civet s (~s; ~s) (fr.) [βiwẹ] Wildragout.

Clactoni|en s (~s; –) (nach einem e. ON) [kläktonjä̱ñ] Altsteinzeitstufe.

Claim s (~s; ~s) (am.) [klẹ̈'m] Besitzanteil, -anspruch; Jockeipflicht; Goldgräberanteil; Werbebehauptung; Produktvorteil; **Claiming Stake** s (~ ~s; ~ ~s) (e.) [klẹ̈'miñ stẹ̈'k] Forderungsrennen.

Claire m (~s; ~s) (fr.) [klä̱r] feines Leinwandgewebe; **Clairet** m (~s; ~s) [klä̱rẹ̱] hellroter Wein, = **Clairette** w (~; –) [klä̱rẹtt]; **Clair-obscur** s (~-~; ~s-~s) [klä̱robskü̱r] Helldunkelmalerei; **Clairon** s (~s; ~s) [klä̱ron̯] ♪ Signalhorn; Baßtrompete; Trompetenregister der Orgel; **Clairvoyance** w (~; ~n) [klä̱rwoajän̯s] Hellseherei.

Clambake s (~s; ~s) (am., = Muschelbacken) [klämmbeik] ♪ Stegreifspiel (Jazz).

Clan m (~s; ~e/~s) (e.) [auch: klän] Sippe.

Claque w (~; ~n) (fr.) [klạcke] Gruppe berufsmäßiger Beifallsklatscher; **Claqueur** m (~s; ~e) (fr.) [klackö̱r] berufsmäßiger Beifallsklatscher.

Clarcia → Klarki|e.

Claret m (~s; ~s) (lat.-fr.-e.) [klä̱-] fr. (Bordeaux-)Rotwein.

Clarkia w (~; -ki|en) (nach einem am. Forscher) ⚥ nordam. Nachtschattengewächs.

Clausula rebus sic stantibus (lat.) Vorbehalt des jetzigen Bestands.

Clavicembalo s (~s; -li/~s) (lat.-gr.-it.) [-tschem-] ♪ Kielflügel.

Clavicula w (~; -lae) (lat.) ⚕ Schlüsselbein; EW: **clavicular**.

clean EW (e.) [kli̱n] nicht mehr drogenabhängig.

Clearing s (~s; ~s) (e.) [kli̱riñ] Verrechnung (zwischenstaatlicher Verpflichtungen) über Verrechnungsstelle; bargeldlose Abrechnung; Datenprüfung.

Clematis w (~; -tes) (lat.) ⚥ Waldrebe.

clever (e.) geschickt; seinen Vorteil nutzend; **Cleverness** w (~; –) (e.) Routine; Geschicktheit (im Geschäft, Beruf, Sport).

Clianthus m (~; –) (gr.-lat.) ⚥ austral. Gartenstrauch.

Clinch m (~es; –) (e.) [klintsch] Festhalten des umklammerten Gegners (im Sport); ZW: **clinchen** (-chte, geclincht) ✓.

Clip = → Klip; **Clipper** m (~s; ~) (am.) [klịpper] Langstreckenflugzeug.

Clique w (~; ~n) (fr.) [klịcke] Gruppe; Bande.

Clivia w (~; -vi|en) (nach einer e. Herzogin) ⚥ Zimmerpflanze mit großen lachsfarbenen Blüten.

Clochard m (~s; ~s) (fr.) [kloschä̱r] Stadtstreicher.

Clogloox w (~; ~en) (am.) [klạglûks] ♪ Holzschlagzeug für Jazz; **Clogs** M (e.) [klȯgs] bequeme Holzpantinen.

Cloisonné s (~s; ~s) (fr.) [kloa-] Emailmalerei.

clonen ZW (clonte, geclont) (e.) [klô-] ↗ Leben durch Genmanipulation erzeugen; **Clonus** m (~; ~se) (gr.) künstliches Lebewesen aus lebenden Zellen.

Cloqué m (~[s]; ~s) (fr.) [klockẹ̱] Blasenkrepp.

Clos s (~; ~) (fr.) [klô] eingefriedigte (Wein-)Pflanzung.

Closed-End-Fonds m (~-~-~; ~-~-~) (am.) [klộßd-] Investmentfonds mit begrenzter Planzahl von Zertifikaten; **Closedshop** m (~s; ~s) Rechenanlage ohne Zutritt für Programmierer; Betrieb mit Gewerkschaftszwang.

Clostridium s (~s; –) (gr.-lat.) [klo-] Bakteriengattung.

Cloth m, s (~; –) (e.) [klộß] Glanzfutter; e. Buchleineneinband.

Clou m (~s; ~s) (fr., = Nagel) [klû] Höhe-, Glanzpunkt.

Clown m (~s; ~s) (e.) [klaun] Spaßmacher; **Clownerie** w (~; -i|en) (fr.) Albernheit; **Clownismus** m (~; -men) (e.-lat.) ⚕ Gliederverdrehung im Krampf; Art Schwachsinn.

Club → Klub; **Club of Rome** m (~ ~ ~; –) (e.) [klab of roum] internat. Fachgremium für Gegenwartsanalysen und Zukunftsprognosen (seit 1968).

Clumberspaniel m (~s; ~s) (e.) [klam-] Jagdhundrasse.

Cluster m (~s; ~) (e., = Traube) [klastr] ✗ Fallschirmart; statistisch geschlossen zu erfassende Gruppe; ♪ akkordartige Toneinheit.

Coach m (~es; ~es) (e.) [koutsch] Mannschaftskapitän; ein Sportlehrer, -trainer; ZW: **coachen** (coachte, gecoacht) ↗.

Coast-Period w (~-~; ~-~s) (am., = Rodelbahnetappe) [kouˢst pịred] schwereloser Teil des Raumflugs.

Coating m (~s; –) (e.) [kouˢtiñ] Kammgarntuch.

Cob w (~; –) (e.) e. Pferderasse.

Cobäa w (~; –) (nach einem sp. Jesui-

Cobbler

ten) ⊕ (mex.) Glockenrebe (Zierpflanze).
Cobbler m (~s; ~) (e.) Bargetränk aus Wein und Früchten.
COBOL s (~s; -) (KW ∉ Common business oriented language) (e.) eine Programmiersprache für kaufmänn. Zwecke.
Coca-Cola s, w (~-~; -) (KuW) am. Erfrischungsgetränk.
Cochlea w (~; -eae) (gr.-lat.) ⚕ Innenohrspirale, Schneckenhaus.
Cochon m (~s; ~s) (fr.) [*koschoñ*] Schwein, unanständiger Kerl; **Cochonnerie** w (~; -i|en) Schweinerei.
Cockerspani|el m (~s; ~s) [auch: -βpä̱njel] e. Jagdhund.
Cockney m (~s; ~s) (e.) [*ka̱kni*] Ost-Londoner Sprechart, Londoner Spießer.
Cockpit s (~s; ~s) (e.) Pilotenkabine; Führerkabine im Rennboot, Lastwagen.
Cocktail m (~s; ~s) (am., = Hahnenschwanz) [*-teil*] Mischgetränk; **Cocktailparty** w (~; ~s/-ties) [*-pâti*] Gesellschaft mit Darreichung von Gabelbissen und Mischgetränken.
codieren ZW (-rte, -rt) ↗ (lat.-fr.) verschlüsseln.
Coelostat m (~s; ~en) (KuW) [*zö-*] Doppelspiegelkombination zur Sonnenreflektion in immer dieselbe Richtung.
Cœur s (~s; ~s) (fr.) [*kö̱r*] Herz (als Kartenfarbe); (*contre cœur gehen* [*koñtrkö̱r-*] gegen den Strich gehen).
Coffinit s (~s; -) (nach am. Geologen) [*kof-*] radioaktives Mineral.
cogito, ergo sum (lat.) ich denke, also existiere ich.
cognac EW (fr.) [*konjack*] kognakfarben ←. Vgl. → Kognak!.
Co|iffeur m (~s; ~e) (fr.) [*koaffö̱r*] Friseur.
Coil s (~s; -) (e.) [*keul*] dünnes aufgewickeltes Walzblech.
Co|incidentia oppositorum w (~ ~; -) (lat.) Übereinstimmung im Gegensätzlichen.
Co|intreau m (~s; ~s) (fr.) [*koäñtro̱*] Orangenlikör; Weinbrandart.
Co|ir s (~[s]; -), w (~; -) (mal.-e.) Kokosfaser.
Coke s (~s; -) (am.) [*kouk*] ∉ Coca-Cola.
col basso (it.) ♪ mit Baß(stimme).
Colchicin = → Kolchizin.
Colchicum s (~; -cen) (lat.) [*kolchikum*] ⊕ Herbstzeitlose.
Cold Cream s (~ ~s; -) [*ko"ld krîm*]

Hautsalbe; **Cold Rubber** m (~ ~s; -) (am.) [*-ra̱br*] Kunstkautschuk.
Coleopter m (~s; ~) (gr.) Senkrechtstarter.
Colifilter m (~s; ~) (KuW) [*kô-*] Maßstab für Gewässerverseuchung.
colla destra (it.) ♪ mit der rechten Hand.
Collage w (~; ~n) (fr.) [*kolla̱sch*] durch Aufkleben entstandenes Bild.
coll'arco (it.) ♪ mit dem Bogen; **colla sinistra** (it.) ♪ mit der linken Hand.
collé EW (fr.) nahe an der Billardbande; gebunden (Soßen).
College s (~s; ~s) (e.) [*kollidsch*] Zwischenstufe zwischen Oberschule und Universität; **Collegium musicum** s (~ ~; -gia -ca) (lat.) Gruppe Musizierender.
col legno (it.) ♪ [*-lä̱njo*] mit dem Bogenholz.
Collico-Kiste w (~-~; ~-~n) (KW) Transportbehälter der Bundesbahn.
Collie m (~s; ~s) (e.) [*ko̱lli*] schottischer Schäferhund.
coll'ottava (it.) ♪ Oktave mitspielen!
Color (lat.) in Zusammensetzungen Farb- (techn.); **Colo(u)r display** s (~ ~s; -) (am.) [*kalor displei*] Schaufensterauslage; farbige Dekoration.
Colt m (~s; ~s) (am., nach dem Pistolenbauer Samuel *Colt*, 1814 bis 1862) [*k-*] Trommelrevolver.
Coltainer m (~s; ~) (e.) [*kolteiner*] zusammenlegbarer → Container.
Combihammer m (~s; ~) (lat.-d.) Gerät für Schlaghärteprüfungen; **Combipack** m (~s; ~s) Verbundpack in Klarsichtbeutel.
Combo w (~; ~s) (am.) (KuW) ♪ kleine Jazzband; Solistensemble.
Comeback s (~s; ~s) (e.) [*kambä̱ck*] neuerlicher durchschlagender Erfolg (eines Schauspielers, eines Sportlers, eines Buches); **come down** s (~ ~s; ~ ~s) (am.) [*kamm da̱un*] Übelkeit beim Nachlassen der Drogenwirkung.
come sopra (it.) ♪ [*-ßo̱-*] wie oben.
Comic book (Album, Heft) s (~ ~s; ~ ~s) (am.) [*ko̱mickbûk*] Bildergeschichte, = **Comic strip** m, s (~ ~s; ~ ~s); M: **Comics**.
Coming man m (~ ~; ~ men) (am.) [*kamiñ män*] Sportler (junger Mann) mit großen Aussichten; **Coming-out** s (~-~[s]; ~-~s) (e.) [*kamming-a̱ut*] etwas bewußt öffentlich (bekannt) machen.
Come ci come ça (fr.) [*komßi komßa*] einigermaßen (mäßig); **comme il faut** (fr.) [*ko̱mm il fô*] tadellos.

Commercial s (~s; ~s) (am.) [*kommerschl*] ♪ Jazz im Publikumsgeschmack; Werbesendung in Funk oder Fernsehen.

Commissioner m (~s; ~) (am.) [*kommischner*] Sonderbeauftragter.

Commitment s (~s; –) (e.) Überweisung an einen Ausschuß.

Commodity-Rate w (~-~; ~-~n) (am.-lat.) [*kommoditi-*] Luftfrachtermäßigung(sgrenze); **Commodity Warrants** M (am.) Anleihe mit Optionsschein.

commodo (it.) ♪ ruhig.

Common sense (e.) [*kommen ßens*] gesunder Menschenverstand; **Common Shares** M [*-schêrs*] Stammaktien; **Commonwealth** s (~; –) [*-welß*] britischer Staatenbund.

Commotio w (~; -nes) (lat.) Gehirnerschütterung.

Communications M (am.) [*komjuni-kệischns*] Informations- und Kontaktsystem in Betrieb.

Commuter m (~s; ~) (e.) [*komjuter*] Verbindungsflugzeug zwischen kleineren Flughäfen.

comodo (it.) ♪ nicht zu schnell, = → commodo.

Compact Anlage w (~~; ~~n) (e.-d.) Video-, Stereowiedergabegerät in einem Block; **Compact disc** w (~ ~; ~ ~s) (e.) [*kompäkt-*] opt. Speicherplatte; laserabgetastete Schallplatte (≠ *CD*).

Compar s, m (~s; ~s) (KuW) Feintaster zur Innen- und Außenmessung.

Compiler m (~s; ~) (am.) [*-pại-*] Sprachübersetzungsgerät, -programm (Datenverarbeitung).

Composé m (~s; ~s) (fr.) [*koñpôsệ*] zwiegemustertes Gewebe mit wechselnder Grundfarbe; **Composer** m (~s; ~) (am.) [*kompoụser*] elektrische Schreibmaschine für Druckvorlagen.

Compound s (~s; ~s) (e.) [*-paund*] Kunststoffzubereitung für Weiterverarbeitung; **Compoundgenerator** m (~s; -toren) (e.-lat.) Stromerzeuger, dessen Spannung kaum von Belastung abhängt; **compoundisieren** ZW (-rte, -rt) ↗ Kunststoffe mit Additiven mischen; **Compoundkern** m (~s; ~e) [*kompaund-*] energiegeladener Atomkern; **Compoundmaschine** w (~; ~n) (e.) Verbundmaschine; **Compound|öl** s (~s; ~e) Kühlschmiermittel.

Comptoneffekt m (~s; ~e) (nach am. Physiker) [*komptn-*] Veränderung der Lichtwellenlänge bei Streuung von Elementarteilchen.

Compur m (~s; ~e) (KuW) Objektivverschluß.

Computer m (~s; ~) (e.) [*-pjụ̈-*] elektr. Rechenanlage; **Computer|analphabetismus** m (~; –) fehlende Kenntnisse im Umgang mit Computern; **Computerdiagnostik** w (~; –) (e.-gr.) objektivierte Diagnostik durch Verwendung von Statistik und Computern; **Computergeneration** (~; ~en) Gruppe elektron. Anlagen gleicher Konstruktionskonzepte; **computerisieren** ZW (-rte, -rt) ↗ Informationen computergerecht machen; Informationen speichern; **Computerkriminalität** w (~; –) Datenmißbrauch, -abruf, -diebstahl; **Computer|output** m (~s; ~s) [*-autput*] Ausstoß von Antworten der Rechenanlage; **Computerspionage** w (~; –) Einbruch in fremdes Computersystem; **Computersprache** w (~; ~n) System, Informationen in elektr. Impulse umzusetzen, die der Computer verarbeiten kann; **Computer-Viren** M Störprogramme, die alle Teilprogramme beeinträchtigen können.

con affetto (it.) ♪ = → affettuoso; **con amore** (it.) liebevoll; **con anima** (it.) ♪ seelenvoll; **con brio** (it.) ♪ feurig; **con calore** (it.) ♪ warm.

Concept-art w (~-~; –) (e.) [*koṇßäpt-*] Entwurf als Kunstwerk.

Concertante w (~; ~n) (it.) [*-tscher-*] (fr.) [*koñßertañt*] ♪ Mehrsatzkomposition für Einzelinstrumente; **Concertino** s (~s; –) (it.) [*-tscher-*] kleines Konzert; Solisten im **Concerto grosso** s (~ ~; -ti -ssi) (it.) [*-tscher-*] ♪ Instrumentalwerk.

Conci|erge m (~; ~s/~n) (fr.) [*koñßjersch*] Hausmeister; w (~; ~s/~n) Hausmeisterin; **Conci|ergerie** w (~; -i|en) Hausmeisterwohnung, -loge.

concitato (it.) [*-tschi-*] ♪ erregt.

Concours hippique m (~ ~; ~ ~s) (fr.) [*konkụ̈r ippịck*] Springturnier.

Condensa s (~; –) (lat.) [*k-*] keram. Isolierstoff.

con discrezi|one (it.) ♪ zurückhaltend.

Conditio sine qua non w (~ ~ ~ ~; –) (lat.) unumgängliche Bedingung.

con dolcessa (it.) [*-doltschẹssa*] ♪ zärtlich; **con dolore** (it.) ♪ schmerzlich; **con effetto** (it.) ♪ wirkungsvoll; **con es|pressione** (it.) ♪ ausdrucksvoll.

confer! (lat.) vergleiche (≠ *cf.*); **Conférence** w (~; ~s) (fr.) [*koñfẹrañs*] Ansage; Bohnenspiel; **Conférenci|er** m (~s; ~s) [*koñfrañßjệ*] Ansager (in der Schauvorstellung).

Confessio w (~; -ones) (lat.) † (Glau-

Confiteor

bens-, Sünden-)Bekenntnis; † Vorkrypta; **Confiteor** s (~; –) (lat.) † Sündenbekenntnis (im Gottesdienst).
con forza (it.) ♪ kräftig; **con fuoco** (it.) ♪ feurig.
Conga w (~; ~s) (sp.) ♪ Kubanertrommel; kub. Tanz im Vierviertakt.
con grandezza (it.) ♪ würdig; **con gravità** (it.) ♪ sehr ernst; **con grazia** ♪ lieblich; **con gusto** ♪ mit Geschmack; **con impeto** ♪ forsch; **con leggierezza** ♪ [-ledsche-] schwerelos; **con moto** ♪ bewegt.
Connoisseur m (~s; ~s) [konnoassör] (veraltetes fr.; jetzt: connaisseur [konnaissör]) snobistischer Kenner, Sachkundiger.
con passione (it.) ♪ leidenschaftlich; **con pietà** (it.) ♪ fromm.
Consecutio temporum w (~ ~; –) (lat.) Zeitenfolge (im Satz).
Consensus m (~; ~) (lat.) Übereinstimmung (C. communis allgemeine Meinung [† aller Gläubigen]; C. omni|um Übereinstimmung aller).
con sentimento (it.) ♪ [-βen-] gefühlvoll.
Consilium s (~s; -lia/-li|en) (lat.) ⚕ Ärztegremium zur gemeinsamen Beratung eines schweren Falles (c. abe|undi allerletzte Warnung [vor dem Ausschluß]).
Consistency w (~; –) (am.) [konβistenβi] Stimmigkeit (der Antworten, bei Meinungsfragen).
Consol s (~s; ~s) (KuW) Drehfunkfeuer für Schiff- und Luftfahrt; **Consolverfahren** s (~s; ~) Funknavigation im Langstreckenbereich.
Consommé w (~; ~s) (fr.) Kraftbrühe.
con sordino (it.) ♪ [βor-] gedämpft; mit Dämpfer gespielt; **con spirito** (it.) ♪ temperamentvoll.
Constituante w (~; ~n) (fr.) [auch: koňstituaňt] verfassunggebende Versammlung.
Consumer m (~s; ~) (am.) [konsjûmer] Verbraucher; **Consumer goods** M [guds] Konsumgüter, = **Consumer products** M [-proudakts]; **Consumer protection** w [-proutektschn] Verbraucherschutz.
Contadora-Gruppe w (~-~; –) (sp.-d.) mittel- und südam. Staaten für friedliche Lösung in Nicaragua.
Container m (~s; ~) (lat.-fr.-e.) [-tâ-] Großbehälter; **Containerhafen** m (~s; -häfen) zur Verschiffung von Großbehältern; **Containment** s (~s; ~s) (am.) [-tân-] Atommeilerhülle; Politik der Stärke (gegen den Kommunismus).

Contango m (~s; ~s) (e.) [auch: kentängo"] Zinsaufschlag bei Verzug.
con tenerezza (it.) ♪ zärtlich.
Content-Analyse w (~-~; ~-~n) (am.-gr.) [kon-] Untersuchung der Reklamesprache.
Contergan s (~s; –) (KuW) ⚕ Heilmittel mit schädlichen Nebenwirkungen; **Contergankind** s (~; ~er) durch Conterganeinnahme der Mutter geschädigtes Kind.
Continuity Strip m (~ ~s; ~ ~s) (am.) [kantin(j)u'ti-] Comic-Strip-Serie.
contra (lat.) gegen; vgl. → Kontra; **Contradictio in adiecto** w (~ ~ ~; –) (lat.) Widerspruch in sich selbst; **contra legem** (lat.) gegen das Gesetz; **contraria contrarii**s Gegensatz durch Gegensatz (bekämpfen); **Contras** M antisandinist. Rebellen in Nicaragua; **contre cœur** (fr.) [koňtrkör] zuwider; **Contrecoup** m (~s; ~s) [-kú] ⚕ Rückstoß.

Control(l)er m (~s; ~) (am.) [kontro"-] Rechnungsführer; **Control Tower** m (~ ~s; ~ ~) [-tauer] Flugsicherungsturm.
Conurbation w (~; –) (am.) [konörbęschn] Städteballung.
Conus m (~; -ni) (lat.: Kegel) [ko-] ⚕ Koniferenzapfen; ⚕ kegelförmige Organschwellung; Schneckengattung.
Convenience goods M (e.) [konwinienβguds] Fertiggerichte; Güter des tägl. Bedarfs.
Converter m (~s; ~) (e.) [konwörter] Umsetzprogramm; **Convertible-Bonds** M (e.) [-wört-] Wandelanleihe, -schuldverschreibung.
Conveyer m (~s; ~) (lat.-fr.-e.) [konwêier] Förderband.
cool EW (am.) [kûl] kühl; unwichtig, uninteressant (für Intellektuelle); uninteressiert; **Cooler** m (~s; ~) [kû-] Mischgetränk mit Ginger Ale; **Cool Jazz** m (~ ~; –) ♪ [kûlschäβ] moderner undynamischer Jazz (seit etwa 1950); **Cool Look** s (~ ~s; –) [kûl lûk] kühle Distanz (als übliche [politische] Haltung).
Coombs-Test m (~-~[e]s; ~~-~s) [kûms-] (am., nach dem Erfinder) ⚕ Feststellung der Blutverträglichkeit vor Transfusionen.
Co-op-Werbung w (~-~; ~-~en) (KW) Verbundwerbung.
Co|orapid s (~s; ~e) (KuW) opt.-mechan. Rechengerät.
Cop m (~s; ~s) (e.) [kopp] Garnspule; (am.) Polizist.

Coppa d'Italia w (~ ~; -) (it.) Rad-Straßenrennen.
Copyright s (~s; ~s) (e.) [*koppirait*] Urheberrechtsicherung; **Copytest** m (~[e]s; ~s) (am.) Zeitungs-, Zeitschriftenlesertestung; Anzeigentestung vor der Veröffentlichung.
Coquille w (~; ~n) (gr.-lat.-fr.) [*-kĩje*] Muschelschale (für Vorspeisen).
coram publico (lat.) öffentlich.
Cordial Médoc m (~ ~; ~ ~) (fr.) fr. Likör.
Cordon bleu s (~ ~; ~s ~s) (fr.) [*kordoṅblŏ*] mit Käse und Schinken gefülltes Steak; **Cordon sanitaire** s (~s ~; ~s ~s) [*kordoṅßanitār*] Absperrung bei Seuchen.
Core s (~s; ~s) (am.) [*kŏr*] Brennstofftank des Kernreaktors.
Coriolis|kraft w (~; -) (nach fr. Physiker, 19. Jh.) Trägheitskraft eines Körpers, der sich in rotierendem System scheinbar geradlinig bewegt.
Corium s (~s; -) (gr.-lat.) ⚕ Lederhaut.
Corned beef s (~ ~; -) (e.) [*-bīf*] Rindfleisch in der Büchse; **Corned pork** s (~ ~; -) [*pŏk*] Schweinepökelfleisch in der Büchse.
Corner m (~s; ~s) (e.) Ecke (im Boxring, beim Fußballspiel); Börsenmanöver zur Errichtung eines Marktmonopols.
Corn-flakes M (am.) [*kornfleiks*] Maisflocken.
Cornichon s (~s; ~s) (fr.) [*kornischoṅ*] Pfeffergürkchen.
Corps de ballet s (~ ~ ~; ~ ~ ~) (fr.) [*kŏrdeballē*] Ballett|truppe; **Corps diplomatique** s (~ ~; ~ ~s) [*-ik*] alle Botschafter und Gesandten in einem Staat; **Corps consulaire** [*-koṅßülär*] die konsularischen Beamten in einem Staat; **Corpus Christi** s (~ ~; -) (lat.) † Altarsakrament; **Corpus delicti** s (~ ~; -) Beweisstück; **Corpus juris** s (~ ~; -) Sammlung der römischen Rechtsvorschriften (550 u. Chr.); **Corpus lute|um** s (~ ;) Gelbkörper des Eierstocks.
Correction w (~; ~s) (am.) [*korreckschn*] standardisierte Berichtigung eines Funkspruchs.
Corrida [de toros] w (~ ~ ~; ~s ~ ~) (sp.) Stierkampf.
Corrigenda = → Korrigenda; **corriger la fortune** ZW (fr.) [*korrischē la fortün*] ✓ zu eigenen Gunsten manipulieren.
Cortes M (lat.-sp.) sp. Parlament.
Corticosteron s (~s; ~e) (KuW) Hormon der Nebennierenrinde.

Cosa nostra (~ ~; -) (it.) Zweig der Mafia in USA.
Cosmea w (~; -e|en) (gr.-lat.) ⚘ Schmuckkörbchen.
cost and freight (e.) [*-änd freit*] Verladung und Fracht mitberechnet (¢ *cf*); **cost, insurance, freight** [*-inschūrens-*] Versicherung und Fracht zu Lasten des Verkäufers (¢ *cif*); **Cost-Benefit-Analyse** w (~-~-~; ~-~-~n) (am.-gr.) [*kŏst-*] Vergleich der entstehenden Unkosten mit dem erhofften Gewinn.
Coteline m (~s; ~s) (fr.) Möbelrips.
Cottage s (~s; ~s) (e.) [*kottidsch*] schlichtes Landhaus; Villenviertel; **Cottage cheese** m (~ ~; -) (am.) [*-tschīs*] Hüttenkäse; **Cottagesystem** s (~s; -) (e.-gr.) Arbeiterwohnungen gegen Lohnabzug; ⚕ Pavillonkrankenhaus.
Cotton m, s (~s; -) (e.) [*kottn*] Baumwolle; **Cottonmaschine** w (~; ~n) (e.-lat., nach dem Erfinder W. *Cotton*, 1868) [*kottn-*] Gewirkmaschine; **Cottonwood** s (~s; -) (am.) [*-wūd*] am. Pappelholz.
Cottrellverfahren s (~s; ~) Gasreinigungsmethode.
Couch w (~; ~s) (e.) [*kautsch*] Liege.
Coué|ismus m (~; -) (fr., nach dem Apotheker Emile *Coué*, 1857 bis 1926) [*kū|ē|is-*] Selbstbeeinflussungsmethode.
Coulage w (~; -) (fr.) [*kulāsch*] = Leckage.
Couleur w (~; ~en/~s) (fr.) [*kūlör*] Zuckerfarbe; Mütze und Band student. Verbindungen; Trumpffarbe.
Coulis w (~; ~) (fr.) [*kūli*] weiße oder braune Soße(ngrundlage).
Coulo|ir m (~s; ~s) (fr.) [*kūloār*] Wandelgang; Gebirgsrinne; Sprungoval für Pferde.
Coulomb s (~s; ~) (fr., nach dem Ingenieur A. de *Coulomb*, 1736 bis 1806) [*kūloṅ*] Elektrizitätsmengenmaß; (**Coulombsche Kraft** w [~n ~; ~n Kräfte] elektrostatische Anziehung oder Abstoßung).
Countdown m, s (~[s]; ~s) (e.) [*kauntdaun*] Startsekunde (Null); Rückwärtszählen als Vorstufe des Startkommandos; technische Überprüfung eines Gerätes; **Counter** m (~s; ~s) [*kaunter*] Schalter; **Counterpart** m (~s; ~s) (e.) [*kaunterpa't*] Gegenstück.
Country music w (~ ~; -) (am.) [*kantrimjusik*] Volksmusik der südl. US-Staaten.

County w (~; ~s) (e.) [kaunti] Verwaltungsbezirk.

Coup m (~s; ~s) (fr.) [kû] Überraschung(s|tat); Erfolgsleistung *(einen C. landen); (C. d'état [-dêta] Staatsstreich).*

Coupage w (~; -) (fr.) [kûpasch] Weinbrandverschnitt.

Coupé s (~s; ~s) (fr.) [kûpê] geschlossenes Kraftfahrzeug; → Kupee.

Couplet s (~s; ~s) (fr.) [kûplê] Varietélied mit Kehrreim.

Coupon m (~s; ~s) (fr.) [kûpoñ] Abschnitt; Zins-, Dividendenschein.

Cour w (~; -) (fr.) [kûr] Hof *(jmdm. die C. machen [schneiden] ihn umwerben).*

Courage w (~; -) (fr.) [kûrasch] Mut; **couragiert** EW beherzt.

Courante w (~; ~n) (fr.) ♪ [kurañt] fr. Tanz in ungeradem Takt; 2. Satz der Suiten im 18. Jh.

Course m (~s; ~s) (e.) [kors] Renn-, Golfbahn.

Courtage w (~; ~n) (fr.) [kûrtasche] Maklergebühr (bei Börsengeschäften).

Courtbouillon w (~; ~s) (fr.) [kûrtbûjoñ] Fischsuppe.

Courto|isie w (~; -i|en) (fr.) [kûrtoasî] Höflichkeit.

Couscous s (~; -) (ar.-fr.) [kußkûß] tunes. Gericht aus Grieß mit Fleisch.

Cousin m (~s; ~s) (fr.) [kûsäñ] Vetter.

coûte que coûte (fr.) [kûtkekût] koste es, was auch immer.

Couture w (~; -) (fr.) [kûtür] Schneiderkunst *(haute C. Modeschneiderei [-ôt-]); m. s.: **Couturi|er** (~s; ~s) [-rjê].*

Couvade w (~; ~n) (fr.) [kuw-] Männerkindbett; **Couveuse** w (~; ~n) [kûwös] Wärmebett für Frühgeburten.

Cover m (~s; ~) (am.) [kawr] Plattenhülle, -tasche; Titelbild; **Covergirl** (~s; ~s) [-görl] Mädchenbild für Illustrierte; **Cover Story** w (~ ~; ~ -ries) Titelgeschichte; **Cover-up** s (~-~; -) (e.) [-ap] volle Körperdeckung.

Cowboy m (~s; ~s) (am., = Kuhjunge) [kaubui] berittener Viehhirt; Westernheld; **Cowgirl** w (~s; ~s) [-görl] Mädchen im Westernlook.

Cowper m (~s; ~s) (e., nach dem Erfinder) [kau-] Hochofenwinderhitzer.

Cox Orange m (~ ~; ~ ~) (nach e. Züchter Cox) [koks oransch] aromat. Winterapfel.

Crabmeat s (~; -) (e.) [kräbmît] Krebsfleisch, Krabbenkonserve.

Crack[1] m (~s; ~s) (e.) [kräck] Sportstar mit Showallüren; bestes Rennpferd; großer Könner.

Crack[2] m (~s; -) (e.) [kräck] Droge aus Kokain, Wasser, Backpulver.

Cracken s (~s; -) (am.) [kräck-] ✧ Abspaltung aus größeren Molekülen; **Cracker** m (~s; ~s) (e.) hartes Kleingebäck; Knallbonbons.

Cranium s (~s; -nia) (lat.) ⚕ Schädel.

Craquelé m, s (~s; ~s) (fr.) [kracklê] Glasurrisse als Ornament (Keramik); Kreppgewebe.

Crash m (~s; ~s) (e.) [kräsch] unerwarteter wirtschaftlicher Zusammenbruch; Stoffart; **Crashtest** m (~s; ~s) (am.) Autounfalluntersuchung mit Testpuppen.

Crawler m (~s; ~) (am.) [krollr] Raupenschlepper für Raketen.

credo, quia absurdum (lat.) ich glaube (es), weil es widersinnig ist; **credo, ut intellegam** (lat.) ich glaube, um zu verstehen (A. v. Canterbury).

Creek m (~s; ~s) (am.) [krîk] austrocknender Wasserlauf.

creme EW (fr.) [kräm] mattgelb ←, = **cremefarben** EW; **Creme** w (~; ~s) (fr.) [kräm] Schaumspeise; angetummte Suppe; zähflüssiger Likör; Salbe; Oberschicht *(C. der Gesellschaft, = C. de la C.).*

Crêpe w (~; ~s) (fr.) [kräp] sehr dünner Eierkuchen; **Crêpe de Chine** m (~ ~ ~; ~s ~ ~) (fr.) [kräpdeschîn] Seidenflor; **Crêpe Georgette** [-schorschett] Damenkleiderstoff; **Crêpe marocain** m (~ ~; ~s ~s) [-marokäñ] Rippseide; **Crêpe Satin** m (~ ~; ~s ~) [-satäñ] Glanzseidenkrepp.

crescendo (it.) ♪ [kreschendo] anschwellend, n. s.: **Crescendo** s (~s; -di) (¢ *cresc.*).

Cretonne w (~; -) (fr.) [kretonn] Baumwollgewebe.

Crew w (~; ~s) (e.) [krû] Mannschaft, Schar; Lehrgang; Jahrgang.

Cribbage s (~; -) (e.) [kribidsch] ein Kartenspiel.

Crime m (~s; ~s) (am.) [kraim] Kriminalfall, -bericht, -roman.

Criollismo m (~; -) (sp.) [kriolljismo] südam. Bestreben, ind., iberoam. und europ. Traditionen zu verschmelzen (→ Kreole).

Cristobalit m (~s; -) (nach Fundplatz in Mexiko) ein Mineral.

Cro|isé s (~s; ~s) (fr.) [kroasê] Baumwollköper; Tanzschritt; **cro|isiert** EW gekörpert.

Croissant s (~[s]; ~s) (fr.) [kroaßañ] Blätterteig-Hörnchen.

Cromagnonrasse w (~; –) (nach einem fr. ON) [kromanjoṉ-] Altsteinzeitrasse.

Cromargan s (~s; –) (KuW) legierter (Edel-)Stahl.

Crookesglas s (~es; -gläser) (nach einem e. Physiker) [krụ̄ks-] für ultrarote (-violette) Strahlen undurchlässiges Brillenglas.

Crooner m (~s; ~) (e., = Wimmerer) [krụ̄-] ∪ Schallplatten-, Rundfunksänger.

Croquembouche s (~s; ~s) (fr., = brich im Mund) [krockañbụ̄sch] rösches Gebäck (mit Zuckerguß).

Cross m (~; ~e[s]) (e.) quergeschlagener Tennisball; **Cross-Country** s (~-~; ~-~s) [kroßkạntri] Querfeldein-, Geländelauf; **Crossed Check** m (~ ~s; ~ ~s) (= durchkreuzter Scheck) [kroßd tscheck] Form des Verrechnungsschecks; **Crossing-over** s (~-~; –) [krọssiñ o̱"wr] Austausch von Chromosomenfaktoren; **Crossing pressure** w (~ ~; ~ ~s) (e.) [-prẹscher] Beeinflussung durch mehrere Vor-, Einstellungen; **Cross-rate** w (~-~; ~-~s) [kroßreit] auf eine 3. Währung bezogener Wechselkurs; **Cross|talk** m (~s; ~s) (e.) [-tôk] unbeabsichtigte Vermischung der Lautsprecherinformationen bei Stereowiedergabe; **Cross-Trade** w (~-~; ~-~s) [kroßtrḗd] Trampschiffahrt.

Crouch s (~s; ~s) (e.) [krautsch] Tiefstart (beim Lauf); Ducken (beim Boxen).

Croupi|er m (~s; ~s) (fr.) [krûpjē̱] Spielbankhalter.

Croupon m (~s; ~s) (fr.) [krûpoñ] Rückenleder (vom Rind); **crouponieren** ZW (-rte, -rt) ↗ aus dem Leder herausschneiden.

Croutons M (fr.) [krûtoṉs] geröstetes Weißbrot.

Crowner m (~s; ~) (am.) [krau-] Aufstecker zur Werbe- und Preisinformation.

Crownleder s (~s; ~) (e.-d.) [kraun-] Rindleder für Treibriemen.

Cruise missile s (~ ~s; ~ ~s) (am.) [krûsmiβail] unbemannter zielgenauer Flugkörper.

Crushsyndrom s (~s; ~e) (e.-gr.) [krasch-] ✡ Nierenschaden durch Muskelzerfall.

Crux w (~; –) (lat. „Kreuz") Problem.

Csárdás m (~; ~) (ung.) [tschạrdasch] Tanz.

Csikós m (~; ~) (ung.) [tschịkosch] Pferdehirt.

CT ∉ → Cable Transfer.

Cubanit s (~s; –) (nach Insel Kuba) magnetisches Mineral.

Cucurbita w (~; -tae) (lat.) [ku-] Zierkürbis.

Cu|eva w (~; –) (sp.) Modetanz.

cui bono? (lat.) wer hat etwas davon?

Cul de Paris m (~ ~ ~ ~; ~s ~ ~ ~) (fr.) [kûldeparī̱] Gesäßpolster ↓.

culpa w (~; –) (lat.) Schuld (mea c. durch meine Schuld!).

Cultural lag s (~ ~; ~ ~s) (am.) [kạltscherel läg] Verspätung von Kulturerscheinungen; **Culture pattern** s (~ ~; –) [kạltscher pạttern] Verhaltensmuster sozialer, kultureller Gruppen.

Cumberlandsoße w (~; ~n) (e.-fr., nach einem Herzog von Cumberland) [kạmberländ-] kalte Würzsoße.

cum grano salis (lat.) nicht wörtlich zu verstehen; **cum infamia** mit Schimpf und Schande; **cum laude** lobenswert; **cum tempore** (∉ c. t.) eine Viertelnach der vollen Stunde.

Cunni|lingus m (~; –) (lat.) Kuß auf die w. Scheide.

Cup m (~s; ~s) (e.) [kapp] Siegespokal; Wettspielrunde; Büstenhalterkörbchen.

Cupralon s (~s; –) (KuW) künstliches Mischgarn.

Cupre|in s (~s; –) (lat.) ✡ Fiebermittel.

Cupresa w (~; –) (lat.) Kupferkunstseide.

Cupro s (~s; –) (KW) synthet. Faden.

Curaçao m (~s; ~s) (nach einer Insel im Karibischen Meer) [küraβạo] Pomeranzenlikör.

Cura posterior (lat.) eine spätere Sorge.

Curie s (~s; ~s) (fr., nach fr.-poln. Gelehrten) [kürī̱] ↓ (→ Becquerel) Maßeinheit für Radiumemanationen (seit 1910; ∉ Ci); **Curium** s (~s; –) (nach Marie Curie, 1867–1934) ⊙ künstliches Element (∉ Cm).

Curling s (~s; ~s) (e.) [kö̱rliñ] schottisches Eisschießen.

Curriculum s (· -a; la) (lat.) schriftlicher Voischlag (Curriculum vitae s [~ ~; -la ~] [lat.] Lebenslauf).

Curry m, s (~s; –) (e.) [kö̱rri] scharfe Gewürzmischung; Reisgericht damit; **curry** EW curryfarben ←.

Curtain-wall m (~-~s; ~-~s) (e.) [kö̱rteinwôl] ⊡ nichttragende Außenwand.

Custard m (~s; ~s) (e.) [kạstert] süße Pastete.

Custodian m (~; ~s) (e.) Treuhänder für Vermögen im Ausland.

Cut m (~s; ~s) (e.) [katt] Hautriß, bes. um die Augen; Film-, Tonschnitt; Klischee, Druckstock; ⊄ **Cutaway** m (~s; ~s) [*katte"ê*] Gehrock mit runden Schößen; **Cut-Rate-price** m (~-~-~; ~-~-~s) (am.) [*katreitpraiß*] Werbepreis; **cutten** ZW (cuttete, gecuttet) ♪ (e.: schneiden) [*ka-*] Endfassung von Film oder Tonaufnahme herstellen; **Cutter** m (~s; ~) (e.) [*katter*] Fleischwolf; Wurstmaschine; Golflochbohrer; Einspännerschlitten; Filmschnittmeister, w. s.: **Cutterin** (~; ~nen) [*katterin*]; **Cutterei** w (~; ~en) [*katt-*] Filmschneideraum; **cutte(r)n** ZW ↗ = cutten.

Cuvée w (~; ~s) (fr.) [*küwê*] Weinmischung für Schaumwein.
C-Waffen M (⊄ Chemische **Waffen**) aus chem. Substanzen.
Cyborg m (~s; ~s) (e., ⊄ **cy**bernetic **org**anism) [*βai-*] techn. Gerät zur Organstimulierung bei Menschen.
Cyclo-cross m (~-~; ~-~e[s]) (e.) [*βai-*] Querfeldeinrennen (Radsport).
Cyclonium m (~s; –) (lat.) [*zük-*] Isotop von Promethium, im Zyklotron hergestellt.
Cytobion s (~s; –) (KW) Vitaminpräparat.

D

Dab s (~s; ~s) (e., = Tupfer) [*däb*] Hochstart (beim Lauf); Fußfehler (bei der Motorradrennprüfung).
da capo (it.) noch einmal; → Dakapo!
d'accord (fr.) [*dakkôr*] einverstanden ↓ (*mit jmdm. d. sein* übereinstimmen).
Dacron s (~s; –) (KW) Synthesefaser.
Dada|ismus m (~; –) (fr. dada = Pferdchen) simplifizierte Kunst (20. Jh.); m. s.: **Dada|ist** (~en; ~en); EW: **dada-istisch.**
Daddy m (~s; -dies) (e.) [*dädi*] Vater.
Dagestan m (~; ~) (nach Sowjetrepublik) schafwollener Knüpfteppich.
Dagg s (~s; ~en) (nl.) ↕ Tauende als Schlagwaffe (*durch die D.en laufen* ↓Spießruten laufen).
Daguerrotyp s (~[e]s; ~e) (fr., nach einem Maler, 1787–1851) [*-gerro-*] Lichtbild auf Silberplatte; **Daguerrotypie** w (~; -i|en) (fr.) [*-gerro-*] Lichtbildverfahren; so hergestelltes Lichtbild; ZW: **daguerrotypieren** (-rte, -rt) ↗.
Dahli|e w (~; ~n) (nach dem schwed. Botaniker *Dahl*, 1751–1789) ✣ Knollengewächs (→ Georgine).
Dahlin s (~s; –) = → Inulin.
Daimonion s (~s; -ni|en) = → Dämonium.
Daina w (~; ~s) (lett.) Volkslied, = **Daino** w (~; ~s) (lit.).
Dakapo s (~s; -pi) (it., = vom Kopf) ♪ Wiederholung; = da capo; **Dakapoari|e** w (~; ~n) dreiteiliges Lied.
Dakryon s (~s; –) (gr.-lat.) ⚕ oberste Spitze des Tränenbeins (als Meßpunkt); **Dakryozystis** w (~; -iti̯den) (gr.-lat.) ⚕ Tränensackentzündung, = **Dakryozystitis** w (~; -iti̯den).

daktylieren ZW (-rte, -rt) ↗ sich in Finger-(auch Gebärden-)Sprache verständigen.
Daktyliothek w (~; ~en) (gr.) Gemmensammlung; Ringkästchen; **daktylisch** EW (gr.-lat.) aus (in) Daktylen; **Daktylitis** w (~; -iti̯den) (gr.) ⚕ Fingerentzündung; **Daktylogramm** s (~[e]s; ~e) Fingerabdruck; **Daktylograph** m (~en; ~en) Maschinenschreiber; EW: **daktylographisch**; w. s.: **Daktylographin** (~; ~nen); **Daktylogrypose** w (~; ~n) ⚕ verkrümmte Finger (Zehen); **Daktylologie** w (~; –) Finger-(Gebärden-)sprache von Taubstummen; **Daktylolyse** w (~; ~n) Absterben von Fingern; **Daktyloskopie** w (~; –) (= Fingerschau) Identifizierung durch Fingerabdruck; EW: **daktyloskopisch**; **Daktylus** m (~; -ylen) (= Finger) Versfuß (⌣⌣).
Dala|i-Lama m (~-~s; ~-~s) (mong., = Weltmeerpriester) Oberhaupt von Tibet.
Dalbe w (~; ~n) (fr.) ⊄ → Duckdalbe.
Dalbergia w (~; -gi|en) (nach schwed. Botaniker) i. Rosenholzbaum.
Dalk m (~[e]s; ~e) (pers.) Mönchs-, Derwischkutte.
Dalleochin s (~s; –) (KW) Chinagrün.
Dalles m (~; –) (heb.) Geldmangel; Fehlschlagen jeder Erwartung.
dalli (poln.) schnell!
Dalmatik(a) w (~; -ken) (nach der Adrialandschaft *Dalmati|en*) † Bischofsgewand; **Dalmatiner** m (~s; ~) (nach der Adrialandschaft *Dalmati|en*) Doggenart; dalmatinischer Wein.

dal segno (it.) 𝄋 [*dalßenjo*] vom Zeichen ab wiederholen!

Daltonismus m (~; -) (nach einem e. Physiker des 19. Jh.s) ⚥ angeborene Farbenblindheit.

Damassé m (~s; ~s) (fr.) großgemusterter Futterstoff.

Damast m (~s; ~e) (nach der Stadt *Damaskus*) großgemustertes, einfarbiges Glanzgewebe; EW **damasten**; **Damaszene** w (~; ~n) (nach der Stadt Damaskus) Pflaumenart; **Damaszener** EW mit Ätzmuster; **Damaszener** m (~s; ~) gemusterte Säbelklinge; **damaszieren** ZW (-rte, -rt) ↗ Stahl ädern; abstr. s.: **Damaszierung** w (~; ~en).

Dame w (~; ~n) (fr.) Frau der Gesellschaft; Frau mit distanziertem Takt; Königin (im Schach-, Kartenspiel).

Dammarafichte w (~; ~n) (malai.-d.) austr. Araukarie; **Dammarharz** s (~es; ~e) durchsichtiges Harz südostas. Bäume (⚥ *Dammar*].

Damno m (~s; ~s) (lat.) Hypotheken-, Wechselabzug, = **Damnum** s (~s; -) (lat.) einbehaltene Prämie bei Vergabe eines Darlehens.

Damoklesschwert s (~[e]s; ~er) (gr.-d., nach einem Höfling des Tyrannen Dionys, um 400 v. Chr.) Schwert, das jederzeit fallen kann; schwere drohende Gefahr.

Dämon m (~s; -monen) (gr.) Kraft des Menschenschicksals; böser Geist; **Dämonie** w (~; -) Besessenheit; von innen ausbrechende Kraft; **dämonisch** EW (gr.) besessen; teuflisch; **Dämonismus** m (~; -) Glaube an Dämonen; **Dämonium** s (~s; -) (gr.-lat.) innere Stimme (Sokrates); **Dämonologie** w (~; -) (gr.) Dämonenlehre.

Dan m (~s; -) (jap.) Meistergrad im Budo.

Dana|ergeschenk s (~[e]s; ~e) (Danaer = Griechen) Unglücksgabe (nach dem Trojanischen Pferd, dem ursprünglichen D.).

Dana|idenfaß s (~sses, -fässer) (gr., nach den Töchtern des Sagenkönigs *Danaos*, die als Strafe für ihre Mordtaten in der Unterwelt Wasser in ein durchlöchertes Faß schöpfen mußten) schwere vergebliche Arbeit.

Dancing s (~s; ~s) (am.) [*-βiñ*] Tanzveranstaltung.

Dandy m (~s; -ies) (e.) [*dänn-*] Geck; EW: **dandyhaft**; m. abstr. s.: **Dandyismus** = s. abstr. s.: **Dandytum** (~s; -); **Dandyroller** m (~s; ~) (e.-d.) Walze

zum Einpressen des Wasserzeichens, = **Dandywalze** w (~; ~n).

Danebrog m (~s; ~s) (dän.) [*-bro*] dän. Nationalfahne; **danisieren** ZW (-rte, -rt) ↗ dänisch machen, = **dänisieren** ZW (-rte, -rt) ↗.

Danse macabre m (~ ~; ~s ~s) (fr.) [*dañsmakábr*] Totentanz.

Daphne w (~; ~n) (gr.) ⚘ Seidelbast; **Daphni|e** w (~; ~n) Wasserfloh, = **Daphnia** w (~; -ni|en); **Daphnin** s (~s; -) (gr.-lat.) Seidelbastrinde (⚥ als Heilmittel).

Dark horse s (~ ~; ~ ~s) (e.) [*dák hóß*] noch nicht bekanntes Rennpferd.

Darling m (~s; ~s) (e.) [*dáliñ*] Liebling.

Darwinismus m (~; -) (e.-lat., nach dem e. Naturforscher Charles *Darwin*, 1809-1882) Abstammungslehre; m. s.: **Darwinist** (~en; ~en); EW: **darwinistisch**, **Darwin(i)sch**.

Dash m (~s; ~s) (e.) [*däsch*] winzige Menge (zum Mixgetränk).

Dasymeter s (~s; ~) (gr.) Auftriebsmesser (für Gas).

DAT (e., ⚥ → Digital Audio Tape) ein neuer, besonders leistungsfähiger Tonträger.

Date s (~s; ~s) (am.) [*deit*] Freund, Freundin (Jugendlicher); Verabredung mit diesen; **Daten** → Datum; Angaben (⚔ zur Lösung einer Aufgabe); Informationen für den Computer; **Datei** w (~; ~en) (lat.-d.) = **Datenbank** w (~; -bänke) alle sachlich zusammengehörigen Daten (zur Datenverarbeitung); **Datenmanipulation** w (~; ~en) (lat.) Störung oder falsche Kombination gespeicherter Daten; **Datentypistin** w (~; ~nen) (lat.-gr.) Stenotypistin zur Computerbedienung; **Dater** m (~s; ~) (lat.-d.) Datenverarbeitungsmaschine; **Datex** s (~; -) (KW) ein System der Datenfernübertragung; **datieren** ZW (-rte, -rt) ↗ (lat.) mit Datum versehen; w. s.: **Datierung** (~; ~en); **Dating** s (~s; ~s) (am.) [*de'tiñ*] Stelldichein (Jugendlicher).

Dativ m (~s; ~e) (lat.) Beugefall (wem?); **Dativ|objekt** s ([e]s; ~e) Ergänzung im Wemfall.

dato (lat.-it.) bis heute; **Datolith** m (~s/ ~en; ~e) ein Mineral; **Datowechsel** m (~s; ~) (it.-d.) Wechsel mit festem Zahltag.

Datscha, **Datsche** w (~; -en) (r.) Landhaus.

Dattel w (~; ~n) (gr.-lat.-it.) afr.-i. Palmenfrucht.

datum EW (lat.) gegeben, unterschrieben, verordnet; **Datum** s (~s; -ten) (= das Gegebene) Tagesbestimmung; M: → **Daten**; **Datum(s)differenz** w (~; ~en) Verschiedenheit der Tageszählung in O und W.
Datura w (~; -ren) (skr.-lat.) ⚕ Stechapfel.
Dau → Dhau.
Dauphin m (~s; ~s) (fr.) [*dofän*] fr. Kronprinz; leicht gebackene Mehlspeise; EW: **dauphinois** [*dofinoa*] nach Kronprinzenart.
David m (~s; ~s) (heb., = der Geliebte; eigtl. PN) kleiner (mutiger) Kerl; ⚓ Schiffsjunge.
Davis-Pokal m (~-~[e]s; –) (am.-lat., nach dem am. Tennismeister D. F. *Davis*, 1879–1945) [*dēwis-*] Tennisspielpreis, = **Davis-Cup** m (~-~s; –) [*-kap*].
Davit m, s (~s; ~s) (e.) [*däwit*] schwenkbarer Bootskran.
Daycruiser m (~; ~) (e.) [*deicreu-*] Motorboot mit geringem Wohnkomfort.
Day-Verfahren s (~-~s; ~-~) (e.-d.) [*dei-*] Filmverfahren zur Vortäuschung nicht vorhandener Umgebung.
Dazit s (~s; ~e) ein Quarzgestein.
DDT (≠ **D**ichlor**d**iphenyl**t**richloräthan) umweltschädliches Insektenkontaktgift.
Dead m (~s; ~s) (e., = tot) [*ded*] nicht mehr im Spiel befindlicher Ball; **Dead heat** w (~ ~; –) (e.) [*dēd hīt*] totes Rennen wegen mehrerer Sieger; **Dead Line** w (~ ~; ~ ~s) [*-lain*] äußerste Frist; **Dead Lock** m (~ ~s; ~ ~s) Leistungskrise (Sport); **Deadweight** s (~s; ~s) [*-weit*] Tragfähigkeit eines Schiffs.
de|aggressivieren ZW (-rte, -rt) (lat.) ↗ Aggression in Emotionen abbauen.
De|akzentuierung w (~; ~en) (lat.) reziproke Entzerrung beim Funkempfang; ZW: **de|akzentuieren** (-rte, -rt) ↗.
Deal m (~s; ~s) (e.) [*dīl*] Handel, Geschäft; **dealen** ZW (-lte, gedealt) ↙ (am.) [*dīlen*] Rauschgift verkaufen; **Dealer** m (~s; ~) (e.) (Londoner) Börsenmakler; Rauschgifthändler.
Dean m (~s; ~s) (e.) [*dīn*] † aufsichtsführender e.) Pfarrer.
Debakel s (~s; ~) (fr.) Unglück, Zusammenbruch.
Debardage w (~; ~n) (fr.) [*-dāsche*] ⚓ Löschung; **Debardeur** m (~s; ~e) [*-dör*] ⚓ Auslader; **debardieren** ZW (-rte, -rt) ↗ ⚓ (Ladung) löschen.

Debatte w (~; ~n) (fr.) Aussprache (im Parlament, auf einer Versammlung); ZW: **debattieren** (-rte, -rt) ↙ ↗.
Debellation w (~; ~en) (lat.) ⚔ Vernichtung des Gegners als Kriegsende.
Debent m (~en; ~en) (lat.) Schuldner; **Debet** s (~s; ~s) Lastschrift(seite) (Ggs.: *Kredit*).
debil EW (lat.) ⚕ leicht schwachsinnig; **Debilität** w (~; –) ⚕ leichter Schwachsinn.
debitieren ZW (-rte, -rt) ↗ (fr.) zu Lasten anschreiben, belasten; **Debitor** m (~s; -toren) (lat.) Schuldner (Ggs.: *Kreditor*); M: Außenstände; **Debitorenkonto** s (~s; -ti/-ten) (lat.-it.) Zusammenstellung der Schulden; **Debitorenprobe** w (~; ~n) (lat.-d.) Kontrollabrechnung des Ist-Umsatzes; **Debitorenziehung** w (~; ~en) Wechsel der Bank auf Kreditnehmer.
deblockieren ZW (-rte, -rt) ↗ (fr.) blockierten Text korrigieren, entfernen.
Debre(c)ziner M (nach einem ung. ON) Würzwürstchen.
Debugging s (~s; ~s) (am., = Entwanzung) [*dibaggin*] Fehlersuche bei datenverarbeitenden Maschinen.
Debunking s (~s; ~s) (e.) [*dibanking*] Entlarvung des Helden in Roman, Theater, Film.
Debüt s (~s; ~s) (fr.) [*debü*] 1. Auftreten; **Debütant** m (~en; ~en) Bühnenneuling; wer in die (gute) Gesellschaft eingeführt wird; **debütieren** ZW (-rte, -rt) ↙ zum 1. Mal (auf dieser, auf einer Bühne) auftreten.
Decay m, s (~s; ~s) (e., = Verfall) [*dikei*] Tonabfall des Synthesizers von Maximum bis 0.
Dechanat s (~[e]s; ~e) (lat.) † Sprengel; = → *Dekanat*; **Dechan(t)ei** w (~; ~en) Wohnung, Amtsbereich eines Dekans; **Dechant** m (~en; ~en) † Sprengel-, Kapitelleiter.
Dechet m (~s; ~s) (fr.-lat.) [*-schē*] Spinnereiabfall.
dechiffrieren ZW (-rte, -rt) ↗ (fr.) [*deschi-*] (Geheimschrift) entziffern; abstr. s.: **Dechiffrierung** w (~; ~en); m. s.: **Dechiffreur** (~s; ~e) [*-schiffrör*].
deciso (it.) ♪ [*detschī-*] bestimmt.
Decoder m (~s; ~) (e.) [*dikoude'*] Zusatzgerät zum Fernseher, um Teletextsysteme übertragen zu können; **Decoding** s (~s; ~s) (am.) Entschlüsselung einer kodierten Nachricht; ZW: **decodieren** (-rte, -rt) ↗.
Decollage w (~; ~n) (fr.) [*dēkollāsch*]

Kunstwerk aus zerstörten Oberflächen von Collagen; **Décollement** s (~s; ~s) [-*mañ*] ≠ Hautablösen.
Découpage w (~; ~n) (fr.) [*dêkûpậsch*] Drehbuch.
decouragieren ZW (-rte, -rt) ↗ [-*kura-schî-*] entmutigen.
Découvert s (~s; ~s) (fr.) [*dêkuwậr*] Aktienmangel durch Leerverkäufe.
decrescendo (it.) ♪ [-*schen-*] abnehmend (≠ *decresc.*); **Decrescendo** s (~s; -di) ♪ leiser werdendes Tonstück.
de dato (lat.) von heute (dem Ausstellungstag) ab.
Dedikation w (~; ~en) (lat.) Widmung; **Dedikations|exemplar** s (~s; ~e) vom Autor geschenktes Buch.
deditieren ZW (-rte, -rt) ↗ (lat.) Schuld tilgen.
dedizieren ZW (-rte, -rt) ↗ (lat.) widmen.
Deduktion w (~; ~en) (lat.) Ableitung vom Allgemeinen zum Besonderen (Ggs.: Induktion); **deduktiv** EW vom Allgemeinen zum Speziellen führend; **deduzieren** ZW (-rte, -rt) ↗ ableiten; folgern.
Deep-freezer m (~-~s; ~-~) (e.) [*dīpfrî-*] Tiefkühltruhe.
Deerhound m (~s; ~s) (e.) [*dîrhaund*] schottischer Windhund.
De|eskalation w (~; ~en) (lat.) Verringerung, Schrumpfung, Einengung; ZW **de|eskalieren** (-rte, -rt) ↗.
de facto (lat.) tatsächlich (Ggs.: *de jure*).
Defäkation w (~; ~en) (lat.) ≠ Kotentleerung; ZW: **defäkieren** (-rte, -rt) ✓.
Defätismus m (~; -) (fr.-lat.) Miesmacherei; Schwarzseherei; **Defätist** m (~en; ~en) (fr.) Miesmacher; EW: **defätistisch**.
Defekt m (~[e]s; ~e) (lat.) Fehler (auch ≠); fehlendes Buchblatt; EW: **defekt**; **Defektar** m (~s; ~e) Apotheker, der vielgefragte Heilmittel in Mengen herstellt; **Defektenprotokoll** ε (~[e]s; ~e) Niederschrift für Fehlbetrag; **Defektexemplar** s (~s; ~e) Buch mit Herstellungsmängeln; **defektiv** EW mangelhaft; w. abstr. s.: **Defektivität** (~; -); **Defektmutation** w (~; ~en) nicht lebensfähige Erbänderung; **Defektur** w (~; ~en) Herstellung vielbenötigter Heilmittel.
Defemination w (~; ~en) (lat.) Schwund des Sexualtriebs.
defensiv EW (lat.-fr.) verteidigend; **Defensive** w (~; ~en) Verteidigung; **Defensivität** w (~; -) (lat.) Neigung zur Abwehrhaltung; **Defensor** m (~s; -so-

ren) Verteidiger (*D. pacis* Verteidiger des Friedens; *D. vinculi* Verteidiger der Ehegültigkeit; *D. fide|i* Ehrentitel des e. Königs).
Deferenitis w (~; -itiden) (lat.) ≠ Samenleiterentzündung.
Deferveszenz w (~; -) (lat.) Sinken des Fiebers.
Defibrator m (~s; -toren) (lat.) Holzzerfasermaschine.
defici|endo (it.) [-*fîtschen-*] ♪ abnehmend; **Deficit-spending** s (~-~s; -) (e.) [-*βit-*] konjunkturpolit. Maßnahmen (finanziert durch Verschuldung zur Förderung öffentl. Investitionen bei nachlassender privater Nachfrage).
Defilee s (~s; -e|en) (fr.) Engpaß; Parade; ZW: **defilieren** (-rte, -rt) ✓.
definieren ZW (-rte, -rt) ↗ (lat.) begrifflich bestimmen (*definierter Körper* ʊ Körper mit konstanten Eigenschaften); **definit** EW bestimmt; **Definition** w (~; ~en) Begriffsbestimmung; † Papstentscheid; **definitiv** EW endgültig; **Definitivum** s (~s; -va) letzter Entscheid; letzte Regelung; endgültiger Zustand; **Definitor** m (~s; -toren) † kath. Verwaltungsbeamter; **Definitum** s (~s; -ta) festliegender Begriff.
Defixion w (~; ~en) (lat.) Bildzauber zur Tötung des Gegners.
defizi|ent EW (lat.) unvollständig; **Defizit** s (~s; ~e) (lat., = es fehlt) Fehlbetrag; **defizitär** EW (lat.) mit Fehlbetrag; **Defizitfinanzierung** w (~; ~en) (lat.) → Deficit-spending.
Deflagration w (~;~en) (lat.) ✗ langsame Explosion; **Deflagrator** m (~s; -toren) Volta|element für große Stromstärken.
Deflation w (~; ~en) (lat.) Hebung des Geldwertes durch Verringerung des Umlaufs; EW: **deflatorisch**; **deflationär**, **deflationistisch** EW auf Deflation abzielend.
Deflektor m (~s; -toren) (lat.) Rauchabzug am Kamin; Luftsauger; Teilchenablenker.
Defloration w (~; ~en) (lat.) Entjungferung; ZW: **deflorieren** (-rte, -rt) ↗.
Deflux s (~; -) (KuW) Abstrom aus einer Positionsgruppe.
deform EW (lat.) mißgeformt; **Deformation** w (~; ~en) Formveränderung; ≠ Mißbildung; **deformieren** ZW (-rte, -rt) ↗ entstellen; umbilden; s.: **Deformierung** w (~; ~en); **Deformität** w (~; ~en) ≠ Mißbildung.
Defraudant m (~en; ~en) (lat.) Betrüger; Steuerhinterzieher; **Defraudation**

defraudieren

w (~; ~en) Betrug, Hinterziehung; ZW: **defraudieren** (-rte, -rt) ✓.
Defroster m (~s; ~) (lat.-d.) Enteiser (für die Windschutzscheibe, den Kühlschrank).
Degagement s (~s; ~s) (fr.) [*degâschemañ*] Entlastung; Zwanglosigkeit; **degagieren** ZW (-rte, -rt)✓ [*-schî-*] losmachen; entlasten; die gegnerische Klinge umgehen; **degagiert** EW [*-schîrt*] frei.
Degeneration w (~; ~en) (lat.) Entartung; Zellenrückbildung, -zerfall; Gleichungssystem mit mehr Gleichungen als Variablen, wenn eine Grundvariable = 0 ist; **Degenerations|psychose** w (~; ~n) (lat.-gr.) ⚕ geistiger Abbau mit psych. Fehlhaltung als Degenerationserscheinung; **degenerativ** EW (lat.) Degenerations-...; **degenerieren** ZW (-rte, -rt) ✓ entarten.
Deglutition w (~; ~en) (lat.) ⚕ das Schlucken.
degorgieren ZW (-rte, -rt) (fr.) [*-schî-*] ✓ Sektflaschenhals enthefen; s. s.: **Degorgement** (~s; ~s) [*-schemañ*].
Degout m (~s; -) (fr.) [*degû*] Abneigung; Widerwille; Abscheu; **degoutant** EW abstoßend; **degoutieren** ZW (-rte, -rt) ✓ anekeln.
Degradation w (~; ~en) (lat.) Rangentzug; Umwandlung der vorhandenen Energie in Wärme; = **Degradierung** w (~; ~en) Bodenverschlechterung; ZW: **degradieren** (-rte, -rt) ✓.
degraissieren ZW (-rte, -rt) (lat.-fr.) [*-gräss-*] ✓ Fett abschöpfen; **Degras** s (~; -) (fr.) [*-grâ*] Abfallfett beim Gerben.
Degression w (~; ~en) (lat.) Steuerstaffelung; Kostenschrumpfung bei steigender Auflage; **degressiv** EW (lat.) sinkend, nachlassend.
Degrouping s (~s; ~s) (e.) [*-grûp-*] Vorbereitungen, ein Individuum in eine neue soziale Gruppe einzugliedern.
Degustation w (~; ~en) (lat.) Kostprobe (*de gustibus non est disputandum* über Geschmack läßt sich nicht streiten); **degustieren** ZW (-rte, -rt) ✓ (lat.-fr.) schmecken, kosten.
Dehors M (lat.-fr.) [*dëôr*] Anstand, Schein (*die D. wahren*) ↓.
De|humanisation w (~; -) (lat.) Entmenschlichung.
Dehydrase w (~; ~n) (lat.-gr.) ◌ wasserstoffentziehendes Ferment; **Dehydratation** w (~; ~en) Entzug von Wasser; **Dehydration** w (~; ~en) = → Dehydrierung; **Dehydrationsfieber** s (~s; -) Dürrefieber; **dehydratisieren** ZW (-rte, -rt) ✓ (lat.-gr.) Wasser entziehen; **dehydrieren** ZW (-rte, -rt) ✓ ◌ Wasserstoff entziehen; **Dehydrierung** w (~; ~en) ◌ Abspaltung von Wasserstoff; **Dehydrite** M Trockenmittel; **Dehydrogenase** w (~; ~n) = → Dehydrase; **Dehydrose** w (~; ~n) (gr. KuW) Enzym, mit dem organ. Substanzen in lebende Zellen dehydriert werden können.
De|ifikation w (~; ~en) (lat.) Vergottung; ZW: **de|ifizieren** (-rte, -rt) ✓.
de|iktisch EW (gr.) auf Beispielen beruhend; hinweisend.
De|ismus m (~; -) (lat.) Glaube an Gott nur als Weltschöpfer; m. s.: **De|ist** (~en; ~en); EW: **de|istisch**.
Déjà-vu-Erlebnis w (~-~-~ses; ~-~-~se) (fr.-d.) [*dêschawü̂-*] (falsche) Vorstellung, etwas schon erlebt zu haben.
Dejekt s (~[e]s; ~e) (lat.) ⚕ Auswurf; Kot; **Dejektion** w (~; ~en) Kotentleerung.
Dejeuner s (~s; ~s) (fr.) [*deschönê*] Frühstück.
de jure (lat.) rechtlich (betrachtet) (Ggs.: *de facto*).
Deka s (~s; ~s) ∉ → Dekagramm; **Dekabrist** m (~en; ~en) (gr.-r.) einer der Offiziere, die 1825 in Rußland für die konstitutionelle Verfassung eintraten; **Dekade** w (~; ~n) 10 Jahre (Monate, Wochen, Tage); Zehntagewoche der Fr. Revolution.
dekadent EW (lat.-fr.) schwächlich, entartet; **Dekadenz** w (~; -) Entartung, Verfall (auch fr.: *Décadence* w [*dêkadañs*] [~; -]).
dekadisch EW (gr.) zehnteilig; **Dekaeder** s (~s; ~) ⬠ Zehnflächner; **Dekagon** s (~s; ~e) Zehneck; **Dekagramm** s (~[e]s; ~e) 10 g (∉ *Dg, dkg*); **Dekaliter** s (~s; ~) ∉ *Dl, dkl*) 10 l.
Dekalkierpapier s (~s; ~e) (fr.) Abziehbilderpapier.
Dekalog m (~[e]s; -) (gr.) die Zehn Gebote; **Dekameter** s (~s; ~) 10 m (∉ *dam* [↓ *dkm, Dm*]).
Dekan m (~[e]s; ~e) (lat.) † Kapitelvorstand; Superintendent; Fakultätsleiter; **Dekanat** s (~[e]s; ~e) Amt, Büro eines Dekans; Tierkreisabschnitt von 10 Grad; **Dekan(t)ei** = → Dechanei.
dekantieren ZW (-rte, -rt) ✓ (fr.) ◌ vom Bodensatz abgießen.
dekapieren ZW (-rte, -rt) ✓ (fr.) ◌ entzundern.
Dekapitation w (~; ~en) (lat.) ⚕ Abrei-

ßen des Kopfes bei der Geburt; ZW: **dekap(i)tieren** (-rte, -rt) ↗.

Dekapode m (~n; ~n) (gr.-lat.) Zehnfußkrebs.

Dekapsulation w (~; ~en) (lat.) ⚕ operative Entfernung der Nierenkapsel.

Dekar s (~s; ~e) = **Dekare** w (~; ~n) (lat.) 10 Ar.

dekartellieren ZW (-rte, -rt) ↗ (fr.) Kartell auflösen, = **dekartellisieren** ZW (-rte, -rt) ↗; **Dekartellierung** w (~; ~en) (fr.) Entflechtung; Kartellbildung verhindern, = **Dekartellisierung** w (~; ~en).

Deka|ster m (~s; ~s/~e) (gr.-d.) 10 m³.

dekatieren ZW (-rte, -rt) ↗ (fr.) Qualität der Wolle steigern (vor Einlaufen sichern); Glanzflecke entfernen; m. s.: **Dekateur** (~s; ~e) [-tör]; **Dekatron** s (~s; ~e) (gr.) Gasentladungsröhre mit 10 Kathoden; Schaltelement, um Ziffern 0–9 darzustellen und zu verarbeiten (Elektronik); **Dekatur** w (~; ~en) (fr.-lat.) Glanz- und Qualitätssteigerung bei Wollgeweben.

Deklamation w (~; ~en) (lat.) Vortrag (von Dichtungen); ♪ sinngemäßer Gesang; **Deklamator** m (~s; -toren) Vortragskünstler; EW: **deklamatorisch**; w. abstr. s.: **Deklamatorik** (~; –); **deklamieren** ZW (-rte, -rt) ↗ (mit Pathos) aufsagen.

Deklarant m (~en; ~en) (lat.) Erklärung Abgebender; **Deklaration** w (~; ~en) (Zoll-)Erklärung, Wortangabe; **Deklarationszwang** m (~s -zwänge) (lat.-d.) Anzeigepflicht für giftige (gifthaltige) Stoffe; **deklarieren** ZW (-rte, -rt) ↗ Erklärungen (über Zollwaren, Steuern) abgeben.

deklassieren ZW (-rte, -rt) ↗ (lat.) (empfindlich) abwerten; jmdm. hoch überlegen sein; **deklassiert** EW herabgesetzt; vom einstigen Status verdrängt; w. abstr. s.: **Deklassierung** (~; ~en).

deklinabel EW (lat.) was gebeugt werden kann; **Deklination** w (~; ~en) (= Abweichung) Beugung des Haupt-, Eigenschafts-, Fürworts, Magnetnadelabweichung; Abstand des Gestirns vom Himmelsäquator; **Deklinator** m (~s; -toren) Kompaß für die Abweichung der Magnetnadel, = **Deklinationsbussole** w (~; ~n) = **Deklinatorium** s (~s; -ri|en); **deklinatorisch** EW abweichend; **deklinieren** ZW (-rte, -rt) ↗ (Haupt-, Für-, Eigenschaftswort) beugen; **Deklinometer** s (~s; ~) (lat.-gr.) = → Deklinator.

dekodieren → decodieren.

Dekokt s (~[e]s; ~e) (lat.) ⚕ Auszug aus Drogen, Absud.

Dekolleté s (~s; ~s) (fr.) [dékollté] tiefer Brustausschnitt; **dekolletiert** EW tief ausgeschnitten.

dekolorieren ZW (-rte, -rt) ↗ (lat.-fr.) bleichen.

Dekompensation w (~; ~en) (lat.) ⚕ Wegfall einer Ausgleichsfunktion (führt zu Auftreten einer latenten Krankheit); ZW: **dekompensieren** (-rte, -rt) ↗ ✓.

dekomponibel EW (lat.) versetzbar; **dekomponieren** ZW (-rte, -rt) ↗ (Gewebe) zerlegen; **Dekomposition** w (~; ~en) ⚕ Auflösung; Erschöpfung; Zerlegung; Ernährungsstörung beim Säugling; **Dekompositum** s (~s; -ta) von einer Zusammensetzung abgeleitetes Wort.

dekompressiv EW (lat.) druckmindernd.

Dekontamination w (~; –) (lat.) Entgiftung verseuchter Gebiete; **Dekontaminierung** w (~; ~en) Entfernen radioaktiver Stoffe.

Dekonzentration w (~; ~en) (lat.) Übertragung von Verwaltungsgeschäften auf eine nachgeordnete Behörde; **dekonzentrieren** ZW (-rte, -rt) ↗ zerstreuen.

Dekor s (~s; ~s) (lat.) Schmuck; Ausschmückung; **Dekorateur** m (~s; ~e) (fr.) [-tör] Raum-, Schaufenstergestalter; Mitausstatter (Bühne, Film); w. s.: **Dekorateuse** w (~; ~n), **Dekorateurin** w (~; ~nen) [-tö-]; **Dekoration** w (~; ~en) (lat.) Schaufenster-, Bühnenschmückung; **dekorativ** EW schmückend; (durch Schmuck, Aussehen) wirksam; **dekorieren** ZW (-rte, -rt) ↗ (fr.) schmücken; mit Orden auszeichnen (*hoch dekoriert* mit vielen [hohen] Orden); w. abstr. s: **Dekorierung** (~; ~en); **Dekorit** s (~s; –) (lat.) härtbarer Kunststoff.

Dekort m (~s; ~s) (fr.) [dekôr] Zahlungsabzug bei schlechter Ware; Rabatt beim Export; ZW: **dekortieren** (-rte, -rt) ↗.

Dekorum s (~s; –) (lat.) Anstand, Würde (das D. wahren); **Dekostoff** m (~[e]s; ~e) ¢ Dekorationsstoff.

dekreditieren ZW (-rte, -rt) ↗ (lat.) abwerten; w. abstr. s.: **Dekreditierung** (~; ~en).

Dekrement s (~[e]s; ~e) (lat.) Abnahme; Verfall; ⚕ Abklingen einer Erregung; ⚡ Maß für Schwingungsabnahme.

dekrepide EW (lat.) schwach, herunter-

dekrepit

gekommen, = **dekrepit** EW ↓; **Dekrepitation** w (~; ~en) Verpuffen bei Erhitzung; ZW: **dekrepitieren** (-rte, -rt) ↙.

Dekreszenz w (~; ~en) (lat.) Abnahme (♪ des Tones).

Dekret s (~[e]s; ~e) (lat.) behördliche Verfügung; **Dekretale** s (~s; -li|en) † päpstlicher Rechtsspruch; **dekretieren** ZW (-rte, -rt) ↗ verordnen, bestimmen; **Dekret(al)ist** m (~en; ~en) † Kirchenrechtslehrer; EW: **dekretistisch; dekretorisch** EW endgültig.

dekryptieren ZW (-rte, -rt) (KuW) ↗ ohne Kenntnis des Schlüssels dekodieren.

Dekubitus m (~; –) (lat.) das Wundliegen.

Dekumatenland s (~es; –) (lat.-d.) vom Limes umgebenes altröm. Kolonialgebiet (zwischen Rhein, Main, Neckar).

dekupieren ZW (-rte, -rt) ↗ (lat.) absägen; ausschneiden; trennen; **Dekupiersäge** w (~; ~n) Laubsäge.

dekussiert EW (lat.) ✣ kreuzweise gegenständig.

Dekuvert s (~s; ~s) (fr.) [-*wār*] Mangel an Wertpapieren; **dekuvrieren** ZW (-rte, -rt) ↗ (fr.) enthüllen; ↖ sich verraten.

delaborieren ZW (-rte, -rt) (lat.) Waffen vernichten.

Delcredere = → Delkredere

deleatur (lat.) man tilge!; **Deleatur** s (~s; ~) Tilgungszeichen.

Delegat m (~en; ~en) (lat.) Abgeordneter; Beauftragter (*Apostolischer D.* † Beauftragter des Papstes für Kirchenfragen); **Delegation** w (~; ~en) Abordnung; Kompetenzübertragung; **Delegations|elite** w (~; ~n) (lat.-fr.) polit. Führungsgruppe in Demokratien; **Delegatur** w (~;~en) † päpstliche Gesandtschaft.

de lege ferenda (lat.) von späterer Gesetzgebung gesehen; **de lege lata** (lat.) vom geltenden Recht her.

delegieren ZW (-rte, -rt) ↗ (lat.) abordnen; **Delegierte** m, w (~n; ~n) (lat.) Abgeordnete(r); **Delegierung** w (~; ~en) = → Delegation.

delektieren ZW (-rte, -rt) ↖ (lat.) genießen.

deletär EW (lat.) verderblich; **Deletion** w (~; ~en) (KuW) Entfernung bestimmter Chromosomenabschnitte.

Deliberation w (~; ~en) (lat.) [-*zion*] Überlegung; ZW: **deliberieren** (-rte, -rt) ↗.

delikat EW (lat.) köstlich (mundend);

heikel; distanziert; **Delikatesse** w (~; ~n) (fr.) Leckerbissen; Behutsamkeit.

Delikt s (~[e]s; ~e) (lat.) Straftat; rechtswidriges Verhalten.

Delineation w (~; ~en) (lat.) Skizze; Grundriß; **delineavit**... hat es gezeichnet.

Delinquent m (~en; ~en) (lat.) Angeklagter; Häftling; EW: **delinquent**.

Delir s (~s; –) (lat.) ∉ Delirium; **Delirant** m (~en; ~en) wer im Delirium redet; **delirant** EW im Delirium *(d.er Zustand)*; **delirieren** ZW (-rte, -rt) ↙ im Delirium reden; **Delirium** s (~s; -ri|en) $ Bewußtseins|trübung, -verwirrung (*D. tremens* Säuferwahn).

deliziös EW (fr.) köstlich; **Delizius** ∉ → Golden Delicious.

Delkredere s (~; ~) (it.) Haftung für eine Forderung; Wertkorrektur für etwaige Außenstände; **Delkrederefonds** m (~; ~) (it.-fr.) [-*foñ*] Rücklage für etwaige Verluste an Forderungen; **Delkredereprovision** w (~; ~en) (it.-lat.) Sondervergütung für Bürgschaft bei Handelsabschlüssen.

Delphimethode w (~; ~n) (nach gr. Orakelstätte *Delphi*) Mehrfachbefragung von Führungskreisen nach Zukunftserwartungen; **delphisch** EW rätselhaft, unverständlich.

Delphin m (~[e]s; ~e) (gr.-lat.) Zahnwal; s (~; –) Schwimmstil; **Delphinarium** s (~s; -i|en) Vorführgelände für Delphine; **Delphinium** s (~; -ni|en) ✿ Rittersporn; **Delphinologe** m (~n; ~n) (gr.) Wissenschaftler, der das Verhalten von Delphinen untersucht.

Delta s (~s; ~s) (gr.) meist dreieckige Schuttablagerung an Flußmündungen; Flugzeug in Form eines gleichschenkligen Dreiecks; **Deltafunktion** w (~; ~en) (gr.-lat.) ⋖ Funktion der Quantentheorie; **Deltametall** s (~s; ~e) Kupferlegierung; **Delta-Projekt** s (~ ~s; –) holländ. Küstenschutz(programm); **Deltarhythmus** m (~; –) $ niedrigste Frequenz im EKG; **Deltastrahl** m (~s; ~en) (gr.-d.) Elektronenstrahl (freigesetzt bei Durchgang radioaktiver Strahlen durch Materie); **Delto|id** s (~[e]s; ~e) (gr.-lat.) ⋖ Viereck mit 2 gleichlangen Seiten.

Delusion w (~; ~en) (lat.) Verhöhnung; **delusorisch** EW trügerisch.

de Luxe (fr.) [*delüx*] allerbestens ausgestattet.

Delysid s (~s;~e) Handelsname für → LSD.

Demagoge m (~n; ~n) (gr., = Volksführer) Volksverführer; **Demagogie** w

(~; -i|en) Volksverhetzung; EW: **demagogisch**.
Demant = → Diamant; EW: **demanten**.
Demarche w (~; ~n) (fr.) [*demarsch*] diplomatischer Schritt zur Wahrung von Rechten.
Demarkation w (~; ~en) (lat.) Abgrenzung; **Demarkationslini|e** w (~; ~n) vorläufige Grenze.
demaskieren ZW (-rte, -rt) ↗ (fr.) die Maske abnehmen; entlarven; w. s.: **Demaskierung** (~; ~en).
Dematerialisation w (~; ~en) (lat.) Befreiung vom Stoff(lichen).
Dementi s (~s; ~s) (lat.-fr.) (amtliche) Richtigstellung; **Dementia** (lat.) = → Demenz (*D. praecox* Jugendwahnsinn; *D. senilis* Greisenverblödung; *D. paralytica* Gehirnerweichung); **dementieren** ZW (-rte, -rt) ↗ abstreiten; zurechtstellen; widerrufen; **Demenz** w (~; ~en) $ Verblödung.
Demijohn m (~s; ~s) (e.) [*demidschohn*] Korbflasche.
demilitarisieren ZW (-rte, -rt) ↗ ∕ (lat.) abrüsten; w. s.: **Demilitarisierung** (~; ~en).
Demimonde w (~; ~n) (fr.) [-*moñde*] Halbwelt.
Demineralisation w (~; ~en) (lat.) $ Verlust an Mineralien; Entzug von Mineralen aus Stoff(en).
Deminutiv = → Diminutiv.
demi-sec EW (fr.) [*demißäk*] halbtrocken.
Demission w (~; ~en) (lat.) Amtsniederlegung; ZW: **demissionieren** (-rte, -rt) ∕.
Demiurg m (~en/~s; -) (gr.) Weltenschöpfer; EW: **demi|urgisch**.
Demi-vi|erge w (~-~; ~-~s) (fr.) [*demiwiärsch*] Mädchen, das sexuell spielt, aber nicht verkehrt.
Demo ∉ → Demonstration.
Demobilisation w (~; ~en) = → Demobilisierung; **demobilisieren** ZW (-rte, -rt) ↗ (lat.) Kriegsheer auf Friedensstand verringern; **Demobilisierung** w (~, on) ✗ Rückführung der Kriegsrüstung auf den Friedensstand, = **Demobilmachung** w (~; ~en).
démodé EW (fr.) aus der Mode, altmodisch ↓.
Demodulation w (~; ~en) (lat.) Scheidung von Sprech- und Hochfrequenzwellen; **Demodulator** m (~s; -toren) Wellentrenngerät, Gleichrichter; ZW: **demodulieren** (-rte, -rt) ↗.
Demograph m (~en; ~en) (gr.) Bevölkerungsstatistiker; **Demographie** w

(~; -) Bevölkerungsstatistik; EW: **demographisch**.
Demo|iselle w (~; ~n) (fr.) [*dêmoasell*] Fräulein.
Demokrat m (~en; ~en) wer für eine parlamentarische Volksherrschaft ist; **Demokratie** w (~; -i|en) (gr., = Volksherrschaft) Staatsform mit gewähltem (*parlamentarische D.*) oder eingesetztem Parlament (*sozialistische D.*); EW: **demokratisch**; **Demokratismus** m (~; -) (gr.-lat.) Überspitzung demokratischer Praxis.
demolieren ZW (-rte, -rt) ↗ (fr.) zerstören; w. abstr. s.: **Demolierung** (~; ~en).
Demologe m (~n; ~n) (gr.) Erforscher der Bevölkerungsentwicklung; abstr. s.: **Demologie** w (~; -).
demonetisieren ZW (-rte, -rt) ↗ (lat.-fr.) (Münzen) aus dem Verkehr ziehen; ein Münzmetall nicht mehr benutzen; w. s.: **Demonetisierung** (~; ~en).
demonomisch EW (gr.) was die Sozialorganisation von Tiergemeinschaften betrifft.
demonstrabel EW (lat.) nachweisbar; **Demonstrant** m (~en; ~en) (lat.) Teilnehmer an einer öffentlichen Protestkundgebung; **Demonstration** w (~; ~en) Beweisführung; Vorführung; Kundgebung; **Demonstrationsapparat** m (~[e]s; ~e) Vorführgerät; **Demonstrations|effekt** m (~[e]s; ~e) steigende Nachfrage nach Gütern mit erhöhten Preisen; **demonstrativ** EW betont, unterstrichen, anschaulich; **Demonstrativplan** m (~[e]s; -pläne) = **Demonstrativvorhaben** s (~s; ~) vorbildlicher (Bau-)Plan; **Demonstrativ(um)** s (~s; -va) = **Demonstrativpronomen** s (~s; -mina) hinweisendes Fürwort; **Demonstrator** m (~s; -toren) Beweis-, Vorführer; **demonstrieren** ZW (-rte, -rt) ↗ vorführen; beweisen; ∕ in öffentlicher Kundgebung protestieren.
Demontage w (~; ~n) (fr.) [-*tasche*] Abbau (von Fabriken); ZW: **demontieren** (-rte, -rt) ↗; w. s.: **Demontierung** (~; ~en).
Demoralisation w (~; ~en) (lat.) Auflösung von Moralbegriffen; **demoralisieren** ZW (-rte, -rt) ↗ moralisch verderben; w. abstr. s.: **Demoralisierung** (~; ~en).
de mortuis nil nisi bene (lat.) über Tote soll man nur Gutes reden.
Demos|kop m (~en; ~en) (gr.) Erforscher der öffentlichen Meinung; abstr.

Demoskopie

s.: **Demoskopie** w (~; -i|en); EW: **demoskopisch**.
demotisch EW (gr.) volkstümlich (*d.e Schrift* altäg. Alltagsschrift [seit dem 7. Jh. v. Chr.]).
Demotivation w (~; ~en) (lat.) Schwächung des Handlungswillens.
Demulgator m (~s; -toren) (lat.) ↻ Entmischer von Emulsionen; ZW: **demulgieren** (-rte, -rt) ↗.
Demulzenzi|en M (lat.) ⚕ Linderungsmittel.
Denaturalisation w (~; ~en) (lat.) Entlassung aus der Staatsangehörigkeit; ZW: **denaturalisieren** ↗; **denaturieren** ZW (-rte, -rt) ↗ Charakter ändern; Stoffe durch Beimischungen ungenießbar machen; Eiweißstoffe leicht verändern (des urspr. Gehalts berauben); **Denaturierung** w (~; ~en) Unbrauchbarmachen von Gütern; ⚕ Entfernung vom natürlichen Zustand.
dendrisch EW (gr.) verästelt; **Dendrit** m (~en; ~en) (gr.-lat.) verästelte Eisen- oder Manganbildungen auf Gesteinsflächen; EW: **dendritisch**; **Dendrochronologie** w (~; -i|en) (gr.-lat.) Auswertung von Baumringen zur Datierung (vor-, kunst-)geschichtlicher Werke; EW: **dendrochronologisch**; **Dendrologe** m (~n; ~n) (gr.) ⊕ Baumforscher; **Dendrologie** w (~; -) ⊕ Baumkunde; EW: **dendrologisch**; **Dendrometer** s (~s; ~) ⊕ Baummesser.
Denervierung w (~; ~en) (lat.) ⚕ Entfernung eines Nervs; Entnervung.
Denguefieber s (~s; ~) (sp.-lat.) [*den-sche-*] Viruserkrankung (von Stechmücken verbreitet).
Deni|er s (~[s]; -) (fr.) [*dennjẹ́*] Fädenfeinmaß; Seidengarnnummer.
Denim s, m (~s; -) (fr., *de Nimes* = aus Nimes) blauer Jeansstoff.
denitrieren ZW (-rte, -rt) ↗ (lat.) Salpetersäure entfernen; w. s.: **Denitrifikation** (~; ~en).
Denobilitation w (~; ~en) (lat.) Adelsaberkennung; ZW: **denobilitieren** (-rte, -rt) ↗.
Denomination w (~; ~en) (lat.) Kennzeichnung; Abart; **Denominativ** s (~s; ~e) = **Denominativum** s (~s; -va) abgeleitetes Zeitwort; **denominieren** ZW (-rte, -rt) ↗ be-, ernennen, namhaft machen.
Denotation w (~; ~en) (lat.) Begriffsinhalt; Beziehung zwischen Zeichen und Bezeichnetem.
Densimeter s (~s; ~) (lat.-gr.) Meßgerät für das spezifische Gewicht; EW: **densimetrisch**; **Densität** w (~; ~en) (lat.) Dichte; **Densitometer** s (~s; ~) (lat.-gr.) Gerät zur Messung der Schwärzung photograph. Papiere; **Densitometrie** w (~; -) Dichtemessung; EW: **densitometrisch**; **Densograph** m (~en; ~en) = → Densitometer; EW: **densographisch**; **Densometer** s (~s; ~) = → Densitometer; EW: **densometrisch**.
dental EW (lat.) an (bei, mit) den Zähnen; **Dental** m (~s; ~e) Zahnlaut (*d, t, s*); **Dentalerie** w (~; -i|en) (lat.-fr.) Geschäft für Mundpflegeartikel; **Dent|algie** w (~; -i|en) (gr.) ⚕ Zahnschmerz; EW: **dent|algisch**; **dentelieren** ZW (-rte, -rt) ↗ (lat.) auszacken; w. abstr. s.: **Dentelierung** (~; ~en); **Dentifikation** w (~; ~en) Zahnbildung; **Dentikel** m (~s; ~) (lat., = Zähnchen) ⚕ kleine Neubildung im Zahn aus **Dentin** s (~s; ~e) ⚕ Zahnbein; Haischuppenhartsubstanz; **Dentist** m (~en; ~en) ⚕ Zahnheilpraktiker; EW: **dentistisch**; **Dentition** w (~; ~en) Zahnen; **dentogen** EW (gr.) ⚕ von (in, bei) den Zähnen; **Dentologe** m (~n; ~n) (lat.-gr.) Zahnforscher, -spezialist, -arzt; w. s.: **Dentologie** (~; -).
Denudation w (~; ~en) (lat., = Entblößung) Landabtragung durch Verwitterung o. ä.; Entfernen einer Hülle.
Denuklearisierung w (~; -) (lat.-d.) Freihalten, -machen von Atomwaffen.
Denunziant m (~en; ~en) (lat.) Angeber, Verräter; **Denunziat** m (~en; ~en) Beschuldigter; **Denunziation** w (~; ~en) (lat.) Anzeige aus unlauteren Motiven; ZW: **denunzieren** (-rte, -rt) ↗; **Denunziator** m (~s; -toren) = → Denunziant; EW: **denunziatorisch**.
Deodorant s (~s; ~s/~e) (lat.) (⫽ *Deo*) kosmetisches Geruchsbeseitigungsmittel; ZW: **deodorieren** (-rte, -rt) ↗.
Deo gratias (lat.) Gott sei Dank!
Deontik w (~; -) (gr.-lat.) (zukünftige) Programmierung des Menschen.
Departement s (~s; ~s) (fr., = Unterteilung) [-*tmã*] Verwaltungsbezirk; Ministerium; **Department** s (~s; ~s) (am.) [-*pât-*] Ministerium; Abteilung; **Departure** w (~; -) (e.) [*dipâtschᵉr*] Abflugzeit, -ort.
Dependance w (~; ~n) (fr.) [*dêpañdañß*] Nebengebäude; **Dependenz** w (~; ~en) (lat.) Abhängigkeit; ZW: **dependieren** (-rte, -rt) ↙.
Depersonalisation w (~; ~en) (lat.) Verfremdungsvorgang; Ich-Entäuße-

rung; ⚕ Dämmerzustand bei Unterfunktion der Nebennierenrinde.
Depesche w (~; ~n) (fr.) = → Telegramm; ZW: **depeschieren** (-rte, -rt) ↙.
Dephlegmation w (~; ~en) (lat.-gr.) ☉ Rückflußkühlung bei der Destillation; **Dephlegmator** m (~s; -toren) Rückflußkühler; ZW: **dephlegmieren** (-rte, -rt) ↗.
Depigmentierung w (~; ~en) (lat.) Farbstoffschwund; ZW: **depigmentieren** (-rte, -rt) ↗.
depilieren ZW (-rte, -rt) ↗ (lat.) enthaaren; w. s.: **Depilation** (~; ~en); **Depilator** m (~s; -toren) ⚕ Haartilgungsmittel.
Deplacement s (~s; ~s) (fr.) [*dëpläß-mañ*] Wasserverdrängung durch Schiffsgewicht; **deplacieren** ZW (-rte, -rt) ↗ [-*ßi*-] an eine geringere Stelle drängen; Pflanzensubstanz so vollständig wie möglich ausziehen; **deplaciert** EW (fr.) [-*ßi*-] unter Niveau; **Deplacierung** w (~; ~en) (fr.) [-*ßi*-] Ver-, Herabsetzung.
Deplantation w (~; ~en) (lat.) ⚕ (Gewebe-)Verpflanzung.
deplorabel EW (lat.) kläglich.
Depolarisation w (~; ~en) (lat.) Rückwandlung von polarem in gewöhnliches Licht; Vermeidung elektr. Polarisation in galvan. Elementen; **Depolarisator** m (~s; -toren) ☉ wasserstoffbindende Chemikalie.
Depolymerisation w (~; ~en) (lat.-gr.) ☉ Zerlegung polymerer Stoffe.
Deponat s (~s; ~e) (lat.) was hinterlegt, aufbewahrt wird; **Deponens** s (~; -nenzi|en) (lat.) Zeitwort in passiver Form, aber mit aktiver Bedeutung; **Deponent** m (~en; ~en) wer etwas hinterlegt; **Deponie** w (~; -i|en) (lat.-fr.) zentrale, abgedichtete Müllabfuhrstelle; **deponieren** ZW (-rte, -rt) ↗ (lat.) hinterlegen; w. s.: **Deponierung** (~; ~en).
Deport m (~[c]s; ~e) (lat.-fr.) Kursabschlag bei Terminverlängerung; **Deportation** w (~; ~en) (lat.) Zwangsverschickung; ZW: **deportieren** (-rte, -rt) ↗; m., w. s.: **Deportierte** (~n; ~n).
Depositalzins m (~es; ~en) (lat.) Vergütung des Schuldners an Gläubiger bei verspäteter Abhebung freiwerdender Anleihen; **Depositar, Depositär** m (~s; ~e) Verwahrer hinterlegter Werte; **Depositen** M Geldeinlagen; hinterlegte Wertsachen; **Deposition** w (~; ~en) Hinterlegung; † Weiheentzug;
Depositogeld s (~[e]s; ~er) (it.-d.) Geld in Gerichtsverwahrung; geborgtes Firmengeld; **Depositorium** s (~s; -ri|en) (lat.) Archiv; Hinterlegungsort; **Depositum** s (~s; -ta) hinterlegter Betrag, Aktenbestand.
depossediert EW (lat.) besitzlos (geworden); **Depossedierung** w (~; ~en) Enteignung; Entthronung.
Depot s (~s; ~s) (fr.) [-*pô*] Aufbewahrungsstelle (von Wertsachen); verwahrter Gegenstand; ⚕ Ablagerung; **Depotbehandlung** w (~; ~en) (lat.-d.) Medikamentierung mit länger wirkenden Heilmitteln; **depotenzieren** ZW (-rte, -rt) ↗ (lat.) der Potenz (Kraft) berauben; w. s.: **Depotenzierung** (~; ~en); **Depotfund** m (~[e]s; ~e) (lat.-d.) nachweislich in der Vorzeit zusammen niedergelegte Gegenstände; **Depotpräparat** s (~s; ~e) (lat.) langsam abgebautes, langwirkendes Heilmittel; **Depotschein** m (~[e]s; ~e) (lat.-d.) Verwahrbescheinigung der Bank; **Depotsuspension** w (~; ~en) (lat.) Impfung mit Langzeitwirkung.
depravieren ZW (-rte, -rt) ↗ (lat.) verschlechtern; w. s.: **Depravation** (~; ~en).
Depression w (~; ~en) (lat.) Niedergeschlagenheit; Konjunkturtiefstand; ⚕ Vertiefung, Landsenke; (meteorol.) Tief; Unterdruck; Stand eines Gestirns unterm Horizont; **depressiv** EW entmutigt, hoffnungslos, niedergeschlagen; **deprimieren** ZW (-rte, -rt) ↗ (lat.) bedrücken *(deprimiert sein)*.
Deprivation w (~; ~en) (lat.) Mangel, Verlust (an Zuwendung); k†: Absetzung eines Geistlichen; ZW: **deprivieren** (-rte, -rt) ↗.
De profundis s (~ ~; –) (lat.) 130. Psalm; Gebet in tiefer Not.
Deputant m (~en; ~en) (lat.) wer Kost-, Naturlohn erhält; **Deputat** s (~[e]s; ~e) Lohnteil in Naturalien; **Deputation** w (~;~en) Abordnung; **deputieren** ZW (-rte, -rt) ↗ abordnen; **Deputierte** m, w (~n, ~n) Abgeordnete(r); Mitglied einer Abordnung.
derangieren ZW (-rte, -rt) ↗ (fr.) [-*rañschi*-] verwirren (MW II: *derangiert* zerzaust).

Derby s (~s; ~s) (e., nach dem e. Stifter, dem Earl of *Derby*, 1780) [*dörbi*] Pferderennen.

Dereliktion w (~; ~en) (lat.) Preisgabe des Eigentums; ZW: **derelinquieren** (-rte, -rt) ↗.

Derivantia M = → Derivata; **Derivat** s (~[e]s; ~e) (lat.) ☉ von einer andern abgeleitete Verbindung; von einem älteren abstammendes (entwickeltes) Organ; Wortableitung; $ Durchblutungsmittel; **Derivata** M $ ableitende Mittel; **Derivation** w (~; ~en) (lat.) Ableitung; (scheinbar) rationale Begründung für Handeln, Entscheidung; **Derivativ** s (~[e]s; ~e) abgeleitetes Wort; **derivativ** EW durch Ableitung; **derivieren** ZW (-rte, -rt) ↗ ableiten.

dermal EW (gr.-lat.) $ an (in, von) der Haut, = **dermatisch** EW; **Dermatitis** w (~; -itiden) (gr.) $ Hautentzündung; **Dermato|id** s (~[e]s; ~e) waschbares Kunstleder; **Dermatol** s (~s; -) $ Wundpuder; **Dermatologe** m (~n; ~n) $ Hautarzt; **Dermatologie** w (~; -) $ Hautforschung; EW: **dermatologisch**; **Dermatolyse** w (~; ~n) $ angeborene Haut(ablösungs)krankheit, = **Dermatolysis** w (~; -sen); **Dermatom** s (~[e]s; ~e) $ Hautgeschwulst; ärztliches Gerät; **Dermatomykose** w (~; ~n) $ Pilzerkrankung der Haut; **Dermatomyom** s (~s; ~e) $ (gutartige) Geschwulst der Haut; **Dermatophyten** M Haar-, Hautpilze; **Dermatoplastik** w (~; ~en) $ Hautverpflanzung; ausgestopftes Tier; EW: **dermatoplastisch**; **Dermat|opsie** w (~; -) Lichtempfindung der Haut; EW: **dermatoptisch**; **Dermatose** w (~; ~n) $ nicht entzündliche Hauterkrankung; **Dermatozoon** s (~s; -zoen) $ Schmarotzer der Haut; **Dermographismus** m (~; -men) (gr.-lat.) $ Hautstreifen, -striemen, = **Dermographie** w (~; -i|en); EW: **dermographisch**; **Dermoplastik** w (~; ~en) = → Dermatoplastik; **dermotrop** EW (gr.) $ auf die Haut wirkend.

Derni|er cri m (~ ~; ~s ~s) (fr., = letzter Schrei) [*dernjêkrí*] das Allerneueste (in der Mode); **Derni|ere** w (~; ~n) (fr.) [-*ǎre*] letzte Aufführung ↓.

Derogation w (~; ~en) (lat.) Aufhebung eines Gesetzesabschnittes; **derogativ** EW (lat.) aufhebend, beschränkend, = **derogatorisch** EW (lat.); **derogieren** ZW (-rte, -rt) ↗ (lat.) außer Kraft setzen, schmälern.

Deroute w (~; ~n) (fr.) [*derût*] Sturz der Preise, des Kurses; ZW: **deroutieren** ↙.

Derrick|kran m (~[e]s; -kräne) (nach einem e. Nachrichter des 17. Jh.s) Montagekran.

Derris w (~; -) (gr.) Pulver aus Wurzeln ostasiat. Pflanzen.

Derutaware w (~; -) (nach it. Stadt) Keramik des 16. Jh.s.

Derwisch m (~s; ~e) (pers., = Bettler) islamischer Bettelmönch.

Desamidase, -nase w (~; ~n) (KuW) ☉ ein Enzym (bewirkt Hydrolyse best. Kohlen-, Stickstoffverbindungen).

des|aminieren ZW (-rte, -rt) ↗ (KW) ☉ Aminogruppe entfernen.

des|armieren ZW (-rte, -rt) ↗ (fr.) entwaffnen; w. s.: **Des|armierung** (~; ~en).

Desaster s (~s; ~) (fr.) Unglück.

desavouieren ZW (-rte, -rt) ↗ (fr.) [-*wuî-*] bloßstellen; verleugnen; im Stich lassen.

Des|engagement s (~s; ~s) = → Disengagement.

Desensibilation w (~; ~en) (lat.) $ Senkung einer Empfindlichkeit; **Desensibilator** w (~s; -toren) $ desensibilisierender Farbstoff; **desensibilisieren** ZW (-rte, -rt) ↗ unempfindlich(er) machen; Lichtempfindlichkeit von Filmen senkend; **Desensibilisierung** w (~; ~en) $ Minderung der Überempfindlichkeit (bei Menschen), der Lichtempfindlichkeit (von Filmen).

Desensualisierung w (~; ~en) (lat., KuW) Ablenkung des Sexualtriebs, Sublimierung.

Deserteur m (~s; ~e) (fr.) [*dêsertôr*] ✕ Fahnenflüchtiger; ZW: **desertieren** (-rte, -rt) ↙.

Desertifikation w (~; ~en) (lat. KW) Wüstwerden (durch menschl. Eingriff).

Desertion w (~; ~en) (lat.-fr.) Fahnenflucht.

Déshabillé s (~s; ~s) (fr.) [*dêsabijê*] Morgenrock, -kleid.

desiderabel EW (lat.) erwünscht; **Desiderat(um)** s (~s; ~a/~e) Erwünschtes; Lücke, Fehlendes; **Desideration** w (~; ~en) Empfinden einer Lücke; Verlangen; **Desiderativum** s (~s; -va) wunschanzeigendes ZW; **Desiderium** s (~s; -ria) Wunsch (nach anzuschaffendem Buch).

Design s (~s; ~s) (lat.-fr.-e.) [*dizain*] Entwurf, Modell, Gestaltung; **Designation** w (~; ~en) (lat.) Bestimmung (für eine Aufgabe); ZW: **designieren** (-rte, -rt) ↗ (lat.-e.) [*dizainer*] Formgeber für Konsumgüter; **Designer-Drogen** M chem. veränderte Arzneimittel als Rauschgifte.

Des|illusion w (~; ~en) (lat.) Ernüchterung, Entzauberung; ZW: **des|illusionieren** (-rte, -rt) ↗; **Des|illusionis-**

mus m (~; –) Nüchternheit; Realitätssinn.

Des|infektion w (~; ~en) (lat.) Entseuchung; ZW: **des|infizieren** (-rte, -rt) ↗; **Des|infektor** m (~s; -toren) Entseucher; Entseuchungsmittel; Kammerjäger.

Des|information w (~; ~en) (lat.) bewußt verfälschte Mitteilung.

Des|integration w (~; ~en) (lat., = Auflösung) Abbau (der Persönlichkeit); Ausgliederung aus der Gesellschaft; Zersetzung; Spaltung; **Des|integrator** m (~s; -toren) ✕ Schleudermühle; **des|integrierend** EW nicht erforderlich; **Des|integrierung** w (~; ~en) = → Desintegration.

Des|interesse(ment) s (~s; ~n/~s) (fr.) [-_mañ_] Uninteressiertheit; **des|interessiert** EW (fr.) nicht interessiert, gleichgültig.

desistieren ZW (-rte, -rt) ✓ (lat.) abstehen (von etw.) ↓.

Desjatine w (~; ~n) (r.) Flächenmaß (= 1 Hektar).

Desk research w (~ ~; ~ ~es) (am.) [-_risōtsch_] Schreibtischarbeit; **Desktop publishing** s (~ ~; ~) (e.) [-_pab-_] Textgestaltung per Computer am Schreibtisch bis zur Publikationsreife, = → CAP.

Deskription w (~; ~en) (lat.) Beschreibung; **deskriptiv** EW beschreibend.

Desmodont s (~[e]s; –) (gr.-lat.) ♄ Zahnwurzelhaut; **Desmologe** m (~n; ~n) (gr.) ♄ Erforscher seelischer Hemmungen; w. abstr. s.: **Desmologie** (~; –); EW: **desmologisch**.

Des|odorans s (~; -ranzi|en) (lat.) geruchvertreibendes Mittel; **des|odorieren** ZW (-rte, -rt) ↗ Geruch beseitigen, = **des|odorisieren** ZW (-rte, -rt) ↗; **Des|odorisation** w (~; ~en) Beseitigung schlechten Geruchs, = **Des|odorisierung** w (~; ~en).

desolat EW (lat.) verzweifelt; verlassen; traurig; w. abstr. s.: **Desolation** (~; –).

Des|ordre m (~s; –) (fr.) Unordnung ↓.

Des|organisation w (~; ~en) (gr.-lat.-fr.) Störung der sozialen (der Wirtschafts-)Ordnung; **des|organisieren** ZW (-rte, -rt) ↗ (fr.-gr.-lat.) zerrütten.

des|ori|entiert EW (fr.-lat.) ununterrichtet; **Des|ori|entierung** w (~; ~en) Verlust der Richtung, = **Des|ori|entiertheit** w (~; ~en) Unkenntnis.

De|sorption w (~; ~en) (lat.) Heraustreiben oder -dringen adsorbierter Stoffe oder Gase.

Des|oxidation w (~; ~en) (lat.) ⚗ Entzug von Sauerstoff; ZW: **des|oxidieren** (-rte, -rt) ↗; **Des|oxyribose** w (~; –) Zucker der **Des|oxyribo(se)nuklein|säure** w (~; –) Zellkernbestandteil aller lebenden Organismen (≠ DNS).

despektierlich EW (lat.) respektlos.

Des|perado m (~s; ~s) (sp., = Verzweifelter) (zum Letzten entschlossener) Radikaler; Glücksritter; Heißsporn; **des|perat** EW (lat.) verzweifelt.

Despot m (~en; ~en) (gr.) Gewaltherrscher; Mensch, der keinen Widerspruch duldet; **Despotie** w (~; -i|en) Willkür-, Gewaltherrschaft, = **Despotismus** m (~; –); **despotisch** EW herrisch; **despotisieren** ZW (-rte, -rt) ↗ (fr.) willenlosen Gehorsam erzwingen; mit Willkür herrschen; **Despotismus** m (~; –) (fr.-lat.) Diktatur.

Dessert s (~s; ~s) (fr.) [_dessār_] Nachtisch.

Dessin s (~s; ~s) (fr.) [_dessān_] Vorlage, Entwurf, Musterzeichnung; Weg des Billardballes; Kniff; **Dessinateur** m (~s; ~e) [-_tōr_] Musterzeichner; **dessinieren** ZW (-rte, -rt) ↗ Muster zeichnen.

Dessous M (fr.) [_deßūs_] (w.) Unterwäsche.

Destillat s (~[e]s; ~e) (lat.) Destillationsprodukt; **Destillateur** m (~s; ~e) (lat.-fr.) [-_tōr_] Alkoholhersteller; Kneipenwirt; **Destillation** w (~; ~en) (lat.) ⚗ Zerlegung von Gemischen; Reinigung von Stoffen; Kneipe; ZW: **destillieren** (-rte, -rt) ↗; **Destille** w (~; ~n) (lat.-fr.) Kneipe.

Destinatär, Destinatar m (~s; ~e) (fr.) ⚖ Schiffsfrachtempfänger; **Destination** w (~; ~en) (lat.) Endzweck; (am.) [_deßtinēschn_] Zielflughafen.

Destose w (~; –) (KW) Süßstoff aus Stärkesirup.

Destruktion w (~; ~en) (lat.) Zerstörung (des Bodens durch die Witterung); **Destruktions|trieb** m (~[e]s; ~e) (lat.-d.) Verhalten, das auf Zerstörung aus ist; **destruktiv** EW zerstörend, zersetzend (♄ Gewebe zerstörend).

Desy m (≠ D. Elektronen-Synchrotron).

Deszendent m (~en; ~en) (lat.) Nachkomme; untergehendes Gestirn; **deszendent** EW absinkend (_d.e Lagerstätten_ ✕ Lagerstätten aus Sickerlösungen); **Deszendenz** w (~; –) Abstammung; Nachkommenschaft; Gestirnuntergang; **Deszendenztheorie** w (~; –) (lat.-gr.) Abstammungslehre; **deszendieren** ZW (-rte, -rt) ✓ (lat.)

deszendierend

abstammen; MW I: **deszendierend** = → deszendent.

détaché (fr.) [*dêtaschê*] ♪ breit gestrichen; **Detachement** s (~s; ~s) ⚔ [*dêtãschmañ*] Spezialtruppe ↓; **Detacheur** m (~s; ~e) [*-schǫ̂r*] Auflöser (Müllereimaschine); Fleckentilger (Spezialarbeiter); w. s.: **Detacheuse** (~; ~n) [*-schǫ̂s*]; **detachieren** ZW (-rte, -rt) [*-taschî-*] ↗ = → delegieren; ablösen; (Flecken) entfernen; (Mahlgut) zerkleinern; **detachiert** EW ohne Anteilnahme, kühl.

Detail s (~s; ~s) (fr.) [*dêtâj*] Einzelheit *(ins D. gehen)*; **detaillieren** ZW (-rte, -rt) ↗ [*-tajî-*] ins einzelne gehen; w. abstr. s.: **Detaillierung** (~; ~en); **Detaillist** m (~en; ~en) [*-tajist*] Kleinhändler ↓; **Detailqualifikation** w (~; ~en) (fr.-lat.) Ergebnis einer Spezialausbildung.

Detektei w (~; ~en) (lat.) Geheimpolizistenbüro; **Detektiv** m (~[e]s; ~e) Helfer bei der Entdeckung illegaler Verhältnisse; **Detektivbüro** s (~s; ~s) (lat.-fr.) = → Detektei, = **Detektivinstitut** s (~[e]s; ~e); **Detektivkamera** w (~; ~s) kleines Fotogerät für unbemerktes Fotografieren; **Detektor** m (~s; toren) (lat.) Gleichrichter, = → Demodulator; Wünschelrute; = **Detektorapparat** (~[e]s; ~e) (lat.) einfacher Rundfunkempfänger.

Détente w (~; –) (fr.) [*dêtañt*] (polit.) Entspannung.

Detergenzien M (lat.) ⚕ Wundreiniger; ⚕ Wasserentspanner, = **Detergentia** M.

Deterioration w (~; ~en) (lat.-fr.) Wertminderung, = **Deteriorierung** w (~; ~en).

Determinante w (~; ~n) (lat.) ⚔ bestimmender Faktor; Zahlen- oder Variablenschema, durch das umfangreiche Terme verkürzt darstellbar sind; Keimplasmateilchen, das Organausbildung begründet; **Determination** w (~; ~en) (= Abgrenzung; Ggs.: Assoziation) zielgerichtetes Denken; Entwicklungsfaktor (eines Keims); **determinativ** EW im einzelnen bestimmend; **Determinativ(um)** s (~s; -va/-ve) nicht den Wortsinn veränderender Zusatzlaut; **Determinativ-Kompositum** s (~-~s; ~-ta) zusammengesetztes Wort, dessen 1. Glied das 2. präzisiert; **determinieren** ZW (-rte, -rt) ↗ (vorher und im einzelnen) bestimmen; w. s.: **Determiniertheit** (~; ~en); **Determinismus** m (~; –) Überzeugung, daß alles vorherbestimmt ist; m. s.: **Determinist** (~en; ~en); EW: **deterministisch**.

Deterrent m (~en; ~en) [auch e.: *ditärent*] Abschreckungswaffe.

detestabel EW (lat.) abscheulich ↓.

Detonation w (~; ~en) (lat.) Explosion(sknall); **Detonator** m (~s; -toren) (lat.) Sprengkapsel; **detonieren** ZW (-rte, -rt) ↙ (lat.) sich entladen; ♪ den Ton nicht treffen.

Detrition w (~; ~en) (lat.) Abtragung (des Bodens durch Eis); **Detritus** m (~; –) Gesteinsschutt; zerfallende Zellen; abgestorbene Mikroorganismen in Gewässern.

Detumeszenz w (~; ~en) (lat.) ⚕ Abschwellen.

Deus ex machina m (~ ~ ~; –) (lat., = Göttererscheinung [auf der Bühne]) plötzlicher Helfer; unerwartete Hilfe.

Deut m (~; –) (nl.): *kein D.* nichts.

Deuteranopie w (~; -ien) (gr.) ⚕ Grünblindheit.

Deuterium s (~s; –) (gr.-lat., ∉ *D*) schweres Wasserstoffisotop; **Deuteriumoxid** s (~s; ~e) (lat.-gr.) ⚗ schweres Wasser; **Deuteron** s (~s; -ronen) (gr., ∉ *d*) Atomkern des schweren Wasserstoffs.

Deuteronomium s (~s; –) (gr.-lat.) 5. Buch Mosis; EW: **deuteronomisch**.

Deutoplasma s (~s; -men) (gr.) Nährplasma.

Deutzile w (~; ~n) (nach dem Holländer von der *Deutz*) ⚘ ostasiat. Zierstrauch.

Deux-pièces s (~-~; ~-~) (fr.) [*döpiâß*] zweiteiliges Damenkleid.

Devaluation = **Devalvation** w (~; ~en) (lat.) Abwertung; ZW: **devalvieren** (-rte, -rt) ↗; EW: **devalvationistisch** = **devalvatorisch**.

Devastation w (~; ~en) (lat.) Zerstörung; ZW: **devastieren** (-rte, -rt) ↗ ↓.

Developer m (~s; ~) (e.) [*diwelleppr*] Büstenformer (Gerät oder Salbe); Entwicklerflüssigkeit.

devestieren ZW (-rte, -rt) ↗ (lat.) † Priesterweihe entziehen; abstr. s.: **Devestitur** w (~; ~en).

Deviant m (~en; ~en) (lat.) Abweichler von gesellschaftl. Norm; **Deviation** w (~; ~en) Kompaßabweichung durch Eisenmengen am Schiff; ⚓ Abweichung von der vorgeschriebenen Route, von der vereinbarten Ware; Verlagerung; **Deviationist** m (~en; ~en) wer von der Parteilinie abweicht; ZW: **deviieren** (-rte, -rt) ↙.

Devil's wire s (~ ~; ~ ~s) (e.) [*-waier*]

Rückwirkungen der Ergebnisse einer DV-Rechnung aufs Programm selbst.
Devise w (~; ~n) (lat.-fr.) Wahlspruch; Wappensymbol; **Devisen** M ausländische Zahlungsmittel, -forderungen; **Devisenkurs** m (~es; ~e) Preis für ausländische Zahlungsmittel.
devital EW (lat.) ≠ leblos.
Devolution w (~; ~en) (lat.) gesetzlicher Rechts-, Besitzübergang auf einen anderen ↓; **Devolutiv|effekt** m (~[e]s; ~e) Übergang der Rechtsentscheidung auf das höhere Gericht (durch Einlegung von Rechtsmitteln); **devolvieren** ZW (-rte, -rt) ↗ der höheren Instanz übertragen.
Devon s (~s; –) (nach einer e. Landschaft) Teil der Urzeit der Erde; EW: **devonisch**.
devot EW (lat.) unterwürfig; **Devotion** w (~; ~en) (= Gelübde) Ergebenheit; Unterwürfigkeit; † fromme Gottesverehrung; **Devotionali|en** M Andachtsgegenstände.
Dexiograph m (~en; ~en) (lat.-gr.) wer von links nach rechts schreibt; w. s.: **Dexiographie** (~; -i|en); EW: **dexiographisch**; **dextral** EW (lat.) rechts.
Dextran s (~s; –) (KW) ≠ Blutplasmaersatz aus Traubenzucker; **Dextrin** s (~s; –) (lat.) Stärkegummi; Kleb-, Appreturstoff.
dextrogyr EW (lat.-gr.) rechtsdrehend; **Dextrokardie** w (~; -i|en) ≠ Rechtslage des Herzens; EW: **dextrokard(isch)**.
Dextropur s (~s; –) (lat.) ≠ Traubenzuckermittel; **Dextrose** w (~; ~n) Traubenzucker.
dezedieren ZW (-rte, -rt) ⟋ (lat.) abweichen.
Dezember m (~s; ~) (lat.) der 12. Monat.
Dezennium s (~s; -nni|en) (lat.) Zehnjahresabschnitt, Jahrzehnt.
dezent EW (lat.) zurückhaltend; zart; schicklich.
dezentral EW (lat.) vom Mittelpunkt weg; **Dezentralisation** w (~; ~en) Aufgliederung, Auseinanderlegung; Übertragung von Verwaltungsaufgaben auf eine besondere Behörde; Auflösung einer größeren Betriebseinheit; ZW: **dezentralisieren** (-rte, -rt) ⟋.
Dezenz w (~; ~en) (lat.) Zurückhaltung; Schicklichkeit.
Dezeption w (~; ~en) (lat.) Täuschung.
Dezernat s (~[e]s; ~e) (lat.) Geschäftsbereich (eines Behördenzweigs); **Dezernent** m (~en; ~en) Leiter eines → Dezernats.
Dezibel s (~s; ~) (lat., KuW) Dämpfungsmaß (¹⁄₁₀ Bel; ≠ dB).
dezidieren ZW (-rte, -rt) ⟋ (lat.) bestimmen; schlichten; **dezidiert** EW bestimmt; entschlossen.
Dezigramm s (~[e]s; ~e) (lat.-gr., ≠ dg) ¹⁄₁₀ g; **Deziliter** s (~s; ~) (lat., ≠ dl) ¹⁄₁₀ l; **dezimal** EW zehnteilig; **Dezimalklassifikation** w (~; –) Ordnungssystem (seit 1873); **Dezimalkode** m (~s; ~s) Verschlüsselung von Buchstaben mit Ziffern 0–9; **Dezimalpotenz** w (~; ~en) ≠ Heilmittelverdünnung; **Dezimalsystem** s (~[e]s; –) (lat.-gr.) Zehnerordnung; **Dezimalwaage** w (~; ~n) Gewichte sind 10× leichter als zu Wiegendes; **Dezimation** w (~; ~en) (lat.) Hinrichtung (Auslese) jedes Zehnten; **Dezime** w (~; ~n) Zehnzeilenstrophe; ♪ Oktav|erweiterung der Terz; **Dezimeter** s (~s; ~) (lat.-gr.) Maß (0,1 m; ≠ dm); **dezimieren** ZW (-rte, -rt) ⟋ (lat.) jeden Zehnten töten; radikal vermindern; w. abstr. s.: **Dezimierung** (~; ~en).
Dezision w (~; ~en) (lat.) Rechtsentscheid; **Dezisionismus** m (~; –) Überzeugung, daß der Gesetzgeber objektives Recht fixieren kann; m. s.: **Dezisionist** (~en; ~en); **dezisiv** EW bestimmt; entscheidend.
Dezi|ster m (~s; ~e/~e) ¹⁄₁₀ cbm.
Dhau w (~; ~en) (ar.) Zweimaster mit Trapezsegeln.
d'Hondtsche Verfahren s (~n ~ns; –) Höchstzahlverfahren (bei Verhältniswahlen).
Dhoti m (~s; ~s) (i.) Lendentuch.
Dia s (~s; ~s) ≠ → Diapositiv.
Diabas m (~ses; ~e) (gr.) Gesteinsart (Feldspat, Augit).
Diabetes m (~; –) (gr.) ≠ Zuckerkrankheit; **Diabetiker** m (~s; ~) Zuckerkranker; EW: **diabetisch**.
diabolisch EW (gr.) teuflisch; hämisch; **Diabolo** s (~s; ~s) (it.) Rasen-, Geschicklichkeitsspiel.
Diabrosis w (~; –) (gr.) ≠ Gefäßwanddurchbruch.
diachron(isch) EW (gr.-lat.; Ggs.: *synchron[isch]*) entwicklungsgeschichtlich; w. abstr. s.: **Diachronie** (~; –; Ggs.: *Synchronie*).
Diadem s (~s; ~e) (gr., = Binde) Stirnreif mit Bügel; Kopfschmuck aus Edelsteinen.
Diadoche m (~n; ~n) (gr.) Nachfolger (Alexanders d. Gr.).
Diagenese w (~; ~n) (gr.-lat.) Um-

Diaglyphe

wandlung von Ablagerungen durch Temperatur oder Druck.
Diaglyphe w (~; ~n) (gr.) eingetiefte Figur; EW: **diaglyphisch.**
Diagnose w (~; ~n) (gr.) $ Feststellung der Krankheit; **Diagnostik** w (~; –) $ Lehre vom Erkennen der Krankheiten; EW: **diagnostisch; Diagnostiker** m (~s; ~) $ Spezialist für Krankheitsfeststellung; **Diagnostikon** s (~s; -ka) $ Krankheitsmerkmal; **diagnostizieren** ZW (-rte, -rt) ∕ Krankheiten feststellen.
diagonal EW (gr.) schräg teilend; **Diagonal** s (~s; –) schräg geripptes Gewebe; **Diagonale** w (~; ~n) ⊰ Verbindung zwischen zwei gegenüberliegenden Ecken.
Diagramm s (~[e]s; ~e) (gr.) Zeichnung des Funktionszusammenhanges zweier (mehrerer) Größen; **Diagraph** m (~en; ~en) Zeichengerät (für Kurven, Schädelumrisse); EW: **diagraphisch.**
Diakaustik w (~; ~en) (gr.) Brennfläche bei Strahlenbrechung; EW: **diakaustisch.**
Diakon m (~s; ~e) (gr.) † Gemeindehelfer; angehender Priester; w. s.: **Diakonisse** (~; ~n), **Diakonissin** (~; ~nen); Angehörige einer ev. † Schwesternschaft; **Diakonat** s (~s; ~e) † Amt, Büro eines Diakons; **Diakonie** w (~; -i|en) Wohlfahrtspflege; † Liebestätigkeit; Arbeit eines Diakons.
Diakrise w (~; ~n) = **Diakrisis** w (~; -krisen) (gr.) Unterscheidung; $ entscheidende Krankheitskrise; **diakritisch** EW abweichend; unterscheidend.
di|aktin EW (gr.-lat.) $ strahlendurchlässig.
Dialekt m (~[e]s; ~e) (gr.) Mundart; **Dialektik** w (~; –) Redekunst; Gesetzmäßigkeit des natürlichen Denkens; Anwendung dieser Gesetzmäßigkeit; Widerspruch zwischen materiellen und soziologischen Faktoren; m. s.: **Dialektiker** (~s; ~); **dialektisch** EW mundartlich; sich durch Gegensätze verständlich machend; → Materialismus (*d.e Methode* Gesprächskunst; Analyse nach These, Anti- und Synthese; *d.e Theologie* sieht im Menschen den Gegensatz zu Gott); **Dialektologie** w (~; –) Mundartenkunde; m. s.: **Dialektologe** (~n; ~n); EW: **dialektologisch.**
Diallag m (~s; ~e) (gr.-lat.) ein Mineral.
Diallele w (~; ~n) (gr.) Zirkelschluß.

Dialog m (~[e]s; ~e) (gr.) Zwiesprache; Rede und Gegenrede (Ggs.: *Monolog*); EW: **dialogisch; dialogisieren** ZW (-rte, -rt) ∕ = → diskutieren; **Dialogismus** m (~; –) Darstellung in Gesprächsform; EW: **dialogistisch.**
Dialypetale w (~; ~n) (gr.-lat.) ⚘ Blüte in Kelch und Krone untergliedert; **Dialysat** s (~s; ~e) Pflanzenextrakt (durch Dialyse); **Dialysator** m (~s; -toren) (gr.) ⌕ Gerät zur Vornahme einer Trennung; **Dialyse** w (~; ~n) ⌕ Trennungsmethode; $ Blutwäsche; ZW: **dialysieren** (-rte, -rt) ∕; EW: **dialytisch.**
diamagnetisch EW (gr.-lat.) von beiden Polen abgestoßen.
Diamant m (~en; ~en) (gr.) Kohlenstoffmineral; Edelstein; w (~; –) Schriftgrad; EW: **diamanten; Diamant-Graduierkurs** m (~-~es; ~-~e) (gr.-lat.) Werteinstufung von Diamanten.
DIAMAT, Diamat m (~; –) (KuW) ⊄ **dia**lektischer **Mat**erialismus.
Diameter m (~s; ~) (gr.) ⊰ Durchmesser; **diametral** EW gegenüberliegend (*d. entgegengesetzt* genau gegenüber); **diametrisch** EW ⊰ wie der Durchmesser.
Dianetik w (~; ~s) (gr.-am.) $ Erforschung und Heilung psychosomatischer Vorgänge.
Diano|etik w (~; –) (gr.) Denklehre; EW: **diano|etisch.**
Dia|objektiv s (~s; ~e) (gr.-lat.) Glasbildwerfer.
Diapason m, s (~s; -sone/~s) (gr.-lat.) ♪ Kammerton; Stimmgabel.
Diapause w (~; ~n) (gr.) Unterbrechung im Wachstumsvorgang vieler Insekten.
diaphan EW (gr.) durchscheinend; **Diaphanie** w (~; -i|en) durchscheinendes Bild; **Diaphanität** w (~; –) (gr.-lat.) Lichtdurchlässigkeit; **Diaphanoskopie** w (~; -i|en) $ Durchleuchtung.
Diaphonie w (~; -i|en) (gr.) = → Dissonanz.
Diaphorese w (~; ~n) (gr.) $ Schweißentwicklung; **Diaphoretikum** s (~s; -ka) (gr.-lat.) $ schweißtreibendes Mittel; **diaphoretisch** EW (gr.) $ schweißtreibend.
Diaphragma s (~s; -men/-mata) (gr.) $ Zwerchfell; poröse Scheidewand von Dialyse- und Elektrolyse|apparaturen; Scheidenpessar zur Empfängnisverhütung.
Diaphyse w (~; ~n) (gr.) $ zwischen

den Epiphysen liegender Röhrenknochenteil.
Diapositiv s (~s; ~e) (gr.) Glasbild, -zeichnung (⊄ *Dia* s [~s; ~s]).
Diärese w (~; ~n) (gr.) Verseinschnitt; Trennung zweier Selbstlaute (durch Trema: ië); Begriffszerlegung; $ Gefäßriß, = **Diäresis** (~; -resen).
Diarium s (~s; -ri|en) (lat.) Kladde.
Diarrhö w (~; ~en) (gr.) $ Durchfall; EW: **diarrhö|isch.**
Diarthrose w (~; ~n) (gr.) $ Kugelgelenk.
Diaskop s (~s; ~e) (gr.) Bildwerfer; w. s.: **Diaskopie** (~; -i|en) Durchleuchtung; EW: **diaskopisch.**
Diaspora w (~; –) (gr., = Zerstreuung) † Gemeinde, Gruppe in der Minderheit.
diastaltisch EW (gr.) sich dehnend.
Diastase w (~; ~n) (gr.) zuckerbildendes Ferment (im keimenden Samen); $ Auseinanderweichen von Knochen (Muskeln); EW: **diastatisch.**
Diastema s (~s; ~ta) (gr.-lat.) $ Zahnlücke (von Geburt an).
Diastole w (~; -olen) (gr.) $ Herzerweiterung; Vokaldehnung im Vers (Ggs.: *Systole*); EW: **diastolisch.**
Diät w (~; ~en) (gr.-lat.) $ (richtige) Krankenernährung; gesunde Nahrung; EW: **diät; Diätar** m (~s; ~e) (lat.) Hilfsarbeiter (auf Behörden); **diätarisch** EW (gr.) gegen Tageslohn; **Diät|assistentin** w (~; ~nen) (gr.-lat.) Leiterin einer Diätküche; **Diäten** M (lat.) Tagegelder; **Diätetik** w (~; –) (gr.) $ Erforschung richtiger Lebensweise; Lebenskunst; EW: **diätetisch; Diätetikum** s (~s; -ka) (lat.) gesundes Nahrungsmittel.
Diathek w (~; ~en) (gr.) Diasammlung.
diatherman EW (gr.) wärmestrahlendurchlässig; w. s.: **Diathermanität** (~; –) = **Diathermanie** (~; –); **Diathermie** w (~; -i|en) $ Durchwärmung; Hochfrequenztherapie, EW. **diathermisch.**
Diathese w (~; ~n) (gr.) $ Empfänglichkeit für Krankheit(en).
Diätistin w (~; ~nen) = Diät|assistentin; **Diät|therapie** w (~; –) (lat.-gr.) $ Krankheitsbehandlung durch Verabreichung geeigneter Kost.
Diatome|en M (gr.) Kieselgur, = **Diatome|en|erde** w (~; –); **Diatomit** m (~[e]s; ~e) daraus gebildetes Gestein.
Diatongerät s (~[e]s; ~e) (gr.-d.) Verbindung von Projektor und Tonbandgerät; **Diatonik** w (~; –) (gr.) ♪ die 7 Tonstufen einer Dur-, Molltonart; **dia-**

tonisch EW (gr.) ♪ in Ganztönen (Halbtönen).
dibbeln ZW (-lte, gedibbelt) ⤻ (e.) Reihensaat in größeren Abständen durchführen; **Dibbelmaschine** w (~; ~n) Gerät hierfür.
dibbern ZW (-rte, gedibbert) ⤻ (jidd.) überlegen.
Dibenzo-para-dioxine M (lat.) ⊙ vollständige Bezeichnung aller → Dioxine.
Dichlormethan s (~; ~e) (lat.) ⊙ ein krebserregender Chlorkohlenwasserstoff; → Methylenchlorid.
Dichogamie w (~; -i|en) (gr.-lat.) ⊕ graduell fortschreitende Reifung w. und m. Geschlechtsorgane; EW: **dichogam; dichotom** EW (gr.) gegabelt; **Dichotomie** w (~; -i|en) (gr., = Zweiteilung) Zweiklassenlehre; ⊕ Sproßgabelung; logische Unterordnung zweier Begriffe unter einen; Überzeugung, daß der Mensch aus Leib und Seele besteht; **dichotomisch** = → dichotom.
Di|chro|ismus m (~; –) (gr.-lat.) Zweifarbigkeit; **di|chro|itisch** EW in verschiedenen Richtungen verschiedenfarbig (*d.e Spiegel* mit 45° Neigung).
Dichromasie w (~; -i|en) (gr.-lat.) $ Unfähigkeit, alle 3 Grundfarben zu erkennen; **dichromatisch** EW (gr.) zweifarbig; **Dichromat|opsie** w (~; -i|en) = → Dichromasie; **Dichromie** w (~; –) Verschiedenfärbung gleichartiger (m. – w.) Tiere; **Dichroskop** s (~[e]s; ~e) Zweifarbigkeitsprüfgerät; EW: **dichroskopisch.**
Dictionnaire s (~s; ~s) (fr.) [*diksjônâr*] Wörterbuch (→ Diktionär).
Didaktik w (~; –) (gr.) Bildungs-, Unterrichtslehre; **Didaktiker** m (~s; ~) Erforscher (Beherrscher, Anwender) der Didaktik; **didaktisch** EW lehrhaft, -mäßig.
Didymitis w (~; -itiden) (gr.-lat.) $ Hodenentzündung; EW: **didymitisch.**
Di|egese w (~; ~n) (gr.) Ausführung; **di|egetisch** EW ausführend, entwikkelnd.
Diehards M (e., = verkaufe dein Leben teuer! = Wahlspruch des 57. e. Infanterieregiments) [*daihâds*] e. Rechtskonservative.
Di|elektrikum s (~s; -ka) (gr.) schlecht (nicht) leitender Stoff; EW: **di|elektrisch; Di|elektrizitäts|konstante** w (~; ~n) (lat.) Isolierwert eines Stoffes.
Dien s (~s; ~e) (lat.) ⊙ ein ungesättigter Kohlenwasserstoff.
Di|es academicus m (~ ~; –) (lat.) Hochschulfeiertag; **Di|es ater** m (~ ~;

–) Unglückstag; **Di|es irae** m (~ ~; –) Jüngstes Gericht.
Diffalco m (~s; –) (it., = Mangel) = → Diskont.
Diffamation w (~; ~en) (lat.) Rufmord; EW: **diffamatorisch; Diffamie** w (~; -i|en) (lat.-fr.) Niedertracht; Verleumdung; **diffamieren** ZW (-rte, -rt) ↗ (lat.) entwürdigen, verleumden; abstr. s.: **Diffamierung** w (~; ~en).
different EW (lat.) verschieden; **differential** EW unterscheidend (bis zum geringsten Unterschied); Bewegung durch Gegenbewegung abschwächend; **Differential** s (~s; ~e) ⚔ nach Null strebende unendlich kleine Größe; ⚔ Zeichen an Stelle kleiner Differenzen (bei Grenzwertbetrachtungen); Ausgleichsgetriebe; **Differential|analysator** m (~s; ~en) (lat.-gr.) ⚔ Rechenmaschine für Differentialgleichungen; **Differentialdiagnose** w (~; ~n) ⚕ Unterscheidung verwandter Krankheitsbilder; **Differentialgeometrie** w (~; –) ⚔ Behandlung von Kurven und Flächen mit der Differential- und Integralrechnung; **Differentialgetriebe** s (~s; ~) (lat.-d.) Ausgleichsgetriebe; **Differentialgleichung** w (~; ~en) Gleichung mit Differentialquotienten; **Differentialquoti|ent** m (~en; ~en) (lat.) ⚔ Beziehung zweier unendlich kleiner Größen; **Differentialrente** w (~; ~n) (lat.-fr.) Vorzugseinkommen aus besserer Bewirtschaftbarkeit; **Differentialtarif** m (~[e]s; ~e) (lat.) Frachtsatz, der mit der Entfernung sinkt; **Differentiat** s (~s; ~e) Mineral oder Gestein, entstanden durch **Differentiation** w (~; ~en) Ausgleich (in einem Ganzen); Aufspaltung einer Stammschmelze; **Differentiator** m (~s; -toren) = → Derivator; **differenti|ell** EW = → differential (*d.e Psychologie* Untersuchung der persönlichkeitsbedingten Seelenbesonderheiten); **differenti|ieren** ZW (-rte, -rt) ↗ die kleinsten Bestandteile finden; verschieden gestalten; **Differenz** w (~; ~en) Unterschied; Rest; Uneinigkeit; **Differenzquoti|ent** m (~en; ~en) ⚔ Hilfsgröße bei der Differentialrechnung; **differenzieren** ZW (-rte, -rt) ∠ Unterschiede aufzeigen (betonen, beachten); ↗ verfeinern; ⚔ in Differentialen rechnen; ⚕ Gewebeüberfärbung aufheben; **Differenziertheit** w (~; ~en) (lat.) sublime Struktur; **Differenzierung** w (~; ~en) Mannigfaltigkeit durch Entfaltung; Sonder-, Entwicklung verschiedener Gewebe aus gleichartigen Zellen; **Differnzton** m (~s; -töne) = Kombinationston; **differieren** ZW (-rte, -rt) ∠ verschieden sein.
diffizil EW (lat.) schwierig; w. s.: **Diffizilität** (~; -).
Diffluenz w (~; ~en) (lat.) Gletschergabelung.
difform EW (lat.) mißgestaltet; abstr. s.: **Difformität** w (~; ~en).
diffrakt EW (lat.) zerbrochen; **Diffraktion** w (~; ~en) Beugung einer Wellenbewegung.
diffundieren ZW (-rte, -rt) ↗ (lat.) zerstreuen; ↺ verschmelzen.
diffus EW (lat.) zerstreut (*d.es Licht; d.e Reflexion* Lichtreflexion von rauhen Oberflächen); weitschweifig; nicht klar begenzt (*d.e Krankheiten);* **Diffusion** w (~; ~en) (lat.) ↺ selbsttätige Vermischung von Gasen (Flüssigkeiten) (= → Osmose); ⚡ Wetteraustausch; Auslaugung; **Diffusionskanal** w (~s; -kanäle) Verbreitungsmedium von Informationen; **Diffusor** m (~s; -soren) Kanal, der sich in Strömungsrichtung erweitert.
digen EW (gr.) aus 2 Zellen entstanden.
digerieren ZW (-rte, -rt) ↗ (lat.) auslaugen; ⚕ verdauen.
Digest s (~s; ~s) (e.) [*daidschest*] aus Buch (Zeitung, Zeitschrift) abgedruckter Text; **Digesten** M (lat.) = → Pandekten; **Digestion** w (~; ~en) ⚕ Verdauung; Absud; EW: **digestiv; Digestor** m (~s; -toren) Dampfkochtopf.
Digimatik w (~; –) (lat.-gr.) Nutzung der elektronischen Zähltechnik.
Digit s (~s; ~s) (e.) [*didschit*] Ziffer (Stelle) eines DV-Gerätes; Code|einheit; **digital** EW (lat.) mit dem (durch den, an dem) Finger; ziffernmäßig; **Digital Audio Tape** s (~ ~ ~; ~ ~ ~s) (e.) [*didschitel odjo teip*] beste Form der Audiokassette (¢ *DAT*).
Digitalcomputer m (~s; ~) (lat.-e.) [-*kompjûter*] Ziffernrechner; **Digitalelektroniker** m (~s; ~) Facharbeiter an Rechenmaschine; **Digitalis** w (~; ~) ⚘ Fingerhut; ⚕ Herzmittel daraus; **Digitalskompression** w (~; ~en) ⚕ blutstillender Druck auf die Schlagader; **Digitalismus** m (~; –) ⚕ Fingerhutvergiftung; **Digitalispräparat** s (~[e]s; ~e) ⚕ Herzmittel; **Digitalrechner** m (~s; ~) Datenverarbeitungsgerät; **Digitaltechnik** w (~; –) Bereich der Informatik (Zerlegung in kleinste Informations|einheiten); **Digital|uhr** w (~; ~en) sehr exakter Zeitmesser.

Diglyph m (~s; ~e) (gr.) □ geschlitzte Gebälkplatte.
Dignität w (~; ~en) (lat.) Würde; † nur vom Papst verleihbare Stelle.
Digression w (~; ~en) (lat., = Ausweichung) Winkel zwischen Gestirnen (zwischen Gestirn und Meridian: *astronomische D.*).
Dihybrid m (~en; ~en) = **Dihybride** m (~n; ~n) (lat.) Lebewesen, das von den Eltern deren divergierende Merkmale (latent) geerbt hat; **dihybrid** EW in Erbmerkmalen verschieden.
dijudizieren ZW (-rte, -rt) ↗ (lat.) entscheiden; w. abstr. s.: **Dijudikation** (~; ~en).
diklin EW (lat.) ⚥ eingeschlechtig.
Dikotyledone w (~; ~n) (gr.) ⚥ zweikeimblättrige Pflanze; EW: **dikotyl.**
diktando (it.) beim Diktieren; **Diktaphon** s (~s; ~e) (lat.-gr.) Diktiergerät; **Diktat** s (~[e]s; ~e) Ansage zur genauen Mitschrift; das Angesagte; erzwungene Verpflichtung; Befehl ohne Einspruchsrecht; Gewaltfriede; **Diktator** m (~s; -toren) (lat.) Alleinherrscher, Gewalthaber, -mensch; **diktatorisch** EW. keinen Widerspruch duldend; **Diktatur** w (~; ~en) Ausübung der absoluten Macht durch den Staat, einen einzelnen Machtträger oder eine Gruppe; **diktieren** ZW (-rte, -rt) ↗ zum Nachschreiben vorsagen; aufzwingen *(Frieden d.)*; **Diktiergerät** s (~[e]s; ~e) Aufzeichnungsapparat für Diktate, Mitteilungen; **Diktion** w (~; ~en) Redestil; **Diktionär** m (~s; ~e) (fr.) Wörterbuch; **Diktum** s (~s; -ta) (lat.) Ausspruch; Befehl; bereits Gesagtes.
dilatabel EW (lat.) dehnbar; **Dilatation** w (~; ~en) (= Erweiterung) Wärmeausdehnung; ⚕ Ausweitung der Blutgefäße; ⚥ Wachstumsverbreiterung der Bäume; ⚔ zentr. Streckung bei geometr. Abb.; **Dilatationsfuge** w (~; ~n) (lat.-d.) □ spannungshemmende Dehnungsfuge; **Dilatator** m (~s; -toren) (lat.) ⚕ Erweiterungsmuskel, -nerv, -gerät; **dilatieren** ZW (-rte, -rt) ↗ erweitern; **Dilation** w (~; ~en) Befristung einer Rechtshandlung; **Dilatometer** s (~s; ~) (gr.) Meßgerät für die Ausdehnung erwärmter Flüssigkeiten; Alkoholmesser; **dilatorisch** EW (lat.) aufschiebend; hinhaltend *(etw. d. behandeln; d.e. Einrede* vor Gericht; Ggs.: *per|em[p]torisch)*; erweiternd.
Dildo m (~s; ~s) Penis aus Latex.
Dilemma s (~s; ~s) (gr., = Doppelsatz) Zwangslage; Wechselschluß.

Dilettant m (~en; ~en) (lat.-it.) Amateur; Stümper; EW: **dilettantisch; Dilettantismus** m (~; -men) (lat.) Halbwissen; Pfuscherei; **dilettieren** ZW (-rte, -rt) ↙ nicht genau Bescheid wissen; oberflächlich (halbwissend) arbeiten.
diluieren ZW (-rte, -rt) (lat.) ↗ verdünnen; **Dilution** w (~; ~en) (lat.) ⚕ Verdünnung.
diluvial EW (lat.) eiszeitlich; angeschwemmt; **Diluvium** s (~s; –) Eiszeitalter.
Dimafon s (~s; ~e) (⚡ Diktier-Magnetof[ph]on) Diktiergerät.
Dimension w (~; ~en) (lat.). Erstreckung in *einer* Richtung; Bestimmung nach Maßeinheiten; ⚔ Beziehung zu Grundeinheiten; **dimensional** EW die Ausdehnung bestimmend; ausgedehnt; **Dimensionale** w (~; ~n) ⚔ Ausdehnungsrichtung; **dimensionieren** ZW (-rte, -rt) ↗ abmessen.
dimer EW (gr.) von 2 Erbanlagen bestimmt; zweiteilig; **Dimerisation** w (~; ~en) (gr.-lat.) Verbindung zweier gleicher ungesättigter Moleküle.
Dimeter m (~s; ~) (gr.) Versform aus 2 gleichen Versfüßen; EW: **dimetrisch.**
Diminu|end m (~en; ~en) (lat.) = → Subtrahend; **diminu|endo** (it.) ♪ abschwächend; s.: **Diminu|endo** s (~s; -di) ♪; **diminuieren** ZW (-rte, -rt) ↗ (lat.) verkleinern; **Diminution** w (~; ~en) Verringerung; ♪ Verzierung; ♪ Beschleunigung durch Notenverkürzung; EW: **diminutiv; Diminutiv(um)** s (~[e]s; ~e/[-va]) Verkleinerungsform, -silbe.
Dimission w (~; ~en) (lat.) Entlassung; **dimissionieren** ZW (-rte, -rt) ↙ Amt niederlegen; **dimittieren** ZW (-rte, -rt) ↗ entlassen.
Dimmer m (~s; ~) (KuW, e.) Dämmerlicht-Einsteller.
dimorph EW (gr.) zwiegestaltig; **Dimorphismus** m (~; –) (gr.-lat.) Zweiformigkeit (m./w.) *einer* Art (eines Tiers, einer Pflanze); = **Dimorphie** w (~; -).
Dinanderie w (~; -i|en) (nach einem belg. ON) Messinggerät.
dinarisch EW (nach einem Alpenteil) zur d.en Rasse gehörend.
Dinde w (~; ~s) (fr.) [*dänd*] junge Pute, = **Dindon** s (~s; ~s) [*dändoṅ*].
Diner s (~s; ~s) (fr.) [*dîné*] Festessen; Speisefolge dabei.
Ding(h)i s (~s; ~s) (i.) ⚓ Beiboot.
Dingo m (~s; ~s) (austr.) Wildhund.
dinieren ZW (-rte, -rt) ↙ (fr.) festlich

speisen; **Diningroom** m (~s; ~s) (e.) [*dainiñrûm*] Eßzimmer; **Dinner** s (~s; ~s) (e.) Hauptmahlzeit (abends); **Dinnerjackett** s (~s; ~s) (e.) [*-dschäckett*] Gesellschaftsanzug.

Dinosaurier m (~s; ~) (gr.) ausgestorbenes Reptil, = **Dinosaurus** m (~; -ri|er); **Dinotherium** s (~s; -ri|en) (gr.-lat.) ausgestorbener Riesenelefant.

Diode w (~; ~n) (gr.) Zweipolröhre zur Gleichrichtung.

Diolen s (~s; –) (KuW) eine Polyester-Kunstfaser.

dionysisch EW (gr., nach dem Gott *Dionysos*) rauschhaft, triebhaft-ungebändigt.

diophantisch EW nach dem gr. Mathematiker *Diophantos* (um 250) (*d.e Gleichung* ⚔ nur mit ganzen Zahlen als Lösung).

Diopsid m (~s; ~e) (gr.-lat.) ein Mineral; **Dioptas** m (~; ~e) ein Mineral; **Diopter** s (~s; ~) (gr.) Visier; **Dioptrie** w (~; –) (⚕ *dpt*[r]) Brechkrafteinheit (für Linsen; bei Fehlsichtigkeit); **Dioptrik** w (~; –) Lichtbrechungslehre; **Dioptrometer** s (~s; ~) Dioptrienbestimmungsgerät; EW: **dioptrometrisch**.

Diorama s (~s; -men) (gr.) plastisches Bild vor Bildhintergrund, Schaubild.

Diorid s (~s; –) (KW) eine Kunstfaser.

Diorit m (~[e]s; ~e) (gr.) Tiefengestein.

Dioskuren M (gr., = Söhne des Zeus; eigtl.: Kastor und Pollux) unzertrennliche Freunde.

diotisch EW (gr.) ⚕ mit beiden Ohren (*d.es Hören*).

Dioxan s (~s; –) (KuW) ⚛ Lösungsmittel; **Dioxid** s (~s; –) (gr.) ⚛ Sauerstoffverbindung; **Dioxin** s (~s; ~e) hochgiftige(r) chem. Stoff(gruppe).

Diözesan m (~s; ~e) (gr.) † Diözesenbewohner; EW: **diözesan**; **Diözesanklerus** m (~; –) (gr.-lat.) † Bistumsgeistliche; **Diözesan|synode** w (~; ~n) (gr.) † Bistumsversammlung; **Diözese** w (~; ~n) † Bischofsbezirk.

Diözie w (~; –) (gr.) ⚘ Zweihäusigkeit; EW: **diözisch**; **Diözismus** m (~; –) = → Diözie.

Dip m (~s; ~s) (am., = eintauchen) Käsesoße zum Eintunken.

Dipeptid s (~s; ~e) (gr.-lat.) ⚛ Eiweißkörper aus 2 Aminosäuren.

Diphenyl s (~[s]; –) (lat. KuW) organ. Früchtekonservierungsmittel.

Diphtherie w (~; -i|en) (gr.) ⚕ Rachenbräune, = **Diphtheritis** w (~; -iti̱den); **Diphtheriebakteri|en** M (gr.-lat.) Erreger der Diphtherie (1884 entdeckt), = **Diphtheriebazillus** m (~; -llen); **Diphtherieserum** s (~s; –) ⚕ Behandlungsmittel gegen Diphtherie (seit 1893); **diphtherisch** EW ⚕ mit Rachenbräune; rachenbräuneartig; **diphtheroid** EW rachenbäuneähnlich.

Diphthong m (~s; ~e) (gr.) einsilbiger Doppelvokal; **diphthongieren** ZW (-rte, -rt) ↗ zum Diphthong entwickeln; w. abstr. s.: **Diphthongierung** (~; ~en); EW: **diphthongisch**.

diphyletisch EW (gr.-lat.) aus 2 entwicklungsgeschichtlichen Linien herleitbar (Pflanzen, Tiere).

diphyodont EW (gr.) ⚕ im Zahnwechsel.

Diplegie w (~; -i|en) (gr.) ⚕ beiderseitige Lähmung.

diplo|id EW (gr.) mit doppeltem Chromosomensatz (*d.e Zellen*); w. s.: **Diplo|idie** (~; -i|en).

Diplom s (~[e]s; ~e) (gr.) Urkunde; Anerkennungsbestätigung; **Diplomand** m (~en; ~en) (gr.-lat.) Anwärter auf ein Diplom; **Diplomat** m (~en; ~en) (gr.) im Auswärtigen Dienst stehender höherer Beamter; großer Schreibtisch; geschickter Gesprächspartner; **Diplomatie** w (~; -i|en) die internationalen Beziehungen; Außenpolitik; das Diplomatische Korps; alle Diplomaten; geschickte Verhandlungsführung; **Diplomatik** w (~; –) Urkundenforschung; m. s.: **Diplomatiker** (~s; ~); **diplomatisch** EW Urkunden...; Gesandtschafts...; geschickt (taktierend) (*D.es Korps* alle fremden Staatsvertreter in einem Lande); **diplomieren** ZW (-rte, -rt) ↗ (gr.-lat.) durch ein Diplom auszeichnen.

Diplont m (~en; ~en) Tier oder Pflanze mit 2 Chromosomensätzen in jeder Zelle; **Diplopie** w (~; –) ⚕ Doppeltsehen.

Dipnoi M (gr.-lat.) Knochenfische mit Kiemen und Lungen.

dipodisch EW mit abwechselnden Haupt- und Nebenhebungen.

Dipol m (~s; ~e) (gr.) 2 benachbarte Ladungen mit entgegengesetzten Vorzeichen; **Dipol|antenne** w (~; ~n) (gr.-lat.) Antenne mit 2 gleichen Leitern; **Dipolmolekül** s (~s; ~e) (gr.) dipolbildendes Molekül; **Dipolmoment** s (~[e]s; ~e) (gr.-lat.) Produkt aus Abstand und Ladung.

dippen ZW (~-ppte, gedippt) ↗ (e.) (Flagge) grüßend senken; räudige Schafe zur Desinfizierung baden; eintauchen.

Dipsomane m, w (~n; ~n) (gr.-lat.) Quartalssäufer(in); w. s.: **Dipsomanie** (~; -i|en); EW: **dipsomanisch**.
Diptam m (~s; ~s) (gr.-lat.) ⊕ Rautengewächs mit entzündbaren Blättern.
Diptere m (~n; ~n) (gr.) Zweiflügler.
Diptychon s (~s; -chen) (gr., = Doppelfalte) Doppeltafel; Zweiflügelaltar.
Dipylonkultur w (~; -) (gr.-lat.; *Dipylon* ein Athener Tor) gr. Eisenzeitkultur; **Dipylonvase** w (~; ~n) spätarcha|isches bemaltes gr. Gefäß.
Direct costing s (-; ~ ~s) (e.) [*dairekt koustiñ*] Deckungsbeitragsrechnung; **Direct cut** m (~ ~; ~ ~s) (e.) [*-kat*] Direktschnittplatte; **Direct Marketing** s (~ ~s; -) (am.) [*d(a)irekt mâk′tiñ*] Direktwerbung; **direkt** EW (lat.) unmittelbar; gradenwegs (Ggs.: *indirekt*) (*d.e Rede* Aussage, wörtlich wiedergegebene Rede; *d.e Steuern* unmittelbar erfaßte Abgaben; *d.e Aktion* Revolution); **Direktion** w (~; ~en) (lat.) Lenkung; Leitung; Richtung; **direktionslos** EW (lat.-d.) ohne Richtung; unstatthaft; **Direktive** (~; ~n) (lat.) Richtlinie; **Direktor** m (~s; -toren) Leiter; **Direktor|antenne** w (~; ~n) Richtantenne; **Direktorat** s (~[e]s; ~e) Leitung; Büro, Amt des Direktors; **direktorial** EW vom (als, wie ein) Direktor; **Direktorin** w (~; ~nen) w. Direktor; **Direktorium** s (~s; -ri|en) Leitung; **Direktrice** w (~; ~n) (fr.) [*-tríß*] Leiterin; **Direktrix** w (~; -) (lat.) ⊀ Leitkurve, -linie; **Direktwerbung** w (~; -) Werbung für einzelne Produkte; **Dirigat** s (~s; ~e) (lat.) Orchesterleitung; **Dirigent** m (~en; ~en) ♪ Kapellmeister; **dirigieren** ZW (-rte, -rt) ⁊ leiten, lenken (bes. ♪); **Dirigismus** m (~; -) staatliche Wirtschaftslenkung; EW: **dirigistisch** *(d.e Eingriffe [Maßnahmen])*.
Dirimenti|en M (lat.) unüberwindbare Ehehindernisse; **dirimieren** ZW (-rte, -rt) (lat.-fi.) ⁄ trennen, sich lösen.
Dirt-Track s (~-~s; ~-~s) (e.) [*dörtträck*] Motorrad-Aschenbahn(rennen), = **Dirt-Track-Rennen** s (~-~-~s; ~-~-~).
Dirty Tones M (am., = schmutzige Töne) [*dö′ti tôns*] ♪ emphatische Jazzintonation.
Disaccharid s (~s; ~e) (lat.-gr.) Kohlehydrat aus 2 Zuckermolekülen.
Dis|agio s (~s; ~s) (it., = Abschlag) [*-âdscho*] Unterschied zwischen Nenn- und Kurswert.
Disc- → Disk-; **Discman** m (~; -men) (am.) [*diskmän*] tragbarer → CD-Player mit Kopfhörer.
Discount m (~s; ~s) (e.) [*diskaunt*] = **Discountgeschäft** s (~[e]s; ~e) = **Discountladen** m (~s; -läden) Geschäft mit wenig Service, daher niedrigen Preisen; **Discounter** m (~s; ~) Inhaber eines solchen Geschäfts.
Discoverer m (~s; ~) (e.) [*-kaw-*] am. Erdsatellit.
discreto (it.) ♪ behutsam.
Dis|engagement s (~s; ~s) (e.) [*-géish-*] Interesselosigkeit; (fr.) [*-añgaschmañ*] Auseinanderrücken der Militärblöcke.
Diseur m (~s; ~e) (fr.) [*disộr*] Kabarettrezitator, -sänger; w. s.: **Diseuse** (~; ~n) [*disộse*].
disgru|ent EW (lat.) ⊀ nicht übereinstimmend; w. s.: **Disgru|enz** (~; -).
Disharmonie w (~; -i|en) (gr.) Mißklang; Streit; **disharmonieren** ZW (-rte, -rt) ⁄ (lat.) nicht übereinstimmen; **disharmonisch** EW mißtönend; ohne Einklang; voller Zwietracht.
Dis|incentives M (am., = Abschreckungsmittel) [*dis|insentiws*] staatliche Konjunkturbremsen.
Disjektion w (~; ~en) (lat.) Persönlichkeitsspaltung im Traum.
disjunkt EW (lat.) getrennt; **Disjunkti|on** w (~; ~en) gegenseitiges Sichausschließen (von Sachverhalten); Zerstreuung eines Verbreitungsgebiets (von Tieren, Pflanzen); Chromosomentrennung; **disjunktiv** EW (lat.) trennend; gegensätzlich; einander ausschließend (*d.e Frage* Doppelfrage); **Disjunktor** m (~s; -toren) Zerteiler, Unterbrecher.
Diskant m (~[e]s; ~e) (lat.) ♪ Sopran; improvisierte Gegenmelodie.
Disk-Jockey m (~-~s; ~-~s) (am.) [*-dschocki*] Schallplattenvorführer; **Disko** w (~; ~s) ⊄ Diskothek; Tanz zu Musikkonserven; **diskogen** EW (gr.) in jeder Hinsicht hochwertig (Schallplatte), **Diskographie** w (~; -i|en) genaue Schallplattenliste; EW: **diskographisch**; **Diskomyzet** m (~en; ~en) ⊕ Scheibenpilz.
Diskont m (~s, ~en) (lat. it.) voraus abgezogener Zinsbetrag, Diskontsatz, Diskontierung; M: Wechsel; **Diskonter** m (~s; ~) Handel(skette) mit Billigpreisen; **diskontieren** ZW (-rte, -rt) ⁊ Wechsel vorfristig kaufen.
diskontinuierlich EW (lat.) unverbunden; unterbrochen; **Diskontinuität** w (~; ~en) Zusammenhanglosigkeit.
Diskontpolitik w (~; -) (fr.-lat.) be-

Diskontsatz

wußte Handhabung des Wechselankaufs durch die Zentralnotenbank; **Diskontsatz** m (~es; –) Zins für Ankauf von Wechseln.
Diskopathie w (~; -i|en) (gr.) $ Bandscheibenschaden; EW: **diskopathisch**;
Diskoqueen w (~; ~s) (e.) [-*kwin*] bewundertes Mädchen in Disko; erfolgreiche Diskosängerin.
Diskordanz w (~; ~en) (lat., = andere Meinung) Ungleichheit; verschiedengerichtete Lagerung der Gesteinsschichten; deren Grenzschicht; EW: **diskordant**.
Diskothek w (~; ~en) (gr.) Schallplattensammlung; Tanzlokal; m. s.: **Diskothekar** (~s; ~e).
Diskredit m (~[e]s; ~e) (lat.) schlechter Leumund; **diskreditieren** ZW (-rte, -rt) ↗ in Mißkredit bringen; verdächtigen.
diskrepant EW (lat.) unstimmig; **Diskrepanz** w (~; ~en) Abweichung; Unstimmigkeit; Zwiespalt; **diskrepieren** ZW (-rte, -rt) ↙ abweichen.
diskret EW (lat.) verschwiegen; voller Takt; unauffällig; unzusammenhängend (*d.e Zahlenwerte* sind durch endliche Intervalle voneinander getrennt); **Diskretion** w (~; ~en) Verschwiegenheit; Takt; **diskretionär** EW dem Gutdünken des Partners anheimstellend.
Diskriminante w (~; ~n) (lat.) Trenngröße; **Diskrimination** w (~; ~en) Abwertung; Verdächtigung; **Diskriminator** m (~s; -toren) Elektronenröhrenschaltung zur Impulsermittlung; **diskriminieren** ZW (-rte, -rt) ↗ abwerten; herabwürdigen; verfemen; **Diskriminierung** w (~; ~en) Herabwürdigung; Benachteiligung; = → Diskrimination.
diskurrieren ZW (-rte, -rt) ↙ (lat.) = → diskutieren; **Diskurs** m (~es; ~e) (schriftl.) → Diskussion; **diskursiv** EW aus den Teilen das Ganze folgernd.
Diskus m (~; ~se) (gr.) flacher Wurfkörper; $ Bandscheibe; **Diskus|herni|e** w (~; ~n) (lat.) $ Bandscheibenvorfall.
Diskussion w (~; ~en) (lat.) Aussprache; Untersuchung durch Beredung; **diskutabel** EW (lat.) eine Erörterung wert; **Diskutant** m (~en; ~en) Gesprächsteilnehmer; **diskutieren** ZW (-rte, -rt) ↗ besprechen; durch Aussprache klären.
Dislokation w (~; ~en) (lat.) Ortswechsel; Lagerungsveränderung von Gesteinen; $ Organen; $ Verrenkung; **Dislokationsbeben** s (~s; ~) Erdbeben durch tekton. Bewegungen; **dislozieren** ZW (-rte, -rt) ↗ (lat.) versetzen, -lagern, -renken; w. s.: **Dislozierung** (~; ~en) = → Dislokation.
disloyal EW (lat.-fr.) nicht regierungstreu.
Dismembration w (~; ~en) (lat.) Zerstückelung; **Dismembrator** m (~s; -toren) Schlagstiftmühle.
Dispache w (~; ~n) (fr.) [-*pásch*] ⚓ Schadenfeststellung bei Havarie; **Dispacheur** m (~s; ~e) [-*páschör*] ⚓ Schadensachverständiger; **dis|pachieren** ZW (-rte, -rt) ↙ [-*páschí*-] ⚓ Schaden schätzen.
dis|parat EW (lat.) unvereinbar; **Dis|parität** w (~; –) Ungleichheit (in der Behandlung).
Dis|patcher m (~s; ~) (e.) [-*petsch*-] Betriebsagent; **Dis|patchersystem** s (~s; –) (e.-gr.) Großproduktionsleitung.
Dis|pens m (~es; ~e) (lat.) Erlaubnis; Befreiung von einem Verbot; **dis|pensabel** EW erläßlich ↓; **Dis|pensairemethode** w (~; ~n) (fr.-gr.) [-*pañßâr*-] vorbeugendes Verfahren; **Dispensarium** s (~s; -ri|en) (lat.) = → Dispensatorium; **Dis|pensation** w (~; ~en) $ Heilmittelbereitung nach Rezept, = → Dispens; **Dis|pensatorium** s (~s; -ri|en) $ Heilmittelbuch; **Dis|pens|ehe** w (~; ~n) durch † Dispens ermöglichte Ehe; **Dis|penser** m (~s; ~) (am.) stummer Verkäufer (z. B. Automat); **Dis|pensier|anstalt** w (~; ~en) (lat.-d.) Heilmittelherstellungslabor; **dis|pensieren** ZW (-rte, -rt) ↗ befreien; Heilmittel herstellen und verabfolgen; beurlauben; w. s.: **Dis|pensierung** (~; ~en).
di|spergieren ZW (-rte, -rt) ↗ (lat.) zerstreuen.
Di|spermie w (~; -i|en) (gr.-lat.) Besamung mit 2 Samenfäden.
di|spers EW (lat.) verstreut (*d.e Gebilde* Phasen, Systeme, ⚬ Gemenge, die sich aus Gas [Wasser] und Verteilungsmitteln bilden); **Dispersants** M (e.) [*dispöñts*] Schmierölbestandteile gegen Ablagerungen im Motor; **Di|spersion** w (~; ~en) (lat.) Zerlegung in einzelne Wellenlängen; Streuung statistischer Zahlen; Lichtbrechbarkeit; **Dispersum** s (~s; ~s) (lat.) feinst verteilter Stoff in Schwebezustand.
dis|placed persons (e.) [*dißpläßd pörßens*] (verschleppte) heimatlose Ausländer.
Dis|plantation w (~; ~en) (lat.) $ Verpflanzung; Übertragung.

Dis|play s (~s; –) (e.) [*-plei*] Entfaltung; Prunk; Warenschau (im Schaufenster, am Verkaufsstand); (Daten-)Lichtgerät; **Dis|player** m (~s; ~) (am.) Dekorateur; Verpackungsgestalter.

Dis|ponenden M (lat.) auf neue Rechnung bezogene Bücher (im Sortiment); **Dis|ponent** m (~en; ~en) (lat.) bevollmächtigter Mitarbeiter; **dis|ponibel** EW verfügbar; **Dis|ponibilität** w (~; –) Verfügbarkeit; **dis|ponieren** ZW (-rte, -rt) ↗ verfügen; seine Zeit (Arbeit) einteilen; **dis|poniert** EW an-, aufgelegt; ♪ aus verschiedenen Orgelregistern zusammengesetzt; **Dis|position** w (~; ~en) Gliederung; ⚕ Empfänglichkeit für eine Krankheit; Veranlagung; ♪ alle Orgelregister; Verfügung (*zur D. stellen* beurlauben); **dis|positions|fähig** EW (lat.-d.) geschäftsfähig; **Dis|positions-fonds** m (~; ~) (lat.-fr.) [*-foñ*] Verfügungssumme; **Dis|positions|kredit** m (~s; ~e) Überziehungskredit; **dis-positiv** EW (lat.) abänderbar, nachgiebig (*d.es Recht;* Ggs.: *zwingendes Recht*).

Dis|proportion w (~; ~en) (lat.) Mißverhältnis; **dis|proportional** EW unebenmäßig; **Dis|proportionalität** w (~; ~en) Mißverhältnis (in der Wirtschaft); Mißgeschick; **dis|proportioniert** EW ungleich(mäßig); w. s.: **Dis-proportioniertheit** (~; ~en).

Dis|put m (~[e]s; ~e) (lat.-fr.) Wortstreit; **dis|putabel** EW (lat.) strittig; **Dis|putant** m (~en; ~en) Gesprächsteilnehmer; **Dis|putation** w (~; ~en) (lat., = Streitgespräch) wissenschaftl. Erörterung im Gespräch; **dis|putieren** ZW (-rte, -rt) ↗ ✓ in Wechselrede erörtern.

Dis|qualifikation w (~; ~en) (lat.) Untauglichkeit(s|erklärung); Ausschluß wegen Regelverstoß; ZW: **dis|qualifizieren** (-rte, -rt) ↗; **Dis|qualifizierung** w (~; ~en) = → Disqualifikation.

Diss ∉ → Dissertation.

Dissemination w (~; ~en) (lat.) ⚕ Verbreitung von Krankheiten.

Dissens m (~es; ~e) (lat.) mangelnde Übereinstimmung (*versteckter D.* unbewußte Meinungsverschiedenheit der vertragsschließenden Parteien); **Dis-senter** m (~s; ~s) (e.) † Nichtanglikaner; **dissentieren** ZW (-rte, -rt) ✓ anderer Meinung sein; † aus der (anglikan.) Kirche austreten; **dissenting opinion** w (~ ~; ~ ~s) (e.) [*dißɛntiñ opinien*] von der Mehrheit abweichende Meinung (z. B. im Bundesverfassungsgericht).

Dissertation w (~; ~en) (lat.) Doktorarbeit; **dissertieren** ZW (-rte, -rt) ✓ (lat.) wissenschaftlich darstellen; Doktor(arbeit) machen.

Dissident m (~en; ~en) (lat.) wer aus seiner Glaubensgemeinschaft (Partei) ausgetreten ist; Freireligiöser; **Dissi-di|en** M Streitpunkte ↓; ZW: **dissidieren** -rte, -rt) ✓.

Dissimilation w (~; ~en) (lat.) ⚘ Abbau zur Energiegewinnung (Ggs.: *As-similation*); Lautwandel durch einen benachbarten gleichartikulierten Laut; ZW: **dissimilieren** (-rte, -rt) ↗.

Dissimulation w (~; ~en) (lat.) ⚕ Verheimlichung von Krankheit(s-merkmalen); ZW: **dissimulieren** (-rte, -rt) ↗ ✓.

Dissipation w (~; ~en) (lat.) Übergang von Energie in Wärme; **Dissipations-sphäre** w (~; –) Rand der Atmosphäre (800 km und darüber); **dissipativ** EW verschwendend (*d.e Kraft* Reibungskraft); **dissipieren** ZW (-rte, -rt) ✓ aus Energie in Wärme übergehen.

dissolubel EW (lat.) zerlegbar; ✝ löslich; **dissolut** EW ausschweifend; ungebunden; haltlos; **Dissolution** w (~; ~en) Ausschweifung; -lösung; **Dissolv** s (~s; –) (lat.-am. KuW) wasserlösliches Packpapier; **dissolvieren** ZW (-rte, -rt) ↗ (lat.) schmelzen.

dissonant EW (lat.) mißklingend; **Dis-sonanz** w (~; ~en) ♪ uneinheitlicher Klang (Ggs.: *Konsonanz*); Mißklang; **dissonieren** ZW (-rte, -rt) ✓ uneins sein; nicht zusammenklingen.

Dissousgas s (~es; –) (fr.-nl.) [*dißu-*] in Druckflasche befindliches → Acetylen.

dissozial EW unfähig, sich der Gesellschaft einzuordnen; w. s.: **Dissozialität** (~; –); **Dissoziation** w (~; ~en) (lat.) Spaltung, Auflösung, Zerfall (*elektrolytische D.* Zerfall eines Moleküls in elektrisch geladene Bestandteile); EW: **dissoziativ**; ZW: **dissozi|ieren** (-rte, -rt) ↗; **Dissoziations|konstante** w (~; ~n) Gleichgewichtskonstante einer Molekülspaltung.

Dissuasion w (~; ~en) (lat.) Abschreckung.

distal EW (lat.) am weitesten von der Mitte des Körpers entfernt; **Distalbrille** w (~; ~n) (lat.-d.) Fernrohrbrille.

Distance w (~; ~s) (e.) [*distns*] Entfernung im Sport (219½ m); alle Boxrunden; **Distanz** w (~; ~en) (lat.) Abstand; Zurückhaltung; = Distance; **di-**

stanzieren ZW (-rte, -rt) ↗ in Abstand halten; ↖ Abstand wahren; w. abstr. s.: **Distanzierung** (~; ~en); **Distanzkomposition** w (~; ~en) unfest zusammengesetztes Zeitwort; **Distanzrelais** s (~; ~) [-*relå*] Meßrelais für den Wechselstromwiderstand (bei Kurzschlüssen); **Distanzverkauf** m (~[e]s; -käufe) Verkauf nach Muster (z. B. Katalog); **Distanzwechsel** m (~s; ~) Wechsel mit verschiedenem Ausstellungs- und Zahlungsort.

Disthen m (~s; ~e) (gr.-lat.) ein Mineral.

dis|tich EW (gr.-lat.) ⊕ zweizeilig; **distichisch** EW als Distichon, = **dis|tichitisch**; **Dis|tichon** s (~s; -cha) (gr., = Doppelzeile) zweizeilige Strophe; Hexameter + Pentameter.

dis|tinguieren ZW (-rte, -rt) ↗ (fr.) [-*gî*-] unterscheiden, auszeichnen ↓; **dis|tinguiert** EW [-*gîrt*] vornehm, Abstand haltend.

dis|tinkt EW (lat.) deutlich; **Dis|tinktion** w (~; ~en) Unterscheidung; Ansehen, Würde; Rang(abzeichen); **distinktiv** EW unterscheidend.

Dis|torsion w (~; ~en) (lat.) ⚕ Verstauchung; Bildverzerrung.

dis|trahieren ZW (-rte, -rt) ↗ (lat.) auseinanderziehen; **Dis|traktion** w (~; ~en) Überdehnung; ⚕ Streckverband; Erdkrustenzerrung; ⚕ Eingriff bei der Geburt.

Dis|tribu|ent m (~en; ~en) (lat.) Verteiler; **dis|tribuieren** ZW (-rte, -rt) ↗ aus-, verteilen; **Dis|tribution** w (~; ~en) Verteilung; Auflösung; **dis|tributiv** EW auf einzelnes bezogen; einteilend; **Dis|tributiv(um)** s (~s; -va) Verteilungszahlwort, = **Dis|tributivzahl** w (~; ~en) (z. B.: *je zehn*).

Distrikt m (~[e]s; ~e) (lat.) Bezirk.

Disvau s (~s; ~s) (KuW) zusammenklappbares Meßgerät für Entfernungen.

Dis|ziplin w (~; ~en) (lat.) Ordnung durch Unterordnung; Fach; **disziplinar** EW dienstlich; = **disziplinär**; **Disziplinargewalt** w (~; ~en) (lat.-d.) staatl. Gewalt(mittel); **dis|ziplinarisch** EW behördlich (strafend), dienstlich; = **dis|ziplinell** EW; **Dis|ziplinarstrafe** w (~; ~n) Verurteilung nach eigener Regelung; behördliche Rüge (Ahndung); **dis|ziplinieren** ZW (-rte, -rt) ↗ in Ordnung halten; maßregeln; **dis|zipliniert** EW straff, ordentlich; **dis|ziplinlos** EW (lat.-d.) ohne Zucht.

Diszission (~; ~en) (lat.) ⚕ (Organ-) Zerteilung bei Operationen.

Ditetrode w (~; ~n) (gr.-lat.) Doppelvierpolröhre.

Dithyrambe w (~; ~n) (gr.) Lob-, Festlied, = → Dithyrambos, -bus; **dithyrambisch** EW (gr.) voller Schwung; **Dithyrambos** m (~; -ben) Hymne (auf Dionys, die Götter); Lobrede, = **Dithyrambus** m (~; -ben) (gr.-lat.).

dito (it.) gleichfalls; desgleichen; **Dito** s (~s; ~s) Einerlei; **Dittographie** w (~; -i|en) (it.-gr.) Doppelschreibung, -lesart; EW: **dittographisch**.

Di|urese w (~; ~n) (gr.) ⚕ Harnausscheidung; **Di|uretikum** s (~s; -ka) (gr.) ⚕ harntreibendes Mittel; EW: **di|uretisch**.

Diva w (~; -ven) (it., = die Göttliche) gefeierte (launische) Künstlerin (Frau).

divergent EW (lat.) auseinanderlaufend; abweichend (Ggs.: *konvergent*); **Divergenz** w (~; ~en) Abweichung, Unterschied (zweier Gerichtsentscheidungen); Meinungsverschiedenheit; Auseinanderlaufen (von Zahlenreihen, Strahlen); ⊕ Versetztsein der Blattfolgen; **divergieren** ZW (-rte, -rt) ↙ (lat.) verschiedener Meinung sein; auseinanderlaufen (von Strahlen); abweichen (vom Urbild); MW I: **divergierend** nicht parallel; anders denkend (*d.e Ansichten*).

divers EW (lat.) allerlei; **Diversa** M Verschiedenes, = **Diverse** M; **Diversant** m (~en; ~en) Saboteur; **Diversifikation** w (~; -) (lat.-am.) [*d(a)iwerβifikę̂schn*] Ausweitung der Produktion durch neue Produkte; **Diversion** w (~; ~en) (lat.) ⚔ unerwarteter Angriff; Ablenkung; Richtungsänderung; ⚕ Verteilung der Feuchtigkeit; Sabotage (= **Diversions|akt** m [~[e]s; ~e]).

Divertikel s (~s; ~) (lat.) ⚕ Ausbuchtung, -stülpung eines Hohlkörpers; **Divertikulose** w (~; ~n) ⚕ Vielzahl von Ausstülpungen.

Divertimento s (~s; -ti) (it.) ♪ Suite für Kammermusik; Opernballett; Potpourri; Zwischenspiel; **Divertissement** s (~s; ~s) (fr.) [-*mañ*] ♪ = → Divertimento.

Dividend m (~en; ~en) (lat.) ⚔ zu teilende Zahl; **Dividende** w (~; ~n) Gewinn aus einem Anteil; Anteil an der Konkursmasse; **dividieren** ZW (-rte, -rt) ↗ ⚔ teilen.

Dividivi M (ind.-sp.) ⊕ am. Schlehdornschoten.

divin EW (lat.) göttlich; **Divination** w (~; ~en) Erahnung der Zukunft, Pro-

phetie; **divinatorisch** EW seherisch; **Divinität** w (~; ~en) Göttlichkeit.
Divis s (~es; ~e) (lat.) *[diwiß]* Bindestrich, Trennungsstrich; **divisi** (lat.-it.) ♪ geteilt zu spielen; **divisibel** EW (lat.) teilbar; w. abstr. s.: **Divisibilität** (~; –); **Division** w (~; ~en) ⚔ Teilung(saufgabe); ⚔ kleinste Heereseinheit (10000–12000 Mann); **Divisionär** m (~s; ~e) Befehlshaber einer ⚔ Division; **Divisor** m (~s; -oren) ⚔ Zahl, durch die geteilt wird; Bruchnenner; **Divisorium** s (~s; -ri|en/-ria) Teilscheibe; Teilungsgerät; Blattklammer.
Divulgator m (~s; -toren) (lat.) Propagandist; **Divulsion** w (~; ~en) ⚔ Trennung mit Gewalt.
Diwan m (~s; ~e/~s) (pers., = Beamtensitz) Polsterliege; Gedichtsammlung orient. Dichter; türk. Staatsrat ↓.
dixi (lat.) ich habe gesprochen.
Dixie m (~s; ~s) ⊄ **Dixieland** m (~s; ~s) (am.) *[-länd]* Südstaaten der USA; ♪ früheste Jazzform; **Dixieland-Jazz** m (~-~es; –) = **Dixieland-Stil** m (~-~[e]s; –) ♪ frühe Nachahmung des klass. Jazz.
dizygot EW (gr.) zweieiig (bei Zwillingen).
dm ⊄ Dezimeter; ⊄ Dimi; **DME** ⊄ Distance measuring Equipment *[distnß mescheriñ ekwipment]* (Entfernungsmeßanlage von Flugzeugen); **DNS** ⊄ Desoxyribonukle|insäure.
dobsche EW (poln.) gut.
docendo discimus (lat.) lehrend lernen wir.
Doches = → Toches.
Dock s (~s; ~s) (e.) Anlage zur Schiffsreparatur; **docken** ZW (-ckte, gedockt) ↗ (e.) ↓ ins Dock bringen; ✓ im Dock liegen; **Docking** s (~s; ~s) (am.) *[dockiñ]* Ankopplung zweier Raumfahrzeuge (= **Dockingmanöver** s [~s; ~] [am.-lat.-fr.]).
Documenta w (~; –) Ausstellung zeitgenöss. Kunst (alle 4 Jahre in Kassel).
dodekadisch EW (gr. lat.) ⊀ mit 12 Einheiten; **Dodekadik** w (~; –) (gr.-lat.) Duodezimalsystem; **Dodeka|eder** m (~s; ~) (gr.) ⊀ Zwölfflächner; EW: **dodeka|edrisch**; **dodekaphon** EW (gr.-lat.) ♪ im Zwölfton; w. s.: **Dodekaphonie** (~; –); EW: **dodekaphonisch**; m. s.: **Dodekaphonist** (~en; ~en).
Doe|skin m (~s; –) (e.) *[dō-]* Wollgewebe.
Dogcart m (~s; ~s) (e.) Zweiradwagen.
Doge m (~n; ~n) (it.) *[dosche]* Regent Venedigs ↓.

Dogge w (~; ~n) (e.) Hunderasse *(Deutsche, Dänische, Englische D.);* Schleifassung eines Edelsteins.
Dogger[1] m (~s; ~) (nl.) Fischerboot.
Dogger[2] m (~s; –) (e.) brauner Jura.
Dogma s (~s; -men) (gr.) verpflichtender Glaubenssatz; **Dogmatik** w (~; –) Lehre vom Dogma; m. s.: **Dogmatiker** (~s; ~); **dogmatisch** EW wie ein (als) Dogma; verpflichtend; unkritisch; **dogmatisieren** ZW (-rte, -rt) ↗ als Dogma lehren; lehrhaft vortragen; **Dogmatismus** m (~; –) Festhalten an nicht begründeten, unwidersprochenen Behauptungen; EW: **dogmatistisch**.
Dogskin s (~s; ~s) (e.) Hundeleder; M: Handschuhe aus Hundeleder.
Do-it-yourself s (~-~-~; –) (am.) *[dûitjûrßelf]* handwerkliche Selbsthilfe; Heimwerken.
Dojo s (~s; ~s) (jap.) Halle für Judo.
Dokimastik w (~; ~en) (gr.-lat.) Prüfung auf Edelmetallgehalt; EW: **dokimastisch** *(d.e Analyse).*
doktern ZW (-rte, gedoktert) ✓ (lat.-d.) ∪ wie ein Arzt heilen (wollen); **Doktor** m (~s; -toren) (lat.) akadem. Grad; Arzt; **Doktorand** m (~en; ~en) wer die Doktorprüfung ablegen will; **Doktorat** s (~[e]s; ~e) Doktorprüfung; **doktorieren** ZW (-rte, -rt) ✓ an der Doktorschrift arbeiten; die Doktorprüfung ablegen; **Doktorprüfung** w (~; ~en); **Doktrin** w (~; ~en) (lat.) Standpunkt, Leitsatz (eines Staates); **doktrinär** EW weltfremd-lehrhaft; **Doktrinär** m (~s; ~e) wer weltfremde Lehren verkündet; m. abstr. s.: **Doktrinarismus** (~; –).
Dokument s (~[e]s; ~e) (lat.) Urkunde; **Dokumentalist** m (~en; ~en) Spezialist in **Dokumentalistik** w (~; –) Gebiet der Informationsbeschaffung und -speicherung; **Dokumentar** m (~s; ~e) = Dokumentalist; **Dokumentarfilm** m (~[e]s; ~e) (lat.-e.) historisch möglichst genauer Filmbericht (Ggs.: *Spielfilm*); **dokumentarisch** EW (lat.) urkundlich; nach Urkunden gearbeitet; **Dokumentation** w (~; ~en) (Aufbereitung von) Stoffsammlung(en); **Dokumenten|akkreditiv** s (~[e]s; ~e) Zahlungsanweisung gegen Warendokumente; **Dokumentenzentrale** w (~; ~n) Personalarchiv; **dokumentieren** ZW (-rte, -rt) ↗ beurkunden, bezeugen.
Dol s (~s; ~) (KW) Einheit für den Grad der Schmerzempfindlichkeit *(dol).*

Dolan s (~s; –) (KuW) eine Kunstfaser.
Dolby-Verfahren s (~~s; ~-~) (nach Erfinder) Methode zur Rauschunterdrückung.
dolce EW (it.) [*doltsche*] weich, lieblich; **dolce far niente** (it.) s: süßes Nichtstun; s.: **Dolcefarniente** s (~s; –); **Dolce vita** s, w (~ ~; –) (it.) [-*wîta*] Müßiggängerdasein.
Doldrums M (e.) [*doldrams*] ⚓ (äquatoriale) Windstille.
dolente (it.) ♪ voller Schmerz.
Dolerit m (~s; ~e) (gr.) Mischgestein.
dolichozephal EW (gr.) langköpfig, = **dolichokephal**; **Dolichozephale** m (~n; ~n) Langköpfiger; w. abstr. s.: **Dolichozephalie** (~; -i|en).
dol(l)ieren ZW (-rte, -rt) ↗ (fr.) (Handschuh-)Leder dünn schaben.
Doline w (~; ~n) (slaw.) Karsttrichter.
Dollar m (~s; ~s) (e.) Münze, Währungseinheit verschiedener Länder; **Dollarkurs** m (~es; –) Stand der am. Währung im internationalen Vergleich.
Dolly w (~; -ies) (am.) ∪ fahrbarer Kamera-Untersatz.
Dolma s (~[s]; ~s) (türk.) Nationalgericht.
Dolmen m (~s; ~) (ir.-fr.) spätneolith. Steingrab.
Dolmetsch m (~es; ~e) = → Dolmetscher; **dolmetschen** ZW (-tschte, gedolmetscht) ↗ ✓ (türk.) übersetzen; **Dolmetscher** m (~s; ~) (türk., = Ausrufer, -ung) Übersetzer; Gesprächsvermittler zwischen Verschiedensprachigen.
Dolomit m (~[e]s; ~e) (nach einem fr. Mineralogen) Sedimentgestein; Mineral; **Dolomiten** M Gebirgszug der Südalpen.
doloros EW (lat.) schmerzhaft, = **dolorös** EW; **doloroso** (it.) ♪ schmerzlich.
dolus M (lat.) arglistig; **Dolus** m (~; –) Vorsatz (*D. eventualis* bedingter [möglicher] Vorsatz; *D. rectus* bewußter [sicherer] Vorsatz).
Dom¹ m (~[e]s; ~e) (lat.) † Bischofskirche.
Dom² m (~[e]s; ~e) (gr.-fr.) Kuppel; Dampfsammler am Kessel.
Domäne w (~; ~n) (lat.-fr.) staatl. landwirtschaftlich genutztes Grundstück; Spezialgebiet.
Domatien M (gr.-lat.) ⊕ Pflanzenteile als Tieruntersclupf.
Domestik m (~en; ~en) (lat.) Diener ↓; Mannschaftsradrennfahrer; **Domestikation** w (~; ~en) Reinzüchtung; Eingewöhnung wilder Pflanzen und Tiere; **Domestike** m (~n; ~n) Hausdiener, -gehilfe ↓; **domestizieren** ZW (-rte, -rt) ↗ (Wildtiere) dem Menschen durch Gewöhnung nutzbar machen; zähmen.
Domina w (~; ~e) (lat.) Stiftsvorsteherin; sadistische Prostituierte; **dominant** EW bestimmend; vorherrschend (Ggs.: *rezessiv*); **Dominante** w (~; ~n) vorherrschende Kraft; ♪ Quinte; **Dominant(en)akkord** m (~[e]s; ~e) (lat.-fr.) ♪ Akkord auf der Quinte; Dreiklang; **Dominantsept|akkord, Dominantseptimen|akkord** m (~s; ~e) ♪ Dreiklang auf der Dominante mit kleiner Septime; **Dominanz** w (~; ~en) (lat.) vorherrschende Erbanlage; **dominieren** ZW (-rte, -rt) ✓ vorherrschen.
Dominikaner m (~s; ~) (lat., ⊄ *O. P.*) † Angehöriger eines Predigerordens; Name exotischer Stubenvögel; EW: **dominikanisch**.
Dominions M (e.) [*domînjens*] e. selbständige Herrschaftsgebiete, Gliedstaaten des → Commonwealth; **Dominium** s (~s; -ni|en) (lat.) = → Domäne; Eigentum; **Domino** s (~s; ~s) (lat.-it.-fr.) Anlegespiel mit 28 (36) Steinen; Maskenkleid; **Domino|theorie** w (~; –) (it.-gr.) Ansicht: die Eroberung eines Landes SO-Asiens durch den Kommunismus führt zum Fall der Nachbarländer; **Dominus** m (~; -ni) (lat.) Herr.
Domizil s (~s; ~e) (lat.) Aufenthaltsort; Zahlungsort; **domizilieren** ZW (-rte, -rt) ✓ wohnen; andern als den Wohnort des Bezogenen auf den Wechsel angeben.
Domkapitel s (~s; ~) (lat.) † Bischofsberaterkreis; **Domkapitular** m (~s; ~e) † Mitglied des Domkapitels.
Dompteur m (~s; ~e) (fr.) [*dontôr*] Tierbändiger; w. s.: **Dompteuse** (~; ~n) [*dontôs*].
Donald Duck m (~ ~s; ~ ~s) (am., nach einer Disneyfigur) [*dan- dack*] Schwätzer.
Donarit m (~s; –) (nach dem Germanengott Donar) ein Sprengstoff.
Donatar m (~[e]s; ~e) (lat.) Beschenkter; **Donation** w (~; ~en) Schenkung ↓; **Donator** m (~s; -toren) Stifter ↓; ⁀O Wasserstoffspender.
Donjon m (~s; ~s) (fr.) [*donschon*] Bergfried.
Don Juan m (~ ~s; ~ ~s) (sp.) [- *chuân*] Weiberheld; **Donjuanismus** m (~; –) [-*chua-*] (nach einer sp. Romanfigur, um 1620) Verführungssucht.

Donkey m (~s; ~s) (e, = Esel) ⚡ [*doñ-ki*] Hilfskessel.
Donne-Effekt m (~-~s; ~-~e) (e.) Erscheinung bei Lichttonaufzeichnungen.
Donquichotterie w (~; -i|en) (sp., nach dem „Ritter von der traurigen Gestalt" des sp. Dichters Cervantes, 1547–1616) [-*kichott*-] närrische Betriebsamkeit.
Dontprämi|e w (~; ~n) (fr.-lat.) [*doñ*-] Reugeld bei Rücktritt vom Geschäft.
doodeln ZW (-lte, gedoodelt) (e.) [*dudln*] beiläufig Kritzeleien machen.
Dope w (~; ~s) (e.) geringe Mengen an Zusätzen; **dopen** ZW (-pte, gedopt) ↗ (e.) Sportleistung mit unerlaubten Mitteln steigern; s. s.: **Dopen** (~s; -); **Doping** s (~s; ~s) [*dôpiñ*] Leistungssteigerung durch unerlaubte Mittel (Ggs.: *Stopping*); **Dopingkontrolle** w (~; ~n) Überprüfung, ob unerlaubte Anregungsmittel genommen wurden; **Dopingpeddler** m (~s; ~) (am.) Rauschgifthändler.
Doppel-Helix w (~-~; -) (d.-gr., = Doppelspirale) Molekülstruktur, die Zellbaupläne und Erbinformationen enthält; **Doppelnelson** m (~s; ~s) (d.-e.) Nackenhebel mit beiden Armen (beim Ringen).
Doppik w (~; -) (KuW) doppelte Buchführung.
doppio movimento (it.) ♪ doppelt so schnell.
Dorado s (~s; ~s) (sp.) = → Eldorado.
Dorant m (~[e]s; ~e) (lat.) ⚘ Pflanzenname (z. B. Löwenmaul).
Doré-Metall s (~-~s; ~-~e) (fr.-lat.) Legierung von Gold und Silber.
Dormitorium s (~s; -ri|en) (lat.) † Klosterschlafsaal.
Doronicum s (~s; -ca) (lat.) ⚘ Gemswurz.
dorsal EW (lat.) am (auf dem) Rücken (eines Tieres); **Dorsal** m (~s; ~e) mit dem Zahnrücken gebildeter Laut, = **Dorsallaut** m (~[e]s; ~e); **Dorsal(e)** s (~s; ~s) † Chorgestühlrückwand; **dorsoventral** EW ⚕ vom Rücken zum Bauch hin.
dos a dos (fr.) [*dosadô*] Rücken an Rücken.
Dose w (~; ~n) (gr.-nl.) Büchs|chen; **Dosenlibelle** w (~; ~n) (gr.-lat.) Wasserwaage, = **Dosenniveau** s (~s; ~s) (fr.) [-*nivô*]; **dosieren** ZW (-rte, -rt) ↗ (gr.-nl.-fr.) (Heilmittel) zumessen; den Sektzusatz einbringen; **Dosimeter** s (~s; ~) (gr.) Strahlendosismeßgerät; **Dosimetrie** w (~; -) Verfahren zur Messung der Strahlenenergie; EW: **dosimetrisch**; **Dosis** w (~; -sen) abgemessene Menge (einer Medizin).
Dossi|er s (~s; ~s) (fr.) [*doßjê*] Aktenheft, -bündel.
dossieren ZW (-rte, -rt) ↗ (lat.-fr.) böschen; **Dossierung** w (~; ~en) flache Böschung.
Dotation w (~; ~en) (lat.) Ausstattung; (staatl.) Zuwendung; Stiftung; Ehrengabe; Entschädigung für Entjungferung; Heiratsgut; **dotieren** ZW (-rte, -rt) ↗ beschenken; ausstatten; w. s.: **Dotierung** (~; ~en) Gehalt; Stiftung; Atomzusatz zur Veränderung der Leitfähigkeit.
Douane w (~; ~n) (fr.) [*duân*] Zoll (-station).
doubeln ZW (-lte, gedoubelt) ↗ (fr.) fremdsprachigen Film in eigener Sprache betexten; als Ersatzspieler spielen; **Doublage** w (~; ~n) (fr.) [*dûblâsch*] Synchronisierung eines Films; **Double** s (~s; ~s) (e.) [auch: *dabl*] Ersatzschauspieler für gefährliche Szenen; Wollgewebe als Scheinfutter; ♪ Variation eines Teils der Suite; **Double bind** s (~ ~; -) [-*baind*] Glaube an widersprüchliche Äußerungen; **Doubleface** m, s (~; ~s) (fr.) [*dublfâß*] Seiden-, Halbseiden-, Kunstfasergewebe mit verschiedenfarbigen Seiten.
Douglas|fichte w (~; ~n) = **Douglasi|e** w (~; -i|en) = **Douglas|tanne** w (~; ~n) (e., nach dem schott. Naturforscher David *Douglas*, 1798–1834) [*dû*-] am. Nadelbaum.
Doupion s (~s; ~s) (fr.) [*dûpjoñ*] Kunstseide; Mischgewebe.
Dourine w (~; -) = → Durine.
do, ut des (lat.) Gabe verlangt Gegengabe.
Dow-Jones-Index m (~-~-~; -) Liste der Veränderung der Kursdurchschnitte am. Aktien.
Dowlas m (~; -) (nach einer wallisischen Stadt) [*dau*-] Bettleinenstoff.
down EW (e.) [*daun*] nieder(gedrückt) *(d. sein); d.!* Kommando an den Hund (sitz!); **Down broken** s (~ ~s; -) [*daun broukn*] Sehnenschwellung beim Reimpferd durch Überanstrengung; **Down grading** s (~ ~s; ~ ~s) [*daun greidiñ*] Hinabstufen (im Beruf).
Downing Street w (~ ~; -) (e.) [*dauniñ strît*] e. Auswärtiges Amt und Amt des Premiers (nach der Londoner Straße, in der es liegt; diese nach einem e. Diplomaten); e. Regierung.
Downs M (am.) [*dauns*] Beruhigungsdrogen, = **Downers** M [*dauners*];

Downswing s (~s; –) [d*au*nswiñ] Rückläufigkeit (der am. Vietnampolitik); **D*o*wn Syndrom** s (~ ~s; ~ ~e) Mongolismus; **D*o*wnward blow** m (~ ~s; ~ ~s) [d*au*nwertblo*u*] Boxtiefschlag.

Doxol*o*gie w (~; -i|en) † Lobgesang; Gloria; **doxol*o*gisch** EW (gr.) preisend.

Doy*en* m (~s; ~s) (fr.) [doaj*äñ*] Sprecher des diplomatischen Korps.

Doz*e*nt m (~en; ~en) (lat.) Lehrer (an einer Hochschule); **Dozent*u*r** w (~; ~en) Lehrstuhl für jüngere Dozenten; **doz*ie*ren** ZW (-rte, -rt) ↗ lehren; lehrhaft vortragen.

D/P (∉ **d**ocuments against **p**ayment) Warenpapiere nur gegen Barzahlung; **dpt** ∉ **D**ioptrie; **dr** ∉ **D**rachme, ∉ **dr**am.

Drag*ée* s (~s; ~s) (gr.-lat.-fr.) [dr*aschê*] $ bezuckerte Pille; Konfekt mit Zuckerüberzug; m. s.: **Drag*eu*r** (~s; ~e) [*-schör*]; ZW: **drag*ie*ren** (-rte, -rt) ↗ [*-schî-*].

Drag*o*ner m (~s; ~) (fr., = Drachenträger) ⚔ Reiter; derbes Frauenzimmer; Rückenspange (Rock, Mantel).

Drain- = → **Drän-**.

drak*o*nisch EW (gr., nach dem Athener Gesetzgeber Dr*a*kon, 7. Jh. v. Chr.) streng.

Dral*o*n s (~[s]; –) (KuW) Kunstfaser.

Dram s (~s; ~s) (e.-am.) [dr*ä*m] Gewichts- und Masseneinheit (∉ dr).

Dr*a*ma s (~s; -men) (gr.) Bühnenstück; aufregendes Geschehnis; **Dram*a*tik** w (~; –) bewegte Handlung (im Schauspiel); Schauspiellehre, -dichtung; **Dram*a*tiker** m (~s; ~) Bühnendichter; **dram*a*tisch** EW (gr.-lat.) im (beim, vom) Schauspiel; bewegt, erregt; handlungsreich; **dramatis*ie*ren** ZW (-rte, -rt) ↗ (gr.) als Bühnenstück bearbeiten; übersteigern; w. s.: **Dramatis*ie*rung** (~; ~en); **Dramat*u*rg** m (~en; ~en) Spielplangestalter eines Theaters; **Dramaturg*ie*** w (~; –) Lehre von der Gesetzmäßigkeit des Bühnenspiels; EW: **dramat*u*rgisch**.

Drambuie m (~s; ~s) (e.) [dr*ä*mbi] schottischer Whisky mit Honig.

Drän m (~s; ~e/~s) (fr.) Abzugsgraben; $ Ableitungsröhrchen; **Drän*a*ge** w (~; ~n) [*-näsche*] Entwässerung ↓; $ Ableitung des Wundwassers; **drän*ie*ren** ZW (-rte, -rt) ↗ entwässern; $ (Eiter, Blut usw.) ableiten; **Drän*ie*rung** w (~; ~en) = **Drän*u*ng** w (~; ~en) = → **Drän*a*ge**.

Drap m (~s; ~s) (fr.) [drâ] Tuchgewebe.

Drap*é* m (~s; ~s) (fr.) [drâp*ê*] feines Kamm-, Streichgarngewebe; **Draper*ie*** w (~; -i|en) (fr.) Faltenwurf; Stoffbehang; ZW: **drap*ie*ren** (-rte, -rt) ↗.

Drap-mouillé-Effekt m (~-~-~[e]s; ~-~-~e) (fr.-lat.) [*-muije-*] die Körperform betonende Haltung.

Dr*a*stikum s (~s; -ka) (gr.-lat.) $ heftig wirkendes Abführmittel; **dr*a*stisch** EW (gr.) sehr wirkungsvoll; derb (*d.e Maßnahmen* durchgreifend).

Dr*a*wback s (~[s]; ~s) (e.) [dr*o*bäck] Rückzahlung des Einfuhrzolls bei Ausfuhr derselben Ware.

Dr*a*wing-room m (~~s; ~~s) (e.) [dr*oi*ñrûm] Wohn-, Empfangsraum.

Draz*ä*ne w (~; ~n) (gr.-lat.) ♃ Drachenbaum.

DRC (e. ∉ **D**irect **R**obotic **C**ontrol) Direkt gesteuerter Roboter.

Dr*ea*dlocks M (e.) [dr*ä*d-] Zöpfchen aus einzelnen Strähnen.

Dr*ea*dnought m, s (~s; ~s) (e.) [dr*ä*ttnaut] ⚓ Großkampfschiff ↓.

3sat [dr*ei*sat] ein Fernsehprogramm über Satellit in der BRD.

Dreß m (~[-sses]; ~[-sse]) (e.) Kleidung (eigtl.: Sportanzug; oft in Zusammensetzungen: Ski-, Autodreß).

Dress*a*t s (~[e]s; ~e) (lat.-fr.) Dressurergebnis, selbstverständliche Gewohnheit; **Dress*eu*r** m (~s; ~e) (fr.) [*-ßör*] Tierabrichter; **dress*ie*ren** ZW (-rte, -rt) ↗ abrichten; Speisen hübsch anrichten; (Filzhüte) pressen; Seide kämmen; nachwalzen; Hühner vor dem Braten aufbinden; halbflüssigen Teig aufs Blech spritzen.

Dr*e*ssing-gown m (~~s; ~~s) (e.) [dr*e*ssiñ gaun] Morgenmantel mit Gürtel.

Dr*e*ssings M (am.) [dr*e*ssiñs] Soßen; Würzfüllung für Braten.

Dr*e*ssman m (~s; -men) (am.) [*-män*] m. Mannequin; eitler Mann.

Dress*u*r w (~; ~en) (fr.-lat.) Abrichtung; Vorführung geschulter Pferde.

dr*i*bbeln ZW (-lte, gedr*i*bbelt) ↙ (e.) den Ball schnell am Fuß oder Körper führen; **Dr*i*bbling** s (~s; ~s) [dr*i*bbliñ] schnelle Ballführung mit dem Fuß oder Körper.

Drink m (~s; ~s) (e.) alkoholisches Getränk.

Drive m (~s; ~s) (am.) [dr*ai*w] ♪ Impulsivität des Jazzspielers; Treibschlag (Golf, Tennis); zielstrebige Aktivität; **Driver** m (~s; ~) (e.) [dr*ai*wer] Golfschläger für größere Strecken; **Drive-**

in s (~-~s; ~-~s) [*draiw-*] Autokino = **Drive-in-Theater** s (~-.~-~s; ~-.~- ~); **Drive-in-Restaurant** s (~-~-~s; ~-.~-.~s) (e.-fr.) Autofahrergaststätte.
Droge w (~; ~n) (nl.-fr.) ✚ Arzneistoff; M Rauschgifte (*harte D.* = Kokain, Heroin, *weiche D.* = Haschisch, Marihuana, *synthetische D.* = aus legalen Chemikalien); → *Designer-D.* → Crack; **Drogerie** w (~; -i|en) (fr.) Verkaufsstelle für Körper-, Haut- und Hauspflegeartikel.
Drogett m (~[e]s; ~e) (fr.) [-*schett*] Halbseide.
Drogist m (~en; ~en) (nl.-fr.) Verkäufer von nicht apothekenpflichtigen Heilmitteln, Körper- und Hauspflegeartikeln usw.
Dromedar s (~s; ~e) (gr.) Einhöckerkamel.
Drop-in s (~-~s; ~-~s) (am.) Störsignal bei datenverarbeitenden Maschinen; **Dropkick** s (~s; ~s) (e.) Annahme des Balles nach dem Aufsprung (Rugby); **Drop-out** m (~-~s; ~-~s) (am.) [-*aut*] = → Hippie; Ausbruch aus der Gesellschaft; Sprungtritt (Rugby); Signalausfall; **droppen** ZW (-te, gedroppt) ↗ Ball ins Spiel bringen; **Dropper** m (~s; ~s) Schlag in der Netznähe = **Dropshot** m (~s; ~s).
Drops M (e., = Tropfen) Fruchtbonbons.
Droschke w (~; ~n) (r.) Wagen (mit Klappverdeck).
Drosera w (~; -rae) (gr.-lat.) Sonnentau; **Drosograph** m (~en; ~en) (gr.) Taumeßgerät, = **Drosometer** s (~s; ~); EW: **drosographisch, drosometrisch; Drosophila** w (~; -lae) Fliegengattung.
Drugstore m (~s; ~s) (am.) [*dragstôr*] Drogerie; Gemischtwarenladen.
Druide m (~n; ~n) (kelt.) kelt. Priester (vorchr.).
Drumlin m (~s; ~s) (kelt.-e.) Moränenhügel in Fließrichtung.
Drummer m (~-ε; ~) (e.) [*dram-*] Ιαzz-trommler; **Drums** M (am.) [*drams*] Schlagzeug.
Drusen M (nach dem Begründer Ad *Darasi*) islam. Sekte im Südlibanon.
dry EW (e.) [*drai*] trocken, herb (*extra d.* betont herb); (am.) Hohlmaß für Trockensubstanzen.
Dryade w (~; ~n) (gr.) w. Baumgeist; **Dryas** w (~; -) ④ Silberwurz.
Dryfarming s (~; -) (am.) [*draifâmiñ*] Erhaltung der Bodenfeuchtigkeit; **Drymock** m (~s; ~s) (e.) [*draimock*] Witz ohne Pointe.

Dschihad m (~; -) (ar.) heiliger Krieg der Mohammedaner.
Dsch(a)ina m (~; ~) i. Asket; m. abstr. s.: **Dsch(a)inismus** (~; -); EW: **dsch(a)inistisch.**
Dschinn m (~s; ~en) (ar.) Teufel.
Dschungel m, s (~s; ~); w (~; ~n) (hind.-e.) tropischer Regenwald.
Dschunke w (~; ~n) (mal.) chin. Segelboot.
Dual m (~s; ~e) (lat.) Beugeform der Zweizahl, = **Dualis** m (~; -les); EW: **dual; dualisieren** ZW (-rte, -rt) ↗ verdoppeln; **Dualismus** m (~; -) Lehre von der Zweiheit des Seins (Geist –Körper, Stoff–Form, Gut–Böse; Korpuskeln [feste Größen im Raum] – Wellen [sich durch Schwingungen im Raum fortsetzende Größen]); EW: **dualistisch; Dualist** m (~en; ~en) wer im Gegensatz die Urmacht sieht; **Dualität** w (~; ~en) Zweiheit; ⊀ gegenseit. Zuordnung zweier Größen; **Dualsystem** s (~s; -) Zweierzahlensystem; gegenseit. Abstammungsverhältnis.
Dub-in s (~-~s; ~-~s) (e.) [*dab|in*] nicht im Studio produzierte Toneinblendung.
dubios EW (lat.) zweifelhaft, = **dubiös** EW (lat.-fr.); **Dubiosen** M zweifelhafte Forderungen.
dubitativ EW (lat.) zweifelhaft; **Dubitativ** m (~s; ~e) bezweifelnder Konjunktiv; **Dubium** s (~s; -bia) Zweifelsfall.
Dublee s (~s; ~s) (fr.) mit Edelmetall dünn überzogenes Buntmetall; **Dublette** w (~; ~n) Doppelstück; 2 Schläge (Schüsse, Treffer) hintereinander; aus 2 verkitteten Stücken bestehender Edelstein; Kraftfahrzeug Krimineller, mit Marke, Farbe und Kennnummer eines zugelassenen Wagens getarnt; **dublettieren** ZW (-rte, -rt) ↗ (fr.) verdoppeln; **dublieren** ZW (-rte, -rt) ↗ mit dünner Edelmetallschicht überziehen; = → dublettieren; Einzelfäden miteinander verzwirnen; **Dubliermaschine** w (~; ~n) (fr.-lat.) Garnverdoppler.
Doublüre w (~; ~n) (fr.) Innenverzierung des Buchdeckels; ✗ Uniformaufschlag; Unterfutter.
Duchesse w (~; ~n) (fr., eigentl. = Herzogin) [*düscheß*] schweres Seidenglanzgewebe mit matter Rückseite; **Duchessenspitze** w (~; ~n) (fr.-d.) [*düsch-*] durch Nadelarbeit verbundene Klöppelmuster.
Duckdalbe w (~; ~n) (fr., nach Alba, dem Duc d'Albe) Pfahlbündel zur

Dückdalbe

Schiffs|anlege, = **Dückdalbe** w (~; ~n).

Du|(e)cento s (~s; –) (it.) [*dû(ê)tschento*] 13. Jh.; **Du(e)centist** m (~en; ~en) Erforscher des 13. Jh.s.

Du|ell s (~s; ~e) (lat.) Zweikampf; **Duellant** m (~en; ~en) Zweikampfgegner; **du|ellieren** ZW (-rte, -rt) ↖ Zweikampf austragen.

Du|ett s (~[e]s; ~e) (lat.-it.) ♪ Gesangsstück (seltener: instrumentale Komposition) für 2 Stimmen (Instrumente).

Dufflecoat m (~s; ~s) (e.) [*daffelkŏ"t*] Sportmantel.

Dufourkarte w (~; –) (nach einem schw. General) [*düfûr-*] schw. Landesaufnahme.

dufte (heb.) ∪ fein.

Dugong m (~s; ~e/~s) (mal.) Seekuh.

du jour (fr.) [*düschûr*] vom Tagesdienst *(d. j. sein)*.

duktil EW (lat.) (dünn) auswalzbar; plastisch; **Duktilität** w (~; ~en) Verform-, Dehnbarkeit; **Duktor** m (~s; -toren) Farbführerwalze der Schnellpresse; **Duktus** m (~; –) Schriftzug; $ Kanal.

Dulcin s (~s; –) (KW) Kunstsüßstoff, = **Dulzin** s (~s; –); **Dulzinea** w (~; -neen) (sp., nach der Angebeteten des Don Quichotte) Mädchen; Freundin.

Duma w (~; ~s) polit. Versammlung; Rat in Rußland vor 1917.

Dumdum s (~s; ~s) (nach einem i. ON) Infanteriegeschoß ohne Spitze, = **Dumdumgeschoß** s (-sses; -sse).

Dummy s (~s; -mies) (e.) [*dammi*] Autotestpuppe; Attrappe; Blindband; **Dummy Activity** w (~ ~; –) (am.) [*-äktiwiti*] Scheinaktivität, = **Dummy Job** m (~ ~s; –) [*-dschob*]; **Dummy Salesman** m (~ ~; ~ -men) (e.) [*-ßeilsmen*] stummer Verkäufer; **Dummy Variable** w (~ ~n; ~ ~n) arbeitet nur mit 0 und 1.

Dumper m (~s; ~) (e.) [*dam-*] Kippkarre.

Dumping s (~s; ~s) (e., = Schuttabladen) [*dampiñ*] Verkauf zu Unterbietungspreisen; **Dumping-Syndrom** s (~-~s; ~~~e) (e.-gr.) [*dampiñ-*] $ erschwerte Nahrungsaufnahme; Kollapsgefahr nach Magenresektionen.

Dumpling m (~s; ~s) (e.) [*damp-*] Kloß, Knödel.

Dunit m (~s; –) (lat.) ein Tiefengestein.

Duo s (~s; ~s) (lat.) ♪ Komposition für 2 Instrumente; 2 Partner (einer Artistennummer); **Duodekadik** w (~; –) (lat.-gr.) Zwölfersystem; EW: **duode-kadisch**; **Duodenal|sonde** w (~; ~n) (lat.) $ Absaugsonde für den Zwölffingerdarm; **Duodenal|ulkus** m (~; –) $ Zwölffingerdarmgeschwür; **Duodenitis** w (~; -itiden) Zwölffingerdarmentzündung; **Duodenum** s (~s; -na/-nen) $ Zwölffingerdarm; **Duodez** s (~es; ~e) Papierformat, = **Duodezformat** s (~[e]s; ~e); **Duodezfürst** m (~en; ~en) ∪ Herrscher eines winzigen Gebietes; **duodezimal** EW zwölfteilig; **Duodezimale** w (~; ~n) ♪ Figur von 12 Noten; **Duodezimalsystem** s (~s; –) (lat.-gr.) auf 12 aufbauende Zählweise; **Duodezime** w (~; ~n) (lat.) ♪ Zwölftonintervall; **Duodiode** w (~; ~n) (lat.-gr.) Doppelzweipolröhre; **Duokultur** w (~; ~en) (lat.) Anbau zweier Fruchtarten auf demselben Feld; **Duole** w (~; ~n) (lat.-it.) ♪ 2 statt 3 Noten im selben Zeitmaß; **Duolit** s (~[e]s; –) (KW) Ungeziefermittel.

dupen ZW (-pte, gedupt) (KuW ∉ duplizieren) ↗ Negativ- aus Positivkopie entwickeln.

düpieren ZW (-rte, -rt) ↗ (fr.) bloßstellen; foppen; s.: **Düpierung** w (~; ~en).

Duplet s (~s; ~s) (lat.-fr.) [*duplê*] zweilinsige Lupe; **Duplex|autotypie** w (~; -i|en) (lat.-gr.) zweifarbige Doppelrasterätzung; **duplieren** ZW (-rte, -rt) ↗ (lat.) verdoppeln; **Duplik** w (~; ~en) Antwort des Beklagten; **Duplikat** s (~[e]s; ~e) Abschrift; Zweitausfertigung; **Duplikation** w (~; ~en) Verdopplung; **Duplikator** m (~s; -toren) Verstärker; -doppler; **Duplikatur** w (~; ~en) $ Doppelbildung; **duplizieren** ZW (-rte, -rt) ↗ verdoppeln (= → dupen); **Duplizität** w (~; ~en) Gleichzeitigkeit (doppeltes Vorkommen) von Ereignissen; Doppelzüngigkeit; Zweideutigkeit; Zwiespältigkeit; **Duplum** s (~s; -pla/-plen) Zweitschrift.

Dupren s (~s; –) (KW) Kunstkautschuk.

Dur s (~s; –) (lat., = hart) ♪ Tongeschlecht (Ggs.: *Moll*); EW: **dur**.

Dura w (~; –) (lat.) $ harte Hirnhaut.

durabel EW (lat.) dauerhaft; w. abstr. s.: **Durabilität** (~; –).

Dur|akkord m (~[e]s; ~e) (lat.-fr.) ♪ Dreiklang (Folge: große Terz–kleine Terz).

Dural s (~s; –) ∉ → Dur|alumin; **dural** EW zur harten Hirnhaut gehörend; **Dur|alumin** s (~s; –) (KuW) strapazierfähige Aluminiumverbindung (bes. für Flugzeuge, seit 1907); **durativ** EW (lat.) dauernd; **Durax** s (~; –) (KuW) Phenolharz.

durchchecken ZW (checkte durch, durchgecheckt) (d.-e.) ↗ systematisch durchgehen; überprüfen.

durchkomponieren ZW (komponierte durch, -rt) ↗ (d.-lat.-fr.) ♪ Lied durchlaufend (ohne Rücksicht auf seine Strophen) vertonen; ein Werk bis ins letzte ausfeilen.

Durianbaum m (~[e]s; -bäume) (mal.-d.) mal. Wollbaumgewächs.

Durine w (~; –) (ar.-fr.) Beschälseuche.

Durit m (~s; ~e) (KW) Steinkohlenart.

Durolen s (~s; ~e) = **Durole|um** s (~s; –) (lat.) Holzfaserfußboden; **Duromer** s, m (~s; –) (KuW); **Duroplast** s (~[e]s; ~e) (lat.-gr.) nicht schmelzender Kunststoff.

Durra w (~; –) (ar.) afr. Hirse.

Durumweizen m (~s; –) Weizenart (Mittelmeerraum).

Dusche w (~; ~n) (lat.-it.-fr.) Brause (-bad); Anlage hierfür; kurzer Regenguß; Ernüchterung *(eine D. kriegen)*; **duschen** ZW (-schte, geduscht) ↗ brausen.

Düse w (~; ~n) (tsch.) Rohrmundstück; **Düsenmotor** m (~s; ~en) (tsch.-lat.) Antriebsmaschine.

Dust m (~s; –) (e.) [*dast*] Teestaub.

Dutchman m (~; -men) (e.: „Holländer") [*dątschmän*] e. ∪ ⚓ d. Seemann.

Duty-free-shop m (~-~-~s; ~-~-~s) (am.) [*d(j)utifrîschopp*] Laden in der Zollfreizone (des [Flug-]Hafens, an Bord).

Duvet s (~s; ~s) (fr.) [*düwê*] Federbett; **Duvetine** m (~s; ~s) [*düftîn*] Wildleder-, Samtimitation.

Dyade w (~; ~n) (gr.-lat.) ⚔ Verbindung zweier Einheiten; Paarverhältnis; **Dyadik** w (~; –) (gr.) ⚔ Zweiersystem als Rechengrundlage; EW: **dyadisch.**

Dyas s (- ;) (gr.) – → Perm (Frdzeitalter); EW: **dyassisch** ↓.

dyn s (~s; –) (gr.) physikal. Krafteinheit, = **Dyne** w (~; ~n); **Dynameter** s (~s; ~) Fernrohrvergrößerer; **Dynamik** w (~; –) Bewegtheit (innere Erregtheit) eines Dinges (Wesens); Lehre von den aufeinander bezogenen Körperbewegungen; **Dynamis** w (~; –) Kraft; **dynamisch** EW krafterfüllt, -bewegt (Ggs.: *statisch; d.e Geologie* Erforschung der Gestaltungskräfte der Erdoberfläche; *d.e Rente* Rente, die sich dem Preisniveau anpaßt); **Dyna-**

mismus m (~; –) Überzeugung, daß bewegte Kraft den Seinsgrund bildet; EW: **dynamistisch; Dynamit** s (~s; –) Sprengstoff; **Dynamitpatrone** w (~; ~n) Sprengkapsel; **Dynamo** m (~s; ~s) ∉ **Dynamomaschine** w (~; ~n) = → Generator; **Dynamograph** m (~en; ~en) Kraftregistriergerät; **dynamometamorph** EW (gr.) durch Druck verformt; m. abstr. s.: **Dynamometamorphismus** (~; –) = w. abstr. s.: **Dynamometamorphose** (~; ~n); **Dynamometer** s (~s; ~) Kraftmesser; **Dynamometrie** w (~; –) Kraftmessung; EW: **dynamometrisch.**

Dynast m (~en; ~en) (gr.) Herrscher (ohne Titel); **Dynastie** w (~; -i|en) Herrscherhaus; EW: **dynastisch.**

Dynatron s (~s; ~s/-trone) (gr.-lat.) Triode mit höherer Spannung als Anode; **Dyn|ode** w (~; ~n) (gr.) Elektrode zur Strombeeinflussung in einer Elektronenröhre.

Dyopol s (~s; ~e) (gr.) Marktform der Angebots- und Nachfrageseite.

Dys|akusis w (~; –) (gr.) ✟ Schwerhörigkeit; EW: **dys|akustisch.**

Dys|arthrie w (~; -i|en) (gr.) ✟ nervöse Sprachstörung.

Dys|arthrosis w (~; –) (gr.-lat.) ✟ Gelenkverformung.

Dys|ästhesie w (~; -i|en) (gr.) ✟ Sinnesstumpfheit; EW: **dys|ästhetisch.**

Dys|autonomie w (~; –) (gr.-lat.) ✟ Störung des vegetativen Nervensystems.

Dysbakterie w (~; -i|en) (gr.) ✟ Darmflora|erkrankung.

Dysbasie w (~; -i|en) (gr.) ✟ nervöse Gehstörung.

Dysbulie w (~; -i|en) (gr.) ✟ krankhafte Willensschwäche.

Dys|cholie w (~; –) (gr.-lat.) ✟ Gallenerkrankung.

dys|chrom EW (gr.) [-*k*-] ✟ mit verfärbter Haut; w. s.: **Dys|chromie** w (~; -i|en).

Dys|enterie w (~; -i|en) (gr.) ✟ Ruhr; EW: **dys|enterisch.**

Dys|ergie w (~; -i|en) (gr.) ✟ Widerstandsmangel.

Dys|funktion w (~; ~en) (gr.-lat.) ✟ Funktionsstörung eines Organs.

Dyskephalie usw. = *Dyszephalie* usw.

Dys|kinese w (~; ~n) (gr.) ✟ Bewegungsstörung; EW: **dys|kinetisch.**

Dys|kranie w (~; -i|en) (gr.-lat.) ✟ Schädelverformung.

Dys|krasie w (~; -i|en) (gr.) ✟ falsche Blutzusammensetzung.

Dys|lalie w (~; -i|en) (gr.) ✟ Stammeln.

137

Dys|lexie w (~; -i|en) (gr.-lat.) ⚕ Lese|unfähigkeit: EW: **dys|lektisch**.
Dysmelie w (~; -i|en) (gr.) ⚕ angeborene Gliedmaßenverkrümmung.
Dysmorphose w (~; ~n) (gr.) ⚕ Mißbildung; EW: **dysmorph**.
Dys|odil s (~s; ~e) (gr.-lat.) tertiäres Faulschlammgestein.
Dys|ontogenie w (~; –) (gr.) ⚕ Erforschung der Entwicklungsstörungen.
Dys|osmie w (~; -i|en) (gr.) ⚕ Geruchsstörung.
Dys|ostose w (~; ~n) (gr.-lat.) ⚕ gestörtes Knochenwachstum.
Dys|par|eunie w (~; -i|en) (gr.) w. sexuelle Unlust.
Dys|pepsie w (~; -i|en) (gr.) ⚕ Darmkatarrh; **dys|peptisch** EW (gr.) ⚕ schwer zu verdauen.
Dys|phagie w (~; -i|en) (gr.) ⚕ Schluckstörung.
Dys|phasie w (~; -i|en) (gr.) ⚕ Sprachstörung.
Dys|phonie w (~; -i|en) (gr.) ⚕ Stimmstörung.
Dys|phorie w (~; -i|en) (gr.) ⚕ krankhafte Übellaunigkeit (Ggs.: *Euphorie*).
dys|photisch EW (gr.-lat.) lichtarm (in Meerestiefen).
Dys|phrenie w (~; -i|en) (gr.) ⚕ seelische Störung.

Dys|plasie w (~; -i|en) (gr.) ⚕ Mißform; EW: **dys|plastisch**.
Dys|pno|e w (~; –) (gr.) ⚕ Kurzatmigkeit.
Dys|prosium s (~s; –) (gr.) ⚛ Grundstoff.
Dys|thymie w (~; -i|en) (gr.-lat.) ⚕ Traurigkeit Gemütskranker.
Dys|thyreose w (~; ~n) (gr.-lat.) ⚕ Störung der Schilddrüsenfunktion.
Dys|tokie w (~; -i|en) (gr.) ⚕ schwierige Geburt.
Dys|tonie w (~; -i|en) (gr.) ⚕ Muskel-, Gefäßkrampf; EW: **dys|tonisch**.
Dys|topie w (~; -i|en) (gr.) ⚕ Verlagerung; EW: **dys|topisch**.
Dys|trophie w (~; -i|en) (gr.) ⚕ Fehl-, Mißwuchs durch Stoffwechsel- oder Ernährungsstörung; EW: **dystroph(isch)**.
Dys|urie w (~; -i|en) (gr.) ⚕ Harnzwang.
Dys|zephalie w (~; -i|en) (gr.) ⚕ Schädelverformung; EW: **dys|zephal;** m., w. s.: **Dys|zephale** (~n; ~n).
Dytiscus m (~; -ci) (gr.-lat.) [-*kuß*] Gelbrandkäfer.
Dytron s (~s; –) (KuW) ein Kunststoff.
D-2-MAC (KW) normiertes Fernsehübertragungssystem; **D-2-Mission** w (~-~; –) (KW) zweiter Raumfahrtflug der BRD.

E

Eagle m (~s; ~s) (e., = Adler) [*igl*] Erreichen des Golflochs mit 2 Schlägen unter dem Soll; am. Goldmünze.
EAN-Code m (~-~s; ~-~s) (∉ Europ. Artikel-Numerierung) Preisangabe in Strichbündeln auf Waren.
Earl m (~s; ~s) (e.) [*örl*] Graf.
Easy-going-girl s (~-~-~s; ~-~-~s) (am.) [*ísi gộiñ görl*] leichtlebige junge Frau.
Eau de Cologne s, w (~ ~ ~; –) (fr.) [*ôdekolọnj*] Kölnisch Wasser; **Eau de Javelle** s (~ ~ ~; –) [*ôdeschawell*] Bleichmittel; **Eau de vie** s (~ ~ ~; –) [*ôdewí*] Schnaps; **Eau forte** s, w (~ ~; –) [*ôfọrt*] ⚛ Salpetersäure.
Ebenholz s (~es, -hölzer) (gr.-d.) dunkles hartes Edelholz; **ebenieren** ZW (-rte, -rt) ↗ (gr.) mit Ebenholz auslegen.
Ebonit m (~en; ~en) (e.) Hartgummi.
Ebullioskopie w (~; -i|en) (lat.-gr.) Bestimmung des Molekulargewichts durch das **Ebullioskop** s (~s; ~e); EW: **ebullioskopisch**.
Eburneation w (~; ~en) (lat.) ⚕ Verknöcherung, = **Eburnifikation** w (~; ~en).
Ecaillemalerei w (~; ~en) (fr.-d.) [*ekäj-*] Schuppenmuster auf Porzellan.
Ecce-Homo s (~-~s; ~-~s) (lat.) † Bild des dornengekrönten Christus.
Ecclesia w (~; –) (lat.) † Kirche (*E. militans* kämpfende Kirche; *E. triumphans* siegende Kirche); → Ekkles-.
Echappement s (~s; ~s) (lat.-fr.) [*eschappmañ*] Ankerhemmung der Uhr; Auslöser der Klavierhämmerchen; ↓ Flucht; **echappieren** ZW (-rte, -rt) (fr.) [*-schapp-*] ✓ fliehen.
Echarpe w (~; ~s) (fr.) [*ẹscharp*] gemusterter Schal.
echauffieren ZW (-rte, -rt) ↗ (fr.) [*-schoff-*] erregen.

Echec m (~s; ~s) (fr.) [*eschäck*] Schaden.

Echeveria w (~; -i|en) (lat.) [*etschewęria*] (nach mex. Zeichner) Blattpflanze.

Echinit m (~s/~en; ~e[n]) (gr.-lat.) See|igelversteinerung; **Echinodermen** M (gr.) Stachelhäuter; **Echinokaktus** m (~; -te|en) (gr.-lat.) ✤ Igelkaktus; **Echinokokkus** m (~; -kken) Hundebandwurm; durch ihn ausgelöste menschl. Erkrankung, = **Echinokkose** w (~; ~n); **Echinos** m (~; ~) (gr.) See|igel; Säulenkissen der dor. Säule.

Echo s (~s; ~s) (gr., nach einer Waldnymphe) Widerhall; ♪ leisere Wiederholung; Echo nach das vorhergehende Wort; ZW: **echo|en** (-ote, ge|echot) ✓; **Echograph** m (~en; ~en) Echolot mit Registriergerät; **Echographie** w (~; -i|en) Dichtemessung von Gewebe durch Schallwellen; **Echolot** s (~[e]s; ~e) (gr.-d.) Tiefenmesser durch Messung der Schallbewegungen; **Echopraxie** w (~; -i|en) (gr.-lat.) ⚕ sinnloses Nachahmen erschauter Handlungen.

Eclairs M (fr.) [*eklạ̈rs*] gefülltes Gebäck („Liebesknochen").

EC-Netz s (~-~es;-) → Eurocity-Netz.

Economiser m (~s; ~) (e.) [*ikọnemaisr*] Vorwärmer; **Economy Class** w (~ ~; ~ ~es) (am.) [*ikọnomî klảß*] Flugpassagierbeförderung 2. Klasse, = **Economy-Klasse** w (~-~; ~-~n).

Ecossais m (~; -) (fr.) [*ekoßạ̈*] großkariertes Tuch; **Ecossaise** → Ekossaise.

Ecrasé s (~s; ~s) (fr.) farbiges Ziegenleder.

Écriture automatique w (~ ~; ~s ~s) (fr.) [*ekritür ôtômatịk*] in Trance vom Medium Geschriebenes.

ECU m (~[s]; ~[s]) (¢ European Currency Unit) europ. Währungseinheit.

Edamer m (~s; ~) (nl. ON) Kugelkäse.

edaphisch EW (gr.) bodenbedingt; **Edaphon** s (~s; -) Kleinlebewelt auf dem Boden.

Eden s (~s; -) (sum., = Steppe) Paradies.

Edentate m (~n; ~n) (lat.) Säugetiere mit wenigen Zähnen.

edieren ZW (-rte, -rt) ↗ (lat.) herausgeben, veröffentlichen.

Edikt s (~[e]s; ~e) (lat.) behördliche Verlautbarung.

Edition w (~; ~en) (lat.) Ausgabe, Auflage (von Büchern, Musikalien); **Editio princeps** w (~ ~; -ọnes -cipes) Erstausgabe; **Editor** m (~s; -toren) Herausgeber; **Editorial** s (~s; ~s) (e.)

[*editorjel*] Leitartikel; Vorspann des Herausgebers.

Edukation w (~; -) (lat.) Erziehung.

Edukt s (~s; -) (lat.) Liefererz; aus Rohstoffen abgesonderter Stoff.

EEG s ¢ → Elektroenzephalogramm.

Effekt m (~[e]s; ~e) (lat.) Wirkung; Erfolg; Leistung; Wirkungsmittel; Naturerscheinung; **Effekten** M an Börsen gehandelte Wertpapiere; **Effektengiroverkehr** m (~s; -) (lat.-it.-d.) [-schi-] Effektenübertragung durch Scheck; **Effektenlombard** m, s (~s; ~e) (lat.-it.) Wertpapiere als Sicherheit für ein kurzfristiges Kreditgeschäft; **Effekthascher** m (~s; ~) (lat.-d.) auf Erfolg bedachter Prahlhans; w. s.: **Effekthascherei** (~; ~en); **effektiv** EW (lat.) tatsächlich (*e.e Leistung* Nutzleistung; *e.e Temperatur* tatsächlich empfundene Lufttemperatur; *e.e Wellenlänge* Farbbereich eines Sterns); **Effektivlohn** m (~s; -löhne) (lat.-d.) der Kaufkraft entsprechender Lohn; **Effektivkohle** w (~; ~) ⚡ Dochtkohle von Bogenlampen; **Effektor** m (~s; -toren) (lat.) ⚕ Muskel (Drüse), der (die) Reflexe ausführt; die Enzymreaktion beeinflussender Stoff; **effektuieren** ZW (-rte, -rt) ↗ bewerkstelligen; Zahlung leisten.

Effemination w (~; ~en) (lat.) Verweiblichung der m. Geschlechtsempfindung; **effeminieren** ZW (-rte, -rt) ↗ verweichlichen.

efferent EW (lat.) = → zentrifugal.

efferveszieren ZW (-rte, -rt) ✓ (lat.) aufwallen.

Effet s (~s; ~s) (fr.) [*ạ̈ffẹ̈*] Wirkung; absichtlich erzielte Balldrehung; **effettuoso** (it.) ♪ wirkungsvoll.

Efficiency w (~; -) (e.) [*ifflschenßi*] (wirtschaftl.) Ergiebigkeit; Leistungskraft und -wille.

effilieren ZW (-rte, -rt) ↗ (lat.-fr.) Haare ausdünnen; w. s.: **Effilation** (~; ~en).

Effizienz w (~; -) (lat.) Wirksamkeit; **effizieren** ZW (-rte, -rt) ↗ bewirken.

Efflation w (~; ~en) (lat.) ⚕ Aufstoßen, Rülpsen.

Effloreszenz w (~, ~en) (lat.) ⚕ Hautkrankheit; Salzüberzug an Gesteinen (an der Erde); (bewußtes) Schillern in Auftreten und Ansichten; ZW: **efflo- reszieren** (-rte, -rt) ✓.

effluieren ZW (-rte, -rt) ✓ (lat.) verfließen; **Effluvium** s (~s; -vi|en) (lat.) Ausdünstung.

Effusiometer s (~s; ~) (lat.-gr.) Gasdichtemesser; **Effusion** w (~; ~en) (lat.) Ausströmen von Lava; **effusiv** EW durch Erguß entstanden; **Effusivgestein** s (~[e]s; ~e) = → Eruptivgestein.

EFTA w (∉ European Free Trade Association) europ. Freihandelsgemeinschaft.

EG ∉ Europ. Gemeinschaft; **EGB** ∉ Europ. Gewerkschaftsbund.

egal EW (fr.) gleich(gültig); **Egalisator** m (~s; -toren) (lat.) Transformator zum Stromausgleich; **egalisieren** ZW (-rte, -rt) ↗ (fr.-lat.) ausgleichen; **Egalisierung** w (~; ~en) Ausgleichung; **egalitär** EW auf Gleichheit zielend; m. s.: **Egalitarismus** (~; –); **Egalität** w (~; –) (lat.) Gleichheit, = **Egalité** w (~; –) (fr.).

Eggburger m (~s; ~[s]) (e.) [*-bör-*] Hamburger, mit Ei etc. gefüllt.

Eggheads M (am., = Eierköpfe) [*äghäds*] ∪ einseitige Intellektuelle.

eglomisieren ZW (-rte, -rt) (nach fr. Kunsthändler *Glomi*) Spiegelglasbilder malen.

Ego s (~s; –) (lat.) das Ich (*alter E.* zweites Ich; unzertrennlicher Freund); **Ego|ismus** m (~; –) Eigensucht; **Egoist** m (~en; ~en) Ichmensch; EW: **ego|istisch; Egotismus** m (~; –) Sucht, von sich zu sprechen; **Egotist** m (~en; ~en) wer sich gern in den Mittelpunkt stellt; Autor einer Lebensbeschreibung in der Ich-Form; EW: **egotistisch; Egotrip** m (~s; ~s) übermäßige Ichbezogenheit.

Egoutteur m (~s; ~e) (fr.) [*égûtör*] Papiervorpreßwalze.

Egozentrik w (~; –) (lat.) Ichbezogenheit; m. s.: **Egozentriker** (~s; ~); **egozentrisch** EW ichbezogen.

egrenieren ZW (-rte, -rt) ↗ (fr.) entkernen; **Egreniermaschine** w (~; ~n) Baumwollentkerner; w. s.: **Egrenierung** (~; ~en).

Eidetik w (~; –) (gr.) Reproduktion einer anschaul. Wahrnehmung als echte Empfindung; m. s.: **Eidetiker** (~s; ~); EW: **eidetisch; Eidologe** m (~n; ~n) wer durch Darstellung zur Erscheinung vordringt; w. abstr. s.: **Eidologie** (~; –); EW: **eidologisch; Eidolon** s (~[s]; -la) Abbild, Trugbild; **Eidophor** s (~s; ~e) (gr.-lat.) Großfernsehbilderzeuger; **Eidos** s (~; –) Art (Ggs.: *Gattung*); Idee; Wesen.

EIN (∉ European Information Network) öffentl. Vermittlungsnetz für Datenanlagen.

einchecken ZW (-te ein, eingecheckt) ↙ (d.-e.) (*-tsch-*] abgefertigt werden (Flughafen).

einkokonnieren ZW (-te ein, einkokonniert) ↗ (e.) luftdicht ummanteln.

Einsteinium s (~s; –) (nach dem d. Physiker A. *Einstein*, 1879–1955) radioaktives Element (∉ *Es*).

Ejakulat s (~[e]s; ~e) (lat.) ⚕ ausgespritzter Samen; **Ejakulation** w (~; ~en) ⚕ Samenerguß; ZW: **ejakulieren** (-rte, -rt) ↗↙.

Ejektion w (~; ~en) (lat.) Auswurf; **Ejektor** m (~s; -toren) Strahlpumpe; **ejizieren** ZW (-rte, -rt) ↗ vertreiben ↓.

Ekart m (~s; ~s) (fr.) [*ekår*] Abstand zwischen Basis- und Prämienkurs.

Ekarté s (~s; ~s) (fr.) Kartenspiel zu zweit; Spreizbein beim Kunsttanz.

Ekchondrom s (~s; ~e) (gr.-lat.) ⚕ Knochengeschwulst; **Ekchondrose** w (~; ~n) (gr.) Knochenverknorpelung.

Ekchymose w (~; ~n) (gr.) ⚕ Bluterguß; EW: **ekchymotisch.**

EKG ∉ Elektrokardiogramm.

Ekklesiologe m (~n; ~n) (lat.-gr.) † Kirchenforscher; w. abstr. s.: **Ekklesiologie** (~; –). – → Ecclesia.

Eklampsie w (~; -i|en) (gr., = Aufblitz) ⚕ Schwangerschaftskrämpfe (mit Bewußtseinstrübung); **Eklampsismus** m (~; –) ⚕ Vorstufe hierzu; EW: **eklamptisch.**

Eklat m (~s; ~s) (fr.) [*eklå*] Skandal; **eklatant** EW aufsehenerregend; nicht widerlegbar.

Eklektiker m (~s; ~) (gr.) aus Früherem auswählender Philosoph; unselbständiger Gelehrter; **eklektisch** EW auswählend, zusammenstellend; **Eklektizismus** m (~; -men) Vereinigung früherer Erkenntnisse (Kunstformen); EW: **eklektizistisch.**

Ek|lipse w (~; ~n) (gr.) Sonnen-, Mondfinsternis; **Ekliptik** w (~; –) größter Himmelskreis als Sonnenbahn; EW: **ekliptisch; ekliptikal.**

Ekloge w (~; ~n) (gr.-lat.) Idylle; Hirtengedicht.

Eklogite M (gr.-lat.) Minerale aus größerer Erdtiefe.

Ekmnesie w (~; -i|en) (gr.-lat.) ⚕ Wahn, in eig. Vergangenheit zu leben.

Eknoia w (~; –) (gr.) [*-neua*] ⚕ pubertäre, übersteigerte Erregung.

Ekossaise w (~; ~n) (fr.) [*-βåse*] schott. Volkstanz.

Ekphorie w (~; -i|en) (gr.-lat.) ⚕ Erinnerungsvorgang; EW: **ekphorisch.**

Ekphym s (~s; ~e) (gr.) ⚕ Höcker.

Ekrasit s (~[e]s; –) (gr.) Sprengstoff.

Ekrü s (~s; ~s) (fr.) Rohseide; **ekrü** EW naturfarben ←; **Ekrüseide** w (~; -) unentbastete Naturseide.

Ek|stase w (~; ~n) (gr.) Verzückung; **Ek|statiker** m (~s; ~) wer leicht verzückt ist; **ek|statisch** EW begeistert; verzückt.

Ektasie w (~; -i|en) (gr.-lat.) ≠ Ausweitung.

Ekthym s (~s; ~e) (gr.) ≠ Hauteiterung.

Ektoblast s (~en; ~en) (gr.) = **Ektoderm** s (~[e]s; ~e) äußeres Keimblatt des tierischen Embryos; **Ektodermose** w (~; ~n) ≠ Hauterkrankung; **Ektodesmen** M ⊕ Plasmabahnen der Außenhaut; Epidermiszellen; **Ektomie** w (~; -i|en) ≠ Ausscheidung; **ektomorph** EW von hagerer Statur; **Ekto(para)sit** m (~en; ~en) Schmarotzer = **Ektozoen** M; **ektophytisch** EW = → exophytisch; **ektopisch** EW (gr.-lat.) ≠ lageverändert; **Ektoplasma** s (~s; -) (gr.) Außenschicht des Einzellerprotoplasmas; **Ektoskopie** w (~; -i|en) ≠ Diagnose nach dem Augenschein; EW: **ektoskopisch; Ektotoxine** M ≠ Bakteriengifte; **ektotroph** EW ⊕ außen an Wirtspflanze lebend; **Ektozo|en** M → Ektoparasit.

Ektrodaktylie w (~; -i|en) (gr.-lat.) ≠ Fehlen von Fingern (Zehen); **Ektromelie** w (~; -i|en) ≠ angeborene Mißbildung.

Ekzem s (~s; ~e) (gr.) ≠ Hautkrankheit, Ausschlag; EW: **ekzematös.**

Elaborat s (~[e]s; ~e) (lat.) Machwerk.

Elan m (~s; -) (fr.) [-*lañ*] Schwung (*E. vital* m [~ ~; -] organentwickelnde Kraft).

Elaste M (gr.-lat.) dehnbare Kunststoffe; **Elastik** w (~; ~en) (gr.) dehnbares Gewebe; Zwischenfutterstoff; **elastisch** EW dehnbar (*e.e Verteidigung* ⚔ langsamer Rückzug); **Elastizität** w (~; -) (gr.-lat.) Dehnbarkeit; Verhältnis von Angebot und Nachfrage; Spannkraft; **Elastizitäts|ko|effizi|ent** m (~ en; ~en) Dehnbarkeitsmaß; **Elastizitätsmodul** m (~s; ~n) (gr.-lat., ∉ *E*) Dehnkraft; **Elastomer** s (~s; ~e), = **Elastomere** s (~s; ~n) dehnfähiger Kunststoff.

Elativ m (~[e]s; ~e) (lat.) höchster Steigerungsgrad der EW.

Elbor s (~s; -) (r. KW) r. Kunstwerkstoff.

ELDO (∉ European Launcher Development Organization) (e.) europ. Organisation für Entwicklung und Bau von Trägerraketen.

Eldorado s (~s; ~s) (sp., = der Vergoldete) sagenhaftes Goldland; Wunschland; → Dorado.

eleatisch EW (nach dem gr. ON *Elea*) alles Geschehen nur (wie Parmenides) als Schein nehmend.

Electronic Banking s (~ ~s; -) (e.) [-*bänk*-] alle Bankdienste des bargeldlosen Zahlungsverkehrs; **Electronic Mail** w (~ ~; -) [-*meil*] elektron. Postfach für Computerbesitzer; **Electronic Mailing** s (~ ~s; -) Postbearbeitung durch Computer.

Elefant m (~en; ~en) (gr.-lat.) dickhäutiges Rüsseltier; **Elefantiasis** w (~; -) (gr.-lat.) ≠ Hautverdickung mit Unterhautschwellung; **elefantös** EW ∪ sehr beachtlich, besonders toll ↓.

elegant EW (fr.) geschmackvoll; modisch; **Elegant** m (~s; ~s) [*élegañ*] Geck; **Eleganz** w (~; -) Geschmack; modische Kleidung (Haltung).

Elegie w (~; -i|en) (gr.) Gedicht (in Distichen); m. s.: **Elegiker** (~s; ~); **elegisch** EW (gr.-lat.) wehmutsvoll.

Elektion w (~; ~en) (lat.) (Aus-)Wahl ↓; **elektiv** EW auswählend; **Elektivkultur** w (~; ~en) ≠ Bakterienansammlung aus einem Gemisch.

Elektrakomplex m (~es; ~e) (nach Gestalt der gr. Sage) überstarke Bindung der Tochter an Vater.

Elektret (∉ **elektr**ischer Magn**et**) Isolator als Träger permanenten elektr. Feldes.

Elektrifikation w (~; ~en) (gr.-lat.) Herrichtung für Strombetrieb; **elektrifizieren** ZW (-rte, -rt) ↗ mit Strom betreiben; für Strombetrieb herrichten; w. abstr. s.: **Elektrifizierung** (~; ~en); **Elektriker** m (~s; ~) (gr.) Handwerker für Stromanlagen; **elektrisch** EW (gr.-lat.) mit (durch, für) Strom (*e.e Induktion* Schaffung eines Magnetfeldes durch Strom; *e.er Stuhl* Hinrichtungsgerät); **Elektrische** w (~n; ~n) stromgetriebene Straßenbahn; **elektrisches Wärmeequivalent** s (~n ~s; ~n ~e) Faktor zur elektr. Energieberechnung für bestimmte Wärmemengen; **elektrisieren** ZW (-rte, -rt) ↗ (gr.-lat.) mit Strom behandeln; **Elektrisiermaschine** w (~; ~n) Gerät zur Erzeugung von **Elektrizität** w (~; -) Kraftentfaltung elektrischer Körper; **elektro|akustisch** EW durch Strom hörbar machend; **Elektro|analyse** w (~; ~n) (gr.) elektrolytische Abscheidung von Metallen; EW: **elektroanalytisch; Elektro|auto** s (~s; ~s) von Batterie getriebenes Auto;

Elektrochemie w (~; –) (gr.) ↻ Erforschung der Wechselwirkung von elektrischer und chemischer Kraft; EW: **elektrochemisch**; **Elektrochirurg** m (~en; ~en) ♣ wer mit Hochfrequenzstrom operiert; w. s.: **Elektrochirurgie** (~; –); EW: **elektrochirurgisch**; **Elektrochord** s (~[e]s; ~e) (gr.-lat.) [-_kord_] ♪ elektrisches Klavier; **Elektrocolorverfahren** s (~s; ~) Methode zum Metallfärben; **Elektrode** w (~; ~n) (gr.) Stromzuführung; **Elektrodendynamometer** s (~s; ~) Strom- oder Spannungsmeßgerät; **Elektrodialyse** w (~; ~n) Entsalzung von Wasser durch Dialyse; **Elektrodynamik** w (~; –) (gr.) Erforschung der bewegten Elektrizität; EW: **elektrodynamisch**; **Elektro(end)osmose** w (~; ~n) Flüssigkeitswanderung durch elektr. Spannung; **Elektro|enzephalogramm** s (~[e]s; ~e) Aufzeichnung der Gehirnströme, = **Elektro|enkephalogramm** s (~[e]s; ~e); **Elektro|enzephalograph** m (~en; ~en) Gerät zur Aufzeichnung von Gehirnströmen; **Elektro|enzephalographie** w (~; -i|en) ♣ Messung der Gehirnströme, = **Elektro|enkephalographie** w (~; -i|en); EW: **elektro|enzephalographisch**; **Elektro|erosion** w (~; ~en) = **Elektrofunken|erosion** w (~; ~en) Werkstoffbearbeitung durch Oberflächenabtragung mit elektr. Funken; **Elektrophthalm** s (~s; ~e) Sehprothese; **Elektrographie** w (~; -i|en) galvanische Hochätzung; EW: **elektrographisch**; **Elektrojet** m (~s; ~s) (gr.-e.) [-_dschät_] elektr. Ringstrom; **elektrokalorisch** EW (gr.-lat.) durch Strom gewärmt; **Elektrokardiogramm** s (~[e]s; ~e) (gr.) ♣ Aufzeichnung der Herzströme; **Elektrokardiograph** m (~en; ~en) Gerät hierfür; **Elektrokardiographie** w (~; –) ♣ Verfahren zur Aufzeichnung der Herzströme; EW: **elektrokardiographisch**; **Elektrokarren** m (~s; ~) (gr.-d.) durch Akkumulation angetriebene Transportkarre; **Elektrokatalyse** w (~; ~n) (gr.) Arzneimittelzuführung durch die Haut mittels Strom; EW: **elektrokatalytisch**; **Elektrokaustik** w (~; –) (gr.-lat.) ♣ Gewebezerstörung durch elektr. Strom; EW: **elektrokaustisch**; **Elektrokauter** m (~s; ~) ♣ Schneidbrenner für Operationen; **Elektrokessel** m (~s; ~) Reaktionskessel mit elektr. Beheizung; **Elektrokinetik** w (~; –) (gr.) Stoffbewegung als Folge elektr. Kräfte; **Elektroklima** s (~s; –) (gr.) Wetterstrahlung durch Sendeanlagen; EW: **elektroklimatisch**; **Elektrokoagulation** w (~; ~en) (gr.-lat.) = → Elektrokaustik; **Elektrokultur** w (~; ~en) Stoffwechselförderung durch Elektrizität (bei Tieren und Pflanzen); **Elektrokution** w (~; ~en) (gr.-lat.) Hinrichtung auf dem elektr. Stuhl; **Elektrolumineszenz** w (~; –) Aufleuchten von Gasen bei elektr. Entladung; **Elektrolyse** w (~; ~n) (gr.) ↻ Zerlegung eines von elektr. Strom durchflossenen Elektrolyten; **Elektrolyseur** m (~s; ~e) (gr.-fr.) [-_sör_] Gerät hierzu; ZW: **elektrolysieren** (-rte, -rt) ↗; **Elektrolyt** m (~[e]s/~en; ~e[n]) (gr.) Stromleiter 2. Grades; **Elektrolyteisen** s (~s; ~) reines, durch Elektrolyse gewonn. Eisen; EW: **elektrolytisch** (_e.e Metallgewinnung_ w [~n ~; –] Herstellung von Metallen aus ihren Verbindungen durch Elektrolyse; _e.e Dissoziation_ w [~n ~; ~n ~en] [gr.-lat.] Bildung frei bewegl. Ionen beim Auflösen oder Schmelzen eines Stoffes); **Elektrolytkondensator** m (~s; -toren) (gr.-lat.) elektr. Kondensator mit elektrolyt. erzeugter Oxidschicht als Isolator; **Elektromagnet** m (~en; ~en) mit Draht bewickelter Weicheisenkern; EW: **elektromagnetisch** (_e.e Induktion_ Stromgewinnung durch Bewegung eines Magnetpols); m. s.: **Elektromagnetismus** (~; –); **elektromechanisch** EW (gr.-lat.) durch Strom mechanisiert; **Elektrometallurgie** w (~; –) (gr.-lat.) Verhüttung mit Strom; EW: **elektrometall|urgisch**; **Elektrometer** s (~s; ~) (gr.) Spannungsmesser; EW: **elektrometrisch**; **Elektromotor** m (~s; -toren) (gr.) Gerät zur Umwandlung von Strom in Bewegungsenergie; EW: **elektromotorisch** (_e.e Kraft_); **Elektromyogramm** s (~s; ~e) (gr.) Aufzeichnung der Muskelströme.

Elektron s (~s; ~en) (gr., = Bernstein) negativ geladenes Elementarteilchen; natürliche Gold-Silber-Mischung; **Elektronarkose** w (~; ~n) (gr.) ♣ Betäubung durch Strom; EW: **elektronarkotisch**; **Elektronegativität** w (~; –) (gr.-lat.) Tendenz eines Atoms, Elektronen an sich zu ziehen; **Elektronen|affinität** w (~; ~en) (gr.-lat.) Energiegewinn bei Bindung eines Elektrons an ein Atom; **Elektronenakzeptor** m (~s; ~en) (gr.-lat.) Molekül oder Ion, das unter Aufnahme von Elektronen eine chem. Bindung ausbildet; → Akzeptor; **Elektronenbahn** w (~; ~en) (gr.-d.) Weg eines

Elektrons bei seiner Bewegung im Atom oder Molekül; **Elektronenbeschleuniger** m (~s; ~) (gr.-d.) physik. Apparatur zur Herstellung von Elektronenstrahlen; **Elektronenbeugung** w (~; ~en) (gr.-d.) Ablenkung u. Zerlegung von Elektronenstrahlen beim Durchgang durch Kristallgitter; **Elektronenbild** s (~es; ~er) (gr.-d.) Abbildung eines Gegenstands durch ein Elektronenmikroskop; **Elektronendonator** m (~s; ~en) (gr.-lat.) Atom, das Elektron abgeben kann; **Elektronen|emission** w (~; ~en) (gr.-lat.) Abgabe von Elektronen durch erhitzte oder bestrahlte Metalle an die Umgebung; **Elektronenfackel** w (~; ~n) (gr.-d.) Gerät zur Erzeugung hoher Temperaturen durch elektr. Entladungen; **Elektronenformel** w (~; ~n) (gr.-d.) chem. Formel, in der Zuordnung aller Außenelektronen zu den beteiligten Atomen erkennbar ist; **Elektronengas** s (~es; ~e) (gr.) Gesamtheit der im Kristallgitter eines Metalls frei bewegl. Leitungselektronen; **Elektronengehirn** s (~s; ~e) (gr.-d.) autom. Datenverarbeitungsanlage; **Elektronenhülle** w (~; ~n) (gr.-d.) → Atomhülle; **Elektronenfiguration** w (~; ~en) (gr.-lat.) Anordnung der versch. Elektronen in der Atomhülle; **Elektronenladung** w (~; ~en) (gr.-d.) Elementarladung; **Elektronenleitung** w (~; ~en) (gr.-d.) Leitung des elektr. Stroms durch Elektronenfluß; **Elektronenlinse** w (~; ~n) (gr.-d.) Teil vom **Elektronenmikroskop** s (~s; ~e) (gr.) Mikroskop, das Elektronenstrahlen statt Licht anwendet; EW: **elektronenmikroskopisch**; **Elektronen|optik** w (~; ~) Erforschung der Bilderzeugung durch Elektronenstrahlung; **Elektronen|orgel** w (~; ~n) (gr.-d.) = → Synthesizer; **Elektronenpaar** s (~es; ~e) (gr.-d.) 2 Elektronen im gleichen Molekül, die sich nur in der Spinquantenzahl unterscheiden; **Elektronenröhre** w (~; ~n) (gr.-d.) Gleichrichter; Gerät zur Erzeugung (Verstärkung) elektromagnetischer Schwingungen; **Elektronenschale** w (~; ~n) (gr.-d.) Gruppe von Elektronen im Atom, die aufgrund ihres Energie|inhalts zusammengehören; **Elektronenschleuder** w (~; ~n) (gr.-d.) → Betatron; **Elektronenspin** m (~s; ~) (gr.-am.) Magnetismusmaß eines Elektrons; **Elektronenstoß** m (~es; -stöße) (gr.-d.) wenn ein Elektron auf ein Atom stößt; **Elektronenstrahl** m (~s; ~en) Strahl von Elektronen, die frei auf parallel verlaufenden Bahnen fliegen; **Elektronenstrahlschweißen** s (~s; -) (gr.-d.) Verfahren zum Verschweißen von Metallen, wobei die nötige Schweißwärme von einem auftreffenden Elektronenstrahl erzeugt wird; **Elektronenvervielfacher** m (~s; ~) (gr.-d.) Elektronenröhre zur Verstärkung schwacher Ströme; **Elektron(en)volt** s (~/~[e]s; ~) (gr.-it.) Energieeinheit der Kernphysik; **Elektronenwelle** w (~; ~n) (gr.-d.) wird vom Elektron bei Bewegung erzeugt; **Elektronik** w (~; -) (gr.) Erforschung und Anwendung der Elektronenröhren; m. s.: **Elektroniker** (~s; ~); **elektronisch** EW (gr.) durch elektrische Schwingungen erzeugt *(e.e Musik)* *(e.e Taschen-, Tischrechner* m [~n ~s; ~n ~] (gr.-d.) Rechenmaschine mit elektron. Baustein; *e.er Briefkasten* m [~n~s; ~-kästen] Mailbox; für schnelle Informationen; *e.e Waage* s [~n ~s; ~n ~n] [gr.-d.] → Scanner; *e.es Wörterbuch* s [~en ~es; ~e -bücher] Nachschlagewerk auf Compact Disc); **Elektronmetall** s (~s; ~e) (gr.-lat.) leichte Magnesiumlegierung; **Elektronium** s (~s; -ni|en) (gr.-lat.) ♪ elektron. Musikgerät. **Elektro|ofen** m (~s; -öfen) (gr.-d.) Nutzung der direkt. Umwandlung elektrischer in Wärmeenergie; **Elektro|osmose** w (~; -) (gr.) Wanderung von Flüssigkeiten durch enge Röhren unter Einfluß elektrischen Stroms; **Elektrophone** M (gr.) Musikinstrumente mit elektrischer Tonerzeugung durch Lautsprecher; **Elektrophor** m (~s; ~e) (gr.) Vorrichtung zur Erzeugung u. Transport elektrischer Ladungen; **Elektrophorese** w (~; ~n) (gr.) Wanderung gelad. kolloidaler Teilchen im elektr. Feld; **elektrophil** EW (gr.) elektrische Ladungen leicht anlagernd; **elektrophob** EW (gr.) elektrische Ladungen nicht schwer anlagernd; **Elektrophysiologie** w (~; -) (gr.) ⚕ Erforschung elektrischer Reize auf den menschlichen Körper; m. s.: **Elektrophysiologe** (~n; ~n), EW. **elektrophysiologisch**; **elektropositiv** EW (gr.-lat.) Elektronen abgebend; **Elektropunktur** w (~; ~en) (gr.-lat.) ⚕ Akupunktur mit Nadelelektroden; **Elektroreinigung** w (~; ~en) (gr.-d.) Gasreinigung mit Elektrofilter; **Elektroresektion** w (~; ~en) (gr.-lat.) ⚕ Gewebeabtrennung mit stromgeladenem Draht; **Elektrorüttler** m (~s; ~) (gr.-

Elektroschock

d.) elektrisches Werkzeug zum Verdichten von Gießmassen (z. B. Beton); **Elektroschock** m (~s; ~s) (gr.-e.) ⚕ Wechselstrombehandlung; **Elektroschrauber** m (~s; ~) (gr.-d.) motor. Steckschlüssel für Schraubverbindungen; **Elektroschweißen** s (~s; –) (gr.-d.) Metallschweißen mit elektronischer Wärmeerzeugung (→ Elektronenstrahlschweißen; → Lichtbogenschweißen; → Widerstandsschweißen); **Elektro(seil)zug** m (~s; -züge) (gr.-d.) elektrisch angetrieb. Hebezug mit Drahtseil als Huborgan; **Elektroskop** s (~s; ~e) (gr.) weist elektrische Spannungen elektrostatisch nach; EW: **elektroskopisch**; w. s.: **Elektroskopie** (~; –); **Elektrostahl** m (~s; -stähle) (gr.-d.) Stahl aus dem elektrischen Ofen; **Elektrostatik** w (~; –) (gr.-lat.) Erforschung der ruhenden Elektrizität; EW: **elektrostatisch**; **Elektrotechnik** w (~; ~en) (gr.-lat.) Technik der (mit) Elektrizität; EW: **elektrotechnisch**; m. s.: **Elektrotechniker** (~s; ~); **Elektrotherapie** w (~; -i|en) (gr.) ⚕ Behandlung mit elektr. Strom; EW: **elektrotherapeutisch**; **Elektrothermie** w (~; –) (gr.-lat.) Erforschung der erwärmenden Elektrizität; **Elektrotomie** w (~; -i|en) (gr.) ⚕ Ausschneiden von Wucherungen durch Stromschlinge; EW: **elektrotomisch**; **Elektrotonus** m (~; –) (gr.) Zustand des von Strom durchflossenen Nervs.

Element s (~[e]s; ~e) (lat.) ᛭ Ur-, Grundstoff; die jmdm. entsprechende Art und Weise; M: Grundbegriffe; **elementar** EW einfach; ursprünglich; von Grund auf; **Elementar|analyse** w (~; ~n) (lat.-gr.) ᛭ Mengenbestimmung der Elemente in einer Verbindung; EW: **elementar|analytisch**; **Elementargedanke** m (~n; ~n) unabhängig voneinander entwickelte Bräuche und Vorstellungen verschiedener Stämme; **elementarisch** EW = → elementar; **Elementarladung** w (~; ~en) kleinste nachweisbare elektr. Ladungsmenge; **Elementarmagnet** m (~s; ~en) (lat.) kleinste feststellbare Magnetkraft; **Elementarquantum** s (~s; -ten) kleinste elektrische Einheit *(elektrisches E.)*; **Elementarteilchen** s (~s; ~) (lat.-d.) kleinstes nachweisbares Atomteilchen; **Elementar|unterricht** m (~s; –) erste Lernstufe; **Elementenpaar** s (~[e]s; ~e) zwei aufeinander bezogene Teilchen; **Elementfamilie** w (~; ~n) einander ähnliche chem. Elemente.

Elephantiasis w (~; –) (KuW, lat.) ⚕ unförmige Verdickung einzelner Körperteile.

Elevation w (~; ~en) (lat.) Gestirnhöhe; Neigung des Gewehrlaufs (Geschützrohres) zur Horizontalebene; **Elevator** m (~s; -toren) Großspeicher (für Getreide); **Eleve** m (~n; ~n) (fr.) (Tanz-, Ballett-)Schüler; wer in der Ausbildung steht.

El Fatah M (ar.) [*-tach*] palästinensische Widerstandsgruppe.

elidieren ZW (-rte, -rt) ↗ (lat.) Vokal ausstoßen.

Elimination w (~; ~en) Ausscheidung, Streichung, Tilgung; ⚔ Entfernung der Unbekannten aus einer Gleichung; Erbfaktorenverlust; ZW: **eliminieren** (-rte, -rt) ↗.

Elinvar s (~s; –) (KuW) metall. Werkstoff mit konstanter Elastizität bei wechselnder Temperatur.

Elko m (~s; ~s) ∉ **Elektrolytkondensator**.

Elision w (~; ~en) (lat.) Ausstoßung (eines Vokals).

elitär EW (lat.) nur für die Besten bestimmt; aus den Besten bestehend; **Elite** w (~; ~n) (lat.-fr.) Führungsgruppe; machtausübende Minderheit.

Elixier s (~s; ~e) (ar., = Pulver) Wundertrank.

Ellipse w (~; ~n) (gr., = Auslassung) Aussparung eines Wortes (Satzteils); ⚔ Kegelschnittkurve; EW: **elliptisch** *(e.e Geometrie* ⚔ nichteuklidische); **ellipso|id** EW (lat.) ⚔ ellipsenartig; **Elliptizität** w (~; –) (gr.) Abplattung.

Eloge w (~; ~n) (fr.) [*-lôsche*] Lob (-rede).

Elongation w (~; ~en) (lat.) Verlängerung; Sternwinkelmessung; Pendelausschlag.

eloquent EW (lat.) beredt; **Eloquenz** w (~; –) Beredsamkeit.

Eloxal s (~s; –) (KW) Aluminiumoxidschicht (als Schutz); **eloxieren** ZW (-rte, -rt) ↗ (KuW) elektrolytisch oxidieren.

Elution w (~; ~en) (lat.) ᛭ Heraustrennen adsorbierter Stoffe.

Eluvialhorizont m (~[e]s; ~e) (lat.-gr.) oberste Bodenschicht; **Eluvium** s (~s; -ri|en) (lat.) verwitterte Ablagerung.

elysä|isch EW (gr.) paradiesisch *(die e.en Gefilde* altgr. Paradies); **Elysee** s (~s; –) (gr.-lat.-fr.) Pariser Amtssitz des fr. Präsidenten.

elysieren ZW (-rte, -rt) ↗ (KuW) elektrolytisch schleifen (Hartmetalle).
Elysium s (~s; -i|en) (gr.-lat.) Insel der Seligen, Jenseits, Paradies; EW: **elysisch** = → elysä|isch.
Email s (~s; ~s) (d.-lat.-fr.) [êmâj oder êmail] Glasfluß, Zahnschmelz; = **Emaille** w (~; ~n) [email oder emalje]; ZW: **emaillieren** (-rte, -rt) [emaljī-] ↗; m. s.: **Emailleur** (~s; ~e) [-maljör].
Eman s (~[e]s; –) (KW) Meßeinheit der Emanation; **Emanation** w (~; ~en) (lat.) Ursprung aller Dinge aus der Gottheit; Ausflug; bei radioaktivem Zerfall entstehendes radioaktives Edelgas; **emanieren** ZW (-rte, -rt) ∠ ausfließen; Strahlen aussenden; **Emanometer** s (~s; ~) (lat.-gr.) Meßgerät für Luftemanation; EW: **emanometrisch.**
Emanze w (~; ~n) (KW) betonte Anhängerin der w. **Emanzipation** w (~; ~en) (lat., = Freilassung) Befreiung von einer (gesellschaftlichen) Abhängigkeit; ZW: **emanzipieren** (-rte, -rt) ↗ ↖; MW II: **emanzipiert.**
Emaskulator m (~s; -toren) (lat.) Kastriergerät für Hengste; ZW: **emaskulieren** (-rte, -rt) ↗.
ematalieren ZW (-rte, -rt) (KuW) ↗ Aluminium anodisch oxidieren.
Emballage w (~; ~n) (fr.) [añballâsch] Verpackung; ZW: **emballieren** (-rte, -rt) [emb-] ↗.
Embargo s (~s; ~s) (sp., = Angehaltenes) Beschlagnahme (Zurückhaltung) von Handelsschiffen; Exportsperre für Kriegsgut (Waren, Kapital).
Embarras de richesse m (~ ~ ~; –) (fr.) [añbaras de rischeß] schwere Wahl bei zu großer Auswahl; **embarassieren** ZW (-rte, -rt) ↗ [añb-] hindern.
Emblem s (~s; ~e) (gr.) = Einlegearbeit) Einlegearbeit; Symbol; **Emblematik** w (~; –) Erforschung von Ursprung und Sinn von Emblemen; **emblematisch** EW sinnbildlich.
Embolie w (~; -i|en) (gr.) $ Eindringen eines Blutgerinnsels in die Schlagader; **emboliform** EW (gr.-lat.) pfropfartig; **Embolus** m (~; -li) Fremdkörper im Blut.
Embonpo|int m (~s; ~s) (fr.) [añbonpoäñ] Bauch.
Embouchure w (~; ~s) (fr.) [añbûschûr] Mundstück eines Blasinstruments; Mundstellung beim Blasen.
embrassieren ZW (-rte, -rt) (fr.) [añbr-] ↗ umarmen.
Embros s (~; –) (sp.-it.) Lammfell.

Embryo m (~s; ~s) (gr.) ⊕ Keimling; $ Lebewesen vor der Geburt; **Embryogenese** w (~; –) Keimentwicklung; EW: **embryogenetisch; Embryologie** w (~; –) $ Erforschung der Keimentwicklung; m. s.: **Embryologe** (~n; ~n); EW: **embryologisch; embryonal** EW (gr.-lat.) $ im Keimzustand; im Werden; **embryonisch** EW = → embryonal; **Embryopathie** w (~; -i|en) (gr.) $ Schädigungen des Fötus; **Embryosack** m (~s; -säcke) ⊕ Sameninneres; **Embryotomie** w (~; -i|en) (gr.) $ Zerstückelung des Kindes im Mutterleib (zur Rettung der Mutter).
Emendation w (~; ~en) (lat.) Berichtigung; ZW: **emendieren** (-rte, -rt) ↗ ↓.
Emergenz w (~; –) (lat.) Entwicklung in steigenden Stufen; ⊕ Auswuchs aus unteren Geweben; **emergieren** ZW (-rte, -rt) ∠ auftauchen; berühmt werden ↓.
Emerit m (~en; ~en) (lat.) Ruheständler; **emeritieren** ZW (-rte, -rt) ↗ von den Amtspflichten entbinden; **Emeritierung** w (~; ~en) Entpflichtung (eines Hochschullehrers, Geistlichen); **Emeritus** m (~; -ti) = → Emerit.
emers EW (lat.) ⊕ oberhalb des Wassers lebend; **Emersion** w (~; ~en) Verlassen des Planetenschattens durch den Mond; bei Meeresrückzug auftauchendes Land.
Emetikum w (~s; -ka) (lat.) Brechmittel; EW: **emetisch.**
Emigrant m (~en; ~en) (lat.) Auswanderer aus (polit.) Zwang; **Emigration** w (~; ~en) Auswanderung (wegen polit. Verfolgung); **emigrieren** ZW (-rte, -rt) ∠ aus Zwang das (Heimat-) Land verlassen.
eminent EW (lat.) hervorragend; **Eminenz** w (~; ~en) † Kardinalstitel (graue E. Drahtzieher im Hintergrund).
Emir m (~s; ~e) (ar.) Fürst; **Emirat** s (~[e]s; ~e) (ar.-lat.) Fürstentum.
Emissär m (~s; ~e) (lat.) Beauftragter; → Agent; **Emission** w (~; ~en) Ausgabe von Wertpapieren; Aussendung von Strahlen; Fremdstoffe in der Atmosphäre; Fernseh-, Rundfunksendung; $ Entleerung; **Emissionsgeschäft** s (~[e]s; ~e) (lat.-d.) An- und Verkauf von Wertpapieren in Kommission; **Emissions|kataster** m, s (~s; ~) amtl. Liste von Quellen der Luftverschmutzung; **Emissionskurs** m (~es; ~e) (lat.) Ausgabewert neuer Wertpapiere; **Emissions|schutz** m (~es; –) Maßnahmen gegen Schäden

durch Luftverschmutzung; **Emissionsspektrum** s (~s; -tren) Spektrum eines ausstrahlenden Atoms; **Emissionsstopp** m (~s; ~s) staatl. befristetes Verbot der Ausgabe von Wertpapieren; **Emissions|theorie** w (~; –) (lat.-gr.) Annahme (Newtons), daß das Licht aus unendlich feinen, von der Lichtquelle ausgeschleuderten Teilchen besteht.

Emitron s (~s; -rone) (∉ lat. emittere + gr. Elektron) Teil der Fernsehaufnahmegeräte.

Emittent m (~en; ~en) (lat.) wer Wertpapiere unterbringt; Gerät zur Beförderung luftfremder Stoffe in die Atmosphäre; **Emitter** m (~s; ~) (lat.-am.) Emissionselektrode des Transistorgeräts; **emittieren** ZW (-rte, -rt) ↗ (lat.) (Wertpapiere) ausgeben; (Elektronen) aussenden.

emmetrop EW (gr.-lat.) normalsichtig.
Emolli|ens m (~; -tien) (lat.) (Haut-)weichmachendes Mittel.
E-Modul ∉ Elastizitätsmodul.
Emolument s (~[e]s; ~e) (lat.) Nebenverdienst.

Emotion w (~; ~en) (lat.) Erregung; **emotional** EW gefühlsbedingt, -betont; s. abstr. s.: **Emotionale** (~n; –); **Emotionalismus** m (~; –) Vorrangstellung des Gefühls; m. s.: **Emotionalist** (~en; ~en); **Emotionalität** w (~; –) Gefühlsbetontheit; **emotionell** EW = → emotional; **Emotivität** w (~; ~en) gesteigerte Erregbarkeit.

Emphase w (~; ~n) (gr.) Nachdruck; Redeschwung; **emphatisch** EW voller Nachdruck (Schwung, Pathos).

Emphysem s (~[e]s; ~e) (gr.) ✠ Lungenblähung; EW: **emphysematisch**.

Empire[1] s (~s; –) (e.) [*empair*] britisches Weltreich; **Empire**[2] s (~s; –) (fr.) [*añpîr*] Kaiserreich; Stil des fr. Klassizismus = **Empirestil** m (~[e]s; –) [*añpîr*-].

Empirem s (~s; ~e) (gr.) Erfahrungstatsache.
Empirestil = → Empire[2].

Empirie w (~; -i|en) (gr.) Erfahrung; **Empiriker** m (~s; ~) (gr.-lat.) Erfahrungstatsachen beurteilender Forscher; **empirisch** EW (gr.-lat.) aus Erfahrung gewonnen (*e.e Wissenschaft* auf Erfahrungstatsachen aufbauende Forschung); **Empirismus** m (~; –) (gr.) Überzeugung, daß alle Erkenntnis auf Erfahrung beruht; m. s.: **Empirist** (~en; ~en); EW: **empiristisch**.

Emplacement s (~s; –) (fr.) [*añplâß-mañ*] Aufstellung; ZW: **emplacieren** (-rte, -rt) ↗ [*añplaßî-*].

Emplastrum s (~s; -tra) (lat.) ✠ Pflaster.
Empy|em s (~s; ~e) (gr.) ✠ Eitergeschwür im Körper.
empyre|isch EW (gr.-lat.) himmlisch; **Empyre|um** (~s; –) (gr.-lat.) Himmel; Heimat des Lichts (der Seligen); **empyreumatisch** EW durch Verkohlung entstanden.

Emu m (~s; ~s) (austr.) Straußenvogel.
Emulation w (~; ~en) (lat.-e.) Wetteifer; Neid.
Emulgator m (~s; -toren) (lat.) Mittel zur Emulsionsbildung; **emulgieren** ZW (-rte, -rt) ↗ ⊙ eine Emulsion bereiten; **Emulgierung** w (~; ~en) (lat.-d.) feine Flüssigkeitszerteilung in einer anderen, die sie nicht aufnimmt; **Emulsin** s (~s; –) Ferment in bittern Mandeln; **Emulsion** w (~; ~en) ✠ feinste Verteilung von Flüssigkeiten in unlöslichen Flüssigkeiten; lichtempfindliche Schicht (auf Platten, Film, Photoapparat).

Enaks|kinder M, = **Enaks|söhne** M, = **Enakiter** M biblisches Riesenvolk; große Leute.

En|anthem s (~s; ~e) (gr.) ✠ Schleimhautausschlag; EW: **en|anthem(isch)**.
En|antiomere M (KuW) spiegelbildlich gleiche Moleküle; die Substanzen daraus.
en|antiotrop EW fähig, Stoffe in andere Zustandsformen zu bringen.
En|arthrose w (~; ~n) (gr.) ✠ übergroßes Kugelgelenk.
Enation w (~; ~en) (lat.) ⊕ Auswuchs auf der Oberfläche.

en avant (fr.) [*annawañ*] vorwärts!; **en bloc** [*añ block*] zusammen, gemeinsam; **en cabochon** [*añ kaboschoñ*] (Edelstein) mit gewölbt geschliffener Oberseite; **en canaille** [*añkanâj*] niederträchtig (*jmdn. e.c behandeln*); **en carri|ère** [*añkarjâr*] in vollem Lauf.

Encephalitis usw. = → Enzephalitis usw.

en chef (fr.) [*añscheff*] als (oberster) Leiter.
Encheirese w (~; ~n) (gr.) ✠ Operation(szureichung).
Enchondrom s (~s; ~e) (gr.) ✠ Knorpelschwellung.
Encoding s (~s; ~s) (am.) [-*ko"dîñ*] Verschlüsselung einer Nachricht.
Encounter m, s (~s; ~s) (e.) [*enkaunter*] Zusammentreffen, -stoß; Sensitivity-Training in Gruppe.

encouragieren ZW (-rte, -rt) ↗ (fr.) [*aṅkûraschi-*] ermutigen ↓; EW: **encouragiert** mutig, forsch.

En|crinus m (~; -ni) (gr.-lat.) [*-kri-*] Seeliliengattung.

Endemie w (~; -i|en) (gr.) ≴ räumlich begrenztes, häufiges Auftreten einer Krankheit (Ggs.: *Epidemie*); **endemisch** EW auf ein Gebiet beschränkt; (*e.e Gruppe* =) **Endemismus** m (~; -men) nur in einer bestimmten Gegend lebendes Wesen; **Endemiten** M auf engem Raum lebende(s) Tier (Pflanze).

endergenisch EW (KuW) freie Energie verbrauchend (bei physik. oder chem. Prozessen).

endermal EW (gr.) in der (die) Haut.

endesmal EW (gr.-lat.) ≴ im Bindegewebe.

en détail (fr.) [*aṅdêtâj*] im Kleinverkauf; im kleinen.

End-high w (~-~; ~-~s) (e.) [*-hai*] Technologie höchster Qualität.

Endivi|e w (~; ~n) (äg.-gr.-lat.-fr.) ⊕ Salatpflanze.

Endoderm s (~[e]s; ~e) (gr.) = → Entoderm; **Endodermis** w (~; -men) ⊕ innerste Rindenzellschicht; **Endoenzym** s (~s; ~e) (gr.-lat.) steuert organischen Stoffwechsel; **Endogamie** w (~; -i|en) (gr.) In-group-Heirat (Ggs.: *Exogamie*); EW: **endogam; endogen** EW (gr., = von innen her entstanden) in der Wirtschaft selbst bedingt; im Gewebe|innern keimend; im Erdinnern entstanden (Ggs.: *exogen*); **Endokard** s (~[e]s; ~e) ≴ Herzinnenhaut; **Endokarditis** w (~; -itiden) ≴ Herzinnenhautentzündung; **Endokardose** w (~; ~n) Mißbildung an der Herzinnenhaut; **Endokarp** s (~[e]s; ~e) ⊕ innerste Fruchtwandschicht; **endokrin** EW ≴ mit inneren Absonderungen *(e.e Drüse);* **Endokrinie** w (~; -i|en) ≴ Krankheit durch Störung der inneren Sekretion; **Endokrinologe** m (~n; ~n) Hormonforscher; **Endokrinologie** w (~; –) (gr.) ≴ Hormonlehre; EW: **endokrinologisch; Endo|lysine** M (gr.-lat.) von weißen Blutkörperchen gebildete bakterienvernichtende Substanzen; **Endometritis** w (~; -itiden) ≴ Gebärmutter(schleimhaut)entzündung; **Endometrium** s (~s; -tri|en) (gr.-lat.) ≴ Gebärmutterschleimhaut; **endomorph** EW (gr.) während der Erstarrung (von Eruptivgestein); von gedrungenem Körperbau, w. s.: **Endomorphie; Endomorphose** w (~; ~n) Umwandlung der Schmelze; **Endomy-**

ces, -myzes M (gr.-lat.) ≴ hefeähnlicher Pilz; **Endophyt** m (~en; ~en) Schmarotzerpflanze; **endophytisch** EW ≴ nach innen wachsend; **Endoplasma** s (~s; -men) (gr.-lat.) Innenschicht des Protoplasmas; **endoplasmatisch** EW im Zellenplasma; **Endoprothese** w (~; ~n) (KuW, gr.) Ersatz eines Organ(teils) aus Fremdstoff; **Endorphin** s (~s; ~e) (≠ **Endo-** und **-morphin**) schmerzstillendes Hormon; **Endoskop** s (~[e]s; ~e) (gr.) ≴ Ausleuchtgerät für Innenteile des Körpers; **Endoskopie** w (~; -i|en) ≴ Untersuchung eines inneren Hohlraumes mit elektrisch beleuchtetem Spiegel; EW: **endoskopisch; Endosmose** w (~; ~n) Einsickern durch eine durchlässige Scheidewand (Kataphorese); EW: **endosmotisch; endosomatisch** EW (gr.-lat.) ≴ im Körper; **Endosperm** s (~s; ~e) ⊕ Nährgewebe von Samen; **Endosporen** M ⊕ Sporen in der Zelle.

Endossement s (~s; ~s) (fr.) [*aṅdoß-maṅ*] Wechselübertragung auf Dritten durch Vermerk auf der Wechselrückseite; ZW: **endossieren** (-rte, -rt) [*aṅ-*] ↗.

Endost s (~s; ~e) (gr.-lat.) ≴ Bindegewebe im Knocheninnern; **Endothel** s (~[e]s; ~e) (gr.) ≴ Gefäßinnenhaut, = **Endothelium** s (~s; -li|en) (gr.-lat.); EW: **endothelial; endotherm** EW (gr.) wärmebindend; **endothym** EW (gr.-lat.) im Gefühl (in der Seele); **Endotoxine** M durch Bakterienzerfall freiwerdende Gifte; **endotroph** EW (gr.-lat.) ⊕ sich innen ernährend.

Energetik w (~; –) (gr.) Forschung, die Kraft als Ursache alles Naturgeschehens voraussetzt; EW: **energetisch;** m. s.: **Energetiker** (~s; ~); **Energide** M Kern und Plasma einer Zelle; **Energie** w (~; -i|en) (gr., = Wirksamkeit) Kraft (*kinetische E.:* E. der Bewegung; *potenti|elle E.:* E. der Lage); **Energie|äquivalente** M (gr.-lat.) Werte zur Umrechnung von einem Energiemaß in ein anderes; **Energiekonverter** m (~s; ~) → Energiewandler; **Energiekrise** w (~; ~n) Krise der Ölversorgung; **Energiepolitik** w (~; –) Sicherung der Energieversorgung; **Energieprinzip** s (~s –) Energieerhaltung bei allen Naturvorgängen; **Energiequantum** s (~s; -ten) kleinste Energiemenge im Atom; **Energiewandler** m (~s; ~) (gr.-d.) Gerät zum Umsetzen solarer, chem., nuklearer Energie in elektrische, = **Energiekonverter** m ~s; ~); **energisch** EW (gr.) mit Nach-

energochemisch

druck (Tatkraft); **energochemisch** EW (gr.-ar.) ↺ durch chemische Reaktion.
Enervation w (~; ~en) (lat.) Erschöpfung; **enervieren** ZW (-rte, -rt) ↗ entkräften; **Enervierung** w (~; ~en) $ chirurgische Nervenentfernung.
en face (fr.) [*anfáß*] von vorn; **en famille** [*anfamîj*] im häuslichen Kreis.
Enfant terrible s (~[s] ~; ~s ~s) (fr.) [*anfan terríbl*] Kind, das Verlegenheiten schafft.
enfilieren ZW (-rte, -rt) ↗ (fr.) [*an-*] einfädeln; ✕ mit Geschützen bestreichen.
enflammieren ZW (-rte, -rt) ↗ ↖ (lat.-fr.) [*an-*] (sich) begeistern.
Engagement s (~s; ~s) (fr.) [*angaschemán*] vertragliche Verpflichtung; Anstellung (von Künstlern); Bitte um den (Verpflichtung zum) nächsten Tanz ↓; starke innere Beteiligung; **engagieren** ZW (-rte, -rt) ↗ (fr.) [*angaschí-*] in Dienst nehmen; verpflichten; zum Tanz bitten; ↖ sich einsetzen; sich verpflichten; **engagiert** EW (fr.) [*angaschîrt*] sehr beteiligt.
Englergrad m (~es; ~e) (nach d. Chemiker) Maßeinheit für Viskosität von Flüssigkeiten.
English-Waltz m (~-~; ~-~) (e.) [*inglisch-wôlz*] langsamer Walzer.
Engobe w (~; ~n) (fr.) [*angop*] farbiger Ziegelbeguß; farbiger Malgrund(beguß); ZW: **engobieren** (-rte, -rt) ↗ [*an-*].
Engorgement s (~s; ~s) (fr.) [*angorschemán*] Geschäftsrückgang.
Engramm s (~[e]s; ~e) (gr.) Gedächtnisspur.
Engraving s (~s; ~s) (e.) [*engreiwin*] Klischee(herstellung).
en gros EW (fr.) [*angrô*] in Mengen; m. s.: **Engrossist** (~en; ~en).
enharmonisch EW gleich klingende verschieden notierte Töne (*e.e Verwechslung* musikalische Umdeutung gleicher Töne oder Akkorde).
Enjambement s (~s; ~s) (fr.) [*anschanbemán*] Übergreifen eines Wortes (Satzes) auf die folgende Verszeile (Strophe).
Enkaustik w (~; -) (gr.) Einbrennung (Einwachsung) von Farben; ZW: **enkaustieren** (-rte, -rt) ↗; EW: **enkaustisch**.
Enkephalo- → Enzephalo-.
Enklave w (~; ~n) (fr., -lat.) Gebietsteil in fremdem Staatsbereich.
Enklise w (~; ~n) (gr.) Anlehnung eines schwach betonten Wortes an das vorangehende; EW: **enklitisch**; s. s.: **Enklitikon** (~s; -ka).
enkodieren ZW (-rte, -rt) (KuW) ↗ verschlüsseln; von Sender an Empfänger mitteilen.
Enkomiast m (~en; ~en) (gr.) Lobredner; w. abstr. s.: **Enkomiastik** (~; -); EW: **enkomiastisch**; **Enkomion** s (~s; -mia) Lobrede, = **Enkomium** s (~s; -mi|en).
Enkulturation w (~; ~en) (lat.) [-*zion*] allmähliche Anpassung an eine (fremde) Kultur.
en masse (fr.) [*anmass*] mengenweise; **en miniature** (fr.) [*anmînjatür*] im kleinen.
ennuyant EW (fr.) [*annüjan*] langweilig; **ennuyieren** ZW (-rte, -rt) ↗ [*annüjîren*] langweilen ↓.
enorm EW (fr.) (lat.) riesig; außergewöhnlich; w. abstr. s.: **Enormität** (~; ~en).
En|ostose w (~; ~n) (gr.-lat.) $ von innen her wachsende Knochengeschwulst.
en passant (fr.) [*anpassan*] nebenbei; **en pleine carri|ère** [*an plän karjär*] in vollem Lauf; **en profil** [*an-*] von der Seite.
Enquete w (~; ~n) (fr.) [*ankêt*] Umfrage, Rundfrage; Sachverständigenbefragung; Zeugenvernehmung.
enragiert EW (fr.) [*anraschîrt*] zornig; erregt, beteiligt.
en route (fr.) [*anrût*] unterwegs.
Ensemble s (~s; ~s) (fr.) [*anßanbl*] Künstlertruppe; ♪ Musikerzusammenspiel; alle Solisten; Komposition mit mehreren Soli; Jackenkleid, Kleid mit Mantel.
Ensilage w (~; -) (fr.) [*ansilâsch*] Gärfutterherstellung.
Enstatit m (~s; ~e) (gr.-lat.) ein Mineral.
en suite (fr.) [*answît*] ununterbrochen; im Gefolge.
ent|aktivieren ZW (-rte, -rt) ↗ (d.-lat.) von radioaktiven Stoffen befreien.
Ent|amöben M (gr.-lat.) Parasiten im Innern von Mensch oder Tier.
Entasis w (~; -sen) (gr.) □ Schwellung antiker Säulen.
Entelechie w (~; -i|en) (gr.) formstiftendes Prinzip; EW: **entelechisch**.
Entente w (~; -) (fr.) [*antant*] Staatenbündnis (bes. vor 1914 gegen Deutschland): *E. cordiale* [-*kordiáll*] eigtl. = herzliches Einvernehmen.
enteral EW (gr.) $ Darm...; **Enteralgie** w (~; -i|en) $ Kolik; **Enteritis** w (~; -itíden) $ Darmentzündung; **Enteroanastomose** w (~; ~n) $ künstl. Verbindung zweier Darmstücke; **Entero-**

dynie w (~; -i|en) Darm-, Leibschmerzen; **enterogen** EW $ mit (aus) dem Darm; **Enteroklyse** w (~; ~n) $ Darmspülung, = **Enteroklysma** s (~s; -men); **Enterokokken** M $ Darmkokken; **Enterokolitis** w (~; -itiden) $ Darmentzündung; **Enterolith** m (~s/~en; ~e/~en) $ Kotstein; **Enteromyase** w (~; ~n) $ Madenerkrankung im Darm; **Enteron** s (~s; -ra) $ Dünndarm; **Enteroneurose** w (~; ~n) $ nervöse Darmerkrankung; **Enteroptose** w (~; ~n) $ Darmsenkung durch Abmagerung; **Entero|rhagie** w (~; -i|en) $ Darmblutung; **Enterorhaphie** w (~; -i|en) $ Darmnaht; **Enterosit** m (~s; ~en) $ Darmschmarotzer; **Enteroskop** s (~s; ~e) $ Dickdarmspiegel; w. abstr. s.: **Enteroskopie** (~; -i|en); EW: **enteroskopisch**; **Enterostomie** w (~; -i|en) $ Darmfistelanlegung; **Enterotomie** w (~; -i|en) $ Darmschnitt; **Enterovirus** m (~; -ren) $ Erreger von Darmkrankheiten; **Enterozele** w (~; ~n) $ Darmbruch; **Enterozo|en** M $ Darmschmarotzer.

Entertainer m (~s; ~) (e.) [*äntertein-*] Unterhalter; **Entertainment** s (~s; -) leichtes Unterhaltungsgenre.

Enthalpie w (~; -i|en) (gr.-lat.) Wärmemenge bei Druck- und Temperaturkonstanz.

enthusiasmiert EW (gr.) → enthusiastisch; **Enthusiasmus** m (~; -) (gr.-lat.) Begeisterung; **Enthusiast** m (~en; ~en) (gr.) Schwärmer; EW: **enthusiastisch**.

ent|ideologisieren ZW (-rte, -rt) ↗ jeglicher Weltanschauung entkleiden.

Entität w (~; ~en) (lat.) das Sein.

entmilitarisieren ZW (-rte, -rt) ↗ (d.-lat.-fr.) Truppen abziehen von...; w. s.: **Entmilitarisierung** (~; ~en).

entmythologisieren ZW (-rte, -rt) ↗ (d.-gr.-lat.) von Mythen († Legenden) befreien; w. abstr. s.: **Entmythologisierung** (~; ~en).

entnazifizieren ZW (-rte, -rt) ↗ (d. lat.) für Mitarbeit beim nationalsozialistischen Regime graduell bestrafen und dadurch rehabilitieren.

Entoblast s (~s; ~e) (gr.) ⊕ inneres Keimblatt; **Entoderm** s (~[e]s; ~e) $ inneres Keimblatt des tierischen Embryos; EW: **entodermal**; **entomogam** EW (gr.-lat.) ⊕ von Insekten bestäubbar; **Entomologie** w (~; -) Insektenkunde; m. s.: **Entomologe** (~n; ~n); EW: **entomologisch**; **entomophil** EW ⊕ durch Insekten bestäubt *(e.e Pflanzen)*; **Entoparasit** m (~en; ~en) (gr.)

Tier-, Pflanzenschmarotzer; EW: **entoparasitisch**.

entopisch EW einheimisch; **Entoplasma** s (~s; -men) = → Endoplasma; **entoptisch** EW (d.-gr.-lat.) $ im Innern des Auges; **ent|otisch** EW (gr.) im Ohr entstehend.

Entourage w (~; -) (fr.) [*anturasch*] Gefolge ↓.

En-tout-cas m (~.~-.~; ~.~.~) (fr.) [*antûkâ*] überdeckter Tennisplatz; großer Mehrzweckschirm.

Ent|oxismus m (~; -men) (gr.) $ Vergiftung; **Entozo|en** M Körperschmarotzer.

Entrechat m (~s; ~s) (fr.) [*antrschâ*] Kreuzsprung (beim Ballett); **Entrecôte** s (~s; ~s) [*antrkôt*] Rinderrippenstück.

Entree s (~s; ~s) (fr.) [*antrê*] Einlaß; Vorraum; ♪ Vorspiel; Vorspeise; 1. warmes Gericht; Eintrittsgeld.

Entrefilet s (~s; ~s) (fr.) [*antrfilê*] Einschub in einen Text (der Zeitung) ↓; **Entre|lacs** s (~; -) (fr.) [*antrela*] □ Flechtwerk; **Entremeti|er** m (~s; ~s) [*antrmêtjê*] Suppenkoch; **Entremets** M (fr.) [*antrmês*] kleine Zwischengerichte; **entre nous** [*antrnû*] im Vertrauen; **Entrepot** m (~s; ~s) [*antrpô*] zollfreier Lagerplatz; **Entrepreneur** m (~s; ~e) [*antrprenôr*] Veranstalter; **Entresol** m, s (~s; ~s) [*antrsôl*] □ Zwischenstock ↓.

Entropie w (~; -) (gr.) thermodynam. Zustandsfunktion; Maß für Umkehrbarkeit physik. oder chem. Vorgänge.

Enukleation w (~; ~en) (lat.) $ Ausschälung; **enukle|ieren** (-rte, -rt) ↗ $ ausschälen; erklären.

enumerativ EW (lat.) aufzählend.

En|urese w (~; ~n) (gr.-lat.) $ Bettnässen.

Environment s (~s; -) (am.) [*enwairenment*] Raumgestaltung mit Ausnutzung optischer (akustischer) Möglichkeiten.

en vogue (fr.) [*anwôg*] im Schwange, modern.

Enzephalitis w (~; -) (gr.) $ Kopfgrippe *(E. epidemica* Gehirngrippe); **Enzephalogramm** s (~s; ~e) $ Röntgenbild des Gehirns; **Enzephalographie** w (~; -i|en) $ Röntgendarstellung der Gehirnhöhlen; EW: **enzephalographisch**; **Enzephalo|malazie** w (~; -i|en) $ Gehirnerweichung, **Enzephalor|rhagie** w (~; -i|en) $ Hirnblutung; **Enzephalozele** w (~; ~n) $ Hirnbruch.

Enzian m (~s; ~e) (lat., nach einem

illyrischen König) ⊕ Gebirgspflanze; Schnaps aus ihr.

Enzyklika w (~; -ken) (gr.) † päpstl. Hirtenbrief; **enzyklisch** EW im Kreise;

Enzyklopädie w (~; -i|en) grundleg. Darstellung der (einer) Wissenschaft; EW: **enzyklopädisch** (*e.e Bildung* viel-, allseitige); **Enzyklopädist** m (~en; ~en) Mitarbeiter einer Enzyklopädie (an der fr. Enzyklopädie, 1751 bis 1780); EW: **enzyklopädistisch.**

Enzym s (~[e]s; ~e) (gr.) = → Ferment; EW: **enzymatisch**; w. abstr. s.: **Enzymologie** (~; –); EW: **enzymologisch.**

enzystieren ZW (-rte, -rt) (gr.-lat.) ∠ sich einkapseln.

Eobiont m (~en; ~en) (gr.) Urzelle.

eo ipso (lat.) von selbst.

Eoli|enne w (~; –) (fr.) Kunstseidegewebe.

Eolith m (~en; ~en) (gr.) frühestes menschliches Steinwerkzeug; **Eolithikum** s (~s; –) Urzeitepoche; EW: **eolithisch.**

Eonismus m (~; –) (nach einem Diplomaten des fr. Königs Ludwig XV.) m. Drang, w. Kleider zu tragen.

Eosin s (~s; –) (gr.-lat.) roter Teerfarbstoff; ZW: **eosinieren** (-rte, -rt) ↗.

Eozän s (~s; –) (gr.) urzeitliches Erdzeitalter; EW: **eozän; Eozo|ikum** s (~s; –) (gr.-lat.) Zeit der ersten Lebewesen; EW: **eozo|isch.**

EP (≠ **E**xtreme **P**ressure); **EPA** (≠ **E**nvironmental **P**rotection **A**gency) (am.) Umweltbehörde.

Ep|agoge w (~; ~n) (gr.) Hinführung vom Besondern zum Allgemeinen; EW: **ep|agogisch** (*e.er Beweis* induktiver B.).

Epakris w (~; –) ⊕ Zierpflanzengattung.

Ep|akte w (~; ~n) (gr.) Zahl der Tage zwischen dem letzten Neumond im Jahr und Jahresbeginn.

Ep|analepse w (~; ~n) (gr.) Wort(gruppen)wiederholung.

Ep|an|odos w (~; -doi) (gr.) Satzwiederholung mit umgekehrter Wortfolge.

Epaulette w (~; ~n) (fr.) [*epô-*] ✗ Schulterstück.

Epeirogenese = → Epirogenese.

Epeirophorese w (~; ~n) (gr.) Verschiebung der Kontinente.

Ep|endymom s (~s; ~e) (gr.) ♃ Hirntumor.

Ep|enthese w (~; ~n) (gr.) Einfügung von Sproßvokalen, -konsonanten; EW: **ep|enthetisch.**

Ep|exegese w (~; ~n) (gr.-lat.) oppositionelle Erläuterung; EW: **ep|exegetisch.**

Ephebe m (~n; ~n) (gr.) junger Wehrfähiger; Zögling einer Staatsschule ↓; **Ephebiatrie** w (~; –) ♃ Erforschung (Behandlung) von Krankheiten Jugendlicher; m. s.: **Ephebiatrist** (~en; ~en); EW: **ephebiatrisch.**

Ephedra w (~; -edren) (gr.-lat.) ⊕ Meerträubchen; **Ephedrin** s (~s; –) daraus gewonnenes Alkaloid für Heilmittel.

Epheliden M (gr.-lat.) ♃ Sommersprossen.

ephemer(isch) EW (gr.) vorübergehend; **Ephemera** M ♃ Eintagefieber; **Ephemeriden** M Tagebücher; astronomische Jahrbücher; Eintagsfliegen; **Ephemerophyt** m (~s; ~en) (gr.-lat.) ⊕ vereinzelt (außerhalb des Hauptverbreitungsgebietes) vorkommende Pflanze.

Ephore m (~n; ~n) (gr.) altgr. Aufseher; **Ephorie** w (~; -i|en) † Aufsichtsbezirk; **Ephorus** m (~; -ri) † Dekan.

Epideiktik w (~; –) (gr.) (Kunst, Art der) Fest-, Prunkrede; EW: **epideiktisch.**

Epidemie w (~; -i|en) (gr.) Seuche (Ggs.: *Endemie*); **Epidemiologie** w (~; –) ♃ Seuchenforschung; allgemeine Verbreitung einer Krankheit; m. s.: **Epidemiologe** (~n; ~n); EW: **epidemiologisch; epidemisch** EW ♃ seuchenartig.

Epidermis w (~; -men) (gr.) äußerste Außenhaut; EW: **epidermal; Epidermophyten** M ♃ Hautschmarotzer.

Epidiaskop s (~[e]s; ~e) (gr.) Bildwerfer (für alle Bildarten).

Epididymis w (~; -miden) (gr.) ♃ Nebenhoden; w. s.: **Epididymitis** (~; -itiden) ♃ Nebenhodenentzündung.

Epidot m (~[e]s; –) (gr.) grünes Mineral.

epigä|isch EW (gr.-lat.) ⊕ oberirdisch.

Epigastrium s (~s; -ri|en) (gr.-lat.) ♃ Magengrube; EW: **epigastrisch.**

Epigenese w (~; ~n) (gr.) Weiterbildung durch Neubildung; beibehaltener Talverlauf bei Umweltveränderung; EW: **epigenetisch.**

Epiglottis w (~; -tten) (gr.) Kehlkopfdeckel; **Epiglottitis** w (~; -itiden) ♃ Kehlkopfdeckelentzündung.

Epigone m (~n; ~n) (gr.) Nachkömmling; Nachahmer, -beter; EW: **epigonal** = **epigonenhaft.**

Epitheton

Epigramm s (~[e]s; ~e) (gr.) Aufschrift; kurzes Spottgedicht; EW: **epigrammatisch**; w. abstr. s.: **Epigrammatik** (~; –); m. s.: **Epigrammatiker** (~s; ~) = **Epigrammatist** (~en; ~en) ↓; **Epigraph** s (~[e]s; ~e) Inschrift; **Epigraphik** w (~; –) Inschriftenforschung; EW: **epigraphisch**; m. s.: **Epigraphiker** (~s; ~).
epigyn EW (gr.-lat.) ⚘ überm Fruchtknoten.
Epik w (~; –) (gr.) erzählende Dichtung.
Epikanthus m (~; –) (gr.) Mongolenfalte.
Epikard s (~s; –) (gr.-lat.) ♀ äußeres Herzbeutelblatt.
Epikarp s (~s; ~e) (gr.-lat.) ⚘ äußerste Fruchtschicht, = **Epikarpium** s (~s; -i|en).
Epiker m (~s; ~) (gr.) Roman-, Ependichter.
Epikotyl s (~s; ~e) (gr.-lat.) ⚘ Sproßteil ohne Blätter.
Epikrise w (~; ~n) (gr.) ♀ Enddiagnose.
Epikure|er m (~s; ~) wer – wie *Epikur*, 341–270 v. Chr. – Glückseligkeit für das größte Glück hält; EW: **epikure|isch** = **epikurisch**; m. abstr. s.: **Epikure|ismus** (~; –).
Epilation w (~; ~en) (lat.) ♀ Enthaarung.
Epilepsie w (~; -i|en) (gr.) ♀ Fallsucht; EW: **epileptisch**; **epilepto|id** EW Epilepsie vergleichbar; m. s.: **Epileptiker** (~s; ~).
epilieren ZW (-rte, -rt) ↗ (lat.) ♀ enthaaren.
Epilog m (~[e]s; ~e) (gr.) Nach-, Schlußwort; Ausklang.
Epinglé m (~s; ~s) (fr.) [*epäŋglé*] gezogener Samt.
Epipaläolithikum s (~s; –) (gr.) Epoche zwischen Alt- und Jungsteinzeit; EW: **epipaläolithisch**.
Epiphanie w (~; -i|en) (gr.) Erscheinung; † Dreikönigsfest (6. 1.)
Epiphänomen s (~s; ~e) (gr.) Nebenerscheinung.
Epiphyllum s (~s; -llen) (gr.-lat.) ⚘ bias. Blätterkaktus.
Epiphyse w (~; ~n) (gr.) ♀ Zirbeldrüse; Röhrenknochenende.
Epiphyten M (gr.) ⚘ nicht schmarotzende Pflanze auf anderen.
Epiplexie w (~; -i|en) (gr.) ♀ einseitige Lähmung infolge Schlaganfalls.
Ep(e)irogenese w (~; ~n) (gr.) langfristige Bewegung der Erdkruste; EW: **epirogen(etisch)**.

episch EW (gr.-lat.) erzählend; umständlich *(e.e Breite) (e.es Theater* Schauspiel mit stark erzählenden Elementen [B. Brecht]).
Episiotomie w (~; -i|en) (gr.-lat.) ♀ Scheidendammschnitt zur Geburtserleichterung.
Episit m (~en; ~en) (gr.-lat.) Raubtier.
Episkop s (~s; ~e) (gr.) Bildwerfer für Bilder.
episkopal EW (gr.) † bischöflich; **Episkopalismus** m (~; –) † Stellung des Bischofskonzils über die päpstliche Gewalt; **Episkopalist** m (~en; ~en) † Anglikaner; Befürworter des Eipiskopalismus; **Episkopalkirche** w (~; ~n) (gr.-lat.-d.) evangelische Kirche mit Bischofsverwaltung; **Episkopalsystem** s (~s; –) (gr.) † Stärkung der Bischofsgewalt (Ggs.: → *Papalsystem*); **Episkopat** m, s (~[e]s; ~e) (gr.-lat.) Bischofsamt(szeit); alle Bischöfe.
Episode w (~; ~n) (gr., = Einschaltung) Zwischenfall; Nebenhandlung; ♪ Fugeneinschub; EW: **episodisch**.
Epistaxis w (~; –) (gr.) ♀ Nasenbluten.
Epistel w (~; ~n) (gr.-lat.) Brief; † Schriftverlesung; Dichtung in Briefform; Mahnung.
epistemologisch EW (gr.-lat.) erkenntnistheoretisch.
Epistolar s (~s; ~e) (lat.) Briefwechsel; † liturgisches Buch, = **Epistolarium** s (~s; -ri|en); **Epistolograph** m (~en; ~en) (lat.-gr.) Meister im Briefeschreiben; w. abstr. s.: **Epistolographie** (~; –); EW: **epistolographisch**.
Epistyl s (~s; ~e) (gr.) □ Säulenknauf („Architrav").
Epitaph s (~s; ~e) (gr.) Grabmal mit Inschrift und Figurenschmuck; † Christusbild für die Karfreitagsmesse, = **Epitaphium** s (~s; -phi|en).
Epitaxie w (~; -i|en) (gr.-lat.) ⚛ Kristallabsonderung auf gleichartigem Kristall.
Epithel s (~s; ~i|en) (gr.) ♀ Grundgewebe, Zellenlage, oberste Zellschicht; EW: **epithelial**; **Epithelgewebe** s (~s; ~) (gr.-d.) ♀ Deckzellengewebe; **Epitheliom** s (~s; ~e) (gr.) ♀ Deckzellengeschwulst; **Epithelisation** w (~; ~en) (gr.) ♀ Deckzellenbildung; **Epithelkörperchen** s (~s; ~) (gr.-lat.) ♀ Nebenschilddrüse.
Epithese w (~; ~n) (gr.) Lautanfügung (zur Sprecherleichterung); EW: **epithetisch**; **Epitheton** s (~s; -ta) (gr.) (stehendes) Beiwort; 2. Teil des Gattungsnamens (für Tiere, Pflanzen) (*E. ornans* schmückendes Beiwort).

151

Epitome w (~; -tomen) (gr.) Buchauszug (wissenschaftl. Art).
Epizentrum s (~s; -tren) (gr.-lat.) Gebiet senkrecht überm Erdbebenherd; Ort der Kernwaffenexplosion.
Epizeuxis w (~; -xen) (gr.) eindringliche Wortwiederholung.
Epizo|en M (gr.) Schmarotzer; **epizoisch** EW ⊕ durch Anheften verbreitet.
Epizone w (~; ~n) (gr.-lat.) obere Schicht bei Gesteinsmetamorphose.
Epizo|onose w (~; ~n) (gr.) ⚕ durch Schmarotzer erzeugte Hautkrankheit.
Epizykel m (~s; ~n) (gr.) Zahnradkurve.
epochal EW (gr.-lat.) bedeutend; überzeitlich wirkend; **Epoche** w (~; ~n) (gr.) Zeitabschnitt; zeitweiliger philosophischer Verzicht auf Urteilsäußerung.
Ep|onym s (~s; ~e) (gr.) Personen- als Gattungsname; EW: **eponymisch.**
Epos s (~; -pen) (gr.) (größere) erzählende Verdichtung.
Ep|oxid|harze M (lat.-d.) duromere Kunststoffe.
Eprouvette w (~; ~n) (fr.) [-prûwett] ⌂ Reagenzglas.
Epsomsalz s (~es; ~e) (nach e. Heilquellen) Magnesiumsulfat.
Equalizer m (~s; ~) (e.) [ikwelaiser] Filtersystem zur Klangregulierung bei akust. Übertragung.
Equestrik w (~; -) (lat.) Reitkunst.
Equilibrist = → Äquilibrist.
Equipage w (~; ~n) (fr.) [ekipâsche] Kutsche ↓; Offiziers-, Schiffs|ausrüstung.
Equipe w (~; ~n) (fr.) [ekip] Mannschaft; Reiterteam; **equipieren** ZW (-rte, -rt) ↗ ausstatten; s.: **Equipierung** w (~; ~en); **Equipment-Leasing** s (~~~s; ~~~s) (am.) [ickwippment lisiñ] langebefristete Maschinenvermietung (-pachtung).
Equisetum s (~s; -ten) (lat.) Schachtelhalm.
Erbin|erden M (KuW) seltene Minerale; **Erbium** s (~s; -) (nach einem schwed. ON) ⌂ seltene Erde (∉ Er).
Erdsynchronbahn w (~; ~en) (d.-gr.) Umlaufbahn stationärer Satelliten über einem Punkt der Erde.
erektil EW (lat.) schwellfähig; **Erektion** w (~; ~en) ⚕ Versteifung (des m. Gliedes).
Eremit m (~en; ~en) (gr.) Einsiedler; **Eremitage** w (~; ~n) (gr.-fr.) [-tasche] Gartenhäuschen; Museum (in Leningrad); Name von Schlössern.

Erepsin s (~s; -) (KuW) Enzym der Bauchspeicheldrüse.
erethisch EW (gr.) reizbar; **Erethismus** m (~; -) ⚕ krankhafte Reizbarkeit.
Erftal s (~s; -) (KuW) ⌂ sehr reines Aluminium.
Erg s (~s; ~) (gr.) Arbeitseinheit.
Ergasiophyten M (gr.) ⊕ Kulturpflanzen.
ergo (lat.) also (*e. bibamus!* na denn: prost!).
Ergobasin s (~s; -) (gr., KuW) Alkaloid im Mutterkorn; **Ergograph** m (~en; ~en) (gr.) ⚕ Meßgerät der Muskelarbeit; w. s.: **Ergographie** (~; -i|en); EW: **Ergologe** m (~n; ~n) ethnologischer Sachforscher; w. abstr. s.: **Ergologie** (~; -); EW: **ergologisch**; **Ergometer** s (~s; ~) ⚕ Leistungsmeßgerät; w. s.: **Ergometrie** (~; -); EW: **ergometrisch**; **Ergone** M Wirkstoffe wie Enzyme, Hormone; **Ergonom** m (~en; ~en) Erforscher der Beziehung zwischen Mensch und Arbeit; w. s.: **Ergonomie** (~; -); EW: **ergonomisch**; **Ergostat** m (~s; ~e) = Ergograph.
Ergosterin s (~s; -) (gr.-lat.-fr.) Vorstufe von Vitamin D₂.; **Ergotamin** s (~s; ~e) (gr.) Mutterkornalkaloid.
Ergotherapie w (~; -i|en) Beschäftigungstherapie mit Arbeitsschritten; **Ergotin** s (~s; -) ⚕ Mutterkornpräparat; **Ergotismus** m (~; -men) (gr.-lat.) ⚕ Kribbelkrankheit; **Ergotoxin** s (~s; ~e) (gr.) Mutterkornalkaloid; **Ergotren** s (~s; -) (KuW) ⚕ blutstillendes Mittel (zur Geburtshilfe).
ergotrop EW (gr.) ⚕ leistungssteigernd.
erigibel EW (lat.) schwellfähig; w. s.: **Erigibilität** (~; -); **erigiert** EW (lat.) ⚕ in Erektion befindlich.
Erika w (~; -ken) (gr.) ⊕ Heidekraut; (~s; -) Mattrosa; **Erikaze|e** w (~; ~n) (gr.) ⊕ Heidekrautgewächs.
Erinny|en M (gr.) Furien.
Eriometer s (~s; ~) (gr. KuW) opt. Gerät zur Messung der Textilfaserstärke.
Eris|apfel m (~s; -äpfel) (gr.-d.) (nach der gr. Zwietrachtsgöttin) Zankapfel; **Eristik** w (~; -) (gr.) Kunst des Streitgesprächs.
erodieren ZW (-rte, -rt) (lat.) ↗ wegnagen; auswaschen; w. s.: **Erodierung** (~; ~en).
erogen EW (gr.) geschlechtlich erregend (*e.e Zonen* Körperstellen, die sexuell erregen).
ero|ico (it.) ♪ heroisch; **Ero|ika** w (~; -) 3. Symphonie von Beethoven (1803).
Eros m (~; -) (gr.) [-ô-] Sehnsucht nach dem Wahren, Guten, Schönen.

Eros s (≠ Eliminate Range Zero System [e.]) Flugzeugwarngerät.
Eros-Center s (~-~s; ~-~) (gr.-e.) modernes Bordell.
Erosion w (~; ~en) (lat., = Ausnagung) Oberflächenabtragung; $ Gewebeausfall in den oberen Schichten; Zahnschmelzabschleifung; Zerstörung feuerfester Baustoffe; **Erosionsbasis** w (~; -sen) (lat.-gr.) tiefste Flußstelle an der Mündung; EW: **erosiv**.
Erotematik w (~; -) (gr.) Fragekunst; **erotematisch** EW als Frage.
Eroten M (gr.) nackte Kinder, die den Liebesgott begleiten; **Erotical** s (~s; ~s) (gr.-am.) [-kel] stark erotisches Stück (Film, Musical); **Erotik** w (~; -) (gr.-lat., vgl. → Eros) Liebeskunst, -leben; **Erotika** M Bücher über Liebe; **Erotiker** m (~s; ~) Verfasser von Liebesbüchern; sexbetonter Mensch; EW: **erotisch**; **Erotisierung** w (~; ~en) Anregung sexueller Bedürfnisse; **Erotologe** m (~n; ~n) (gr.) Erforscher der Erotik; w. abstr. s.: **Erotologie** (~; -); EW: **erotologisch**; **Erotomanie** w (~; -i|en) $ Liebesraserei; m. s.: **Erotomane** (~n; ~n); EW: **erotomanisch**.
ERP (≠ European Revovery Program [e.]) Marshallplan, am. Plan für Wiederaufbau Europas.
errare humanum est (lat.) irren ist menschlich; **Errata** M (lat.) Versehen; **erratisch** EW (lat., = verirrt) (*e.er Block* Findling); **Erratum** s (~s; -ta) Druckfehler.
Errhinum s (~s; -rhina) (gr.) $ Schnupfenmittel.
eru|ieren ZW (-rte, -rt) ↗ (lat.) herausbekommen, feststellen; w. s.: **Eruierung** (~; ~en).
Eruktation w (~; ~en) (lat.) $ nervöses Aufstoßen; ZW: **eruktieren** (-rte, -rt) ↙.
Eruption w (~; ~en) (lat.) Ausbruch (eines Vulkans, $ eines Hautausschlags); **eruptiv** EW durch Ausbruch entstanden; ausbrechend; $ aus der Haut austretend; **Eruptivgestein** s (~[e]s; ~e) Erguß-, Tiefen-, Ganggestein.
Erysipel s (~s; -) (gr.) $ Wund-, Gesichtsrose, = **Erysipelas** s (~; -).
Erythea w (~; -theen) (nach Insel in gr. Heldensage) mittelam. Palmenart.
Erythem s (~s; ~e) (gr.) $ leichte Hautentzündung; **Erythrämie** w (~; -i|en) (gr.-lat.) $ schwere Blutkrankheit; **Erythrasma** s (~s; -men) (gr.) ⊕ Zwergflechte; **Erythrismus** m (~; -men) Rothaarigkeit; Rotfärbung (von Tierfellen); **Erythrodermie** w (~; -i|en) (gr.) $ starke Hautentzündung; **Erythrolyse** w (~; ~n) $ Auflösung der roten Blutkörperchen; EW: **erythrolytisch**; **Erythropathi|en** M $ Blutkrankheiten; **Erythropo[ese** w (~; -) $ Bildung roter Blutkörperchen; **Erythrozyten** M $ rote Blutkörperchen; **Erythrozytolyse** w (~; ~n) = → Erythrolyse; **Erythrozytose** w (~; ~n) $ Vermehrung der roten Blutkörperchen.

ESA (≠ European Space Agency [e.]) Europ. Weltraumorganisation.
Escalopes M (fr.) [*äßkalóp*] dünne Fleischscheiben.
Es|chatologie w (~; -i|en) (gr.) Lehre von den Letzten Dingen; EW: **es|chatologisch**.
Eskadra w (~; -) (r.) sowjet. Mittelmeerflotte.
Eskalade w (~; ~n) (fr.) ⨯ Hinderniswand; ⨯ Sturm mit Sturmleitern ↓; **eskaladieren** ZW (-rte, -rt) ↙ (lat.) ein Hindernis nehmen; **Eskalation** w (~; ~en) ⨯ Ausdehnung von Kampfhandlungen; stufenweise Steigerung; **eskalieren** ZW (-rte, -rt) ↙ sich ausdehnen; ↗ ausdehnen.
Eskamotage w (~; ~n) (fr.) [*-tâsch*] Zauberkunst(stück); m. s.: **Eskamoteur** (~s; ~e) [*-tör*]; ZW: **eskamotieren** (-rte, -rt) ↗.
Eskapade w (~; ~n) (fr.) Seitensprung.
Eskapismus m (~; -) (lat. KuW) Realitätsflucht in Illusionen.
Eskarpe w (~; ~n) (fr.) innere Grabenböschung ↓; **eskarpieren** ZW (-rte, -rt) ↗ (fr.) böschen.
Eskarpins M (fr.) [*eskarpän*] kurze Bundhose; Schnallenschuhe.
Eskimo m (~s; ~s) (esk.) Arktisbewohner; schwerer Mantelstoff; **eskimotieren** ZW (-rte, -rt) ↙ den Kajak unter Wasser drehen.
Eskompte w (~; ~n) (fr.) [-*kónt*] Diskont; **eskomptieren** ZW (-rte, -rt) ↗ (lat.-it.-fr.) eine Chance vorwegnehmen; diskontieren; **Eskonte** w (~; ~n) (fr.) [*kónt*] Rabatt.
Eskorte w (~; ~n) (fr.) Schutz-, Ehrenbegleitung; ZW: **eskortieren** (-rte, -rt) ↗.
Esmeralda w (~; ~s) (sp.) sp. Tanz.
Esoterik w (~; -) (gr.) Erweckung von innen her; **Esoteriker** m (~s; ~) wer in das Innere eines Gedankens (einer Idee, Lehre) eingreift; **esoterisch** EW geheim.

Es|pada m (~s; -den) (sp.) Degen; Stierkämpfer mit Degen.
Espadrille w (~; ~s) (sp.) Leinensandale (um Wade gebunden).
Espagnoletteverschluß m (-sses; -schlüsse) (fr.-d.) [*äßpanjolät-*] Fensterverschluß (Drehstange) (nach Spanien benannt).
Es|parsette w (~; ~n) (fr.) ⊕ Futterpflanze.
Esparto m (~s; -) (sp.) Steppengras (als Flechtstoff), = **Espartogras** s (~es; -).
Es|peranto s (~s; -) (KuW) Welthilfssprache.
es|pirando (it.) ♪ verlöschend.
Es|planade w (~; ~n) (fr.) Schußebene; Platz (Straße).
espressivo (it.) ♪ mit Ausdruck; **Espressivo** s (~s; ~s/-vi) ♪ ausdrucksvolle Gestaltung.
Espresso m (~s; ~s) (it.) starker Kaffee aus der Maschine; Selbstbedienungscafé; schwarz gerösteter Kaffee.
Es|prit m (~s; -) (fr.) [*eßpri*] Geist.
Essäer m (~s; ~) = → Essener.
Essai s (~s; ~s) (fr.) = **Essay** m, s (~s; ~s) (fr.-e.) [*essä*] Kurzabhandlung; kluge Skizze; **Essayist** m (~en; ~en) (fr.) [*essä-*] Verfasser von Essays; **Essayistik** w (~; -) Essayform; **essayistisch** EW (fr.-lat.) skizzenhaft; geistreich und kurz abgehandelt.
Essener M (heb.) jüd. Sekte zur Zeit Christi.
Essentia = → Essenz; **Essential** s (~s; ~s) (lat.-am.) [*essentschell*] das Unerläßliche, Wesentliche; **essential** EW (lat.) wesentlich; **Essentiali|en** M unentbehrliche Vertrags|teile; **essenti|ell** EW = → essential; ♀ ohne sichtbare Ursache; ♀ von selbst entstanden.
Essenz w (~; ~en) (lat.) Wesen (Ggs.: *Existenz*); ☽ konzentrierte Lösung; eingekochte Brühe.
Essexit m (~s; ~e) (nach e. Gebiet) ein Tiefengestein.
Est (ohne Artikel) (fr.) Osten.
Establishment s (~s; -) (am.) [*estêblischment*] (Führungs-)Schicht.
Estakade w (~; ~n) (g.-rom.) Gerüstbrücke; Sperranlage in Häfen.
Estaminet s (~s; ~s) (fr.) [*-minê*] Kneipe; kleines Café.
Estampe w (~; ~s) (fr.) [*ästañp*] Druck von einer Platte.
Estanzia w (~; ~s) (lat.-sp.) südam. Viehfarm.
Ester m (~s; ~) (KW ≠ *Essigäther*) ☽ Verbindung, entstanden durch Säurewirkung auf Alkohol unter Wasserabgabe.

Esterhazy s (~s; ~s) = → Glencheck (öst.).
Estil s (~s; -) (KuW) ♀ Kurznarkotikum.
Estimate s (~; ~s) (e.) [*ästimeit*] Kostenvoranschlag.
estinto (it.) ♪ fast unhörbar.
Estouffade w (~; ~n) (fr.) [*eßtuffâd*] braunes Rindfleischragout.
Estrade w (~; ~n) (fr.) erhöhter Fußboden.
Estragon m (~s; -) (gr.-syr.) Gewürzpflanze.
Estremaduragarn s (~[e]s; ~e) (sp.-d., nach einer sp. Landschaft) Strickbaumwolle.
etablieren ZW (-rte, -rt) ↗ (fr.) begründen; ↖ Geschäft eröffnen; sich einrichten; **etabliert** MW in bürgerlicher Sicherheit; **Etablissement** s (~s; ~s) [*-blißmañ*] Niederlassung; öffentl. Lokal; Geschäft(sgründung); Festlegung; Gründung.
Etage w (~; ~n) (fr.) [*êtâsche*] Stockwerk; **Etagere** w (~; ~n) [*-schêre*] Wandgestell.
Etalage w (~; ~n) (fr.) [*-lâsch*] Schaufensterauslage; Schaustellung; ZW: **etalieren** (-rte, -rt) ↗.
Etalon m (~s; ~s) (fr.) [*-loñ*] Eichmaß; **Etalonnage** w (~; ~n) [*-nâsch*] Kopierlichtsteuerung im Filmkopiergerät.
Etamin s (~[e]s; ~e) = **Etamine** w (~; ~n) (lat.-fr.) Gazegewebe (für Gardinen).
Etappe w (~; ~n) (fr.) Teilstrecke; ✗ Proviantierungsraum hinter der Front.
Etat m (~s; ~s) (fr.) [*etâ*] Haushaltsplan, Voranschlag; □ zu radierende Kupferplatte; **etatisieren** ZW (-rte, -rt) ↗ (lat.-fr.) als Posten in den Etat aufnehmen; **Etatismus** m (~; -) (fr.-lat.) staatl. Planwirtschaft; Verstaatlichung; Stärkung des Bundes gegen die Kantone.
et cetera (lat.) und so weiter (≠ *etc.*).
etepetete EW (nd.-fr.) ∪ steif, förmlich.
eternisieren ZW (-rte, -rt) ↗ (lat.) in die Länge ziehen; verewigen; w. s.: **Eternisierung** (~; ~en); **Eternit** m, s (~[e]s; -) (lat.) □ Baustoff aus Asbestzement.
Etesi|en M (gr.) trockene (gr.) Sommerwinde; **Etesi|enklima** s (~s; -).
Ethik w (~; -) (gr.) Lehre vom sittlichen Sein; EW: **ethisch; Ethiker** m (~s; ~) Lehrer der Sittlichkeit; **Ethizismus** m (~; -) Ethik als Urgrund aller Werte.

ethnisch EW (gr.) nach der Volkszugehörigkeit; **Ethnograph** m (~en; ~en) beschreibender Völkerforscher; **Ethnographie** w (~; –) Völkerbeschreibung; EW: **ethnographisch; Ethnolinguistik** w (~; –) Erforschung des Zusammenhangs von Sprache und Kultur; **Ethnologe** m (~n; ~n) Völkerkundler; **Ethnologie** w (~; –) Völkerkunde; EW: **ethnologisch; Ethnozentrismus** m (~; -men) Überbewertung der Eigenschaften des eigenen Volks.

Ethologe m (~n; ~n) (gr.) vergleichender Verhaltensforscher; **Ethologie** w (~; –) Verhaltensforschung; EW: **ethologisch; Ethos** s (~; –) moralische Haltung, Gesinnung.

Etikette w (~; ~n) (fr.) gesellschaftliches Verhalten; Preiszettel; Postadresse; Anhänge-(Aufklebe-)zettel, = **Etikett** s (~s; ~e); **etikettieren** ZW (-rte, -rt) ↗ mit Etikette versehen; abstempeln.

Etiolement s (~s; –) (fr.) [etjolmɑ̃] ⊕ Hochwachsen durch Lichtmangel; ZW: **etiolieren** (-rte, -rt) ✓.

Etüde w (~; ~n) (fr.) ♪ Übungsstück.

Etui s (~s; ~s) (fr.) Hülle; ∪ schmales Bett.

Etymologe m (~n; ~n) (gr.) Erforscher der Wörterherkunft; **Etymologie** w (~; -i|en) (Erforschung der) Wortherkunft; EW: **etymologisch; Etymon** s (~s; -ma) Grundbedeutung (eines Wortes); Wurzelwort.

Eubiotik w (~; –) (gr.) Lehre, gesund zu leben.

Eubulie w (~; –) (gr.) Einsicht(igkeit) ↓.

Eucharistie w (~; -i|en) (gr., = Danksagung) † Abendmahl(oblate); EW: **eucharistisch** (*E.er Kongreß* † Kirchenversammlung zur Steigerung kathol. Verbundenheit; *e.e Taube* † Hostienbehälter in Taubenform).

Eudaim- → Eudäm-; **Eudämonismus** m (~; –) (gr.-lat.) Streben nach Glück als höchstem Ziel, = **Eudämonie** w (~; –) (gr.) (auch: = inneres Glück); EW: **eudämonistisch**.

Eudiometer s (~s; ~) (gr.-lat.) Gasmengenmesser; w. abstr. s.: **Eudiometrie** (~; –); EW: **eudiometrisch**.

Euergie w (~; –) (gr.-lat.) ⚕ Widerstandskraft des gesunden Körpers.

Eugenetik w (~; –) = → Eugenik; **eugenetisch** EW Werterbgut fördernd; **Eugenik** w (~; –) (gr.) Erbgesundheitslehre; **eugenisch** EW = → eugenetisch.

Euhemerismus m (~; –) (nach einem gr. Weisen) Annahme, die Götter seien bedeutende Menschen gewesen; EW: **euhemeristisch**.

Eukalyptus m (~; ~se) (gr.-lat.) ⊕ Myrtengewächs, -baum.

Eukinetik w (~; –) (gr.-lat.) Lehre von der Tanzkunst; Bewegungsharmonie.

euklidisch EW nach dem (wie der) gr. Mathematiker *Euklid* (um 300 v. Chr.) (*e.e Geometrie* ⊀ auf Axiomen u. Voraussetzungen aufbauende Geometrie).

Eukodal s (~s; –) (KuW) ⚕ Opiat.

Eukolie w (~; –) (gr.) Heiterkeit.

Eukrasie w (~; –) (gr.) ⚕ normaler Körpersaftbefund.

Eulan s (~; –) (gr.-lat.) Mottenbekämpfungsmittel; **eulanisieren** ZW (-rte, -rt) ✓ mit Eulan behandeln.

Eulogie w (~; -i|en) (gr.) Weihegebet ↓.

Eumeniden M (gr.) = → Erinnyen.

Eunuch m (~en; ~en) (gr., = Betthüter) Verschnittener; **Eunucho|idismus** m (~; –) (gr.-lat.) ⚕ unvollkommene Mannesentwicklung; m. s.: **Eunuchoidist** (~en; ~en).

Eupathe(o)skop s (~[e]s; ~e) (gr.) Klimamesser; EW: **eupathe(o)skopisch**.

eupelagisch EW (gr.-lat.) im Seewasser lebend.

Euphemismus m (~; -men) (gr.-lat.) beschönigende Umschreibung; EW: **euphemistisch**.

Euphonie w (~; -i|en) (gr.) ♪ Wohlklang; EW: **euphonisch; Euphoni|um** s (~s; -ni|en) (gr.-lat.) ♪ Barytonhorn; Glasröhrenspiel.

Euphorbi|e w (~; ~n) (gr.) ⊕ Wolfsmilchgewächs, = **Euphorbia** w (~; -bi|en); **Euphorbium** s (~s; –) ⊕ Wolfsmilchharz.

Euphorie w (~; -i|en) (gr.) ⚕ gehobene, befreite Stimmung (Ggs.: *Dysphorie*); EW: **euphorisch**.

euphotisch EW (gr.-lat.) lichtreich.

Euphu|ismus m (~; –) (e.-lat.) gezierte Prosa (nach dem Titel eines e. Romans, 1579); FW: **euphuistisch**.

euplo|id EW (gr.-lat.) mit ausschließlich vollständigen Chromosomensätzen; w. s.: **Euplo|idie** (~; –).

Eupraxie w (~; –) (gr.-lat.) moralisches Handeln.

eurafrikanisch EW (KW) Europa und Afrika gemeinsam angehend.

Eurailpaß m (-sses; -pässe) (∉ *European rail road pass*) [lat.-e.]) westeurop. Dauerfahrkarte für Nichteuropäer.

eurasiatisch EW (KW) über ganz Europa und Asien hin; **Eurasi|en** s (~s; –)

Eurasi|er

(KuW) Europa und Asien; m. s.: **Eurasi|er** (~s; ~); EW: **eurasisch**; **Euratom** w (~; –) (KuW) = Europäische Atomgemeinschaft.
EUREKA (¢ **E**uropean **R**esearch **C**oordination **A**gency) europ. Behörde für Zusammenarbeit in der Forschung.
Eurhythmie w (~; –) (gr.) Ebenmaß; anthroposoph. Ausdruckskunst; w. s.: **Eurhythmik** (~; –); EW: **eurhythmisch**.
Euro-Bonds M (e.) Anleihen ausgegebenv.internat.Konsortien;**Eurocheque** → Euroscheck; **Eurochequekarte** w (~; ~n) Kundenkarte für Scheckeinlösung und Bankautomaten; **Eurocity-Netz** s (~–~es; –) Fernschnellverbindungen der europäischen Eisenbahnen; **Eurocontrol** (KuW) (e.) Organisation zur Sicherung des europ. oberen Luftraums für den Flugverkehr; **Eurodollars** M frei verfügbares Dollarguthaben nichtam. Banken; **Eurofar** (e., ¢ **Euro**pean **F**uture **A**dvanced **R**otorcraft) Entwicklung eines europäischen Senkrechtstarters; **Eurokommunismus** m (~; –) von Moskau unabhängige kommunist. Parteien westeurop. Länder; **Europacup** m (~s; ~s) (e.) [-*kap*] europ. Sportwettkampf-(trophäe); **europä|id** EW Europäern ähnlich; m. s.: **Europä|ide**; **europäisieren** ZW (-rte, -rt) ↗ europäisch prägen; EW: **europä|isch** in (aus, von) Europa; **Europaß** m (-passes; -pässe) (KW) einheitl. europ. Reisepaß; **Europide** m (~n; ~n) (lat.) Weißrassiger; EW: **europid**; **Europium** s (~s; –) (nach dem Erdteil Europa benanntes) ⚛ Element (¢ *Eu*); **Europol** w (~; –) ¢ **Euro**papo**li**zei; **Euroscheck** m (~s; ~s) (lat.-e.) europäischer (in Westeuropa geltender) Reisescheck; **Eurotel** s (~s; ~s) (KuW aus **Euro**pa + Ho**tel**) Wohnhotel mit Eigentumsappartements; **Eurotransplant** w (~; –) (lat. KuW) ⚕ Organisation zur gegenseitigen Belieferung mit Organen; **Eurovision** w (~; –) (KuW aus **Euro**pa + Tele**vision**) Fernsehgemeinschaftssendung, -programmaustausch der europäischen Länder.
eurychor EW (gr.-lat.) [-*kor*] weit verbreitet (von Tieren, Pflanzen); **euryhalin** EW (gr.-lat.) von Salzgehalt unbeeinträchtigt; **eury|ök** EW (gr.) von Umwelteinflüssen unabhängig; **euryoxybiont** EW von Sauerstoffmenge unabhängig; **euryphag** EW von Nahrung unabhängig; **eurysom** EW ⚄ von breitem Wuchs; **eurytherm** EW nicht von der Witterung abhängig; **eurytop** EW = → eurychor.
Eusebie w (~; –) (gr.) Frömmigkeit.
eustachisch EW nach dem it. Anatomen *Eustacchi* (1524–1574) (*E.e Röhre* [*Tube*] ⚕ Ohrtrompete).
Eustasie w (~; -i|en) (gr.-lat.) Meeresspiegelschwankung durch veränderten Wasserhaushalt der Erde; EW: **eustatisch**.
Eutektikum s (~s; -ka) (gr.-lat.) Legierung mit dem niedrigsten Schmelzpunkt (= *eutektischer Punkt*).
Eutelsat m (~s; –) (KuW) europ. Fernsehsatellit.
Euthanasie w (~; –) (gr.) ⚕ Sterbehilfe; **Euthymie** w (~; –) (gr.) Heiterkeit (als Charaktereigenart) ↓; **Eutonie** w (~; -i|en) (gr.) ⚕ normale Muskelspannung; **Eutopie** w (~; –) (gr.-lat.) ⚕ richtige Organlage; EW: **eutopisch**; **eutroph** EW (gr.) (über)reich an Nährstoffen; **Eutrophie** w (~; –) (gr.) Wohlgenährtheit; **Eutrophierung** w (~; –) ⊕ übermäßiger Pflanzenwuchs in Gewässern (durch Überdüngung).
Evakuation w (~; ~en) (lat.) Gebietsräumung, = **Evakuierung** w (~; ~en); **evakuieren** ZW (-rte, -rt) ↗ aus einem Gebiet ausweisen; Vakuum herstellen.
Evaluation w (~; ~en) (lat.-e.) = **Evaluierung** w (~; –) (lat.-am.) Bewertung; ZW: **evaluieren** (-rte, -rt) ↗; **Evalvation** w (~; ~en) (fr.) Wertbestimmung; Projektbeurteilung.
Evangeliar s (~s; -ri|en) (lat.) † Evangelien-, Perikopenbuch, = **Evangeliarium** s (~s; -ri|en); **Evangelisation** w (~; ~en) † Mission innerhalb der christl. Gemeinden; **evangelisch** EW (gr.-lat.) † nach dem Evangelium lebend; im Evangelium benannt (gefordert); einer reformierten Kirche angehörend (*e. Kirche, die E.e Kirche in Deutschland; die E.e Union* Vereinigung von Lutheranern und Reformierten [seit 1817]); **Evangelist** m (~en; ~en) (gr.) † Evangelienverfasser; † (freikirchl.) Prediger; **Evangelistar** s (~s; ~e) (gr.-lat.) Auszug aus den Evangelien; **Evangelistensymbole** M (gr.) Sinnbilder der 4 Evangelisten; **Evangelium** s (~s; -li|en) (gr.) † Schrift über Christi Leben.
Evaporation w (~; ~en) (lat.) Verdampfung; **Evaporator** m (~s; -toren) Verdampfer; Süßwassergewinner; **evaporieren** ZW (-rte, -rt) ↗ verdampfen; **Evaporimeter** s (~s; ~) meteorologischer Verdunstungsmesser;

EW: **evaporimetrisch**; **Evaporographie** w (~; -i|en) (lat.-gr.) Fotoverfahren, Wärmestrahlung abzubilden.
Evasion w (~; ~en) (lat.) Ausflucht ↓; Flucht; EW: **evasorisch, evasiv**.
Event s (~s; ~s) (am.) [*iwent*] Zeit zwischen der einen und der nächsten Tätigkeit (Netzplantechnik).
Eventration w (~; ~en) (lat.) ⚕ Hängebauch.
eventual EW (lat.) = → eventu|ell; **Eventualität** w (~; ~en) (lat.) Möglichkeit, Zufall; **eventu|ell** EW möglich, vielleicht; **Eventualhaushalt** m (~[e]s; -) (lat.-d.) Etattitel, über die nur bei entsprechender Konjunkturlage verfügt wird.
Everglaze s (~; ~) (e.) [*äwergleis*] leichtes Baumwollgewebe mit Kunstharzüberzug; **Evergreen** s, m (~s; ~s) [*äwergrîn*] alter (noch geschätzter) Schlager (Film); EW: **evergreen** ←.
Evertebrat m (~en; ~en) (lat.) wirbelloses Tier.
evident EW (lat.) unbezweifelbar, eindeutig; **Evidenz** w (~; ~en) höchste Gewißheit eines Sachverhalts.
Eviktion w (~; ~en) (lat.) Enteignung; **evinzieren** ZW (-rte, -rt) ↗ enteignen; verbürgen; überführen; Gewähr leisten.
Eviration w (~; ~en) (lat.) Verweiblichung.
Evokation w (~; ~en) (lat.) Vorladung ↓; aufsteigende Empfindungen bei Kunstbetrachtung; EW: **evokatorisch**.
Evolute w (~; ~n) (lat.) ⊀ Kurvenart; **Evolution** w (~; ~en) (lat.) Entwicklung (der Stammesgeschichte); schrittweise Veränderung; EW: **evolutionär**; **Evolutionismus** m (~; -) Entwicklungslehre; Entwicklungsbefangenheit; EW: **evolutionistisch**; **Evolutions|theorie** w (~; -) (lat.-gr.) Überzeugung, daß die Weltentwicklung fortschreitet; **evolvieren** ZW (-rte, -rt) ↗ (lat.) entwickeln.
Evonymus m (~; -) ⚘ Spindelbaumgewächs.
evozieren ZW (-rte, -rt) ↗ (lat.) vorladen; w. s.: **Evozierung** (~; ~en).
ex (lat.) aus!; austrinken! (*e.est* es ist aus); **ex abrupto** (lat.) plötzlich; **ex aequo** ebenso.
ex|akt EW (lat.) genau (*e.e Wissenschaften* Forschung mit Messungen und Experimenten); abstr. s.: **Ex|aktheit** w (~; ~en).
Ex|altation w (~; ~en) (lat.) Überspanntheit; **ex|altiert** EW aufgeregt, überspannt.

Examen s (~s; -mina) (lat.) Prüfung; **Examinand** m (~en; ~en) Prüfling; **Examinator** m (~s; -toren) Prüfer; **examinieren** ZW (-rte, -rt) ↗ prüfen.
Ex|anthem s (~s; ~e) (gr.) ⚕ entzündl. Hautveränderung; EW: **exanthematisch**.
Exanthropie w (~; -i|en) (lat.-gr.) Menschenscheu.
Ex|arch m (~en; ~en) (gr.) Vertreter († des Patriarchen); **Ex|archat** s (~s; ~e) † Herrschaftsgebiet eines Exarchen.
Ex|artikulation w (~; ~en) (lat.) ⚕ operative Entfernung eines Gliedes im Gelenk.
Exazerbation w (~; ~en) (lat.) ⚕ Krankheitssteigerung.
ex cathedra (lat.) vom (päpstlichen) Lehrstuhl aus; unwidersprechbar.
Exceptio w (~; -ones) (lat.) Einspruch (*E. plurium* Ablehnung der Vaterschaft).
Exchange w (~; ~n) (e.) [*ikstschẽⁱnsch*] Tausch; Wertpapierkurs; Börse.
Exciton s (~s; ~e) (KuW) Energiequant der Anregungsenergie.
Exegese w (~; ~n) (gr.) Texterklärung; m. s.: **Exeget** (~en; ~en); EW: **exegetisch**; w. abstr. s.: **Exegetik** (~; -).
exekutieren ZW (-rte, -rt) ↗ (lat.) vollstrecken; hinrichten; **Exekution** w (~; ~en) Hinrichtung; Strafvollzug; **Exekutionskommando** s (~s; ~s) (lat.-it.) ⚔ zur Erschießung befohlene Gruppe; **exekutiv** EW ausführend; **Exekutive** w (~; ~n) ausführende Körperschaft; Regierung; **Exekutor** m (~s; -toren) (lat.) Vollstrecker; EW: **exekutorisch**.
Exempel s (~s; ~) (lat.) (warnendes) Beispiel (*ein E. statuieren* zur Warnung bestrafen); **Exemplar** s (~[e]s; ~e) Stück; **exemplarisch** EW abschreckend; beispielhaft; **Exemplarismus** m (~; -) Leben nach urbildhaften Leitbildern; † Glauben an Gott als das Urbild aller Dinge; **exempli causa** (lat., ¢ *a.c.*) als Beispiel; **Exemplifikation** w (~; ~en) Erklärung durch Beispiele; EW: **exemplifikatorisch**; **exemplifizieren** ZW (-rte, -rt) ↗ mit Beispielen vorführen, erläutern; w. s.: **Exemplifizierung** (~; ~en).
ex|em(p)t EW (lat.) ausgenommen, befreit; **Ex|emtion** w (~; ~en) Befreiung von Aufgaben (oder Leistungen); Begünstigung, Ausnahme; † Ausgliederung aus dem kirchlichen Verband.
exen ZW (exte, geext) (lat.-d.) ↗ ∪ schwänzen; von der Schule verwiesen werden.

Ex|enteration w (~; ~en) (lat.) Ausweidung; ⚕ zeitweise Vorverlagerung (bei Operationen); ZW: **ex|enterieren** (-rte, -rt) ↗.

Exequatur s (~s; –) (lat.) Genehmigung der Ernennung eines Konsuls durch das Gastland.

Ex|equi|en M (lat.) † Totenliturgie; Begräbnisriten.

Ex|ergie w (~; -i|en) (gr.-lat.) technische Arbeitsfähigkeit eines Energieträgers; **exergon(isch)** EW ○ mit freigesetzter Energie.

exerzieren ZW (-rte, -rt) ⚔ ↗ (lat.) üben; Mannschaften ausbilden; **Ex|erziti|en** M † geistliche Übungen (im Jesuitenorden); **Ex|erzitium** s (~s; -tien) Hausarbeit.

Exhairese w (~; ~n) (gr.) ⚕ operative Entfernung.

Exhalation w (~; ~en) (lat.) Gas-, Dampfaustritt bei Vulkanausbrüchen; Ausatmung; ZW: **exhalieren** (-rte, -rt) ↙.

Exhärese w (~; ~n) (gr.-lat.) → Exhairese.

Exhaustion w (~; ~en) (lat.) ⚕ Erschöpfung; **Exhaustor** m (~s; -toren) Sauggebläse.

exhibieren ZW (-rte, -rt) ↗ (lat.) vorzeigen; einhändigen; **Exhibition** w (~; ~en) Entblößung (der Geschlechtsteile); **Exhibitionismus** m (~; –) perverse Neigung zur Entblößung der Geschlechtsteile; m. s.: **Exhibitionist** (~en; ~en); EW: **exhibitionistisch** (*e.e* Neigungen).

Exhumation w (~; ~en) = → Exhumierung; **ex|humieren** ZW (-rte, -rt) ↗ (lat.) (Bestattete) wieder ausgraben; w. s.: **Exhumierung** (~; ~en).

Exi m, w (~[s]; ~s) ∉ Existentialist; ∪ Jugendlicher mit bürgerlichem Lebensstil; ∉ Exhibitionist.

Exil s (~s; ~e) (lat.) Verbannung(sort); **exiliert** EW verbannt; **exilisch** EW in (aus, während) der Verbannung; **Exilregierung** w (~; ~en) ins Ausland geflüchtete (im Ausland gebildete) Regierung.

eximieren ZW (-rte, -rt) ↗ (lat.) ausnehmen (von einer Leistung); befreien.

Exine M (lat.) ⊕ äußere Zellwand der Pollen.

existent EW (lat.) tatsächlich vorhanden; wirklich; **existential** EW = → existenti|ell; **Existenti-** = → Existenzi-; **existenti|ell** EW daseinsmäßig; wirklichkeitsbezogen; **Existenz** w (~; ~en) Vorhandensein (Ggs.: *Essenz*); eigentliches (menschl.) Sein; Unterhalt; der Mensch; **Existenz|analyse** w (~; ~n) (lat.-gr.) psychoanalyt. Durchsicht des Lebens eines Individuums nach Wertvorstellungen; **Existenzgründung** w (~; ~en) Neueinrichtung von selbständigen Unternehmen; **existenzial** EW = → existenti|ell; **Existenziali|en** M aus der menschlichen Existenz stammende Strukturformen des Daseins; **Existenzialismus** m (~; –) = **Existenz(ial)philosophie** w (~; –) das ungeborene Dasein als Mittelpunkt des Denkens; **Existenzialität** w (~; ~en) Zusammenhang der menschlichen Daseinsstrukturen; **existenzi|ell** EW (lat.) = → existenti|ell; **Existenzminimum** s (~s; -men/-ma) für das Leben mindestens nötige Mittel; **Existenzphilosophie** = → Existenzialismus; **existieren** ZW (-rte, -rt) ↙ dasein, bestehen; auskommen.

Exitus m (~; –) (lat.) ⚕ Tod.

Exkavation w (~; ~en) (lat.) Ausschachtung; ⚕ Benutzung des Exkavators; **Exkavator** m (~s; -toren) Maschine zur Erdausschachtungen; ⚕ Löffel zur Entfernung kariösen Zahnbeins; ZW: **exkavieren** (-rte, -rt) ↗.

exklamatorisch EW (lat.) pathetisch; marktschreierisch.

Exklave w (~; ~n) (lat.) Staatsteil, der in fremdem Hoheitsbereich liegt; ⊕ punktuelles Auftreten.

exkludieren ZW (-rte, -rt) ↗ (lat.) ausschließen ↓; **Exklusion** w (~; ~en) Ausschluß ↓; **exklusiv** EW ausschließend; abgesondert, unnahbar; nicht allen zugänglich; nur für einen Auftraggeber; **exklusive** UW ausschließlich; **Exklusivfoto** s (~s; ~s) (lat.-gr.) Aufnahme, die nur *einem* Photographen erlaubt ist; **Exklusiv|interview** s (~s; ~s) Befragung, deren Ergebnis nur *einem* Journalisten (*einem* Medium) gestattet wird; **Exklusivität** w (~; –) (lat.) Abgeschlossenheit, Absonderung.

Exkommunikation w (~; ~en) (lat.) † Ausschluß aus der Sakramentengemeinschaft; ZW: **exkommunizieren** (-rte, -rt) ↗.

Exkremente M (lat.) ⚕ Ausscheidungen aus dem Darm.

Exkreszenz w (~; ~en) (lat.) ⚕ Auswuchs.

Exkret s (~[e]s; ~e) ⚕ ausscheidender Stoff; **Exkretion** w (~; ~en) (lat.) ⚕ äußere Ausscheidung; EW: **exkretorisch**.

Exkulpation w (~; ~en) (lat.) Rechtfertigung; ZW: **exkulpieren** (-rte, -rt) ↗.

Exkurs m (~es; ~e) (lat.) Abschweifung; **Exkursion** w (~; ~en) Unterrichts-, Forschungsreise.

exlex EW (lat.) vogelfrei ↓.

Exlibris s (~; ~) (lat.) eingeprägter (eingeklebter) Eigentumsvermerk in Büchern.

Exmatrikel w (~; ~n) (lat.) Bescheinigung der Exmatrikulation; **Exmatrikulation** w (~; ~en) Streichung aus der Matrikel der Hochschule; **exmatrikulieren** ZW (-rte, -rt) ↗ aus der Hochschule entlassen.

exmittieren ZW (-rte, -rt) ↗ ausweisen; zwangsweise (aus der Wohnung) entfernen.

ex nunc (lat.) nur für die Zukunft.

Exobiologie w (~; -) (KuW) Erforschung der Möglichkeit außerird. Lebens.

Exodermis w (~; -men) (gr.) ⊕ äußeres Wurzelgewebe.

Ex|odos m (~; -) (gr.) Dramenschluß; Ende des Chorliedes; **Ex|odus** m (~; -) (gr.-lat.) Auszug; † 2. Buch Mosis.

ex officio (lat.) von Amts wegen.

exogam EW (gr.) in Exogamie lebend; **Exogamie** w (~; -) Heirat außerhalb des Stammes, der Kaste.

exogen EW (gr.) $ infolge äußerer Umstände (Ggs.: *endogen*); ⊕ außen entstanden; von außen her wirkend.

Exokarp s (~s; ~e) (gr.) ⊕ äußere Fruchtschalenschicht.

exokrin EW (gr.-lat.) $ nach außen absondernd.

Ex|onymon s (~s; -ma) (gr.) Ortsname in fremdsprachiger Form.

Ex|ophthalmus m (~; -men) (gr.-lat.) $ Glotzauge; EW: **ex|ophthalmisch**.

exophytisch EW (gr.-lat.) $ nach außen wachsend.

ex|orbitant EW (lat.) außerordentlich (groß).

Ex|ordium s (~s; -dia) (lat.) kunstvoller Vortragsbeginn.

ex ori|ente lux (lat.) aus dem Osten stammt das Licht (die Erkenntnis, die glückliche Wende).

Ex|orzismus m (~; -men) (lat.) Geisteraustreibung; ZW: **ex|orz(is)ieren** (-rte, -rt) ↗; m. s.: **Ex|orzist** (~en; ~en); EW: **ex|orzistisch**.

Ex|osmose w (~; ~n) (lat.-gr.) $ Flüssigkeitsausscheidung durch die Haut; ↻ Eindringen aus Stoffen höherer in Stoffe schwächerer Konzentration.

Exosphäre w (~; -) (gr.) äußerste Erdatmosphäre.

experimentieren

Ex|ostose w (~; ~n) (gr.) $ von der Oberfläche ausgehende Knochengeschwulst.

Exot m (~en; ~en) (gr.) Fremdrassiger (Mensch, Tier, Pflanze); **Exotarium** s (~s; -i|en) (gr.-lat.) Gelände mit seltenen Tieren.

Exoterik w (~; -) (gr.) äußerliches Informiertwerden; **Exoteriker** m (~s; ~) Nichteingeweihter, Anfänger; **exoterisch** EW allgemein verständlich.

exotherm EW (gr.) unter Wärmeverlust.

Ex|otik w (~; -) (gr.-lat.) Zauber des Auslands; **exotisch** EW (gr.) fremdländisch; anders-, fremdartig.

exozentrisch EW (gr.-lat.) außerhalb des Mittelpunkts (*e.es Kompositum* = → Bahuwrihi).

Expander m (~s; ~) (lat.-e.) Muskelstreckgerät; **expandieren** ZW (-rte, -rt) ↗ (lat.) ausdehnen; **expansibel** EW ausdehnbar; **Expansion** w (~; ~en) Wirtschaftsaufschwung; Ausdehnung; **Expansionsmaschine** w (~; ~n) Antrieb durch Ausdehnung eines Gases; **Expansions|politik** w (~; -) (lat.-gr.) Wunsch eines Staates, sein Gebiet zu vergrößern; **Expansions|rate** w (~; ~n) Steigerungsrate; **expansiv** EW (lat.) (sich) ausdehnend.

Expatriation w (~; ~en) (lat.) = → Expatri|ierung; **expatri|ieren** ZW (-rte, -rt) ↗ aus der Heimat ausweisen; verbannen; abstr. s.: **Expatri|ierung** w (~; ~en).

Expedi|ent m (~en; ~en) (lat.) Abfertigungsbeauftragter; **expedieren** ZW (-rte, -rt) ↗ befördern; **Expedit** s (~[e]s; ~e) Versandabteilung; **Expedition** w (~; ~en) Beförderung; Forschungsreise; Versandabteilung; **Expeditor** m (~s; -toren) Leiter der Versandabteilung.

Expektorans s (~; -ranzi|en) (lat.) $ Hustenmittel, = **Expektorantium** s (~s; -tia/-zi|en); **Expektoration** w (~; ~en) $ Entleerung von Auswurf; ZW: **expektorieren** (-rte, -rt) ↙.

Expense M (lat.) Kosten; **expensiv** EW kostspielig.

Experiment s (~[e]s; ~e) (lat., = Probe) Versuch; **experimental** EW durch Versuch(e) nachgewiesen (nachweisbar); **Experimental|physik** w (~; -) (lat.-gr.) mit Versuchen arbeitende Physik; **Experimentator** m (~s; -toren) (lat.) wer (wissenschaftl.) Versuche anstellt; **experimentell** EW mit Versuchen arbeitend; **experimentieren**

159

expert

ZW (-rte, -rt) ∠ mit Versuchen arbeiten; probieren.
expert EW (lat.) sachverständig; **Experte** m (~n; ~n) Sachverständiger; **Expertensysteme** M (am., = Expert systems) intelligente Computersysteme (Speicher, Wissen und Verfahren) für eigene Problemlösungen; **Expertise** w (~; ~n) (lat.) Sachverständigengutachten; ZW: **expertisieren** (-rte, -rt) ∠ ↗.
Explanation w (~; ~en) (lat.) Erklärung; EW: **explanatiy; explanieren** ZW (-rte, -rt) ↗ erklären.
Explantation w (~; ~en) (lat.) ⚕ Gewebeentnahme, -züchtung.
explicite UW (lat.) ausdrücklich; **Explikation** w (~; ~en) (lat.) Dar-, Auseinanderlegung; **explizieren** ZW (-rte, -rt) ↗ genau darlegen; **explizit** EW alle Merkmale zeigend (Ggs.: *implizit*), = **explizite** UW = → explicite.
explodieren ZW (-rte, -rt) ∠ (lat.) knallend platzen.
Exploitation w (~; ~en) (fr.) [*-ploa-*] Ausbeutung; ZW: **exploitieren** (-rte, -rt) ↗ [*-ploa-*] ↓.
Exploration w (~; ~en) (lat.) Untersuchung; Befragung; EW: **exploratorisch**; ZW: **explorieren** (-rte, -rt) ↗.
explosibel EW (lat.) leicht selbstentzündlich; überschnell reagierend; w. s.: **Explosibilität** (~; –); **Explosion** w (~; ~en) Sprengschlag; plötzlicher Ausbruch; **Explosionsmotor** m (~s; ~en) Verbrennungsmotor; **Explosionswelle** w (~; ~n) Druckwelle einer Explosion; **Explosionswert** m (~[e]s; ~e) bei einer Kernexplosion ausgelöste Energie; **explosiv** EW leicht entzündlich; **Explosiva** M Verschlußlaute, = **Explosivlaute** M.
Exponat s (~[e]s; ~e) (lat.) Ausstellungsstück; **Exponent** m (~en; ~en) Vertreter einer Gruppe; ⚔ Hochzahl bei Potenz- oder Wurzelrechnungen; **exponieren** ZW (-rte, -rt) ↗ erklären; belichten; ausstellen; ⟋ sich aussetzen; MW: **exponiert** vor aller Öffentlichkeit; Angriffen ausgesetzt.
Export m (~[e]s; ~e) (lat.) Ausfuhr; M: **Exporten** Exportwaren; **Exporteur** m (~s; ~e) (fr.) [*-tör*] Auslandskaufmann; **Export|finanzierung** w (~; ~en) (lat.) alle Maßnahmen zur Ermöglichung einer Export|aufnahme im Ausland; **exportieren** ZW (-rte, -rt) ↗ Waren ausführen (Ggs.: *importieren*); **Export|prämi|e** w (~; ~n) Ausfuhrzuschuß; **Export|überschuß** m (~sses; -schüsse) positive Handelsbilanz.

Exposé s (~s; ~s) (fr.) Entwurf; (Drehbuch-)Skizze; **Exposition** w (~; ~en) (lat.) vorbereitende Darlegung; Ausgesetztsein; Ausstellung; ♪ Kopfteil der Fuge (Sonate); Stellung zur Sonnenstrahlung; Krankheitsgefährdung durch Lebensbedingungen; † Aussetzung der Hostie; **Expositur** w (~; ~en) (fr.-lat.) Filialgeschäft, † -kirche, -seelsorgebezirk (Leiter: **Expositus** m [~; -ti]).
ex post (lat.) im nachhinein, hinterher.
expreß EW (lat.) eilig ↓; ausdrücklich; **Expreß** m (-sses; -sse) Schnellzug; **Expression** w (~; ~en) Ausdruck ↓; ⚕ Herausdrücken; Harmoniumregister; **Expressionismus** m (~; –) Ausdruckskunst; **Expressionist** m (~en; ~en) Ausdruckskünstler; EW: **expressionistisch; expressis verbis** (lat.) ausdrücklich; **expressiv** EW (lat.) ausdrucksvoll darstellend; **Expressivität** w (~; –) Ausprägung(sgrad); Ausdrucksfülle.
ex professo (lat.) berufs-, amtsmäßig; absichtlich.
Expropriation w (~; ~en) (lat.) Enteignung; ZW: **expropri|ieren** (-rte, -rt) ↗.
Expulsion w (~; ~en) (lat.) ⚕ Abführung; **expulsiv** EW ⚕ abführend.
exquisit EW (lat.) besonders köstlich, erlesen.
Exsekration w (~; ~en) (lat.) Entweihung; Fluch; **exsekrieren** ZW (-rte, -rt) ↗ entweihen; verwünschen.
Exsikkation w (~; ~en) (lat.) Austrocknung; EW: **exsikkativ; Exsikkator** m (~s; -toren) ⚗ Chemikalientrockner; **Exsikkose** w (~; ~n) ⚕ Wasserverarmung des Körpers.
Exspektanz w (~; ~en) (lat.) Anwartschaft; EW: **exspektativ**.
Exspiration w (~; ~en) (lat.) ⚕ Ausatmung(sbewegung); **exspiratorisch** EW mit starkem Atemdruck (*e.e Artikulation* Lautbildung während des Ausatmens); **exspirieren** ZW (-rte, -rt) ∠ ausatmen; sterben; ablaufen (Frist).
Exstirpation w (~; ~en) (lat.) ⚕ Entfernung eines Organ(teil)s; **Exstirpator** m (~s; -toren) Grubber; **exstirpieren** ZW (-rte, -rt) ↗ ⚕ (Organ) entfernen.
Exsudat(ion) s (~[e]s; ~e) (lat.) ⚕ Ausschwitzung; EW: **exsudativ**.
Extemporale s (~s; -lia/-li|en) (lat.) (Übersetzung als) Klassenarbeit; **ex tempore** aus dem Stegreif; s. s.: **Extempore** (~s; ~s); **extemporieren** ZW (-rte, -rt) ∠ ↗ aus dem Stegreif reden (♪ spielen; handeln).

160

Extender m (~s; ~) (KuW, e.) billiger Zusatz zu teuren Rohstoffen ohne Qualitätsverlust; **extendieren** ZW (-rte, -rt) ↗ (lat.) dehnen, ausbreiten ↓; **extensibel** EW dehnbar; w. s.: **Extensibilität** (~; –); **Extension** w (~; ~en) Ausdehnung; $ Streckverband (mit Gewichten); **Extensität** w (~; –) Umfang; **extensiv** EW mit geringem Aufwand; mit unmittelbarer Erfolgsaussicht (*e.e Wirtschaft* unaufwendig betriebene [Land-]Wirtschaft); w. s.: **Extensivität** (~; –); ZW: **extensivieren** (-rte, -rt) ↗; **Extensor** m (~; -soren) (lat.) $ Streckmuskel.

Exterieur s (~s; ~e) (fr.) [-*têrjör*] Erscheinung; Außenansicht; **Exteriorität** w (~; –) (lat.) Ober-, Außenfläche.

extern EW (lat.) auswärtig; zu Hause wohnend; **Externalisierung** w (~; ~en) Verlegung innerer Vorgänge nach außen (→ Halluzination); **Externat** s (~[e]s; ~e) Schule ohne Schülerheim; **Externe** m (~n; ~n) nicht im Internat lebender Schüler; nicht an der prüfenden Schule vorgebildeter Prüfling; **Externist** m (~en; ~en) $ Facharzt für äußere Erkrankungen; ambulant behandelter Kranker; **Externum** s (~s; -na) $ äußerlich anzuwendendes Heilmittel.

exterozeptiv EW (lat.) äußere Reize wahrnehmend.

exterritorial EW (lat.) nicht der Exekutive des Gastlandes unterworfen; ZW: **exterritorialisieren** (-rte, -rt) ↗; **Exterritorialität** w (~; –) Befreiung von staatl. Zwangsgewalt; Unantastbarkeit von Diplomaten.

Extinktion w (~; ~en) (lat.) Schwächung bei Durchdringen durch andere Stoffe (z. B. Sonnenlicht durch Atmosphäre); **Extinktionsko|effizi|ent** m (~en; ~en) Extinktionsmaß.

extra (lat.) besonders (→ dry); nebenbei; **Extra** s (~s; ~s) nicht im Grundpreis eingeschlossenes Zusatzgerät (zum Kraftfahrzeug); zusätzliche Leistung; **extrafloral** EW ⚘ außerhalb der Blüte; **extragalaktisch** EW (lat.-gr.) außerhalb der Milchstraße; **extragenital** EW (lat.) außerhalb der Geschlechtsteile (des Geschlechts).

Extrahent m (~en; ~en) (lat.) wer einen Vollstreckungsbefehl erwirkt ↓; **extrahieren** ZW (-rte, -rt) ↗ ausziehen, -laugen; ↙ Vollstreckungsbefehl erwirken.

extrakorporal EW $ außerhalb des Körpers.

Extrakt m (~[e]s; ~e) (lat.) Auszug (aus Drogen); **Extraktion** w (~; ~en) $ Herausziehung des Geborenwerdenden; ⊙ Auslaugung; Auszug; $ Entfernung eines Fremdkörpers aus dem Körper; Zahnziehen; **extraktiv** EW ⊙ auslaugend; ausziehbar; löslich.

extramundan EW (lat.) außerweltlich.

extramural EW $ nicht im Hohlraum gelegen; **extra muros** außerhalb der (Stadt-)Mauern.

extra|ordinär EW (lat.) außergewöhnlich; **Extra|ordinarium** s (~s; -ria) (lat.) außerordentlicher Haushalt; **Extra|ordinarius** m (~; -ri|en) außerplanmäßiger Hochschullehrer mit kleinerem Lehrauftrag [= **Extra|ordinariat** s (~[e]s; ~e)]; **extra ordinem** außer der Reihe.

Extrapolation w (~; ~en) (lat.) Bestimmung des Näherungswerts; ZW: **extrapolieren** (-rte, -rt) ↗ ↙.

Extraprofit m (~[e]s; ~e) (lat.-fr.) Zusatzverdienst.

Extrasystole w (~; ~n) $ zusätzl. Herzzusammenziehung.

extraterrestrisch EW (lat.) mit der Welt jenseits der Erde beschäftigt (*e.e Chemie*); nicht auf der Erde.

Extratour w (~; ~en) (lat.-fr.) eigenwilliges Vorgehen.

extra|uterin EW (lat.) $ außerhalb der Gebärmutter; **Extra|uteringravidität** w (~; ~en) $ Bauchhöhlenschwangerschaft.

extravagant EW überspannt; ungewöhnlich; w. s.: **Extravaganz** (~; ~en).

extravertiert EW weltoffen; **extrazellulär** EW außerhalb der Zelle.

extrem EW (lat.) äußerst; übersteigert (*e.er Wert* ⊰ Höchst-, Tiefstpunkt [einer Meßreihe, Funktion, Kurve]); **Extrem** s (~s; ~e) größter (kleinster) Wert; Übersteigerung; Gegensatz; **Extremisierung** w (~; –) Neigung zum Extremismus; **Extremismus** m (~; -men) radikale Einstellung; **Extremist** m (~en; ~en) Radikaler; EW: **extremistisch**; **Extremität** w (~; ~en) $ Gliedmaß; äußerstes Ende; **Extremum** s (~s; -ma) = **Extremwert** m (~[e]s; ~e) äußerster Punkt oder Wert einer Funktion, Kurve, Meßreihe.

extrinsisch EW (lat.) durch äußeren Anstoß erfolgt.

extrors EW (lat.) ⚘ nach außen (Ggs.: *intrors*).

extrovertiert EW (lat.) = → extravertiert (Ggs.: *introvertiert*).

Extruder m (~s; ~) (am.) Strangpresse; ZW: **extrudieren** (-rte, -rt) ↗; **Extru-**

extrusiv

sion w (~; ~en) Überbeißen eines Zahns; Vulkanerguß; **extrusiv** EW an der Oberfläche erstarrt (wie das **Extrusivgestein** s [~[e]s; ~e]).
ex tunc (lat.) seit damals, rückwirkend.
ex|uberans EW (lat.) stark wuchernd.
Ex|ulzeration w (~; ~en) (lat.) $ Verschwärung; ZW: **ex|ulzerieren** (-rte, -rt) ✓.
ex ungu|e leonem (lat.) an seiner Tatze erkennt man den Löwen.
ex usu (lat.) gebrauchsmäßig; durch Übung.
Ex|uvi|en M (lat.) abgestreifte Schlangenhaut; ↓ Siegerbeute.
ex voto (lat.) einem Gelübde zufolge; **Exvoto** s (~s; ~s/-ten) † Weihegabe.
Exzedent m (~en; ~en) (lat.) überzahlter Versicherungsbeitrag.
exzellent EW (lat.) hervorragend; **Exzellenz** w (~; ~en) Titel höchster Beamter; **exzellieren** ZW (-rte, -rt) ✓ herausragen; (vor andern) glänzen.
Exzenter m (~s; ~) (lat.-e.) Scheibe, die sich nicht um ihren Mittelpunkt dreht; **Exzentrik** w (~; –) (lat.) groteskes Benehmen, Groteskauftritt; m. s.: **Exzentriker** (~s; ~); **exzentrisch** EW außergewöhnlich; übertrieben; **Exzentrizität** w (~; ~en) ⊀ Abweichung vom Zentrum; ⊀ Abstand des Brennpunktes vom Mittelpunkt; Überspanntheit.
Exzeption w (~; ~en) (lat.) Ausnahme; **Exzeptionalismus** m (~; –) Annahme, daß in früheren Erdepochen andere geologische Kräfte wirkten; **exzeptionell** EW als Ausnahme; besonders; **exzeptiv** EW ausschließend ↓.
exzerpieren ZW (-rte, -rt) ✓ ↗ (lat.) Belangvolles herausschreiben; **Exzerpt** s (~[e]s; ~e) Auszug; **Exzerptor** m (~s; –oren) Exzerptenschreiber.
Exzeß m (-sses, -sse) (lat.) Ausschweifung; **exzessiv** EW über das Maß (*e.es Klima* mit großen Temperaturschwankungen).
exzidieren ZW (-rte, -rt) ↗ (lat.) $ ausschneiden; **Exzision** w (~; ~en) $ Gewebe(teil)entfernung.
exzitabel EW (lat.) $ reizbar; w. s.: **Exzitabilität** (~; –); **Exzitanzi|en** M $ Anregungsmittel; **Exzitation** w (~; ~en) Aufregung; EW: **exzitativ**; **exzitieren** ZW (-rte, -rt) ↗ an-, aufregen.
Eyecatcher m (~s; –) (am.) [*aikätscher*] Blickfang; **Eyeliner** m (~s; ~) (am.) [*ailainᵉr*] Lidstrichzeichner; **Eye-word** s (~-~s; ~-~s) (e.) nur schriftlich verwendetes Wort.

F

Fabel w (~; ~n) (lat.) Tiergeschichte; Handlungsablauf (*ins Reich der F. verweisen* als gelogen hinstellen).
Fabismus m (~; –) (lat.) $ Erkrankung durch Bohnen(blüten)duft.
Fabrik w (~; ~en) (lat.) Großbetrieb der Industrie; **Fabrikant** m (~en; ~en) Inhaber einer Fabrik; **Fabrikat** s (~[e]s; ~e) (lat.) serienweise hergestellte Ware; **Fabrikation** w (~; ~en) Herstellung mit Maschinen; EW: **fabrikatorisch**; **fabrizieren** ZW (-rte, -rt) ↗ (serienweise) herstellen.
fabula docet (lat.) die Geschichte lehrt (:...); **Fabulant** m (~en; ~en) (lat.) Geschichtenerzähler; Schwätzer; **fabulieren** ZW (-rte, -rt) ✓ Geschichten ersinnen; lebhaft erzählen; **fabulös** EW ∪ kaum glaublich.
Face w (~; ~n) (fr.) [*fâß*] Voderansicht (*en f.* [*anfâß*] von vorn); Schriftbild; **Facelifting** s (~s; –) (am.) [*feⁱßliftiñ*] gesichtskosmetische Operation.
Facette w (~; ~n) (fr.) [*faß-*] Schleiffläche; Schrägkante der Druckstöcke; **Facetten|auge** s (~s; ~n) (fr.-d.) Netzauge der Insekten; **facettieren** ZW (-rte, -rt) ↗ [*-ßett-*] Facetten anbringen.
Fach|idiot m (~s; ~en) ∪ Gelehrter, der nur an einem Spezialgebiet interessiert ist; **fachsimpeln** ZW (-lte, gefachsimpelt) ✓ (d.-lat.) vor anderweitig Berufstätigen (nur) von Berufsproblemen reden.
Facialis m (~; -les) (lat.) = → Fazialis; **Faci|es** w (~; ~) Gesicht (*F. hippocratica* Gesichtsausdruck Sterbender; *F. leonina* Gesicht von Leprosen).
Façon de parler (fr.) [*faßoñdeparlé*] Redensart; **sans façon** [*sañfassoñ*] ohne Umschweife; **Façonné** m (~s; ~s) [*-ßon-*] kleingemustertes Gewebe.
Fact m (~s; ~s) (lat.-am.) [*fäkt*] = → Fakt.
Factoring s (~s; –) (e.) [*fäkteriñ*] Absatzfinanzierung durch Abtreten der

Lieferungsforderungen an Kreditinstitut.
fad(e) EW (fr.) langweilig; w. s.: **Fadaise** (~; ~n) [-däs] ↓.
Fade-in s (~-~s; ~-~s) (e.) [fā'd in] Einblendung (in Film) (Ggs.: fade-out); **Fading** s (~s; ~s) [fä'diñ] Schwund der Laut-, Bildstärke (Rundfunk, Fernsehen); Bremswirkung; **Fadingkompensation** w (~; ~en) (e.-lat.) [fä'diñ-] Schwundausgleich.
Faeces = → Fäzes.
Fagott s (~[e]s; ~e) (it., = Bündel) ♪ Holzinstrument (aus 2 parallelen, miteinander verbundenen Röhren); m. s.: **Fagottist** (~en; ~en).
Faible s (~s; ~s) (fr.) [fäbl] Schwäche, Vorliebe (ein F. für jmdn. haben).
Faille w (~; –) (fr.) [fäj/falje] (Kunst-) Seidenrips.
fair EW (e.) [fār] sauber, redlich, anständig (Fair Average Quality w [~ ~ ~; ~ ~ -ties] (am.) [fār āw(e)ridsch kwoliti] Ware mittlerer Güte); **Fairneß** w (~; –) [fār-] anständiges Verhalten; **Fair play** s (~ ~; –) [fārplei] ehrliches Spiel; **Fairway** m (~s; ~s) (e., = Fahrtrinne) [fārwēⁱ] Golfbahn.
Fait accompli s (~ ~; ~s ~s) (fr.) [fät akkoñpli] vollendete Tatsache.
fäkal EW (lat.) kotig; **Fäkali|e** w (~; ~n) (lat.) Kot.
Fakir m (~s; ~e) (ar., = Armer) islamischer Asket.
Faksimile s (~s; ~s) (lat., = mach es ähnlich!) mechanische Nachbildung (einer Unterschrift, Urkunde, eines Buches); ZW: **faksimilieren** (-rte, -rt) ↗.
Fakt s, m (~s; Fakten) (lat.); s (~s; ~s) (am.) (auch: Fact) [fäkt] Tatsache.
Faktage w (~; ~n) (lat.-fr.) [-tâsch] Beförderungsgebühr ↓.
Faktion w (~; ~en) (lat.) von Parteilinie abweichende Mitgliedergruppe; Haufen; **faktiös** EW aufrührerisch.
Faktis m (~; –) (KuW) Füllmasse für Elastika.
faktisch EW (lat.) wirklich; **faktitiv** EW Bewirkung ausdrückend (f.es Zeitwort = **Faktitiv** s [~[e]s; ~e] = **Faktitivum** s [~s; -va]); **Faktizität** w (~; ~en) Tatsächlichkeit (Ggs.: Logizität).
Faktor m (~s; -toren) (lat.) Erbeinheit; $ Ursache; Stellvertreter auf der Messe; Abteilungsleiter einer Setzerei; ⚔ Zahl, die mit einer andern malgenommen wird; **Faktorei** w (~; ~en) Handelsniederlassung; **Faktoren|analyse** w (~; ~n) (lat.-gr.) statistische Ermittlung der Gründe für verschiedene Ei-

genschaften; **Faktorensystem** s (~s; –) (lat.-gr.) Vermittlereinrichtung zwischen Arbeitgeber und -nehmer in der Haus|industrie; **Faktotum** s (~s; -ten) vielseitige Hilfskraft; **Faktum** s (~s; -ta/-ten) Tatsache; Geschehnis.
Faktur w (~; ~en) (lat., = Mache) Warenrechnung, = ↓ **Faktura** w (~; -ren) (lat.-it.); **fakturieren** ZW (-rte, -rt) ✓ (lat.) Rechnung ausstellen; berechnen; **Fakturiermaschine** w (~; ~n) (lat.-fr.) Rechenmaschine; m. s.: **Fakturist** (~en; ~en).
Fakultas w (~; -täten) (lat.) Lehrberechtigung; **Fakultät** w (~; ~en) Fachabteilung einer Hochschule ↓; Lehrberechtigung; ⚔ Produkt mit Faktoren der natürlichen Zahlenreihe (von 1 ab); † Vollmacht zur Amtsübertragung; Sport-, Berufsart; **fakultativ** EW (lat.) ungezwungen, nach eigner Wahl (Ggs.: obligatorisch).
Falaisen M (fr.) [-läs-] = **Falaises** M [-lās-] Steilküste.
Falange w (~; ~n) (sp., = Schar) [auch: falañche] sp. Faschisten(partei); m. s.: **Falangist** (~en; ~en).
Falbel w (~; ~n) (it.) Faltenbesatz; ZW: **fälbeln** (-lte, gefälbelt) ↗.
Falerner m (~s; ~) (nach einem Gebiet in Kampanien) südit. Wein.
Fallazi|en M (lat.) Trugschlüsse; Täuschungen.
fallibel EW (lat.) trügerisch; **Fallibilismus** m (~; –) (KuW) Leugnung einer unfehlbaren Erkenntnisinstanz.
fallieren ZW (-rte, -rt) ✓ (it.) in Konkurs geraten; **Fallissement** s (~s; ~s) (fr.) [-mañ] Konkurs, = **Falliment** s (~s; ~s) [-mañ].
Fall|out s (~s; ~s) (e.) [fol|aut] radioaktive Ausfällung bei Kernwaffenexplosion.
Falsett s (~[e]s; ~e) (lat.-it.) ♪ m. Fistelstimme; ZW: **falsettieren** (-rte, -rt) ✓; m. s.: **Falsettist** (~en; ~en).
Falsifikat s (~[e]s; ~e) (lat.) Fälschung; w. abstr. s.: **Falsifikation** (; cn); ZW: **falsifizieren** (-rte, -rt) ↗.
Falstaff m (~s; ~s) (e., nach einer Shakespeare-Gestalt) Fettwanst.
Falsum s (~s; -sa) (lat.) Irrtum; Fehler; Fälschung.
Fama w (~; -men) (lat.) Gerücht.
familiär EW (lat.) vertraulich; verwandtschaftlich; **Familiarität** w (~; ~en) enge Verbundenheit; Zudringlichkeit; **Famili|e** w (~; ~n) Eltern und Kinder; Einheit in Tier- und Pflanzensystemen.
famos EW (lat.) großartig.

Famula w (~; -lä) (lat.) ⚕ im Krankenhaus assistierende Studentin; w. s.: **Famulatur** (~; ~en); **famulieren** ZW (-rte, -rt) ↙ (mediz.) Assistent sein; **Famulus** m (~; -li) Assistent (eines Hochschullehrers) ↓.

Fan m (~s; ~s) (e., ⚔ **fanatic**) [*fän*] begeisterter (junger) Anhänger.

Fanal s (~s; ~e) (fr.) weithin sichtbares (Feuer-)Zeichen.

Fanatiker m (~s; ~) (lat.) leidenschaftlich Besessener; unduldsamer Verbohrter; **fanatisch** EW in blinder Leidenschaft; ZW: **fanatisieren** (-rte, -rt) ↗; **Fanatismus** m (~; -) blinde Leidenschaft; ungezügelte Begeisterung; **Fanclub** → Fanklub.

Fancy s (~s; ~s) (e.) [*fänßi*] rauher Baumwollflanell; Einbildung(sgabe); ♪ Fantasie; **Fancy-dress** m (~-~; ~-~es) Maskenkostüm; **Fancy-work** s (~-~s; ~-~s) [-*wörk*] Tauwerkflechtereien.

Fandango m (~s; ~s) (sp.) sp. Volkstanz.

Fandarole → Farandole.

Fanfare w (~; ~n) (ar.-sp.-fr., = Geschwätz, Gepränge) Trompetentusch; **Fanfaronade** w (~; ~n) (fr.) Großmannssucht; (prahlerischer) Schwank ↓.

Fango m (~s; -) (g.-it.) Mineralschlamm.

Fanklub m (~s; ~s) (e.) [*fän-*] organisierte Anhängerschaft.

Fannings M (e.) [*fännińs*] Teestaub.

Fanon(e) m (~; ~s/-oni) (g.-fr. [-*noñ*] [-it.]) päpstl. Schulterkragen.

Fant m (~; ~e) (e.) unreifer Bursche.

Fantasia w (~; ~s) (it.) Reiterkampfspiel, = **Fantasie** w [~; -i|en] ♪ frei gestaltete Instrumentenkomposition.

FAO w (~; -) (am. KW ⚔ **F**ood and **A**griculture **O**rganization) Welternährungsorganisation (der UNO).

Farad s (~[s]; ~) (e., → faradisieren) Maßeinheit für die Aufnahmefähigkeit eines elektr. Leiters; **Faradisation** w (~; ~en) (e.-lat.) ⚕ Behandlung mit unterbrochenem Strom; **faradisch** EW wechselstromig (*f.er Strom* Induktionsstrom); **faradisieren** ZW (-rte, -rt) ↗ (nach dem e. Physiker *Faraday*, 1791–1867) ⚕ mit Wechselstrom behandeln (*Faradaysche Gesetze* elektrochemische Grundgesetze; *Faradayscher Käfig* blitzsicherer Raum); **Faradotherapie** w (~; -) = → Faradisation.

Farandole (auch: *Fandarole*) w (~; ~n) (prov.) Paartanz.

Farce w (~; ~n) (fr.) [*farß*] ⚕ Posse; alberner Einfall; Fleischfüllung; **Farceur** m (~s; ~e) [*farßö̂r*] Possenreißer; Angeber ↓; **farcieren** ZW (-rte, -rt) ↗ [-*ßī-*] mit Hackfleisch füllen.

Farin m (~s; -) (lat.) nicht fertig gereinigter Zucker.

Farm w (~; ~en) (e.) landwirtschaftl. Betrieb; **Farmer** m (~s; ~) Landwirt (in Übersee); Tierzüchter; ZW: **farmern** (-rte, gefarmert) ↙.

Farnesol s (~s; -) (KuW) Aromastoff aus Lindenblüten.

fas ⚔ → free alongside ship.

Fasan m (~[e]s; ~e) (gr., nach dem Halbgott [und Fluß] *Phasis*) Hühnervogel; **Fasanerie** w (~; -i|en) Zuchtanstalt für Fasane; Nebenschlößchen.

faschieren ZW (-rte, -rt) ↗ (lat.-fr.) durch den Wolf drehen; **Faschierte** s (~n; -) Hackfleisch.

Faschine w (~; ~n) (it.) Rutenbündel zur Ufer-, Hangbefestigung; **Faschismus** m (~; -) (lat.-it.; lat. *fasces* Rutenbündel als Amtszeichen) antidemokratische nationalistische Diktatur;

Faschist m (~en; ~en) Antidemokrat; EW: **faschistisch**; **faschisto|id** EW (it.-lat.) zum Faschismus neigend; **Fas|ces** = → Faszes.

Fashion w (~; ~s) (e.) [*fäschn*] Mode (-ton); **fashionable** EW ([*fäschnäbl*] modisch; elegant.

fassadär EW (lat.-it.-fr.) fassadenartig; **Fassade** w (~; ~n) (fr.) Schauseite (*F.n bauen* angeben); Körperbau.

Fasson w (~; ~s) (fr.) [*faßoñ*] Kleiderschnitt; Gestalt; Lebensart; s (~s; ~s) = → Revers; **fassonieren** ZW (-rte, -rt) ↗ in Form bringen; **Fassonschnitt** m (~[e]s; ~e) [-*oñ-*] m. Haarschnitt.

Fastage w (~; ~n) (fr.) [-*tásch*] Leergut; Verpackung.

Fastback s (~s; ~s) (e.) [-*bäk*] Filmrücklauf; **Fast break** m, s (~ ~s; ~ ~s) [-*breik*] erfolgreicher schneller Angriff (Basketball); **Fast food Restaurant** s (~ ~ ~s; ~ ~ ~s) (e.-fr.) [-*fúd-*] Schnellimbißstube.

Faszes M (lat.) Symbol der Staatsgewalt (Rutenbündel mit Beil); **faszial** EW in Bündeln; **Fasziation** w (~; ~en) ⚕ Anlegung eines Verbands, ⊕ Wurzelverbänderung; **Fas|zi|e** w (~; ~n) ⚕ Binde, Verband; sehnige Muskelhaut; **Faszikel** m (~s; ~n) Bündel (von Akten, Heften, Nerven, Muskeln); ZW: **faszikulieren** (-rte, -rt) ↗ ↓.

Faszination w (~; ~en) (lat.) Verzauberung (*eine F. geht von jmdm. aus;*) Verblendung; **faszinieren** ZW (-rte, -rt) ↗ berücken.

fatal EW (lat.) peinlich; verhängnisvoll; **Fatalismus** m (~; –) Schicksalsgläubigkeit; **Fatalist** m (~en; ~en) Schicksalsgläubiger; EW: **fatalistisch; Fatalität** w (~; –) Verhängnis.

Fata Morgana w (~ ~; ~ -nen/~ ~s) (it.-ar., = Korallenfee) Luftspiegelung.

Fathom s (~s; ~s) (e.) [*fäßem*] e. Längenmaß (= 1,828 m) am. ¢ *fath*.

fatieren ZW (-rte, -rt) ↗ (lat.) bekennen ↓; Steuererklärung abgeben.

fatigant EW (lat.) ermüdend; ZW: **fatigieren** (-rte, -rt) ↗.

Fatuität w (~; –) (lat.) $ Blödsinn.

Fatum s (~s; -ta) (lat.) Schicksal.

Faun m (~[e]s; ~e) (lat.) röm. Fruchtbarkeitsgott; geiler Bursche; **Fauna** w (~; -nen) (lat., nach einer Waldgöttin) Tierwelt; tabellenförmiges Tierbestimmungsbuch; **faunisch** EW geil; **Faunist** m (~en; ~en) Tierforscher; w. s.: **Faunistik** (~; –); EW: **faunistisch**.

Fausse w (~; ~n) (fr.) [*fóß*] verkehrte (fehlende) Farbe (beim Kartenspiel).

faute de mieux (fr.) [*fót demjö̱*] notfalls.

Fauteuil s (~s; ~s) (fr.) [*fótöj*] Sessel.

Fautfracht w (~; ~en) (fr.-d.) [*fó̱t-*] ↕ Rückzahlung bei Rücktritt vom Frachtvertrag; nicht genutzter Schiffsfrachtraum.

Fauvismus m (~; –) (fr.-lat.) [*fow-*] fr. dem Impressionismus folgende Kunstrichtung; m. s.: **Fauvist** (~en; ~en) [*fow-*]; EW: **fauvistisch** [*fow-*].

Fauxbrillant m (~s; ~s) (fr.) [*fóbrijan̄*] falscher Glanz; **Fauxpas** m (~; ~) [*fó-pa*] Fehltritt; Mißgriff (im Auftreten) *(einen F. machen [begehen])*.

Favela w (~; ~s) (port.) [*fawä̱la*] südam. Slum.

Faverolleshuhn s (~s; -hühner) (fr.-d.) [-*ro̱ll-*] fr. Huhnrasse.

favorisieren ZW (-rte, -rt) ↗ (lat.-fr.) begünstigen; **Favorit** m (~en; ~en) (lat.-it.-fr.) Liebling; Günstling; vermuteter Wettkampfsieger; gebratene Gänseleber als Beilage; **Favoritin** w (~, ~nen) Geliebte; bevorzugte Mätresse ↓; vermutete Wettkampfsiegerin.

Favus m (~; –) (lat.) $ Hautpilzerkrankung; Wachsscheibe (im Bienenstock).

Fayence w (~; ~n) (vom it. ON *Fa|en̄za*) [*fajan̄s*] bemaltes, emailliertes (glasiertes) Steinzeug.

Fazenda w (~; -den) (port.) [*-ße̱n-*] bras. Farm.

Fäzes M (lat.) Kot.

Fazeti|e w (~; ~n) (lat.) Posse, Schwank(erzählung).

fazial EW (lat.) Gesichts . . .; **Fazialis** m (~; -les) $ Gesichtsnerv.

Fazi|es w (~; –) (lat., = Aussehen) alle Gesteinsmerkmale (vgl. → Faci|es); EW: **fazi|ell**.

fazil EW (lat.) leicht; **Fazilität** w (~; –) Gewandtheit ↓; Kreditmöglichkeit.

Fazit s (~s; ~s) (lat.) Ergebnis *(ein [das] F. ziehen)*.

FBI (¢ Federal Bureau of Investigation) US-am. Bundeskriminalamt; **FDA** (am., ¢ food and drug administration) [*fu̱d änd drag ädministre̱ischn*] US-am. Lebensmittelbehörde; **FEACO** (¢ Fédération Européene des Associations de Conseils en Organisation) europ. Unternehmensberaterverband (in Paris).

Feasibility w (~; –) (am.) [*fisibi̱lliti*] Durchführbarkeit eines Planes.

Feature s (~s; ~s) (e.) [*fi̱tscher*] aktueller Medien-, Hör-, Bildbericht; auffallender Text-, Bildbeitrag.

febril EW (lat.) fieberhaft.

Februar m (~s; ~e) (lat.) 2. Monat (¢ *Febr.*).

FECS (¢ Federation of European Chemical Societies) europ. Verband der Zusammenschlüsse von Chemiebetrieben.

Fedajin M (ar.) ar. politisch extreme Partisanengruppe.

Fee[1] w (~; ~n) (fr.) w. Märchengeist.

Fee[2] s (~; ~s (am.) [*fi̱*] (Agenten-)Vergütung.

Feedback s (~s; ~s) (am.) [*fi̱dbäck*] Gegenkontrolle (beim Computer); Rückbeeinflussung; **Feeder** m (~s; ~) (e.) [*fi̱-*] Energiezuleiter.

Feeling s (~s; ~s) (e.) [*fi̱lin̄*] Einfühlungsvermögen; Gefühlssteigerung nach Drogengenuß.

Fe|erie w (~; -i|en) (fr.) Märchenoper, -schauspiel, -ballett.

fekund EW (lat.) fruchtbar; **Fekundation** w (~; ~en) Befruchtung; **Fekundität** w (~; –) Fruchtbarkeit.

Felbel m (~s; –) (it.) langhaariger Hutsamt.

Feliden M (lat.) die Katzen.

Fellache m (~n; ~n) (ar.) ar. (äg.) Bauer.

Fellatio w (~; -*ones*) (lat.) Mundkoitus; ZW: **fellationieren** (-rte, -rt) ↗.

Fellow m (~s; ~s) (e.) [*felló*] Bursche; Universitätsmitglied; Stipendiat; **Fellowship** w (~; ~s) [*felló̱schip*] Studentenstatus; Stipendium; **Fellow-travel-**

ler m (~-~s; ~-~s) [*fęllôträweler*] Kommunistenfreund; Parteigänger.
Feluke w (~; ~n) (gr.-ar.-sp.-fr.) Mittelmeersegler mit 2 Masten.
Femel m (~s; ~) (lat.) ⊕ m. Hanf-, Hopfenpflanze; **Femelbetrieb** m (~[e]s; ~e) Forstwirtschaft mit Baumbestand verschiedenen Alters.
feminieren ZW (-rte, -rt) (lat.) ↗ ⚥ verweiblichen; **feminin** EW weiblich; weibisch; **Femininum** s (~s; -na) w. Hauptwort; **Feminismus** m (~; –) Überwiegen (Betonen) des w. Einflusses; EW: **feministisch**.
femisch EW (KuW) eisen- und magnesiumreich.
Femme fatale w (~ ~; ~s ~s) (fr.) [*fammfatall*] = → Vamp ↓.
femoral EW (lat.) ⚥ Oberschenkel...; **Femur** s (~s; -mora) ⚥ Oberschenkel.
Fen(ni)ch m (~[e]s; ~e) (lat.) Hirseart.
Fenchel m (~s; –) (lat.) ⊕ Heil- und Gewürzpflanze.
Fendant m (~s; ~s) [*fańdań*] Walliser Weißwein.
Fender m (~s; ~) (e.) Schiffsschutzkissen.
Fen(n)ek m (~s; ~s/~e) (ar.) Wüstenfuchs.
Fenz w (~; ~en) (e.) Zaun; **fenzen** ZW (-zte, gefęnzt) ↗ einzäunen.
Feri|en M (lat.) Aussetzen der Arbeit, Freizeit.
ferm EW = → firm; **fermamęnte** (lat.-it.) ♪ kräftig.
Fermate w (~; ~n) (it.) ♪ Haltepunkt; Dehnung am Versende.
Ferme w (~; ~n) (fr.) Meierei; Bauernhof.
Ferment s (~[e]s; ~e) (lat.) = → Enzym; Bindemittel, -glied; **Fermentation** w (~; ~en) Gärung; EW: **fermentativ**; ZW: **fermentieren** (-rte, -rt) ↙ ↗.
Fermion s (~s; -ionen) (nach it. Physiker *Fermi*) Elementarteilchen mit halbzahl. Spin = **Fermi|teilchen** s (~s; ~); **Fermium** s (~s; –) radioaktives Element (⚛ *Fm*).
Fernambukholz s (~es; -hölzer) (nach der brasil. Stadt *Pernambuko*) Rotholz.
feroce (it.) [-*rôtsche*] ♪ ungestüm.
Ferrit m (~s; –) (lat.) reines Eisen in Meteoren, Eruptivgesteinen; keramischer Werkstoff; **Ferrit|antenne** w (~; ~n) drehbare Richtantenne.
Ferrocart s (~s; –) (KuW) ein Hochfrequenzeisen; **Ferrograph** m (~en; ~en) (lat.) Meßgerät für Werkstoffmagnetismus; EW: **ferrographisch**; **Ferrole-**

gierung w (~; ~en) Eisenlegierung; **Ferromagnetika** M (lat.-gr.) magnetische Eisenwerkstoffe; EW: **ferromagnetisch**; m. abstr. s.: **Ferromagnetismus** (~; –); **Ferromangan** s (~s; –) Eisen-Mangan-Legierung; **Ferrosilit** s (~s; –) ein Mineral.
fertil EW (lat.) fruchtbar; **Fertilität** w (~; –) Fruchtbarkeit (Ggs.: *Sterilität*).
Fes m (~/~ses; ~/~se) (nach einer marokkan. Stadt) kegelförmige (rote) Kopfbedeckung.
fesch EW (e., ⚥) flott.
festina lente (lat.) eile mit Weile!
Festival s (~s; ~s) (e.) [-*well*] (regelmäßig veranstaltete) Festwoche, -tage; **Festivität** w (~; ~en) ∪ Fest; **festivo** (it.) ♪ feierlich; **Feston** s (~s; ~s) (fr.) [-*toń*] □ Girlanden-, Bänderornament; Zackensaum; ZW: **festonieren** (-rte, -rt) ↗; **festoso** (it.) ♪ feierlich.
fetal → fötal.
Fetanyle M (KW) Rauschgifte aus Arzneimitteln.
Fete w (~; ~n) (fr.) [*fê-*] ∪ Fest.
Fetisch m (~s; ~e) (port., = Machwerk) als Gottheit verehrtes Ding; **Fetischismus** m (~; –) (port.-lat.) Anbetung von Gegenständen; erot. Erregbarkeit durch Gegenstände (Körperteile) des Partners; Vorliebe für Kleinigkeiten; m. s.: **Fetischist** (~en; ~en); EW: **fetischistisch**.
Fetus = → Fötus.
feudal EW (lat.) adelsbewußt; vornehm; großzügig (angelegt); im Lehnssystem; reaktionär; **Feudalismus** m (~; –) Herrschaftssystem (vom Herrscher, dem Adel und den geistlichen Oberen ausgeübt); EW: **feudalistisch**; **Feudalität** w (~; ~en) Lehnswesen; Lehnrichtart; **Feudalsystem** s (~[e]s; ~e) Lehnswesen.
Feuillage w (~; ~n) (fr.) [*föjasch*] gemaltes oder geschnitztes Blattwerk.
Feuilleton s (~s; ~s) (fr., = Blättchen) [*föjetoń*] kulturpolitischer, Unterhaltungs-, Bildungsteil der Zeitungen; **Feuilletonismus** m (~; –) (fr.-lat.) [*föje-*] salopper Berichtsstil; ZW: **feuilletonisieren** (-rte, -rt) ↗; **Feuilletonist** m (~en; ~en) [*föje-*] schöngeistiger Journalist; **feuilletonistisch** EW [*föje-*] im Plauderton.
Fez[1] = → Fes.
Fez[2] m (~es; ~e) (fr.-berl.) Studentenulk.
Fiaker m (~s; ~) (nach dem hl. *Fiakrius*, 7. Jh., Hauspatron eines Pariser Hauses, das im 17. Jh. Mietkutschen feilhielt) Wiener Kutsche(r) ↓.

Fiale w (~; ~n) (gr.) □ gotische Strebepfeilerkrönung.
Fiasko s (~s; ~s) (it., = Flasche) Reinfall; Mißerfolg *(ein F. erleben)*.
fiat (lat.) ǂ man verarbeite... *(f. justitia* das Recht muß seinen Lauf nehmen [Zusatz: *et pereat mundus* wenn auch die Welt darüber zugrunde geht]).
Fibel w (~; ~n) (lat.) Gewandhefte; w (~; ~n) (gr.-lat.) Kinderlesebuch; Buch mit den einfachsten Grundregeln (eines Fachgebietes).
Fiber w (~; ~n) (lat.) = → Faser; **fibrillär** EW ǂ aus Fasern, Fibrillen; **Fibrille** w (~, ~n) (lat.-fr.) Muskel-, Nervenfäserchen; **fibrillieren** ZW (-rte, -rt) ↗ zerfasern; **Fibrin** s (~s; ~e) ǂ Blutfaserstoff; **Fibrinogen** s (~s; -) (lat.-gr.) ǂ Eiweiß im Blutplasma; **Fibrinolyse** w (~; ~n) ǂ Auflösung eines Blutgerinnsels durch Fermente; EW: **fibrinolytisch; fibrinös** EW ᴗ durch Fibrin gerinnend; **Fibrin|urie** w (~; -i|en) (lat.-gr.) ǂ Fibrin im Harn; **Fibroblasten** M = → Fibrozyten; **Fibro|in** s (~s; ~e) Baustoff der Seide; **Fibrom** s (~s; ~e) (lat.-gr.) ǂ Bindegewebegeschwulst; **Fibromatose** w (~; ~n) ǂ Bindegewebewucherung; **fibrös** EW aus Bindegewebe; **Fibrozyten** M (lat.-gr.) Zellen der Bindegewebefasern.
Fibula w (~; -ln) (lat.) ǂ Wadenbein; = → Fibel.
Fiche w (~; ~s) (lat.-fr.) [*fīsch*] Absteckpflock; Spielmarke; (e.: *fīsch*) Filmkarte mit stark verkleinerter (Text-, Bild-)Information.
Fichu s (~s; ~s) (fr.) [*fīschü*] Dreieckstuch (für Frauen).
Ficus m (~; -ci[-zi]) (lat.) [*-kus*] Feigenbaum.
Fide|ikommiß s (-sses; -sse) (lat.) unveräußerlicher, an feste Erbfolge gebundener Grundbesitz.
fidel EW (lat.) heiter.
Fidelini M (it.) dicke Spaghetti.
Fidelismus m (~; -) (nach dem kuban. Diktator *Fidel Castro*) kubanischer Kommunismus; m. s.: **Fidelist** (~en; ~en); EW: **fidelistisch**.
Fidelitas w (~; -) (lat.) Fröhlichkeit; 2. (heitere) Teil einer Studentenkneipe; w. abstr. s.: **Fidelität** (~; -).
Fidibus m (~[ses]; ~se) (lat.) Papierstreifen (Holzspan) zum Anzünden (der Pfeife).
Fido, FIDO s (~s; -) (am. KW) Flugplatzentnebelung.
Fidulität w (~; -) = → Fidelitas.
Fiduz s (~es; -) (lat.) Vertrauen; **Fiduziant** m (~en; ~en) Treugeber; **Fidu-**

Filet

ziar m (~s; ~e) Treuhänder; **fiduziarisch** EW als Treuhänder (*f. es Rechtsgeschäft* Treuhandgeschäft).
Fiedel w (~; ~n) (lat.) mittelalterl. Saiteninstrument.
Field|istor m (~s; -oren) (e.) [*fīld-*] Feldtransistor; **Fieldspani|el** m (~s; ~) [*fīldßpänjel*] kleiner Jagdhund; **Fieldwork** s (~s; ~s) (am.) [*fīldwörk*] Interviewbefragung; m. s.: **Fieldworker** (~s; ~) [*fīldwörker*].
fi|ero (it.) ♪ wild.
Fifa, FIFA w (~; -) (am. KW) Internationaler Fußballverband.
fifty-fifty (e.) halb und halb, zur Hälfte.
Figaro m (~s; ~s) (fr., Bühnengestalt des Dichters Beaumarchais, 1732 bis 1799) Barbier, Frisör.
Fight m (~s; ~s) (e.) [*fait*] (Box-)Nahkampf; **fighten** ZW (-tete, gefightet) ∠ [*faitn*] hart angreifen, kämpfen; **Fighter** m (~s; ~) [*fai-*] hart angreifender Boxer.
Figur w (~; ~en) (lat.) Wappenschildbild; Gestalt; ♪ Tonfolge; Spielstein; Schaufensterpuppe; Redeschmuck; **Figura** w (~; -) Bild, Figur (*wie F. zeigt* wie man deutlich sieht); **figural** EW mit (voller) Figuren; **Figurant** m (~en; ~en) stummer Mitspieler; Lückenbüßer; **Figuration** w (~; ~en) ♪ Vari|ierung einer Melodie; künstlerische Gruppendarstellung; **figurativ** EW darstellend; **figurieren** ZW (-rte, -rt) ∠ (lat.-fr.) auftreten; ↗ ♪ mit einer Verzierung versehen; w. s.: **Figurierung** (~; ~en); **Figurine** w (~; ~n) (lat.-it.-fr.) Bühnen(kostüm)skizze; Statuette, Figürchen (im Bildhintergrund); **figürlich** EW als (an, mit der, durch die) Figur; bildlich.
Fiktion w (~; ~en) (lat.) bewußte Benutzung einer unmöglichen Annahme; Umdenkung einer Rechtstatsache zugunsten eines anderen Rechtssatzes; Erdichtung; Erfindung; EW: **fiktional**; **Fiktionalismus** m (~; -) Theorie der Fiktionen, EW: **fiktionalistisch; fiktiv** EW an-, vorgeblich.
Fil-à-fil s (~-~-~; -) (fr.) [*filafīl*] karierter Kleiderstoff.
Filament s (~[e]s; ~e) (lat.) ⊕ Staubfaden; Gasnebel; **Filari|en** M Fadenwürmer; **Filariose** w (~; -) Tropenkrankheit durch Fadenwürmer.
File s (~; ~s) (e.) [*fail*] Datei.
Filet s (~s; ~s) (fr.) [*filē*] Rückenstück; entgrätetes Fischfleisch; Geflügelbrust(fleisch); durchbrochene Kettenware; Spitzennetz; Abnehmerwalze der Spinnereimaschine; w (~; ~s)

Filet|arbeit

Knüpfen eines Fadennetzes mit Knoten, = **Filet|arbeit** w (~; ~en); **Fileten** M Bucheinbandschmuck.
Filia hospitalis w (~ ~; -liae -les) (lat.) Haustochter ↓; **Filiale** w (~; ~n) Zweiggeschäft; **Filialgeneration** w (~; ~en) Tochtergeneration; **Filialist** m (~en; ~en) Zweiggeschäftsleiter; **Filialprokura** w (~; -ren) Vollmacht (nur für Zweiggeschäft[e]); **Filiation** w (~; ~en) (legitime) Abstammung; Abstammungsnachweis; Gründung einer Zweigkirche; Etatgliederung.
Filibuster s (~s; ~) (am.) [*-baß-*] Verzögerungsversuch (durch lange Reden).
filieren ZW (-rte, -rt) ↗ (lat.-fr.) Filetstücke schneiden; netzknüpfen; Spielkarte(n) unterschlagen; ♪ Ton lange halten; **filiform** EW (lat.) fadenartig; **Filigran** s (~s; ~e) Schmuck aus gedrehten Edelmetallfäden; **Filigranglas** s (~es; -gläser) Fadenglas; **fili|ieren** ZW (-rte, -rt) ↗ (lat.-fr.) = → filieren.
Film m (~[e]s; ~e) (e., = Häutchen) lichtempfindlich gemachter Zelluloid-(Zellon-)streifen; Lichtspielstück, -wesen; flüssige dünne Schicht; Erlebnis; **Film|atelier** s (~s; ~s) (e.-fr.) [*-teljé*] Verwaltungs-, Aufnahmeräume eines Filmunternehmens; **filmen** ZW (-lmte, gefilmt) ↗ auf Film aufnehmen; ↙ im Film spielen; **Filmgroteske** w (~; ~n) (e.-gr.-lat.-it.-fr.) bewußt verzeichnende (oft kritische) Filmdarstellung; **Film|industrie** w (~; -i|en) (e.-lat.) Wirtschaftszweig zur Herstellung von Lichtbildspielen; **filmisch** EW Film...; **Filmlet** s (~s; ~s) kurzer (Werbe-)Film; **Filmographie** w (~; -i|en) (e.-gr.) Verzeichnis aller (von einem Drehbuchautor, einem Regisseur, einem Schauspieler) gedrehten Filme; **Filmologie** w (~; ~) Erforschung des Films in seinen Formen und Wirkungen; EW: **filmologisch**; **Filmothek** w (~; ~en) Filmsammlung, -archiv; **Filmstudio** s (~s; ~s) (e.-lat.) Verwaltungs-, Aufnahme-, Vorführungsräume für inhaltlich (darstellerisch) experimentierende Filme; **Filmtheater** s (~s; ~) Vorführraum für Lichtbildspiele.
Filou m (~s; ~s) (fr.) [*filú*] ∪ Spitzbube ↓.
Filter m, s (~s; ~) (fr.) Trenngerät (für Flüssigkeiten, Wechselstromfrequenzen, Lichtstrahlen); ZW: **filtern** (-rte, gefiltert) ↗; **Filtrat** s (~[e]s; ~e) (fr.- lat.) gefilterte Flüssigkeit; w. s.: **Filtration** (~; ~en); **filtrieren** ZW (-rte, -rt) ↗ = → filtern; **Filtrierpapier** s (~s; ~e) Papier zum Durchsehen von Flüssigkeiten.
Filzokratie w (~; -i|en) (KuW) übermäßige Verflechtung von regierender Partei mit staatl. Bürokratie (Wirtschaft).
Fimmel m (~s; ~) (lat.) = → Femel.
final EW (lat.) abschließend; zweckbestimmt (*f.e Konjunktion* zweckandeutendes Bindewort); **Final decay** m (~ ~s; ~ ~s) (e.) [*fainl dikéi*] Tonabfall (des Synthesizers); **Finale** s (~s; ~) (lat.-it.) ♪ Schlußsatz; Opernaktschluß; Ende; Endkampf; **Finalismus** m (~; -) Ansicht, alles sei zweckbestimmt, zielgerichtet; **Finalist** m (~en; ~en) wer zum Finalismus neigt; Endspielteilnehmer; EW: **finalistisch**; **Finalität** w (~; -) Zielbestimmung und -erreichung.
Financi|er m (~s; ~s) (fr.) [*-nanßjé*] Finanzmann; **Finanzen** M Geldwerte, -geschäfte; Vermögen; E: **Finanz** w (~; ~en) Geldwesen; alle Bankleute; **Finanzer** m (~s; ~) Zollbeamter; **finanzi|ell** EW (lat.) geldlich; **Finanzi|er|** m (~s; ~s) (lat.-fr.) [*-zjé*] Bank-, Börsenmensch (→ Financi|er); Steuer-, Zollbeamter; **finanzieren** ZW (-rte, -rt) ↗ (fr.) durch Geldzuschuß ermöglichen; **Finanzierung** w (~; ~en) (lat.) Beschaffung von Kapital(ien); **Finanzkapital** s (~s; -li|en) Konzentration der Betriebsvermögen; **Finanzkontrolle** w (~; ~n) (lat.-fr.) Rechnungsprüfung bei Behörden; **Finanzmonopol** s (~s; ~e) (lat.-gr.) staatl. Herstellungs- und Besteuerungsrecht; **Finanzpolitik** w (~; ~en) staatl. Beeinflussung der Geldwirtschaft.
Fin de siècle s (~ ~ ~; -) (fr.) [*fändeßjäkl*] dekadente Kunstrichtung (Ende 19. Jh.); **Fine** s (~s; ~s) (it.) ♪ Schluß(-zeichen).
Fines herbes M (fr.) [*fin|erb*] Kräuter...
Finesse w (~; ~n) (fr.) besondere Feinheit; Kniff; **Finette** w (~; ~n) leichtes Baumwollgewebe in Köperbindung.
fingieren ZW (-rte, -rt) ↗ (lat.) vortäuschen (*fingierter Wechsel* auf eine nichtexistente Person bezogen).
Finimeter s (~s; ~) (lat.-gr.) Sauerstoffmanometer am Gasschutzgerät.
Finish s (~s; ~s) (e.) [*finisch*] Endkampf, -lauf; Vollendung; ZW: **finishen** (-shte, gefinisht) ↙ [*-nisch-*], = **finishieren** (-rte, -rt) ↙ [*-nisch-*]; **finit** EW (lat.) bestimmt (*f.e Form* des

ZW.s enthält Zahl und Person [z. B. *schläft*]); **Finitismus** m (~; –) Überzeugung, daß Mensch und Welt endlich sind; m. s.: **Finitist** (~en; ~en); EW: **finitistisch**.

Finn-Dinghy, Finn-Dingi s (~-~s; ~-~s) (e.) Einmannsegeljolle.

finn(land)isieren ZW (-rte, -rt) ↗ (zum Ländernamen *Finnland*) in eine Scheinunabhängigkeit bringen; w. abstr. s.: **Finn(land)isierung** (~; ~en); **finno|ugrisch** EW zur Sprachfamilie der Finnen, Esten, Ungarn usw. gehörig.

Finte w (~; ~n) (it.) Scheinhieb, -stoß; Ausflucht; ZW: **fintieren** (-rte, -rt) ✓.

Fioretten M (it.) ♪ = → Koloratur.

Firlefanz m (~es, –) (fr.) Kram; Unsinn; w. abstr. s.: **Firlefanzerei** (~; ~en).

firm EW (lat.) fest, sicher; kenntnisreich; **Firma** w (~; -men) (lat.-it.) Geschäfts-, Betriebsname; Betrieb; **Firmament** s (~[e]s; –) Himmelsgewölbe; **firmeln** ZW (-lte, gefirmelt) ↗ † Jugendliche sakramental weihen; **Firmelung** w (~; ~en) † sakramentale Weihe Jugendlicher; **firmen** ZW (-rmte, gefirmt) ↗ = → firmeln; **firmieren** ZW (-rte, -rt) ✓ als Firma zeichnen; **Firmling** m (~[e]s; ~e) † wer gefirmt wird; **Firmung** w (~; ~en) = → Firmelung; **Firmware** w (~; ~s) (e.) [*förmwâr*] fest im Rechner verankertes Programmsystem.

Firnis m (~ses; ~se) (gr.-lat.-fr.) Leinölüberzug; ZW: **firnissen** (-ßte, gefirnißt) ↗.

firstclass EW (e.) [*fö'stkláß*] erstklassig; **First Lady** w (~ ~; ~ -ies) (e.) [*fö'st lādi*] Gattin des Staatsoberhauptes (des Ranghöchsten).

Fisheye|objektiv s (~[e]s; ~e) (e.) [*fischai-*] Fotoobjektiv mit übermäßigem Bildwinkel.

Fisimatenten M (lat.) nichtige Einwände (*F. machen*) durch Belanglosigkeiten aufhalten).

fiskal(isch) EW (lat.) staatseigen; m. s.: **Fiskal** (~[e]s; ~e) Steuerbeamter; Staatsanwalt ↓; **Fiskalismus** m (~; –) Streben nach hohen Staatseinnahmen; EW: **fiskalistisch**; **Fiskus** m (~; ~/-ken) Staat als Vermögensträger.

Fisolen M (österr. aus it.) Bohnen.

fissil EW (lat.) spaltbar; w. abstr. s.: **Fissilität** (~; –); **Fission** w (~; ~en) Kernspaltung; **Fissur** w (~; ~en) ⚢ Spalt (im Knochen, in der Schleimhaut).

Fistel[1] w (~; ~n) (lat.) ⚢ krankhafte Organverbindung; **Fistel**[2] w (~; ~n) (lat.) gewollt hohe Stimmlage; ZW: **fisteln** (-lte, gefistelt) ✓.

fit EW (e.) in Form; w. s.: **Fitness** (~; –); **Fitnesscenter** s (~s; ~) Trainierhalle; **fitten** ZW (fittete, gefittet) ✓ anpassen; **Fittings** M [-*tiñs*] Rohrverbindungsstücke.

Fiumare w (~; -ren) (it.) im Sommer austrocknendes Flußbett.

Five o'clock tea m (~ ~ ~s; ~ ~ ~s) (e.) [*faiw oklocktī*] Fünfuhrtee.

Fives s (~; –) (e.) [*faiws*] Wandballspiel.

fix EW (lat.) schnell (*f.e Idee* Zwangsvorstellung; *f.e Kosten* feste Kosten [eines Unternehmens]); anstellig; **Fix** m (~es; ~e) (am.) Drogengemisch, -spritze; **Fixage** w (~; ~s) (fr.) [*fixasch*] belichtetes Papier lichtbeständig machen; **Fixateur** m (~s; ~e) [-*tör*] Bestäuber mit Fixativen; Duftfestiger; **Fixation** w (~; ~en) ⚕ (Verband zur) Befestigung; Bindung; Scharfeinstellung des Auges; ⚘ Bakterienhärtung; **Fixativ** s (~[e]s; ~e) Lackverdünnung zum Bespritzen von Bildern (um sie unverwischbar zu machen); **Fixator** m (~s; -toren) Duftbewahrungsmittel; **fixen** ZW (-xte, gefixt) ↗ (lat.-fr.-e.) Waren (Wertpapiere) verkaufen, ehe man sie besitzt; Kurse hochtreiben; ✓ Rauschdrogen nehmen; **Fixer** m (~s; ~) (lat.-e.) Leerverkäufer; Drogensüchtiger; **Fixgeschäft** s (~[e]s; ~e) fest befristetes Geschäft; **fixieren** ZW (-rte, -rt) ↗ (lat., = befestigen) mit Fixativ besprizten; (mit Fixierungsmitteln) vor Zersetzung bewahren; anstarren; lichtunempfindlich machen; **Fixiernatron** s (~s; –) Mittel zum Fixieren von Lichtbildern; **Fixiersalz** s (~es; ~e) ⚘ Natriumthiosulfat (zum Entwickeln der Lichtbilder); **Fixing** s (~s; ~s) (e.) Festhalten der Devisenkurse an der Börse.

fixlaudon! (öst.) verflucht!

Fixpunkt m (~[e]s; ~e) (lat.) vermessener, bezeichneter Punkt im Gelände; Normalpunkt des Thermometers; Hilfspunkt zur Bestimmung der Biegungsmomente; **Fixstern** m (~[e]s; ~e) scheinbar seinen Standort nicht ändernder Stern; **Fixum** s (~s; -xa) fester Lohn.

Fizz m (~es; ~e) (e.) Mischgetränk aus Schnaps, Sprudel (Sekt) und Zitronensaft.

Fjäll (auch: **Fjell**) m (~s; ~s) (schwed.-norw.) baumlose Hochfläche.

Fjord m (~[e]s; ~e) (norw.) steilwandige, tiefe Meeresbucht.

Flagellant m (~en; ~en) (lat.) sich aus Reue Geißelnder; wer in physischen Schmerzen sexuelle Befriedigung sucht; m. abstr. s.: **Flagellantismus** (~; –); **Flagellat** m (~en; ~en) Geißeltierchen; **Flagellation** w (~, ~en) Geißelung als sexueller Anreiz, = **Flagellomanie** w (~; –).

Flageolets M (fr.) [*-scholę*] nicht ausgereifte Bohnen; **Flageolett** s (~[e]s; ~e) [*-schô-*] ♪ kleinste Schnabelflöte; ♪ Oberton (auf der Geige, Bratsche, dem Cello, Kontrabaß).

Flagge w (~; ~n) (e.) Fahne; ZW: **flaggen** (-ggte, geflaggt) ✓.

flagrant EW (lat.) offenkundig (*in f.i* auf frischer Tat).

Flair s (~s; –) (fr.) [*flâr*] Äußeres; Ausstrahlung, Spürsinn; Ahnungsvermögen.

Flakon m, s (~s; ~s) (fr.) [*-koñ*] Duftwasserfläschchen.

Flambeau m (~s; ~s) (fr.) [*flañbô*] Armleuchter ↓; Fackel ↓; **flambieren** ZW (-rte, -rt) ↗ [*flañ-*] (mit Alkohol begossene Speise) abflammen; **flamboyant** EW [*flañboajañ*] geflammt; farbenfroh, feurig; **Flamboyant** m (~s; ~s) ⊕ Zierstrauch.

Flamenco m (~s; ~s) (sp.) [*-ko*] Zigeunertanz; **Flamengo** m (~s; ~) Rippseide.

Flame-out s (~-~s; ~-~s) (e.) [*fleimaut*] Triebwerkausfall durch Treibstoffmangel.

Flamingo m (~s; ~s) (port.) rosa Watvogel; = → Flamengo.

Flamisol m (~s; –) (KuW) geripptes Kreppgewebe.

Flammeri m (~s; ~s) (e.) kalter Pudding.

Flanell m (~s; ~s) (e.) weiches Gewebe; EW: **flanellen**.

Flaneur m (~s; ~e) (fr.) [*-nö̱r*] Bummler, Don Juan; **flanieren** ZW (-rte, -rt) ✓ bummeln.

Flanke w (~; ~n) (fr.) Seite (z. B. eines Heeres; *schwache F*.); Weiche (eines Tieres); **flanken** ZW (-kte, geflankt) ↗ von der Seite zur Mitte spielen; **flankieren** ZW (-rte, -rt) ↗ von den Seiten decken (umfassen, begleiten); w. s.: **Flankierung** (~; ~en).

Flaps M (e.) [*fläps*] Start- und Landeklappen an Tragflächenunterseite.

Flare s (~s; ~s) (e.) [*flerr*] Helligkeitsausbruch auf Fixstern (auf der Sonne).

Flash m (~s; ~s) (am., = Blitz) [*fläsch*] Einblendung; Rückblende; erste Rauschgiftwirkung nach Einspritzung; **Flash pocket** s, w (~ ~s; ~ ~s) (am.) Taschenkamera.

Flat s (~s; ~s) (am.) [*flätt*] ♪ Vorzeichen; um einen Halbton erniedrigte Note; Containerplatte; Kleinwohnung; **Flatted Fight** m (~ ~s; ~ ~s) (am., = verminderte Quinte) [*flätted feit*] ♪ modernes Jazzintervall.

Flatulenz w (~; ~en) (lat.) ⚕ Blähung(en), = **Flatus** m (~; ~).

flautando (it.) ♪ dicht am Griffbrett zu spielen, = **flautato; Flauto** m (~s; -ti) (it.) Flöte.

Flavin s (~s; –) (KuW) organ. Stickstoffverbindung (in wichtigen Enzymen).

Flavon s (~s; ~s) (lat.-gr.) gelblicher Pflanzenfarbstoff für Wolle.

Fleet in be|ing w (~ ~ ~; –) (am.) [*flīt in bī̱|iñ*] Flotte in Drohstellung.

Fleier m (~s; ~) (e.) = → Flyer.

flektierbar EW (lat.-d.) was gebeugt (dekliniert, konjungiert) werden kann; ZW: **flektieren** (-rte, -rt) ↗.

fletschern ZW (-rte, gefletschert) ↗ (am., nach dem Verfasser volkstümlicher Hausarzneibücher Horace *Fletcher,* 1849–1919) gründlich kauen.

Fleur w (~; ~s) (fr.) [*flör*] Blüte, Zierstück; **Fleurette** w (~; –) (fr.) [*flö-*] krepppartige durchsichtige Kunstseide; **Fleurin** m (~s; ~s) (KuW) Verrechnungseinheit für → Fleurop; **Fleuron** m (~s; ~s) (fr.) [*flöroñ*] Blumenschmuck; Schmuckstempel auf Bucheinbänden; M: Blätterteigküchlein zum Garnieren; **Fleurop** w (~;-) (KW ¢ **F**lores **Europ**ae) Blumenversandorganisation.

Flexer m (~s; ~) (lat.) ⚕ Beugemuskel; **flexibel** EW dehnbar; beugbar; w. s.: **Flexibilität** (~; –); **Flexible response** w (~ ~; –) (e.) [*-rispons*] ⚔ angemessene Gegenmaßnahme (seit 1967 NATO-Strategie); **Flexiole** w (~; ~n) Tropfflasche aus Kunststoff; **Flexion** w (~; ~en) (lat.) ⚕ Abknickung; Wortbeugung; EW: **flexivisch; Flexor** m (~s; -xoren) ⚕ Beugemuskel; **Flexur** w (~; ~en) Krümmung; (geol.) Schichtenknick.

Flic m (~s; ~s) (fr.) ∪ fr. Polizist.

Flickflack, Flicflac m (~s; ~s) (fr.) Handstand rückwärts.

Flimmer|epithel s (~s; ~e) (d.-gr.) Zelle im Eileiter.

Flimsy s (~s; -ies) (e.) durchsichtiges Papier.

Flint m (~s; ~s) (e.) Feuerstein.

Flip m (~s; ~s) (am.) Eiercocktail;

Flip-Flop s (~-~s; ~-~s) techn. Schaltung zur Datenverarbeitung; **Flipper** m (~s; ~) (e.) Spielautomat; **Flip-Top-Box** w (~-~-~; ~-~-~es) Zigarettenschachtelart.
Flirt m (~s; ~s) (e.) (*flő't*) Liebelei; ZW: **flirten** (-tete, geflirtet) [*flő'-*] ∕.
flitzen ZW (-tzte, geflitzt) (fr.) ∕ eilen, rennen.
floaten ZW (-tete, gefloatet) ∕ (am.) [*flő-*] den Wechselkurs nicht festlegen; s. s.: **Floating** (~s; ~s); **Floating Rate Notes** M (am.) [*-reit-nouts*] Anleihen mit variabler Verzinsung.
Flockprint m (~s; ~s) (d.-e.) Textildruck durch klebenden Faserstaub.
Floconné m (~s; ~s) (fr.) weicher flokkiger Mantelstoff.
Flokati m (~s; ~s) (gr.) naturfarbener Langhaarteppich.
Flokkulation w (~; ~en) (lat.) ⚤ Pigmentflecken.
Flop m (~s; ~s) (am.) Angelegenheit mit wenig Aussicht auf Erfolg; Rückwärtslage beim Hochsprung; Mißerfolg; Niete; ZW: **floppen** (-ppte, gefloppt) ∕ in Rückwärtslage hochspringen; erfolglos bleiben; **Floppy Disc** w (~ ~; ~ ~s) ein Datenträger der Informationstechnik.
Flor m (~[e]s; ~e) (lat.-fr.-nl.) senkrechte Schlingen im Teppich; gekrempelte Faserschicht im Filz; zweifädiger Baumwollzwirn; Faserschicht; Blütenschmuck *(in F. stehen);* Wohlstand; schwarzes Trauerband; Schurseite der Teppiche; **Flora** w (~; ~en) (nach einer röm. Wachstumsgöttin) Pflanzenwelt; ⚤ alle Bakterien eines Organs.
Florence s (~s; -) (e.) [*flőrens*] leichte Glanzseide.
Florentiner m (~s; ~) (nach der it. Stadt *Florenz*) breitkrempiger Damenhut; Mandelbackwerk; Gericht mit gebuttertem Blattspinat.
flore pleno (lat.) ⊕ gefüllt; in voller Blüte, mit vielen Blüten (¢ *fl. pl.*); **Flores M** Trockenblüten(teile) als Drogenzusatz; **Floreszenz** w (~; -) ⊕ Blütenstand, Blütezeit.
Florett s (~[e]s; ~e) (sp.) Stoßdegen; ZW: **florettieren** (-tte, -tt) ∕' ∕; **Florettseide** w (~; ~n) Abfallseide.
florid EW (lat.) blühend; ⚤ sich schnell entwickelnd; **florieren** ZW (-rte, -rt) ∕ blühend gedeihen; **Florilegium** s (~s; -gi|en) Auswahl aus Büchern; Sammlung von Redewendungen; **Florist** m (~en; ~en) Blumenkenner, -forscher, -händler; **Floristik** w (~; -) Pflanzengeographie; **Floristin** w (~;

~nen) Blumenhändlerin; **floristisch** EW Flora...; Floristik...; **Florpostpapier** s (~s; -) (lat.-fr.) Luftpostpapier.
Floskel w (~; ~n) (lat., = Blümchen) Redeformel.
Flotation w (~; ~en) (e.) ✕ Schwimmaufbereitung der Erze; EW: **flotativ**.
Flöte w (~; ~n) (fr.) Blasinstrument; ZW: **flöten** (-tete, geflötet) ∕ ∕.
flotieren ZW (-rte, -rt) ∕ (e.-lat.) Erz aufbereiten; **Flot(ig)ol** s (~s; ~e) (KuW) Aufbereitungszusatz.
Flotte w (~; ~n) (lat.) ⚓ alle Schiffe eines Landes; Schiffsverband; Bleich- und Veredelungsmittel für Stoffe.
flottieren ZW (-rte, -rt) ∕ (g.-fr.) schweben (*f.de Schuld* schwebende [Staats-]Schuld; *f.der Faden* freiliegender Kett-, Schußfaden); sich verwikkeln (Weberfäden).
Flottille w (~; ~n) (sp.-fr.) Schiffs-, Flugzeugverband.
Flower Power w (~ ~; ~ ~s) (am., = Macht der Blumen) [*flauer pauer*] Hippieschlager; Ideal (der Gewaltlosigkeit).
Fluat s (~[e]s; ~e) (lat.) Metall-, Erdmetallsalz in Kieselfluorwasserstoffsäure; **fluatieren** ZW (-rte, -rt) ∕' mit Salzen der Fluatkieselsäure behandeln.
Fluff m (~s; ~s) (e.) [*flaff*] Versprecher bei Funk- und Fernsehansagen.
flu|id EW (lat.) flüssig; s. s.: **Flu|id** (~s; ~a) ☊; **fluidal** EW den einstigen flüssigen Zustand erkennen lassend; **Fluidal|struktur, -textur** w (~; ~en) Fließgefüge von Mineralien; **Fluid|extrakt** m (~[e]s; ~e) flüssiger Absud; **Fluidics** M (e.) [*-diks*] hydromechan. Steuerung techn. Apparate; **Fluidifikation** w (~; ~en) (lat.) Herstellung der Rieselfähigkeit; **Fluidität** w (~; -) Maßzahl für Beweglichkeit von Flüssigkeiten; **fluid ounce** w (~ ~; ~ ~s) (e.) [*-aunß*] am. Hohlmaß für Flüssigkeiten; **Flu|idum** s (~s; -den) (lat.) Wirkung, die jemand ausübt.
Fluktuation w (~; ~en) (lat.) ständige Bewegung, Wallung; ⚤ Bewegung einer Flüssigkeit unter der Haut; **fluktuieren** ∠W (-rte, -rt) ∕ schnell (und regelmäßig) wechseln.
Fluor[1] m (~s; -) (lat.) Ausfluß der w. Geschlechtsorgane; (*F. albus* ⚤ Weißfluß [der Frauen]); **Fluor**[2] s (~s; -) (¢ *F*) ☊ Giftgas; **Fluorel** s (~s; -) (KuW) ☊ feuerfeste Substanz; **Fluoresz(e)in** s (~s; -) Teerfarbstoff; **Fluoreszenz** w (~; ~en) Eigenleuchten von Körpern bei Bestrahlung; **fluoreszieren** ZW

(-rte, -rt) ✓ leuchten; **Fluorid** s (~es; ~e) 🜔 Salz der Flußsäure; **fluor(is)ieren** ZW (-rte, -rt) ↗ 🜔 Fluor zuführen; **Fluorit** m (~s; ~e) Flußspat; **fluorogen** EW fluoreszenzfähig; **Fluorometer** s (~s; ~) Fluoreszenzmesser; w. abstr. s.: **Fluorometrie** (~;–); EW: **fluorometrisch; fluorophor** EW (lat.-fr.) = → fluorogen; **Fluortest** m (~[e]s; ~e) Verfahren zur Altersbestimmung urzeitl. Knochen.

Flush m (~[s]; ~s) (e.) [*flasch*] ⚕ Hitzewallung.

fluvial EW (lat.) vom (im, beim) Fluß, = **fluviatil** EW; **fluvioglazial** EW durch die Gletscherschmelzwässer bewirkt; **Fluviograph** m (~en; ~en) (lat.-gr.) ⚐ automatischer Pegel; EW: **fluviographisch**.

Fluxion w (~; ~en) (lat.) ⚕ Blutandrang.

Fluxus m (~; –) (KW) neodadaist. Kunstrichtung.

Flyer m (~s; ~) (e.) [*flei-*] Vorspinnmaschine; **Flying-Dutchman** m (~-~s; ~-~s) [*flaiindatschmän*] Segelbootart; **Flymobil** s (~s; ~e) (KW) [*flai-*] Kombination von Kraftfahrzeug und Kleinflugzeug; **Fly-over** m (~-~s; ~-~s) [*flaiouwer*] Stahlbrücke als Straßenüberführung.

FOB s (~; –) (am. KW ∉ Fractional Orbit Bombardement Weapons) Atombeschuß durch Satelliten.

fob ∉ → free on board.

Föderalismus m (~;–) bundesstaatliche Ordnung; Überzeugung, daß sie die beste staatliche Staatsform ist; Gliedstaatenstaat; **Föderalist** m (~en, ~en), (lat.) Anhänger einer bundesstaatlichen Ordnung; EW: **föderalistisch; Föderation** w (~; ~en) Bund; EW: **föderativ; Föderativstaat** m (~[e]s; ~en) Bundesstaat; **Föderativsystem** s (~s; ~e) bundesstaatliche Verfassung; **Föderierte** m (~n; ~n) wer zu einem Bundesstaat gehört; Verbündeter.

Fog m (~s; –) (e.) dichter Nebel; **Foghorn** s (~s; -hörner) Nebelhorn.

Fogasch m (~s; ~e) (ung.) Speisefisch (vom Plattensee), = **Fogosch** m (~s; ~e).

Föhn m (~s; ~e) (lat.) warmer Fallwind.

fokal EW (lat.) ⚕ vom Ansteckungsherd aus; Brenn...; **Fokaldistanz** w (~; ~en) Brennweite; **Fokal|infekt** m (~[e]s; ~e) ⚕ Ansteckung durch Eiterherde; abstr. s.: **Fokal|infektion** w (~; ~en); **Fokometer** s (~s; ~) (gr.) Brennweitenmeßgerät (für Linsen); EW: **fokometrisch; Fokus** m (~[ses]; ~[se]) Brennpunkt; ⚕ Ansteckungs-(streu)herd; **fokussieren** ZW (-rte, -rt) ↗ Linsen ausrichten.

Folder m (~s; ~) (am.) Faltprospekt.

Folia w (~; ~s/-ien) (sp.) Tanz.

Foliant m (~en; ~en) dicker, alter Wälzer; **Foli|e** w (~; ~n) (lat., = Blatt) Metall-, Kunststoffplättchen; Hintergrund; aufgepreßte Farbschicht; **folieren** ZW (-rte, -rt) ↗ Seiten bezifffern; mit Folien unterlegen; **Folio** s (~s; ~s) (it.) großes Buch-, Papierformat; Doppelseite im Haushaltsbuch; EW: **folio** ←.

Folk m (~s; –) (e.) [*fôuk*] ∉ Folkmusic; **Folketing** s (~s; –) (dän.) Abgeordnetenhaus; **Folklore** s (~s; ~) (e.) Volkskunde; Volkslied, -musik, -tanz; **Folklorist** m (~en; ~en) Volkskundler; ♪ wer volkstümliche Motive verarbeitet; w. abstr. s.: **Folkloristik** (~;–); EW: **folkloristisch; Folkmusic** w (~;–) (e.) [*fôukmjusik*] aus traditionellem Liedgut schöpfende moderne Musik; **Folksong** m (~s; ~s) [*fôukßoñ*] modernes Lied im Volkston.

Follikel m (~s; ~) (lat., = Schläuchlein) ⚕ (Drüsen-)Schlauch, Bläschen; **Follikelhormon** s (~s; ~e) ⚕ w. Hormone im reifen Ei (→ Östrogene); **Follikelsprung** m (~s; -sprünge) Eisprung; **follikular** EW ⚕ schlauchartig, = **follikulär** EW.

Folsäure w (~; ~n) (KuW) zur Blutbildung wichtiges Vitamin.

Foment s (~[e]s; ~e) (lat.) ⚕ warme Packung, = **Fomentation** w (~; ~en); ZW: **fomentieren** (-rte, -rt) ↗.

Fond m (~s; ~s) (fr.) [*foñ*] Hintergrund; Rücksitz; Bratentunke; **au f.** [*ófoñ*] im Grunde.

Fondant m (~s; ~s) (fr.) [*foñdañ*] Zuckerschmelzmasse (mit Fruchtgeschmack).

Fonds m (~; ~) (lat.-fr.) [*foñ*] Vermögensmasse, -reserve; M: Anleihen; **à f. perdu** [*afoñperdü*] auf Verlustkonto gesetzt.

Fondue w, s (~[s]; ~s) (fr.) [*foñdü*] schw. Käse- oder Fleischgericht.

Fontäne w (~; ~n) (fr.) Springbrunnen; **Fontanelle** w (~; ~n) (lat.) ⚕ Schädeldachlücke; Entwässerungsanlage; Schachtbrunnen.

foot m (~; feet) (e.) [*fut*; M: *fīt*] e. Längenmaß (= ⅓ Yard = 12 Zoll); ∉ *ft*); **Football** m (~s; ~s) (am.) [*fútbôl*] am. Rugbyspiel; **Foot-candle** w (~-~; ~-~s) (e.) [*fútkändl*] Einheit der Leuchtstärke (= 10,76 Lux); **Footing** s (~s;

−) [*futing*] gleichmäßige Dauerlaufgeschwindigkeit.
for (e. KW, ⊄ **f**ree **o**n **r**ailway) frei bis zur Eisenbahn.
FORATOM ⊄ Vereinigung europ. Atombehörden.
Force w (~; ~n) (fr.) [*forß*] Kraft (*F. majeure* [*-maschör*] höhere Gewalt; *F. de frappe* [*-frapp*] fr. Atomstreitmacht).
Forceps w (~; ~e) (lat.) $ (Geburts-)Zange.
forcieren ZW (-rte, -rt) ↗ (fr.) erzwingen; steigern; übertreiben; MW II: **forciert** gewaltsam.
Fordismus m (~; −) (e.-lat., nach Henry Ford, 1863−1947) Rationalisierung und Standardisierung; EW: **fordistisch**.
Före w (~; ~n) (schwed.) Führigkeit (des Schnees), Eignung des Schnees zum Wintersport.
Forecaddie m (~s; ~s) (e.) [*-käddi*] Golfjunge als Vorposten; **Forechecking** s (~s; ~s) [*fŏrtscheckiñ*] Verteidigung durch Angriff beim Eishockey; **Forehand** m (~s; ~s) [*forhänd*] Vorhand (beim Ballspiel).
Foreigner m (~s; ~) (e.) [*foriner*] ausländisches Rennpferd; **Foreign Office** s (~ ~s; −) [*forin offiß*] e. Außenministerium.
forensisch EW (lat.) gerichtlich (*f.e Chemie* = Beweisführung durch chem.-physikal. Methoden der Spurensicherung; *f.e Pädagogik* Strafvollzugserziehung[slehre]; *f.e Psychologie* Vernehmungstechnik).
Forfaitierung w (~; −) (am.-d.) [*-fät-*] Methode der Finanzierung von Exporten in Entwicklungsländer.
Forfeit s (~s; ~s) (e.) [*forfit*] Reuegeld (bei Vertragsbruch).
Forlana w (~; -nen) (it.) Volkstanz.
Form w (~; ~en) (lat.) Gestalt; Figur; Leistungsfähigkeit (des Sportlers, *in F. sein*); **pro f.a** zum Schein; **formal** EW Form...; begrifflich; nur auf (äußerliche) Form bedacht; **Formal** s (~s; −) ⊄ = **Form**|**aldehyd** m (~s; ~e) (lat. KuW) Oxidationsprodukt (Gas) von Methanol (Desinfektions-, Konservierungsmittel); **Formaldelikt** s (~[e]s; ~e) Vergehen, das ohne Prüfung der Schuldfrage bestraft wird; **Formali**|**e** w (~; ~n) Formsache; **Formalin** s (~s; −) ☾ in Wasser gelöster Formaldehyd; **formalisieren** ZW (-rte, -rt) ↗ in Form bringen; w. s.: **Formalisierung** (~; ~en); **Formalismus** m (~; −) Überbetonung des Formalen; Hervorkehrung der Außenseite einer Frage; Abweichen vom ästhetischen Realismus; m. s.: **Formalist** (~en; ~en); EW: **formalistisch**; **Formalität** w (~; ~en) = → Formali|e; **formaliter** UW förmlich; **Formans** s (~; -zien) Wortbau|element; **Formant** m (~en; ~en) lautstärkster Vokalteil; **Format** s (~[e]s; ~e) Ausmaß; Bedeutung; Größe (eines Buches, Papierblattes); bedeutendes Niveau *(Persönlichkeit von F.)*; **formatieren** ZW (-rte, -rt) ↗ Datenstruktur fixieren (EDV); **Formation** w (~; ~en) alle Gesteine einer Epoche; Vergesellschaftung von Mineralien; ⊕ besonders ausgeprägter Vegetationsabschnitt; ✕ Truppenteil; Gestaltung; Weltepoche; **formativ** EW gestaltend; **Formativ** s (~s; ~e) Wortteil; **Formel** w (~; ~n) ⊰ Buchstabenkurzform eines Zusammenhangs; ☾ Kurzzeichen einer Verbindung; stehende Redensart; ☾ Kurzdarstellung; **Formel-I-Klasse** w (~-~-; ~-~-~n) schnellste Rennwagenklasse; **formell** EW äußerlich; in aller Form; **formen** ZW (-rmte, geformt) ↗ gestalten; **Formiat** s (~s; ~e) Salz der Ameisensäure; **formidabel** EW scheußlich; großartig; **formieren** ZW (-rte, -rt) ↗ gestalten; ⤡ ✕ sich zu Gruppen zusammenschließen.
Formikarium s (~s; -i|en) (lat.) künstl. Ameisenhaufen zu Studien; **Formikatio** w (~; −) $ Hautkribbeln.
Formular s (~s; ~e) (lat.) Formblatt, Vordruck; **formulieren** ZW (-rte, -rt) ↗ in Form (zum Ausdruck) bringen; abfassen; w. s.: **Formulierung** (~; ~en).
Forsythi|**e** w (~; ~n) (e., nach dem schott. Gartendirektor W. A. *Forsyth*, 1737−1804) Zierstrauch, = **Forsythi**|**a** w (~; -i|en).
Fort s (~s; ~s) (fr., = stark) [*fōr*] Verteidigungswerk; **forte** (it.) ♪ stark, mit Nachdruck; ♪ **Forte** s (~s; ~); **fortepiano** ♪ laut, dann sofort leise; **Fortepiano** s (~s; ~s/-ni) Klavier ↓; ♪ laute, schnell abflauende Tonstärke; **Fortifikation** w (~; ~en) (lat.) ✕ Befestigung, EW: **fortifikatorisch**; ZW: **fortifizieren** (-rte, -rt) ↗ ↓; **Fortis** w (~; -tes) (lat.) stimmloser (harter) Mitlaut; **Fortissimo** s (~s; -mi) (it.) ♪ mit großem Nachdruck vorgetragenes Stück; EW: ♪ **fortissimo**.

FORTRAN s (~s; −) (am. KW ⊄ **For**mula **Tran**slator) eine Programmiersprache.

Fortuna w (~; −) (lat.) Glück(sgöttin);

Fortüne w (~; -) (fr.) ↓ Glück ([*keine*] *F. haben*).
Forum s (~s; -ren) (lat.) Markt; öffentlicher Versammlungsplatz; Öffentlichkeit; Gericht; **Forums|diskussion** w (~; ~en) (lat.) Podiumsgespräch.
forzando (it.) ♪ sehr betont (*con forza* ♪ kräftig).
Forzeps = → Forceps.
Fosbury-Flop m (~-~s; ~-~s) (e., nach einem Sportler) [*fosberi*-] (≠ *Flop*) Hochsprungtechnik; → Flop.
Foße w (~; ~n) (fr.) = → Fausse.
Fossil s (~s; -li|en) (lat.) versteinerter Pflanzen-, Tierrest; EW: **fossil** (Ggs.: *rezent*); **fossilieren** ZW (-rte, -rt) ↗ versteinern.
fot (e. KW, ≠ free on track) frei bis zum Lastwagen.
fötal EW (lat.) ⚕ in (an, bei) der Leibesfrucht; **fötid** EW stinkend.
Foto- → Photo; **Foto** s (~s; ~s) (KW, ≠ *Photographie*) Lichtbild.
Fötor m (~; ~n) (lat.) ⚕ Gestank.
Fotosetter m (~s; ~) (gr.-am.) [-*ßett*-] Lichtsetzmaschine; **Fotovolta|ik** w (~; -) (gr.-lat.) direkte Umwandlung von Sonnenstrahlung und -licht in elektr. Energie mit → Solarzellen; **Foto|zinkografie** w (~;-i|en) Strichätzung auf fotograf. Grundlage.
Fötus m (~; -ten) (lat.) ⚕ Leibesfrucht.
foudroyant EW (fr.) [*fûdroajañ*] ⚕ plötzlich auftretend, rasant verlaufend.
Foul s (~s; ~s) (e.) [*faul*] regelwidriges, unfaires Verhalten (beim Sportspiel); EW: **foul** ←.
Foulard m (~s; ~s) (lat.-fr.) [*fûlạr*] sehr leichter bunter Seidenstoff; **Foulardine** w (~; -) (fr.) [*fulardịn*] feines bedrucktes Baumwollgewebe; **Foulé** m (~s; ~s) [*fûlệ*] weicher Wollstoff.
foulen ZW (-lte, gefoult) (e.) ↗ [*fau*-] rempeln.
Fourniture w (~; ~n) (fr.) [*fûrnitụ̈r*] Speisezutaten.
fow ≠ → free on waggon.
Fowler-Flügel m (~-~s; ~-~) (nach e. Ingenieur) [*fau*-] Tragflügel mit ausfahrbarer Landeklappe.
Foxterri|er m (~s; ~) ≠ Fox m (~es; ~e) (e.) Haushundrasse; **Fox** auch: ≠
Foxtrott m (~s; ~e) (e., = Fuchstritt) Modetanz im ⁴⁄₄-Takt (seit 1912).
Foyer s (~s; ~s) (fr.) [*foajệ*] Wandelhalle.
Frack m (~[e]s; ~s/Fräcke) (d.-fr.) Schwalbenschwanz (m. Gesellschaftsanzug: *sich in den F. werfen;* ∪ *jmdm. den F. vollhauen* ihn verprügeln).

fragil EW (lat.) zerbrechlich; w. abstr. s.: **Fragilität** (~; -).
Fragment s (~[e]s; ~e) (lat.) Teilstück; unvollendetes Werk; unvollständig überliefertes Werk; EW: **fragmentarisch** = **fragmentär**; **Fragmentation** w (~; ~en) vollständige Zellkernteilung.
frais EW (fr.) [*frâs*] ← erdbeerfarben, = **fraisfarben** EW.
Fraktion w (~; ~en) (lat.) Zusammenschluß von Abgeordneten einer Partei; ⚭ bei Auftrennen eines Stoffgemischs erhaltener Anteil; **Fraktionalismus** (~; -) Opposition innerhalb der (kommun.) Partei; m. s.: **Fraktionalist** (~en; ~en); **fraktionieren** ZW (-rte, -rt) ↗ ⚭ verdampfend isolieren; überschaubar gliedern; **fraktioniert** EW auf-, eingeteilt; verzettelt; **Fraktionszwang** m (~[e]s; -zwänge) alle Fraktionsmitglieder müssen im gleichen Sinne abstimmen.
Fraktur w (~; ~en) (lat.) ⚕ Knochenbruch; grobe Anrede *(zu [mit] jmdm. F. reden);* „deutsche" Druckschrift.
Frambösie w (~; -i|en) (fr.) ⚕ tropische Hautkrankheit.
Frame m (~n; ~n) (e.) [*frêm*] Eisenbahnwagenträger.
Française w (~; ~n) (fr.) [*frañßậs*] Gesellschaftstanz (seit 17. Jh.).
Franchise w (~; ~n) (fr.) [*frañschịs*] Freibetrag im Versicherungsfall; Abgabenfreiheit; **Franchising** s (~s; -) [*fräntscheisiñ*] Geschäftsverbindung mit der Nutzung von Firmenrechten, -produkten, -erfahrungen.
Francium s (~s; -) (nach dem lat. Namen für *Frankreich*) radioaktiver Grundstoff.
Frankatur w (~; ~en) (fr.-lat.) Portosatz; Freimachung vor der Beförderung; **frankieren** ZW (-rte, -rt) ↗ (it.) (Postsachen) freimachen; **franko** frei; ohne Spesen; **frankophil** EW (lat.-gr.) franzosenfreundlich; w. abstr. s.: **Frankophilie** (~; -); **frankophob** EW franzosenfeindlich; w. abstr. s.: **Frankophobie** (~; -); **frankophon** EW französischsprachig; **französieren** ZW (-rte, -rt) ↗ französisch machen (gestalten).
frappant EW (fr.) auffallend, überraschend; **Frappé** m (~s; ~s) Stoff mit Preßmuster; **frappieren** ZW (-rte, -rt) ↗ überraschen; Wein in Eis stellen.
Frash-Verfahren s (~-~s; ~-~) (nach am. Chemiker) Schwefelförderung durch Herausschmelzen mittels überhitztem Wasserdampf.

Frater m (~s; -tres) (lat.) Laienbruder; Ordensadept; **fraternisieren** ZW (-rte, -rt) ∕ (enge) Freundschaft schließen; w. abstr. s.: **Fraternisation** (~; ~en); **Fraternität** w (~; -) Bruderschaft; Verbrüderung.
fraudulös EW (lat.) betrügerisch ↓.
Freak m (~s; ~s) (am.) [*frík*] unbürgerl. Außenseiter.
free alongside ship (e.) [*frí eloñßaid schipp*] bis zur Übergabe der Ware am Schiff transportkostenfrei (₵ *fas*); **Freeclimbing** s (~s; -) [*fríklai*-] Bergsteigen ohne techn. Hilfen; **free on board** [*fríonbô^ad*] bis zur Übergabe der Ware auf dem Schiff transportkostenfrei (₵ *fob*); **free on waggon** [*fríonwäggen*] einschließlich Transport bis zur Eisenbahn (₵ *fow*); **Free Jazz** m (~ ~; -) (am.) [*frídschäß*] improvis. Jazz.
Freesi|e w (~; ~n), **Freesia** w (~; -sien) (nach einem Kieler Arzt) ⊕ Gewächshaus(schnitt)pflanze.
Freestyle m (~s; -) (e.) [*frístail*] freigestaltetes Trickskifahren.
Freeze s (~; -) (e.) [*frís*] Einfrieren der Atomrüstung.
Fregatte w (~; ~n) (it.) Dreimaster.
Frelimo w (port. KW ₵ Frente Libertaçao de Moçambique) afr. Freiheitsbewegung.
frenetisch EW (gr.) leidenschaftlich, rasend (*f.er Beifall*).
Frenulum s (~s; -la) (lat.) ⚥ Vorhautbändchen.
frequent EW (lat.) häufig; **Frequentation** w (~; ~en) wiederholter Besuch (beim Arzt) ↓; **Frequentativ(um)** s (~s; -ve/-va) = → Iterativ; **frequentieren** ZW (-rte, -rt) ∕ (oft) benutzen, besuchen; **Frequenz** w (~; ~en) Häufigkeit; Anzahl; Schwingungszahl; Wellen-, Wechselstromperiodenzahl/ Sek., ⚡ Pulsschläge/Min.; **Frequenzmodulation** w (~; ~en) Schwingungszahländerung der Trägerwelle.
Fresko s (· s; -kcn) (it. *al fresco* = auf frischem [Wandkalk]) Wandmalerei; poröses Wollgewebe, = **Freske** w (~; ~n).
Fresnel-Linse w (~-~; ~-~n) (nach fr. Physiker) [*frên*-] konzentrisch zusammengesetzte Ringlinse.
Fret m (~s; ~s) (fr.) [*frå*] ⚓ Schiffsfrachtmenge; **Freteur** m (~s; ~e) [-*tör*] ⚓ Befrachter; ZW: **fretieren** (-rte, -rt) ∕.
Frett s (~[e]s; ~e), **Frettchen** s (~s; ~) (lat.-fr.-nl.) Iltisart zum Kaninchenfang; ZW: **frettieren** (-rte, -rt) ∕.

frigid(e) EW (lat.) kühl, unempfindlich (bes. sexuell); **Frigidarium** s (~s; -rien) ⊕ kaltes Gewächshaus; Abkühlungsraum im röm. Bad; **Frigidität** w (~; -) ⚥ Gefühlskälte; sexuelles (w.) Unvermögen; **Frigorimeter** s (~s; ~) (lat.-gr.) Meßgerät für abgegebene Körperwärme; EW: **frigorimetrisch.**
Frikadelle w (~; ~n) (lat.-fr.) Klops; **Frikandeau** s (~s; ~s) (fr.) [*frikañdô*] Keule (Braten); **Frikandelle** w (~; ~n) (KuW) gedämpfte Fleischschnitte; **Frikassee** s (~s; ~s) feines Ragout; **frikassieren** ZW (-rte, -rt) ∕ zerstückeln; töten; als Frikassee zubereiten.
frikativ EW (lat.) reibend; **Frikative** M Reibelaute; E: **Frikativum** s (~s); **Friktiograph** m (~en; ~en) (lat.-gr.) Reibungsmesser: EW: **friktiographisch; Friktion** w (~; ~en) umständebedingte Krisenerscheinung; Reibung; Einreibung; Fingerspitzenmassage.
Frisbee s (~; ~s) (e.) [*frisbî*] Wurfscheibe aus Plastik.
Frisé m (~s; ~s) (fr.) Kräuselgewebe; **Frisella** w (~; -llen) (fr.-lat.) = → Frisé.
Friseur m (~s; ~e) = → Frisör; **Friseuse** w (~; ~n) [-*sôse*] Haarpflegerin; **frisieren** ZW (-rte, -rt) ∕ das Haar ordnen (pflegen); schönen (*eine Nachricht f.* sie publikumsgerecht formulieren); zurechtmachen; **Frisör** m (~s; ~e) Haarschneider; **Frisöse** w (~; ~n) = → Friseuse; **Frisur** w (~; ~en) Haartracht.
fritieren ZW (-rte, -rt) ∕ (lat.-fr.) in Fett braten.
Frittate w (~; ~n) (it.) Eierkuchen; **Fritte** w (~; ~n) Kartoffelscheiben mit Speck und Ei; poröse Platte (Glas, Keramik und Metall) zur Filtration; **Fritten** s (~s; -) Durchschlagen von Fremdschichten durch Wirkung elektr. Felder; **fritten** ZW (-ttete, gefrittet) ∕ (lat.-fr.) Metall zum Schmelzen bringen, Glaspulver zusammenschmelzen; ∕ sich durch Hitze umformen; **Fritter** m (~s; ~) (e.) Gerät zum Nachweis schwacher magnet. Ströme.
Fritüre w (~; ~n) (fr.) im Teig Gebackenes; Ausbackfett.
frivol EW (lat.-fr.) leichtfertig; frech; schlüpfrig; **Frivolität** w (~; ~en) Leichtfertigkeit; Schlüpfrigkeit; M: Handarbeitsart; **Frivolité** w (~; ~s) Gabelbissen als Menüschluß.
Fronde w (~; ~n) (fr.) [*froñd*] Oppositionengruppe (*F. machen* opponieren); Auflehnung; **Frondeur** m (~s;

frondieren

~e) (fr.) [*froṅdö̱r*] scharfer Oppositioneller; ZW: **frondieren** (-rte, -rt) ↙.
Front w (~; ~en) (lat.) Stirnseite; ✗ Kampflinie; Luftmassenübergangsgebiet (*F. machen gegen jmdn.* ihn bekämpfen); **frontal** EW vorderseitig; **Frontispiz** s (~es, ~e) ☐ Giebeldreieck; Titelbild; **Frontogenese** w (~; ~n) (lat.-fr.-gr.) Bildung von Luftmassenübergangsgebieten; **Frontolyse** w (~; ~n) Auflösung von Luftmassenübergangsgebieten; **Fronton** m (~s; ~s) (fr.) [*froṅtoṅ*] = → Frontispiz; **Frontstaaten** M an Südafrika angrenzende Staaten, verbündet gegen Apartheid.
Froster m (~s; ~) (d.-e.) Tiefkühleinrichtung.
Frottage w (~; ~n) (fr.) [*-tâsch*] Durchreibezeichnung, -graphik; Reiben der Geschlechtsteile; **Frottee** m, s (~s; ~s) (lat.-fr.) saugfähiger Baumwollstoff; **Frotteur** m (~s; ~e) (fr.) [*-tö̱r*] wer durch Reiben der Geschlechtsteile sexuell befriedigt wird; **frottieren** ZW (-rte, -rt) ↗ (lat.-fr.) die Haut reiben.
Froufrou m, s (~; ~) (fr.) [*frûfrû*] Knistern der w. Unterkleidung ↓.
Fructose w (~; ~n) = → Fruktose.
frugal EW (lat.-fr.) bescheiden, derb, einfach; üppig; abstr. s.: **Frugalität** w (~; ~en).
Fruktifikation w (~; ~en) (lat.) Fruchtbildung; ↓ Zunutzemachung; **fruktifizieren** ZW (-rte, -rt) ↗ ↓ fruchtbar machen; ↓ nutzen; ⊕ Früchte bilden; w. s.: **Fruktifizierung** (~; ~en); **Fruktose** w (~; ~n) Fruchtzucker.
frust EW (lat.-it.-fr.) [*früst*] unvollständig.
Frust m (~s; ~e) (KuW) ∪ Empfindung von Öde, Langweile, Vergeblichkeit (∉ *Frustration*); **Frustration** w (~; ~en) (lat.) Enttäuschung; ZW: **frustrieren** (-rte, -rt) ↗.
Frutti di mare M (it.) Meerestierchen (als Gericht).
ft ∉ foot, feet.
Fuchsi|e w (~; ~n) (d.-lat., nach dem d. Medizinprofessor L. *Fuchs,* 1501 bis 1566) ⊕ Nachtkerzengewächs; **Fuchsin** s (~[e]s; –) roter Farbstoff.
Fuel Oil s (~ ~s; ~ ~s) (e.) [*fjụel eul*] Erdöl.
fugal EW (lat.) ♪ im Fugenstil; **fugato** (it.) ♪ wie eine Fuge; s. s.: **Fugato** (~s; -ti) ♪; **Fuge** w (~; ~n) (lat., = Flucht? Jagd?) ♪ zwei- oder mehrstimmige Komposition mit Themenimitation; **Fughetta** w (~; -tten) (it.) ♪ kleine, etwas gelockerte Fuge, = **Fugette** w

(~; ~n); **fugieren** ZW (-rte, -rt) ↗ ♪ wie eine (als) Fuge komponieren.
Fulgurant m (~s; –) = **Fulgurante** w (~; –) (lat.) rechtsseitig glänzendes Atlasgewebe; **Fulgurit** m (~[e]s; ~e) aus Sand durch Blitzschlag gebildete Röhre; Sprengstoff; ☐ Asbestzementbaustoff.
Full-dress m (~-~; –) (e.) Gesellschaftsanzug; **Full Service** s (~ ~s; –) [*-ßerwi̱ß*] kompletter Kundendienst; **full(y)-fashioned** [*-fäsch^end*] in richtiger Form.
fulminant EW (lat.) blitzend, glänzend, leuchtend; großartig; **Fulminate** M Salze der Knallsäure.
Fumarea w (~; -e|en) (lat.) dichter Nebel aus sturmgepeitschten Wellen; **Fumarole** w (~; ~n) (lat.-it.) Gas-, Dampfausbruch bei Vulkanen; **Fumarsäure** w (~; ~n) organ. Substanz der Dicarbonsäuren; **Fumé** m (~s; ~s) (fr.) [*fümê*] Rußabdruck als Stempelvorlage; Probeabdruck eines Holzschnitts.
Fumiganti|en M (lat.) Mittel zur Ausräucherung von Schädlingen.
Fundament s (~[e]s; ~e) (lat.) Unterbau; Grundbegriff, -lehre; **fundamental** EW grundlegend; bedeutend; **Fundamentalismus** m (~; –) † strenge Bibelgläubigkeit (USA); m. s.: **Fundamentalist** (~en; ~en), auch: Parteidoktrinär; EW: **fundamentalistisch**; **Fundamental**|**ontologie** w (~; –) Wesenslehre des menschlichen Daseins; **Fundamentalphilosophie** w (~; –) Prinzipienlehre; EW: **fundamentalphilosophisch**; **Fundamentaltheologie** w (~; –) † = → Apologetik; **fundamentieren** ZW (-rte, -rt) ↗ (Bau-)Grund legen; **Fundamentierung** w (~; ~en) ☐ Untersuchung des Baugrunds; Unterbauung; **Fundation** w (~; ~en) † Stiftung; = → Fundamentierung; **fundieren** ZW (-rte, -rt) ↗ mit Mitteln versehen; unterbauen; **fundiert** EW (lat.) begründet; langfristig (*f.es Einkommen* Erträge der Vermögenswerte; *f.e Schuld* langfristige Staats-, Kommunalschuld); sichergestellt; **Fundus** m (~; ~) Boden, Grund(lage); Unterbau; Ausstattungsmittel (Film, Theater); $ Organboden.
funerale (it.) ♪ traurig; **Funerali|en** M (lat.) Leichenfeier.
Fun Furs M (e.) [*fann förß*] billige Kunstpelze.
fungibel EW (lat.) vertretbar; austauschbar; **Fungibili|en** M vertretbare

Sachen; **Fungibilität** w (~; ~en) Vertretbarkeit beweglicher Dinge; **fungieren** ZW (-rte, -rt) ↗ wirken; Amt verwalten.

fungizid EW (lat.) pilztötend; **Fungizid** s (~[e]s; ~e) Pilzvernichtungsmittel; **fungös** ⚕ schwammig; **Fungosität** w (~; ~en) tuberkulöse (Knie-)Geschwulst; **Fungus** m (~; –) ⚕ flache, breite Geschwulst; ⊕ Pilz (M: *Fungi*); Pilzbelag auf opt. Geräten.

Funikulitis w (~; -itiden) (lat.) ⚕ Samenstrangentzündung.

Funk m (~s; ~s) (am.) [*fank*] Sonderform des Jazz; Popmusik aus Rock- und Jazzelementen; **Funk-art** w (~-~; –) (e.) Kunstrichtung, die Abscheu vor der eigenen Lebensweise erwecken soll.

Funki|e w (~; ~n) (nach einem Apotheker) ⊕ Liliengewächs.

Funk|kolleg s (~s; ~s) (d.-lat.) Vorlesungsserie im Rundfunk; **Funktelefon** s (~s; ~e) mobiles Telefon durch Funksignale.

Funktion w (~; ~en) (lat.) Tätigkeit eines Gerätes (Organs); Begleit-, Folgeerscheinung dieser Tätigkeit; ⊀ math. Größe, die in ihrer Veränderung von der einer andern Größe abhängig ist; Dienstleistung; ♪ Theorie der harmonischen Beziehung; EW: **funktional** = → funktionell; **Funktional** s (~s; ~e) ⊀ beliebig definierte Funktion; **Funktionalismus** m (~; –) □ neue Sachlichkeit im Baustil; Bewußtseins|philosophie; m. s.: **Funktionalist** (~en; ~en); EW: **funktionalistisch**; **Funktionalität** w (~; ~en) Wirkungsmöglichkeit, die von andern Kräften abhängt; **Funktionär** m (~s; ~e) Beauftragter; Amtswalter; **funktionell** EW ¶ organ-, leistungsbedingt (Ggs.: *organisch*); wirksam; ♪ auf die 3 Hauptakkorde bezogen (*f.e Erkrankung* setzt die Funktion des Organs aus, ohne dieses zu verändern); **funktionieren** ZW (-rte, -rt) ✓ in Tätigkeit sein, klappen, reibungslos wirken; **Funktionsdiagramm** s (~[e]s; ~e) Blockschaltbild; **Funktions|prinzip** s (~s; ~i|en) Aufteilung der Haushaltsmittel in zweckgebundene Beträge; **Funktions|psychologie** w (~; –) Erforschung seelischer Funktionen während ihrer Arbeit; m. s.: **Funktions|psychologe** (~n; ~n).

fuoco: con f. (it.) ♪ feurig, = **fuocoso** ♪.

fur (≠ furlong) (e.-am.) [*förloñ*] Längeneinheit (= 220 Yards = 201,168 m).

Furage w (~; ~n) (fr.) [-*râsche*] ✕ Armeeverpflegung; Pferdefutter; **furagieren** ZW (-rte, -rt) ✓ [-*schí*-] ✕ Verpflegung beschaffen.

furibund EW (lat.) ⚡ tobsüchtig; **Furi|e** w (~; ~n) (lat., Rachegöttin) bösartiges Weib; Wut.

Furier m (~s; ~e) (fr.) ✕ Verpflegungsunteroffizier.

furios EW (lat.) wütend; voller Leidenschaft; **furioso** (it.) ♪ voller Leidenschaft; s.: **Furioso** s (~s; -si) ♪.

Furlana w (~; -ne) (it.) → Forlana.

Furnier s (~[e]s; ~e) (g.-fr.) Weichholzplatte; **furnieren** ZW (-rte, -rt) ↗ mit dünnen Holzplatten belegen.

Furor m (~s; –) (lat.) Zorn (*F. teutonicus* deutsche Aggressivität); **Furore** s (~s; –) (it.) wilde Begeisterung (*F. machen* Begeisterung erwecken).

Furunkel s (~s; ~) (lat.) ⚕ Blutgeschwür; **Furunkulose** w (~; ~n) Ausbreitung von Geschwüren.

Fusarium s (~s; -ri|en) (lat.) ein Schlauchpilz und Pflanzenschädling.

Fusel m (~s; ~) (lat.) schlechter Branntwein; Bestandteil des Rohspiritus.

Füsilier m (~s; ~e) (fr.) (schw.) Infanterist; **füsilieren** ZW (-rte, -rt) ↗ erschießen; **Füsillade** w (~; ~n) [-*jad*] Massenerschießung.

Fusion w (~; ~en) (lat.) Verschmelzung (von Betrieben, Zellen, Chromosomen); ⚕ Bildverschmelzung; Atomkernvereinigung; **fusionieren** ZW (-rte, -rt) ↗ (Betriebe) vereinigen; **Fusions|reaktor** m (~s; -toren) Atommeiler zur Energiegewinnung durch Kernverschmelzung.

Fustage w (~; ~n) (fr.) [*füstâsch*] = → Fastage.

Fustanella w (~; -llen) (lat.-gr.) gr. Nationaltracht.

Fusti M (lat.-it.) Warenunreinheiten.

Fustikholz s (~es; -hölzer) (e.-d.) trop. Gelbholz.

Futhark s (~s; ~s) [*futhark*] g. Runenalphabet.

Futteral s (~s; ~e) (g.-lat.) Behältnis; gefütterte Hülle.

Futur s (~s; ~e) ≠ **Futurum** s (~s; -ra) (lat.) Zeitform der Zukunft; **Futura** w (~; –) Groteskschrift; **futurisch** EW im Futur; **Futurismus** m (~; –) it. Expressionismus; m. s.: **Futurist** (~en; ~en); EW: **futuristisch**; **Futurologie** w (~; –) (KuW) Zukunftswissenschaft; Versuch, künftige Entwicklungen zu erschließen; **Futurum** s (~s; -ra) (lat.) = → Futur (*F. exaktum* vollendetes Futur).

G

Gabardin m (~s; –) = **Gabardine** w (~; –) (fr., nach einer Firma) feingerippter Stoff.

Gadget s (~s; ~s) (e.) [*gädschet*] kleines Werbegeschenk.

Gadolinium s (~s; –) ⚛ seltenes Element (Metall aus Lanthaniden) (⊄ *Gd*).

Gaffel w (~; ~n) (lat.) ⚓ längsseitig schräge Segelstange zum Mast hin.

Gag m (~s; ~s) (am.) [*gäg*] unerwarteter (komischer) Einfall.

Gagat m (~s; ~e) (gr.) schwarzer braunkohlenartiger Schmuckstein.

Gage w (~; ~n) (fr.) [*gāsche*] Sold, Gehalt; **Gagist** m (~en; ~en) [*-schist*] Lohnempfänger.

Gagger m (~s; ~) (am.) [*gägr*] Film-, Funk-, Fernsehmitarbeiter, der Gags erfindet, = **Gagman** m (~s; -men) [*gägmän*].

gaiement EW (fr.) [*gämañ*] = **gaiment** ♪ heiter, = **gaio** (it.) [*gajo*] ♪.

gal = ⊄ → **Gallon**.

Gal s (~s; ~) (nach dem it. Naturforscher Galilei, 1564–1642) Maßeinheit der Beschleunigung.

Gala w (~; ~s) (sp.) Hoftracht; Festanzug *(sich in G. werfen)*.

galaktisch EW (gr.-lat.) auf (in, an, bei) der Milchstraße (*g.es Rauschen* Radiowellen aus der Milchstraße; *g.e Rotation* Drehung des Milchstraßensystems um die eigene Achse); **Galaktit** m (~en; ~en) (gr.) Milchstein; **Galaktologie** w (~; –) Milchforschung; EW: **galaktologisch**; **Galaktometer** s (~s; ~) Milchfettprüfer, = **Galaktopiometer** s (~s; ~); w. s.: **Galakto(pio)metrie** (~; –); EW: **galakto(pio)metrisch**; **Galaktorrhö** w (~; ~en) Milchfluß bei Wöchnerinnen; **Galaktose** w (~; ~n) Milchzucker; **Galaktoskop** s (~s; ~e) (gr.) = → Galaktometer; w. s.: **Galaktoskopie** (~; –); EW: **galaktoskopisch**; **Galaktostase** w (~; ~n) Milchstauung; **Galaktozyste** w (~; ~n) ⚕ Hodenwasserbruch; Milchzyste; **Galalith** s (~[e]s; ~e) (gr.) aus Milchbestandteilen hergestelltes Kunsthorn.

Galan m (~s; ~e) (sp.) Liebhaber; **galant** EW (fr.) höflich, ritterlich; **Galanterie** w (~; -i|en) Höflichkeit zu Frauen; M: Galanteriewaren.

Galantine w (~; ~n) (fr.) gefülltes Sülzfleisch.

Galaxie w (~; –) (gr.) System der Milchstraße, Sternsysteme; **Galaxis** w (~; –) Milchstraße.

Galdangummi m (~s; –) (i.) i. Duftharz.

Galeasse w (~; ~n) (gr.-it.) venet. Kriegs-, kl. Segelschiff; größere Galeere; **Galeere** w (~; ~n) (lat.-it.-sp.) Ruderkriegsschiff; qualvolle Arbeit; **Galeerensklave** m (~n; ~n) Ruderknecht; Schwerarbeiter.

Galenik w (~; –) (lat., nach dem röm. Arzt *Galenos*, 130–199) ⚕ Lehre von den natürl. Heilmitteln; **galenisch** EW ⚕ aus Drogen (*g.e Mittel* ⚕ in der Apotheke zubereitete [nicht chemisch hergestellte] Heilmittel), = **Galenika** M.

Galenit m (~s; ~e) (lat.) Bleiglanz.

Galeone w (~; ~n) (gr.-lat.-sp.-fr.) Segler der Entdeckerzeit ↓; **Galeot** m (~en; ~en) Galeerensklave.

Galerie w (~; -i|en) (lat.) □ Schutz-, Umgang; gangartiger langer Raum; laubenartige Halle; Stehplätze im Theater; ⚒ Stollen; Halbtunnel; Ladenpassage mit Oberlicht; Kunsthalle; Teppichläufer; **Galeriekomiker** m (~s; ~) (it.-lat.) derber Komiker.

Galette w (~; ~n) (fr.) Blätterteigkuchen.

Galgant m (~en; –) (ar.) osti. Ingwerart mit stuhlgangfördernder Wurzel.

Galimathias m, s (~; –) (fr.) wirres Gerede.

Galion s (~s; ~e) (sp.-nl.) Schiffsvorbau; **Galionsfigur** w (~; ~en) (sp.-nl.-lat.) symbol. Plastik am Bugspriet.

Galium s (~s; –) (gr.-lat.) ✿ Labkraut.

Gallat s (~s; ~e) Salz der Gallussäure.

Gallert s (~s; –) = **Gallerte** w (~; –) (lat.) eingedickter Saft.

gallieren ZW (-rte, -rt) ⚗ (lat.) Stoffe mit tanninhaltiger Flüssigkeit auf Farbstoffaufnahme vorbereiten.

gallikanisch EW als (wie) fr. Staatskirchentum; w. s.: **Gallikanismus** (~; –).

Gallion → Galion!

gallisieren ZW (-rte, -rt) ⚗ (nach einem d. Chemiker) Wein nachzuckern.

Gallium s (~s; –; ⊄ *Ga*) (lat.) ⚛ zinkähnliches Metall.

Gallizismus m (~; -men) (lat.) fr. beeinflußte Sprech-, Lebensart; EW: **gallizistisch**.

Gallomanie w (~; –) (lat.) übersteigerte Vorliebe für fr. Lebens-, Seinsart; EW: **gallomanisch**.

Gallon s (~s; ~s) (e.) [*gälen*] e. Hohlmaß (am. = 3,31 kg; e.: 4,54 l); **Gallone** w (~; ~n) (⊄ *gal*) Hohlmaß (= 4,54 l).

gallophil EW (fr.-gr.) frankreichfreund-

lich; w. s.: **Gallophilie** (~; -); **gallophob** EW frankreichfeindlich; w. s.: **Gallophobie** (~; -).
Gallup-Institut s (~-~s; -) (am.) [auch: *gällep-*] am. Meinungsforschungsinstitut (nach Georg *Gallup*, 1935).
Galmei m (~s; ~e) (gr.-lat.-fr.) Zinkspat; Kieselzink|erz.
Galois|theorie w (~; -i|en) (nach fr. Mathematiker 19. Jh.) [*galoa-*] Systematik der Lösbarkeit von Gleichungen und Gruppen.
Galon m (~s; ~s) (fr.) [*-loñ*] = **Galone** w (~; ~n) Borte; **galonieren** ZW (-rte, -rt) ↗ mit Tressen besetzen (*galonierter Diener* Diener in Tressenlivree).
Galopp m (~s; ~s) (it.) springende Gangart (des Pferdes); Rundtanz (17. Jh.); **Galoppade** w (~; ~n) Rundtanz (17. Jh.); (längerer) Galopp; **galoppieren** ZW (-rte, -rt) ⟋ Galopp reiten (*g.de Schwindsucht* rasch fortschreitende Lungentuberkulose).
Galosche w (~; ~n) (gr.-fr.) Gummischuh (*G.n haben* sich fürchten).
Galtonpfeife w (~; ~n) (nach e. Naturforscher 19./20. Jh.) [*gält'n-*] Ultraschallpfeife.
Galvanisation w (~; ~en) (→ galvanisieren!) ⚕ Heilung durch galvan. Strom; **galvanisch** EW (it.) stromerzeugend (*g.er Strom* aus galvan. Elementen; *g.es Element* Stromerzeuger auf galvanischer Grundlage); **Galvaniseur** m (~s; ~e) [*-sör*] Handwerker, der Gefäße mittels galvanischem Strom mit Metallschicht überzieht; **galvanisieren** ZW (-rte, -rt) ↗ (nach dem it. Naturforscher Galvani, 1737 bis 1798) elektrolytisch mit Metall überziehen; ⚕ mit niedergespanntem Gleichstrom behandeln; **Galvanismus** m (~; -) Erscheinungen der Elektrochemie; **Galvano** s (~s; -ni/~s) (it.) Doppel durch galvanische Abformung; **Galvano|chromie** w (~; -i|en) Anfärben von Metallen durch elektrolyt. Oberflächenbehandlung; **Galvanographie** w (~; -) (it.-gr.) Herstellungsart von Kupferdruckplatten; EW: **galvanographisch; Galvanokaustik** w (~; -) ⚕ Gewebeverätzung mit Gleichstrom; EW: **galvanokaustisch; Galvanokauter** m (~s; ~) ⚕ Gerät zur Galvanokaustik; **Galvanometer** s (~s; ~) Meßgerät für elektr. Ströme; w. s.: **Galvanometrie** (~; -); EW: **galvanometrisch; Galvanoplastik** w (~; ~en) Herstellung von Abdrücken durch elektrolyt. Metallabscheidung; EW:

galvanoplastisch; Galvanopunktur w (~; ~en) elektrische Haarentfernung; **Galvanoskop** (~s; ~e) = → Galvanometer; w. s.: **Galvanoskopie** (~; -); EW: **galvanoskopisch; Galvanostegie** w (~; -i|en) Edelmetallbeschichtung; **Galvanotaxis** w (~; -xen) Tierbewegungen durch elektr. Reize; **Galvanotechnik** w (~; ~en) elektrolyt. Oberflächenbehandlung von Metallen; EW: **galvanotechnisch; Galvanotherapie** w (~; -i|en) = → Galvanisation; EW: **galvanotherapeutisch; Galvanotropismus** m (~; -) ⚘ Tier-, Pflanzenwachstum durch elektr. Einwirkung, = **Galvanotropie** w (~; -).
Gamander m (~s; ~) (gr.) ⚘ Lippenblütler.
Gamasche w (~; ~n) (ar.-sp.-fr., = Überstrumpf) enge Beinkleidung über Schuh (Strumpf, Hose).
Gambe w (~; ~n) = **Viola da gamba** (~ ~ ~; -) (it.) ♪ Kniegeige; **Gambist** m (~en; ~en) ♪ Gambenspieler.
Gambit s (~s; ~s) (ar.-sp.) Eröffnung mit Bauernopfer (Schachspiel).
Gambrinus m (~; -) (nl., aus *Jan Primus*, 13. Jh.) ∪ Bierpatron.
Gamelan s (~s; ~s) (mal.) großes jav. Schlagzeugorchester, = **Gamelang** s (~s; ~s).
Gamelle w (~; ~n) (lat.-it.-fr.) ✕ Kochgeschirr.
Gamet m (~en; ~en) (gr.) Geschlechtszelle, = **Gamete** w (~; ~n); **Gametogamie** w (~; -i|en) Vereinigung von zwei verschiedengeschlechtigen Zellen; **Gametopathie** w (~; -i|en) Keimschäden vor Befruchtung; **Gametophyt** m (~en; ~en) Pflanzengeneration mit geschlechtl. Fortpflanzung.
Gamin m (~s; ~s) (fr.) [*gamäñ*] Straßenjunge.
Gamma s (~[s]; ~s) gr. Buchstabe; Maßeinheit der Masse (1 γ = ¹/₁₀₀₀₀₀₀ g); **Gammafunktion** w (~; ~en) (gr.-lat.; *Gamma* gr. = G) ⚔ „Fakultät" der nichtnatürlichen Zahlen, **Gammaglobulin** s (~[e]s; -) ⚕ Eiweiß im Blutplasma = Träger der → Antikörperfunktion; **Gammamat** m (~s; ~e) Schweißnahtprüfgerät; **Gammametall** s (~s; -) Kupfer-Zinn-Legierung; **Gammaquant** s (~[e]s; ~en) Elementarteilchen bei den Gammastrahlen, = γ-**Quant; Gamma-Ray Log** s (~-~ ~s; ~-~ ~s) (e.) Messung natürl. Radioaktivität von Gesteinen bei Tiefenbohrungen (∉ *G. R. L.*); **Gammastrahlen** M (gr.-d.) elektromagnetische Strahlen kleinster Wellenlänge aus Atom-

Gammatron

kernen, = γ-**Strahlen**; **Gammatron** s (~s; ~e) (KuW) Kobaltbombe (Bestrahlungsgerät).
Gamme w (~; ~n) (fr.) Tonskala.
Gammel m (~s; –) (dän.) Wertloses; alle Gammler; Gammlereinstellung; ZW: **gammeln** (-lte, gegammelt) ⟋ Zeit totschlagen.
Gamm-Formel w (~-~; ~-~n) (gr.-lat.) Methode zur Berechnung der mittl. Arbeitszeit eines Computers.
Gammler m (~s; ~) (dän.) (junger) Nichtstuer; **Gammlertimpe** w (dän.-d.) Kneipe.
Gamone M (gr.) chem. Stoffe aus Geschlechtszellen, zur Steuerung der Befruchtungsvorgänge; **gamophob** EW ehescheu; **gamotrop(isch)** EW ⊕ die Geschlechtsorgane schützend (g.e Bewegungen ⊕); **Gamozyten** M Geschlechtszellen.
Ganaschen M (fr.) Unterkieferrand beim Pferd.
Ganeff m (~s; ~s) (jidd.) Gauner.
Gang w (~; ~s) (am.) [gäng] Verbrecherbande.
Gangli|en M (gr.) → Ganglion; **Gangli|enblocker** m (~s; ~) ⚕ Heilmittel; **Ganglion** s (~s; -li|en) ⚕ Überbein; Nervenknoten; **Ganglionitis** w (~; -itiden) = → Ganglitis; **Ganglioplegika** M = → Ganglienblocker; **Ganglitis** w (~; -itiden) ⚕ Nervenknotenentzündung.
Gangrän w (~; ~e) = **Gangräne** w (~; ~n) (gr.) ⚕ Brand; **gangräneszieren** ZW (-rte, -rt) ⟋ brandig werden; **gangränös** EW brandig.
Gangspill s (~s; ~e/~s) (nl.) ⚓ Ankerwinde.
Gangster m (~s; ~) (am.) [gäñ-] Bandenverbrecher; nicht ganz offen Handelnder.
Gangway w (~; ~s) (e.) [gäñgweˡ] fahr-, schwenkbare Brücke zu Schiff oder Flugzeug.
Ganister m (~s; ~) (e.) [ge-] Kieselsäuregestein.
Ganntkarte w (~; ~n) (nach am. Erfinder) graf. Darstellung zur Leistungskontrolle.
Ganoblasten M (gr.-lat.) Zahnschmelzzellen.
Ganosis w (~; -nosen) (gr.) Imprägnierung von Bildwerken (Gips, Marmor).
Ganove m (~n; ~n) (heb.) Gauner; Verbrecher.
Ganymed m (~s; ~e) (gr., nach dem Göttermundschenk) ∪ Kellner ↓.
Gap m (~s; ~s) (am.) [gäp] Entwicklungsunterschied in Wirtschaft, Wis-

senschaft, Kultur; Blockzwischenraum auf dem Magnetband; Differenz zwischen der Nachfrage und der Gesamteinnahme des Angebots.
Garage w (~; ~n) (fr.) [-râsche] Abstellraum für Motorfahrzeuge; Reparaturwerkstatt; ZW: **garagieren** (-rte, -rt) [-schi-] ⟋ ⟋.
Garamond w (~; –) (nach einem fr. Stempelschneider) [garamoñ] Antiquadruckschrift; → Garmond.
Garant m (~en; ~en) (d.-fr.) Bürge; **Garantie** w (~; -i|en) Gewähr (-leistung); Übernahme des Verlustrisikos; ZW: **garantieren** (-rte, -rt) ⟋.
Garçon m (~s; ~s) (fr.) [-βoñ] Kellner, Bursche; Junggeselle; w. s.: **Garçonne** (~; ~n) [-βonne]; **Garçonni|ere** w (~; ~n) [-βoñjär] Junggesellenbude.
Garde w (~; ~n) (fr., = Wache) ⚔ Elitetruppe; Faschingsverein (in Uniform); **Gardemanger** m (~s; ~s) (fr.) [gardmañsché] Kaltspeisenkoch; ↓ Speisekammer.
Gardeni|e w (~; ~n) (nach einem e. Arzt) ⊕ Krappgewächs.
Gardenparty w (~; ~s/-ties) (e.) [gâdenpâtí] Gartenfest.
Garderobe w (~; ~n) (fr.) Kleiderablage; Umziehraum; Vorrat an Kleidern; **Garderobi|er** m (~s; ~s) [-bjé] Kleiderablagenaufseher; Bühnenkleidermeister; w. s.: **Garderobi|ere** (~; ~n).
gardez! (fr.) [gardé] (auf die Königin) aufpassen! (im Schachspiel).
Gardine w (~; ~n) (lat.-fr.-nl.) Fenstervorhang.
gargarisieren ZW (-rte, -rt) ⟋ (gr.-lat.-fr.) gurgeln.
Garmond w (~; –) (nach einem fr. Stempelschneider) [garmoñ] Druckschriftgröße; → Garamond.
Garnele w (~; ~n) (lat.-nl.) Krebstierchen.
Garni s (~s; ~s) (fr.) möbliertes Zimmer (Haus); **garnieren** ZW (-rte, -rt) ⟋ einfassen; schmücken; w. abstr. s.: **Garnierung** (~; ~en).
Garnison w (~; ~en) (fr.) ⚔ Truppenstandort; Standorttruppe; Besatzung; ZW: **garnisonieren** (-rte, -rt) ⟋.
Garnitur w (~; ~en) (g.-fr.) Einfassung; Verzierung; Anzahl zusammengehörender Dinge („Satz"); Besteck; Ausrüstung; alle Arten einer Druckschrift.
Garrotte w (~; ~n) (sp.) Würgeeisen zur Vollziehung der Todesstrafe.
Garúa w (~; –) (sp.) südam. Küstennebel.
Gas s (~es; ~e) (gr. KuW) luftähnli-

cher Körper; **Gas|analyse** w (~s; ~n) (gr.) ⱺ Analyse von Gasgemisch; **Gasbeton** m (~s; ~s) (gr.-fr.) feinporiger Beton; **Gasbenzol** s (~s; –) Rohbenzol aus Steinkohlengas; **Gasdiffusion** w (~; ~en) Trennung von gasförmigen Isotopen; **Gasdynamik** w (~; –) Gasströmungslehre.
Gasel s (~s; ~e) = **Gasele** w (~; ~n) (ar., = Gespinst) oriental. Versform mit gleichem Reimwort jeweils in der 2. Zeile.
gasieren ZW (-rte, -rt) ↗ (gr.-lat.) Fadenenden absengen.
gasifizieren ZW (-rte, -rt) ↗ (gr.-lat.) für Gas einrichten; **Gasliftförderung** w (~; ~en) (gr.-am.-d.) Verfahren zur konstanten Erdölgewinnung; **Gasödem** s (~[e]s; ~e) (gr.) ≰ Gasbrandinfektion; **Gasolin** s (~[e]s; ~e) Leichtbenzin; **Gasometer** m (~s; ~) Gasbehälter ↓; **Gasphlegmon** s (~s; ~e) ≰ Wundinfektion durch Dünger; **Gas|pipette** w (~; ~n) (gr.-fr.) ⱺ Laborgerät zur Abmessung kleiner Mengen.
gastral EW (lat.) in (bei, von) dem Magen; **Gastralgie** w (~; -i|en) (gr.) ≰ Magenschmerzen; EW: **gastralgisch**; **Gastr|ektasie** w (~; -i|en) ≰ Magenerweiterung; **Gastr|ektomie** w (~; -i|en) ≰ operative Magenentfernung; **Gastrilog** m (~en; ~en) Bauchredner; w. abstr. s.: **Gastrilogie** (~; –); EW: **gastrilogisch; gastrisch** EW ≰ vom Magen (von der Verdauung) stammend *(g. es Fieber);* **Gastritis** w (~; -itiden) ≰ Magenschleimhautentzündung; **Gastrizismus** m (~; -men) ≰ Magenweh; **Gastrodiaphanie** w (~; -i|en) ≰ Magendurchleuchtung; **gastroduodenal** EW ≰ an, in der Magenschleimhaut und dem Zwölffingerdarm; **Gastroduodenitis** w (~; -itiden) ≰ Schleimhautentzündung im Magen und Zwölffingerdarm; **Gastrodynie** w (~; -i|en) ≰ Magenschmerzen; **Gastro|enteritis** w (~; -itiden) ≰ Magen- und Darmentzündung; EW: **gastro|enterisch; Gastro|enterologie** w (~; –) Magen-, Darmforschung; m. s.: **Gastro|enterologe** (~n; ~n); EW: **gastro|enterologisch; gastrogen** EW (gr.) ≰ vom Magen aus; **gastro|intestinal** EW ≰ Magen und Darm betreffend; **Gastrologe** m (~n; ~n) ≰ Magenforscher; w. s.: **Gastrologie** (~; –); EW: **gastrologisch; Gastrolyse** w (~; ~n) ≰ operative Magenauslösung; **Gastromegalie** w (~; -i|en) ≰ sehr starke Magenvergrößerung; **Gastronom** m (~en; ~en) Gastwirt; Feinschmecker;

Gastronomie w (~; -i|en) Gastwirtsgewerbe; Kochkunst; EW: **gastronomisch; Gastroparese** w (~; ~n) ≰ Magenerschlaffung; **Gastropathie** w (~; -i|en) ≰ Magenleiden; **Gastroptose** w (~; ~n) ≰ Magensenkung; **Gastrorraghie** w (~; -i|en) ≰ Magenblutung; **Gastroskop** s (~s; ~e) ≰ Magenspiegel; **Gastroskopie** w (~; -i|en) ≰ Magenspiegelung; EW: **gastroskopisch; Gastrosophie** w (~; –) Philosophie des feinen Geschmacks; m. s.: **Gastrosoph** (~en; ~en); **Gastrospasmus** m (~; -men) ≰ Magenkrampf, -steifung; EW: **gastrospastisch; Gastrostomie** w (~; -i|en) Ermöglichung künstl. Ernährung durch Einlegung einer Magenfistel; **Gastrotomie** w (~; -i|en) ≰ operative Magenöffnung; **Gastrozöl** s (~s; ~e) ≰ Darmhöhle.
Gastrula w (~; -lae) (lat.) Embryoentwicklungsstadium beim Tier; **Gastrulation** w (~; ~en) alle Zellbewegungen tierischer Embryonen am Ende des Furchungsstadiums.
Gas|turbine w (~; ~n) (gr.-lat.) Wärmekraftmaschine.
Gate s (~s; ~s) (e.) *[geit]* Elektrode zur Steuerung des Elektrodenstroms.
GATT s (~s; –) (am. KW, = General Agreement on Tariffs and Trade) Genfer Zollabbauverträge (seit 1947).
gattieren ZW (-rte, -rt) ↗ (d.-rom.) Baumwollarten mischen; Eisenschmelze im richtigen Mengenverhältnis mischen.
GAU m (~s; ~s) ∉ Größter anzunehmender Unfall im Kernkraftwerk.
Gauchos M (sp.) *[-tschoß]* Viehzüchter (Südamerikas).
Gaudium s (~s; –) (lat.) helle Freude; ∉: **Gaudi** w (~; ~) *(seine G. haben).*
Gaufrage w (~; –) (fr.) *[gôfrãsch]* Gewebe, Papiermusterung; **Gaufré** s (~s; ~s) *[gôfrê]* Preßmustergewebe; **gaufrieren** ZW (-rte, -rt) ↗ *[gô-]* Gewebe reliefartig pressen; **Gaufrierkalander** m (· s; ·) *[gô-]* Walzmaschine zum Mustereinpressen.
Gauge s (~; –) (fr.-e.) *[gé¹dsch]* Strumpfmaschenzahlmesser (∉ *gg*).
Gaullismus m (~; –) (fr.) *[gô-]* Generallinie der fr. 5. Republik (nach General Ch. de *Gaulle,* † 1970); m. s.: **Gaullist** (~en; ~en) *[gô-]*; EW: **gaullistisch** *[gô-]*.
Gaur s (~s; ~e) (i.) vorderi. Wildrind.
Gavotte w (~; ~n) (fr.) *[-wott]* fr. Tanz im ¾-Takt (18. Jh.).
gay EW (e., = heiter) *[gei]* homosexuell; m. s.: **Gay** (~; –); **Gay-Lussac-**

Gaze

sches Gesetz s (~-~n ~es; –) (nach fr. Physiker 18./19. Jh.) [*gê-lüsak-*] Zusammenhang zwischen Gasvolumen und Temperatur bei konstantem Druck.
Gaze w (~; ~n) (fr.) [*-se*] weitmaschiges Gewebe; Verbandmull.
Gazelle w (~; ~n) (ar.-it.) Steppenantilope.
Gazette w (~; ~n) (fr.) Zeitung.
GCA-Verfahren s (~-~s; ~-~) (e. ⊄ Ground Controlled Approach) Bodenkontrolle bei Schlechtwetteranflug; **GCR** (e. ⊄ Gas Cooled Reactor) gasgekühlter Reaktor.
Gecko m (~s; ~s/-onen) (mal.-nl.) Mittelmeereidechse.
gehandikapt EW (e.) [*-händikäpt*] benachteiligt; gehemmt.
Gehenna w (~; –) (heb.-gr.-lat.) Hölle.
Ge|in s (~[e]s; –) (gr.-lat.) wichtiger Bestandteil der Ackerkrume; Nelkenwurzglykosid.
Geiser m (~s; ~) (isl.) heiße Springquelle.
Geisha w (~; ~s) (jap.-e.) [*gêscha*] Teehaussängerin, -tänzerin.
Gel s (~s; ~e) (fr.) [*schâl*] ⚕ Gallertart für Heilmittel.
Gelasma s (~s; -men/-mata) (gr.) Lachkrampf.
Gelatine w (~; ~n) (fr.) [*schela-*] Leimart für Speisen und Heilmittel; ZW: **gelatinieren** (-rte, -rt) ↗; EW: **gelatinös** [*sche-*]; **Gelatit** s (~[e]s; –) [*sche-*] (lat.-fr.) Steinsprengmittel; **Gel|chromatographie** w (~; -i|en) (lat.-gr.) Trennung von Stoffen verschiedener Molekülgröße; **Gelcoat** s (~s; ~s) (e.) [*-koʷt*] Außenschicht von Kunststoffbooten; **Gelee** m, s (~s; ~s) [*sche-*] erstarrter Fleisch-, Fisch-, Fruchtsaft; **Gelese** w (~; ~n) (lat.) Fadenkreuz; **Gelidium** s (~s; –) (lat.) Rotalgen; **gelieren** ZW (-rte, -rt) ↙ ↗ [*sche-*] zu Gelee eindicken; **Gelifraktion** w (~; ~en) (lat.) Gesteinssprengung durch Frost.
Gelopunktur w (~; ~en) (gr.-lat.) ⚕ Behandlung von Bindegewebeknoten; **Gelose** w (~; ~n) (gr.) ⚕ Bindegewebeknoten.
Geminate w (~; ~n) (lat.) Doppelkonsonant; **Gemination** w (~; ~en) Verdopplung; **Gemini** M Zwillinge; **Geminiden** M (lat.) winterlicher Sternschnuppenschwarm; **Geminiprogramm** s (~[e]s; –) am. Raumfahrtplan für 2 Besatzungsmitgliedern; **geminieren** ZW (-rte, -rt) ↗ (lat.) verdoppeln.

Gemme w (~; ~n) (lat.) Schmuckstein mit eingeschnittenem Bild (Ggs.: *Kame|e*); **Gemmoglyptik** w (~; –) (lat.-gr.) Gemmenschneidekunst; **Gemmoskop** s (~s; ~e) schwaches zweiäug. Mikroskop zur Edelsteinuntersuchung.
Gen s (~[e]s; ~e) (gr.) Einheit des Erbgutes, Erbfaktor; **Genbank** w (~; ~en) Sammelstelle für Samen bedrohter Pflanzen.
genant EW (fr.) [*sche-*] beschämend, peinlich.
Gen|chirurgie w (~; –) = → Genmanipulation.
Gendarm m (~[e]s; ~e) (fr.) [*schan-*] Landpolizist; **Gendarmerie** w (~; -i|en) [*schan-*] Landpolizei.
Genealogie w (~; -i|en) (gr.) Erforschung menschlicher Gruppenbildungen; Familienforschung; m. s.: Genealoge (~n; ~n); EW: **genealogisch**.
General m (~s; ~e) (lat.) hoher Offizier; Heilsarmee-, Ordens|oberer; ⊄ *Generalintendant, -musikdirektor;* **General|absolution** w (~; ~en) † vollkommener Ablaß; **General|agent** m (~en; ~en) Hauptvertreter; **General Aviation** w (~ ~; –) (e.) [*dschenerel ävi|eischn*] Allgemeine Luftfahrt; **Generalbaß** m (-sses; -bässe) ♪ Akkord-, Harmonienbezeichnung mit Ziffern; **Generaldirektion** w (~; ~en) oberste Leitung eines Unternehmens; **Generaldirektor** m (~s; ~en) oberster Leiter eines Unternehmens; **Generale** s (~s; -li|en/-lia) was alle angeht; was immer gilt; **General|inspekteur** m (~s; ~e) [*-tör*] ⚔ Bundeswehrführer; **Generalisation** w (~; ~en) Verallgemeinerung; Vereinfachung einer Landkarte; **Generalisierung** w (~; ~en) Verallgemeinerung; ZW: **generalisieren** (-rte, -rt) ↗; **generalisiert** MW II ⚕ über den ganzen Leib verstreut; **Generalissimus** m (~; -mi) ⚔ oberster Offizier (auch: Titel totalitärer Herrscher); **Generalität** w (~; ~en) alle Generäle; ↓ Allgemeinheit; **Generalkapitel** s (~s; ~) † alle Ordensoberen; **Generalklausel** w (~; ~n) allgemeiner Rechtsgrundsatz als Gesetz; Übertragung eines Rechtsstreits an das Verwaltungsgericht; **Generalkommando** s (~s; ~s) Dienststelle eines Armeekorps; **Generalkonsul** m (~s; ~n) oberster Konsul(rang); **Generalkonsulat** s (~[e]s; ~e) dessen Amtssitz; **Generallini|e** w (~; ~n) bindender Grundsatz (z. B. einer Partei); **Generalmusikdirektor** m (~s; ~en) ♪ lei-

Gentechnologie

tender Dirigent; **Generalpause** w (~; ~n) ♪ gemeinsames Aussetzen aller Stimmen; **Generalprävention** w (~; ~en) Abschreckungsstrafe; **Generalprokurator** m (~s; -toren) höchster öst. Staatsanwalt; **Generalsekretär** m (~s; ~e) höchster Vertreter des Chefs; Geschäftsführer (und Vordenker) einer Partei; **Generalsekretariat** s (~[e]s; ~e) dessen Amtssitz (Büro); **Generalstab** m (~s; -stäbe) (lat.-d.) Offiziersrunde, betraut mit Planung und Beratung des Befehlshabers; **Generalstreik** m (~s; ~s) Arbeitsniederlegung (fast) aller Arbeitnehmer; **Generalsuper|intendent** m (~en; ~en) † evang. Bischof; **Generalsuper|intendantur** w (~; ~en) sein Amt(ssitz); **Generalsynode** w (~; ~n) † oberste evang. Kirchenvertretung; **Generalsynodale** m (~n; ~n) † Mitglied der Kirchenleitung; **Generalvikar** m (~s; ~e) † Bischofsvertreter; **Generalvikariat** s (~[e]s; ~e) sein Amtssitz (Büro).

Generation w (~; ~en) (lat., = Zeugung) alle Menschen einer Epoche; alle zur gleichen Altersstufe Gehörenden (Familienangehörigen); ⊕ alle durch Fortpflanzung entstandenen Pflanzen; Menschenalter; **Generation Gap** s (~ ~s; –) (am., = Generationslücke) [djenerē'schn gäp] Jugendliche zwischen 18 u. 24 Jahren (vielfach in Opposition); **generativ** EW zur (für die, durch die) Zeugung; **Generator** m (~s; -toren) Kraftumwandler; Gas|erzeugergerät; **Generator|gas** s (~es; ~e) Industriegas aus durchlüfteten glühenden Kohlen; **generell** EW allgemein(gültig).

generisch EW (lat.) Gattungs...
generös EW (lat.-fr.) großmütig; w. abstr. s.: **Generosität** (~; –).
Genese w (~; ~n) (gr.) Entstehung, Entwicklung; ⚄ Krankheitsgrund; **Genesis** w (~; –) (gr., = Entstehung) 1. Buch Mosis; Ursprung; **Genetik** w (~; –) Lehre vom Ursprung u. von der Entwicklung; ⚄ Vererbungsforschung; m. s.: **Genetiker** (~s; ~); **genetisch** EW durch die (bei, in, mit der) Vererbung (*g.e Methode* sucht aus dem Werden des vorliegenden Dinges [Problems] dieses zu verstehen [verständlich zu machen]; entwickelnde Lehrweise; *g.er Code* [*ko"d*] Erbinformation [als Zusammenhang zwischen Nukleinsäuren der Gene und deren Eiweißstoffen in den Zellen]); **Genetiv** = → Genitiv.

Genette w (~; ~s) (fr.) [*schenät*] afrik. Ginsterkatze.
Genever m (~s; ~) (nl.) [*ehe-*] Wacholderschnaps.
genial(isch) EW (gr.-lat.) hochbegabt; schöpferisch; w. abstr. s.: **Genialität** (~; –); **Genie** s (~s; ~s) [*schenî*] schöpferische Genialität; hervorragend Begabte(r), ∪ Durchschnittsmensch *(verbummeltes, versoffenes, verkommenes G.)*; **Geni|en** M (lat.) röm. Schutzgeister.
genieren ZW (-rte, -rt) ⤺ (lat.-fr.) [*sche-*] sich schämen, schüchtern sein; **genierlich** EW [*sche-*] schüchtern, schamvoll, lästig.
Genietruppe w (~; ~n) (fr.) [*sche-*] ✕ Pioniere.
Genisa (auch: **Geniza**) w (~; ~s) (heb.) Aufbewahrungsort reparaturbedürftiger Papiere und Kultobjekte in der Synagoge.
genital EW (lat.) Geschlechtsteil...; **Genitale** s (~s; –) Geschlechtsteil; **Genitali|en** M Geschlechtsteile; **Genitaltuberkulose** w (~; ~n) ⚄ Tuberkulose der Geschlechts|organe.
Genitiv m (~s; ~e) (gr.) 2. Beugefall, = **Genitivus** m (~; -vi).
Genius m (~; -ni|en) (lat.) Schutz-, Lebensgeist; menschl. Schöpferkraft; Lokalpatron (*G. loci* Geist des Ortes; *G. morbi* Krankheitsart).
Gen|manipulation w (~; ~en) (gr.-lat.) biochem. Eingriff in die Erbstubstanz, → Gentechnik.
Genom s (~[e]s; ~e) (gr-lat.) Chromosomensatz einer Zelle; **Genom|analyse** w (~; ~n) Feststellung der individuellen Erbeigenschaften; **Genom|mutation** w (~; ~en) seine Veränderung im Erbgang; **Genotyp** m (~s; ~en) = **Genotypus** m (~; -pen) Erbbild (Ggs.: *Phänotyp*); EW: **genotypisch**; **Genozid** s (~[e]s; ~e) Völkermord, = **Genozidium** s (~s; -di|en).
Genre s (~s; ~s) (fr.) [*schanŕ*] Art, Wesen; **Genrebild** s (~es; ~er) intime Darstellung des Alltagslebens.
Gen-Rekombination w (~-~; ~-~en) (gr.-lat.) → Gentechnik; **Genreserven** M Kreuzung mit Wildpflanzen zur Verjüngung von Nutzpflanzen.
Gens w (~; Gentes) (lat.) altrömischer Sippenverband.
Gent m (~s; ~s) (e. KW) [*dschent*] Geck.
Gen|technik w (~; ~en) (gr. KuW) gezielte Veränderung der Erbinformation von Lebewesen; **Gentechnologie**

Gentexnetz

w (~; -i|en) Nutzung von Erbinformationen in Medizin und Pharmazie.
Gentexnetz s (~es; ~e) (KW ≠ **Gen**eral **Tel**egraph **Ex**change [*dschänerel telegräf iks|tscheinsch*]) Fernschreibenetz des öffentl. Telegrammverkehrs.
Gen|therapie w (~; -i|en) (gr.) $ Behandlung von Erbkrankheiten durch Austausch von Genen in Zellen.
gentil EW (lat.-fr.) [auch: *schan-*] höflich, ritterlich, nobel; **Gentleman** m (~s; -men) (e.) [*dschentlmän*] noble Persönlichkeit; **gentlemanlike** EW [*dschentlmänlaik*] nobel, wie ein Herr; **Gentleman's Agreement** s (~ ~; ~ ~s) [*dschentlmäns egríment*] Abkommen auf Treu und Glauben; **Gentry** w (~; -) [*dschäntri*] niederer Adel, Oberschicht.
Genuakord m (~[e]s; -) (nach einem it. ON) Möbelrippensamt, = **Genuasamt** m (~[e]s; -).
genu|in EW (lat.) angeboren; echt; **Genus** s (~; -nera) (lat.) Substantivgeschlecht; Gattung; Redestilart.
Geobionten M (gr.) Lebewesen am (im) Boden; **Geobotanik** w (~; -) ⊕ Erforschung der Umweltbedingtheit; EW: **geobotanisch; Geochemie** w (~; -) 🜚 Erforschung der Erdelemente; EW: **geochemisch;** m. s.: **Geochemiker** (~s; ~); **Geochronologie** w (~; -) (Lehre von der) geologische(n) Zeitrechnung; EW: **geochronologisch; Geodäsie** w (~; -) (gr., = Erdteilung) Vermessungskunde; **Geodät** m (~en; ~en) Feldmesser; EW: **geodätisch** (*g.e Linie* kürzeste Linie zwischen 2 Erdpunkten); **Geode** w (~; ~n) (gr.-lat.) Gesteinshohlraum; **Geodimeter** s (~s; ~) Gerät zur Entfernungsmessung; **Geodynamik** w (~; -) allgemeine Geologie; m. s.: **Geodynamiker** (~s; ~); EW: **geodynamisch; Geo|elektrik** w (~; -) Bodenuntersuchung mit Elektrizität; EW: **geo|elektrisch; Geofaktor** m (~s; -toren) Landschaftselement; **Geogenie** w (~; -) Erdgeschichte, = **Geogonie** w (~; -) = **Geogenese** w (~; -); EW: **geogenetisch; Geographie** w (~; -) Erdkunde; m. s.: **Geograph** (~en; ~en); EW: **geographisch** (*g.e Breite* [*Länge*] eines Ortes, *g.e Meile* = 7,42 km); **Geo|id** s (~s; -) Erdkörper; **geokarp** EW ⊕ in der Erde reifend; w. abstr. s.: **Geokarpie** (~; -); **Geokorona** w (~; -) (gr.-lat.) Gashülle der Erde in 1000–2000 km Höhe; **Geologie** w (~; -) Erforschung der Erdkruste; m. s.: **Geologe** (~n; ~n); EW: **geologisch; Geomedizin** w (~; -) Erforschung der Umweltbedingtheit von Krankheiten; EW: **geomedizinisch; Geometer** m (~s; ~) Landmesser; **Geometrie** w (~; -) ⊀ Erforschung der Figuren, Flächen und Kurven; EW: **geometrisch** (*g.er Ort* Fläche [Linie], deren Punkte alle die gleiche Bedingung erfüllen; *g.e Reihe* Zahlenreihe, deren Vervielfachung [Teilung] mit einer gleichbleibenden Zahl aus dem Gliede davor hervorgeht; *g.es Mittel* ⊀ Wurzel aus dem Produkt zweier Größen); **Geomorphologe** m (~n; ~n) Erdoberflächenforscher; w. abstr. s.: **Geomorphologie** (~; -); EW: **geomorphologisch; Geonym** s (~s; ~e) Pseudonym aus geograph. Angabe; **Geophagie** w (~; -i|en) Erde|essen (als Krankheit oder Gewohnheit); m. s.: **Geophage** (~n; ~n); **Geophon** s (~s; ~e) Gerät für geophysikal. Forschungen; **Geophysik** w (~; -) Wissenschaft von den physikal. Vorgängen auf, in der Erde; EW: **geophysikalisch** (*g.es Jahr* internationale Erforschung physikalischer Erdvorgänge in einem bestimmten Jahr); m. s.: **Geophysiker** (~s; ~); **Geophyten** M ⊕ Pflanzen, die durch unterirdische Wurzeln [Knollen, Zwiebeln] überwintern; **Geoplastik** w (~; ~en) Erdoberflächendarstellung; EW: **geoplastisch; Geopolitik** w (~; -) Erforschung der Umweltbedingtheit der Politik; EW: **geopolitisch; Geopsychologe** m (~n; ~n) Erforscher der Zusammenhänge zwischen Seele und natürlichem Milieu; w. abstr. s.: **Geopsychologie** (~; -); EW: **geopsychologisch.**
Georgette m, w (~; ~s) (fr.) [*schorschett*] = → Crêpe de Chine.
Georgine w (~; ~n) (nach J. G. *Georgi*, 1729–1802), = → ⊕ Dahli|e.
Geostatik w (~; -) (gr.) Erforschung des Erdgleichgewichtes; EW: **geostatisch; geostationäre Bahn** w (~n ~; ~n ~en) → Erdsynchronbahn; **Geosynklinale** w (~; ~n) (gr.-lat.) trogartig abgesenkter Teil der Erdkruste; **Geotaxis** w (~; -xen) Reizreflex bei Tieren und Pflanzen auf Schwerkraft; **Geotektonik** w (~; -) Erforschung der Erdrinde; EW: **geotektonisch; Geotherapie** w (~; -) $ klimatische Heilbehandlung; EW: **geotherapeutisch; geothermal** EW die Erdwärme nutzend (betreffend); **Geothermometer** s (~s; ~) (gr.) Meßgerät für die Erdbodenwärme; EW: **geothermometrisch; Geotropismus** m (~; -) ⊕ Schwerkraftreaktion von Pflanzenorganen;

EW: **geotrop(isch)**; **Geotroposkop** s
(~[e]s; ~e) Erdachsendrehungsmesser; **Geowissenschaften** M alle mit der
Erde befaßten Forschungszweige; **geozentrisch** EW mit der Erde als Mittelpunkt; w. s.: **Geozentrik** (~; -); **geozyklisch** EW den Sonnenumlauf der
Erde angehend; m. s.: **Geozyklus** (~;
-klen).
Gepard m (~[e]s; ~e) (fr.) i., afr. Katzenraubtier.
Geragogik w (~; -) (gr. KuW) Altenpädagogik.
Geranil|e w (~; ~n) (gr.) ♠ Storchschnabelgewächs, = **Geranium** s (~;
-ni|en).
Gerbera w (~; ~s) (nach einem d.
Arzt) ♠ Schnittblume.
Gerbulur w (~; ~en) (it.) Abzug wegen
Verunreinigung der Ware.
Geriater m (~s; ~) (gr.) Arzt für Altersleiden; **Geriatrie** w (~; -) ⚕ Altenheilkunde; EW: **geriatrisch**.
gerieren ZW (-rte, -rt) ⟍ (fr.) [*sché-*]
sich benehmen.
Germania w (lat.) Sammelbezeichnung
altröm. Provinzen nördl. der Alpen;
Verkörperung des Deutschen Reiches
(19. Jh.); **Germanin** s (~s; -) ⚕ Mittel
gegen Schlafkrankheit; **germanisieren**
ZW (-rte, -rt) ↗ eindeutschen; **Germanismus** m (~; -men) d. Spracheigenheit (in andere Sprache übernommen); **Germanist** m (~en; ~en) Erforscher der d. Sprache u. Literatur; **Germanistik** w (~; -) Erforschung der d.
(germ.) Sprache(n) und Literatur(en);
EW: **germanistisch**; **Germanium** s
(~s; -) (lat., ¢ *Ge*) ⚛ Element (Halbleiter); **germanophil** EW deutschfreundlich; w. s.: **Germanophilie** (~;
-); **germanophob** EW deutschfeindlich; w. s.: **Germanophobie** (~; -).
germicid EW (lat.) keimtötend; **germinal** EW (lat.) Keim...; Geschlechts...; **Germinali|en** M Geschlechtsdrüsen; **Germination** w (~;
- en) (Periode der) Keimung; **germinativ** EW (lat.) keim
Geroderma w (~; -men) (KuW) Altershaut; **Geront(e)** m (~[e]n; ~[e]n)
(gr.) spartanischer Ältester; **Gerontokratie** w (~; -) Herrschaft der Ältesten; EW: **gerontokratisch**; **Gerontologie** w (~; -) Altersforschung; m. s.:
Gerontologe (~n; ~n); EW: **gerontologisch**; **Gerontophilie** w (~; -) sexuelle Neigung jüngerer zu älteren Personen.
Gerundium s (~s; -di|en) (lat.) Beugung des Infinitivs.

Gerundiv s (~[e]s; ~e) = **Gerundivum**
s (~s; -va) (lat.) futurisches passives
Partizip; EW: **gerundivisch**.
Gerusia w (~; -) (gr.) spartanischer Ältestenrat, = **Gerusie** w (~; -).
Gervais m (~; ~) (fr., nach einem
Gutsbesitzer in der Normandie, seit
1865) [*scherwä*] Weichkäse.
Geseire(s) s (~[s]; ~) (heb.) Geschwätz, = **Geseier** s (~s; -).
Gespons s (~es; ~en) (lat.) ∪ Gatte,
Gattin; Braut.
Gestagen s (~s; ~e) (lat.-gr.) w. Keimdrüsenhormon.
Geste w (~; ~n) (lat.) Gebärde; **Gestik**
w (~; ~en) Gebärdenspiel; **Gestikulation** w (~; ~en) Mimik; **gestikulieren**
ZW (-rte, -rt) ⟋ Gebärden machen.
Gestose w (~; ~n) (lat.) ⚕ Schwangerschaftsstörung.
Getter m (~s; ~) (e.) gasbindender
Stoff, zur Aufrechterhaltung des Vakuums in Elektronenröhren; ZW: **gettern** (-rte, gegettert) ↗; w. s.: **Getterung, Gettierung** (~; ~en).
Getto s (~s; ~s) (it. aus heb.) Judenviertel; Judensperrbezirk ↓.
Geysir = → Geiser.
Ghibli m (~s; ~s) (ar.) nordafrik.
Sandsturm.
Ghostword s (~s; ~s) (e.) [*goʷst-wörd*] sprachliche Neuschöpfung
durch Druckfehler oder Versprechen;
Ghostwriter m (~s; ~) [*goßt|raitʳr*]
Verfasser im Auftrag eines andern,
der als Urheber gilt.
Giaur m (~s; ~e) (türk.) Ungläubiger
(als Schelte).
Gibbon m (~s; ~s) (fr.) langarmiger
Menschenaffe.
Gibli m (~; -) (ar.-it.) = → Ghibli.
Gien s (~s; ~e) (e.) ⚓ schweres Takel;
ZW: **gienen** (-nte, gegient) ↗.
Gig s (~s; ~s), w (~; ~s) (e.) leichtes
Ruderboot (zum Üben); Zweiradwagen.
Giga|elektronenvolt s (~s; -) (gr.) eine
Milliarde Elektronenvolt (¢ *GeV*); **Gigameter** s (~s; ~) (gr.) 1 Milliarde
Meter; **Gigant** m (~en; ~en) Riese;
EW: **gigantisch**; **Gigantismus** m (~; -)
Riesenwuchs; **Gigantographie** w (~;
-i|en) Plakatvergrößerungsmethode;
EW: **gigantographisch**.
Gigolo m (~s; ~s) (fr.) [*schi-*] Eintänzer.
Gigot s (~s; ~s) (fr.) [*schî-*] Lammkeule.
Gigue w (~; ~n) (fr.) [*schig*] Schreittanz; Satz einer Suite.
Gilka m (~s; ~s) (KuW) Kümmellikör.

Gimmick s (~s; ~s) (am.) [*dschi-*] (Werbe-)Trick.
Gin m (~s; ~s) (e.) [*dschinn*] Wacholderschnaps; **Gin-Fizz** m (~-~; ~-~) (e.-am.) [*dschinnfiss*] Gin mit gezuckerter Zitrone.
Gingan(g) m (~s; –) = **Gingham** m (~s; –) (e.) [*gingem*] bunte Glanzbaumwolle.
Ginger m (~s; –) (e.) [*dschinsche'*] Ingwer; **Ginger ale** s (~ ~s; ~ ~s) (e.) [*-eil*] erfrischendes Getränk mit Ingwergeschmack.
Gingiva w (~; –) (lat.) Zahnfleisch; **Gingivitis** w (~; -itiden) (lat.) Zahnfleischentzündung.
Gingko m (~s; ~) (chin.) ⊕ asiat. Zierbaum, = **Ginkjo** m (~s; ~s).
Ginseng m (~s; ~s) (chin.) ⊕ vermeintlich lebensverlängernde Aralienwurzel.
giocoso (it.) [*dschokǫ-*] ♪ heiter.
Gips m (~es; ~e) (sem.-gr.-lat.) ⚲ Kalziumsulfat (schnell härtendes Bindemittel); ZW: **gipsen** (-pste, gegipst) ↗; m. s.: **Gipser** (~s; ~); EW: **gipsern**.
Gipsy m (~s; –) (e. = Zigeuner) [*dschipsi*] ∪ Haschischsorte.
Gipüre w (~; ~n) (fr.) Spitze mit reliefartigem Muster.
Giraffe w (~; ~n) (ar.) afr. Großantilope.
Giralgeld s (~[e]s; ~er) (gr.-lat.-it.-d.) [*schi-*] Buch-, Bankgeld.
Girandola w (~; -dolen) (gr.-lat.-it.) [*schi-*] Mehrarmleuchter; Ohrgehänge mit Edelsteinen; Feuerwerkgarbe, = **Girandole** w (~; ~n) [*schi-*].
Girant m (~en; ~en) (gr.-lat.-it.) [*schi-*] Auftraggeber eines Wechsels; **Girat** m (~en; ~en) [*schi-*] der, an den die Wechselverbindlichkeit zu leisten ist, = **Giratar** m (~s; ~e) [*schi-*] = **Girator** m (~s; -toren) (lat.) [*schi-*] (Wechsel) übertragen.
Girl s (~s; ~s) (e.) [*görl*] junges (sportliches, tanzfreudiges) Mädchen; w. Ballettmitglied.
Girlande w (~; ~n) d.-it.-fr.) Laub-, Blumengewinde.
Giro s (~s; ~s/-ri) (gr.-lat.-it.) [*schi-*] Übertragungserklärung; bargeldlose Überweisung (*Giro d'Italia* s (~s ~; –) [*schi-*] it. Radrennen); **Giroscheck** m (~s; ~s) [*schi-*] auf ein Girokonto gezogener Scheck; **Girosystem** s (~s; ~s) (gr.-lat.-it.-gr.) [*schi-*] bargeldloser Zahlungsverkehr durch Bankaufträge;

Girozentrale w (~; ~n) (gr.-lat.-it.-lat.) [*schi-*] Sparkasseninstitut.
Gitana w (~; ~s) (sp.) [*chi-*] zig. Tanz.
Gitarre w (~; ~n) (sp.) ♪ Zupfinstrument; m. s.: **Gitarrist** (~en; ~en).
giusto (it.) ♪ [*dsch-*] im richtigen Tempo.
Give away s (~ ~s; ~ ~s) (am.) [*-äwei*] Verkäuferprämie; Werbezettel; **Give away price** m (~ ~ ~; ~ ~ ~s) [*-praiß*] Schleuderpreis.
Givrine m (~[s]; –) (fr. KuW, = Rauhreifsache) [*schi-*] Damenmantelrips.
Glabella w (~; -llen) (lat.) ⚕ Stirnbeinmitte (anthropolog. Meßpunkt).
Glace w (~; ~s) (fr.) [*glaß*] Zuckerüberzug; Fleischgelee; Gefrorenes; **Glacé** s (~s; ~s) [*glaßé*] Glanzgewebe; **glacieren** ZW (-rte, -rt) ↗ [*-ßi-*] glasieren.
Glacis s (~; ~) (fr.) [*glaßi*] ⚔ Vorgelände einer Festung ⬇.
Gladiator m (~s; -toren) (lat.) Schwertkämpfer (im Zirkus); **Gladiole** w (~; ~n) (lat.) ⊕ Siegwurz.
Glamour m, s (~s; –) (gr.-lat.-fr.-e.) [*gleimer*] Überbetonung des Weiblichen; große w. Schönheit; **Glamourgirl** s (~s; ~s) [*gleimergörl*] Reklamemädchen, -schönheit; **glamourös** EW (e.-fr.) [*gleimer-*] wunderschön.
Glandel w (~; ~n) (lat.) ⚕ Mandel, Drüse; **glandotrop** EW ⚕ auf eine Drüse einwirkend; **Glandula** w (~; -lae) = Glandel; EW: **glandular** ⚕.
glasieren ZW (-rte, -rt) ↗ (lat.-fr.) gefrieren lassen; mit Zuckerguß (glasartig) überziehen.
Glasnost w (~; –) (r., = Öffentlichkeit) Offenheit im öffentl. r. Leben.
Glasur w (~; ~en) (d.-fr.) glasartiger Überzug; Zuckerguß.
Glaubertit m (~s; ~e) (d.-lat.) mineral. Natrium-Kalziumsulfat.
Glaukochroit m (~s; ~e) (gr.-lat.) [*-kro-*] ein Mineral; **Glaukodot** s (~s; ~e) ein Mineral; **Glaukom** s (~s; ~e) (gr.) ⚕ grüner Star; **Glaukonit** m (~s; ~e) (gr.-lat.) Mineral; **Glaukophan** m (~s; ~e) (gr.) Mineral.
glazial EW (lat.) Eis(zeit)...; **Glazialzeit** w (~; –) (lat.-d.) Eiszeit, = **Glazial** s (~[e]s; ~e); **Glazialfauna** w (~; –) (lat.) Tierwelt der Eiszeit; **Glazialflora** w (~; –) Pflanzenwelt der Eiszeit; **Glazialrelikt** s (~[e]s; ~e) aus der Eiszeit stammende, noch jetzt vorkommende Tiere oder Pflanzen; **Glaziologe** m (~n; ~n) (lat.-gr.) Gletscherforscher; **Glaziologie** w (~; –) Gletscherkunde; EW: **glaziologisch**.

Gleditschi|e w (~; ~n) (nach einem d. Botaniker, 18. Jh.) ⊕ Christusdorn.
Glencheck m (~s; ~s) (e.) [-*sch*-] Wollstoff mit Karomuster.
Gliadin s (~s; -) (gr.) Weizeneiweiß.
Glider m (~s; ~) (e.) [*glai̯*-] Gleitsegler ohne Motor.
Glima w (~; -) (isl.) Ringstil.
Gliom s (~[e]s; ~e) (gr.) ⚥ (bösartige) Geschwulst am Rückenmark (Auge, Hirn).
glissando (it.) ♪ über die Saiten (Tasten) gleitend; s. s.: **Glissando** (~s; -di/~s).
global EW (lat.) überall auf der Erde, weltweit; ungefähr; **Globalurkunde** w (~; ~n) verbrieft Rechte an mehreren Urkunden; **Globalstrahlung** w (~; ~en) Himmels- und Sonnenstrahlung; **Globetrotter** m (~s; ~) (e.) Weltenbummler; Pflastertreter.
Globin s (~s; -) (lat.) ⚥ Hämoglobineiweiß.
globos EW (lat.) kuglig.
Globulin s (~s; ~e) (lat.) ⚥ im Wasser unlöslicher Eiweißstoff.
Globus m (~; ~se/-ben) (lat.) Nachbildung der Erd-, Himmelskugel.
Glo|ire w (~; -) (fr.) [*glôâr*] Ruhm; **Gloria** s (~s; ~s) (lat.) † Lobgesang auf Gott (*G. in excelsis* † „großes" Gloria); **Glori|e** w (~; ~n) (lat.) Glanz, Ruhm; **Glori|ette** w (~; ~n) (fr.) Futterstoff; Gartenpavillon; **Glorifikation** w (~; ~en) (lat.) Verherrlichung; **glorifizieren** ZW (-rte, -rt) ↗ (fr.-lat.) verherrlichen; **Gloriole** w (~; ~n) (lat.) Heiligenschein; **glorios, glori̯ös** EW (lat.) ruhmvoll; angeberisch.
Glossar s (~s; ~e) (lat.) alphabetisches Glossenverzeichnis; erklärendes Register, = **Glossarium** s (~s; -ri|en); **Glossator** m (~s; -toren) Rechtsinterpret (12. Jh.); **Glosse** w (~; ~n) (gr.) dunkler Ausdruck; seine Deutung; Zeitungskommentar; Randbemerkung; sp. Gedichtart; **Glossem** s (~s; ~e) (gr.-e.) jeder Sprachteil, der einen Sinngehalt ausdruckt; **Glossematik** w (~; -) = → Strukturalismus; m. s.: **Glossematist** (~n, -en), **glosslę̄ren** ZW (-rte, -rt) ↗ (gr.-fr.) mit (erklärenden) Bemerkungen versehen; **Glossitis** w (~; -itiden) (gr.-lat.) ⚥ Zungenentzündung; EW: **glossitisch; Glossographie** w (~; -i|en) (gr.) Sprach-, Wortdarstellung; Glossendeutung; EW: **glossographisch; Glossolalie** w (~; -i|en) verzücktes Stammeln; **Glossoplegie** w (~; -i|en) ⚥ Zun-
genlähmung; **Glossospasmus** m (~; -men) ⚥ Zungenkrampf.
Glossy skin s (~ ~s; -) (e.) Glanzhaut.
glottal EW (gr.-lat.) aus der Stimmritze (dem Kehlkopf); **Glottal** m (~s; ~e) Stimmritzen-, Kehlkopflaut; **Glottis** w (~; -ttides) (gr.) ⚥ Kehlkopfinneres; **Glottochronologie** w (~; -) Theorie der Sprachwissenschaft zu Abhängigkeiten von Sprachen in zeitl. Dimension; **glottogon(isch)** EW (gr.-lat.) aus dem (vom, im) Ursprung der Sprache.
Glovebox w (~; ~en) (am., = Handschuhkasten) [*glaw*-] ⚥ luftdichter Kasten für seuchengefährdete Arbeiten.
Gloxini|e w (~; ~n) (nach dem Arzt u. Blumenzüchter *Gloxin*, gest. 1784) ⊕ Topfpflanze.
Glukagon s (~s; -) (KuW) ⚥ Bauchspeicheldrüsenhormon.
Glucose, Glukose w (~; ~n) = → Glykose; **Glukos|urie** w (~; -i|en) (gr.) ⚥ Traubenzucker im Harn.
Glutamat s (~s; -) Natriumsalz der Glutaminsäure (hebt Geschmack von Speisen); **Glut|aminsäure** w (~; -) (lat.-gr.-d.) Muskeleiweißbestandteil (⚥ leistungssteigerndes Heilmittel); **Gluten** s (~s; -) Weizeneiweiß; Kleber; **Glutin** s (~s; ~e) Leim von Pflanzen (Tieren).
Glycerin = → Glyzerin.
Glykämie w (~; -) (gr.) Blutzucker; **Glykogen** s (~s; ~e) ⚥ tierische Stärke; **Glykogenie** w (~; -) Entstehung des Glykogens in der Leber; **Glykogenolyse** w (~; -) Abbau von Glykogen; **Glykokol(l)** s (~s; -) ⚥ einfachste Aminosäure; **Glykol** s (~s; ~e) zweiwertiger Alkohol; Frostschutzmittel; **Glykoprote|ide** M (KuW) kohlehydrathaltige Eiweißstoffe; **Glykose** w (~; ~n) Traubenzucker; **Glykosid** s (~s; ~-e) ⚥ ⚥ Zucker-Alkohol-Verbindung; **Glykos|urie** w (~; -i|en) ⚥ Harnzucker.
Glyptal s (~s; ~e) (KuW) Polyesterharz.
Glypte, Glyphe w (~; ~n) (gr.) geschnittener Stein; **Glyptik, Glyphik** w (~; -) Steinschneidekunst, = **Glyptographie, Glyphographie** w (~; -); **Glyptothek** w (~; ~en) Skulpturensammlung (z. B. in München).
Glyzerin, Glycerin s (~s; ~e) (gr.-lat.) ⚥ Ölsüß; **Glyzin(i)e** w (~; ~n) (gr.) ⊕ Süßholzwicke.
G-man m (~s; -men) (am.) [*dschimän*] Sonderagent.
Gnocchi M (it.) [*njokki*] Piemonteser Klöße.

Gnom m (~s; ~e) (gr.-lat.) Zwerg.
Gnome w (~; ~n) (gr.) [*-mê*] kurzer Sinnspruch; m. s.: **Gnomiker** (~s; ~); EW: **gnomisch**.
Gnomon m (~s; -men) (gr.) Schattenwerfer (als Sonnenwinkelmesser) ↓.
Gnoseologie w (~; -) (gr.) Erkenntnislehre; EW: **gnoseologisch**; **Gnosis** w (~; -) Verständnis (Interpretation); relig. (christl.) Geheimnisse; **Gnostik** w (~; -) = → Gnostizismus; **Gnostiker** m (~s; ~) Anhänger des Gnostizismus; EW: **gnostisch**; **Gnostizismus** m (~; -) (gr.) † philosophische Richtung mit dualistischem Einschlag; EW: **gnostizistisch**.
Gnotobiologie w (~; -) (gr.) Erforschung mikrobenfreier (steriler) Tiere; EW: **gnotobiologisch**.
Gnu s (~s; ~s) (kaf.) afr. Huftantilope.
Go s (~s; ~s) (jap.) Brettspiel.
Goal s (~s; ~s) (e.) [*gôl*] Tor (beim Sportspiel); **Goalgetter** m (~s; ~) erfolgreicher Torschütze; **Goalkeeper** m (~s; ~) [*-kiper*] Torhüter.
Gobelin m (~s; ~s) (fr., nach dem Pariser Färber und Weber J. G. *Gobelin*, 15. Jh.) [*goblän*] Wandteppich mit eingewebten Bildern.
Go-cart m (~-~s; ~-~s) (e., = Kinderrollwägelchen) [*go"kât*] kleiner Sportrennwagen; → Go-kart.
Godet s (~s; ~s) (fr.) [*godê*] Kleidkeil (zur Erweiterung) ↓.
Godemiché m (~; ~s) (fr.) [*god^emischê*] Nachbildung eines eregierten Penis.
Godetie w (~; ~n) (lat.) ⊕ Sommerazaleie.
Goethit m (~en; ~en) (nach dem d. Dichter *Goethe*, 1749–1832) Nadeleisenerz.
Go-go-boy m (~-~-~s; ~-~-~s) (am.) [*gogobeu*] Art Vortänzer; **Go-go-Fonds** M [*-foñ*] auf Kursgewinne abgestellte Fonds; **Go-go-girl** s (~-~-~s; ~-~-~s) [*-görl*] Art Vortänzerin.
Goi m (~s; Gojim) (heb.) Nichtjude.
Go-in s (~-~s; ~-~s) (e.) [*go"[in*] Besetzung von Demonstranten, um Diskussion(en) zu erzwingen.
Go-kart m (~-~s; ~-~s) (am.) unverkleideter Rennwagen; → Go-cart.
Golatsche w (~; ~n) (tsch.) = → Kolatsche.
Golden Delicious m (~ ~; ~ ~) (e.) [*gouldn dilisch^es*] Winterapfelsorte; **Golden Twenties** M die „goldenen" zwanziger Jahre (dieses Jh.s); **Goldklausel** w (~; ~n) (d.-lat.) Abmachung, daß eine Schuld in Gold(es-wert) zurückzuzahlen ist; **Goldparität** w (~; ~en) (d.-lat.) Beziehung zweier Währungen zueinander aufgrund ihres vorgeschriebenen Feingoldgehaltes.
Golem m (~s; ~s) (heb.) künstlicher Mensch; Sagenriese.
GOLEM m (~s; -) (KuW) Informationssystem für fremdsprachl. Begriffe.
Golf¹ m (~[e]s; ~e) (gr.-rom.) Meeresbucht.
Golf² s (~[e]s; ~s) (e.) Geländeballspiel (urspr. schott.); m. s.: **Golfer** (~s; ~).
Goliath m (~s; ~s) (nach einem biblischen Riesen) übergroßer, -starker Mann.
Gombo w (~; ~s) (afr.) ⊕ Eibischschoten als Suppengemüse.
Gon s (~s; ~e) (gr.; ¢ *g*) ⊀ Winkelmaß (Neugrad).
Gonade w (~; ~n) (gr.) § Keimdrüse; **gonadotrop** EW die Keimdrüsen beeinflussend.
Gonagra s (~s; ~s) (gr.) § Kniegicht; **Gon|arthritis** w (~; -itiden) § = → Gonitis.
Gondel w (~; ~n) (it.) schmales Ruderboot; Ballonkorb; Kabine von Seilbahnen; rundum offener Verkaufsstand; **gondeln** ZW (-lte, gegondelt) ∠ (in einer Gondel) langsam fahren; **Gondoli|era** w (~; -ren) Gondellied; **Gondoli|ere** m (~n; ~n) venezian. Gondelführer.
Gong s, m (~s; ~s) (mal.) Schlaginstrument; **gongen** ZW (-gte, gegongt) ∠ mit dem Gong schlagen.
Gongorismus m (~; -) (nach dem sp. Dichter *Gongora*, 1561–1627) manirierter Stil; m. s.: **Gongorist** (~en; ~en); EW: **gongoristisch**.
Goniatit m (~en; ~en) (gr.-lat.) Kopffüßler, als Versteinerung, Leitfossil des Silurs.
Gonidrum s (~s; -dra) (gr.-lat.) ⊕ Algenzelle im Flechtenkörper.
Goniometer s (~s; ~) (gr.) Neigungswinkelmesser; **Goniometrie** w (~; -) ⊀ Erforschung trigonometrischer Funktionen ausschließlich durch Winkel; EW: **goniometrisch** (*g.e Funktionen* trigonometrische Funktionen).
Gonitis w (~; -itiden) (gr.) § Kniegelenkentzündung.
Gonochorismus m (~; -) (gr.-lat.) Getrenntgeschlechtigkeit von Tieren; **Gonokokken** M (gr.) § Bakteriengruppe (Trippererreger); **Gonorrhö** w (~; ~en) § Tripper; EW: **gonorrhoisch**; **Gonozyten** M Ei und Samen.

good bye (e.) [*gúdbai*] leb(t) wohl!; **Goodwill** m (~s; -) [*gúdwill*] Firmenwert; Wohlwollen; **Goodwillreise** w (~; ~n) [*gúd-*] (diplomatische) Werbefahrt.

Gopak m (~s; ~s) (r.) Tanz im ²/₄-Takt; = **Hopak** (ukrain.).

gordisch EW (gr., nach *Gordios*, dem Gründer der phrygischen Stadt *Gordion*) (*g.er Knoten* sehr schwer zu lösende Aufgabe; aber: *G.er Knoten* [berühmt]).

Gorgo w (~s; -gonen) (gr.) w. Ungeheuer (der altgr. Sage).

Gorgonzola m (~s; ~s) (nach einem it. ON) Weichschimmelkäse.

Gorilla m (~s; ~s) (afr.-gr.) Menschenaffe.

Gosain m (~s; ~s) (skr., hi.) i. Meditierender.

Gösch w (~; ~en) (fr.-nl.) ⚓ Bugflagge; linkes oberes Flaggengeviert.

Go-show m (~-~s; ~-~s) (am.) [*-schoᵘ*] Versuch, ohne vorherige Buchung mitfliegen zu können; **Go-slow** m, s (~-~s; ~-~s) [*-sloᵘ*] Bummelstreik.

Gospel s (~s; ~s) (am.) ♪ religiöses Negerlied.

Gospodin m (~s; -da) (r.) [*-djinn*] Herr (als Anrede).

GOST ₵ UdSSR-Normenzeichen.

Gotik w (~;-) (nach dem g. Stamm der Goten) Bau-, Malstil des hohen Mittelalters (12.–15. Jh.); **gotisch** EW □ im Stil der Gotik; von (bei) den Goten; **Gotizismus** m (~; -) Neugotik; EW: **gotizistisch**.

Gotlandium s (~s; -) (nach einer schwed. Ostseeinsel) Silurformation.

Gouache w (~; ~n) = → Guasch.

Gouda m (~s; ~s) (nach einem nl. ON) [*chau-*] Käseart.

Goudron m, s (~s;-) (fr., = Teer) [*gûdroñ*] Abdichtungs-, Isoliermittel (Asphaltrückstände mit Petroleum).

Gourmand m (~s; ~s) (fr.) [*gûrmañ*] Feinschmecker, Vielfraß, Schlemmer; **Gourmandise** w (~; ~n) (fr., = Gefräßigkeit) [*gûrmañdis̩*] Feinschmeckerei; **Gourmet** m (~s; ~s) (fr.) [*gurmé*] Feinschmecker; Weinkenner.

Gout m (~s; ~s) (fr.) [*gû*] Geschmack (*chacun á son gout* [*schakön aßoñ gû*] jeder auf seine Art); **goutieren** ZW (-rte, -rt) ↗ billigen; gern haben.

Gouvernante w (~; ~n) (fr.) [*guw-*] Erzieherin; **Gouvernement** s (~s; ~s) [*gûwernemañ*] Verwaltungsbezirk; **Gouverneur** m (~s; ~e) [*guwernör*] Regierungsvertreter; am. Bundesstaats|chef; ✕ Befehlshaber.

Gracht w (~; ~en) (nl.) Schiffsgraben in der Stadt.

gracioso (it.) [*gratschô-*] ♪ anmutig; s. s.: **Gracioso** (~s; -si).

Grad m (~[e]s; ~e) (lat.) Stufe, Rang, Würde; ⊰ Bogenmaß (= ¹/₃₆₀ des Kreisumfangs); ⊰ höchste Potenz, in der die Unbekannte auftritt; Temperaturmaß; Schriftgrad; **gradatim** UW Schritt für Schritt; **Gradation** w (~; ~en) Abstufung; Reihung von Ausdrucksmitteln; **Gradi|ent** m (~en; ~en) Luftdruckgefälle (₵ *grad*); ⊰ Funktionssteigerungsmaß (₵ *grad*); **Gradi|ente** w (~n; ~n) ⊰ Neigungswinkel aus Gradienten; **gradieren** ZW (-rte, -rt) ↗ in Grade einteilen; auf einen höheren Grad verdichten; Salzsole über Reisig leiten; **Gradierwaage** w (~; ~n) Äraometer zur Bestimmung der Konzentration von Salzlösungen; **Gradierwerk** s (~[e]s; ~e) Salzgewinnungs(riesel)anlage; **Grading** s (~s; ~s) (am.) [*grêidiñ*] $ Bösartigkeitsskala von Geschwüren; Sortieren von Tabaksblättern; **gradual** EW (lat.) Rang..., Grad...; **Graduale** s (~s; -li|en) † Psalmlied, Stufengebet; Gesangbuch für Meßgesänge; **Gradualsystem** s (~s; ~e) Erbfolge; **Graduation** w (~; ~en) = → Graduierung; **gradu|ell** EW stufenweise; **graduieren** ZW (-rte, -rt) ↗ in Grade einteilen; mit einem akademischen Grad begaben; **Graduierte** m, w (~n; ~n) Inhaber(in) eines akademischen Grades; **Graduierung** w (~; ~en) Maßeinteilung; Erhebung zu einem akademischen Grad; **Gradus ad Parnassum** (lat., = Stufe zum Musenheim [das man auf den Parnaß ansiedelte]) Einführung in die antike Metrik (Musik); Stufe zur höheren Bildung.

Graecum s (~s; -ca) (gr.-lat.) Abschlußprüfung im Griechischen.

Graffiato s (~s; -ti) (it.) keramische Verzierung; **Graffiti** M (obszöne) Wandzeichnungen; **Graffito** s (~s; -ti) Mauerbild, -inschrift; Marmorfliese mit Ornament.

Grafik usw. → Graphik usw.

Grahambrot s (~[e]s; ~e) (nach dem am. Arzt S. *Graham*, 1794 bis 1851) Gesundheitsbrot.

Grain m (~s; ~s) (e.) [*grêⁱn*] Juwelengewicht (64,8 mg); **grainieren** ZW (-rte, -rt) ↗ Papier narben; **Grainwhisky** m (~s; ~s) schottischer Getreidebranntwein.

Gräkomanie w (~; –) (gr.) (übertriebene) Griechenliebe; **Gräkum** s (~s; -ka) = → Graecum.
Gral m (~s; –) (fr.) wunderwirkender Stein mit Christi Blut.
Gramfärbung w (~; ~en) (nach einem dän. Bakteriologen) basische Anilinfärbung mit Alkoholentfärbung.
Gramine|en M (lat.) ⊕ die Gräser.
Gramm s (~[e]s; ~e) (gr.) Gewicht (= ¹⁄₁₀₀₀ kg [¢ g]); **Gramm|äquivalent** s (~[e]s; ~e) (¢ Val.) ☉ in g ausgedrücktes Äquivalentgewicht eines chemisch reinen Stoffes.
Grammatik w (~; ~en) (gr.) Sprachlehre; **Grammatiker** m (~s; ~) Sprachforscher; EW: **grammatisch, grammatikalisch**.
Gramm|atom s (~[e]s; ~e) (gr.) die Menge eines Elements entsprechend dem Atomgewicht in Gramm; **Grammkalorie** w (~; -i|en) (gr.-lat.) Wärmemenge, die 1 g Wasser von 14½°C auf 15½°C erhöht; Maß für den Kräfteverbrauch des Körpers (¢ cal); **Grammolekül** s (~s; ~e) = → Mol; **Grammophon** s (~[e]s; ~e) Plattenspieler; EW: **grammophonisch**.
Grammy (Award) m (~ ~s; ~ ~s) (am.) [grämi äwǫrd] Schallplattenauszeichnung.
gramnegativ EW sich rot färbend; **grampositiv** EW (vgl. → Gramfärbung) sich blau färbend.
Gran s (~[e]s; ~e) (lat.) Gewicht (0,06 g) ↓, **Grana** M Farbstoffkörnchen.
Grandille = → Grenadille.
Granalium s (~s; -li|en) (lat.) Einzelkorn des → Granulats.
Granat m (~[e]s; ~en) (roter) Halbedelstein; m (~[e]s; ~e) Kleinkrebs; **Granat|apfel** m (~s; -äpfel) (lat.-d.) Frucht des Granatbaums mit vielen fleischigen Kernen in fester Schale; Fruchtbarkeitssymbol; **Granate** w (~; ~n) (lat.-it.) Sprenggeschoß; warme Pastete.
Grand m (~s; ~s) (fr.) [grañ] Skatspiel (*G. ouvert* [grañdûwär] Skat bei aufgedeckten Karten; *G. Cru* [grañkrü] Edelwein; *G. Prix* [grañprī] großer [hochdotierter] Wettkampf [Pferde-, Motorsport]; *G.e Nation* [grañ naβjoñ] Frankreich [seit Napoleon I.]; *G.e Armée* [grañdarmē] Heer Napoleons; *G. fleet* [gränd flīt] e. Flotte im 1. Weltkrieg); **Grande** m (~s; ~s) (sp.) Angehöriger des kastil. Erbadels; **Grandeur** w (~; –) (fr.) [grañdǭr] Großartigkeit; **Grandezza** w (~; –) (it.) nobles Auftreten; **Grandhotel** s (~s; ~s) (fr.) [grañ-] elegantes Gästehaus; **grandios** EW (it.) großartig; w. abstr. s.: **Grandiosität** (~; –); **grandioso** (it.) ♩ erhaben; **Grand mal** s (~ ~; ~s maux [mō]) (fr.) ☥ [grañ-] schwere Epilepsie; **Grand Old Man** m (~ ~ ~; ~ ~ Men) (e.) [gränd ōld män] bedeutender Greis; **Grandseigneur** m (~s; ~e/~s) (fr.) [grañβänjȫr] vornehmer Mann; **Grand slam** m, s (~ ~; ~ ~s) (e.) [gränd släm] internat. Tennisturnier.
granieren ZW (-rte, -rt) ↗ (lat.) körnen; **Granierstahl** m (~s; -stähle) (lat.-d.) bogenförmiges Stahlgerät zum Aufrauhen der Kupferstichplatte.
Granit m (~[e]s; ~e) (lat.-it.) Tiefengestein; EW: **graniten, granitisch**; **Granitisation** w (~; ~en) Granitentstehung, = **Granitisierung** w (~; ~en); **Granitporphyr** m (~s; –) Ganggestein.
Granny Smith m (~ ~; ~ ~) (e.) [grän-] grüne Apfelsorte.
granulär EW (lat.) körnig; **Granularatrophie** w (~; -i|en) = → Granulom; **Granulat** s (~[e]s; ~e) gekörnte Substanz; **Granulation** w (~; ~en) ☥ Wärzchenbildung für Gewebe; Steinenoberfläche; aufgelötete Körnchenverzierung; **Granulationsgewebe** s (~s; ~) ☥ junges Bindegewebe in Gewebelücken, wildes Fleisch; **Granulator** m (~s; -toren) Gesteinzerkleinerer; **granulieren** ZW (-rte, -rt) ↗ Edelmetallkörnchen auflöten (*granulierte Leber* [*Niere*] körnig geschrumpfte Leber [Niere]); **Granulit** m (~[e]s; ~e) Weißstein; EW: **granulitisch**; **Granulom** s (~s; ~e) (gr.) ☥ Granulationsgewebe mit Geschwulst; **Granulose** w (~; ~n) = → Trachom; **Granulometrie** w (~; –) Siebkurve; **granulös** EW = → granulär; **Granulose** w (~; ~n) eitrige Bindehautentzündung; **Granulozyten** M ☥ gekörnte weiße Blutkörperchen.
Grapefruit w (~; ~s) (e.) [grǟpfrūt] Pampelmuse.
Graph m (~en; ~en) Diagramm; **Graphik** w (~; ~en) (gr.) Vervielfältigungstechnik; vervielfältigtes Blatt; **Graphiker** m (~s; ~) Künstler, der Handzeichnungen vervielfältigend herstellt; Vervielfältigungs|techniker; **graphisch** EW durch Zeichnung, Holzschnitt, Kupferstich o. ä. dargestellt (*g.e Darstellung* Schaubild; *g.e Kunst* Holzschnitt, Stich, Radierung, Steindruck; *g.es Gewerbe* Vervielfältigungsbetrieb für Bild und Schrift); **Graphit** m (~[e]s; ~e) (gr.) Kohlenstoffmine-

ral; EW: **graphitisch; Graphologe** m (~n; ~n) Handschriftendeuter; **Graphologie** w (~; –) Handschriftendeutung, -kunde; EW: **graphologisch; Graphospasmus** m (~; -mi) ≠ Schreibkrampf; EW: **graphospastisch; Graphostatik** w (~; –) Zeichnung zur Lösung statischer Probleme; EW: **graphostatisch; Graphothek** w (~; ~en) (gr. KuW) Sammlung graphischer Blätter (zum Entleihen).
Grappa w (~; –) (it.) Schnaps aus Traubentrestern.
Graptolith m (~s/~en; ~en) (gr.-lat.) Fossil des Silur.
GRAS-Liste w (~-~; –) (≠ e. Generally recognized as Safe [*dscheneräIli rekognaisd äs ßeif*]) Liste der als unschädlich allgemein anerkannten Chemikalien.
Grass s (~; –) (am.) = → Marihuana.
grassieren ZW (-rte, -rt) ∠ (lat.) sich (schnell) verbreiten.
Gratias s (~; ~) (lat.) Dankgebet (nach Tisch).
Gratifikation w (~; ~en) (lat.) Vergütung aus besonderem Anlaß; ZW: **gratifizieren** (-rte, -rt) ↗ ↓.
Gräting w (~; ~e/~s) (e.) ⚓ Rost-, Lukengitter.
gratinieren ZW (-rte, -rt) ↗ (fr.) leicht überbacken.
gratis UW (lat.) unentgeltlich; **Gratisakti|e** w (~; ~n) als Auszeichnung verschenkte Aktie.
Gratulant m (~en; ~en) (lat.) Glückwünschender; **Gratulation** w (~; ~en) Glückwunsch; **gratulieren** ZW (-rte, -rt) ∠ beglückwünschen.
Gravamen s (~s; -mina) (lat.) Beschwerde ↓.
Grave m (~s; ~s) (fr.) [*grâw*] Bordeauxwein; = → Gravis; **grave** (it.) ♪ schwer, ernst.
Gravettien s (~s; –) (nach fr. Fundort) [*gravättjän*] Altsteinzeitstufe.
Graveur m (~s; ~e) (fr.) [-*wör*] gewerbsmäßiger Gravierer.
gravid EW (lat.) ≠ schwanger; w. s.: **Gravidität** (~; ~en).
gravieren[1] ZW (-rte, -rt) ↗ (lat.) belasten *(g.de Beweggrunde)*.
gravieren[2] ZW (-rte, -rt) ↗ (nl.-fr.) in Metall (Stein) einschneiden; **Gravierung** w (~; ~en) (lat.) eingetiefte Zeichnung auf hartem Stoff.
Gravimeter s (~s; ~) (lat.-gr.) Schwerkraftmesser; **Gravimetrie** w (~; –) Schwerkraft-, Erdkrustenforschung; Ölsuche im Gebirge; EW: **gravimetrisch; Gravis** m (~; -ves) Tonzeichen (`[z. B.: è]); **Gravisphäre** w (~; ~n) Weltraumteil, der im Schwerkraftfeld eines bestimmten Weltkörpers liegt; **Gravität** w (~; ~en) Würde; **Gravitation** w (~; ~en) Schwerkraft; **Gravitations|energie** w (~; –) Energie durch Schwerkraft; **gravitätisch** EW mit betonter Würde; **gravitieren** ZW (-rte, -rt) ∠ sich durch Anziehung einer andern Masse bewegen; stark hinneigen; **Graviton** s (~s; -tonen) Elementarquant des Schwerkraftfeldes.
Gravur w (~; ~en) (lat.) Einschneiden von Linien; **Gravüre** w (~; ~n) Stahl-, Kupferstich.
Grazi|e w (~; ~n) (lat.) Anmut(sgöttin); **grazil** EW schlank; geschmeidig; w. s.: **Grazilität** (~; –); **graziös** EW anmutig; **grazioso** (it.) ♪; **Grazioso** s (~s; -si) ♪ liebliches Musikstück.
Gräzismus m (~; -men) (gr.-lat.) altgr. Spracheigenart; **gräzisieren** ZW (-rte, -rt) ↗ nach (alt)gr. Vorbild prägen; **Gräzist** m (~en; ~en) Erforscher der gr. Sprache und Kultur; **Gräzistik** w (~; –) Erforschung der gr. Sprache und Kultur; EW: **gräzistisch**.
Green s (~s; ~s) (e.) [*grîn*] Teil des Golfplatzes; **Green|ager** m (~s; ~) (am. ≠ greenhorn und teenager) [-*ei-dsche*″] Kind vor der Pubertät; **Greenback** m (~s; ~s) (am.) [*grînbäck*] Dollarnote; am. Schatzanweisung; **Greenhorn** s (~s; ~s) [*grîn-*] Grünschnabel; **Green Peace** w (~ ~s; –) [-*pîß*] internat. Vereinigung, die sich für Frieden und Umweltschutz einsetzt; **Green Stuff** m (~ ~s; –) (am.) [*grînstaff*] Haschisch.
Greenwich [*grînidsch*] Vorort Londons, durch den der Nullmeridian führt, der die mitteleuropäische Zeit (MEZ) bestimmt (≠ *Gr.*).
Gregarinen M (lat.) einzellige Schmarotzer.
Grège w (~; ~s) (fr.) [*gräsch*] Rohseidenfaden; **Grègeseide** w (~; ~n) Rohseide.
gregorianisch EW (lat.) nach Gegorius (*G.er Gesang [Choral]* † nach Papst Gregor I., 6. Jh., genannter Kirchengesang; *G.er Kalender* von Papst Gregor XIII. 1582 reformierter Kalender); w. s.: **Gregorianik** (~; –) Kunst des Gregorianischen Gesanges; ZW: **gregorianisieren** (-rte, -rt) ↗.
Grelots M (fr.) [*grelô*] plastische Randstickerei.
Gremium s (~s; -mi|en) (lat.) (Arbeits-) Gruppe; Ausschuß; Berufsvereinigung.

Grenadier m (~s; ~e) (fr.; vgl. → Granate) Infanterist.
Grenadill s (~s; –) = **Grenadillholz** s (~es; –) (sp.) tropische Holzart.
Grenadille w (~; ~s) = **Grenadille** w (~; ~n) (sp.) [-*diljo, -dilje*] Melonenart.
Grenadin m (~s; ~s) (fr.) [-*däñ*] gedämpfte Fleischschnitte im Reisrand.
Grenadine w (~; ~n) (sp.-fr.) roter Sirup (für Cocktails); steifer Zwirn.
Greyhound m (~s; ~s) (e.) [*gre̩'haund*] e. Rennhund; M: am. Überlandbuslinie.
Griffon m (~s; ~s) (fr.) [-*foñ*] Vorstehhund.
grignardieren ZW (-rte, -rt) (nach fr. Chemiker) [*grinjar-*] organische Stoffe synthetisch herstellen.
Grill m (~s; ~s) (lat.-fr.-e.) Bratrost; **Grillade** w (~; ~n) (fr.) [-*jâd*] Rostfleisch; **grillen** ZW (-llte, gegrillt) ↗ auf dem Bratrost rösten, = **grillieren** ZW (-rte, -rt) ↗; **Grillroom** m (~s; ~s) [-*rûm*] Rostbratküche.
Grimasse w (~; ~n) (g.-sp.-fr.) Gesichtsverzerrung, Fratze; **grimassieren** ZW (-rte, -rt) ↙ Grimassen schneiden.
Gringo m (~s; ~s) (sp.) ∪ Nichtromane (in Südamerika).
Griottes M (fr.) [-*ott*] Sauerkirschen.
grippal EW (r.-fr.-lat.) $ fieberhaft; **Grippe** w (~; ~n) (r.-fr.) $ ansteckende Erkältung („Influenza"); EW: **grippös**.
Grisaille w (~; ~n) (fr.) [-*sâj*] Malerei grau in grau; schwarzweiße Seide.
Grisette w (~; ~n) (fr.) Pariser Näherin; Halbweltdame; grauer Wollstoff ↓; Überkleiderstoff; Pastete.
Grisly m (~s; ~s) (e.) = **Grislybär** m (~en; ~en) nordam. Braunbärenart.
Grison m (~s; ~s) (fr.) [*grisoñ*] südam. Marder.
Grit m (~s; ~e) (e.) Sandsteinart.
Grizzly(bär) → Grisly(bär).
Grobianismus m (~; –) (d.-lat.) frühneuhochd. Dichtung burlesken Charakters.
Grog m (~s; ~s) (e., nach dem Spitznamen des e. Admirals E. Vernon, 1740, der Hosen aus Grobkorn = *Grogram* trug) heißes Alkoholgetränk.
groggy EW (e.) angeschlagen, benommen; betrunken.
Groom m (~s; ~s) (e.) [*grûm*] Reitbursche; Diener.
Grooving s (~s; –) (e.) [*grûwiñ*] Fahrbahn mit rauher Oberfläche versehen.
groovy EW (am.) [*grûwi*] prima!

Gros s (~; ~) (fr.) [*grô*] 12 Dutzend; ✕ Hauptstreitmacht.
Grossist m (~en; ~en) (lat.-fr.) Großhändler; **Grossohandel** m (~s; –) Großhandel; **grosso modo** (it.) ungefähr.
Grossular m (~s; ~e) (g.-fr.-lat.) grüner Granatstein.
grotesk EW (gr.-lat.-it.-fr.) überspannt; verzerrt; ins Unwirkliche umgeformt; **Grotesk** w (~; –) Schriftart, = **Groteskschrift** w (~; ~en) Antiqua ohne Strichabschluß; **Groteske** w (~; ~n) Rankenschmuck; leicht verzerrtes Bild-, Erzähl-, Tanzwerk; seltsamer Einfall; **Groteskfilm** m (~s; ~e) (lat.-e.) = → Filmgroteske; **Grotesk|tanz** m (~es; -tänze) stark stilistisch übertreibender Tanz.
Grotte w (~; ~n) (lat.-it.) Höhle.
Groundhostess w (~; ~en) (am.) [*graund-*] Flughafenbetreuerin.
Groupie w (~; ~s) (am.) w. Mitglied einer Undergroundgruppe.
Growl s (~s; ~s) (am.) [*graul*] ♪ Preßton des Blechinstrumentes beim Jazz.
Grubber m (~s; ~) (e.) [auch: *grabb-*] Kultivator; ZW: **grubben** (-bbte, gegrubbt) ↗.
grundieren ZW (-rte, -rt) ↗ (d.-fr.) Grundfarbe auftragen; w. s.: **Grundierung** (~; ~en); **Grundmoräne** w (~; ~n) Gesteine unter dem Gletscher; **Grund|operation** w (~; ~en) (d.-lat.) ⊀ Hauptrechnungsart.
Grupp m (~s; ~s) (it.-fr.) Paket mit Geldrollen.
gruppieren ZW (-rte, -rt) ↗ (g.-lat.-it.-fr.) (in Gruppen) ordnen.
Grusical s (~s; ~s) (am.) [-*kel*] Schauer-, Gespenstergeschichte.
G-string, w, m (~s; ~s) [*dschî-*] Minislip beim Striptease.
Guajakholz s (~es; -hölzer) (hait.-d.) Tropenholzart; = $ Syphilismittel; **Guajakol** s (~s; –) (KW) aromatischer Alkohol.
Guajave (auch: **Guave**) w (~; ~n) (ind.-sp.) trop. Baumfrucht.
Guanako m (~s; ~s) (ind.-sp.) südam. Lama.
Guano m (~s; –) (ind.-sp.) Vogelkotdünger.
Guardian m (~s; ~e) (it.) † Ordensoberer.
Guarneri w (~; ~s) (nach einer it. Geigenbauerfamilie) wertvolle Geige.
Guasch w (~; ~en) (it.-fr.) Malerei mit deckenden Wasserfarben, = **Guaschmalerei** w (~; ~en).
Guave → Guajave.

Guerilla[1] m (~s; ~s) (sp.) [*gerilja*] Partisan (seit 1808); **Guerilla**[2] w (~; ~s) Bandenkrieg; **Guerillero** m (~s; ~s) (sp.) [*geriljéro*] (südam.) Untergrundkämpfer.

Guide m (~s; ~s) (fr.) [*gîd*] (Reise-)Führer.

Guignol m (~s; ~s) (fr.) [*ginjol*] Kasperle.

Guilloche w (~; ~n) (fr.) [*gijosch*] (Werkzeug zur Anfertigung von) Linienverschlingung als Schmuck; ZW: **guillochieren** (-rte, -rt) ↗.

Guillotine w (~; ~n) (fr., nach dem fr. Arzt J.I. *Guillotin*, der 1789 die Fallbeilhinrichtung empfahl) [*giljotîne*] Fallbeil; ZW: **guillotinieren** (-rte, -rt) ↗.

Gulasch m, s (~s; ~s) (ung.) scharfgewürzte Fleischwürfel; **Gulaschkanone** w (~; ~n) ✕ ∪ Feldküche.

Gully m, s (~s; ~s) (lat.-fr.-e.) Senkschacht.

Gumbo w (~; ~s) = → Gombo.

Gumma s (~s; ~ta/-mmen) (äg.-gr.-lat.) ⚕ luetische, zum Zerfall neigende geschwulstartige Entzündung.

Gummi m (~s; ~s) (äg.-gr.-lat.) elastisch gemachter Kautschuk; Radiergummi; s (~s; ~s) Gummiharz; **Gummi|arabicum** Gummiharz aus Akazien; **Gummi|elasticum** tropischer Kautschuk; **Gummigutt** s (~s; –) (äg.-gr.-lat.-mal.) [*-gatt*] Pflanzengift; Aquarellfarbe; **Gummiparagraph** m (~en; ~en) verschieden anwendbares Gesetz; ZW: **gummieren** (-rte, -rt) ↗; EW: **gummös**; **Gummose** w (~; ~n) ⚕ Harzfluß.

Gun w (~; ~s) (am.) [*gann*] Waffe; Drogenspritze; **Gunman** m (~s; -men) [*-män*] Bandit, Killer.

Gunnybag s (~s; ~s) (e.) [*gannibäg*] i. Jutesack.

Guppy m (~s; ~s) (nach einem e. Naturforscher) Zahnkarpfen (Aquarienfisch).

Gurdynamit s (- s;) wichtiger Sprengstoff aus Kieselgur und Nitroglyzerin

Gurkha m (~s; ~s) (e.-i.) nepalesischer Soldat.

Guru m (~s; ~s) (skr., = Ehrwürdiger) i. geistl. Lehrer.

Gusla w (~; ~s) (serb.) ♪ Art Laute; **Gusli** w (~; ~s) (r.) ♪ Art Zither.

gustieren ZW (-rte, -rt) ↗ = → goutieren; **Gusto** s (~s; –) (lat.-it.) Geschmack *(jeder nach seinem G. ∪)*; **Gustometer** s (~s; ~) Geschmacksmesser; w. s.: **Gustometrie** (~; –); EW: **gustometrisch**.

Guttapercha w, s (~; ~s) [auch: *-tscha*] (mal.) eingetrockneter Milchsaft tropischer Bäume.

Guttation w (~; ~en) (lat.) ⚕ Wasserausscheiden bei Pflanzen; ZW: **guttieren** (-rte, -rt) ↙ ⚕.

Gutti s = → Gummigutt; **Guttiferen** M (mal.-lat.) Guttibaumgewächse (wie Teestrauch, Kamelie).

Guttiole w (~; ~n) (lat.) Tropfflasche.

Guttural m (~s; ~e), **Guttural** s, w (~; -les) (lat.) Kehllaut; EW: **guttural**.

Gymkhana s (~s; ~s) (gr.-i.-e.) sportliche Geschicklichkeitsaufgaben.

Gymnaestrada w (~; ~s) (gr.-sp.) internat. Turnfest; **gymnasial** EW (gr.) Oberschul…; **Gymnasiast** m (~en; ~en) wer eine Oberschule besucht; EW: **gymnasiastisch**; **Gymnasium** s (~s; -si|en) Oberschule *(klassisches G.* mit Griechisch und Latein als Fremdsprachen; *neusprachliches G.* mit Englisch und Französisch als Fremdsprachen; *mathematisch-naturwissenschaftliches G.* mit dem Schwergewicht auf den exakten Fächern; *musisches G.* mit dem Schwergewicht auf der Musik-, Kunsterziehung); **Gymnastik** w (~; ~en) Leibesübung zur Durchbildung des Körpers; **Gymnastiker** m (~s; ~) wer Bewegungsübungen ausführt; **Gymnastin** w (~; ~nen) wer als Frau beruflich oder sportlich Gymnastik betreibt; EW: **gymnastisch**; **Gymnosperme** w (~; ~n) ⚕ Nacktsamer.

Gynäkokratie w (~; -i|en) (gr.) Frauenherrschaft; EW: **gynäkokratisch**; **Gynäkologe** m (~n; ~n) ⚕ Frauenarzt; **Gynäkologie** w (~; –) ⚕ Erforschung der Frauenkrankheiten; EW: **gynäkologisch**; **Gynäkomastie** w (~; -i|en) w. Brustbildung beim Mann; **Gynäkospermium** s (~s; -i|en) (gr.-lat.) w. Samenfaden; **Gyn|ander** m (~s; ~) Tierzwitter; **Gyn|andrie** w (~; –) ⚕ Zwittertum, = **Gyn|andrismus** m (~; –), = **Gyn|andromorphismus** m (~; –); EW: **gyn|andrisch**; **Gyn|anthropos** m (~; -poi) Zwitter; **gynephor** EW in weiblicher Linie *(g.e Vererbung);* **Gynoze|um** s (~s; –) ⚕ alle w. Geschlechtsorgane; **Gynergen** s (~s; –) Mutterkornpräparat; **Gynogamet** m (~en; ~en) (gr.-lat.) Eizelle; **Gynogenese** w (~; ~n) (gr.) Scheinbefruchtung.

Gyrobus m (~ses; ~se) (KuW) von rotierendem Schwungrad angetriebener Omnibus; **gyromagnetisch** EW kreiselmagnetisch; **Gyrometer** s (~s; ~) Drehzahlmesser; Tourenschreiber;

EW: **gyrometrisch**; **Gyrorektor** m (~s; -toren) Kreisel zur Flugzeugüberwachung; **Gyros** s (~; –) (gr.) Hackspießbraten; **Gyroskop** s (~[e]s; ~e) Meßgerät für die Erdachsendrehung; EW: **gyroskopisch**; **Gyrostat** m (~en; ~en) Kreisel; **Gyrus** m (~; -ri) ⚕ Gehirnwindung; **Gyttja** w (~; -jen) (schwed.) Faulschlamm organischen Ursprungs in Seen und Mooren.

H

h ∉ Hekto...; ∉ (lat. hora) Stunde; **ha** ∉ Hektar; **Ha** ∉ Hahnium = Transuran.

Haager Konventionen M Privatrechts-, Wechselabkommen; Hinterlegung gewerbl. Muster und Modelle; internat. Patentbüro.

Habanera w (~; ~s) (auch: *awa-*) (nach der Hauptstadt von Kuba) kubanischer Tanz.

Habeaskorpus|akte w (~; –) (lat., = Verfügung über Verhaftung) e. Bürgerschutzgesetz von 1679.

habil EW (lat.) gewandt ↓; **Habilitand** m (~en; ~en) wer die Lehr|erlaubnis an Hochschulen erwerben will; **Habilitation** w (~; ~en) Erwerb der Lehrerlaubnis an Hochschulen; **habilitieren** ZW (-rte, -rt) ⌐ die Lehrerlaubnis an Hochschulen erwerben.

Habit m (~s; –) (lat.) (Ordens-)Kleidung; s, m (~s; ~s) (e.) [*häbit*] Angelerntes; Fähigkeit, umweltgerecht zu handeln; **Habitat** s (~s; ~e) Standort einer Art; **Habitualisierung** w (~; ~en) Bildung automatisierter Gewohnheiten; **habitu|ell** EW gewohnheitsgemäß (*h.e Krankheiten* kehren häufig wieder); **Habitus** m (~; –) Art, sich zu geben; Gewohnheit; Aussehen; ⚕ bezeichnendes Krankheitsmerkmal.

Haboob m (~s; ~s) (ar.-e.) [*hebub*] Sandsturm (Nordafrika, Indien).

Háček s (~s; ~s) (tsch. = „Häkchen") [*hatschek*] tsch. Haken über c, z (č; ž) zur Aufweichung *(= tsch; sch)*.

Haci|enda w (~; -den) (sp.) [*aßjen-*] Farm; → Hazi|enda.

Hack m (~s; ~s) (e.) [*häck*] Pferd für alle Zwecke; Halbblüter.

Hacker m (~s; ~) (e.) [*hä-*] Computerbenutzer, der in fremde Datensysteme eindringt.

Hackney m (~s; ~s) [*häckni*] Halbblut als Traber oder Kutschpferd.

Haddock m (~s; ~s) (e.) [*häddeck*] Räucherschellfisch ohne Gräten.

Hades m (~; –) (gr.) (Gott der) Unterwelt.

Hadrom s (~s; ~e) (gr.-lat.) ⚘ Wasserspeicher und -leiter.

Hadronen M (gr.) Gruppe von Elementarteilchen.

Had(d)sch m (~s; ~s) (ar.) Pilgerfahrt nach Mekka; **Hadschar** m (~s; –) (ar., = Stein) hl. mohammedan. („Schwarzer") Stein in Mekka; **Hadschi** m (~s; ~s) Pilger (nach Mekka, † nach Jerusalem).

Hafnium s (~s; –) (nach dem lat. Namen von Kopenhagen) sehr seltenes Metall.

Haganah w (~; –) (heb.) jüd. Selbstschutz.

Haggadah w (~; ~s) (heb., = Verkündigung) altjüd. Geschichtensammlung.

Hagiograph m (~en; ~en) (gr.) † Heiligenforscher; M: † 3. Teil des AT.s; w. s.: **Hagiographie** (~; –); EW: **hagiographisch**; **Hagiologe** m (~n; ~n) Erforscher von Heiligenleben; w. abstr. s.: **Hagiologie** (~; –); EW: **hagiologisch**; **Hagionym** s (~[e]s; ~e) Heiligen- als Deckname.

Hahnium s (~s; –) (nach d. Chemiker) ⚛ Element (Trans|uran) (∉ *Ha*).

Hai m (~[e]s; ~e) = **Haifisch** m (~[e]s; ~e) (an.-nl.) Raubfischart.

Haik m, s (~s; ~s) (ar.) nordafrik. Überwurf.

Haiku s (~s; ~s) (jap.) 17silbiges Gedicht.

Ha|iti|enne w (~; –) (nach der Insel *Ha|iti*) Seidentaftrips.

Hajime (jap.) [*hadschime*] Aufforderung zum Kampfbeginn (→ Budo).

Halali s (~s; ~s) (fr.) Jagdruf.

Halazslé s (~s; ~s) (ung.) Karpfenragout.

Halbfabrikat s (~[e]s; ~e) (d.-lat.) für die Fertigproduktion industriell vorbearbeiteter Rohstoff; **Halbnelson** m (~s; ~s) (d.-am.) Ringergriff (Nackenhebel mit einem Arm); **halbpart** EW in 2 gleichen Teilen; **Halfcourt** m (~s; ~s) (e.) [*håfkort*] Spielfeld am

Netz (Tennis); **Half-Time** w (~-~; ~-~s) [*hâftaim*] Halbzeit; **Halfvolley(ball)** m (~s; ~s) [*hâfwoli-*] besonderer (Tisch-)Tennisschlag.
Halid s → Halogenide.
Halisterese w (~; ~n) (gr.-lat.) Knochenerweichung durch Kalksalzabnahme.
Halit m (~[e]s; ~e) (gr.) Gestein aus körnigem Steinsalz.
halkyonisch EW (gr., nach einer Tochter des gr. Windgottes) ohne Luftströmung, windstill (*h.e Jahre* Jahre des Friedens).
Hall-Effekt m (~-~[e]s; ~-~e) (nach am. Physiker, 20. Jh.) elektr. Spannung in Leiter im magnet. Feld senkrecht zur Stromrichtung.
Hallel s (~s; -) (heb.) jüd. Lobgesang.
Halleluja s (~s; ~s) (heb., = Lobt Gott!) † Gebetsruf (der Psalmen); EW: **halleluja!**
Halluzinant m (~en; ~en) (lat.) wer Sinnestäuschungen hat; **Halluzination** w (~; ~en) Sinnestäuschung aus dem Innern; EW: **halluzinativ; halluzinatorisch;** ZW: **halluzinieren** (-rte, -rt) ✓.
Halma s (~s; ~s) (gr.) Brettspiel.
Halo m (~s; ~s/-onen) (gr.) Lichthof um ein Gestirn (auf Film); ⚡ „Ringe" um die Augen; Warzenhof.
halobiont EW (gr.) Salzreichtum liebend (Organismen); **Halo-Effekt** m (~-~[e]s; ~-~e) übertriebene Vereinfachung (der Wahrnehmung, der Antwort auf alle Fragen durch eigene Einstellung); **Halogen** s (~[e]s; ~e) ⚛ Grundstoff, der mit Metallen Salz bildet; EW: **halogen; Halogenide** M (lat.) binäre Verbindungen der Halogene; **halogenieren** ZW (-rte, -rt) ↗ ⚛ Halogen in organ. Verbindungen einführen; **Halogenlampe** w (~; ~n) dauerhafte Lampe mit geringen Mengen eines Halogens im Glaskörper; **Halometer** s (~s; ~) ⚛ Salzlösungsmesser.
haloniert EW (gr.-lat.) ⚡ umrändert.
Halopege w (~; ~n) (gr.) kalte Salzquelle; **halophil** EW = → halobiont; **Halophyte** w (~; ~n) ⊕ Salzpflanze, = **Halophyt** m (~en; ~en); **Halotherme** w (~; ~n) warme Salzquelle; **haloxen** EW auch in salzreicher Umgebung lebend.
Halsey-System s (~-~s; ~-~e) (e.-lat.) Prämienlohnsystem.
Halunke m (~n; ~n) (tsch.) Schuft.
Halwa s (~s; -) (ar.) Sesamkonfekt.
Häm s (~s; -) (gr.) Farbstoff im Hämoglobin.

Hamadan m (~s; ~s) (nach einem iran. ON) Kamelwollteppich.
Häm|agglutination w (~; ~en) (gr.-lat.) Aneinanderkleben der roten Blutkörperchen; **Hämolops** m (~; -) = → Hämophthalmus.
Hamam m (~[s]; ~s) (türk.) Bad (= **Hammam** [ar. = Bad]).
Hamamelis w (~; -len) (gr.) ⊕ Zaubernuß.
Ham and Eggs (e.) [*häm änd äggs*] Eier auf Schinken gebacken.
Häm|angiom s (~[e]s; ~e) (gr.) ungefährliches Blutgeschwür; ⚡ Blutschwamm; **Häm|arthrose** w (~; ~n) ⚡ Gelenkbluterguß.
Hamartom s (~[e]s; ~e) (gr.-lat.) ⚡ Gewebegeschwulst.
Häm|atemesis w (~; -) (gr.-lat.) ⚡ Erbrechen von Blut; **Hämat(h)idrose** w (~; ~n) = → Hämidrose; **Hämatin** s (~s; -) eisenhaltiger Abkömmling des roten Blutfarbstoffs; **Hämatit** s (~[e]s; ~e) Eisenglanz; Roteisenstein; **Hämatoblasten** M Blutplättchen, -zellen; **hämatogen** EW aus Blut; **Hämatogen** s (~s; -) ⚡ blutbildende Medizin; **Hämatogramm** s (~[e]s; ~e) = → Hämogramm; **Hämatokrit** m (~s; ~e) Meßgerät für rote Blutkörperchen; EW: **hämatokritisch; Hämatokritwert** m (~[e]s; ~e) Verhältnis der flüssigen zu den festen Blutbestandteilen; **Hämatologe** m (~n; ~n) ⚡ Blutforscher; w. abstr. s.: **Hämatologie** (~; -); EW: **hämatologisch; Hämatom** s (~s; ~e) ⚡ Bluterguß; **Hämatophagen** M blutsaugende Schmarotzer; **Hämatopo|ese** w (~; ~n) ⚡ Blutbildung; EW: **hämatopo|etisch; Hämatorrhö** w (~; ~en) ⚡ Blutsturz; **Hämatose** w (~; ~n) ⚡ Blutbildung; **Hämatoskopie** w (~; -i|en) ⚡ Blutuntersuchung; EW: **hämatoskopisch; Hämatospermie** w (~; -i|en) Blut im Sperma; **Hämatothorax** m (~es; ~e) ⚡ Bluterguß im Rippenfell; **Hämatozele** w (~; ~n) Blutgeschwulst, -bruch; **Hämatozephalus** m (~;) ⚡ Bluterguß im Hirn; **Hämatozoon** s (~s; -zo|en) Blutschmarotzer; **Hämat|urie** w (~; -i|en) ⚡ Blutharnen; **Hämidrose** w (~; ~n) Blutschweiß; **Hämin** s (~s; ~e) „Teichmannsches Blutkristall" (zum Blutnachweis).
Hammada w (~; ~s) (ar.) Steinwüste.
Hammond|orgel w (~; ~n) (am.-gr., nach dem am. Erfinder *Hammond*, 1934) [*hämmend-*] elektroakustische Orgel.
Hämoblasten M (gr.) = → Hämatoblasten; **Hämochromometer** s (~s; ~) =

→ Hämometer; **Hämodialyse** w (~; ~n) Blutreinigung (durch künstl. Niere); **Hämodynamik** w (~; -) (Erforschung der) Blutbewegung; EW: **hämodynamisch**; **Hämodynamometer** s (~s; ~) Blutdruckmesser; **Hämoglobin** s (~s; ~e) ⚕ roter Blutfarbstoff (⧧ *Hb*); **hämoglobinogen** EW aus Blutfarbstoff; **Hämoglobinometer** s (~s; ~) = → Hämometer; **Hämoglobinurie** w (~; -) ⚕ Ausscheiden von Blutfarbstoff im Harn; **Hämogramm** s (~[e]s; ~e) ⚕ Blutbild; EW: **hämographisch** ⚕; **Hämokoni|en** M ⚕ Blutstäubchen; **Hämolyse** w (~; ~n) ⚕ Austritt des Farbstoffs aus den roten Blutkörperchen; **Hämolysin** s (~s; ~e) ⚕ Antikörper zur Auflösung nicht eigener Blutkörperchen; **hämolytisch** EW roten Blutfarbstoff auflösend; **Hämometer** s (~s; ~) ⚕ Hämoglobinmesser; **Hämopathie** w (~; -i|en) ⚕ Blutkrankheit; **Hämoperikard** s (~[e]s; ~e) ⚕ Bluterguß im Herzen; **Hämophilie** w (~; -i|en) ⚕ Bluterkrankheit; **Häm|ophthalmus** m (~; -men) ⚕ Bluterguß im Auge; **Hämoptysis** w (~; -) ⚕ Blutspucken; -husten; **Hämorrhagie** w (~; -i|en) ⚕ Blutung; EW: **hämorrhagisch**; **Hämorrho|iden** M ⚕ Art Krampfadern an den Afternvenen; EW: **hämorrho|idal**; **Hämosiderin** s (~s; -) gelbl. Blutfärbung durch zerfallende rote Blutkörperchen; **Hämosiderose** w (~; ~n) ⚕ Anreicherung in Organen von Hämosiderin; **Hämosit** m (~en; ~en) Blutparasit; **Hämo|spasie** w (~; -i|en) Schröpfen; **Hämospermie** w (~; -) = → Hämatospermie; **Hämostase** w (~; ~n) Blutstockung, -stillung s (~s; -ka) ⚕ Blutstillmittel; EW: **hämostatisch**; **Hämostyptikum** s (~s; -ka) ⚕ Blutstillmittel; EW: **hämostyptisch**; **Hämotoxine** M ⚕ Blutgifte durch Bakterien; **Hämozyten** M ⚕ Blutkörperchen; **Hämozytoblast** m (~en; ~en) Stammzelle der Blutkörperchen.

Hand w (~; ~s) (am.) [*händ*] Längeneinheit (= 101,6 mm).

Handikap s (~s; ~s) (e.) [*händikäp*] Vorgabe bei Rennen; Nachteil; Tauschhandel mit Wertausgleich; ZW: **handikapen** (-pte, gehandikapt) ↗; **Handikapper** m (~s; ~) [*händikäpper*] Sachverständiger bei Handikaprennen.

Handling s (~s; -) (e.) [*händliñ*] das Umgehen mit etwas; **Hand-out** s (~~s; ~-~s) [-*aut*] verteilte Arbeitspapiere, -unterlagen; **Handyman** m (~s;

-men) (am.) [*händimän*] Hobbyheimwerker.

Hangar m (~s; ~s) (pers.-lat.-fr.) Flugzeughalle.

Hangotainer m (~s; ~) (e.) [*hängoteiner*] fahrbarer Schrank zum Transport von Kleidung; **Hang-over** s (~-~s; -) [*häñ ōwr*] Katzenjammer; Rest.

Hansom m (~s; ~s) (e.) [*hänsem*] Kutsche mit Bock hinter dem Kasten.

hantieren ZW (-rte, -rt) ⟋ (fr.) umgehen mit etw., w. abstr. s.: **Hantierung** (~; ~en).

hapaxanth(isch) EW (gr.-lat.) ♠ nur einmal blühend; **Hapaxlegomenon** s (~s; -na) (gr.) nur einmal belegtes Wort; **haplo|id** EW mit nur einem Erbanlagensatz; **haplokaulisch** EW ♠ einachsig; **Haplont** m (~en; ~en) Wesen mit bloß einem Satz Chromosomen; **haplostemon** EW ♠ mit nur einem Staubblattkreis.

Happening s (~s; ~s) (am.) [*häppeniñ*] ausgelassene (auf Schockwirkung zielende) Kunstveranstaltung.

Happy-End s (~-~s; ~-~s) (e.) [*häppi end*] glücklicher Ausgang (eines literarischen Werkes); ZW: **happy-enden** (-dete, gehappy|endet) ⟋ [*häppi-*] gut ausgehen.

Haptere w (~; ~n) (gr.-lat.) ♠ Haftorgan; **Haptik** w (~; -) Lehre vom Tastsinn; **haptisch** EW (gr.) Tast ...; **Haptonastie** w (~; -i|en) ♠ durch Berührung angereizte Bewegung.

Harakiri s (~s; ~s) (jap.) Selbstmord durch Bauchaufschlitzung.

Haraß m (~sses; -sse) (fr.) Bretterkiste für zerbrechliches Packgut.

Hardbop m (~s; ~s) (am.) Jazzstil der fünfziger Jahre; → Bebop; **Hardcore** m (~s; ~s) (e.) [*ha'dko'*] Inneres von Elementarteilchen; **Hardcover** s (~s; ~s) gebundenes Buch; **Hard Drink** m (~ ~s; ~ ~s) hochprozentiges Getränk (z. B. Whisky, Schnaps); **Hard edge** w (~ ~; ~ ~s) [-*ädsch*] mod. Kunstrichtung; **Hardliner** m (~s; ~s) (e.) [-*lainer*] Vertreter einer rigorosen Richtung; **Hard rock** m (~ ~s; -) ♪ rhythmusbetonter harter Rockstil; **Hard selling** s (~ ~s; -) rüder Verkaufsstil; **Hard stuff** m (~ ~s; ~ ~s) [*staff*] LSD, Heroin u. ä; **Hardtop** m, s (~s; ~s) (am.) abnehmbares (nicht klappbares) Kraftfahrzeugverdeck; **Hardware** w (~; ~s) [*hådwär*] Datenverarbeitungsmaschine mit fixiertem Programm.

Hardybremse w (~; ~n) (nach dem e. Erfinder) Eisenbahnsaugluftbremse.

Harem m (~s; ~s) (ar.-türk., = verbotener Raum) Frauengemach.
Häresie w (~; -i|en) (gr.) † ketzerische, Irrlehre; **Häretiker** m (~s; ~) Anhänger einer Irrlehre; EW: **häretisch**.
Harlekin m (~s; ~e) (fr.-it., nach Dantes Höllenfigur Alichino [*alikino*]) Hanswurst; Sprungspinne; Bärenschmetterling; Zwergpinscher; **Harlekinade** w (~; ~n) (fr.-it.) Possenreißerei.
Harmattan m (~s; -) (afr.-as.) Wind aus der Sahara.
Harmonie w (~; -i|en) (gr.) wohlklingender Zusammenklang; stimmige Zusammenfügung von Teilen zu einem Ganzen (*prästabilierte H.* von Gott vorherbestimmte Weltordnung); **harmonieren** ZW (-rte, -rt) ✓ gut zueinander passen; **Harmonik** w (~; -) (lat.) ⊕ Deutung der Harmonie; **Harmonika** w (~; -ken) ♪ Instrument, bei dem Metallzungen zum Schwingen gebracht werden; Verbindungsteil zwischen Schnellzugwagen; **harmonikal** EW ♪ harmoniegerecht; **Harmoniker** m (~s; ~) ♪ auf Harmonie bedachter Komponist; **harmonisch** EW zusammenpassend, einträchtig, gut aufeinander abgestimmt; ♪ wohllautend (*h.e Bewegung* einfache Sinusschwingung; *h.e Reihe* ⊀ Folge von echten Brüchen, deren Nenner natürliche Zahlen sind; *h.e Teilung* ⊀ Teilung einer Strecke im gleichen Verhältnis, bewirkt durch *h.e Punkte*); ZW: **harmonisieren** (-rte, -rt) ↗ ♪; w. abstr. s.: **Harmonisierung** (~; ~en); **harmonistisch** EW ♪ nach den Gesetzen der Harmonie; **Harmonium** s (~s; -ni|en) kleine Hausorgel; **Harmonogramm** s (~s; ~e) mehrere Arbeitsgänge in einer Graphik.
Harnisch m (~s; ~e) (fr.) Oberleibpanzer; Webstuhllitzen; Rutschfläche durch Gesteinsverschiebungen (*jmdn. in H. bringen* zum Zorn reizen).
Harpolith m (~en; ~e[n]) (gr.-lat.) sichelförmiger Gesteinskörper.
Harpune w (~; ~n) (nl.) Speer mit Widerhaken; m. s.: **Harpunier** (~s; ~e); ZW: **harpunieren** (-rte, -rt) ↗.
Harpyie w (~; ~n) (nach sagenhaften altgr. Unholdinnen) südam. Raubvogel.
Harris-Tweed m (~-~s; ~-~e) (nach einem e. Ort) [*härristwíd*] hochwertiger Tweed.
Hartebeest s (~s; ~e[r]) (nl.-afr.) südafr. Kuhantilope.

Hasard s (~s; -) (fr.) Zufall, Glück *(H. spielen)*; ∉ **Hasardspiel** s (~[e]s; ~e); **Hasardeur** m (~s; ~e) [-*dọ̈r*] Glücksritter; **hasardieren** ZW (-rte, -rt) ✓ Glücksspiele spielen; das Glück herausfordern.
Hasch s (~s; -) ∉ → Haschisch.
Haschee s (~s; ~s) (g.-fr.) Hackfleischgericht; **haschieren** ZW (-rte, -rt) ↗ (fr.) feinhacken; **haschen** ZW (-schte, gehascht) ✓ (ar.-d.) Haschisch rauchen; m. s.: **Hascher** (~s; ~); **Haschisch** s (~s; -) (ar., = Kraut) Hanfblütenrauschgift.
Haselant m (~en; ~en) (fr.) Geck ↓; ZW: **haselieren** (-rte, -rt) ✓.
Hasitation w (~; ~en) (lat.) Zaudern; ZW: **häsitieren** (-rte, -rt) ✓ ↓.
Hattrick, **Hat-Trick** m (~s; ~s) (e.) [*hättrick*] drei Tore hintereinander vom selben Spieler.
Haubitze w (~; ~n) (tsch.) ✕ Geschützart.
Hausa M Stamm im Sudan; als s. s.: deren Sprache als Verkehrssprache Westafrikas.
Hausse w (~; ~n) (fr.) [*ôß*] Steigen der Wertpapierkurse; Wirtschaftsblüte; ♪ Bogengriff; **Haussi|er** m (~s; ~s) [*ôß-jẹ̈*] wer auf Kursanstiege spekuliert; ZW: **haussieren** (-rte, -rt) [*ôßí-*] ✓.
Haute Coiffure w (~ ~; -) (fr.) [*ôtkôaf-fǖr*] (Pariser) Haarschneidekunst; **Haute Couture** w (~ ~; -) [*ôtkûtǖr*] die tonangebenden Modeschaffenden (von Paris); m. s.: **Haute Couturi|er** (~ ~s; ~ ~s) [*ôtkûtürjẹ̈*]; **Hautefinance** w (~; -) [*ôtfinañs*] Hochfinanz; **Hautelisse** w (~; ~n) [*ôtlíß*] Senkrechtwebstuhl für Gobelins; **Hauterivi|en** s (~s; -) [*ôtriwjeñ*] (nach schw. Ort) Stufe der Kreidezeit; **Hautevolee** w (~; -) [*ôtwollẹ̈*] führende Gesellschaftsschicht; **Hautgout** m (~s; -) [*ôgú*] scharfer Wildgeschmack; unpassender, geschmackloser Ton (einer Erzählung, Unterhaltung); **Hautrelief** s (s; -s) [*ôreljeff*] Halbrelief, **Haut-Sauternes** m (~-~; -) [*ôßôtẹrn*] weißer Bordeauxwein.
Havanna w (~; ~s) (nach der kub. Hauptstadt) Zigarrenart.
Havarie w (~; -i|en) (ar.) Schiffs-, Flugzeugbeschädigung; MW: **havariert**; **Havarist** m (~en; ~en) wer eine (schwere) Schiffs-, Flugzeugbeschädigung miterlebt.
Havelock m (~s; ~s) (e., nach dem Offizier Henry Havelock, 1795–1857) [auch: *häwlak*] Wettermantel mit langem Schulterkragen ↓.

Hawaiigitarre w (~; ~n) (gr.-lat.-it.) vielsaitige Großgitarre mit gewölbter Decke.

Hawthorne-Effekt m (~-~[e]s; ~-~e) (nach Industriewerk in Chigaco) [*haußorn-*] Wirkung auf Ergebnis durch die Beteiligung am Experiment.

Hazi|enda w (~; ~s/-den) (sp.) südam. Farm; **Hazi|endero** m (~s; ~s) Farmer.

Header m (~s; ~) (am.) [*hädder*] 1. Satz in abgespeicherten Datenbeständen; **Headhunter** m (~s; ~[s]) [*hädhanter*] Vermittler von Führungskräften; **Headline** w (~; ~s) (e.) [*hädlain*] Schlagzeile.

Hearing s (~s; ~s) (am., = Anhörung) [*hīriñ*] öffentliche Diskussion; Anhörung (seit 1967).

Heavisideschicht w (~; –) (nach einem e. Physiker) [*hewißaid-*] elektrische Schicht der Erdatmosphäre; **Heavy metal** s (~ ~s; –) (e.) [*häwi mätel*], = **Heavy Rock** m (~ ~s; –) ♪ durch starke Rhythmik gekennzeichneter Rock.

Hebe w (~; ~n) (gr., nach der Mundschenkin der Götter) ∪ Kellnerin.

Hebephrenie w (~; –) (gr.) ⚕ Jugendirresein; **Hebo|idophrenie** w (~; –) (gr.) ⚕ leichtes Jugendirresein; EW: **hebephren, hebo|idophren.**

Hebra|ika M (lat.) Bücher über hebräische Probleme; **Hebra|ismus** m (~; –) Eigentümlichkeit der heb. Sprache; **Hebra|ist** m (~en; ~en) Erforscher des Hebräischen; w. s.: **Hebra|istik** (~; –); EW: **hebra|istisch.**

Hedgegeschäft s (~[e]s; ~e) (e.-d.) [*hedsch-*] Termingeschäft als Schutz gegen Preisveränderungen.

Hedonik w (~; –) = → Hedonismus; **Hedoniker** m (~s; ~) = → Hedonist; **Hedonismus** m (~; –) (gr.) Überzeugung, daß Lust höchstes Lebensgut und letztes Ziel des Handelns sei; m. s.: **Hedonist** (~en; ~en); EW: **hedonistisch.**

Hedschra w (~; –) (ar.) Auswanderung Mohammeds (622 n. Chr.; für den Moslem ein verehrungswürdiges Datum).

Hefnerkerze w (~; ~n; ∉ *HK*) (nach dem d. Physiker Friedrich v. *Hefner-Alteneck*, 1845–1904) Einheit der Lichtstärke ↓.

Hegemonie w (~; -i|en) (gr.) Vorrangstellung eines vor anderen Staaten; EW: **hegemon(ist)isch = hegemonial.**

Heiduck m (~s; ~en) (ung.) Grenzsoldat; Gerichtsdiener.

Hekatombe w (~; ~n) (gr.) Massenopfer.

Hektar s, m (~s; ~[e]) (gr.-lat.) 100 Ar (∉ *ha*), = **Hektare** w (~; ~n).

Hektik w (~; –) (gr.-lat.) ⚕ Abmagerung mit Kräfteverfall; fassungslose Aufgeregtheit; **hektisch** EW aufgeregt; hartnäckig, chronisch (*h.es Fieber* langanhaltendes Fieber, = *h.er Zustand, h.e Röte*).

Hektogramm s (~[e]s; ~) 100 g (∉ *hg*); **Hektograph** m (~en; ~en) (gr., = Hundertschreiber) Vervielfältigungsgerät ↓; **Hektographie** w (~; -i|en) Vervielfältigungsmethode für Schriftstücke; ZW: **hektographieren** ↗; EW: **hektographisch; Hektoliter** s (~s; ~; ∉ *hl*) 100 l; **Hektometer** s (~s; ~; ∉ *hm*) 100 m; **Hektoster** m (~s; ~e; ∉ *hs*) 100 cbm; **Hektowatt** s (~s; ~) 100 Watt.

Hekuba (nach gr. w. Sagengestalt): *jem. H. sein* = jem. gleichgültig sein.

Helenin s (~s; –) (gr.) = → Insulin; **Helenium** s (~s; -ni|en) ⚘ Sonnenkraut; **heliakisch** EW Sonnen... (*h.er Aufgang* früher Sternaufgang; *h.er Untergang* später Sternuntergang); **Helianthemum** s (~s; -ma) ⚘ Sonnenröschen; **Helianthus** m (~; ~se) ⚘ Sonnenblume; **Heliar** s (~s; ~e) (KuW) photograph. Linse.

Helikon s (~s; ~s) (gr.-lat.) ♪ große Tuba mit Kreiswindungen.

Helikopter m (~s; ~) (gr.) Hubschrauber.

Heliobiologie w (~; –) (gr.) Forschungszweig, der die Sonnenwirkung auf Lebewesen der Erde ergründet; **Heliodor** m (~s; ~e) beryllartiger Edelstein; **Heliograph** m (~en; ~en) mit Sonnenlicht arbeitender Blinker; **Heliographie** w (~; –) Tiefdruckverfahren; Zeichengebung durch den Heliographen; EW: **heliographisch; Heliogravüre** w (~; ~n) (im) Tiefdruckverfahren (hergestellter Druck); **Heliometer** s (~s; ~) astronom. Winkelmesser ↓; EW: **heliometrisch; heliophil** EW sonnenliebend; w. s.: **Heliophilie** (~; –); **heliophob** EW die Sonne meidend; w. s.: **Heliophobie** (~; –); **Heliosis** w (~; –) ⚕ Sonnenstich; Hitzschlag; **Helioskop** s (~[e]s; ~e) Augenschutz für Sonnenbeobachtung; w. s.: **Helioskopie** (~; –); EW: **helioskopisch; Heliostat** m (~[e]s/~en; ~en) Spiegel zur Reflektion der Sonnenstrahlen in ein Fernrohr; EW: **heliostatisch; Heliotherapie** w (~; –) ⚕ Sonnenbehandlung; EW: **heliotherapeu-**

tisch; **Heliotrop** m (~s; ~e) Halbedelstein; s (~s; ~e) ⚤ Vanillestrauch; Sonnenspiegel; EW: **heliotrop** heliotrop|farben; **heliotropisch** EW mit, durch Sonnenlicht (*h.e Behandlung* ✚); lichtwendig; **Heliotropismus** m (~; –) ⚤ Fähigkeit der Pflanzen, sich zur Sonne zu wenden; **Heliotypie** w (~; -i|en) Lichtdruck; EW: **heliotypisch**; **heliozentrisch** EW mit der Sonne als Mittelpunkt (*h.es Weltbild*); **Heliozo|on** s (~s; -zo|en) Sonnentierchen.
Heliport m (~s; ~e) (gr.-lat.) Hubschrauberhafen.
helisch EW = → heliakisch.
Heli-Skiing s (~-~s; –) (e. ⊄ **Heli**kopter und **Skiing**) [-*ski*|*ing*] Skiabfahrtslauf nach Hubschrauberflug zur Abfahrtstelle.
Helium s (~s; –) (gr.-lat., ⊄ *He*) Edelgas; **Helium|ion** s (~s; ~e) Ion des Heliumatoms.
Helkologe m (~n; ~n) (gr.) ✚ Geschwürforscher; w. abstr. s.: **Helkologie** (~; –); EW: **helkologisch; Helkose** w (~; ~n) ✚ Eiterung.
Hellas s (~; –) (gr.) Griechenland.
Hellebori M (gr.-lat.) ⚤ Gattung der Hahnenfußgewächse.
Hellene m (~n; ~n) (gr.) Grieche; ZW: **hellenisieren** (-rte, -rt) ↗; **Hellenismus** m (~; –) spätgriechische Nachklassik; **Hellenist** m (~en; ~en) Erforscher des Hellenismus; EW: **hellenistisch** (*h.e Kunst* Kunst von Alexander d. Gr. bis zur Römerzeit).
Helminthe w (~; ~n) (gr.) (Eingeweide-)Wurm; **Helminthiasis** w (~; –) ✚ Eingeweidewürmerkrankheit; **Helminthologe** m (~n; ~n) Erforscher der Eingeweidewürmer; w. abstr. s.: **Helminthologie** (~; –); EW: **helminthologisch**.
Helobiae M (gr.-lat.) ⚤ Gattung der Sumpflilien.
Helodes w (~; –) (gr.) ✚ Malaria; **Helophyt** m (~en; ~en) ⚤ Sumpfpflanze.
Helot(e) m (~n; ~n) (gr.) spartanischer Sklave.
Helvet(i|en) s (~s; –) (lat.-fr.) Stufe des Miozäns; **Helvetika** M (lat.) Bücher über die Schweiz; **helvetisch** EW schweizerisch (*H.e Konvention* † protestant. Glaubensbekenntnis 1536, 1562/66).
He-man m (~-~s; ~-men) (am.) [*hī́mǟn*] männlicher („richtiger") Mann.
Hemeralopie w (~; –) (gr.) Nachtblindheit; **Hemerocallis** w (~; –) (gr.) ⚤ Gattung der Taglilien.
Hemi|algie w (~; -i|en) (gr.) ✚ Migräne;

Hemi|ataxie w (~; -i|en) ✚ Störung einer Körperhälftenbewegung; **Hemiatrophie** w (~; -i|en) ✚ Organschwund auf einer Körperseite; **Hemikranie** w (~; -i|en) ✚ Migräne; **hemi|morph** EW mit ungleichen Enden; **Hemiparese** w (~; ~n) ✚ leichte halbseitige Lähmung; **Hemiplegie** w (~; -i|en) ✚ halbseitige Lähmung; m. s.: **Hemiplegiker** (~s; ~); EW: **hemiplegisch**; s.: **Hemiplegische** m, w (~n; ~n); **Hemi|pteren** M Gattung der Halbflügler; **Hemispasmus** m (~; -men) ✚ Krampf einer Körperhälfte; EW: **hemispastisch; Hemisphäre** w (~; ~n) Erd-, Himmel-, Hirnhälfte; EW: **hemisphärisch; Hemitonie** w (~; -i|en) ✚ einseitiger Muskelkrampf; **hemitonisch** EW ♪ mit Halbtönen; **Hemizellulose** w (~; ~n) ↻ pflanzliches Kohlehydratgemisch; **hemizyklisch** EW im Halbkreis; ⚤ spiralisch oder wirtelig gestellt.
Hendekagon s (~s; ~e) (gr.) ⊿ Elfeck; EW: **hendekagonisch; Hendekasyllabus** m (~; -llaben/-bi) elfsilbiger Vers; EW: **hendekasyllabisch**.
Hendiadyoin s (~s; –) (gr., = 1:2) Bezeichnung eines Begriffs mit 2 Ausdrücken, = **Hendiadys** s (~; –).
Henna w (~; –) (ar.) (rotes) Färbemittel vom *Hennastrauch*.
Henothe|ismus m (~; –) (gr.-lat.) † liberaler Eingottglaube; m. s.: **Henothe|ist** (~en; ~en); EW: **henothe|istisch**.
Henriquatre m (~s; ~s) (fr., nach Heinrich IV., 16. Jh.) [*aṅrikáttr*] Knebelbart.
Henry s (~[s]; ~; ⊄ *H*) (am., nach dem Physiker Joseph *Henry*, 1797 bis 1878) Maßeinheit der Induktivität.
Heortologie w (~; –) (gr.) † Kirchenfestforschung; m. s.: **Heortologe** (~n; ~n); EW: **heortologisch; Heortologium** s (~s; -gi|en) † Festkalender.
Heparin m (~s; ~e) (KuW) Blutgerinnungsstoff, = Kohlehydrat aus der Leber; **Heparprobe** w (~; ~n) zum Nachweis von Schwefel und seiner Verbindungen; **Hepat|algie** w (~; -i|en) (gr.) ✚ Leberkolik; EW: **hepatalgisch; Hepatika** w (~; -ken) ⚤ Leberblümchen; **hepatitisch** EW Leber...; **Hepatitis** w (~; -itiden) ✚ Leberentzündung, Gelbsucht; **Hepatoblastom** s (~s; ~e) (gr.) ✚ Lebergeschwulst; **hepatogen** EW (gr.) ✚ aus, von der Leber; **Hepatologe** m (~n; ~n) ✚ Facharzt für Leberleiden; w. abstr. s.: **Hepatologie** (~; –); EW: **hepatologisch; Hepatopathie** w (~; -i|en) ✚ Leberleiden; EW: **hepatopathisch;**

Hepatose w (~; ~n) ⚕ Wanderleber; EW: **hepatotisch; Hepato|toxämie** w (~; -i|en) (gr.) ⚕ Blutvergiftung durch Leberschäden.

Heptachord m, s (~[e]s; ~e) (gr.-lat.) ♪ [-*k*-] große Septime; **Heptagon** s (~s; ~e) ⚔ Siebeneck; EW: **heptagonal; Heptameter** m (~s; ~) siebenfüßiger Vers; **Heptan** s (~[e]s; -)(KuW) Kohlenwasserstoff aus der Reihe der Alkane; **Heptanol** s (~s; ~e) Heptan|alkohol; **Heptateuch** m (~[e]s; -) die ersten 7 Bücher des AT.s; **Heptatonik** w (~; -) ♪ Siebentonigkeit; EW: **heptatonisch; Heptode** w (~; ~n) siebenpolige Elektronenröhre.

HERA (KW) (∉ Hadron-Elektron-Ring-Anlage) Teilchenbeschleuniger im d. Elektronen-Synchrotron, Hamburg (= gr. Göttin, Göttermutter).

Heraklith m (~[e]s; ~e) (gr.) Stoff von Leichtbauplatten.

Heraldik w (~; -) (lat.) Wappenkunde; m. s.: **Heraldiker** (~s; ~); EW: **heraldisch**.

Herbar(ium) s (~s; -ri|en) (lat.) Sammlung getrockneter Pflanzen; **Herbivore** m (~n; ~n) Pflanzenfresser; EW: **herbivor; Herbizid** s (~[e]s; ~e) ☿ ⚕ chem. Unkrautbekämpfungsmittel.

hereditär EW (lat.) erblich, Erb...; **Heredität** w (~; -) Erblichkeit ↓; **Heredodegeneration** w (~; ~en) ⚕ vererbbare Entartung; EW: **heredodegenerativ; Heredopathie** w (~; -i|en) ⚕ Erbkrankheit; EW: **heredopathisch**.

Hereke m (~s; ~s) (nach türk. Ort) geknüpfter Teppich.

Herkogamie w (~; -) (gr.-lat.) ⚘ hindert Selbstbestäubung.

Herkules|arbeit w (~; ~en) (gr.-lat., nach dem bärenstarken Sagenhelden *Herkules*) schwere Aufgabe; **herkulisch** EW riesenstark (wie Herkules).

Hermandad EW (lat.) (~; -) (sp., = Brüderschaft) [auch; *ermandáß*] Polizei *(die heilige H.)*.

Hermaphrodit m (~en; ~en) (gr., KW aus **Hermes** + **Aphrodite** = altgr. Götter; urspr.: Name ihres gemeinsamen Sohnes) Zwitter; m. abstr. s.: **Hermaphrod(it)ismus** (~; -); EW: **hermaphroditisch**.

Herme w (~; ~n) (gr., eigtl.: Hermesstatuette) Pfeiler mit Männerkopf; **Hermeneutik** w (~; -) Interpretation aus dem Sinnzusammenhang (nach dem gr. Gott *Hermes,* dem Mittler zwischen Göttern und Menschen); m. s.: **Hermeneutiker** (~s; ~); EW: **hermeneutisch; Hermetiker** m (~s; ~) schwer verständlicher Autor; **hermetisch** EW (lat., nach *Hermes* [Trismegistos?]) (luftdicht) verschlossen, unzugänglich (*h.e Literatur* okkultistische Schriften des 2.–4. Jh.s).

Hermitage m (~; -) (nach fr. Ort) [-*tasch*] ein (Rot-)Wein aus dem Rhônegebiet.

Herni|e w (~; ~n) (lat.) ⚕ Eingeweidebruch; ⚘ Kohlkrankheit; **Herniotomie** w (~; -i|en) (gr.) ⚕ Bruchschnitt.

Hero|e m (~n; ~n) = → Heros; **Heroin** s (~s; -) (gr.-lat.) schweres Rauschgift; **Hero|ine** w (~; ~n) Heldendarstellerin; **hero|isch** EW heldenhaft (*h.er Vers* Epenvers; *h.e Landschaft* großes Landschaftsbild); **heroisieren** ZW (-rte, -rt) ↗ ins Heldische (über)steigern; **Hero|ismus** m (~; -) großer Mut; übertriebener Duldungswille.

Herold m (~[e]s; ~e) (g.-fr.) Ausrufer; mittelalterl. Wappenkenner.

Heros m (~; -ro|en) (gr.-lat.) Held.

Heronsball m (~[e]s; -bälle) (nach gr. Mathematiker) Zerstäuberflasche.

herostratisch EW (gr., nach *Herostratos,* der 356 v. Chr. den Tempel der Artemis bei Ephesos anzündete, um berühmt zu werden) von verbrecherischem Ehrgeiz beseelt *(h.e Tat);* m. s.: **Herostrat** (~en; ~en).

Hero-Trickster m (~-~s; ~-~) (e.) [*hîro"*-] Gegenspieler des höchsten Gottes; Teufel im Märchen.

Herpangina w (~; -nen) (gr.-lat.) entzündete Bläschen im Mund; **Herpes** w (~; -) (gr.) ⚕ Bläschenausschlag (*H. simplex* Bläschenflechte; *H. zoster* Gürtelrose); EW: **herpetiform; Herpetologe** m (~n; ~n) (gr.) Kriechtierforscher; w. s.: **Herpetologie** (~; -).

Herzchirurgie w (~; -) (d.-gr.) ⚕ operative Behandlung des Herzens (seit 1896); **Herzhypertrophie** w (~; -i|en) Zunahme der Herzmuskulatur; **Herzinfarkt** m (~[e]s; ~e) ⚕ Unterbrechung des Blutstroms zum Herzen; **Herz|insuffizi|enz** w (~; ~en) ⚕ chronische Herzschwäche; **Herzkatheter** m (~s; ~) Sonde zur Herz|innen|untersuchung; **Herz|tamponade** w (~; ~n) ⚕ Herzstillstand durch Bluterguß im Herzbeutel.

herzynisch EW (lat.) zum d. Mittelgebirge (= *h.er Wald*) gehörig.

Hesperi|en M (lat.) Abendland ↓; **Hesperus** m (~; -) Abendstern; Westen.

Hessian s (~s; -) (e., = hessisch) [*heßjen*] Jute in Leinwandbindung.

Hetäre w (~; ~n) (gr.) (gr.) Dirne.

Hetero m (~s; ~s) ∪ ⊄ **hetero**sexueller Mann; EW: **hetero; Hetero|atom** s (~s; ~e) (gr. KuW) Nichtkohlenstoffatom als Ringglied in organ. Verbindung; **Heterochromie** w (~; -i|en) ⊕ Verschiedengefärbtheit; EW: **heterochrom; Heterochromosom** s (~s; ~en) geschlechtsbedingendes Chromosom; **heterodont** EW ⚥ ungleich bezahnt; w. s.: **Heterodontie** (~; -i|en); **heterodox** EW andersgläubig; nicht den Schachregeln entsprechend; **Heterodoxie** w (~; -i|en) Andersgläubigkeit; Irrlehre (Ggs.: *Orthodoxie*); **heterodynamisch** EW ⊕ mit verschieden langen Staubfäden; **heterogen** EW ungleich-, andersartig (Ggs.: *homogen; h.e Systeme* ♂ Stoffgemische); **Heterogenese** w (~; ~n) plötzliche Artveränderung; ⚥ gestörte Gewebebildung; **Heterogenität** w (~; –) Anders-, Ungleichartigkeit (Ggs.: *Homogenität*); **Heterogonie** w (~; -i|en) Wechsel zwischen zwei- und eingeschlechtigen Generationen; Entstehung aus Andersartigen (Ggs.: *Homogonie*); EW: **heterogon; Heterokarpie** w (~; -i|en) ⊕ Verschiedenfrüchtigkeit; EW: **heterokarp** ⊕; **Heterokatylie** w (~; -i|en) (gr.) ⊕ Einkeimblättrigkeit; **Heterologie** w (~; -i|en) ⚥ abnorme Gewebebildung; EW: **heterolog(isch); heteromer** EW ⊕ ungleichzahlig (Blüten); **heteromorph** EW verschieden gebildet; raumverzerrt; **Heteromorphie** w (~; –) Gabe, verschiedene (Kristall-)Formen zu bilden, = **Heteromorphismus** m (~; –); **Heteromorphopsie** w (~; -i|en) ⚥ verschiedensichtige Augen; **Heteromorphose** w (~; ~n) ⚥ abnorme Bildung eines Ersatzorgans; **Heteronomie** w (~; –) Fremdgesetzlichkeit (Ggs.: *Autonomie*); EW: **heteronom; heterophon** EW ♪ auseinander-, andersklingend; **Heterophonie** w (~; -i|en) ♪ Mehrstimmigkeit durch Auseinandersingen; ♪ Verzierung einer Melodie; **Heterophorie** w (-, -i|e|n) ⚥ Anlage zum Schielen durch gestörtes Gleichgewicht; **heterophyll** EW ⊕ mit verschiedenen Laubformen; s.: **Heterophyllie** w (~; –); **heteropisch** EW verschiedenaltrig *(h.es Gestein;* Ggs.: *isopisch*); **Heteroplasie** w (~; -i|en) ⚥ Gewebeneubildung auf fremdem Gewebeboden; **Heteroplastik** w (~; ~en) ⚥ Einpflanzung von Fremdkörpern; EW: **heteroplastisch; heteroploid** EW (gr.) abweichend (in der Chromosomensatzzahl); **heteropolar** EW negativ und positiv zugleich *(h.e Moleküle);*

Heteroptera M (gr.) Wanzen; **Heterosexualität** w (~; –) normale Geschlechtsveranlagung; EW: **heterosexu|ell; Heterosphäre** w (~; ~n) oberer Teil der Atmosphäre (über 80 km hoch); EW: **heterosphärisch; Heterostereotype(n)** M Vorurteile einer Gruppe über eine andere; EW: **heterostereotypisch; Heterotaxie** w (~; -i|en) ⚥ symmetrische Eingeweideverlagerung; **heterotherm** EW wechselwarm; **Heterotonie** w (~; i|en) ⚥ Blutdruckschwankungen; **Heterotopie** w (~; -i|en) (gr.) ⚥ Verlagerung; Gewebe am falschen Ort; EW: **heterotopisch** *(h.es Gestein* entstand in verschiedenen Räumen); **heterotrop** EW mit verschiedenen Eigenschaften (Ggs.: *isotrop*); **heterotroph** EW (gr.) organ. Nahrung bedürftig; **heterozygot** EW nicht reinrassig; mischerbig (Ggs.: *homozygot*); w. s.: **Heterozygotie** (~; –); **heterozyklisch** EW ⊕ ungleichgliedrig (Blüten; *h.e Verbindungen* ringförmige Kohlenstoffverbindungen mit artfremden Atomen).

Hetman m (~s; ~e/~s) (slaw.) Kosakenführer.

heureka (gr.) ich habs gefunden!; **Heuristik** w (~; –) (gr.-lat.) Erlernen des Findens und Lösens von Problemen; EW: **heuristisch** *(h.e Methode* Erkennen durch Selbstfinden).

Hevea w (~; -veae/-ve|en) (ind.-sp.) ⊕ trop. Wolfsmilchgewächs (wichtig zur Kautschukgewinnung).

Hex s (~; –) (KW ⊄ Uran**hex**afluorid) Urankonzentrat als Brennstoff für Kernkraftwerke; **Hexachord** m, s (~[e]s; ~e) (gr.) [-*k*-] ♪ Sechstonfolge; **Hexadaktylie** w (~; i|en) Sechsfingrigkeit (Anomalie); **hexadisch** EW ⊀ auf die Grundzahl 6 aufbauend; **Hexa|eder** m (~s; ~) ⊀ Sechsflächner; EW: **hexa|edrisch; Hexagon** s (~s; ~e) ⊀ regelmäß. Sechseck; EW: **hexagonal; Hexagramm** s (~[e]s; ~e) Davidsstern, **Hexameter** m (~s; ~) Versmaß (aus 6 Daktylen oder Spondeen); EW: **hexametrisch; hexamer** EW ⊕ sechszählig; **Hexamin** s (~s; ~e) Sprengstoff; **Hexan** s (~[e]s; ~e) ♂ Benzin-, Petroleumbestandteil; **hexaplo|id** EW mit sechsfachem Chromosomensatz; **Hexapode** m (~n; ~n/Hexapoda) Sechsfüßler (Insekt); EW: **hexapodisch; Hexode** w (~; ~n) Sechspolröhre; **Hexogen** s (~s; –) Sprengstoff.

Hiat(us) m (~; -ten) (lat., = Kluft) Zusammentreffen zweier Vokale in auf-

Hiatushernie

einander folgenden Silben; **Hiatushernie** w (~; -i|en) ⚕ Zwerchfellbruch.
hibernal EW = → hi|emal; **Hibernation** w (~; –) (lat.) künstlicher Heil-, Winterschlaf; ZW: **hibernieren** (-rte, -rt) ✓.
Hibiskus m (~; –) (gr.-lat.) ⊕ tropische Malve.
Hickory m (~s; ~s) (ind.-am.) ⊕ am. Walnußbaum.
Hidalgo m (~s; ~s) (sp.) sp. Adliger.
Hidradenitis w (~; -itiden) (gr.-lat.) Entzündung der Schweißdrüse; **hidrotisch** EW ⚕ schweißtreibend; **Hidrotikum** s (~s; -ka) ⚕ schweißtreibendes Mittel; **Hidrozyste** w (~; ~n) ⚕ Blase an Schweißdrüse.
hiemal EW (lat.) winterlich.
Hi|erarchie w (~; -i|en) (gr.) Rangordnung; **hi|erarchisch** EW auf Rangordnung beruhend; **hi|eratisch** EW priesterlich (*h.e Schrift* Hieroglyphenschrift); **Hi|erodule** m, w (~n; ~n) Tempelsklave, -vin; **Hi|eroglyphe** w (~; ~n) altäg. Bilderschriftzeichen (seit etwa 3000 v. Chr.); **Hi|eroglyphik** w (~; –) Erforschung der Hieroglyphen; **hi|eroglyphisch** EW rätselhaft; in Geheimschrift; **Hi|erokratie** w (~; -i|en) Priesterherrschaft; EW: **hi|erokratisch**; **Hi|eromant** m (~en; ~en) wer aus Opfertieren weissagt; **Hi|eromantie** w (~; -i|en) Eingeweideprophetie; EW: **hi|eromantisch; Hieronymie** w (~; -i|en) † Namenswechsel; **Hi|eroskopie** w (~; -i|en) = → Hieromantie; EW: **hi|eroskop(isch).**
Hi-Fi ⫽ → High-Fidelity; **high** EW (am.) [*hai*] (drogen)berauscht; **Highball** m (~s; ~s) [*haibôl*] Whisky gemischt mit Mineralwasser u. ä.; **Highboard** s (~s; ~s) [*haibord*] Anrichte; **Highbrow** m (~s; ~s) (e., = hohe Stirn) [*haibrau*] ∪ Intellektueller; **High Definition – TV** s (~ ~s; –) (e.) (hoch auflösendes) Fernsehen der Zukunft (⫽ *HDTV*); **High-Fidelity** w (~-~; –) [*haifideliti*] beste Schallplattengüte (⫽ *Hi-Fi*); gute Lautsprecheranlage; **Highflyers** M (am., = verdrehte Kerls) [*haiflaiers*] Spekulationspapiere; **Highland** s (~s; ~s) [*hailänd*] Hochland (Schottlands); **Highlife** s (~s; –) [*hailaif*] abwechslungsreicher Lebensstil; **Highlight** s (~s; ~s) [*hailait*] Schlaglicht auf Bildern; Höhepunkt von Festen; **High-noon** m (~-~; ~-~s) (am.) [*hainûn*] spannungsreicher Zeitabschnitt; **High performance** w (~ ~; ~ ~s) [*hai perfo'mänß*] Spitzenleistung (in Sport oder Technik); **High-Soci|ety** w (~-~; –) (e.) [*haißeßai|eti*] die „große Welt"; **High Technology** w (~ ~; –) [*hai teknolodschi*] Spitzenforschung und -technik in zukunftsträchtigen Fachgebieten [⫽ *High Tech*); **High Touch** m (~ ~; –) [*haitatsch*] menschliche sensitive Reaktion auf neue Technologien; **Highway** m (~s; ~s) [*haiwĕ'*] Autobahn; Hauptstraße, Hochstraße.
Hijacker m (~s; ~s) (am.) [*haidschäkke'*] Flugzeugentführer; **Hijacking** s (~s; ~s) (am.) [*haidscheckiñ*] Flugzeugentführung.
Hilarität w (~; –) (lat.) Heiterkeit ↓.
Hillbilly m (~s; -llies) (am.) (Südstaaten-)Hinterwäldler; ♪ folkloristische Musik Nordamerikas; **Hillbilly-music** w (~-~; –) [*-mjû-*] Cowboymusik, = **Hillbillysong** m (~s; ~s) [*-ßoñ*].
Hilus m (~; -li) (lat.) ⚕ Einbuchtung; Lungenwurzel.
Hindi s (~s; –) (i.) i. Sprache; **Hindu** m (~s; ~s) Anhänger des **Hindu|ismus** m (~; –) i. Glaube (Kasteneinteilung, Seelenglaube, Götter); EW: **hindu|istisch;** m. abstr. s.: **Hindu|ismus** (~; –).
Hiobs|post w (~; ~en) (nach dem alttestamentarischen Dulder *Hiob*) Unglücksnachricht, = **Hiobsbotschaft** w (~; ~en).
Hippiatrik w (~; –) (gr.) ⚕ Pferdeheilkunde.
Hippie m (~s; ~s) (am.) „Blumenkind"; junger antibürgerlicher Hinstuer; **Hippieleber** w (~; ~n) Lebererkrankung durch Drogenmißbrauch; **Hippie-Look** m (~-~s; –) Aufmachung (nach Art) der Hippies; **hippi|esk** EW nach Art der Hippies.
Hippodrom m, s (~[e]s; ~e) (gr.) Reitplatz, -zelt.
Hippokratiker m (~s; ~) (gr.) nur auf Erfahrung bauender Arzt; **hippokratisch** EW wie der gr. Arzt *Hippokrates* (460–377 v. Chr.) (*h.er Eid* Verpflichtung der Ärzte; *h.es Gesicht* Gesichtsausdruck des Sterbenden).
Hippokamp m (~en; ~en) (lat.) Seepferdchen (der Antike); **Hippologie** w (~; –) (gr.) Pferdekunde; m. s.: **Hippologe** (~n; ~n); EW: **hippologisch; Hippopotamus** m (~; -mi) Flußpferd.
Hippursäure w (~; –) (gr.-lat.-d.) eine organ. Säure.
Hippus m (~; –) (gr.-lat.) ⚕ Blinzeln.
Hipster m (~s; ~) (am.) Jazzliebhaber; = → Hippie; wer Bescheid weiß.
Hirsuti|es w (~; –) (lat.) ⚕ Überbehaa-

Holocaust

rung; **Hirsutismus** m (~; –) (lat.) ⚕ sexuelle Frühreife; = → Hirsuti|es.
Hirudin s (~s; ~e) (lat.) Blutgerinnung hemmendes Mittel.
Hisbollah w (~; –) (ar.) radikale Organisation der Schiiten im Libanon.
Hispanist m (~en; ~en) (lat.) Spanienforscher; w. s.: **Hispanistik** (~; –); EW: **hispanistisch; Hispanität** w (~; –) sp. Gemeinbewußtsein (über die Welt hin).
Histamin s (~s; ~e) (gr.) ⚕ Gewebehormon; **hist(i)o|id** EW ⚕ gewebeartig; **Histiozyten** M wandernde Bindegewebszellen; **Histochemie** w (~; –) Lehre von Gewebeaufbau und -veränderungen; **Histogenese** w (~; –) ⚕ Erforschung der Gewebeentstehung, = **Histogenie** w (~; –); **Histogramm** s (~[e]s; ~e) graph. Häufigkeitsdarstellung; **Histologe** m (~n; ~n) ⚕ Gewebeforscher; **Histologie** w (~; –) ⚕ Gewebelehre; EW: **histologisch; Histolyse** w (~; ~n) ⚕ Gewebeauflösung durch chem. Einflüsse; EW: **histolytisch; Histopathologe** m (~n; ~n) ⚕ Erforscher krankhafter Gewebeentwicklungen; w. s.: **Histopathologie** (~; –); EW: **histopathologisch; Historadiographie** w (~; -i|en) ⚕ Röntgenbild von Gewebeschnitten.
Histori|e w (~; ~n) (lat.) Geschichte; Geschichtsforschung; Art Anekdote; **Historik** w (~; –) Geschichtsforschung(slehre); **Historiker** m (~s; ~) Geschichtsforscher; **Historiograph** m (~en; ~en) Geschichtsschreiber; w. s.: **Historiographie** (~; –); EW: **historiographisch; historisch** EW geschichtlich; überliefert (*h.er Materialismus* marxistische Vorstellung, daß Geschichte vorzugsweise Geschichte von Klassenkämpfen ist); **historisieren** ZW (-rte, -rt) ↗ geschichtlich erklären (einordnen); **Historismus** m (~; –) Überbetonung historischer Betrachtungsweise bei Verzicht auf jegliche Folgerung aus dem Erforschten, Erforschung geschichtlicher Perioden mit den ihnen eigenen Maßstäben; m. s.: **Historist** (~en; ~en); EW: **historistisch;** m. abstr. s.: **Historizismus** (~; –) = → Historismus; **Historizität** w (~; –) Geschichtlichkeit.
Histotherapie w (~; –) (gr.) ⚕ Gewebebehandlung.
Histrione m (~n; ~n) (lat.) (altröm.) Schauspieler.
Hit m (~s; ~s) (am.) beliebter Schlager.
Hitchcock m (~s; ~s) (nach e. Filmer)

[*hitschkock*] ⌁ aufregender Film (von H.).
hitchhiken ZW (-kte, gehitchhikt) [*hitschhaikn*] als Anhalter fahren; m. s.: **Hitchhiker** (~s; ~).
Hitliste w (~; ~n) (am.-d.) die beliebtesten Schlager; **Hitparade** w (~; ~n) (am.) Schlagerkonzert.
Hobbock m (~s; ~s) (e.) Gefäß aus Eisenblech zur Verschickung.
Hobby s (~s; ~s) (e.) Freizeitbeschäftigung; m. s.: **Hobbyist** (~en; ~en); **Hobbyraum** m (~[e]s; -räume) Kellerraum als Werkstätte, Spiel-, Trinkstübchen.
hoc anno (lat., ⚇ *h. a.*) in diesem Jahr.
Hochepot m (~s; ~s) (fr.) [*oschpô*] Fleischeintopf mit Gemüse.
Hochfrequenz w (~; ~en) (d.-lat.) Wechselstrom über 10000 Hz; EW: **hochfrequent; hochmolekular** EW aus vielen Atomen, mit großen Molekülen.
Hockey s (~s; –) (e., = Krummstab) [*hockê*] Rasenballspiel.
hoc loco (lat.) hier.
Hodograph m (~en; ~en) (gr.) Graphik vom Bewegungsablauf; **Hodometer** s (~s; ~) Radumdrehungsmesser, Schrittzähler.
Hojaldre m (~s; ~s) (sp.) [*-chal-*] Mürbeteigkuchen.
Hokku s (~s; ~s) (jap.) = → Haiku.
Hokuspokus m (~; –) (e.-nl. oder pseudolat.) Zauberei.
Holding s (~s; ~s) (e.) [*holdiñ*] Warten der Flugzeuge auf Starterlaubnis; = **Holdinggesellschaft** w (~; ~en) (e.-d.) Beteiligungsgesellschaft zur Unterdrückung anderer Unternehmungen.
Hole s (~s; ~s) (e.) [*ho"l*] Golfloch.
Holiday m (~s; ~s) (e.) [*-dê*] Feiertag; M: Ferien.
Holismus m (~; –) (gr.) Ganzheitslehre (Welt als schöpferische Einheit).
Holk = → Hulk.
Holler m (~s; ~) (am., = Schrei) ♪ Arbeitslied der Südstaatenneger.
Hollerith s (~s; –) (nach dem d.-am. Erfinder J. G. H., 1860–1929) mechanische Aufbereitung von Zahlenmaterial auf Lochkarten, = **Hollerithverfahren** s (~s; –); **Hollerithmaschine** w (~; ~n) Lochkartenmaschine; **Hollerithsystem** s (~s; –).
Hollywoodschaukel w (~; ~n) [*holiwud-*] (nach am. Filmstadt) mehrsitzige Gartenschaukel.
Holmium s (~s; –) (nach dem lat. ON für Stock*holm*) ⚗ seltene Erde.
Holocaust m (~s; ~s) (e.) [*-kaußt*]

Schreckensvision der Vernichtung; der letzte (nächste) Weltkrieg.

Holo|edrie w (~; –) (gr.) Vollflächigkeit; EW: **holo|edrisch**; **Holo|enzym** s (~s; ~e) = Holoferment s (~[e]s; ~e) Ferment als Ganzes; **Hologramm** s (~[e]s; ~e) Lichtbild mit Laserlicht; **Holographie** w (~; –) Aufnahme und Wiedergabe mit Laserstrahlen; **holographisch** EW ganz eigenhändig (geschrieben); **holokristallin** EW ganz kristallin; **Holophanglas** s (~es; -gläser) Riffelglas; **Holosiderit** m (~en; ~en) Eisenmeteor; **holotisch** EW völlig, ganz; **Holozän** s (~s; –) die hinter uns liegenden 10 000 Jahre der Erdgeschichte (= → Alluvium ↓).

Homebase w (~; ~s) (am.) [*houmbeis*] Mal zwischen Schlägerboxen (Baseball); **Homebanking** s (~s; ~s) (e.) [*houmbänk-*] Durchführung der Bankgeschäfte über Fernseher; **Homelands** M [*-länds*] südafr., den Schwarzen angewiesene Siedlungsgebiete.

homerisch EW wie, nach *Homer* (*h.es Gelächter* lautes Lachen [wie es H. schildert]; *H.e Frage* Problem, ob H. lebte).

Homerule w (~; –) (e., = Selbstregierung) [*houmrûl*] ir. Selbstregierung (seit 1920); **Home Shopping** s (~ ~s; –) [*houm sch-*] Vertrieb von Waren über Fernsehen und Telefon; **Homespun** s (~s; ~s) [*houmspan*] Mantelstoff; **Hometrainer** m (~s; ~) [*houmträn^rr*] Trainingsgerät für Radfahrer.

Homiletik w (~; –) (gr., = Redekunst) † Predigtlehre; m. s.: **Homilet** (~en; ~en), **Homiletiker** (~s; ~); EW: **homiletisch**; **Homiliar** s (~[e]s; ~e) Predigtsammlung; = **Homiliarium** s (~s; -ri|en); **Homilie** w (~; -i|en) (gr., = Rede) † Predigt über einen bestimmten Bibeltext; **Homilophobie** w (~; -i|en) (gr.-lat.) $ Menschenscheu, -angst.

Hominide m (~n; ~n) (lat.) Mensch (jeder Art); **Hominismus** m (~; –) Vermenschlichung; Mensch als Maßstab; EW: **hoministisch**.

Hommage w (~; ~n) (fr.) [*ommasch*] Huldigung.

Homme à femmes m (~ ~ ~; ~s ~ ~) (fr.) [*omm-a-famm*] Frauenliebling; **Homme des lettres** m (~ ~ ~; ~s ~ ~) (fr.) [*- dê lettr^e*] Schriftsteller; vielseitig Gebildeter.

Homo m (~s; ~s) ∉ = → Homosexueller (*Homo faber* m [~ ~; –] Mensch als Künstler, Handwerker [eigtl.: Schmied]); **homo|erotisch** EW = → homosexu|ell.

Homochronie w (~; -i|en) (gr.-lat.) [*kro-*] Gleichzeitigkeit von Phänomenen in verschiedenen Regionen; **homodont** EW gleichzahnig (z. B. Reptilien); **Homogamie** w (~; -i|en) Ehe gleichartiger Partner; ⊕ gleichzeitige Reife der m. und w. Teile von Zwittern; **homogen** EW gleich(artig) (Ggs.: *heterogen*); **homogenisieren** ZW (-rte, -rt) ↗ ♡ untrennbar vermischen; w. abstr. s.: **Homogenisierung** (~; ~en); **Homogenität** w (~; –) Gleichartigkeit (Ggs.: *Heterogenität*); **Homogonie** w (~; –) Entstehung aus Gleich(artig)em (Ggs.: *Heterogonie*); **homograd** EW statist. Differenzierung betonend; **Homogramm** s (~[e]s; ~e) Wort, das trotz anderer Herkunft und Bedeutung wie ein anderes Wort geschrieben wird, = **Homograph** s (~s; ~e); **homolog** EW strukturähnlich [*h.e Organe* gleichwertige Organe mit verschiedenen Funktionen; *h.e Reihe* ♡ chemische Verbindung mit gleicher Reihenformel], = **Homolog** s (~[e]s;~e); **Homologie** w (~; –) Übereinstimmung; Ähnlichkeit; **homologieren** ZW (-rte, -rt) ↗ einen Serienwagen zum Rennwettkampf zulassen.

Homomensuras atz m (~es; –) (lat.-d.) Behauptung, der Mensch sei das Maß aller Dinge (Protagoras, 480–410 v. Chr.).

Homo|morphismus m (~; –) (gr.-lat.) Darstellung (zweier) verschiedener algebraischer Strukturen in- oder übereinander; **homonom** EW gleichwertig; **homonym(isch)** EW gleichnamig, doch artverschieden; gleich-, ähnlich lautend; **Homonym** s (~s; ~e) gleichlautendes Wort mit verschiedenem Sinngehalt; klassischer Name als Deckname; w. s.: **Homonymie** (~; -i|en).

homö|omorph EW (gr.-lat.) $ von gleicher Gestalt und Struktur; **Homöopathie** w (~; –) $ Heilverfahren mit krankheitsähnlichen Stoffen; m. s.: **Homöo|path** (~en; ~en); **homö|opathisch** EW in kleinsten Mengen (*h.e Dosis*); **Homö|oplasie** w (~; i|en) $ organartige Neubildung; **Homö|oplastik** w (~; ~en) ⊕ Gewebeverpflanzung von Tieren der gleichen Art; EW: **homö|oplastisch**; **homö|opolar** EW gleichartig elektrisch geladen; **Homö|ostase** w (~; ~n) $ Grenzgemäßheit des gesunden Körpers; **Homö|o-**

stasie w (~; –) ⚔ Gleichgewicht der Körperfunktionen; EW: **homö|ostatisch; Homö|ostat** m (~en; ~en) (gr.-lat.) techn. System im Gleichgewicht; **homö|otherm** EW (gr.) warmblütig; **Homö|otherme** M Warmblüter.
homophil EW (gr.) = → homosexu|ell; w. s.: **Homophilie** (~; –).
homophon(isch) EW (gr.) ♪ gleich-, zusammenklingend; **Homophon** s (~[e]s; ~e) = → Homonym; **Homophonie** w (~; -i|en) ♪ Stimmenverschmelzung; **Homopolymere** M aus nur einer Grundmolekülsorte polymerisierte Stoffe; **hom|organ** EW mit dem gleichen Artikulationsorgan gebildet *(h.e Laute)*; **Hom|organität** w (~; –) = → Assimilation.
Homo sapi|ens m (~ ~; –) (lat.) Mensch als denkendes Wesen.
Homoseiste w (~; ~n) (gr.-lat.) Linie gleichzeitiger Erdbeben.
Homosexualität w (~; –) (gr.-lat.) gleichgeschlechtl. Liebe; EW: **homosexu|ell**; m., w. s.: **Homosexu|elle** (~n; ~n).
Homosphäre w (~; –) (gr.) innere Atmosphäre (unter 80 km); **homostyl** EW (gr.) ⚥ mit gleichlangen Griffeln; **Homo|transplantation** w (~; ~en) Übertragung eigenen Gewebes; **homozygot** EW mit gleichartigem Erbgut; reinerbig (Ggs.: *heterozygot*); **Homozygotie** w (~; -i|en) Zuchtergebnis aus gleichartigen Zellen.
Homunkulus m (~; -li) (lat.) chemisch erzeugter Mensch.
Hom|usianer m (~s; ~) (gr.) wer Gott Vater und Sohn für wesensgleich hält; w. abstr. s.: **Hom|usie** (~; –).
Honan s (~s; –) (chin., nach einer Provinz) Rohseide mit Verdickungen, = **Honanseide** w (~; ~n).
honen ZW (-nte, gehont) (e.) ↗ Metalle feinstbearbeiten, ziehschleifen.
honett EW (lat.-fr.) anständig, ordentlich.
Honeymoon m (- s; - s) (e.) [*hanni mûn*] Flitterwochen.
Hongkong Rocks M (e.) Heroinsorte.
hon(n)i soit, qui mal y pense (fr.) [*onni βoa ki malitpañβ*] ein Lump, wer darüber schlecht denkt!
Honneurs M (fr.) [*onnörs*] Ehrenbezeigungen *(H. machen* als Gastgeber begrüßen); höchste Trumpfkarte; Mittelkegeltreffer; **honorable, honorabel** EW [*ônorgbl*] ehrenvoll; **Honorar** s (~[e]s; ~e) Entgelt; **Honorarprofessor** m (~s; -ssoren) Titularhochschullehrer; **Honoratioren** M (lat.) Standespersonen; führende Leute am Ort; **honorieren** ZW (-rte, -rt) ↗ bezahlen; Wechsel einlösen; **honorig** EW redlich; **honoris causa** ehrenhalber; **Hono(u)rable** m (~; ~s) (e.) [*honereb'l*] (⚔ *Hon.* Ehrentitel:) Hochwohlgeboren.

Hook m (~s; ~s) (e.) [*hûk*] Boxerhaken; **hooked** EW [*hûkd*] ∪ drogenabhängig.
Hooligan m (~s; ~s) (e.) [*hûligen*] Lümmel; Halbstarker; m. s.: **Hooliganismus** (~; –).
Hop[1] m (~s; ~s) (e.) erster Sprung beim Dreisprung; **Hop**[2] s (~s; ~s) Dosis schweren Rauschgifts; **Hopak** → Sopak.
Hoplit m (~en; ~en) (gr.) schwerbewaffneter altgr. Infanterist.
Hora w (~; -ren) = → Hore.
Horde w (~; ~n) (türk.) lose Lebensgemeinschaft; (wilde) Schar.
Horde|in s (~s; –) (lat.) Gersten|eiweiß.
Hordenin s (~s; ~e) (KuW) blutdrucksteigerndes Alkalo|id aus Kakteen.
Hore w (~; ~n) (lat.) † Stundengebet.
Horizont m (~[e]s; ~e) (gr.) Gesichtskreis; Kimmung; geologische Epoche; geistige Kapazität; **horizontal** EW waagerecht *(h.es Gewerbe* Prostitution; – Ggs.: *vertikal*); w. abstr. s.: **Horizontale** (~n; ~n); **Horizontalfrequenz** w (~; ~en) Zahl der pro Sekunde übermittelten Fernsehzeilen; **Horizontalintensität** w (~; –) Wirkung des magnetischen Erdfeldes parallel zur Erdoberfläche; **Horizontalkonzern** m (~s; ~e) Konzern mit Unternehmen derselben Produktionsstufe; **Horizontalpendel** m (~s; ~) Pendel, der in waagerechter Ebene schwingt; **horizontieren** ZW (-rte, -rt) ↗ Horizonthöhe messen.
hormisch EW (e.) zielgetrieben; **Hormone** M (gr.) ⚔ körpereigene Wirkstoffe, die die meisten Körperfunktionen steuern; **hormonal** EW aus Hormonen, = **hormonell** EW; **Hormonimplantation** w (~; ~en) ⚔ Einführung kleiner Hormontabletten unter die Haut; **Hormontherapie** w (~; -i|en) ⚔ medikamentöser Ausgleich zu geringer oder zu hoher eigener Hormonproduktion.
Hornback m, s (~s; ~s) (e.) [-*bäk*] verhornter Krokodilrücken für Luxusartikel aus Krokodilleder.
Hornito m (~s; ~s) (sp.) Kegel, aus dem Lava fließt.

Hornpipe w (~; ~s) (e.) [*-paip*] Tanz; ♪ Abart der Schalmei.
Horolog s (~s; ~e) (gr.) Uhr ↓; **Horopter** m (~s; ~) Sehgrenze; **Horoskop** s (~s; ~e) Zukunftsdeutung aus den Sternen; w. abstr. s.: **Horoskopie** (~; -); EW: **horoskopisch**.
horrend EW (lat.) schauderhaft; riesig; **horribel** EW = → horrend; **horribile dictu** gräßlich zu sagen; **Horror** m (~s; -) Abscheu; **Horrortrip** m (~s; ~s) (lat.-e.) schlimmes Erlebnis, Schrekkensfahrt; Drogenrausch mit Panikzuständen; **Horror vacui** m (~s ~; -) (lat.) Angst vor der Leere.
hors (de) concours (fr.) [*ôr(de)konkûr*] außer Wettbewerb; **Horsd'œuvre** s (~s; ~s) [*ôrdǫ̈wr*] (Gabelbissen als) Vorspeise.
Horse s (~s; -) (am., = Pferd) Heroin (als Rauschdroge); **horse-power** s (~-~s; -) [*horß pauer*] (¢ *h.p.*, *HP*) (ags.) Leistungs|einheit (= 745,70 W).
Hortensi|e w (~; ~n) (einer Französin namens *Hortense* zu Ehren so genannt; 18. Jh.) ⊕ Steinbrechgewächs.
hosianna (heb., = gib Heil!) biblischer Jubelruf; s. s.: **Hosianna** (~s; ~s).
Hospital s (~[e]s; ~e) (lat.) Krankenhaus; **Hospitalismus** m (~s; -) $ Wirkung des Krankenhausaufenthalts; hysterische Genesungserscheinungen; Fülle von Krankheitskeimen in Krankenhäusern; **Hospitalit** m (~en; ~en) Krankenhauspati|ent; **Hospitant** m (~en; ~en) Gasthörer, -mitglied; **Hospitesse** w (~; ~s) (fr. KuW) sozialpädagog. Krankenschwester; **hospitieren** EW (-rte, -rt) ↙ nur zuhören (ohne Schüler, Mitglied zu sein); **Hospiz** s (~es; ~e) (lat.) † Krankenhaus.
Hostalen s (~s; -) (KuW) Kunststoff.
Hosteß w (~; -ssen), = **Hostesse** w (~; ~n) (am.) Betreuerin (von Flug-, Reise-, Ausstellungs-, Tagungsgästen).
Hosti|e w (~; ~n) (lat.) † Abendmahlsoblate.
hostil EW (lat.) feindlich ↓; w. abstr. s.: **Hostilität** (~; -).
hot EW (am.) heiß, aufregend; aktuell; **Hot** m (~s; ~s) (am., = heiß) ♪ Negerjazzstil; ¢ **Hotmusik** w (~; -).
Hotchpotch m (~s; ~es) (e.) [*hotschpotsch*] = → Hochepot.
Hot Dog s (~ ~s; ~ ~s) (am.) warmes Würstchen in Brötchen.
Hotel s (~s; ~s) (gr.) Gasthaus (*H. garni* Gasthaus, in dem der Übernachtende auch frühstücken kann); **Hoteli|er** m (~s; ~s) (fr.) [*hoteljê*] Gasthausbesitzer, -fachmann; **Hotellerie** w (~; -) Gasthausgewerbe.
Hot Issues M (e.) [*-ischus* oder *-isjus*] neue Aktien junger Gesellschaften; **Hot Jazz** m (~ ~; -) (am.) [*-dschäß*] ausgelassener Jazz; **Hot money** s (~ ~s; -) Transfer von Geld, um Gewinn zu machen; **Hotmusik** → Hot.
HOTOL (¢ e. Horizontal Take-Off and Landing Launcher) Raumtransporter, der waagerecht startet und landet.
Hot Pants M [*-päntz*] = → Shorts; **hotten** ZW (hottete, gehottet) ↙ Hot Jazz spielen oder dazu tanzen; **Hot-Ton** m (~-~[e]s; -) ♪ Tonqualität des Jazz.
Hourdi m (~s; ~s) (fr.) [*ûrdi*] Hohlziegel mit Lochreihen.
Household word s (~ ~s; ~ ~s) (am.) [*haußhôld wôd*] umgangssprachliches Wort, Jedermannswort; **House of Commons** s (~ ~ ~; -) (e.) [*hauß of kommens*] Unterhaus; **House of Lords** s (~ ~ ~; -) [*hauß of lôds*] Oberhaus.
Hovercraft s (~s; ~s) (e.) [*-w-*] Luftkissenfahrzeug.
Hu|erta w (~; ~s) (sp.) bewässerte (sp.) Ebene.
Hugenotte m (~n; ~n) (fr., = Eidgenosse) † fr. Protestant; EW: **hugenottisch**.
Hughes|apparat m (~[e]s; -) (nach dem e. Physiker D. E. *Hughes,* 1831–1900 [*hjûs-*]) Drucktelegraph.
huius anni (lat., ¢ *h. a.*) in diesem Jahr; **huius mensis** (¢ *h. m.*) in diesem Monat.
Huk w (~; ~en) (nl.) ⚓ Landzunge an gerader Küste.
Huk(k)a w (~; ~s) (ar.) i. Wasserpfeife.
Hula w (~; ~s), m (~s; ~s) (haw.) hawai|ischer Tanz; **Hula-Hoop** [*-hup*], **Hula-Hopp** m, s (~-~s; -) Reifenspiel.
Hulk m (~[e]s; ~e[n]) (gr.-lat.-e.) ⚓ für nichtseemännische Zwecke benutztes abgetakeltes Schiff.
human EW (lat.) menschlich; **Humanbiologie** w (~; -) Lehre von der Entstehung menschl. Rassen; EW: **humanbiologisch**; **Human capital** s (~ ~s; -) (e.) [*hjûm'n käpit'l*] Anteil der Ausgaben für Ausbildung und Erziehung; **Human engineering** s (~ ~s; -) (-*endschenînîn*) Anpassung der techn. Arbeitsbedingungen an den Arbeitenden; Manipulation am menschl. Erbgut; **Humangenetik** w (~; -) (KuW) Erforschung der Vererblichkeit menschlicher Eigenschaften und

Merkmale; **Human inventory** s (~ ~s; ~-ies) (am.) [-*inwäntori*] Bewertung der führenden Persönlichkeiten (einer Firma z. B.); **humanisieren** ZW (-rte, -rt) ↗ vermenschlichen; **Humanismus** m (~; –) (wiederbelebtes) Ideal der klassisch-antiken Bildung; m. s.: **Humanist** m (~en; ~en); EW: **humanistisch** (*h.es Gymnasium* lehrt Latein und Griechisch als Fremdsprachen); **humanitär** EW zum Wohl der Menschen; **Humanität** w (~; –) Menschlichkeit, Rücksichtnahme auf den und Teilnahme am Mitmenschen; harmonisch gestimmtes Menschentum; **Humanmedizin** w (~; –) auf den Menschen abzielende Heilkunde (Ggs.: *Veterinärmedizin*); m. s.: **Humanmediziner** (~s; ~); EW: **humanmedizinisch**; **Human|ökologie** w (~; –) Erforschung der Wechselwirkungen zwischen Mensch und Umwelt; EW: **human|ökologisch**; **Human Relations** M (am.) [*jümen rilē̱schns*] zwischenmenschl. Beziehungen in Wirkung auf Betriebsklima und -leistung.

Humbug m (~s; –) (e., = Spottgespenst) Unsinn.

Humerale s (~s; -lia/-li|en) (lat.) † priesterliches Schultertuch; **Humerus** m (~; -ri) ✝ Oberarmknochen.

humid(e) EW (lat.) feucht; w. abstr. s.: **Humidität** (~; –); **humifizieren** ZW (-rte, -rt) ↙ vermodern; w. s.: **Humifizierung** (~; ~en) = **Humifikation** (~; ~en); **Huminsäuren** M (lat.-d.) Gruppe organ. Substanzen, die durch Abbau pflanzlicher Stoffe in Humus entstehen; **Humit** m (~[e]s; ~e) Kohle pflanzlicher Herkunft, = **Humolith** m (~[e]s/~en; ~e[n]).

Humor m (~s; –) (lat.) Gabe der Überlegenheit, sich über das Unvollkommene (auch an sich selbst) zu erheitern; **Humor** m (~s; -ores) Feuchtigkeit; Körpersaft; EW: **humoral**; **Humoralpathologie** w (~; –) ✝ medizinische Überzeugung, daß alle Krankheiten auf Veränderungen der Körpersäfte beruhen (seit Hippokrates, 400 v. Chr.); EW: **humoralpathologisch**; **Humoreske** w (· ;) kurze scherzhafte Geschichte; ♪ kurze humorvolle Komposition; **humorig** EW verhalten heiter; **Humorist** m (~en; ~en) heiterer Mensch; Darsteller (Schriftsteller) heiterer Szenen; EW: **humoristisch**.

humos EW (lat.) humusreich; **Humulus** m (~; –) (lat.) Hopfen; **Humus** m (~; –) kohlenstoffreiche Oberschicht des Erdbodens.

Hundredweight s (~s; ~s) (e.) [*handredueit*] ags. Massen-, Gewichtseinheit; ≠ *ctw* (1 ctw = 50,802 kg).

Hunter m (~s; ~) (e.) [*han-*] Jäger; Spring-, Jagdpferd.

Huri w (~; ~s) (ar.) Paradiesjungfrau.

Huron s (~s; –) (nach am. See) Stufe des nordam. → Algonkium.

Hurrikan m (~s; ~s) (e.) [*harrikän*] Wirbelsturm.

Husar m (~en; ~en) (lat.-it.-ung.) leichter Reiter.

Husky m (~s; -kies) (e.) [*haski*] Eskimohund.

Hussit m (~en; ~en) Anhänger des J. *Hus* (1369–1415), der eine nationalreligiöse Bewegung entfachte; EW: **hussitisch**.

hyalin EW (gr.) glasig; glasartig erstarrt (Ggs.: *kristallin*); **Hyalin** s (~s; ~e) Eiweißkörper mit physik. ähnlichem, chemisch verschiedenem Verhalten; **Hyalinose** w (~; ~n) ≠ Hyalinablagerung in Geweben; **Hyalit** m (~[e]s; ~e) Glasopal; **Hyalitis** w (~; –) ≠ Entzündung des Glaskörperauges; **hyaloid** EW glasig.

Hyäne w (~; ~n) (gr.-lat.) afr.-as. Raubtier.

Hyazinth m (~[e]s; ~e) (gr.) Edelstein; **Hyazinthe** w (~; ~n) (nach einem spartanischen Sagenprinzen) ✿ Zwiebelgewächs.

hybrid(isch)[1] EW (gr.-lat.) zwittrig (*h.e Bildung* Mischbildung); **hybrid**[2] EW (gr.) überheblich, verstiegen; **Hybridation** w (~; ~en) (lat.) Kreuzung; **Hybride** m (~n; ~n) w (~; ~n) (gr.-lat.) ✿ Bastard; **Hybridisation** w (~; ~en) Angleichung des Energiegehalts mehrerer Elektronen eines Moleküls (Atoms); **Hybridrechner** m (~s; ~) elektron. Rechenanlage, die als Digital- und Analogrechner zu brauchen ist; **Hybris** w (~; –) (gr.) frevelhafter Übermut; Selbstüberhebung.

Hyd|arthrose w (~; ~n) (gr.) ≠ Gelenkwassersucht; **hydatogen** EW aus Wasser(ablagerungen) entstanden

Hydra w (~; -dren) (gr.) Sagenschlange mit nachwachsenden Köpfen; Süßwasserpolyp; heimtückischer Mensch; große endlose Gefahr; Sternbild.

hydragogisch EW (gr.) ≠ abführend (*h.es Mittel* = **Hydragogikum** s [~s; -ka]); **Hydragogum** s (~s; -ga) ≠ entwässerndes Mittel; **Hydrämie** w (~; -i|en) ≠ Übergehalt von Wasser im Blut; EW: **hydrämisch**; **Hydramnion** s (~s; –) ≠ übermäßige Fruchtwassermenge bei Schwangeren; **Hydrant** m

Hydrargillit

(~en; ~en) Wasserzapfstelle; Auslaufrohr.
Hydrargillit m (~s; ~e) (gr. KuW) ein Mineral; **Hydrargyrose** w (~; ~n) Quecksilbervergiftung; = **Hydrargyrismus** m (~; -men) = **Hydrargyriasis** w (~; -sen); **Hydrargyrum** s (~s; -) (∉ *Hg*) ○ Quecksilber.
Hydrarthrose w (~; ~n) = → Hydarthrose; **Hydra|system** s (~s; -) (gr.) Abzahlungsverfahren durch Kundenwerbung; **Hydrate** M (gr.) ○ Additionsverbindungen mit Wasser; **Hydra(ta)tion** w (~; ~en) Hydratbildung; ZW: **hydratisieren** (-rte, -rt) ↗; **Hydraulik** w (~; -) Erforschung der Flüssigkeitsmechanik; Vorlage zur Leuchtgasbildung; **hydraulisch** EW durch Flüssigkeitsdruck angetrieben (*h.e Bremse* arbeitet mit Öldruck; *h.e Presse* Arbeitsmaschine; *h.er Modul* Kennzahl zur Bezeichnung von Zementzusammensetzung; *h.er Mörtel* bindet ohne Luftaustritt ab; *h.er Widder* Pumpenart; *h.er Wandler* Flüssigkeitswandler; *h.es Getriebe* Flüssigkeitsgetriebe zur Kraft-[Bewegungs-]übertragung; **Hydraulit** m (~[e]s; ~e) □ Bindemittel; **Hydrazin** s (~s; -) ○ Verbindung von Stick- mit Wasserstoff; **Hydrazo|verbindungen** M (gr.-d.) Gruppe organ. Stickstoffverbindungen; **Hydriatrie** w (~; -) ⚕ Wasserheilkunde; EW: **hydriatisch**; **Hydride** M (gr.) ○ binäre Verbindungen des Wasserstoffs; **Hydrierung** w (~; ~en) ○ Wasserstoffanreicherung auf chemischem Wege; ZW: **hydrieren** (-rte, -rt) ↗ Kohle verflüssigen; **Hydrobiologe** m (~n; ~n) Erforscher der Gewässerorganismen; w. abstr. s.: **Hydrobiologie** (~; -); EW: **hydrobiologisch**; **Hydrochinon** s (~s; -) ○ organische Verbindung; Lichtbildentwickler; **Hydrochorie** w (~; -) ⊕ Verbreitung durch Wasser; EW: **hydrochorisch**; **Hydrocopter** m (~s; ~) Propellerfahrzeug im Wasser (auf Eis verwendbar); **Hydrodynamik** w (~; -) Erforschung strömender Flüssigkeiten; EW: **hydrodynamisch**; **hydroelektrisch** EW Elektrizität aus Wasserkraft gewinnend; **hydro|energetisch** EW wassergetrieben; **Hydroforming** s (~s; -) Verfahren zur Gewinnung von Aromaten aus Erdöl; **hydrogam** EW ⊕ mittels Wasser befruchtet; **Hydrogel** s (~s; ~e) (gr.-lat.) Ausscheidung aus wäßriger Lösung; **Hydrogen(ium)** s (~s; -) (∉ *H*) ○ Wasserstoff; **Hydrogensalze** M (gr.-d.) saure Salze aus unvollständig neutralisierten Säuren; **Hydrogeograph** m (~en; ~en) Erforscher der Landschaftsgestaltung durch Gewässer; w. abstr. s.: **Hydrogeographie** (~; -); EW: **hydrogeographisch**; **Hydrogeologe** m (~n; ~n) Erforscher der Wassergewinnung aus Gesteinen; w. abstr. s.: **Hydrogeologie** (~; -); EW: **hydrogeologisch**; **Hydrographie** w (~; -) Erforschung der Gewässerverteilung im Raum; m. s.: **Hydrograph** (~en; ~en); EW: **hydrographisch**; **Hydrohonen** s (~s; -) Art der Oberflächenveredlung von Metallen; **Hydrokarpie** w (~; -) ⊕ Fruchtreifung im Wasser; **Hydrokultur** w (~; ~en) ⊕ Zucht in Nährlösung; **Hydrolasen** M Hydrolyse im Organismus steuernde Enzyme; **Hydrologe** m (~n; ~n) Gewässerforscher; w. abstr. s.: **Hydrologie** (~; -); EW: **hydrologisch**; **Hydrologium** s (~s; -gi|en) Wasser|uhr; **Hydrolyse** w (~; ~n) ○ chem. Reaktion mit Wasser unter Molekülspaltung; EW: **hydrolytisch**; **Hydromantie** w (~; -) Wasserprophetie; EW: **hydromantisch**; **Hydromechanik** w (~; -) Mechanik der Flüssigkeiten; EW: **hydromechanisch**; **Hydrometallurgie** w (~; -) Gewinnung von Metallen aus Metallsalzlösungen; **Hydrometeorologe** m (~n; ~n) Erforscher des Wasserdampfes in der Atmosphäre; w. s.: **Hydrometeorologie** (~; -); EW: **hydrometeorologisch**; **Hydrometer** s (~s; ~) Gerät zur Messung fließenden Wassers; w. s.: **Hydrometrie** (~; -); EW: **hydrometrisch**; **Hydronalium** s (~s; -)(KuW) seewasserfeste Aluminium-Magnesium-Legierung; **Hydronephrose** w (~; ~n) ⚕ Sackniere.
Hydronfarbstoff m (~[e]s; ~e) (gr.-d.) Schwefelfarbstoff.
Hydronymie w (~; -) (gr.) Erklärung der Gewässernamen; **Hydropath** m (~en; ~en) eine Wassertherapie bevorzugender Arzt; **hydropathisch** EW ⚕ wasserbehandlungs...; w. s.: **Hydropathie** (~; -) = → Hydrotherapie; **Hydroperikardium** s (~s; -dien) ⚕ Herzbeutelwassersucht; **Hydrophan** m (~[e]s; ~e) eine Opalart; **hydrophil** EW wasserfreundlich; ⊕ mittels Wasser befruchtet; w. s.: **Hydrophilie** (~; -); **hydrophob** EW wasserabstoßend; wasserscheu; w. abstr. s.: **Hydrophobie** (~; -); **hydrophobieren** ZW (-rte, -rt) ↗ wasserabstoßend machen; **Hydrophon|apparat** m (~[e]s; ~e) Aufnahmegerät für Unterwassergeräusche; **Hydrophor** m (~s; ~e) (gr.-lat.)

hyperbolisch

Wasserkessel von Feuerspritzen; **Hydrophthalmus** m (~; -men) (gr.) ⚥ Augenwassersucht; **Hydrophyt** m (~en; ~en) ⊕ Wasserpflanze; **hydropigen** EW ⚥ Wassersucht erzeugend; **hydropisch** EW ⚥ mit Wassersucht; **Hydroplan** m (~[e]s; ~e) Gleit-, Wasserflugboot; **hydropneumatisch** EW wasser- und luftgetrieben; **Hydroponik** w (~; -) ⊕ Zucht von Nutzpflanzen in Nährlösungen; EW: **hydroponisch**; **Hydrops** m (~; -) ⚥ Wassersucht, = **Hydropsie** w (~; -); **Hydrosphäre** w (~; -) Wasserhülle der Erde; **Hydropuls(at)or** m (~s; -satoren) Pumpe mit Treibflüssigkeit; **Hydrosol** s (~s; ~e) (gr.-lat.) kolloid. Lösung in Wasser; **Hydrostatik** w (~; -) Erforschung der ruhenden Flüssigkeiten; EW: **hydrostatisch** (*h.e Waage* stellt den Auftrieb von Körpern in Flüssigkeiten fest; *h.er Druck* Druck einer nicht bewegten Flüssigkeit); **Hydrotechnik** w (~; -) Wasserbau; EW: **hydrotechnisch**; **Hydrotherapie** w (~; -) ⚥ Wasserbehandlung; EW: **hydrotherapeutisch**; **Hydrothorax** m (~es; ~e) ⚥ Brustwassersucht; **Hydroxide** M Substanzen aus Molekülen mit -OH-Atomgruppe; **Hydrozele** w (~; ~n) ⚥ Hodenwasserbruch; **Hydrozephalus** m (~; -li/-len) ⚥ Wasserkopf, = **Hydrozephale** m (~n; ~n); **Hydrozo|en** M Hohltiere; **Hydrozyklon** m (~[e]s; ~e) mit Zentrifugalkraft arbeitender Abwässerreiniger; **Hydrurie** w (~; -i|en) (gr.) zu viel Wasser im Harn.
Hy|etographie w (~; -) (gr.-lat.) Niederschlagsmessung; EW: **hy|etographisch**.
Hygi|ene w (~; -) (gr., nach der Gesundheitsgöttin) Lehre vom gesunden Leben (*öffentliche H.* Kampf gegen Seuchen; *persönliche H.* Körperpflege); m. s.: **Hygi|eniker** (~s; ~) ⚥; EW: **hygi|enisch**.
Hygrogramm s (~[e]s; ~e) (gr.) Aufzeichnung von einem **Hygrograph** m (~en; ~en) aufzeichnendes → Hygrometer; EW: **hygrographisch**; **Hygrom** s (~s; ~e) ⚥ Schleimbeutelentzündung, **Hygrometer** s (~s; ~) Feuchtigkeitsmesser; w. s.: **Hygrometrie** (~; -); EW: **hygrometrisch**; **Hygromorphose** w (~; ~n) ⊕ Anpassung an feuchte Umgebung; **hygrophil** EW ⊕ feuchten Standort liebend; w. abstr. s.: **Hygrophilie** (~; -) ⊕; **Hygrophyt** m (~en; ~en) ⊕ Pflanze mit großem Bedürfnis nach Feuchtigkeit; **Hygroskop** s (~s; ~e) Luftfeuchtigkeitsanzeiger;

hygroskopisch EW (gr.) Wasserdampf aus der Luft ziehen könnend; Wasser bindend; w. s.: **Hygroskopizität** (~; -); **Hygrostat** m (~en; ~en) Luftfeuchtigkeitsregler; EW: **hygrostatisch**.
Hyläa w (~; -) (gr.) südam. Regenwaldzone.
Hyle w (~; -) (gr., = Holz) Urstoff, Materie; **Hylemorphismus** m (~; -) Überzeugung, daß der Körper aus Stoff und Form besteht (Aristoteles); **hylisch** EW körperlich; **Hylismus** m (~; -) Anschauung der Erde als Stoff ohne Geist; **hylotrop** EW ⊙ bei gleicher Zusammensetzung umformbar; **Hylozo|ismus** m (~; -) Annahme eines Urstoffs als Seinssubstanz (oder: daß sich Stoff und Geist gegenseitig bedingen); EW: **hylozo|istisch**.
Hymen w (~s; ~) (gr.) Hochzeitslied; s (~s; ~) Jungfernhäutchen; EW: **hymenal**; **Hymenomyzeten** M Ordnung der Ständerpilze; **Hymenopteren** M Ordnung der Hautflügler (Insekten).
Hymne w (~; ~n) (gr.) Lob-, Preislied; † Kirchengesang; **Hymnik** w (~; -) Hymnen(kunst)form; **Hymniker** m (~s; ~) Preisliedichter; EW: **hymnisch**; **Hymnologe** m (~n; ~n) Hymnenforscher; w. s.: **Hymnologie** (~; -); EW: **hymnologisch**; **Hymnus** m (~; -nen) = → Hymne.
Hyoscyamin s (~s; ~e) (KuW) Alkaloid aus Bilsenkraut.
Hyp|akusis w (~; -) (gr.) ⚥ Harthörigkeit; **Hyp|albuminose** w (~; ~n) (gr.-lat.) ⚥ verringerter Bluteiweißgehalt; **Hyp|algator** m (~s; -toren) ⚥ kleiner Narkoseapparat; **Hyp|algesie** w (~; -) Schmerzminderung; EW: **hyp|algetisch**; **hyp|ästhetisch** EW unterempfindlich.
Hyper|akusie w (~; -i|en) (gr.) zu starke Empfindlichkeit des Gehörs; **Hyper|algesie** w (~; -i|en) ⚥ fast unerträglicher Schmerz; EW: **hyper|algetisch**; **Hyper|ämie** w (~, -i|en) ⚥ Überfülle an Blut; EW: **hyper|ämisch**; **hyperämisieren** ZW (-rte, -rt) ↗ Durchblutung steigern; **Hyper|ästhesie** w (~; -i|en) ⚥ Überempfindlichkeit; EW: **hyper|ästhetisch**; **Hyper|azidität** w (~; -) ⚥ Magenübersäuerung.
hyperbar EW von größerem spezif. Gewicht als andere Flüssigkeiten.
Hyperbel w (~; ~n) ⊀ Kegelschnittkurve; Übertreibung; **Hyperbelnavigation** w (~; ~en) Funkmeßverfahren; **Hyperboliker** m (~s; ~) wer übersteigert formuliert; **hyperbolisch** EW mit (an,

Hyperbore|er

durch) Hyperbeln (*h.e Geometrie* nichteuklidische); übertrieben. **Hyperbore|er** m (~s; ~) (gr.) Angehöriger eines sagenhaften Nordvolkes; Polarmensch; EW: **hyperbore|isch**. **Hyperbulie** w (~; -i|en) (gr.-lat.) $ übertriebene Aktivität; **Hypercholie** w (~; -i|en) $ übermäßige Gallensaftproduktion; **hyperchrom** EW [-*kr*-] zu stark gefärbt; $ mit zuviel Blutfarbstoff; **Hyperchromatose** w (~; –) Überpigmentation; **Hyperchromie** w (~; –) Überzahl roter Blutkörperchen; **Hyperdaktylie** w (~; -i|en) Überzahl an Fingern, Zehen; EW: **hyperdaktylisch**; **Hyper|emesis** w (~; -sen) $ nicht endenwollendes Erbrechen; **Hyper|ergie** w (~; –) $ erhöhte Reaktion auf Bakteriengifte; **Hyperfragment** s (~[e]s; ~e) Atomkern mit Hyperon statt Neutron; **Hypergenitalismus** m (~; -men) $ (verfrühte) Überentwicklung der Geschlechtsteile; **Hyperglobulie** w (~; –) $ Überzahl an roten Blutkörperchen; **Hyperglykämie** w (~; –) $ Übergehalt an Zucker im Blut; **hypergol** EW ↻ heftig (unter Feuerbildung) reagierend (*h.er Treibstoff* Raketentreibstoff); **Hyper(h)idrose** w (~; ~n) zu starke Schweißabsonderung; EW: **hyper(h)idrotisch**; **Hyper|involution** w (~; ~en) $ zu starke Rückbildung eines Organs; **hyperkatalektisch** EW zuvielsilbig (*h.er Vers*); w. s.: **Hyperkatalexe** (~; ~n); **Hyperkeratose** w (~; ~n) Übermaß an Hornhaut; **Hyperkinese** w (~; ~n) $ zu starke Muskelarbeit; Bewegungsdrang; EW: **hyperkinetisch**; **hyperkorrekt** EW übergenau; formalistisch; **Hyperkrinie** w (~; –) zu starke Drüsenabsonderung; EW: **hyperkrin (-isch)**; **hyperkritisch** EW überkritisch; **Hyperkultur** w (~; ~en) Überfeinerung; **Hypermetrie** w (~; –) $ Bewegungsübermaß; EW: **hypermetrisch**; **Hypermetropie** w (~; –) = → Hyper|opie; EW: **hypermetropisch**; **hypermodern** EW = → avantgardistisch; nach der allerneuesten Mode; **Hypermotilität** w (~; –) = → Hyperkinese; **Hypernephritis** w (~; -itiden) $ Nebennierenentzündung; **Hypernephrom** s (~s; ~e) $ Geschwulst aus verstreutem Nebennierengewebe; **Hyperonen** M Elementarteilchen mit größerer Masse als Protonen; **Hyper|opie** w (~; –) $ Weitsichtigkeit; **Hyper|orexie** w (~; –) $ Heißhunger; **Hyper|osmie** w (~; –) $ überfeinerter Geruchssinn; **Hyper|ostose** w (~; ~n) $ Knochenauswuchs, -verdickung; **hyperphysisch** EW übernatürlich; **hyperpyretisch** EW $ sehr hoch fiebernd; w. s.: **Hyper|pyrexie** (~; –); **Hypersekretion** w (~; ~en) überstarke Absonderung; EW: **hypersekretorisch**; **hypersensibel** EW überaus empfindlich; **Hypersensibilisierung** w (~; –) Empfindlichkeitssteigerung fotograf. Filme (durch chem. Behandlung oder Vorbelichtung); **Hypersomie** w (~; –) $ Riesenwuchs; **Hypersomnie** w (~; -i|en) $ übersteigertes Schlafbedürfnis; **Hyperspermie** w (~; –) $ überstarke Samenbildung; **Hypersteatosis** w (~; –) $ sehr starke Fettsucht; **Hypersthen** m (~s; ~e) ein Mineral; **Hypertelie** w (~; -i|en) überentwickelter Körperteil; **Hypertension** w (~; ~en) = → Hypertonie; **Hyperthermie** w (~; –) $ Wärmestauung; sehr hohes Fieber; **Hyperthymie** w (~; –) $ (Neigung zu) übertriebene(r) Erregung; **Hyperthyreose** w (~; ~n) Schilddrüsenüberfunktion; **Hypertonie** w (~; -i|en) $ Bluthochdruck; sehr starke Muskelspannung (Augapfelspannung); **Hypertoniker** m (~s; ~) $ wer zu hohen Blutdruck hat; EW: **hypertonisch**; **Hypertrichose** w (~; ~n) zu starke Behaarung; **Hypertrophie** w (~; -i|en) $ Organvergrößerung durch Vergrößerung seiner Zellen; EW: **hypertroph(isch)**.

Hyph|ärese w (~; ~n) (gr.) Vokalschwund vor Vokal; **Hyphidrose** w (~; ~n) $ geringe Schweißabsonderung.

hypnagog(isch) EW (gr.-lat.) einschläfernd; Schlaf...; **Hypnalgie** w (~; –) Schmerz im Traum; **hypno|id** EW einem hypnot. Zustand vergleichbar; **Hypnomane** m (~n; ~n) $ Schlafsüchtiger; w. s.: **Hypnomanie** (~; –); EW: **hypnomanisch**; **Hypnose** w (~; ~n) (gr.) Beeinflussung durch Suggestion; EW: **hypnotisch**; m. s.: **Hypnotiseur** (~s; ~e) [-*sör*] ZW: **hypnotisieren** (-rte, -rt) ↗; **Hypnosie** w (~; -i|en) (gr.) Schlafkrankheit; **Hypnotherapie** w (~; -i|en) psychol. Behandlung, die Hypnose einsetzt; **Hypnotikum** s (~s; -ka) $ Schlafmittel; **Hypnotismus** m (~; –) Erforschung (aller Erscheinungen) der Hypnose.

Hypobulie w (~; -i|en) (gr.-lat.) Willensschwäche; **Hypochonder** m (~s; ~) Wehleidiger; **Hypochondrie** w (~; –) $ krankhafte Selbstbeobachtung; EW: **hypochondrisch**; **hypochrom** EW [-*kr*-] zu schwach gefärbt; $ mit zu geringem Blutfarbstoff; w. s.: **Hypochromie** (~; –); **Hypoderm** s (~s; ~e)

Zellschicht unter der Oberhaut; **hypodermatisch** EW unter der Haut; **Hypofunktion** w (~; ~en) ⚥ Unterfunktion; EW: **hypofunktionell**; **hypogäisch** EW ⊕ unterirdisch; **Hypogalaktie** w (~; -) ⚥ Milchmangel; EW: **hypogalaktisch**; **Hypogastrium** s (~s; -stri|en) ⚥ Unterleib; EW: **hypogastrisch**; **Hypogenitalismus** m (~; -) ⚥ Unterentwicklung der Geschlechtsteile; **Hypoglykämie** w (~; -i|en) zu niedriger Blutzuckerspiegel; **hypogyn(isch)** EW ⊕ mit oberständigem Fruchtknoten; **Hypokauste** w (~; ~n), **Hypokaustum** s (~s; -sten) Warmluftanlage im Keller; EW: **hypokaustisch**; **Hypokinese** w (~; ~n) ⚥ zu schwache Muskelbewegungen; EW: **hypokinetisch**; **Hypokrisie** w (~; -) Heuchelei; **Hypokrit** m (~en; ~en) Heuchler; **hypokritisch** EW heuchlerisch, unaufrichtig; **Hypolimnion** s (~s; -i|en) Tiefenschicht im See; **Hypomanie** w (~; -i|en) ⚥ leichte Psychose; **Hypomnesie** w (~; -i|en) Schrumpfen des Gedächtnisses; **Hypomotilität** w (~; -) = → Hypokinese; **hypophren (-isch)** EW ⚥ unterhalb des Zwerchfells; **Hypophyse** w (~; ~n) ⚥ innere Sekretionsdrüse; Hirnanhang; ⊕ Zelle zwischen Wurzel u. Keimling; EW: **hypophytisch**; **Hypoplasie** w (~; -i|en) ⚥ Organverkümmerung; EW: **hypoplastisch**; **hyposom** EW ⚥ zu klein; **Hypostase** w (~; ~n) Unterstellung; Vergöttlichung von Eigenschaften; Funktionswechsel eines Wortes; **hypostasieren** ZW (-rte, -rt) ↗ etwas Gedachtes als real nehmen; personifizieren; vergegenständlichen; w. s.: **Hypostasierung** (~; ~en) = → Hypostase; **hypostatisch** EW gegenständlich (*h.e Union* † Verschmelzung göttlicher und menschlicher Eigenschaften); **Hyposthenie** w (~; -i|en) ⚥ Kräfteverfall; **hypotaktisch** EW untergeordnet; **Hypotaxe** w (~; ~n) Unterordnung des Nebensatzes; ⚥ mittlerer Hypnosegrad; **Hypotenosion** w (; cn) - → Hypotonie; **Hypotenuse** w (~;~n) ⊰ die dem rechten Winkel gegenüberliegende Dreiecksseite; **Hypothalamus** m (~; -) ⚥ Boden und Seiten des Wirbeltiergehirns; **Hypothek** w (~; ~en) Grundstücksbelastung zur Sicherung einer Forderung; m. s.: **Hypothekar** (~s; ~e) Pfandgläubiger; EW: **hypothekarisch**; **Hypothekarkredit** m (~es; ~e) auf eine Hypothek gegebener Kredit; **Hypothekenbrief** m (~[e]s; ~e) Urkunde über Hypothek; **Hypothermie** w (~; -) ⚥ Heilschlaf; unternormale Körpertemperatur; **Hypothese** w (~; ~n) noch unbewiesene wissensch. Annahme; **hypothetisch** EW nur auf Annahme beruhend; zweifelhaft; nur bedingt gültig; **Hypothyreose** w (~; ~n) ⚥ Schilddrüsenunterfunktion; **Hypotonie** w (~; -i|en) ⚥ zu niedriger Blutdruck; zu geringe Muskelspannung; EW: **hypotonisch** (*h.e Bäder* mineralstofffreie Bäder); **Hypotrichose** w (~; ~n) ⚥ geringer Haarwuchs; **Hypotrophie** w (~; -i|en) Unterernährung; **Hypovitaminose** w (~; ~n) ⚥ Vitaminmangel; **Hypoxämie** w (~; -i|en) ⚥ Sauerstoffmangel im Blut; **Hyp|oxie** w (~; -) ⚥ Sauerstoffmangel in den Geweben; **Hypozentrum** s (~s; -tren) Erdbebenherd.
Hypsiphobie w (~; -i|en) (gr.) Höhenkoller, -angst; **Hypsometer** s (~s; ~) (gr.) Höhenmesser; w. abstr. s.: **Hypsometrie** (~; -); EW: **hypsometrisch**.
Hyster|ektomie w (~; -) (gr.-lat.) ⚥ Ausschneiden der Gebärmutter; **Hysterie** w (~; -i|en) (gr., = Gebärmutterleiden) Neurose mit Symptomen, die auf verdrängten Affekten beruhen; EW: **hysterisch**; m. s.: **Hysteriker** (~s; ~); **hysterogen** EW durch Hysterie bedroht (*h.e Zonen* [am Körper]); **Hysterogramm** s (~s; ~e) Darstellung der Gebärmutter im Röntgenbild.
Hysteron-Proteron s (~~; -ra-ra) (gr.) Voranstellung eines logisch später zu erwartenden Satzteils; Scheinbeweis aus erst zu beweisendem Satz, = **Hysterologie** w (~; -i|en).
Hysteroskop s (~s, ~e) (gr.) ⚥ Gebärmutterspiegel; w. s.: **Hysteroskopie** (~; -); EW: **hysteroskopisch**; **Hysterotomie** w (~; -) ⚥ Aufschneiden der Gebärmutter.

I

IAEA (⊄ International Atomic Energy Agency, e.) Internationale Atomenergiebehörde; **IATA** (⊄ International Air Transport Association, e.) Internationale Luftfrachtvereinigung.
Iatrik w (~; –) (gr.) ⚕ Heilkunst; EW: **iatrisch**; **iatrogen** EW durch ärztlichen Eingriff (Kunst).
Iberis w (~; ~) (gr.-lat.) Schleifenblume; **iberisch** EW (gr.-lat.) Pyrenäen...; **Ibero|amerika** (~s) Lateinamerika; **Ibero|amerikanist** m (~en; ~en) Erforscher Lateinamerikas; w. s.: **Ibero|amerikanistik** (~; –); EW: **ibero|amerikanistisch**.
Ibis m (~; ~se) (äg.-gr.) Stelzvogel.
IC ⊄ Intercityzug; **ICC** (⊄ International Chamber of Commerce, e.) Internationale Handelskammer; **ICE** (e.; ⊄ Intercity Experimental) Hochgeschwindigkeitszug der Deutschen Bundesbahn.
Ichneumon s (~s; ~s) (gr.) Schleichkatze; **Ichneumoniden** M die Schlupfwespen; **Ichnogramm** s (~[e]s; ~e) Gangspur.
Ichor m (~s; –) (gr.) Götterblut; ⚕ Geschwürabsonderung.
Ichthyol s (~s; –) (gr.-lat.) Ölschieferöl (⚕ Heilmittel); **Ichthyologe** m (~n; ~n) Fischforscher; w. abstr. s.: **Ichthyologie** (~; –); EW: **ichthyologisch**; **Ichthyophthalm** m (~s; ~e) ein Mineral; **Ichthyophtirius** m (~; -i|en) (gr.) Wimpertierchen; **Ichthyosaurus** m (~; -ri|er), **Ichthyosauri|er** m (~s; ~) Urzeitreptil; **Ichthyosis** w (~; –) ⚕ krankhafte Abschuppung; Fischschuppenkrankheit, = **Ichthyose** w (~; ~n); **Ichthyotoxin** s (~s; ~e) Gift im Aalblut.
Icing s (~s; ~s) (e.) [*aißiñ*] Befreiungsschlag (im Eishockey).
Ideal s (~s; ~e) (gr.) Vor-, Wunschbild; ⚔ System aus ganzen algebraischen Zahlen; **ideal(isch)** EW musterhaft; wunschgerecht; vollkommen (Ggs.: *real*; *i.e Flüssigkeit* ist reibungslos; *i.es Gas*, dessen Teile sich unbeeinflußt voneinander bewegen); **idealisieren** ZW (-rte, -rt) ↗ verklären; **Idealismus** m (~; –) Überzeugung, daß das menschl. Bewußtsein die ganze Wirklichkeit zu verstehen vermag; Beschränkung der Erkenntnis auf die Möglichkeiten des menschl. Bewußtseins (*deutscher I.* Philosophie der Klassik; *kritischer I.* Überzeugung, daß Erkennen nicht das „Ding an sich"

trifft [Kant]; Streben nach Verwirklichung von Idealen); **Idealist** m (~en; ~en) nach idealen Zielen Strebender; **idealistisch** EW von Idealen beseelt; **Idealität** w (~; –) (Ggs.: *Realität*) das Sein als bloße Vorstellung; Seinsweise der Werte; **Idealkonkurrenz** w (~; ~en) Auslösung mehrerer Delikte durch nur eine Handlungsweise; **Idealtypus** m (~; –) gute Eigenschaften in einer Gestalt vereinigt; **Idealzyklone** w (~; ~n) Modellvorstellung vom Aufbau eines Tiefdruckgebietes.
Idee w (~; -e|en) (gr.) Begriff; Vorstellung; Grundgedanke; Einfall; Ideal; Urbild; göttl. Schöpfungswille; Vernunft(begriff); **ide|ell** EW gedanklich, als Begriff; **Ide|en|assoziation** w (~; ~en) intuitive Vorstellungsverknüpfung; **Ide|endrama** s (~s; -men) von einer Idee beherrschte Schauspiel.
Iden M (lat.) Tag der Monatsmitte.
Identifikation w (~; ~en) (lat.) Übernahme von Fremdvorstellungen; Feststellung von Pflanzen, Tieren, Menschen nach bestimmten Merkmalen; psychische Bindung an ein Vorbild; Nachahmung von Idealen; **identifizieren** ZW (-rte, -rt) ↗ als etwas Bestimmtes feststellen; w. s.: **Identifizierung** (~; ~en); **identisch** EW ganz übereinstimmend; **Identität** w (~; –) völlige Gleichheit eines Dinges (Wesens) mit sich selbst; **Identitätsdiffusion** w (~; ~en) = **Identitätskrise** w (~; ~n) Unsicherheit in der Beurteilung des eigenen Seins; **Identitäts|philosophie** w (~; –) Überzeugung, daß Gegensätze Äußerungen eines gemeinsamen Urgrundes sind.
Ideogramm s (~[e]s; ~e) (gr.) Bildzeichen; **Ideographie** w (~; -i|en) Bilderschrift; EW: **ideographisch**; **Ideokinese** w (~; ~n) = → Idiokinese; **Ideologe** m (~n; ~n) Weltanschauungsanhänger; **Ideologem** s (~[e]s; ~e) Vorstellungswert; **Ideologie** w (~; -i|en) Ideenlehre; (polit.) Grundvorstellung, die an (polit.) Ziel bestätigen, begründen und erreichen will; EW: **ideologisch**; auch = wirklichkeitsfremd, unecht; **ideomotorisch** EW durch Vorstellungen (unwissentlich) ausgelöst.
Idioblast m (~en; ~en) (gr.) ⊕ Zelle, die sich nach Gestalt und Inhalt vom umgebenden Gewebe abhebt; **idiochromatisch** EW [-kr-] mit Eigenfärbung; **Idiogramm** s (~[e]s; ~e) Darstellung eines Chromosomen(satzes);

idiographisch EW das Besondere beschreibend; **Idiokinese** w (~; ~n) Erbänderung; EW: **idiokinetisch**; **Idiokrasie** w (~; -i|en) = → Idiosynkrasie; **Idiolatrie** w (~; -) Selbstvergötterung; **Idiolekt** m (~[e]s; ~e) Sprache und Sprechverhalten eines einzelnen; **Idiom** s (~s; ~e) Mundart; Sondersprache; **Idiomatik** w (~; -) Mundartenkunde; **idiomatisch** EW mundartlich; **idiomorph** EW mit echten Kristallflächen bedeckt; **idiopathisch** EW durch sich entstanden; ⚕ aus unbekannter Ursache; **Idiophorie** w (~; -i|en) Vererbung; **Idioplasma** s (~s; -men) Erbsubstanz; **Idiosom** s (~[e]s; ~e) = → Chromosom; körnige Plasmazone um das Zentrosom; **Idiosynkrasie** w (~; -i|en) Überempfindlichkeit; EW: **idiosynkratisch**; **Idiot** m (~en; ~en) (gr., = Privatmann) Schwachsinniger; Schelte; **Idiotie** w (~; -) ⚕ schwerer (angeborener) Schwachsinn; abwegige Sache; **Idiotikon** s (~s; -ka) Mundartwörterbuch; **idiotisch** EW schwachsinnig; abwegig; **Idiotismus** m (~; -men) Dialekteigenart; ⚕ Äußerung des Schwachsinns; **idiotypisch** EW erblich bedingt; **Idiotypus** m (~; -pen) Erbbild; **Idiovariation** w (~; ~en) Änderung der Erbanlage.

Ido s (~; -) (⚇ idiomo di ommi = KuW) Welthilfssprache.

Idokras m (~; ~e) (gr.) ein Mineral; **Idol** s (~s;~e) Abgott; **Idolatrie** w (~; -i|en) Abgötterei.

Idyll s (~s; ~e) (gr.) ländlicher Frieden; behütetes (stilles) Leben; **Idylle** w (~; ~n) Dichtung (Bild) eines ländlichen Friedens; **idyllisch** EW friedlich; ländlich.

if-Anweisung w (~-~; ~-~en) (e.-d.) Schleifeneinleitung in Computersprachen.

Igelit m (~[e]s; -) (KuW) Kunststoffgrundlage (Polyvinylchlorid).

Iglu m, s (~s; ~s) (esk.) Schneehütte.

Ignipunktur w (~; -) (lat.) ⚕ glühende Einstiche (zur Heilung); **Ignition** w (~; ~ɞ) (lat. nm.) [ignɨʃn] Zündung der Raumrakete; **Ignitron** s (~s; ~s/-one) durch eine Hilfselektrode gesteuerte Gesamtladungsröhre.

Ignorant m (~en; ~en) (lat.) Nichtswisser; Dummkopf; **Ignoranz** w (~; -) Unwissenheit; **ignorieren** ZW (-rte, -rt) ↗ übersehen; nicht kennen.

Ikakopflaume w (~; ~n) (ind.-sp.-d.) ⚇ Goldpflaume.

Ikaroskop s (~s; ~e) (gr., KuW) opt. Instrument zur Kontrastminderung.

Ikat s (~s; -) (mal.) Fadenfärbung.

Ikebana s (~s; -) (jap.) Blumensteckkunst.

Ikon s (~[e]s; ~e) (gr., = Ebenbild) † sakramentales Bild der Ostkirche, = **Ikone** w (~; ~n); **Ikonodule** m (~n; ~n) † Bilderverehrer; w. s.: **Ikonodulie** (~; -) †; **Ikonograph** m (~en; ~en) Lithographengerät; Heiligenbildforscher; **Ikonographie** w (~; -) Erforschung der Attribute von Heiligen [mytholog. Gestalten]; EW: **ikonographisch**; **Ikonoklasmus** m (~; -men) † Bilderstreit; **Ikonoklast** m (~en; ~en) Bilderstürmer; **Ikonologie** w (~; -) Erforschung der Bildinhalte; EW: **ikonologisch**; **Ikonometer** s (~s; ~) Rahmensucher am Lichtbildgerät; EW: **ikonometrisch**; **Ikonoskop** s (~[e]s; ~e) Fernsehröhre; **Ikonostase** w (~; ~n) † Trennwand zwischen Chor und Langhaus in der Ostkirche, = **Ikonostas** s (~; ~e).

Ikosa|eder s (~s; ~) (gr.) ⊀ Zwanzigflächner.

ikterisch EW (gr.) ⚕ durch Gallenfarbstoff gegilbt; **Ikterus** m (~; -) ⚕ Gelbsucht.

Iktus m (~; ~/-ten) (lat.) Vershebung; ⚕ Anfall.

Ile|itis w (~; -) (KuW, lat.) ⚕ Entzündung des unteren Dünndarms; **Ile|um** s (~s; -lea) ⚕ Krummdarm; **Ile|us** m (~; Ile|en) ⚕ Darmverschluß.

Ilex w (~; -) (lat.) ⚘ Stechpalme.

Illationsgründung w (~; ~en) (lat.-d.) Gründung einer AG mit Sacheinlagen.

illegal EW (lat.) ungesetzmäßig; w. s.: **Illegalität** (~; ~en); **illegitim** EW unrechtmäßig; unstatthaft; unehelich; w. s.: **Illegitimität** (~; ~en).

illiberal EW (lat.) engherzig; w. s.: **Illiberalität** (~; -).

illimitiert EW (lat.) unbegrenzt (bei der Preisgestaltung).

illiquid EW (lat.) ⚕ nicht zahlungsfähig; w. abstr. s.: **Illiquidität** (~, ~en).

Illit m (~s; ~e) (nach nordam. Vorkommen in *Illinois*) ein Tonmineral.

Illiterat m (~en; ~en) (lat.) nicht wissenschaftlich Erzogener; EW: **illiterat**.

illoyal EW (lat.-fr.) [-*loajal*] unbillig, unredlich, unehrlich, unaufrichtig; pflichtwidrig; nicht einfügsam; w. s.: **Illoyalität** [-*loaja*-] (~; ~en).

Illuminaten M (lat.) Mitglieder einer freimaurerähnlichen Vereinigung [1776: **Illuminaten|orden** m (~s; -)]; **Illumination** w (~; -) durch Gottes

Illuminator

Geist bewirktes Erfassen ewiger Wahrheiten; Festbeleuchtung; Buchmalerei, Kolorierung; **Illuminator** m (~s; -toren) Buchmaler; **illuminieren** ZW (-rte, -rt) ↗ festlich beleuchten; illustrieren ↓; **Illuminist** m (~en; ~en) = → Illuminator.

Illusion w (~; ~en) (lat.) Täuschung; Wahnbild; die Wirklichkeit vortäuschendes Bild; EW: **illusionär; illusionieren** ZW (-rte, -rt) ↗ (vor)täuschen; **Illusionismus** m (~; –) Überzeugung: die Wirklichkeit ist nur Schein; Anschauung: die sittlichen Werte sind illusorisch; scheinbar realistische Darstellung von etw. Nichtexistentem; **Illusionist** m (~en; ~en) Träumer; Zauberkünstler; EW: **illusionistisch; illusorisch** EW irreal; vergeblich; trügerisch.

illuster EW (lat.) glanzvoll, berühmt; **Illustration** w (~; ~en) Bebilderung; Deutung; EW: **illustrativ; Illustrator** m (~s; -toren) Bebilderer; Deuter; ZW: **illustrieren** ZW (-rte, -rt) ↗; **Illustrierte** w (~n; ~n) bebilderte Zeitschrift.

Illuvialhorizont m (~[e]s; –) (lat.) Ausfällungsbereich in Bodenprofil; Unterboden; EW: **illuvial.**

Ilmenit m (~s; –) (nach dem r. *Ilmen*gebirge) Titan|eisenerz.

ILO (e. ≠ International Labour Organization) internationale Arbeitersorganisation für soziale Gerechtigkeit und Sicherheit.

Image s (~s; ~s) (e.) [*immidsch*] angestrebtes Wirkungsbild; alle Vorstellungen, die von einem Gegenstand ausgehen; **Image|orthikon** s (~s; -kone) (e.-gr.) Fernsehbildspeicherröhre; **imaginabel** EW erdenklich; **imaginal** EW auf das ganze Insekt bezogen; **Imaginalstudium** s (~s; -di|en) Insektenforschung; **imaginär** EW irreal; nur gedacht (*i.e Zahl* ⋖ Quadratwurzel aus negativer Zahl; *i.er Gewinn,* der nach geglücktem Transport errechnet wird); **Imagination** w (~; ~en) Einbildung(svermögen); falsche Vorstellung; **imaginativ** EW nur in der Einbildung vorhanden; **imaginieren** ZW (-rte, -rt) ↗ bildlich darstellen; **Imago** w (~; -gines [-*ês*]) symbolartiges Vorstellungsbild; geschlechtsreifes Insekt.

Imam m (~s; ~s) (ar.) mohammedan. Vorbeter (Prophet); Herrscher im Jemen.

imbezil(l) EW (lat.) ⚕ mittelgradig schwachsinnig; w. s.: **Imbezillität** (~; –).

Imbibition w (~; ~en) (lat.) Durchtränkung; ⚘ Quellung; **imbibieren** ZW (-rte, -rt) ⟋ quellen.

Imbroglio s (~s; –) (it.) [-*brolljo*] ♪ Verbindung verschiedener Taktarten in verschiedenen Stimmen.

Imitation w (~; ~en) (lat.) Nachahmung; ♪ Abwandlung der Melodie im Kanon; EW: **imitativ; Imitator** m (~s; -toren) Nachahmer; EW: **imitatorisch; imitieren** ZW (-rte, -rt) ↗ nachahmen; ♪ wiederholen; MW: **imitiert** unecht, künstlich.

immanent EW (lat.) einbegriffen; im Bereich der Erfahrung (Ggs.: *transzendent*); **Immanenz** w (~; –) das erfahrene Sein (*I. Gottes* Gott in der Welt); **Immanenzpilosophie** w (~; –) Überzeugung, daß der Mensch nur bewußtseins|immanent leben kann; **immanieren** ZW (-rte, -rt) ⟋ enthalten sein.

Immaterialismus m (~; –) (lat.) Überzeugung, daß die Realität geistiger Natur ist; m. s.: **Immaterialist** (~en; ~en); EW: **immaterialistisch; Immaterialität** w (~; –) Unkörperlichkeit; **immateri|ell** EW unstofflich; trans|physisch; (*i.es Güterrecht* Anspruch auf eigene geistige Schöpfung).

Immatrikulation w (~; ~en) (lat.) Aufnahme (Einschreibung) in eine Hochschule; ZW: **immatrikulieren** (-rte, -rt) ↗.

immatur EW (lat.) ohne abgeschlossene Oberschulbildung; ⚕ unentwickelt.

immediat EW (lat.) unmittelbar; **immediatisieren** ZW (-rte, -rt) ↗ reichsunmittelbar machen ↓; **Immediatisierung** w (~; ~en) Eingliederung in die Reichsunmittelbarkeit; **Immediatprothese** w (~; ~n) ⚕ vorläufiger Zahnersatz.

immens EW (lat.) riesig; w. s.: **Immensität** (~; –).

immensurabel EW (lat.) unmeßbar; ⋖ unendlich klein (groß); w. abstr. s.: **Immensurabilität** (~; ~en).

Immersion w (~; ~en) (lat.) Eintauchen; Eintritt eines Trabanten in den Planetenschatten; Öl(Wasser-)schicht zur Vergrößerung u. Lichtbrechung des Präparates; **Immersions|taufe** w (~; ~n) † Taufe durch vollständiges Eintauchen ins Wasser.

Immigrant m (~en; ~en) (lat.) Einwanderer; **Immigration** w (~; ~en) Einwanderung; ZW: **immigrieren** (-rte, -rt) ⟋.

imminent EW (lat.) drohend (bevorstehend).

Immission w (~; ~en) (lat.) Einwirkung (eines Betriebs auf das Nachbargrundstück); Vorhandensein luftverschmutzender Stoffe an gefährdenden Stellen; Einweisung ins Amt; **Immissionskonzentration** w (~; ~en) Anteil von Schadstoffen in 1 m³ Luft; **Immissionsschutz** m (~es; -) Schutz gegen gefährliche Stoffe (durch Gesetz).

immobil EW (lat.) festliegend, unbeweglich; **Immobiliarkredit** m (~[e]s; ~e) Kredit mit Grundstückssicherung; **Immobili|en** M (lat., = Unbewegliches) Grundstücke (mit Gebäuden), Liegenschaften (Ggs.: *Mobilien*); **Immobili|enfonds** m (~; ~) Immobilien als Grundlage des Fondsvermögens; **Immobilisator** m (~s; -toren) ⚕ Vorrichtung, um Gelenke oder Glieder ruhigzustellen; **immobilisieren** ZW (-rte, -rt) ↗ Bewegliches unbeweglich machen; w. s.: **Immobilisation** (~; ~en) = **Immobilisierung** w (~; ~en) ⚕; **Immobilität** w (~; -) Unbeweglichkeit; ⚔ Unfähigkeit, Krieg zu führen.

immoral(isch) EW (lat.) gegen Moral gleichgültig; m. s.: **Immoralismus** (~; -) Leugnung verbindlicher Moralgesetze; w. s.: **Immoralität** (~; ~en) Gleichgültigkeit gegen Moralgesetze; **Immoralist** m (~en; ~en) Leugner verbindlicher Moral.

Immortalismus m (~; -) (lat.) Unterstellung der Unsterblichkeit; **Immortalität** w (~; -) Unsterblichkeit; **Immortelle** w (~; ~n) Strohblume.

immun EW (lat.) (gegen Krankheit, Strafverfolgung, Abgabenpflicht) gefeit; **immunisieren** ZW (-rte, -rt) ↗ ⚕ unempfänglich (steril) machen; w. abstr. s.: **Immunisierung** (~; ~en); **Immunität** w (~; ~en) Befreiung des Abgeordneten von Strafverfolgung; ⚕ Unempfindlichkeit gegen Krankheitserreger; **Immunkörper** m (~s; ~) = → Antikörper; **immunologisch** EW ⚕ mit (durch, von) Abwehrstoffe(n) im Organismus (*i.e Barriere* körpereigene Abwehrreaktion bei Eingriffen wie Transplantationen); m. s.: **Immunologe** (~n; ~n); **Immunologie** w (~; -) ⚕ Lehre von der Immunität, **Immunreaktion** w (~; ~en) (lat.) Abwehr körperfremder Stoffe; **Immunserum** s (~s; -ren/-ra) ⚕ Tierblutserum.

Impact m (~s; ~s) (am.) [*-päkt*] Wirkung einer Anzeige; (Golf-) Schlag; → Impakt.

impair EW (fr.) [*änpār*] ungerade (beim Roulettspiel); **Imparität** w (~; ~en) (lat., = Ungleichheit) unterschiedlicher Nachweis von Gewinn und Verlust in der Bilanz.

Impakt m (~s; ~e) (e.) Meteoriten|einschlag; **Impaktit** m (~s; ~e) Glas durch Meteoriten|einschlag.

Impaß m (-sses; -pässe) (fr.) [*änpaß*] Sackgasse; **impassabel** EW [auch: *im-*] unbegehbar.

Impasto s (~s; -ti) (it.) dickes Ölfarbenauftragen (beim Malen).

Impati|ens w (~; -) (lat.) ⚘ Balsamine; Springkraut.

Impeachment s (~s; -) (e.) [*impītsch-*] Anklage gegen hohen Beamten wegen Amtsmißbrauchs.

Impedanz w (~; ~en) (lat.) Wechselstromwiderstand.

Imperativ m (~s; ~e) (lat.) Befehlsform (*kategorischer I.* absolut geltende Moralforderung [Kant]); EW: **imperativ(isch)**; **Imperator** m (~s; -toren) Feldherr, Herrscher, Kaiser.

Imperfekt s (~[e]s; ~e), = **Imperfektum** s (~s; -ta) = → Präteritum; **imperfektibel** EW (lat.) nicht zu vervollkommnen; w. s.: **Imperfektibilität** (~; -); **imperfektisch** EW im Imperfekt, = **imperfektiv** EW.

imperforabel EW (lat.) undurchbohrbar; **Imperforation** w (~; ~en) ⚕ angeborener Verschluß.

imperial EW (lat.) kaiserlich; **Imperial** m (~s; ~e) r. Münze; Kammgarngewebe; **Imperialen** M holländische Großaustern; **Imperialismus** m (~; -) Machtherrschaft durch Kapitalkonzentration, Aufteilung der Welt nach Monopolen (Lenin, 1916); m. s.: **Imperialist** (~en; ~en); EW: **imperialistisch**; **Imperium** s (~s; -ri|en) Befehlsgewalt; Reich.

impermeabel EW (lat.) wasserdicht; **Impermeabilität** w (~; -) Undurchdringlichkeit.

Impersonale s (~s; -lia) (lat.) nur in der 3. Person auftretendes ZW (z. B.: *es regnet*).

impertinent EW (lat.) unverschämt, w. s. · **Impertinenz** (~; ~en).

imperzeptibel EW (lat.) nicht wahrzunehmen.

Impetigo w (~; ~s) (lat.) ⚕ Hauteiterung; EW: **impetiginös**.

impetuoso (it.) ♪ stürmisch; s. s.: **Impetuoso** (~s; -si) ♪; **Impetus** m (~; -) (lat.) [*-ūs*] Drang; stürmischer Anlauf.

Implantat s (~[e]s; ~e) (lat.) ⚕ eingepflanztes Gewebe; **Implantation** w (~; ~en) ⚕ Gewebe|einpflanzung; ⚕ Eingang des befruchteten Eis in die Gebärmutterschleimhaut; ⚕ Eindringen

implantieren

kranker in gesunde Gewebezellen; ZW: **implantieren** (-rte, -rt) ↗.
Implement s (~[e]s; ~e) (lat.) Ergänzung ↓; **Implementation** w (~; ~en) Anwendung von Gesetzen (Programmen).
Implikation w (~; ~en) (lat.) Einbeziehung; ZW: **implizieren** (-rte, -rt) ↗; **implizit** EW einbegriffen; nicht entfaltet (Ggs.: *explizit*); $ als Anlage vorhanden; **implizite** UW einschließlich.
Implosion w (~; ~en) (lat.) Zusammenbrechen eines Hohlkörpers (durch Überdruck außen).
imponderabel EW (lat.) unwägbar; **Imponderabili|en** M unbestimmte Einflüsse, Einwirkungen (Ggs.: *Ponderabili|en*); **Imponderabilität** w (~; –) Unwägbarkeit.
imponieren ZW (-rte, -rt) ↗ (lat.) beeindrucken; **Imponiergehabe** s (~s; –) übertriebene Selbstdarstellung.
Import m (~s; ~e) (lat.) Einfuhr; M: überseeische Zigarren (E: *Importe* w [~; ~n]); **Importeur** m (~s; ~e) (fr.) [*-tör*] Einfuhrhändler; **importieren** ZW (-rte, -rt) ↗ einführen (Ggs.: *exportieren*).
imposant EW (lat.) eindrucksvoll.
impossibel EW (lat.) unmöglich; w. abstr. s.: **Impossibilität** (~; ~en).
Impost m (~s; ~en) (it.) indirekte Steuer; **impostieren** ZW (-rte, -rt) ↗ Verbrauch besteuern; **Impostor** m (~s; -toren) Betrüger.
impotent EW (lat.) zeugungsunfähig; kraftlos; **Impotenz** w (~; –) $ Mannesschwäche (Ggs.: *Potenz*).
Imprägnation w (~; ~en) (lat.) $ Befruchtung; Wasserfestmachung; gleichmäßiges Eindringen von Erz (Erdöl) in Gesteinspalten; Konzeption, Befruchtung; **imprägnieren** ZW (-rte, -rt) ↗ (lat., = schwängern) wasserfest machen; w. s.: **Imprägnierung** (~; ~en).
impraktikabel EW (lat.) unausführbar.
Impresario m (~s; ~s) (it.) Veranstaltungsunternehmer; Künstlermanager.
Impression w (~; ~en) (lat.) Eindruck, Sinneswahrnehmung; **impressionabel** EW beeindruck-, reizbar; **Impressionismus** m (~; –) Kunstrichtung des 19. Jh.s (Malen nach der Natur); m. s.: **Impressionist** (~en; ~en); EW: **impressionistisch**; **impressiv** EW beeindruckend; beeindruckbar; w. s.: **Impressivität** (~; –); **Impressum** s (~s; -ssa/~s) vorgeschriebene Benennung der verantwortlichen Herausgeber, Redakteure, Drucker und ihres Wohnsitzes; **Imprimatur** s (~s; –) (lat., = es möge gedruckt werden!) Druck|erlaubnis; **Imprimé** m (~s; ~s) (fr.) [*ánprimé*] bedruckter Stoff; **imprimieren** ZW (-rte, -rt) ↗ Druckerlaubnis geben.
Imprinting s (~s; ~s) (e.) Herstellervermerk auf Drucksachen.
Impromptu s (~s; ~s) (fr.) [*ánpronñtü*] Improvisation; ♪ (meist dreiteilige) Instrumentalkomposition.
Improvisation w (~; ~en) (lat.) unvorbereitete Handlung; frei erfundenes Spielmoment (Bühne); ♪ Stegreifgestaltung; **Improvisator** m (~s; -toren) Stegreifdichter; EW: **improvisatorisch**; **improvisieren** ZW (-rte, -rt) ↗ aus dem Stegreif handeln (vortragen); ♪ phantasieren.
Impuls m (~es; ~e) (lat.) Anstoß, -trieb, Drang; Nervensignal; Produkt aus Masse und Geschwindigkeit (⊄ *I*); kurzer Strom-, Spannungsstoß; **impulsiv** EW lebhaft; aus dem Gefühl heraus; unbedacht (*i.es Irresein* Geistesgestörtheit mit impulsiven Handlungen); w. s.: **Impulsivität** (~; –); **Impulsmodulation** w (~; ~en) (⊄ *PM*) Aussteuerungsvorgang; **Impulssatz** m (~es; -sätze) Gesetz vom Erhaltenbleiben der Bewegung ohne Außenwirkungen.
Imputabilität w (~; –) (lat.) Unzurechnungsfähigkeit; EW: **imputabel**.
Imputation w (~; ~en) (lat.) Unterstellung; falsche Beschuldigung ↓; **imputativ** EW falsch beschuldigend, unterstellend ↓; **imputieren** ZW (-rte, -rt) ↗ beschuldigen.
in EW (am.) schick, modern; am Drogengenuß(-verkauf) beteiligt; vorhanden, existent; dazugehörend.
in absentia (lat.) in Abwesenheit; **in abstracto** allgemein.
in|ad|äquat EW (lat.) unangemessen.
in aeternum (lat.) für immer.
in|akkurat EW (lat.) ungenau, -pünktlich.
in|aktiv EW (lat.) außer Dienst; nicht mehr am regelmäßigen Dienst teilnehmend; tatenlos, untätig (Ggs.: *aktiv*); m. s.: **In|aktive** (~n; ~n); **in|aktivieren** ZW (-rte, -rt) ↗ vom (regelmäßigen) Dienst befreien; entpflichten; w. abstr. s.: **In|aktivierung** (~; ~en); **In|aktivität** w (~; –) Untätigkeit; **In|aktivitäts|atrophie** w (~; -i|en) $ Gewebeschwund durch Nichtgebrauch.
in|aktu|ell EW (lat.) nicht gegenwartsbezogen.
in|akzeptabel EW (lat.) unannehmbar.

Indigenat

in|ali|enabel EW (lat.) unübertragbar ↓.
inan EW (lat.) nichtig, leer; w. s.: **Inanität** (~; ~en); **Inanition** w (~; ~en) ≢ Entkräftung durch Nahrungsmangel.
in|apparent EW (lat.) ≢ nicht erkennbar.
In|appetenz w (~; ~en) (lat.) ≢ Appetitlosigkeit; EW: in|appetent.
in|äqual EW (lat.) ungleich.
in|artikuliert EW (lat.) undeutlich (ausgesprochen); ungegliedert.
In|auguraldissertation w (~; ~en) (lat.) Doktorarbeit; In|auguration w (~; ~en) Amts|einführung; ZW: in|augurieren (-rte, -rt) ↗.
In|azidität w (~; -) (lat.) Mangel an Magensäure.
Inbetween s (~s; ~s) (e.) [-twin] undurchsichtiger Vorhangstoff.
in blanco (it.) unausgefüllt; in bond (e.) unter Zollverschluß; in brevi (lat.) in Kürze ↓.
Inbusschlüssel m (~s; ~) (KuW) Steckschlüssel für **Inbusschraube** w (~; ~n) (KuW) Schraube mit Einsatzvertiefung oder -loch.
in calculo (lat.) in der Berechnung.
Incentiven M (e.) [inzäntiwen] Steueranreize zur Wirtschaftsteigerung.
Inch m (~; ~es) (e.) [insch] Zoll (als Längenmaß; = 2,54 cm).
Inchoativ(um) s (~[e]s; ~e/-iva) (lat.) [-ko-] einen Anfang bezeichnendes ZW; EW: **inchoativ**.
inchromieren ZW (-rte, -rt) ↗ (lat.) [-kro-] nichtgalvanisch verchromen.
in concert (e.) (Mitschnitt vom) öffentl. Auftritt von Sängern usw. (≢ i. c.); in concreto (lat.) wirklich; in contumaciam in Abwesenheit (i. c. verurteilen).
incorporated EW (e.) [inkorporätet] vergesellschaftet (≢ inc.); in corpore (lat.) alle; persönlich.
Incoterms M (e. KW, ≢ International Commercial Terms) Sammlung der international üblichen Auslegung von Handelsbräuchen (seit 1936).
Indamine M (KuW) blaue und grüne organ. Farbstoffe.
Indanthren s (~s; ~e) (KW) (waschechte) Küpenfarbe.
indebite UW (lat.) unverbindlich; **Indebitum** s (~s; -ta) Nichtschuld.
indeciso (it.) [-tschi-] ♪ unausgeprägt.
indefinibel EW (lat.) unerklärbar; w. abstr. s.: **Indefinibilität** (~; -); **indefinit** EW unbestimmt; **Indefinitpronomen** s (~s; -mina) = **Indefinitum** s (~s; -ta) unbestimmtes Fürwort.
indeklinabel EW (lat.) unbeugbar (als Nomen); s. s.: **Indeklinabile** (~s; -lia).

indelikat EW (lat.) unfein.
indemnisieren ZW (-rte, -rt) ↗ (lat.) entschädigen ↓; **Indemnität** w (~; -) Unverantwortlichkeit des Abgeordneten vor der Justiz; nachträgliche Annahme eines bereits abgelehnten Gesetzes.
indemonstrabel EW (lat.) unbeweisbar.
Ind**ent**geschäft s (~[e]s; ~e) (e.-d.) Exportvertrag, bei dem der Verkäufer nur dann an seinen Preis gebunden ist, wenn der Einkauf wie vorgesehen gelingt.
Independence Day m (~ ~s; -) (am.) [indipändenß dei] Unabhängigkeitstag (4. Juli).
in deposito (lat.) in (Gerichts-)Verwahrung.
indeterminabel EW (lat.) nicht zu bestimmen; **Indetermination** w (~; -) Unbestimmtheit; MW: **indeterminiert**; **Indeterminismus** m (~; -) Überzeugung, daß das Geschehen (z. T.) durch seine Komponenten selbst bestimmt wird.
Index m (~; -dizes) (lat.) Verzeichnis (I. librorum prohibitorum † Verzeichnis der verbotenen Bücher); Register; = → Indexziffer; Kennzahl; ≢ Zeigefinger; Schädelmeßwert; **Indexklausel** w (~; ~n) verbindet (Lohn-)Zahlungsniveau mit Preisentwicklung; **Indexlohn** m (~[e]s; -löhne) Gleitlohn, der sich der Kaufkraft des Geldes anpaßt; **Indexregister** s (~s; ~) vom Rechenwerk unabhängiger Teil einer elektron. Rechenanlage; **Indexwährung** w (~; ~en) auf die Kaufkraft des Geldes ausgerichtete Währung; **Indexziffer** w (~; ~n) auf die Norm von 100 bezogene Wirtschaftszahl; = Index.
indezent EW (lat.) unschicklich, schamlos; w. abstr. s.: **Indezenz** (~; -).
Indi|enne w (~; -) (fr.) [-di|enn] leichtes Baumwollgewebe.
indifferent EW (lat.) nicht festgelegt; gleichgültig; ✣ keine Verbindungen eingehend (i.e Geschäfte beeinflussen die Bilanz nicht; i.e Thermen Warmquellen ohne Heilsalze); **Indifferentismus** m (~; -) † Gleichgültigkeit in Glaubensdingen; **Indifferenz** w (~; ~en) Gleichgültigkeit; Unbestimmtheit; **Indifferenzpunkt** m (~[e]s; ~e) Temperatur, die als normal empfunden wird; **Indifferenzzone** w (~; ~n) von Magneten unbeeinflußter Bereich zwischen Magnetpolen.
indigen EW (lat.) eingeboren; **Indigenat** s (~[e]s; ~e) Heimatrecht; Staats-

Indigenität

angehörigkeit; **Indigenität** w (~; –) Beheimatung.
Indigestion w (~; ~en) (lat.) ✚ Verdauungsstörung.
Indignation w (~; ~en) (lat.) Entrüstung; Unwürdigkeit; **indigniert** EW entrüstet.
Indigo m, s (~s; ~s) (gr.-lat.-sp.) blauer Farbstoff, = **Indigoblau** s (~s; –), = **Indigotin** s (~s; –); **Indigolith** m (~s/ ~en; ~en) ein Mineral.
Indik m (~s; –) (gr.-lat.) Indischer Ozean.
Indikation w (~; ~en) (lat.) ✚ Heilanzeige; **Indikationen|modell** s (~s; –) Rechtsgrundlage zum Schwangerschaftsabbruch; **Indikativ** m (~s; ~e), = **Indikativus** m (~; -vi) Wirklichkeitsform des Zeitworts; EW: **indikativisch**; **Indikator** m (~s; -toren) Druckverlaufsaufzeichner; ♋ Stoff, der durch Verfärbung Basen (Säuren) anzeigt; **Indikatrix** w (~; ~e) Hilfsmittel zur Kristalluntersuchung.
Indio m (~s; ~s) (sp.) Indianer aus Südamerika.
indirekt EW (lat.) mittelbar (Ggs.: *direkt*; *i.e Rede* umschriebene wiedergegebene Rede; *i.e Wahl* Wahl über Wahlmänner; *i.e Steuern* Besteuerung best. Waren; *i.er Beweis* ⚔ benutzt die zu beweisende Aussage als Hilfshypothese).
indiskret EW (lat.) nicht verschwiegen; aufdringlich; w. s.: **Indiskretion** (~; ~en).
indiskutabel EW (lat.) nicht wert, diskutiert zu werden.
indis|ponibel EW (lat.) festgelegt.
indisponiert EW (lat.) nicht aufgelegt, verstimmt; **Indisposition** w (~; ~en) Unpäßlichkeit.
Indisziplin w (~; –) (lat.) Zuchtlosigkeit; MW: **indiszipliniert**.
Indium s (~s; –) (nach den Ländernamen *Indi|en*) ♋ weißes seltenes Schwermetall (≠ *In*).
Individualdiagnose w (~; ~n) (lat.-gr.) ✚ Testung eines Menschen; **Individualdistanz** w (~; ~en) (lat.) selbstverständl. eingehaltener Abstand unter Tierarten; **Individual|ethik** w (~; –) auf den einzelnen bezogene Sittlichkeit; **Individualisierung** w (~; –) Profilierung des Besondern, = **Individualisation** w (~; –); **individualisieren** ZW (-rte, -rt) ↗ im einzelnen betrachten; das Besondere hervorheben; **Individualismus** m (~; –) Überzeugung, daß der einzelne Vorrang vor der Gesellschaft hat (Ggs.: *Kollektivismus; Altruismus*); m. s.: **Individualist** (~en; ~en); EW: **individualistisch**; **Individualität** w (~; ~en) Besonderheit; persönliche Eigenart; **Individualpotenz** w (~; ~en) Erbtüchtigkeit eines Haustieres; **Individualprävention** w (~; ~en) Maßnahme zur Verhütung weiterer Straftaten durch den Verbrecher; **Individualpsychologie** w (~; –) Reformpsycho|analyse (durch A. Adler, 1870–1937); EW: **individualpsychologisch**; **Individuation** w (~; ~en) Aussonderung von Einzelpersönlichkeiten aus dem Ganzen; Entfaltung der einzelnen Seele; **individu|ell** EW persönlich; eigenwillig; **Individuum** s (~s; -du|en) (lat., = das Ungeteilte) Einzelwesen; Schelte.
indivisibel EW (lat.) unteilbar; w. s.: **Indivisibilität** (~; –).
Indiz s (~es, -zi|en) (lat.) Anzeichen; verdachtweckender Umstand; **indizieren** ZW (-rte, -rt) ↗ anzeigen; auf eine Liste setzen; **indiziert** EW ✚ für eine bestimmte Kur geeignet; (von einem Instrument) angezeigt; auf den Index gesetzt (*i.e Leistung* verlustlose Leistung einer Wärmekraftmaschine; *i.e Rohstoffpreise* Anbindung der Rohstoffpreise an Preis|anstieg der westl. Industrie).
Indo|europä|er m (~s; ~) (lat.) = → Indogermane; EW: **indo|europä|isch**; **Indogermane** m (~n; ~n) Angehöriger eines durch Sprachgemeinsamkeiten verbundenen weit verbreiteten Volkes; EW: **indogermanisch** (≠ *idg.*); **Indogermanist** m (~en; ~en) Erforscher der idg. Sprache(n); w. s.: **Indogermanistik** (~; –); EW: **indogermanistisch**.
Indoktrination w (~; ~en) (lat.) starke Beeinflussung; ZW: **indoktrinieren** (-rte, -rt) ↗.
indolent EW (lat.) unempfindlich; ✚ schmerzlos; träge; uninteressiert; w. s.: **Indolenz** (~; –).
Indologe m (~n; ~n) (i.-gr.) Erforscher i. Sprache und Kultur; w. s.: **Indologie** (~; –); EW: **indologisch**.
indossabel EW (lat.) durch Wechsel übertragbar; **Indossament** s (~[e]s; ~e) Übertragungserklärung eines Wechsels, = → Giro; **Indossant** m (~en; ~en) = → Girant; **Indossatar** m (~s; ~e) = → Girat(ar), = **Indossat** m (~en; ~en); **Indossent** m (~en; ~en) = → Indossant; **indossieren** ZW (-rte, -rt) ↗ = → girieren; **Indosso** s (~s; -ssi) Übertragungsvermerk auf einem Wechsel.

in dubio (lat.) im Zweifelsfall; **in dubio pro reo** im Zweifelsfall für den Angeklagten.
Induktanz w (~; -) (lat.) Blindwiderstand; **Induktion** w (~; ~en) Verallgemeinerung des Besonderen (Ggs.: *Deduktion*); embryonale Gewebebeeinflussung; Erzeugung elektr. Spannungen in einem von einem Kraftlinienfeld bewegten Stromleiter; **Induktions|apparat** m (~[e]s; ~e) Gerät zur Erzeugung hochgespannten Wechselstroms; **Induktionsgesetz** s (~es; ~e) naturgesetzlicher Zusammenhang zw. Kraftflußänderung und induzierter Spannung; **Induktionskrankheit** w (~; ~en) Erkrankung an Leiden, das stark miterlebt wird; **Induktions|motor** m (~s; ~en) Drehstrommotor, dessen Umlauf nur durch Induktion Strom erhält; **induktiv** EW aus dem Einzelfall gefolgert (*i.er Widerstand* = → Induktanz); **Induktivität** w (~; ~en) für die Selbstinduktion eines Leitersystems bestimmende Eigenschaft; **Induktor** m (~s; -toren) Wechselstromerzeuger.
in dulci jubilo (lat.) herrlich und in Freuden.
indulgent EW (lat.) nachsichtig; **Indulgenz** w (~; -) Nachsicht; Straferlaß.
Indulin s (~s; ~e) (KuW) ☉ bläulicher Teerfarbstoff.
Indult m, s (~[e]s; ~e) (lat.) Befristung; Stundung; † befristete Befreiung von einer Gesetzesvorschrift.
in duplo (lat.) doppelt.
Induration w (~; ~en) (lat.) Verhärtung (⚕ eines Gewebes); MW: **induriert**.
Indusi w (~; -) (KW; ∉ Induktionssicherung) elektromagnetische Zugsicherung (Eisenbahn).
Industrial design s (~ ~; ~ ~s) (am.) [*indastri|el dizain*] Entwurfsskizze für ein Industrieerzeugnis; **Industrial engineer** m (~ ~s; ~ ~s) (e.) [*indastriell ändschenír*] Spezialist für rationelle Gestaltung von Industrie|arbeitsgängen; **industrialisieren** ZW (-rte, -rt) ↗ (lat.) auf maschinelle Produktion umstellen; w. abstr. s.: **Industrialisierung** (~; ~en); **Industrialismus** m (~; -) Vorherrschaft der Industrie; **Industrie** w (~; -i|en) gewerbliche Massenerzeugung; **Industrie|archäologie** w (~; -) Erforschung und Erhaltung von Zeugnissen früher Technik; **Industriediamant** m (~en; ~en) (lat.-gr.) unreiner Diamant zur Behandlung harter Stoffe; **Industriekapitän** m (~[e]s; ~e) (lat.) ∪ Leiter eines großen Betriebes;

industri|ell EW großgewerblich; **Industri|elle** m (~n; ~n) Besitzer, Inhaber eines großen Betriebes; = **Industriemagnat** m (~s; ~en); **Industrie|obligation** w (~; ~en) festverzinsl. Anleihe, emittiert von Industrie|unternehmen; **Industrieroboter** m (~s; ~) elektron. steuerbare Maschine für mechanische Arbeitsvorgänge; **Industriesoziologie** w (~; -) Lehre vom Verhalten (von den Organisationen) der Industriegesellschaft(en).
induzieren ZW (-rte, -rt) ↗ (lat.) her-, ableiten; Strom durch Induktion gewinnen (*induziertes Irresein* entsteht bei Zusammenleben mit Geisteskranken; *induzierte Reaktionen* ☉ Reaktionen zweier Körper, die nur bei Hinzutritt eines dritten entstehen).
In|editum s (~s; -ta) (lat.) unveröffentlichte Arbeit.
in effectu EW (lat.) in seiner Wirkung.
in|effektiv EW (lat.) unwirksam; w. s.: **In|effektivität** (~; -).
in effigie (lat.) im Bild.
in|effizi|ent EW (lat.) ergebnisarm, untüchtig.
in|egal EW (lat.) ungleich; w. s.: **In|egalität** (~; -).
in|ert EW (lat.) faul ↓; reaktionsarm (*i.e Stoffe*); **Inertialbewegung** w (~; ~en) gleichförmig unbeschleunigte Bewegung; **In|ertialsystem** s (~s; ~e) ⚔ gleichschnell gradlinig bewegtes Koordinatensystem.
in|essenti|ell EW (lat.) unwesentlich; **in|exakt** EW ungenau; **in|existent** EW nicht vorhanden, existierend.
in extenso (lat.) ganz; **in extremis** ⚕ sterbend; **in facto** in der Tat.
infallibel EW (lat.) unfehlbar; w. abstr. s.: **Infallibilität** (~; -) (*päpstliche I.*, seit 1870).
infam EW (lat.) gemein, schändlich; w. abstr.: **Infamie** (~; -i|en) Ehrlosigkeit; † Ehrloserklärung.
Infant m (~en; ~en) (lat.-sp.) Prinz. **Infanterie** w (· ; -i|en) (sp.) ⚔ Fußtruppe; m · **Infanterist** (~en; ~en) FW· **infanteristisch**.
infantil EW (lat.) unentwickelt; kindisch; **Infantilismus** m (~; -) ⚕ Zurückgebliebenheit; **Infantilität** w (~; -) Kindlichkeit; **Infantin** w (~; ~nen) sp., port. Prinzessin.
Infarkt m (~[e]s; ~e) (lat.) ⚕ Schlagaderverschluß.
infaust EW (lat.) ⚕ vermutlich ungünstig verlaufend.
Infekt m (~[e]s; ~e) (lat.) ⚕ einzelne Infektion; **Infektion** w (~; ~en) ⚕ An-

steckung; **Infektions|psychose** w (~; ~n) ⚕ Verwirrtheit bei oder nach ansteckenden Krankheiten; **infektiös** EW ansteckend; w. s.: **Infektiosität** (~; –) ⚕ Ansteckbarkeit.
Infel = → Inful.
inferior EW (lat.) minderwertig; w. abstr. s.: **Inferiorität** (~; ~en).
infernal(isch) EW (lat.) teuflisch, höllisch; **Inferno** s (~s; –) (it.) Hölle.
infertil EW (lat.) unfruchtbar; w. abstr. s.: **Infertibilität** (~; –).
Infighting s (~s; –) (am.) [-*faitiñ*] Boxnahkampf, = **Infight** m (~s; ~s) (e.) [*infait*].
Infiltrat s (~[e]s; ~e) (lat.) ⚕ Flüssigkeit im Gewebe; **Infiltration** w (~; ~en) Eindringen, -sickern, -strömen; aggressive Kulturpolitik; ⚕ Einlagerung im Gewebe; **Infiltrations|anästhesie** w (~; -i|en) = → Lokalanästhesie; **Infiltrations|therapie** w (~; -i|en) ⚕ Gewebeanfüllung zur Bekämpfung des Ischias; **infiltrieren** ZW (-rte, -rt) ↙ einsickern; einflößen.
Infimum s (~s; -a) (lat.) untere Grenze; **infinit** EW unbeendet; **infinitesimal** EW ⚔ unendlich (klein, groß); **Infinitiv** m (~s; ~e) = **Infinitivus** m (~; -vi) Nennform des Zeitworts.
Infirmität w (~; –) (lat.) ⚕ Gebrechlichkeit.
Infix s (~es; ~e) (lat.) in den Wortstamm eingefügtes Element; **infizieren** ZW (-rte, -rt) ↗ ⚕ (mit einer Krankheit) anstecken.
in flagranti (lat.) auf frischer Tat.
inflammabel EW (lat.) entzündbar; w. s.: **Inflammabilität** (~; –).
Inflation w (~; ~en) (lat.) übermäßiger Geldumlauf und daher Geldentwertung; EW: **inflationär** = **inflatorisch** = **inflationistisch**; ZW: **inflat(ion)ieren** (-rte, -rt) ↙; **Inflationismus** m (~; –) Geldvermehrung bei Vollbeschäftigung.
inflexibel EW (lat.) steif, unbeugbar; w. abstr. s.: **Inflexibilität** (~; –).
in floribus (lat.) in voller Blüte; üppig.
Influenz w (~; –) (lat.) Einfluß, Wirkung (*elektrische I.* Aufladung in einem elektr. Feld); **Influenza** w (~; -zen) ⚕ Grippe; **Influenzmaschine** w (~; ~n) Stromerzeugungsgerät.
Info w (~; ~s) (⚆ Information) (schriftliche) Kurzmitteilung über den aktuellen Stand.
in folio (lat.) im Folioformat.
Infomobil s (~s; ~e) (KuW) Omnibus als Informationsstand.
Informand m (~en; ~en) (lat.) wer sich eine Übersicht über ein Gebiet verschaffen will; **Informant** m (~en; ~en) Gewährsmann; **Informatik** w (~; –) Informationswissenschaft; Computertechnik; **Information** w (~; ~en) Belehrung, Benachrichtigung, Auskunft; **Informations|ästhetik** w (~; –) moderner Zweig der Kunstlehre; **Informations|technik** w (~; –) Wissens-, Nachrichtenweitergabe durch Computereinsatz; **Informations|theorie** w (~; –) Untersuchung, ob und inwieweit die Entscheidungen von (eines) Menschen von Information abhängen; **Informator** m (~s; -toren) wer informiert; **informatorisch** EW (lat.) um Kenntnis zu erhalten; belehrend, = **informativ** EW; **Informative label(l)ing** s (~ ~s; ~ ~s) (e.) [*informetiw leibeliñ*] Etikett mit Warenbeschreibung; **informell** EW aufklärend; ohne Auftrag; regelfrei (*i.e Kunst*); spontan entstanden (*i.e Gruppe*); **informieren** ZW (-rte, -rt) ↗ benachrichtigen, in Kenntnis setzen; aufklären.
Infragrill m (~s; ~s) (KW) mit Infrarot erhitzter Grill.
Infraktion w (~; ~en) ⚕ unvollständiger Knochenbruch.
Infrarot s (~s; –) (lat.) jenseits der roten Empfindlichkeitsgrenze liegende elektromagnet. Wellen; EW: **infrarot**; **Infrarotphotographie** w (~; -i|en) Lichtbildaufnahmen in infrarotem Licht; **Infrarotspektroskopie** w (~; –) Untersuchung von Stoffen mit Infrarotstrahlen; **Infraschall** m (~[e]s; -schälle) Schwingungen unter der menschlichen Hörgrenze; **Infrastruktur** w (~; ~en) Unterbau einer Großwirtschaft; ⚔ militärische Anlagen; **Infratest** m (~[e]s; ~s) Institut zur Messung des Beliebtheitsgrades von (Fernseh-)Sendungen.
Infuchs (KW) Informationszentrale über umweltschädigende Chemikalien.
Inful w (~; ~n) (lat.) Stirnbinde; † Mitra.
infundieren ZW (-rte, -rt) ↗ (lat.) eingießen; ⚕ Infusion vornehmen; **Infus** s (~es; ~e) Aufguß; **Infusion** w (~; ~en) Einflößung (⚕ eines Heilmittels in größeren Mengen ins Blut oder unter die Haut); **Infusions|tierchen** M = **Infusori|en** M Einzeller (Aufgußtierchen).
in genere (lat.) im allgemeinen; **ingeneriert** EW ⚕ angeboren.
Ingenieur m (~s; ~e) (fr.) [*inschenjör*] Berufsbezeichnung für Absolventen

Technischer Hoch- oder Ingenieurschulen; **ingeniös** EW (lat.) [auch: *in-sche-*] geist-, sinnreich; w. abstr. s.: **Ingeniosität** (~; –); **Ingenium** s (~s; -ni|en) Schöpfergeist.
Ingenuität w (~; –) (lat.) Ehrlichkeit; Freimut.
Ingesta M (lat.) ⚕ genossene Nahrung; **Ingestion** w (~; –) ⚕ Nahrungsaufnahme.
in globo (lat.) insgesamt.
Ingot m (~s; ~s) (e.) Barren aus Edelmetall; Stahlblock.
Ingrainpapier s (~[e]s; ~e) (e.) [*-grên-*] von Wollfasern durchsetztes Zeichenpapier.
Ingredi|ens s (~; -enzi|en) (lat.) Zutat (⚕ zu einem Heilmittel), = **Ingredi|enz** w (~; ~i|en).
Ingres|papier s (~[e]s; ~e) (nach einem fr. Maler) [*ängr-*] buntes Papier für Kohlezeichnungen.
Ingreß m (-sses; –) (lat.) Zugang, -tritt ↓; **Ingression** w (~; ~en) Meereseintritt in schon bestehende Mulden.
in grosso (it.) = en gros.
Ingroup w (~; ~s) (e.) [*ingrûp*] Gemeinschaft, der jemand angehört.
inguinal EW (lat.) ⚕ in der Leistengegend.
Ingwer m (~s; ~) (skr.-gr.-lat.-fr.) ⚘ Gewürzstaude.
Inhalation w (~; ~en) (lat.) ⚕ Einatmen von Heilmitteln; **Inhalator** m (~s; -toren) Gerät zum Inhalieren; **Inhalatorium** s (~s; -ri|en) Raum zum Inhalieren; ZW: **inhalieren** (-rte, -rt) ⟋ ⟋.
inhärent EW (lat.) anhaftend; einverleibt; **Inhärenz** w (~; ~en) seinsmäßiger Zusammenhang zweier Dinge; **inhärieren** ZW (-rte, -rt) ⟋ anhaften; **inhäsiv** EW beharrend.
inhibieren ZW (-rte, -rt) ⟋ (lat.) verhindern; **Inhibitor** m (~s; -toren) ⊙ reaktionshemmender Stoff; ⚕ hemmende Nerven; EW: **inhibitorisch**.
in hoc signo (lat.) unter diesem Zeichen.
inhomogen EW (gr.) stofflich ungleich; an verschiedenen Stellen verschieden reagierend (*i.e Gleichung* ⚔); w. s.: **Inhomogenität** (~; –).
inhuman EW (lat.) unmenschlich; ohne Gefühl für menschl. Würde; w. abstr. s.: **Inhumanität** (~; –).
in infinitum (lat.) unaufhörlich; **in integrum restituieren** ⟋ in den vorigen (ursprünglichen) Zustand zurückversetzen.
Iniquität w (~; –) (lat.) Unbilligkeit; Härte.

initial EW (lat.) beginnend; **Initiale(n)** M (verzierte) Anfangsbuchstaben (E: **Initial** s [~s]; **Initiale** w [~]); **Initiand** m (~en; ~en) (lat.) wer geweiht werden soll (will); **Initiant** m (~en; ~en) Anreger; **Initiation** w (~; ~en) Jünglings-, Mädchenweihe; **Initiationsritus** m (~; -ten) Weihezeremonie; **initiativ** EW anregend; voller Unternehmensgeist; **Initiativ|antrag** m (~[e]s; -anträge) bringt parlamentar. Diskussion über offenes Problem in Gang; **Initiative** w (~; ~n) (lat.-fr.) Unternehmungsgeist; 1. Anregung (*die I. ergreifen*); **Initiativrecht** s (~[e]s; ~e) Recht einer gesetzgebenden Körperschaft, einen Gesetzentwurf vorzulegen; **Initiator** m (~s; -toren) Anreger, -stifter.
Injektion w (~; ~en) (lat.) ⚕ Einspritzung; Eindringen von Lösungen ins Nebengestein; □ Einpressen von Zementbrühe; Einbringung von Teilchen in einen Kernbeschleuniger; **Injektor** m (~s; -toren) Dampfstrahlpumpe; Preßluftzubringer; **injizieren** ZW (-rte, -rt) ⟋ ⚕ einspritzen.
Injun M (KuW) Huckepack-Satelliten für Strahlungsmessungen.
Injuri|e w (~; ~n) (lat.) Beleidigung; Schmähwort.
Inkantation w (~; ~en) (lat.) Beschwörung, Bezauberung.
Inkarnat s (~[e]s; ~e) (it.) Fleischfarbe; EW: **inkarnat**; **Inkarnation** w (~; ~en) (lat.) Verkörperung; MW: **inkarniert**.
Inkarzeration w (~; ~en) (lat.) ⚕ Brucheinklemmung; EW: **inkarzeriert** ⚕.
Inkasso s (~s; ~s) (it.) Einziehen von Geldforderungen; **Inkassobüro** s (~s; ~s) Unternehmen, das Außenstände anderer gegen Entgelt einzieht; **Inkasso|indossament** s (~s; ~s) Wechselvermerk zur Einziehungsermächtigung; **Inkassoprovision** w (~; ~en) Sondervergütung für eingezogene Beträge.
Inklination w (~; ~en) (lat.) Neigung; ⚔ Winkel der Magnetnadel zur Waagerechten; ⚔ Neigung der Planetenbahnebene zur Erdbahnebene; **Inklinatorium** s (~s; -ri|en) Vorrichtung zur Messung der magnet. Inklination; **inklinieren** ZW (-rte, -rt) ⟋ zu etw. hinneigen.
Inklusion w (~; ~en) (lat.) Einschluß, -schließung; **inklusive** UW einschließlich (≠ *inkl.*); **Inklusivtour** w (~; ~en)

Reise mit vielen im Preis enthaltenen Extras.
inkognito EW (lat.-it.) unter fremdem Namen; unerkannt; s. abstr. s.: **Inkognito** (~s; ~s).
inkohärent EW (lat.) unzusammenhängend; **Inkohärenz** w (~; ~en) Fehlen an Zusammenhalt (*I. der Ideen* Ideenflucht).
inkoativ = → inchoativ.
inkommensurabel EW (lat.) nicht meßbar; unvergleichbar (*i.e Größe* unvergleichbare Größenordnung; ⊀ Größe ohne gemeinsames Einheitsmaß); w. abstr. s.: **Inkommensurabilität** (~; -).
inkommodieren ZW (-rte, -rt) ↗ (lat.) belästigen; ↖ sich bemühen; **Inkommodität** w (~; ~en) Beschwernis.
inkomparabel EW (lat.) unvergleichbar ↓; w. abstr. s.: **Inkomparabilität** (~; -).
inkompatibel EW (lat.) unvereinbar; **Inkompatibilität** w (~; ~en) Unvereinbarkeit (mehrerer Befugnisse in *einer* Person, von gleichzeitig verabfolgten Arzneistoffen, von verschiedenen Blutgruppen); unerlaubte Ämterhäufung.
inkompetent EW (lat.) unzuständig; w. abstr. s.: **Inkompetenz** (~; -).
inkomplett EW (lat.) unvollständig.
inkompressibel EW (lat.) nicht zusammenzupressen; w. abstr. s.: **Inkompressibilität** (~; -).
inkonform EW (lat.) unzuständig; w. s.: **Inkonformität** (~; -).
inkogru|ent EW (lat.) unübereinstimmend; **Inkongru|enz** w (~; ~en) Ungleichheit, Nichtübereinstimmung.
inkonsequent EW (lat.) unfolgerichtig; w. abstr. s.: **Inkonsequenz** (~; ~en).
inkonsistent EW unbeständig; w. abstr. s.: **Inkonsistenz** (~; -).
inkonstant EW (lat.) unbeständig; w. abstr. s.: **Inkonstanz** (~; -).
Inkontinenz w (~; ~en) (lat.) ⚕ Unfähigkeit, Harn oder Stuhl zurückzuhalten.
inkonven(i)abel EW (lat.) unpassend; **inkonveni|ent** EW = → inkonven(i)abel; w. abstr. s.: **Inkonveni|enz** (~; ~en).
inkonvertibel EW (lat.) unwandelbar; nicht austauschbar (z. B. in eine andere Währung); w. abstr. s.: **Inkonvertibilität** (~; -).
inkonziliant EW (lat.) nicht entgegenkommend.
inkonzinn EW (lat.) unebenmäßig (*i.er Satz);* w. abstr. s.: **Inkonzinnität** (~; -).

Inko|ordination w (~; ~en) (lat.) ⚕ Unstimmigkeit der Muskelbewegungen; **inko|ordiniert** EW unabgestimmt (aufeinander).
Inkorporation w (~; ~en) (lat.) Eingemeindung, -verleibung (radioaktiver Stoffe durch Mensch oder Tier); **inkorporieren** ZW (-rte, -rt) ↗ einverleiben; aufnehmen; **Inkorporierte** m (~n; ~n) Angehöriger einer stud. Verbindung ↓.
inkorrekt EW (lat.) fehlerhaft; nicht passend; w. abstr. s.: **Inkorrektheit** (~; ~en).
inkorrigibel EW (lat.) unverbesserlich; nicht verbesserungsfähig.
Inkrement m (~s; -) (lat.) Zuwachs.
Inkret s (~[e]s; ~e) (lat.) ⚕ Drüsenabsonderung ins Blut (= → Hormon); **Inkretion** w (~; ~en) ⚕ = → innere Sekretion; EW: **inkretorisch**.
inkriminieren ZW (-rte, -rt) ↗ (lat.) an-, beschuldigen; w. abstr. s.: **Inkriminierung** (~; ~en).
inkromieren ZW (-rte, -rt) ↗ (lat.) = → inchromieren.
Inkrustation w (~; ~en) (lat.) Verkrustung; Verzierung mit Einlagen; **inkrustieren** ZW (-rte, -rt) ↗ bekrusten; (mit Belag) belegen; w. s.: **Inkrustierung** (~; ~en) = → Inkrustation.
Inkubation w (~; ~en) (lat.) Vogeleierbebrütung; Ansiedlung von Krankheitsstoffen im Körper; Tempelschlaf; **Inkubationszeit** w (~; ~en) ⚕ Zeit zwischen Ansteckung und Ausbruch der Krankheit (= Inkubation).
Inkubus m (~; -bi) (lat.) personifizierter Alpdruck.
inkulant EW (lat.) ungefällig; w. abstr. s.: **Inkulanz** (~; -).
Inkunabel w (~; ~n) (lat., = Windel) Wiegendruck.
inkurabel EW (lat.) ⚕ unheilbar.
Inkursion w (~; ~en) (lat.) Übergriff, Einmischung.
Inkurvation w (~; ~en) (lat.) Biegung ↓.
Inlett s (~[e]s; ~e) (e.) Hülle für Bettfedern.
Inliner m (~s; ~) (e.) [*inlain^er*] zweischenachsiger Rennmotor.
in medias res (lat.) gleich zur Sache; **in memoriam** zum Andenken; **in natura** in Wirklichkeit, leibhaftig.
inner|sekretorisch EW (lat.) die innere Sekretion angehend.
Innervation w (~; ~en) (lat.) ⚕ Nervenversorgung; Nervenanregung eines Organs; Reizleitung der Nerven zu den Organen; ⚘ Erneuerung (bei

überwinternden Pflanzen); **innervieren** ZW (-rte, -rt) ↗ (lat.) anregen, -reizen.
Innominatkontrakt m (~[e]s; ~e) Vertrag ohne gesetzliche Vorschriften; **in nomine** (lat.) namens.
Innovation w (~; ~en) (lat.) neuartige Problemlösung; Entwicklung und Anwendung neuer Verfahren; EW: **innovativ** = **innovatorisch**.
in nuce [-ze] (lat., = in einer Nuß) ganz knapp.
in|offizi|ell EW (lat.) nichtamtlich; unverbindlich; **in|offiziös** EW widerrechtlich; halbamtlich.
In|okulation w (~; ~en) (lat.) ⚕ Aktivierung eines eingebrachten Krankheitserregers.
in|operabel EW (lat.) ⚕ nicht operierbar; w. s.: **In|operabilität** (~; -).
in|opportun EW (lat.) ungelegen; w. s.: **In|opportunität** (~; ~en).
in optima forma (lat.) in bester Form.
Inosin s (~s; ~e) (gr.-lat.) eine Nukleinsäure.
Inosit m (~s; ~e) (KuW, gr.-lat.) Wuchsstoff (Hefe u. ä.).
in|oxidieren ZW (-rte, -rt) ↗ mit Oxidschicht gegen Rost schützen.
in perpetuum (lat.) für immer; **in persona** selbst; **in petto** (it., = in der Brust) im Sinn (*etw. i. p. haben* planen); **in pleno** (lat.) in der Vollversammlung; vollzählig; **in pontificalibus** (sehr) feierlich; **in praxi** tatsächlich; **in puncto** in betreff (*i. p. puncti* im Hinblick auf den Sex).
Input m (~s; ~s) (e.) Befehlswort in → BASIC; Bezeichnung der eingesetzten Mengen; **Inputphase** w (~; ~n) (am.-gr.) *(auch:)* Anlernzeit für Manager; **Input-Output-Analyse** w (~-~-~; ~-~-~-n) (am.-gr.) [*input autput-*] Vergleich zur Abschätzung der Wirtschaftlichkeit eines Vorhabens.
Inquilin m (~en; ~en) (lat.) Einmieter; Insektenschmarotzer.
inquirieren ZW (-rte, -rt) ↗ (lat.) verhören; **Inquisition** w (~; ~en) strenges (grausames) Verhör; † geistliches Gericht (-sses; -sse); **Inquisitions|prozeß** m (-sses; -sse); **Inquisitor** m (~ s; toren) † Untersuchungsrichter; **inquisitorisch** EW genau untersuchend, streng verhörend.
in saldo (it.) noch schuldig *(i. s. bleiben)* ↓.
insan EW (lat.) ⚕ geisteskrank; w. s.: **Insanität** (~; -), = **Insania** w (~; -), = **Insanie** w (~; -i|en).
Insekt s (~[e]s; ~en) (lat.) Kerbtier; **In-**

Inspekteur

sektarium s (~s; -ri|en) Insektenbehälter; **insektivor** EW insektenfressend; **Insektivoren** M Insektenfresser; **Insektizid** s (~s; ~e) Insektenvernichtungsmittel; EW: **insektizid**; **Insektologe** m (~n; ~n) Insektenforscher; w. s.: **Insektologie** (~; -).
Insemination w (~; ~en) (lat.) ⚥ (künstliche) Befruchtung; ZW: **inseminieren** (-rte, -rt) ↗.
insensibel EW (lat.) unempfindlich; w. s.: **Insensibilität** (~; ~en).
Inseparables M (fr.) [*ängßeparabl*] eine Papageienart.
Inserat s (~[e]s; ~e) (lat.) Anzeige (= → Annonce); **Inserent** m (~en; ~en) wer annonciert; **inserieren** ZW (-rte, -rt) ↗ Anzeige einrücken; **Insertion** w (~;~en) Anzeigen|aufgabe; ⚘ Ansatzstelle (eines Pflanzenteils an den anderen; ⚕ des Muskels am Knochen; der Nabelschnur an der Plazenta); Bestätigung einer Urkunde durch vollständige Neuveröffentlichung.
Inside m (~s; ~s) (e.) [*inßaid*] Innenstürmer (beim Fußball); **Insider** m (~s; ~) [*-ßai-*[Mitglied; **Inside Story** w (~ ~; ~ stories) Bericht mit genauer Kenntnis der Hintergründe.
insidi|ös EW (lat.) ⚕ schleichend.
Insigni|e w (~; ~n) (lat.) Machtsymbol.
Insimulation w (~; ~en) (lat.) Verdächtigung; ZW: **insimulieren** (-rte, -rt) ↗ ↓.
insinuieren ZW (-rte, -rt) ↗ (lat.) unterstellen, einflüstern.
insipid(e) EW (lat.) ohne Geschmacksempfindung ↓.
insistent EW (lat.) dringend; ZW: **insistieren** (-rte, -rt) ↙.
in situ (lat.) richtig gelagert.
inskribieren ZW (-rte, -rt) ↗ (lat.) in die Matrikel (einer Hochschule) eintragen; **Inskription** w (~; ~en) Ein-, Schuldverschreibung; Eintragung des Studenten in die Fakultätsliste.
Insolation w (~; ~en) (lat.) Bestrahlung der Erde durch die Sonne, Sonnenstich.
insolent EW (lat.) frech; w. s.: **Insolenz** (~; ~en).
insolubel EW (lat.) unlöslich; w. s.: **Insolubilität** (~; -).
insolvent EW (lat.) zahlungs|unfähig; **Insolvenz** w (~; ~en) Zahlungs|unfähigkeit; M: Konkurs- und Vergleichsverfahren.
Insomnie w (~; -) (lat.) ⚕ Schlaflosigkeit.
in spe (lat.) (hoffentlich) in Zukunft.
Inspekteur m (~s; ~e) (lat-fr.) [*-tör*]

Aufsichtsbeamter, -führender (*I. des Heeres, der Luftwaffe, der Marine* ⚔ oberster Offizier der Truppengattung); **Inspektion** w (~; ~en) (lat.) Besichtigung; ⚕ Prüfung des Verhaltens des Patienten; **Inspektor** m (~s; -toren) Aufsichtsbeamter; Beamter des gehobenen Dienstes.
Inspiration w (~; ~en) (lat.) (göttliche) Eingebung; ⚕ Einatmung; **Inspirator** m (~s; -toren) der „Vater des Gedankens"; Anreger; EW: **inspiratorisch**; **inspirieren** ZW (-rte, -rt) ↗ anregen, veranlassen.
Inspizi|ent m (~en; ~en) (lat.) Beaufsichtiger von Bühnenspielen, Rundfunk-, Fernsehsendungen; **inspizieren** ZW (-rte, -rt) ↗ = → kontrollieren; w. s.: **Inspizierung** (~; ~en).
instabil EW (lat.) unfest; schwankend; w. abstr. s.: **Instabilität** (~; –).
Installateur m (~s; ~e) (lat.-fr.) [-tör] Facharbeiter (Handwerker) zur Beseitigung technischer Mängel; **Installation** w (~; ~en) (lat.) (Anbringung) alle(r) Anlagen zur Wasser-, Gas-, Stromversorgung; † Amtseinweisung; **installieren** ZW (-rte, -rt) ↗ einrichten, -bauen; † ins Amt einführen; ⚲ sich einrichten.
Instant s (~s; ~s) (am.) [*inßtent*] schnell zuzubereitendes Nahrungsmittel; gleich verfügbares Gerät; **instantan** EW (lat.) nur ganz kurz; sofort; **Instant-Coffee** m (~-~s; –) [*-koffi*] schnell zuzubereitender Pulverkaffee; **Instant-Copulation** w (~-~; –) [*-kopjulěschn*] Häufung von Genußerlebnissen (Jugendlicher); **Instant-Tea** m (~-~s; –) [*-tî*] schnell zuzubereitender Pulvertee.
Instanz w (~; ~en) (lat.) zuständige Stelle; Zuständigkeit (im Prozeßverlauf).
instationär EW (lat.) schwankend.
in statu nascendi (lat.) im Werden; **in statu quo** unverändert; **in statu quo ante** wie früher.
Instillation w (~; ~en) (lat.) ⚕ Einträufeln; ZW: **instillieren** (-rte, -rt) ↗.
Instinkt m (~[e]s; ~e) (lat., = der Antrieb) ererbte Anlage zu zweckmäßigem Verhalten auch ohne Bewußtsein (Verständnis) des Zwecks; **instinktiv** EW triebhaft; gefühlsmäßig.
instituieren ZW (-rte, -rt) ↗ (lat.) anweisen; einrichten; begründen; **Institut** s (~[e]s; ~e) wissenschaftliche Anstalt; Gebilde positiven Rechts; **Institution** w (~; ~en) Einrichtung; Gruppenform; politische Form; M: Teil des röm. Rechts (von Justinian, 533 n. Chr.); **Institutionalismus** m (~; –) Überzeugung: nur Einrichtungen, keine Gesetzmäßigkeiten entscheiden in der Volkswirtschaft; m. s.: **Institutionalist** (~en; ~en); EW: **institutionalistisch**; **institutionell** EW durch eine (als) Institution.
instruieren ZW (-rte, -rt) ↗ (lat.) anordnen, anleiten; **Instrukteur** m (~s; ~e) (lat.-fr.) [*-tör*] Ausbilder (auch ⚔); **Instruktion** w (~; ~en) Anweisung; Befehl *(I.en erhalten, befolgen);* **instruktiv** EW einprägsam; belehrend, lehrreich; **Instruktor** m (~s; -toren) = → Instrukteur.
Instrument s (~[e]s; ~e) (lat.) Werkzeug; ♪ Musikgerät; **Instrumental** m (~s; ~e) = **Instrumentalis** m (~; -les) (lat.) Beugefall auf die Frage: wodurch?, womit?; **instrumental** EW als Werkzeug; das Werkzeug bezeichnend; **Instrumentalisierung** w (~; ~en) Umschreibung mit dem Instrumental(is); **Instrumentalismus** m (~; –) Anschauung, daß Denkformen nur Lebenswerkzeuge sind; m. s.: **Instrumentalist** (~en; ~en); EW: **instrumentalistisch**; **Instrumentalmusik** w (~; ~en) ♪ Musik von Tonwerkzeugen; **Instrumentar(ium)** m (~s; -ri|en) Einheit mehrerer Werkzeuge; ⚕ Arztbesteck; ♪ zur Wiedergabe eines Musikstücks vorgesehene Instrumente; **Instrumentation** w (~; ~en) Einrichtung eines mehrstimmigen Musikstücks für verschiedene Instrumente; **Instrumentator** m (~s; -toren) ♪ die Instrumentation Einrichtender; **Instrumentenflug** m (~[e]s; -flüge) (lat.-d.) Blindflug nur nach Meßgeräten; **instrumentieren** ZW (-rte, -rt) ↗ ♪ die Instrumente wesensgerecht an der Komposition beteiligen; w. abstr. s.: **Instrumentierung** w (~; ~en).
Insub|ordination w (~; ~en) (lat.) Ungehorsam; Mangel an Unterordnung.
insuffizi|ent EW (lat.) unzureichend; **Insuffizi|enz** w (~; ~en) Unvermögen (⚕ eines Organs); Nichtzahlungsfähigkeit.
Insufflation w (~; ~en) (lat.) ⚕ Einblasen von Heilmitteln; künstliche Beatmung.
Insulaner m (~s; ~) (lat.) Inselbewohner; Berliner; **insular** EW Insel...; w. abstr. s.: **Insularität** (~; –); **Insulin** s (~s; ~e) ⚕ Bauchspeicheldrüsenhormon; Diabetesheilmittel; **Insulinde** w (~; –) der Mal. Archipel ↓; **Insulinschock** m (~[e]s; ~s) ⚕ Behandlung

Geisteskranker mit Insulinspritzen; Wirkung zu hoher Insulindosis bei Diabetikern.

Insult m (~[e]s; ~e) (lat.) Beleidigung; ✝ Krankheitsanfall; **Insultation** w (~; ~en) Beschimpfung; ZW: **insultieren** (-rte, -rt) ↗.

in summa (lat.) alles in allem.

Insurgent m (~en; ~en) (lat.) Aufrührer; ZW: **insurgieren** (-rte, -rt) ↙.

Insurrektion w (~; ~en) (lat.) Erhebung, Aufstand.

in sus|penso (lat.) unentschieden.

inszenieren ZW (-rte, -rt) ↗ (gr.-lat.) für Fernsehen, Film, Bühne einrichten, einstudieren; in Szene setzen; w. s.: **Inszenierung** (~; ~en).

Intaglio s (~s; -li|en) (it.; Ggs.: *Kame|e*) [*intaljo*] Gemme mit vertiefter Arbeit.

intakt EW (lat.) heil, ganz, fehlerfrei; w. s.: **Intaktheit** (~; -).

intangible Werte M nicht meßbare, ideelle Werte.

Intarsi|e w (~; ~n) (lat.), = **Intarsia** w (~; -si|en) Einlegearbeit in Holz, = **Intarsiatur** w (~; ~en); m. s.: **Intarsiator** (~s; -toren); ZW: **intarsieren** (-rte, -rt) ↗.

integer EW (lat.) redlich; **Integral** s (~s; ~e) langfristige Staatsschuld; ⚔ Summe unendlich vieler Differentialen; **integral** EW ein Ganzes bildend; **Integraldosis** w (~; -sen) insgesamt aufgenommene Strahlungsmenge; **Integralhelm** m (~[e]s; ~e) großer Helm für Motorradfahrer; **Integralschaum** m (~[e]s; -schäume) poriger Kunststoff mit glatter Oberfläche; **Integrand** m (~en; ~en) ⚔ bei der Integralrechnung gegebene Funktion; **Integraph** m (~en; ~en) Integriergerät; **Integration** w (~; ~en) Bildung übernationaler Einheiten bei teilweiser Aufgabe der nationalen Selbständigkeit; Vereinheitlichung, Verschmelzung; ⚔ Lösen von Integralen; Verbindung von Sprachteilen zu einem Ganzen; **Integrator** m (~s; -toren) ⚔ Rechenmaschine, = **Integrier|anlage** w (~; ~n) ⚔ Rechengerät für Differential- und Integralrechnungen; **integrieren** ZW (rto, rt) ↗ ergänzen, einrücken; ⚔ Integrale ausrechnen; **integrierend** EW unerläßlich; **Integrimeter** s (~s; ~) ⚔ Gerät zur Lösung von Integralen; **Integrität** w (~; -) Lauter-, Redlichkeit; Unversehrt-, Ganzheit.

Integument s (~[e]s; ~e) (lat.) Außenhaut; ⚜ Knospenkernhülle.

Intellekt m (~[e]s; ~e) (lat.) Denkvermögen; Verstand; **Intellektualismus** m (~; -) Überzeugung, daß der Intellekt wichtiger als Gefühl und Willen ist; m. s.: **Intellektualist** (~en; ~en); EW: **intellektualistisch**; **Intellektualität** w (~; -) Verstandesgemäßheit; **intellektu|ell** EW mit dem Verstand; begrifflich; **Intellektuelle** m (~n; ~n), w (~n; ~n) Kopfarbeiter(in); verstandesmäßig eingestellter Mensch; **intelligent** EW begabt, klug; **Intelligenz** w (~; ~en) vernünftiges Wesen; Gabe, sich zurechtzufinden; Schicht der Kopfarbeiter; **Intelligenzbesti|e** w (~; ~n) ∪ = **Intelligenzler** m (~s; ~) ∪ Kopfarbeiter; **Intelligenzquoti|ent** m (~en; ~en) (lat., ≠ *IQ*) Meßzahl für geistige Leistungsfähigkeit; **intelligibel** EW (lat.) nur denkbar (nicht vorstellbar); verständig, einsichtig; w. s.: **Intelligibilität** (~; -).

Intelsat s (~s; -) ≠ Internationales Fernmeldesatellitenkonsortium.

Intendant m (~en; ~en) (lat.-fr.) Leiter von Theater, Funk- oder Fernsehanstalt; **Intendantur** w (~; ~en) Amt(sräume) eines Intendanten; Verwaltung(sstelle; auch ✕), Aufsicht; **Intendanz** w (~; ~en) = → Intendantur.

intendieren ZW (-rte, -rt) ↙ (lat.) etw. anstreben, -zielen.

Intensimeter s (~s; ~) (lat.-gr.) Intensitäts-, Strahlungsmesser; **Intension** w (~; ~en) Anspannung; EW: **intensional** (auch: ⚔ inhaltsgleich bei verschiedener Form); **Intensität** w (~; -) Kraft(anstrengung), Gespanntheit; **intensiv** EW (lat., = nach innen gerichtet) stark, angespannt; mit hohem Aufwand (*i.e Wirtschaft*) strebt durch starke Bodenbearbeitung und Geldinvestition hohen Ertrag an); ZW: **intensivieren** (-rte, -rt) ↗; **Intensivkurs** m (~es; ~e) Schnellunterricht durch dichte Unterrichtsfolge; **Intensivstation** w (~; ~en) Abteilung für Schwerkranke (Frischoperierte) im Krankenhaus; **Intensiv(um)** s (~s; -va) verstärkendes Zeitwort.

Intention w (~; ~en) (lat.) Zweck; Vorsatz, Absicht; ✝ Wundheilung; **intentional** EW objektbezogen; absichtlich; **Intentionalismus** m (~; -) Überzeugung, daß nur die Absicht des Handelnden wichtig ist; Unterstreichung des intentionalen Wesens jedes Erlebens; m. s.: **Intentionalist** (~en; ~en); EW: **intentionalistisch**; **Intentionalität** w (~; ~en) Ausrichtung seelischer Leistungen auf ein Ziel; Struktur des Daseins; **intentionell** EW = → intentional; **Intentions|psychose** w (~;

~n) ⚕ Handlungsbehinderung durch Angstvorstellungen; **Intentions|tremor** m (~s; –) ⚕ starkes Zittern während willkürlicher Bewegungen. **Inter|aktion** w (~; ~en) (lat.) Wechselwirkung (in Partnerbeziehung); **interalli|iert** EW verbündet; **Intercityzug** m (~s; -züge) [-*βitti*-] Schnellzug zur Verbindung von Großstädten, ⊄ **Intercity** m (~s; ~s); **Intercity Experimental** m (~s ~; ~s ~s) (lat.-e.) Hochgeschwindigkeitszug; **interdental** EW ⚕ zwischen den Zähnen; **Interdental** m (~s; ~e) = **Interdentalis** w (~; -les) Zwischenzahnlaut; **Interdependenz** w (~; ~en) Abhängigkeit (der Preise untereinander; der Politik von der anderer Staaten); EW: **interdependent; Interdikt** s (~[e]s; ~e) Verbot († aller kirchlichen Betätigung); **interessant** EW fesselnd, spannend; **Inter|esse** s (~s; ~n) Teilnahme; Wert; Belang; **Interessengemeinschaft** w (~; ~en) (lat.-d.) Zusammenschluß von Personen mit gleicher Zielsetzung; **Interessensphäre** w (~; ~n) Gebiet, das ein mächtigerer (Nachbar-)Staat kontrolliert; **Interessent** m (~en; ~en) wer Anteil nimmt; wer die Absicht zeigt, eine Ware zu kaufen; **interessieren** ZW (-rte, -rt) ⤴ Teilnahme wecken, ⤷ Anteil nehmen (MW II: *interessiert*); **Interface** s (~s; ~s) (e.) [-*feiß*] Schnittstelle zum Anschluß an automat. Datenverarbeitungsanlage; **Interferenz** w (~; ~en) alle Überlagerungserscheinungen von Wellenzügen am gleichen Ort; Behinderung des Chromosomenaustauschs; **Interferenzfarbe** w (~; ~n) (lat.-d.) Farbe, die bei Lichtdurchfall durch Kristalle auftreten kann; **Interferenzkomparator** m (~s; -toren) (lat.) Meßgerät für geringe Abstände; **interferieren** ZW (-rte, -rt) ⤹ sich überlagern; **Interferometer** s (~s; ~) = → Interferenzkomparator; w. s.: **Interferometrie** (~; –); EW: **interferometrisch; Interferon** s (~s; ~e) ⚕ körpereigener virenabwehrender Stoff; **Interferrikum** s (~s; -ken) (lat. KuW) Luftspalt zwischen den Polen eines Magneten; **interfoli|ieren** ZW (-rte, -rt) ⤴ (Buch mit Leerseiten) durchschießen; **interfraktionell** EW mehreren Fraktionen gemeinsam; **Interfrigo** w (~; –) (KW) internationale Kühltransportgesellschaft; **intergalaktisch** EW zwischen den Sternsystemen; **interglazial** EW zwischeneiszeitlich; **Interglazialzeit** w (~; ~en) (lat.-gr.-d.) Zwischeneiszeit, = **Interglazial**

s (~s; ~e); **Interhotel** s (~s; ~s) (KW ⊄ **i**nternationales **Hotel**) in gute Kategorie zu rechnendes Hotel (DDR). **Interieur** s (~s; ~e) (fr.) [*änterio͞ȓ*] Innenraum(ausstattung); gemalter Innenraum; **Interim** s (~s; –) (lat.) Zwischenzustand; vorläufige Regelung; **interimistisch** EW zwischenzeitlich; einstweilig; **Interimskonto** s (~s; -ten) vorläufiges Konto; **Interjektion** w (~; ~en) Ausrufewort; **interkalar** EW Schalt...; ⚘ auf bestimmte Sprossenteile beschränkt; **Interkalare** M ⚕ Hand-, Fußzwischenknorpel; **interkantonal** EW (den Kantonen) gemein; **interkommunal** EW zwischen den Städten; **Interkonfessionalismus** m (~; –) † Versuch, die Unterschiede zwischen den Konfessionen zu überwinden; **interkonfessionell** EW mehrere Konfessionen angehend (interessierend); **interkontinental** EW mehrere Kontinente angehend (umfassend); **Interkontinentalrakete** w (~; ~n) Geschoß, das von einem zum andern Kontinent geschossen werden kann; **interkostal** EW zwischen den Rippen; **interkranial** EW ⚕ im Schädel; **interkrustal** EW in der Erdkruste; **interkurrent** EW dazukommend, = **interkurrierend; Interleukin** s (~s; –) ⚕ körpereigener Immunstoff (gegen Krebs); **interlinear** EW zwischen den Zeilen; **Interlinearglosse** w (~; ~n) zwischen die Textzeilen geschriebene Randbemerkung; **Interlinearversion** w (~; ~en) Übersetzung Wort für Wort zwischen den Zeilen; **Interlingua** w (~; –) Welthilfssprache, = **Interlingu|e** w (~; –); **Interlinguist** m (~en; ~en) Erforscher der Welthilfssprache; w. abstr. s.: **Interlinguistik** (~; –); EW: **interlinguistisch; interlokal** EW die räumliche Abgrenzung einer Rechtsordnung entscheidend (*i.es Recht*); **Interlockwäsche** w (~; –) maschinengestrickte Feinwäsche, = **Interlockware** w (~; ~n); **Interlogic** ⊄ *I.-Gesellschaft für Computer- und Programm-Service* (Gütersloh); **Interludium** s (~s; -di|en) ♪ Zwischenspiel; **Interluni|um** s (~s; -ni|en) Neumond(-zeit); **Intermaxillarknochen** m (~s; ~) (lat.-d.) ⚕ Zwischenkieferknochen; **intermediär** EW (lat.) vermittelnd (*i.er Stoffwechsel* Abbau u. Umbau der Stoffe im Körper); **Intermedin** s (~s; –) (KuW) Umfärbung (von Fischen, Fröschen) bewirkendes Hormon; **Intermedium** s (~s; -di|en) = → Intermezzo, = **Intermedio** s (~s; ~s) (it.); **intermedius**

EW (lat.) mitten; **Intermezzo** s (~s; -zzi) (it.) Zwischenspiel; ♪ kleines Klavierstück; (lustiger) Zwischenfall; **Intermission** w (~; ~en) (lat.) ⚕ zeitweiliges Aussetzen von Krankheitserscheinungen; **intermittieren** ZW (-rte, -rt) ✓ kurz unterbrechen (*i.des Fieber*; *i.de Ströme* periodisch unterbrochene elektr. Ströme); **intermolekular** EW zwischen den Molekülen; **Intermundi|en** M (lat.) Zwischenwelten.

intern EW (lat.) innerlich; in der Anstalt wohnend; **Interna** M persönliche Angelegenheiten; **internalisieren** ZW (-rte, -rt) ↗ Gruppennormen übernehmen; **Internat** s (~[e]s; ~e) (lat.) = → Alumnat; **international** EW nicht völkisch oder staatlich begrenzt; **Internationale** w (~n; ~n) überstaatliche Vereinigung (marxistischer Parteien, seit 1864); sozialistisches Kampflied (1871); m (~n; ~n) Ländermannschaftsmitglied; **Internationalisierung** w (~; ~en) Unterstellung eines Landes unter internationale Kontrolle; **Internationalismus** m (~; -) Überzeugung, daß die Zusammenarbeit und Vereinigung aller Staaten die beste Lebensform ermöglicht; m. s.: **Internationalist** (~en; ~en); EW: **internationalistisch; Internationalität** w (~; -) Überstaatlichkeit; **Interne** m, w (~n; ~n) Internatsschüler; **Internie** w (~; -) ⚕ innere Medizin (DDR); **internieren** ZW (-rte, -rt) ↗ Freizügigkeit einschränken; in ein Lager einweisen; **Internierung** w (~; ~en) Einweisung in ein Lager (eine Anstalt); **Internist** m (~en; ~en) ⚕ Facharzt für innere Krankheiten; EW: **internistisch; Internodium** s (~s; -di|en) ⚘ Stengelglied zwischen Blattansätzen; **Internum** s (~s; -na) Angelegenheit nur bestimmter Kreise (Personen, Institutionen); → Interna; **Internuntius** m (~; -ti|en) päpstlicher Gesandter bei minderbedeutenden Staaten; **inter|orbital** FW zwischen zwei Satellitenumlaufbahnen; **inter|ozeanisch** EW zwischen den Weltmeeren; **interparlamentarisch** EW (lat.) mehreren Parlamenten angehörend; mehrere Parlamente umfassend (*i.e Union* Vereinigung von Abgeordneten verschiedener Länder, seit 1888); **Interpellant** m (~en; ~en) wer eine Interpellation einbringt; **Interpellation** w (~; ~en) Recht des Parlaments auf Auskunft durch Anfrage an die Regierung; ZW: **interpellieren** (-rte, -rt) ✓; **interplanetar(isch)** EW zwischen den Planeten (*i.er Raum* kugelartiger Raum um einen Fixstern); **Interpluvial** s (~s; ~e) regenarmer Zeitabschnitt in (Sub-)Tropen entsprechend den Zwischeneiszeiten, = **Interpluvialzeit** w (~; ~en); **Interpol** w (~; -) (KW) Internationale kriminalpolizeiliche Kommission (seit 1946, in Paris); **Interpolation** w (~; ~en) Einschaltung (von Zwischentexten); ⚔ von Zwischenwerten); m. s.: **Interpolator** (~s; -toren); ZW: **interpolieren** (-rte, -rt) ↗; **interponieren** ZW (-rte, -rt) ✓ sich (als Vermittler) einschalten; **Interposition** w (~; ~en) ⚕ Weichteile zwischen Knochenfragmenten; **Interpret** m (~en; ~en) Deuter; Erklärer; Dolmetsch; ♪ Solist; **Interpretament** s (~[e]s; ~e) Verständigungsmittel; **Interpretation** w (~; ~en) Auslegung; EW: **interpretativ**; m. s.: **Interpretator** (~s; -toren) = → Interpret; EW: **interpretatorisch; Interpreter** m (~s; ~) (e.) [*inte'prĭte'*] Übersetzungsprogramm für automat. Datenverarbeitungsanlagen; **interpretieren** ZW (-rte, -rt) ↗ deuten, erklären; **interpungieren** ZW (-rte, -rt) ↗ Satzzeichen setzen, = **interpunktieren** ZW (-rte, -rt) ↗ (lat.); **Interpunktion** w (~; ~en) Satzzeichen; Zeichensetzung; **Interrailkarte** w (~; ~n) (lat.-e.-d.) [-*reil*-] ermäßigte Fahrkarte für Jugendliche in Europa; **Interregnum** s (~s; -gnen) Zwischenregierung (bes. 1254–1273); **interrogativ** EW fragend; **Interrogativ** s (~s; ~e), = **Interrogativum** s (~s; -va) Fragewort; **Interruption** w (~; ~en) (lat.) Unterbrechung (⚕ der Schwangerschaft); **Interruptus** (⚢ Koitus interruptus) abgebrochener Geschlechts|akt; **Intersexe** M (lat.) Zwischenformen zwischen m. und w. Tieren; **Intersexualität** w (~; ~) ⚕ Scheinzwittertum; EW: **intersexu|ell; Intershop** m (~s; ~s) Laden, in dem in- und ausländ. Waren in fremder Währung zu kaufen sind (DDR); **interstellar** EW zwischen den Fixsternen (*i.er Raum* Raum zwischen den Fixsternen; *i.e Materie* Gase [Staub] im i.en Raum); **interstiti|ell** EW in Zwischenräumen; Zwischengewebs...; **Interstitium** s (~s; -ti|en) Zwischenraum; ⚕ Zwischengewebe; † Zeit zwischen 2 Weihen; **intersubjektiv** EW den Einzelpersonen gemeinsam; **interterritorial** EW zwischenstaatlich; **Intertrigo** w (~; ~s) ⚕ Wolf; Hautentzündung zwischen Tierzehen; **Intertype-Fotosetter** m (~-~s; ~-~) (e.)

Intertype [*-taip-*] Setzmaschine mit Lichtbildstatt Gießgerät; **Intertype(-Setzmaschine)** w (~[-~]; ~[-~n]) Zeilengußmaschine; **Inter|usurium** s (~s; -ri|en) Zwischenzins; **Intervall** m (~[e]s; ~e) Zwischenraum; ♪ Abstand zweier Töne; ⚕ schmerzlose Zeit; ⚔ Strecke (Skala) zwischen 2 Punkten; **Intervalltraining** s (~s; –) [*-träniń*] Training mit regelmäßigen Pausen; **intervalutarisch** EW zwischen 2 Währungen (*i.er Kurs* Umrechnungskurs); **Interveni|ent** m (~en; ~en) Mittelsmann; **intervenieren** ZW (-rte, -rt) ⟋ vermitteln; **Intervention** w (~; ~en) Eingreifen; Einmischung; Stützung des Kurses durch Interessenten; Einlösung eines illiquiden Wechsels; Klage (Teilnahme) eines Dritten am Prozeß; **Interventionismus** m (~; –) Recht des Staates, in die Marktwirtschaft einzugreifen; m. s.: **Interventionist** (~en; ~en); EW: **interventionistisch**; **Interversion** w (~; ~en) Übersetzung zwischen den Zeilen; **intervertebral** EW ⚕ zwischen den Wirbeln; **Interview** s (~s; ~s) (e.) [*-wjû*] Befragung durch (für) die Presse (das Fernsehen, den Rundfunk, ein Informationsbüro); Bericht darüber; **Interviewer** m (~s; ~) Befrager (als Beauftragter eines Massenmediums); ZW: **interviewen** (-wte, -wt) ⟋ [*-wjû-*]; **Intervision** w (~; –) (lat.) Ostblockgemeinschaftssendung (Fernsehen); **interzedieren** ZW (-rte, -rt) ⟋ bürgen; **interzellular** EW zwischen den Zellen, = **interzellulär** EW; **Interzellulare** w (~; ~n) ⚕ Zwischenzellraum; **Interzellularsubstanz** w (~; ~en) Stoff zwischen den Zellen; **Interzeption** w (~; ~en) Unterschlagung; Aufsaugung; **Interzeptor** m (~s; -toren) (lat.) ⚔ Jagdmaschine; **Interzession** w (~; ~en) rechtlich geregelte Übernahme von Schulden; **interzonal** EW zwischen zwei Gebieten.

intestabel EW (lat.) nicht fähig, Zeuge zu sein (Testament aufzusetzen); **Intestat|erbfolge** w (~; ~n) Erbfolge ohne Testament.

intestinal EW (lat.) ⚕ zum (beim, vom) Darm; **Intestinum** s (~s; -na) ⚕ Darm.

Inthronisation w (~; ~en) (lat.) feierliche Amtseinsetzung (eines Herrschers); ZW: **inthronisieren** (-rte, -rt) ⟋; w. s.: **Inthronisierung** (~; ~en).

intim EW (lat.) vertraut (auch sexuell); **Intim|hygiene** w (~; –) Sauberhaltung der Geschlechtsteile; w. s.: **Intimität** (~; ~en); **Intim|sphäre** w (~; ~n) Privatbereich; **Intim|spray** m, s (~s; ~s) [*-sprä*] Deodorant für Geschlechtsteile; **Intimus** m (~; -mi/~se) naher Freund.

intolerant EW (lat.) unduldsam; ⚕ nicht(s) vertragend; **Intoleranz** w (~; ~en) Unduldsamkeit; ⚕ geringe Widerstandskraft.

Intonation w (~; ~en) (lat.) ♪ Tongestalt; Verbesserung der Tonhöhe; ♪ Erreichung größter Tonreinheit im Instrumentenbau; ♪ Vorspiel; ♪ letztes Stimmen der Orgel; **intonieren** ZW (-rte, -rt) ⟋ ♪ anstimmen; eine Tonhöhe beachten; Orgel stimmen.

in toto (lat.) ganz (und gar), = **in totum**.

Intourist (~s; –) (lat.-fr.) r. Reisebüro.

Intoxikation w (~; ~en) (gr.-lat.) ⚕ Vergiftung; schwere Magenverstimmung durch Einnahme von Giften; EW: **intoxikativ**.

intra|abdominal, **intra|abdominell** EW ⚕ im Unterleib.

Intrade w (~; ~n) (sp.) ♪ feierlicher Beginn einer Suite, = **Intrada** w (~; -den).

intrakardial EW (lat.) ⚕ im Herzen; **intrakutan** EW ⚕ in die Haut; **intralumbal** EW ⚕ in den Lendenwirbelkanal; **intramolekular** EW in den Molekülen; **intramontan** EW ins Gebirge eingetieft; **intramundan** EW zur Welt gehörend; in der Welt.

intra muros (lat.) nicht öffentlich.

intramuskulär EW (lat.) ⚕ zwischen die Muskeln; **intransigent** EW (lat.) unversöhnlich, unduldsam, radikal; zu keiner Konzession bereit; m. s.: **Intransigent** (~en; ~en); w. s.: **Intransigenz** (~; –); **intransitiv** EW (lat.) nichtzielend (ohne die Möglichkeit, ein Akkusativobjekt bei sich zu haben); s.: **Intransitiv** s (~s; ~e) = **Intransitivum** s (~s; -va); ZW: **intransitivieren** (-rte, -rt) ⟋.

intra|okular EW (lat.) im Auge; **intraoral** EW ⚕ im Mund; **intra partum** bei der Geburt; **intrapulmonal** im Lungengewebe; **intratellurisch** EW in der Erdbahn; im (aus dem) Erdkörper; **intrathorakal** EW ⚕ in der Brusthöhle; **intra|uterin** EW ⚕ in die Gebärmutterhöhle; **Intra|uterinpessar** s (~s; ~e) in Gebärmutter eingeführter, empfängnisverhütender Ring; **intravaginal** in der (die) Scheide; **intravenös** EW ⚕ in die Blutader; **intravital** EW im Leben; **intrazellulär**, **-lar** EW in der Zelle.

Intrigant m (~en; ~en) (fr.) Ränkeschmied; EW: **intrigant**; w. abstr. s.: **Intriganz** (~; –); **Intrige** w (~; ~n)

Ränkespiel; ZW: **intrigieren** (-rte, -rt) ✓.

in triplo (lat.) in dreifacher Ausfertigung.

Introduktion w (~; ~en) (lat.) ♪ Einführungssatz; ZW: **introduzieren** (-rte, -rt) ✓ ↗; **Intro|litus** m (~; ~) † Meßbeginn; ⚥ Körperöffnung; **Introjektion** w (~; ~en) Aufnahme fremder Gefühle (Auffassungen); ZW: **introjizieren** (-rte, -rt) ↗.

intrors EW (lat.) = → introvertiert; ⊕ nach innen gewendet (Ggs.: extrors).

Introspektion w (~; ~en) (lat.) seelische Selbstbeschau; **introspektiv** EW durch innere Beobachtung; **Introversion** w (~; ~en) Wendung nach innen; **introvertiert** EW nach innen gerichtet (Ggs.: extrovertiert).

Intruder m (~s; ~) (e.) ⋈ Aufklärungsflugzeug.

Intrusion w (~; ~en) (lat.) Eindringen von Magma in Nebengesteine; **Intrusivgestein** s (~[e]s; ~e) Nebengestein, = **Intrusivum** s (~s; -va).

Intubation w (~; ~en) (lat.) ⚥ künstliche Kehlkopfbeatmung; ZW: **intubieren** (-rte, -rt) ↗.

Intuition w (~; ~en) (lat., = Anblick) unmittelbares Begreifen von Wesenszusammenhängen; **Intuitionismus** m (~; -) Überzeugung, daß Eingebung die beste Erkenntnisquelle ist (daß der Mensch ursprünglich zwischen Gut und Böse sicher unterscheiden konnte); ⊀ = Konstruierbarkeit; m. s.: **Intuitionist** (~en; ~en); EW: **intuitionistisch**; **intuitiv** EW durch Eingebung erfassend.

intus EW (lat.) drinnen (etw. i. haben ∪ es gegessen, verstanden haben); **Intussuszeption** w (~; ~en) ⊕ Einlagerung in schon existente Teilchen; ⚥ Einstülpung eines in einen andern Darmteil.

in tyrannos (lat.) auf die Tyrannen!

Inuit M (esk., = Menschen) Eskimos (Selbstbezeichnung).

Inula w (~; -lae) (lat.) ⊕ Alant (Korbblütler).

Inulin s (~s; -) (lat.) ⚥ Nahrungsmittelbestandteil für Zuckerkranke.

In|undation w (~; ~en) (lat.) Überschwemmung; **In|undationsgebiet** s (~[e]s; ~e) Überschwemmungsgebiet.

In|unktion w (~; ~en) (lat.) ⚥ Einreibung.

in usum Delphini (lat., = für den Gebrauch des Thronfolgers) für Kinder.

Invagination w (~; ~en) (lat.) ⚥ Einstülpung (eines Darmteils in einen andern).

invalidabel EW (lat.) noch zurücknehmbar; **Invalidation** w (~; ~en) Ungültigkeitserklärung ↓; **invalid(e)** EW kraftlos; körperlich beschädigt (behindert), gebrechlich; **Invalide** m (~n; ~n) Versehrter; **Invalidität** w (~; -) ständige Erwerbsunfähigkeit.

Invar s (~s; -) (⚥ e. invariable) nickelhaltiger Stahl mit besonders geringem therm. Ausdehnungsko|effizienten, = **Invarstahl** m (~s; -stähle).

invariabel EW (lat.) unveränderlich (*i.ble Erdschicht* wird von Tempeatureinflüssen nicht mehr berührt); **invariant** EW (lat.) grundsätzlich unveränderlich; **Invariante** w (~; ~n) (lat.) ⊀ unveränderliche Größe; **Invarianz** w (~; -) (lat.) Unveränderbarkeit; Wechselwirkung (in der Mechanik).

Invarstahl → Invar.

Invasion w (~; ~en) (lat.) ⋈ Besetzung (eines fremden Landes); Überfall; m. s.: **Invasor** (~s; -soren).

Invektive w (~; ~n) (lat.) Beleidigung.

Inventar s (~s; ~e) (lat.) Verzeichnis der Vermögensgegenstände; Bestandsverzeichnis; **Inventarisation** w (~; ~en) Bestands|aufnahme; m. s.: **Inventarisator** (~s; -toren); **inventarisieren** ZW (-rte, -rt) ↗ ✓ Bestand aufnehmen; **Inventarium** s (~s; -ri|en) = → Inventar; **Invention** w (~; ~en) Erfindung, Einfall; ♪ kleines Stück für Klavier; **Inventur** w (~; ~en) Bestands|aufnahme.

in verba magistri (jurare) (lat.) auf des Meisters Worte (schwören); → jurare.

invers EW (lat.) umgekehrt (*i.e Funktion* ⊀ Umkehrfunktion; *i.e Zinsstruktur* kurzfristige Anleihen bringen mehr als langfristige); **Inversion** w (~; ~en) Umkehrung; Verlagerung; Chromosomenmutation durch Drehung um 180°; ⚥ Temperaturdrehung; ↻ Umkehr von der rechts- zur linksdrehenden Modifikation, Umstellung der Satzordnung; ⚥ Umstülpung eines Organs; ⊀ Umstellung zweier Kombinationselemente; ♪ Auftreten des Fugenthemas mit umgekehrt einander folgenden Intervallen; ZW: **invertieren** (-rte, -rt) ↗.

Invertase w (~; ~n) (lat.) = → Invertin; **Invertebraten** M die Wirbellosen (= → Evertebrat); **Inverter** m (~s; ~) telefon. Sprachumwandler; **invertiert** EW homosexu|ell (*invertieren* → Inversion); **Invertin** s (~s; -) ⚥ Darmsaftferment, das Rohrzucker inver-

tiert; **Invertzucker** m (~s; –) Sirup aus Rohrzucker.
investieren ZW (-rte, -rt) ✓ (lat.) ins Amt einweisen; Geld anlegen; **Investierung** w (~; ~en) = → Investition.
Investigation w (~; ~en) (lat.) Nachforschung ↓; ZW: **investigieren** (-rte, -rt) ✓ ↓.
Investition w (~; ~en) (lat.) Anlegen von Kapital in Produktionsmittel (Industrie, Gewerbe); **Investitionsgüter** M Produktionsmittel wie z. B. Maschinen; **Investitions|lenkung** w (~; –) staatl. Förderung von investiven Maßnahmen zur Erhaltung und Schaffung von Arbeitsplätzen; **Investitur** w (~; ~en) Amts|einführung; Beschluß der Eigentumsübertragung; **Investivlohn** m (~[e]s; -löhne) erzwungene Spareinlage vom Einkommen; **Investment** s (~s; ~s) (e.) = → Investition; **Investmentgesellschaft** w (~; ~en) Gesellschaft eines → Investment-Trusts; **Investmentguß** m (-sses; -güsse) maßgenaue Gußtechnik; **Investment-Trust** m (~-~s; ~~-~s) (e.) [-*trast*] herrschende Kapitalgesellschaft; kollektive Kapitalanlage; **Investor** m (~s; -toren) (lat.) Kapitalanleger.
in vino veritas (lat.) im Wein liegt Wahrheit = Trunkene lügen nicht.
in vitro (lat.) ↺ im Reagenzglas; **in vivo** am lebenden Objekt.
Invokation w (~; ~en) (lat.) † Anrufung; **Invokavit** (~s; –) 1. Passionssonntag.
Involution w (~; ~en) (lat.) ⚕ Organrückbildung; **Involvement** s (~s; ~s) (am.) Verquickung; Verwicklung; **involvieren** ZW (-rte, -rt) ✓ enthalten.
Inzensorium s (~s; -ri|en) (lat.) Weihrauchfaß ↓.
Inzentiv s (~s; ~e) (lat.) Ansporn; EW: **inzentiv**.
Inzest m (~[e]s; ~e) (lat.) Blutschande; EW: **inzestuös**.
Inzidenz w (~; ~en) (lat.) Zusammenfallen, Enthaltensein; Ausbleiben der erwarteten Wirkung öffentl. Subventionen; **inzidieren** ZW (-rte, -rt) ↗ ⚕ schneiden.
inzipi|ent EW (lat.) beginnend.
Inzision w (~; ~en) (lat.) ⚕ Gewebeeinschnitt; Zäsur; **Inzisur** w (~; ~en) ⚕ Knocheneinbuchtung.
Ion s (~s; ~en) (gr.) elektrisch geladenes Atom, Molekül (Atom-, Molekülgruppen); **Ionengitter** s (~s; ~) Kristallgitter aus positiven u. negativen Ionen; **Ionenhydra(ta)tion** w (~; ~en) Wassermoleküle an, um Ion(en);

Ionenleitung w (~; ~en) Leitung elektr. Stroms durch Ionen; **Ionenreaktion** w (~; ~en) (gr.-lat.) ↺ durch Ionen mitangetriebene Reaktion.
Ioni|er M (gr.) altgr. Stamm; **ionisch** EW in dessen Kunst und Sprache (♪ *i.e* Tonart altgr. Tonfolge, = C-Dur).
Ionisation w (~; ~en) elektr. Aufladung von Molekülen (Atomen), = **Ionisierung** w (~; ~en); **Ionisatoren** M ↺ Mittel, mit denen man Gas leitend machen kann; ZW: **ionisieren** (-rte, -rt) ↗; **Ionium** s (~s; –) Zerfallsprodukt des Urans II; **Ionomere** M (KuW) Kunststoffe mit Ionen; **Ionometer** s (~s; ~) Strahlungsmesser radioaktiver Stoffe; EW: **ionometrisch**.
Ionon s (~s; –) (gr.) ⚘ Veilchenriechstoff.
Ionosphäre w (~; ~n) Erdatmosphäreschicht an der Grenze der Lufthülle (über 60 km); **Ion(t)ophorese** w (~; ~n) ⚕ Behandlung mit arzneitragenden Elektroden; EW: **ion(t)ophoretisch**.
Ipekakuanha w (~; -hen) (ind.-port.) [-*anja*] ⚘ Brechwurz.
Iporit s (~s; ~e) (KuW) Treibmittel für Schaumbeton.
Ipsation w (~; ~en) (lat.) geschlechtliche Selbstbefriedigung, = **Ipsismus** m (~; –); **ipsissima verba** Wort für Wort (wie er [sie] es gesagt hat); **ipso facto** eigenmächtig; **ipso iure** ohne weiteres; **Ipsophon** s (~s; ~e) Fernrufe|aufzeichner.
IQ ∉ Intelligenzquotient.
IRA (e. ∉ Irish Republican Army) irisch-kathol. Untergrundorganisation.
Irangate s (~; –) (am.) [*airengeit*] Verwicklung des US-Präsidenten in illegale Spenden- und Waffengeschäfte mit dem Iran.
iranisch EW (nach dem Hochland von *Iran*) von den Ariern abgeleitet; **Iranist** m (~en; ~en) Iranforscher; w. s.: **Iranistik** (~; –); EW: **iranistisch**.
Irbis m (~ses; ~se) (mong.-r.) Schneeleopard.
Irenik w (~; –) (gr.) † Suche nach dem Verbindenden zwischen den einzelnen christlichen Kirchen; **Ireniker** m (~s; ~) Friedliebender; EW: **irenisch**; **Irenologe** m (~n; ~n) Friedensforscher; w. s.: **Irenologie** (~; –); EW: **irenologisch**.
Irid|elektomie w (~; -i|en) (gr.) ⚕ Ausschnitt aus der Regenbogenhaut für eine neue Pupille; **Iridium** s (~s; –) (∉

Ir) ⌀ Element; **Iridologe** m (~n; ~n) ⚄ Augenforscher; w. s.: **Iridologie** (~; -); EW: **iridologisch; Iridotomie** w (~; -i|en) = → Irid|ektomie; **Iris** w (~; ~) Regenbogen(haut); ⚜ Schwertlilie; **Irisblende** w (~; ~n) verstellbare Blende am Lichtbildgerät; **Irisdiagnostik** w (~; -) ⚄ Krankheitsbestimmung durch Beobachtung der Regenbogenhaut, = **Irisdiagnose** w (~; ~n); m. s.: **Irisdiagnostiker** (~s; ~); EW: **irisdiagnostisch**.

Irish coffee m (~ ~s; ~ ~s) (e.) [*airisch koffi*] Kaffee mit Whisky und Sahnehaube; **Irish-Stew** s (~-~s; ~-~s) [*airischstjû*] Hammelfleisch, Weißkohl u. Kartoffeln.

irisieren ZW (-rte, -rt) ✓ (lat.) (wie der Regenbogen) schillern (*i.de Wolken*); **Iritis** w (~; -itiden) (gr.) ⚄ Regenbogenhautentzündung.

Ironie w (~; -) (gr.-lat.) versteckter Spott; scheinbare Anerkennung des Gegenteils dessen, was man meint; **Ironiker** m (~s; ~) feiner Spötter; EW: **ironisch**; ZW: **ironisieren** (-rte, -rt) ↗.

Irons M (e.) [*air°nz*] Golfschläger mit Metallkopf.

Irradiation w (~; ~en) (lat.) ⚄ Ausstrahlung von Schmerzen; Lichthofbildung auf Fotofilmen; ZW: **irradi|ieren** (-rte, -rt) ✓.

irrational EW (lat.) nicht mit dem Verstand zu begreifen; vernunftwidrig (*i.e Zahl* ⚔ kann nicht als Bruch mit ganzzahligem Nenner und Zähler wiedergegeben werden); **Irrationalismus** m (~; -) Überzeugung, daß Verstand und Vernunft neben Gefühl, Willen, Sinneseindrücken nur Nebensache sind; m. s.: **Irrationalist** (~en; ~en); **irrationell** EW unwirtschaftlich; mit dem Verstand nicht zu begreifen.

irreal EW (lat.) unwirklich; **Irreal(is)** m (~; ~e/[-les]) Zeitwortform der Nichtwirklichkeit; **Irrealität** w (~; ~en) Gebiet des Unwirklichen; das Unwirkliche.

Irredenta w (~; -ten) (it.) nicht befreites (it.) Gebiet, Minderheit; Unabhängigkeitsbestreben; m. abstr. s.: **Irredentismus** (~; -); EW: **irredentistisch**.

irreduktibel EW (lat.) nicht zurückzuführen; nicht in einfache Teile zerlegbar; = **irreduzibel** EW; w. abstr. s.: **Irreduzibilität** (~; -).

irregulär EW (lat.) regelwidrig (*i.e Truppe* steht außerhalb des Heeres); † vom Empfang der Weihen ausgeschlossen; w. s.: **Irregularität** (~; ~en).

irrelevant EW (lat.) nicht entscheidend; bedeutungslos; w. s.: **Irrelevanz** (~; -).

irreligiös EW (lat.) ohne Religion; w. abstr. s.: **Irreligiosität** (~; -).

irreparabel EW (lat.) endgültig zerstört; w. abstr. s.: **Irreparabilität** (~; ~en).

irreponibel EW (lat.) nicht in die ursprüngliche Lage zurückversetzbar.

irrespirabel EW (lat.) nicht einatembar.

irreversibel EW (lat.) unumkehrbar (Ggs.: *reversibel*); ⚄ unheilbar; w. abstr. s.: **Irreversibilität** (~; ~en).

Irrigation w (~; ~en) (lat.) Ausspülung; Bewässerung; **Irrigator** m (~s; -toren) ⚄ Einlaufgerät.

irritabel EW lat.) reizbar; w. abstr. s.: **Irritabilität** (~; -); **Irritation** w (~; ~en) Reiz; **irritieren** ZW (-rte, -rt) ↗ verwirren; stören.

Irrumination w (~; ~en) (lat.) Hervorrufen des Orgasmus mit dem Mund.

ISA w (~; -) (e. KW, ⚄ International Federation of the National Standardizing Associations) internat. Vereinigung für Normenfestlegung u. ä.; → ISO.

isabell EW (sp., nach der sp. Prinzessin *Isabella*, 1566–1633, die einem Schwur zufolge ihr Hemd zwischen 1601 und 1604 nicht gewechselt haben soll) gelbbraun ←, = **isabellfarben** EW, **isabellfarbig** EW.

Isagogik w (~; -) (gr.-lat.) Lehre von der Einführung († in die Geschichte der Bibel); EW: **isagogisch**.

Is|akusten M (gr.) Linien von Punkten gleicher Schallstärke; **Is|allobaren** M Linien von Punkten gleichen Luftdrucks; **Is|allothermen** M Linien von Punkten gleicher Temperaturen; **Isanabasen** M Linien gleicher Hebung (der Erdkruste).

Isatin s (~s; -) (gr.-lat.) ⌀ Indigoverbindung; **Isatis** w (~; -) ⚜ Wald.

Is|chämie w (~; -i|en) (gr.) ⚄ örtliche Blutleere; EW: **is|chämisch**.

Ische w (~; ~n) (heb.) Mädchen, Freundin.

Is|chiadikus m (~; -) (gr.-lat.) ⚄ Hüftnerv; EW: **is|chiadisch**; **Is|chias** w (~; -) ⚄ Hüftnervschädigung, = **Is|chi|algie** w (~; -); **Is|chiasnerv** m (~s; ~en) = → Ischiadikus; **Is|chium** s (~s; -ia) ⚄ Sitzbein.

Is|churie w (~; -i|en) (gr.) ⚄ Harnverhaltung.

ISDN (e. ⚄ Integrated Services Digital

Network) digitales Übertragungsnetz für Texte und Bilder.
is|entrop EW (gr.) ohne Änderung der Entropie ablaufend.
Islam m (~s; –) (ar.) Mohammedanertum; EW: **islamisch**; ZW: **islamisieren** (-rte, -rt) ↗; **Islamit** m (~en; ~en) Mohammedaner; EW: **islamitisch**.
Ismus m (~; -men) (lat.) reine Theorie.
ISO w (~; –) (e. KW, ∉ International Organization for Standardization) Nachfolgerin der → ISA (1946).
Iso|amplituden M Linien von Punkten gleicher Temperaturunterschiede; **isobar** EW (gr.-lat.) mit gleicher Neutronen-, doch verschiedener Protonenzahl; **Iso|bar** s (~s; ~e) isobarer Atomkern; **Iso|bare** w (~; ~n) Verbindungslinie zwischen Orten gleichen Luftdrucks; **Iso|bathen** M Linien gleicher Wassertiefe.
Isobutan s (~s; –) (gr.-lat.) ⟲ farbloses Brenngas.
isochor EW (gr.) [-k-] mit gleichem Volumen; **isochrom** EW [-kr-] farbtonecht; w. abstr. s.: **Isochromasie** (~; –); **Isochromate** w (~; ~n) Linie, die gleichfarbige Punkte verbindet; **isochromatisch** EW = → isochrom; **isochron** EW gleich lange dauernd; **Isochrone** w (~; ~n) Linie von Punkten, an denen eine Erscheinung gleichzeitig eintritt (Punkte sind zur gleichen Zeit vom gemeinsamen Ausgangspunkt zu erreichen); **Isochronismus** m (~; -men) Gleichzeitigkeit (bei Uhren) durch den Gangregler; **isocyklisch** EW = → isozyklisch; **isodynam(isch)** EW für Kraft- oder Wärmeerzeugung gleichwertig; **Isodynamen** M Linien zwischen allen Orten gleicher Magnetstärke; **iso|elektrisch** EW von gleicher negativer wie positiver Ladung; **Isogameten** M (gr.-lat.) morphologisch gleiche (m. und w.) Geschlechtszellen; **Isogamie** w (~; -i|en) Vereinigung von morphologisch gleichen Geschlechtszellen; **Isogamme** w (~; ~n) Verbindungslinie zwischen Orten gleicher Schwerkraft (geolog.); **isogen** EW mit gleichem Erbbild; **Isogeothermen** M Linien zwischen Orten mit gleicher Erdoberflächentemperatur; **Isogon** s (~s; ~e) ⊰ gleichmäßiges Vieleck; **isogonal** EW ⊰ gleichwinklig; w. s.: **Isogonalität** (~; –); **Isogone** w (~; ~n) Verbindungslinie zwischen Orten mit gleicher magnetischer Abweichung; **Isohalinen** M Linien zwischen Meeresstellen mit gleichem Salzgehalt; **Isohydrie** w (~; –) gleichbleibende Wasserstoff|ionenkonzentration in den Körperzellen; **Isohy|ete** w (~;~n) Linien von Orten mit gleicher mittlerer Niederschlagsmenge; **Isohypse** w (~; ~n) Höhenlinie; **Isokatabasen** M Linien von Punkten gleicher Einsenkung; **isoklinal** EW in die gleiche Richtung fallend; **Isokline** w (~; ~n) Linie gleicher erdmagnetischer Inklination; **Isokorie** w (~; -i|en) ⚕ Pupillengleichheit.

Isolarplatte w (~; ~n) (fr.) lichthoffreie Lichtbildplatte; **Isolation** w (~; ~en) (lat.) Vereinzelung, Abgrenzung; Schutz gegen Schall, Gas, Nässe, Wärme, Strom usw.; **Isolationismus** m (~; –) Ablehnung jeder Einmischung in fremde Staatsangelegenheiten (am.: 1823); m. s.: **Isolationist** (~en; ~en); EW: **isolationistisch**; **Isolator** m (~en; -toren) Stoff mit minimaler Leitfähigkeit, zum Abdichten; **Isolencin** s (~s; ~e) (KuW) wichtige Aminosäure.
isolieren ZW (-rte, -rt) ↗ absondern (*i.de Sprache* besteht aus ungebeugten Einsilbern); Isolator anbringen; **Isolierung** w (~; ~en) = → Isolation; Absonderung; □ Bautenschutz gegen Feuchtigkeit; Trennung von Leitern durch Nichtleiter; Verhinderung des Eindringens von Warmluft in Kühlräume; ⟲ Aussonderung einzelner Bestandteile; ⚕ Trennung von Bakterienkulturen; Absonderung von Kranken.
Isolini|e w (~; ~n) (gr.-lat.) Linie zwischen Punkten mit gleichen Erscheinungen; **Isomagnetics** M Linien zwischen gleichwertigen erdmagnetischen Größen, = **isomagnetische Kurven** M; **isomer** EW ⟲ stofflich gleich zusammengesetzt, sich aber verschieden verhaltend; ⚘ gleich gegliedert; w. abstr. s.: **Isomerie** (~; –); **Isomerisation** w (~; ~en) ⟲ Umwandlung von Verbindungen ohne Veränderung der Molekülgröße und der Summenformel; **isometrisch** EW ⊰ längentreu; **Isometrie** w (~; –) Längengleichheit; **isometrop** EW auf beiden Augen gleich gut (schlecht) sehend; **isomorph** EW gleich-, sehr ähnlich gestaltet (Kristalle); w. abstr. s.: **Isomorphie** (~; –); **Isomorphismus** m (~; –) Strukturgleichheit; ⟲ Fähigkeit, sich aus gemeinsamer Lösung als Mischkristalle auszuscheiden; **Isopathie** w (~; –) ⚕ Krankheitsbehandlung mit Stoffen, gebildet durch dieselbe Krankheit; EW: **isopathisch**; **isoperimetrisch** EW ⊰ von gleichem Ausmaß; **isophan** EW

mit gleichem Erscheinungsbild; **Iso-phane** w (~; ~n) Verbindungslinie zwischen Orten gleichen Vegetationsbeginns; **Isophone** w (~n; ~n) Linie zwischen Orten gleicher Laute; **isopisch** EW gleichaltrig (von Gesteinen; Ggs.: *heteropisch*); **Isopren** s (~s; -) Kohlenwasserstoff der Alkangruppe (für Synthese von Kunstkautschuken). **Isoptera** M (gr.-lat.) die Termiten.
Iso|quante w (~; ~n) (gr.-lat.) graph. Gegenüberstellung der Produktionsfaktoren.
iso|rhythmisch EW (gr.) ♪ bei gleichbleibender Abfolge des Zeitmaßes; **Isoskop** s (~[e]s; ~e) (gr.-lat.) Fernsehaufnahmegerät; **is|osmotisch** EW = → isotonisch; **Isospin** m (~s; ~s) Quantenzahl zur Teilchenklassifizierung; **Isostasie** w (~; -) Gleichgewicht auf der Erdkruste; EW: **isostatisch**; **isotach** EW mit gleicher Strömungsschnelle; **Isotache** w (~; ~n) Linie zwischen Orten gleicher Strömungsschnelle; **isoster** EW bei gleichem Aufbau der Elektronenschalen in Molekülen zweier Stoffe; **Isotherapie** w (~; -) = → Isopathie; **Isothere** w (~; ~n) Linie von Orten gleicher Sonnenscheindauer im Sommer; **isotherm(isch)** EW mit gleichbleibender Temperatur; **Isotherme** w (~; ~n) Verbindungslinie zwischen Orten mit gleicher Durchschnitts|temperatur; **Isothermie** w (~; -) ⚥ Erhaltung normaler Temperatur; Luftschicht mit gleichbleibender Temperatur; **Isoton** s (~s; ~e) Atomkern(e) mit gleicher Neutronenzahl; **isotonisch** EW mit gleichem Druck (*i.e Lösungen* ⚭ haben den gleichen osmotischen Druck); **isotop** EW mit gleicher Kernladungszahl, aber von verschiedener Masse; s. s.: **Isotop** (~s; ~en); **Isotopenbatterie** w (~; -i|en) (gr.-fr.) Gerät zur Umwandlung von radioaktiver Zerfallsenergie in elektr. Energie; **Isotopendiagnostik** w (~; -) ⚥ Krankheitserkennung durch Verwendung strahlender Isotope; **Isotopenkasten** m (~s; -kästen) = → Glovebox; **Isotopentechnik** w (~; ~en) Benutzung von Geräten zur Messung physikalischer Vorgänge; **Isotopentherapie** w (~; -i|en) ⚥ Heilung durch Verwendung strahlender Isotope; **Isotopentrennung** w (~; ~en); **Isotopie** w (~; -) Isotopenerscheinung; **isotopisch** EW vom gleichen Raum stammend *(i.es Gestein)*; **isotrop** EW ⚭ mit gleichen Eigenschaften (Ggs.: *heterotrop*); w. abstr. s.: **Isotropie** (~; -); **Isotypie** w (~; -i|en) ⚭ gleiche kristallographische Bauart bei chemisch ähnlichen Körpern; EW: **isotypisch**; **isozyklisch** EW ⚭ von ringförmigen Molekülen (nur aus Kohlenstoffatomen); = → isomer.
Ispahan m (~s; ~s) (nach einem iran. ON) feiner, gemusterter Knüpfteppich.
Isthmus m (~; -men) (gr.-lat.) Landenge (von Korinth).
Itai-Itai-Krankheit w (~-~-~; -) (jap.-d.) Knochenerweichung nach Fischgenuß (im jap. Inselbereich).
Itaker m (~s; ~) ∪ Italiener; **italianisieren, italienisieren** ZW (-rte, -rt) ↗ italienisch machen; **Itala** w (~; -) (lat.) alte lateinische Bibelübersetzung; **Ita-lo|western** m (~; ~) it. Spielfilm im Stil am. Wildwestfilme.
Iteration w (~; ~en) (lat.) ⚔ allmähliche Gleichungslösung; Silben-, Wortverdoppelung; **Iterativ(um)** s (~s; ~e/-va) Zeitwort, das eine wiederholte Tätigkeit bezeichnet; **iterativ** EW wiederholend.
ithyphallisch EW (gr.-lat.) mit steifem m. Glied.
Itinerar(ium) s (~s; ~e/-ri|en) (lat.) Straßenverzeichnis; Reisetagebuch; Wegaufnahme in noch nicht vermessenen Gebieten.
Iwan m (~s; ~s) ∪ r. Soldat (nach der r. Form des Vornamens *Johann*).
Iwrith s (~s; -) (heb.) Neuhebräisch (in Israel).
ixothym EW (gr.-lat.) zäh, beharrlich; w. abstr. s.: **Ixothymie** (-, -).
Izod-Verfahren s (~-~s; ~·~) [*ai-sod-*] nach Erfinder benanntes Meßverfahren der Zähigkeit von Werkstoffen.

J

Jab m (~s; ~s) (e.) [*dschäp*] kurzer, scharfer Boxschlag (ins Gesicht).
Jaborandiblatt s (~[e]s; -blätter) (ind.-d.) Blatt eines südam. Strauches, aus dem giftiges Alkaloid gewonnen wird.
Jabot s (~s; ~s) (fr.) [*schabó*] Brustkrause (aus Spitzen).
Jacketkrone w (~; ~n) (e.-d.) [*dschäcket-*] ⚕ Porzellanzahnkrone.
Jackett s (~[e]s; ~e) (fr.) [auch: *scha-*] m. Oberbekleidungsstück.
Jackpot m (~[s]; ~s) (e.) [*dschäkpott*] Pokereinsatz; bes. hoher Toto-, Lotteriegewinn.
Jack|stag s (~[s]; ~s) (e.) [*dschäkstäg*] Schiene zur Segelbefestigung.
Jacon(n)et m (~s; ~s) (e.) [*dschäckenet*] = → Jakonett.
Jacquard m (~s; ~s) (nach dem fr. Weber J. M. *Jacquard,* 1752 bis 1834) [*schackár*] gemusterter Stoff; **Jacquardmaschine** w (~; ~n) Webstuhl nach Jacquard.
Jacqueiraholz s (~es; -hölzer) (i.-port.) [*dschackéra-*] Brotfruchtbaumholz.
Jade m, w (~; -) (lat.-sp.-fr.) Schmuckstein, = **Jade|it** m (~s; ~e); **jade** EW mattgrün ←; **jaden** EW aus Jade.
Jaguar m (~s; ~e) (ind.-sp.) Pantherkatze.
Jak m (~s; ~s) (tib.) Grunzochse.
Jakaranda w (~; ~s) (ind.-port.) Zimmerpflanze (aus den Tropen); **Jakarandaholz** s (~es; -hölzer) (ind.-port.-d.) Palisander.
Jako m (~s; ~s) (fr.) Graupapagei.
Jakonett s (~s; ~s) (e.) [*dschäckenet*] glänzendes Baumwollfutter.
Jaktation w (~; ~en) (lat.) ⚕ krankhafte Ruhelosigkeit.
Jalape w (~; -) (nach einer mex. Stadt) ⚕ Abführmittel (⊕ Fruchtknolle), = **Jalapewurzel** w (~; ~n).
Jalon m (~s; ~s) (fr.) [*schâlón*] Meßlatte.
Jalousette w (~; ~n) (fr.) [*scha-*] Leichtmetall-, Kunststoffrolladen; **Jalousie** w (~; -i|en) Rolladen.
Jam s (~s; ~s) (e.) [*dschem*] eingedickte Marmelade.
Jambe w (~; ~n) = → Jambus; EW: **jambisch**.
Jamboree s (~s; ~s) (ind.) [*dschâmbᵉri*] Pfadfindertreffen; Zeltlager.
Jambus m (~; -ben) (lat.) Versfuß (∪ -).
Jambuse w (~; ~n) (i.-e.) tropische Frucht; **Jams** m (~; ~wurzeln) Knollenfrucht (in den Tropen ein wichtiges Nahrungsmittel).
Jam Session w (~ ~; ~ ~s) (am., = zusammengewürfelte Sitzung) [*dschäm seschn*] ♪ zwangloses Jazzmusizieren.
Jamswurzel w (~; ~n) = Jams.
Janhagel m (~s; -) (nl.) Pöbel.
Janitscharen M (türk.) Türkentruppe (seit 1329); **Janitscharenmusik** w (~; -) (türk.-lat.) ♪ Türkenmusik des 18. Jh.s.
Janmaat m (~s; ~s) (nl.) feiner Kerl; guter Matrose.
Jansenismus m (~; -) (nach einem nl. Gelehrten) romfeindlicher Katholizismus.
Januar m (~s; ~e) (lat., nach dem Gott *Janus*) 1. Monat; **Januskopf** m (~[e]s; -köpfe) Gesicht aus zwei nach entgegengesetzten Seiten blickenden Gesichtern (= Vergangenheit und Zukunft) (wie der röm. Gott *Janus*).
Japaner m (~s; ~) auch: Zweiradkarre mit Kippmulde; **Japanologe** m (~n; ~n) (jap.) Japanforscher; w. s.: **Japanologie** (~; -); EW: **japanologisch**; **Japanpapier** s (~s; -) handgeschöpftes Bastfaserpapier; **Japon** m (~s; ~s) (fr.) [*schapoñ*] japanseidener Taft.
Jardini|ere w (~; ~n) (fr.) [*schardinjár*] Blumenschale, -tisch; Gemüseverzierung am Braten; Gemüsesuppe.
Jargon m (~s; ~s) (fr.) [*schargoñ*] Sondersprache; saloppe Sprache.
Jarmulke w (~; ~s/-ka) (jidd.) Samtkäppi der Juden.
Jarowisation w (~; ~en) (r.-lat.) ⊕ künstliche Beschleunigung des Wachstums; ZW: **jarowisieren** (-rte, -rt) ↗.
Jasmin m (~s; ~e) (pers.-ar.-sp.) ⊕ Ölbaum; Steinbrechgewächs.
Jaspégarn s (~s; ~e) (gr.-lat.-fr.-d.) Garn aus verschiedenfarbigen Vorgarnen.
Jasperware w (~; ~n) (nach dem 1. Hersteller) Steingut aus Ton und Feuersteinpulver.
jaspieren ZW (-rte, -rt) ↗ (gr.-lat.-fr.) jaspisartig mustern (**jaspierter Stoff** marmorierter Stoff aus Jaspégarn); **Jaspis** m (~ses; ~se) ein Halbedelstein.
Jastik m (~s; ~s) (türk.,= Polster) Vorlege-, Sitzteppich.
Jause w (~; ~n) (slow.) Nachmittagsimbiß; ZW: **jaus(n)en** (-s[ne]te, gejaus[ne]t) ↙.
Jazz m (~es; -) (am.) [*dschäß*] ♪ Musi-

zierstil nach nordam. Negermuster; w (~; -) = **Jazzband** w (~; ~s) [*dschäß-bänd*] ♪ Jazzkapelle; **Jazzer** m (~s; ~) Jazzmusiker; **Jazz-Fan** m (~-~s; ~-~s) [*dschäßfän*] Jazzbegeisterter; **Jazzgymnastik** w (~; -) gymnastische Übungen und Gruppentanz zu modernen Rhythmen; **jazzo**|**id** EW jazzartig; **Jazzrock** m (~s; -) ♪ Jazz und Rock verbindender Stil.

Jeans M (am.) [*dschīns*] Hose aus Baumwolle in Köperbindung.

Jeep m (~s; ~s) (e. KW ⊄ general purpose) [*dschīp*] Geländewagen.

Jejunität w (~; -) (lat.) Nüchternheit; Trockenheit ⌊; **Jejunitis** w (~; -itiden) ⚕ Leerdarmentzündung; **Jejunum** s (~s; -na) ⚕ oberer Teil des Dünndarms.

je ne sais (pas) quoi (fr.) [*scheneßä(pa)koa*] unnennbar; sprachlos.

Jeremiade w (~; ~n) (nach dem jüd. Propheten *Jeremias*) Klagelied.

Jerez m (~; ~) (sp. ON) [*chēres*] Sherrysorte, = **Jerezwein** m (~[e]s; -).

Jerk m (~s; ~s) (e.) [*dschạ'k*] scharfer Golfschlag.

Jersey m (~s; ~s) (e., Kanalinsel) [*dschörsi*] feiner Wolltrikot; (Kunst-)Seidenkrepp; s (~s; ~s) Sportlertrikot, -hemd; **Jerseyrind** s (~[e]s; ~er) [*dschörsi-*] Milchrinderrasse.

Jeschiwa w (~; ~s/-wot) (heb.) jüd. Talmudschule.

Jesu|**it** m (~en; ~en) (lat.) † Angehöriger des Ordens Societas Jesu; **jesuitisch** EW wie ein (als) Jesuit; **Jesus-People** M (am.) [*dschīses pipl*] modisch-christliche Erweckungsbewegung unter Jugendlichen.

JET (e., ⊄ **J**oint **E**uropean **T**ours) europ. Kernforschungsanlage.

Jet m (~; ~s) (e.) [*dschätt*] Düsenflugzeug, -antrieb.

Jeton m (~s; ~s) (fr.) [*schetoñ*] Spiel-, Telefonmarke.

Jetset s (~s; -) (am.) [*dschättßett*] reiche Gesellschaftsschicht, die von Vergnügen zu Vergnügen fliegt; **Jetstream** m (~s; -) [*-strīm*] starke Luftstromzone der Stratosphäre; **Jetstyle** m (~s; -) [*-ßtail*] neueste Herrenmode.

Jet(**t**) m, s (~s; -) (e.) Schmuckgagat.

Jettatore m (~s; -ri) (it.) [*dschett-*] Hexer mit bösem Blick.

Jeu s (~s; ~s) (fr.) [*schö*] (Karten-)Spiel; ZW: **jeu**|**en** (jeute, gejeut) ⟋ [*schö*|*en*].

Jeunesse dorée w (~ ~; -) (fr., = goldene Jugend) [*schöneß dorē*] tonangebende wohlhabende Jugend; junge

Nichtstuer; **Jeunesses Musicales** M (fr.) [*-müsikạll*] internat. Vereinigung musikausübender Jugendlicher.

Jiddist m (~en; ~en) (jidd.-lat.) Erforscher des Jiddischen; w. s.: **Jiddistik** (~; -); EW: **jiddistisch**.

Jigger m (~s; ~[s]) (e.) [*dsch-*] ⚓ Hintermastsegel; Golfschlägerart; Färbmaschine.

Jingle m (~s; ~s) (e.) [*dschingl*] ♪ eingängige Tonfolge zur Werbung.

Jingo m (~s; ~s) (e.) [*dsch-*] politischer Heißsporn; Nationalist; **Jingo**|**ismus** m (~; -) → Chauvinismus; EW: **jingoistisch**.

Jitterbug m (~; -) (am., = Wackelkäfer) [*dschịtterbak*] Modetanz in den zwanziger Jahren.

Jiu-Jitsu s (~-~s; -) (jap., = sanfter Weg) [*dschịu dschịtsu*] waffenlose Kampfweise.

Jive m (~; -) (am.) [*dschaiw*] Jazzjargon; ♪ (schnelle) Swingmusik; Blues-Boogie.

Job m (~s; ~s) (am.) [*dschob*] Gelegenheitsstellung, -verdienst; Beruf; einmalige Aufgabe für den Computer; **jobben** ZW (-bbte, gejobbt) [*dsch-*] einen Job ausführen; **Jobber** m (~s; ~) (e.) Börsenmakler auf eigene Rechnung; ZW: **jobbern** (-rte, gejobbert) ⟋; **Job Evaluation** w (~ ~; ~ ~s) (-*iwälju*|*ē'schn*) ertestete Arbeits(platz)bewertung; **Jobhopping** s (~s; -) häufiger Arbeitsplatzwechsel, um voranzukommen; **Jobrotation** w (~; ~en) planmäßiger Arbeitsplatzwechsel; **Job-sharing** s (~-~s; -) [*-schäriñ*] Arbeitsplatzteilung unter zwei oder mehr Personen; **Jobstep** m (~s; ~s) Arbeitseinheit für den Computer (Rechner).

Jockei m (~s; ~s) (e.) [*dschọckei*] Rennreiter, = **Jockey** m (~s; ~s).

Jod s (~s; -) (gr., ⊄ *J*) ⚛ Halogen; **Jodat** s (~[e]s; ~e) Salz der Jodsäure.

Jodhpurhose w (~; ~n) (i. ON-e.-d.) [*dschōd-*] langbeinige Reithose, — **Jodhpurs** M

Jodid s (~[e]s; ~e) (gr.) Salz der Jodwasserstoffsäure; **Jodismus** m (~; -) ⚕ durch Jod erzeugte Reizerscheinung(en); **Jodit** s (~s; ~e) Jodsilber; **Jodoform** s (~s; -) (KW) ⚕ antiseptisches Pulver; **Jodometrie** w (~; -) ⚗ Meßverfahren zur Feststellung der Mengenverhältnisse von Jod; EW: **jodometrisch**; **Jod**|**tinktur** w (~; -) ⚕ Entkeimungsmittel.

Joga m, s (~s; -) (skr., = Anschirrung) alti. asketisches Meditationssystem;

vgl. → Yoga; **Jogamatik** w (~; –) konzentrierte körperliche Betätigung (DDR); **Jogapraxis** w (~; –) asketische Meditation.
Jogger m (~s; ~) (am.) [*dsch-*] Dauerläufer; **Jogging** s (~s; –) Dauerlauf als Freizeitbeschäftigung; ZW: **joggen** (-gte, gejoggt) ✓.
Joghurt m, s (~s; –) (türk.) gegorene Milch.
Jogi m (~s; ~s) (skr.) wer Joga ausübt; i. Büßer, = **Jogin** m (~s; ~s).
John Bull m (~ ~s; –) (e., = *Hans Ochs*, nach einer satirischen Figur, 1712) [auch: *dschôn-*] ∪ Engländer.
Joint m (~s; ~s) (am.) [*dscheunt*] selbstgedrehte Haschischzigarette;
Joint venture s (~ ~; ~ ~s) (e.) [*dscheunt wentscher*] (dauernde, vorübergehende) Gemeinschaftsunternehmen unabhängiger Betriebe (verschiedener Nationalität) für Großprojekte.
Jo-Jo s (~-~s; ~-~s) (am.) Geschicklichkeitsspiel.
Joker m (~s; ~) (e., = Spaßmacher) [*dscho-*] Spielkarte, die jede andere vertreten kann (geheimer) Trumpf; **jokos** EW (lat.) spaßig; **Jokus** m (~; –) Spaß, Scherz.
Jolle w (~; ~n) (nl.) ⚓ Einmastsegler; Beiboot.
Jom Kippur s (~ ~s; –) (heb.) jüd. Versöhnungsfest.
Jongleur m (~s; ~e) (fr.) [*schonglôr*] Geschicklichkeitskünstler; **jonglieren** ZW (-rte, -rt) [*schon-*] ✓ Dinge (Bälle) im Gleichgewicht halten; Jongleur sein.
Jonon = → Ionon.
Jontophorese w (~; ~n) (gr.) Einführung kosmetischer Mittel in die Haut durch galvanische Ströme; EW: **jontophoretisch**.
Joran m (~s; –) (fr.) [*schôran*] schw. NW-Wind.
Jota s (~s; ~s) (gr.) Kleinigkeit (nach dem gr. Buchstaben: *I, ı*) nicht das geringste.
Joule s (~[s]; ~) (e., nach dem Naturforscher J. P. *Joule*, 1818 bis 1889) [*dsch(a)ul*] Energiemaßeinheit (₵ *J*).
Jour m (~s; ~s) (fr.) [*schûr*] Amts-, Empfangstag *(J. haben, halten)*; **Jour fixe** m (~ ~es; ~ ~e) (fr.-lat.) fester Empfangstag *(seinen J. f. haben)*; **Journaille** w (~; –) [*schûrnalje*] Hetzpresse; Meute der Presseleute; **Journal** s (~s; ~e) Tagebuch; Zeitschrift; Grundbuch; ⚓ Schiffstagebuch; **Journalismus** m (~; –) Berichterstatterwesen, -beruf; **Journalist** m (~en; ~en) Tagesschriftsteller, Berichterstatter; **Journalistik** w (~; –) [*schûr-*] Arbeit (Wesen) des Berichterstatters; Studium der Massenmedien; **journalistisch** EW mit leichter Feder; für viele Leser bestimmt.
jovial EW (nach dem röm. Gott *Jupiter*) gönnerhaft, leutselig; w. abstr. s.: **Jovialität** (~; –).
Jubel m (~s; –) (lat.) Freudenruf; **Jubeljahr** s (~[e]s; ~e) (heb.-lat.-d.) urspr.: † in langen Abständen (50, 25 Jahre) gefeiertes Fest; heute: ∪ seltenes Fest *(alle J.e einmal)*; **Jubilar** m (~s; ~e) der an einem Jubeltag Gefeierte; **Jubilate** 3. Sonntag nach Ostern; **Jubilä|um** (~s; -ä|en) feierlicher Gedenktag; **Jubilee** s (~s; ~s) (am.) [*dschabilî*] ♪ religiöser Negergesang; **jubilieren** ZW (-rte, -rt) ✓ (lat.) jauchzen.
Juchten m , s (~s; ~) (r.) mit Birkenteer geöltes Leder (und sein Geruch), = **Juchtenleder** s (~s; ~) aus Birkenteeröl gewonnener Duftstoff; **juchten** EW aus Juchten.
Juda|ikum s (~s; -ka) (lat.) das Judentum angehende Schrift (Sache); **Juda|ist** m (~en; ~en) Erforscher des Judentums; w. s.: **Juda|istik** (~; –); EW: **juda|istisch**; **Judas** m (~; ~se) (nach dem bibl. Verräter *Judas* Ischariot) Verräter (Christi); **Judaslohn** m (~[e]s; ~) Verrätersold.
Judika (lat.) 2. Sonntag vor Ostern; **Judikative** w (~; –) richterliche Staatsgewalt; **judikatorisch** EW richterlich; **Judikatur** w (~; –) Rechtsprechung; **Judikum** s (~s; –) Buch der Richter im AT; **judizieren** ZW (-rte, -rt) ✓ urteilen; **Judiz(ium)** s (~es/[~s]; ~i|en) Urteil(-sspruch); Gericht, Rechtspraxis.
Judo s (~s; –) (jap., = „sanfter Weg") Sportform des Jiu-Jitsus; **Judogi** s (~s; ~) Kampfkleidung für Judo; **Judoka** m (~s; ~s) Judosportler.
Juice m, s (~; ~s) (lat.-fr.-am.) [*dschûß*] Gemüse-, Obstsaft.
Jujuben M (lat.-fr.) die Kreuzdorngewächse; deren Früchte.
Jukebox w (~; ~es) (am.) [*dschûk-*] Musikautomat.
Julep s (~s; ~) (pers.-e.) [*dscha-*] Alkoholmischung mit Pfefferminz (Eisgetränk).
Juli m (~s; ~s) (lat., nach C. *Julius* Caesar, seit 8 n. Chr.) 7. Monat; **julianisch** EW wie, nach Caesar (*J.er Kalender* seit 46 v. Chr. in Gebrauch);

Juli|enne w (~; ~s) (fr.) [*schüljenn*] Gemüse oder Fleisch in Streifen (zur Suppe).

Julklapp m (~s; ~s) (skand.) Austausch von Weihnachtsgeschenken.

Jumbo Jet m (~ ~s; ~ ~s) (am.) [*dschumbodschätt*] Großflugzeug; ¢ = **Jumbo** m (~s; ~s) auch: Großrechner (DV).

Jumelage w (~; ~s) (fr.) [*schümeläsch*] Partnerschaft von Städten (Gruppen) verschiedener Nationalität.

Jump m (~s; ~s) (am.) [*dschamp*] ♪ mäßig schneller Jazz; ein Sprung beim Dreisprung; **jumpen** ZW (-pte, ge-jumpt) ∪ springen ∕.

Jumper m (~s; ~) (e.) [*dschöm-*] Schlupfbluse = → Pullover ↓.

Jungle-Stil m (~--s; ~) (am.-lat.) [*dschangl-*] Jazz mit besonderen Brummeffekten.

Juni m (~s; ~s) (lat., nach der Göttin *Juno*) 6. Monat.

Junior m (~s; -nioren) (lat.) der Jüngere; EW: **junior; Juniorat** s (~[e]s; ~e) Jüngstenrecht; **Juniorchef** m (~s; ~s) [*-sch-*] mitleitender Sohn des Inhabers; **Junioren** M Altersklasse der 19–21jährigen (im Sport); **Juniorpartner** m (~s; ~) jüng. Mitgeschäftsinhaber; **Juniorpaß** m (-passes; -pässe) Anrecht auf verbilligte Fahrkarten innerhalb der Bundesrepublik für junge Leute.

Juniperus m (~; ~) (lat.) ⊕ Wacholder.

Junk m (~s; -) (e.) [*dschank*] Abfall; Droge; **Junk-art** w (~-~; -) Bilder und Plastiken aus Abfällen; **Junk-food** s (~-~s; -) [*-fud*] minderwertige Nahrung (Süßigkeiten); **Junkie** m (~s; ~s) Rauschgiftsüchtiger.

Junktim s (~s; ~s) Verbindung mehrerer Vertragswerke; **Junktur** w (~; ~en) (lat.) ⚥ Gelenk; ♪ Verbindung.

junonisch EW (nach der altröm. Lichtgöttin *Juno*) stattlich.

Junta w (~; -ten) (lat.-sp.) [*chunta*] politisches (Offiziers-)Komitee.

Jupe w (~; ~s) (ar.-fr.) [*dschüp*] (Unter-)Rock.

Jupiterlampe w (~; ~n) (lat.-d., nach dem Gestirn *Jupiter*, eigtl. röm. Gott) Scheinwerferlampe für Filmaufnahmen.

Jura[1] M (lat.) Rechtswissenschaften (*J. studieren*).

Jura[2] m (~s; -) (lat., nach dem *Jura*gebirge) Erdperiode (mittleres Mesozo|ikum); **Jurament** s (~[e]s; ~e) (KW) Kunststein.

jurare in verba magistri (lat.) auf des Lehrers Worte schwören, sie blind befolgen (Horaz).

jurassisch EW (fr.) zum mittleren Mesozo|ikum gehörend.

Jurator m (~s; -toren) (lat.) vereidigter Sachverständiger.

juridisch EW (lat.) = → juristisch; nach der Rechtslehre; **jurieren** ZW (-rte, -rt) ∕ [auch: *schü-*] Ausstellung (Kunstwerke) beurteilen; **Juris** w (~; -) größte d. Datenbank für Rechtsprechung; **Jurisdiktion** w (~; ~en) Rechtssprechung; **Jurisprudenz** w (~; -) Rechtswissenschaft; **Jurist** m (~en; ~en) wer → Jura[1] studiert (hat); **Juristerei** w (~; -) ∪ = → Jura[1]; **juristisch** EW rechtlich, rechtswissenschaftlich (*j.e Person* Verein [Stiftung, Anstalt, Körperschaft] mit eigener Rechtspersönlichkeit); **Juror** m (~s; -roren) Mitglied einer Jury.

Jurte w (~; ~n) (r.) Nomadenzelt.

Jury w (~; ~s) (lat.-fr.-e.) [(*d*)*schüri*] Preisgericht; **juryfrei** EW nicht von Fachleuten zusammengestellt; **Jus**[1] s (~; -) (lat.) Recht(swissenschaft) (*J. naturale* Naturrecht; *J. gentium* Völkerrecht).

Jus[2] m (~s; ~) (fr.) [*schü*] Fleischsaft.

just EW (lat.) richtig; genau, = **justament** EW (lat.-fr.); **Juste-milieu** s (~-~; -) (fr.) [*schüstmilljö*] Kompromißpolitik.

justieren ZW (-rte, -rt) ∕ (lat.) genau einstellen; Druckstöcke richten; Münzgewicht prüfen; **Justierer** m (~s; ~) Münz-, Maschinenprüfer; **Justierung** w (~; ~en) genaue Einstellung (eines Meßgeräts); Münzüberprüfung (bes. auf ihr Gewicht hin); Bildstoc ins Schriftbild einführen (beim Buchdruck).

Justifikation w (~; ~en) (lat.) Rechtfertigung, = **Justifikatur** w (~; ~en) Genehmigung der Rechnungslegung; **justifizieren** ZW (-rte, -rt) ∕ rechtfertigen; Rechnung prüfen und genehmigen; **Justitia** w (~;) Sinnbild der Gerechtigkeit; **justitiabel** EW einem Urteil zu unterwerfen; **Justitiar, -tiär** m (~s; ~e) Rechtsbeistand; **justiti|ell** EW (lat.) das Recht betreffend; **Justitium** s (~s; -tia) Unterbrechung der Rechtspflege; **Justiz** w (~; -) Rechts-, Gerichts-, Strafwesen; **Justizministerium** s (~s; -i|en) oberste Behörde für Rechtspflege; **Justizmord** m (~[e]s; ~e) Strafvollzug aufgrund eines Rechtsirrtums; **Justizskandal** m (~s; ~e) aufregendes Fehlurteil.

Jute w (~; –) (hind.-e.) billige Bastfaser.
Juvenalisierung w (~; ~en) (lat.) Ausrichtung an der Jugend; **juvenil** EW jugendlich; **Juvenilismus** m (~; –) Beibehaltung jugendlicher Undifferenziertheit; **Juvenilität** w (~; –) Jugendlichkeit.
Juwel s (~s; ~e) (lat.-fr.-nl.) Kostbarkeit, Kleinod; s, m (~s; ~en) geschliffener Edelstein; **Juwelier** m (~[e]s; ~e) Goldschmied, -warenhändler.

Jux m (~es; –) (lat.) Spaß *(einen J. machen)*; **juxen** ZW (juxte, gejuxt) Spaß machen, scherzen; EW: **juxig** ulkig, spaßig.
Juxta w (~; -ten) (lat.) Loskontrollstreifen; **Juxtaposition** w (~; ~en) Wachstum durch Anlagerung (bei Kristallen); Zusammenrücken von Wörtern zu einem neuen Wort; **Juxta(kom)positum** s (~s; -ta) durch Zusammenrücken einzelner Wörter entstandenes Wort.

K
(Vergleiche auch C- und Z-!)

Ka s (~s; –) (äg.) Astralleib.
Kaaba w (~; –) (ar., = Würfel) islamisches Haupttheiligtum in Mekka.
Kabache w (~; ~n) (r.) arme Hütte.
Kabale w (~; ~n) (ar.-fr.) Intrige.
Kabarett s (~[e]s; ~e) (fr., = Kneipe) Kleinkunstbühne; Ensemble, das Zeitkritik übt; drehbare Speisenplatte; **Kabarettier** [-*tjē*], **Kabarettierer** m (~s; ~s/~) Leiter (Mitglied) einer Kleinkunstbühne; **Kabarettist** m (~en; ~en) Kleinkunstdarsteller; w. s.: **Kabarettistin** (~; ~nen); EW: **kabarettistisch**.
Kabbala w (~; –) (heb., = Überlieferung) Sammlung jüdischer Kultschriften; **Kabbalist** m (~en; ~en) Kenner der Kabbala; **Kabbalistik** w (~; –) Erforschung der ~ Kabbala; Zauberei; **kabbalistisch** EW geheimnisvoll, zauberisch.
Kabel s (~s; ~) (nl.) Stahldrahtseil; isolierte elektr. Leitung; Überseedepesche (= **Kabelgramm** s [~(e)s; ~e]); **Kabelfernsehen** s (~s; –) Vermittlung von Fernsehprogrammen über Breitbandkabel; **Kabelmuffe** w (~; ~n) Kabelansatzstück.
Kabeljau m (~s; ~e/~s) (nl.) Dorsch.
kabeln ZW (-lte, gekabelt) ⚓ ✈ (lat.-fr.-nl.) über den Ozean drahten.
Kabine w (~; ~n) (lat.-fr.-e.) kleiner (Schiffs-)Raum, Abteil; Pilotensitz; Umkleideraum; **Kabinett** s (~[e]s; ~e) Zimmerchen; alle Minister einer Regierung; kleines Museum; **Kabinettscheibe** w (~; ~n) Glasbild; **Kabinettsfrage** w (~; ~n) Vertrauensfrage der Regierung ans Parlament; **Kabinettsjustiz** w (~; –) Rechtspflege, die dem Herrscher das Recht einzugreifen zugesteht; willfährige Justiz; **Kabinetts|order** w (~; ~n) Befehl eines Monarchen; **Kabinettstück** s (~[e]s; ~e) gelungene (kleine) Sache; **Kabinettwein** m (~s; ~e) anerkannt guter Wein.
Kabotage w (~; ~n) (fr.) [-*tâsche*] inländ. Güter- und Personentransport, Küstenschiffahrt; ZW: **kabotieren** (-rte, -rt) ⚓.
Kabrio s (~s; ~s) ¢ → Kabriolett; **Kabriolett** s (~s; ~s) (fr.) verdeckter Zweiradeinspänner; Kraftfahrzeug mit Schiebeverdeck; **Kabriolimousine** w (~; ~n) Kraftfahrzeug mit Rolldach.
kach|ektisch EW → Kachexie.
Kachel w (~; ~n) (gr.-lat.) Tonfliese.
Kach|exie w (~; -i|en) (gr.) ⚕ Kräfteverfall; EW: **kach|ektisch**.
Kadaver m (~s; ~) (lat.) (Tier-)Leichnam; Aas; **Kadavergehorsam** m (~s; –) willenloser Gehorsam; **Kadaverin** s (~s; –) Leichengift; **Kadavermehl** s (~s; –) Futter und Dünger aus Knochen und Fleisch von Tierleichen.
Kaddig m (~s; ~s) (lit.) ♤ Wacholder.
Kadenz w (~; ~en) (lat., = [Ton-]Fall) ♪ zum Schluß führende Tonfolgen; Vers|ende; improvisierte Einfügung vor dem Schluß; Solistenimprovisation); ZW: **kadenzieren** (-rte, -rt) ⚓.
Kader m (~s; ~) (fr.) Berufssoldaten (-gruppe) innerhalb der Armee; Kommandostab der kommun. Partei; **Kaderpartei** w (~; ~en) aus Funktionären bestehende Partei.
Kadett m (~en; ~en) (fr., = der Jüngere) Offiziersschüler (*K. zur See* Seeoffiziers|aspirant); vgl. → Cadett!; gestreiftes Baumwollgewebe.
Kadi m (~s; ~s) (ar.) ∪ Richter.

kadmieren ZW (-rte, -rt) ↗ (gr.-lat.) galvanisch mit Kadmium beschichten; w. s.: **Kadmierung** (~; ~en); **Kadmium** s (~s; -) (⊄ *Cd*) ⚛ zweiwertiges Metall; **Kadmiumsulfid** s (~s; -) gelbe (rote) Malerfarbe.

kaduk EW (lat.) gebrechlich; zerbrechen; **Kadukten** M dem Staat zufallende Güter; **kaduzieren** ZW (-rte, -rt) ↗ (lat.) für verfallen erklären; niederschlagen; **Kaduzierung** w (~; ~en) Verlust bei Säumigkeit.

Kaff s (~s; ~s) (ar.) (armseliges) Dorf; langweiliger Ort.

Kaffee m (~s; ~s) (ar.-türk.-fr.) tropisches Holzgewächs; seine Bohnenfrucht; Getränk hieraus (doch → Café!); **Kaffee-Extrakt** m (~-~s; ~-~e) Auszug aus starkem Kaffeeaufguß in Pulverform; **Kaffeevalorisation** w (~; ~en) Aufkauf, Lagerung (Vernichtung) von Kaffee (zur Erhaltung der Preisstabilität); **Kaffe|in** s (~s; -) = → Koffe|in.

Kaffer m (~n; ~n) (ar., = Ungläubiger) südostafr. Neger; m (~s; ~n) (heb.) Dummkopf.

kafka|esk EW (nach dem Dichter F. *Kafka* † 1924) (wie *Kafkas* Werke) unheilvoll, düster, erschreckend.

Kaftan m (~s; ~e) (türk.-pers.) ostjüdischer Überrock.

Kagu m (~s; ~s) (polyn.) Rallenkranich.

Kai m (~s; ~s) (nl.) Entladestraße am Hafenufer.

Kaiman m (~s; ~e/~s) (ind.-sp.) am. Panzerechse.

Kainit m (~[e]s; -) (gr.) Kalisalzmineral (Düngemittel).

Ka|insmal s (~[e]s; ~e) (nach dem biblischen Adamssohn *Ka|in*) Schandmal, = **Ka|ins|zeichen** s (~s; ~).

Kairophobie w (~; -) (gr.) Situationsangst; EW: **kairophob**; **Kairos** m (~; -) (gr.) gute Gelegenheit; richtiger Zeitpunkt; † Zeit, in der die Ewigkeit fast real wird; schöpferischer Augenblick.

Kajak s, m (~s; ~s) (esk.) esk. Männerboot; Sportpaddelboot.

Kajal s (~[s]; -) (skr.) schwarze Farbe für Lidstriche.

Kaje w (~; ~n) (nl.) Deich, Uferbefestigung.

Kajüte w (~; ~n) (fr.-nl.) ⚓ Schiffswohnraum.

Kakadu m (~s; ~s) (mal.-nl.) Papageienart.

Kakao m (~s; ~s) (mex.-sp.) [-*kau*] ⚛ trop. Fruchtbaum; Getränk aus seiner Frucht; **Kakaobutter** w (~; -) Fett aus gerösteten Kakaobohnen.

Kakemono s (~s; ~s) (jap.) Rollbild.

Kakerlak m (~s/~en; ~en) (i.-nl.) Küchenschabe.

Kak|idrosis w (~; -) (gr.-lat.) stinkender Schweiß; EW: **kak|idrotisch**.

Kakodämonie w (~; -i|en) (gr.-lat.) Besessenheit.

Kakodyl s (~s; -) (KuW) brechreizbewirkendes Gift.

Kakophonie w (~; -i|en) (gr.) Mißklang; EW: **kakophon(isch)**; m. s.: **Kakophoniker** (~s; ~) ♪ mit Kakophoni|en operierender Komponist.

Kakostomie w (~; -i|en) (gr.-lat.) ⚕ übler Mundgeruch.

Kakotrophie w (~; -i|en) (gr.) Mißbildung.

Kaktaze|en M (gr.-lat.) ⚛ Familie der Kakte|en; **Kaktus** m (~; -te|en) ⚛ Tropenpflanze, = **Kakte|e** w (~; ~n).

Kala-Azar w (~-~; -) (i., = schwarze Krankheit) ⚕ durch Kribbelmücken übertragene tödliche Krankheit.

Kalabasse w (~; ~n) (sp.) Gefäß (urspr. aus einem Flaschenkürbis).

Kalabreser m (~s; ~) (nach einer it. Landschaft) Filzhut mit breiter Krempe.

Kalamin s (~[e]s; -) (gr.-lat.) Zinkspat.

Kalamität w (~; ~en) (lat.) Schaden; Mißlichkeit; ⚛ Waldbaumseuche.

Kalander m (~s; ~) (gr.) Glätt- und Prägemaschine (für Papier, Kunststoffplatten, -folien); **Kalanderlerche** w (~; ~n) Mittelmeerlerche; **kalandern** ZW (-rte, -rt) ↗ glätten.

Kalasche w (~; ~n) (r.) Züchtigung; ZW: **kalaschen** (-schte, -scht) ↗.

Kalauer m (~s; ~) (fr., = Wortspiel) Wortwitz; ZW: **kalauern** (-rte, gekalauert) ↗.

Kaldaune w (~; ~n) (lat.) Rinderkuttel.

Kalebasse = → Kalabasse.

Kaleidoskop s (~[e]s; ~e) (gr.) Spiegelrohr mit wechselnden Glasstückchenmustern; EW: **kaleidoskopisch**.

Kalendarium s (~s; -ri|en) (lat.) Kalender; Feiertagsliste; Terminkalender; **Kalenden** M (lat.) röm. Monatsbeginn; **Kalender** m (~s; ~) Tagesweiser; Jahreseinteilung.

Kalesche w (~; ~n) (slaw.) Vierradrigesewagen mit abnehmbarem Verdeck.

Kalfakter m (~s; ~), **Kalfaktor** m (~s; -toren) (lat.) Bediensteter für einfache Handreichungen; Gefangener mit Dienstaufträgen; Zwischenträger.

kalfatern ZW (-rte, -rt) ↗ (ar.-gr.-

Kalfaterer

rom.-nl.) ♫ Schiffsplankennähte abdichten; m. s.: **Kalfaterer** (~s; ~); w. abstr. s.: **Kalfaterung** (~; ~en).
Kali s (~s; –) ⊄ → Kalium; Sammelbezeichnung für natürliche Kalisalze.
Kalian m (~s; ~e) (pers.) Wasserpfeife.
Kaliban m (~s; –) (nach einer Bühnengestalt Shakespeares) Unhold.
Kaliber s (~s; ~) (gr.-ar.-it.-fr.) ✕ Rohr-, Geschoßdurchmesser; lichte Weite; Dicken-, Bohrungsmesser; EW: **kalib(e)rig**; **Kalibration** w (~; ~en) = → Kalibrierung; **kalibrieren** ZW (-rte, -rt) ↗ Werkstückmaße überprüfen; Kaliber messen; Werkstücke abmessen; Meßgeräte eichen; w. s.: **Kalibrierung** (~; ~en).
Kalif m (~en; ~en) (ar.) islamischer Herrscher; **Kalifat** s (~[e]s; ~e) Reich der Kalifen.
Kaliko m (~s; ~s) (nach einer i. Stadt) Baumwollstoff zum Bucheinbinden.
Kali|salpeter m (~s; –) (ar.-lat.) Mineral; **Kalium** s (~s; –) (⊄ *K*) wachsweiches silbriges Metall; **Kaliumcarbonat** s (~s; ~e) (ar.-lat.) Pottasche; **Kaliumchlorat** s (~[e]s; ~e) chlorsaures Kalium; **Kaliumchlorid** s (~s; ~e) Mineraldünger; **Kaliumcyanit** s (~s; ~e) Cyankali; **Kaliumhydroxid** s (~s; –) Ätzkali; **Kaliumpermanganat** s (~s; ~e) desinfizierendes Oxidationsmittel; **Kaliumsilikat** s (~[e]s; ~e) (lat.) ᴖ Wasserglas; **Kaliumsulfat** s (~s; ~e) Düngemittel.
Kaliun m (~s; ~e) (pers.) = → Kalian.
Kalixtiner m (~s; ~) (nach Georg *Calixt*, 1586–1656) gemäßigter Hussit.
Kalkant m (~en; ~en) (lat.) ♪ Bälgetreter.
Kalk|salpeter m (~s; –) (lat.) Stickstoffdünger.
Kalkül m, s (~s; ~e) (fr.) Berechnung; Überschlag; ⋌ spezifisches Rechenverfahren; **Kalkulation** w (~; ~en) (lat., = Berechnung) Kostenüberschlag; **Kalkulationskartell** s (~s; ~e) (lat.-fr.) Zusammenschluß von Unternehmen, um Kalkulationsrichtlinien festzulegen; **Kalkulator** m (~s; -toren) (lat.) Rechnungs-, Voranschlagsprüfer; EW: **kalkulatorisch**; **kalkulieren** ZW (-rte, -rt) ↗ (Preis) berechnen; meinen.
Kalkulose w (~; –) (lat.) Verkalkung.
Kalla w (~; -llen) (lat.) ⊕ Schweins|ohr.
Kalle w (~; ~n) (heb.) ∪ junge Frau (Braut); Prostituierte.
Kalligraph m (~en; ~en) (gr.) Schönschreiber; **Kalligraphie** w (~; ~) Schönschreiben; ZW: **kalligraphieren** (-rte, -rt) ↙ ↗ ↓; EW: **kalligraphisch**.
kallös EW (lat.) ⚕ mit Kallus bezogen; **Kallus** m (~; ~se) ⚕ Keimgewebe des Knochens an Bruchstellen; Schwiele; ⊕ Gewebewucherung an Wundstellen.
Kalmar m (~s; -are) (fr.) eine Tintenfisch|art.
Kalme w (~; ~n) (gr.) Windstille; **Kalmenzone** w (~; ~n) Gebiet völliger Windstille.
Kalmi|e w (~; ~n) (lat.) ⊕ Heidekrautgewächs.
Kalmuck m (~en; –) (nach einem Mongolenstamm) dickes, zweiseitig behaartes Baumwoll-(Streichgarn-)Gewebe.
Kalmus m (~; ~se) (lat.) ⊕ Schilf|art.
Kalokagathie w (~; –) (gr.) altgr. Erziehungsideal (Schönheit + Güte).
Kalomel s (~s; –) (gr.) ⚕ Quecksilberchlorid.
Kaloreszenz w (~; ~en) (lat.) Wärmestrahlung; **Kalorie** w (~; -i|en) ehem. Maßeinheit der Wärmemenge; **kalori|envermindert** EW (Nahrung) mit geringerem Nährwert als vermutet; **Kalorik** w (~; –) Wärmelehre; m. s.: **Kaloriker** (~s; ~); **Kalorimeter** s (~s; ~) Wärmemengenmesser; w. abstr. s.: **Kalorimetrie** (~; –); EW: **kalorimetrisch** *(k.e Geräte)*; **kalorisch** EW Wärme... *(k.e Maschine* setzt Wärme in mechanische Energie [Bewegung] um); **kalorisieren** ZW (-rte, -rt) ↗ Stahl durch Aluminiumlegierung gegen Rost schützen.
Kalotte w (~; ~n) (fr.) Kugelhaube der Frauen ↓; † Geistlichen-, Prälatenkäppchen; ⚚ Schädeldach; ⋌ gekrümmte Kugelteilfläche.
Kalpak m (~s; ~s) (türk.) Lammfellmütze; Husarenmütze.
Kaltkaustik w (~; ~en) (gr.-lat.) ⚕ Operation mit hochfrequenten Strömen.
Kalumet s (~s; ~s) (ind.) Friedenspfeife.
Kaluppe w (~; ~n) (tsch.) verfallendes Häuschen.
Kalva w (~; -ven) (lat.) ⚕ Schädeldach ohne Basis; **Kalvari|enberg** m (~[e]s; ~e) † Golgatha(nachbildung).
Kalvill w (~; ~en) = **Kalville** w (~; ~n) (fr.) ⊕ Tafelapfel.
Kalvinismus m (~; –) (fr.-lat., nach Johann *Calvin,* 1509–1564) † Form des Protestantismus; m. s.: **Kalvinist** (~en; ~en); EW: **kalvin(ist)isch**.
Kalz- → Calc-.

Kalzeolari|e w (~; ~n) (lat.) ⊕ Pantoffelblume.
Kalziferol s (~s; -) (KuW) Vitamin D₂;
Kalzifikation w (~; ~en) (lat.) Kalkabsonderung; **kalzifizieren** ZW (-rte, -rt) ✓ ↗; **kalzifug** EW ⊕ in Kalkböden nicht gedeihend; **Kalzination** w (~; ~en) Verkalkung; ↻ Entwässern; **kalzinieren** ZW (-rte, -rt) ↗ entwässern; ✓ feste anorganische Stoffe zur Zersetzung erhitzen; **Kalzinose** w (~; ~n) Kalkreichtum; **kalziphil** EW ⊕ Kalkböden schätzend; **Kalzium** s (~s; -) (≠ *Ca*) ↻ zweiwertiges Erdalkalimetall; **Kalziumfluorid** s (~s; -) Flußspat; **Kalziumhydroxid** s (~s; ~e) gelöschter Kalk; **Kalzium|oxid** s (~s; ~e) gebrannter Kalk.
Kamarilla w (~; -llen) (sp., = Kämmerchen) [-*rilja*] einflußreiche Gruppe (am Hof).
Kambium s (~s; -bi|en) (lat.) ⊕ teilungsfähiges Pflanzengewebe.
Kambrik m (~s; -) (nach dem fr. ON *Cambrai* [*kanbrä*]) feines Mako-, Zellwollgewebe.
Kambrium s (~s; -) (nach dem lat. Namen von Wales) unterste Erdschicht; **kambrisch** EW aus dem Kambrium *(k.e Formationen)*.
Kame|e w (~; ~n) (it.) Reliefstein (-schnitt) (Ggs.: *Gemme; Intaglio*).
Kamel s (~[e]s; ~e) (sem.-gr.-lat.) trop. Paarhufer; ∪ Scheltwort; **kamel** EW (sem.-gr.-lat.) kamelfarben ←.
Kameli|e w (~; ~n) (tsch., nach dem Jesuiten G. J. *Kámel* [Philippinenforscher um 1700]) ⊕ ostasiatische Zierpflanze.
Kamelopard m (~en/~s; ~e[n]) (gr.-lat.) Giraffe ↓.
Kamelott m (~s; ~s) (fr.) Kioskhändler; m (~s; ~e) feines Kammgarn; geflammte Seide.
Kamera w (~; ~s) (lat.) Lichtbildgerät.
Kamerad m (~en; ~en) (it.) (Kriegs-, Berufs-)Gefährte; **Kameraderie** w (~; -i|en) plumpe Vertrautheit.
Kamerali|en M (lat.) Verwaltungs-, Staatswissenschaft; **Kameralismus** m (~; -) = → Merkantilismus; **Kameralist** m (en, en) Finanzwissenschaftler; w. abstr. s.: **Kameralistik** (~; -); EW: **kameralistisch** (*k.e Buchhaltung* Haushaltsplanbuchführung).
Kamerateam s (~s; ~s) (lat.-am.) [-*tîm*] Gruppe von Filmaufnahmeleuten.
Kameruner m (~s; ~) (nach einem afr. Gebiet) Gebäck; Erdnuß.
kamieren ZW (-rte, -rt) ✓ (it.) die Klinge des Fechtpartners umgehen.

Kamikaze m (~; -) (jap.) Kampfflieger im 2. Weltkrieg, der sich beim Angriff auf ein feindliches Ziel stürzt und sein Leben opfert.
Kamille w (~; ~n) (gr.-lat.) ⊕ Korbblütler.
Kamin m (~[e]s; ~e) (gr.-lat.-it.) Schornstein; offene gemauerte Feuerstelle *(am K. sitzen)*; enger Bergschacht *(durch einen K. aufsteigen)*; **kaminieren** ZW (-rte, -rt) ✓ im Kamin aufwärts steigen; = → kamieren.
Kamisol s (~s; ~e) (fr.) Unterjacke.
Kamorra w (~; -) (it.) Mafia in Neapel.
Kamp m (~[e]s; Kämpe) (→ Camp!) (lat.) eingezäuntes Feld; Forstpflanzgarten; **Kampagne** w (~; ~n) (fr.) [-*panje*] ✕ Feldzug ↓; großer Arbeitsplan; Zuckerrübenernte; Streit *(eine K. führen)*; Wahlkampf; Pressefehde; Saisonbetriebszeit; Ausgrabungsabschnitt.
Kampanile m (~s; ~s) (it.) (freistehender) Glockenturm.
Kampescheholz s (~es; -) (nach einem mex. ON) [-*pätsche*-] Blauholz.
Kampfer m (~s; -) (i.-ar.-pers.-lat.) Masse aus dem Holz eines Südasienbaums.
kampieren ZW (-rte, -rt) ✓ (lat.-fr.) ✓ (auf dem Boden, im Freien, auf schnell bereitetem Lager) lagern, schlafen.
Kamsin m (~[e]s; ~e) (ar.) äg. Wüstenwind.
Kanadi|er m (~s; ~) (nach dem am. Staat *Kanada*) Einpaddelboot; Polsterstuhl.
Kanaille w (~; ~n) (fr.) [-*nalje*] Bestie (in Menschengestalt).
Kanake m (~n; ~n) (haw.) Eingeborener; ∪ Bursche, Kerl.
Kanal m (~s; -näle) (lat.) künstliche Wasserrinne; Armelkanal; Rundfunk-, Fernsehfrequenzband *(den K. voll haben* ∪ etw. satt haben); **Kanalisation** w (~; ~en) Abwässerregelung; ZW: **kanalisieren** (-rte, -rt) ↗; w, s.: **Kanalisierung** (~; ~en).
Kanapee s (~s; ~s) (fr.) Liege ↓; Röstbrot mit pikantem Belag; gefüllter Blätterteig.
Kanari m (~s; -) (fr.) ≠ **Kanari|envogel** m (~s; -vögel) Fink (von den *Kanari*schen Inseln).
Kandahar-Rennen s (~-~s; ~-~) (e.-d., nach dem Pokalstifter, dem Earl von *Kandahar* [*kändehär*], 1832–1914) alpiner Rennwettkampf.
Kandare w (~; ~n) (ung.) Gebißstange

Kandel

mit Kinnkette (*auf K. reiten* streng behandeln).
Kandel w (~; ~n) (sem.-gr.-lat.) Wasser-, Regenrinne.
Kandelaber m (~s; ~) (lat.) Lichtmast; große Leuchte.
Kandidat m (~en; ~en) (lat.) Bewerber; Student vor dem Abschlußexamen; **Kandidatur** w (~; ~en) (lat.) Bewerbung; **kandidieren** ZW (-rte, -rt) ✓ sich bewerben.
kandieren ZW (-rte, -rt) ↗ (ar.-it.) mit Zucker überziehen; **Kandis** m (~; –) Zuckerkristall, = **Kandiszucker** m (~s; –); **Kanditen** M gezuckerte Früchte.
Kaneel m (~s; –) (sem.-gr.-lat.-fr.) bester (weißer) Zimt.
Kanevas m (~[ses]; ~[se]) (lat.-fr.) Gitterstoff („Stramin") (EW: **kanevassen**); festes Handlungsschema der Stegreifkomödie.
Känguruh s (~s; ~s) (austr.) Beuteltier; **Känguruh-Dollar** m (~-~s; ~-~[s]) ∪ austr. Dollar.
Kaniden M (lat.) die Hunde(artigen).
Kanin s (~s; ~e), ȼ **Kaninchen** s (~s; ~) (sp.-lat.) Hasengattung; Kaninchenfell.
Kanister m (~s; ~) (gr.-lat.-e.) Blechgefäß für Öl, Benzin, Spiritus.
Kanker m (~s; ~) (lat.) Weberknecht (Spinne); **Kankro|id** s (~[e]s; ~e) ⚕ gutartiger Hautkrebs; **kankrös** EW ⚕ krebsartig.
Kanna w (~; -nnen) (sum.) ⚘ Blumenrohrgewächs.
Kannabinol s (~s; –) (lat.) ☽ Haschischsubstanz.
kannelieren ZW (-rte, -rt) ↗ (sem.-gr.-lat.-fr.) auskehlen; w. abstr. s.: **Kannelierung** w (~; ~en).
Kännelkohle w (~; ~n) (e.-d.) Steinkohlenart.
Kannelur w, **Kannelüre** w (~; ~n) (sem.-gr.-lat.-fr.) Auskehlung.
Kannibale m (~n; ~n) (ind.-sp.) Menschenfresser; **kannibalisch** EW (ind.-sp.) unmenschlich; **Kannibalismus** m (~; –) (ind.-sp.-lat.) Menschenfresserei.
Kanon m (~s; ~s) (gr.) Regel; ♪ Satz mit nacheinander einsetzenden melodiegleichen Stimmen; † die kirchlich anerkannten Bücher der Bibel; † stilles Meßgebet; Verzeichnis von Meisterschriften; alle Grundsätze richtigen Denkens; ⚔ einfache Form einer Gleichung; Schönheitsmaße (in der bildenden Kunst); † Verzeichnis der Heiligen; Zeittafel; Liste von Mond- und Sonnenfinsternissen; feststehende Auswahl.
Kanonade w (~; ~n) (sem.-gr.-lat.-it.-fr.) ⚔ Beschuß; **Kanone** w (~; ~n) ⚔ Flachbahngeschütz; Handfeuerwaffe; ∪ großer Könner (*unter aller Kanone* [eigtl. = in keinem Kanon] ∪ miserabel); **Kanonier** m (~s; ~e) ⚔ Artillerist am Geschütz.
Kanonik w (~; –) = → Logik; **Kanonikat** s (~[e]s; ~e) Kanonikeramt, -würde; **Kanoniker** m (~s; ~) (gr.-lat.) † Dom-, Kollegiatgeistlicher, = ↓ **Kanonikus** m (~; -ker); **Kanonisation** w (~; ~en) † Heiligsprechung; **kanonisch** EW † der Kirchennorm entsprechend (*k.es Recht* Kirchenrecht); im Kanon enthalten; vorzüglich; **kanonisieren** ZW (-rte, -rt) ↗ † heiligsprechen; **Kanonisse** w (~; ~n) † Angehörige eines Stifts, = **Kanonissin** w (~; ~nen); **Kanonist** m (~en; ~en) † Rechtslehrer.
Kanope w (~; ~n) (nach einer altäg. Stadt) altäg. Bestattungskrug; etrusk. Aschenbehälter.
Känozo|ikum s (~s; –) (gr.) jüngste Lebewesenschicht; EW: **känozo|isch** (*k.e Formation*).
kantabel EW (lat.) singbar; **Kantabile** s (~; ~) ♪ getragenes Tonstück; **Kantabilität** w (~; –) Singbarkeit.
Kantala w (~; -len) (sp.) Handelsbezeichnung einer Agavenblattfaser.
Kantate¹ w (~; ~n) (lat.-it.) ♪ Gesangswerk für Solostimme, Chor und Orchester; **Kantate**² 4. Sonntag nach Ostern; **Kantate**³ s (~; ~n) jährl. (an diesem Tag veranstaltete) Buchhändlertagung.
Kantele w (~; ~n) (finn.) ♪ finn. Zither.
Kanter m (~s; ~) (ȼ e. ON) [*kän*-] Kurzgalopp (*im K. gewinnen* unschwer siegen); ZW: **kantern** (-rte, gekantert) ↗; **Kantersieg** m (~[e]s; ~e) [*käntr*-] leichter Sieg im Wettkampf.
Kantharide w (~; ~n) (gr.) sp. Fliege.
Kantilene w (~; ~n) (it.) ♪ getragene Gesangsmelodie.
Kantille w (~; ~n) (fr.) Schnur aus Metallfäden (= → Bouillondraht).
Kantine w (~; ~n) (lat.-it.-fr.) Speiseraum eines Betriebs; **Kantini|er** m (~s; ~s) [-*tînjê*] Kantinenpächter, -besitzer.
Kanton m (~[e]s; ~e) (lat.) schw. Einzelstaat; EW: **kantonal**; **Kantonist** m (~en; ~en) (fr.) Rekrut ↓ (*unsicherer K.* in seinem Wissen [Verhalten] nicht sattelfester Mensch).
Kantor m (~s; -toren) (lat.) ♪ Organist;

Chorleiter; Synagogenvorbeter; **Kantorat** s (~[e]s; ~e) Amt(speriode, -sstelle) eines Kantors; **Kantorei** w (~; ~en) Amt (Haus, Büro) eines Kantors; Schul-, Kirchenchor.

Kantschu m (~s; ~s) (tat.) Riemenpeitsche.

Kanu (öst.: **Kanu**) s (~s; ~s) (ind.-sp.-e.) Eingeborenenboot aus Häuten und Rinden; leichtes Sportboot.

Kanüle w (~; ~n) (sem.-gr.-lat.-fr.) ♣ Hohlnadel.

Kanut m (~s; ~e) (lat.) Islandschnepfe.

Kanute m (~n; ~n) (ind.-sp.-e.) Kanusportler.

Kanzel w (~; ~n) (lat.) † Predigtstuhl; Jagdhochsitz; **Kanzelle** w (~; ~n) Chorschranke; ♪ Orgelteil an der Windlade; ♪ Harmoniumkanal.

kanzerogen EW (lat.) ♣ krebsfördernd *(k.e Substanzen);* **Kanzerologe** m (~n; ~n) ♣ Facharzt für Krebserkrankungen; w. s.: **Kanzerologie** (~; -); **Kanzerophobie** w (~; -|en) ♣ Angst vor Krebs; **kanzerös** EW ♣ krebsartig.

Kanzlei w (~; ~en) (lat.) Raum der Schreiber (einer Behörde, eines Anwalts); höheres Landesgericht; **Kanzleiformat** s (~[e]s; -) nicht mehr übliches Papierformat; **Kanzler** m (~s; ~) oberster (e.) Hofbeamter; (d., öst.) Regierungs|chef; Bürovorsteher; Universitätsleiter; **Kanzlist** m (~en; ~en) Amtsschreiber.

Kanzone w (~; ~n) (it.) ♪ einstimmiges Lied mit Begleitung; A-cappella-Chorwerk; Gedicht aus 5 je dreizeiligen Strophen.

Kaolin s (~s; -) (nach einem chin. Berg) Porzellanerde; **kaolinisieren** ZW (-rte, -rt) ∠ Kaolin bilden; **Kaolinit** s (~s; ~e) Kaolinbestandteil.

Kap s (~s; ~s) (lat.) Küstenvorsprung.

kapabel EW (fr.) fähig; w. s.: **Kapabilität** (~; -)

Kapaun m (~[e]s; ~) (fr.) kastrierter Hahn; **kapaunen** ZW (-nte, -nt) ↗ verschneiden.

Kapazitanz w (~; ~en) (lat.) Widerstand durch Kondensatorwirkung bei Wechselstrom; **Kapazität** w (~; ~en) (lat.) Leistungs-, Aufnahmefähigkeit; Produktionsvermögen; Verhältnis zwischen gespeichertem Strom und Differenz zwischen den Kondensatorleitern; Fachgröße; Ladefähigkeit eines Akkumulators; Widerstandsleistung (eines Gefäßes); Meßgröße; EW: **kapazi(ta)tiv;** **Kapazitätsreserve** w (~; ~n) ruhendes Betriebsleistungsvermögen.

Kapeador m (~s; ~e) (sp.) Stierkämpfer mit dem roten Tuch.

Kapee s (~s; -) (lat.-fr.) ∪ Begriffsvermögen *(schwer von K. sein).*

Kapelle[1] w (~; ~n) (lat.-fr.) Knochenaschentiegel für Bleiuntersuchungen.

Kapelle[2] w (~; ~n) (lat.) kleine Kirche; Orchester; ¢ Kapellmeister; kleiner Sängerchor; **Kapellmeister** m (~s; ~) ♪ Dirigent.

Kaper w (~; ~n) (pers.-gr.-lat.) Blütenknospe des Kapernstrauches in Essig.

Kaperbrief m (~es; ~e) (nl.-d.) Vollmacht privater Schiffseigner, am Handelskrieg zur See teilzunehmen; **Kaperei** w (~; ~en) (nl.) Aufbringung und Durchsuchung neutraler Schiffe; ZW: **kapern** (-rte, gekapert) ↗ Schiffe aufbringen und plündern; eine Person für etwas (jem.) einnehmen.

kapieren ZW (-rte, -rt) ↗ (lat.) ∪ begreifen.

kapillar EW (lat.) haarfein; **Kapillaranalyse** w (~; ~n) ⊙ Beobachtung der Steigschnelligkeit von Lösungen in Filtern zur Bestimmung; **Kapillare** w (~; ~n) ♣ Haar-, Blutgefäß; Röhrchen; **Kapillarität** w (~; ~) Saugwirkung der Haarröhrchen; Steigen des Grundwassers; **Kapillarmikroskopie** w (~; -) ♣ Untersuchung der Blutgefäße; EW: **kapillarmikroskopisch.**

Kapital s (~s; -li|en) Geld als Produktions-, Betriebs- oder Anlagemittel *(K. schlagen aus einer Sache* aus ihr vorteilen); **kapital** EW (lat.) groß, mächtig, stark *(k.er Hirsch* ❦); ausgezeichnet; **Kapitälchen** s (~s; ~) Großbuchstabe in Größe eines Kleinbuchstabens; **Kapitale** w (~; ~n) Hauptstadt; **kapital|intensiv** EW mit besonders vielen technischen Hilfsmitteln; **Kapitalis** w (~; -) (urspr. in Stein gehauene) Urform der Antiquaschriften; Majuskelschrift; **kapitalisieren** ZW (-rte, -rt) ↗ zu Geld machen; zum Reinertrag schlagen; w. abstr. s.: **Kapitalisierung** (~; ~en); **Kapitalisation** w (~; ~en); **Kapitalismus** m (~; -) (ausbeuterisches) Gewinnstreben; Erwerbstreben um des Erwerbs willen; **Kapitalist** m (~en; ~en) Anhänger, Nutznießer dieser Wirtschaftsform; EW: **kapitalistisch** *(k.es System* Wirtschaftsordnung, bei der die Produktion von den Geldgebern abhängt); **Kapitalmagnat** m (~en; ~en) Großkapitalist; **Kapitalverbrechen** s (~s; ~) mit lebenslänglichem Freiheitsentzug bestraftes Delikt; **Kapitalzirkulation** w (~; ~en) Kreislauf des Kapitals.

Kapitän m (~[e]s; ~e) (lat.-fr.) ⚓ Schiffsführer; ✈ Hauptmann; Mannschaftsführer; Flugzeugführer.

Kapitel s (~s; ~) (lat.) Buchabschnitt; Aufsatzteil; Versammlung einer Ordensgemeinschaft; alle Ordensmitglieder; **kapitelfest** EW bibelsicher; mit gründlichem Wissen; **Kapitell** s (~s; ~e) Säulenkopf; **kapiteln** ZW (-lte, -lt) ↗ rügen.

Kapitol s (~s; –) (lat.) zweikuppiger röm. Hügel; Ort der röm. Staatsfeiern; USA-Parlamentsgebäude; EW: **kapitolinisch.**

Kapitular m (~[e]s; ~e) (lat.) Domherr; **Kapitulari|en** M frühmittelalterliche Gesetzsammlungen; **Kapitulation** w (~; ~en) zwischenstaatl. Vertrag; ✕ Übergabe(vertrag); Dienstverpflichtung(svertrag); ZW; **kapitulieren** (-rte, -rt) ↙.

Kaplaken M (nl.) ⚖ Frachttantieme vom Kapitän an den Richter.

Kaplan m (~[e]s; -pläne) (lat.) † Hilfsgeistlicher.

Kaplanturbine w (~; ~n) (nach einem öst. Techniker, 1876–1934) Wasserkraftmaschine.

Kapo m (~s; ~s) (fr. KW) ✕ Unteroffizier; Arbeitsgruppenleiter im KZ.

Kapodaster m (~s; ~) (it.) ♪ Schiebebund über alle Saiten (Gitarre).

Kapok m (~s; –) (mal.) Faserfüllung.

kapores EW (heb.-jidd.) entzwei *(k. gehen)*.

Kaposi-Sarkom s (~-~s; ~-~e) (KuW, gr.) ein Hautkrebs.

Kapotthut m (~[e]s; -hüte) (fr.) kleiner Damenhut (19. Jh.), = **Kapotte** w (~; ~n).

Kapovaz (KW) (⊄ **kap**azitäts|**o**rientierte **va**riable **A**rbeitszeit) Arbeitszeitmodell nach Bedarf der Betriebe.

Kappe w (~; ~n) (lat.) († liturgischer) Mantel; enge Kopfbedeckung.

kappen ZW (-ppte, gekappt) ↗ (nl.) abhauen.

Kappes m (~; ~) (lat.) Weißkohl; unsinniges Gerede; mißlungene Arbeit.

Kapriccio s (~s; ~s) (it.) *[kapritschó]* ♪ launige Komposition; **Kaprice** w (~; ~n) (fr.) *[-príß]* Laune, Einfall.

Kaprifoliaze|e w (~; ~n) (lat.) ⊕ Geißblattgewächs.

Kapriole w (~; ~n) (it.) Luftsprung (in der Hohen Schule der Dressur); Einfall, Albernheit *(K.n machen);* ZW: **kapriolen** (-lte, -lt) ↙.

Kaprize w (~; ~n) (fr.) Laune (= →

Kaprice); **kaprizieren** ZW (-rte, -rt) ↖ durchaus auf etw. bestehen; **kapriziös** EW launenhaft; eigenwillig.

Kapsel w (~; ~n) (lat.) Organhülle; ⊕ zur Fruchtform zusammengewachsene Fruchtblätter; Raumrakete.

Kapsikum s (~s; –) (lat.) sp. Pfeffer.

kaptatorisch EW (lat.) erbschleicherisch ↓ (*k.e Verfügung* auf eine Gegenleistung zielende letztwillige Bestimmung).

kaputt EW (fr.) entzwei *(k. sein* müde sein); bankrott.

Kapuze w (~; ~n) (lat.) Zipfelkragen als Kopfbedeckung; **Kapuziner** m (~s; ~) † Art Franziskaner; Gebäck.

Karabach, -bagh m (~s; ~s) (nach einer r. Landschaft) gemusterter Knüpfteppich.

Karabiner m (~s; ~) (fr.) Kurzlaufgewehr; Haken mit Federsicherung; **Karabini|ere** m (~s; -ri) (it.) Gendarm.

Karacho s (~s; –) (sp.?) schnellste Laufart (*mit K.* rasend schnell).

Karaffe w (~; ~n) (ar.-sp.-fr.) Glasflasche (mit Stöpsel).

Karakal m (~s; ~s) (türk.-fr.) Wüstenluchs.

Karakulschaf s (~[e]s; ~e) (türk.-d.) Fettschwanzschaf.

Karambolage w (~; ~n) (fr.) [-*lásche*] Zusammenstoß; Billardtreffer; **Karambole** w (~; ~n) roter Billardball; ZW: **karambolieren** (-rte, -rt) ↙ zusammenstoßen.

Karamel m, s (~s; –) (lat.-sp.-fr.) gebräunter Zucker; **Karamelle** w (~; ~n) Karamelbonbon; ZW: **karamelisieren** (-rte, -rt) ↙ Zucker bräunen; ↗ mit gebräuntem Zucker begießen.

Karat s (~[e]s; ~[e]) (gr.-ar.-fr.) ⊕ Johannesbrotsamen; Juwelengewicht (0,205 g); Goldfeingehalt.

Karate s (~s; –) (jap., = leere Hand) Selbstverteidigungsart; **Karateka** m (~s; ~s) Karatekämpfer.

Karausche w (~; ~n) (lit.) Karpfenfisch.

Karavelle w (~; ~n) (sp.) Segelschiff mit Vorderkastell.

Karawane w (~; ~n) (pers., = Kamelzug) Reisekonvoi (durch siedlungsarme Gegenden); **Karawanserei** w (~; ~en) Herberge für Karawanen.

Karbamid s (~[e]s; –) (lat.) Harnstoff.

Karbatsche w (~; ~n) (türk.-ung.-tsch.) Riemenpeitsche; ZW: **karbatschen** (-tschte, -tscht) ↗.

Karbazol s (~s; –) (lat.) organ. Ausgangsmaterial für Kunststoffe.

Karbid s (~[e]s; ~e) (lat.-gr.) ☉ Koh-

lenstoff-Metall-Verbindung; EW: **karbidisch.**
Karbol s (~s; -) (lat.) ↻ Alkohol der Benzolreihe, = **Karbolsäure** w (~; -); **Karboline|um** s (~s; -) Steinkohlenteeröl.
Karbon s (~s; -) (lat.) mittlere Periode des Erdaltertums.
Karbonade w (~; ~n) (lat.-it.-fr.) Rippenbraten (vom Schwein); **Karbonado** m (~s; ~s) (lat.-sp.) = **Karbonat** s (~[e]s; ~e) (lat.) ↻ Salz der Kohlensäure; schwarzgrauer Diamant; EW: **karbonatisch; Karbonisation** w (~; ~en) Wollreinigung mit Säuren; Verkohlung; **karbonisch** EW in (aus) der mittleren Periode des Erdaltertums; **karbonisieren** ZW (-rte, -rt) ↗ Rohwolle mit Schwefelsäure reinigen; Holz durch Ankohlen haltbar machen.
Karborund s (~[e]s; ~e) (KW) Siliziumkarbid (⚔ *SiC*).
Karbunkel s (~s; ~) (lat.) ⚕ Furunkelhäufung.
karburieren ZW (-rte, -rt) ↗ (lat.) Gasleuchtkraft durch Ölgas steigern.
Kardamom m, s (~s; ~e[n]) (gr.) Samen einer i. Staudenpflanze.
kardanisch EW (nach dem it. Arzt G. *Cardano*, 1501–1576) um 2 senkrechte Achsen drehbar (*k.e Aufhängung; k.e Gleichung* Formel zur Lösung von Gleichungen 3. Grades); **Kardanwelle** w (~; ~n) (it., nach demselben) Kraftübertragungsgelenk.
Kardätsche w (~; ~n) (lat.-it.) Wollkamm; Weberdistel; Tierbürste; **kardätschen** ZW (-tschte, -tscht) ↗ striegeln.
Karde w (~; ~n) (it.) Tuchaufrauhgerät (aus den Fruchtköpfen der **Kardendistel** w [~; ~n] Weberdistel).
Kardeel s (~s; ~e) (nl.) ⚓ Einzeltau der Trosse.
karden ZW (-dete, gekardet) (lat.) ↗ = → kardieren.
Kardia w (~; -di|en) ⚕ (gr.) Magenmund; Herz; **Kardiagramm** s (~[e]s; ~e) (gr.) ⚔ = → Kardiogramm; **Kardiakum** s (~s; -ka) ⚕ Herzmittel; **kardial** EW ⚕ Herz...
Kardialgie w (~; -) ⚕ (gr.) Magenkrampf.
kardieren ZW (-rte, -rt) ↗ (lat.) (Wolle) kämmen.
Kardinal m (~s; -näle) (lat.) † kath. Kirchenfürst; am. Finkenvogel; Pomeranzenbowle; Apfelsorte; **Kardinale** s (~s; -lia) ⚔ Grundzahl; **Kardinalprotektor** m (~s; -toren) Kardinal als Schutzinstanz kath. Institutionen;

Kardinalpunkt m (~[e]s; ~e) Hauptsache; M: höchste verträgliche und niedrigste ertragbare Temperatur; **Kardinalskollegium** s (~s; -gi|en) Papstwahlausschuß der Kardinäle; **Kardinalskongregation** w (~; -) Hauptbehörde der Kurie; **Kardinalvikar** m (~s; ~e) † stellvertretender Bischof von Rom.
Kardiogramm s (~[e]s; ~e) (gr.) Aufzeichnung der Herzbewegungen; **Kardiograph** m (~en; ~en) ⚕ Herzstromaufzeichner; w. abstr. s.: **Kardiographie** (~; -); EW: **kardiographisch; Kardiologe** m (~n; ~n) ⚕ Herzarzt; w. abstr. s.: **Kardiologie** (~; -); EW: **kardiologisch; Kardiolyse** w (~; ~n) ⚕ Brustwandöffnung zur Erleichterung des Herzens; EW: **kardiolytisch; Kardiomegalie** w (~; -i|en) ⚕ Herzvergrößerung; **Kardioplegie** w (~; -i|en) ⚕ Herzschlag; Herzruhigstellung während operativen Eingriffs; **Kardiospasmus** m (~; -men) ⚕ Speiseröhrenkrampf; EW: **kardiospastisch; Kardiothymie** w (~; -i|en) ⚕ Herzneurose; EW: **kardiothym; Kardiotopograph** m (~s/en; ~en) Aufzeichner von Wehen und Herztönen des Kindes; **Karditis** w (~; -itiden) (lat.) ⚕ Herzmuskelentzündung.
Kardone w (~; ~n) (it.) artischockenähnl. Gemüse.
Karene w (~; ~n) (lat.) † Kirchenbuße während der Fastenzeit.
Karenz w (~; ~en) (lat.) Verzicht; M: Ferien; **Karenzzeit** w (~; ~en) Sperrfrist.
karessieren ZW (-rte, -rt) ↗ (lat.-it.-fr.) liebkosen.
Karette w (~; ~n) (sp.-fr.) Meeresschildkröte, = **Karettschildkröte** w (~; ~n)
Karezza w (~; -) = **Karezzaliebe** w (~; -) (it.) langdauernder Geschlechtsakt ohne Orgasmus.
Karfiol m (~s; -) (it.) Blumenkohl
Karfunkel m (~s; ~) (lat.) roter Edelstein ↓; = → Karbunkel.
Kargo m (~s; ~s) (lat.-sp.-it.) ⚓ (Verzeichnis der) Ladung (Ggs.: *Kasko*).
Karibu s, m (~s; ~s) (ind.-fr.) nordam. Ren.
karieren ZW (-rte, -rt) ↗ (lat.-fr.) mit Würfeln mustern; MW: **kariert** *auch:* mittelmäßig.
Kari|es w (~; -) (gr.) ⚕ Zahnverfall; entzündl. Knochenverfall.
karikativ EW (lat.-it.) wie eine (als) Karikatur; **Karikatur** w (~; ~en) Spott-

245

bild; m. s.: **Karikaturist** (~en; ~en); **karikieren** ZW (-rte, -rt) ↗.
kariös EW (lat.) ⚕ mit → Kari|es.
karitativ EW (lat.) wohltätig *(k.e Veranstaltung);* † aus (christl.) Liebe.
Karkasse w (~; ~n) (it.) Geflügelrumpf; ⚔ Brandkugel; Reifendecke ohne Laufschicht.
Karma s (~; -) (skr., = Tat) Überzeugung, daß der Wert menschlicher Handlungen das Schicksal nach der Wiedergeburt bestimmt, = **Karman** s (~s; -) (skr.).
Karmeliter m (~s; ~) (nach einem israel. Berg) † Mönch; w. s.: **Karmelit(er)in** (~; ~nen).
Karmesin s (~s; -) = → Karmin; **Karmin** s (~s; -) (pers.-türk.-ar.-fr.) roter Farbstoff der → Koschenille; **karmin** EW rot (mit einem Farbstoff aus der Schildlaus) ←.
karmo(i)sieren ZW (-rte, -rt) (ar.-fr.) ↗ [-*mo(a)-*] mit kleineren Edelsteinen einen größeren einfassen.
karmo(i)sin EW (fr.) [-*mo(a)-*] = → karmin.
Karnallit m (~s; -) (nach dem d. Berghauptmann *Carnall*) Kalisalzmineral.
Karnation w (~; ~en) (lat.) Fleischton (auf Bildern).
Karnaubawachs s (~es; -) (ind.-port.-d.) bras. Palmenwachs.
Karneol m (~s; ~e) (it.) Schmuckstein; **karneol** EW fleischrot.
Karneval m (~s; ~e/~s) (lat.) Fasching; **Karnevalist** m (~en; ~en) Mitglied eines Faschingsvereins; Faschingsteilnehmer; EW: **karnevalistisch.**
Karnies s (~; ~e) (sp.) □ wellenförmige Baulinie (bes. am Gesims); Glockenleiste.
karnivor EW fleischfressend; **Karnivore** m (~n; ~n) (lat.) Fleischfresser.
Karo s (~s; ~s) (fr.) Viereck; Raute; Spielkartenfarbe.
Karosse w (~; ~n) (fr.) Prunkwagen; **Karosserie** w (~; -i|en) Kraftwagenblechteil; ∪ Körperbau; ZW: **karossieren** (-rte, -rt) ↗ mit Karosserie versehen.
Karotin s (~[e]s; ~e) (gr.-lat.) pflanzlicher Farbstoff; Vorvitamin.
Karotis w (~; -tiden) (gr.) ⚕ große Halsschlagader.
Karotte w (~; ~n) (gr.-lat.-nl.) Mohrrübe; **Karottieren** s (~s; -) Verteidigungsart beim Billard; **karottieren** ZW (-rte, -rt) ↗ Tabak rippen.
Karpell(um) s (~s; -e/-a) (lat.) ⚘ Fruchtblatt.

Karpenterbremse w (~; ~n) (nach dem e. Erfinder) [-*pin-*] Eisenbahnbremse.
Karpologe m (~n; ~n) (gr.) Fruchtforscher; w. s.: **Karpologie** (~; -); EW: **karpologisch.**
Karrag(h)een s (~s; ~e) (nach einem ir. ON) [-*gin*] irländisches Moos.
Karree s (~s; ~s) (fr.) ⚔ Quadrat; ⚔ Aufstellung im Viereck; Rippenstück; Diamantenschliff.
Karrete w (~; ~n) (lat.-it.) geringer Wagen; **Karrette** w (~; ~n) Zweiradwägelchen; Schubkarre.
Karri|ere w (~; ~n) (fr.) Berufsaufstieg; wilder Galopp; **Karri|erefrau** w (~; ~en) (fr.-d.) beruflich erfolgreiche Frau in wichtiger Position; **Karri|erismus** m (~; -) (fr.-lat.) bedenkenloses berufliches Aufwärtsstreben; **Karri|erist** m (~en; ~en) bedenkenloser Ehrgeizling; EW: **karri|eristisch.**
karriolen ZW (-lte, -lt) ∠ (fr.) wild umherfahren.
Karst m (~[e]s; Karsterscheinungen) durch untergründige Gesteinsauswaschung geprägte Landschaft.
Kart m (~s; ~s) (am.) kleiner Rennwagen.
Kartätsche w (~; ~n) (gr.-lat.-it.-fr.-e.) Artilleriegeschoß für kurze Entfernungen ↓; ZW: **kartätschen** (-tschte, -tscht) ∠.
Kartause w (~; -) (latinisierter fr. ON) Stammkloster der **Kartäuser** m (~s; ~) Einsiedlermönch (seit 1084); Kräuterlikör.
Kartell s (~s; ~e) (gr.-lat.-fr.) Vertragszusammenschluß selbständiger Unternehmer zur Wettbewerbsregelung; ZW: **kartellieren** (-rte, -rt) ↗; MW II **kartelliert** in Preis und Absatz durch Produzentenkartelle bestimmt.
Kartesianismus m (~; -) (fr.-lat.) Philosophie des Descartes (1590–1650); EW: **kartesisch, kartesianisch.**
Karthamin s (~s; -) (ar.-lat.) roter Farbstoff der Färberdistel.
kartieren ZW (-rte, -rt) (äg.-gr.-lat.-fr.) ↗ Landschaft als Landkarte darstellen.
kartil|aginös EW (lat.) ⚕ knorplig.
Karting-Sport m (~-~[e]s; -) (am.-e.) Kleinwagenrennen.
Kartogramm s (~[e]s; ~e) (gr.) Zahlendarstellung auf Landkarten; **Kartograph** m (~en; ~en) Landkartenzeichner; **Kartographie** w (~; -) Erforschung des Landkartenwesens; EW: **kartographisch; Kartomantie** w (~; -) Kartenlegerei; **Kartometer** s (~s; ~) Kurvenmesser; **Kartometrie** w (~; -)

Streckenabmessung auf Landkarten; EW: **kartometrisch**.
Karton m (~s; ~s) (gr.-lat.-it.-fr.) [*-toñ*] starkes Packpapier; originalgroße Vorlage für Kunstwerke; leichte Pappschachtel; Ersatzblatt; **Kartonage** w (~; ~n) [*-nâsche*] Pappware; Bucheinband mit Kartonrücken; ZW: **kartonieren** (-rte, -rt) ↗.
Kartothek w (~; ~en) (gr.) Zettelsammlung; Kartei.
Kartusche w (~; ~n) (gr.-lat.-it.-fr.) ✕ Treibladung; Inschriften-, Wappenornament; Musterblatt für Malereien; ✕ Patronentasche; Pulverladung in Metallhülsen.
Karunkel w (~; ~n) (lat.) ⚕ Fleischwarze.
Karussell s (~s; ~e) (pers.-ar.-it.-fr.) sich drehende Rundbahn als Volksbelustigung.
Karyatide w (~; ~n) (gr.) w. Statue als Rundsäulenersatz.
Karyogamie w (~; -i|en) (gr.-lat.) Zellkernverschmelzung; **Karyokinese** w (~; ~n) indirekte Zellkernteilung; EW: **karyokinetisch**; **Karyologe** m (~n; ~n) Zellkernforscher; w. s.: **Karyologie** (~; –) EW: **karyologisch**; **Karyolymphe** w (~; ~n) Zellkernsaft; **Karyolyse** w (~; ~n) (scheinbarer) Zellkernschwund; **karyophag** EW (gr.) kernzerstörend; **Karyoplasma** s (~s; -men) Kernplasma.
Karzer m (~s; ~) (lat.) Arrestzelle ↓.
karzinogen EW (gr.) ⚕ krebserzeugend; **Karzino**|**id** s (~[e]s; ~e) ⚕ Schleimhautgeschwulst; **Karzinologe** m (~n; ~n) ⚕ Krebsforscher; w. s.: **Karzinologie** (~; –); EW: **karzinologisch**; **Karzinom** s (~[e]s; ~e) ⚕ Krebs(geschwulst); EW: **karzinomatös**; **Karzinophobie** w (~; -i|en) Angst vor Krebs; **Karzinosarkom** s (~s; ~e) bösartige Geschwulst; **Karzinose** w (~; ~n) ⚕ Verkrebsung des Körpers.
Kasach m (~s; ~s) (nach einem Nomadenstamm) geometrisch gemusterter kaukasischer Teppich, = **Kasak** m (~s; ~s).
Kasack m (~s; ~s) (türk.) lange Bluse.
Kasatschok m (~s; ~s) (r.) (Kosaken-)Tanz.
Kasba(h) w (~; ~s) (ar.) nordafr. Eingeborenenviertel.
Kasch m (~s; –) (r.) Buchweizengrütze; = **Kascha** w (~; –).
Kaschan m (~s; ~s) = → Keschan.
Kaschelott m (~s; ~en) (fr.) Pottwal.
Kaschemme w (~; ~n) (zig.) (üble) dürftige Kneipe.

kaschen ZW (-schte, gekascht) ↗ (e.) fangen.
Kaschier|**eisen** s (~s; ~) (lat.-fr.) Kratzeisen; **kaschieren** ZW (-rte, -rt) ↗ verbergen; bekleben; aus Papier, Leinwand und Gips formen; **Kaschierung** w (~; ~en) Verbergung; Vortäuschung.
Kaschmir m (~s; ~e) (fr.) glänzendes Kammgarngewebe.
Kascholong m (~s; ~s) (mong.-fr.) eine Opalart.
Kaschurpapier s (~s; ~e) (lat.-fr.-gr.) Überklebepapier.
Kase|**in** s (~s; –) (lat.) Haupteiweißstoff der Säugetiermilch.
Kasel w (~; ~n) (lat.) † Meßgewand.
Kasematte w (~; ~n) (lat.-it.-fr.) bombensicherer Unterstand in Festungen ↓; ✕ Geschützstand; ZW: **kasemattieren** (-rte, -rt) ↗.
Kaserne w (~; ~n) (lat.-fr.) □ Truppenunterkunft; **kasernieren** ZW (-rte, -rt) ↗ in Truppenunterkünften zusammenziehen (unterbringen).
Kasha m (~s; ~s) (zu: *Kaschmir?*) weicher Kleiderstoff.
Kasino s (~s; ~s) (it., = Häus|chen) Offiziers-, Klubheim, -raum; staatl. gebilligte Spielbank.
Kaskade w (~; ~n) (it.) stufenförmiger Wasserfall; Wortschwall; Salto; **Kaskadenschaltung** w (~; ~en) Reihenschaltung; **Kaskadeur** m (~s; ~e) [*-dör*] Saltospringer.
Kaskarillrinde w (~; ~n) (sp.-d.) i. Gewürz.
Kaskett s (~s; ~e) (fr.) Lederhelm.
Kasko m (~s; ~s) (it.) ⚓ Schiff(srumpf); (Ggs.: *Kargo*); Art Lomber; **Kaskoversicherung** w (~; ~en) Versicherung bei selbstverschuldeten Fahrzeugschäden.
Kassa w (~; -ssen) (it.) Bargeld; Rechnungsführung; **Kassakurs** m (~es; ~e) Börsenkurs der Warenbörse; **Kassa**|**obligation** w (~; ~en) festverzinsl. Schuldverschreibung.
Kassandraruf m (~[e]s; ~e) (nach einer gr. Seherin) pessimistische Warnung.
Kassation w (~; ~en) (lat.-it.) Aufhebung eines Urteils; Ungültigkeitserklärung; ♪ = → Divertimento; EW: **kassatorisch** (*k.e Klausel* Verbürgung des Rücktrittsrechtes eines Gläubigers).
Kasse w (~; ~n) (lat.-it.) Zahlstelle; Zahlung; Geld(kiste).
Kasserolle w (~; ~n) (fr.) kleiner Deckelkochtopf.
Kassette w (~; ~n) (fr.) verschließba-

rer Wertsachenbehälter; Plattenbehälter; Pappkarton für Bücher; □ vertieftes Deckenfeld; Tonband für → Kassettenrecorder; **Kassettendeck** s (~s; ~s) (fr.-d.) Teil einer Stereoanlage mit → Kassettenrecorder; **Kassettendecke** w (~; ~n) (fr.-d.) in (plastische) Quadrate untergliederte Raumdecke; **Kassettenrecorder** m (~s; ~) kleines Tonbandgerät für Kassetten; ZW: **kassettieren** (-rte, -rt) ↗.

Kassiber m (~s; ~) (heb.) durchgeschmuggelter Brief (im, aus dem Gefängnis); **kassibern** ZW (-rte, -rt) ↗.

kassieren ZW (-rte, -rt) ↗ (lat.-it.) Geld einziehen; absetzen; ungültig machen; verhaften; **Kassier** m (~s; ~e), **Kassierer** m (~s; ~) Zahlstellenleiter; Kassenwart.

Kassis m (~; -) (fr.) [-zíß] Johannisbeerlikör.

Kastagnette w (~; ~n) (gr.-lat.-sp.-it.) [-anj-] Klappergerät zur Unterstreichung des Tanzrhythmus.

Kastani|e w (~; ~n) (gr., nach einem alten ON) ♣ Baumart; ihre Frucht; Hornwarze am inneren Pferdelauf.

Kaste w (~; ~n) (lat.-port.) abgesonderte soziale Schicht.

kasteien ZW (-eite, -eit) ↖ (lat.) sich Entbehrungen auferlegen.

Kastell s (~[e]s; ~e) (lat.) befestigtes Lager, Burg; ⚓ Kriegsschiffaufbau.

Kastellan m (~[e]s; ~e) (lat.) Burgvogt; Hausmeister; w. s.: **Kastellanei** (~; ~en).

Kastize m (~n; ~n) (sp.) südam. Indianer- und Mestizenmischling.

Kastor m (~[s]; -) (lat.) Qualitätstuch; **Kastor|öl** s (~s; ~e) (lat.-d.) = Rizinusöl.

Kastrat m (~en; ~en) (lat.) = → Eunuch; † im Knabenalter entmannter Chorsänger; **Kastration** w (~; ~en) ✚ Entfernung der Keimdrüsen; ZW: **kastrieren** (-rte, -rt) ↗; **Kastrationskomplex** m (~es; -) Angst vor sexueller Verstümmelung.

Kasuali|en M (lat.) † kirchl. Handlung für ein Familienereignis; **Kasualismus** m (~;-) Zufallsglauben; m. s.: **Kasualist** (~en; ~en); EW: **kasualistisch.**

Kasuar m (~s; ~e) (mal.-nl.) australischer Strauß.

Kasuarine w (~; ~n) (mal.) australischer Schachtelhalmbaum.

kasu|ell EW (lat.) Kasus...; **Kasu|ist** m (~en; ~en) Haarspalter; Anhänger der Kasuistik; **Kasu|istik** w (~; -) Anleitung zur Anwendung (wissenschaftl. Methoden, † der Moraltheologie); einzelne Rechtsfindung; ✚ Krankheitsbeschreibung; Haarspalterei; EW: **kasuistisch.**

Kasus m (~; ~) (lat.) Beugefall des Nomens; Vorfall.

katabatisch EW (gr.) fallend *(k.er Wind).*

Katabolismus m (~; -) (gr.-lat.) ✚ Abbau der Nährstoffe im Stoffwechsel, = **Katabolie** w (~; -); EW: **katabol(isch).**

Katachrese w (~; ~n) (gr.) [auch: -*kre*-] Unstimmigkeit der Metaphern; EW: **katachrestisch.**

Katadioptrik w (~; -) (gr.) Lehre von Brechung und Spiegelung des Lichts.

Katadynverfahren s (~s; ~) (gr.-d.) ein Vorgehen, Wasser keimfrei zu machen.

Katafalk m (~[e]s; ~e) (lat.-it.-fr.) Trauergerüst, -bühne.

Katakaustik w (~; -) (gr.) Brennfläche (bei gekrümmten Spiegeln); EW: **katakaustisch;** *k.e Linie* Brennlinie; *k.e Fläche* Katakaustik.

Kataklase w (~; ~n) (gr.) tektonische Gesteinszerbröckelung; Knochenbruch; **Kataklasstruktur** w (~; ~n) Trümmerstruktur; EW: **kataklastisch.**

Kataklysma s (~s; -men) (gr.) Darmbad, Klistier; **Kataklysmus** m (~; -men) Überschwemmung; Vernichtung; EW: **kataklystisch.**

Katakombe w (~; ~n) (gr.-lat.-it.) † unterird. Friedhof; verborg. Treffpunkt.

Kat|akustik w (~; -) (gr.-lat.) Echolehre; EW: **kat|akustisch.**

Katalase w (~; -) (gr.-lat.) wasserstoffperoxidspaltendes Enzym.

katalektisch EW (gr.) im letzten Versfuß um eine Silbe verkürzt; w. abstr. s.: **Katalexie** (~; -).

Katalepsie w (~; -) (gr.) ✚ Starrsucht, -zustand; **katalepisch** EW im Tod erstarrend *(k.e Totenstarre).*

Katalexe w (~; ~n) = Katalexie; → katalektisch.

Katalog m (~[e]s; ~e) (gr.) Verzeichnis; **katalogisieren** ZW (-rte, -rt) ↗ verzeichnen; in einem Verzeichnis aufführen.

Katalpa, Katalpe w (~; -pen) (ind.) ♣ Trompetenbaum.

Katalysator m (~s; -toren) (gr.-lat.) ⚛ chem. Reaktion bewirkender (beschleunigender) Stoff, der selbst unverändert bleibt; Motorenteil zur Entgiftung der Abgase; **Katalyse** w (~; ~n) (gr.) ⚛ Wirkung dieses Stoffes; **katalysieren** ZW (-rte, -rt) ↗ Reak-

tion auslösen; EW: **katalytisch; Katalyt|ofen** m (~s; -öfen) Sicherheitsofen (brennt ohne Flamme).
Katamaran m (~s; ~e) (tamil.-e.) (Segel-)Boot mit zwei verbundenen Schiffskörpern.
Katamnese w (~; ~n) (gr.) $ Krankheitsbericht nach Genesung.
Kataphasie w (~; -i|en) (gr.-lat.) $ Satz-, Wortwiederholung wider Willen.
Kataphorese w (~; ~n) (gr.) Wanderung kolloider Teilchen in einer Flüssigkeit im elektr. Feld.
Kataplasie w (~; -i|en) (gr.) Rückbildung.
Kataplasma s (~s; -men/-mata) (gr.) $ Breiumschlag.
Kataplexie w (~; -i|en) (gr.) $ Schlagfluß; Schrecklähmung; EW: **kataplektisch.**
Katapult m, s (~[e]s; ~e) (gr.-lat.) Wurfmaschine; Startvorrichtung für Start auf engstem Raum (für Flugzeuge); **katapultieren** ZW (-rte, -rt) ↗ hinweg-, hinausschleudern.
Katarakt m (~[e]s; ~e) (gr.) Stromschnelle; w (~; ~e) $ grauer Star (= **Katarakta** w [~; -ten]).
Katarrh m (~s; ~e) (gr.) $ einfache Schleimhautentzündung; EW: **katarrhalisch.**
Katastase w (~; ~n) (gr.) Entwicklung der Bühnenhandlung vor der Katastrophe.
Kataster m, s (~s; ~) (lat.-it.) Flurbuch; Steuerliste mit Andeutung der Objekte; ZW: **katastrieren** (-rte, -rt) ↗.
katastrophal EW (gr.) niederschmetternd, zerstörend (k.e Lage); **Katastrophe** w (~; ~n) Zusammenbruch; plötzliches (totales) Unglück; **Katastrophenhund** m (~es; ~e) auf das Finden von Verschütteten abgerichteter Hund; **Katastrophenmedizin** w (~; -) medizin. Versorgung im Falle einer atomaren Verseuchung; **Katastrophentheorie** w (~; -) Annahme, der Wandel der Weltepochen sei nur durch Weltkatastrophen zu erklären |; EW: **katastrophisch.**
Katasyllogismus m (~; -men) (gr.-lat.) Gegenbeweis; EW: **katasyllogistisch.**
Katathermometer s (~s; ~) (gr.) Raumklimamesser.
katathym EW (gr.) affektbedingt auf die Seele wirkend.
Katatonie w (~; -i|en) (gr.) $ Muskelstarre; Spannungs|irresein; m. s.: **Katatoniker** (~s; ~); EW: **katatonisch.**

Katawert m (~[e]s; ~e) (gr.-d.) Raumkühlungsmaß.
Katechese w (~; ~n) (gr.) † Unterweisung im christlichen Glauben und Denken, = **Katechisation** w (~; ~en); **Katechet** m (~en; ~en) † Religionslehrer; **Katechetik** w (~; -) † Pädagogik kirchlicher Belehrung; EW: **katechetisch; Katechisation** = → Katechese; **katechisieren** ZW (-rte, -rt) ↗ † religiös belehren; ausfragen; **Katechismus** m (~; -men) † Kurzlehrbuch des Dogmas; **Katechist** m (~en; ~en) † Missionshelfer.
Katechumene m (~n; ~n) (gr.) † Erwachsener, der zur Taufe vorbereitet wird; Konfirmand.
kategorial EW (gr.) = kategorisch; in (wie) Kategorien; **Kategorie** w (~; -i|en) (gr., = Aussage) Grundbegriff der Erkenntnis; Grundweise des Seins; Denkform; eine Aussageform; Gattung; EW: **kategori|ell** (= → kategorial); **kategorisch** EW unbedingt, unabdingbar (k.er Imperativ unbedingte Moralforderung [Kant]); **kategorisieren** ZW (-rte, -rt) ↗ in Gruppen anordnen; w. s.: **Kategorisierung** (~; ~en).
Katene w (~; ~n) (lat.) Kette; gesammelte Bibeldeutungen (des Mittelalters).
kat|exochen EW (gr.) schlechthin.
Katfisch m (~[e]s; ~e) (e.-d.) [kät-] Seewolf; **Katgut** s (~s; -) (e.) [kätgat] $ Tierdarmfäden zur Wundnaht.
katharob EW (gr.-lat.) frei von Abfällen, -wässern; **Katharsis** w (~; -sen) (gr.) Reinigung, Entsühnung; EW: **kathartisch** (k.e Behandlung $ psychotherapeutische Heilung neurotischer Zustände).
Katheder s, m (~s; ~) (gr.) $ Lehrerpult; Lehrstuhl; **Kathedersozialismus** m (~; -) ∪ Sozialreform, -politiklehre; m. s.: **Kathedersozialist** (~en; ~en) EW: **kathedersozialistisch.**
Kathedrale w (~; ~n) (gr.) † Bischofskirche; **Kathedral|entscheidung** w (~; ~en) unumstößliche Entscheidung des Papstes.
Kathepsin s (~s; ~e) (gr.-lat.) Enzym, das Eiweiß spaltet.
Kathete w (~; ~n) (gr.) ⊰ Seite des rechten Winkels.
Katheter m (~s; ~) (gr.) $ Röhrchen zur Einführung in Körperöffnungen; **Katheterismus** m (~; -men) Behandlung mit Katheter; ZW: **katheterisieren** (-rte, -rt) ↗ = **kathetern** (-rte, -rt)

↗; **Kathetometer** s (~s; ~) Höhenfeinmeßgerät.
Kat(h)ode w (~; ~n) (gr.) negative Elektrode; **Kat(h)odenstrahl** m (~[e]s; ~en) Elektronenstrahl der Kat(h)ode; EW: **kat(h)odisch;** **Kat(h)odophon** s (~s; ~e) ionisierte Luft als Stromleitung nutzendes Mikrophon.
Katholik m (~en; ~en) (gr.) † Anhänger der römischen Kirche; EW: **katholisch** (⊄ *kath.;* die *römisch-k.e Kirche;* *k.e Briefe* Briefe im Neuen Testament, die ohne Anschrift sind); m. abstr. s.: **Katholizismus** (~; –); ZW: **katholisieren** (-rte, -rt) ↗; **Katholizität** w (~; –) † die ganze kathol. Kirche; kathol. Rechtgläubigkeit.
Katholyt m (~en/~s; ~e[n]) (KW) Elektrolyt im Kathodenraum.
katieren ZW (-rte, -rt) ↗ (fr.) Leder durch Hochdruck fester machen.
katilinarisch EW (lat., nach dem Verschwörer L. S. *Catilina,* 108–62 v. Chr.) fragwürdig (*k.e Existenz* Vabanquespieler).
Kat|ion s (~s; ~e) (gr.) positiv geladenes Ion.
katogen EW (gr.) von der Erdoberfläche aus entstanden (*Ggs.: anogen*).
Katolyt m (~s/~en; ~e[n]) = → Katholyt.
katonisch EW (wie der röm. Politiker M. P. *Cato,* 234–194 v. Chr.) unerbittlich streng (*k.e Strenge*).
Kat|optik w (~; –) (gr.) Erforschung der Spiegelreflexion; m. s.: **Kat|optiker** m (~s; ~); EW: **kat|optrisch.**
Katorga w (~; –) (r.) Zuchthausstrafe mit anschließender Verbannung nach Sibirien.
katotherm EW (gr.) unten (im Meer) wärmer.
Kattun m (~s; ~e) (ar.-nl.) Baumwollgewebe; EW: **kattunen.**
Katzoff, -uff m (~s; ~s) (jidd.) Fleischer.
kaudal EW (lat.) fuß-, abwärts.
kaudinisches Joch s (-schen ~[e]s; –) (lat., nach den *kaudinischen* Pässen in Süditalien) harte Demütigung.
Kaue w (~; ~n) (lat.) ⚒ Haus über der Schachtöffnung.
kauliflor EW (lat.) ⚘ direkt am Stamm blühend; w. s.: **Kauliflorie** (~; –) (lat.) ⚘.
Kaumazit m (~s; –) (gr. KuW) Braunkohlenkoks.
Kauri m (~s; ~s), w (~; ~s) (hind.) Porzellanschneckengehäuse (Zahlungsmittel); **Kaurischnecke** w (~; ~n) Porzellanschnecke.
kausal EW (lat.) ursächlich (*k.es Rechtsgeschäft* Rechtshandel, dessen Zweck realisiert wird); **kausalgenetisch** EW historisch ursächlich; **Kausal|indikation** w (~; ~en) ursächlich notwendiges Handeln; **Kausalität** w (~; ~en) Bedingtheit einer Wirkung durch eine Ursache; **Kausal(itäts)gesetz** s (~es; –) Gesetz von Ursache und Wirkung; **Kausalnexus** m (~; ~) Verbindung von Ursache und Wirkung; **Kausalprinzip** s (~s; -i|en) notwendige Verknüpfung zwischen Ursache und Wirkung; **Kausativ** s (~s; ~e) ZW des Veranlassens; = **Kausativum** s (~s; -va).
Kausche w (~; ~n) (fr.) ⚓ Eisenringrinne für das Tauende.
kaustifizieren ZW (-rte, -rt) (KuW) mit gelöschtem Kalk behandeln; **Kaustik** w (~; –) (gr.) Lehre von der Lichtreflexion (an Spiegeln); = → Kauterisation; **Kaustikum** s (~s; -ka) Ätzmittel; **kaustisch** EW ätzend (*k.es Soda* Ätznatron); satirisch (*k.er Witz*).
Kautel w (~; ~en) (lat.) Vorsichtsmaßregel; Rechtsauflage.
Kauter m (~s; ~) (gr.) Brenner; **Kauterisation** w (~; ~en) ⚕ Glühfadenätzung, -verschorfung; ZW: **kauterisieren** (-rte, -rt) ↗; **Kauterium** s (~s; -ri|en) Ätzmittel; ⚕ Brenneisen.
Kaution w (~; ~en) (lat.) Sicherheitsleistung.
kautschieren ZW (-rte, -rt) (ind.-e.) ↗ mit Kautschuk überziehen; **Kautschuk** m, s (~s; ~s) (ind.-fr.) eingedickter Milchsaft des trop. Kautschukbaumes, Rohgummi; **kautschutieren** ZW (-rte, -rt) ↗ = → kautschieren.
Kavalier m (~s; ~e) (lat.-it.-fr., = Reiter) ritterlicher Mann, Weltmann (*ein K. der alten Schule* ein vollkommener Kavalier).
Kavalkade w (~; ~n) (lat.-it.-fr.) (Reiter-)Aufzug.
Kavallerie w (~; -i|en) (lat.-it.-fr.) ✕ Reiterei; EW: **kavalleristisch;** m. s.: **Kavallerist** (~en; ~en).
Kavatine w (~; ~n) (it.) ♪ Sologesang.
Kaveling w (~; –) (nl.) kleinster Versteigerungsposten.
Kavent m (~en; ~en) (lat.) Bürge.
Kaverne w (~; ~n) (lat.) (künstliche) Höhle; ⚕ Hohlgeschwür; **Kavernenkraftwerk** s (~s; ~e) in Kaverne erbautes Kraftwerk; **Kavernenspeicherung** w (~; ~en) Erdöl-, -gasspeicherung in ausgelaugten Salzstöcken; **ka-**

vernikol EW höhlenbewohnend; **Kavernom** s (~[e]s; ~e) gutartiges Blutgefäßgeschwür; EW: **kavernös.**
Kaviar m (~s; ~e) (türk.-gr.-it.) eingesalzener Störrogen (*K. fürs Volk* zu gut für alle [Hamlet]); **kaviar** EW kaviarfarben ←.
kavieren ZW (-rte, -rt) ∕ (lat.) bürgen ↓.
Kavität w (~; ~en) (lat.) Höhlung; **Kavitation** w (~; ~en) Hohlraumbildung im Wasser durch Saugwirkung; Dampfbildung an bewegten Oberflächen.
Kawa w (~; -) (polyn.) vergorenes Getränk aus Pfefferwurzel.
Kazike m (~n; ~n) (hait.-sp.) südam. Indianerhäuptling; Ortsvorsteher.
Kea m (~s; ~s) (maor.) Papageienart.
Kebab m (~s; ~es) (türk.) Hammelfleischspießchen.
Keeper m (~s; ~) (e.) [*kî-*] (Fußball-) Torwart.
Keep-smiling s (~-~s; -) (e.) [*kîpβmailiñ*] gesellschaftl., geschäftsmänn. Gewohnheitslächeln; betont gute Laune.
Keffije s (~s; ~s) (ar.) modernes ar. Kopftuch.
Kefir m (~s; -) (tat.) vergärte Süßmilch.
Keks m (~es; ~e) (e.) haltbares Kleingebäck; ∪ Kopf.
Kelim m (~s; ~s) (türk.) orientalische Gobelinart; **Kelimstich** m (~s; ~e) flächendeckender Flachstich.
Kelo|id s (~[e]s; ~e) (gr.-lat.) ♀ Wulstnarbe; **Kelotomie** w (~; -i|en) ♀ Bruchoperation.
Kelp s (~s; -) (e.) Tangasche (zur Jodgewinnung).
Kelter w (~; ~n) (lat.) Traubenpresse.
Keltist m (~en; ~en) (lat.) Keltenforscher; w. s.: **Keltistik** (~; -); m. s.: **Keltologe** (~n; ~n) = Keltist; w. s.: **Keltologie** (~; -); EW: **keltologisch.**
Kelvin s (~s; -) (nach dem e. Physiker William Thomson Lord *Kelvin*, 1824 bis 1907) Einheit der absoluten Temperatur (∉ *K*); **Kelvinskala** w (~; -len) Meßgerät für Temperatur (mit dem absoluten Nullpunkt (−273,15°C = 0°K).
Kemalismus m (~; -) (nach türk. Staatsoberhaupt *Kemal* Atatürk, † 1938) europafreundliche Politik der Türkei.
Kemantsche w (~; ~n) (pers.) ♪ Art Geige mit 1–3 Saiten.
Kemenate w (~; ~n) (lat.) heizbarer (kleiner) Wohnraum (mit Kamin).

Kempo s (~s; -) (jap.) Form des Jiu-Jitsu.
Kendo s (~s; -) (jap.) entwickeltes → Jiu-Jitsu; ✕ Nahkampfart; Stockfechten.
Kennedy-Runde w (~-~; -) (am.-d., nach dem 1963 ermordeten am. Präsidenten) Zollsenkungskonferenz im Rahmen des GATT.
Kennel m (~s; ~) (lat.-fr.-e.) Jagdmeutezwinger.
Kenning w (~; ~ar) (an.) Skaldenmetapher.
Kenotaph s (~s; ~e) (gr.) Leergrab.
Kentumsprache w (~; ~n) (lat.-d.) westidg. Sprache.
Keph|algie w (~; -i|en) = **Kephal|algie** w (~; -i|en) (gr.) ♀ Kopfschmerz; **Kephalhämatom** s (~[e]s; ~e) ♀ Bluterguß im Kopf; **Kephalogramm** s (~[e]s; ~e) Schädelzeichnung; **Kephalograph** m (~s; ~en) Schädelformaufzeichner; **Kephalometrie** w (~; -i|en) Schädelmessung; EW: **kephalometrisch; Kephalotomie** w (~; -i|en) ♀ Spaltung des Kindsschädels im Mutterleib.
Kerabau m (~s; ~s) (i.) Wasserbüffel.
Keramik w (~; ~en) (gr.) Tonware; EW: **keramisch** (*k.e Farbe* Metallo|id zum Keramikfärben; *k.er Druck* Abziehbilder auf Steingut [Porzellan]); m. s.: **Keramiker** (~s; ~); **Keramikmotor** m (~s; ~en) leistungsstarker Kfz-Motor aus synthet. Keramiken.
Keratin s (~s; ~e) (gr.) Hornstoff (in Nägeln, Haaren, Federn); **Keratitis** w (~; -iti|den) ♀ Hornhautentzündung; **Keratom** s (~s; ~e) ♀ Hornhautgeschwulst; **Keratometer** s (~s; ~) ♀ Hornhautmesser; EW: **keratometrisch; Keratophyr** m (~s; ~e) Ergußgestein; **Keratoplastik** w (~; ~en) ♀ Hornhautübertragung; EW: **keratoplastisch; Keratose** w (~; ~n) ♀ Hautverhornung; **Keratoskop** s (~[e]s; ~e) ♀ Gerät zur Feststellung von Astigmatismus, EW: **keratoskopisch; Keratotomie** w (~; -i|en) ♀ Hornhautschnitt.
Kerbela (ar.) hl. Stadt der Schiiten im Irak.
Kerberos m (~; -) (gr.) Höllenhund *(aufpassen wie ein K.).*
Kerit s (~[e]s; ~e) (gr.) Kunststoff.
Kerker m (~s; ~) (lat.) strenge Haftanstalt (öst.).
Kerman m (~s; ~s) (nach einer südiran. Stadt) feiner gemusterter Knüpfteppich.
Kermes m (~; -) (ar.) roter Farbstoff der **Kermesschildlaus** w (~; -läuse).

251

Kern|emulsion w (~; ~en) (d.-lat.) Lösung für den Nachweis schneller Elementarteilchen; **Kernfusion** w (~; ~en) Kernverschmelzung; **Kern|isomere** M Atomkerne gleicher Masse und Ladung; **Kernmagneton** s (~s; ~e) Einheit des magnetischen Atomkernmoments; **Kernphysik** w (~; –) Erforschung der Atomkerne; m. s.: **Kernphysiker** (~s; ~); EW: **kernphysikalisch**; **Kernreaktion** w (~; ~en) Umwandlung von Atomkernen (Elementarteilchen); **Kernreaktor** m (~s; ~en) Atommeiler; **Kernresonanzspektroskopie** w (~; –) (d.-lat.) physikal.-chem. Analysenverfahren; **Kernspin** m (~s; ~s) Drehimpuls des Atomkerns.

Kerosin s (~s; –) (KuW) Treibstoff für Düsentriebwerke (¢ *P 1*).

Kersantit m (~s; ~e) (lat. KuW) ein Ergußgestein.

Kerygma s (~s; –) (gr.) † Verkündigung des Glaubens; EW: **kerygmatisch**.

Keschan m (~s; ~s) (nach einer iran. Stadt) reichgemusterter Knüpfteppich.

keß EW (heb.-jidd.) schlau; dreist; schneidig; w. s.: **Keßheit** (~; –).

Ketale M (KuW, ¢ **Ket**one und **Al**kohole) ☉ organ. Stoffklasse.

Ket|chup s (~s; –) (e.) [*ketschapp*] pikante (Tomaten-)Soße.

Ketogruppe w (~; ~en) (KuW) ☉ organ. Verbindungen aus Kohlenstoff und doppelt gebund. Sauerstoff; **Ketone** M ☉ Gruppe organ. Sauerstoffverbindungen mit einer Ketogruppe; **Ketonharze** M Kunststoffklasse; **Ketonurie** w (~; –) $ Aceton vermehrt im Harn; **Ketose** w (~; ~en) ☉ Zuckerklasse mit Ketogruppen; $ Aceton vermehrt im Blut.

Ketsch w (~; ~e) (e.) Zweimastjacht.

Kettcar s (~s; ~s) (e.) Tretfahrzeug (für Kinder).

Key m (~s; ~s) (e.) [*kí*] Kennziffer; **Keyboard** s (~s; ~s) (am.) [*kibôrd*] ♪ elektron. brettartiges Miniklavier.

Khaki m (~s; ~s) (pers.-hind.-e.) brauner Köperstoff für Tropenkleidung; s (~; –) Erdbraun; EW: **khaki** ←.

Khan m (~s; ~e) (mong.-türk.) Herrscher.

Kiang m (~s; ~s) (tib.) Halbesel.

Kibbuz m (~es; ~im/~e) (heb.) israel. Gemeinschaftsdorf; **Kibbuznik** m (~s; ~s) (heb.-r.) stämmiger Kibbuzbewohner.

Kibitka w (~; -ken) (r.) Nomadenzelt; bedachter leichter Wagen (Schlitten), = **Kibitke** w (~; ~n).

Kibla w (~; –) (ar.) Richtung nach Mekka (im Gebet).

kicken ZW (-ckte, gekickt) ✓ (e.) Fußball spielen; m. s.: **Kicker** (~s; ~); **Kickdown** s (~s; ~s) [*-daun*] plötzl. Durchtreten des Gaspedals; **Kick-off** m (~-~s; ~-~s) Anstoß; **Kicks** m (~es; ~e/~es) Fehlstoß; **Kickstarter** m (~s; ~) Motorradanlasser.

Kid s (~s; ~s) (e., = Böckchen) Handschuh(leder); M: feine Lederhandschuhe.

Kidnapper m (~s; ~) (e.) [*-näpper*] Kindes-, Menschenentführer; abstr. s.: **Kidnapperei** w (~; ~en); ZW: **kidnappen** (-ppte, gekidnappt) ↗; s. s.: **Kidnapping** (~s; ~s) [*-näppin*].

Kids M → Kid.

Kies m (~es; –) (heb.) Geld.

Kiez m (~es; ~e) (slaw.) Fischerdorf, -hütte, -siedlung.

Kif s (~s; –) (am.) Haschisch; **kiffen** ZW (-ffte, gekifft) ✓ Haschisch rauchen; **Kiffer** (~s; ~) Haschischraucher.

Kili|ar s (~[e]s; ~e) (gr.) 10 ha.

Kilim m (~s; ~s) = → Kelim.

killen ZW (-llte, gekillt) ✓ ↗ (e.) flattern; ↗ ermorden; **Killer** m (~s; ~) Mörder.

Kiln m (~es; ~e) (e.) Verhüttungsofen.

Kilo s (~s; ~s) ¢ Kilogramm; **Kiloampere** s (~s; ~) 1000 Ampere (¢ *kA*); **Kilogramm** s (~[e]s; ~[e]) (gr.) 1000 g (¢ *kg*); **Kilogrammkalorie** w (~; -¦en) ↓ = Kilokalorie; **Kilogrammeter** s (~s; ~) Einheit der Arbeit (Leistung, 1 kg 1 m zu heben) (¢ *kgm*); **Kilohertz** s (~es; ~) (nach dem d. Physiker Heinrich *Hertz*, 1857–1894) 1000 Hertz (¢ *kHz*); **Kilojoule** s (~[s]; ~[s]) (nach e. Naturforscher) 1000 Joule (¢ *kJ*); **Kilometer** s, m (~s; ~) 1000 m (¢ *km*); ZW: **kilometrieren** (-rte, -rt) ↗; EW: **kilometrisch**; **Kilopond** s (~s; ~[s]) Maßeinheit für Kraft (¢ *kp*); **Kilopondmeter** s (~s; ~) Maß für Energie und Arbeit (¢ *kpm*); **Kilotex** s (~es; –) Einheit der Textilfasereinheit; **Kilovolt** s (~s; ~) 1000 Volt (¢ *kV*); **Kilovolt|ampere** s (~s; ~) 1000 Voltampere (¢ *kVA*); **Kilowatt** s (~s; ~[s]) 1000 Watt (¢ *kW*); **Kilowattstunde** w (~; ~n) 1000 Wattstunden (¢ *kWh*).

Kilt m (~[e]s; ~s) (an.-schott.) Bergschottenrock.

Kimono, Kimono m (~s; ~s) (jap.)

mantelähnliches weitärmeliges jap. Kleidungsstück.

Kinäde m (~n; ~n) (gr.) Päderast.

Kin|ästhesie w (~; -i|en) (gr.) ≰ Empfindung der Bewegung, = **kin|ästhetischer Sinn; Kin|ästhetik** w (~; -) ≰ Erforschung der Bewegungsempfindungen; **kin|ästhetisch** EW körperbewegungsempfindlich; **Kinemathek** w (~; ~en) Filmarchiv; **Kinematik** w (~; -) Erforschung der Körperbewegung; EW: **kinematisch; Kinematograph** m (~en; ~en) Filmvorführgerät; Lichtspieltheater; w. abstr. s.: **Kinematographie** (~; -); EW: **kinematographisch; Kinetik** w (~; -) Erforschung der Atom-, der Molekülbewegung; **Kinetin** s (~s; -) (KuW) Zellteilungshormon; **kinetisch** EW in Bewegung (*k.e Wärmetheorie* Behauptung, daß Wärme auf Bewegung der Atome und Moleküle beruht; *k.e Energie* Bewegungsenergie; *k.e Gastheorie* Erklärung der Gasgesetze aus molekularen Bewegungen); **Kinetit** s (~s; -) ein Sprengstoff; **Kinetographie** w (~; -) Gerät (Schrift) zur Aufzeichnung von Tanzbewegungen; EW: **kinetographisch; Kinetose** w (~; ~n) Reisekrankheit; **Kinetoskop** s (~[e]s; ~e) Gerät zur Aufnahme und Beobachtung von Bewegungen; w. s.: **Kinetoskopie** (~; -) ↓; EW: **kinetoskopisch.**

King Charles m (~ ~; ~s ~) (e., nach dem König *Karl* I., 17. Jh.) [*kintschåls*] Wachtelhündchen; **Kingsize** w (~; -) (am.) [-*ßais*] (Zigaretten-) Überlänge.

Kinin s (~s; ~e) (gr.-lat.) ≰ wachstumsordnender Wirkstoff, „Schmerzstoff".

Kinkerlitzchen M (fr.) Albernheiten.

Kino s (~s; ~s) (gr.) ∉ → Kinematograph; **Kinomobil** s (~s; ~e) motorisiertes Filmvorführgerät.

Kinonglas s (~es; -) (gr.) nicht splitterndes Sicherheitsglas.

Kinseyreport m (~s; -) (am.-lat., nach dem am. Zoologen *Kinsey*, 1894 bis 1956) am. sexualstatistisches Werk.

Kintopp m (~s; -töppe) = → Kino.

Kionitis w (~; -itiden) (gr.-lat.) ≰ Entzündung des Gaumenzäpfchens.

Kiosk m (~s, ~e) (türk.) Zeitungs-, Erfrischungshäuschen; □ Erker.

Kipper m (~s; ~[s]) (e.) kalter Räucherhering, -lachs.

Kipse M (e., = Tierfelle) leichte Rindshäute; **Kipsleder** s (~s; ~).

Kir m (~s; ~s) (nach fr. Bürgermeister von Dijon, F. *Kir* † 1968) erfrischende Mischung aus Weißwein und Johannisbeerlikör.

Kirman m (~[e]s; ~s) = → Kerman.

Kismet s (~s; -) (türk.-ar., = das Zugeteilte) unabwendbares Los.

Kitchenette w (~; ~s) (e.) [*kitsch^{e}nätt*] Küchenzeile, -nische.

Kitsch m (~es; -) (e.) Schund; gefühlsbetonte „Kunst".

Kittchen s (~s; ~) (rotw.) Gefängnis.

Kittfuchs m (~es; -füchse) (e.-d.) nordam. Wüstenfuchs.

Kiwi[1] m (~s; ~s) (maor.) Schnepfenstrauß auf Neuseeland; **Kiwi**[2] w (~; ~s) (e.) chin. grüngraue Stachelbeere.

Kladoni|e w (~; ~n) (gr.-lat.) ✣ Rentierflechte.

Kladozeren M (gr.-lat.) Wasserflöhe.

Klamotte w (~; ~n) (rotw.) Stein; etwas Minderwertiges (bes. altes Kleid, alte Möbel); Geld; alte Inszenierung.

Klan m (~s; ~e) (kelt.-e.) Familienstamm.

Klarett m (~s; ~e) (lat.-fr.) Würzrotwein.

klarieren ZW (-rte, -rt) ↗ (lat.-nl.) ↑ verzollen; w. abstr. s.: **Klarierung** (~; ~en).

Klarinette w (~; ~n) (lat.-it.) ♪ Holzblasinstrument; m. s.: **Klarinettist** (~en; ~en).

Klarisse w (~; ~n) (lat.-fr.) Ordensnonne, = **Klarissin** w (~; ~nen).

Klarki|e w (~; ~n) (lat.) ✣ Mandelröschen.

Klasse w (~; ~n) (lat.) durch besondere Merkmale gekennzeichnete Gruppe; **Klassement** s (~s; ~s) (fr.) [-*mañ*] Rangordnung; **klassieren** ZW (-rte, -rt) ↗ (lat.) in Wert-, Größenordnungen einteilen; ✕ Fördergut sortieren; **Klassifikation** w (~; ~en) Einordnung in Rubriken, = **Klassifizierung** w (~; ~en); **Klassifikator** m (~s; -toren) Sachkatalogspezialist; ZW: **klassifizieren** (-rte, -rt) ↗; **Klassik** w (~; -) Streben nach Harmonie in Kunst und Leben; Zeit um 1800; **Klassiker** m (~s; ~) (lat.) Vertreter der Klassik; Meister der Kunst; **klassisch** EW vorbildlich; meisterhaft; altsprachlich; **Klassizismus** m (~; -) Versuch, die Antike künstlerisch neu zu beleben; EW: **klassizistisch; Klassizität** w (~; -) Vorbildlichkeit.

klastisch EW (gr.) Trümmergestein ... (*k.es Gestein*).

Klause w (~; ~n) (lat.) Zelle; Engpaß; Zimmerchen; ⚜ Fruchtform; **Klausel** w (~; ~n) Vorbehalt; Vertragszusatz; ♪ Schlußwendung; rhythmischer Rede-, Satzschluß; **Klausner** m (~s;

~) Einsiedler; w. s.: **Klausnerei** (~; ~en).

klaustrophil EW (lat.-gr.) zur Einsamkeit drängend; w. s.: **Klaustrophilie** (~; –); **Klaustrophobie** w (~; -i|en) $ Angst vor geschlossenen Räumen; EW: **klaustrophob**.

Klausur w (~; ~en) (lat.) Prüfungsarbeit unter strengen Bedingungen (*eine K. schreiben*); Klosterteil nur für Klosterinsassen.

Klaviatur w (~; ~en) (lat.) = → Tastatur; **Klavichord** s (~[e]s; ~e) [-*k*-] ♪ Vorläufer des Klaviers; **Klavier** s (~[e]s; ~e) ♪ Musikinstrument; **klavieren** ZW (-rte, -rt) ✓ herumfingern; **klavieristisch** EW Klavier...; **Klavierquartett** s (~s; ~e) ♪ (Komposition für) 3 Streicher mit Klavier(spieler); **Klavierquintett** s (~s; ~e) ♪ (Komposition für) 4 Streicher mit Klavier(-spieler); **Klaviertrio** s (~s; ~s) ♪ (Komposition für) 2 Streicher und Klavier(spieler).

Klavikel s (~s; ~) (lat.) $ Schlüsselbein; EW: **klavikular**.

Klecksographie w (~; -i|en) (d.-gr.) Tintenkleckskomposition, -deutung.

Kleenex s (~; ~) (e.) [*klî*-] dünnes Papiertaschentuch.

Kleistogamie w (~; -i|en) (gr.) ⊕ Selbstbestäubung; EW: **kleistogam**.

Klematis w (~; –) (gr.) ⊕ Waldrebe.

Klementine w (~; ~n) (nach dem 1. [fr.] Züchter) marokkanische Mandarine.

Kleptomanie w (~; –) (gr.) Stehlsucht; m. s.: **Kleptomane** (~n; ~n); w. s.: **Kleptomanin** (~; ~nen); EW: **kleptoman(isch)**.

klerikal EW (gr.) † kirchlich, kirchentreu; m. s.: **Klerikalismus** (~; –); EW: **klerikalistisch**; **Kleriker** m (~s; ~) † Geistlicher; **Klerisei** w (~; ~en) = **Klerus** m (~; –) † (kathol.) Geistlichkeit.

Kli|ent m (~en; ~en) (lat.) Schutzbefohlener; Auftraggeber; **Kli|entel** w (~; ~en) Kundschaft (eines Rechtsanwalts); Schutzbefohlene der altröm. Sippe; **Kli|entin** w (~; ~nen) w. Auftraggeber.

Klima s (~s; -ate/~s) (gr.) Witterungsablauf in einem Gebiet; **Klima|anlage** w (~; ~n) Temperaturregler; **Klima|element** s (~[e]s; ~e) das Klima bewirkende Witterungserscheinungen; **Klimafaktor** m (~s; ~en) klimabedingende Ortslage; **Klimakonvektor** m (~s; -toren) Frischluftdüse an Klima|anlagen; **Klimakterium** s (~s; -ri|en) $ Wechseljahre; EW: **klimakterisch** (*k.e Zeit* durch Gestirnstellung angezeigte Gefahrenzeit); **klimatisch** EW vom Klima bedingt, zum Klima gehörend; ZW: **klimatisieren** (-rte, -rt) ↗ Temperatur regulieren; Temperaturregler anbringen; **Klimatisierung** w (~; ~en) Herstellung einer zuträglichen Temperatur; **Klimatographie** (~; –) Klimabeschreibung; m. s.: **Klimatograph** (~en; ~en); EW: **klimatographisch**; **Klimatologe** m (~n; ~n) Klimaforscher; w. abstr. s.: **Klimatologie** (~; –); EW: **klimatologisch**; **Klimax** w (~; ~e) (gr., = Treppe) Steigerung innerhalb des Satzes; ⊕ beharrender Zustand einer Pflanzenfamilie am selben Standort; = → Klimakterium.

Klinik w (~; ~en) (gr.) Krankenhaus; **Klinik-Card** w (~~; ~~s) (gr.-e.) [-*kard*] Kreditkarte für Privatpatienten; **Kliniker** m (~s; ~) $ an einem Krankenhaus tätiger (lehrender) Arzt; Medizinstudent nach dem Physikum; **Klinikum** s (~s; -ken) (lat.) Gesamtheit der Universitätskrankenhäuser; medizin. Ausbildung im Krankenhaus; **klinisch** EW (gr.) im Krankenhaus.

Klino|chlor s (~s; ~e) (gr.-lat.) ein Mineral; **Klinograph** m (~en; ~en) (gr.) Erdbodenneigungsmesser; EW: **klinographisch**; **Klinometer** s (~s; ~) Neigungsmesser (für Flugzeuge, Schiffe, Gesteinseinfall); **Klinomobil** s (~s; ~e) motorisiertes Kleinkrankenhaus; **Klinotherapie** w (~; –) $ Bettliegekur; EW: **klinotherapeutisch**.

Klipp m (~s; ~s) (e.) Klammer (am Kugelschreiber, Füllfederhalter).

Klipper m (~s; ~) (e.) Schnellboot; Weitstreckenflugzeug.

Klips m (~es; ~e) (e.) Klammerbrosche, -schmuckstück; Klammer zur Fixierung der Frisur.

Klischee s (~s; ~s) (fr.) Druckstock; Abklatsch; ZW: **klischieren** (-rte, -rt) ↗; **Klischograph** m (~en; ~en) Graviermaschine zur Klischeeherstellung.

Klister m (~s; –) (KuW) ein Skiwachs.

Klistier s (~s; ~e) (gr.) $ Darmeinlauf.

klitoral EW (lat.) was die Klitoris angeht; **Klitoris** w (~; ~/-orides) (gr.) Teil des Geschlechtsorgans, Kitzler.

Klivi|e w (~; ~n) = **Klivia** w (~; -i|en) (e., nach der Herzogin Lady *Clive* [*kleif*]) ⊕ Riemenblatt.

Klo s (~s; ~s) ¢ → Klosett.

Kloake w (~; ~n) (lat.) Abwässerkanal; gemeinsamer Ausgang für Darm,

Harnleiter und Geschlechtsteile (bei **Kloakentieren** M); Senkgrube.
Klon m (~s; ~e) (e.) ⊕ ungeschlechtig entstandene Nachkommenschaft; **klonen** ZW (-nte, geklont) ↗ durch ungeschlechtige Teilung genet. identische Pflanzen oder Tiere züchten, = **klonieren** ZW (-rte, -rt).
klonisch EW (gr.) schüttelnd *(k.er Krampf =*) **Klonus** m (~; -) (gr.-lat.) ⚕ Muskelkrampf mit Zuckungen.
Klosett s (~s; ~e) (e.) Wasserspülabort (⊄ *Klo*).
Kloster s (~s; **Klöster**) (lat.) Mönchs-, Nonnenheim.
Klotho|ide w (~; ~n) (gr.-lat.) ⚔ eindrehende Spiralkurve; Straßenführung zwischen geraden Strecken und Kurven.
Klub m (~s; ~s) (e.) Geselligkeits-, politische, zweckgebundene Vereinigung; ihr Gebäude.
Kluft w (~; ~en) (heb.) Anzug, Uniform.
Kluniazenser m (~s; ~) (nach einem fr. Kloster) † Reformbenediktiner; EW: **kluniazensisch**.
Klus w (~; ~en) (lat.) Schlucht; **Klüse** w (~; ~n) ⚓ Ankerkettenloch; **Klusil** m (~s; ~e) Verschlußlaut.
Klüver m (~s; ~) (nl.) ⚓ Dreiecksegel.
Klysma s (~s; -men/-mata) (gr.) ⚕ Darmeinlauf; **Klysopompe** w (~; ~n) ⚕ Einlaufspritze.
Klystron s (~s; ~e) (gr.) Hochvakuumelektronenröhre.
Knäckebrot s (~[e]s; ~e) (schwed.-d.) dünn ausgewalztes Dauerbrot.
Knaster m (~s; -) (sp.) billiger Tabak.
Knaus-Ogino s (~-~s; -) (nach einem öst. und einem jap. Arzt) Empfängnisverhütung durch Zyklenberechnung.
Knauti|e w (~; ~n) (nach d. Botaniker, † 1716) Witwenblume.
Knesset(h) w (~; -) (heb.) israelit. Volksvertretung.
Knickerbocker m (~s; ~[s]) (e., eigentl.: Spottname für die New Yorker, seit 1809) [*ni-*] weite Sporthose.
knockdown EW (e.) [*nockdaun*] niedergeschlagen; m. s.: **Knockdown** (~s; ~s); **knockout** EW [*nock|aut*] (⊄ *k. o.*) kampfunfähig, niedergeschlagen (beim Boxen); **Knockout** m (~s; ~s) (⊄ *K. o.*) Niederschlag (beim Boxen; *technischer K.* Kampfunfähigkeit); ZW: **knockouten** (-tete, -tet) ↗.
Know-how s (~-~[s]; -) (e.) [*nouhau*] (techn.) Erfahrung; **Know-how-Transfer** m (~-~-~s; -) Weitergabe technischen Wissens an andere.
Knut m (~s; ~e) = → Kanut.
Knute w (~; ~n) (g.-r.) Riemenpeitsche (*unter der K.* stehen autoritär beherrscht werden); ZW: **knuten** (-tete, geknutet) ↗.
Koad|aptation w (~; ~en) (lat.) (genet.) Fähigkeit zur Anpassung an veränderte Umwelt; Auswirkung von Organveränderungen auf andere Organe; ZW: **koad|aptieren** (-rte, -rt) ↙.
Koadjutor m (~s; -toren) (lat.) † Gehilfe (des Bischofs, Pfarrers).
Ko|agulat s (~[e]s; ~e) (lat.) Gerinnsel; **Koagulation** w (~; ~en) Gerinnung; **Koagulationsnekrose** w (~; ~n) Gewebeabsterben mit Zelleiweißgerinnung; ZW: **koagulieren** (-rte, -rt) ↙.
Koala m (~s; ~s) (austr.) Beutelbär.
koalieren ZW (-rte, -rt) ↙ (lat.) sich zu einer Regierung (einem Zweckbündnis) zusammenschließen, = **koalisieren** ZW (-rte, -rt) ↙; **Koalition** w (~; ~en) Bund; Zusammenschluß (mehrerer Fraktionen zur Regierung); **Koalitionsfreiheit** w (~; -) Vereinigung zur Wahrung (Förderung) von Arbeits-, Wirtschaftsbedingungen; **Koalitions|partei** w (~; ~en) die Regierung mitbildende Partei.
ko|axial EW (lat.) mit gleicher Achse.
Kobalt s (~s; -) (d.-lat.) ⚗ graues Metall (in Erzen, ⊄ *Co*); **Kobaltbombe** w (~; ~n) eine radioaktive Waffe; Bestrahlungsgerät bösartiger Geschwüre; = **Kobaltkanone** w (~; ~n); **Kobaltglanz** m (~es; -) = **Kobaltin** s (~s; -) Kobalterz.
Kobra w (~; -bren) (lat.-port.) Giftschlange.
Kochi|en M (nach d. Botaniker † 1849) ⊕ die Gänsefußgewächse.
Kockpit s (~s; ~s) → Cockpit.
Koda w (~; -den) (it., = Schwanz) ♪ Schlußteil; Zusatzstrophe, -vers.
Kodapaksystem s (~ -s; -c) (KuW) einfach bedienbare Kleinbildkamera.
Kode m (~s; ~s) (fr.) Abkürzungs-, Verschlüsselungsliste.
Kode|in s (~s; ~e) (gr.-lat.) ⚕ Hustenmittel mit Opium.
Kodex m (~; -dices) (lat.) Sammelband, -handschrift.
Kodiakbär m (~en; ~en) (nach Insel vor Alaska) Braunbärart.
Kodierung w (~; ~en) (lat.) Verschlüsselung; ZW: **kodieren** (-rte, -rt) ↗.
Kodifikation w (~; ~en) (lat.) Gesetzes|aufzeichnung; **Kodifikator** m (~s;

kodifizieren

-toren); ZW: **kodifizieren** (-rte, -rt) ↗; w. s.: **Kodifizierung** (~; ~en).
Kodizill s (~s; ~e) (lat.) (Nachtrag zum) Testament; (kaiserliches) Handschreiben.
Kod|öl s (~s; –) (e.-d.) Lebertran vom Kabeljau.
Ko|edukation w (~; ~en) (lat.) gemeinsame Erziehung Verschiedengeschlechtiger.
Ko|effizi|ent m (~en; ~en) (lat.) ⚔ vervielfachende Zahl; Kenngröße für Verhaltensweisen.
Ko|enzym s (~s; ~e) (lat.-gr.) Wirkgruppe eines Fermentes.
ko|erzibel EW (lat.) ⊙ zu verflüssigen (Gase); verdichtbar; besiegbar; **Ko|erzitivkraft** w (~; -kräfte) (lat.-d.) nötige Stärke des Magnetfeldes zur Aufhebung des Magnetismus von eisenhaltigen Stoffen.
Ko|existenz w (~; ~en) (lat.) friedliches Nebeneinander verschiedener Gesellschafts-, Religionssysteme, Rassen, Völker; EW: **ko|existent**; ZW: **ko|existieren** (-rte, -rt) ✓.
Koferment s (~[e]s; ~e) (lat.) = → Ko|enzym.
Koffe|in s (~s; ~e) (ar.-lat.) Alkaloid im Bohnenkaffee; **Koffe|inismus** m (~; -men) Koffe|invergiftung, -sucht; m. s.: **Koffe|inist** (~en; ~en).
Kognak m (~s; ~s) (fr., nach einer Stadt) [*konjack*] Weinbrand; vgl. → cognac!
Kognat m (~en; ~en) (lat.) Blutsverwandter vom selben Vorfahr (der Mutter); w. s.: **Kognation** (~; ~en); EW: **kognatisch.**
Kognition w (~; ~en) (lat.) Erkenntnis; Gerichtsuntersuchung ↓; EW: **kognitiv.**
Kohabitation w (~; ~en) (lat.) Geschlechtsakt; ZW: **kohabitieren** (-rte, -rt) ✓.
Kohärenz w (~; –) (lat.) Zusammenhang; elektromagnet. Strahlung in gleicher Richtung, mit gleicher Wellenlänge usw.; EW: **kohärent** (*k.es Licht* Lichtwellen gleicher Länge); **Kohärenzfaktor** m (~s; ~en) Gestaltzusammenhang aus Einzelempfindungen; **Kohärenzprinzip** s (~s; ~i|en) Überzeugung, daß alles Seiende miteinander verbunden ist; **kohärieren** ZW (-rte, -rt) ✓ zusammenhängen; **Kohäsion** w (~; ~en) Anziehungskraft zwischen den Molekülen des gleichen Stoffes; **kohäsiv** EW zusammenhaltend.
kohibieren ZW (-rte, -rt) ↗ (lat.) mäßi-

gen, dämpfen ↓; w. abstr. s.: **Kohibition** (~; ~en).
Kohinoor m (~s; ~) (pers., = Lichtberg) [*-nûr*] berühmtester Diamant.
Kohl m (~s; –) (heb.-rotw.) Quatsch; ZW: **kohlen** (-lte, gekohlt) ✓.
Kohlehydrat s (~[e]s; ~e) (d.-gr.-lat.) ⊙ Verbindung von Kohlen-, Wasser- und Sauerstoff; **Kohlehydrierung** w (~; ~en) Verflüssigung von Kohle.
kohlen → Kohl.
Kohlenmon|oxid s (~s; ~e) (d.-gr.) giftiges Brenngas.
Kohlrabi m (~s; ~s) (lat.-it.) Gartenkohl.
Kohorte w (~; ~n) (lat.) ⚔ Teil der röm. Legion; Gruppe soziologisch zu Untersuchender.
Ko|indikation w (~; ~en) (lat.) $ Nebenwirkung eines Heilmittels (Heilverfahrens).
Koine w (~; –) (gr.) [*-nê*] Umgangssprache (der gr. Welt).
Ko|inzidenz w (~; –) (lat.) Zusammenfall, -treffen; EW: **ko|inzident**; ZW: **ko|inzidieren** (-rte, -rt) ✓.
Ko|itus m (~; ~[se]) (lat.) Beischlaf; ZW: **ko|itieren** (-rte, -rt) ✓.
Koje w (~; ~n) (lat.-nl.) ⚓ Schlaf-, Segelraum; Ausstellungsbox.
Kojote m (~n; ~n) (ind.) Steppenwolf; ∪ Lümmel.
Koka w (~; –) (ind.) ⊕ südam. Schlehe; **Koka|in** s (~s; –) Rauschgift aus einem am. Strauch; **Koka|inismus** m (~; –) Rauschgiftsucht nach Koka|in; m. s.: **Koka|inist** (~en; ~en).
Kokarde w (~; ~n) (fr.) rundes Abzeichen in den Nationalfarben.
koken ZW (-kte, gekokt) ✓ (e.) Koks herstellen; Rauschdrogen zu sich nehmen; **Koker** m (~s; ~) Koksarbeiter; **Kokerei** w (~; ~en) Koksverarbeitungsbetrieb.
kokett EW (fr., = hahnenartig) gefallsüchtig; **Kokette** w (~; ~n) absichtlich auffallende Frau; **Koketterie** w (~; –) Gefallsucht; ZW: **kokettieren** (-rte, -rt) ✓; mit anderem Geschlecht scharmützeln.
Kokille w (~; ~n) (fr.) Stahlblockgußform.
Kokkus m (~; -kken) (gr.) kugelgestaltiger Spaltpilz; = **Kokke** w (~; ~n).
Kokon m (~s; ~s) (fr.) [*-koñ*] Spinnfadenhülle einiger Insekten; **Kokonverpackung** w (~; ~en) luft- und feuchtigkeitssicheres Einschweißen in Kunststoff.
Kokos m (~; ~se) (äg.-gr.) ⊕ Flieder-

palme, = **Kokospalme** w (~; ~n); **Kokosnuß** w (~; -nüsse) ihre Frucht.

Kokotte w (~; ~n) (fr.) Halbweltdame; irdene Auflaufform.

Koks m (~es; -) (e.) Steinkohlenrückstand (Brennstoff), ⊄ Kokain; m (~es; ~e) (jidd.) steifer Rundhut; Unsinn; Geld; **koksen** ZW (-kste, gekokst) ↙ Kokain schnupfen; m. s.: **Kokser** (~s; ~).

Kokzi|di|en M (gr.-lat.) parasitische Krankheitserreger; **Kokzidiose** w (~; ~n) ✢ durch sie erzeugte Krankheit (bei Rindern, Hühnern).

Kola w (~; -) (afr.) Anregungsmittel aus der **Kolanuß** w (~; -nüsse).

Kolani m (~s; ~s) ⚒ lange Jacke aus blauem Tuch.

Kolatsche w (~; ~n) (tsch.) gefüllter Hefekuchen.

Kolatur w (~; ~en) (lat.) gefilterte Flüssigkeit.

Kolchizin s (~s; -) (gr.-lat.) Herbstzeitlosengift (Heilmittel).

Kolchose w (~; ~n) = **Kolchos** m, s (~; ~e) (r. KW) staatlich gelenkte Agrarbetriebsform (in Ostblockstaaten).

Koleoptere w (~; ~n) (gr.-lat.) Käfer; **Koleopterologe** m (~n; ~n) (gr.) Käferforscher; w. s.: **Koleopterologie** (~; -); EW: **koleopterologisch; Koleoptose** w (~; ~n) (gr.-lat.) ✢ Scheidenvorfall.

Kolibazille w (~; ~n) (gr.) Darmbakterie, = **Kolibakteri|e** w (~; ~n).

Kolibri m (~s; ~s) (ind.-sp.-nl.) am. Schwirrflieger (Vogel).

Kolik w (~; ~en) (gr.) Muskelkrampf im Bauch.

Kolitis w (~; -itiden) (gr.) ✢ Dickdarmkatarrh; **Koli|urie** w (~; -i|en) (gr.) ✢ Kolibakterien im Harn.

kollabeszieren ZW (-rte, -rt) ↙ (lat.) ✢ langsam verfallen; **kollabieren** ZW (-rte, -rt) ↙ plötzlich zusammenbrechen; **Kollaboration** w (~; ~en) Zusammenarbeit mit der Besatzungsmacht; m. s · **Kollaborateur** (-s; · c) [-tör], = **Kollaborator** m (~s; -toren); ZW: **kollaborieren** (-rte, -rt) ↙.

Kollagen s (~s; ~e) (gr.) ✢ Gerüsteiweiß (Bindegewebesubstanz); **Kollagenose** w (~; ~n) ✢ kollagenbedingte Gewebeveränderung.

Kollaps, Kollaps m (~es; ~e) (lat.) ✢ plötzlicher Schwächeanfall (Kreislaufversagen); Wirtschaftszusammenbruch; Holzschwund beim Trocknen; Sternverfall.

Kollargol s (~s; -) (KuW) ⚛ wasserlösliches Silber (Antiseptikum).

kollateral EW (lat.) seitlich; nebenständig; benachbart; **Kollation** w (~; ~en) kleine Erfrischung, Imbiß; Vergleich (mehrerer Bücher miteinander); Bogenprüfung vor der Bucheinbindung; † Kirchenamtübertragung; **kollationieren** ZW (-rte, -rt) ↗ Urschrift und Abschrift vergleichen; **Kollator** m (~s; -toren) † wer das Recht zur Amtsbesetzung (**Kollatur** w [~; ~en]) hat.

Kolleg s (~s; ~s) (lat.) Hochschulvorlesung *(K. halten, hören);* † Studienanstalt; **Kollege** m (~n; ~n) Amtsgenosse; Kamerad; **kollegial** EW amtsbrüderlich; w. s.: **Kollegialität** (~; -); **Kollegial|organe** M (lat.-gr.) die Gruppen einer Behörde, die gemeinsam abzustimmen haben; **Kollegialprinzip** s (~s; -) Abstimmung entscheidet; **Kollegiat** m (~en; ~en) † Stiftsgenosse; **Kollegiatkapitel** s (~s; ~) † Kanonikerverband an einer Stiftskirche; **Kollegium** s (~s; -gi|en) Personenkreis mit gleicher (akadem.) Tätigkeit; Lehrkörper; Behörde aus Gleichberechtigten.

Kollektane|e w (~; ~n) (lat.) Sammlung wissenschaftl. Auszüge; **Kollekte** w (~; ~n) † Geldsammlung; **Kollekteur** m (~s; ~e) (fr.) [-tör] Lotterie|einnehmer; † Geldeinsammler; **kollektieren** ZW (-rte, -rt) ↗ † Geld für karitative Zwecke sammeln; **Kollektion** w (~; ~en) Warensammlung, -muster, -auswahl; **Kollektiv** s (~[e]s; ~e) vollständige, alle Rechte und Freiheiten der Glieder auslöschende Gemeinschaft; Anzahl unvorhergesehener Ereignisse bei einem Reihenversuch; EW: **kollektiv; Kollektivdelikt** s (~[e]s; ~e) wiederholte, gewerbsmäßig begangene Straftat; **kollektivieren** ZW (-rte, -rt) ↗ im Kollektiv zusammenschließen; **Kollektivierung** w (~; ~en) Zusammenfügung privaten Bauernlandes zum Kollektivbetrieb; **Kollektiv|improvisation** w (~; ~en) ♪ gemeinsame Stegreifschöpfung (beim Jazz); **Kollektivismus** m (· ; -) Überzeugung, daß die Belange der Gemeinschaft vor denen des einzelnen rangieren (Ggs.: *Individualismus*); Besitzrecht der (marxistischen) Gemeinschaft; kollektive Wirtschaftslenkung; Verstaatlichung des Eigentums; EW: **kollektivistisch;** m. s.: **Kollektivist** (~en; ~en); **Kollektivprävention** w (~; ~en) = → Generalprävention; **Kollektivprokura** w (~; -) Vertretung der Firma nur durch mehrere Prokuristen; **Kollektivpsyche** w (~; ~n) Mas-

Kollektivum

senseele; **Kollektivum** s (~s; -va) Sammelwort, -bezeichnung; **Kollektivvertrag** m (~s; -träge) Vertrag zwischen Staaten od. Gruppen (z. B. Arbeitgebern–Gewerkschaften); **Kollektor** m (~s; -toren) stromübertragende, -richtungsändernde Lamelle; die Lichtstrahlen punktförmig versammelnde Linse; **Kollektur** w (~; ~en) Sammelstelle.

Kollembolen M (gr.-lat.) Springschwänze (eine Insektenart).

Koll|enchym s (~s; ~e) (gr.) Leim-, ⊕ Festigungsgewebe.

Kolli M zu → Kollo (auch fälschlich als s [~s; ~s] = → Kollo).

kollidieren ZW (-rte, -rt) ⟋ (lat.) aneinanderprallen.

Kolli|er s (~s; ~s) (fr.) [*koljé*] Halsschmuck, -pelz.

kolligativ EW (lat.) organisch verbindend.

Kollimation w (~; ~en) (lat.) ⚔ Zusammenfall zweier Linien; **Kollimator** m (~s; -toren) die Lichtstrahlen parallel richtendes Fernrohr.

Kollinear s (~s; ~e) (lat.) symmetrisches Lichtbildobjektiv; **kollinear** EW ⚔ mit einander entsprechenden Geraden; **Kollineation** w (~; ~en) ⚔ lineare Abbildung übereinandergelegter Figuren.

Kolliquation w (~; ~en) (lat.) Gewebeverflüssigung; **Kolliquationsnekrose** w (~; ~n) ⚕ Absterben sich verflüssigender Gewebe.

Kollision w (~; ~en) (lat.) Zusammenstoß; Streit.

Kollo s (~s; -lli) (it.) Frachtstück.

Kollodium s (~s; –) (lat.) ↻ Lösung von Cellulose in Äther (Alkohol).

Kollo|id s (~[e]s; ~e) (gr.-lat.) ↻ leimartiger Körper; EW; **kollo|idal**; **Kollo|idchemie** w (~; –) ↻ Erforschung des Zerteilungsgrades der Stoffe; **Kollo|idreaktion** w (~; ~en) ⚕ Untersuchung von Blut oder Rückenmarkflüssigkeit.

Kollokation w (~; ~en) (lat.) Verteilung der Forderungen auf die Konkursmasse; ↓ Platzanweisung; Reihenfolge.

Kolloquium s (~s; -qui|en) (lat.) Gespräch; mündliche Prüfung.

kolludieren ZW (-rte, -rt) ⟋ (lat.) sich geheim verständigen; **Kollusion** w (~; ~en) unerlaubtes Einverständnis; Verschleierung.

kolmatieren ZW (-rte, -rt) ⟋ (it.) den Boden durch Wasser mit Sinkstoffen erhöhen; w. abstr. s.: **Kolmation** (~;

~en) = **Kolmatage** w (~; ~n) (fr.) [-*tåsche*].

Kolo m (~s; ~s) (slaw., = Rad) Kettenreigen (der Balkanvölker).

Kolobom s (~[e]s; ~e) (gr.) ⚕ Spalt am Auge oder Gaumen.

Kolombine, Kolumbine w (~; ~n) (it.) w. Hauptfigur des it. Lustspiels.

Kolometrie w (~; –) (gr.) Zerlegung von Gedichten in Sprecheinheiten; EW: **kolometrisch**.

Kolon s (~s; -la) (gr.) Doppelpunkt; Sprecheinheit; ⚕ Dickdarm.

Kolone m (~n; ~n) (lat.) Pächter; Erbzinsbauer.

Kolonel w (~; –) (fr.) Schriftgrad.

kolonial EW (lat.) wie eine (als eine, zu einer) Kolonie; **Kolonialismus** w (~; –) auf Errichtung von Kolonien (Abhängigmachung von Eingeborenen) zielende Herrschaftsform; m. s.: **Kolonialist** (~en; ~en); **Kolonialpolitik** w (~; –) Eroberung und Nutzung überseeischer Gebiete; **Kolonialstil** m (~[e]s; –) Baustil (19. Jh.) in den USA und im Commonwealth; **Kolonialwaren** M Lebensmittel ↓; **Kolonie** w (~; -i|en) Ansiedlung im (unterentwickelten) Ausland; auswärtiges Staatsgebiet; ⊕ Zusammenschluß zu Pflanzenverbänden; **Kolonisation** w (~; ~en) Gründung, Verwaltung von Kolonien (*innere K.* Besiedlung); **Kolonisator** (~s; -toren) führender Kolonist; EW: **kolonisatorisch**; ZW: **kolonisieren** (-rte, -rt) ⟋; **Kolonist** m (~en; ~en) Ansiedler.

Kolonnade w (~; ~n) (lat.) Säulengang; **Kolonne** w (~; ~n) (fr.) ⚔ Marschgruppe (*die 5. K.* Partisanen); Zahlenreihe; Spalte (im Buch); ↻ Laborgerät für fraktionierten Destillation, = **Kolonnen|apparat** m (~[e]s; ~e).

Kolophon m (~s; ~e) (gr.) Titelei bei Frühdrucken oder Handschriften (an deren Ende); **Kolophonium** s (~s; –) Aufrauhharz für Geigenbögen.

Koloptose w (~; ~n) (gr.-lat.) ⚕ Dickdarmsenkung.

Koloquinte w (~; ~n) (gr.-lat.) ⚕ Abführmittel aus einer subtropischen Frucht.

Koloradokäfer m (~s; ~) (nach einem USA-Staat) Kartoffelkäfer.

Koloratur w (~; ~en) (lat.) ♪ (Gesangs-)Lauf, -passage; **Koloratursopran** m (~[e]s; ~e) ♪ hoher Sopran für Gesangspassagen.

kolorieren ZW (-rte, -rt) ⟋ (lat.) farbig ausmalen; ♪ verzieren; **Kolorimeter** s

(~s; ~) Farbmeßgerät; w. s.: **Kolorimetrie** (~; –) ⌒ Messung der Farbstärke; Gestirnanalyse mittels gefärbter Lichtquellen; EW: **kolorimetrisch**; **Kolorist** m (~en; ~en) wer Zeichnungen ausmalt; Maler mit beherrschender Farbgebung; m. abstr. s.: **Kolorismus** (~; –); EW: **koloristisch**; **Kolorit** s (~[e]s; –) Farbgebung; ♪ Klangfarbe.

Koloskop s (~s; ~e) (gr.) ⚕ Dickdarmuntersuchungsgerät; **Koloskopie** w (~; -i|en) Dickdarmuntersuchung.

Koloß m (-sses; -sse) (gr.) Riese(nbau, -nstatue); **kolossal** EW ungeheuer (groß).

Kolostomie w (~; –) (gr.-lat.) ⚕ Ansetzen einer Darmfistel.

Kolostralmilch w (~; –) (lat.-d.) 1. Milchaussonderung nach der Geburt, = **Kolostrum** s (~s; –).

Kolotomie w (~; -i|en) (gr.-lat.) ⚕ operative Dickdarmöffnung für einen künstlichen After.

Kolpak m (~s; ~s) (türk.) = → Kalpak.

Kolpitis w (~; -itiden) (gr.) ⚕ Scheidenentzündung; EW: **kolpitisch**.

Kolportage w (~; ~n) (lat.-fr.) [-*asche*] Hausieren mit Büchern (Schriften); Gerüchtemacherei; ZW: **kolportieren** (-rte, -rt) ↗; **Kolporteur** m (~s; ~e) [-*tör*] Hausierer; Gerüchtemacher.

Kolposkopie w (~; -i|en) (gr.) ⚕ Spiegelung der Gebärmutter (der Scheide) mit dem **Kolposkop** s (~s; ~e); EW: **kolposkopisch**.

Kolter m (~s; ~), w (~; ~n) (lat.-fr.) (gefütterte) Decke; s (~s; ~) Messer vor der Pflugschar.

Kolumbarium s (~s; -ri|en) (lat., = Taubenschlag) Urnenfriedhof, -halle.

Kolumbine → Kolombine.

Kolumbit m (~s; ~e) (lat.) ein Mineral.

Kolumella w (~; -llen) (lat.) Säulchen von Pilz-, Moossporen; Kalksäule der Korallentiere.

Kolumne (~; ~n) (lat.) Spalte, Seite; **Kolumnentitel** m (~s; ~) Seiten-, Spaltenüberschrift; **Kolumnist** m (~en; ~en) Journalist, der Meinungsbeiträge regelmäßig veröffentlicht.

Koma s (~s; ~s/-mata) (gr.) ⚕ tiefe Bewußtlosigkeit; w (~; ~s) Nebelhülle um Kometenkern; Linsenfehler; **komatös** EW tief bewußtlos.

Kombattant m (~en; ~en) (fr.) Kampfgenosse; EW: **kombattant**.

Kombi m (~s; ~s) (KW) Mehrzweckwagen, -schrank; **Kombinat** s (~[e]s; ~e) (lat.) Vereinigung verschiedener Produktionsstufen, -arten (*lokales K.* alle Betriebe eines Ortes); **Kombination** w (~; ~en) Verknüpfung, Verbindung; Zusammenstellung; Vermutung; Zusammenfassung mehrerer Sportwettbewerbe; w (~; ~en) (bei englischer Aussprache: w [~; ~s]) [-*nä'schn*] Hemdhose; einteiliger Piloten-, Arbeitsanzug; **Kombinationsgabe** w (~; ~n) Fähigkeit, die Zusammengehörigkeit verschiedener Dinge zu erkennen; **kombinativ** EW verknüpfend; **Kombinatorik** w (~; –) ⚔ Anordnungsmöglichkeit verschiedener Größen, = **Kombinationslehre** w (~; ~n); **Kombinations|ton** m (~[e]s; -töne) ♪ tönt glgtl. mit, wenn gleichzeitig zwei Töne erklingen; EW: **kombinatorisch** durch Kombination; **Kombine** w (~; ~s) (e.) [*kombain*] Mehrzweckgerät in der Landwirtschaft; **kombinieren** ZW (-rte, -rt) ↗ (lat.) verknüpfen.

Kombüse w (~; ~n) (nl.) ⚓ Schiffsküche.

Kom|edonen M (lat.) ⚕ Talganhäufungen in Hautdrüsen („Mitesser").

Komet m (~en; ~en) (gr.-lat.) Haarstern (*wie ein K.* plötzlich und schnell vorübergehend); EW: **kometar**.

Komfort m (~s; ~s) (fr.) [-*főr*] Bequemlichkeit; alle Maßnahmen (Vorrichtungen) dazu; **komfortabel** EW bequem; luxuriös.

Komik w (~; –) (gr.) Lächerlichkeit; Gabe, Lächerliches zu sehen (darzustellen); Lächerliches; **Komiker** m (~s; ~) Darsteller komischer Rollen; Vortragskünstler komischer Gedichte (Geschichten).

Kominform s, w (~; –) (KW) kommunistische Internationale 1947–1956; **Komintern** w (~; –) (KW) kommunistische Internationale 1919–1943.

komisch EW (gr.) lustig, lächerlich.

Komitat s (~[e]s; ~e) (lat.) Verwaltungsbezirk; Geleit (zum Bahnhof; *das K. geben*).

Komitee s (~s; ~s) (fr.) Ausschuß

Komma s (~s; ~ta) (gr.) Beistrich; unbedeutender Unterschied zwischen Schwingungszahlen fast gleich hoher Töne; **Kommabazillus** m (~; -llen) ⚕ Cholera|erreger.

Kommandant m (~en; ~en) (lat.) ⚔ Befehlshaber, = **Kommandeur** m (~s; ~e) (lat.-fr.) [-*dőr*]; **Kommandantur** w (~; ~en) Dienststelle des Kommandanten; **kommandieren** ZW (-rte, -rt) ↗ ↙ (laut) befehlen; **Kommanditär** m (~s; ~e) = → Kommanditist; **Kom-

mandite w (~; ~n) (fr.) Bank-, Firmenfiliale; **Kommanditgesellschaft** w (~; ~en) Handelsgesellschaft, deren Mitglieder entweder persönlich oder mit ihrer Einlage haften (⊄ *KG*); **Kommanditist** m (~en; ~en) Mitglied einer Kommanditgesellschaft; **Kommando** s (~s; ~s) (it.) ✕ Befehl(sgewalt); Sondertruppe.

Kommassation w (~; ~en) (lat.-gr.) Flurbereinigung; ZW: **kommassieren** (-rte, -rt) ↗.

kommendabel EW (lat.) empfehlenswert.

Kommende w (~; ~n) (lat.) † Pfründe; Deutschritterbezirk; Johanniterkloster.

kommensal EW (lat.) sich wie andere ernähsend; **Kommensale** m (~n; ~n) ungefährlicher Schmarotzer; **Kommensalismus** m (~; –) Ernährungsgemeinschaft von Tieren (✤ Pflanzen).

kommensurabel EW (lat.) meß-, vergleichbar; w. s.: **Kommensurabilität** (~; –).

Komment m (~s; ~s) (fr.) [*kommañ*] (studentische) Regel.

Kommentar m (~s; ~e) (lat.) fortlaufende Erläuterung; (politische) Stellungnahme (in der Zeitung, im Interview, Rundfunk, Fernsehen); **Kommentator** m (~s; -toren) Deuter; Autor eines Kommentars; ZW: **kommentieren** (-rte, -rt) ↗.

Kommers m (~es; ~e) (lat.) feierlicher Studentenumtrunk in festem Kreis; ZW: **kommersieren** (-rte, -rt) ✓.

Kommerz m (~es; –) (lat.) Handel ↓ (*K. machen* gewerbsmäßig falsch spielen); **kommerzialisieren** ZW (-rte, -rt) ↗ Staats- in Privatschulden verwandeln; w. s.: **Kommerzialisierung** w (~; ~en); **kommerziell** EW kaufmännisch; **Kommerzienrat** m (~es; -räte) (lat.-d.) persönl. verliehener Titel (Handel, Industrie); sein Träger ↓.

Kommilitone m (~n; ~n) (lat., = Mitkämpfer) (Mit-)Student.

Kommis m (~; ~) (fr.) [*-mí*] kaufmännischer Angestellter ↓.

Kommiß m (-sses; –) (lat., = Soldatenausrüstung) Soldatenstand, -leben, -ausbildung (*beim K. sein* dienen).

Kommissar m (~s; ~e) (lat.) Bevollmächtigter; (Kriminal-)Polizeiführer; **Kommissär** m (~s; ~e) Spezialbeauftragter; **Kommissariat** s (~s; ~e) Dienst(-stelle; die Mitarbeiter) eines Kommissars; **kommissarisch** EW vertretungsweise, vorläufig; **Kommission** w (~; ~en) Ausschuß; Auftrag auf Rechnung anderer; **Kommissionär** m (~s; ~e) Ein-, Verkäufer von Waren (Wertpapieren) auf fremde Rechnung; **Kommissions|agentur** w (~; ~en) Geschäft im eigenen Namen, aber auf Weisung eines Dienstherrn, = **Kommissions|handel** m (~s; –); **Kommissionsbuchhandel** m (~s; –) Buchverkauf im Auftrag und für Rechnung der Verlage; **Kommissionsverlag** m (~[e]s; ~e) Verlag, der auf Kosten seiner Autoren druckt und vertreibt; **Kommissur** w (~; ~en) $ Verbindungsstrang im Nervensystem.

Kommittent m (~en; ~en) (lat.) Auftraggeber eines → Kommissionärs; ZW: **kommittieren** (-rte, -rt) ↗; **Kommittiv** s (~s; ~e) Vollmacht ↓.

kommod(e) (fr.) behaglich, bequem; **Kommode** w (~; ~n) Kastenmöbel; **Kommodität** w (~; ~en) Bequemlichkeit; ↓ Abort.

Kommodore m (~s; ~s) (e.) ↓ Kapitän im Admiralsrang; Kapitän eines großen Handelsschiffes; ✕ Fluggeschwaderführer.

Kommotio w (~; -ionen) (lat.) $ Gehirnerschütterung.

kommun EW (lat.) gemein; niederträchtig; **kommunal** EW Gemeinde... (*k.er Zweckverband* Zusammenarbeit mehrerer Gemeinden); **Kommunalisierung** w (~; ~en) Überführung aus privatem in Gemeindebesitz; ZW: **kommunalisieren** (-rte, -rt) ↗; **Kommunalkredit** m (~[e]s; ~e) Schuldenaufnahme durch die Stadt (Gemeinde); **Kommunal|obligation** w (~; ~en) Gemeindeanleihe; **Kommunarde** m (~n; ~n) Angehöriger einer Studentenkommune; **Kommune** w (~; ~n) Gemeinde; kommunistische Lebensgemeinschaft (von Studenten); kommunistische Partei; **Kommunikant** m (~en; ~en) Teilnehmer an Abendmahl; **Kommunikation** w (~; ~en) Möglich- und Wirklichkeit menschl. Begegnungen; Mitteilung; Bildung sozialer Einheiten; **Kommunikationsmittel** s (~s; ~) Nachrichtenvermittlung (Zeitung, Rundfunk, Fernsehen); **Kommunikations|technik** w (~; ~en) techn. Bereich der Kommunikationsmittel; **kommunikativ** EW mitteilsam; **Kommunion** w (~; ~en) † Empfang des Altarsakramentes; **Kommuniqué** s (~s; ~s) (fr.) [*-müniké*] amtliche Verlautbarung; Schlußbericht einer Sitzung; **Kommunismus** m (~; –) (lat.) allgemeine Gütergemeinschaft; antikapitalistische Kampfpartei; m. s.:

Komplementärfarben

Kommunist (~en; ~en); w. s.: **Kommunistin** (~; ~nen); EW: **kommunistisch** (*K.es Manifest* materialistisches Grundprogramm, 1848); **Kommunität** w (~; ~en) Gemeinschaft, -gut; **kommunizieren** ZW (-rte, -rt) ✓ zusammenhängen (*k.de Röhren* unten verbundene, oben offene Glasröhren); † das Abendmahl empfangen.

kommutabel EW (lat.) vertauschbar, = → kommutativ; **Kommutation** w (~; ~en) Veränderung; Winkel zwischen den von der Sonne zu einem Planeten gezogenen Linien; ⊀ Vertauschbarkeit; Stromwendung; **kommutativ** EW verstell-, -tauschbar (*k.es Gesetz* ⊀ bei Addition und Multiplikation können die einzelnen Teile vertauscht werden; ⌒ regelt Vertauschbarkeit bei verknüpften Elementen); Kommutations...; **Kommutator** m (~s; -toren) Stromwender; **kommutieren** ZW (-rte, -rt) ↗; w. s.: **Kommutierung** (~; ~en).

Komödiant m (~en; ~en) (gr.-lat.) Schauspieler; EW: **komödiantisch; Komödi|e** w (~; ~n) (feines) Lustspiel.

Kompagnon m (~s; ~s) (fr.) [*koñpanjoñ*] Teilhaber.

kompakt EW (lat.) fest, gedrungen; **Kompakt|anlage** w (~; ~n) vollständige Stereoanlage in einem Block; **Kompaktbau** m (~s; -ten) alle (Industrie-) Anlagen unter einem Dach; ZW: **kompaktieren** (-rte, -rt) ↗.

Kompanie w (~; -i|en) (lat.-fr.) ✕ Truppenteil; ↓ Handelsgesellschaft.

komparabel EW (lat.) vergleichbar; w. abstr. s.: **Komparabilität** (~; ~en); **Komparation** w (~; ~en) Steigerung des Adjektivs; **Komparatistik** w (~; -) vergleichende Sprach-, Literaturforschung; m. s.: **Komparatist** (~en; ~en); EW: **komparatistisch; Komparativ** m (~s; ~e) 1. Steigerungsgrad (des Adjektivs); **komparativ(isch)** EW vergleichbar (*k.e Kosten* Realkosten im Verhältnis zu andern Wirtschaftsraumen); **Komparator** m (~s; -toren) Längenmeßgerät; **Komparenz** w (~; ·en) – → Komparition; **komparieren**[1] ZW (-rte, -rt) ↗ vergleichen; (ein Eigenschaftswort) steigern.

komparieren[2] ZW (-rte, -rt) ✓ (lat.) sich dem Gericht stellen; vor Gericht erscheinen ↓; w. abstr. s.: **Komparition** (~; ~en).

Komparse m (~n; ~n) (lat.-it.) = → Statist; **Komparserie** w (~; -i|en) = → Statisterie.

Kompaß m (-sses; -sse) (lat.-it.) Gerät mit Magnetnadel zur Feststellung, wo Norden ist.

kompatibel EW (lat.) vereinbar; sowohl schwarzweiß wie farbig empfangend (Fernsehgerät); ohne Zusatzgeräte miteinander verbindbare Datenverarbeitungsanlagen; w. abstr. s.: **Kompatibilität** (~; -).

Kompendium s (~s; -di|en) (lat.) Lehr-, Handbuch; Abschirmvorrichtung gegen Seitenlicht bei Filmkameras; **kompendiös** EW kurz gefaßt, = **kompendiarisch** EW; **Kompensation** w (~; ~en) Ausgleich; Vergütung; Verrechnung; **Kompensationsbetrieb** m (~[e]s; ~e) sucht Ausgleich saisonaler Produktionsschwankungen durch Herstellung anderer Güter; **Kompensations|geschäft** s (~[e]s; ~e) Einräumung von Absatzmöglichkeiten gegen die Verpflichtung des Wareneinkaufs; Ausgleich zwischen Effektenan- und -verkauf bei Banken; **Kompensator** m (~s; -toren) Wärmeausgleichsrohr; Lichtwellenmesser; EW: **kompensatorisch; kompensieren** ZW (-rte, -rt) ↗ ausgleichen.

kompetent EW (lat.) zuständig; **Kompetent** m (~en; ~en) Mitbewerber; **Kompetenz** w (~; ~en) Zuständigkeit (einer Behörde); **Kompetenzkompetenz** w (~; ~en) Gerichtsentscheid über Prozeßzulässigkeit; bundesstaatl. Recht, durch Verfassungsänderung seine Zuständigkeiten zu vermehren; Entscheidung bei umstrittenen Zuständigkeiten; **Kompetenz(en)konflikt** m (~[e]s; ~e) zwischenbehördl. Streit über Zuständigkeit; **kompetieren** ZW (-rte, -rt) ✓ sich um eine Stelle mitbewerben; gebühren ↓; **kompetitiv** EW maßgebend.

Kompilation w (~; ~en) (lat.) aus andern Werken zusammengestelltes Werk; m. s.: **Kompilator** (~s; -toren); EW: **kompilatorisch;** ZW: **kompilieren** (rte, rt) ↗.

Komplanation w (~; ~en) (lat.) ⊀ Berechnung der Größe einer gekrümmten Fläche; ZW: **komplanieren** (-rte, -rt) ↗ ⊀.

Komplement s (~[e]s; ~e) (lat.) ⊀ Winkel, der mit einem andern einen rechten Winkel bildet; $ Eiweiß im Blutserum; Ergänzung; **komplementär** EW ergänzend; **Komplementär** m (~s; ~e) persönlich haftender Gesellschafter; **Komplementärfarben** M zwei Farben, die gemischt weiß ergeben (= Grundfarbe [z. B. rot] + Gemisch der

261

Komplementär|gene

anderen beiden [z. B. grün]); **Komplementär|gene** M nur gemeinsam wirksame Gene; **Komplementarität** w (~; ~en) nicht gleichzeitige Meßbarkeit von Meßgrößen; **Komplementärwinkel** m (~s; ~) ⊄ zu 90° ergänzender Winkel, = **Komplementwinkel** m (~s; ~); **Komplementation** w (~; ~en) Ausgleich von Erbschäden mit Hilfe von → Genomkombination; **komplementieren** ZW (-rte, -rt) ↗ ergänzen.

Komplet[1] s (~s; ~e) (lat.) † Nachtgebet.

Komplet[2] s (~s; ~s) (fr.) [*koñplę̄*] Damenkleid mit passender Jacke (passendem Mantel); **komplet̲i̲v** EW ergänzend.

komplett EW (fr.) vollständig; **komplettieren** ZW (-rte, -rt) ↗ (lat.) vervollständigen.

komplex EW (lat.) zusammengesetzt; ganzheitlich (*k.e Zahlen* sind aus imaginären und wirklichen Zahlen zusammengesetzt); **Komplex** m (~es; ~e) (lat., = zusammengefaßt) ⚕ verdrängtes Erlebnis; Verknüpfung; Bereich; Häuserblock; chemische Atomvereinigung mit andern Reaktionen und Valenzen als das für ihre Art entscheidende Ion, = **Komplexchemie** w (~; –); **Komplex|auge** s (~s; ~n) → Facettenauge (der Insekten); **Komplexion** w (~; ~en) Körperbeschaffenheit; Äußeres; Zusammenfaßbarkeit; **Komplex|ionen** M Ionen, die aus 2 oder mehr Elementen abgeleitet sind; **Komplexität** w (~; ~en) alle Merkmale eines Zustandes (Vorganges, Begriffs); **Komplexometrie** w (~; -i̲e̲n) maßanalytischer Nachweis von Komplexe bildenden Metall|ionen; EW: **komplexometrisch**; **Komplexone** M 🟊 Reagenzien, die mit Metallionen **Komplexverbindungen** (M Koordinationsverbindungen) eingehen.

Komplice m (~n; ~n) (lat.-fr.) [-*pliß*] Mittäter (→ Komplize); **Komplikation** w (~; ~en) (lat.) Erschwerung (⚕ der Krankheit durch eine zweite).

Kompliment s (~s; ~e) Höflichkeitsbezeigung; Schmeichelei; ZW: **komplimentieren** ZW (-rte, -rt) ↗.

Komplize m (~n; ~n) (fr.) Tatgenosse.

komplizieren ZW (-rte, -rt) ↗ (lat.) erschweren (*komplizierter Bruch* Knochenbruch mit verletzten Weichteilen).

Komplott s (~[e]s; ~e) Verabredung (zu bösem Tun); Verschwörung *(ein K. schmieden);* ZW: **komplottieren** (-rte, -rt) ↙.

Komponente w (~; ~n) (lat.) Teil eines Ganzen; mitwirkende Kraft; ⊄ Teil einer Größe; **komponieren** ZW (-rte, -rt) ↗ zusammensetzen; ♪ in Musik setzen; Gemälde aufbauen; **Komponist** m (~en; ~en) ♪ Tondichter.

Komposite w (~; ~n) (lat.) ⊕ Korbblütler; **Komposition** w (~; ~en) bedachte Anordnung, Aufbau; ♪ Musikwerk; Wortzusammensetzung; gütliche Rechtsstreitbeilegung; Sühnegeld; **kompositionell** EW = **kompositorisch** EW Kompositions...; **Kompositum** s (~s; -ta) zusammengesetztes Wort.

kompossibel EW (lat.) zusammenfügbar; w. s.: **Kompossibilität** (~; –).

Kompost, Kompost m (~[e]s; ~e) (lat.) Mischdünger; **kompostieren** ZW (-rte, -rt) ↗ zu Kompost werden lassen.

Kompott s (~s; –) (lat.-fr.) mit Zucker eingekochtes Obst.

Komprehension w (~; ~en) (lat.) Zusammenfassung, -griff.

kompreß EW (lat.) eng zusammengerückt *(k.sser Schriftsatz);* **Kompresse** w (~; ~n) ⚕ Auflage feuchter, abgedichteter Tücher; **kompressibel** EW zusammendrückbar; **Kompressibilität** w (~; ~en) Zusammendrückbarkeit; Verdichtbarkeit; **Kompression** w (~; ~en) 🜚 Verdichtung zur Drucksteigerung; **Kompressionsdiagramm** (~s; ~e) Graphik von der Leistung aller Zylinder eines Autos; **Kompressionsmodul** m (~s; ~e) Maßzahl für den Widerstand gegen Verformung bei allseitigem Druck; **Kompressor** m (~s; -ssoren) (lat.) Verdichtungsmaschine; **Kompressorium** s (~s; -ri|en) Gerät zur Blutstillung durch Gefäßverschluß; **Kompressormotor** m (~s; ~en) Verbrennungsmotor mit Vorkompression; Antriebsmotor für Kompressoren.

Komprette w (~; ~n) (lat. KuW) ⚕ kleine Tablette; ZW: **komprettieren** (-rte, -rt) ↗.

komprimierbar EW (lat.) (zusammen-)preßbar; **komprimieren** ZW (-rte, -rt) ↗ zusammendrücken; **Kompromiß** m (-sses; -sse) Ausgleich; **kompromittieren** ZW (-rte, -rt) ↗ bloßstellen; ↖ sich eine Blöße geben; w. abstr. s.: **Kompromittierung** (~; ~en).

Komptabilität w (~; ~en) (fr.) Rechnungslegung; Verantwortlichkeit.

Komptantgeschäft s (~[e]s; ~e) (lat.-fr.-d.) [*koñtañ-*] Bargeschäft.

Komsomol m (~; –) (r. KW) r. Jugendbund; m. s.: **Komsomolze** (~n; ~n).

Komtesse w (~; ~n) (fr.) unverheirate-

te Gräfin, = **Komteß** w (~; -ssen) [*konteß*].
Komtur m (~s; ~e) (lat.) † Ordenshausleiter; Träger eines hohen Ordens; w. s.: **Komturei** (~; ~en).
Konation w (~; ~en) (lat.) Streben, Triebkraft; EW: **konativ**.
kon|axial EW (lat.) = → koaxial.
konchieren ZW (-rte, -rt) ↗ (lat.) (in der **Konche** w [~; ~n] = Mischmaschine) mischen, ohne die Temperatur zu ändern.
konchiform EW (lat.) muschelförmig; **Konchologe** m (~n; ~n) Schnecken-, Muschelforscher; w. s.: **Konchologie** (~; –); EW: **konchologisch**.
Konchoskop s (~s; ~e) (gr.) Nasenspiegel; w. abstr. s.: **Konchoskopie** (~; –); EW: **konchoskopisch**; **Konchotomie** w (~; -i|en) ⚕ Nasenoperation.
Konchyli|e w (~; ~n) (gr.) Weichtier (-schale); **Konchyliologe** m (~n; ~n) = → Konchologe; w. s.: **Konchyliologie** (~; –); EW: **konchyliologisch**.
Kondemnation w (~; ~en) (lat.) Verurteilung ↓; ⚖ Zusprechung des aufgebrachten Schiffes an den Nehmestaat durch das Prisengericht; ZW: **kondemnieren** (-rte, -rt) ↗.
Kondensat s (~[e]s; ~e) (lat.) Dampf aus der Kondensation; **Kondensation** w (~; ~en) ⚕ Verdichtung von Gasen durch Abkühlung oder Druck; ⚛ Vereinigung zweier Moleküle zu einem durch Wasseraustritt o. ä.; **Kondensationsmaschine** w (~; ~n) Dampfmaschine mit Abdampfgerät; **Kondensationsniveau** s (~s; ~s) [-*wó*] Taupunkt; **Kondensator** m (~s; -toren) Stromsammler, Schaltelement; Abdampfgerät in Dampfkraftmaschinen; **kondensieren** ZW (-rte, -rt) ↗ eindampfen *(kondensierte Milch);* verdichten; **Kondensor** m (~; -soren) Sammellinse; Verdichter, Verstärker; **Kondens|streifen** m (~s; ~) weißer Wolkenstrich am Himmel aus Wasserdampf vom Flugzeugausstoß
konditern ZW (-rte, -rt) ↙ (lat.-fr.) Feingebäck herstellen, verzehren.
Kondition w (~; ~en) (lat.) Leistungsfähigkeit nach Training; Bedingung (einer Lieferung, Zahlung); **konditional** EW bedingt; bedingend *(k.e Konjunktion* einschränkendes Bindewort); **Konditional** m (~s; -les) = **Konditionalis** m (~; -les) Bedingungsform (Konjunktiv); **Konditionalismus** m (~; –) Überzeugung, daß die Realität von einer Vielheit von Bedingungen bestimmt wird; m. s.: **Konditionalist**

(~en; ~en); **Konditionalsatz** m (~es; -sätze) Bedingungssatz; **konditionell** EW bedingt; leistungsfähig; **Konditionenkartell** s (~s; ~e) Vereinbarung unter gleichen Bedingungen; **konditionieren** ZW (-rte, -rt) ↙ im Anstellungsverhältnis stehen; ⚕ Gewicht und Feuchtigkeit von Textilien messen; MW: beschaffen (von Handelswaren); **Konditionismus** m (~; –) = → Konditionalismus; **Konditionskartell** s (~s; ~e) Kartell mit vertraglich verbindlichen Verkaufsbedingungen (= → Konditionenkartell); **Konditionstraining** s (~s; –) [*-träniń*] leistungssteigernde Sportübungen.
Konditor m (~s; -toren) (lat.) Feinbäcker; w. s.: **Konditorei** (~; ~en) Feingebäckladen; Café.
Kondolenz w (~; –) (lat.) Beileid; **kondolieren** ZW (-rte, -rt) ↙ Beileid aussprechen.
Kondom s (~[e]s; ~e) (fr.) ⚕ empfängnisverhütendes Mittel für den Mann.
Kondominium s (~s; -ni|en) (lat.) gemeinsame Gebietsbeherrschung; gemeinsam beherrschtes Gebiet; = **Kondominat** s (~[e]s; ~e).
Kondor m (~s; ~e) (ind.-sp.) am. Geiervogel *(Legion K.* [auch: *Condor*] Verband deutscher Kampfflugzeuge zur Unterstützung Francos, 1936/38).
Kondotti|ere m (~s; -ri) (it.) Söldnerführer.
Kondu|ite w (~; ~n) (fr.) [*kondü|it*] Betragen; Personalakte ↓.
Kondukt m (~[e]s; ~e) (lat.) Trauerzug; **Konduktanz** w (~; ~en) Wirkleitwert; **Kondukteur** m (~s; ~e) (fr.) [-*tör*] Schaffner ↓; **Konduktometrie** w (~; –) (lat.-gr.) ⚛ Messung der Leitfähigkeit als Analyseverfahren; EW: **konduktometrisch**; **Konduktor** m (~s; -toren) Stromsammler; Erbanlagenträger.
Kondurango w (~; ~s) (ind.-sp.) südam. Strauch; Heilmittel aus seiner Rinde.
Kondylom s (~[e]s; ~e) (gr.) ⚕ Feigwarze.
Konfabulation w (~; ~en) (lat.) ⚕ Erzählung (Bericht) Irrer; ZW: **konfabulieren** (-rte, -rt) ↙.
Konfekt s (~[e]s; ~e) (lat.) Süßigkeiten.
Konfektion w (~; ~en) (lat.) Serienherstellung von Kleidungsstücken; serienweise hergestellte Kleidungsstükke; **Konfektionär** m (~s; ~e) Angestellter im Textilgeschäft; w. s.: **Konfektioneuse** (~; ~n) (fr.) [-*nös*]; **kon-**

Konferenz

fektionieren ZW (-rte, -rt) ↗ (lat.) als Konfektion herstellen.

Konferenz w (~; ~en) (lat.) Beratung, Meinungs|austausch; **Konferenzschaltung** w (~; ~en) Zusammenschaltung (Telefon, Bildschirm) verschiedener Teilnehmer, bei der jeder mit jedem in Kontakt treten kann; **konferieren** ZW (-rte, -rt) ∠ verhandeln; Programm ansagen.

Konfession w (~; ~en) (lat.) (meist †) Bekenntnis(schrift); † Glaubensgemeinschaft; **Konfessionalisierung** w (~; –) Betonung der Konfession in allen Lebensbereichen; **Konfessionalismus** m (~; –) † starre Betonung des konfessionellen Dogmas; m. s.: **Konfessionalist** (~en; ~en); EW: **konfessionalistisch; konfessionell** EW zu einem † Bekenntnis gehörend *(k.e Schule* durch ein bestimmtes rel. Bekenntnis geprägte Schule).

Konfetti s (~[s]; –) (it.) bunte Papierschnippel zum Faschingstreiben; Zuckerwerk.

Konfiguration w (~; ~en) (lat.) Gestalt(ung) ↓; Planetenstellung; Schädeldeformierung; räumliche Anordnung der Atome im Molekül; ZW: **konfigurieren** (-rte, -rt) ∠ ↗.

Konfination w (~; ~en) (lat.) Hausarrest; **konfinieren** ZW (-rte, -rt) ↗ begrenzen.

Konfirmand m (~en; ~en) (lat.) wer sich einsegnen lassen will; **Konfirmation** w (~; ~en) † Einsegnung; Bestätigung; ZW: **konfirmieren** (-rte, -rt) ↗.

Konfiserie w (~; -i|en) (fr.) Konditorei; m. s.: **Konfiseur** (~s; ~e) [*koñfisợr*].

Konfiskat s (~s; ~e) (lat.) nicht eßbare Teile vom Schlachtvieh; Geschlecht ungeborener Tiere; **Konfiskation** w (~; ~en) Entzug, Wegnahme (einer Sache); Beschlagnahme (durch den Staat); ZW: **konfiszieren** (-rte, -rt) ↗.

Konfitüre w (~; ~n) (fr.) feine Marmelade; M: Süßwaren.

Konflikt m (~[e]s; ~e) (lat.) Streit; Zwiespalt *(moralischer K.* Schwanken zwischen 2 ethischen Forderungen); **Konfliktforschung** w (~; ~en) Friedensforschung; Feststellung der Ursachen weltweiter Krisen.

Konflu|enz w (~; ~en) = **Konflux** m (~es; ~e) (lat.) Zusammenfluß; **konflu|ieren** ZW (-rte, -rt) ∠ zusammenströmen.

Konföderation w (~; ~en) (lat.) Bündnis; **konföderieren** ZW (-rte, -rt) ↖ ∠ Bündnis schließen.

konfokal EW (lat.) ⊀ mit gleichem Brennpunkt *(k.e Kegelschnitte).*

konform EW (lat.) † übereinstimmend *(mit jmdm. k. gehen);* ⊀ winkeltreu *(k.e Abbildung);* **Konformismus** m (~; –) Übereinstimmung mit einer (der herrschenden) Meinung; m. s.: **Konformist** (~en; ~en); EW: **konformistisch; Konformität** w (~; ~en) Übereinstimmung; ⊀ Winkel-, Maßstabtreue einer Zeichnung.

Konfrater m (~s; ~) (lat.) † Ordens-, Amtsbruder.

Konfrontation w (~; ~en) (lat.) Gegenüberstellung; **konfrontieren** ZW (-rte, -rt) ↗ einander gegenüberstellen; w. abstr. s.: **Konfrontierung** (~; ~en).

konfus EW (lat.) verwirrt; **Konfusion** w (~; ~en) Verwirrung; Zusammentreffen von Berechtigtem und Verpflichtetem in einer Person (und damit Erlöschen des Rechtes); **Konfusionsrat** m (~[e]s; -räte) wirrer, zerstreuter Mensch (nach einer Posse von W. Friedrich, 1846) ∪.

Konfutation w (~; ~en) (lat.) Gegenbeweis ↓.

Konfuzianismus m (~; –) (nach dem chin. Denker *Kung-fu-tsi* 551–478 v. Chr.) Unterordnung des Einzelwillens unter die Staatsmoral; EW: **konfuzianisch, konfuzianistisch**.

kongenial EW (lat.) geistig ebenbürtig; w. s.: **Kongenialität** (~; –).

kongenital EW (lat.) ⚕ angeboren.

Kongestion w (~; ~en) (lat.) ⚕ Blutandrang; EW: **kongestiv**.

Konglobation w (~; ~en) (lat.) Häufung von einer Tierart in einer günstigen Region.

Konglomerat s (~[e]s; ~e) (lat.) Gemenge; Gestein aus aneinander durch Bindemittel haftenden Geröllen; EW: **konglomeratisch; Konglomerat|tumor** m (~s; -moren) ⚕ Geschwulst durch Organverwachsung.

Konglutination w (~; ~en) (lat.) ⚕ Ballung; Verklebung; ZW: **konglutinieren** (-rte, -rt) ∠.

Kongregation w (~; ~en) (lat.) Versammlung; † Vereinigung (mit einfachen Gelübden) *(K. für die Glaubenslehre* † Kardinalsausschuß zur Sicherung des Glaubens; seit 1965).

Kongreß m (-sses; -sse) (lat.) (wissenschaftl.) Tagung; Parlament (der USA); **Kongreßstoff** m (~[e]s; ~e) weitmaschiger Gardinenstoff.

Kongretionalist m (~en; ~en) (lat.) † Mitglied der e.-nordam. Kirche; **Kon-**

gretionist m (~en; ~en) Verbandsmitglied.
kongru|ent EW (lat.) übereinstimmend, ⚔ deckungsgleich (*k.e Deckung* Ausgleich einer Gläubigerforderung beim Konkurs); abstr. s.: **Kongru|enz** w (~; ~en); **kongru|ieren** ZW (-rte, -rt) ∠ sich decken; völlig gleich sein.
Konifere w (~; ~n) (lat.) Nadelbaum; **Koni|in** s (~s; ~e) (gr.-lat.) Schierlingsgift.
Konimaharz s (~es; ~e) (ind.) Riechharz.
Konimeter s (~s; ~) Gerät, das Staubgehalt der Luft mißt; **Koniose** w (~; ~n) (gr.-lat.) $ Staubkrankheit.
konisch EW (gr.-lat.) ⚔ kegelförmig (*k.e Projektion* Landkartenprojektion auf einem Kegel); w. s.: **Konizität** (~; -).
Konjektur w (~; ~en) (lat.) Einsetzung der vermutlich richtigen Lesart; **Konjekturalphilologie** w (~; -) kritische Überprüfung der Konjekturen; **konjizieren** ZW (-rte, -rt) ∠ Konjektur anbringen; ↓ vermuten.
konjugal EW (lat.) ehelich; **Konjugaten** M ⊕ Jochalgen; **Konjugation** w (~; ~en) Abwandlung des Zeitworts; Verschmelzung (von Einzellern mit Kernaustausch, Austausch von Konjugatenzellen); ↺ Auftreten mehrerer Doppelbindungen in einem Molekül; **konjugieren** ZW (-rte, -rt) ↗ (ein Zeitwort) abwandeln (*konjugierte Doppelbindung* ↺ nur durch eine einfache Bindung getrennte chemische Verbindung).
Konjunktion w (~; ~en) (lat.) Bindewort; scheinbares Zusammentreffen zweier Planeten; EW: **konjunktional**; **Konjunktiv** m (~s; ~e) Möglichkeitsform des Zeitworts; EW: **konjunktiv**; **Konjunktiva** w (~; -ven) $ Bindehaut (am Auge); **konjunktiv(isch)** EW abhängig; im Konjunktiv (*k.es Urteil* verbindendes Urteil); **Konjunktivitis** w (~; itiden) $ Bindehautentzündung, **Konjunktur** w (~; ~en) Entwicklung der Wirtschaft; **Konjunkturbarometer** s (~s; ~) statistischer Vergleich von Wirtschaftsentwicklungen; **konjunkturell** EW der Konjunktur entsprechend; **Konjunkturpolitik** w (~; -) staatl. Beeinflussung des Geld- und Kreditwesens; **Konjunkturprognose** w (~; ~n) Versuch, die Wirtschaftslage vorauszuberechnen.
konkav EW (lat.) nach innen gewölbt (Ggs.: **konvex**); w. s.: **Konkavität** (~; -); **Konkavlinse** w (~; ~n) Zerstreuungslinse; **Konkavspiegel** m (~s; ~) Hohlspiegel.
Konklave s (~s; ~n) (lat.) Papstwahl (-raum); **Konklavist** m (~en; ~en) wer als Mitglied des Kardinalgefolges im Konklave sein darf.
konkludent EW (lat.) schlüssig (*k.es Handeln* soll als rechtliche Willenserklärung gedeutet werden); **konkludieren** ZW (-rte, -rt) ∠ folgern; **Konklusion** w (~; ~en) Schlußfolgerung; EW: **konklusiv**.
Konkomitanz w (~; ~en) (lat.) Zusammenvorkommen; † Brot und Wein als Christi Fleisch und Blut.
konkordant EW (lat.) übereinstimmend; parallel übereinander; **Konkordanz** w (~; ~en) Übereinstimmung (von Zwillingen); Bibelregister; Parallelität der Gesteinsschichten; Maß = 4 Cicero (Druckwesen); **Konkordat** s (~[e]s; ~e) Staatsvertrag mit dem Heiligen Stuhl; **Konkordi|enbuch** s (~[e]s; -bücher) † Sammlung evangel. Bekenntnisschriften; **Konkordi|enformel** w (~; ~n) † lutherische Bekenntnisschrift (1577).
Konkrement s (~[e]s; ~e) (lat.) $ durch Verkittung entstandener Körper; **konkret** EW (lat., = zusammengewachsen) greif-, vorstell-, sichtbar; an Merkmalen erfaßbar (*k.es Substantiv* Hauptwort, das etwas Wahrnehmbares bezeichnet; *k.e Musik* ♪ auf Alltagsgeräuschen beruhende Musik); **Konkretion** w (~; ~en) $ Verwachsung, -klebung; mineralischer Gesteinskörper; **konkretisieren** ZW (-rte, -rt) ↗ konkret machen; **Konkretum** s (~s; -ta) etwas Gegenständliches bezeichnendes Wort.
Konkubinat s (~[e]s; ~e) (lat.) illegitime Ehe; **Konkubine** w (~; ~n) unverheiratete Lebensgefährtin ↓.
Konkupiszenz w (~; ~en) (lat.) Begehrlichkeit.
Konkurrent m (~en; ~en) (lat.) Mitbewerber, **Konkurrenz** w (~; ~en) Wettbewerb; † Zusammentreffen zweier Feste; ZW: **konkurrieren** ZW (-rte, -rt) ∠, = **konkurrenzieren** ZW (-rte, -rt) ∠; **Konkurrenzklausel** w (~; ~n) Wettbewerbsverbot.
Konkurs m (~es; ~e) (lat.) Zwangsvollstreckung mit anteilmäßiger Befriedigung der Gläubigermehrheit.
konnatal EW (lat.) angeboren.
Konnektiv s (~s; ~e) (lat.) Verbindung (⊕ zwischen Teilen von Pflanzen); $ zwischen Nervensträngen); **Konnektivität** w (~; -) Vernetzungsgrad von

Konnektor

Elementen elektron. Geräte; **Konnektor** m (~s; -toren) Symbol in Datenverarbeitungsabläufen; **Konnex** m (~es; ~e) Verbindung; Zusammenhang; **Konnexion** w (~; ~en) (einflußreiche) Beziehung; **Konnexität** w (~; ~en) Sachzusammenhang (von Rechtsfällen).
konnivent EW (lat.) nachsichtig; w. s.: **Konnivenz** (~; –); ZW: **konnivieren** (-rte, -rt) ↙ ↓.
Konnossement s (~s; ~s) (fr.) [-mañ] Seefrachtbrief.
Konnotation w (~; ~en) (lat.) Assoziation zu Grundbegriffen; EW: **konnotativ**.
konnubial EW (lat.) zur (in der, durch die) Ehe; **Konnubium** s (~s; -bi|en) Ehe(gemeinschaft).
Kono|id s (~[e]s; ~e) (gr.-lat.) ⋖ durch eine sich um ihre Achse drehende Kurve entstandene Kegelform.
Konope|um s (~s; -pe|en) (gr.-lat.) † Altarvorhang vor dem Allerheiligsten.
Konrektor m (~s; ~en) (lat.) stellvertretender Schul-, mitamtierender Hochschulleiter.
Konsanguinität w (~; –) (lat.) Blutsverwandtschaft; EW: **konsanguin**.
Konseil s (~s; ~s) (fr.) [koñßäj] Beratung; Staatsrat ↓.
Konsekration w (~; ~en) (lat.) † Weihe; † Wandlung; **Konsekrationsmünze** w (~; ~n) geprägt im alten Rom bei Herrscherwechsel; **konsekrieren** ZW (-rte, -rt) ↙ † weihen.
konsekutiv EW (lat.) folgernd; folgend (*k.es* Dolmetschen Übersetzen des ganzen Gesprächsbeitrages im Zusammenhang [nach seiner Beendigung]); **Konsekutivsatz** m (~es; -sätze) Umstandssatz der Folge.
Konsens m (~es; ~e) (lat.) Zu-, Übereinstimmung; **Konsensualkontrakt** m (~[e]s; ~e) Willens|einigung als Vertragsbasis.
konsequent EW (lat.) folgerichtig; einer tektonischen Linie folgend; **Konsequenz** w (~; ~en) Folge(richtigkeit).
Konservatismus m (~; –) (lat.) an der Tradition orientierte Haltung; **konservativ** EW erhaltend, bewahrend (*k.e Partei* Partei mit bewußter Traditionsbewahrung); **Konservative** m, w (~n; ~n) Anhänger(in) einer auf Tradition bedachten Partei (Gruppe); **Konservativismus** m (~; –) Beharrlichkeit; = → Konservatismus; **Konservator** m (~s; -toren) Museumspfleger; EW: **konservatorisch** = **konservatoristisch**; **Konservatorist** m (~en; ~en) Musikschüler; **Konservatorium** s (~s; -ri|en) urspr. = Findelhaus) ♪ Schulungsstätte für Musiker; **Konserve** w (~; ~n) haltbar und keimfrei gemachtes Lebensmittel („Dauerware"); gespeichertes Bild; ♪ gespeicherter Ton; ⚕ ⚕ Blutkonserve; **konservieren** ZW (-rte, -rt) ↗ haltbar machen; w. s.: **Konservierung** (~; ~en).
Konsideration w (~; ~en) (lat.) Überlegung.
Konsignatar m (~; ~e) (lat.) Überseekaufmann, der Waren weiterverkauft; **Konsignation** w (~; ~en) Warenübergabe zum Verkauf oder Lagern (in Übersee); **konsignieren** ZW (-rte, -rt) ↗ beglaubigen; Waren zum Weiterverkauf übermitteln; ✕ mit Sonderauftrag abschicken.
Konsiliarius m (~; -ri|i) (lat.) ⚕ zum Kolloquium herbeigerufener (2., 3.) Arzt; **Konsilium** s (~s; -li|en) Rat; Beratung (⚕ mehrerer Ärzte über einen schwierigen Fall).
konsistent EW (lat.) haltbar, fest; widerspruchslos. **Konsistenz** w (~; –) Dichte; Zusammenhang; Freiheit von Widersprüchen; Beständigkeit; Fließ- und Verformungseigenschaften eines Stoffes.
Konsistorialrat m (~[e]s; -räte) (lat.-d.) † Beamter in der evang. Kirche; **Konsistorium** s (~s; -ri|en) (lat.) † Kirchenbehörde; Kardinalskollegium; oberste Kirchenverwaltung.
Konsol[1] m (~s; ~s) (lat.-e.) Schuldschein für privatisierte Schuld.
Konsol[2] s (~s; ~e), **Konsole** w (~; ~n) (fr.) □ Kragstein als Unterlage für Bauteile; Wandgestell, -brett, -tischchen.
Konsolidation w (~; ~en) (lat.) Bildung einer Gesamtanleihe aus mehreren Anleihen; Umwandlung von Staatsschulden in eine Einheit; Fortbestand des Anrechts an einem Grundstück auch nach Besitzerwechsel; ⚕ Gewebeverknöcherung nach Frakturen; Zusammenpressung, -faltung der Erdkruste; **konsolidieren** ZW (-rte, -rt) ↗ befestigen, sichern; Grundstücke zusammenlegen; Staatsanleihen vereinigen (*konsolidierte Anleihe*); kurz- in langfristige Schulden umwandeln; **Konsolidierung** w (~; ~en) Umwandlung von kurz- in langfristige Schulden; aus mehreren Anleihen zusammengelegte Anleihe; vgl. → Konsolidation; **Konsols** M (e. KW) = konsolidierte Staatsschuldverschreibungen (= → Konsol).

Konsommee w (~; ~s) (fr.) [*koñ*-] Kraftbrühe.
Konsonant m (~en; ~en) (lat.) Mitlaut (Ggs.: *Vokal*); **konsonant** EW übereinstimmend; ♪ harmonisch; **konsonantisch** EW Mitlaut...; **Konsonanz** w (~; ~en) ♪ Tonharmonie (Ggs.: *Dissonanz*); Mitlauthäufung; **konsonierend** EW klingend (*k.es Geräusch* Gerassel).
Konsorte m (~n; ~n) (lat.) (Schicksals-) Genosse; **Konsortialgeschäft** s (~[e]s; ~e) (lat.-d.) gemeinsames Geschäft mehrerer; Partizipationsgeschäft; **Konsortialquote** w (~; ~n) Anteil einer jeden teilhabenden Gesellschaft; **Konsortium** s (~s; -ti|en) Gesellschaft mehrerer Banken (Kaufleute).
Konsoziation w (~; ~en) (lat.) feste Wortformel.
Konspekt m (~[e]s; ~e) (lat.) (übersichtliches) Verzeichnis.
konspergieren ZW (-rte, -rt) ↗ (lat.) (eben zubereitete Pillen) bestreuen.
konspezifisch EW (lat.) zur selben Art gehörig.
Konspirant m (~en; ~en) (lat.) Verschwörer; **Konspiration** w (~; ~en) Verschwörung; EW: **konspirativ;** ZW: **konspirieren** (-rte, -rt) ↙.
Konstabler m (~s; ~) (lat.-fr.-e.) e., am. Polizist.
konstant EW (lat.) beständig (*k.e Größe* ⚔ unveränderliche Zahl); **Konstantan** s (~s; –) (KuW) Kupfer-Nickel-Legierung (für Schiebewiderstände); **Konstante** w (~; ~n) ⚔ unveränderliche Größe; fester Wert; **Konstanz** w (~; –) Beständigkeit.
konstatieren ZW (-rte, -rt) ↗ (lat.) feststellen.
Konstellation w (~; ~en) (lat.) Lage; Stellung der Himmelskörper zueinander; **konstellieren** ZW (-rte, -rt) ↙.
konsterniert EW (lat.) peinlich überrascht; verwirrt.
Konstipation w (~; ~en) (lat.) ⚕ Verstopfung.
Konstituante w (~; ~n) (lat.)verfassunggebende Versammlung; **Konstituente** w (~; ~n) Spracheinheit in einem größeren Kontext; **konstituieren** ZW (-rte, -rt) ↗ gründen (*k.de Versammlung* Vorparlament); fest-, zusammensetzen; ⤳ zur Erledigung einer Aufgabe zusammentreten; **Konstitution** w (~; ~en) Verfassung(s|urkunde); alle Körpereigenschaften; Satzung; † Papst-, Konzilerlaß; ⚛ Atomanordnung von Molekülen in Verbindungen; **Konstitutionalismus** m (~; –)

Monarchie (Staat) mit Verfassung; **konstitutionell** EW verfassungsmäßig; in der (durch die) (Körper-)Anlage; **Konstitutions|type** w (~; ~n) ⚕ Körperbaugrundform; **konstitutiv** EW die Erfahrung (das Denken) begründend; unerläßlich; grundlegend; rechtsbegründend.
Konstriktion w (~; ~en) (lat.) Körperzusammenziehung; **Konstriktor** m (~s; -toren) ⚕ Schließmuskel; **konstringieren** ZW (-rte, -rt) ↗ zusammenziehen.
konstruieren ZW (-rte, -rt) ↗ (lat.) aufbauen; entwerfen; ⚔ aus gegebenen Teilen zusammensetzen; Abhängigkeit eines Wortes im Satz feststellen und entsprechend übersetzen; **Konstrukt** s (~s; ~e) ¢ Hilfskonstruktion; **Konstrukteur** m (~s; ~e) [*-tör*] Erbauer, Erfinder; **Konstruktion** w (~; ~en) Aufriß; Werkskizze; Bauweise; Zusammensetzung; Aufbau eines Satzes (Begriffssystems); unrealistischer Gedankengang; **konstruktiv** EW aufbaufördernd, logisch entwickelnd (*k.es Mißtrauensvotum* Abwahl des Bundeskanzlers); **Konstruktivismus** m (~; –) ▢ mit Zirkel und Lineal arbeitende Kunstrichtung; funktionsbestimmtes Bauen; m. s.: **Konstruktivist** (~en; ~en); EW: **konstruktivistisch**.
Konsul m (~s; ~n) (lat.) röm. Staatslenker; Auslandsvertreter; EW: **konsular; Konsulargerichtsbarkeit** w (~; –) richterliche Befugnisse einer Auslandsvertretung; **konsularisch** EW = → konsular; **Konsulat** s (~[e]s; ~e) Auslandsvertretung; **Konsulent** m (~en; ~en) Rechtsberater; **Konsultation** w (~; ~en) Meinungsaustausch; Fachberatung (bes. ⚵); EW: **konsultativ; Konsultativpakt** m (~[e]s; ~e) Staatenbündnis mit gegenseitiger Beratung und Konsultation; **konsultieren** ZW (-rte, -rt) ↗ um Rat fragen; w. s.: **Konsultierung** (~; ~en); **Konsultor** m (~s; -toren) † Kardinals-, Bischofsberater.
Konsum m (~[e]s; –) (lat.) Verbrauch; **Konsumation** w (~; –) Konsum als Lebensform; **Konsument** m (~en; ~en) Verbraucher; **Konsumerismus** m (~; –) (KuW) kritische Verbraucherbewegung; **Konsumfinanzierung** w (~; ~en) Art der Teilzahlung; **konsumieren** ZW (-rte, -rt) ↗ verbrauchen; **Konsumkredit** m (~[e]s; ~e) Geldverleihung für Ankauf von Verbrauchsgütern; **Konsum(p)tion** w (~; ~en) Verbrauch; Ausreichen *eines* Tatbestan-

des für die strafrechtliche Verfolgung; **Konsum(p)tionskrankheit** w (~; ~en) ✚ zehrende Krankheit; **konsum(p)tiv** EW für den Verbrauch; **Konsumquote** w (~; ~n) Verhältnis von Einkommen zu Verbrauchsausgaben.

Kontagion w (~; ~en) (lat.) ✚ Ansteckung; **kontagiös** EW ✚ ansteckend; w. s.: **Kontagiosität** (~; -); **Kontagium** s (~s; -gi|en) = → Kontagion.

Kontakt m (~[e]s; ~e) (lat.) Berührung; Verbindung (zur Stromleitung); **Kontakt|adresse** w (~; ~n) Anschrift, über die Informationen weitergegeben werden; **kontakten** ZW (-ktete, -ktet) ✓ ↗ neue Geschäftsbeziehungen suchen (herstellen); **Kontakter** m (~s; ~) Werbefachmann; **Kontaktgift** s (~[e]s; ~e) wird durch den Vergifteten übertragen; **Kontaktglas** s (~es; -gläser) Haftglas; **Kontakt|hof** m (~[e]s; -höfe) abgegrenztes Areal, auf dem Prostituierte mit Kunden zusammentreffen; **kontaktieren** ZW (-rte, -rt) ✓ ↗ Beziehungen suchen (herstellen); **Kontakt|infektion** w (~; ~en) ✚ Ansteckung durch Berührung; **Kontakt|insektizid** s (~s; ~e) Insektengift, durch Berührung verbreitet; **Kontakt|ionisation** w (~; ~en) Ionisation an einer heißen Metalloberfläche; **Kontaktlinse** w (~; ~n) Haftglas; **Kontaktmann** m (~[e]s; -männer) Verbindungsmann; **Kontaktmetamorphose** w (~; ~n) Umwandlung durch Berührung mit Eruptivgestein; EW: **kontaktmetamorph**; **Kontaktmineral** s (~s; -i|en) durch Berührung mit Eruptivgestein entstandenes Mineral; **Kontaktperson** w (~; ~en) wer als Mittelsmann fungiert; ✚ ansteckende Person; **Kontaktpflege** w (~; -) bewußte Fortführung der Beziehung; **Kontaktschwelle** w (~; ~n) Verkehrsampelsteuerung auf der Fahrbahn; **Kontaktspannung** w (~; ~en) elektr. Spannung aus Kontaktelektrizität; **Kontaktthermometer** s (~s; ~) (lat.-gr.) Temperaturmesser, der bei bestimmter Temperatur durch Kontakt Steuerungsfunktion übernimmt; **Kontaktzaun** m (~[e]s; -zäune) gibt Warnsignal bei Berührung.

Kontamination w (~; ~en) (lat.) ✚ Berührung gesundheitsschädlicher Stoffe; radioaktive Verseuchung; Verschmelzung zweier literar. Vorlagen (Wörter); ZW: **kontaminieren** (-rte, -rt) ↗.

kontant EW (lat.) (gegen) bar *(per k.)*; **Kontantgeschäft** = → Komptantge-schäft; **Kontanten** M Bargeld als Handelsware.

Kontemplation w (~; ~en) (lat.) Betrachtung (nach innen); Sichversenken; **kontemplativ** EW beschaulich.

kontemporär EW (lat.) zeitgenössisch.

Kontenance w (~; -) (fr.) [*-nãß*] Gelassenheit; gute Haltung in schwieriger Lage *(K. bewahren)*.

Kontenplan m (~[e]s; -pläne) (it.-d.) Konten in doppelter Buchführung.

kontent EW (lat.) zufrieden; **Kontenten** M (lat.) ♎ Ladelisten; **kontentieren** ZW (-rte, -rt) ↗ bezahlen, zufriedenstellen.

Konter m (~s; ~) (lat.-e.) Gegenschlag beim Wettkampf; **Konter|admiral** m (~s; ~e) (lat.-fr.) ⚔ Flaggoffizier; **Konter|apparat** m (~[e]s; ~e) Flachdruckabziehpresse; **Konterbande** w (~; ~n) Schmuggelware; Bannware im Seekrieg.

Konterfei s (~s; ~s) (fr.) ∪ Bild(nis); ZW: **konterfeien** (-feite, -feit) ↗.

konterkarieren ZW (-rte, -rt) ✓ (fr.) Vorstoß des Gegners durchkreuzen; ↗ ↓ hintertreiben.

Kontermine w (~; ~n) (fr.) Gegenzug; Baissespekulantengruppe; ZW: **konterminieren** (-rte, -rt) ✓; **Kontermutter** w (~; ~n) (lat.-d.) Schraubenmutter als Halt der ersten Mutter.

kontern ZW (-rte, gekontert) ✓ (e.) aus der Abwehr heraus angreifen; zurückschlagen; schnell antworten (auch ↗); Druckbild umdrehen.

Konterrevolution w (~; ~en) (lat.) Gegenaufstand; m. s.: **Konterrevolutionär** (~s; ~e); EW: **konterrevolutionär**; **Konterschlag** m (~[e]s; -schläge) Gegenschlag.

kontestabel EW (lat.) angreifbar ↓; **Kontestation** w (~; ~en) Anzweiflung geltender Gesellschaftsnormen; Anfechtung; **kontestieren** ZW (-rte, -rt) ↗ mit Zeugen widerlegen; anzweifeln, negieren.

Kontext m (~[e]s; ~e) (lat.) Satzzusammenhänge, in denen ein Wort steht; EW: **kontextu|ell**; **Kontextualismus** m (~; -) Text- und Sprachanalyse aus dem Zusammenhang.

kontieren ZW (-rte, -rt) ↗ (lat.-it.) verbuchen; Konto angeben (einrichten); Zoll stunden; w. s.: **Kontierung** (~; ~en).

Kontiguität w (~; -) (lat.) Nebeneinander von Erlebnisinhalten.

Kontinent m (~[e]s; ~e) (lat.) Erdteil; Festland; EW: **kontinental**; **Kontinentaldrift** w (~; -) allmähliche Verlagerung großer Landmassen; **Kontinentalität** w (~; ~en) Erdoberflächenerscheinung, die vom Kontinent herstammt; = **Kontinentalklima** s (~s; -mata) Festlandwitterung; **Kontinenz** w (~; –) ⚥ Fähigkeit, Körperausscheidungen zurückzuhalten.

Kontingent s (~[e]s; ~e) (lat.) (Pflicht-)Beitrag, Anteil; (Höchst-)Menge; ⚔ aufzubringende Truppenzahl; festgelegte Zuteilung; **kontingent** EW zufällig; benachbart; **kontingentieren** ZW (-rte, -rt) ↗ genau ein-, zuteilen (Waren ~); **Kontingentierung** w (~; ~en) Zuteilung beschränkt vorhandener Waren; **Kontingentierungskartell** s (~s; ~e) Kartell mit Absatzbeteiligung der Mitglieder; **Kontingenz** w (~; –) Möglichkeit zu sein und nicht zu sein; Zufälligkeit.

Kontinuation w (~; ~en) (lat.) Fortsetzung; **kontinuieren** ZW (-rte, -rt) ↗ fortsetzen, den Zusammenhang wahren (*k.de Darstellung* Zusammenfassung einander folgender Handlungen auf *einem* Bild); **kontinuierlich** EW stetig, unaufhörlich (*k.er Bruch* ⚔ Kettenbruch); **Kontinuität** w (~; ~en) Stetigkeit einer sich verändernden Reihe; **Kontinu|um** s (~s; -nua/-nu|en) ununterbrochener Zusammenhang; ⚔ aus fortlaufend verbundenen Punkten entstehende Figur.

Konto s (~s; -ten/-ti) (it.) Gegenüberstellung von Soll und Haben; **Kontokorrent** s (~s; ~e) (lat.-it., = laufende Rechnung) Geschäftsverkehr zwischen Bank und Bankkunden, laufende Rechnung; Buchhaltungsbuch für Schuldner und Gläubiger; **Kontokorrentkonto** s (~s; -ten) Bankkonto für den Kunden; **Kontokorrentkredit** m (~[e]s; ~e) kurzfristiger Bankkredit; **Kontor** s (~s; ~e) (fr.) Büro ↓; **Kontorist** m (~en; ~en) Büroangestellter; w. s.: **Kontoristin** (~; ~nen).

Kontorsion w (~; ~en) (lat.) ⚥ Verdrehung, Verrenkung; EW: **kontort** ⚥, ⚕.

Kontra s (~s; ~s) (lat.) Gegenspiel (*K geben* Widerspruch leisten); **Kontrabaß** m (-sses; -bässe) (lat.-it.) ♪ Baßstreichinstrument; **Kontradiktion** w (~; ~en) Widerspruch; Gegenteil einer Aussage; **kontradiktorisch** EW gegensätzlich (*k.es Verfahren* Behördenstreit, bei dem jede Partei vor dem Urteil ihren Standpunkt darlegen darf; sein Ergebnis: *k.es Urteil*); **Kontrafakt** s (~[e]s; ~e) = → Kontrafaktur; **Kontrafaktion** w (~; ~en) betrügerische Nachahmung; **Kontrafaktur** w (~;

~en) ♪ Umwandlung eines weltlichen Liedes in ein geistliches (oder umgekehrt); **Kontrahage** w (~; ~n) (lat.-fr.) [*-âsche*] (Aufreizung zum) Zweikampf; **Kontrahent** m (~en; ~en) Vertragspartner; Zweikampfgegner; Rivale; **kontrahieren** ZW (-rte, -rt) ↙ Vertrag schließen; ↗ zum Zweikampf fordern; zusammenziehen; **Kontra|indikation** w (~; ~en) ⚥ Gegenanzeige, die eine bestimmte Therapie ausschließt; **kontra|indizieren** ZW (-rte, -rt) ↗ ⚥ als Therapie ausschließen; MW II: **kontra|indiziert** ⚥ nicht anwendbar.

Kontrakt m (~[e]s; ~e) (lat.) Vertrag (-s|urkunde); **kontrakt** EW ⚥ gelähmt; **kontraktil** EW zusammenziehbar; w. s.: **Kontraktilität** (~; –); **Kontraktion** w (~; ~en) Zusammenziehung (zweier Laute; ⚥ von Muskeln); Geld-, Kreditminderung; Schrumpfung durch Austrocknung; **Kontraktions|theorie** w (~; –) (lat.-gr.) Ansicht, die Erdkrustenbewegungen stammen von der Abkühlung des Erdkerns; **kontraktlich** EW durch Vertrag; **Kontraktur** w (~; ~en) ⚥ Gelenkbeschränkung, -lähmung, -krümmung.

kontralateral EW (lat.) ⚥ auf der Gegenseite; **Kontra|oktave** w (~; –) ♪ Tonleiter von C' bis H'; **Kontraposition** w (~; ~en) Umkehrung der Aussage, die ihre Richtigkeit nicht antastet; **Kontrapost** m (~[e]s; ~e) (lat.-it.) ausgeglichene Körperhaltung in der Darstellung Stehender; **Kontrapunkt** m (~[e]s; ~e) (lat., = Note gegen Note) ♪ Prinzip der Stimmenführung unter Beibehaltung der melodischen Eigengesetzlichkeit jeder Stimme; ZW: **kontrapunktieren** (-rte, rt) ↗; **Kontrapunktik** w (~; –) ♪ Lehre vom Kontrapunkt; EW: **kontrapunktisch** = **kontrapunktistisch** ♪.

konträr EW (lat.-fr.) gegensätzlich (*k.e Sexualempfindung* Homosexualität); w. s.: **Kontrari|etät** (~; –) Hindernis; **Kontrariposte** w (~; ~n) – ↘ Kontroriposte; **Kontraselektion** w (~; ~en) Gegenauslese; **Kontrasignatur** w (~; ~en) Gegenzeichnung; ZW: **kontrasignieren** (-rte, -rt) ↗.

Kontrast m (~[e]s; ~e) (lat.) Gegensatz; ⚥ Reiz durch Wechsel von Warm und Kalt, Hell und Dunkel; **kontrastieren** ZW (-rte, -rt) ↙ (it.-fr.) Gegensatz bilden; abstechen; **Kontrastfilter** m (~s; ~) zum Verstärken von Farbkontrasten beim Fotografieren; **Kontrastmittel** s (~s; ~) ⚥ strahlenundurchlässige Substanz zur Markierung von zu durchleuchtenden Hohlräumen; **Kontrastprogramm** s (~s; ~e) unterschiedliche Sendungsfolge in gleichen Medien; **Kontrastregler** m (~s; ~) Gerät zum Verstellen der Bildsignalamplitude von Fernsehgeräten.

kontravenieren ZW (-rte, -rt) ✓ (lat.) Vertrag (Gesetz) verletzen ↓; **Kontravention** w (~; ~en) Zuwiderhandlung (gegen Vertrag, Gesetz) ↓.

Kontrazeption w (~; ~en) (lat.) Empfängnisverhütung; EW: **kontrazeptiv** = → antikonzeptionell; **Kontrazeptiva** M ⚕ Mittel zur Empfängnisverhütung.

Kontribu|ent m (~en; ~en) (lat.) Steuerzahler ↓; **kontribuieren** ZW (-rte, -rt) ↗ beisteuern; **Kontribution** w (~; ~en) Vermögenssteuer in Monarchien ↓.

kontrieren ZW (-rte, -rt) (lat.) ✓ Kontra geben (beim Kartenspiel).

Kontrition w (~; ~en) (lat.) † Reue.

Kontrolle w (~; ~n) (lat.-fr.) laufende Überprüfung; **Kontroller** m (~s; ~) (e.) Fahrschalter zur elektr. Antriebsschaltung; **Kontrolleur** m (~s; ~e) (fr.) [-llör] Aufsichtsbeamter; **kontrollieren** ZW (-rte, -rt) ↗ überwachen; beaufsichtigen; **Kontrollkommission** w (~; ~en) Überwachungsausschuß; **Kontrollturm** m (~es; -türme) Flugsicherungsgebäude der Flughäfen; **Kontrollzentrale** w (~; ~n) Hauptprüfstelle (für Raumfahrer); **Kontroriposte** w (~; ~n) (lat.-it.-fr.) Gegenhieb; **kontrovers** EW strittig; **Kontroverse** w (~; ~n) Streit; Meinungsverschiedenheit; **Kontrovers|theologe** m (~n; ~n) † Theologe, der die Unterschiede der Konfessionen untersucht; w. s.: **Kontrovers|theologie** (~; -); EW: **kontrovers|theologisch**.

Kontumazialverfahren s (~s; ~) (lat.-d.) Gerichtsverfahren gegen einen nicht anwesenden Beschuldigten.

kontundieren ZW (-rte, -rt) ↗ (lat.) ⚕ quetschen.

Kontur w (~; ~en) (fr.) Umriß; ZW: **konturieren** (-rte, -rt) ↗; **Konturenschärfe** w (~; -) Meßgröße zur Feststellung der Abbildungsschärfe.

Kontusion w (~; ~en) (lat.) ⚕ Quetschung.

Konus m (~; -nen/-ni/~se) (lat.) ⊿ Kegel(stumpf); oberster Teil der Druckletter.

Konvaleszenz w (~; ~en) (lat.) Pubertät; ⚕ Genesung; Gültigwerden eines bisher ungültigen Rechtsgeschäftes.

Konvalidation w (~; ~en) (lat.) kath. † Anerkennung einer früher geschlossenen Ehe.

Konvari|etät w (~; ~en) (lat.) ⚘ mehrere einander ähnliche Sorten von Kulturpflanzengruppen.

Konvektion w (~; ~en) (lat.) Wärmeströmung; Elektrizitätsbewegung; vertikale Luft-, Wasserbewegung; EW: **konvektiv; Konvektor** m (~s; -toren) niedriger Heizkörper.

konvenabel EW (lat.) passend; **Konveni|enz** w (~; ~en) Schicklichkeit; **konvenieren** ZW (-rte, -rt) ✓ passen; **Konvent** m (~[e]s; ~e) Zusammenkunft; Versammlung; **Konventikel** s (~s; ~) geheimes Treffen; Erbauungsrunde; **Konvention** w (~; ~en) Übereinkommen; Staatsvertrag; EW: **konventional; Konventionalismus** m (~; -) Überzeugung, daß sich die Erfahrungstatsachen nach dem Prinzip der größten Denkeinfachheit verknüpfen; m. s.: **Konventionalist** (~en; ~en); EW: **konventionalistisch; Konventionalstrafe** w (~; ~n) vereinbartes Bußgeld; **konventionell** EW herkömmlich; **Konventionsfuß** m (~es; -) vertraglich verbürgter Münzfeingehalt.

Konventuale m (~n; ~n) (lat.) † (stimmberechtigter) Mönch.

konvergent EW (lat.) zusammenstrebend, -laufend; übereinstimmend (Ggs.: *divergent*; k.e Reihe ⊿ unendliche Reihe, die einen Grenzwert zustrebt; k.e Linien streben dem gemeinsamen Schnittpunkt zu); **Konvergenz** w (~; ~en) Annäherung; Ausrichtung von (Licht-)Strahlen auf einen Punkt; Übereinstimmung; Ähnlichwerden unähnlicher Organismen; **Konvergenztheorie** w (~; -) Glauben an die langsame Annäherung und schließliche Vermischung der Wirtschafts- und Gesellschaftssysteme; ZW: **konvergieren** (-rte, -rt) ✓.

Konversation w (~; ~en) (lat.) (gesellschaftliche) Unterhaltung (*K. machen*); **Konversationslexikon** s (~s; -ka) Nachschlagewerk; **Konverse** m (~n; ~n) † Laienbruder; **konversieren** ZW (-rte, -rt) ✓ sich unterhalten ↓; **Konversion** w (~; ~en) Umwandlung, Abänderung; Änderung der Schuldverschreibungsbedingungen; † Konfessionswechsel; Umformung unbewältigter Komplexe zu Fehlhandlungen; Entwicklung neuer spaltbarer Stoffe.

Konverter m (~s; ~) (lat.-fr.-e.) Kippbirne zur Stahlerzeugung; Rundfunkgerät mit Frequenztransformator; Gleichspannungswandler; Kernreaktor, der spaltbares Material herstellt, das jedoch nicht das verbrauchte ersetzen kann; **konvertibel** EW austauschbar; **Konvertibilität** w (~; ~en) gesetzliche Umtauschmöglichkeit für Währungen, = **Konvertierbarkeit** w (~; -); **konvertieren** ZW (-rte, -rt) ∠ den Glauben wechseln; (Währung, Schulden) umwandeln; w. s.: **Konvertierung** (~; ~en); **Konvertit** m (~en; ~en) † zu anderem Bekenntnis Übergetretener.

konvex EW (lat.) nach außen gewölbt, bauchig (Ggs: *konkav*); w. s.: **Konvexität** (~; -).

Konvikt s (~[e]s; ~e) (lat.) † Gemeinschaftshaus für studierende Theologen; **Konviktion** w (~; ~en) Überzeugung; ↓ Überführung eines Beschuldigten; **Konviktuale** m (~n; ~n) † Konviktsmitglied.

Konvivium s (~s; -via/-vi|en) (lat.) Zecherei; Gastmahl ↓.

Konvoi m (~s; ~s) (lat.-fr.) Geleitzug.

Konvolut s (~s; ~e) (lat.) Bündel von Papieren; ≴ Darmgeschlinge; **Konvolute** w (~; ~n) □ Säulenschnecke.

Konvulsion w (~; ~en) (lat.) ≴ Krampf durch Gehirnschädigung; EW: **konvulsiv(isch)**.

konzedieren ZW (-rte, -rt) ↗ (lat.) zugestehen, einräumen.

konzelebrieren ZW (-rte, -rt) (lat.) ↗ kath. † Messe mit mehreren Priestern feiern.

Konzentrat s (~[e]s; ~e) (lat.) ⚗ eingedickte Lösung, Verdichtung; **Konzentration** w (~; ~en) Zusammenfassung; Sammlung; ⚗ Gehalt an gelöstem Stoff; Ballung von Wirtschaftsunternehmen; auf *eine* Sache gerichtete scharfe Aufmerksamkeit; **Konzentrationslager** s (~s; ~; ∉ *KZ*) Straflager für wegen ihrer Weltanschauung Verfolgte; **konzentrieren** ZW (-rte, -rt) ↗ ballen; ⚗ Lösung durch abdampfendes Lösungsmittel anreichern; ✂ sich sammeln; MW II: **konzentriert** ⚗ angereichert; aufmerksam; **konzentrisch** EW mit dem gleichen Mittelpunkt; w. abstr. s.: **Konzentrität** (~; –).

Konzept s (~[e]s; ~e) (lat.) Entwurf; **Konzeption** w (~; ~en) gedankliche Vorstellung; Befruchtung; EW: **konzeptionell**; **Konzeptismus** m (~; -) manierierbert Barockstil.

Konzern m (~s; ~e) (lat.-e.) Zusammenschluß unabhängiger wirtschaftlicher Unternehmen zur Zusammenarbeit; ZW: **konzernieren** (-rte, -rt) ↗ ∠.

Konzert s (~[e]s; ~e) (lat.-it., = Kampf) ♪ Vorführung von Musikwerken im geschlossenen Kreis (gegen Entgelt); ♪ Komposition für Solo|instrument mit Orchester; **Konzertagentur** w (~; -turen) vereinbart Konzerte und verkauft die Eintrittskarten; **konzertant** EW ♪ konzertartig virtuos dargeboten; **konzertieren** ZW (-rte, -rt) ∠ ♪ ein mehrstimmiges Musikwerk zusammen spielen; **konzertiert** MW aufeinander abgestimmt *(k.e Aktion)*; **Konzertina** w (~; -nen) Ziehharmonika mit chromatischer Skala.

Konzession w (~; ~en) (lat.) Zugeständnis, Erlaubnis; Übertragung von Hoheitsrechten auf Privatpersonen; Nutzungsrecht; Erlaubnis zur Ausübung einer monopolisierten Tätigkeit (eines Gewerbes); **Konzessionär** m (~s; ~e) Konzessionsinhaber; **konzessionieren** ZW (-rte, -rt) ↗ behördlich zulassen; **konzessiv** EW einräumend; **Konzessivsatz** m (~es; -sätze) Einräumungssatz.

Konzil s (~s; ~e/-li|en) (lat.) † Kirchenführerversammlung (*ökumenisches K.* vom Papst einberufen und geleitet); Gremium von Vertretern aller Universitätsangehörigen; **konziliant** EW entgegenkommend; w. s.: **Konzilianz** (~; ~en); **Konziliarismus** m (~; -) † Annahme, der Papst unterstehe dem Konzil; **Konzils|kongregation** w (~; ~en) † Kardinalsausschuß.

Konzipi|ent m (~en; ~en) = → Konzipist ↓; **konzipieren** ZW (-rte, -rt) ↗ (lat.) entwerfen; ∠ geschwängert werden; **Konzipist** m (~en; ~en) Autor; jurist. Mitarbeiter.

konzis(e) EW (lat.) gedrängt, kurz.

Ko-op w (~-~; ~-~s) ∉ **Koop**erative Schule; **Ko|operation** w (~; ~en) (lat.-am.) Zusammenarbeit; EW: **kooperativ**; **Ko|operationsspiel** ⚂ ([c]s; ~e) neuartige Spielidee ohne Sieger und Verlierer; **Ko|operator** m (~s; -toren) † Hilfsgeistlicher; Mitarbeiter; **ko|operieren** ZW (-rte, -rt) ∠ zusammenarbeiten.

Ko|optation w (~; ~en) (lat.) Zuwahl; **ko|optieren** ZW (-rte, -rt) ↗ zuwählen.

Ko|ordinate w (~; ~n) ⋖ die Punktlage in Raum und Fläche bestimmende Zahl; **Ko|ordinatensystem** s (~s; ~e) (lat.-gr.) System einander zugeordneter Linien (Punkte); **Ko|ordination** w

Ko|ordinator

(~; ~en) Beiordnung; Verständigung untereinander; $ Muskelspiel; **Koordinator** m (~s; -toren) wer (beim Fernsehen, Rundfunk, in Ausschüssen, Behörden, Arbeitskreisen) die verschiedenen Vorhaben (Programme) sinnvoll aufeinander abstimmt; **ko|ordinieren** ZW (-rte, -rt) ↗ aufeinander abstimmen; gemeinsam einbauen, -fügen (*ko|ordinierte Begriffe* gleichwertige, gleich allgemeine Begriffe; *k.de Konjunktion* nebenordnendes Bindewort).

Kopaivabalsam m (~s; –) (ind.-heb.) Harz eines trop. Baumes (Heilmittel, Lackrohstoff).

Kopal m (~s; ~e) (ind.-sp.-e.) Harzart zur Lack-, Firnisbereitung.

Köper m (~s; ~) (nl.) schräggestreiftes Mischgewebe [in **Köperbindung** w (~; –) (nl.(-d.) eine Webart].

kopernikanisch EW (nach dem schles. Astronomen Nikolaus *Koppernigk*, 1473–1543) weltbewegend, umstürzend (*eine k.e Entdeckung; das k.e Weltsystem* Kreisen der Planeten und der Erde um die Sonne).

Kophosis w (~; –) (gr.) $ Gehörlosigkeit.

Kophta m (~; ~s) (?) geheimnisvoller äg. Weiser; EW: **kophtisch**.

Kopialbuch s (~es; -bücher) Sammlung von Urkundenabschriften; **Kopie** w (~; -i|en) (lat.) Ab-, Durchschrift; Ableuchtung; Imitation; Nachbildung; Filmabzug; Lichtpause; **Kopier|effekt** m (~[e]s; ~e) ungewollte Aufzeichnung durch Ausstrahlung des Magnetfeldes (bei der Datenverarbeitung); **kopieren** ZW (-rte, -rt) ↗ nachbilden; ab-, durchschreiben; **Kopierer** m (~s; ~) Gerät zum Kopieren von Gedrucktem; **Kopierstift** m (~[e]s; ~e) mit schwer radierbarer Schrift schreibender Stift.

Kopilot m (~en; ~en) (lat.-fr.) 2. Flugzeug-, Last-, Rennwagen-, Lokomotivführer.

Kopiopie w (~; -i|en) (gr.) $ Sehschwäche.

kopiös EW (lat.) massenhaft.

Kopist m (~en; ~en) (lat.) Abschreiber; Vervielfältiger.

Kopra w (~; –) (i.) getrocknetes Kokosnußfleisch.

Koprämie w (~; -i|en) (lat.) $ Selbstvergiftung durch anhaltende Verstopfung; **Kopremesis** w (~; –) (gr.) $ Koterbrechen.

Koproduktion w (~; ~en) (lat.) Zusammenarbeit; gemeinsames Schaffen; **Koproduzent** m (~en; ~en) Mithersteller; **koproduzieren** ZW (-rte, -rt) ↗ gemeinsam schaffen.

Koprolagnie w (~; –) (gr.-lat.) sexuelle Erregung durch Berührung von Exkrementen; **Koprolith** m (~en/~s; ~e[n]) (gr.) versteinerter Kot; **Koprom** s (~s; ~e) (gr.) $ angesammelter Kot im Darm; **koprophag** EW kotessend; **koprophil** EW am eigenen Kot übermäßig interessiert; **koprophob** EW Angst vor Kotberührung; **Koprostase** w (~; ~n) $ Kotstauung im Darm; EW: **koprostatisch**.

Kops m (~es; ~e) (e.) (aufgewickelter) Garnkörper.

Kopte m (~n; ~n) (gr.-ar.) christlicher Ägypter; EW: **koptisch**; **Koptologe** m (~n; ~n) Erforscher der kopt. Sprache und Literatur; **Koptologie** w (~; –).

Kopula w (~; -lae) (lat., = Band) Hilfszeitwort „sein"; tierische Begattung; **Kopulation** w (~; ~en) (lat.) Paarung; Verbindung; Verschmelzung (der Zellen); ⚘ Veredelungsart; EW: **kopulativ**; **Kopulativum** s (~s; -va) Additionswort; ZW: **kopulieren** (-rte, -rt) ↗ zusammenfügen; verheiraten.

Koralle w (~; ~n) (gr.-lat.) festsitzendes Nesseltier im Meer; sein Kalkskelett; **koralle** EW korallenfarben ←; **korallen** EW aus (wie) Korallen; **korallogen** EW aus Korallen.

Koran m (~s; –) (ar., = Lesung) heilige Schrift des Islam.

Kord m (~[e]s; ~e) (gr.-lat.-e.) geripptes Gewebe von besonderer Haltbarkeit; **Korde** w (~; ~n) Schnurbesatz.

Kordel w (~; ~n) (fr.) Schnur.

kordial EW (lat.) herzlich; w. s.: **Kordialität** (~; ~en).

kordieren ZW (-rte, -rt) ↗ (fr.) Feinmetalldraht zur Schnur kerben; Handgriffe aufrauhen, um sie griffig zu machen.

Kordi|erit m (~s; ~e) (nach fr. Geologen † 1861) ein Edelstein.

Kordon m (~s; ~s) (fr., = Schnur) [-*doñ*] Absperrungskette; Spalierbaum; Ordensschärpe; **Kordonettseide** w (~; ~n) Knopflochseide.

Korduan s (~s; –) (nach einem sp. ON) weiches Leder.

Kore w (~; ~n) (gr.) [-*rē*] w. Gewandstatue.

Korea|peitsche w (~; ~n) (nach dem as. Land *Korea;* slaw.-d.) Bürsten(haar)schnitt.

Koriander m (~s; ~) (gr.-lat.) ⚘ Gewürzpflanze.

Korinthe w (~; ~n) (nach dem ON einer gr. Stadt) eingetrocknete Weintraube.
Kork m (~es; ~e) (sp.) Korkeichengewebe.
korken ZW (-rkte, gekorkt) ↗ (sp.-d.) unmöglich machen.
Korkett s (~[e]s; ~e) (sp.-it.) Fußbodenbelag aus zerhacktem Kork.
Kormoran m (~[e]s; ~e) (lat.-fr.) Schwimmvogel; Luft-Boden-Flugkörper.
Kormus m (~; ~) (lat.) ⊕ gegliederte Pflanze (Wurzel–Stengel–Blätter).
Kornak m (~s; ~s) (singh.-port.-fr.) Elefantenführer.
Kornea w (~; -ne|en) (lat.) ⚕ Hornhaut des Auges; **Kornea|kontaktschale** w (~; ~n) Haftschale aus Plastik (DDR).
Kornelle w (~; ~n) (lat.-fr.), = **Kornelkirsche** w (~; ~n) ⊕ Steinfruchtgewächs.
Korner m (~s; ~) (lat.-fr.-e.) Kursanstieg gegen die Baissespekulanten.
Kornett s (~[e]s; ~e/~s) (it.) ♪ Blechblasinstrument; m (~s; ~e) (sp.) ⚔ Fähnrich zu Pferde ↓.
Korolla, -lle w (~; -llen) (gr.-lat.) ⊕ Blütenkrone; **Korollar(ium)** s (~s; ~e/-ria) Folgesatz.
Koromandelholz s (~es; -hölzer) (nach i. Küstenregion) trop. Edelholz.
Korona w (~; -nen) (lat.) Strahlenhof um die Sonne; fröhliche Gesellschaft; Glimmentladung an elektr. Leitungen; † Heiligenschein; **Korona|entladung** w (~; ~en) Leuchterscheinung an Leiterspitzen bei elektr. Entladung durch die Luft; **koronar** EW Herzkranzgefäß...; **Koronar|arteri|e** w (~; ~n) ⚕ Herzkranzgefäß; **Koronargefäß** s (~es; ~e) ⚕ Herzkranzgefäß; **Koronar|insuffizi|enz** w (~; ~en) ⚕ Herzasthma; **Koronarsklerose** w (~; ~n) ⚕ Herzkranzverkalkung.
Koronis w (~; -nides) (gr.-lat.) Schlußstein, -zeichen; Schriftzeichen für Verkürzung (').
Koronograph m (~en; ~en) (lat.-gr.) Beobachtungsgerät für die Sonnenkorona, EW: **koronographisch**.
Korporal m (~s; ~e) (fr.) ⚔ Unteroffizier.
Korporale s (~s; -li|en) (lat.) † Abendmahlstuch.
Korporation w (~; ~en) (lat.) Körperschaft; student. Verbindung; faschistisches Verbindungsglied zwischen Arbeitgeberverbänden und Gewerkschaften; **korporativ** EW körperschaftlich; gemeinsam; Verbindungs...; **korporiert** EW in einer stud. Verbindung; **Korps** s (~; ~) (lat.-fr.) [*kôr*] ⚔ Truppenverband aus mehreren Divisionen; **Korpsgeist** m (~[e]s; –) Standesbewußtsein, -dünkel; **Korps|student** m (~en; ~en) student. Angehöriger einer Studentenverbindung.
korpulent EW (lat.) ziemlich dick; **Korpulenz** w (~; ~en) ⚕ Fettsucht; **Korpus** m (~; ~se/-pora) Körper; ein Schriftgrad; Sammelwerk; Kernstück (von Möbeln); ♪ Resonanzkasten; **Korpuskel** s (~s; ~n) winzigstes (Elementar-)Teilchen; EW: **korpuskular**; **Korpuskularstrahlen** M Strahlen aus bewegten Teilchen (Atomen, Molekülen, Ionen, Elektronen usw.); **Korpuskulartheorie** w (~; –) Ansicht, Licht bestehe aus winzigen bewegten Teilen (Newton).
Korral m (~s; ~e) (sp.) Fangkral; Tierpferch.
Korrasion w (~; ~en) (lat.) Gesteinsabschleifung, -schabung.
Korrealgläubiger m (~s; ~) (lat.-d.) Gesamtgläubiger.
Korreferat s (~[e]s; ~e) (lat.) Ergänzungsbericht; **Korreferent** m (~en; ~en) Mit-, Gegenberichterstatter; ZW: **korreferieren** (-rte, -rt) ↗.
korrekt EW (lat.) genau, einwandfrei, den Vorbedingungen entsprechend; w. s.: **Korrektheit** (~; –); **Korrektion** w (~; ~en) Verbesserung, Ausgleich; EW: **korrektiv**; **Korrektiv** s (~s; ~e) Besserungsmittel; **Korrektor** m (~s; -toren) Drucksatzprüfer; **Korrektur** w (~; ~en) Verbesserung (im Schriftsatz, beim Ritt, im Dialog); *K.en anbringen*).
Korrelat s (~[e]s; ~e) (lat.) Ergänzung; Gegenstück; Wechselbegriff; EW: **korrelat** = korrelativ; **Korrelation** w (~; ~en) Wechselbeziehung (*in K. stehen);* ⚔ statistischer Zusammenhang; **korrelativ** EW wechselweise bezogen, **Korrelativismus** m (~; –) Annahme einer Wechselbeziehung zwischen Subjekt und Erkenntnisobjekt.
Korrent m (~s; ~e) (it.) = → Kurant.
korrepetieren ZW (-rte, -rt) ↗ (lat.) mit jmdm. etw. wiederholen; ♪ Gesangs|partie einüben; w. s.: **Korrepetition** (~; ~en) ♪; **Korrepetitor** m (~s; -toren) ♪ Hilfskapellmeister (an Opernbühnen); ♪ Einüber für Sänger.
korrespektiv EW (lat.) gemeinschaftlich.
Korrespondent m (~en; ~en) (lat.) regelmäßiger Zeitungs-, Rundfunk-,

Fernsehberichterstatter; Sekretär; **Korrespondenz** w (~; ~en) Briefwechsel; Zeitungsmeldung, -bericht; **Korrespondenzbüro** s (~s; ~s) Nachrichtenagentur; **Korrespondenztraining** s (~s; ~s) Kurs für präzise Ausdrucksweise; **korrespondieren** ZW (-rte, -rt) ✓ entsprechen (*k.de Winkel* ⊀); Briefe wechseln (*k.des Mitglied* eines Vereins).

Korridor m (~s; ~e) (lat.-it.) Flur, Gang; Geländestreifen durch fremdes Staatsgebiet.

Korrigenda M (lat.) zu verbessernde Stellen (in der Korrektur); Verzeichnis der Druckfehler; **Korrigenzi|en** M ✻ geschmacksverbessernde Heilmittelzusätze; **korrigibel** EW verbesserbar; **korrigieren** ZW (-rte, -rt) ↗ verbessern.

korrodieren ZW (-rte, -rt) ✓ (lat.) verderben, zernagen; verrotten; **Korrosion** w (~; ~en) (lat., = Zernagung) Zerstörungserscheinung (von Gesteinen durch Wasser, ◌ durch chemische oder elektrochemische Einwirkung, ✻ von Geweben durch Entzündungen); **korrosiv** EW zerstörend.

korrumpieren ZW (-rte, -rt) ↗ (lat.) bestechen; verderben; **korrupt** EW verdorben, bestechlich; **Korruptel** w (~; ~e) entstellter Text; **Korruption** w (~; ~en) Bestechlichkeit; Bestechung.

Korsage w (~; ~n) (fr.) [-*sásche*] Mieder.

Korsak m (~s; ~s) (tat.) Steppenfuchs.

Korsar m (~en; ~en) (it.) Pirat ↓.

Korselett s (~[e]s; ~e) (fr.) voll|elastisches Leichtkorsett; **Korsett** s (~[e]s; ~e) Schnürmieder.

Korso m (~s; ~[s]) (it.) Schaufahrt; Straße (hierfür).

Kortex m (~es; ~e) (lat.) Organrinde; **kortikal** EW an (bei, in, von) der Rinde des Organs; **Kortikosteron** s (~s; -ra) ✻ Nebennierenrindenhormon; **kortikotrop** EW ✻ auf die Nebennierenrinde wirkend; **Kortine** M (KuW) ✻ Nebennierenrindenhormone; **Kortison** s (~s; -) ✻ Nebennierenrindenhormon (Mittel gegen Gelenkrheuma; auch synthetisch herstellbar).

Korund m (~s; ~e) (e.) kristallines Aluminium|oxid = harter Edelstein (Schleifmittel); harter Kunststoff.

Korvette w (~; ~n) (fr.) Kleinkriegsschiff; **Korvettenkapitän** m (~s; ~e) ⚔ Kriegsmarineoffizier im Hauptmannsrang.

korybantisch EW (gr.) wild, hemmungslos.

Korydalis w (~; ~) (gr.-lat.) ✿ Lerchensporn.

Koryphä|e m (~n; ~n) (gr., = Chorführer) hervorragender Sachkenner; Meister seines Faches.

Koryza w (~; -) (gr.-lat.) ✻ Nasenschleimhautentzündung.

Kosak m (~en; ~en) (r.) südr. Bauernreiter.

Koschenille w (~; ~n) (sp.-fr.) Kakteenschildlaus; karminroter Farbstoff.

koscher EW (heb.) rein; gemäß den Speisevorschriften.

Kosekans m (~; ~) (lat., ⊄ *cosec*) ⊀ Kehrwert des Sinus; **Kosinus** m (~; ~) (⊄ *cos*) ⊀ Verhältnis der Ankathete zur Hypotenuse im rechtwinkligen Dreieck.

Kosmetik w (~; -) (gr.) Schönheitspflege; **Kosmetika** M Schönheitsmittel; **Kosmetikerin** w (~; ~nen) w. Schönheitspflegerin; EW: **kosmetisch** (*k.e Chirurgie* Schönheitsoperationen); **Kosmetologe** m (~n; ~n) Fachkenner von Schönheitsmitteln; w. s.: **Kosmetologie** (~; -); EW: **kosmetologisch**.

kosmisch EW (gr.) Welt... (*k.e Physik* Erforschung der physikalischen Erscheinungen des Weltraums; *k.e Strahlung* Strahlung aus dem Weltraum; *k.er Staub* Weltraumschutt; *k.es Eisen* Eisen in einem Meteoriten); **Kosmobiologie** w (~; -) Erforschung der außerirdischen Einflüsse auf das Erdenleben; Erforschung des Lebens im All; m. s.: **Kosmobiologe** (~n; ~n); EW: **kosmobiologisch**; **Kosmochemie** w (~; -) Erforschung chemischer Elemente im All; **Kosmodrom** s (~s; ~e) (gr.-r.) Startplatz für Weltraumflüge; **Kosmogonie** w (~; -i|en) Weltentstehungslehre; EW: **kosmogonisch**; **Kosmogramm** s (~s; ~e) = Horoskop; **Kosmograph** m (~en; ~en) Weltbeschreiber; w. abstr. s.: **Kosmographie** (~; -i|en); EW: **kosmographisch**; **Kosmologe** m (~n; ~n) Weltraumforscher; **Kosmologie** w (~; -i|en) Entstehungs-, Entwicklungs-, Struktur|erforschung des Weltalls; EW: **kosmologisch** (*k.er Gottesbeweis* Nachweis Gottes aus der Weltallbeschaffenheit); **Kosmomedizin** w (~; -) Erforschung der Belastungen für den Menschen beim Raumflug; **Kosmonaut** m (~en; ~en) Weltraumfahrer; **Kosmonautik** w (~; -) Weltraumforschung, -fahrt; EW: **kosmonautisch**; **Kosmopolit** m (~en;

~en) Weltbürger; **Kosmopolitismus** m (~; –) Weltbürgertum; EW: **kosmopolitisch**; **Kosmos** m (~; –) Weltall als Einheit; Weltordnung; † Diesseits; **Kosmosophie** w (~; –) Weltweisheit; **Kosmotron** s (~s; ~e) (gr.) Teilchenbeschleuniger für sehr große Energien.

Kosobluten M (äthiop.-d.) ⚤ als Heilmittel benutzte Blüten des Kosobaumes.

kostal EW (lat.) ⚤ Rippen...; **Kostalatmung** w (~; –) (lat.-d.) Heben und Senken des Brustkorbs beim Atmen; **Kostotomie** w (~; -i|en) ⚤ Rippendurchtrennung.

Kostüm s (~[e]s; ~e) (fr., = Gewohnheit) Kleidung höherer Stände; Tracht; Rock und Jacke; Schauspielergewand, Maskenkleid; **Kostümi|er** m (~s; ~s) [*-mjẹ*] Theatergarderobier, -schneider; **kostümieren** ZW (-rte, -rt) ↘ sich verkleiden.

K.-o.-System s (~-~-~s; –) (e.-gr.) Wettkampf, bei dem jeweils der Verlierer ausscheidet.

Kotangens m (~; ~) = **Kotangente** w (~; ~n) ⋖ Verhältnis der Katheten im rechtwinklig. Dreieck (⚥ *cot[g], ctg*).

Kotau m (~s; ~s) (chin., = Kopf anschlagen) Ehrenbezeigung; unterwürfige Geste *(K. machen)*.

Kote w (~; ~n) (lat.-fr.) ⋖ Höhe eines Punktes über der Nullebene.

Kotelett s (~s; ~s) (fr.) Rippenstück; **Koteletten** M kurzer Backenbart.

Koterie w (~; -i|en) (fr.) ∪ Kaste; Sippschaft.

Kothurn m (~[e]s; ~e) (gr.) erhöhter Schauspielerschuh; erhabener Stil *(auf dem K. gehen* sich spreizen).

Kotierung w (~; en) (fr.) Eintragung eines Wertpapiers ins Börsenkursblatt (der Maße in technische Zeichnungen); ZW: **kotieren** (-rte, -rt) ↗.

Kotillon m (~s; ~s) (fr.) Tanzspiel.

Koto w (~; -ten) (jap.) jap. Zither.

Koton m (s; s) (ai.-fi.) [*-iǫń*] Baumwolle; **kotonisieren** ZW (-rte, -rt) ↗ Flachs, Hanf zerkochen, = **kotonisieren** ZW (-rte, -rt) ↗.

Kotschinchinahuhn s (~[e]s; -hühner) (nach einer vietnamesischen Landschaft) große Hühnersorte.

Kotyledone w (~; ~n) (gr.-lat.) ⊕ Keimblatt; Embryohüllenzotte.

Ko|variantenphänomen s (~s; ~e) (lat.-gr.) fehlerhafte Raumtiefenwahrnehmung; **Ko|varianz** w (~; ~en) Abhängigkeitsverhältnis von zwei statist. Größen.

Kox|algie w (~; -i|en) (gr.) ⚤ Hüftschmerzen; **Kox|arthrose** w (~; ~n) ⚤ Hüftgelenkverschleiß; **Koxitis** w (~; -itiden) ⚤ Hüftgelenkentzündung.

kracken ZW (-ckte, gekrackt) (e.) ↗ [*kräck-*] Schwer- in Leichtöl (Benzin) spalten.

Krake m (~n; ~n) (norw.) großer Tintenfisch.

Krakeel m (~s; –) (nl.) lauter Zank, Geschrei; ZW: **krakeelen** (-lte, -lt) ↙; m. s.: **Krakeeler** (~s; ~).

Krakelee s (~s; –) (fr.) feine Haarrisse in der Glasur als Keramikverzierung; **Krakelüre** w (~; ~n) Haarriß in Farben (auf Gemälden).

Krakowiak m (~s; ~s) (nach der poln. Stadt *Krakau*) poln. Tanz.

Kral m (~[e]s; ~e) (sp.-nl.) Kaffernrunddorf.

Krampus m (~; -pi) (d.-lat.) ⚤ Muskelkrampf.

kranial EW (lat.) am (im, beim, vom) Kopf; **Kraniologe** m (~n; ~n) (gr.) Schädelforscher; w. abstr. s.: **Kraniologie** (~; –); EW: **kraniologisch**; **Kraniometer** s (~s; ~) Schädelmeßgerät; w. abstr. s.: **Kraniometrie** (~; -i|en); EW: **kraniometrisch**; **Kranioneuralgie** w (~; –) ⚤ Kopfhautnervenschmerz; **Kraniosklerose** w (~; ~n) ⚤ schädelverformende Knochenverdickung; EW: **kraniosklerotisch**; **Kraniostat** m (~[e]s; ~e[n]) Feststeller bei Schädelmessungen; **Kraniostenose** w (~; ~n) ⚤ herabgesetzter Schädelwuchs; **Kraniostose** w (~; ~n) Schädelverwachsung; **Kranioten** M alle Tiere mit Schädel; **Kraniotomie** w (~; -i|en) ⚤ Schädelschnitt am toten Embryo; **Kranium** s (~s; -ni|en) ⚤ Schädel.

Krapp m (~s; –) (nl.) ⊕ Färberröte; **krappen** ZW (-ppte, gekrappt) ↗ Kammgarnstoff(e) festigen.

Krasis w (~; -sen) (gr.) Wortverschmelzung.

kraß EW (lat.) grell, dick, extrem.

Krater[1] m (~s; ~e) (gr.) Weinmischgefäß.

Krater[2] m (~s; ~) (gr.) Vulkantrichter.

kratikulieren ZW (-rte, -rt) (lat.) ↗ ↙ Zeichnung mit Raster maßgetreu verkleinern (vergrößern).

Kraul m (~s; –) (e.) schnelle Schwimmart; ZW: **kraulen** (-lte, gekrault) ↙; m. s.: **Krauler** (~s; ~).

Krawall m (~[e]s; ~e) (lat.) Lärm, Aufruhr.

Krawatte w (~; ~n) (fr., = Schlips auf *kroatische* Art) Schlips; verbotener Ringergriff.

275

Krayonmanier w (~; ~en) (lat.-fr.) [*kräjoñ-*] Kreide|radierung.
Kreas s (~; –) (sp.) naturfarbene Leinwand.
Kreatin s (~s; –) (gr.-lat.) ⚕ organ. Stickstoffverbindung (Bestandteil von Gehirn und Muskeln); **Kreation** w (~; ~en) Schöpfung, Erfindung, Werk, Modell; **kreativ** EW schöpferisch; **Kreatur** w (~; ~en) Geschöpf; EW: **kreatürlich.**
Kredenz w (~; ~en) (lat.-it.) Anrichte; **kredenzen** ZW (-zte, -zt) ↗ (Speisen, Getränke) anbieten.
Kredit[1] s (~s; ~s) (lat.) Haben (Ggs.: *Debet*); **Kredit**[2] m (~[e]s; ~e) Vertrauenswürdigkeit; Ausleihung von Kapital gegen Zinsen; **kreditieren** ZW (-rte, -rt) ↗ Geld leihen, gutschreiben; **Kreditiv** s (~s; ~e) Beglaubigungsschreiben; **Kreditkarte** w (~; ~n) Berechtigungsnachweis für bargeldlose Bezahlung; **Kreditor** m (~s; -toren) Gläubiger (Ggs.: *Debitor*); M: Lieferantenschulden; **Kreditorenkonto** s (~s; -ten) Aufstellung der gelieferten Ware gegenüber geleisteten Zahlungen; **Kreditplafond** m (~; ~) [-*foñ*] Kreditgrenze für öffentlichen Schuldner; **Kreditpolitik** w (~; –) behördl. Überwachung des Kreditumfanges; EW: **kreditpolitisch; Kreditrestriktion** w (~; ~en) Kreditzuteilung, -sperre.
Kredo s (~s; ~s) (lat., = ich glaube) Glaubensbekenntnis; Überzeugung.
kre|ieren ZW (-rte, -rt) ↗ (lat.) schaffen; Rolle erstmalig spielen; neues Modell entwickeln.
Kremation w (~; ~en) (lat.) Einäscherung; **Krematorium** s (~s; -ri|en) Einäscherungshalle.
Kreml m (~s; –) (r.) Stadtburg; r. Regierung(ssitz); **Kremlologie** w (~; –) Erforschung der r. Partei- und Staatsführung.
Krempel m (~s; –) (it.) Trödelware.
Kren m (~s; –) (slaw.) Meerrettich.
Krenologe m (~n; ~n) (gr.) Heilquellenforscher; w. abstr. s.: **Krenologie** (~; –); EW: **krenologisch.**
Kreole m (~n; ~n) (sp.) südam. Romane; bras. Neger; w. s.: **Kreolin** (~; ~nen).
Kreolin s (~s; –) Entkeimungsmittel.
Kreosot s (~[e]s; –) (gr.-lat. KuW) ⚕ Heilmittel auf Holzteerbasis; **kreosotieren** ZW (-rte, -rt) ↗ gegen Fäulnis schützen.
Krepeline w (~; ~s) (lat.-fr.) [*kräpplin*] Wollkrepp.

krepieren ZW (-rte, -rt) ↗ (lat.-it.) sterben (meist von Tieren); bersten; **Krepitation** w (~; ~en) Geräusch des Aneinanderreibens (z. B. ⚕ bei Frakturen); ⚕ Rasseln im Anfangsstadium von Lungenentzündung.
Krepon m (~s; ~s) (lat.-fr.) [*kräppoñ*] faltiger Wollkrepp.
Krepp m (~s; ~s/~e) (lat.-fr.) Kräuselstoff; **Kreppapier** s (~s; ~e) Kräuselpapier; **kreppen** ZW (-ppte, gekreppt) ↗ kräuseln.
Kresol s (~s; ~e) (KuW) organ. Verbindung der Phenolgruppe (Desinfektionsmittel).
Kreszenz w (~; ~en) (lat.) Wachstum, Ertrag.
kretazisch EW (lat.) aus (in) der Kreideformation, = **kretaze|isch** EW.
Krethi und Plethi M (heb.) gemischte Gesellschaft; allerlei Volk.
Kretin m (~s; ~s) (fr.) [-*täñ*] geistesschwacher Krüppel; **Kretinismus** m (~; -men) ⚕ angeborener Schwachsinn durch Unterfunktion der Schilddrüse im Mutterleib oder als Säugling; **kretino|id** EW geistesschwach.
Krevette w (~; ~n) (lat.-fr.) Art Garnele.
Kricket s (~s; –) (e.) Schlagballspiel.
Krida w (~; -den) (lat.-it.) Konkursvergehen; **Krid(at)ar** m (~s; ~e) (lat.) Gemeinschuldner.
Krill m (~s; –) (e.-norw.) tier. Plankton der Polarmeere.
Krimi m (~s; ~s) ∉ **Kriminal**film, -roman; **kriminal** EW (lat.) = → kriminell ↓; sehr ↓; **Kriminal** s (~s; ~e) Haftanstalt; **Kriminalfilm** m (~s; ~e) Film, in dessen Verlauf ein Verbrechen aufgedeckt wird; **Kriminalist** m (~en; ~en) Strafrechtsforscher, -lehrer; Angehöriger der Kriminalpolizei; **Kriminalistik** w (~; –) Erforschung der Verbrechen(sbekämpfung); EW: **kriminalistisch; Kriminalität** w (~; –) Verletzung der Strafgesetze; kriminelles Verhalten; **Kriminalpädagogik** w (~; –) (lat.) auf Wiedereingliederung zielender Strafvollzug; **Kriminalpolizei** w (~; ~en) Abteilung der Polizei zur Verfolgung von Verbrechern; m. s.: **Kriminalpolizist** (~en; ~en); EW: **kriminalpolizeilich; Kriminalpsychologe** m (~n; ~n) Erforscher der Verbrechensmotive; w. s.: **Kriminalpsychologie** (~; –); EW: **kriminalpsychologisch; Kriminalroman** m (~[e]s; ~e) spannender Roman über die Aufdeckung von Verbrechen; **Kriminaltechnik** w (~; –) Fahndungsmethodik; **kri-**

minell EW strafbar; verbrecherisch; m., w. s.: **Kriminelle** (~n; ~n); **Kriminologe** m (~n; ~n) Verbrechensforscher; **Kriminologie** w (~; –) Lehre vom Verbrechen (Ursachen, Erscheinung, Bekämpfung); EW: **kriminologisch**.

Krimmer m (~s; ~) (nach der r. Halbinsel *Krim*) Karakulpelz(imitation);

Krimsekt m (~[e]s; –) Sekt aus Krimwein.

Krinoline w (~; ~n) (fr.) Reifrock.

Kripo w (~; ~s) ⚥ → Kriminalpolizei.

Kris m (~es; ~e) (mal.) zweischneidiger gewellter Dolch.

Krise w (~; ~n) (gr.) Höhepunkt einer Gefahr; Klemme; Wendepunkt, = **Krisis** w (~; -sen) (gr.); **kriseln** ZW (-lte, gekriselt) ↙ langsam in eine schwierige Lage kommen; **Krisenherd** m (~es; ~e) Gebiet, in dem Konflikte zu Krieg führen (können).

Kristall[1] m (~s; ~e) (gr.-lat.) harter Körper mit regelmäßiger Begrenzungsfläche und Teilchenanordnung; eben begrenzter Körper; **Kristall**[2] s (~[e]s; ~e) = **Kristallglas** s (~es; -gläser) bleihaltiges, stark lichtbrechendes Glas; Gebrauchsgegenstand daraus; **Kristallchemie** w (~; –) ⟳ Chemie der kristallinen Körper; **kristallen** EW aus, von Kristall[1,2]; **Kristallhydratmethode** w (~; ~n) Verfahren zur Meerwasserentsalzung; **kristallin(isch)** EW mit regelmäßiger Anordnung der Masseteilchen (*k.er Schiefer* aus verschiedenen Kristallarten; Ggs.: *hyalin*); **Kristallisation** w (~; ~en) ⟳ Kristallgewinnung aus Lösungen oder Schmelzen; **kristallisch** EW = → kristallin(isch); **kristallisieren** ZW (-rte, -rt) ↙ Kristalle bilden; **Kristallit** m (~[e]s; ~e) sehr kleiner Kristall; **Kristallkeim** m (~[e]s; ~e) Ausgangspunkt der Kristallbildung; **Kristallnacht** w (~; –) Pogrom vom 9. XI. 1938; **Kristallograph** m (~en; ~en) Erforscher von Aufbau, Gestalt und Eigenschaften der Kristalle; w. abstr. s.: **Kristallographie** (~; –); EW: **kristallographisch**, **Kristallo**|**id** m (~s; ~e) Kristalle bildender Stoff; **Kristalloptik** w (~; –) Erforschung des optischen Verhaltens von Kristallen; **Kristallphysik** w (~; –) Erforschung der physikalischen Eigenschaften der Kristalle; m. s.: **Kristallphysiker** (~s; ~); **Kristallstruktur** w (~; ~en) Aufbau der Kristalle.

Kristiania m (~s; ~s) (nach dem alten ON der norwegischen Hauptstadt) Skiquersprung.

Kriterium s (~s; -ri|en) (gr.-lat.) Kenn-, Erkennungszeichen; Maßstab; Radrennen mit Punktwertung; **Kritik** w (~; ~en) fachmännische Beurteilung; Scharfsinn; Tadel; **Kritikaster** m (~s; ~) Nörgler; ZW: **kritikastern** (-rte, -rt) ↙; **Kritiker** m (~s; ~) Fachbeurteiler, = ⌣ **Kritikus** m (~; ~se); **kritisch** EW genau prüfend; in der Krise befindlich (*k.e Daten* Grenzwerte; *k.e Menge* Brennstoff für eine Kettenreaktion; *k.e Meßgröße* bei Über- oder Unterschreitung ein System grundlegend verändernd; *k.er Punkt* Gasgrenzpunkt, von dem ab Gase sich nicht mehr verflüssigen); wissenschaftlich (*k.e Ausgabe* Textausgabe mit wissenschaftl. Anmerkungen usw.; *k.er Apparat* alle Anmerkungen des Herausgebers zur Textgestaltung); gefährlich; **kritisieren** ZW (-rte, -rt) ↗ überprüfen; bemängeln; Kritik verlautbaren; **Kritizismus** m (~; –) (gr.-lat.) Erforschung der Möglichkeiten des Erkennens; m. s.: **Kritizist** (~en; ~en); EW: **kritizistisch.**

Krocket s (~s; ~s) (e.) Rasenspiel mit Holzkugeln; **krockieren** ZW (-rte, -rt) ↗ den Krocketball (des Gegners) wegschlagen.

Krokant m (~[e]s; –) (fr.) Zucker-, Mandel-, Nußknusperei.

Krokette w (~; ~n) (fr.) frittierte Kartoffelbreiklößchen.

Kroki s (~s; ~s) (fr.) Geländeskizze (bes. ⚔); ZW: **krokieren** (-rte, -rt) ↙ ↗.

Kroko s (~s; ~s) ⚥ Krokodilleder; **Krokodil** s (~s; ~e) (gr.) Panzerechse; ihr Leder; **krokodil** EW aus Krokodilleder.

Krokus m (~ses; ~se) (gr.-lat.) ⚜ Schwertliliengewächs.

Kromlech m (~s; ~e) (kelt.) [-*läck*] neolithische Steinsetzung in Kreisform.

kronprätendent m (~en; ~en) (lat.) Thronbewerber.

Krösus m (~; ~se) (gr.-lat., nach einem lydischen König, 6. Jh. v. Chr.) sehr reicher Mann.

Kroton|**öl** s (~[e]s; –) (gr.) ⚕ Abführmittel aus der Frucht vom oriental. **Krotonbaum** m (~[e]s; -bäume).

krud EW (lat.) grausam; w. s.: **Krudität** (~; –).

Krupp m (~s; ~s) (e.) ⚕ Erkrankung der Atemwege (*echter K.* Diphtherie).

Kruppade w (~; ~n) (fr.) Sprung der Hohen Reitschule.
kruppös EW (e.-fr.) diphtherieartig, -ähnlich *(k.er Husten).*
krural EW (lat.) ⚕ am (beim, im) Schenkel.
Krustade w (~; ~n) (fr.) scharf gebackene Pastetchen.
Krustaze|en M (lat.) die Krebstiere.
Krux w (~; –) (lat.) wunder Punkt *(es ist eine K.* man hat's schwer).
Kruzifere w (~; ~n) (lat.) ⊕ Kreuzblütler; **Kruzifix, Kruzifix** s (~es; ~e) † plastische Darstellung des Gekreuzigten, = **Kruzifixus** m (~; –).
Krylon s (~s; –) (KuW) Kunststoffspray (als Schutzfilm).
Kryobiologie w (~; –) (gr.) Erforschung des Verhaltens von unterkühlten Lebewesen; EW: **kryobiologisch; Kryochirurgie** w (~; –) ⚕ Kältetechnik als Hilfsmittel bei Eingriffen; **Kryogenik** w (~; –) Physik der Tieftemperaturen; **Kryolith** m (~[e]s/~en; ~e[n]) Mineral zur Aluminiumh-, Glasherstellung; **Kryometer** s (~s; ~) Tieftemperaturmesser; EW: **kryometrisch; Kryoskop** s (~s; ~e) Meßgerät zur Feststellung des Molekulargewichts; **Kryoskopie** w (~; –) Feststellung des Molekulargewichts bei Ernierdrigung des Gefrierpunkts von konzentrierten Lösungen; **Kryostat** m (~s; ~e) besonderer Thermostat; **Kryotechnik** w (~; –) Nutzung tiefgekühlter Stoffe; **Kryotron** s (~s; ~e/~s) ein Schaltelement der EDV.
Krypta w (~; -ten) (gr.) † gottesdienstlicher Kellerraum unter dem Kirchenchor; M: ⚕ Mandelhöhlen; ⚕ Darmkanaldrüsen; **kryptisch** EW schwer verständlich, schwer deutbar; **Kryptogame** w (~; ~n) ⊕ Sporenpflanze; **kryptogen** EW von unbekannter Herkunft, = **kryptogenetisch** EW; **Kryptogramm** s (~es; ~e) Text in Geheimschrift; im Vers versteckte Nachricht; **Kryptographie** w (~; -i|en) Geheimschrift; Kritzelei; Sprachmanipulierung; EW: **kryptograph(isch); kryptokristallin(isch)** EW (KuW) von nur röntgenographisch nachweisbar kristallinem Charakter (scheinbar amorph); **kryptomer** EW mit dem bloßen Auge nicht erkennbar *(k.e Vererbung* durch mehrere Genpaare); **Kryptomerie** w (~; –) Verbergung einer Erbanlage; **Kryptomeri|e** w (~; ~n) ⊕ Japanzeder.
Krypton s (~s; –) (gr.) ⚛ Edelgas (∉ *Kr*); **Kryptonlampe** w (~; ~n) starke Glühbirne auf Kryptonbasis.
Krypt|orchismus m (~; -men) (gr.) ⚕ Hoden in Leiste oder Bauchraum; EW: **krypt|orch; Kryptoskop** s (~[e]s; ~e) Durchleuchtungsgerät für unverdunkelte Räume; w. s.: **Kryptoskopie** (~; –); EW: **kryptoskopisch; Kryptovulkanismus** m (~; –) vulkanische Vorgänge im Erdinnern; EW: **kryptovulkanisch.**
KSZE (KW) ∉ **K**onferenz über **S**icherheit und **Z**usammenarbeit in **E**uropa.
KTE (KW) ∉ **K**ontinentale **T**iefbohrung zur Überprüfung geolog. Theorien über Erdentwicklung.
Kteno|idschuppe w (~; ~n) (gr.-d.) Kammschuppe von Fischen; **Ktenophore** w (~; ~n) (gr.-lat.) Rippenqualle.
Kubatur w (~; ~en) (lat.) ⊲ Erhebung zur 3. Potenz; Inhaltsberechnung eines (von gekrümmten Flächen begrenzten) Körpers.
Kubebe w (~; ~n) (ar.-sp.) ⊕ mal. Pfeffergewächs.
kubieren ZW (-rte, -rt) ↗ (lat.) ⊲ in die 3. Potenz erheben; Festgehalt eines Baumstammes errechnen; **Kubik** s, m (~s; ~) (gr.) ⊲ Rauminhaltsmaßangabe (∉ *c[b]*); **Kubikdezimeter** s, m (~s; ~) ⊲ Maß: 1 dm hoch, 1 dm lang, 1 dm breit (∉ *cdm; dm³*); **Kubik|inhalt** m (~[e]s; ~e) = → Volumen; **Kubik|kilometer** s, m (~s; ~) Raummaß: 1 km lang, 1 km hoch, 1 km breit (∉ *cbkm, km³*); **Kubikmeter** s, m (~s; ~) ⊲ 1 m lang, 1 m hoch, 1 m breit (∉ *cbm, m³*); **Kubikmillimeter** s, m (~s; ~) ⊲ 1 mm lang, 1 mm hoch, 1 mm breit (∉ *cmm, mm³*); **Kubikwurzel** w (~; ~n) ⊲ 3. Wurzel; **Kubikzentimeter** s, m (~s; ~) ⊲ 1 cm breit, 1 cm lang, 1 cm hoch (∉ *ccm, cm³*); **kubisch** EW ⊲ 3. Grades *(k.e Gleichung);* würfelförmig; **Kubismus** m (~; –) (lat.) ☐ Darstellung von Natur, Menschen und Sachen in geometrischen Raumfiguren (frühes 20. Jh.); m. s.: **Kubist** (~en; ~en); EW: **kubistisch.**
kubital EW (lat.) ⚕ am (im, beim, vom) Ellenbogen.
Kubus m (~; -ben) (lat.) ⊲ Würfel; 3. Potenz.
Kudu m (~s; ~s) (hott.) Schraubenantilope.
Kuguar m (~s; ~e) (ind.) = → Puma.
Kujon m (~[e]s; ~e) (lat.) schlechter Kerl ↓; **kujonieren** ZW (-rte, -rt) ↗ mißhandeln, quälen.
Ku-Klux-Klan m (~~-~s; –) (am.) [auch: *kjûklaxklân*] am. Geheimbund gegen die Negeremanzipation (seit 1865).

Kukulle w (~; ~n) (lat.) † Mantelumhang.
Kukumer w (~; ~n) (lat.) Gurke.
Kukuruz m (~[es]; –) (türk.-slaw.) Mais.
Kulak m (~en; ~en) (r.) wohlhabender Bauer, = **Kulake** m (~n; ~n).
Kulan m (~s; ~e) (türk.) Wildesel.
kulant EW (fr.) (als Geschäftsmann) entgegenkommend *(k.e Behandlung);* w. abstr. s.: **Kulanz** (~; –).
Kuli m (~s; ~s) (e.) (ungelernter chin.) Arbeiter; Arbeits|tier; Tagelöhner; ausgebeuteter Arbeitnehmer.
Kulierware w (~; ~n) (fr.-d.) aus einem Faden geschlungene Webware.
kulinarisch EW (lat.) mit ausgesuchtem Geschmack (gekocht) *(k.e Gerichte, Genüsse).*
Kulisse w (~; ~n) (lat.-fr.) Bühnenwand; Nebenbörse; Hintergrund; Schauseite; Hebel mit verschiebbarem Drehpunkt; **Kulissi|er** m (~s; ~s) *[-lißjé]* freier Makler.
Kulm[1] s (~s; –) (e.) frühpaläozo|ische Schieferschicht.
Kulm[2] m, s (~[e]s; ~e) (slaw.-rom.) gewölbte Kuppe.
Kulmination w (~; ~en) (lat.) Höhepunkt (des Gestirnsdurchlaufes); **kulminieren** ZW (-rte, -rt) ↙ (s)einen Höhepunkt erreichen.
kulmisch EW (e.-lat.) im (aus dem) Kulm[1].
Kult m (~[e]s; ~e) (lat.) Gottesverehrung, -anbetung, -dienst; EW: **kultisch; Kultivation** w (~; –) Landanbau; Pflege; **Kultivator** m (~s; -toren) Bodenbearbeitungsgerät; **kultivieren** ZW (-rte, -rt) ↗ pflegen; veredeln; verbessern; MW: **kultiviert** gepflegt; **Kultur** w (~; ~en) Pflege geistiger Werte und Leistungen; Bodenpflege; ✤ Forstpflanzenbaumschule; Zucht auf Nährböden; **Kulturalverfahren** s (~s; ~) Reblausbekämpfung; EW: **kulturell** die Kultur(-äußerungen) angehend; **Kulturfilm** m (~s; ~e) bildender Film; **Kulturflüchter** m (~s; ~) in Kulturlandschaft aussterbende Tiere und Pflanzen; **Kulturföderalismus** m (; –) (lat.) Kulturförderung als Ländersache (in der BRD); **Kulturgeograph** m (~en; ~en) Erforscher der Kulturlandschaften; **Kulturgeographie** w (~; –) Erforschung der Kulturlandschaften; EW: **kulturgeographisch; Kulturhistoriker** m (~s; ~) Erforscher der Kulturgeschichte; EW: **kulturhistorisch; Kulturkonferenz** w (~; ~en) Richtlinienveranstaltung der SED; **Kulturmorphologe** m (~n; ~n) Ethnologe, der die Kulturen aus dem Wesen ihrer Träger zu verstehen sucht; w. abstr. s.: **Kulturmorphologie** (~; –); EW: **kulturmorphologisch; Kulturpessimismus** m (~; –) Negation des Fortschritts; **Kulturpolitik** w (~; –) behördliche Betreuung (Förderung) der Kultur; m. s.: **Kulturpolitiker** (~s; ~); EW: **kulturpolitisch; Kulturpsychologie** w (~; –) Erforschung seelischer Ursachen für kulturelle Entwicklungen; **Kulturrevolution** w (~; ~en) revolutionäre Säuberungsaktion in China; **Kulturschock** m (~s; ~s) schlagartige Erkenntnis der Fragwürdigkeit der eigenen durch Erlebnis einer fremden Kultur; **Kultursteppe** w (~; ~n) durch Anbau bedingte Verödung einer Landschaft; **Kultus** m (~; Kulte) = → Kult; **Kultusminister** m (~s; ~) Unterrichts-, Bildungsminister; s. abstr. s.: **Kultusministerium** (~s; -ri|en); **Kultusministerkonferenz** w (~; ~en) freiwillige Arbeitsgemeinschaft der Bildungsminister in der BRD.
Kumarin s (~s; –) (ind.) Duftstoff; **Kumaron** s (~s; –) ⭕ Verbindung.
Kumpan m (~[e]s; ~e) (lat.-fr.) Helfer(shelfer); **Kumpanei** w (~; ~en) (verdächtige) Kameradschaft; **Kumpel** m (~s; ~/~s) (Berg-)Arbeitskollege; Freund, Kamerad.
Kumulation w (~; ~en) (lat.) (Ämter-)Häufung; ✚ allmähliche Vergiftung durch Heilmittel; **kumulativ** EW anhäufend, sammelnd *(k.er Prozeß* sich selbst ergänzende Wirtschaftskonjunktur; *k.e Wirkung* ✚ Gesamtwirkung oft eingenommener Heilmittel); **kumulieren** ZW (-rte, -rt) ↗ häufen; Stimmen sammeln; **Kumulonimbus** m (~; -ben) (lat.) Gewitterwolke (⌀ *Cb);* **Kumulus** m (~; -li) Haufenwolke (⌀ *Cu).*
Kumyß m (~; –) (r.) Stuten-, Kamelmilchschnaps.
kunc|iform EW (lat.) keilförmig.
Kung-Fu s (~-~; –) (chin.) Form der Selbstverteidigung.
Kuomintang w (~; –) (chin.) nationalchines. Regierungspartei auf Taiwan.
Kupal s (~s; –) (KW) Aluminium mit dünner Kupferschicht.
Küpe w (~; ~n) (lat.) Farbkessel, -bottich.
Kupee s (~s; ~s) (fr.) Wagenabteil.
kupellieren ZW (-rte, -rt) (lat.-it.) den Edelmetallgehalt bestimmen.

Küpenfarbstoff m (~[e]s; ~e) (lat.-d.) sehr haltbarer Farbstoff.

kupieren ZW (-rte, -rt) ↗ (lat.) ⊕ abschneiden, stutzen (Tierschwanz); ⚵ im Anfangsstadium unterdrücken (Krankheit) *(kupiertes Gelände* ist von Gräben durchzogen).

Kupol|ofen m (~s; -öfen) (lat.-it.-fr.) Roheisenumschmelzofen.

Kupon m (~s; ~s) (fr.) Zinsschein festverzinslicher Wertpapiere; **Kuponbogen** m (~s; -bögen) Erneuerungsschein bei Wertpapieren; **Kupontermin** m (~s; ~e) Vorlagezeitpunkt für den Zinsschein.

Kuppel w (~; ~n) (lat.-it.) Halbkugelwölbung.

Kuprismus m (~; –) (lat.) Kupfervergiftung.

Kur w (~; ~en) (lat.) ⚵ Erholungs|therapie; **kurabel** EW heilbar; **Kurand** m (~en; ~en) ⚵ Pflegling; **kurant** EW leicht verkäuflich; **Kurant** s (~[e]s; ~e) (fr.) Gold-, Währungsmünze; **Kurantgeld** s (~[e]s; ~er) vollwertige Münze; annahmepflichtiges Geld.

Kurare s (~s; –) (ind.) Pfeilgift.

Küraß m (-sses; -sse) (fr.) Brustharnisch; **Kürassier** m (~s; ~e) ⚔ Panzerreiter ↓.

Kurat m (~en; ~en) (lat.) † Priester in Filialgemeinde; **Kuratel** w (~; ~en) Vormundschaft ↓ *(unter K. stellen);* **Kuratie** w (~; -i|en) † Seelsorgebezirk; **kurativ** EW ⚵ heilend; **Kurator** m (~s; -toren) Pfleger ↓; Stiftungs-, Universitätsverwalter; **Kuratorium** s (~s; -ri|en) Amt (Büro, Amtsgebäude, Behörde eines Kurators).

Kurbel w (~; ~n) (fr.) Drehhebel; ZW: **kurbeln** (-lte, gekurbelt) ✓.

Kurbette w (~; ~n) (fr.) Galoppsprung der Hohen Schule; ZW: **kurbettieren** (-rte, -rt) ✓.

Kürette w (~; ~n) (fr.) ⚵ Gerät zur Gebärmutterausschabung; **Kürettage** w (~; ~n) [-*âsche*] Ausschabung der Gebärmutter; ZW: **kürettieren** (-rte, -rt) ↗.

kurial EW (lat.) bei der Kurie (im Rathaus) üblich; **Kuriale**[1] m (~n; ~n) † zum päpstlichen Hofstaat Gehörender; **Kuriale**[2] w (~; ~n) frühmittelalterl. Schreibschrift; **Kuriali|en** M feierliche Brief-, Umgangsformen; **Kurialismus** m (~; –) † Betonung des päpstlichen Primates; m. s.: **Kurialist** (~en; ~en); EW: **kurialistisch; Kuri|e** w (~; ~n) † polit. Abteilung des Vatikans *(römische K.* päpstliche Behörde);

Kuri|enkardinal m (~s; -näle) † in Rom residierender Kardinal.

Kurier m (~s; ~e) (lat.) Eil-, Staatsbote; **Kurierdienste** M Schnellzustelldienste.

kurieren ZW (-rte, -rt) ↗ (lat.) heilen.

kurios EW (lat.-fr.) komisch, merkwürdig; **Kuriosität** w (~; ~en) Merkwürdigkeit, = **Kuriosum** s (~s; -sa) (lat.).

Kurrende w (~; ~n) (lat.) Schülerchor, der gegen Entgelt sang ↓; schriftlicher Umlauf ↓; **Kurrentschrift** w (~; –) = → Kursive; **Kurrikulum** s (~s; -la) Lebenslauf, Abriß der Laufbahn; (vorgeschriebener) Studiengang; Entwurf, Skizze.

Kurs m (~es; ~e) (lat.) Börsenpreis für Wertpapiere; Fahrtrichtung von Schiffen, Flugzeugen; Kurzlehrgang; **Kursbuch** s (~[e]s; -bücher) Fahrplan; **kursieren** ZW (-rte, -rt) ✓ umlaufen *(Gerüchte k.).*

kursiv EW (lat.) schräg (laufend); **Kursive** w (~; ~n) schräglaufende Druckschrift, = **Kursivschrift** w (~; ~en); **kursorisch** EW fortlaufend *(k.e Lektüre);* **Kurs|system** s (~s; ~e) Oberstufenunterricht in Kursen; **Kursus** m (~; -se) = → Kurs; **Kurswagen** m (~s; ~) durchgehender Wagen; **Kurszettel** m (~s; ~) Liste der Börsenkurse.

Kurtage w (~; ~s) (fr.) [*kurtâsche*] Vermittlungsgebühr für Börsenmakler.

Kurtaxe w (~; ~n) (lat.) Abgabe in Kurorten.

Kurtisane w (~; ~n) (fr.) Geliebte, Mätresse (eines Fürsten) ↓.

Kurtschatovium s (~s; –) (KuW, nach r. Atomphysiker) künstliches, radioaktives Element (∉ *Ku*).

kurulisch EW (lat.) amtlich *(k.er Sessel).*

Kurvatur w (~; ~en) (lat.) Krümmung (des Magens); **Kurve** w (~; ~n) ⊀ gekrümmte Linie; Wegbiegung; W. Linie; **kurven** ZW (-rvte, gekurvt) ✓ eine Biegung bewältigen; nicht gerade gehen (fahren); **Kurvenlineal** s (~s; ~e) ⊀ Kurvenzeichengerät; **Kurvenschreiber** m (~s; ~) Meßgerät zur Aufzeichnung von Meßgrößen im Zeitverlauf; **Kurvimeter** s (~s; ~) ⊀ Kurvenmesser; Meßgerät für Strecken auf Landkarten; w. s.: **Kurvimetrie** (~; –); EW: **kurvimetrisch; kurvisch** EW gebogen.

kuschen ZW (-schte, gekuscht) ✓ (lat.-fr.) schweigend hinnehmen; gefügig sein; still liegen.

Kusine w (~; ~n) (fr.) Base.

Kuskus m (~; ~) (?) Beuteltier.

Kuskus(u) m (~; ~) (ar.) afr. Mehlspeise.
Küster m (~s; ~) (lat.) † Kirchendiener; w. s.: **Küsterei** (~; ~en); **Kustos** m (~; -toden) Bibliotheks-, Museumsfachmann; † Mitglied eines Bau-, Geräte|ausschusses am Dom-, Kollegiatkapitel = **Kustode** m (~n; ~n); **Kustodia** w (~; -di|en) † Hostienbehälter.
kutan EW (lat.) Haut...; **Kutanreaktion** w (~; ~en) ⚕ durch Reizung erzeugte Hautrötung (als Krankheitssymptom); **Kutikula** w (~; -lae/-las) Pflanzenhäutchen; **Kutin** s (~s; -) (KuW) ⚗ wasserabweisender wachsähnlicher Blattüberzug; **Kutis** w (~; -) Lederhaut; **Kutis|reaktion** w (~; ~en) = Kutanreaktion.
Kutsche w (~; ~n) (ung.) von Pferden gezogener Personenwagen.
Kutte w (~; ~n) (gr.-lat.) † schlafrockähnliches Ordensgewand.
Kutter m (~s; ~) (e.) Segel-, Fischerboot.
Küvelage w (~; ~n) (fr.) [küwel*âsche*] ⚒ wasserdichte Schachtmauerung, = **Küvelierung** w (~; ~en); ZW: **küvelieren** (-rte, -rt) ↗.
Kuvert s (~s; ~s) (fr.) [kûw*âr*] Briefumschlag; Besteck; **kuvertieren** ZW (-rte, -rt) ↗ Briefe in den Umschlag stecken; **Kuvertüre** w (~; ~n) Schokoladenüberzug.
Küvette w (~; ~n) (fr.) Glasbehälter zur optischen Untersuchung von Stoffen.
Kux m (~es; ~e) (tsch.) Berg(recht)anteil.

KVAE (KW) ∉ Konferenz über Vertrauensbildende Maßnahmen und Abrüstung in Europa.
Kwaß m (~/-sses; -) (r.) gegorenes Getränk aus Malz, Brot u. Zucker.
kyanisieren ZW (-rte, -rt) ↗ (nach dem e. Erfinder) Holz mit Quecksilbersalzen gegen Fäulnis schützen.
Kybernetik w (~; -) (gr., = Steuermannskunst) Wissenschaft von den Regelungsvorgängen; Regelungs|technik; EW: **kybernetisch**; m. s.: **Kybernetiker** (~s; ~).
Kyklop m (~en; ~en) (gr.) einäugiger Riese.
Kyma s (~s; ~ta) (gr.) □ Hohlkehle; Eierstab; Wasserlaub (an gr. Bauten), = **Kymation** w (~; ~en).
Kymogramm s (~[e]s; ~e) (gr.) ⚕ Röntgenaufzeichnung von Organbewegungen; **Kymographie** w (~; -i|en) ⚕ Röntgendarstellung von Organbewegungen; ZW: **kymographieren** (-rte, -rt) ↗ ⚕; EW: **kymographisch**; **Kymoskop** s (~[e]s; ~e) Gerät zum Betrachten von Kymogrammen.
Kyniker m (~s; ~n) (gr.) = → Zyniker; **Kynologe** m (~n; ~n) Hundeforscher; w. abstr. s.: **Kynologie** (~; -); EW: **kynologisch**.
Kyphose w (~; ~n) (gr.) ⚕ Buckel; Rückgratverkrümmung.
kyrillisch EW nach dem (wie der) Slawenapostel *Kyrillos* (827–869; *k.e Schrift* osteuropä|isches Alphabet); **Kyrilliza** w (~; -) der gr. Majuskel nachgebildete slaw. Schrift.
Kyu s (~s; -) (jap.) Schülergrad im Judo.

L

La Bamba w (~ ~[s]; ~ ~s) (port.) lateinam Modetanz.
Labdanum s (~s; -) (gr.-lat.) weiches Harz (für Kosmetika u. ä.).
Label m (~s; ~) (e.) [*laibl*] ♪ (Schallplatten-)Etikett, -firma; erste Karte eines EDV-Programms.
Laberdan m (~s; ~e) (nl.) Salzkabeljau.
Labferment s (~[e]s; ~e) (d.-lat.) Ferment aus dem 4. Kälbermagen, das Milcheiweiß gerinnen läßt.
labial EW (lat.) an (in, bei) der Lippe; **Labiale** m (~n; ~n) Lippenlaut, = **Labialis** m (~; -les), = **Labial** m (~s; ~e); w. s.: **Labialisierung** (~; ~en); **Labiate** w (~, ~n) ⚘ Lippenblütler; **Labi|en** M Schamlippen; ♪ Kanten der Labialpfeifen der Orgel.
labil EW (lat.) schwankend; veränderlich (Ggs.: *stabil*; *l.es Gleichgewicht* leicht störbar); **Labilität** w (~; -) Wandelbarkeit, Schwanken; Beeinflußbarkeit; schwankende Luftbewegung.
Labiodental m (~[e]s; ~e) (lat.) Lippenzahnlaut; **labiodental** EW mit Unterlippe und Zähnen gebildet; zu Lippe und Zähnen gehörend; **Labiodentalis** w (~; -les) = → Labiodental; **La-**

biovelar m (~s; ~e) Lippengaumenlaut; EW: **labiovelar**; **Labium** s (~s; -bi|en) (Scham-)Lippe; ♪ Orgelpfeifenteil.
Labor s (~s; ~e) ⊄ **Laboratorium** s (~s; -ri|en) (lat.) Arbeitsraum für Naturwissenschaftler und Techniker; **Laborant** m (~en; ~en); w. s.: **Laborantin** (~; ~nen); **Labordiagnostik** w (~; ~en) ⚕ Krankheitsfeststellung durch chemische Untersuchung(en); m. s.: **Labordiagnostiker** (~s; ~); EW: **labordiagnostisch**; **laborieren** ZW (-rte, -rt) ↗ an etw. herumprobieren; arbeiten; sich herumplagen (mit einer Krankheit), leiden; **Labour Day** m (~ ~s; ~ ~s) [*lêber dä́i*] am. Feiertag (4. IX.); **Labour Party** w (~ ~; -) (e.) [*lêber pấti*] e. Arbeiterpartei.
La Bostella w (~ ~; ~ ~s) lateinam. Gruppentanz.
Labrador m (~s; ~e) (nach einer am. Halbinsel) ein Feldspat; **labradorisieren** ZW (-rte, -rt) ↙ schillern.
Labrum s (~s; -ren) (lat.) (Ober-)Lippe.
Labskaus s (~; -) (e.) 🍲 Eintopfgericht (Pökelfleisch, Kartoffelbrei, Gurken).
Labyrinth s (~[e]s; ~e) (gr.) Irrgarten; ⚕ Innenohrorgan; EW: **labyrinthisch**; **Labyrinthitis** w (~; -itíden) Innenohrentzündung.
Lacetband s (~[e]s; -bänder) (lat.-fr.) [-*ß-*] Zierband; **lacieren** ZW (-rte, -rt) ↗ [-*ßî-*] zuschnüren; durchflechten; **Lacis** s (~; -) [-*ßî*] Netzgewebe.
Lack m (~[e]s; ~e) (hind.-pers.-ar.-it.) an der Luft erstarrende Flüssigkeit; Farbniederschlag auf Textilien; ZW: **lackieren** (-rte, -rt) ↗; MW II: **lackiert** eingebildet (*l.er Affe*); **Lackierung** w (~; ~en) Überzug aus gelöstem Harz.
Lackmus m, s (~; -) (nl.) Farbstoff (Anzeiger von Basen und Säuren); **Lackmus|papier** s (~s; -) färbt sich in Säuren rot, in Laugen blau.
Lacrimae Christi M (lat., = Tränen Christi) Süßwein vom Vesuv; **lacrimoso** (lat.-it.) = → lagrimoso.
Lacrosse s (~; -) (fr.) [-*kroß*] Schlagballspiel.
Lactat s (~[e]s; ~) (lat.) ⚗ Milchsäuresalz.
Ladanum s (~s; -) (gr.) wohlriechendes Harz.
lädieren ZW (-rte, -rt) ↗ (lat.) beschädigen; w. abstr. s.: **Lädierung** (~; ~en).
Ladino m (~s; ~s) (lat.-sp.) mex. Indianermischling; sp.-jüd. Sprache.
Lady w (~; ~s/-ies) (e.) [*lấdi*] Gattin eines Lords ↓; Dame; **Lady-boy** m (~- ~s; ~-~s) [*-beu*] ∪ Transvestit; **Ladykiller** m (~s; ~) [*lấdi-*] Frauenheld, -verführer; **ladylike** EW [*lấdileik*] damenhaft; **Lady Mary Jane** w (~ ~ ~; -) [*-märi dschein*] ∪ Marihuana; **Ladyshaver** m (~s; ~s) [*-scheiwr*] Damenrasierapparat.
Lafette w (~; ~n) (fr.) ✕ Geschützrohrträger; **lafettieren** ZW (-rte, -rt) ↗ mit Geschützrohrträger versehen.
LAFTA (e., ⊄ Latin American Free Trade Association) südam. Freihandelszone.
Lag m, s (~s; ~s) (e.) [*läg*] Verzögerung zwischen Maßnahme und einsetzender Wirkung.
Lagan s (~s; -) (e.) [*lägn*] zur späteren Auffindung präpariertes abgeworfenes Schiffsgut.
Lagg m (~s; -) (schwed.) Hochmoorrand in Grabenform.
lagrimando (it.) ♪ traurig, = **lagrimoso**.
Lagune w (~; ~n) (lat.-it.) Haff; von Land umgebener Strandsee mit natürl. Zugang zum Meer.
Lahn m (~s; -) (fr.) (Gold-)Metalldraht für Stickereien.
Laie m (~n; ~n) (gr.) † Nichtpriester; Nichtfachmann; **Laien|apostolat** s (~[e]s; ~e) † Laienmitarbeiterbewegung; **Laienbrevier** s (~s; ~e) † Gebetbuch für Nichtgeistliche; **laikal** EW Laien... (Ggs.: *klerikal*).
Laina m (~; -) (fr.) [*lä́na*] bedruckter Zellwollstoff; **Lainette** w (~; -) [*länétt*] Baumwollmusselin.
la|isieren ZW (-rte, -rt) ↗ (lat.) in den weltlichen Stand zurückversetzen; **La|isierung** w (~; ~en) † Rückgliederung Geistlicher in den Laienstand.
Laissez-faire s (~-~; -) (fr.) [*lässê fấr*], = **Laissez aller** s (~-~; -) [*lässê alế*] Wirtschaft mit möglichst großer Freiheit; Duldung.
La|izismus m (~; -) (lat.) Ausschaltung des kirchl. Einflusses auf die Politik; m. s.: **La|izist** (~en; ~en); EW: **la|izistisch**.
Lakai m (~en; ~en) (türk.-fr.) Diener; Knecht.
Lakkolith m (~en; ~en) (gr.) in Gesteinsfugen eingepreßtes Magma.
Lakoda m (~[s]; ~s) (nach Inseln im Beringmeer) wertvolles Robbenfell.
lakonisch EW (gr., nach der Landschaft *Lakedämon* = Sparta) wortkarg, aber treffend; m. s.: **Lakonismus** (~; -).
Lakritze w (~; ~n) (gr.-lat.) getrockneter Absud der Süßholzwurzel.
Lakt|albumin s (~[e]s; ~e) (lat.) Milch-

eiweiß; **Laktase** w (~; ~n) (KuW) ein Enzym; **Laktat** M → Lactat; **Laktation** w (~; ~en) ⚥ Absonderung der Milch nach der Geburt; Stillzeit; **laktieren** ZW (-rte, -rt) ↗ (ein Kind) stillen; **laktisch** EW in (von der, durch die) Milch; **Laktisma** s (~s; -men) fühlbare Bewegung des Embryos; **Laktizini|en** M Nahrungsmittel aus Milch; **Lakto-(densi)meter** s (~s;~) Gerät zur Feststellung des spezif. Milchgewichts und Fettgehalts; **Laktoflavin** s (~s; –) Vitamin B₂; **Laktoglobulin** s (~s; –) Milcheiweißkörper; **Laktose** w (~; ~n) ⚥ Milchzucker; **Laktoskop** s (~s; ~e) Prüfgerät für Milchdurchsichtigkeit; w. s.: **Laktoskopie** (~; –); EW: **laktoskopisch**; **Laktos|urie** w (~; –) Milchzucker im Harn.

lakunär EW (lat.) schwammig; aushöhlend; **Lakune** w (~; ~n) Textlücke; Hohlraum im Körpergewebe; **lakunös** EW lückenhaft.

lakustrisch EW (lat.) entstehend, vorhanden in Seen *(l.e Vegetation)*.

Lalem s (~s; ~e) (gr.) artikulierte Sprecheinheit; **Laletik** w (~; –) Sprechkunde; **Lalopathie** w (~; -i|en) ⚥ Sprachstörung; **Lalophobie** w (~; –) Sprechangst des Stammlers; EW: **lalophob**.

Lama¹ m (~s; ~s) (tib., = Oberer) Mönch, Abt.

Lama² s (~s; ~s) (ind.-sp.) südam. Kamelart.

Lama|ismus m (~; –) (tib.-lat.) tibetanisch-mongolischer Buddhismus (seit 7. Jh.); m. s.: **Lama|ist** (~en; ~en); EW: **lama|istisch**.

Lamantin m (~s; ~e) (ind.-sp.-fr.) am. Seekuh.

Lamarckismus m (~; –) (nach dem fr. Naturforscher J.-B. A. *Lamarck*, 1744–1829) Überzeugung, daß erworbene Eigenschaften vererbt werden können; m. s.: **Lamarckist** (~en; ~en); EW: **lamarckistisch**.

Lambdanaht w (~; -nähte) (gr. d.) eine Schädelnaht.

Lambethwalk m (~s; ~) (nach einem Stadtteil von London) *[lämbeßwôk]* e. Gesellschaftstanz (um 1938).

Lambitus m (~; –) (lat.) sexuelle Reizung durch Berühren der Genitalien mit Lippen und Zunge.

Lambli|en M (nach einem tsch. Arzt) Darmschmarotzer.

Lambrequin m (~s; ~s) (fr.) *[lañbrekäñ]* Fensterbehang mit Quasten; Helmdecke (im Wappen).

Lambris m (~; ~), w (~; ~/-bri|en) (fr.) *[lañbri]* Verkleidung der unteren Wandhälfte; **lambrisieren** ZW (-rte, -rt) ↗ täfeln.

Lambrusco m (~; –) (it.) leichter prikkelnder Rotwein.

Lambswool w (~; –) (e.) *[lämswûl]* weiche Wolle (vom Lamm); feine Strickware.

Lamé m (~s; ~s) (lat.-fr.) mit Kunstseide überzogenes Metallfadengewebe; EW: **lamé**.

lamellar EW (fr.) ⊕ in Schichten (Streifen) geblättert; **Lamelle** w (~; ~n) dünnes Blatt; ⊕ fruchtschichttragendes Blättchen (an Pilzen); EW: **lamellös**; **Lamellenbremse** w (~; ~n) mehrfache Scheibenbremse; **Lamellenmagnet** m (~[e]s; ~e) Dauermagnet aus Lamellen; **Lamellenverschluß** m (-sses; -schlüsse) Kameraverschluß aus kreisförmig angeordneten Lamellen.

lamentabel EW (lat.) beklagenswert; **lamentabile** (it.) ♪ traurig; **Lamentation** w (~; ~en) Klageruf († der Bibel); **lamentieren** ZW (-rte, -rt) ∠ klagen, jammern; **Lamento** s (~s; -ti) (it.) Gejammer; ♪ Klagelied; **lamentoso** ♪ = → lamentabile.

Lametta w (~; ~s), s (~s; –) (it.) glänzender Fadenschmuck für den Weihnachtsbaum; ∪ Uniformzierat.

Lamina w (~; -nen) (lat.) Schicht (⚥ im Schädeldach), dünne Platte; ⊕ Blattspreite, -fläche; **laminar** EW in Schichten parallel *(l.e Strömung* ohne Wirbel); **Laminari|en** M Braunalgen im Atlantischen Ozean.

laminieren ZW (-rte, -rt) ↗ (lat.) Fasern strecken; Glas färben; Papier (Karton, Bucheinband) mit Folie mustern.

Lamium s (~s; -i|en) (lat.) Taubnessel.

Lämostenose w (~; ~n) (gr.-lat.) ⚥ Schlundverengung.

Lampas m (~; ~) (fr.) Möbel-, Dekorationsstoff; **Lampassen** M ✕ Breitstreifen an Uniformhosen.

Lampe w (~; ~n) (fr.) Beleuchtungskörper; **Lampion** m, s (~s, ~s) Papierlaterne.

Lamprete w (~; ~n) (lat.) Neunauge (Fisch); M: Leckerbissen.

LAN (e., ≠ Local Area Network) Verbundsystem der DVA-Geräte im Bürobereich.

Lanameter s (~s; ~) (lat.-gr.) Meßgerät für Wollhaarfeinheit, = **Lanometer** s (~s; ~).

Lançade w (~; ~n) (fr.) *[lañßâd]* Bogensprung mit erhobener Vorhand (Hohe Schule); **lançadieren** ZW (-rte,

Lanci|er

-rt) [-β-] ✓ den Bogensprung ausführen; **Lanci|er** m (~s; ~s) [*lañβjẹ̄*] Ulan; alter Gesellschaftstanz ↓; **lancieren** ZW (-rte, -rt) ↗ [*lañβî̄-*] in Gang, Umlauf bringen; jmdm. eine Laufbahn eröffnen; **Lancier|rohr** s (~[e]s; ~e) ⚓, ✕ Torpedorohr.
Landrover m (~s; ~) (e.) [*länd-*] Geländewagen mit Allradantrieb.
Langette w (~; ~n) (fr.) Randstickerei; Schornsteintrennwand; ZW: **langettieren** (-rte, -rt) ✓.
Langmur-Fackel w (~-~; ~-~n) (nach am. Physiker) [*längmjur-*] Vorrichtung zur Erzeugung hoher Temperaturen.
Langue w (~; -) (fr.) [*lañg*] Sprache (in grammatikalischer Hinsicht).
langu|endo (it.) ♪ schmachtend, = **langu|ente** ♪, = **languido** ♪.
Languste w (~; ~n) (lat.-fr.) scherenloser Krebs.
Lanitalfaser w (~; ~n) (lat.) synthet. Spinnstoff; **Lanolin** s (~s; -) Wollfett(-salbe); **Lanometer** → Lanameter; **Lanon** s (~s; -) (KuW) Kunstfaser.
Lanthan s (~[e]s; -) (gr., ¢ *La*) ⊙ Element.
Lanzette w (~; ~n) (fr.) Operationsgerät; **Lanzettfenster** s (~s; ~) langes Fenster der e. Frühgotik.
lanziert EW mit Figurenschmuck *(l.es Gewebe)*.
lanzinierend EW (fr.) blitzartig (⚕ *l.e Schmerzen*).
Laparohysterotomie w (~; -i|en) (gr.) ⚕ Kaiserschnitt; **Laparoskopie** w (~; -i|en) ⚕ Bauchhöhlenspiegelung; s. s.: **Laparoskop** s (~[e]s; ~e); EW: **laparoskopisch**; **Laparotom** m (~en; ~en) ⚕ Spezialchirurg für Bauchhöhlenöffnungen; w. abstr. s.: **Laparotomie** (~; -i|en); EW: **laparotomisch**; **Laparozele** w (~; ~n) ⚕ Bauchbruch.
lapidar EW (lat.) grundlegend; gedrängt; markig; **Lapidär** m (~s; ~e) Edelsteinschleife; **Lapidarium** s (~s; -ri|en) Stein(denkmäler)sammlung.
Lapilli M (lat.-it.) Lavastückchen.
Lapine w (~; ~n) (fr.) Impflymphe aus Kaninchenimpfungen.
Lapislazuli m (~; ~s) (lat.-ar.) blauer Halbedelstein.
Lappali|e w (~; ~n) (d.-lat.) Belanglosigkeit.
Lapsus m (~; ~) (lat.) Verstoß; Fehler (*L. linguae* Versprechen).
Lar[1] m (~en; ~en) (lat.) Schutzgeist.
Lar[2] m (~s; ~en) (mal.) weißhändiger Langarmaffe.
largando (it.) ♪ langsamer werdend; **large** EW (fr.) [*larsch*] reichlich; freigebig; **Largesse** w (~; -) [-*schäß*] Freigebigkeit; **larghetto** (it.) [-*getto*] ♪ gedehnt; s. s.: **Larghetto** (~s; -tti) ♪; **Largo** s (~s; -gi) ♪ ruhig-feierliches Musikstück; EW: **largo** ♪.
Larifari s (~s; ~s) (it.) ∪ inhaltloses Gerede, Geräusch; EW: **larifari!**
larmoyant EW (fr.) [-*moaj-*, auch: *-moajañ*] zu Tränen neigend; rührselig.
L'art pour l'art (fr.) [*lârpûrlâr*] Kunst um ihrer selbst willen.
larval EW (lat.) wie (als eine, in Gestalt einer) Larve; **Larve** w (~; ~n) unheilbringender Geist; Maske; Jugendform einiger Tiere; **larvieren** ZW (-rte, -rt) ↗ ⚕ verbergen; MW II: **larviert** ⚕ ohne typische Kennzeichen.
Laryngal m (~s; ~e) (gr.-lat.) Kehlkopflaut; **laryngeal** EW (im, am, beim) Kehlkopf; **Laryngitis** w (~; -itiden) ⚕ Kehlkopfkatarrh; **Laryngologe** m (~n; ~n) ⚕ Kehlkopfarzt; w. s.: **Laryngologie** (~; -); EW: **laryngologisch**; **Laryngoskop** s (~s; ~e) ⚕ Kehlkopfspiegel; **Laryngoskopie** w (~; -i|en) ⚕ Kehlkopfspiegelung; EW: **laryngoskopisch**; **Laryngospasmus** m (~; -men) ⚕ Stimmritzenkrampf; EW: **laryngospastisch**; **Laryngotomie** w (~; -i|en) ⚕ Kehlkopfschnitt; **Laryngozele** w (~; ~n) ⚕ Blähhals; **Larynx** m (~; -ryngen) ⚕ Kehlkopf.
Lasagne w (~; -) (it.) überbackenes (Vor-)Gericht (mit Nudelteig).
Laser m (~s; ~) (am. KW) [*lẹ̄ser*] Lichtverstärkung durch angeregte Strahlungsemission; **Laser|impuls** m (~es; ~e) [*lẹ̄i-*] Laserlichtblitz zur Auslösung von Kernverschmelzungen; **Laser-Medizin** w (~-~; -) Laserstrahlen als Operationsinstrument; **Lasertechnik** w (~; -) Nutzung der Lichtstrahlenbündelung.
Lash-Verfahren s (~-~s; ~-~) (e.) [*läsch-*] Schlepperhilfe für Leichter.
lasieren ZW (-rte, -rt) ↗ (pers.-ar.-lat.) mit Lasur versehen; w. s.: **Lasierung** (~; ~en).
Läsion w (~; ~en) (lat.) (schwere) Verletzung (⚕ von Geweben).
Lasky s (~s; ~s) (r.) Hermelinhandelsmarke.
Lassafieber s (~s; -) ansteckende Viruserkrankung.
Lasso s (~s; ~s) (sp.) Wurfschlinge.
Lastadi|e w (~; ~n) (lat.) ⚓ Hafenladestelle.
Lastex s (~; -) (KuW) Gummistoff.
Lasting m (~s; -) (e.) Hartkammgarngewebe.

last, not least (e.) *[läßt, not lißt]* zuletzt genannt, doch nicht an letzter Stelle stehend.

Lasur w (~; ~en) (lat.) durchsichtiger mattglänzender Lacküberzug; **lasuren** EW tiefblau; **Lasurit** m (~s; ~e) = → Lapislazuli, = **Lasurstein** m (~[e]s; ~e).

lasziv EW (lat.) schlüpfrig; w. abstr. s.: **Laszivität** (~; ~en).

Lätare (lat.) † 4. Sonntag der Passionszeit.

La-Tène-Zeit w (~-·~-~; -) (fr.-d.) *[-tän-]* (nach einer schw. Fundstelle) keltische Eisenzeit; EW: **latènezeitlich**.

latent EW (lat., = verborgen) vorhanden, ohne hervorzutreten *(l.e Wärme)*; ☼ körperverändernde Wärmemenge (Ggs.: *manifest*); **Latent|energiespeicher** m (~s; ~) neuartiger Wärmespeicher; **Latenz** w (~; ~en) Verborgensein (⚕ einer Krankheit); Zeit zwischen Signal und Antwort (der Nerven); **Latenzperiode** w (~; ~n) ⚕ Zeit zwischen Gewebereizung und -reaktion; Zeit zwischen der Kleinkindperiode und der Pubertät; **Latenzzeit** w (~; ~en) ⚕ Zeit zwischen Ansteckung und Ausbruch der Krankheit; Zeit, die ein elektr. Zeichen zum Durchlaufen der Leitung benötigt.

lateral EW (lat.) seitlich.

Lateran m (~s; -) (nach einem röm. Familiennamen) päpstlicher Palast; **Laterankonzil** s (~s; -li|en) (lat.) im Lateran abgehaltenes Konzil, = **Lateransynode** w (~; ~n); **Lateranverträge** M Abmachungen über den Kirchenstaat (1929).

Laterit m (~s; -) (KuW) roter (sub)tropischer Verwitterungsboden.

Laterna magica w (~ ~; -) (lat.) handbetriebener Bildwerfer ↓; **Laterne** w (~; ~n) Leuchte im Gehäuse; □ Türmchenkuppel.

Latex m (~; -) (lat.) ⊕ kautschukhaltiger Milchsaft, Polymere in Wasser; **latexieren** ZW (-rte, -rt) mit Latex beschichten.

Latierbaum m (~[e]s; -bäume) (lat -d) Trennstange im Pferdestall.

Latifundium s (~s; -di|en) (lat.) Großgrundbesitz (über 5000 ha).

latinisieren ZW (-rte, -rt) ↗ (lat.) ins Lateinische übersetzen; an die lat. Sprache gewöhnen; **Latinismus** m (~; -men) lat. (unübersetzbare) Spracheigenart; **Latinist** m (~en; ~en) Erforscher des Lateinischen; w. s.: **Latinistik** (~; -); EW: **latinistisch**; **Latinität** w (~; -) Besonderheit der lat. Sprache (röm. Kultur); **Latinum** s (~s; -) Prüfung im Lateinischen.

Latitüde w (~; ~n) (lat.) geogr. Breite; Spielraum; **latitudinal** EW Breitengrad...; **Latitudinari|er** m (~s; ~) wer seine Werte vom Geschmack her formt; EW: **latitudinarisch**.

Latrine w (~; ~n) (lat.) Senkgrube; ✗ (schwer nachprüfbares) Gerücht, = **Latrinenparole** w (~; ~n).

Latus s (~; ~) (lat.) Seite; fortlaufende Rechnung; Seitenübertrag.

Latwerge w (~; ~n) (gr.-lat.-fr.) ⚕ Heilmittel in Brei- oder Teigform.

Laudanasin s (~s; -) (gr. KuW) in Opium enthaltenes Alkaloid; **Laudanum** s (~s; -) Opiumtinktur mit → Ladanum.

Laudatio w (~; -onen /-ones) (lat.) Ehren-, Preisrede,= **Laudation** w (~; ~en) ↓; m. s.: **Laudator** (~s; -toren); **Laudes** M † Morgenbreviergebet.

Lauer m (~s; ~) (lat.) Tresterwein.

Launcher m (~s; ~) (am.) *[lantscher]* Raketenstartgestell.

Laurat s (~[e]s; ~e) (lat. KuW) ☼ Salz der Laurinsäure.

Laureat m (~en; ~en) (lat.) Preisgekrönter.

lauretanisch EW (nach einem it. Kloster) zu (in, aus) *Loreto (l.e Litanei)*.

Laurinlactam s (~s; -) (KuW) *[-kt-]* organ. Stickstoffverbindung, Kunststoff.

Laute w (~; ~n) (ar.-sp.-fr.) ♪ Zupfinstrument.

Lava w (~; -ven) (it.) Magmaausfluß bei Vulkanausbrüchen.

Lavabel s (~s; ~) (lat.-fr.) Kunstseidenart; **Lavabo** s (~s; ~s) † priesterliche Handwaschung(s|kanne).

Lavaldüse w (~; ~n) (nach dem schwed. Ingenieur K. G. de *Laval*, 1845–1913) Druck schnell in Geschwindigkeit verwandelnde Düse.

Lavendel m (~s; ~) (lat.-it.) ⊕ Halbstrauch (Lippenblütler), **lavendel** EW hellblau-violett ←.

Lavezstein m (~[e]s; ~e) (lat.-d.) Weich-, Topf-, Ofenstein.

lavieren[1] ZW (-rte, -rt) ⚓ (fr.-nl.) etw. durch Geschicklichkeit zu erreichen suchen; ⚓ gegen den Wind segeln ↓; **lavieren**[2] ZW (-rte, -rt) ↗ (Farben) verwischen *(lavierte Zeichnung* dünn kolorierte Federzeichnung).

lävogyr EW (gr.-lat.) nach links (drehend).

Lavo|ir s (~s; ~e) (fr.) *[-woär]* = **Lavor** s (~s; ~e) Waschbecken.

Lävulose w (~; ~n) (lat.) Fruchtzucker.

Law and order (am.) [*lô änd -*] harte staatliche Maßnahmen.

Lawine w (~; ~n) (lat.) gleitender Hochgebirgsschnee; **Lawinenschutzgalerie** w (~; -i|en) tunnelähnl. Straßenüberbau im Gebirge.

Lawn-Tennis s (~-~; –) (e.) [*lân-*] Rasenballspiel.

Lawrencium s (~s; –) (am. Physiker) ⊙ künstl. radioaktives Element.

lax EW (lat.) nachlässig; schlaff, locker; unbekümmert; **Laxans** s (~; -anzi|en/-antia) ✚ Abführmittel, = **Laxativ** s (~[e]s; ~e); **laxieren** ZW (-rte, -rt) ↗ ✚ abführen.

Layout s (~s; ~s) (e.) [*lä*ⁱ|*aut*] Anordnung von Text und Bildern; m. s.: **Layouter** (~s; ~) Fachmann für Druckbildgestaltung; ZW: **layouten** (-tete, -tet) ↗.

Lazarett s (~[e]s; ~e) (nach dem bibl. Aussätzigen *Lazarus*) ✕ Krankenhaus; **Lazarist** m (~en; ~en) = † → Vinzentiner.

Lazeration w (~; ~en) (lat.) Einriß; **lazerieren** ZW (-rte, -rt) ↗ ein-, zerreißen; verleumden.

Lazerte w (~; ~n) (lat.) Eidechse.

Lazzaroni M (it.) Gelegenheitsarbeiter, Straßenbettler (in Neapel).

LCD-Anzeige w (~-~; ~-~n) (e. ȼ **L**iquid **C**rystal **D**isplay) Flüssigkristallanzeige für Informationen von Meßgeräten, Rechnern.

Leaching s (~s; ~) (e.) [*lîtschiñ*] Metallgewinnung mit Hilfe von Bakterien (= *bakterielles L.*)

Lead¹ m (~s; ~s) (am.) [*lîd*] Vorspann; **Lead**² s (~; –) [*lîd*] ♪ Jazzführungsstimme; **Leader** m (~s; ~) [*lîder*] Parlaments|präsident; Leitartikel.

Leaflet s (~s; ~s) (e.) [*lîf-*] Prospekt, Handzettel.

leasen ZW (-ste, geleast) [*lî-*] (am.) ↗ mieten; **Leasing** s (~s; –) [*lîsiñ*] Vermietung (von Investitionsgütern); **Leasingverfahren** s (~s; ~) [*lîsiñ-*] Kaufmiete (Miete = Amortisation).

Lecithin s (~s; ~e) (gr. KuW) Naturstoff *(Lipo|id)* im tier. Organismus.

Lecturer m (~s; ~) (e.) [*läcktschrer*] Dozent.

Lee w (~; –) (nl.) ⌓ die dem Wind abgewandte Seite.

legabile (it.) ♪ gebunden.

legal EW (lat.) gesetzmäßig; **Legal|interpretation** w (~; ~en) Rechtsauslegung durch den Gesetzgeber; **Legalisation** w (~; ~en) Beglaubigung; ZW: **legalisieren** (-rte, -rt) ↗; **Legalisierung** w (~; ~en) Beglaubigung; Berechtigungserklärung; **Legalismus** m (~; –) unerschütterliche Gesetzestreue; **legalistisch** EW; **Legalität** w (~; –) Verhalten nach dem äußeren Gesetz; Rechtsbindung der Staatsangehörigen; **Legalitätsmaxime** w (~; ~n) = **Legal(itäts)prinzip** s (~s; –) Pflicht der Staatsanwaltschaft zur Anklage bei begründeter Annahme eines Delikts.

Legasthenie w (~; –) (lat.-gr.) ✚ Leseund Rechtschreibeschwäche; m. s.: **Legastheniker** (~s; ~); EW: **legasthenisch**.

Legat¹ m (~en; ~en) (lat.) Gesandter (des Papstes); **Legat**² s (~[e]s; ~e) Vermächtnis; **Legatar** m (~s; ~e) Beerbter; **Legation** w (~; ~en) Gesandtschaft; † Kirchenstaatsprovinz.

legato (it.) ♪ verbunden (Ton zu Ton) (Ggs.: *staccato*); s. abstr. s.: **Legato** (~s; -ti) ♪.

legendär EW (lat.) gerüchtweise; sagenhaft; unglaubhaft, = ↓ **legendär(isch)** EW; **Legendar** s (~[e]s; ~e) † Legendensammlung; **Legende** w (~; ~n) Umschrift, Erläuterung (auf Münzen, Bildern, Landkarten); † Heiligenleben; unglaubwürdige Geschichte.

leger EW (fr.) [*leschêr*] ungezwungen; leicht; gelockert.

leggiadro (it.) [*ledschâdro*] ♪ zierlich, = **leggiadramente** [*ledscha-*] ♪; **leggi|ero** [*ledschêro*] ♪ perlend.

Leggin(g)s M (e.) hosenartige Beinkleider aus Leder.

Leghorn s (~s; ~s) (e. Form des it. ON.s *Livorno*) legefreudige Hühnersorte.

legieren ZW (-rte, -rt) ↗ (lat.) verschmelzen; (Speisen) binden; **Legierung** w (~; ~en) Mischmetall, das aus Zusammenschmelzen mehrerer Metalle entstanden ist.

Legion w (~; ~en) (lat.) ✕ röm. Truppeneinheit; Freiwilligentruppe; große Menge *(ihre Zahl ist L.)*; **Legionär** m (~s; ~e) ✕ Legionssoldat; **legionär** EW aus (in, von) der Legion; **Legionärskrankheit** w (~; –) gefährliche Infektionskrankheit; **Légion d'honneur** s (~ ~; ~s ~) (fr.) [*lêschioñ donnôr*] fr. Ehrenzeichen.

legislativ EW (lat.) gesetzgebend; **Legislative** w (~; ~n) gesetzgebende Gewalt; EW: **legislatorisch**; **Legislatur** w (~; ~en) Gesetzgebung(sversammlung) ↧; **Legislaturperiode** w (~; ~n) Zeitraum zwischen den Parlamentswahlen; **legitim** EW gesetzmäßig;

rechtlich anerkannt; erlaubt; **Legitimation** w (~; ~en) Ausweis; Ehelichkeitserklärung für das uneheliche Kind; **legitimieren** ZW (-rte, -rt) ↗ ausweisen; rechtlich anerkennen; **Legitimist** m (~en; ~en) Anhänger der geltenden Staatsordnung; EW: **legitimistisch**; **Legitimität** w (~; ~en) Gesetzmäßigkeit, -lichkeit; **Legitimitätsprinzip** s (~s; –) Überzeugung, daß das Herrscherhaus unverbrüchliche Rechte besitzt.
legno (it., = Holz) [*lenjo*] ♪: **col. l.** mit dem Bogenrücken.
Leguan m (~s; ~e) (ind.) Neuweltidechse.
Legumen s (~s; -mina) (lat.) ⊕ Hülsenfrucht; **Legumine** M Eiweißkörper der Leguminose; **Leguminose** w (~; ~n) Hülsenfrüchtler.
Leica w (~; ~s) (KW ≠ Leitz Camera; nach dem Optiker Ernst *Leitz,* 1843 bis 1920) Foto|apparat.
Leicht|athletik w (~; –) (d.-gr.) alle Sportarten mit normalen Bewegungsabläufen; EW: **leicht|athletisch**.
Leishmania w (~; -i|en) (nach e. Arzt) [*lisch-*] Krankheitserreger; **Leishmaniose** w (~; –) Tropenkrankheit.
Leiterpolymere M hitze- und strahlenbeständige Kunststoffgruppe.
Leitfossil s (~s; -i|en) (d.-lat.) eine bestimmte Erdzeit kennzeichnende Versteinerung; **Leit|zinsen** M Zinssätze der Zentralbanken an andere Kreditinstitute.
Lektion w (~; ~en) (lat.) Vorlesungs-, Unterrichtsstunde; Lehrbuchabschnitt; Aufgabe; Zurechtweisung; **Lektionar** s (~s; ~e/~i|en) † Lesepult; = → Evangeliar; **Lektor** m (~s; -toren) Sprachlehrer an Hochschulen; Verlagsgutachter; † niederer Kleriker; † Laie als Vertreter des Pfarrers; **Lektorat** s (~[e]s; ~e) Arbeitsraum, -abteilung eines Lektors (der Lektoren); Stelle eines Lektors; **lektorieren** ZW (ricrtc, -ricrt) ↗ Text auf Vciiagseignung prüfen; **Lektüre** w (~; ~n) Lesestoff; das Lesen.
Lekythos w (~; -kythen) (gr.) Henkelkrug (auch als Grabschmuck).
Lemma s (~s; -mata) (gr.) Stichwort; Titel; ⚔ Hilfssatz; Vordersatz eines logischen Schlusses; **lemmatisieren** ZW (-rte, -rt) ↗ nach Schlagwörtern ordnen.
Lemming m (~s; ~e) (skand.) Wühlmaus.
Lemure m (~n; ~n) = **Lemur** m (~en; ~en) (lat.) altröm. Totengeist; Halbaffe; **lemurenhaft** EW (lat.-d.) geisterhaft.
Leni|ens s (~; -entes) (lat.) $ Linderungsmittel; **leni|ens** EW $ lindernd; **Lenierung** w (~; ~en) Dämpfung von Konsonanten.
Leninismus m (~; –) kommunistische Philosophie des Russen *Lenin*; **Leninist** m (~en; ~en) Anhänger *Lenins*; EW: **leninistisch**.
Lenis w (~; -nes) (lat.) ungespannt gesprochener Laut; m (~; ~) Akzentart.
lenitiv EW (lat.) = → leni|ens; **Lenitivum** s (~s; -va) $ Abführmittel.
lentamente (it.) ♪ langsam; **lentando** ♪ sich verlangsamend; s. s.: **Lentando** (~s; -di) ♪; **lentement** (fr.) [*-mañ*] ♪ langsam.
Lentigo w (~; ~s) (lat.) Leberfleck; **lentiginös** EW sommersprossig; **lentikular** EW wie eine Linse.
lento (it.) ♪ langsam; s. s.: **Lento** (~s; -ti) ♪.
Leoniden M (lat.) Sternschnuppenschwarm; **leoninisch** EW (lat., nach einem Papst oder Dichter) wie *Leo (l.er Vers);* (lat.) dem einen nur Vorteile, dem andern nur Nachteile bringend *(l.er Vertrag);* **leonisch** EW (nach einem sp. ON) mit feinem Metall umwickelt *(l.e Ware);* **Leontiasis** w (~; -tiasen) (gr.) $ krankhafte Löwenmaske; **Leontopodium** s (~s; -di|en) ⊕ Edelweiß; **Leopard** m (~en; ~en) Großkatze.
Leopoldina w (~; –) (nach Kaiser *Leopold I.,* 1640–1705) Naturforscherakademie in Halle (gegr. 1652).
Leotard s (~s; ~s) (e.) [*li|etard*] Akrobaten-, Damentrikot [ohne Ärmel].
Lepidodendron s (~s; -dren) (KuW, gr.-lat.) ⊕ Schuppenbaum; **Lepidoptere** w (~; ~n) (gr.) Schmetterling; **Lepidopterologe** m (~n; ~n) Schmetterlingsforscher; w. abstr. s.: **Lepidopterologie** (~; –); EW: **lepidopterologisch**.
Leporello s (~s; ~s) (nach einer Gestalt aus Mozarts „Don Juan") Harmonikabüchlein, = **Leporello|album** s (~s; -ben), = **Leporelloliste** w (~; ~n)
Lepra w (~; -pren) (gr.) $ Aussatz; **Leprom** s (~s; ~e) $ Lepraknoten; **lepros, leprös** EW aussätzig; m. s.: **Leprose** (~n; ~n); **Leprosorium** s (~s; -ri|en) Aussätzigenheim.
Leptom s (~s; ~e) (gr.) ⊕ Siebteil eines Gefäßbündels.
Lepton s (~s; -onen) (gr.) leichtes Elementarteilchen.
leptosom EW (gr.) $ schmächtig; **Lep-

Leptospire

tosome m (~n; ~n) Astheniker; **Leptospire** w (~; ~n) Korkzieherbakterie; **Leptospirose** w (~; ~n) $ Bakterieninfektionskrankheit; **leptozephal** EW schmalköpfig; **Leptozephale** m (~n; ~n) Schmalkopf; w. s.: **Leptozephalie** (~; –).

lesbisch EW (nach der Insel Lesbos bei Kleinasien) w. homosexu|ell *(l.e Liebe)*; **Lesbe** w (~; -n) = **Lesbi|erin** w (~; ~nen) w. Homosexuelle.

Lesginka w (~; ~s) (r.) kaukas. Tanz.

Lesley s (~s; ~s) (e.) *[läsli]* (= *Leslie*) Vibrato durch Schallumlenkung.

LEST ¢ Large East-based Solar Telescop; Riesensonnenteleskop.

Leste m (~; –) (sp.) afr. Wüstenwind.

lesto (it.) ♪ schnell.

let EW (e.) mit Netzberührung (Tennis); **Let** s (~s; ~s) Wiederholung des Balles.

l'état c'est moi! (fr.) *[lêta βêmoa]* der Staat bin ich (als absoluter Herrscher).

letal EW (lat.) tödlich; **Letalfaktor** m (~s; ~en) Sterblichkeitsveranlagung; **Letalität** w (~; ~en) Sterblichkeit(sziffer).

Lethargie w (~; –) (gr.) Willen-, Interesselosigkeit; Schlafsucht; Stumpfheit; EW: **lethargisch**.

Lethe w (~; –) (gr.) Trank des Vergessens *(L. trinken)*.

Letkiss m (~; –) (finn.-e.) Springtanz.

Letter w (~; ~n) (lat.) Druckstockbuchstabe, -zeichen; **Letterngut** s (~[e]s; –) Blei zum Letternguß; **Lettershop** m (~s; ~s) *[-schopp]* Werbebriefabteilung (eines Adressenverlages); **Letter stock** m (~ ~s; ~ ~s) (lat.-e.) noch nicht notierte Aktie.

Lettner m (~; ~) (lat.) † Kirchenchortribüne; Chorschranke.

Leucin s (~s; –) (KuW) 🝆 eiweißbildende Aminosäure.

Leukämie w (~; -i|en) (gr.) $ Weißblütigkeit; Überhandnehmen weißer Blutkörperchen; Blutkrebs; EW: **leukämisch**; **Leukanämie** w (~; –) (KuW) schwere Bluterkrankung; **Leukobase** w (~; ~n) (KuW) 🝆 Grundstoff für chem. Farben; **Leukoblasten** M $ Zellen zur Bildung weißer Blutkörper; **leukoderm** EW $ hellhäutig; **Leukoderma** s (~s; -men) durch Farbstoffverlust weißliche Hautstelle; **Leukodermie** w (~; -i|en) Albinismus: **leukokrat** hell erscheinend (von Ergußgesteinen); **Leukolyse** w (~; ~n) $ Zerfall weißer Blutkörperchen; **Leukolysin** s (~s; ~e) Stoff, der weiße Blutkörperchen auflöst; **Leukom** s (~[e]s;

~e) $ sehstörende Hornhautnarbe; **Leukomatose** w (~; ~n) $ Bildung weißer Hautflecken; **Leukometer** s (~s; ~) Meßgerät für Reflexionsstärke; **Leukopenie** w (~; -i|en) $ krankhafte Schrumpfung der Anzahl weißer Blutkörperchen; **Leukoplast** s (~s; –) Heftpflasterart; m (~en;~en) ⊕ Zellenbestandteil; **Leukopo|ese** w (~; ~n) Entstehung weißer Blutkörperchen; EW: **leukopo|etisch**; **Leukorrhö** w (~; ~en) $ weißer Fluß (der Frauen); EW: **leukorrhöisch**; **Leukose** w (~; ~n) alle Arten von Leukämie; **Leukotomie** w (~; i|en) $ Gehirnoperation; **Leukotoxin** s (~s; ~e) bakteri|eller Stoff, der weiße Blutkörperchen auflöst; **Leukotrichie** w (~; -i|en) Weißwerden der Haare; = **Leukotrichose** w (~; ~n); **Leukozyte** w (~; ~n) $ weißes Blutkörperchen; **Leukozytose** w (~; ~n) $ krankhafte Vermehrung der weißen Blutkörperchen; **Leukozytolyse** w (~; ~n) $ = → Leukolyse.

Leuzismus m (~; –) (KuW, gr.) helle Variante dunkler Tiere; **Leuzit** m (~s; ~e) ein Feldspat.

Levade w (~; ~n) (lat.-fr.) Dressurakt der Hohen Schule.

Levante w (~; –) (it.) Gebiet östlich des Mittelmeers; **Levantine** w (~; –) dichtes synthetisches Gewebe; **Levantiner** m (~s; ~) Orienthändler; Orientale; Mischling von europ. Vätern und orient. Müttern; EW: **levantinisch**.

Levator m (~s; -toren) (lat.) $ Heber (der Muskeln); **Level** s (~s; ~s) (e.) Niveau; **Lever** s (~s; ~s) (fr.) *[lewê]* Schlafzimmerempfang ↓.

Leverage-Effekt m (~-~s; ~-~e) (e.-lat.) *[liweridsch-]* Einfluß von Fremdkapital auf Rentabilität des Eigenkapitals.

Leviathan m (~s; –) (heb.-lat.) alttestamentlicher Drache; Symbol für Staat (Hobbes); Wollwaschmaschine zum Entfetten.

Levirat s (~[e]s; ~e) (lat.) Ehe mit dem Bruder des Verstorbenen, = **Levirats|ehe** w (~; ~n).

Levit m (~en; ~en) (heb., nach dem jüd. Stamm *Levi*) priesterlicher Nachfahre *Levis*; † Diakon *(die L.en lesen* ins Gewissen reden).

Levitation w (~; ~en) (lat.) Schweben in der Luft; ZW: **levitieren** (-rte, -rt).

Levitikus m (~; –) (nach dem jüd. Stamm *Levi*) 3. Buch Mosis; **levitisch** EW Leviten...

Levkoje w (~; ~n) (gr.) [*-keue*] Kreuzblütler.
Lewisite M (nach Am. *Lewis*) [*levis-*] ⚗ organ. Arsenverbindungen (Kampfstoff).
Lex w (~; Leges) (lat.) Gesetz (*L. fori* Ortsrecht des entscheidenden Gerichts; *L. generalis* allgemeines Gesetz; *L. specialis* Sondergesetz).
Lexem s (~s; ~e) (gr.) kleinste Bedeutungseinheit; w. s.: **Lexematik** (~; -); **Lexi(ko)graph** m (~en; ~en) Wörterbuchverfasser; w. abstr. s.: **Lexi(ko)graphie** (~; i|en); EW: **lexi(ko)graphisch**; **Lexik** w (~; -) Wortschatz; lexikalisch EW in Art eines Wörterbuchs; **Lexikologe** m (~n; ~n) Erforscher, Verfasser von Wortschatzsammlungen; w. abstr. s.: **Lexikologie** (~; -); EW: **lexikologisch**; **Lexikon** s (~s; -ka) Wörterbuch; **Lexikonformat** s (~[e]s; -) übliches Wörterbuchformat, = **Lexikon|oktav** s (~s; -); **Lexikostatistik** w (~; ~en) Erhebung der Worthäufigkeit; **Lexikothek** w (~; ~en) Wörterbuchsammlung; **Lexiphon** s (~s; ~e) tönende Lesemaschine; **lexisch** den Wortschatz betreffend; **Lexothek** w (~; ~en) gespeichertes Wortmaterial; Wörterbuch auf Abruf.
L'hombre s (~s; -) (sp.) [*loñbr*] = → Lomber.
Liaison w (~; ~s) (fr.) [*liäsoñ*] (illegitime) Verbindung; Fleischbrühe mit Rahm, Butter und Ei; Eigelb mit Sahne.
Liane w (~; ~n) (lat.-fr.) Kletterpflanze.
Lias m, w (~; -) (fr.-e.) unterster Jura (Erdepoche).
Libation w (~; ~en) (lat.) Trankopfer.
Libell s (~s; ~e) (lat.) Schmähschrift; Eingabe.
Libelle w (~; ~n) (lat.) Wasserwaage; Insekt; Haarspange.
Libellist m (~en; ~en) (lat.) Autor von Libellen (eines Libells).
liberal EW (lat.) freizügig, -gebig, -heitlich; großzügig; ohne Vorurteile; **Liberale** m, w (·-n; ·-n) Anhänger(in) liberaler Gesinnung; **liberalisieren** ZW (-rte, -rt) ↗ freiheitlich gestalten, Einfuhr erleichtern; **Liberalisierung** w (~; ~en) weitgehende Beseitigung staatl. Schranken im (zwischenstaatlichen) Handelsverkehr (*L. des Außenhandels* Aufhebung aller Import- und Exportbeschränkungen); **Liberalismus** m (~; -) auf der Freiheit des einzelnen, der Demokratie und der freien Wirtschaft beruhende polit. Überzeugung, wirtschaftlicher Individualismus; m. s.: **Liberalist** (~en; ~en); EW: **liberalistisch**; **Liberalität** w (~; -) Vorurteilslosigkeit; Freigebigkeit; **Libero** m (~s; -ri) (it.) „Ausputzer" (beim Fußball); **libertär** (KuW, lat.) freiheitsliebend; **Libertät** w (~; ~en) (ständische) Freiheit; **Liberté** w (~; -) (fr.) Freiheit; **Libertin** m (~s; ~s) (fr.) [*-täñ*] Freigeist; Lebemann; **Libertinage** w (~; -) [*-nåsch*] Zügellosigkeit ↓, = **Libertinismus** m (~; -) ↓.
Liberty s (~s; -) (e., nach dem Erfinder) glänzendes Atlasgewebe.
libidinieren ZW (-rte, -rt) ↗ sexuell aufreizen; **Libidinist** m (~en; ~en) (lat.) Sexbesessener; EW: **libidinös**; **Libido** w (~; -) Geschlechtstrieb; Sublimierung des Sexualtriebs.
libitum: ad l. (lat.) nach Wunsch.
Libration w (~; ~en) (lat.) scheinbare Mondschwankung.
Libresse w (~; ~n) (lat., KuW) Ausstellungs-, Bibliotheksführerin; **Libresso** s (~s; -ssi) (it.) Café mit Buchhandlung; **librettisieren** ZW (-rte, -rt) ↗ als Operntextbuch bearbeiten; **Librettist** m (~en; ~en) ♪ Operntextdichter; **Libretto** s (~s; -tti) (it., = Büchlein) ♪ Operntext.
licet (lat.) es ist gestattet.
Lichen m (~s; ~es) (gr.) [*-chên*] ⚕ Flechte; ⚕ Hautentzündung; **Lichenen, -nes** M Flechten; **Lichenifikation** w (~; ~en) ⚕ Hautverdickung, Knötchenbildung; **Lichenin** s (~s; ~e) (KuW) ⚕ Zellwandbestandteil (von Flechten); **Lichenisation** w (~; ~en) ⚕ Knötchenbildung; **licheno|id** EW ⚕, ⚕ flechtenartig; **Lichenologe** m (~n; ~n) Flechtenforscher; w. s.: **Lichenologie** (~; -); EW: **lichenologisch**.
Licker m (~s; ~) (e.) Lederfett.
Lidar s (~s; -) (KW) Laserstrahlen|ortungs-, -entfernungsmeßgerät.
Lido m (~s; ~s) (it.) Badestrand (eigtl. von Venedig).
Li|en m (~s; ~e) (lat.) ⚕ Milz; EW: **li|enal**; **Li|enitis** w (~; -itiden) ⚕ Milzbrand.
Li|enterie w (~; -) (gr. KuW) [*liän-*] Art Durchfall.
Li|erne w (~; ~n) (fr.) □ Gewölberippe.
Life-island s (~--~s; ~--~s) (e.) [*laifai-länd*] ⚕ sterile Plastikkammer; **Life-style** m (~s; ~s) beschreibt Konsumentengruppen.
Lift m (~[e]s; ~e/~s) (e.) Fahrstuhl; Möbelkiste; m, s (~s; ~s) Gesichts-(falten)kosmetik, = **Lifting** s (~s; ~s)

Liftboy

[*liftiñ*]; **Liftboy** m (~s; ~s) Fahrstuhlführer (im Hotel); **liften** ZW (-tete, geliftet) ↗ im (Ski-)Lift fahren; Falten operativ beseitigen; **Lifting** s (~s; ~s) [*liftiñ*] s. o.!; auch: Hochschlagen des Tennisballes; **Lift-on-Lift-off** s (~-~-~-~s; –) ⚲ Be-, Entladen von Containerfrachten mit Kränen; **Lift-Slab-Methode** w (~-~-~; –) [*-släb-*] hydraulische Installation betonierter Decken; **Lift-Van** m (~-~-s; ~-~-s) (am.) [*-wänn*] Überseemöbelwagen.
Liga w (~; -gen) (lat.-sp.) Bund, Bündnis, Verband (*L. für Menschenrechte* in Paris, gegr. 1898; *L. der Nationen* Völkerbund [1920]); **Ligade** w (~; ~n) Wegdrücken der Klinge des Fechtpartners; **Ligament** s (~[e]s; ~e) ⚕ Verbindung (von Organen, Skelettteilen, Bindegeweben); = **Ligamentum** s (~s; -ta).
Ligan s (~s; –) (e.) [*laign*] = → Lagan.
Ligand m (~en; ~en) (lat.-it.) ↻ Verbindungsglied zum Zentralatom; **Ligase** w (~; ~n) Enzym; **ligato** (it.) ♪ = → legato; **Ligatur** w (~; ~en) (lat.) ⚕ Abschnürung; ♪ Bindung mehrerer Töne durch Bogen; Doppelletter.
Liger m (~s; ~) (KW) Kreuzung zwischen m. Löwen und w. Tiger (Ggs.: *Tigon*).
Light-Show w (~-~; ~-~s) (am.) [*laitschou*] (Musical) mit Beleuchtungseffekten.
ligieren ZW (-rte,- rt) ↗ (lat.) die Klinge des Fechtpartners wegdrücken; **Ligist** m (~en; ~en) Ligamitglied; EW: **ligistisch**.
Lignikultur w (~; ~en) (lat.) Holzanbau; **Lignin** s (~s; ~e) Holzbestandteil; **Lignit** s (~[e]s; ~e) (junge) Braunkohlenart; **lignös** EW holzig; **Lignose** w (~; –) Zellulose; ein Sprengstoff; **Lignostone** s (~s; –) (lat.-e.) [*-stōᵘn*] sehr festes Preßholz.
Ligro|in s (~s; –) (KuW) Leichtöl.
Ligue w (~; ~s) (fr.) [*līg*] = Liga.
Liguster m (~s; ~((lat.) ♠ Ölbaumgewächs.
li|ieren ZW (-rte, -rt) ↗ (lat.-fr.) verein(ig)en; w. s.: **Li|ierung** (~; ~en).
Likör m (~s; ~e) (lat.-fr.) süßer Schnaps; Sektzusatz.
Liktor m (~s; -toren) (lat.) Träger von Beil und Rutenbündel vor den höchsten altröm. Beamten.
lila EW (ar.-fr.) fliederfarben; hellviolett ←; s. s.: **Lila** (~s; –); **Lilak** m (~s; ~s) ♠ Syringe; **Liliaze|e** w (~; ~n) (lat.) ♠ Liliengewächs; **Lili|e** w (~; ~n) ♠ Zwiebelgewächs.

Liliputaner m (~s; ~) (e. KuW) ↺ Zwerg, Kleinwüchsiger.
Liman m (~s; ~e) (gr.-r.) Lagune am Schwarzen, Kaspischen Meer.
Limaze|e w (~; ~n) (lat.) Nacktschnecke.
Limba s (~s; –) afr. Furnierholz.
Limbo m (~s; ~s) (karib.) Tanz mit Unterquerung niedriger Stange.
Limbus m (~; –) (lat.) ⊀ Teilkreis am Winkelmesser; ✠ Kelchsaum; † Vorhölle.
Limerick m (~s; ~s) (e.; eigtl. = Stadt in Irland) komisch-grotesker Fünfzeiler; ZW: **limericken** (-ckte, gelimerickt) ↙ ↗.
Limes m (~; –) (lat.) röm. Grenzwall; ⊀ nicht ganz erreichter Grenzwert.
Limetta w (~; -tten) (it.) Limonellensaft; **Limette** w (~; ~n) dünnschalige Zitrusfrucht.
limikol EW (lat.) im Schlamm (lebend).
Limit s (~s; ~s) (e., = Grenze) [*limm-*] Preisgrenze (*off l.* kein Eintritt!); **Limitation** w (~; ~en) (lat.) Begrenzung durch Negation des Prädikates; **limitativ** EW einschränkend; **limited** EW (e.) [*limmitid*] mit beschränkter Gesellschafterhaftung; ⚷ *lim., L[t]d.*); **limitieren** ZW (-rte, -rt) ↗ begrenzen.
limnikol EW (gr.) im Süßwasser lebend; **Limnimeter** s (~s; ~) Wasserstandspegel; **limnisch** EW Süßwasser...; **Limnogramm** s (~s; ~e) graph. Feststellung des Wasserstandes; **Limnograph** m (~en; ~en) = → Limnimeter; EW: **limnimetrisch**, = **limnographisch**; **Limnologe** m (~n; ~n) Gewässerforscher; w. abstr. s.: **Limnologie** (~; –); EW: **limnologisch**; **Limnoplankton** s (~s; –) Süßwasserplankton.
Limonade w (~; ~n) (fr.) Zitronen-, Fruchtsaftgetränk (⚷ **Limo** w, s, [~; ~s]); **Limone** w (~; ~n) (pers.-ar.-lat.) dickschalige Zitrone; **Limonelle** w (~; ~n) Zitrusfrucht; **Limonen** s (~s; –) duftender Kohlenwasserstoff; **Limonit** m (~[e]s; ~e) Brauneisenstein.
limos EW = **limös** EW (lat.) moorig, sumpfig.
Limousine w (~; ~n) (fr.) [*-mu-*] Kraftfahrzeug (Motorboot) mit festem Verdeck.
limpid EW (lat.) durchscheinend.
Lineage w (~; ~s) (e.) [*linjedsch*] Herkunft (Verwandtschaft, Vorfahren).
Lineal s (~s; ~e) (lat.) gerades Meßholz mit Skala zum Linienziehen; **Lineament** m (~[e]s; ~e) Handlinie, Gesichtszüge; **linear** EW in einer Linie

Liquidität

verlaufend; ⚔ vom 1. Grad; ♪ auf keinen Zusammenklang bezogen (*l.e Ausdehnung* Länge; *l.e Gleichung* ⚔ durch eine Gerade darstellbare Gleichung 1. Grades; *l.er Kontrapunkt* ♪ Kontrapunkt ohne Rücksicht auf Harmonie); **Linear|eruption** w (~; ~en) Vulkanismus aus Spalten; **Linearität** w (~; –) ⚔ genau gleichmäßiger Zusammenhang zwischen 2 Größen; ♪ kontrapunktischer Satzbau mit ganz selbständiger Stimmführung; **Linearmotor** m (~s; -toren) el. Motor; **Lineatur** w (~; ~en) Linienführung; Liniierung; **Liner** m (~s; ~) [*lai-*] regelmäßig fahrendes Passagierschiff, -flugzeug.

Linette w (~; –) (fr.) wasserabstoßender Baumwollstoff.

Linga(m) m (~s; ~s) (skr.) m. Glied als Sinnbild der Zeugungskraft.

lingual EW (lat.) Zungen...; **Lingual** m (~s; ~e) Zungenlaut, = **Lingualis** w (~; -les), = **Linguallaut** m (~[e]s; ~e); **Lingu|ist** m (~en; ~en) Sprachforscher; w. abstr. s.: **Lingu|istik** (~; –); EW: **lingu|istisch**.

Liniatur w (~; ~en) (lat.) = → Lin(i)ierung; **Lini|e** w (~; ~n) ⚔ Aufstellung der Truppe in die Breite; altes Längenmaß ↓; ⚔ Gerade (*gekrümmte L.* Kurve); **Lini|enleiter** m (~s; ~) Einrichtung zur selbsttätigen Kfz-Steuerung; **Lini|enorganisation** w (~; ~en) straff aufgebauter Betrieb; **lin(i)ieren** ZW (-rte, -rt) ↗ mit geraden Strichen einteilen (Papierblatt); w. abstr. s.: **Lin(i)ierung** (~; ~en).

Liniment s (~[e]s; ~e) (lat.) ⚕ dickflüssiges Einreibemittel.

Linkrusta w (~; -ten) (lat.) abwaschbare feste Tapete.

Link m (~s; ~s) (e., = Verbindung) Forderung, internat. Liquidität für Entwicklungsprogramme zu verwenden.

links|extremistisch EW (d.-lat.) links von der parlamentarischen Linken stehend; **Linksfaschist** m (~en; ~en) Sozialist mit faschistischen Grundsätzen; **Linkskonformismus** m (~; –) mit den linken Parteien solidarische Überzeugung; EW: **linkskonformistisch**.

Linktrainer m (~s; ~) (e. KW) [*-trei-ner*] Pilotenübungsgerät.

Linofil s (~; –) (lat.) Garn aus Flachsabfällen; **Linoldruck** m (~[e]s; ~e) Hochdruckverfahren; **Linolensäure** w (~; –) ungesättigte Fettsäure des Leinöls; **Linole|um** s (~s; –) Kunststoff als Boden-, Möbelbelag; **Linon** m (~s;

~s) (lat.-fr.) [*-noñ*] feinfädiger leinenartiger Baumwollstoff.

Lino-Quick w (~-~; ~-~s) (e.) [*laino-*] elektronisch gesteuerte Zeilengießmaschine; **Linotype** w (~; ~s) [*lainotaip*] zeilengießende Setzmaschine.

Linters M (e.) zum Spinnen zu kurze Baumwollfasern.

Lioderma s (~s; –) (gr.) ⚕ Glanzhaut; Hautschwund.

Lip|ämie w (~; i|en) (gr.) ⚕ Blutfettgehaltvermehrung; EW: **lip|ämisch**; **Lipase** w (~; –) (KW) ein (fettspalt.) Enzym; **Lipazid|ämie** w (~; -i|en) ⚕ Fettsäure|überschuß im Blut.

Lip gloss s (~ ~; –) (am.) glänzender Lippenstift.

Lipide M (gr.-lat.) ⚛ die Fette (Fettähnlichen); **Lipi|dose** w (~; –) ⚕ Stoffwechselstörung.

Lipizzaner M (nach einem nordit. ON [seit 1945 jug.]) Pferde der sp. (öst.) Reitschule.

Lipochrom s (~[e]s; ~e) (gr.) [*-kr-*] Fettfarbstoff aus organischen Geweben; **lipochrom** EW gelbgrün (wie das Fettgewebe); **Lipo|id** s (~[e]s; ~e) ⚕ fettartiger Stoff; EW: **lipo|id**; **Lipo-idose** w (~; ~n) ⚕ Lipoiden im Gewebe; **Lipolyse** w (~; ~n) ⚕ Fettverdauung, -spaltung; **Lipom** s (~s; ~e) ⚕ Fettgeschwulst, = **Lipoma** s (~s; -mata); **Lipomatose** w (~; ~n) ⚕ Fettsucht nur an bestimmten Stellen; **lipophil** EW ⚛ in Fett lösbar; **Lipoplasten** M Zellen aus Fettgewebe; **Lipozele** w (~; ~n) ⚕ Fettbruch; **Lip|urie** w (~; -i|en) (gr.) ⚕ Fett im Harn.

Liquefaktion w (~; ~en) (lat.) ⚛ Umwandlung von festem in flüssigen Aggregatzustand; **Liqueszenz** w (~; ~en) Flüssigsein; **liqueszieren** ZW (-rte, -rt) ↙ schmelzen.

liquet (lat.) das ist einleuchtend (*non l.* das kann ich nicht entscheiden).

liquid(e) EW (lat.) flüssig; zahlungsfähig; **Liquida** w (~; -dä/-qui|den) Schmelzlaut; **Liquidation** w (; -en) (lat., = Flüssigmachen) Vertragsauflösung; Termingeschäfte über Liquidationskassen; Kostenrechnung für freie Berufe; **Liquidator** m (~s; -toren) wer eine Liquidation durchführt; **liquidieren** ZW (-rte, -rt) ↗ in Rechnung stellen; Geschäft auflösen; Mensch töten; Streit schlichten; zu Geld machen; w. s.: **Liquidierung** (~; ~en); **Liquidität** w (~; –) (lat., = Flüssigkeit) Bargeldbesitz, Verfügungsmöglichkeit über Geldmittel; Möglichkeit der Umwandlung von Sach- in Geldwerte; Erfül-

lung von Zahlungsverpflichtungen; Liquor m (~s; -oren/~es) Flüssigkeit (⚕ im Gehirn, Rückenmark); **Liquordiagnostik** w (~; ~en) ⚕ Krankheitsfeststellung durch Untersuchung der Rückenmarkflüssigkeit.

Lira w (~; -ren) (it.) einsaitige Geige (Vorgängerin der **Lira da braccio** w [-*bratscho*] Armgeige; **Lira da Gamba** w Kniegeige).

lirico (it.) ♪ lyrisch.

Lisene w (~; ~n) □ (fr.) senkrechter Mauerstreifen ohne Basis und Kapitell; **Lisi|ere** w (~; ~n) (Kleid-)Saum; Rand.

Lisseuse w (~; ~n) (fr.) [-*bộs*] Spinnereireinigungsgerät; Plättmaschine.

Litanei w (~; ~en) (gr.-lat.) † Gebetsanrufungen; Klagelied; Gejammer.

Liter s, m (~s; ~) (fr.) Hohl-, Flüssigkeitsmaß (≠ *l*).

Litera w (~; ~s/-rä) (lat.) (Kenn-)Buchstabe (≠ *Lit.*); **Literarhistoriker** m (~s; ~) Erforscher einer (nationalen) Literatur; EW: **literarhistorisch**; **literarisch** EW der Literatur angehörend; mit schriftstellerischem Ehrgeiz; **literarisieren** ZW (-rte, -rt) ↗ zu wirklichkeitsfremd formulieren; **Literat** m (~en; ~en) Schriftsteller; **Literatur** w (~; ~en) alle Sprachkunstwerke; alle Veröffentlichungen (eines Gebietes); **Litera(tu)rkritik** w (~; ~en) Beurteilung von Dichtungen; m. s.: **Litera(tu)rkritiker** (~s; ~); EW: **litera(tu)rkritisch** EW; **Litera(tu)rsoziologe** m (~n; ~n) Erforscher der gesellschaftlichen Einflusses einer Literatur; w. abstr. s.: **Litera(tu)rsoziologie** (~; -) EW: **litera(tu)rsoziologisch**.

Litewka w (~; -ken) (poln.) ✗ Blusenrock.

Lith|agogum s (~s; -ga) (gr., KuW) ⚕ steinabtreibendes Medikament; **Lithergol** s (~s; ~e) Raketentreibstoff; **Lithiasis** w (~; -sen) ⚕ Steinbildung, -leiden.

Lithium s (~s; -) (gr.-lat., ≠ *Li*) sehr leichtes (Alkali-)Metall.

Litho s (~s; ~s) ≠ **Lithog**raphie; **lithogen** EW (gr.) steinbildend; aus Gesteinen entstanden; **Lithogenese** w (~; ~n) Erforschung der Entwicklung der Absatzgesteine; EW: **lithogenetisch**; **Lithoglyptik** w (~; -) Steinschneidekunst; EW: **lithoglyptisch**; **Lithograph** m (~en; ~en) Steindrucker; **Lithographie** w (~; i|en) Steindruck(verfahren) (1798 erfunden); EW: **lithographisch**; **Lithoklast** m (~s; ~e) ⚕ Gerät zum Zerkleinern von Blasensteinen; EW: **lithoklastisch**; **Lithologe** m (~n; ~n) Gesteinsforscher; w. s.: **Lithologie** (~; -); EW: **lithologisch**; **Litholyse** w (~; ~n) ⚕ medikamentöse Auflösung von Steinbildungen; EW: **litholytisch**; **lithophag** EW in Gestein eindringend; **Lithophanie** w (~, -i|en) Flachrelief in Porzellan; **lithophil** EW zu den Gesteinen gehörend; **Lithophysen** M Ergußgesteine mit Hohlräumen; **Lithophyt** m (~en; ~en) ⚘ Felspflanze; **Lithopone** w (~; -) weiße Deckfarbe; **Lithosphäre** w (~; -) Erdschale; **Lithotom** s, m (~; ~e) ⚕ Messer zum Steinschneiden; w. s.: **Lithotomie** (~; -i|en) ⚕; **Lithotripter** m (~s; ~) = → Lithoklast; w. s.: **Lithotripsie** (~; -i|en) ⚕.

litoral EW (lat.) nah am Ufer (*l.e Flora*); **Litoral(es)** s (~s; ~s) Küstenland; **Litoralfauna** w (~; -nen) Strandgetier; **Litoralflora** w (~; -ren) ⚘ die Strandpflanzen.

Litorina w (~; -nen) (lat.) Uferschnecke; **Litorinameer** s (~[e]s; -) Ostsee im jüngeren Holozän.

Litotes w (~; -) (gr.) Bejahung durch doppelte Verneinung.

Litschi w (~; ~s) (chin.) Frucht eines chin. Baumes.

Liturg m (~en; ~en) † die Liturgie haltender Geistlicher; **Liturgie** w (~; -i|en) (gr., = öffentliche Dienstleistung) † Gottesdienstformen; Altargottesdienst; **Liturgik** w (~; -) Entwicklung und Phänomen der Liturgie; m. s.: **Liturgiker** (~s; ~); EW: **liturgisch** (*l.e Farben* Festfarben der † Paramente; *l.e Gewänder* † gottesdienstliche Gewandung).

live (e.) [*laif*] original; ohne Konserve; Mitschnitt; **Live-Sendung** w (~-~; ~-~en) [*laif-*] Direktübertragung einer Rundfunk-, Fernsehsendung; **Live-Show** w (~-~; ~-~s) [-*schou*] Peep-Show; öffentl. erot. Darbietung.

livid(e) (lat.-fr.) blaßblau; neidisch.

Living Theatre s (~ ~s; ~ ~s) (am.) [*liwiñ ßi|etr*] Theater ohne Kostüme und Gespräche; **Living Wage** s (~ ~s; ~ ~s) [*liwiñ waidsch*] Mindestlohn.

Livree w (~; -e|en) (fr.) Bediensteten-uniform; **livriert** EW in Dienerkleidung.

Liwanzen M (tsch.) gebackene Hefeplätzchen.

Lizentiat s (~[e]s; ~e) (lat.) akademische Abschlußprüfung (für Theologen); m (~[e]s; ~e) theolog. Doktor(-grad).

Lizenz w (~; ~en) (lat.) Erlaubnis, Befugnis; Ausübungs-, Nutzungsrecht;

Berechtigungsurkunde für Sportler; ZW: **lizenzieren, -sieren** (-rte, -rt) ↗; **Lizenzspieler** m (~s; ~) Fußballer als Angestellter; **Lizitant** m (~en; ~en) Meistbietender; **Lizitation** w (~; ~en) = → Auktion; ZW: **lizitieren** (-rte, -rt) ↗.

Lloyd m (~s; ~s) (e., nach dem Kaffeehauswirt Edward *Lloyd*, 17. Jh.) [*leud*] Schiffahrtsgesellschaft, -versicherung.

Lob m (~s; ~s) (e.) [*lab*] hoch über den Partner geschlagener Tennisball; ZW: **lobben** (lobbte, gelobbt) ↗.

Lobbies M (am.) Wirtschaftsberater der Abgeordneten; **Lobby** w, m (~; ~s) (e.) Vor-, Wandelhalle im Parlamentsgebäude; Interessengruppe, die Einfluß auf Abgeordnete auszuüben versucht; **Lobby|ing** s (~s; ~s) Einfluß von Lobbies auf Abgeordnete; **Lobbyismus** m (~; –) Beeinflussung von Abgeordneten durch Wirtschafts-, Industrie-, Gruppeninteressenten; **Lobbyist** m (~en; ~en) wer Abgeordnete für wirtschaftliche oder soziale Gruppen zu interessieren sucht.

Lobeli|e w (~; ~n) (nach dem fr. Botaniker M. de *l'Obel*, 1538–1616) ⚜ Männertreu.

Lobotomie w (~; -i|en) (gr.) ⚕ = → Leukotomie.

lobulär EW (gr.-lat.) ⚕ auf einzelne Organläppchen bezogen; **Lobus** m (~; -bi) ⚕ Organlappen.

Lochi|en M (gr.) ⚕ Wochenfluß.

Lock|out m (~[s]; ~s) (e.) [*-aut*] Arbeiteraussperrung.

loco (lat.) am Ort; ♪ Aufhebung einer Lagenbezeichnung (*l. citato* am angeführten Ort; *l. sigilli* statt eines Siegels); **Locogeschäft** s (~[e]s; ~e) = → Lokogeschäft; **Locus amoenus** m (~ ~; -ci -ni) liebliche Gegend (literarischer Topos); **Locus communis** m (~ ~; -ci -nes) (lat.) Gemeinplatz.

Loft s (~s; –) (e.) Schlagneigung des Golfschlägers; **Loftjazz** m (~; –) spontan erwachsende Jazzdarbietung.

Log s (- s; c) (c.) ⚓ Fahrtgeschwindigkeitsmesser.

logarithmieren ZW (-rte, -rt) ↗ (gr.) das Potenzieren zweimal umkehren; EW: **logarithmisch**; **Logarithmus** m (~; -men) (≠ *log, ln, lg*) ⚔ Zahl, die man als Exponent an eine andere Zahl setzen muß, um eine gegebene Zahl zu erhalten.

Log|asthenie w (~; –) (gr.-lat.) ⚕ Gedächtnisausfall (sprachl. Begriffe).

Logbuch s (~[e]s; -bücher) (e.-d.) Schiffsjournal.

Loge w (~; ~n) (fr.) [*lôsche*] Zuschauerlaube im Vorführraum; Freimaurerverband.

Logement s (~s; ~s) (fr.) [*lôschmañ*] Wohnung ↓; ⚔ Verteidigungsstellung.

Logge w (~; ~n) (e.) = → Log; **loggen** ZW (-ggte, geloggt) ✓ ⚓ mit dem Log die Fahrtschnelle messen.

Logger m (~s; ~) (nl.) Fischereifahrzeug; schnelles Kielboot.

Loggia w (~; -ggien) (it.) [*lodscha*] Bogenhalle als Vortritt; Art Balkon.

Log|glas s (~es; -gläser) (e.-d.) Sanduhr auf Schiffen.

Logical s (~s; ~s) (e.) [*-dschikäl*] Denkrätsel.

logieren ZW (-rte, -rt) ✓ (fr.) [*loschi-*] wohnen.

Logik w (~; –) (gr.) (Lehre von der) Gesetzlichkeit des Denkens (*mathematische L.* Erforschung des Zusammenhanges von Axiomen und Theorien; *zweiwertige L.* auf den Unterschied gut – böse aufgebaute Logik); m. s.: **Logiker** (~s; ~); **Logikschaltungen** M verknüpfen elektr. Signale nach logischen Regeln (DV).

Logis s (~; ~) (fr.) [*loschi*] Wohnung, Unterkunft.

logisch EW (gr.) denkbar; konsequent; zur Logik gehörend; **logisieren** ZW (-rte, -rt) ↗ der Erkenntnis öffnen; **Logismus** m (~; -men) Vernunftschluß; Beschreibung des Logischen; nur logische Haltung.

Logistik w (~; –) (g.-fr.-lat.) ⚔ Nachschubwesen; mathemat. Logik; Herstellung log. Beziehungen; m. s.: **Logistiker** (~s; ~); EW: **logistisch**; **Logizismus** m (~; –) Absolutierung des Logischen; ⚔ Rückführung der Mathematik auf Logik; Begriffsspielerei; EW: **logizistisch**; **Logizität** w (~; ~en) Wesen des Logischen; Denkbarkeit (Ggs.: Faktizität).

Logo einfache Programmiersprache → Logotype!; **logo** EW na, logisch!

Logogramm s (~s; ~e) (gr.) Schriftzeichen als Bedeutungsträger; **Logograph** m (~ on; on) altgr. Geschichtsschreiber; **Logogriph** m (~en; ~en) Worträtsel mit Buchstabenwechsel; **Logokrat** m (~en; ~en) Herrscher durch Vernunft; w. s.: **Logokratie** (~s; –); EW: **logokratisch**; **Logoneurose** w (~; ~n) ⚕ nervöse Sprachstörung; m. s.: **Logoneurotiker** (~s; ~); EW: **logoneurotisch**; **Logopäde** m (~n; ~n) ⚕ Sprecherzieher; **Logopädie** w (~; –) Lehre und Heilkunde der Sprechfehler, Sprachstörungen; **Logopathie** w

logopathisch

(~; -i|en) ⟂ Sprachstörung; EW: **logopathisch**; **Logos** m (~; –) göttliche Vernunft; † Christus als verkörpertes Gotteswort; Vernunft; Begriff; Sinn (der Welt); sinnvolles Wort; **Logotherapie** w (~; -i|en) Richtung der Psychotherapie; **Logotype** w (~; ~n) mehrzeichige Letter; Symbolzeichen für Inhalt (Thema) eines Films (∉ *Logo*).

Lohndumping s (~s; ~s) (d.-e.) [*-dampiñ*] Unterbietung der Importpreise durch Niedriglöhne und geringe Sozialleistungen.

Loipe w (~; ~n) (norw.) Skilanglaufspur, -bahn.

Lok w (~; ~s) ∉ → Lokomotive; **Lokal** s (~s; ~e) (lat.) Ort; Kneipe; **lokal** EW örtlich (begrenzt); **Lokal|anästhesie** w (~; -i|en) ⟂ örtliche Betäubung; **Lokale** s (~n; –) Zeitungsmeldung, -sparte aus dem Ort der Zeitung; **Lokalfernsehen** s (~s; –) Fernsehprogramm mit sehr begrenzter Reichweite (über die umliegende Region); **lokalisieren** ZW (-rte, -rt) ↗ örtlich beschränken; ⟂ Krankheitsherd feststellen; ⟂ Krankheitsausbreitung unterbinden; w. abstr. s.: **Lokalisierung** (~; ~en) = **Lokalisation** w (~; ~en); **Lokalität** w (~; ~en) Raum; **Lokalkolorit** s (~[e]s; ~e) räumlich begrenzte Eigenart; **Lokalmatador** m (~en; ~en) Berühmtheit in begrenztem Rahmen; **Lokalpatriotismus** m (~; –) übersteigerte Heimatliebe; EW: **lokalpatriotisch**; **Lokalradio** s (~s; ~s) Hörfunk in begrenzter Reichweite; **Lokaltermin** m (~[e]s; ~e) Gerichtsverhandlung am Tatort; **Lokation** w (~; ~en) Ortszuweisung; Siedlung; Bohrloch für Erdöl; **Lokativ** m (~s; ~e) Beugungsfall auf die Frage „wo?"; **Lokator** m (~s; -toren) Vermieter; Ansiedlungskommissar; **Lokogeschäft** s (~[e]s; ~e) sofortige Fälligkeit eines Geschäftsabkommens; **Lokomobile** w (~; ~n) mit Dampf betriebene Zugmaschine; **Lokomotion** w (~; ~en) Ortsveränderung; **Lokomotive** w (~; ~n) Schienenzugmaschine (∉ *Lok*); **lokomotorisch** EW die Bewegung angehend; **Lokoware** w (~; ~n) gleich greifbare Handelsware; **Lokus** m (~; -zi/~se) Ort; Abort.

Lolita w (~; ~s) (nach V. Nabakovs Roman *L.*) (sexuell) frühreifes Mädchen; Kindfrau.

Lombard m, s (~s; ~e) (it.; vgl. *Lombardei, Langobarden*) Pfanddarlehen; **Lombardgeschäft** s (~[e]s; ~e) Pfand-

leihgeschäft; **lombardieren** ZW (-rte, -rt) ↗ Kredit gegen Pfand beanspruchen; **Lombardkredit** m (~s; ~e) durch Verpfändung bewegl. Sachen oder Rechte gesichertes kurzfristiges Darlehen; **Lombardpolitik** w (~; –) Liquiditätskontrolle durch Notenbank; **Lombardsatz** m (~es; -sätze) Zinssatz des Lombardkredits.

Lomber s (~s; ~) (lat.-sp., = Mensch) Kartenspiel.

Lomé-Abkommen s (~-~s; –) Handels- und Finanzhilfeabkommen zwischen EG- und AKP-Staaten (= Afrika, Karibik, Pazifik, 1975).

Longävität w (~; –) (lat.) Langlebigkeit.

Longdrink m (~s; ~s) (e.) [*loñdrink*] Getränk mit Soda-, Eiswasser.

Longe w (~; ~n) (fr.) [*loñsch, loñge*] Leit-, Führungsseil (Reitsport); **longieren** ZW ↗ [*-schi-*] Pferd an der Longe führen.

longitudinal EW (lat.) der Länge nach (*l.e Schwingung* Wellenbewegung mit schwingend sich fortpflanzenden Teilchen).

Long Line w (~ ~; ~ ~s) (e.) [*loñlain*] Seitenlinienball (im Tennis); schlanke (Mode-)Linie.

Long-run-Analyse w (~-~-~; ~-~-~n) (e.-gr.) [*-ran-*] Langzeitstudie über Wirtschaftsentwicklung.

Longseller m (~s; ~) (am.) [*loñßell'r*] Buch mit anhaltendem Verkaufserfolg.

Longton w (~; ~s) (e.) am. Masseneinheit (= ca. 1016 kg).

Look m (~s; ~s) (e.) [*lûk*] Modeeinfall (oft in Zusammensetzungen: *Kurzhaar-Look* u. ä.).

Looping m, s (~s; ~s) (e.) [*lûpiñ*] Überschlag beim Kunstflug; ZW: **loopen** (-pte, geloopt) ✓ (e.) [*lû-*].

Loquazität w (~; –) (lat.) Schwatzhaftigkeit.

Loran (~s; ~s) (am. KW) ⚓ Navigation mit Radiowellen für Flugzeuge und Schiffe (seit 1940).

Lorbaß m (-sses; -sse) (lit.) Flegel.

Lord m (~s; ~s) (e., = Brotherr) [*lôd*] hoher e. Adliger; **Lord-Mayor** m (~-~s; ~-~s) [*lôdmê|er*] Bürgermeister einer Großstadt.

Lordose w (~; ~n) (gr.) Rückgratverkrümmung; EW: **lordotisch**.

Lordship w (~; –) (e.) [*lôdschipp*] Lordschaft (Würde, Anrede).

Lore w (~; ~n) (e.) offener zweiachsiger Schienenwagen.

Lorgnette w (~; ~n) (fr.) [*lornjette*]

Stielbrille; **lorgnettieren** ZW (-rte, -rt) ↗ [*lornjetti̱-*] scharf (durch ein Lorgnon) ansehen; **Lorgnon** s (~s; ~s) [*lornjoṉ*] Einglas mit Stiel.
Lori¹ m (~s; ~s) (mal.-fr.) Kleinpapagei.
Lori² m (~s; ~s) (nl.-fr.) Halbaffe ohne Schwanz.
Lorokonto s (~s; -ten/-ti) (it.) Bankkorrentkonto bei anderer Bank.
Loss leader m (~ ~s; ~ ~) (e.) [*-līder*] Anreizware.
Lost m (~s; –) (KuW) Haut- und Atemgift (Kampfstoff „Gelbkreuz").
Lost generation w (~ ~; –) (am.) [*loßt djenerēˈschn*] Generation nach dem 1. Weltkrieg.
Lot s (~s; ~s) (e.) Briefmarkensatz zum Verkauf.
Lotion w (~; ~en/~s) (lat.-fr.-e.) [e.: *loᵘschn*] Schönheits-, Gesichtswasser.
Lotophage m (~n; ~n) (gr.) sagenhafter Lotosblumenesser (nach Homer); **Lotos** m (~; –) i. Seerose; **Lotos|sitz** m (~es; –) Schneidersitz.
Lotse m (~n; ~n) (e.) ⚓ Schiffsführer in gefährl. Gewässern; Führer; ZW: **lotsen** (-tste, gelotst) ↗ führen (bes. ⚓); zum Mitgehen zwingen (verlokken).
Lotterie w (~; -i|en) (nl.) Glücksspiel (mit staatl. Konzession); **Lotto** s (~s; ~s) (g.-it.) Zahlenspiel; Gesellschaftsspiel; **Lottoblock** m (~s; -blöcke) Zusammenschluß regionaler Lottogesellschaften.
Lotus m (~; ~) (gr.-lat.) ✿ Hornklee.
Louis m (~; ~) (fr.) [*lūi̱*] Zuhälter; **Louis-quatorze** s (~-~; –) [*lū̱i kato̱rs*] fr. Barock; **Louis-quinze** s (~-~; –) [*lū̱i kä̱ŋs*] fr. Rokoko; **Louis-seize** s (~-~; –) [*lū̱i ßä̱s*] fr. Frühklassizismus.
Lounge w (~; ~s) (e.) (*laundsch*[*iß*]) Hotelhalle; **Lounge-chair** m (~-~s; ~-~s) [*-tschär*] Klubsessel.
Louvre m (~[s]; –) (fr.) [*lūwr*] Pariser Schloß (Museum).
Love-in s (~-~s; ~-~s) (am.) [*law iṉn*] öffentl. Protest mit Geschlechtsverkehr oder Rauschhandlungen; **Love-story** w (~-~; ~-ries) Geschichte einer Liebe.
low EW (e.) [*lôᵘ*] niedrig; **Low-Church** w (~-~; –) [*lô̱ᵘ*|*tschörtsch*] † anglikan. Pietismus; **Low-Power-Sender** m (~-~-~s; ~-~-~) lokaler Kleinsender mit geringer Reichweite.
Loxodrome w (~; ~n) (gr.) Erdkurve, die alle Meridiane im gleichen Winkel schneidet; EW: **loxodrom(isch)**; **loxogonal** EW ⚔ schiefwinklig.
loyal EW (fr.) [*loajā̱l*] mit dem Vorgesetzten (der Behörde) solidarisch; gesetzlich; redlich; treu gesinnt; w. s.: **Loyalität** (~; –) [*loaja-*].
lozieren ZW (-rte, -rt) ↗ (lat.) an Ort und Stelle hinstellen; verpachten; Geld verleihen; Gläubiger aus Konkursmasse befriedigen.
LSD = → Lysergsäurediäthylamid.
Ludus m (~; Ludi) (lat.) Spiel.
Lu|es w (~; –) (lat.) = → Syphilis; m. s.: **Lu|etiker** (~s; ~); EW: **lu|etisch, lu|isch**.
Luffa w (~; ~s) (ar.-sp.-e.) Schwammkürbis.
Luft|embolie w (~; -i|en) (d.-gr.) ⚕ Blutbahnverstopfung durch Luftbläschen; **Luftkorridor** m (~s; ~e) (befahrbare) Flugschneise; **Luft|insufflation** w (~; ~en) Sauerstoff-, Lufteinblasung in Mastdarm oder Scheide.
Lügendetektor m (~s; ~en) (d.-lat.-e.). Gerät zur Beobachtung unwillkürlicher Regungen; **Lügenskala** w (~; -len) Fangfragen im Test.
Lugger m (~s; ~) = → Logger.
lugubre (it.) ♪ düster; **Lugubrität** w (~; –) Düsternis.
Lu|iker m (~s; ~) (lat.) = → Syphilitiker; EW: **lu|isch** = → lu|etisch.
Luisine w (~; –) (fr.) [*lu|isi̱n*] Seidentaft.
Lukarne w (~; ~n) (fr.) Dachfenster, -erker.
lukrativ EW (lat.) gewinnbringend; ZW: **lukrieren** (-rte, -rt) ↗; **Lukubration** w (~; ~en) Nachtarbeit des Gelehrten; M: Ergebnis dieser Nachtarbeit; **lukubrieren** ZW (-rte, -rt) ✎ nachts forschen.
lukullisch EW (lat., nach dem reichen röm. Feldherrn *Lucullus*, um 80 v. Chr.) wohlschmeckend, köstlich.
Lullaby s (~s; ~s) (am.) [*la̱llebi*] Wiegenlied.
Lumbago w (~; –) (lat.) ⚕ Hexenschuß; **lumbal** EW Lenden...; **Lumbal|anästhesie** w (~; -i|en) ⚕ Betäubungsspritze in den Lumbalsack; **Lumbalpunktion** w (~; ~en) ⚕ Einstich in den Wirbelkanal.
Lumbeckverfahren s (~s; –) Buchbinderverfahren (nach E. *Lumbeck*); ZW: **lumbecken** (-ckte, gelumbeckt) ↗.
Lumberjack m (~s; ~s) (e.-am.) [*lamberdscheck*] Sportärmelweste.
Lumen s (~s; ~/-mina) (lat.) Einheit der Lichtmenge; ⚡ ✿ Hohlraum in einer Röhre (Zelle, einem Organ); **Lu-**

menbronze w (~; ~n) Zink-Aluminium-Kupfer-Legierung; **Lumenstunde** w (~; ~n) photometr. Einheit für Lichtmenge (∉ *lm h*).
Lumi|e w (~; ~n) (it.) Zitrusfrucht.
Luminal s (~s; -) (lat.) ⚕ Schlafmittel.
Lumineszenz w (~, -) (lat.) Bewirkung von Lichtemissionen durch Energiezufuhr; **Lumineszenz|analyse** w (~; ~n) Beobachtung von Aufleuchten bei ultravioletter Bestrahlung; **luminoszieren** ZW (-rte, -rt) ✓ („kalt") leuchten; **Lumineux** m (~; -) (fr.) [*luminö*] Glanztaft; **Luminographie** w (~; -i|en) Fotokopie mit Leuchtstoffolien zur Belichtung; **Luminophor** m (~s; ~e) nach Bestrahlung leuchtende Masse; **luminös** EW leuchtend; ausgezeichnet.
Lumme w (~; ~n) (norw.) Seevogel.
lunar(isch) EW (lat.) am (im, vom) Mond; **Lunari|um** s (~s; -ri|en) Mondmodell; **Lunar|orbit** m (~s; ~s) Umlaufbahn um den Mond; **Lunatiker** m (~s; ~) Mondsüchtiger; **Lunation** w (~; ~en) einmaliger Mondumlauf; **lunatisch** EW mondsüchtig; m. abstr. s.: **Lunatismus** (~; -).
Lunch m (~[e]s; ~e[s]) (e.) [*lantsch*] Zwischenmahlzeit gegen die Mittagszeit; ZW: **lunchen** (-chte, geluncht) ✓; **Luncheon** s (~s; ~s) [*lantschn*] Mittagessen; **Lunchpaket** s (~s; ~e) Mahlzeit für unterwegs.
Lünette w (~; ~n) (fr., = Möndchen) ☐ halbkreisförm. Feld über Fenster (Tür); Stützbock von Werkzeugmaschinen; ✕ halbkreisförm. Festungsvorwerk ↓.
Lungen|alveole w (~; ~n) (d.-lat.) ⚕ Lungenbläschen; **Lungen|infarkt** m (~[e]s; ~e) ⚕ Verstopfung eines Astes der Lungenschlagader, = **Lungen|embolie** w (~; -i|en).
lungo (it.) ♪ lange gehalten.
Lunik w (~; ~s) (lat., KuW) Mondsonde; **Luninaut** m (~en; ~en) Mondfahrer; **Lunisolarpräzession** w (~; ~en) Fortschreiten der Äquinoktialpunkte auf der Ekliptik; **Lunula** w (~; -lae/-ulen) halbmondförmige Schmuckscheibe aus Gold (ir. Bronzezeit); † Hostiengläschen (in der Monstranz); **lunular** EW halbmondförmig.
Lupe w (~; ~n) (lat.-fr.) Vergrößerungsglas.
Luperkali|en M (lat.) altröm. Frühlingsfest.
Lupine w (~; ~n) (lat.) ⚘ Wolfsbohne.
Lupolen s (~s; ~e) (KuW) unzerbrechlicher Kunststoff.

lupös EW (lat., KuW) von Hauttuberkulose befallen; **Lupulin** s (~s; -) Bitterstoff (Bier); **Lupus** m (~; -) (lat., = Wolf; *L. in fabula* wer [wie der Wolf in der Fabel] kommt, wenn man von ihm spricht); ⚕ Hauttuberkulose.
Lure w (~; ~n) (an) ♪ germanisches Bronzeblasinstrument.
Lurex (~; -) (KuW) Gewebe mit Metallfäden.
lusingando (it.) ♪ einschmeichelnd.
Lüster, Luster m (~s; ~) (lat.) Kronleuchter; glänzendes Drehkammgarn; Glanzüberzug für Keramik; **Lüsterklemme** w (~; ~n) isolierte Schraubverbindung für el. Leitungen; **Lustration** w (~; ~en) (religiöse) Reinigung; EW: **lustrativ;** ZW: **lustrieren** (-rte, -rt) ↗ reinigen; mustern; **lüstrieren** ZW (-rte, -rt) ↗ Garn glänzend machen; **Lüstrine** w (~; -) glänzendes synthetisches Futter; **Lustrum** s (~s; -ren/-ra) Zeitraum von 5 Jahren.
Lute|in s (~s; -) (lat.) gelber Farbstoff (im Eigelb); **Lute|inom, Luteom** s (~s; ~e) ⚕ Eierstockgeschwulst; **Luteolin** s (~s; -) gelber Pflanzenfarbstoff.
Lutetium s (~s; -) (nach *Lutetia*, lat. = Paris; ∉ *Cp, Lu*) ⚛ Element.
luttuosa (it.) ♪ traurig.
Luv w (~; -) (nl.) ⚓ die Seite zum Wind hin.
Lux s (~; ~) (lat.) Maß der Beleuchtungsstärke (∉ *lx*).
Luxation w (~; ~en) (lat.) ⚕ Verrenkung; ZW: **luxieren** (-rte, -rt) ↗.
Luxmeter s (~s; ~) (lat.-gr.) Lichtstrommesser; **Luxsekunde** w (~; ~n) Belichtungseinheit (∉ *lx s*).
luxurieren ZW (-rte, -rt) ✓ (lat.) üppig wachsen (Ggs.: *pauperieren*); **luxuriös** EW prunkvoll, aufwendig; **Luxus** m (~; -) Üppigkeit, Prunksucht; **Luxusindustrie** w (~; -i|en) Serienherstellung nicht lebenswichtiger Gebrauchsartikel; **Luxusliner** m (~s; ~) (lat.-e.) [*-lainer*] Linienschiff mit Komfort.
Luzerne w (~; ~n) (lat.-fr.) Futterpflanze.
luzid EW (lat.) hell, durchsichtig; **Luzidität** w (~; -) Klarheit; Durchsichtigkeit; Glanz; klare Erkenntnis; **Luziferin** s (~s; -) kaltes Licht (der Leuchtstofftiere, -pflanzen); **luziferisch** EW teuflisch; **Luzimeter** s (~s; ~) Sonnenstrahlmesser; EW: **luzimetrisch.**
Lyase w (~; ~n) (gr.-lat.) ein Enzym.
Lyddit s (~s; -) (e.-lat.) Pikrinsäuresprengstoff.
Lydit m (~s; ~e) (nach der kleinasiat.

Landschaft *Lydien*) schwarzer Kieselschiefer.
Lyk|orexie w (~; –) (gr.) ⚕ Heißhunger.
Lymph|adenom s (~s; ~e) = → Lymphom; **Lymphangitis** w (~; -itiden) (lat.) Lymphdrüsenentzündung; **lymphatisch** EW Lymph... (*l.e Diathese* ⚕ Lymphknotenschwellung; *l.e Konstitution* Neigung zu Lymphknotenschwellungen); **Lymphatismus** m (~; –) ⚕ Krankheit durch Überentwicklung der Lymphorgane; **Lymphe** w (~; ~n) ⚕ Blutflüssigkeit mit weißen Blutkörperchen; **lymphogen** EW von den Lymphen her; **Lymphograph** m (~en; ~en) ⚕ Gerät zur frühen Krebsfeststellung; w. abstr. s.: **Lymphographie** (~; –); EW: **lymphographisch**; **lympho|id** EW ⚕ lymphartig; **Lymphom** s (~s; ~e) lymphatische Entzündung, = **Lymphoma** s (~s; ~ta); **Lymphose** w (~; ~n) Lymphbildung, = **Lymphoese** w (~; ~n); **Lymphostase** w (~; ~n) Lymphstauung; **Lymphozentrum** s (~s; -tren) ⚕ Stelle mit Lymphknoten; **Lymphozyt** m (~en; ~en) ⚕ weißes Blutkörperchen; **Lymphozytose** (~; ~n) ⚕ Überzahl von Lymphozyten im Blut.
Lynchjustiz w (~; –) (am., nach einem Farmer des 17. Jh.s) Strafvollstreckung ohne Richterspruch durch Volksmasse; ZW: **lynchen** (-chte, gelyncht) ↗.
lyophil EW (gr.-lat.) ⌒ Lösungsmittel annehmend; **lyophob** EW ⌒ Lösungsmittel abstoßend.

Lyra w (~; -ren) (gr.) ♪ altgr. Zither, Drehleier; Glockenspiel; Gitarrenart; **Lyriden** M Sternschnuppenschwarm vom Sternbild „Leier"; **Lyrik** w (~; –) Literaturgattung der Gedichte; m. s.: **Lyriker** (~s; ~); w. s.: **Lyrikerin** (~; ~nen); EW: **lyrisch**; **lyrisieren** ZW (-rte, -rt) ↗ ♪ gefühlvollen Text komponieren; **Lyrismus** m (~; -men) gefühlsbetonter Ausdruck (auch ♪).
Lyse w (~; –) = → Lysis.
Lysergsäurediäthylamid s (~s; –) (gr.-d.) (≠ *LSD*) Rauschgiftdroge.
lysigen EW (gr.) aus Auflösungen entwickelt; **Lysimeter** s (~s; ~) Regenwassermesser; EW: **lysimetrisch**; **Lysing** s (~s; –) (am.) [*laisiñ*] kosmetische Hautschälung; **Lysis** w (~; –), **Lyse** w (~; –) (gr.) ⚕ langsam sinkendes Fieber; Auflösung der Persönlichkeit; Zellauflösung; **Lysin** s (~s; ~e) (KuW) eiweißbildende Aminosäure; **Lysoform** s (~s; –) keimtötende Kaliseifenlösung; **Lysol** s (~s; –) keimtötende Kresolseife ↓; **Lysozym** s (~s; ~e) ⚕ bakterienabwehrender Stoff in Drüsensekreten.
Lyssa w (~; -ssen) (gr.) ⚕ Tollwut; Zungenspitzenstütze bei einigen Tieren; **Lyssophobie** w (~; –) (gr.-lat.) (übergroße) Angst vor Tollwut.
lytisch EW (gr.) langsam sinkend.
lyzeal EW vom (auf dem, beim, im) Lyzeum; **Lyze|um** s (~s; -ze|en) höhere, Hochschule (für Mädchen, Theologen).

M

Mäander m (~s; ~) (gr., nach einem kleinasiat. Fluß) □ Ornament mit regelmäßig gerundeten oder rechteckig gebrochenen Linien; ZW: **mäandern** (-rte, -rt) ⟋ = **mäandrieren** (-rte, -rt) ⟋, EW. **mäandrisch**.
Maat m (~s; ~e) (nl.) ⚓ Unteroffizier.
Mac m (~s; ~s) (fr. ≠ Maquereau) [*mäck*] Zuhälter.
MAC (KuW) normiertes Übertragungssystem fürs Farbfernsehen.
Macchi|a w (~; -i|en) (lat.-it.) [*makki|a*] immergrüner Buschwald (der Mittelmeerländer); → Maquis.
Machete w (~; ~n) (sp.) Haumesser.
Machetik w (~; –) (gr.) Fechtkunst.
Machiavellismus m (~; –) (it.-lat., nach dem it. Schriftsteller *Machiavelli*, 1469 bis 1527) [*maki-*] Machtstreben, rücksichtslose Machtpolitik; m. s.: **Machiavellist** (~en; ~en); EW: **machiavellistisch**.
Machination w (~; ~en) (lat.) Machenschaft; M: Ränke.
Machismo m (-s; –) (südam.-sp.) [*-tschiß-*] übertriebene Männlichkeit; EW: **macho**.
Machorka m (~s; ~s), w (~; ~s) (r.) billiger Tabak.
machulle EW (heb.) müde; verwirrt; verrückt; pleite (*m. sein*).
Macis m (~; ~) (fr.) [*maßi*] Muskatnußmantel.
Macke w (~; –) (jidd.) Fehler (*M. haben* verrückt sein).
Mackintosh m (~s; ~s) (nach einem

schott. Chemiker) [*mäkintosch*] kautschukimprägn. Regenmantel(-stoff).
Macleaya w (~; -cayen) (nach einem e. Insektenforscher) [*maklḗa*] asiat. Mohn.
Madam w (~; ~s) (Haus-)Frau, Herrin; fr.: **Madame** w (~; Mesdames) [*madam*, M: *mädam*]; ≠ Mme. – Mmes.; **madamig** EW behäbig.
Madapolam m (~s; ~s) (nach einem i. ON) Wäschebaumwolle.
Madarose w (~; ~n) (gr.) ✝ Lidrandentzündung.
made in Germany (e.) [*mḗd in dschörmᵉni*] in Deutschland hergestellt (Warenzeichen, seit 1887).
Madeira m (~s; ~s) (nach einer port. Insel) Süßwein; **Madeira|stickerei** w (~; ~en) Lochstickerei von der I. *Madeira*.
Mademo|iselle w (~; ~n [d.] / Mesdemoiselles [fr.]) [*madmoasell*, M: *mad*-], (fr.) Fräulein (≠ *Mlle.*; M: *Mlles.*).
Madison m (~s; ~) (am.) [*mädisn*] Modetanz (um 1962).
Madjar m (~en; ~en) (ung.) Ungar; ZW: **madjarisieren** (-rte, -rt) ↗.
Madonna w (~; -nnen) (it.) (Bild der) Mutter Christi.
Madras m (~; –) (nach einer i. Stadt) gitterartiges Baumwollgewebe; **Madraskaro** s (~s; ~s) karierter Kleiderstoff.
Madreporen M (it.) Südseekorallen; **Madreporit** m (~s; ~e) (it.) versteinerte Südseekoralle.
Madrigal s (~s; ~e) (gr.-it.) ♪ Komposition für mehrstimmigen Chor ohne Begleitung; **Madrigalchor** m (~[e]s; -chöre) kleiner Chor; **Madrigalismus** m (~; –) ♪ Madrigalstil; m. s.: **Madrigalist** (~en; ~en); w. s.: **Madrigalistik** (~; –); EW: **madrigalistisch** = **madrigalesk**.
Madschali s (~s; ~s) (ar.) Audi|enz ar. Herrscher mit Untertanen.
Madurafuß m (~es; -füße) (i.-d.) i. Fußerkrankung.
Maestà w (~; –) (it.) [*ma-äßta*] Madonna auf dem Thron.
ma|estoso (it.) ♪ sehr feierlich; s. s.: **Ma|estoso** (~s; -si) ♪.
Ma|estro m (~s; -stri/~s) (it.) ♪ Dirigent; Komponist; Meister.
Mä|eutik w (~; –) (gr.) Fragekunst (sokrat. Methode); EW: **mä|eutisch**.
Mafia w (~; –) (it.) ursprüngl. sizilianische kriminelle Organisation.
mafisch EW (KuW) = → femisch.
Magazin s (~[e]s; ~e) (ar., = Vorratshaus) Lager-, Kaufhaus; (Patronen-) Behälter; Wochen-, Unterhaltungszeitschrift; **Magaziner** m (~s; ~) Lagerhausarbeiter; **Magazineur** m (~s; ~e) [-*nör*] Lagerhausmeister; **magazinieren** ZW (-rte, -rt) ↗ einlagern.
Magdalenién|en s (~s, –) (nach einem fr. ON) [-*lênjäṅ*] Altsteinzeitepoche.
Maggiore s (~; ~s) (it.) [*madscho*-] ♪ Durteil einer Mollkomposition.
Maghreb m (~; –) (ar.) Westen des ar. Gebiets (in Nordafrika); EW: **maghrebinisch**.
Magie w (~; -i|en) (gr., = Zauberei) Anwendung geheimer Kräfte zur Naturbeherrschung; **Magi|er** m (~s; ~) Zauberer; = **Magiker** m (~s; ~); **magisch** EW zauberisch (*m.es Auge* Abstimmanzeiger; *m.es Quadrat*, dessen Zahlenreihen in allen Richtungen die gleiche Summe ergeben; *m.e Zahl* Nukleonenzahl).
Magister m (~s; ~) (lat.) akadem. Grad (*den M. machen;* ≠ *Mag.*); **magistral** EW ✝ nach ärztlichem Rezept; **Magistrale** w (~; ~n) Hauptverkehrslinie; Rahmen; **Magistrat** m (~[e]s; ~e) Behörde (fr. = Gerichtsbehörde); Gemeinderegierung, Landesverwaltung; (e.) Polizeirichter.
Magma s (~s; -men) (gr., = Teig) Glutflüssigkeit im Erdinnern; EW: **magmatisch**; m. abstr. s.: **Magmatismus** (~; –); **Magmatit** m (~[e]s; ~e) Erstarrungsgestein.
Magna Charta w (~ ~; –) (lat.) [-*kar*-] e. Verfassung, 1215; **magna cum laude** (lat.) recht löblich (akad. Zensur).
Magnalium s (~; –) (≠ **Magn**esium + **Alu**minium) Leichtmetallegierung.
Magnat m (~en; ~en) (lat.) Würdenträger; Großfinanzier, -grundbesitzer.
Magnesia w (~; –) (gr.) ⚗ Magnesiumoxid; **Magnesit** m (~[e]s; ~e) ⚗ Mineral; **Magnesium** s (~s; –) (≠ *Mg*) weiches Erd|alkalimetall; **Magnesiumsulfat** s (~[e]s; –) Bittersalz.
Magnet m (~[e]s; ~e oder: ~en; ~en) (gr.) eisenanziehender eisenhaltiger Körper; reizvolle Sache (Person); **Magnetband** s (~es; -bänder) Datenträger; Kunststoffband mit magnetisierbarer Beschichtung; **Magnetfeld** s (~es; ~er) Raum magnetischer Wirkung; **magnetisch** EW mit (bei, von, aus) dem Magnet (*m.er Erdpol* Punkt der Erdfläche, an dem der Magnetkompaß auf Null zeigt; *m.es Gewitter* plötzliche Schwankung der erdmagnet. Feldstärke; *m.e Linse* magnet. Feld zur Elektronenstrahlsteue-

rung; *m.e Störung* Ungleichmäßigkeiten des erdmagnet. Feldes; *m.e Werkstoffe* Metalle [Legierungen] mit ferromagnet. Eigenschaften); **Magnetiseur** m (~s; ~e) [-*sǿr*] = → Magnetopath; ZW: **magnetisieren** (-rte, -rt) ↗; **Magnetismus** m (~; –) Wirkung magnet. Felder; **Magnetit** m (~s; –) Magneteisenerz; **Magnetkarte** w (~; ~n) Datenträger; **Magnetochemie** w (~; –) Teilbereich der physikal. Chemie; **Magnetograph** m (~en; ~en) Gerät zur Aufzeichnung magnetischer Schwankungen; EW: **magnetographisch**; **Magnetohydrodynamik** w (~; –) Erforschung der Wechselwirkung von einem Magnetfeld und dem Strom in einer Flüssigkeit; EW: **magnetohydrodynamisch**; **Magnetometer** s (~s; ~) Meßgerät für magnetische Feldstärken; w. abstr. s.: **Magnetometrie** (~; –); EW: **magnetometrisch**; **Magneton** s (~s; ~e) Maßeinheit für atomare magnet. Momente; **Magneto|optik** w (~; –) Lehre von der magnet. Wirkung auf Licht; **Magnetopath** m (~en; ~en) (gr.) ⚕ Heilpraktiker, der mit Magnetismus zu heilen sucht; w. abstr. s.: **Magnetopathie** (~; –); EW. **magnetopathisch**; **Magnetophon** s (~s; ~e) (gr.) Tonbandgerät; **Magnetplatte** w (~; ~n) Datenträger; **Magnetron** s (~s; ~e) (KuW) Elektronenröhre auf der Basis magnet. Energie; **Magnetschwebebahn** w (~; ~en) von Elektromagneten in Schwebe gehaltenes Fahrzeug hoher Geschwindigkeit (in Entwicklung); **Magnetspeicher** m (~s; ~) Datenträger; **Magnetstreifen** m (~s; ~) Datenträger; **Magnettrommel** w (~; ~n) Datenträger.

magnifik EW (lat.) großartig, prächtig; **Magnifikat** s (~s; –) † Kirchengebet; **Magnifizenz** w (~; ~en) Titel (Hochschulrektoren ↓, Regierende Bürgermeister), = **Magnifikus** m (~; -zi).

Magnitude w (~; ~n) (lat.) Maß für Erdbebenstärke (≠ M); **Magnitudo** w (~; –) Maß für Gestirnhelligkeit.

Magnolie w (~; ~n) (fr.-lat., nach dem fr. Naturforscher P. *Magnol*, 1638 bis 1715) ⚘ Baumstrauch.

Magnox s (~; –) (KuW) Magnesiumlegierung (Nukleartechnik).

Magnum w (~; -na) (lat.) Wein-, Sektflasche mit 1,5 l Inhalt.

Magot m (~s; ~s) (?) [-*gô*] schwanzloser Affe auf Gibraltar und Nordafrika.

Mahagoni s (~s; –) (ind.) Edelholz.

Mahal m (~s; ~s) (nach einer iran. Landschaft) mittelguter Perserteppich.

Maharadscha m (~s; ~s) (skr.) i. Fürstentitel; **Maharani** w (~; ~s) Frau eines Maharadschas; **Mahatma** m (~s; ~s) [-*hât*-] i. Mensch von großer Weisheit (Titel).

Mahdi m (~s; ~s) (ar.) [*mach*-] islam. Erlöser.

Ma(h)-Jongg s (~-~s; ~-~s) (chin.) [*dschoñ*] Gesellschaftsspiel.

Mahut m (~s; ~s) (i.-e.) osti. Elefantenführer.

Mai m (~s; ~e) (lat.) 5. Monat im Jahr.

Maiden s (~; ~) (e.) [*me͞idn*] noch unerprobtes Rennpferd; **Maiden trip** m (~ ~; ~ ~s) [*meidn*-] Jungfernreise.

Mailbox w (~; ~es) (am.) elektron. Briefkasten für schnelle Informationen; **Mailing** s (~s; ~s) (e.) [*meil*-] Werbesendung im Postverkehr; **Mail-Manager** m (~-~s; ~-~) zuständig für ein- und ausgehende Dokumente (DV); **Mail-Order** s (~-~s; ~-~) (am.) [*meil*-] aufwendiges Verlagsprojekt.

Mailcoach w (~; ~es) (e.) [*me͞ilkôtsch*] Vierspänner.

Main-Liner m (~-~s; ~-~) (am.) [*meinleiner*] schwer Drogensüchtiger; **Main-Lining** s (~-~s; –) Drogenspritzen; **Mainstream** m (~s; ~s) [-*strîm*] Abart des Swing (Jazz).

Maire m (~s; ~s) (fr.) [*mâr*] Bürgermeister; **Mairie** w (~; -i|en) [*mä*-] Bürgermeisterei.

Mais m (~es; ~e) (ind.-sp.) Getreidepflanze.

Maisonette w (~; ~s) (fr.) = **Maisonette-Wohnung** w (~-~; ~-~en) (fr.-d.) [*mäsonett*-] Zweistockwohnung mit eigener Treppe (im Hochhaus), = **Maisonnette** w (~; ~s) in fr. Schreibweise.

Maître de plaisir m (~ ~ ~; ~s ~ ~) (fr.) [*mätr depläsîr*] Festveranstalter, -leiter.

Maja w (~; –) (skr., = Wahnbild) Trugbild; verschleierte Schönheit.

Majestät w (~; ~en) (lat.) Monarchentitel; Erhabenheit; EW: **majestätisch**.

Majolika w (~; -ken) (nach der Insel *Mallorca*) Fayenceart.

Majonäse d. für → Mayonnaise.

Major m (~s; ~e) (lat.) ⚔ Stabsoffizier.

Majoran m (~s; ~e) (gr.-lat.) ⚘ Gewürzpflanze.

Majorat s (~[e]s; ~e) (lat.) Ältestenerbrecht; **majorenn** EW großjährig; w. abstr. s.: **Majorennität** (~; –); **Majo-**

rette w (~; ~n) uniformierte Frau zur Begleitung eines Demonstrationszuges; **majorisieren** ZW (-rte, -rt) ↗ (lat.) überstimmen; **Majorität** w (~; ~en) Mehrheit; **Majoritäts|prinzip** s (~s; –) Übung, daß Stimmenmehrheit entscheidet; **Majorz** w (~; ~en) einfacher Mehrheits|entscheid (bei Wahlen).

Majuskel w (~; ~n) (lat.) Großbuchstabe.

makaber EW (fr.) totenartig, düster; frivol.

Makadam m, s (~s; ~e) (e., nach dem schott. Erfinder J. L. McAdam [*mäk edäm*], 1756–1836) festgewalzter Schotterbelag; ZW: **makadamisieren** (-rte, -rt) ↗.

Makaken M (afr.-fr.) meerkatzenähnl. Affenart.

Makame w (~; ~n) (ar., = Zusammenkunft) oriental. Versprosa.

Makao[1] s (~s; –) (nach einer port. Kolonie) Glücksspiel.

Makao[2] m (~s; ~s) (hind.) Papageienart.

Make-up s (~-~s; –) (e.) [*mäk ap*] Gesichtskosmetik; Aufmachung (eines w. Gesichts).

Maki m (~s; ~s) (austr.) Halbaffe.

Makie w (~; -i|en) (jap.) Lackkunstdekoration.

Makimono s (~s; ~s) (jap.) Querbild zum Aufrollen.

Makkabiade w (~; ~n) (heb.-lat.) alljüdische Olympiade.

Makkalube w (~; ~n) (it.) Schlammkegel durch Gastreiben.

Makkaroni M (it.) Weizenröhrennudeln.

makkaronisch EW (it.) mit fremden Sprachbrocken durchsetzt *(m.e Dichtung)*.

Mako m (~s; ~s), w (~; ~s) (nach einem führenden äg. Beamten) hochwertige Baumwolle.

Makoré s (~[s]; –) (fr.) afr. Birnbaum(-holz).

Makramee s (~s; ~s) (ar.-fr.) geknüpfte (geflochtene) Webfäden.

Makrele w (~; ~n) (nl.) Hochseefisch.

Makrobefehl m (~s; ~e) summar. Befehl beim Programmieren; **Makrobiose** w (~; ~n) (gr.-lat.) ⚕ Langlebigkeit; **Makrobiotik** w (~; –) Kunst der Lebensverlängerung; **Makrofotografie** w (~; -i|en) Nahaufnahmeverfahren; **Makroglossie** w (~; -i|en) ⚕ übergroße Zunge; **Makro|instruktion** w (~; ~en) vom Computer selbst übertragener Befehl in symbolischer Programmiersprache; **Makrokephale** m (~n; ~n) = → Makrozephale; **Makroklima** s (~s; -ta) Großklima; **Makrokosmos** m (~; –) = → Universum; EW: **makrokosmisch; makrokristallin** EW grob kristallin; **Makrolon** s (~s; –) Kunststoffglas; **Makromelie** w (~; -i|en) ⚕ Riesenwuchs; **Makromeren** M große Furchungszellen; **Makromolekül** s (~s; ~e) Molekül mit mehr als 1000 Atomen; EW: **makromolekular** *(m.e Verbindung* ↺ ist aus mehr als 1000 Atomen aufgebaut).

Makrone w (~; ~n) (gr.-it.-fr.) Mandelgebäck mit Eiweiß und Zucker.

Makro|objektiv s (~s; ~e) Linsensystem für Nahaufnahmen; **Makro|ökonomie** w (~; –) Lehre von wirtschaftl. Zusammenhängen; **Makropeptide** M hochmolekul. Eiweißstoffe; **Makropode** m (~n; ~n) (gr.) Paradiesfisch; **makroseismisch** EW ohne Geräte feststellbar (Erdbeben); **makroskopisch** EW ohne Brille (Linse) erkennbar; **Makrosomie** w (~; -i|en) = → Makromelie; EW: **makrosomatisch; Makrosoziologie** w (~; –) Lehre von gesamtgesellschaftl. Zusammenhängen; **Makrostruktur** w (~; ~en) (gr.-lat.) ⊕ ohne Hilfe wahrnehmbare Struktur; **Makrotheorie** w (~; –) erfaßt die gesamte Volkswirtschaft; **Makrozephale** m (~n; ~n) ⚕ Großschädel(-iger); w. abstr. s.: **Makrozephalie** w (~; -i|en); EW: **makrozephal(isch); Makrulie** w (~; –) ⚕ Zahnfleischwucherung.

Makulatur w (~; ~en) Fehldruck; unverkäufliche Drucksache (*M. reden* Unsinn); Restbestände von Drucksachen; **makulieren** ZW (-rte, -rt) ↗ (Drucksachen) einstampfen.

MAK-Werte-Liste w (~-~-~; –) (¢ **M**aximale **A**rbeitsplatz-**K**onzentration) Liste höchstzulässiger Abgas-, Giftkonzentrationen am Arbeitsplatz.

Malachit m (~[e]s; ~e) (gr.) grüner Schmuckstein, Kupferspat.

malade EW (fr.) krank, schwächlich.

Mal|adjustment s (~s; ~s) (e.) [*mäledschaßt-*] Fehlanpassung.

mala fide (lat.) in schlimmer Absicht.

Malaga m (~s; ~s) (nach einer sp. Stadt) sp. Südwein.

Malaise w (~; ~n) (fr.) [*maläs*ᵉ] Unbehagen; Mißstimmung.

Malakologe m (~n; ~n) (gr.) Weichtierforscher; w. abstr. s.: **Malakologie** (~; –); EW: **malakologisch; Malakozo|ologe** m (~n; ~n) = → Malakologe.

Malaria w (~; -ri|en) (it., = schlechte Luft) Wechselfieber; **Malariaplasmoden** M (it.-gr.) ⚕ Malaria|erreger im Blut.
Malate M (KuW) Salze der Apfelsäure.
Malazie w (~; -i|en) (gr.-lat.) ⚕ (Knochen-)Erweichung.
Maleate M (KuW) Salze der Male|insäure.
maledeien ZW (-eite, -eit) ↗ (lat.) lästern, = **maledizieren** (-rte, -rt) ↗; w. abstr. s.: **Malediktion** (~; ~en).
Malefiz s (~es; ~e) (lat.) Untat, Delikt ↓.
Male|insäure w (~; –) (KuW) ungesättigte organ. Verbindung; Kunststoffgrundsubstanz.
Malepartus m (~; –) (lat.) Fuchsbau (der Fabel).
Malesche M (fr.) Scherereien.
Malheur s (~s; ~e) (fr.) [-*lör*] Unglück.
malhonett EW (fr.) unanständig, ungehörig ↓.
Malice w (~; ~n) (fr.) [-*liß*] Bosheit ↓.
maligne EW (lat.) ⚕ bösartig; **Malignität** w (~; –) ⚕ Bösartigkeit; **Malignom** s (~s; ~e) bösartige Geschwulst.
malinconico (it.) ♪ schwermütig.
maliziös EW (lat.-fr.) boshaft, hämisch.
malkontent EW (fr.) [-*tañ*] unzufrieden ↓.
mall EW (nl.) ⚓ verdreht; verrückt.
Mall s (~[e]s; ~e) (nl.) ⚓ Schiffsmodell; Spantenschablone; ZW: **mallen**¹ (-llte, gemallt) ↗ ⚓.
mallen² ZW (-llte, gemallt) ↙ (nl.) ⚓ umlaufen (vom Wind).
Malm m (~[e]s; –) (e.) obere Juraformation.
Maloche w (~; ~n) (jidd.) Schwerarbeit; ZW: **malochen** (-chte, -cht) ↙; m. s.: **Malocher** (~s; ~).
Malon|säure w (~; ~n) (KuW) eine Grundsubstanz (organ. Säure) für chem. Synthesen.
Malos(s)ol m (~s; –) (r.) ungesalzener Kaviar.
malproper EW (fr.) schmutzig ↓.
Maltase w (~; ~n) (lat. KuW) Enzym (spaltet Maltose zu Traubenzucker).
Malteser m (~s; ~) (von der Insel *Malta*) Johanniterritter; Zwerghund.
Malthusianismus m (~; –) (nach dem e. Sozialphilosophen Th. R. *Malthus*, 1766 bis 1834) Bevölkerungstheorie (freiwillige Kinderbeschränkung zur Vermeidung der Überbevölkerung); m. s.: **Malthusianer** (~s; ~); EW: **malthusianisch**.
Maltose w (~; ~n) (lat.-gr.) Malzzucker.

malträtieren ZW (-rte, -rt) ↗ (lat.) quälen; w. abstr. s.: **Malträtierung** (~; ~en).
Malt-Whisky m (~-~s; –) (e.) [*molt*-] schottischer Gerstenwhisky.
Malus (~/-ses; ~se) (lat.) Prämienerhöhung nach gehäuften Kfz-Schäden; Punktreduzierung.
Malvasier m (~s; ~e) (nach der gr. Stadt *Malvasia* [it.]) Süßwein.
Malve w (~; ~n) (lat.-it.) ✿ Heilpflanze.
Mambo m (~s; ~s) (lateinam.) Modetanz (um 1956).
Mameluck(e) m (~[e]n; ~[e]n) (ar., = Sklave) Leibwächter oriental. Herrscher; **Mamelucken** M äg. Herrscherdynastie.
Mamilla w (~; -llae) (lat.) Brustwarze; **Mamillaria** w (~; -ri|en) (lat.-gr.) ✿ Warzenkaktus; **Mamma** w (~; -mae) (lat.) Brustdrüse, Zitze; **Mamma|karzinom** s (~s; ~e) Brust(drüsen)krebs; **Mammali|en** M die Säugetiere, = **Mammalia** M (lat.); = **Mammali|er** M; **Mammographie** w (~; -i|en) (lat.-gr.) Röntgendurchleuchtung der Brust; EW: **mammographisch**; **Mammillaria** = → Mamillaria.
Mammon m (~s; –) (aram.-gr.) Geld; **Mammonismus** m (~; –) Geldgier.
Mammoplastik w (~; ~en) (lat.-gr.) operative Bruststraffung.
Mammut s (~s; ~e/~s) (r.) ausgestorbener Riesenelefant; **Mammutbaum** m (~[e]s; -bäume) ✿ Sequoia.
Mamsell w (~; ~en) (lat.-fr.) ältere Unverheiratete ↓; Wirtschafterin (*kalte M.* Verkäuferin kalter Eßwaren).
Mana s (~; –) (polyn.) menschliche Seelenstärke (Südseereligionen).
Mänade w (~; ~n) (gr., = Rasende) trunkene Dionysosanhängerin; rasendes Weib.
Management s (~s; ~s) (am.) [*männedschment*] Verwaltung, Organisation (*M. games* M [-*geims*] Testspiele zur Führerauslese); **managen** ZW (-gte, gemanagt) ↗ [*männedschen*] organisieren; beruflich einarbeiten; **Manager** m (~s; ~) [*männedsoher*] Veranstalter; Impresario; Geschäftsführer; Wirtschaftsführer(typ); **Managerkomplex** m (~es; –) Großmannssucht mittlerer Unternehmer; **Managerkrankheit** w (~; –) Überbeanspruchung von Herz (Kreislauf).
mancando (it.) ♪ abnehmend.
Manchester m (~s; ~) (nach einer e. Grafschaft) [*mänsch*-] Rippensamt; **Manchesterdoktrin** w (~; –) schran-

Manchester|terrier

kenlose liberale Wirtschaft; **Manchester|terri|er** m (~s; ~) (e.) Hunderasse; **Manchester|tum** s (~s; –) schrankenlose Wirtschaftsfreiheit; unbehinderter Egoismus der Persönlichkeit als Triebkraft des Handelns.

Mandala s (~s; –) (skr.) altbuddhistisches Kreissymbol; Skizze des Charakterzentrums.

Mandant m (~en; ~en) (lat.) Auftraggeber.

Mandarin[1] m (~[e]s; ~e) (skr., = Ratgeber) hoher (chin.) Beamter; **Mandarin**[2] s (~s; –) Pekinger Dialekt.

Mandarine w (~; ~n) (nach einer Insel) Apfelsinenart.

Mandat s (~[e]s; ~e) (lat.) Rechtsauftrag; Abgeordnetensitz; ↓ Regierungsauftrag (in eroberten Schutzgebieten); Postanweisung; **Mandatar** m (~s; ~e) Bevollmächtigter; Rechtsanwalt; Abgeordneter; **Mandatsgebiet** s (~[e]s; ~e) fremdverwaltete Region.

mandibular EW (lat.) ⚕ Unterkiefer...

Mandola w (~; -en) (fr.) tiefgestimmte **Mandoline** w (~; ~n) (fr.) ♪ lautenähnliches Musikinstrument; **Mandolone** w (~; ~n) Baßmandoline; **Mandora** w (~; -ren) ♪ kleine Laute.

Mandorla w (~; -dorlen) (lat.) † Heiligenschein um die ganze Gestalt.

Mandragora w (~; -ren) (pers.-gr.) Alraunwurzel.

Mandrill m (~[e]s; ~e) (e.) Paviansart.

Mandrin m (~s; ~s) (fr.) [*mañdrãñ*] ⚕ Einschiebestäbchen in Kanülen.

Manege w (~; ~n) (fr.) [*manêsche*] Zirkusvorführkreis; Reitbahn.

Manen M (lat.) Totengeister.

Mangabe w (~; ~n) (afr.) afr. Langschwanzaffe.

Mangan s (~s; –) (gr.-lat., ∉ *Mn*) ⚗ Schwermetall; **Manganat** s (~[e]s; ~e) Salz der Mangansäure; **Manganin** s (~[e]s; ~e) Legierung aus Mangan, Eisen, Nickel, Kupfer; **Manganit** m (~[e]s; ~e) Mineral.

Mangel w (~; ~n) (gr.) Plättmaschine.

Mango m (~s; ~s) (mal.) ⊕ tropischer Obstbaum.

Mangrove w (~; ~n) (ind.-sp.-e.) ⊕ tropischer Küstenniederwald.

Manguste w (~; ~n) (port.) Schleichkatze.

Manichä|er m (~s; ~) (nach dem pers. Religionsgründer *Mani*, 3. Jh.) ∪ Gläubiger ↓; **Manichä|ismus** m (~; –) Lehre des *Mani*.

Manichino m (~s; -ni/~s) (it.) [-*ki*-] hölzerne Gliederpuppe für Bewegungsstudien.

Manie w (~; -i|en) (gr., = Raserei) ⚕ krankhaft gesteigertes Selbstgefühl; krankhafter Trieb zu widersinnigem Handeln; Zwangsvorstellung.

Manier w (~; ~en) (lat.) Stil (einer Zeit, Person); M: Benehmen; ⚕ unnatürliches Verhalten Schizophrener; **manieriert** EW (fr.) unnatürlich, gekünstelt; w. abstr. s.: **Manieriertheit** (~; ~en); m. abstr. s.: **Manierismus** (~; -men) ein gespreizter Stil; m. s.: **Manierist** (~en; ~en); EW: **manieristisch; manierlich** EW anständig.

Manifest s (~[e]s; ~e) (lat.) öffentliche Erklärung; Programm; Aufruf; **manifest** EW offenbar (Ggs.: *latent*); **Manifestation** w (~; ~en) Offenbarung; Bekanntmachung; Kundgebung; ⚕ Sichtbarwerdung einer Krankheit (Anlage); **manifestieren** ZW (-rte, -rt) ↗ kundtun; ↖ sichtbar werden.

Manihot m (~s; –) (ind.) = → Maniok.

Maniküre w (~; ~n) (lat.-fr.) Nagelpflege(rin); ZW: **maniküren** (-rte, -rt) ↗.

Manilahanf m (~[e]s; –) (nach der philippinischen Hauptstadt) Bast der Philippinenbanane.

Maniok m (~s; ~s) (ind.-fr.) ⊕ Wolfsmilchgewächs.

Manipel m (~s; ~) (lat.) ⚔ röm. Truppenteil; † Armstreifen am Meßgewand (auch: w [~; ~n]); **Manipulant** m (~en; ~en) Drahtzieher; wer manipuliert; **Manipulation** w (~; ~en) Eingriff; Handhabung; Indoktrination; Zurechtmachung (ohne den Willen des Betroffenen); Machenschaften; Warenaufmachung nach den Verbraucherwünschen; **manipulieren** ZW (-rte, -rt) ↗ beeinflussen, regulieren (*manipulierte Währung* Preisstabilität durch Beschränkung des Notenumlaufs); w. abstr. s.: **Manipulierung** (~; ~en).

manisch EW (gr.) ⚕ übertrieben aktiv; **manisch-depressiv** EW (gr.-lat.) abwechselnd gesteigert und herabgestimmt *(m.-d.es Irresein)*.

Mankal(l)a s (~s; ~s) (ar.) afr.-as. Brettspiel.

mankieren ZW (-rte, -rt) ↗ (it.) mangeln, versagen ↓; **Manko** s (~s; ~s) Mangel; Fehlbetrag; Maß-, Gewichtsabgang; **Mankogeld** s (~[e]s; ~er) Fehlgeldentschädigung für Kassenbeamte.

Manna s (~s; –), w (~; –) (ar., = Geschenk) Israels Wüstennahrung; Abführmittel aus dem vertrockneten Saft der Manna|esche; Grieß.

Mannequin m, s (~s; ~s) (fr.) [*manne-käñ*] Vorführdame; Schaufensterpuppe; Leerpackung.

Mannit m (~s; ~e) (heb.-gr.) organ. süße Verbindung aus der Reihe der Alkohole.

Mannose w (~; ~n) (heb.-gr.-lat.) Zukker in Apfelsinenschalen.

Manometer s (~s; ~) (gr.) Gas-, Flüssigkeitsmesser; EW: **manometrisch**.

Manöver s (~s; ~) (fr.) ⚔ Truppenübung; ⚓ gezielte Schiffsbewegung; Kniff, Kunstgriff; Tun, Tätigsein; **Manöverkritik** w (~; ~en) kritische Stellungnahme zu abgeschlossener Handlung (Vorgang); **manövrieren** ZW (-rte, -rt) ↗ ⚓ ⚓ Wind für Segel nutzen; Gegebenheiten geschickt benutzen.

Manque w (~; ~s) (fr.) [*mañk*] Schwermut bei Drogenmangel.

Mansarde w (~; ~n) (fr., nach dem Baumeister *Mansart* [*mañßár*], 17. Jh.) ☐ Dachzimmer.

Manschette w (~; ~n) (fr., = Ärmelchen) Ärmelaufschlag; Hemdärmelrand (*M.n haben* Angst müssen [da man mit dem alten langen Ärmelaufschlag kein Rapier führen konnte]); Papierkrause um Blumenstrauß, -topf; unerlaubter Ringergriff; Maschinendichtungsring.

Mantelletta w (~; -tten) (lat.-it.) † lila Mäntelchen höherer Geistlicher.

Mantik w (~; ~) (gr.) Prophetie.

Mantille w (~; ~n) (sp.) [-*tilje*] großer Schleierumhang, = **Mantilla** w (~; -llen).

Mantinell s (~s; ~s) Billardtisch|einfassung („Bande").

mantisch EW (gr.-lat.) als Prophezeiung.

Mantisse w (~; ~n) (lat.) ≮ Ziffer nach dem Logarithmuskomma.

Mantra s (~[s]; ~s) (skr.) religiöser Spruch der Inder.

Manual s (~s; ~e) (lat.) ♪ Klaviatur; Tagebuch; Programmierhandbuch; **Manuale** s (- s; - s) † Sakramentengebetsbuch; **manualiter** UW auf dem Orgelmanual; **Manubrium** s (~s; -brien) Griff, Knopf des Orgelregisters; **manu|ell** EW mit der Hand; **Manufakt** s (~s; ~en) Handarbeit ↓; **Manufaktur** w (~; ~en) vorwiegend auf Handarbeit abgestellter Betrieb; **manufakturieren** ZW (-rte, -rt) ↗ anfertigen; **Manufakturist** m (~en; ~en) Textilienhändler; Betriebsleiter (eines auf Handarbeit aufgebauten Betriebs);

Manufakturware w (~; ~n) Meterware.

Manuldruck m (~[e]s; ~e) (nach dem – entstellten – Erfindernamen) Druckverfahren für Graphik.

manu propria (lat.) mit eigner Hand; **Manuskript** s (~[e]s; ~e) Handschrift; Urschrift (eines Buches, Aufsatzes); Textvorlage; **Manu|stupration** w (~; ~en) sexuelle Selbstbefriedigung.

Manzanilla m (~s; –) (sp.) [-*sanilja*] sp. Weinart; **Manzinella** w (~; -llen) ⚕ mittelam. Wolfsmilchgewächs.

MAP (e. ≠ **M**anufacturing **A**utomation **P**rotocol) Unterschiedliche Rechnersysteme zusammenschließendes Standardisierungs|programm.

Maori m (~s; ~s) Polynesier auf Neuseeland; s (~; –) Sprache der Maoris.

Mapai w (~; –) (heb. KW) israel. Sozialistenpartei; **Mapam** w (~; –) israel. Arbeiterpartei.

Mapie w (~; ~n) (e.) [*mêpi*] Schälfurnier aus Vogelaugenahorn.

mappieren ZW (-rte, -rt) ↗ (lat.) kartographisch aufnehmen.

Maquette w (~; ~n) (fr.) [-*kett*] Entwurf, Skizze, Modell.

Maquillage w (~; –) (fr.) [-*jâsch*] Zinkung von Falschkarten; kosmetische Aufmachung.

Maquis m (~; –) (fr., = Buschwald) fr. Untergrundbewegung (2. Weltkrieg); **Maquisard** m (~s; ~s) [-*kisâr*] fr. Widerstandskämpfer.

Marabu m (~s; ~s) (ar.-port.-fr.) Kropfstorch.

Maräne w (~; ~n) (slaw.) d. Lachsfisch.

marantisch EW = → marastisch.

Maraschino m (it.) [-*raski*-] Kirschlikör.

Marasmus m (~; –) (gr.) ✝ Kräfteverfall; **marastisch** EW ✝ erschöpft, verfallend.

Marathonlauf m (~[e]s; -läufe) Langstreckenlauf (über 42,2 km; nach dem Boten, der die Nachricht vom Siege bei *Marathon* 490 v. Chr. nach Athen brachte); **Marathonsitzung** w (~; - en) überlange Konferenz.

Marblewood s (~s; ~s) (e.) [-*wud*] Handelsname für Ebenholz.

Marc m (~s; ~s) (fr.) [*mar*] Branntwein aus Trester.

marcando (it.) ♪ bestimmt, betont, = **marcato** (it.) ♪.

Marchese m (~s; ~) (it.) [-*kê*-] it. Graf.

Marcia w (~; –) (it.) [-*rtscha*] (it.) ♪ Marsch (*M. funebre* Trauermarsch; *alla m.* ♪ wie ein Marsch).

Marconi-Antenne w (~-~; ~-~n)

Marelle

(nach it. Erfinder) [*-ko-*] einfachste geerdete Sende|antenne.
Marelle w (~; ~n) = → Morelle.
Maremmen M (lat.-it.) it. Küstensümpfe.
Marengo m (~s; –) (nach einem it. Dorf in der Po|ebene) Streichgarnstoff; **marengo** EW grau oder braun-weiß gepunktet ←.
Mare nostro s (~ ~; –) (it.) Mittelmeer (seit 1926).
Mareograph m (~en; ~en) (lat.-gr.) Wasserpegelmeßgerät.
Margarin s (~s; ~e) (it.) Speisefett aus Rindstalg; **Margarine** w (~; ~n) (gr.-fr.) künstliches Speisefett (seit 1869).
Marge w (~; ~n) (fr., = Rand) [*marsche*] Preisunterschied (zwischen Ein- und Verkauf, Ausgabe- und Tageskurs, zwischen Preisen der gleichen Ware an verschiedenen Orten); Börsenbareinlage zur Sicherung von Forderungen.
Margerite w (~; ~n) (lat.-gr.) ⊕ großes Maßlieb.
marginal EW (lat.) am Rande; ⊕ randständig; **Marginal|existenz** w (~; ~en) Randpersönlichkeit; **Marginali|e** w (~; ~n) (lat.) Randnotiz; **Marginalprinzip** s (~s; –) (lat., KuW) nicht Durchschnitt, sondern Eckwerte werden zugrunde gelegt; **marginieren** ZW (-rte, -rt) ↗ (lat.) beranden.
Mariage w (~; ~n) (fr.) [*-âsch*] Heirat; Ehe; Kartenspiel(situation).
marianisch EW (heb.-gr.-lat.) † auf (Jesu Mutter) *Maria* bezogen (*m.e Theologie* Mariologie).
Marihuana s (~s; –) (sp.) sanfte Droge (Haschisch).
Marille w (~; ~n) (rom.) Aprikose.
Marimbaphon s (~s; ~e) (sp.-gr.) ♪ Xylophon mit Klangverstärker.
marin EW (lat.) Meeres... (Ggs.: *terrestrisch*).
Marinade w (~; ~n) (lat.-fr.) Würzsoße zum Einlegen (Fisch, Fleisch); Beizflüssigkeit.
Marine w (~; ~n) (lat.) ⚓ Flotte(nwesen); **marine** ← = **marineblau** EW tiefblau; **Mariner** m (~s; ~) ∪ Matrose.
marinieren ZW (-rte, -rt) ↗ (lat.-fr.) (kurzfristig) in Marinade einlegen.
Marinismus m (~; –) (nach dem it. Dichter G. *Marino*, 1569–1625) Schwulststil; m. s.: **Marinist** (~en; ~en); EW: **marinistisch**.
Mariologe m (~n; ~n) (lat.-gr.) † Marienforscher; w. abstr. s.: **Mariologie** (~; –); EW: **mariologisch**; **Marionette**

w (~; ~n) (fr., = Mariechen) Handpuppe (an Drähten); unselbständiger Mensch.
maritim EW (lat.) Meer..., See... (*m.es Klima*).
markant EW (fr.) eindrucksvoll; scharf geschnitten (*m.es Gesicht*).
Markasit m (~s; ~e) (ar.-fr.) schwefelhaltiges Eisenerz.
Markenpiraterie w (~; –) (d.-gr.-lat.) unrechtmäßiger Gebrauch von Markenzeichen, Handel mit nachgeahmten Produkten.
Marker m (~; ~) (e.) [*mâkr*] Fliegersichtzeichen; genet. Eigenheit von Viren; Stift zum Hervorheben.
Marketender m (~s; ~) (it.) ⚔ Soldatenhändler; w. s.: **Marketenderin** (~; ~nen).
Marketerie w (~; -i|en) (g.-it.-fr.) eingelegte Arbeit.
Marketing s (~s; –) (am.) [*mâkᵉtiñ*] Beobachtung der Marktlage; Vertrieb; Absatzsicherung; **Marketing-mix** s (~-~; –) absatzförderndes Sortiment; **Marketing-Research** s (~-~[s]; ~-~s) Absatzforschung; **Market Research Manager** m (~ ~ ~s; ~ ~ ~) [*mâkᵉt rißjördsch männedscher*] Fachmann für Marktforschung.
markieren ZW (-rte, -rt) ↗ (d.-fr.) kennzeichnen; andeuten; Rolle andeuten; w. s.: **Markierung** (~; ~en).
Markise w (~; ~n) (fr.) Rollvorhang; Brillantschliffart.
Markoff-Kette w (~-~; ~-~n) Experimentenfolge in der Wahrscheinlichkeitsrechnung.
Markör m (~s; ~e) (fr.) Punktzähler beim Billardspiel; ⊕ Furchen-, Reihenzieher; Kellner.
Marly m (~s; –) (nach einem fr. ON) Baumwollgaze; **Marly|flor** m (~[e]s; ~e) Gewebe aus Seide und Baumwolle.
Marmelade w (~; ~n) (gr.-lat.-port.-sp.-fr.) süßer Brotaufstrich aus Früchten.
Marmor m (~s; –) (gr.) Kalkgesteinsart; **marmorieren** ZW (-rte, -rt) ↗ ädern; **marmorn** EW aus Marmor.
Marmotte w (~; ~n) (fr.) Murmeltier.
Marocain s (~s; ~s) vgl. → Maroquin.
marod(e) EW (fr.) ermattet; krank; **Marodeur** m (~s; ~e) [*-dôr*] Plünderer; ZW: **marodieren** (-rte, -rt) ↗.
maron EW (it.-fr.) kastanienbraun; **Maron** s (~s; –) braungefärbtes Hasen-, Kaninchenfell; **Marone** w (~; ~n/-ni) Edelkastanienfrucht.
Maroquin m (~s; –) (nach dem afr.

Land *Marokko*) [-*käñ*] Ziegenleder; vgl. → Marocain.
Marotte w (~; ~n) (fr.) sonderbarer Einfall; merkwürdige Angewohnheit.
Marquis m (~; ~) (fr.) [-*kî*] Graf; w. s.: **Marquise** (~; ~n) [-*kîs*].
Marquisette w (~; ~n) (fr.) [-*ki*-] Gitter-, Gardinenstoff.
Marsala m (~s; ~s) (nach einem sizilian. ON) Südwein.
Marseillaise w (~; -) (fr., nach der Hafenstadt *Marseille*) [*marßäjâs*] fr. Nationalhymne (seit 1795).
Marshallplan m (~[e]s; -) (am., nach dem am. Außenminister G. C. *Marshall* [-*sch*-], 1880–1959) am. Finanzhilfe für Westeuropa.
Marshe-Probe w (~~; ~-~n) (e.-d.) ⚗ Reaktion zum Nachweis von Arsenverbindungen.
Marsupiali|**er** M (lat., KuW) die Beuteltiere.
martelé (fr.) = **martellato** (it.) ♪ hart betont, = **martellando** (it.) ♪; s. s.: **Martellato** (~s; -ti/~s) ♪.
Martensit m (~s; ~e) (KuW) kohlenstoffhaltiges Eisen mit best. Kristallbau.
martialisch EW (lat.) kriegerisch; bärbeißig.
Märtyrer m (~s; ~) (gr.) † Glaubens-, Blutzeuge; **Martyrium** s (~s; -ri|en) † Opfertod; **Martyrologium** s (~s; -gi|en) † Märtyrerliste.
Marxismus m (~; -) (d.-lat., nach Karl *Marx*, 1818–1883) sozialistische Lehre; m. s.: **Marxist** (~en; ~en); w. s.: **Marxistin** (~; ~nen); EW: **marxistisch**.
Mary Jane w (~ ~; -) (am.) [*märri dschë́n*] = → Marihuana.
März m (~es; -) (lat., nach dem Kriegsgott *Mars*) 3. Monat.
Marzipan s (~s; ~e) (ar.-it., eigtl. ein Münzname) feines Zuckerwerk aus Mandeln, Zucker und Aromastoffen.
Mascara s (~; ~s) (sp.) Wimperntusche; Auftragpinsel dafür.
Masch(h)ad m (~s; ~s) (nach einem iran. ON) [*mäschäd*] oriental. Knüpfteppich.
Maschine w (~; ~n) (lat.) kraftübertragendes, -umsetzendes Gerät, **maschinell** EW (lat.) mit Maschinen gemacht; **Maschinen**|**element** s (~[e]s; ~e) Teil einer Maschine; **Maschinenfutter** s (~s; ~) Auskleidung einer Maschine; Festhaltevorrichtung; **maschinen**|**intensiv** EW (lat.) mit Maschinenkraft; **Maschinenmodell** s (~[e]s; ~e) psychophysisches Funktionieren menschlicher Reaktionen; **Maschinenrevision** w (~; ~en) letzte Korrektur vor dem Druck; **Maschinensatz** m (~es; -sätze) mehrere zusammengehörende Maschinen; maschinelles Setzen einer Druckvorlage; **Maschinentelegraph** m (~en; ~en) ⚓ Sprachrohr von der Brücke zur Maschine; Telegrammübermittler; **Maschinentheorie** w (~; -) Vorstellung: Lebewesen reagieren wie Automaten; **Maschinerie** w (~; -i|en) (fr.) Maschinenverbund; technische Bühnengeräte; **maschinieren** ZW (-rte, -rt) ↗ Pelze durch vorsichtige Schur veredeln; **Maschinismus** m (~; -) Materialismus der Maschinentheorie; **Maschinist** m (~en; ~en) Maschinenarbeiter, -überwacher.

Maser m (~s; ~) (am. KW) [*mä́*-] Molekularverstärker.
Masette w (~; ~n) (it.) perforierter Eintrittskartenblock.
Mashie m (~s; ~e) (e.) [*mäschi*] Golfschläger mit Metallkopf.
Maskaron m (~s; ~e) (fr.) Gesicht (Fratze) als Bauverzierung; **Maske** w (~; ~n) (ar.-it.-fr.) Larve; Verkleidung; (oberflächliches) Schminken; verkleidete Person; falscher Schein; **Maskerade** w (~; ~n) Verkleidung(s|szene); Täuschung; **maskieren** ZW (-te, -rt) ↗ verkleiden; verdecken; mit Soße überziehen.
Maskottchen s (~s; ~) = → Talisman, = **Maskotte** w (~; ~n) (fr. = Hexe).
maskulin(isch) EW (lat.) männlich; **Maskul(inis)ierung** w (~; ~en) Geschlechtsverpflanzung m. Keimdrüsen auf (kastrierte) junge w. Tiere; **Maskulinum** s (~s; -na) Wort m. Geschlechts.
Masochismus m (~; -) (lat., nach dem öst. Schriftsteller Sacher-*Masoch*, 1836 bis 1895) Wollust durch Schmerzen (Erniedrigungen); EW: **masochistisch**; m. s.: **Masochist** (~en; ~en).
Mass-action w (~-~; ~-~s) (am.) [*mäß-äckschn*] = → Mass-reaction.
Massage w (~; ~n) (ar.-fr.) $ [*massäsohe*] Knetkur; **Massage-Salon** m (~-~s; ~-~s) Arbeitsplatz des Masseurs; Bordell.
Massaker s (~s; ~) (fr.) Blutbad; **massakrieren** ZW (-rte, -rt) ↗ hinmetzeln.
Maß|**analyse** w (~; ~n) (d.-gr.) ⚗ Ermittlung der Zusammensetzung einer Lösung durch Feststellung ihrer aufgelösten Substanz.
Massel m (~s; -) (jidd.) Glück; (it.) Rohgußplatte.
Massematten M (jidd.) Ausreden; Wi-

dersetzlichkeiten; Diebsgeschäfte; kleine Beschäftigungen.
Massen|basis w (~; -) (d.-gr.) großer Anteil zustimmender Bevölkerung; **Massen|defekt** m (~s; ~e) (d.-lat.) Gewichtsunterschied von Atomkern und seinen Nukleonen; **Massenkarambolage** w (~; ~n) (d.-fr.) [-*lăsche*] Auffahrunfallserie; **Massenkommunikation** w (~; -) weite Verbreitung best. Inhalte über die **Massenmedi|en** M Informationsquellen für alle (Presse, Funk, Fernsehen); **Massenproduktion** w (~; ~en) Mengenfertigung; **Massenpsychologie** w (~; -) Teilgebiet der Psychologie (Verhalten von Menschenansammlungen und Reaktion der einzelnen); **Massen|spektrograf** m (~en; ~en) Meßgerät von Ionenmengen; **Massen|spektroskopie** w (~; -) physik.-chem. Trennverfahren; **Massen|tourismus** m (~; -) Organisation von Reisen für viele.
Masseter m (~s; ~) (gr.) Kaumuskel.
Masseur m (~s; ~e) (fr.) [-*ßŏr*] ♂ wer berufsmäßig massiert; w. s.: **Masseurin** (~; ~nen) [-*ßŏ-*] = **Masseuse** (~; ~n [-*ßŏse*]; **massieren**¹ ZW (-rte, -rt) ↗ Massage üben.
massieren² ZW (-rte, -rt) ↗ (gr.-lat.-fr.) ⚔ Truppen zusammenziehen.
massiv EW (fr.) ganz gefüllt; dauerhaft; grob *(jmdm. m. kommen)*; wuchtig; **Massiv** s (~s; ~e) Grundgebirge; freigelegtes Altgestein; **Massivität** w (~; -) Wucht; Derbheit.
Mass-reaction w (~-~; ~-~s) (e.) [*mäß-riäckschn*] Reizreaktionen des Neugeborenen.
Mastaba w (~; ~s) (ar.) altäg. Schachtgrab.
Mast|algie w (~; -i|en) = → Mastodynie.
Master m (~s; ~) (e.) Jungherr; Parforcejagdleiter; = Magister (*M. of arts*, ≠ *M. A.* unterer akademischer Grad); **Mastertape** s (~s; ~s) [-*těp*] Magnetband mit Speicherung der Systemanlage.
Mastiff m (~s; ~s) (e.) [*mă-*] große Dogge.
Mastik m (~s; -) (gr.-lat.-fr.) Klebstoff; **Mastikator** m (~s; -toren) Knetgerät; EW: **mastikatorisch**.
Mastitis w (~; -it|den) (lat.) ⚕ Brustdrüsenentzündung.
Mastix m (~[es]; -) (gr.) Gemäldelack; ⚕ Verbandsklebstoff.
Mast|odon s (~s; ~s/-donten) (gr.) fossiler Elefant.
Mastodynie w (~; -i|en) (gr.) ⚕ Brust-

schmerz und -spannung (vor der Menstruation); **masto|id** EW wie eine Brustwarze; **Masto|ptose** w (~; ~n) Hängebrust.
Mast|urbation w (~; ~en) (lat.) = → Onanie; EW: **mast|urbatorisch**; ZW: **mast|urbieren** (-rte, -rt) ↗.
Masut m, s (~s; -) (turk-tat.-r.) Heizstoff aus Rückständen der Erdöldestillation.
Matador m (~s; ~e) (sp.) Stierfechter; Sportstar; Salonlöwe; Rädelsführer; höchster Kartentrumpf.
Match m, s (~es; ~e[s]) (e.) [*mätsch*] Wettkampf; **Matchball** m (~[e]s; -bälle) Aufschlag (vor der Entscheidung des Tenniswettkampfes); **Matchbeutel** m (~s; ~) Schulterbeutel für Sportler (Wanderer), = **Matchsack** m (~[e]s; -säcke); **Matched groups** M [*mätscht grūps*] vergleichbare Testgruppen; **Matchstrafe** w (~; ~n) Wettkampfverbot.
Mate m (~s; ~s) (ind.-sp.) koffeinhaltiger am. Tee; w (~; ~n) am. Stechpalme.
Matelassé m (~s; ~s) (fr.) polsterartiges Doppelgewebe.
Matelot m (~s; ~s) (fr.) [*matlŏ*] Fischragout; runder Matrosenhut (für Kinder), = **Matelote** w (~; ~s).
Mater w (~; ~n) (lat.) Papptafel für den Druckplattenguß; = → Matrize; ⚕ umhüllende Gehirnhaut.
Material s (~s; -li|en) (lat.) Werk-, Rohstoff; = → Materie; **material** EW sachlich; **Material|aktion** w (~; ~en) = → Happening; **Materialbilanz** w (~; ~en) Gegenüberstellung der vorhandenen und der noch anzuschaffenden Materialien; **Materialisation** w (~; ~en) Verstofflichung; Entstehung von Elementarteilchen durch Umwandlung von Energiequanten; ZW: **materialisieren** (-rte, -rt) ↗; **Materialismus** m (~; -) Überzeugung, daß alles Sein stoffbedingt ist; weltanschauliche Basis der kommunistischen Gesellschaftslehre *(dialektischer M.)*; m. s.: **Materialist** (~en; ~en); EW: **materialistisch** (*m.e Geschichtsauffassung* historischer Materialismus: alle Entwicklung wird durch Produktion bewirkt [Marx]); **Materialität** w (~; ~en) Stofflichkeit; **Materialkonstante** w (~; ~n) feste Größe eines Stoffs (Objekts); **Materia medica** w (~ ~; -) ⚕ Arzneimittellehre; **Materi|e** w (~; ~n) wahrnehm-, meß- und berechenbares Sein; Träger der Masse (der Elektrizität); Untersuchungsgebiet;

materi|ell EW körperlich; auf Gewinn bedacht.
matern ZW (-rte, gem<u>a</u>tert) ↗ (lat.) Matrize herstellen; **matern** EW mütterlich; **Mat<u>e</u>rne** w (~; ~n) = → Matrize; **mater̲nis̲iert** EW der Muttermilch angepaßt *(m.e Milch)*; **Maternit<u>ä</u>t** w (~; –) Mutterschaft, -art.
Mathemat<u>i</u>k w (~; –; ≠ *M<u>a</u>the*) (gr.) Erforschung des Zahlenrechnens und der Meßprobleme; m. s.: **Mathem<u>a</u>tiker** (~s; ~); EW: **mathem<u>a</u>tisch** *(m.e Geographie* Erforschung der Erdbewegung); **mathematis<u>ie</u>ren** ZW (-rte, -rt) ↗ ein Problem mathematisch fassen, behandeln; **Mathematis<u>ie</u>rung** w (~; –) zunehmende Tendenz, wissenschaftl. Fragen abstrakt zu fassen; **Mathematiz<u>i</u>smus** m (~; –) Wunsch, alle Vorgänge (der Logik) in Formeln darzustellen; EW: **mathematiz<u>i</u>stisch**.
Matin<u>ee</u> w (~; -e|en) (fr.) Vormittagsveranstaltung.
Matr<u>a</u>tze w (~; ~n) (ar.-it.-fr.) Unterpolster; Bett|einsatz; ∪ Vollbart; Weidenbepflanzung des Ufers.
Mätr<u>e</u>sse w (~; ~n) (fr.) Geliebte.
matriarch<u>a</u>lisch EW (lat.) mutterrechtlich; **Matriarch<u>a</u>t** s (~[e]s; ~e) (lat.) Mutterrecht(sform).
Matr<u>i</u>kel w (~; ~n) (lat.) Personenliste; Studentenverzeichnis; ⚔ Zusammenstellung von Rechengrößen.
matrimoni<u>a</u>l EW (lat.) Ehe..., = **matrim<u>o</u>ni|ell** EW.
matris<u>ie</u>ren ZW (-rte, -rt) ↗ (lat.) (Papier) anfeuchten.
M<u>a</u>trix w (~; -rices) (lat.) Mutterboden; interzellularer Zellenboden; ⚔ rechteckiges Zahlenschema; ⚥ Gebärmutter; Chromosomenhülle; **Matr<u>i</u>ze** w (~; ~n) Hohl-, Modell-, Gußform (Ggs.: *Patr<u>i</u>ze*); **Matr<u>o</u>ne** w (~; ~n) würdige ältere Frau.
Matr<u>o</u>se m (~n; ~n) (gr.-fr.-nl.) ⚓ Seemann.
matsch EW (it.) faul *(m. machen* ↗ alle Stiche abnehmen [Kartenspiel] ↗ [Ggs.: *m. werden* ↙ im Wettkampf geschlagen werden]); **Matsch** m (~es; ~e) Spielverlust.
Matt s (~s, ~s) (ar.) Endstellung beim Schach (Ggs.: *Patt*); EW: **matt** *(m. setzen)*.
Matter of fact s (~ ~ ~; –) (e.) [*mättr of fäkt*] unbestreitbare Tatsache.
matt<u>ie</u>ren ZW (-rte, -rt) ↗ (ar.-sp.-fr.) entglanzen, glanzlos machen; **Matto|ir** m (~s; ~s) [-o|<u>â</u>r] Kupferstichstab.
Mat<u>u</u>ra w (~; -ren) (lat.) Reifeprüfung (= → Abitur), = **Mat<u>u</u>rum** s (~s; -ra);

EW: **mat<u>u</u>r**; **Matur<u>a</u>nt, -rand** m (~en; ~en) Reifeprüfling; ZW: **matur<u>ie</u>ren** (-rte, -rt) ↗; **Matur<u>i</u>tät** w (~; –) Reife.
Matut<u>i</u>n w (~; ~e) (lat.) † nächtliches Stundengebet, = **Matut<u>i</u>ne** w (~; ~n); **matutin<u>a</u>l** EW morgens.
M<u>a</u>tze w (~; ~n) (heb.) Osterbrot der Juden, = **M<u>a</u>tzen** m (~s; ~).
Mau-Mau M (afr.) revolut. Untergrundbewegung in Kenia.
Maur<u>e</u>ske w (~; ~n) (fr.) □ Ranke an maurischen Gebäuden.
M<u>au</u>schel m (~s; ~) (heb.) armer Jude; **m<u>au</u>scheln** ZW (-lte, gem<u>au</u>schelt) ↙ jiddisch reden; ein Kartenglücksspiel spielen (= **Mauscheln** s [~s; –]); betrügen.
Mausol<u>e</u>|um s (~s; -e|en) (lat., nach dem Statthalter *M<u>au</u>s[s]olos* von Karien, um 350 v. Chr.) Grabkapelle.
mauve EW (fr.) [*m<u>ô</u>w*] lila ←.
maxi EW (lat. KW) mit (über)langem Rock; **M<u>a</u>xi** s (~s; ~s) überlanges Kleid; m (~s; ~s) überlanger Rock (Mantel) ←; Single auf LP-Größe.
maxill<u>a</u>r EW (lat.) ⚥ am (im, beim) Oberkiefer; **Maxill<u>e</u>n** M Insektenunterkiefer.
M<u>a</u>xilook m (~s; –) (lat.-am.) [*-lûk*] Mode der überlangen Damenkleider; **maxim<u>a</u>l** EW (lat.) sehr groß; so groß wie möglich; **Maxim<u>a</u>ldosis** w (~; –) ⚥ größte, gerade noch verträgliche Heilmittelmenge; **maximalis<u>ie</u>ren** ZW (-rte, -rt) ↗ sehr steigern; **Maxim<u>a</u>lprofit** m (~[e]s; ~e) größtmöglicher Gewinn; **Max<u>i</u>me** w (~; ~n) leitender Grundsatz; zugespitzte Formulierung einer Leitregel; **Maximum** s (~s; -ma) Höchstwert, -stand (Ggs.: *M<u>i</u>nimum*); **Maximum-M<u>i</u>nimum-Thermom<u>e</u>ter** s (~-~-~s; ~-~-~) Thermometer mit Angabe höchster und tiefster gemessener Werte; **M<u>a</u>xirock** m (~[e]s; -röcke) überlanger Rock.
Maxwell s (~; ~) (e., nach dem schottischen Physiker J. C. M<u>a</u>xwell, 1831 bis 1879) [auch: *mɛksw-*] Maßeinheit des magnetischen Feldflusses.
Maya w (~; -yen) (skr.) [*-jâ*] = → Maja.
Mayday s (~s; ~s) (e.-tr.) [*mäidei*] Internat. Funksprechnotsignal.
Mayonn<u>ai</u>se w (~; ~n) (fr., nach der Stadt *Mahón* auf Menorca) [*majonn<u>â</u>se*] Soße aus Ei und Öl.
Mayor m (~s; ~s) (lat.-fr.-e.) [*mê|er*] Bürgermeister in England, USA.
MAZ (≠ **M**agnetbild**a**ufzeichnungsanlage) Gerät, mit dem Fernsehbilder auf Magnetband gespeichert werden.

Mazda|ismus m (~; –) (aw.-lat.) Religion Zarathustras; m. s.: **Mazda|ist** (~en; ~en).

Mäzen m (~s; ~e) (nach dem altröm. Weltmann *Maecenas*, 69 v. Chr.–8 n. Chr.) Kunstfreund, Stifter; **Mäzenatentum** s (~s; –) tätige Hilfsbereitschaft für Kunst und Wissenschaft; EW: **mäzenatisch**.

Mazerat s (~s; ~e) (lat.) Kräuter-, Gewürzauszug; **Mazeration** w (~; ~en) ↻ Zerlegung pflanzlicher Gewebe in Lösungen; ZW: **mazerieren** (-rte, -rt) ↗.

Mazis = → Macis.

Mazurka w (~; -ken/-kas) (poln.) Volkstanz im ¾-Takt.

MBFR (e., ∉ **M**utual **B**alanced **F**orces **R**eductions) Truppenabbau der Staaten des Warschauer Pakts und der NATO.

mea culpa (lat.) (durch) meine Schuld.

Mechanik w (~; –) (gr.) Erforschung der Bewegungsgesetze eines Körpers (*M. der Flüssigkeiten* Hydrodynamik, -statik; *M. der Gase* Aerodynamik, -statik); **Mechaniker** m (~s; ~) Feinschlosser; Maschinenfacharbeiter; **mechanisch** EW maschinenmäßig; instinktiv (*m.es Gewebe* ⊕ Pflanzenorgangewebe; *m.e Wärmetheorie* Erklärung der Wärme[erscheinungen] durch Mechanik; *m.es Wärmeäquivalent* Gleichwertigkeit von Arbeit und Wärme); **Mechanisator** m (~s; -toren) techn. Mitarbeiter in der (DDR-) Forst- und Landwirtschaft; **mechanisieren** ZW (-rte, -rt) ↗ von Hand- auf Maschinenarbeit umstellen; **Mechanisierung** w (~; ~en) maschinenartige Arbeitsweise; Maschineneinsatz für bestimmte Arbeitsvorgänge; **Mechanismus** m (~; -men) Überzeugung, daß die phys.-chem. Gesetze allein das organ. Leben bedingen; maschinenartiger Ablauf; Abfolge der Molekülumwandlungen der mech. Reaktion; EW: **mechanistisch** (*m.e Weltanschauung* leitet alles Geschehen aus Ursachen und Wirkungen ab); **Mechanorezeptoren** M ⚕ mechan. Sinne (Biologie); **Mechanotherapeut** m (~en; ~en) ⚕ Arzt, der mechan. Hilfen zur Heilbehandlung heranzieht; EW: **mechanotherapeutisch**; **Mechanotherapie** w (~; –) ⚕ Heranziehung mechanischer Hilfen zur Heilung.

mechant EW (fr.) [*-schant*] → meschant!

Medaille w (~; ~n) (fr.) [*médalje*] Gedenkmünze (*Kehrseite der M.* andere Seite einer Angelegenheit); **Medailleur** m (~s; ~e) [*-daljör*] Stempelschneider; **medaillieren** ZW (-rte, -rt) [*-daljî-*] ↗ mit einer Medaille belohnen; **Medaillon** s (~s; ~s) [*-daljoñ*] Anhängerschmuck, Brosche; □ rund gerahmt. Profilkopf; rundes Filet.

Media w (~; -di|en) (lat.) stimmhafter Verschlußlaut; ⚕ Arterienwand; **Media|analyse** w (~; ~n) Test von Werbeträgern und -treibenden zur optimalen Werbung; **Mediakombination** w (~; ~en) techn. Vielfalt der Werbung; **medial** EW mitten; mit einem (als, wie ein) Medium; **Median** m (~s; ~e) Zentralwert, Wert in der Mitte bei nach Größe geordneten Meßwerten; **median** EW in der Mittelebene; **Median|ebene** w (~; ~n) Körperhälfte, = **Medianlini|e** w (~; ~n); **Mediante** w (~; ~n) (lat.-it.) ♪ 3. Tonleiterstufe; **Mediastinum** s (~s; -na) ⚕ Gebiet zwischen beiden Lungen; Hodenbindegewebekern; **mediat** EW mittelbar ↓; **Mediation** w (~; ~en) Vermittlung eines Staates bei (einem) andern für andere Staaten; **Mediatisierung** w (~; ~en) Unterstellung eines bisher reichsunmittelbaren Standes unter die Landeshoheit; ZW: **mediatisieren** (-rte, -rt) ↗; **Mediator** m (~s; -toren) Vermittler ↓; Fernsehlehrer; EW: **mediatorisch**; **mediäval** EW mittelalterlich; **Mediäval** w (~; –) Antiquaschrift; **Mediävist** m (~en; ~en) Mittelalterforscher; w. abstr. s.: **Mediävistik** (~; –); EW: **mediävistisch**.

Medical s (~s; –) (e.) [*médikl*] ⚕ Hautmittelqualität.

Medi|en M (lat.) die Kommunikationsmittel (*Neue M.* Informations- und Unterhaltungssektor, umwälzende Mediennutzung durch DV); **Medi|endidaktik** w (~; –) Lehre vom Einsatz techn. Hilfsmittel im Unterricht; **Medi|engesetze** M regeln Zulassung privater Hörfunk- und Fernsehsender; **Medi|enkonzentration** w (~; ~en) Verbund von Medienunternehmen; **Medi|enpädagogik** w (~; –) Unterricht unter Einsatz von Massenmedien; **Medi|enpolitik** w (~; –) polit. Nutzung der Massenmedien; **Medi|enverbund** m (~es; -bünde) verschiedene Informationsträger für gemeinsamen Einsatz.

Medikament s (~es; ~e) (lat.) ⚕ Heilmittel; EW: **medikamentös**; **Medikaster** m (~s; ~) Kurpfuscher; **Medikation** w (~; ~en) ⚕ Heilmittelverordnung.

Medio m (~s; ~s) (it.) Monatsmitte; **medio** EW in der Mitte (*m. Juli* am 15. VII. zahlbar); **medioker** EW mittelmäßig; **Mediokrität** w (~; –) Mittelmäßigkeit; **Medio|thek** w (~; ~en) Aufbewahrungsort für Medienträger; **Mediowechsel** m (~s; ~) am 15. des Monats zahlbarer Wechsel.
medisant EW (lat.-fr.) schmähsüchtig.
Meditation w (~; ~en) (lat.) ursprüngliches, aber unmethodisches Besinnen; Nachdenken über fromme (schöne) Dinge; EW: **meditativ**.
mediterran EW (lat.) am (vom, im, beim) Mittelmeer.
meditieren ZW (-rte, -rt) ✓ (lat.) nachdenken; sinnend betrachten.
Medium s (~s; -di|en) (lat., = Mitte) Mittel(glied); Vermittler; Verbform zwischen Aktiv und Passiv; hypnotisierte Person; ↻ Stoff, an dem sich ein physikal. Vorgang abspielt; s (~s; -dia [*midi|e*]) (lat.-am.) [*midjem*] Werbeträger; **Mediumismus** m (~; –) Glaube an die Möglichkeit, mit Geistern umzugehen; EW: **mediumistisch**.
Medizin w (~; ~en) (lat.) $ Heilkunst, -mittel; m. s.: **Mediziner** (~s; ~); EW: **medizinisch** (*medizinisch-techn. Assistentin* [¢ *MTA*] Arzthilfe für prakt.-wissenschaftl. Aufgaben); **Medizinmann** m (~[e]s; -männer) Zauberarzt; ∪ Arzt.
medullar, -llär EW (lat.) $ Rückenmark...; **Medullitis** w (~; -iti|den) Rückenmarksentzündung.
Meduse w (~; ~n) (nach einem gr. Sagenungeheuer) Qualle; **Medusenhaupt** s (~[e]s; -häupter) Geflecht von Krampfadern auf dem Bauch.
Meeting s (~s; ~s) (e.) [*mitiñ*] Versammlung; mehrtägige Sportveranstaltung.
mefitisch EW (lat.) (schweflig) stinkend (*m.e Dünste*).
Mega|chip m, s (~s; ~s) (gr.-e.) [*-tschip*] Halbleiterelement mit 1 Million el. Schaltungen; **Mega|elektronenvolt** ε (~ε; –) = 1 Mill. Volt (¢ *MeV*); **Megahertz** s (~; –) = 1 Mill. Hertz (¢ *MHz*); **Megal|enzephalie** w (~; –) (gr.) $ Gehirnvergrößerung; EW: **megal|enzephalitisch**; **Megalithgrab** s (~[e]s; -gräber) Großsteingrab (Jungsteinzeit), = **Megalith** m (~en/ ~s; ~e[n]); **Megalithiker** m (~s; ~) Angehöriger des Großgrabneolithikums; **megalithisch** EW aus (in) der Megalithgräberzeit; **Megalithkultur** w (~; ~en) Kultur der neolith. Großsteingrabzeit; **Megaloblasten** M $ übergroße rote Blutkörperchen; **Megalokephalie** w (~; -i|en) = → Megalozephalie; **megaloman** EW großmannssüchtig; **Megalomanie** w (~; –) $ Größenwahn; **megalomanisch** EW = → megaloman; **Megalopolis** w (~; -polen) (gr.-am.) Städteballung; **Megalozephale** m (~n; ~n) $ Großschädliger; w. s.: **Megalozephalie** w (~; -i|en); **Meg|a|ohm** s (–; –) = 1 Mill. Ohm (¢ *MΩ*); **Megaphon** s (~s; ~e) tragbarer Schalltrichter.
Megäre w (~; ~n) (gr. = eine Furie) böses Weib.
Megaron s (~s; -ra) (gr.) Vorhallenhaus.
Megatherium s (~s; -ri|en) (gr.-lat.) ausgestorbenes Riesenfaultier; **megatherm** EW ⊕ sehr wärmebedürftig; **Megatonne** w (~; ~n) = 1 Mill. Tonnen (¢ *Mt*); **Megavolt** s (~[e]s; ~) 1 Million Volt; **Megawatt** s (~s; ~) (¢ *MW*) 1 Million Watt; **Megawattstunde** w (~; ~n) Energie|einheit (¢ *MWh*), = 1000 kWh.
Meiose w (~; ~n) (gr.) $ Reife-, Reduktionsteilung (bei der Zellteilung); EW: **meiotisch**.
Mekonium s (~s; –) (gr.-lat.) $ Kindspech; 1. Darmausscheiden des geschlüpften Insekts.
Melamin s (~s; –) (KuW) Kunstharz.
Meläna w (~; –) (gr., KuW) Blutstuhl; **Melancholie** w (~; –) (gr.) [*-ko-*] Schwermut; m. s.: **Melancholiker** (~s; ~); EW: **melancholisch**.
Melange w (~; ~n) (fr.) [*-lansche*] Mischung; buntfaseriges Garn; Milchkaffee (*Wiener, Karlsbader M.* Kaffee, dessen Bohnen mit Zuckerzusatz geröstet wurden).
Melanidrose w (~; ~n) (gr.) dunkler Schweiß; **Melanine** M dunkle Farbstoffe; **Melanismus** m (~; –) Schwarzfärbung ($ der Haut); **Melanit** m (~[e]s; –) schwarzer Granat; **Melano** m (~s; ~s) Tier mit hervorstechend dunkler Färbung; **melanoderm** EW dunkelfleckig, häutig; w. s.: **Melanodermie** (~; -i|en); **Melanoglossie** (~; –) $ Schwarzzunge; **Melanom** s (~s; ~e) böse dunkle Geschwulst; **Melanose** w (~; ~n) = → Melanismus; **Melaphyr** s (~s; ~e) dunkles Ergußgestein; **Melasma** s (~s; -men) $ dunkler Hautfleck.
Melasse w (~; ~n) (sp.-fr.) Rübenzuckerdestillationsrückstand.
Melatonin s (~s; –) (KuW) Zirbeldrüsenhormon.

melieren ZW (-rte, -rt) ↗ (fr.) sprenkeln (*meliertes Haar* angerautes).

Melilith m (~en; ~en) (gr., KuW) ein Mineral.

Melinit m (~s; -) (gr.-lat.) Sprengstoff; Gelb|erde.

Melioration w (~; ~en) (lat.) Bodenverbesserung; ZW: **meliorieren** (-rte, -rt) ↗.

melismatisch EW (gr.-lat.) ♪ verziert.

Melisse w (~; ~n) (gr.-lat.) ⊕ Lippenblütler („Bienenkraut").

Mellith m (~s; -) (lat., KuW) „Honigstein", ein aluminiumhaltiges Mineral.

Melodic Section w (~ ~; ~ ~s) (am.) [-*secktsch*ᵉ*n*] die Melodie-Instrumente einer Jazzband; **Melodie** w (~; -i|en) (gr.) ♪ singbare Tonfolge; **Melodik** w (~; -) ♪ Kennzeichen eines Melodietyps; ♪ Lehre der Tonreihe in einem Thema; **Melodion** s (~s; -di|en) ♪ Musikgerät mit Tasten; **melodiös** EW ♪ voller Melodien; **melodisch** EW schön klingend; **Melodist** m (~en; ~en) ♪ Kirchenliederkomponist; **Melodram** s (~s; ~en) = **Melodrama** s (~s; -men) Sprechvortrag mit Musikbegleitung; EW: **melodramatisch**; **Melograph** m (~en; ~en) ♪ mit einem Klavier verbundene Notenschreibmaschine; EW: **melographisch**; **Melomanie** w (~; -) ♪ Musikbesessenheit; EW: **meloman** (-**isch**); **Melo|mimik** w (~; -) tänzerisch-mimische Darstellung von Musik.

Melone w (~; ~n) (it.) Kürbisgewächs; steifer Rundhut; **Melonit** m (~[e]s; -) Tellurnickel.

Melophon s (~s; ~e) (gr.) ♪ Großakkordeon mit Zweihandskala; **Melos** s (~; -) ♪ Lied(singweise).

Melton m (~s; -) (e.) = → Molton.

Membran w (~; ~en), = **Membrane** w (~; ~n) (lat.) elastisches Plättchen (Stück Stoff o. ä.) auf festem Rahmen; ⊕ Zellenwand; ⚕ dünne Haut; ⭘ feinporiges Filterhäutchen; **Membranophon** s (~s; ~e) ⊕ membranerregtes Tongerät; **Membrum** s (~s; -bra) ⚕ Glied (*M. virile* Penis).

Memento s (~s; ~s) (lat.) ♪ Fürbitte (*M. mori* denk an den Tod!); **Memo** ∉ Memorandum; **Memoire** s (~s; ~s) (fr.) [-*moậr*] Denkschrift; **Memo|iren** M [*mêmoậren*] (Lebens-)Erinnerungen; **memorabel** EW (lat.) denkwürdig; **Memorabili|en** M Denkwürdigkeiten; **Memorandum** s (~s; -da/-den) Denkschrift; **Memorial** s (~s; ~e/ ~i|en) = **Memoriale** s (~s; ~/-li|en) Tage-, Vormerkbuch ↓; Gedenkveranstaltung, -wettkampf; **memorieren** ZW (-rte, -rt) ↗ sich durch Wiederholung einprägen; **Memory** s (~; -) (e.) [-*ri*] Gesellschaftsspiel; Datenspeicher (EDV); **Memory-Effekt** m (~-~s; ~-~e) Tendenz formbarer Werkstoffe, in die alte Form zu wechseln.

Memphis m (~; -) (nach einem äg. ON) baumwollener Tischdeckenstoff; eine Druckschrift.

Menage w (~; ~n) (fr.) [-*nậsche*] Gewürzbehälter für den Eßtisch; ⚔ Verpflegung ↓; **Menagerie** w (~; -i|en) [-*sche*-] Tierschau; **menagieren** ZW (-rte, -rt) [-*schi*-] ↙ einrichten; ↖ sich beköstigen; selbst zurechtkommen; sich mäßigen.

Men|arche w (~; ~n) (gr.) ⚕ 1. Menstruation.

Mendelevium s (~s; -) (nach einem r. Chemiker, 1869) ⭘ künstliches radioaktives Element (∉ *Md*).

Mendelismus m (~; -) (nach dem Augustinerbiologen J. G. *Mendel,* 1822 bis 1884) Übergzeugung, daß die Mendelschen Vererbungsgesetze zutreffen; m. s.: **Mendelist** (~en; ~en); EW: **mendelistisch**.

Mendikant m (~en; ~en) (lat.) † Bettelmönch.

Menetekel s (~s; ~) (heb., ∉ **Mene Tekel** Upharsin = gezählt, gewogen, zerteilt) (unheilverkündendes) Zeichen; Warenzeichen; **menetekeln** ZW (-lte, -lt) ↙ unken.

Menhir m (~s; ~e) (ir.) roher Hünenstein.

Meningitis w (~; -itiden) (gr.) ⚕ Hirnhautentzündung; **Meningomy|elitis** w (~; -itiden) ⚕ Rückenmarkentzündung; **Meninx** w (~; -ningen/-ninges) Rückenmark-, Hirnhaut.

Meniskenglas s (~es; -gläser) in besondere Form geschliffenes Glas; **Meniskus** m (~; -ken) (gr.-lat.) ⚕ Zwischenscheibe am Bein (Kniegelenk).

Menjoubärtchen s (~s; ~) (fr.-d., nach einem Filmschauspieler, 1890–1963) [*mậnschû*-] kleiner Schnurrbart.

Mennig m (~s; -) = **Mennige** w (~; -) (lat.) roter Rostschutz.

Mennonit m (~en; ~en) (nl.-lat., nach dem Wanderprediger *Menno* Simons, 16. Jh.) † evangelische Sekte.

Menopause w (~; ~n) (gr.) ⚕ Aufhören der Menstruation.

Menora w (~; -) (heb.) jüd. Kultleuchter.

Menorrhagie w (~; -i|en) (gr.) ⚕ überstarke Menstruation; **Menorrhö** w (~; ~en) Menstruation; EW: **menorrhö-**

isch; **Menostase** w (~; ~n) Ausbleiben der Menstruation.
Mensa w (~; -sen) (lat., = Tisch) Studentenspeiseanstalt, -raum (= *M. academica*); † Altarplatte.
Menschewik m (~en; ~i/~en) (r.) gemäßigter r. Sozialist; m. s.: **Menschewismus** (~; –); EW: **menschewistisch**.
Mensel w (~; ~n) (lat.) Meßtischchen (für Kartenzeichner).
mensendiecken ZW (-ckte, gemensendieckt) ∠ (am., nach der Gymnastin Bess *Mensendieck*, 1905) Frauengymnastik treiben.
Menses M (lat.) Menstruation *(die M. haben)*; **menstrual** EW monatlich wiederkehrend; **Menstruation** w (~; ~en) ♀ w. Regel; ZW: **menstruieren** (-rte, -rt) ∠; **Menstruations|psychose** w (~; ~n) geistige Störung nach der w. Regel; **menstru|ell** EW zur Menstruation gehörend; ZW: **menstruieren** (-rte, -rt) ∠.
Mensul w (~; ~n) = → Mensel.
Mensur w (~; ~en) (lat.) Zweikampf mit blanken Waffen; Abstand zwischen den Fechtern; ♪ Notenzeitmaß; ♪ Verhältnis der tonerzeugenden Instrumententeile untereinander; ⌒ Meßglas; **mensurabel** EW meßbar; w. s.: **Mensurabilität** (~; ~en); **Mensuralmusik** w (~; –) ♪ Musik mit Zeitwertangabe jeder Note (= **Mensuralnotation** w [~; ~en]); **mensuriert** EW ♪ abgemessen.
mental[1] EW (lat.) Kinn...
mental[2] EW (lat.) heimlich; nur im Geiste; **Mentalität** w (~; ~en) Denk-, Urteilsweise, Geisteshaltung; **Mentalreservation** w (~; ~en) geheimer Vorbehalt (= *Reservatio mentalis*); **Mentalsuggestion** w (~; ~en) außersinnliche Gedankenübertragung; **mente captus** ∪ verrückt.
Menthakampfer m (~s; –) (lat.) = **Menthol** s (~s; –) ⌒ sekundärer Alkohol (bes. im Pfefferminzöl).
Mentor m (~s; -toren) (gr., nach dem Lehrer des Odysseussohnes Telemach) Berater; Studienführer, -berater.
Menü s (~s; ~s) (fr.) Speisenfolge.
Menu|ett s (~[e]s; ~e) (lat.-fr.) höfischer Tanz (etwa seit 1650).
mephistophelisch EW (nach einer Dramengestalt Goethes [„Faust"]) teuflisch.
Mercalli-Skala w (~-~; –) (nach it. Vulkanologen, † 1914) Meßskala für die Schwere von Erdbeben.
Mercatorprojektion w (~; ~en) (lat.,

nach dem Kupferstecher Gerhard Kremer [= lat. *mercator*], 1512–1594) winkelgetreue Landkartenzeichnung.
Merchandiser m (~s; ~) (lat.-fr.-am.) [*mörtschndaiser*] die Verbraucherwünsche beachtender Warengestalter; **Merchandising** s (~; –) [*mörtschndaisiñ*] Erforschung der Verbraucherwünsche hinsichtlich der Warengestaltung; **merchantable** EW [*mörtschntêbl*] von mittlerer Güte; **Merchant bankers** M [*mötschnt bänkers*] e. Banken zur Außenhandelsfinanzierung.
merci (fr.) [*-ßí*] danke!
Mercury s (~s; –) [*mörkjuri*] am. Weltraumforschungsunternehmen.
merde! (fr.) [*märd*] Scheiße.
Meridian m (~[e]s; ~e) (lat.) Mittags-, Himmelskreis [**Meridian|kreis** m (~es; ~e)]; astronom. Spezialfernrohr zur Vermessung von Sternpositionen; **meridional** EW südlich; **Meridionalität** w (~; –) Südlage.
Meringe w (~; ~n) (fr.) sahnegefülltes Eiweißschaumgebäck, = **Meringel** s (~s; ~).
Merino m (~s; ~s) (berb.-sp.) Kammgarngewebe; Merinoschafwolle; s (~s; ~s) Schaf mit feiner Wolle (= **Merinoschaf** s [~[e]s; ~e]).
Meristem s (~s; ~e) (gr.-lat.) ⌘ sich unablässig teilendes Gewebe; EW: **meristematisch**.
Meriten M (lat.) Verdienste.
merkantil(isch) EW (lat.) kaufmännisch; **Merkantilismus** m (~; –) Übergang der mittelalterlichen Stadtwirtschaft auf staatliche Gegebenheiten, = **Merkantilsystem** s (~s; –); m. s.: **Merkantilist** (~en; ~en); EW: **merkantilistisch**.
Merkaptan s (~s; ~e) (lat., KuW) ⌒ (alkohol.) Verbindung (für Heilmittel).
merkurial EW (lat., nach dem röm. Gott des Handels) kaufmännisch; **Merkurialismus** m (~; –) ♀ Quecksilbervergiftung; **merkurisch** EW = → merkurial; **Merkurstab** m (~[e]s; –) Schlangenstab (als Handelssymbol).
Merlan m (~s; ~e) (lat.-fr.) Art Schellfisch.
Merlin m (~s; ~e) (g.) ein Zwergfalke; (fr.) Zauberer.
Merogamie w (~; –) (gr.) Keimzellenverschmelzung; **Merogonie** w (~; -i|en) künstl. Besamung von Eiteilen; **merokrin** EW Zellinhalt absondernd; **Merozele** w (~; ~n) (gr., KuW) ♀ Schenkelbruch.
Merslotologe m (~n; ~n) (gr.) Erfor-

scher der „ewigen Vereisung"; w. s.: **Merslotologie** (~; –); EW: **merslotologisch**.
Mersolate M (KuW) Reihe organ. Schwefelverbindungen mit Oberflächenaktivität (in Wasch-, Spülmitteln).
Merveilleux m (~; –) (fr.) [märwåjö̲] Seidengewebe mit Atlasbindung.
Meryzismus m (~; –) (gr.) Wiederkäuen.
merzerisieren ZW (-rte, -rt) ↗ (e.-lat., nach dem e. Stoffdrucker John Me̲rcer, 1791–1866) Baumwolle glänzend machen; w. abstr. s.: **Merzerisation** (~; ~en).
Mes|alliance w (~; ~n) (fr.) [meß|al-lia̲ñs] Mißheirat ↓.
Mesc- → Mesk.
Mescaleros M (sp.) [-kalje̲-] Stadtteilindianer; Anhänger stud. Bewegungen.
meschant EW (fr.) ganz ungehörig.
meschugge EW (heb.) verrückt.
Mesembri|anthemum s (~s; –) (gr.) Mittagsblume.
Mesenchym s (~s; ~e) (gr.) ✠ embryonales Gewebe; EW: **mes|enchymal**; **mes|enzephal** EW Mittelhirn...; **Mesenzephalitis** w (~; -iti̲den) ✠ Mittelhirnentzündung.
Meseta w (~; -ten) (sp.) Hochebene.
Mesitylen s (~s; ~e) (KuW) Aromat (flüssiger Kohlenwasserstoff).
Meskal m (~s; –) (mex.) Agavebranntwein; **Meskalin** s (~[e]s; –) (ind.-lat.) Kaktusrauschgift.
Mesmerismus m (~; –) (lat., nach dem Arzt F. A. Me̲smer, 1734–1815) ✠ Lehre vom tierischen Magnetismus; EW: **mesmeristisch**.
Mesoblast s (~[e]s; ~e) (gr.) ⊕ mittleres Keimblatt; **Mesoderm** s (~[e]s; ~e) ⊕ mittleres Keimblatt tierischer Embryos; EW: **mesodermal**; **Mesogastrium** s (~s; -ri̲en) Mittelbauchregion; EW: **mesoga̲strisch**; **mesohali̲n** EW von mittlerem Salzgehalt; **Mesokarp** s (~[e]s; ~e) ⊕ Schicht zwischen Stein und Haut der Steinfrucht, = **Mesokarpium** s (~s; -i̲en); **Mesolithikum** s (~s; –) Mittelsteinzeit (ab etwa 10000 v. Chr.); EW: **mesoli̲thisch**; **Mesomerie** w (~; –) (KuW) Anordnung chem. Bindungen im Molekül; **Meson** s (~s; ~en) = → Mesotron; **Meso|pause** w (~; ~n) Obergrenze der Mesosphäre; **Mesophyll** s (~s; ~e) ⊕ Blattgrundgewebe; **Mesophyt** m (~en; ~en) ⊕ eine mittlere Feuchtigkeit schätzende Pflanze; **Mesophytikum** s (~s; –) ⊕ Mittelalter der Pflan-zenentwicklung; **Mesosideri̲t** m (~s; ~e/~en) (KuW) Meteoritgestein aus Nickelsilikat; **Mesosphäre** w (~; ~n) Schicht der Atmosphäre etwa zwischen 50–80 km Höhe; **Mesotes** w (~; –) ethischer Wert zwischen 2 Unwerten; **Mesothorium** s (~s; –) mehrere bei radioaktivem Zerfall von Thorium entstehende Isotope; **Mesotron** s (~s; ~e) sehr kurzlebiges Elementarteilchen; **mesotyp** EW weder sehr hell noch sehr dunkel; **mesozephal** EW ✠ mittelköpfig; m., w. s.: **Mesozephale** (~n; ~n); w. s.: **Mesozephalie** (~; -i|en); **Mesozo|ikum** s (~s; –) Erdmittelalter; EW: **mesozo|isch**; **Mesozo|on** s (~s; -zo̲|en) Mehrzeller.
mesquin EW (fr.) [meskä̲ñ] geizig; armselig ↓.
Message w (~; ~s) (e.) [mä̲ssidsch] Mitteilung; Werbeaussage; Information vom Sender an Empfänger.
Messagerie w (~; -i|en) (fr.) [-sche-] Frachtgeschäft.
Messaline, -na w (~; ~n) (lat., nach einer röm. Kaiserin, 1. Jh.) ausschweifende Frau ↓; glänzender Futter|atlas.
Me̲ssa (di) vo̲ce s (~ [~] ~; –) ♪ [-wo̲-tsche] Tonanschwellen und -absinken.
Messe[1] w (~; ~n) (lat.) † kath. Abendmahlsgottesdienst; ♪ Musik hierzu; regelmäßige Fabrikanten- und Käuferzusammenkunft mit Warenschau.
Messe[2] w (~; ~n) (fr.-e.) ⚓ Eßraum, -gemeinschaft.
messia̲nisch EW (heb.-gr.-lat.) Messi̲as...; **Messianismus** m (~; –) Erwarten eines Erlösers; m. s.: **Messianist** (~en; ~en); EW: **messiani̲stisch**; **Messias** m (~; –) göttlicher Erlöser.
Messing s (~s; –) (gr.-slaw.) Legierung aus Kupfer und Zink; EW: **messingen**.
Mestize m (~n; ~n) (sp.) Indianermischling.
mesto (it.) ♪ traurig.
Mesummen M (jidd.) Geld (linke M. Falschgeld).
Met w (~; –) (am.) ∉ **Met**ropolitan Opera (New York).
Metaboli̲e w (~; -i̲|en) (gr.) Stoffwechsel-, Gestalt-, Formänderung; **Metabolismus** m (~; -men) ✠ Stoffwechsel; EW: **metabol(isch)** veränderlich; **Metaboliten** M Stoffwechselprodukte; **Metachronismus** m (~; –) Einordnung in zu späte Zeit; **Metacrylsäure** w (~; ~n) ungesättigte, organ. Säure (Kunststoffvorprodukt); **Metadyne** w (~; ~n) ein Gleichstromgenerator; **Metadruck** m (~s; ~e) Herstellungsart für Abziehbilder; **metagam** EW

nach Befruchtung erfolgend; **Metagenese** w (~; ~n) Generationswechsel; EW: **metagenetisch; Metageschäft** s (~[e]s; ~e) Geschäft mehrerer Beteiligter mit gleichem Anteil und Risiko; **Metagnom** m (~en; ~en) (gr., KuW) Mittelsmann bei okkulten Phänomenen; **Metakommunikation** w (~; -) nichtsprachliche Verständigung (Gesten); **Metakritik** w (~; -) Gegenkritik; **Metalimnion** s (~s; -ni|en) plötzlich niedrige Temperaturschicht des Wassers.

Met|aldehyd s (~s; ~e) (KuW) Hartspiritus.

Metall s (~[e]s; ~e) (gr.-lat.) ˙O Element; EW: **metallen; Metallbarometer** s (~s; ~) Luftdruckmeßgerät; **metallic** EW [-*lik*] matt schimmernd; **Metallisation** w (~; ~en) Ver|erzung; **Metallisator** m (~s; -toren) Spritzgerät für Metallüberzüge; **metallisch** EW wie aus Metall; **metallisieren** ZW (-rte, -rt) ↗ mit Metallschicht beziehen; w. s.: **Metallisierung** (~; ~en); **Metallismus** m (~; -) Annahme einer nahen Beziehung zwischen Geld und Edelmetall; **Metalochromie** w (~; -) [-*kr*-] galvanische Metallfärbung; **Metalloge** m (~n; ~n) Metallforscher; w. s.: **Metallogie** (~; -); EW: **metallogisch; Metallogenie** w (~; -) geologische Erzlagerforschung; **Metallograph** m (~en; ~en) Erforscher der Metallstrukturen; w. abstr. s.: **Metallographie** (~; -); EW: **metallographisch; Metallo|id** s (~[e]s; ~e) ˙O Grundstoff mit nichtmetallischen Eigenschaften; **Metallophon** s (~[e]s; ~e) ♪ Glockenspiel aus Metallplatten; **Metall|oxid** s (~[e]s; ~e) ˙O Sauerstoffverbindung eines Metalls; **Metall|urge** m (~n; ~n) Metallverarbeitungsforscher; w. abstr. s.: **Metall|urgie** (~; -); EW: **metall|urgisch**.

metamer EW (gr.) gleichartig; **metamikroskopisch** EW auch im Ultramikroskop nicht feststellbar; **metamorph** (**-isch**) EW nachträglich umgestaltet *(m.e Gesteine)*; **Metamorphose** w (~; ~n) Verwandlungsprozeß; M: ♪ Variationen, = **Metamorphismus** m (~; -); ∠W: **metamorphosieren** (-rte, -rt) ↗; **meta|ökonomisch** EW außerwirtschaftlich; **Metaphase** w (~; ~n) Zustand der indirekten Zellkernteilung (mit der Entstehung der Chromosome aus dem Kernfaden); **Metapher** w (~; ~n) bildlicher Ausdruck; EW: **metaphorisch; Metaphorik** w (~; -) Bildausdruck; **Metaphrase** w (~; ~n) Umschreibung (in Prosa); **Metaphrast** m (~en; ~en) Autor einer Umschreibung; EW: **metaphrastisch; Metaphylaxe** w (~; ~n) ⚕ Nachbehandlung; **Metaphyse** w (~; ~n) Wachstumsbereich der Langknochen; **Metaphysik** w (~; -) (gr., = hinter der Physik) Nachdenken über Art und Zweck des Seins; m. s.: **Metaphysiker** (~s; ~); EW: **metaphysisch; Metaplasie** w (~; -i|en) ⚕ Gewebeveränderung durch Funktionsänderung; m. abstr. s.: **Metaplasmus** (~; -), *auch:* Wortumbildung des Wohlklangs halber; EW: **metaplastisch; Metapsychik** w (~; -) = **Metapsychologie** w (~; -) Seelenmetaphysik; Okkultismus; EW: **metapsych(olog)isch; Meta|säure** w (~; ~n) Säureform mit geringstem Wasseranteil; **metastabil** EW durch Beharrungstendenz noch in überholtem Zustand; **Metastase** w (~; ~n) Verantwortungsübertragung auf einen anderen; ⚕ Tochtergeschwulst; **metastasieren** ZW (-rte, -rt) ↗; w. abstr. s.: **Metastasierung** (~; ~en); EW: **metastatisch; Metathese** w (~; ~n), **Metathesis** w (~; -thesen) Lautumstellung; EW: **metathetisch; Metatonie** w (~; -i|en) Intonationswechsel; **Metatropismus** m (~; -) ⚕ andersgeschlechtiges Empfinden; Gefühlsumkehrung; **Metazentrum** s (~s; -tra/-tren) ⚓ Schwankpunkt; EW: **metazentrisch; Metazo|on** s (~s; -zo|en) Vielzeller mit differenziertem Gewebe.

Met|empsychose w (~; ~n) (gr.-lat.) Seelenwanderung.

Meteor m (~s; ~e) (gr.) Weltraumpartikel; EW: **meteorisch; Meteorismus** m (~; -men) ⚕ Blähsucht; **Meteorit** m (~[e]s; ~e) auf die Erde gefallene Weltraummasse; EW: **meteoritisch; Meteoriten|nickel** m (~s; -) Metall aus aufgefangenen Meteoriten; **Meteorkrater** m (~s; ~) Einschlagsloch eines Meteoriten; **Meteorogramm** s (~[e]s; ~e) Witterungsmeßergebnis; **Meteorograph** m (~en; ~en) Witterungsmesser; EW: **meteorographisch; Meteorologie** w (~; -) Wetterkunde; m. s.: **Meteorologe** (~n; ~n); w. s.: **Meteorologin** (~; ~nen); EW: **meteorologisch** *(m.e Station* Wetterbeobachtungsstelle); **meteorotrop** EW wetterbedingt; **Meteorotropismus** m (~; -) ⚕ überstarke Wetterfühligkeit.

Meter s, m (~s; ~) (gr.-lat.-fr.) (⊄ *m*) Längeneinheit (1875 allgem.; zuerst 1799 fr.); **Meterkilogramm** s (~s; ~e) Arbeitsleistungsmaß (Leistung, 1 kg 1

Meterkilopond

m hochzuheben) (≠ *mgk*), = **Meterkilopond** s (~s; ~); = → Kilopondmeter; **Meterkonvention** w (~; ~en) Einführung des Meterlängenmaßes (1875); **Metersekunde** w (~; ~n) Geschwindigkeit in Metern pro Sekunde (≠ *m/s[ec]*); **Meterzentner** s (~s; ~) 100 kg.

Methadon s (~s; –) Medikament als Ersatz für Heroin.

Methan s (~s; –) (gr. KuW) Sumpf-, Grubengas.

Methanol s (~s; –) (gr.) einfachster Alkohol, Holzgeist.

Methionin s (~s; –) (KuW) heilkräftige schwefelhaltige Aminosäure.

Methode w (~; ~n) (gr.) planmäßiges Anstreben eines Ziels; **Methodenmonismus** m (~; –) Suchen nach überall anwendbarer Methode; EW: **methodenmonistisch**; **Methodik** w (~; ~en) Lehre vom Unterrichten; = → Methodologie; Forschungsweise; m. s.: **Methodiker** (~s; ~); EW: **methodisch**; **Methodismus** m (~; –) † eine Sekte (seit 18. Jh.); m. s.: **Methodist** (~en; ~en); EW: **methodistisch**; **Methodologie** w (~; –) Lehre von den wissensch. Methoden und ihrer Benutzbarkeit; m. s.: **Methodologe** (~n; ~n); EW: **methodologisch**.

Methomanie w (~; -i|en) (gr.) Delirium.

Methusalem m (~s; ~s) (nach einer bibl. Gestalt) steinalter Mann.

Methyl s (~s; –) (gr.) ↻ einwertiges Radikal; **Methyl|alkohol** m (~s; –) (gr.) einfachster Alkohol; **Methylamin** s (~s; –e) ein brennbares Gas; **Methylen** s (~s; –) zweiwertige Atomgruppe (-CH₂); **Methylen|blau** s (~s; –) schwefelhalt. Textilfarbstoff; **Methylen|chlorid** s (~s; ~e) ein krebsverdächtiger Chlorkohlenwasserstoff; **methylieren** ZW (-rte, -rt) ↗ Methangruppe in organ. Molekül einführen; **Methylrot** s (~s; –) organ. Farbstoff; Indikator für Basen und Laugen.

Meti|er s (~s; ~s) (fr.) [*-tjê*] Handwerk, Beruf.

Metist m (~en; ~en) (lat.-it.) Partner eines Metageschäfts.

Metol s (~s; –) (KuW) fotograf. Entwickler (organ. Verbindung).

Met|onymie w (~; -i|en) (gr.) übertragener Wortgebrauch; EW: **metonym** (**-isch**).

Metope w (~; ~n) (gr., = Zwischenfeld) □ Öffnung zwischen den → Triglyphen.

Metrik w (~; –) (gr.) Verslehre; ♪ Taktlehre; m. s.: **Metriker** (~s; ~); EW: **metrisch** (*m.es System* Metermaßsystem).

Metritis w (~; -iti̱den) (gr.) ⚕ Gebärmuttermuskelentzündung.

Metro w (~; –) (fr. KW) Pariser (Moskauer) Untergrundbahn.

Metrologe m (~n; ~n) (gr.) Erforscher der Maße und Gewichte; w. abstr. s.: **Metrologie** (~; –); EW: **metrologisch**.

Metromanie w (~; -i|en) (KuW) Mannstollheit.

Metronom s (~[e]s; ~e) ♪ Taktmesser; **Metronymikon** s (~s; -ka) vom Namen der Mutter abgeleiteter Name; EW: **metronymisch**; **Metropole** w (~; ~n) Welt-, Hauptstadt; Wirtschaftszentrum, polit. Mittelpunkt; **Metropolit** m (~en; ~en) † Provinzleiter; Erzbischof; **Metropolitan**¹ w (~; –) (am.) [*metropoliten*] Oper in New York (seit 1880); **Metropolitan**² m (~s; ~e) = → Metropolit; EW: **metropolitan**.

Metroptose w (~; ~n) (gr.) ⚕ Gebärmuttervorfall.

Metrum s (~s; -tren) (gr.) ♪ Taktgleichmaß; kleinste rhythmische Einheit; Versmaß.

Mettage w (~; ~n) (fr.) [*-tâsche*] (Zeitungs-)Umbruch.

Mette w (~; ~n) (lat.) † Stundengebet; (Mitternachts-, Abend-)Gottesdienst.

Metteur m (~s; ~e) (fr.) [*-tör*] mit Umbruch betrauter Schriftsetzer.

Meublement s (~s; ~s) (fr.) [*möblemañ*] Wohneinrichtung.

Meute w (~; ~n) (lat.-fr.) Jagdhundrudel; Verfolgergruppe; **Meuterei** w (~; ~en) ⚓ Aufstand gegen die Schiffsführung; Ausbruch(versuch) aus der Haftanstalt; Aufstand (gegen Vorgesetzte); ZW: **meutern** (-terte, gemeutert) ↙.

Mezzanin s (~[e]s; ~e) (it.) □ Zwischen-, Obergeschoß; **Mezzatinta** w (~; -ten) gebrochene, verschwimmende Farbe; **mezza voce** [*-wotsche*] ♪ mit halber Stimme; **mezzoforte** ♪ halblaut (≠ *mf*); s. s.: **Mezzoforte** (~s; ~s); **mezzopiano** ♪ halbleise (≠ *mp*); s. s.: **Mezzopiano** (~s; ~s/-ni); **Mezzosopran** m (~[e]s; ~e) ♪ hohe, zwischen Sopran und Alt liegende Singstimme; w. s.: **Mezzosopranistin** (~; ~nen); **Mezzotinto** s (~s; –) Schabkunst (-blatt); photomechanischer Tiefdruck; Mischfarbe.

Miasma s (~s; -men) (gr.) Gift in der Luft ↓; EW: **miasmatisch**.

Mickymaus w (~; -mäuse) (am.-d.)

komische Trickfilmgestalt (Disneys); kleiner quirliger Mensch ∪.

Micro → Mikro.

Midas s (~; –) (am. KuW) Raketenabwehrsystem.

Midcourse-Manöver s (~-~s; ~-~) (am.-fr.) [*midkors*-] Flugkorrektur bei Weltraumfahrten.

Midi m (~s; ~s) = **Midirock** m (~[e]s; -röcke) (fr.) mittellanger Damenrock; **Midinette** w (~; ~s) ↓ Modistin, Näherin; Jungarbeiterin.

Midiwein m (~[e]s; ~e) (fr.-d.) südfr. Wein.

Midlands M (e.) [-*lends*] Mittelengland.

Midlife-crisis w (~-~; –) (e.) [-*laifkraißis*] krit. Phase in der Lebensmitte.

Midrasch m (~s; ~im) (heb.) Bibelauslegung.

Midshipman m (~s; -men) (e.) [-*schippmän*] älterer Seekadett.

mies EW (heb.) wertlos, schlecht; ohne Aussicht; **miesepetrig** EW wehleidig; mißgestimmt; **miesmachen** ZW (machte mies, miesgemacht) ↗ schlechtmachen; verleiden; m. s.: **Miesmacher** (~s; ~) Nörgler; w. abstr. s.: **Miesmacherei** (~; ~en).

Migma s (~s; -men) (gr.) durch Aufschmelzung entstandene Masse; **Migmatit** m (~s; ~e) mit flüssigem Eruptivgestein vermischtes Gestein.

Mignon m (~s; ~s) (fr.) [*minjoñ*] Liebling; w (~; ~s) Schriftgrad; **Mignonette** w (~; ~s) [*minjonett*] Kattun mit kleinen Mustern; schmale Zwirnspitze; **Mignonfassung** w (~; ~en) [*minjoñ*-] Glühlampenfassung für kleine Birnen.

Migräne w (~; ~n) (gr.-lat.-fr.) ⚕ Kopfschmerzanfall.

Migration w (~; ~en) (lat.) Wanderung (von Bevölkerungsgruppen, Zugvögeln); **Migrations|theorie** w (~; –) Annahme von Kultur-, Artenwanderungen; EW: **migratorisch**; ZW: **migrieren** (-rte, -rt) ⟋ wandern.

Mijnheer m (~s; ~s) (nl.) [*menhēr*] Herr.

Mikado m (~s; ~s) (jap., = erlauchtes Tor) jap. Kaisertitel (in Europa); s (~s; ~s) Stäbchen(spiel).

Mikanit m (~[e]s; ~e) (lat.) zusammengepreßte Glimmerplätzchen für Isolierungen.

Mikrat s (~[e]s; ~en) (gr.-lat.) sehr kleine Filmscheiben.

Mikro- (gr.) vorangestellt bei Maßeinheiten = ¹⁄₁₀₀₀₀₀₀ (= millionster Teil der Grundeinheit); **Mikro|analyse** w (~; ~n) ⟲ Untersuchung an feinsten Stoffteilchen; **Mikrobe** w (~; ~n) Einzeller, → Mikrobion; **Mikrobefehl** m (~s; ~e) echter Befehl; **mikrobi|ell** EW [-*bi|ell*] durch Mikroben bewirkt; **Mikrobiologe** m (~n; ~n) Erforscher der Kleinlebewesen; w. abstr. s.: **Mikrobiologie**; EW: **mikrobiologisch**; **Mikrobion** s (~s; -bi|en) Einzeller; **mikrobizid** EW entkeimend, abtötend; **Mikroblasten** M überkleines Blutkörperchen; **Mikrochemie** w (~; ~) ⟲ Arbeit mit kleinsten Teilen; **Mikrochip** s (~s; ~s) (e.) [-*tschip*] Anweisungsplättchen für Mikroprozessoren; **Mikrochirurgie** w (~; –) Operation unterm Mikroskop; **Mikrocomputer** m (~s; ~) Kleincomputer; **Mikrodokumentation** w (~; ~en) = → Mikroskopie; **Mikro|elektronik** w (~; –) → Chip; **Mikrofarad** s (~s; ~) Maß der elektr. Kapazität (= der millionste Teil eines Farads; ¢ μF); **Mikrofauna** w (~; -nen) (gr.-lat.) die kleinsten Tiere; **Mikrofiche** s, m (~s; ~s) (fr.) [-*fīsch*] Mikrofilm mit Mikrokopien in Zeilen; **Mikrofon** s (~s; ~e) → Mikrophon; **Mikrofotografie** w (~; -i|en) Fotoaufnahmen von Mikroskopbildern; **Mikrofotokopie** w (~; -i|en) Kleinstkopie; **Mikrogalgen** m (~s; ~) bewegliches Mikrophon für Fernsehaufnahmen (Gruppenbefragungen); **Mikrogamet** m (~en; ~en) kleine m. Geschlechtszellen einfacher Lebewesen; **Mikrokarte** w (~; ~n) Karte mit Mikrokopien in Zeilen; **mikrokephal** EW mit zu kleinem Schädel; m., w. s.: **Mikrokephale** (~n; ~n); w. abstr. s.: **Mikrokephalie** (~; –); **Mikroklima** s (~s; ~ta) Luftschichtverhalten in Bodennähe (geschlossenen Räumen, zwischen Häusern usw.); w. abstr. s.: **Mikroklimatologie** (~; –); EW: **mikroklimatologisch**; **Mikrokokken** M Gruppe winzigster Kokken; **Mikrokopie** w (~; -i|en) Aufnahme von Dokumenten usw. auf Mikrofilmen; ZW: **mikrokopieren** (-rte, -rt) ⟋; **Mikrokosmos** m (~ ; -men) des Mensch. (als Spiegel der Welt); Atom; EW: **mikrokosmisch**; **mikrokristallin** EW aus winzigsten Kristallen; **Mikrolith** m (~s/~en; ~e[n]) winziges vorgeschichtl. Steingerät; Einschluß in winzigen Kristallen; **Mikromanie** w (~; –) ⚕ gesteigertes Minderwertigkeitsgefühl; **Mikromanipulator** m (~s; -toren) ⚕ Feinstgerät für Operationen; **Mikromechanik** w (~; –) Technologie kleinster mechan. Bauteile; **Mikrometer** s (~s; ~) ¹⁄₁₀₀₀₀₀₀ m (¢ μm); Feinmeßgerät für

mikrometrisch

kleinste Mengen; EW: **mikrometrisch; Mikronen** M nur mikroskopisch erkennbare Schwebeteilchen; **Mikroökonomie** w (~; –) Analyse einzelner Haushalte und Betriebe; **Mikro|organismus** m (~; -men) Einzeller; **Mikrophon** s (~[e]s; ~e) Umwandler von Schall- in elektrische Wellen; EW: **mikrophonisch**; **Mikrophongalgen** m (~s; ~) Mikrophonausleger (→ Mikrogalgen); **Mikrophot** s (~s; ~e) Kleinstlichtbild; **Mikrophotographie** w (~; -i|en) → Mikrofotografie; EW: **mikrophotographisch**; **Mikrophotokopie** w (~; -i|en) = → Mikrokopie; **Mikrophysik** w (~; –) Physik der Atome und Elementarteilchen; m. s.: **Mikrophysiker** (~s; ~); EW: **mikrophysisch**; **Mikroprozessoren** M Schaltkreise (mit Zentraleinheit) als Bausteine von Mikrocomputern; **Mikroradiometer** s (~s; ~) Kleinststrahlungsmesser; EW: **mikroradiometrisch**; **Mikroreproduktion** w (~; ~en) = → Mikrokopie; **Mikroreprophotographie** = → Mikrokopie; **Mikrorille** w (~; ~n) schmale Schallplattenrille; **Mikroskop** s (~s; ~e) Vergrößerungsgerät; w. abstr. s.: **Mikroskopie** (~; –); EW: **mikroskopisch**; ZW: **mikroskopieren** (-rte, -rt) ↗; **Mikrosom** s (~s; ~en) kleinster Zellplasmateil; **Mikrosonde** w (~; ~n) physik.-chem. Analysengerät; **Mikrosoziologie** w (~; –) Erforschung der Dynamik kleiner Gruppen; **Mikrosporie** w (~; -i|en) ⚕ Kopfhautflechte; **Mikrostruktur** w (~; ~en) Strukturform von Metall(egierung)en, Gesteinen; **Mikro|tasimeter** s (~s; ~) Meßgerät el. Widerstandsänderungen; **Mikrotechnologie** w (~; –) mikroskopisches Verfahren; EW: **mikrotechnologisch**; **Mikrothek** w (~; ~en) Kartei von Mikrophotos; **Mikrotheorie** w (~; -i|en) Gebiet der Wirtschaftswissenschaften über begrenzte Teilbereiche; **Mikrotom** s (~[e]s; ~e) Gerät zum Schneiden von Gewebe zum Mikroskopieren; **Mikrotron** s (~s; ~e) Teilchenbeschleuniger für Elektronen; **Mikrowaage** w (~; ~n) Feinstwaage; **Mikrowellen** M elekromagnet. Wellen von einigen Milli- bis Dezimetern Länge; **Mikrowellenherd** m (~es; ~e) Ofen zum Garen (Erwärmen) von Speisen in kürzester Zeit; **Mikrozensus** m (~; –) Bevölkerungsstichprobe, um Wandel demograph. Strukturen zu erfassen; **mikrozephal-** = → mikrokephal-; **Mikrozyten** M = → Mikroblasten. **Miktion** w (~; ~en) (lat.) Urinieren.

Milan m (~s; ~e) (lat.-fr.) Gabelschwanzfalke.
Milanese m (~; ~n) (nach it. Mailand = *Milano*) feine Maschenware.
Milas m (~; ~) (nach einem türk. ON) Knüpfteppich für Gebete.
miliar EW (lat.) von der Größe eines Hirsekorns; **Miliaria** M Hautpusteln; **Miliarkarzinose** w (~; ~n) ⚕ Metastasenbildung in den verschiedensten Organen; **Miliartuberkulose** w (~; ~n) ⚕ Verbreitung der Tuberkulose im ganzen Körper.
Mili|eu s (~s; ~s) (fr.) [*milljö̂*] Umwelt; Tischdeckchen; **Milieu|analyse** w (~; ~n) Einstufung der Befragten nach Umwelt(-beziehung); **milieugeschädigt** EW durch Umgebung benachteiligt/verunsichert; **Milieutheorie** w (~; –) Erklärung des Individuums aus seiner Umwelt; **Milieutherapie** w (~; -i|en) ⚕ Änderung der Umwelt zu Heilzwecken.
militant EW (lat.) kriegerisch; angreiferisch; **Militär** s (~s; –) (fr.) ⚔ Heerwesen, Wehrmacht; Soldatsein; **Militärakademie** w (~; -i|en) Ausbildungsinstitut für Offiziere; **Militär|attaché** m (~s; ~s) [*-sché*] militärischer Berater des Botschafters; **Militärdiktatur** w (~; ~en) Alleinherrschaft eines Offiziers (einer Offiziersgruppe); **Militärgouverneur** m (~s; ~e) ⚔ [*-gûwernör*] Befehlshaber im besetzten Gebiet; **Militaria** M Bücher über militärische Fragen; **militärisch** EW ⚔ Militär . . .; **militarisieren** ZW (-rte, -rt) ↗ ⚔ mit Truppen (Militäranlagen) durchsetzen; ⚔ militärisch organisieren; **Militarismus** m (~; –) Vorrang des Militärischen vor dem Zivilen (im Staat, in der Politik); m. s.: **Militarist** (~en; ~en); EW: **militaristisch**; **Militärjunta** w (~; -ten) (lat.-sp.) [*-chunta*] Offiziersgruppe als Machthaber nach Militärputsch; **Militärkonvention** w (~; ~en) milit. Absprache zwischen 2 Staaten; **Militärmission** w (~; ~en) Offiziere als Berater fremder Staaten; **Military** w (~; ~s) (e.) [*-täri*] Reitervielseitigkeitsprüfung (*M. Police* w [~ ~; –] [*-polliß*] Militärpolizei); **Miliz** w (~; ~en) (lat.) ⚔ Volksheer; r. Polizeitruppe.
Milk w (~; –) (am.) Hauptpflegemittel; **Milk-shake** m (~~s; ~s) Mischgetränk aus Milch und Früchten.
Mille s (~s; -lia) (lat.) das Tausend (*pro M*. 1000 Stück); **Millefloriglas** s (~es; -gläser) Kunstglas mit Blumenmuster; **Mille-fleurs** M [*mîlflör*] blumengemu-

sterter Stoff; ein Duftstoff; **Mille Miglia** M [-*mīlja*] it. Langstreckenautorennen über 1000 Meilen; **Millennium** s (~s; –) 1000 Jahre; **Mille-po|ints** M [*milpoāń*] gepunkteter Stoff; **Milli|ampere** s (~s; ~) Maß für kleinste Stromstärken (∉ *mA*); **Milli|amperemeter** s (~s; ~) Meßgerät hierfür; **Milliardär** m (~s; ~e) Besitzer von wenigstens 1 Milliarde; **Milliarde** w (~; ~n) (∉ *M[r]d.*) 1000 Millionen; **Millibar** s (~s; ~e) (∉ *mb*) ¹⁄₁₀₀₀ einer Druckeinheit (Bar); Luftdruckmaß (= 0,75 mm); **Milligramm** s (~[e]s; ~e) (gr.) ¹⁄₁₀₀₀ g (∉ *mg*); **Milliliter** m (~s; ~) ¹⁄₁₀₀₀ Liter (∉ *ml*); **Millimeter** m (~s; ~) ¹⁄₁₀₀₀ m (∉ *mm*); **Millimikron** s (~s; –) (∉ *mμ*) der millionste Teil eines Millimeters; **Millimy** s (~s; ~s) = → Millimikron; **Million** w (~; ~en) (lat., ∉ *Mill.*) 1000 mal 1000; m. s.: **Millionär** (~s; ~e); **Millirem** s (~s; ~) = ¹⁄₁₀₀₀ rem.

Millon-Technik w (~-~; ~-~en) (fr.) [*mijoń*-] Stahlgewinnung durch Versprühen von Roheisen.

Mime m (~n; ~n) (gr.) ∪ Schauspieler; **mimen** ZW (-mte, gemimt) ↗ ✓ darstellen, spielen; so tun als ob; **Mimese** w (~; ~n) Anpassung durch Mimikry; = → Mimesis; **Mimesie** w (~; -i|en) Nachahmung höherer Symmetrie; **Mimesis** w (~; -mesen) Verspottung fremder Rede durch Nachahmung; Nachahmung (der Natur, eines [redenden] Menschen); EW: **mimetisch**; **Mimik** w (~; ~en) Gebärdenspiel; Art Pantomime; m. s.: **Mimiker** (~s; ~); **Mimikry** w (~; –) (e., = Nachahmung) Anpassung von Tier oder Pflanze) an die Umgebung; **mimisch** EW (gr.) auf (mit, durch den) Gesichtsausdruck; schauspielerisch.

Mimodram(a) s (~s; -men) (KuW) Pantomime zu Musik.

Mimose w (~; ~n) (lat.) ⚘ trop. Hülsenfrüchtler; ∪ empfindlich. Mensch; EW: **mimosenhaft**.

Mimus m (~; –) (lat.) realistisches Schauspiel aus der röm. Spätzeit, Gebärdenspiel, Posse; Schauspieler dieser Bühnenspielart; Mimik.
min ∉ Minute.

minaccioso (it.) [-*natschô*-] ♪ drohend.
Minarett s (~[e]s; ~e) (ar.) Moscheenturm.

Min|audrie w (~; –) (fr.) [-*nod*-] Ziererei.

Mine w (~; ~n) (kelt.-lat.-fr.) ⚒ Fördergang; ⚒ Bergwerk; Sprengkörper; Anschlag; Schreibstifteinlage.

Mineral s (~s; -li|en) (lat.) Bestandteil der Erdkruste; EW: **mineralisch;** ZW: **mineralisieren** (-rte, -rt) ↗; **Mineraloge** m (~n; ~n) Erforscher der Mineralien; abstr. s.: **Mineralogie** w (~; –); EW: **mineralogisch**; **Mineral|öl** s (~[e]s; ~e) durch Destillation von Erdöl erzeugtes Öl; **Mineralquelle** w (~; ~n) Quelle mit gelösten Bestandteilen; **Mineralsalz** s (~es; ~e) ✡ anorgan. Salz; **Mineralsäure** w (~; ~n) anorgan. Säure; **Mineralwasser** s (~s; ~/-wässer) Wasser aus Mineralquellen; Wasser mit Mineralsalzen; **minerogen** EW ✡ aus anorganischen Bestandteilen geworden.

Minestra w (~; -stren) (it.) Gemüsesuppe, = **Minestrone** w (~; -ni).

Minette w (~; ~s/~n) (fr.) Brauneisenerz mit Phosphor; Ergußstein.

mineur (fr.) [-*ör*] ♪ Moll; **Mineur** m (~s; ~e) (fr.) [-*ör*] Pionier im Minenbau.

mini EW (KW; lat.) mit kurzem Rock *(m. gehen)*; **Mini** m, s (~s; ~s) ∉ mein Kleiner; ∉ **Minirock** m (~[e]s; -röcke) überkurzer Damenrock; **Miniatur** w (~; ~en) Kleinillustration; **miniaturisieren** ZW (-rte, -rt) ↗ elektron. Elemente verkleinern; **Minibikini** m (~s; ~s) (KuW) nach einem Atoll) einteiliges busenfreies Damenbadehöschen; **Minicar** s (~s; ~s) Kleintaxi; **Minicomputer** m (~s; ~) kleiner Computer (größer als Mikrocomputer).

minieren ZW (-rte, -rt) ↗ (fr.) ⚒ Fördergang graben; untergraben.

Minigolf s (~[e]s; ~s) (lat.-e.) Kleingolfanlage, -spiel; **Minihemd** s (~[e]s; ~en) sehr kurzes Damenhemd; **Minihuhn** s (~; -hühner) Kleinhuhn; **Minikilt** m (~[e]s; ~s) kurzer Schottenrock; **Minikini** m (~s; ~s) ∉ → Minibikini; **Minikleid** s (~[e]s; ~er) oberteilloses (oder überkurzes) Damenkleid; **Minilook** m (~s; ~) [-*lûk*] Mode der überkurzen Damenkleider; **minim(al)** EW winzig; **Minima** w (~; -mae) ♪ kleinster Notenwert; **Minimal art** w (~ ~; –) [-*mel*-] moderne Kunstrichtung; **Minimaldosis** w (~; -sen) ∉ kleinstmögliche Arzneimittelmenge; **Minimalkonsens** m (~es; –) geringste Übereinstimmung zu gemeinsamem Handeln; **Minimalkostenkombination** w (~; ~en) günstigste Produktionsfaktoren zusammengenommen; **Minimal music** w (~ ~; –) ♪ Stilrichtung mit sehr schlichten Tonfolgen und häufiger Wiederholung.

Minimata-Krankheit w (~-~; –) (nach

südjap. Bucht) Quecksilbervergiftung (über Nahrungskette).

Minimaxprinzip s (~s; –) Lehre der Spieltheorie; **minimieren** ZW (-rte, -rt) ↗ verringern; **Minimum** s (~s; -ma) Winzigkeit; ≺ kleinster Wert (Ggs.: **Maximum**); **Minipille** w (~; ~n) Antibabypille mit wenig hormonalem Anteil; **Minirock** = → Mini; **Miniski** m (~s; ~er/~s) kurzer Ski für Anfänger; **Minispion** m (~s; ~e) Kleinstabhörgerät.

Minister m (~s; ~) (lat.) Regierungsmitglied; **Ministerialbürokratie** w (~; -i|en) die zur Regierung gehörenden Beamten; **ministeri|ell** EW (fr.) im Bereich (aus den Befugnissen) eines Ministeriums; **Ministerium** s (~s; -ri|en) oberste Verwaltungs- und Regierungsbehörde; **Ministerpräsident** m (~en; ~en) = Premierminister; **ministrabel** EW zum Minister geeignet; **Ministrant** m (~en; ~en) † Messediener; ZW: **ministrieren** (-rte, -rt) ↙.

Minitester m (~s; ~) (lat.-am.) Kleinprüfgerät.

Mink m (~s; ~s) (ind.-e.) nordam. Marder.

Minorat s (~[e]s; ~e) (lat.) Jüngstenrecht; **minore** (it.) ♪ Moll; **minorenn** EW minderjährig; w. abstr. s.: **Minorennität** (~; ~en); **Minorit** m (~en; ~en) † Franziskanerzweig; **Minorität** w (~; ~en) Minderheit; M: völkische Splittergruppen.

Minorka s (~s; –) (nach einer Mittelmeerinsel) Gewebeart.

Minstrel m (~s; ~s) (lat.-fr.-e.) e. nichtadliger Spielmann; **Minstrel Show** w (~ ~; ~ ~s) (am.) [-*schô*ᵘ] verkleidete Negerkapelle, -tanzgruppe.

Mintsoße w (~; ~n) (e.-fr.) e. Pfefferminzsoße zum Hammelfleisch.

Minu|end(us) m (~en/[~]; ~en) (lat.) Zahl, die verringert werden soll; **minus** EW ≺ weniger (*m. machen* Geld zusetzen); s. abstr. s.: **Minus** (~; –) Fehlbetrag; **Minuskel** w (~; ~n) Kleinbuchstabe.

Minute w (~; ~n) (lat.) ¹⁄₆₀ Stunde (≠ *m[in]*).

Minuteman m (~s; -men) (e.) [*miniutmän*] dreistufige Interkontinentalrakete.

minütlich EW (lat.-d.) jede Minute.

minuziös EW (lat.) genau, pedantisch, sorgfältig.

Miosis, = **Miose** w (~; -sen) (gr.) ✣ Pupillenverengung; EW: **miotisch**.

Miozän s (~s; –) (gr.) Tertiärepoche; EW: **miozän**.

Mir m (~s; ~s) (pers.) Perserteppich, gemustert mit Palmwedeln.

Mirabelle w (~; ~n) (fr.) kleine Pflaume.

Mirabili|en M (lat.) Wunderdinge.

Mirage w (~; ~s) (fr.) [-*râsch*] Luftspiegelung; Täuschung; fr. Flugzeugtyp.

Mirakel s (~s; ~) (lat.) Wunder; mittelalterliches Heiligenspiel; EW: **mirakulös**.

Miri s (~s; ~s) (pers.) Palmwedelmuster (auf Teppichen).

Mis|andrie w (~; -i|en) (gr.) ✣ krankhafte Abneigung gegen Männer; **Misanthrop** m (~en; ~en) Menschenfeind; w. abstr. s.: **Misanthropie** (~; –); EW: **misanthropisch**.

Mischna w (~; –) (heb.) 1. Talmudteil (mit den Religionsgesetzen).

Mischpoke w (~; –), = **Mischpoche** w (~; –) (heb.-jidd.) ∪ Verwandtschaft.

Mise w (~; –) (fr.) [*mîs*] Einlage (im Geschäft, Spiel); Auktionsangebot (*M. en scène* [*mîsańzân*] Bühneninszenierung; *M. en pages* [*mîsańpâsch*] Druckseitenumbruch).

miserabel EW (lat.) ganz schlecht; **Misere** w (~; ~n) (fr.) Mißlichkeit, Notlage; **Misereor** s (~s; –) (lat.) † Spende für Entwicklungsländer; **Miserere** s (~s; ~s) † Bußpsalm; ✣ Kot|erbrechen; **Miserikordi|e** w (~; ~n) Sitzhilfe am Chorgestühl.

misogam EW (gr.) ehescheu; m. s.: **Misogam** (~[e]s; ~e); w. abstr. s.: **Misogamie** (~; –); **Misogynie** w (~; -i|en) ✣ krankhafte Abneigung gegen Frauen; EW: **misogyn**; m. s.: **Misogyn** (~s; ~e); **Misopädie** w (~; –) ✣ krankhafte Abneigung gegen Kinder.

Misrach w (~; –) (heb.) Osten (als jüd. Gebetsrichtung); **Misrachi** m (~s; ~s) (am.) rechtgläubiger Zionist.

Miß w (~; -sses) (e., ≠ *mistress*) Fräulein; Titel einer Schönheitskönigin.

Missal¹ w (~; –) (lat.) Schriftgrad; **Missale** s (~s; -lia), = **Missal**² s (~s; -lien) † Meßbuch (*M. Romanum* † kathol. Meßbuch).

Missile s (~s; ~s) (am.) [*mißail, -el*] ⚔ Flugkörpergeschoß.

Missing link s (~ ~; ~ ~) (e.) fehlende Übergangsform.

Mission w (~; ~en) (lat., = Sendung) † Ausbreitung des Christenglaubens (als Lebensaufgabe); Aufgabe; Gesandtschaft; m. s.: **Missionar** (~s; ~e); EW: **missionarisch**; ZW: **missionieren** (-rte, -rt) ↗; **Missions|chef** m (~s; ~s) (lat.-

fr.) [-*scheff*] Leiter der Bot-, Gesandtschaft; **Missiv** s (~[e]s; ~e) Sendschreiben; Urkundenmappe, = **Missive** w (~; ~n) ↓.
Mist m (~es; ~e) (e.) ⚡ Nebel.
Mister m (~s; ~) (e.; ∉ *Mr.*) Herr.
misterioso (it.) ♪ geheimnisvoll.
mistig EW (e.) ⚡ neblig.
Mistral m (~s; ~) (prov.) Fallwind im Rhonetal.
Mistress w (~; ~es) (e.) [*missiß*] Herrin, Frau; Lehrerin.
Miszellane|e w (~; ~n) (lat.) Sammlung von Kurzbeiträgen; **Miszelle** w (~; ~n) Kleinbeitrag.
Mitella w (~; -llen) (lat.) Dreieckstuch als Armstütze.
Mithridatismus m (~; ~) (nach dem König von Pontus, *Mithridates* VI., 132–63 v. Chr.) Unempfindlichkeit gegen Gift durch Gewöhnung.
Mitigans s (~es; ~e) (lat.) ⚕ Beruhigungsmittel; **Mitigation** w (~; ~en) = **Mitigierung** w (~; ~en) (lat.) ⚕ Schwächung.
Mito|chondrium s (~s; -dri|en) (gr.) Stoffwechsel„organ" einer Zelle; **mitogenetisch** EW (gr.) von lebenden Zellen ausgehend (*m.e Strahlung*).
mitonnieren ZW (-rte, -rt) ↗ köcheln lassen.
Mitose w (~; ~n) (gr.) häufigste Kernteilung; **Mitose|gifte** M Zellkernteilung störende Gifte; EW: **mitotisch**.
Mitra w (~; -ren) (gr.) † Bischofs-, Abtsmütze; ⚕ Binde.
Mitrailleuse w (~; ~n) (fr.) [-*trâjṏs*] Schnellfeuergeschütz ↓.
Mitralklappe w (~; ~n) (gr.-d.) ⚕ Herzklappe.
Mix m (~es, ~) alle Verfahren zur Ermittlung einer vergleichbaren Maßzahl für die Verarbeitungsgeschwindigkeit eines Computers; **Mixed** s (~[s]; ~[s]) (e.) [*mickst*] gemischtes Doppel (bei Ballspielen) (*M. drink* Cocktail; *M. grill* verschiedenerlei gegrilltes Fleisch; *M. media* [*mídjä*] künstler. Einsatz mehrerer Medien; *M. Pickles* [*pickls*] Essiggemüse); **mixen** ZW (-xte, gemixt) ↗ mischen; aufeinander abstimmen (Filmclemente); **Mixer** m (~s; ~) Mischgefäß; Barkellner; Tonmischer (beim Film); **Mixpickles** M → Mixed; **Mixtum** s (~s; -ta) (lat.) Gemisch (*M. compositum* Durcheinander; bunte Mischung); **Mixtur** w (~; ~en) Flüssigkeitsgemisch; ⚕ flüssiges Heilmittel; ♪ Orgelregisterkopplung.
Mizell(e) s (w) (~s/~; ~e/n) (lat. KuW) ⊕ Molekülgruppe von Zellwänden.

Mnemismus m (~; ~) (gr.) Annahme, daß Vererbung auf Gedächtnis beruht; **Mnemonik** w (~; ~) = → Mnemotechnik; EW: **mnemonisch**; **Mnemotechnik** w (~; ~) Gedächtniskunst; m. s.: **Mnemotechniker** (~s; ~); EW: **mnemotechnisch**; **Mnemotheorie** w (~; ~) = → Mnemismus.
Moaholz s (~es; -hölzer) (austr.) austral. Hartholz.
Mob m (~s; ~) (e., = lat. ∉ *mo*bile *vulgus* = fahrendes Volk) Pöbel.
Möbel s (~s; ~) (fr.) Wohngerät; unhandlicher Gegenstand.
mobil EW (lat.) beweglich (*mobile Gesellschaft* = häufig Wohnung und Arbeitsplatz wechselnde Bevölkerung); **Mobile** s (~s; ~s) leichtbeweglicher Zimmerschmuck; **mobile** (it.) ♪ beweglich; **Mobilgarde** w (~; ~n) (fr.) fr. Ordnungs-, Besatzungstruppe; **Mobiliar** s (~s; ~e) (lat.) Hausrat; **Mobiliarkredit** m (~[e]s; ~e) Kredit gegen bewegliches Vermögen; **Mobili|en** M (lat.) bewegliche Habe (Ggs.: *Immobilien*); **Mobili|enkonto** s (~s; -ti) Konto für Inventar und Maschinen; **mobilisieren** ZW (-rte, -rt) ↗ einsatzbereit machen (✕ Truppen; Geld); in Bewegung setzen; w. abstr. s.: **Mobilisation** w (~; ~en), = **Mobilisierung** w (~; ~en); **Mobilität** w (~; ~) Beweglichkeit (durch Nutzung techn. Mittel; der Bevölkerung im Hinblick auf den Wechsel des Wohnsitzes); **Mobilmachung** w (~; ~en) (lat.-d.) ✕ Erreichung der Kriegsstärke durch Einberufung der Reserven; **Mobil|station** w (~; ~en) Sprechfunk im Auto; **möblieren** ZW (-rte, -rt) ↗ (fr.) einrichten (mit Haushaltsgegenständen).
Mobsituation w (~; ~en) (e.-lat.) unbeabsichtigter Zusammenprall undisziplinierter Massen; **Mobster** m (~s; ~) (am.) Bandit.
Mocca double m (~ ~; ~s ~s) (fr.) [-*dûbl*] besonders starker Kaffee.
Mocha m (~s; ~) (nach ar. Hafenstadt) [*mocha*] ein Quarz; ε (~ε;) samtiges Glacéleder.
Mockturtlesuppe w (~; ~n) (e.) [-*törtl-*] falsche Schildkrötensuppe aus Kalbskopf.
modal EW (lat.) infolge der Umstände; nach Art und Weise (*m.e Konjunktion* Bindewort der Art und Weise); **Modal|adverb** s (~s; -bi|en) Umstandswort der Art und Weise; **Modalismus** m (~; ~) † Ansicht, die Personen der Trinität seien nur Seinsformen Gottes;

Modalität w (~; ~en) Urteil aufgrund der Evidenz.

Mode w (~; ~n) (lat.-fr.) zeitbegrenzter Geschmack *(in M. sein [kommen]);* neueste Haar-, Kleidungstracht; **Mode|designer(in)** m (~s; ~); w (~; ~nen) [-*diẞai*-] entwirft modische Kleidung.

Model m (~s; ~) (lat.) Guß-, Druckform; Stickvorlage; □ unterer Säulenhalbmesser; Münz-, Medaillendurchmesser; s (~s; ~s) (e.) Mannequin.

Modell s (~s; ~e) (it.) Muster, Entwurf; abzubildender Mensch; Kleinentwurf für Großplastik; □ maßstabgerechte Kleindarstellung eines Bauplans (eines techn. Vorhabens); Gießereimodell; **Modelleur** m (~s; ~e) [-*lör*] = → Modellierer; **modellieren** ZW (-rte, -rt) ↗ plastisch formen; m. s.: **Modellierer** (~s; ~); **modellig** EW genau nach dem (Kleider-)Modell; **Modelltechnik** w (~; ~en) Konstruktion mit Hilfe verkleinerter Muster (statt mathematischer Berechnungen); **Modellvorstellung** w (~; ~en) anschauliche Darstellung komplizierter Vorgänge (Erscheinungen); **modeln** ZW (-lte, gemodelt) ↗ (lat.) formen, bilden; **Modem** (≠ **Mo**dulator-**Dem**odulator) = Gerät zur Datenübertragung übers Telefon.

moderat EW (lat.) gemäßigt; **Moderation** w (~; ~en) Mäßigung ↓; Leitung einer Sendung; **moderato** (it.) ♪ nur mäßig bewegt; s. s.: **Moderato** (~s; -ti) ♪; **Moderator** m (~s; -toren) geschwindigkeitshemmender Stoff (der Kernphysik); Leiter einer (aktuellen) Rundfunk-, Fernsehsendung; Verzögerer bei Kernreaktionen; ZW: **moderieren** (-rte, -rt) ↗.

modern EW (fr.) (vorübergehend) zeitgemäß (*M. Jazz* m [~ ~; ~] [*moderndschäß*] [e.-am.] Jazzstil nach 1945); **Moderne** w (~; ~) (fr.) Gegenwart; Zeitgeist; **modernisieren** ZW (-rte, -rt) ↗ im Zeitgeschmack umformen; **Modernismus** m (~en; ~en) † Versuch liberaler kathol. Theologie; m. s.: **Modernist** (~en; ~en) EW: **modernistisch**; **Modernität** w (~; ~en) Zeitstil der Gegenwart; Neuheit.

modest EW (lat.) bescheiden ↓.

Modestudio s (~s; ~s) (lat.-fr.-it.) Atelier zum Entwerfen und Anfertigen von Damenkleidern.

Modifikation w (~; ~en) (lat.) Abänderung; ⊕ umweltbedingte Veränderung; Verschiedenheiten der Kristallbildung; ZW: **modifizieren** (-rte, -rt) ↗; auch: Kunststoffe durch Variation der Zusammensetzung verändern.

modisch EW (fr.) im Zeitgeschmack; **Modist** m (~en; ~en) Modewarenhändler; w. s.: **Modistin** (~; ~nen) Modeschneiderin, Putzmacherin.

Mods M (e.) modebewußte Jugendliche (Vorbild 60er Jahre).

Modul[1] m (~s; ~n) (lat.) ⊰ absoluter Betrag komplexer Zahlen; ✺ Erscheinen eines Elementes in versch. Strukturen; = → Model; **Modul**[2] s (~s; ~e) (lat.-e.) elektr. Schaltungs- oder Baueinheit; **Modulation** w (~; ~en) (lat.) Aufprägung der zu sendenden Information auf die Trägerschwingung; Einfluß eines Fortlaufs auf einen andern; Veränderung einer hoch- durch eine tieffrequente Schwingung; ♪ Tonartwechsel; EW: **modulatorisch**; ZW: **modulieren** (-rte, -rt) ↙ ↗; **Modultechnik** w (~; –) starke Verkleinerung von elektron. Apparaten durch Moduln.

Modus m (~; -di) (lat.) Art und Weise (*M. procedendi* Verfahrensweise; ♪ Tonart der Kirchenmusik; logische Schlußform; Verhältnis der Zeitwortform zur Realität des Geschehens; *M. vivendi* Lebensart; gangbarer Weg; *einen M. v. finden*).

Mofa s (~s; ~s) (KW ≠ **Mo**torfa**hr**rad) Fahrrad mit gedrosseltem Motor.

Mofette w (~; ~n) (it.-fr.) Kohlensäurequelle.

Mogigraphie w (~; -i|en) (gr.) $ Schreibkrampf; EW: **mogigraphisch**.

Mogul m (~s; ~n) (pers.) i. Herrscher.

Mohair m (~s; –) (ar.-it.-e.) [*mohâr*] (Seidengewebe aus) Angoraziegenhaar.

Mohammedaner m (~s; ~) (ar., nach dem Religionsstifter *Mohammed* = der Gepriesene, 6./7. Jh.) Anhänger einer panarabischen Religion; EW: **mohammedanisch**; m. s.: **Mohammedanismus** (~; –) Islam.

Mohikaner m (~s; ~) (Name eines Indianerstammes) Indianer (*der letzte M.* [nach einem Roman von Cooper, 1826] das letzte Geld, der letzte Schluck ⋃).

Mohssche Härteskala w (~n ~; –) (nach d. Mineralogen) Einteilung von Mineralien nach ihrer Härte.

Moira w (~; –) (gr.) Verhängnis (durch die Götter).

Mo|iré, m (~s; ~s) (ar.-e.-fr.) [*moarê*] wellenartiges Schillergewebe; fehlerhafter Mehrfarbendruck; unruhiges Bildmuster (auf dem Fernsehschirm);

mo|irierend EW (fr.) [*moarî-*] schillernd.
Moisturizer m (~s; ~) (e.) [*meußtschörais'r*] Feuchtigkeitscreme.
mokant EW (fr.) höhnisch; spöttelnd; **mokieren** ZW (-rte, -rt) ↖ (fr.) sich über etwas höhnisch äußern.
Mokassin m (~s; ~s) (ind.) ind. Wildlederhalbschuh.
Mokett m (~[e]s; ~e) (fr.) = **Mokette** w (~; ~n) bunter Plüsch.
Mokick s (~s; ~s) (am. KW) Kleinstmotorrad mit Kickstarter.
mokieren → mokant.
Mokka m (~s; ~s) (nach einer ar. Stadt) Kaffeesorte; starker Kaffee; **mokka** EW mokkafarben ←.
Mol s (~s; -) (∉ **Molekül**) (lat.) Substanzmengenmaß, = → Grammolekül; **Molalität** w (~; ~en) ℧ Maß der Lösungskonzentration in Mol je kg; **molar** EW auf 1 Mol bezogen.
Molar m (~s; ~en) (lat.) ⚕ Backenzahn.
Molarität w (~; -) (lat.) ℧ wirksame Substanz in einer Lösung (1 Mol pro Liter).
Molasse w (~; ~n) (schw.-fr.) Gesteinsablagerung im Alpenvorland.
Moldavit m (~s; ~e) Glasmeteorit (nach den Fundorten an der *Moldau*).
Mole¹ w (~; ~n) (it.) Hafendamm.
Mole² w (~; ~n) (lat.) Windel; durch Fehlgeburt deformiertes Ei.
Molekel w (~; ~n) = → Molekül; **Molekelgitter** s (~s; ~) Kristallgitter mit Molekülen an Gitterpunkten.
Molektronik w (~; -) (KuW) Teil der Elektronik, der mit kleinen Halbleitern arbeitet.
Molekül s (~s; ~e) (fr.) ℧ kleinster Verbindungsbaustein; **molekular** EW (lat.) auf das Molekül bezüglich; **Molekularbiologe** m (~n; ~n) Erforscher der Eigenschaften organischer Verbindungen in Organismen; w. abstr. s.: **Molekularbiologie** (~; -); EW: **molekularbiologisch**; **Molekular|destillation** w (~; ~en) Trennverfahren bei leicht zersetzbaren Substanzen; **Molekular|elektronik** w (~; -) spezialisiert auf Halbleiter geringer Größe; **Molekulargenetik** w (~; -) Erforschung der Zusammenhänge zwischen Vererbung und Gen|eigenschaften; **Molekulargewicht** s (~s; -) Gewicht aller Atome eines Moleküls; **Molekularpumpe** w (~; ~n) eine Vakuumpumpe; **Molekülbindung** w (~; ~en) Anziehungskraft von Molekülen; **Molekülgitter** s (~s; ~) → Molekelgitter; **Molekülstruktur** w (~; ~en) Aufbau eines Moleküls aus Atomen; **Molekülwärme** w (~; -) Energiemenge, um 1 Molekül um 1° C zu erwärmen.

Moleskin m, s (~s; ~s) (e., = Maulwurfsfell) [*moul-*] Englischleder.
Molesten M (lat.) Beschwerden ↓.
Mol|ektronik w (~; -) ∉ → Molekularelektronik.
Molette w (~; ~n) (lat.-fr.) Prägewalze; Stampfer (im Mörser); Rändelrad.
molisieren ZW (-rte, -rt) ↗ (lat.) aus Ionen Moleküle formen.
Moll¹ m (~[e]s; ~s/~s) ∉ → Molton.
Moll² s (~s; -) ♪ das „weiche" Tongeschlecht (Ggs.: *Dur*); EW: **moll** ♪.
Mollino m (~s; -ni) (it.) weiches Baumwollgewebe.
Molluske w (~; ~n) (lat.) Weichtier.
Moloch m (~s; ~e) (heb., = Menschenopfer) Menschen-, Allesfresser.
Molotowcocktail m (~s; ~s) (nach dem r. Politiker W. M. *Molotow*) [*-têl*] selbstgebastelte Explosivwaffe aus Benzin und Phosphor.
molto (it.) ♪ viel.
Molton m (~s; -) (fr.) aufgerauhtes Baumwollgewebe; **Moltonné** m (~s; -) (fr.) Pelz-, langhaariges Deckengewebe.
Moltopren s (~s; ~e) (KuW) Kunststoff.
molum EW (jidd.) betrunken.
Molvolumen s (~s; ~) (lat.) Raum eines Gasmols.
Molybdän s (~s; -) (gr.-lat., ∉ *Mo*) ℧ Element; **Molybdän|glanz** m (~s; -) graues Mineral; **Molybdänit** m (~[e]s; ~e) ein Mineral (= Wasserblei).
Moment¹ s (~[e]s; ~e) (lat.) Merkmal; Entscheidung; Verschmelzung zweier physik. Größen; Vektor zur Beschreibung von Drehbewegungen.
Moment² m (~[e]s; ~e) (lat.) Augenblick (*M. musical* (fr.) ♪ [*momañ müsikal*] kleines Musikstück); **momentan** EW jetzt, in diesem Augenblick.
Monade w (~; ~n) (gr , = Einheit) in sich ruhender seelischer Baustoff der Wirklichkeit; **Monadologie** w (~; -) Monadenlehre von Leibniz (1646 bis 1716), = **Monadismus** m (~; -).
Mona Lisa w (~ ~; -) (it., nach einer Florentiner Kaufmannsfrau, um 1500, von Leonardo da Vinci porträtiert) unergründliche Frau.
Monarch m (~en; ~en) (gr.) erblicher Alleinherrscher; **Monarchie** w (~; -i|en) erbliche Alleinherrschaft (Ggs.: *Republik*); m. s.: **Monarchist** (~en; ~en); EW: **monarchistisch** monar-

monarchisch

chisch gesonnen; **monarchisch** zum Alleinherrscher gehörend.
Monaster m (~s; ~) (gr.) Sternfigur der Chromosomen bei der Zellkernteilung.
monastisch EW (lat.) mönchisch.
Monazit m (~s; ~) (KuW) ein Mineral.
Mondamin s (~s; ~e) (ind.-e.) entölte Maisstärke.
mondän EW (fr.) im Stil der „großen" Welt; **Mondäne** w (~; ~n) Halbwelt (-dame) ↓; **mondial** EW (lat.) weltweit.
mon Dieu! (fr.) [*moñdjö*] mein Gott! Herrgott!
Mondmobil s (~s; ~e) (d.-lat.) von der Erde steuerbares Monduntersuchungsgerät.
Mondo|vision w (~; ~en) (it.-lat.) einheitl. Fernsehsendung aller Stationen; **Mondstation** w (~; ~en) Forschungslabor auf dem Mond.
Monellmetall m (~s; ~e) Legierung, hauptsächlich aus Kupfer und Nickel.
Monergol s (~s; ~e) (KuW) Raketentreibstoff.
monetär EW Geld...; **Monetarsystem** s (~s; ~e) Währungsordnung; **Moneten** M (nach einem Beinamen der röm. Göttin Juno) ∪ Geld; **monetisieren** ZW (-rte, -rt) ↗ zu Geld machen; w. abstr. s.: **Monetisierung** (~; ~en);
Moneymaker m (~s; ~) (am.) [*manimäᵏeʳ*] ∪ Großverdiener; gerissener Geschäftsmann.
Mongolenfalte w (~; ~n) Augenwinkelfalte; **mongolid** EW den Mongolen rassisch ähnlich; **Mongolide** m (~n; ~n) Angehöriger der Mongolenrasse; **Mongolismus** m (~; ~) (nach der Völkergruppe der *Mongolen*) $ angeborene Entwicklungshemmung; **mongoli|id** EW den Mongolen ähnlich; **Mongolistik** w (~; ~) Mongolenforschung; m. s.: **Mongolistiker** (~s; ~); EW: **mongolistisch**; **mongolo|id** EW nach Art des Mongolismus *(m.e Idiotie)*; **Mongolo|ide** m, w (~n; ~n) Gelbhäutige(r).
Monierbau m (~s; ~) (nach fr. Gärtner, † 1906) Stahl-Betonbauweise; **Monier|eisen** s (~s; ~) Rundeisen.
monieren ZW (-rte, -rt) ↗ (lat.) annehmen; beanstanden.
Monismus m (~; ~) (gr.) Überzeugung, daß alles im Grunde eine Wesens-Einheit bildet („Einheitslehre") (Ggs.: *Pluralismus*); m. s.: **Monist** (~en; ~en); EW: **monistisch**.
Monitor m (~s; -toren) (lat.) ⚓ Kanonenboot (für Flüsse) ↓ (nach dem ersten Panzerschiff, 1861); Kontrollgerät (Fernsehen, elektron. Anlagen) zum Nachweis von Strahlung; Druckwassergerät zur Gesteinsspülung; **Monitum** s (~s; -ta) Rüge.
mono → ∉ monophon.
Monochlamyde|en M (gr.) ⊕ zweikeimblättr. Pflanzen mit unscheinbaren Blüten; **Monochord** s (~[e]s; ~e) (gr.) [-*k*-] ♪ Tonmeßgerät; **monochrom(atisch)** EW [-*kr*-] einfarbig (Ggs.: *polychrom[-atisch]*); **Monochrom** s (~s; ~en) einfarbiges Bild; **Monochromasie** w (~; -i|en) $ völlige Farbenblindheit; **Monochromat** m, s (~[e]s; ~e) Objektiv für nur eine Wellenbereiche; **Monochromaten** M $ Farbenblinde; **monochromatisch** EW = → monochrom; **Monochromie** w (~; -) Einfarbigkeit; **monocolor** EW nur von einer Partei (öst.); **Monocoque** (e.) [-*kok*] Schalenkonstruktion für Rennwagen; **Monodie** w (~; -i|en) ♪ unbegleitete einstimmige Vokalmusik; führende Oberstimme mit Begleitung; EW: **monodisch**; **Monodrama** s (~s; -men) Bühnenstück mit nur 1 handelnden Person; **Monofil** s (~s; ~e) Kunstfaden; aus *einem* Faden; **monogam(isch)** EW einehig; w. abstr. s.: **Monogamie** (~; -i|en); m. s.: **Monogamist** (~en; ~en); w. s.: **Monogamistin** (~; ~nen); **Monogenie** w (~; -i|en) Erzeugung nur m. (nur w.) Nachkommen; Beteiligung nur eines Gens an der Ausbildung eines Phänotypmerkmals; **Monogenismus** m (~; -) Ableitung des Menschen von nur einem Primatenstamm; EW: **monogen**; m. s.: **Monogenist** (~en; ~en); w. abstr. s.: **Monogenese** (~; -) = → Monogenismus *(auch:* † Lehre, daß alle Menschen von Adam abstammen); **Monogomie** w (~; -) Vermehrung durch Knospung; **Monogramm** s (~[e]s; ~e) (künstlerisch gestaltete) Anfangsbuchstaben eines Namens; **Monogrammist** m (~en; ~en) Kupferstecher (Holzschneider), die ihr Monogramm unter ihr Werk setzten; **Monographie** w (~; -i|en) Darstellung nur eines Problems (Sachverhalts; nur einer Person) in Buchform; EW: **monographisch**; **Monohybrid** m (~; ~) Bastard, dessen Eltern in *einem* Merkmal nicht übereinstimmen; EW: **monohybrid**; **monokausal** EW nur auf eine Ursache zurückführbar; **Monokel** s (~s; ~) Einglas; **Monokini** m (~s; ~s) (KuW) einteiliges Badehöschen für Damen; **monoklin** EW ⋞ aus 3 ungleichwerti-

gen Achsen bestehend, von denen eine senkrecht auf den beiden andern sie schiefwinklig schneidend aufsteht *(m.es Kristallsystem);* ⊕ zweigeschlechtig; **monoklonal** EW aus manipulierten Blutkörperchen gewonnen *(m.e Antikörper);* **Monokotyledone** w (~; ~n) ⊕ Einkeimblättrige; **Monokratie** w (~; -i|en) Alleinherrschaft; EW: **monokratisch; mon|okular** EW mit nur *einem* Auge; nur für *ein* Auge bestimmt; **Monokultur** w (~; ~en) Anbau nur einer Kulturpflanze; **monolateral** EW einseitig; **Monolith** m (~en; ~en) (vorgeschichtl.) Denkmal aus nur *einem* Stein; EW: **monolithisch; Monolog** m (~[e]s; ~e) (gr., = Alleinrede) Selbstgespräch (Ggs.: *Dialog*); EW: **monologisch;** ZW: **monologisieren** (-rte, -rt) ∕; **Monom** s (~[e]s; ~e) ⊰ eingliedrige Zahl; **Monomane** m (~n; ~n) ⚕ wer an Monomanie leidet; **Monomanie** w (~; -i|en) ⚕ Triebhandlung; Besessenheit von einer „fixen Idee"; EW: **monoman(isch); monomer** EW aus selbständigen Molekülen bestehend; **Monomer** s (~s; ~e) Stoff mit selbständigen Molekülen, = **Monomere** s (~n; ~n); **Monomer|einheit** w (~; ~en) Grundbaustein eines polymeren Moleküls; **Monometallismus** m (~; –) ausschließlich auf *einem* Metallwert fußendes Währungssystem; EW: **monometallisch; Mononom** s (~[e]s; ~e) = → Monom; **mono(no)misch** EW eingliedrig; **monomorph** EW von gleicher Gestalt; **monophag** EW auf eine (Wirts-)Pflanze spezialisiert; **monophon** EW nur über einen Kanal laufend; **Monophthong** m (~[e]s; ~e) einfacher Vokal; ZW: **monophthongieren** (-rte, -rt) ∕; EW: **monophthongisch; Monophyletismus** m (~; –) Annahme, daß der Mensch aus nur einer Stammform entstanden ist; EW: **monophyletisch; Monophylie** w (~; –) Einstämmigkeit (biol.); **Mono|platte** w (~; ~n) Schallplatte, nur monophon abspielbar; **Monoplegie** w (~; -i|en) ⚕ Glied-, Gelenklähmung; **Monopodie** w (; -i|en) Versfuß aus nur einem Versfuß; **Monopodium** s (~s; -di|en) ⊕ Hauptachse bei verzweigter Pflanze; EW: **monopodisch** *(m.e Verse);* **Monopol** s (~s; ~e) Allein-, Vorzugsrecht; Vereinigung des Marktangebots (der Marktnachfrage) in *einer* Hand; ZW: **monopolisieren** (-rte, -rt) ∕; **Monopolismus** m (~; –) Zielsetzung einer Marktbeherrschung; m. s.: **Mo-**

nopolist (~en; ~en); EW: **monopolistisch; Monopolkapitalismus** m (~; –) Konzentration des Kapitals; m. s.: **Monopolkapitalist** (~en; ~en); EW: **monopolkapitalistisch; Monopol|partei** w (~; ~en) einzige zugelassene Partei; **Monopol|preis** m (~es; ~e) Preis, der durch Marktbeherrschung eines Produkts (einer Firma) erzielt wird; **Monopolrente** w (~; ~n) aufgrund der Marktstellung erzielter Gewinn; **Monopoly** s (~s; ~s) (KuW) Unterhaltungsspiel; **Monoposto** m (~s; ~s) Einsitzer(rennauto) mit freilaufenden Rädern; **Mon|opson** s (~s; ~e) Marktform mit großem Angebot bei Nachfragemonopol; **Monopsychismus** m (~; –) Annahme nur einer Weltseele; **Monopteros** m (~; -t|eren) □ offenes Rund-, Gartentempelchen; **Monorail** s (~s; ~s) [-*rêl*] Einschienenbahn; **Mono|saccharide** M Gruppe der einfachsten Kohlenhydrate; **monosem** EW mit nur einer Bedeutung; **Monoskop** s (~s; ~e) Fernsehprüfgerät; **monospermisch** EW ⊕ mit nur einem Samen; **monostabil** EW in stabilem Zustand (Elektronik); **Monostichon** s (~s; -cha) Einzelvers; EW: **monostich(it)isch; monosyllabisch** EW einsilbig *(m.e Sprachen);* s. abstr. s.: **Monosyllabum** (~s; -ba); **Monothe|ismus** m (~; –) Eingottglaube; m. s.: **Monothe|ist** (~en; ~en); w. s.: **Monothe|istin** (~; ~nen); EW: **monothe|istisch; mon|otisch** EW mit nur einem Ohr *(m.es Hören);* **monoton** EW eintönig, -förmig; w. abstr. s.: **Monotonie** w (~; -i|en); **Monotonie|gesetze** M Lehrsätze in Ungleichungen über Monotonie; **Monotono|meter** s (~s; ~) Gerät zum Testen der Wirkung eintöniger Arbeit; **Monotremen** M Kloakentiere; **Monotype** w (~; ~s) (e.) [-*taip*] Einzelgußsetzmaschine; **Monotypie** w (~; -i|en) graphisches Verfahren für nur einen Abdruck; **monovalent** EW ⊖ einwertig; **Mon|özie** w (~; -i|en) ⊕ Einhäusigkeit; EW: **mon|özisch; monozygot** EW aus *einer* Eizelle ..., eineiig; **monozyklisch** EW ⊖ mit nur einem Benzolring im Molekül; **Monozyten** M ⚕ große weiße Blutkörperchen; **Monozytose** w (~; ~n) ⚕ überstarke Vermehrung der großen weißen Blutkörperchen.

Monroedoktrin w (~; –) (am.) [-*rôu̯*-] am. Nichteinmischungslehre (nach dem Präsidenten *Monroe*, 1758–1831).

Monseigneur m (~s; ~s) (fr.) [*moñßäṅjör*] Bischofs-, Fürstentitel; **Monsieur**

Monsignore

m (~s; Messieurs [*mäßjö̱*]) [*m^eβjö̱*] Herr; **Monsignore** m (~s; ~) (it.) [*-βinjö̱re*] † Titel hoher Geistlicher.

Monstera M (KuW, lat.) ⊕ Aronstabgewächse.

Monsterfilm m (~s; ~e) (gr.-lat.-e.) an Menschen und Material aufwendiger Film.

Monstranz w (~; ~en) (lat.) † Hostienbehälter.

Monstrosität w (~; ~en) (lat.) Mißbildung; abstoßende Häßlichkeit; EW: **monströs**; **Monstrum** s (~s; -tra/-tren) Ungeheuer; ⚕ Mißgeburt.

Monsun m (~s; ~e) (ar.) Tropenwind; EW: **monsunisch**.

Montage w (~; ~n) (fr.) [*-tä̱sche*] Zusammenbau (von Maschinen), -kleben (von Filmstreifen), -fügen (von Lichtbildern).

montan EW (lat.) ⚒ Bergbau..., Hüttenwesen...; **Montan|industrie** w (~; -i|en) ⚒ Bergbau und Hüttenwesen; **Montanist** m (~en; ~en) ⚒ Berg- und Hüttenfachmann; **montanistisch** EW Berg(bau)...; **Montan|mitbestimmung** w (~; -) parität. Mitbestimmung; **Montan|union** w (~; -) Europäische Gemeinschaft für Kohle und Stahl (seit 1951); **Montanwachs** s (~es; ~e) Bitumenbraunkohle.

Montbreti|e w (~; ~n) (nach dem Botaniker F. E. C. de *Montbret*, 1780 bis 1801) [*moñ-*] ⊕ Schwertliliengewächs.

Monteur m (~s; ~e) (fr.) [auch: *moñtö̱r*] Maschinenschlosser.

Montgolfi|ere w (~; ~n) (nach den fr. Erfindern *Montgolfier* [*-fje̱*], 1783) [*mongolfjä̱re*] Heißluftballon.

Monte-Carlo-Methode (-Technik) w (~-~-~; ~-~-~n) Methode, stochastische Probleme mit Zufallszahlen zu lösen.

montieren ZW (-rte, -rt) ↗ (lat.-fr.) zusammenbauen, -fügen; Soßen (Suppen) durch Butter verfeinern; w. s.: **Montierung** (~; ~en); **Montur** w (~; ~en) ⚔ Uniform ↓; Arbeitskleidung; Kartoffelschale.

Monument s (~[e]s; ~e) (lat.) Denkmal; **monumental** EW wie ein Denkmal; groß(artig); w. abstr. s.: **Monumentalität** w (~; -).

Moonblinks M (e.) [*mū̱n-*] Leuchterscheinungen auf dem Mond.

Moonboots M (e.) [*mū̱nbûts*] gefütterte Kunststoffstiefel.

Moorelicht s (~[e]s; -) (nach dem am. Erfinder, 1896) [*mū̱r-*] Leuchtröhrenbeleuchtung.

Moos s (~; -) (jidd.) Geld *(kein M. haben)*.

Mop m (~s; ~s) (e.) Fransenbesen; ZW: **moppen** (-ppte, gemoppt) ↗.

Moped s (~s; ~s) (d.-lat. KW) Fahrrad mit Motor.

moppen → Mop.

Mora, -re w (~; -ren) (lat.) kleinste Takteinheit.

Moral w (~; -) (lat.) das Sittliche; **Moralin** s (~s; -) spießiger Moralbegriff; **moralinsauer** EW unablässig und verbohrt Sittlichkeit predigend; **moralisch** EW sittlich; sittenstreng *(einen M.en haben* Katzenjammer); **moralisieren** ZW (-rte, -rt) ↗ ✓ sich sittlich ereifern; **Moralismus** m (~; -) Ethik, die an die oberste Stelle die Moral setzt; Weltbild, das als einzigen Wertmaßstab die Moral kennt; **Moralist** m (~en; ~en) Moralverkünder; EW: **moralistisch**; **Moralität** w (~; -) Verhalten nach dem inneren Gesetz; M: moralverkündende Bühnenspiele (seit 15. Jh.); **Moralkodex** m (~; -) geläufige Gesittung; **Moralpädagogik** w (~; -) sittliche Erziehung; Lehre von der Erziehung zur Sittlichkeit; **Moralpauke** w (~; ~n) ∪ Strafrede; **Moralphilosophie** w (~ ~; -) = → Ethik; **Moralprinzip** s (~s; -i|en) sittlicher Grundsatz (für alle; für den einzelnen); **moral suasion** w (~ ~; -) (e.) [*-sweisch'n*] Appell, Gruppenforderungen gesamtwirtschaftl. Interessen unterzuordnen; **Moraltheologie** m (~n; ~n) † Geistlicher, der die Existenz Gottes sittlich beweist (der von der sittlichen Werteordnung auf Gott schließt; der die christl. Sittenlehre erforscht).

Moräne w (~; ~n) (fr.) Gletscherablagerung.

Morast m (~[e]s; ~e) (gr.-fr.-nl.) Sumpf; EW: **morastig**.

Moratorium s (~s; -ri|en) (lat.) Schuldenaufschub.

morbid(e) EW (lat.) morsch; **Morbidität** w (~; ~en) Verhältnis der Kranken zur Gesamtbevölkerung, = **Morbilität** w (~; ~en); **Morbilli** M ⚕ Masern, Viruserkrankung (bei Kindern); **morbiphor** EW ⚕ krankheitsübertragend; **Morbosität** w (~;-) ⚕ Siechtum; **Morbus** m (~; -bi) ⚕ Krankheit (*M. sacer* [*-sa̱zer*] Epilepsie; *M. caerulus* [*-ße̱r-*] Blue Baby).

Mordants M (fr.) [*mordañt*] Ätzpasten für Graphiken; **Mordazität** w (~; -) (lat.) ↻ Ätzkraft.

Mordent m (~s; ~e) (it.) ♪ Pralltriller.

more geometrico (lat.) ( ) = → deduktiv.

Morelle w (~; ~n) (rom.) Sauerkirsche.

morendo (it.) ♪ allmählich abschwächend.

Mores M (lat.) Sitten, Anstand *(jmdn. M. lehren, beibringen)*.

Moreske w (~; ~n) = → Maureske.

Morgana w (~; -) (fr.) altfr. Sagenfee (*Fata Morgana* Luftspiegelung).

morganatisch EW (lat.) ohne Witwenrecht; unebenbürtig *(m.e Ehe)*.

Morganismus m (~; -) (nach einem am. Zoologen) eine Vererbungslehre; EW: **morganistisch**.

Morgue w (~; ~n) (gr.-fr.) [-*rg*] (Pariser) Leichenschauhaus.

moribund EW (lat.) dem Tod geweiht; sterbend; m. s.: **Moribundus** (~; -di) ✝.

Morin s (~s; -) (KuW) gelbgrüner Farbstoff; Nachweisreagens für Aluminiumverbindungen.

Moriske m (~n; ~n) (sp.) † zum Christentum übergetretener Maure.

Mormone m (~n; ~n) (nach einem hl. Buche) Angehöriger einer am. Sekte; EW: **mormonisch**.

Mornaysoße w (~; ~n) (fr.) [*mornê*-] Käsetunke.

Morok m (~s; -) (r., = Dunkelheit) Frostnebel in Sibirien.

moros EW (lat.) eigenwillig; unmutig ↓; w. abstr. s.: **Morosität** (~; -).

Morphem s (~s; ~e) (gr.-lat.) kleinste sprachliche Sinneinheit; w. abstr. s.: **Morphematik** (~; -); EW: **morphematisch**.

Morpheus m (~; -) (gr. Traumgott) Schlaf *(in M.' Armen liegen)*; **Morphin** s (~s; -) = → Morphium; **Morphinismus** m (~; -) ✝ Morphiumsucht; m. s.: **Morphinist** (~en; ~en); w. s.: **Morphinistin** (~; ~nen); EW: **morphinistisch**; **Morphium** s (~s; -) getrockneter Milchsaft des Schlafmohns.

Morphogenese w (~; -) (gr.) Gestaltbildung der Lebewesen, = **Morphogenie** w (~; -); EW: **morphogenetisch**; **Morphologie** w (; -) Lehre von den organischen (den Sprach-)Formen; m. s.: **Morphologe** (~n; ~n); EW: **morphologisch**; **Morphometrie** w (~; -) Gestalterfassung (durch Messen); Teilgebiet der Geomorphologie; **Morphose** w (~; ~n) Gestaltbildung.

Morselle w (~; ~n) (lat.-fr.) Schokoladenzucker.

morsen ZW (-rste, gemorst) ✓ (am., nach dem Erfinder S. F. B. *Morse*, 1791–1872) mit dem elektr. Telegraphen schreiben.

Mortadella w (~; ~s) (lat.-it.) Brühwurst.

Mortalität w (~; -) (lat.) Verhältnis der Todesfälle zur Gesamtbevölkerung; **Mortifikation** w (~; ~en) Abtötung; Absterben; Tilgung; ZW: **mortifizieren** (-rte, -rt) ↗.

Morula w (~; -) (lat.) sehr frühe Keimstufe (bei Mensch oder Tier).

MOS (∉ **m**etal **o**xide **s**emiconductor) Halbleiter als Speicher- oder Schaltelement (Elektronik).

Mosaik s (~s; ~e) (ar., = geschmückt) Wand-, Fußbodenbild aus bunten Steinen.

mosaisch EW (von Moses herrührend) jüdisch; **Mosaismus** m (~; -) rituelles Judentum.

Mosaist m (~en; ~en) = **Mosaizist** m (~en; ~en) Mosaikhersteller; EW: **mosaistisch**.

Moschee w (~; ~n) (ar., = Anbetungsstätte) islamischer Tempel.

Moschus m (~; -) (i.) Drüseninhalt des m. Moschustieres; **Moschusbock** m (~s; -böcke) glänzender Käfer; **Moschus**|**tier** s (~s; ~e) Hirschart in Zentralasien; **Moschus**|**tinktur** w (~; ~en) Alkohol mit Moschus.

Moseleysche Gesetz s (~n ~es; -) (e. Physiker) Zusammenhang zwischen der Ordnungszahl und Röntgenstrahlung jedes Atoms.

Moses m (~; ~se) (nach dem bibl. Gesetzgeber) jüngster Schiffsjunge; ⚓ Beiboot.

Mosjö m (~s; ~s) (fr.) ∪ Herr.

Moskito m (~s; ~s) (lat.-sp.-port.) Stechmückenart.

Moslem m (~s; ~s) (ar.) Islamit; **Moslemliga** w (~; -) Antihindu|organisation der i. Mohammedaner (seit 1906); **Moslime** w (~; ~n) Mohammedanerin.

mosso (it.) ♪ lebhaft.

Most m (~[e]s; ~e) (lat.) vergorener Apfel-, Birnensaft; **Mosterei** w (~; ~en) Herstellungsort von Most.

Motalität w (~; ~en) (KuW) Darmträgheit.

Motel s (~s; ~s) (am. KW) Hotel für Autofahrer.

Motette w (~; ~n) (it.) ♪ mehrstimmiges polyphones Chorwerk.

Motilität w (~; ~en) (lat.) ungewollte Muskelbewegung; **Motion** w (~; ~en) (körperl.) Bewegung ↓; Bildung von Geschlechtsformen bei Adjektiven; Antrag, einen Gesetzentwurf bekanntzugeben (durch den **Motionär** m [~s; ~e]); **Motion-Picture** s (~-~s; ~-~s)

Motiv

(e.) [*mouschn piktscher*] Film; **Motiv** s (~[e]s; ~e) Beweggrund; ♪ kleinste Einheit (die Anlage des Werkes vorwegnehmend); Gegenstand künstler. Behandlung; **Motivation** w (~; ~en) Verursachung, Begründung (einer Handlung); **Motivation research** s (~ ~; ~s ~s) (e.) [*moutiweischn rißötsch*] Erforschung der Ursachen vom Willen und Handeln; **Motiv(ations)forschung** w (~; ~en) Testen der Intentionen von Käufern; **motivieren** ZW (-rte, -rt) ↗ begründen; w. abstr. s.: **Motivierung** (~; ~en); **Motivik** w (~; –) ♪ Kunst der Motivbehandlung; **Moto** (it.) ♪ Bewegung (*con. m.* ♪ bewegt); **Motoball** m (~s; –) (fr.) Fußball auf Motorrädern; **Moto-Cross** m (~-~; ~-~e[s]) (e.) Querfeldeinrennen für Motorräder; **Motodrom** s (~s; ~e) (lat.-gr.) Motorsporttrennbahn; **Motokick** s (~s; ~s) kleines Motorrad; **Motor** m (~s; -toren) Antriebs-, Kraftmaschine; **Motorik** w (~; –) $ willkürl. Muskelbewegung; Lehre von den Bewegungsfunktionen; **Motoriker** m (~s; ~) wer aus Bewegungsvorstellungen lebt; **motorisch** EW (an)getrieben, bewegend (*m.e Nerven* Bewegungsnerven); ♪ in hämmerndem Rhythmus; **motorisieren** ZW (-rte, -rt) ↗ Kraftmaschinen einsetzen; mit Kraftwagen ausrüsten; **Motorisierung** w (~; ~en) Benutzung von Kraftmaschinen (Kraftwagen).

Motto s (~s; ~s) (it.) Denk-, Sinn-, Kern-, Leitwort.

Motuproprio s (~s; ~s) (lat.) † aus eigenem (päpstlichen) Entschlusse.

Mouche w (~; ~s) (fr.) [*musch*] Schönheitspflaster; Oberlippenbärtchen (*M.s volantes* [*-wollañt*] Sehstörung [wie von Insekten]).

mouillieren ZW (-rte, -rt) ↗ (lat.-fr.) [*mujī-*] (Aussprache) durch j erweichen; w. s.: **Mouillierung** (~; ~en).

Moulage m (~; ~s), w (~; ~n) (fr.) [*-lāsche*] Abguß von Körperteilen.

Mouliné m (~s; ~s) (fr.) [*moulinē*] Zwirngarnstoff; **moulinieren** ZW (-rte, -rt) ↗ [*mūl-*] Seide zwirnen.

Mount m (~s; ~s) (e.) [*maunt*] Berg.

Mouse w (~; Mice) (e.) [*mauß; maiß*] Steuergerät für Computerspiele.

Mousse s (~s; –) (fr.) [*mūß*] süße Schaumspeise.

Mousseux m (~s; –) (fr.) [*mußȫ*] Sekt; **moussieren** ZW (-rte, -rt) ↙ [*muß-*] schäumen, perlen.

Moustéri|en s (~; ~) (nach dem fr. Fundort) [*mußtērjäñ*] Altsteinzeitperiode.

Moutarde w (~; –) (fr.) [*mū-*] Senf (*M. de Dijon* feingewürzter Senf).

Movens s (~; –) (lat.) Beweggrund; **Movie** m (~s; ~s) (am.) [*mūwî*] Arbeitnehmer an wechselnden Arbeitsplätzen; s (~s; ~s) (am.) [*mūwî*] Kino; **movieren** ZW (-rte, -rt) ↗ (lat.) bewegen; (Eigenschaftswort) beugen; w. s.: **Movierung** (~; ~en); **Movimento** s (~s; -ti) (it.) ♪ Zeitmaß.

Moz|araber m (~s; ~) (ar.) ar. gewordene Christen in Spanien; EW: **moz|arabisch**.

Moz(z)etta w (~; -tten) (it.) † Kapuzenkragen höherer Geistlicher.

Mozzarella m (~; ~s) (it.) südit. Büffelkäse.

Muckraker m (~s; ~) (am., = Dreckkehrer) [*mackråkr*] Reporter für Korruptionsfälle.

Muco|ide M (KuW, lat.) [*-ko|id*] Schleimstoffe.

Mudra w (~; -dren/~s) (skr.) i. rituelle Finger-, Handstellungen.

Mudschaheddin m (~s; ~s) (ar.) iran., afghan. Widerstandskämpfer.

Mu|ezzin m (~s; ~s) (ar.-türk.) Gebetsrufer vom Minarett aus.

Muff m (~[e]s; ~e) (lat.-fr.-nl.) pelzerner Handwärmer; **Muffe** w (~; ~n) Rohransatz; **Muffel** w (~; ~n) (fr.) feuerfeste Hülle für zu brennende Gegenstände; **muffeln** ZW (-ffelte, gemuffelt) ↙ (nl.) faulig riechen; **Muff|el|ofen** m (~s; -öfen) Glühofen.

Muffelwild s (~[e]s; –) = → Mufflon.

muffig EW (nl.) faulig riechend.

Muffins M (e.) [*maffins*] Mürbeteigküchlein.

Mufflon m (~s; ~s) (it.-fr.) Wildschaf; s (~s; ~s) einjähriges mongolisches Ziegenfell.

Mufti m (~s; ~s) (ar.) Erforscher des islam. Rechts.

mukös EW (lat.) schleimig; **Mukosa** w (~; -sen) $ Schleimhaut; **Mukozele** w (~; ~n) $ Zystenschleim.

Mulatte m (~n; ~n) (sp.) Negermischling 1. Grades; w. s.: **Mulattin** (~; ~nen).

Muleta w (~; ~s) (sp.) Stierkampftuch.

Muli s (~; ~s) (lat.) Maulesel.

Mulinee = → Mouliné.

Mull m (~s; –) (e.) Verbandsgewebe; Humusart.

Mullah m (~s; ~) (ar.) niederster moslem. Geistlicher.

Mullit m (~s; –) mineral. Aluminiumsilikat.
Multi m (~s; ~s) übernationaler Konzern; **Multibionta** s (~s; –) (KuW) ⚕ Vitaminpräparat; **multidimensional** EW vielschichtig; (*m.e Schichtung* w [~n ~; ~n ~en] soziale Differenzierung ohne Klassierung); **multifaktoriell** EW mit vielen Veränderlichen; **Multifil** s (~s; –) mehrfasriger Kunstfaden; **Multiklon** m (~s; ~e) Gerät zur Gas-, Abwasserreinigung; **multilateral** EW mehrseitig *(m.e Verträge)*; **Multilateralismus** m (~; –) überall hin offener Weltmarkt; **multilinear** EW verzweigt; **Multi**|**media** M Medienverbund; **Multi**|**meter** s (~s; ~) Gerät mit verschiedenen Meßbereichen; **Multimillionär** m (~s; ~e) Besitzer mehrerer Millionen; **Multimomentverfahren** s (~s; ~) Form der Arbeitszeit|ermittlung; **multinational** EW von mehreren (gleichberechtigten) Staaten; **Multipack** m (~s; ~s) gleichartige Waren in Klarsichtverpackung; **Multipara** w (~; -ren) Frau, die öfter geboren hat; **multipel** EW vielfach *(multiple Sklerose* Zentralnervenerkrankung); vielseitig *(multipler Charakter);* **Multiple Choice** m (~ ~; –) (am.) [*möltipel tschoiß*] Frage mit mehreren vorgegebenen Antworten; **Multiplett** s (~s; ~s) Gruppe dicht beeinanderliegender Spektrallinien einer Substanz; mehrere ähnliche Energiezustände einer Atom- oder Molekülart; **Multiplex** s (~es; ~es) Nachrichtenverbund zw. 2 Orten; **Multipli**|**er** m (~s; ~) (lat.-am.) [*-plaier*] Elektronenstromverstärker; **Multiplikand** m (~en; ~en) (lat.) die malzunehmende Zahl; **Multiplikation** w (~; ~en) (lat.) ⚔ Malnehmen; **Multiplikativum** s (~s; -va) Wiederholungszahl; **Multiplikator** m (~s; -toren) (lat.) rechnerische Meßhilfe bei zusätzlichem Gesamteinkommen; Vervielfältiger; Kamera, auf der man mehrere Lichtbilder auf *einer* Platte machen kann; magnetische Kraft steigernde Spule; **multiplizieren** ZW (-rte, -rt) ↗ (lat.) malnehmen; **Multiplizität** w (~; ~en) (lat.) wiederholtes Vorhandensein; **multipol** EW elektr. Ladung zwischen mehreren Dipolen; **multipolar** EW (lat.) mit vielen Fortsätzen; **Multiprogramming** s (~s; ~s) [*-prougräm-*] Verfahren zum parallelen Ablauf mehrerer Programme (DV); **multivalent** EW mehrwertig; w. s.: **Multivalenz** (~; –); **multivariabel** EW mit mehreren veränderlichen Größen; **Multivibrator** m (~s; -toren) elektr. Schwingungs|erzeuger; **Multivision** w (~; –) gleichzeitiges Projizieren mehrerer Dias; **Multizet** s (~s; ~e) Vielfachmesser.
Multon m (~s; –) = → Molton.
Mulus m (~; -li (lat., = Maulesel) ∪ Abiturient zwischen Oberschule und Universität.
Mumi|**e** w (~; ~n) (ar.) einbalsamierte Leiche; **Mumifikation** w (~; ~en) (lat.) ⚕ trockener Brand; Einbalsamierung einer Leiche (= **Mumifizierung** w [~; ~en]); ZW: **mumifizieren** (-rte, -rt) ↗.
Mummy m (~s; -mies) (am.) [*mammi*] Auftraggeber eines Ghostwriters.
Mumps w, s (~/~es; –) (e.) ⚕ Ziegenpeter.
mundan EW (lat.) die Welt (als Ganzes) meinend ↓; **Mundus** m (~; –) Welt(ordnung).
Mungo[1] m (~s; ~s) (i.) Schleichkatze.
Mungo[2] m (~s; ~s) (e.) Reißwollgewebe.
Munifizenz w (~; –) (lat.) Großmut; offene Hand ↓.
Munition w (~; ~en) (lat.) Treibladung einer Feuerwaffe; ∪ Geld.
munizipal EW (lat.) städtisch.
Muräne w (~; ~n) (gr.-lat.) aalartiger Raubfisch.
muren ZW (-rte, gemurt) (e.) ⚓ ↗ mit Auswurfgerät für 2 Anker ausstatten; verankern.
muriatisch EW (lat.) kochsalzhaltig.
Muring w (~; ~s) (e.) ⚓ Gerät zum Auswerfen von 2 Ankern.
Murkybässe M ♪ gebrochene Akkorde im Baß.
Musafaser w (~; ~n) (ar.) Manilahanf.
Musaget m (~en; ~en) (nach einem Beinamen Apolls, = *Musen*führer) Kunstfreund.
Mus|**cadet** m (~; –) (fr.) [*müskadä*] trockener Weißwein.
Muscarin s (~s; –) Gift des Fliegenpilzes.
Muschik m (~s; ~s) (r.) Bauer.
Muschkote m (~; ~n) (= Musketier) Fußsoldat, Gemeiner ∪.
Muse w (; n) (gr.) Geist (Tochter des Zeus), Kunst oder Wissenschaft beschützend; **museal** EW ins Museum passend; nicht mehr zeitgemäß.
Muselman(n) m (~en/~s; ~en/-männer) (ar.-pers.-türk.-it.) = → Moslem; w. s.: **Muselmanin** (~; ~nen); EW: **muselmanisch**.
Musette w (~; ~s) (fr.) [*müsett*] ♪ Dudelsack; Gavottensatz; Schwebeton

Musette|ensemble

des Akkordeons (in der Tanzmusik); **Musette|ensemble** s (~s; ~s) [*müsettañßañbl*] ♪ kleine Bläsergruppe.

Muse|um s (~s; -se|en) (gr.-lat.) Kunstschau(haus); **Musical** s (~s; ~s) (am.) [*mjûsikel*] Musikkomödie; Operette; **Musicalclown** m (~s; ~s) [*mjûsikelklaun*] Spaßmacher, der seinem Vortrag ulkige musikalische Einlagen einflicht; **Musicassette** w (~; ~n) = Musikkassette; **Music box** w (~ ~; ~ ~es) (e.) = Musikbox.

musiert EW (gr.-lat.) eingelegt.

Musik w (~; -) (gr.) ♪ Tonkunst; **Musikali|en** M (lat.) ♪ Noten, Instrumente; **musikalisch** EW ♪ musikbegabt, -begeistert; w. abstr. s.: **Musikalität** (~; -); **Musikant** m (~en; ~en) ♪ Musikausübender; EW: **musikantisch**; **Musik|ästhetik** w (~; -) Lehre vom Schönen in der Musik; **Musikbi|ennale** w (~; ~n) zweijährl. Festspiele für zeitgenöss. Musik; **Musikbox** w (~; ~en) bei Geldeinwurf spielender Schallplattenspieler; **Musikdrama** s (~s; -men) ♪ handlungsbetonte Oper; **Musiker** m (~s; ~) ♪ Tonkünstler; w. s.: **Musikerin** (~; ~nen); **Musik|instrument** s (~[e]s; ~e) Klangkörper zum Erzeugen von Harmonie- und Tonfolgen; **Musik|kassette** w (~; ~n) Minitonband mit Musikaufnahmen; **Musikkorps** s (~; ~) ✕ [*-kor, -korß*] Blasorchester; **Musikkonserve** w (~; ~n) Schallplatte; **Musikkritik** w (~; ~en) Beurteilung des Vortrags von Musikwerken in der Presse; **Musikologe** m (~n; ~n) Musikwissenschaftler; w. s.: **Musikologie** (~; -); EW: **musikologisch**; **Musikpädagogik** w (~; -) Unterrichtstheorie der Musik; **Musiktheorie** w (~; -) ♪ Musiklehre; **Musiktherapie** w (~; -) ⚕ Nutzung von Musik für Heilzwecke; EW: **musiktherapeutisch**; **Musiktruhe** w (~; ~n) Vielzweckgerät für Musikwiedergaben, -sendungen, -platten; **Musikus** m (~; -zi) ∪ Musiker; **Musique concrète** w (~ ~; -) (fr.) [*müsik koñkrät*] elektron. Musik mit alltäglichen Geräuschen; **musisch** EW von (in, bei) den schönen Künsten (*m.es Gymnasium* Oberschule mit Betonung der Kunst- und Musik|erziehung).

Musiv|arbeit w (~; ~en) (lat.-d.) = → Mosaik; **Musivgold** s (~es; -) Plättchen aus Zinnsulfid zum Vergolden; **Musivsilber** s (~s; -) Zinn-Wismut-Quecksilber-Legierung zum Bronzieren.

musizieren ZW (-rte, -rt) ✓ (gr.-lat.) Musik machen.

Muskarin s (~s; -) (lat.) Fliegenpilzgift.

Muskat m (~[e]s; -) (skr.-pers.-ar.-gr.-lat.-fr.) Gewürz (Frucht des Muskatnußbaumes); **muskat** EW muskatfarben ←; **Muskateller** m (~s; ~) (it.) weißer Süßwein; Traubensorte.

Muskel m (~s; ~n) (lat.) ⚕ Gewebezelle (Bewegungs|organ); **Muskel|aktion** w (~; ~en) Stoffwechsel durch Muskelarbeit; **Muskel|atrophie** w (~; -) ⚕ Muskelschwund.

Muskete w (~; ~n) (fr.) Radschloß-, Luntengewehr; **Musketier** m (~s; ~e) Infantrist ↓.

Muskowit m (~s; ~e), auch: **-vit** (KuW, lat.) eine Glimmerart.

muskulär EW (lat.) von (in, bei, aus) den Muskeln; **Muskulatur** w (~; ~en) ⚕ alle Muskeln; **muskulös** EW kräftig.

Muslim m (~s; ~s) (ar.) = → Moslem; **Muslime** w (~; ~n) = → Moslime.

Musselin m (~s; ~e) (nach der irak. Stadt *Mosul*) durchsichtiges, lockeres Gewebe; EW: **musselinen**.

Musseron m (~s; ~s) (lat.-fr.) [*-roñ*] Würzpilz.

Mustang m (~s; ~s) (ind.) am. Wildpferd.

Mustimeter s (~s; ~) (lat.-gr.) Meßgerät für Mostgehalt.

Muta w (~; -ten) (lat., = die Stumme) stimmloser Laut; **muta** il umstimmen!

mutabel EW (lat.) veränderlich; **Mutabilität** w (~; -) sprunghafte Veränderung von Erbfaktoren; **mutagen** EW Mutationen bewirkend; **Mutagen** s (~s; ~e) Mutationen bewirkende Strahlung (bewirkender Stoff); **Mutante** w (~; ~n) Organismus mit neuen Eigenschaften durch Mutation; **Mutation** w (~; ~en) Änderung; Erbänderung; Stimmwechsel; **Mutationstheorie** w (~; -) Anschauung, daß vererbbare Eigenschaften sprunghaft entstehen können; **mutatis mutandis** unter Berücksichtigung eingetretener Veränderungen; **mutativ** EW sich spontan verändernd; **Mutator** m (~s; -toren) Um-, Wechselrichter; **mutieren** ZW (-rte, -rt) ✓ die Stimme (durch Stimmbruch) verändern; sich aus sich selbst im Erbgefüge ändern.

Mutilation w (~; ~en) (lat.) ⚕ Verstümmelung; ZW: **mutilieren** (-rte, -rt) ↗.

Muting s (~s; -) (e.) [*mju-*] Ausschalten, Unterdrücken des Rauschens im UKW-Bereich (Radio).

Mutismus m (~; -) Stummheit ohne

mythologisch

sonstiges Krankheitsbild; **Mutität** w (~; –) (lat.) $ Stummheit.
Mutoskop s (~s; ~e) (lat.-gr.) Guckkasten für nur scheinbar bewegte Bilder.
mutual EW (lat.) wechselseitig, = **mutu|ell** EW; w. abstr. s.: **Mutualität** (~; ~en); **Mutualismus** m (~; –) Hilfsbereitschaft; Versicherung auf Gegenseitigkeit; Symbiose; Meinung, Tauschhandel sei die beste Handelsform.
Muzin s (~s; ~e) (KuW, lat.) $ abgesonderter Schleim.
MX-Rakete w (~-~; ~-~n) (e. ¢ Missile Experimental intercontinental) Versuchsrakete.
Myalgie w (~; -i|en) (gr.) $ Muskelschmerz; **My|asthenie** w (~; -ien) $ (KuW, lat.) Muskelschwäche.
Mydriase w (~;~n) (gr.) $ Pupillenerweiterung.
My|elin s (~s; ~e) $ Mischung fettartiger Stoffe.
Myelitis w (~; -itiden) $ Rückenmarkentzündung; **my|elogen** EW aus Knochenmark; **My|elographie** w (~; -i|en) Röntgenbild der Wirbelkanals; EW: **myelographisch**; **Myelom** s (~[e]s; ~e) $ krebsartige Wucherung im Knochenmark.
Myiase w (~; ~n) (gr.-lat.) $ Madenkrankheit.
My|itis w (~; -itiden) = → Myositis.
Mykologe m (~n; ~n) (gr.) Pilz-, Bakterienforscher; w. abstr. s.: **Mykologie** (~; –); EW: **mykologisch**; **Mykoplasmen** M (KuW) Kleinstbakterien; **Mykose** w (~; ~n) $ durch Pilze erzeugte Krankheit (der Haut); **Mykotherapie** w (~; -i|en) $ Heilung mit Pilzbakterien; m. s.: **Mykotherapeut** (~en; ~en); EW: **mykotherapeutisch**.
Mylady w (~; -dies) (e.) [*milâdi*] Anrede an eine Dame; **Mylord** m (~s; ~s) [*mi-*] Anrede an einen Lord.
My-Meson s (~-~s; ~-~e) = Myon.
Mynheer m (~s; ~s) (nl.) [*menêr*] Herr.
Myoblasten M (gr.-lat.) $ Muskelfaserzellen; **Myochrom** s (~s; –) [-*kr-*] $ = › Myoglobin; **Myodynie** w (~, -i|en) Muskelschmerz; **myo|elektrisch** EW batteriebetrieben und von Muskelreflex ausgelöst; **Myogelose** w (~; ~n) $ Muskelverhärtung; **myogen** EW (gr.) $ vom Muskel her; **Myoglobin** s (~s; ~e) Muskelfarbstoff; **Myogramm** s (~s; ~e) Darstellung der Muskelbewegung vom **Myograph** m (~en; ~en); **Myokard** s (~[e]s; ~e) $ Herzmuskulatur; **Myokardie** w (~; -i|en) $ Kreislauf- durch Herzmuskelschwäche; **Myokarditis** w (~; -itiden) $ Herzmuskelentzündung; **Myokardose** w (~; ~n) = → Myokardie; **Myoklonie** w (~; -i|en) $ Schüttelkrampf; **Myokomie** w (~; -i|en) $ Muskelzukkungen; **Myologe** m (~n; ~n) $ Muskelforscher; w. s.: **Myologie** (~; –); EW: **myologisch**; **Myom** s (~s; ~e) $ gutartige Bindegewebegeschwulst; **Myomere** w (~; ~n) Muskelabschnitt; **myomorph** EW $ muskelfasrig; **Myon** s (~s; ~e) Elementarteilchen aus der Gruppe der Mesonen; **Myoparalyse** w (~; ~n) $ Muskellähmung; EW: **myoparalytisch**; **Myope** → Myopie; **Myopie** w (~; -i|en) $ Kurzsichtigkeit; EW: **myop(isch)**; m. od. w. s.: **Myope** (~n; ~n); **Myosin** s (~s; –) $ Muskeleiweiß; **Myositis** w (~; -itiden) $ Muskel|entzündung; **Myosklerose** w (~; ~n) $ Muskelverhärtung; **Myospasmus** m (~; -men) $ Muskelkrampf; **Myotomie** w (~; -i|en) $ Muskeldurchschneidung; **Myotonie** w (~; -i|en) $ Muskelkrampf.
Myriade w (~; ~n) (gr.) 10000; riesige Zahl; **Myriameter** s (~s; ~) 10000 m; **Myriapode** m (~n; ~n) Tausendfüßler.
Myringitis w (~; -itiden) (gr.) Trommelfellentzündung; EW: **myringitisch**.
Myriophyllum s (~s; -llen) (gr.-lat., KuW) ⊕ Tausendblatt.
Myriopode m (~n; ~n) = → Myriapode.
Myrmekia M (gr.-lat., KuW) Warzen an Händen und Füßen; **Myrmekologe** m (~n; ~n) Ameisenforscher; w. abstr. s.: **Myrmekologie** (~; –); EW: **myrmekologisch**.
Myrrhe w (~; ~n) (sem.-gr.-lat.) Gummiharz; Tinktur
Myrte w (~; ~n) (sem.-gr.) ⊕ immergrüner Strauch.
Mysteri|e w (~; ~n) (gr.) Geheimkult; **mysteriös** EW geheimnisvoll, undurchsichtig; **Mysterium** s (~s; -ri|en) Geheimnis (des Gottesdienstes); **Mystifikation** w (~; ~en) Täuschung; Irreführung; ZW: **mystifizieren** (-rte, rt) /~; **Mystik** w (~; -en) (gr., – Schließung der Augen und Lippen) Seeleneinheit mit Gott (dem Weltganzen); m. s.: **Mystiker** (~s; ~); w. s.: **Mystikerin** (~; ~nen); EW: **mystisch**; **Mystizismus** m (~; –) übertriebene mystische Haltung; EW: **mystizistisch**.
Mythe w (~; ~n) (gr.) erdichtete Götter-, Jenseitsgeschichte; EW: **mythisch**; **Mythologe** m (~n; ~n) Mythenforscher; w. abstr. s.: **Mythologie** (~; -i|en); EW: **mythologisch**; **mytho-**

Mythomanie

logisieren ZW (-rte, -rt) ↗ zum Mythos machen; den Mythos deuten; **Mythomanie** w (~; -i|en) krankhafte Neigung zu lügen; **Mythos** m (~; -then) alte Überlieferung über das Weltbild eines Volkes (Stammes); Erzählung von der Urwelt; letzte Seinserfahrung aufgrund eines Ganzheitsbildes, = **Mythus** m (~; -then).
Mytilus m, w (~; -li) (gr.-lat.) Miesmuschel.

Myxobakteri|en M (gr.-lat., KuW) Schleimbakterien; **Myx|ödem** s (~s; ~e) ✠ Unterfunktion der Schilddrüse; EW: **myx|ödematös**; **Myxom** s (~s; ~e) ✠ Schleimgeschwulst; **myxomatös** EW schleimig; **Myxomatose** w (~; ~n) Kaninchenseuche; **Myxomyzeten** M (gr.) Schleimpilze.
Myzetismus m (~; –) (gr.-lat.) ✠ Pilzvergiftung; **Myzetom** s (~s; ~e) Pilzinfektion in Form einer Geschwulst.

N

Nabob m (~s; ~s) (i.) i. Statthalter ↓; steinreicher Mensch.
Nadir m (~s; ~e) (ar.) Fußpunkt (unmittelbar unter dem Beobachter).
Naevus m (~; -vi) (lat.) [*näwuß*] ✠ Muttermal.
Nagaika w (~; ~s) (r.) Kosakenlederpeitsche.
na|iv EW (fr.) harm-, arglos; kindlich (*n.e Dichtung* aus dem Zugehörigkeitsbewußtsein zur Natur entstanden [Schiller]; *n. e. Malerei* einfacher Kunststil); **Na|ive** w (~n; ~n) Darstellerin junger Mädchen; **Na|ivität** w (~; –) Einfalt; Kindlich-, Harmlosigkeit.
Najade w (~; ~n) (gr.) Wassernymphe; Süßwassermuschel.
Nalanane w (~; –) (ba.) ✠ Schlafkrankheit.
Naliwka w (~; -ken) (r.) Obstsaftlikör.
Namas s (~; –) (skr.-pers.-türk.) = **Namaz** s (~; –) [-*mas*] islamisches Stundengebet.
Näni|e w (~; ~n) (lat.) Grabklage.
Nanismus m (~; –) (KuW, gr.) Zwergenwuchs.
Nanking s (~s; –) (nach einem chin. ON) dichter Kattun.
Nanometer s (~s; ~) (gr.) der milliardste Teil eines Meters (∉ *nm*); **Nanosomie** w (~; -i|en) Zwergenwuchs, = **Nanonie** w (~; –).
Nansenpaß m (-sses; -pässe) (nach dem norw. Polarforscher Fridtjof *Nansen*, 1861–1930) Staatenlosenausweis.
Napalm s (~s; –) (am. KuW) Benzinbrandstoff; **Napalmbombe** w (~; ~n) flächenwirksame Brandbombe.
Naphtha s (~s; –), w (~; –) (ass.-pers.-gr.) Erdöl; **Naphthalin** s (~s; –) ⌾ aromatischer Kohlenwasserstoff; **Naphthene** M Cyeloaltane im Naphtha; **Naphthole** M ⌾ isomere Verbindungen zur Farbstofferzeugung.
Napolitain s (~s; –) (fr., = aus *Neapel*) [-*täñ*] Schokoladentäfelchen; **Napolitaine** s (~s; –) [-*tän*] weiches Wollgewebe.
Nappa s (~s; –) (nach einer kalifornischen Stadt) Leder bes. für Sporthandschuhe, = **Nappaleder** s (~s; –).
Narde w (~; ~n) (skr.-pers.-gr.-heb.-lat.) ⚘ Himalajabaldrian.
Nargileh w (~; ~s), s (~s; ~s) (pers.-türk.) Wasserpfeife.
Narkoanalyse w (~; ~n) (gr.) ✠ Ausfragen des Patienten in der Narkose; **Narkolepsie** w (~; -i|en) ✠ kurzer Schlafanfall; EW: **narkoleptisch**; **Narkologe** m (~n; ~n) Erforscher der Schmerzbetäubung; w. abstr. s.: **Narkologie** (~; –); EW: **narkologisch**; **Narkomane** m (~n; ~n) Rausch(gift)süchtiger; w. s.: **Narkomanie** (~; –); EW: **narkomanisch**; **Narkose** w (~; ~n) ✠ Betäubung; **Narkotikum** s (~s; -ka) ✠ Betäubungsmittel; Schlafmittel; Opiat; **Narkotin** s (~s; –) ⌾ Alkaloid im Opium; **narkotisch** EW betäubend; **Narkotiseur** m (~s; ~e) [-*sör*] Narkose|arzt; ZW: **narkotisieren** (-rte, -rt) ↗; **Narkotismus** m (~; –) Sucht nach Betäubungsmitteln.
Narrator m (~s; -toren) (lat.) Erzähler; Sprecher außerhalb des Geschehens (der Kamera).
Narthex m (~; -thizes) (gr.) ▢ Vorhalle.
Narwal m (~[e]s; ~e) (dän.) Walart.
Narziß m (-sses; -sse) (gr.) in sich selbst Verliebter; **Narzisse** w (~; ~n) (pers.-gr.-lat.) ⚘ Amaryllisgewächs; **Narzißmus** m (~; –) (gr.-lat.) Verliebtheit in sich selbst; EW: **narzißtisch**; m. s.: **Narzißt** (~en; ~en).

NASA w (~; –) (≠ National Aeronautics and Space Administration) US-Raumfahrtbehörde.
nasal EW (lat.) zur (durch die) Nase; **Nasal** m (~s; ~e) Nasenlaut, = **Nasallaut** m (~[e]s; ~e); ZW: **nasalieren** (-rte, -rt) ↗.
Nasi-Goreng s (~-~s; –) (jav.) Reisgericht.
naszierend EW (lat.) werdend.
Natalität w (~; –) (lat.) Geburtenhäufigkeit; **Nates** M ⚥ Gesäß(-backen).
Nation w (~; ~en) (lat.) durch gemeinsame Geschichte (Gemeingefühl) verbundenes Volk; **national** EW völkisch; **Nationalbibliographie** w (~; -i|en) Verzeichnis aller Bücher und Schriften eines Landes; **Nationale** s (~n; –) Angaben zur Person; **National|elf** w (~; –) Sportteam (Fuß-, Handball) für übernationale Spiele; **Nationalhymne** w (~; ~n) feierliches Bekenntnislied zum Staat; **nationalisieren** (-rte, -rt) ↗ einbürgern; verstaatlichen; **Nationalisierung** w (~; ~en) (lat.) Verstaatlichung; **Nationalismus** m (~; –) übersteigertes Nationalgefühl; m. s.: **Nationalist** (~en; ~en); EW: **nationalistisch**; **Nationalität** w (~; ~en) Zugehörigkeit zu Staat (Volk; Nation); **Nationalitätenprinzip** s (~s; –) Ordnung durch Selbstbestimmungsrecht, = **Nationalitätsprinzip** (~s; –); **Nationalitätenstaat** m (~[e]s; ~en) Vielvölkerstaat; **Nationalkonzil** s (~s; -i|en) † Synode nur einer Nation; **nationalliberal** EW freisinnig auf nationaler Grundlage; **Nationalmannschaft** w (~; ~en) Sportlerauswahl eines Landes für internat. Wettkämpfe; **Nationalökonomie** w (~; –) Volkswirtschaftslehre; **Nationalprodukt** s (~[e]s; ~e) Bruttosozialprodukt zusätzlich der vorhandenen, aber nicht angebotenen Güter; **Nationalsozialismus** m (~; –) völkische Diktatur (Deutschland 1933–1945); m. s.: **Nationalsozialist** (~en; ~en); EW: **nationalsozialistisch**.
nativ EW (lat.) angeboren; **native** EW (e.) [*neitif*] eingeboren (*n. speaker* [*spi-*] spricht die fremde als Muttersprache); **Nativismus** m (~; –) Überzeugung, daß sich geistige Eigenschaften (Ideen) vererben; m. s.: **Nativist** (~en; ~en); EW: **nativistisch**; **Nativität** w (~; ~en) Gestirnstellung bei der Geburt; Geburtenstatistik.
NATO w (~; –) (KW, ≠ North Atlantic Treaty Organization) westliches Verteidigungsbündnis.

Natrium s (~s; –) (äg.-gr.-ar.-lat.; ≠ *Na*) ⚛ Alkalimetall; **Natriumbromid** s (~s; ~e) ⚛ Verbindung aus Natrium und Brom; **Natriumchlorid** s (~s; –) Kochsalz; **Natriumhydroxid** s (~s; –) Ätznatron; **Natriumkarbonat** s (~[e]s; –) Soda; **Natriumsulfat** s (~[e]s; –) Glaubersalz.
Natron s (~s; –) (äg.-ar.) Bullrichsalz.
Natsyn (≠ Naturkautschuk synthetisch) Kunstgummi mit Eigenschaften wie Naturkautschuk.
Natté m (~; ~s) (lat.-fr.) Gewebe in Würfelbindung.
Natur w (~; ~en) (lat.) die organische und die anorganische Welt; Wesen einer Sache (*die menschliche N.*); Gewohnheit; Urbild; Zustand; Charakter; **Naturalgeld** s (~es; ~er) Zahlungsmittel mit Wertentsprechung; **Naturali|e** w (~; ~n) Landwirtschaftserzeugnis; Dienstleistung; **Naturali|enkabinett** s (~[e]s; ~e) Museum (Schulsammlung) von Tieren, Steinen usw.; **Naturalisation** w (~; ~en) Einbürgerung; Anpassung an neuen Lebensraum; Ausstopfung von Tieren, Präparierung von Tierköpfen; ZW: **naturalisieren** (-rte, -rt) ↗; **Naturalismus** m (~; –) □ konsequenter → Realismus; m. s.: **Naturalist** (~en; ~en); **Naturalistik** w (~; –) = → Naturalismus; EW: **naturalistisch**; **Natural|lohn** m (~es; -löhne) Bezahlung mit Gegenständen; **Natural|obligation** w (~; ~en) nicht einklagbare Schuld; **Naturalregister** s (~s; ~) Liste für Viehbestand und Vorräte der bäuerlichen Wirtschaft; **Naturalrestitution** w (~; ~en) Wiederherstellung des ursprünglichen Zustandes; **Naturell** s (~s; ~s) Gemüts-, Eigenart, Anlage; EW: **naturell** unverarbeitet; ohne weitere Zutaten; **Naturismus** m (~; –) Freikörperkultur.
Naturkonstanten M gleichbleibende meßbare Größen in der Natur; **natürlich** EW von, aus der Natur... (*n.e Person* – Ggs. der juristischen Person; *n.e Zahlen* = 1, 2, 3 . . .).
Naturrecht s (~s; –) Rechtsempfinden ohne Gesetzesfestlegung; **Naturschutz** m (~s; –) Maßnahmen, die natürl. Landschaft zu erhalten; **Natur|ton** m (~[e]s; -töne) ♪ Oberton).
Nauplius m (~; -i|en) (gr.) Krebslarve.
Nausea w (~; –) (gr.-lat.) ⚕ Seekrankheit; **Nautik** w (~; –) Seefahrtskunde; m. s.: **Nautiker** (~s; ~); EW: **nautisch**; **Nautilus** m (~; –) Vierkiemer des Erdaltertums.

Navel w (~; ~s) (e. KW) [*näwel*] kernlose Apfelsine, = **Navel|orange** w (~; ~n) [*näweloransche*].

Navicert s (~s; ~e) (e.) [*näwißört*] Berechtigungspapiere im Krieg für neutrale (Handels)Schiffe; **Navicula** w (~; -lae) (lat.) † Weihrauchbehälter; **Navigation** w (~; ~en) = → Nautik; **Navigations|akte** w (~; -) e. Seehandelsschutzgesetze (1651); **Navigationssatellit** m (~en; ~en) Satellit mit genau bekannten Bahndaten; **Navigator** m (~s; -toren) für die Navigation verantwortlicher Pilot; **navigieren** ZW (-rte, -rt) ↗ Schiff (Flugzeug) steuern.

Nazarener m (~s; ~) (nach der israel. Stadt *Nazareth*) Mitglied einer urchristl. Sekte; Spottname, später Ehrentitel des antisp. nl. Adligen; ☐ christl.-idealist. Künstler (Beginn 19. Jh.); EW: **nazarenisch**.

Nazi m (~s; ~s) ⊄ Nationalsozialist; m. abstr. s.: **Nazismus** (~; -); EW: **nazistisch**.

NC (e. ⊄ **N**umerical **C**ontrol) Numerische Steuerung von Werkzeugmaschinen.

n-dimensional EW (lat.) mit mehr als 3 Dimensionen.

Neanthropine m (~n; ~n) (gr.-lat.) Urzeitmensch (Nachfolger des Neandertalers); **Nearktis** w (~; -) (gr.-lat. KuW) Nordamerika und Mexiko als Faunengebiet; **Nearthrose** w (~; ~n) ⚕ Gelenknachbildung.

nebbich (jidd.) leider!; na, wenn schon! **Nebbich** m (~s; ~e) etwas (jemand) Unwesentliches.

Nebbochant m (~en; ~en) (jidd.) Tölpel.

ne bis in idem (lat.) niemand darf zweimal für *ein* Delikt bestraft werden.

Nebularhypothese w (~; -) (lat.-gr.) Annahme, der Urnebel sei der Ursprung des Sonnensystems (Kant); **nebulos, nebulös** undurchsichtig, düster.

Necessaire s (~s; ~s) (fr.) [*neßeßär*] Reise-, Toilettenkästchen, -beutel; Besteck.

Necking s (~s; ~s) (e.) Liebesspiel, Schmuserei; Sexualbetätigung ohne Berührung der Geschlechtsteile.

Need s (~s; -) (e.) [*nîd*] alle menschl. Antriebe.

Needle Candy w (~~; ~~s) (e.) [*nîdl kändi*] Einspritzdroge.

Negation w (~; ~en) (lat.) Verneinung (Ggs.: *Position*); **Negationsdelirium** s (~s; -ri|en) Geistesstörung, in der der Patient sich und seine ganze Umwelt bestreitet; **Negativ** s (~s; ~e) Ladungszustand mit Überzahl an Elektronen; Abguß (Bild) (vom Original); **negativ** EW (lat.) verneinend; ergebnislos (*n.e Zahl* ⋖ kleiner als Null; *n.er Begriff* Gegensatz zum Begriff); mit vertauschten Farben; nicht positiv geladene elektr. Ladung (Ggs.: *positiv*); **Negativdruck** m (~s; ~e) im Hochdruck entstandenes Druckwerk; ein Druckverfahren; **Negativ|image** s (~; ~s) (e.) [-*imidsch*] durch schlechten Eindruck entstandene Vorstellung von jem.; **Negativismus** m (~; -) ⚕ schizophrener Widerstand gegen alles Geschehen; ablehnende, verneinende Haltung; m. s.: **Negativist** (~en; ~en); EW: **negativistisch**; **Negativklausel** w (~; ~n) Verbot für den Schuldner, einzelne Rechtsgeschäfte auszuüben.

Neger m (~s; ~) (lat.-sp.-fr.) Farbiger mit schwarzer Hautfarbe.

negieren ZW (-rte, -rt) ↗ (lat.) verneinen.

Negligé s (~s; ~s) (fr.) [-*sché*] Morgenrock; Hauskleid (*im N.* nicht fertig angezogen); **negligeant** EW [-*schañ*] schlampig; **negligieren** ZW (-rte, -rt) ↗ [-*schî*-] vernachlässigen ↓.

Negoziation w (~; ~en) (lat.) Wertpapierverkauf durch eine Bank; Weitergabe eines Wechsels.

negrid EW (sp.) zur Negerrasse gehörend (*n.e Rasse* die Dunkelhäutigen); **Negride** m, w (~n; ~n) wer zur Negerrasse gehört; **Negrillen** M = → Pygmäen; **Negrito** m (~s; ~s) Philippinenpygmäe; **negro|id** EW negerartig; m., w. s.: **Negro|ide** (~n; ~n); **negrophil** EW negerfreundlich; **Negro Spiritual** m, s (~ ~s; ~ ~s) (am.) [*nîgro ßpiritjuʳl*] † am. Negerchoral.

Negus[1] m (~; ~) (nach einem e. Offizier) Punschgetränk.

Negus[2] m (~; ~[se]) (äth.) Kaiser von Abessinien ↓.

Nekrobiose w (~; ~n) (gr.) allmähliches Zellensterben; **Nekrokaustie** w (~; -i|en) Leichenverbrennung; **Nekrolog** m (~s; ~e) Nachruf; **Nekrologie** w (~; -i|en) Sterbestatistik; **Nekrologium** s (~s; -gi|en) † Totenliste; **Nekromanie** w (~; -i|en) sexuelle Schändung von Leichen; **Nekromant** m (~en; ~en) Toten-, Geisterbeschwörer; **Nekromantie** w (~; -) Prophezeiung durch Totenbeschwörung; EW: **nekromantisch**; **Nekrophilie** w (~; -) Totenschändung; EW: **nekrophil**; **Nekrophobie** (~; -) Angst vor Leichen; EW: **nekrophob**; **Nekropole** w (~;

~n) großer alter Friedhof; **Nekr|opsie** w (~; -i|en) Leichenschau mit Sektion; **Nekrose** w (~; ~n) ⚕ Absterben von Organ(teil)en (Geweben); **Nekroskopie** w (~; -i|en) = → Nekropsie; **Nekrospermie** w (~; -i|en) ⚕ m. Samenflüssigkeit mit nur unbeweglichen Spermien; **nekrotisch** EW abgestorben.

Nektar m (~s; –) (gr.-lat.) ⚘ Honigdrüsenflüssigkeit; **Nektari|e** w (~; ~n) Honigdrüse; **Nektarine** w (~; ~n) Pfirsichsorte; **Nektarini|en** M trop. Singvögel Afrikas; **nektarisch** EW honigsüß; göttlich, = **nektarn** EW; **Nektarium** s (~s; -ri|en) ⚘ Honigdrüse.

Nekton s (~s; –) (gr.) die Wassertiere; EW: **nektonisch**.

N-Elektronen M durch Hauptquantenzahl 3 gekennzeichnete Elektronen eines Atoms.

Nelson m (~s; ~s) (e., vermutlich nach einem Ringer, seit etwa 1880) Ringergriff; **Nelsonbeefsteak** s (~s; ~s) [*bífstêk*] geröstete Rindslendenscheibe in Rahmsoße.

Nematoden M (gr.) Fadenwürmer; **Nematozid** s (~[e]s; ~e) (gr.-lat.) Mittel gegen Fadenwürmer.

Nemesis w (~; –) (nach einer gr. Göttin) ausgleichendes Schicksal.

Neodarwinismus m (~; –) (gr.-e.) Abstammungslehre, die Mutationen und natürl. Auslese als Grundlage neuer Arten sieht; **Neodym** s (~s; –) (gr., ∉ *Nd*) ⚯ seltenes Erdmetall; **Neofaschismus** m (~; –) faschistische Bewegung nach 1945; m. s.: **Neofaschist** (~en; ~en); EW: **neofaschistisch**; **Neogen** s (~s; –) Jungtertiär; **Neo|impressionismus** m (~; –) ☐ wissenschaftlich unterbauter → Impressionismus (Vorstufe des → Pointillismus); m. s.: **Neo|impressionist** (~en; ~en); EW: **neo|impressionistisch**; **Neoklassizismus** m (~; –) historisierende Stilrichtung; **Neokolonialismus** m (~; –) Ausbeutung schwacher durch Industriestaaten.

Neokom s (-s; –) (nach einem schw. ON in lat. Form) untere Kreideformation. = **Neokomium** s (~s;).

Neoliberalismus m (~; –) liberale Richtung der Freiburger Schule; **Neolit** s (~s; –) (gr.) Papierstoff mit Bakelitlack (zur Isolierung); **Neolithiker** m (~s; ~) Jungsteinzeitmensch; **Neolithikum** s (~s; –) Jungsteinzeit (seit etwa 5000 v. Chr.); EW: **neolithisch**; **neologisch** EW neuerungssüchtig; **Neologismus** m (~; -men) verkrampfte Wortneubildung; EW: **neologistisch**; **Neomyst** m (~en; ~en) † junggeweihter Priester.

Neon s (~s; –) (gr.; ∉ *Ne*) Edelgas.

Neonazismus m (~; –) Rechtsradikalismus, anknüpfend an den Nationalsozialismus.

Neonfisch m (~[e]s; ~e) schillernder Aquarienfisch.

Neophyt m (~en; ~en) Neugetaufter; **Neophytikum** s (~s; –) erdgeschichtliche Neuzeit; **Neoplasma** s (~s; -men) Neubildung (von Geweben); **Neorealismo** m (~s; –) (it.) moderner wirklichkeitsnaher (it.) Filmstil; **Neotonie** w (~; -i|en) Unterentwicklung (eines Organs); **Neoverismus** m (~; –) Film- und Literaturstil nach dem 2. Weltkrieg; **Neovitalismus** m (~; –) Anschauung, alles Lebendige sei eigengesetzlich (H. Driesch, 1867–1941); **Neozo|ikum** s (~s; –) jüngste Erdepoche; EW: **neozo|isch**.

Neper s (~s; ~) (nach einem schott. Gelehrten, 1550–1617) Einheit für Stärkung oder Schrumpfung akustischer (elektrischer) Schwingungen (in Logarithmen angegeben) (∉ *N*).

Nephelin m (~s; ~e) (gr.) ein Mineral; **Nephelinit** m (~s; ~e) (gr.) junger Basalt; **Nephelium** s (~s; -li|en) ⚕ Nebelfleck auf Augenhornhaut; tropischer Nutzbaum; **Nephelometer** s (~; ~) Trübungsmesser (für Flüssigkeiten); w. s.: **Nephelometrie** (~; –); EW: **nephelometrisch**; **nephisch** EW Wolken...; **Nephograph** m (~en; ~en) automatisches Lichtbildgerät für Wolkenaufnahmen; EW: **nephographisch**; **Nephometer** s (~s; ~) Meßgerät für die Wolkendichte; EW: **nephometrisch**; **Nephoskop** s (~s; ~e) Richtungs- und Geschwindigkeitsmesser für Wolken; EW: **nephoskopisch**.

Nephralgie w (~; -i|en) (gr.) ⚕ Nierenschmerz; EW: **nephralgisch**; **Nephrektomie** w (~; -i|en) ⚕ Nierenentfernung; **Nephrit** m (~s; ~e) grüner Schmuckstein; **Nephritis** w (~; -itiden) ⚕ Nierenentzundung; **nephrogen** EW ⚕ von der Niere stammend; **Nephrolepis** w (, –) ⚘ Tüpfelfarn, Nierenschuppenfarn; **Nephrom** s (~s; ~e) ⚕ Nierenschwellung; **Nephropathie** w (~; –) Nierenleiden; **Nephrophtisis** w (~; -sen) ⚕ Nierentuberkulose; **Nephroptose** w (~; ~n) ⚕ Wanderniere; **Nephropy|elitis** w (~; -itiden) ⚕ Nierenbeckenentzündung; **Nephrose** w (~; ~n) ⚕ Nierenerkrankung mit Gewebeschäden; **Nephrosklerose** w (~;

nephrosklerotisch

~n) ⚕ Schrumpfniere; EW: **nephrosklerotisch; nephrotisch** EW ⚕ Nieren...
Nepotismus m (~; -) (lat.) Verwandtenbegünstigung; Vetternwirtschaft.
neppen ZW (-ppte, geneppt) ↗ (rotw.) betrügen; zu hoch berechnen; **Neppladen** m (~s; -läden) teures Geschäft, = **Nepplokal** s (~s; ~e) (rotw.-lat.).
Neptunium s (~s; -) (nach dem röm. Meergott u. dem gleichnamigen Planeten; ⚢ *Np*) künstliches Element (ein Trans|uran).
Neritide w (~; ~n) (gr.-lat.) bunte Meerschnecke; **neritisch** EW als Larve im Wasser, später auf dem Meeresboden lebend; in den Flachmeeren...
Neroli|öl s (~s; ~e) (it.-d.) Öl der Pomeranzenblüte.
Nerv m (~s/~en; ~en) (lat.) ⚕ Blattleitbündel; ⚕ Ganglienzelle *(jmdm. auf die N.en gehen; die N.en gehen ihm durch; jmdm. auf den N. fühlen* im strengen prüfen; *N.en haben* unbekümmert sein; *N.en wie Stricke* unerschütterlich); Insektenflügelader; seelische Kraft; EW: **nerval; Nervatur** w (~; ~en) ⚢ Blattaderung; Insektenflügeladerung; **Nervenbündel** s (~s; ~) nervöser Mensch ∪; **Nervenmühle** w (~; ~n) anstrengende Arbeit, große Belästigung, = **Nervensäge** w (~; ~n); **Nervenschock** m (~s; ~s) ⚕ plötzl. Versagen des Nervensystems; **Nervensystem** s (~s; ~e) ⚕ Struktur aller Nerven; **nervig** EW kraftvoll; **Nervinum** s (~s; -na) ⚕ Nervenstärkung; **nervös** EW leicht ablenk-, erregbar, nervenschwach; **Nervosität** w (~; -) ⚕ Nervenschwäche; **Nervus rerum** m (~ ~; -) Geld ∪ (so Cicero, 106–43 v. Chr.); Hauptsache.
Nerz m (~es; ~e) (slaw.) Sumpfotter; **nerz** EW (slaw.) nerzfarben ←.
Nes|café m (~s; ~s) (fr., ⚢ *Nestlé,* dem Schweizer Gründer der Nahrungsmittelfirma, 1814–1890) Pulverkaffee.
Neschi w, s (~; -) (ar.) [*näßki*] ar. Schreibschrift.
Nessusgewand s (~[e]s; -wänder) (Motiv der gr. Heraklessage) unheilvolle Gabe.
Nestor m (~s; -toren) (gr., nach einer Homerischen Sagenfigur) alter Führer; weiser alter Mann; der Älteste im Kreis.
Netsuke w (~; ~[s]), s (~[s]; ~[s]) (jap.) [*näsuk-*] plastisch. Gürtelknopf.
netto EW (it.) ohne Abzug (Verpakkung; Ggs.: *brutto*; *n. à point* [*-apôäñ*] [fr.] genau die Ausstände deckender Betrag; *n. cassa* bar ohne Abzug); **Nettobilanz** w (~; ~en) Aufrechnung zusammengehöriger Posten und Einsetzen der verbleibenden Beträge; **Nettogehalt** s (~[e]s; -hälter) Gehalt nach Abzügen; **Nettogewicht** s (~[e]s; -) Reingewicht der Ware; **Nettogewinn** m (~s; ~e) Differenz aus Erlös und Kosten; **Nettoguthaben** s (~s; ~) Differenz zwischen Guthaben und Schulden; **Netto|investition** w (~; ~en) Differenz zwischen getätigten Bruttoinvestitionen und Ersatzinvestitionen; **Nettopreis** m (~es; ~e) Endpreis; **Nettoproduktion** w (~; ~en) Produktionsergebnis nach Gegenrechnen aller Vorleistungen; **Nettoregistertonne** w (~; ~n) ⚓ Maß für den Laderaum; **Nettosozialprodukt** s (~s; ~e) volkswirtschaftlicher Gesamtrechnungsbetrag nach Abschreibung.
Neume w (~; -men) (gr.-lat.) ♪ Buchstabennotenschrift des frühen Mittelalters; **neumieren** ZW (-rte, -rt) ↗ (gr.-lat.) ♪ in Neumen aufzeichnen.
neural EW (gr.-lat.) Nerven...; **Neuralgie** w (~; -i|en) ⚕ Nervenschmerz; m. s.: **Neur|algiker** (~s; ~); EW: **neur|algisch; Neur|al|pathologie** w (~; -) Erforschung des Zusammenhangs von Krankheit und Nervensystem; **Neural|therapie** w (~; -i|en) Ausschaltung von Krankheitsherden durch Beeinflussung der örtlichen Nervensystems; **Neurasthenie** w (~; -i|en) ⚕ Nervenschwäche; EW: **neur|asthenisch;** m. s.: **Neur|astheniker** (~s; ~); w. s.: **Neur|asthenikerin** (~; ~nen); **Neur|ektomie** w (~; -) ⚕ Heraustrennen von einem Nerv(enstück); **Neurin** ·s (~s; -) Fäulnisgift; **Neurit** m (~; en) Nervenzellenfortsatz; **Neuritis** w (~; -itíden) ⚕ Nervenentzündung; EW: **neuritisch; Neuro|anatomie** w (~; -) Lage und Verlauf des Nervensystems; **Neurobiologie** w (~; -) Lehre von Art und Wirken des Nervensystems; **Neuroblasten** M unreife Nervenzellen; **Neuro|chemie** w (~; -) Lehre von chem. Prozessen in Nervenzellen; **Neurochirurgie** w (~; -) Nervenoperation(skunst); m. s.: **Neurochirurg** (~en; ~en); EW: **neurochirurgisch; Neurodermatose** w (~; ~n) ⚕ nervöse Hautkrankheit; **Neurodermie** w (~; -i|en) ⚕ Juckflechte, = **Neurodermitis** w (~; -itíden); **neuro|endokrin** EW ⚕ durch Nervenstörungen bewirkt; **Neurofibrille** w (~; ~n) ⚕ Nervenfäserchen; **neurogen** EW ⚕ von Nerven ausgehend; **Neuroglia** w (~; -)

$ Stützsubstanz des Zentralnervensystems; **Neurohormon** s (~s; ~e) körpereigener Wirkstoff zur Reizübermittlung; **Neurologe** m (~n; ~n) $ Nervenforscher, -arzt; w. abstr. s.: **Neurologie** (~; –); EW: **neurologisch;** **Neurolyse** w (~; ~n) Nervlähmung durch Überreizung; Nervauslösung aus einer Narbe; EW: **neurolytisch;** **Neurom** s (~s; ~e) $ Nervengeschwulst; **Neuromagnetismus** m (~; –) $ Magnetfeldmuster des Gehirns zur Hirnfunktionsanalyse; **Neuron** s (~s; ~e) Nervenzelle; **Neuroparalyse** w (~; ~n) Lähmung vom Nervensystem aus; **Neuropath** m (~en; ~en) $ Nervenkranker; w. abstr. s.: **Neuropathie** (~; –); **Neuropathologe** m (~n; ~n) $ Nervenforscher, -arzt; w. abstr. s.: **Neuropathologie** (~; –); EW: **neuropathologisch; Neurophysiologe** m (~n; ~n) $ Erforscher der Nervenvorgänge; w. s.: **Neurophysiologie** (~; –); EW: **neurophysiologisch; Neuropharmakologe** m (~n; ~n) $ Drogenkundiger, -forscher, -heilmittelbereiter; w. s.: **Neuropharmakologie** (~; –); EW: **neuropharmakologisch;** **neuropsychisch** EW Nervenvorgänge seelisch beeinflußt; **Neuropsychologe** m (~n; ~n) wer dem Zusammenhang zwischen seelischen und nervlichen Zuständen nachgeht; **Neuropsychologie** w (~; –) Zweig der Psychologie; **Neuroretinitis** w (~; -itiden) $ Entzündung von Sehnerven und Netzhaut.

Neuropteren M (gr.) die Netzflügler.

Neurose w (~; ~n) (gr.) $ seelische Krise; **Neurosekret** s (~s; ~e) $ Hormonabsonderung der Nervenzellen; **Neurosekretion** w (~; ~en) Vorgang dieser Absonderung; **Neurotiker** m (~s; ~) seelisch Kranker; EW: **neurotisch; neurotisieren** ZW (-rte, -rt) ↗ neurotisch machen; **Neurotomie** w (~; -i|en) $ Nervendurchschneidung; **Neurotonie** w (~; -i|en) $ Nervendehnung, -entspannung; **Neurotoxin** s (~s; ~e) $ nervenschädigende Substanz; **Neurotripsie** w (~; -i|en) $ Nervenquetschung; **neurotrop** FW $ auf Nerven wirkend.

neutral EW (lat.) unbeteiligt, parteilos; unwirksam; weder maskulin noch feminin; ⌀ weder sauer noch basisch reagierend (*n.es Geld* theoretisch erdachtes Geld; *n.e Zone* kampffreies Gebiet zwischen Gegnern; Gebiet ohne Feldwirkung auf den Ankerleiter); **Neutralisation** w (~; ~en) Reaktion zwischen Base und Säure (ergibt ein Salz und Wasser); staatliche Verpflichtung zu ständiger Neutralität; **neutralisieren** ZW (-rte, -rt) ↗ eins gegen das andere aufheben, unwirksam machen; der Beeinflussung (Staatsbürgerschaft) entziehen; für neutral erklären; **Neutralisierung** w (~; ~en) Erklärung der Unparteilichkeit durch Vertrag; Aufhebung eines Einflusses; ✕ Abziehung militärischer Truppen (Anlagen); **Neutralismus** m (~; –) Anstreben einer neutralen Haltung; m. s.: **Neutralist** (~en; ~en); EW: **neutralistisch; Neutralität** w (~; –) Unparteilichkeit; Nichtbeteiligung an kriegerischen Auseinandersetzungen (an staatlichen Blockbildungen); **Neutretto** s (~s; -tti/~s) neutrales Meson (88mal schwerer als ein Elektron); **Neutrino** s (~s; ~s) Elementarteilchen, das beim Betazerfall von Atomkernen frei wird (∉ v_e); **Neutron** s (~s; -ronen) elektrisch neutraler Atomkernbaustein (∉ *n*); **Neutronen|aktivierungs|analyse** w (~; ~n) kernphysikal. Methode zur Klärung kriminalist. Fragen; **Neutronenbombe** w (~; ~n) durch Neutronenstrahlung wirkende Kernwaffe; **Neutronenkonverter** m (~s; ~) wandelt langsame in energiereiche Neutronen um; **Neutronen|ökonomie** w (~; –) Ausnutzung freigesetzter Neutronen; **Neutronenstern** m (~s; ~e) → Pulsare; **Neutropenie** w (~; –) Mangel einer Gruppe weißer Blutkörperchen; **neutrophil** EW empfänglich für neutrale Farbstoffe; **Neutrum** s (~s; -tra) das sächliche Wortgeschlecht.

New Age s (~ ~; ~ ~s) (e., = neues Zeitalter) [*nju eidsch*] auch: komplexerer (organischer) Zeit, Sichtweise; **Newcomer** m (~s; ~s) (e.) [*njûkamm'*] interessanter Neuling; **New Deal** m (~ ~; –) (am.) [*njudîl*] soziale Wirtschaftspolitik Roosevelts (vor 1933); **New Look** m, s (~ ~; –) [*njûlûk*] neue Problematik; neue Sicht; neuer Modestil (seit 1948); **New Management** s (~ ~s; ~ ~s) [*njû männedschment*] Rechenanlage zur Führung von Großbetrieben; **New-Orleans-Jazz** m (~-~-~; –) [*njûolînsdschäß*] frühe Jazzform; **New Romantic** w (~ ~; –) aufwendiger Lebensstil nach histor. Vorbildern; **News** M (e.) [*njûs*] Nachrichten.

Newton s (~s; ~) (nach dem e. Physiker I. *Newton*, 1643–1727) [*njûtn*] (∉ *N*) Krafteinheit.

New Wave m (~ ~; –) (am.) [*nju wäif*] neuer Stil der Rockmusik mit aktuellen Texten u. einfachen Arrangements.
Nexus m (~; ~) (lat.) Zusammenhang.
Niblick m (~s; –s) (e.) Golfschlägerform.
Nickelin s (~s; –) (KuW) Nickel-Kupfer-Zinn-Legierung mit hohem el. Widerstand.
Nicki m (~s; ~s) (∉ Nikolaus) plüschartiger Pullover.
Nickmoment m (~s; ~e) Drehmoment um horizontale Querachse.
Nicol s (~s; ~s) (nach e. Physiker † 1851) Polarisationsprisma.
Nidation w (~; ~en) (lat.) ₰ Einbettung des Eies in die Gebärmutterschleimhaut; **Nidationshemmer m** (~s; ~) Empfängnisverhütungsmittel.
Niederfrequenz w (~; ~en) (d.-lat.) Schwingungen unter der Mittelfrequenz (5000–10000 Hz).
Ni|ello s (~s; -llen) (lat.-it.) Füllen eingeritzt. Schmucklinien mit Metallpaste.
Nife s (~s; –) (KuW) der (aus Nickel und Eisen bestehende) Erdkern.
Nigger m (~s; ~) (am.) Neger (als Schelte).
Nightclub m (~s; ~s) (e.) [*naitklab*] Nachtbar.
Nigromant m (~en; ~en) (lat.-gr.) Zauberer; w. abstr. s.: **Nigromantie** (~; –).
Nigrosin s (~s; –) (KuW) durch Oxidation von Anilin entstehender Farbstoff.
Nihilismus m (~; –) (lat.) Leugnung Gottes und eines Daseinszweckes; m. s.: **Nihilist** (~en; ~en); EW: **nihilistisch**; **Nihilitis w** (~; –) ∪ volle Gesundheit (bei Patienten, die sich oder dem Arzt Krankheiten vorspielen); **nihil obstat** nichts steht im Wege.
Nikotin s (~s; –) (nach dem fr. Gelehrten *Nicot,* 1560) Giftstoff des Tabaks; **Nikotinismus m** (~s; –) ₰ Nikotinvergiftung.
nil admirari (lat.) bewundere nichts!
Nimbostratus m (~; ~) (lat.) tiefe Regenwolke; **Nimbus m** (~; ~se) graue Regenwolke ↓; † Heiligenschein; Ruhmesglanz.
Nimrod m (~s; ~e) (nach einer biblischen Gestalt) leidenschaftlicher Jäger.
Niob s (~s; –), = **Niobium s** (~s; –) (nach einer gr. Sagengestalt) (∉ *Nb*) ☉ seltenes glänzendes Metall.
Nippes M (fr.) [*nippes*] Zierfigürchen, = **Nipp|sachen** M.

Nippon (~s; –) (jap., = Sonnenaufgang) Japan; jap. Kleinplastik.
Nirosta s (~s; –) (KuW) stark chromhaltige Stahllegierung.
Nirwana s (~s; –) (skr., = Erlöschen) letzte Befreiung von allen Wünschen; **Nirwana|phantasie w** (~; –) wunschlos machender Tagtraum (S. Freud).
Nische w (~; ~n) (fr.) Mauereintiefung.
Nissenhütte w (~; ~n) (am.-d., nach einem kanadischen Ingenieur, 1871 bis 1930) Wellblechbaracke.
Nisus m (~; ~n) (lat.) ₰ Trieb (*N. sexualis* Geschlechtstrieb).
Nitinol s (~s; –) (KuW) ☉ intermetallische Verbindung.
Nitra|lampe w (~; ~n) (lat.-d.) Metallfadenlampe mit neutralem Gas; **Nitranilin s** (~s; ~e) organ. Verbindung (Rohstoff bei Farbstoffsynthesen); **Nitrat s** (~[e]s; ~e) (gr.-lat.) Salz der Salpetersäure; **Nitrid s** (~[e]s; ~e) Metall-Stickstoff-Verbindung; **nitrieren** ZW (-rte, -rt) ↗ Maschinenteile hartglühen; ☉ Nitrate herstellen; **Nitrifikation w** (~; ~en) Umwandlung von Stickstoffverbindungen in Salpeter; **Nitrile M** Gruppe neutral reagierender organ. Stickstoffverbindungen; **Nitrit s** (~[e]s; ~e) (gesundheitsgefährdendes) Salz der salpetrigen Säure; **Nitrobenzol s** (~s; –) ☉ giftige organische Verbindung; **Nitrogelatine w** (~; –) [*-schel-*] Sprengstoff; **Nitrogen(ium) s** (~s; –) Stickstoff; **Nitroglyzerin s** (~s; –) Sprengstoff; ₰ Herzheilmittel; **Nitrogruppe w** (~; –) in organ. Verbindungen wiederkehrende chem. Gruppe (aus 1 Stickstoff- und 2 Sauerstoffatomen); **Nitropenta s** (~s; –) Sprengstoff; **Nitrophosphat s** (~[e]s; ~e) (lat.-gr.) Kunstdüngermischung; **nitros** EW mit Stickstoff; **Nitros|amine** M durch Reaktion bestimmter Amine mit salpetriger Säure entstehende, z. T. krebserregende Substanzen; **Nitrozellulose w** (~; –) Schießbaumwolle.
nitschewo (r.) kommt nicht in Frage!, tut nichts!
nival EW (lat.) Schnee... *(n.es Klima)*.
Niveau s (~s; ~s) (fr.) [*niwô*] waagerechte Fläche; Bildungsgrad, Rang; Fläche durch den Normalpunkt; präsierte Wasserwaage; **Niveaukreuzung w** (~; ~en) Bahnübergang; **Niveaulini|e w** (~; ~n) Höhenlinie (auf Landkarten); **niveaulos** EW ohne Takt, Einfühlungsgabe; **Nivellement s** (~s; ~s) [*-wellmañ*] = → Nivellierung; Höhenmessung mit Meßlatten; **nivellie-**

ren ZW (-rte, -rt) ↗ aufs gleiche Niveau bringen, einebnen; Höhenunterschiede feststellen; w. abstr. s.: **Nivellierung** (~; ~en); **Nivellier|instrument** s (~[e]s; ~e) Vermessungsgerät; **nivellitisch** EW zum Nivellement gehörend.

Nivometer s (~s; ~) (lat.-gr.) Schneemesser.

No s (~; -) (jap.) = No-Spiel.

nobel EW (fr.) edel; adlig; freigebig; **Nobelgarde** w (~; ~n) † päpstliche Ehrenwache.

Nobelium s (~s; -) (∉ *No*) künstliches radioaktives Element; **Nobelpreis** m (~es; ~e) (schwed.-d.) nach dem schwedischen Stifter Alfred *Nobel*; (seit 1901) Preis für große wissenschaftliche (dichterische) Leistungen; (*alternativer N.* Auszeichnung für besondere Leistungen zur Lösung von Menschheits|problemen, seit 1980, gestiftet von *Uexküll*).

Nobilität w (~; ~en) (lat.) (Amts-) Adel; **nobilitieren** ZW (-rte, -rt) ↗ in den Adel erheben; **Nobility** w (~; -) (e.) Hochadel; **Noblesse** w (~; -) (fr.) Adel; adlige, noble Gesinnung (*n. oblige* [-*isch*] Adel verpflichtet).

Nobody m (~s; -dies) (e.) namenloser Mensch.

Nock s (~[e]s; ~e), w (~; ~en) (nl.) ⚓ Rundholzende; **Nockenwelle** w (~; ~n) Ventilsteuerung bei Verbrennungsmotoren.

nodös EW (lat.) ⚕ voller Knötchen.

No|ema s (~s; -emata) (gr.) Denkinhalt; **No|ematik** w (~; -) Erforschung von Denk|inhalten; **No|etik** w (~; -) Denklehre; EW: **no|etisch**.

No-future-Generation w (~-~-~; -) (e.) [*noufjutsch'-*] Jugendliche der 80er Jahre ohne Berufs|chancen.

no iron (e.) [-*airen*] bügelfrei.

Noisette w (~; ~s) (fr.) [*noasett*] ∉ Noiretteschokolade; Fleischnuß.

Nokturne w (~; ~n) (fr.) [-*türn*] ♪ Musikstück von hohem Stimmungsgehalt.

nolens volens (lat.) wohl oder übel.

Nolimetangere s (~; -) (lat.) † Bild des Auferstandenen; Unberührbares; ⚘ Springkraut.

Nolissement s (~s; ~s) (fr.) [-*mañ*] Seefrachtvertrag.

Noma s (~s; ~s) (gr.) ⚕ Wasserkrebs.

Nomade m (~n; ~n) (lat.) Wanderhirt; ∪ unruhiger Mensch; **nomadisch** EW als (wie ein) Wanderhirt umherziehend; ZW: **nomadisieren** (-rte, -rt) ✓; **Nomadismus** m (~; -) Wanderkultur.

Nom de guerre (fr.) [*noñdegår*] Deckname.

Nomen s (~s; -mina) (lat.) deklinables Wort (*N. proprium* Eigenname; *n. est omen* der Name bedeutet etwas [Plautus, 254–184 v. Chr.]); **Nomenklatur** w (~; ~en) = → Terminologie; Namenverzeichnis; = **Nomenklator** m (~s; -toren); EW: **nomenklatorisch**; **Nomenklatura** w (~; -) r. Parteiprivilegierte; **nominal** EW vorgeblich; **Nominaldefinition** w (~; ~en) Erklärung nur durch die Bezeichnung der Sache (Ggs.: *Realdefinition*); **Nominalismus** m (~; -) Überzeugung, daß die Allgemeinbegriffe unwirklich sind [nur Namen für vergleichbare Erscheinungen] sind; Festlegung des Geldwertes durch staatl. Verordnung; m. s.: **Nominalist** (~en; ~en); EW: **nominalistisch**; **Nominalkapital** s (~s; -) Stammkapital einer GmbH, Grundkapital einer AG; **Nominalkatalog** m (~[e]s; ~e) nach dem Abc geordneter Katalog; **Nominallohn** m (~s; -löhne) Lohn in Geld-, nicht Kaufwert; **Nominalstil** m (~[e]s; -) Verhauptwortung der Sprache; **Nominalverzinsung** w (~; ~en) Verzinsung auf den Nennwert; **Nominalwert** m (~es; ~e) auf Münzen, Wertpapieren, Banknoten angegebener Wert; **nomina sunt odiosa** keine Namen nennen!; **nominatim** UW namentlich ↓; **Nomination** w (~; ~en) Er-, Benennung; **Nominativ** m (~s; ~e) 1. Beugefall (Frage: Wer? oder: Was?); **nominell** EW nur dem Namen nach; geschätzt; zum Nennwert; **nominieren** ZW (-rte, -rt) ↗ benennen; **Nominierung** w (~; ~en) Benennung (von Kandidaten).

Nomogramm s (~[e]s; ~e) (gr.) ⚔ graphisches Schaubild (Netztafel) einer Rechnung; **Nomographie** w (~; -i|en) ⚔ Zeichnung mathematischer Probleme; EW: **nomographisch**; **Nomokratie** w (~; -i|en) Gesetzesherrschaft; EW: **nomokratisch**; **Nomologe** m (~n; ~n) Erforscher der Denkgesetze; w. s.: **Nomologie** (~; -); EW: **nomologisch**; **nomothetisch** EW gesetzgebersich.

Nomagon s (~[e]s; ~e) (lat.-gr.) Neuneck.

Non-alignment s (~-~s; -) (e.) [-*elain-*] Blockfreiheit.

No-name-Produkt s (~-~-~[e]s; ~-~-~e) (am.-lat.) [-*neim-*] einfach verpackte Ware ohne Herstellerangabe.

Nonan s (~s; ~e) (KuW) Kohlenwasserstoff aus der Reihe der Alkane mit 9 Kohlenstoffatomen im Molekül.

Nonchalance w (~; –) (fr.) [*nońschalańs*] Lässigkeit, Formlosigkeit; EW: **nonchalant** [*nońschalań*].
Non-competing-groups M (e.) [*-pîtińg grûps*] nicht mit einander konkurrierende Wirtschaftsgruppen.
Non-co|operation w (~-~; –) (e.) [*-kooperḗ'schn*] passiver Widerstand (seit Gandhi, 1930).
Non(e) w (~; ~n) (lat.) ♪ um Halb- oder Ganzton erweiterte Oktave.
Non-Essentials M (e.) [*-ßänschels*] nicht lebensnotwendige Güter.
Nonett s (~[e]s; ~e) (lat.-it.) ♪ Stück für 9 Instrumente.
Nonfiction w (~; ~s) (am.) [*-fickschn*] Sachbuch; **nonfigurativ** EW (lat.) gegenstandslos *(n.e Malerei)*.
Non-food-Abteilung w (~-~-~; ~-~-~en) (e.-d.) [*-fûd-*] Kaufhausbereich ohne Eßwaren.
Non-integration w (~-~; –) (e.) [*-greisch'n*] soziale Isolation.
Nonius m (~; ~se/-ni|en) (nach einem Portugiesen, 1492–1577) verstellbares Hilfsmeßgerät.
Nonkonformist m (~en; ~en) (lat.) wer nicht zur anglikanischen Kirche gehört; m. abstr. s.: **Nonkonformismus** (~; –) Ablehnung herkömmlicher Haltungen; EW: **nonkonform, nonkonformistisch; non liquet** es ist unklar; ohne ausreichenden Beweis; **non multa, sed multum** nicht vielerlei, sondern viel.
Nonne w (~; ~n) (lat.) † Ordensfrau; Nachtschmetterling; gebogener Dachziegel mit der Öffnung oben.
Nonode w (~; ~n) (lat.-gr.) Röhre mit 9 Elektroden.
non olet (lat.) (Geld) riecht nicht; **Nonpareille** w (~; –) (fr.) [*nońparâj*] kleiner Schriftgrad; **Non|plus|ultra** s (~s; –) (lat.) was nicht gesteigert werden kann; das Allerhöchste, -beste; **Nonprofit-organization** w (~-~-~; ~-~-~s) (e.) [*-orgäniseischn*] Wirtschaftsunternehmen mit gemeinnütziger Gewinnverwendung; **Nonproliferation** w (~; –) (e.-am.) [*-ferḗ'schn*] Nichtausdehnung (der Atombewaffnung); **Non-quota-Visum** s (~-~-~s; ~-~-sa) (lat.) USA-Einreisevisum ohne Einwanderungsrecht; **non scholae, sed vitae (discimus)** nicht für die Schule, sondern fürs Leben (lernen wir); von Seneca, 4.v.-65. n Chr. (in ironischer Umkehrung: *non vitae, sed scholae discimus*); **Nonsens** m (~/~es; –) Unsinn; **Nonstop|flug** m (~[e]s; -flüge) Langstreckenflug ohne Unterbrechung; **Nonstopkino** s (~s; ~s) Filmtheater mit laufendem Betrieb; **Nonvaleur** m (~s; ~s) [*nońwalȫr*] Wertpapier ohne (erkennbaren) Wert; Investition ohne Rendite; unverkäufliche Ware, = **Nonvalenz** w (~; ~en) (lat.).

no|ogen EW ein Problem als Ursache; **No|ologe** m (~n; ~n) (gr.) Erforscher der Vernunft; w. abstr. s.: **No|ologie** (~; –); EW: **no|ologisch; No|ologismus** m (~; –) Überzeugung, daß ein umgreifendes Geistesleben (selbständig) besteht; m. s.: **No|ologist** (~en; ~en); EW: **no|ologistisch; No|opsyche** w (~; –) Verstandesseite des Seelenlebens.
Noor s (~; ~e) (norw.) Haff.
Nooser m (~s; ~) (e., eigtl. = wer sich auf Schlingen versteht) [*nû-*] Investment|agent.
Nord|atlantikpakt m (~s; –) = → NATO.
Nordist m (~en; ~en) (lat.) = → Skandinavist; w. s.: **Nordistik** (~; –); EW: **nordistisch.**
norisch EW (lat.) ostalpin *(die N.en Alpen)*.
Norm w (~; ~en) (lat.) verbindliche Gesetzlichkeit; faktische Regel; Normierung; ‡ konstitutionsgerechte Funktionsleistung (Größe); Gebot (Verbot) als Rechtsbasis; einheitliche Abmessung; Druckbogenbezeichnung; **normal** EW üblich; der Regel entsprechend; ⊀ senkrecht; **Normal** s (~[e]s; -lia) genau längengerechter Maßstab, = **Normalmaß** s (~es; ~e); **Normalbenzin** s (~s; –) Kfz-Treibstoff mit geringerer Oktanzahl; **Normale** w (~n; ~n) ⊀ Senkrechte; **Normalelement** s (~[e]s; ~e) elektr. Element mit festgelegter Spannung; **Normalfilm** m (~[e]s; ~e) Film von 35 mm Breite; **Normali|en** M Grundformen, -regeln; **normalisieren** ZW (-rte, -rt) ↗ vereinheitlichen; ↻ Normallösung herstellen; **Normalisierung** w (~; ~en) (Wieder-)Herstellung üblicher Verhältnisse; **Normalität** w (~; ~en) Regelgerechtheit; **Normalnull** s (~s; –), = **Normalnullpunkt** m (~[e]s; ~e) (¢ *NN*) Ausgang aller Höhenangaben; **Normalton** m (~[e]s; –) ♪ Kammerton a; **Normalverbraucher** m (~s; ~) Durchschnittskonsument; **Normalzeit** w (~; –) Standardzeit einer Region; **normativ** EW als Norm; **Normative** w (~; ~n) Grundfeststellung; **Normativismus** m (~; –) Überzeugung, daß die Pflicht vor der Wirklichkeit rangiert; m. s.: **Normativist** (~en; ~en); EW:

normativistisch; norm|azid EW $ mit normal. Magensäure; w. s.: **Norm|azidität** w (~; -); **Normblatt** s (~es; -blätter) Veröffentlichung des D. Normenausschusses über normative Festlegungen; **normen** ZW (-rmte, genormt) ↗ als Grundform festlegen, = **normieren** (-rte, -rt) ↗; **Normenausschuß** m (-schusses; –) Zweckverband z. Festlegung industrieller Normen (seit 1917); **Normenkontrolle** w (~; ~n) Überprüfung der Rechtsnormen; **normieren** ZW (-rte, -rt) ↗ = → normen; w. s.: **Normierung** w (~; ~en).
Normoblasten M (lat.-gr.) $ kernhaltige rote Blutkörperchen; **normosom** EW von normalem Wuchs; **Normozyten** M $ rote Blutkörperchen;
Normung w (~; ~en) (lat.) Vereinheitlichung; Einheitsformgebung; **Normungs|technik** w (~; –) Erforschung der Normungsgrundlagen.
Norne w (~; ~n) (g.) altg. Schicksalsgöttin.
North m (~; –) (e.) = Norden (∉ *N*); **Norther** m (~s; ~) (am.) [*norß*-] austral. Wüstenwind; kalter am. Nordwind.
Nortongetriebe s (~s; ~) (nach dem e. Erfinder) ↗ Leitspindelgetriebe.
No Show m (~ ~s; ~ ~s) (am.) [*n*$\underline{o}$*"* *schou*] Fluggast, der seinen Flug nicht löscht und nicht nutzt.
Nosogeographie w (~; –) (gr.) Lehre von der Verteilung der Krankheiten über die Erde; m. s.: **Nosogeograph** (~en; ~en); EW: **nosogeographisch; Nosographie** w (~; -i|en) Krankheitsbeschreibung; EW: **nosographisch; Nosologe** m (~n; ~n) $ Krankheitsforscher; w. abstr. s.: **Nosologie** (~; –); EW: **nosologisch; nosophob** EW vor Krankheiten ängstlich; w. abstr. s.: **Nosophobie** (~; –).
No-Spiel s (~~-[e]s; ~~-e) (jap.) jap. Schauspiel mit Masken.
nost|algico (it.) [-*aldschi*-] ♪ voller Sehnsucht; **Nost|algie** w (~; –) (gr.) Heimweh; EW: **nost|algisch.**
Nostrifikation w (~; ~en) (lat.) Einbürgerung; Anerkennung einer im Ausland erworbenen Berechtigung; **nostrifizieren** ZW (-rte, -rt) ↗ einbürgern; anerkennen.
Nostro|effekten M (it.-lat.) eigene Wertpapiere einer Bank bei einer anderen; **Nostroguthaben** s (~s; ~) Guthaben einer bei einer andern Bank, = **Nostrokonto** s (~s; -ten) = **Nostroverpflichtung** w (~; ~en).
Nota w (~; -ten) (lat.) Rechnung (*in N. geben* Auftrag erteilen; *in N. nehmen* Auftrag vormerken; *ad n.m nehmen* sich merken); **Notabe̱ne** M die (vornehmen) Führer (Frankreichs); **notabene** übrigens; **Notabene** s (~s; ~[s]) Nachschrift, -trag; **Notabilitäten** M Berühmtheiten.
Not|algie w (~; -i|en) (gr.-lat. KuW) Rückenschmerz.
Notar m (~s; ~e) (lat.) Urkundsbeamter; **Notar|anderkonto** s (~s; -ten) (lat.-d.-it.) von einem Notar für Dritten geführtes Konto; **Notariat** s (~[e]s; ~e) Amt(sräume) eines Notars; **notari|ell** EW vom (durch einen) Notar, = **notarisch** EW; **Notation** w (~; ~en) ♪ Niederschrift in Noten; Aufzeichnung einer Schachpartie; **Note** w (~; ~n) Anmerkung; Rechnung; Regierungsmitteilung an eine andere Regierung; Arbeitsbeurteilung (Schule); Geldschein; ♪ Tonzeichen; Merkmal; **Notel** w (~; ~n) Vertragsskizzierung; **Notelett** s (~s; ~s) (KuW) Kurzbrief für vorgegebene Mitteilungen (DDR); **notieren** ZW (-rte, -rt) ↗ an-, vormerken; Noten-, Devisenkurs feststellen; ♪ in Noten aufzeichnen; **Notierung** w (~; ~en) Kurswert-, Preisaufzeichnung; **Notifikation** w (~; ~en) Bekanntgabe; Übergabe einer diplomat. Note; **notifizieren** ZW (-rte, -rt) ↗ (förmlich) mitteilen ↓; **notionieren** ZW (-rte, -rt) ↗ beanstanden; **Notiz** w (~; ~en) Vermerk; Anzeige; Preisfeststellung (*keine N. nehmen* nicht beachten); **notorisch** EW offenkundig; berüchtigt.
Notturno s (~s; -ni) (it.) ♪ verträumte Komposition.
Nougat m, s (~s; ~s) = → Nugat.
No|umenon s (~s; -na) (gr.) Gedankending ohne Anschauung.
Nous m (~; –) = → Nus.
Nouveau roman m (~ ~; –) (fr.) [*nuvô romañ*] neue Romanform; **Nouveauté** w (~; ~s) [*nûwôté*] Modeneuigkeit; **Nouvelle cuisine** w (~ ~; –) [*nuwäll kwisin*] Kochen mit kurzen Garzeiten; **Nouvelle vague** w (~ ~; –) (fr., = neue Welle) [*nûwäll wâg*] moderner (fr.) Kunststilm; **Nova** w (~; -vae) (lat.) plötzlich auftauchender Fixstern; M: neue Publikationen; **Novation** w (~; ~en) Neuerung; Veränderung des Schuldverhältnisses; **Novecento** s (~s; –) (it.) [-*tschen*] Neue Sachlichkeit (seit 1920); **Novelle** w (~; ~n) (fr.-it.) Nachtragsgesetz; Kurzgeschichte; **Novellette** w (~; ~n) kleine Kurzgeschichte; M: ♪ kleine erzählende Mu-

sikstücke; **novellieren** ZW (-rte, -rt) ↗ (durch Zusätze) verändern; w. s.: **Novellierung** (~; ~en); **Novellist** m (~en; ~en) Novellenschreiber; **Novellistik** w (~; –); EW: **novellistisch**.

November m (~s; ~) (lat.) der 11. Monat (urspr.: der 9.); **Novemberrevolution** w (~; –) die d. Revolte 1918; **Novene** w (~; ~n) (it.) † neuntägige Andachtsübung (seit 19. Jh.).

Novial s (~[s]; –) (KuW) eine Welthilfssprache; **Novilunium** s (~s; -ni|en) (lat.) 1. Mondserscheinung nach Neumond; **Novität** w (~; ~en) Neuheit; **Novize** m (~n; ~n) † Ordensadept; **Noviziat** s (~[e]s; ~e) † Prüfjahr im Orden; **Novizin** w (~; ~nen) w. Novize.

Novoca|in s (~[e]s; –) (KuW) Kokainersatz; **Novo|lacke** M Anstrichfarbe mit Phenol-Formaldehyd-Harz als Bindemittel; **Novotext** m (~[e]s; –) Kunststoff für Zahnradgetriebe.

Novum s (~s; -va) (lat.) Neuigkeit, Neuheit.

Noxe w (~; ~n) (lat.) schädliche, ⚕ krankheitsbewirkende Ursache; **Noxine** M ⚕ schlechtes, giftig gewordenes Körpereiweiß.

Nuance w (~; ~n) (fr.) [nüañß] Tönung, Abstufung; ZW: **nuancieren** (-rte, -rt) ↗ [nüañß-].

Nubekula w (~; -lä) (lat.) ⚕ Hornhaut-, Harntrübung.

Nubuk s (~s; –) (KuW) Wildlederimitation.

Nucellus m (~; -lli) (lat. KuW) [nuz-] ⊕ Gewebekern im Samenschaft.

Nucle|inbasen M (KuW) organ. Stickstoffverbindungen; **Nucleoprote|ide** M Eiweißstoffe aus Nucle|insäuren und Proteinen; **Nucle|oside** M Bestandteil der Nucle|insäuren; **Nucle|otide** M Gruppe biochem. wichtiger Substanzen (Stickstoffverbindung + Kohlenhydrat + Phosphorsäure).

Nuclex w (~; –) (lat. KuW) Industriemesse für Kerntechnik.

Nudismus m (~; –) (lat.) Nacktkultur; m. s.: **Nudist** (~en; ~en); EW: **nudistisch**; **Nudistenklub** m (~s; ~s) Vereinigung für Nacktkultur; **Nudität** w (~; –) Nacktheit; Schlüpfrigkeit.

Nugat m, s (~s; ~s) (lat.-fr.) Süßware mit Mandeln (Kakao, Honig und Nüssen).

Nugget s (~[s]; ~s) (e.) [nag-] Goldbrocken in der Natur.

nuklear EW (lat.) Atomkern...; durch Atomkraft angetrieben; (*n.er Winter* Klimaveränderung durch Atomwaffeneinsatz); **Nuklearmedizin** w (~; –) ⚕ Strahlendiagnostik und -therapeutik; m. s.: **Nuklearmediziner** (~s; ~); EW: **nuklearmedizinisch**; **Nuklearwaffen** M (lat.-d.) Atomwaffen; **Nuklease** w (~; ~n) (lat.) Ferment, das Nukle|insäure spaltet; **Nukle|id** s (~s; ~en) Isotop eines Elements; **Nukle|insäure** w (~; ~n) Grundstoff der Vererbung (im Zellkern, Ribosomen); **Nukleolen** M Kernkörperchen im Zellkern; **Nukleon** s (~s; -onen) Atomkernbaustein; **Nukleonik** w (~; –) Kernphysik; EW: **nukleonisch**; **Nukleoprote|ide** M Eiweißkörper in Zellkernen; **Nukle|us** m (~; -kle|i) Atom-, Zellkern; von Steinzeitmenschen benutzter Feuersteinkern; **Nuklid** s (~s; ~e) Atomart mit festgelegter Ordnungs- und Nukleonenzahl.

Null w (~; ~en) (lat.) Ziffer, Zahl 0 (*N. Komma nichts* überhaupt nichts; *in N. Komma nichts* in Windeseile; *N.-achtfünfzehn* im ausgefahrenen Geleis); ♪ leere Saite; ganz unbedeutender Mensch; m, s (~s; –) Kartenspiel (Skat), bei dem der Gewinner ohne Stich bleiben muß; EW: **null** *(n. und nichtig);* **nulla di|es sine linea!** mach jeden Tag [wenigstens] einen Strich (Apelles, 4. Jh. v. Chr.); **Nullage** w (~; ~n) (fr.) [-*lâsche*] Meßgeräte auf Null stehend; **nulla poena sine lege** (lat.) keine Strafe ohne Gesetz, = **nullum crimen sine lege**; **Nulldiät** w (~; ~en) Hungerkur bei Wasser, Vitaminen, Mineralstoffen; **nullen** ZW (-llte, ge**null**t) ↗ elektr. Gerät mit dem Nulleiter verbinden; ↙ ∪ ein neues Jahrzehnt beginnen; **Nullhypothese** w (~; ~n) Unterstellung, daß die Versuchspersonen sich gleich verhalten; **Nullifikation** w (~; ~en) Ungültigkeits|erklärung; ZW: **nullifizieren** (-rte, -rt) ↗; **Nullipara** w (~; -paren) ⚕ Frau, die noch nicht geboren hat; **Nullität** w (~; ~en) Nichtigkeit; Ungültigkeit; **Nullmeridian** m (~[e]s; ~e) Meridian von Greenwich; **Nullniveau** s (~s; ~s) [-*niwô*] Ausgangspunkt von Vermessungen; **Nullnummer** w (~; ~n) Probe|exemplar vorm 1. Erscheinen einer Zeitschrift; **Nullode** w (~; ~n) Röhre ohne Elektroden; **Null|option** w (~; ~en) gegen jegl. Waffen in Ost wie West; **Nullouvert** m, s (~~~s; ~~~s) (fr.) [*nulluwär*] Skatspiel, bei dem der Gewinner keinen Stich bekommen und nach dem 1. Stich seine Karten offen zeigen muß; **Null|tarif** m (~s; –) kostenlose

Beförderung in öfftl. Verkehrsmitteln; **Nullwachstum** s (~s; –) Stagnation der Wirtschaft.
Numen s (~s; -mina) (lat.) göttliches Wesen.
Numéraire m (~s; ~s) (fr.) [*nümerär*] als Recheneinheit akzeptierte Währung (in Europa = ECU); **Numerale** s (~s; -lia/-li|en) (lat.) Zahlwort; **Numerator** m (~s; -toren) Gerät zum Numerieren; **Numeri** M 4. Buch Moses; E: **Numerus** ♪ Takt; ⊀ Zahl, auf die der Logarithmus zutrifft; Formreihe(n) zur Scheidung von Einzahl und Mehrzahl; **numerieren** ZW (-rte, -rt) ↗ (fortlaufend) beziffern; **num(m)erisch** EW mit (durch, in) Zahlen (*n.es Rechnen*); **Numerus** → Numeri; **Numerus clausus** m (~ ~; –) Beschränkung der Zulassung (zum Studium an der Hochschule).
Numinose s (~n; –) das für den Menschen erfaßbare Göttliche; EW: **numinos**.
Numismatik w (~; –) (gr.-lat.) Münzforschung; E: **Numismatiker** (~s; ~); EW: **numismatisch**.
Nummer w (~; ~n) (lat.) Zahl (∉ *Nr.*; *N. Sicher* Gefängnis, Verwahrort); Prüfungsbefund; Hut-, Handschuh-, Schuhgröße; Darstellung im Zirkus; ∪ Spaßvogel, Kerl (*eine tolle N.*); **Nummernkonto** s (~s; -ten) Konto nur mit Nummer, nicht mit Konto|inhaber bezeichnet; **Nummerung** w (~; ~en) Kennzeichnung durch Kennziffern.
nunkupieren ZW (-rte, -rt) ↗ (lat.) er-, bekennen; zum Erben (feierlich) bestimmen; w. abstr. s.: **Nunkupation** (~; ~en); EW: **nunkupativ**.
Nuntiatur w (~; ~en) (lat.) † Auftrag (Amt, Gebäude) eines Nuntius; **Nuntius** m (~; -ti|en) † päpstlicher Gesandter.
Nuplex (∉ **Nu**klearer Industriekom**plex**) am. Großprojekt gegen Welthunger.

Nurag(h)e w (~; ~n) (it.) vorgeschichtl. Wohnturm.
Nurse w (~; ~n) (e.) [*nörs*] Kindermädchen ↓.
Nus m (~; –) (gr.-lat.) Intellekt; Gott als Weltordner.
Nutation w (~; ~en) (lat.) Schwanken der Erdachse; ⊕ Reizbewegung (selbständige Wachs|tumsbewegung).
Nutria w (~; -tri|en) (lat.-sp.) Biberratte; **nutria** EW nutriafarben ←.
nutrieren ZW (-rte, -rt) ↗ (lat.) ernähren; **Nutriment** s (~[e]s; –) Nahrung; **Nutrion-Information** w (~-~; –) (KuW) Ernährungsberatung; **Nutrition** w (~; ~en) Ernährung; EW: **nutritiv** (*n.e Energie* auf Lust gerichtete Kraft [C. G. Jung]).
Nykt|algie w (~; -i|en) (gr.) Nachtschmerz; **Nykt|alopie** w (~; –) (gr., KuW) Tagblindheit; **Nyktitropie** w (~; -i|en) (gr.) ⊕ Schlafbewegung; EW: **nyktitrop**; **Nyktobatie** w (~; -i|en) ☧ Schlafwandeln; **Nyktometer** s (~s; ~) ☧ Meßgerät für Nachtblindheit; **nyktophob** EW vor der Nacht ängstlich; w. abstr. s.: **Nyktophobie** (~; -i|en); **Nyktophyten** M ⊕ Nachtgewächse; **Nykt|urie** w (~; –) ☧ nachts verstärktes Harnen.
Nylon s (~s; –) (e. KuW) [*nail^en*] Polyamid-Kunstfaser; **Nyloprint** s (~s; ~s) (KuW) Kunststoffdruckplatte für Hochdruck.
Nymphä|a, Nymphä|e w (~; -ä|en) (gr.) ⊕ Seerose; **Nymphe** w (~; ~n) Insektenlarve mit unvollkomm. Verwandlung; sexuell aufreizendes junges Mädchen; **Nymphitis** w (~; -itįden) ☧ Entzündung der kl. Schamlippen; **Nymphomanie** w (~; –) (zu) starker weiblicher Geschlechtsdrang; EW: **nymphoman**; w. s.: **Nymphomanin** (~; ~nen).
Nynorsk s (~; –) (norw.) auf Dialekten beruhende norw. Schriftsprache.
Nystagmus m (~; -men) (gr.-lat.) ☧ Augapfelzittern.

O

OAS (e. ∉ **O**rganization of **A**merican **S**tates) Vereinigung am. Staaten.
Oase w (~; ~n) (äg.-gr.-lat.) Vegetationsstrich (bewohnte Wasserstelle) in der Wüste; **Oasenland** s (~es; -länder) durch Steuergefälle zwischen Staaten begünstigtes Land.

OAU (e. ∉ **O**rganization of **A**frican **U**nity) Zusammenschluß afr. Staaten.
obdiplostemon (lat.-gr.) ⊕ mit 2 Staubgefäßkreisen.
Obduktion w (~; ~en) (lat.) Leichenöffnung; ZW: **obduzieren** (-rte, -rt) ↗.

Obduration w (~; ~en) (lat.) ✠ Verhärtung; Verstocktheit; ZW: **obdurieren** (-rte, -rt) ↙ ✠.
obduzieren → Obduktion.
Ob|edi|enz w (~; –) (lat.) † Gehorsamkeit (gegen die kirchl. Vorgesetzten).
Obelisk m (~en; ~en) (gr.) pyramidenförmiger Steinpfeiler (als Denkmal).
Oberliga w (~; -gen) Sportspielklasse; **Oberligist** m (~en; ~en) Teilnehmer an Oberligaspielen.
Obesität w (~; –) (lat.) ✠ Fettleibigkeit.
Obi s (~s; ~s) (jap.) Kimonogürtel.
Objekt s (~[e]s; ~e) (lat., = das Entgegengeworfene) Gegenstand des Erkennens; Zeitwortergänzung; **Objekterotik** w (~; –) Ausrichtung des Sexualinteresses auf nur einen (bestimmten) Partner; Onanie; EW: **objekt|erotisch**; **Objektglas** s (~es; -gläser) (KuW) Glasspatte für Präparate zum Mikroskopieren; **Objektion** w (~; ~en) Übertragung von Gefühlen auf äußere Umstände, Gegenstände; **objektiv** EW gegenständlich, sachlich (Ggs.: *subjektiv*); in seiner Meinung unabhängig; gültig; **Objektiv** s (~s; ~e) (Ggs.: *Okular*) die zum Objekt gewandte Linse; **Objektivation** w (~; ~en) Erscheinung des Willens vor sich selbst; raum-zeitliche Meßbarkeit der Materie; **Objektive** s (~n; –) was an sich ist; **objektivieren** ZW (-rte, -rt) ↗ vergegenständlichen; w. abstr. s.: **Objektivierung** w (~; ~en); **Objektivismus** m (~; –) Betonung der Parteilosigkeit; m. s.: **Objektivist** (~en; ~en); EW: **objektivistisch**; **Objektivität** w (~; –) Bestreben, das subjektive Urteil auszuschalten; **Objektkunst** w (~; –) neue Kunstrichtung; **Objektlibido** w (~; –) von sich selbst absehende Libido; **Objektpsychotechnik** w (~; –) Anpassung des Arbeitsplatzes an die Bedürfnisse des Arbeitenden; **Objektschutz** m (~es; –) staatl. Sorge für die Erhaltung von alten Häusern (Ensembles); **Objektsteuer** w (~; ~n) nicht nach Einkommen, sondern nach anderen Merkmalen erhobene Steuer; **Objektträger** m (~s; ~) = → Objektglas; **Objektwahl** w (~; ~en) Partnerwahl nach abgeschlossener Pubertät.
objizieren ZW (-rte, -rt) ↗ (lat.) entgegnen ↓.
Oblate w (~; ~n) (lat.) = → Hostie (*Karlsbader O.* Süßgebäck); m (~n; ~n) (lat.) † Laie im Dienst eines Klosters; **Oblation** w (~; ~en) † Darbringung des sakramentalen Opfers; Darreichung; Gabe.

obligat EW (lat.) unerläßlich (*o.e Stimme* ♪ unentbehrliche Instrumentenstimme); **Obligation** w (~; ~en) Teilschuldverschreibung; persönliche Verbindlichkeit; **obligatorisch** EW verbindlich, verpflichtend (Ggs.: *fakultativ*); ZW: **obligieren** (-rte, -rt) ↗; **obligeant** EW (fr.) [-*schañ*] verbindlich ↓; **Obligo** s (~s; ~s) (it.) Verbindlichkeit, Verpflichtung (*ohne O.* unverbindlich).
oblique EW (lat.) schief (*o.r Kasus* abhängiger Beugefall); **Obliquität** w (~; –) Abhängigkeit; ✠ Schrägstellung (des Embryoschädels).
Obliteration w (~; ~en) (lat.) Tilgung; ✠ Zuwachsung eines Körperhohlraumes; ZW: **obliterieren** (-rte, -rt) ↗ ↙.
oblong EW (lat.) lang und rund ↓.
Oboe w (~; ~n) (it.) ♪ Holz-(Rohrblatt-)instrument (*O. d'amore* ♪ tiefe Oboe).
Obolus m (~; -li) (gr.-lat.) Kleinsilbermünze; Kleinspende, = **Obolos** m (~; -loi) (gr.).
ob|oval EW (lat.) verkehrt eiförmig.
obsequent EW (lat.) der Fallrichtung entgegen (-gewachsen, -fließend); **Obsequi|en** M Seelenmesse; Trauerfeier.
Observable w (~; –) (lat.-e.) [-*βörwäbel*] beobachtbare physikal. Größe (Eigenschaft); **Observant** m (~en; ~en) † Mönch eines strengen Ordens; **Observanz** w (~; ~en) Gewohnheitsrecht einer best. Gruppe; † strenge Beachtung der Ordensregeln; † Abgabe; **Observation** w (~; ~en) wissenschaftliche Beobachtung; **Observator** m (~s; -toren) beobachtender Wissenschaftler (an einer Sternwarte); **Observatorium** s (~s; -ri|en) Sternwarte; **observieren** ZW (-rte, -rt) ↗ beobachten.
Obsession w (~; ~en) (lat.) ✠ Zwangsvorstellung.
Obsidian m (~s; ~e) (lat.) glasartiges dunkles Gestein.
ob|skur EW (lat.) unbekannt; verdächtig; **Obskurant** m (~en; ~en) Finsterling; geheimer Verdächtiger anderer; **Obskurantismus** m (~; –) Aufklärungsfeindschaft; **Obskurität** w (~; ~en) Dunkelheit; Verdunkelung; Namenlosigkeit.
Obsoleszenz w (~; –) (lat.) kurze Gebrauchsdauer von Wegwerfgütern; **obsolet** EW veraltet.
Obstakel s (~s; ~) (lat.) Hindernis ↓.
Obstetrik w (~; –) (lat.) ✠ (Erforschung der) Geburtshilfe; EW: **obstetrisch**.

obstinat EW (lat.) widerspenstig; w. s.: **Obstination** (~; ~en).
Ob|stipation w (~; ~en) (lat.) ⚕ Verstopfung; ZW: **ob|stipieren** (-rte, -rt) ↗ ⚕.
obstruieren ZW (-rte, -rt) ↗ (lat.) hindern; ⚕ verstopfen; **Obstruktion** w (~; ~en) bewußte Behinderung (der Volksvertretung); ⚕ Verstopfung; **obstruktiv** EW hindernd; ⚕ stopfend.
obszön EW (lat.) unanständig; w. abstr. s.: **Obszönität** (~; ~en).
Obturation w (~; ~en) (lat.) ⚕ Gefäßverstopfung; ZW: **obturieren** (-rte, -rt) ↗ ⚕.
Obus m (~ses; ~se) (KW) Oberleitungsomnibus.
Occasion w (~; ~en) → Okkasion.
Occhi M (it.) [*okki*] Frivolitätenhandarbeit; mit Schiffchen hergestellte Spitze.
Ocean-dumping s (~-~s; ~-~s) (e.) [*ousch'n damp-*] Verunreinigung der Weltmeere; **Ocean-Liner** m (~-~s; ~-~) (e.) [*-lai-*] großes Linienschiff.
Ochlokrat m (~en; ~en) (gr.) Vertreter einer Proletarierherrschaft; w. s.: **Ochlokratie** (~; –); EW: **ochlokratisch**.
Ochrana w (~; –) (r.) [*-kra-*] zaristische Geheimpolizei (1881–1917).
Ochrea w (~; -re|en) (lat.) ⚘ knospenumhüllende Nebenblätter.
Öchslegrad m (~es; ~e) (nach d. Mechaniker, 19. Jh.) Maß (spezif. Gewicht von Most).
Ocker m (~s; –) (gr.-lat.) braungelber Farbstoff; EW: **ocker** ←.
Odaliske w (~; ~n) (türk., = Magd) weiße Haremssklavin.
Oddfellows M (e.) [*odfelôs*] e. Freimaurer.
Odds M (e.) ungleiche Einsätze bei Rennwetten; Vorgaben (beim Sport).
Ode w (~; ~n) (gr.) antikisierendes (reimloses) Gedicht.
Ödem s (~s; ~e) (gr.) ⚕ Gewebewassersucht; EW: **ödematisch, ödematös**.
Odeur m (· s; -s) (fr.) [*-dör*] Duft.
odiös EW (lat.) widerwärtig.
Ödipuskomplex m (~es; –) (gr., nach dem gr. Sagenhelden *Ödipus*, der u. a. seine Mutter heiratete) Liebestrieb des Kindes zum gegengeschlechtigen Elternteil.
Odium s (~s; –) (lat.) Haß; schlechter Eindruck (*ein O. auf sich nehmen*).
Odont|algie w (~; -i|en) (gr.) ⚕ Zahnschmerz; **Odontoblasten** M ⚕ Zahnbeinzellen; **Odontiatrie** w (~; –) Zahnheilkunde; EW: **odontiatrisch**; **Odontologe** m (~n; ~n) ⚕ Zahnforscher, -arzt; w. s.: **Odontologie** (~; –); EW: **odontologisch; Odontom** s (~s; ~e) ⚕ Unterkiefergeschwulst aus Zahnstein; **Odontometrie** w (~; –) ⚕ Abnahme eines Kieferabdrucks (zur Identifizierung); EW: **odontometrisch; Odontoplastik** w (~; ~en) ⚕ Zahn(wieder)einpflanzung; EW: **odontoplastisch**.
Odor m (~s; -ores) (lat.) ⚕ Geruch; **odorieren** ZW (-rte, -rt) ↗ mit Geruchsstoff vermischen.
Odyssee w (~; e|en) (gr., nach dem gr. Sagenhelden *Odysseus*, der 10 Jahre durch die Meere irrte) Irrfahrt; EW: **odysse|isch**.
OECD (e. KW, ∉ **O**rganization for **E**conomic **C**ooperation and **D**evelopment) Organisation für wirtschaftliche Zusammenarbeit.
Oedometer s (~s; ~) Meßgerät, um mechan. Bodeneigenschaften festzustellen.
Oesophagus m (~; -gi) (gr.-lat.) ⚕ = → Ösophagus.
Œuvre s (~s; ~s) (fr.) [*ôwr*] Kunst-, Lebenswerk.
Off s (~s; ~s) (e.) außerhalb des Bildes (der Bühne); **off** unsichtbar zu hören; **Off-Beat** m (~-~s; –) (am., = weg vom Grundschlag!) [*offbît*] ♪ Überbau des → Beats; **Off-Brands** M (e.) [*-brä-*] = No-name-Produkte.
offensiv EW (lat.) angreifend; angreiferisch; **Offensive** w (~; ~n) Angriff.
offerieren ZW (-rte, -rt) ↗ (lat.) anbieten; **Offerte** w (~; ~n) (fr.) Angebot; Antrag; **Offertengebühr** w (~; ~en) Bezahlung für verschlüsselte Anzeige; **Offert|ingeni|eur** m (~s; ~e) [*-inschênjör*] Bearbeiter von Werbeangeboten von Großmaschinen; **Offertorium** s (~s; -ri|en) † Meßgesang während der Opferung.
Office s (~; ~s) (e.) [*offiß*] Amt(sraum), Büro; **Officium** s (~; -cia) (lat.) Amt (*O. sanctum* † Inquisition; *O. divinum* † Brevier); **Offizial** m (~s; -e) † Bischofsgerichtsvorsitzender; **Offizialdelikt** s (~[e]s; ~e) Verbrechen, das von Amts wegen verfolgt wird, **Offizialmaxime** w (~; ~n) Gerichtsrecht zu eigenen prozeßrechtlichen Ermittlungen; **Offizialprinzip** s (~s; –) gerichtl. Verfolgungszwang; **Offizialverteidiger** m (~s; ~) amtl. bestellter Verteidiger; **Offiziant** m (~en; ~en) † Geistlicher bei der Messe; Unterbeamter ↓; **offizi|ell** EW amtlich; förmlich; verbürgt; **Offizier** m (~s; ~e) ⚔

Vorgesetzter des höheren Dienstes; **Offizin** w (~; ~e) Apotheke; Buchdruckerei; Werkstatt; **offizinal, offizinell** EW in der amtlichen Heilmittelliste verzeichnet; **offiziös** EW halbamtlich.

off limits (e.) Zutritt verboten!; **off line** EW (e.) [*-lain*] abgeschaltet, unabhängig nebeneinanderlaufend; **Off-line-Betrieb** m (~-~-~s; –) Datenanlage ohne Anschluß an Zentralcomputer; **Off-off-Bühne** w (~-~-~; ~-~-~n) Experimentiertheater; **off season** (am.) [*-ßįsn*] nicht in der Theatersaison; verkehrsarme Zeit im Luftverkehr.

Offset s (~s; ~s) (e.) Flachdruckverfahren, = **Offsetdruck** m (~[e]s; ~e).

Off-Shore-Auftrag m (~-~-~s; ~-~-träge) (am.-d.) [*-schǫr-*] Wirtschaftsauftrag der USA an ein fremdes Land; **Off-shore-Bohrung** w (~-~-~; ~-~-~en) Erdölsuche vor der Küste; **Off-Shore-Kauf** m (~-~-~[e]s; ~-~-Käufe) [*-schǫr-*] am. Exportlieferungen, die sich als Importe auswirken.

Ogi s (~s; ~s) (jap.) Klappfächer.

Ogive w (~; ~s) (fr.) [*-sch-*] Häufigkeitsverteilung bei kumulierten normalverteilten Daten (Statistik).

Ogino-Knaus = → Knaus-Ogino.

Ohm s (~s; ~) (nach dem Physiker G. S. *Ohm*, 1787–1854) Einheit des elektr. Widerstandes; **Ohmmeter** s (~s; ~) elektr. Widerstandsmesser.

Oildag s (~s; –) (e., KuW) [*-däg*] Schmieröl mit kolloidem Graphit.

Oinologie w (~; –) (gr.) Lehre vom Wein(anbau); → Önologie.

Okapi s (~s; ~s) (afr.) Kurzhalsgiraffe.

Okarina w (~; -nen) (it.) ♪ Tonflöte.

okay (am., ⊄ *o.k.*) [*ôkęi*] in Ordnung!

Okkasion w (~; ~en) (lat.) (gute) Gelegenheit; **Okkasionalismus** m (~; –) Meinung, daß alle, auch die nur gelegentlichen, Eingriffe von Gott kommen; m. s.: **Okkasionalist** (~en; ~en); EW: **okkasionalistisch; okkasionell** EW gelegentlich.

Okki → Occhi.

okkludieren ZW (-rte, -rt) ↗ (lat.) einschließen; ↻ adsorbieren; **Okklusion** w (~; ~en) durch eine nachdrängende Kaltfront hochgedrängte Warmluft; Gasabsorption durch feste Körper; **okklusiv** EW abschließend; **Okklusiv** m (~s; ~e) Verschlußlaut.

okkult EW (lat.) geheimnisvoll; m. abstr. s.: **Okkultismus** (~; –) Erforschen unbek. Naturgesetze; m. s.: **Okkultist** (~en; ~en); EW: **okkultistisch;**

Okkupation w (~; ~en) (lat.) Besitzergreifung; Besatzung(srecht); EW: **okkupatorisch;** ZW: **okkupieren** (-rte, -rt) ↗.

Ökobank w (~; ~en) alternatives Geldinstitut; **Ökologe** m (~n; ~n) (gr.) Fachmann für **Ökologie** w (~; –) Lehre von den Umweltsbeziehungen der Organismen; EW: **ökologisch** (*ö.e Nische* Rückzugsgebiet einer Art mit günstigen Bedingungen); **Ökonom** m (~en; ~en) Landwirt; Pächter; **Ökonometrie** w (~; –) Verbindung der empir. Wirtschaftsforschung und quantifizierenden Theorie; EW: **ökonometrisch; Ökonomie** w (~; –) (Land-)Wirtschaft; Wirtschaftlichkeit; Wirtschaftsforschung; **Ökonomik** w (~; –) Wirtschafts-, Haushaltskunde; Sparsamkeit; **ökonomisch** EW landwirtschaftlich; sparsam (*ö.es Prinzip* bei geringstem Aufwand der größtmögliche Effekt); **Ökonomismus** m (~; –) Überzeugung, die proletarische Aktivität solle sich auf Wirtschaftsfragen beschränken (r., 19. Jh.); EW: **ökonomistisch; Ökopaxbewegung** w (~; –) (⊄ **Öko**logie + **pax** [lat., = Frieden]) Alternative und Friedensbewegung in gemeinsamen Aktionen; **Ökorilla** m (~s; ~s) (KW) [*-rilja*] gesetzverletzender Umweltverschmutzer; **Ökoskopie** w (~; –) Zweig der Marktforschung; **Ökosphäre** w (~; –) = Biosphäre; **Ökosystem** s (~s; ~e) natürlicher Lebensraum; **Ökotage** w (~; –) (⊄ **Öko**logie + **Sabo**tage) Notwehr gegen Umweltverschmutzung; **Ökotop** s (~s; ~e) einheitlicher Lebensraum; **Ökotyp(us)** m (~[s]; -pen) Standortform, -rasse; **Ökozid** m, s (~s; ~e) Schädigung eines Ökosystems.

Okra w (~; –) (afr.) = → Gombo.

Okraschka, Okroschka w (~; -ken) (r.) Fleischkaltschale mit Rahmeiern.

Oktachord m (~[e]s; ~e) (gr.) [*-k-*] ♪ Achtsaiteninstrument; Achttonskala; **Okta|eder** s (~s; ~) ⊲ Achtflächner; EW: **okta|edrisch; Oktana** w (~; –) jeden 8. Tag auftretendes Fieber, = **Oktanfieber** s (~s; –); **Oktant** m (~en; ~en) (lat.) ⊲ 8. Teil eines Kreises (einer Kugelfläche); ⚲ Winkelmeßgerät; **Oktanzahl** w (~; ~en) (⊄ *OZ*) charakterisierende Verhältniszahl für Kraftstoffe.

Oktav s (~s; –) (lat.; ⊄ 8°) Buchformat; ♪ = → Oktave; EW: **oktav ←; Oktave** w (~; ~n) † 8. Tag eines Festes; ♪ Intervall mit vollkommener Konsonanz beider Töne; **oktavieren** ZW

(-rte, -rt) ✓ ♪ in die Oktave überschlagen; **Oktett** s (~[e]s; ~e) ♪ (it.) Stück für 8 selbständige Stimmen; 8 Elektronen in der Atomhüllenschale; **Oktober** m (~s; ~) (lat.; eigtl. = 8. Monat) der 10. Monat; **Oktoberrevolution** w (~; -) r. Revolution 1917; **Oktode** w (~; ~n) Achtpolröhre; **Oktogon** s (~s; ~e) ⚔ regelmäßiges Achteck; □ achteckiges Haus; EW: **oktogonal; oktoplo|id** EW mit achtzelligem Chromosomensatz; **Oktopode** m (~n; ~n) Tintenfisch mit 8 Armen.

oktroyieren ZW (-rte, -rt) (lat.) [-*troaji̯-*] ↗ aufdrängen; bewilligen.

Okular s (~[e]s; ~e) (lat.; Ggs.: *Objektiv*) Linsensystem zunächst dem Auge; EW: **okular; Okular|inspektion** w (~; ~en) Beschau mit bloßem Auge; **Okularmikrometer** s (~s; ~) Meßskala im Mikroskop (Fernrohr); **Okulation** w (~; ~en) = ↗ Okulierung.

Okuli (lat.) 3. Fastensonntag.

okulieren ZW (-rte, -rt) ↗ (lat.) ⊕ veredeln; w. abstr. s.: **Okulierung** (~; ~en).

Ökumene w (~; -) (gr.) † die ganze Christenheit; EW: **ökumenisch** (*ö.e Bewegung* Zusammenschluß aller [nichtkatholischen] Kirchen; *ö.er Rat* Leitung dieser Bewegung [seit 1948]; *ö.es Konzil* vom Papst einberufene kath. Bischofsversammlung; *ö.e Symbole* altchristliche Glaubensbekenntnisse); **Ökumenopolis** → Ecumenopolis.

Okzident, Okzident m (~s/~en; -) (lat., = das Untergehende) Westen, Abendland; EW: **okzidental(isch)**.

okzipital EW (lat.) ⚕ am (im, beim) Hinterhaupt.

Oldie m (~s; ~s) (am.) [*ou*-] (wohlwollend:) zur älteren Generation Gehöriger; beliebter alter Schlager.

Old|timer m (~s; ~) (e.) [*óldtaimr*] altes Rennpferd; altes Automodell.

Oleander m (~s; ~) (gr.-lat.-it.) ⊕ (immergrüner) Rosenlorbeer.

Oleaster m (- s; -) (gr.-lat.) wilder Ölbaum; **Oleat** s (~s; ~e) Ölsäuresalz.

Olefin s (~[e]s; ~e) (gr.-lat.-fr.) 🜄 Kohlenwasserstoff mit Doppelbindung im Molekül; **Öle|in** s (~s; ~e) 🜄 ungereinigte Ölsäure; **Oleodukt** s (~[e]s; ~e) Ölleitung; **Oleom** s (~s; ~e) ⚕ Öltumor, = **Oleosklerom** s (~s; ~e); **Ole|um** s (~s; -) 🜄 rauchende Schwefelsäure.

Olfaktometer s (~s; ~) (gr.) Geruchssinnmesser; w. abstr. s.: **Olfaktometrie** (~; -); EW: **olfaktometrisch; olfaktorisch** EW Geruchs...; **Olfaktorium** s (~s; -ri|en) Riechmittel; **Olfaktorius** m (~; -i|en) Riechnerv.

Olifant m (~s; ~e) (gr.-lat.) prunkvolles Signalhorn.

Olig|ämie w (~; -) (gr.) ⚕ Blutmangel im Organ (Gewebe); **Oligarch** m (~en; ~en) Vertreter der Herrschaft einer Auslese; **Oligarchie** w (~; -i|en) Herrschaft einer Auslese; EW: **oligarchisch; Oligase** w (~; ~n) 🜄 zuckerspaltendes Ferment; **Oligodynamie** w (~; -) (KuW) abtötende oder hemmende Wirkung von Schwermetallspuren auf Mikroorganismen; **oligodynamisch** EW 🜄 in kleinen Mengen wirkend; **Oligohydrämie** w (~; -) ⚕ Schrumpfung des Blutwassergehalts; **Oligohydramnion** s (~s; -) Verringerung des Fruchtwassers bei Schwangeren; **Oligoklas** m (~es; ~e) ein Feldspat; **oligomer** EW (gr.) ⊕ mit zu geringer Gliederzahl; **Oligomere** M Polymere mit niedrigem Polymerisationsgrad; **Oligopeptide** M eiweißähnlicher Stoff aus 2–10 Aminosäuremolekülen; **Oligophrenie** w (~; -) ⚕ angeborener (sehr früh erworbener) Schwachsinn; **Oligoplexe** M ⚕ kleinste Mengen von Heilmittelmischungen; **Oligopol** s (~[e]s; ~e) Markt von wenigen Anbietern beherrscht; EW: **oligopolistisch; Oligospermie** w (~; -i|en) Verminderung der Samenfäden; **Oligotrichie** w (~; -) schwindender Haarwuchs; **oligotroph** EW ⚕ arm an Nährstoffen; w. abstr. s.: **Oligotrophie** (~; -); **Oligozän** s (~s; -) mittleres Tertiär; EW: **oligozän; Olig|urie** w (~; -) ⚕ Verminderung des ausgeschiedenen Urins.

Olims Zeiten M (lat.; *olim* einst) ⌣ früher.

oliv(farben) EW grüngrau; **Olive** w (~; ~n) (gr.-lat.) Ölbaumfrucht; ovale Bernsteinperle, ovaler Knopf; Verschlußhandgriff; ⚕ Teil des verlängerten Rückgrates; **Olivin** s (~s; ~e) Mineral.

Olla podrida w (;) (sp.) gekochtes Fleisch mit Räucherwurst und Erbsen.

Olymp m (~s; -) (gr.) gr. Götterberg; oberste Galerie; Lehrerzimmer; Oberstufe einer Oberschule; **Olympiade** w (~; ~n) Vierjahrspanne zwischen 2 Olympischen Spielen; olympischer Wettkampf; **Olympiajolle** w (~; ~n) Einmannsegler; **Olympianorm** w (~; ~en) Mindestleistung für die Zulassung zu den Olympischen Spielen; **Olympi|er** m (~s; ~) bedeutender

Mensch; Goethe; **Olympionike** m (~n; ~n) Sieger bei Olympischen Spielen; **olympisch** EW (gr.) in, aus Olympia (*O.e Spiele* vierjährliche Wettkämpfe, seit 776 v. Chr.; in der Neuzeit seit 1896).

Omagra s (~; –) (gr.-lat., KuW) ℥ Gicht in der Schulter; **Omalgie** w (~; -i|en) ℥ Schulterschmerz.

Omasus m (~; –) (lat.) Blättermagen (von Wiederkäuern).

Ombré s (~s; –) (fr.) [*oñbré*] schattierend gefärbtes Gewebe; **ombriert** EW schattiert.

Ombrograph m (~en; ~en) (gr.) Regenschreiber, Niederschlagsaufzeichner; EW: **ombrographisch**; **Ombrometer** s (~s; ~) Niederschlagsmeßgerät; EW: **ombrometrisch**; **ombrophil** EW ⊕ regenliebend; w. s.: **Ombrophilie** (~; –); **ombrophob** EW ⊕ regenscheu; w. s.: **Ombrophobie** (~; –).

Ombudsmann m (~[e]s; -männer) (schwed.) Organ der Volksvertretung, der den Bürger vor staatl. Willkür schützen soll.

Omelette w (~; ~n), = **Omelett** s (~s; -e/~s) (fr.) Eierkuchen (*O.* [*aux*] *confitures* [-(*ô*)*coñfitür*] Eierkuchen mit Früchten; *O.* *soufflee* [-*ßufflê*] schaumiger Eierkuchen; *O.* *aux fines herbes* [-*ofinsärb*] mit feinen Kräutern gefüllter Eierkuchen).

Omen s (~s; -mina) (lat.) Vorzeichen; **ominös** EW schlimm.

Omissivdelikt s (~[e]s; ~e) (lat.) durch Unterlassung einer gebotenen Haltung entstandene Straftat.

omnia mea mecum porto (lat., aber gr. Ursprungs) ich habe alles bei mir, was mir gehört.

Omnibus m (~; ~se) (lat., = für alle) Verkehrsfahrzeug; Fragen zu verschiedenen Themen in 1 Fragebogen; **Omnibus|umfrage** w (~; ~n) = Mehr-Themen-Umfrage; **omnilateral** EW allseitig; **Omnilog III** s (~ ~; –) (KuW) Unternehmensspiel zur Schulung von Führungskräften; **omnipotent** EW allmächtig; w. abstr. s.: **Omnipotenz** (~; –); **omnipräsent** EW allgegenwärtig; w. s.: **Omnipräsenz** (~; –); **Omnium** s (~s; -ni|en) Radbahnmehrkampf; Rennen mit Zulassung aller Pferdeklassen; **Omniumversicherung** w (~; ~en) Versicherung gegen eine Mehrzahl von Gefährdungen; **omnivor** EW allesfressend; **Omnivoren** M Allesfresser.

Omphalitis w (~; -itiden) (gr.) ℥ Nabelentzündung (Neugeborener); **Omphaloskopie** w (~; –) Nabelschau.

Onager m (~s; ~) (gr.-lat.) Halbesel.

Onanie w (~; –) (nach der biblischen Gestalt des *Onan*) ℥ Selbstbefriedigung; m. s.: **Onanist** (~en; ~en); ZW: **onanieren** (-rte, -rt) ⚥.

Önanth|säure w (~; ~n) (KuW) einfache Fettsäure.

on call (e.) [*on kol*] auf Abruf (bei Lieferverträgen).

ondeggiando (it.) ♪ [-*dedschan*-] wogend, = **ondeggiamente** ♪ [-*dedscha*-].

Ondit s (~s; ~s) (fr.) [*oñdí*] Gerücht (*einem O. zufolge*).

Ondulation w (~; ~en) (lat.) das Wellen der Haare; **Ondulé** m (~s; ~s) (fr.) [*oñdülé*] welliger Stoff; **ondulieren** ZW (-rte, -rt) ↗ Haare wellen.

One-man-show w (~-~-~; ~-~-~s) (e.) (Theater-, Musik-)Vorstellung, die *ein* Künstler bestreitet; **Onestep** m (~s; ~s) [*"an*-] Schieber (Tanz).

ong(h)arese (it.) ♪ auf ungarische Art.

Oniomanie w (~; –) Kauftrieb.

Onkel Sam m (~ ~; –) (am.) [-*ßäm*] → Uncle Sam.

onkogen EW (gr.) ℥ (schlimme) Geschwulst erregend; w. s.: **Onkogenese** (~; –); **Onkograph** m (~en; ~en) ℥ Meßgerät für (Veränderungen der) Glieder; **Onkologie** w (~; –) ℥ Geschwulstforschung; m. s.: **Onkologe** (~n; ~n); EW: **onkologisch**; **Onkolyse** w (~; ~n) ℥ Beheben von Geschwulsten durch Injektionen.

on line (e.) [-*lain*] „Aufnahme läuft"; Peripheriegerät an den Zentralcomputer angeschlossen.

Önologe m (~n; ~n) (gr.) Weinkenner, -forscher; w. s.: **Önologie** (~; –); EW: **önologisch**; **Önomanie** w (~; -i|en) ℥ Delirium.

Onomasiologie w (~; –) (gr.) = **Onomastik** w (~; –) Namenforschung, -kunde; EW: **onomasiologisch**, **onomastisch**; **onomatopo(i)etisch** [-*po(i)|et*-], **onomatopöetisch** EW lautmalend; w. abstr. s.: **Onomatopöie** (~; –).

Önometer s (~s; ~) (gr.) Alkoholmesser (für Wein).

Önorm w (~; ~en) ∉ Österreich. Industrie**norm**.

On season w (~ ~; ~ ~s) (e.) [-*ßísn*] Hauptreisezeit (im Luftverkehr); **on the road** [-*roud*] unterwegs; **on the rocks** mit Eis(würfeln).

ontisch EW (gr.) seinsmäßig; **Ontogenese** w (~; –) Einzelentwicklung (biol.); EW: **ontogenetisch**; **Ontogo-

nie, -genie w (~; –) Entwicklungsgeschichte eines Individuums; EW: **ontogonisch; Ontologe** m (~n; ~n) Erforscher des Seins; **Ontologie** w (~; –) Seinslehre; Lehre von den abstrakten Wesensbestimmungen; EW: **ontologisch** *(o.er Gottesbeweis);* **Ontosophie** w (~; –) Seinsweisheit; EW: **ontosophisch**.

Onychose w (~; ~n) (gr.) $ Nagelerkrankung.

Onyx m (~es; ~e) (gr.) Schmuckstein.

Onze w (~; ~n) (ind.) = → Jaguar.

Onze et demi (fr.) [*oñz e demí*] Kartenspiel.

O|ogamie w (~; -i|en) (gr.) Fortpflanzung durch Eibefruchtung; **O|ogenese** w (~; ~n) Eientwicklung; EW: **o|ogenetisch; O|ogonium** s (~s; -ni|en) $ Zelle, aus der Eizellen hervorgehen; **O|oid** s (~s; ~e) Kalk- oder Eisenkugel, die sich im Wasser bildet; **O|olemma** s (~s; ~ta) Eihülle; **O|olith** m (~en/~s; ~e[n]) Regenstein; EW: **o|olithisch; O|ologe** m (~n; ~n) Eiforscher; w. s.: **O|ologie** (~; -); EW: **o|ologisch; O|ophoritis** w (~; -itiden) Eierstockentzündung; **o|ophorogen** EW von den Eierstöcken her; **O|ophoron** s (~s; -ra) Eierstock; **O|oplasma** s (~s; -men) Eizellenplasma; **O|ozyte** w (~; ~n) Eiabstoßung einer Zelle während der Reifeteilung.

opak EW (lat.) undurchsichtig (Ggs.: *transluzid*).

Opal m (~[e]s; ~e) (skr.-gr.-lat.) Edelstein; EW: **opalen; Opaleszenz** w (~; –) Milchlicht in trüben Substanzen; ZW: **opaleszieren** (-rte, -rt) ⟋ = **opalisieren** (-rte, -rt) ⟋.

Opanke w (~; ~n) (serb.) Schnürsandale.

Op-art w (~-~; –) (am.) geometrisch-abstrakte Kunstrichtung mit illusionistischer Zielsetzung.

Opazität w (~; –) (lat.) Dunkelheit.

OPEC w (e. ⊄ **O**rganization of **P**etroleum **E**xporting **C**ountries) Zusammenschluß erdölexportierender Länder.

open EW (e.) [*ō"pen*] ohne Vorschriften für die Wettkampfteilnehmer; **Open-air-Festival** s (~-~-~s; ~-~-~s) [*oup'n-är-feßtiwel*] musikal. Großveranstaltung im Freien; **open end** ohne zeitliche Begrenzung.

Oper w (~; ~n) (lat.-it.) gesungenes Schauspiel (*rede keine O.!* keinen Unsinn, nicht so umständlich!); **Opera buffa** (~ ~; -re -ffe) komische, auf Typen aufgebaute Oper; **Opera seria** w (~ ~; -re -i|e) ernste Oper.

operabel EW (lat.) $ zu operieren (möglich); **Operand** m (~en; ~en) Wert, mit dem eine Datenverarbeitung durchgeführt werden soll; **Operandenteil** m (~s; ~e) Abschnitt eines EDV-Befehls; **operant** EW aus sich wirkend, bestimmend; **Operateur** m (~s; ~e) [*-tȫr*] $ Chirurg; Kameramann; Filmvorführer; Bediener von Computern; **Operating** s (~s; –) (e.) [*-reiting*] Bedienen von techn. Geräten; $ = → Chirurg; **Operation** w (~; ~en) $ chirurgischer Eingriff; ✕ geplante Truppenbewegung, Verrichtung; ⊰ Veränderung durch funktionale Einwirkung; = Rechenoperation; **Operationalisierung** w (~; ~en) Standardisierung von Begriffen; Lernzielumsetzung; **Operationsbasis** w (~; -sen) ✕ Grundstellung einer Unternehmung; **Operations-research** w (~-~; –) (am.) [*operä'schns rißörtsch*] Unternehmensforschung; **Operations|teil** m (~s; ~e) Abschnitt eines Computerbefehls; **operativ** EW chirurgisch; ✕ strategisch; unmittelbar wirksam; **Operator** m (~s; -toren) (e.) [*opereiter*] ⊰ Zeichen für eine Rechenvorschrift; wer Computerprogramme laufen läßt.

Operette w (~; ~n) (it., = kleine Oper) Lustspiel mit Gesang.

operieren ZW (-rte, -rt) ↗ (lat.) $ durch Eingriff zu heilen suchen; ⟋ handeln, vorgehen.

Operment s (~s; ~s) (lat.) Rauschgelb.

Ophe|limität w (~; ~en) (KuW) Nutzen einer Ware für den Kunden.

Ophthalmiatrie w (~; –) (gr.) Augenheilkunde; **ophthalmisch** EW zum (im, beim) Auge; **Ophthalmodiagnostik** w (~; –) $ Krankheitsfeststellung durch Bindehautreaktionen; m. s.: **Ophthalmodiagnostiker** (~s; ~); EW: **ophthalmodiagnostisch; Ophthalmologe** m (~n; ~n) $ Augenarzt; w. abstr. s.: **Ophthalmologie** (~; –); EW: **ophthalmologisch; Ophthalmometer** s (~s; ~) $ Meßgerät für Hornhautkrümmung; **Ophthalmoreaktion** w (~; ~en) = → Ophthalmodiagnostik; **Ophthalmoskop** s (~s; ~e) $ Augenspiegel; w. abstr. s.: **Ophthalmoskopie** (~; –); EW: **ophthalmoskopisch; Ophtiole** w (~; ~n) (KuW) Fläschchen zum Augenträufeln ohne Pipette.

Opiat s (~[e]s; ~e) (gr.-lat.) $ opiumhaltiges Heilmittel.

Opinio communis w (~ ~; –) (lat.) allgemeine Meinung; **Opinion-leader** m (~-~s; ~-~) (am.) [*opínjen líder*] Meinungsbildner; Sprecher (einer Gruppe).

Opium s (~s; –) (gr.-lat.) eingedickter Milchsaft unreifer Mohnkapseln (*O. fürs Volk* Religion [Marx]).

Opossum s (~s; ~s) (ind.-e.) am. Beutelratte (*australisches O.* Fell des Fuchskusus).

Opotherapie w (~; –) (gr.) ⚕ Heilversuch mit Gewebesäften.

Oppanol s (~s; ~e) (KuW) kautschukartiges Kunstharz.

Opponent m (~en; ~en) (lat.) Gegner beim Podiumsgespräch, in der Diskussion; **opponieren** ZW (-rte, -rt) ↙ widersprechen; ⊕ gegenüberstellen; MW II: **opponiert** ⊕ gegenständig.

opportun EW (lat.) günstig; **Opportunismus** m (~; –) Neigung, nur das Nützliche (nicht das Richtige oder Gute) zu tun; m. s.: **Opportunist** (~en; ~en); EW: **opportunistisch; Opportunität** w (~; –) Zweckmäßigkeit; **Opportunitäts|kosten** M (KuW) entgangene Erträge durch ungünstigen Produktionsfaktor; **Opportunitäts|prinzip** s (~s; –) (begrenztes) Recht des Staatsanwalts, nur im öffentlichen Interesse Klage zu erheben.

oppositär EW (lat.) im Widerspruch; **Opposition** w (~; ~en) zur Regierung im Gegensatz stehende Parteien; Gegenschein, -satz; ⚕ Stellung des Daumens; EW: **oppositionell**.

Oppression w (~; ~en) (lat.) ⚕ Beklemmung; **opprimieren** ZW (-rte, -rt) ↗ unter-, bedrücken ↓.

Optant m (~en; ~en) (lat.) wer als Ansässiger (in einem abzutretenden Gebiet) über seine künftige Staatsbürgerschaft entscheiden darf; **Optativ** m (~s; ~e) Wunschform des Zeitworts; EW: **optativ; optieren** ZW (-rte, -rt) ↙ sich politisch (für eine Staatsbürgerschaft) entscheiden; vom Bezugsrecht Gebrauch machen.

Optik w (~; –) (gr.) Lehre vom Licht, von der Strahlung; **Optiker** m (~s; ~) Händler mit Linsengeräten; **Optikmodul** s (~s;~e) bereitet Streifenbilder der Holographie auf; **Optikus** m (~; –) ⚕ Sehnerv.

optima fide (lat.) im besten Glauben; **optima forma** in bester Form; **optimal** EW bestmöglich.

Optimeter s (~s; ~) (gr.-lat.) Feinmeßgerät.

optimieren ZW (-rte, -rt) ↗ so weit wie möglich verbessern; **Optimismus** m (~; –) Bemühung, die Umwelt (Zukunft) so günstig wie möglich zu beurteilen; Auffassung, diese Welt sei die beste aller denkbaren Welten und verbessere sich unaufhörlich; m. s.: **Optimist** (~en; ~en); EW: **optimistisch; Optimum** s (~s; -ma) die günstigste Bedingung; Höchstmaß.

Option w (~; ~en) (lat.) Möglichkeit, die alte Staatsangehörigkeit zu behalten; Wahlrecht, -entscheidung; Anwartschaft auf Kauf oder Lieferung von Waren; † Aufstiegsrecht der Kirchenoberen; **Optional** s (~s; –) (e.) [*opschenl*] Ausgleichsrennen für gleichalte Pferde.

optisch EW (gr.) Licht..., Augen... (*o.e Achse* Gerade durch die Krümmungszentren von Linsen; *o.e Aktivität* Fähigkeit von Substanzen, die Lichtschwingung zu drehen; *o.es Glas* blasenfreies Glas mit hohem Brechungsindex; *o.e Täuschung* irrtümlicher Sinneseindruck); **Opto|elektronik** w (~; –) Spezialgebiet der Elektronik (Schaltung durch Lichtsignale); EW: **opto|elektronisch; Optometer** s (~s; ~) ⚕ Sehweitenmesser; w. s.: **Optometrie** (~; ~); EW: **optometrisch; Optophon** s (~[e]s; ~e) Blindenhörlesegerät; **Optotypen** M Sehproben; **Optronik** w (~; –) (∉ Optik + Elektronik) Erforschung optisch-elektronischer Vorgänge; EW: **optronisch**.

opulent EW (lat.) üppig; w. abstr. s.: **Opulenz** (~; –).

Opunti|e w (~; ~n) (nach einem altgr. Stadtnamen) ⊕ Fackeldistel, = **Opuntia** w (~; -i|en).

Opus s (~; -pera) (lat.) Werk (bes. ♪) (*O. incertum* röm. Mauerwerk aus Bruchsteinen mit Mörtel; *O. reticulatum* röm. Mauerwerk mit Sternmuster; *O. operatum* † wirksam vollzogenes Sakrament; **Opuskulum** s (~s; -la) kleine Schrift; Werklein.

Ora w (~; –) (it.) Seewind am nördl. Gardasee.

Orade w (~; ~n) (it.) Meeresfisch Südeuropas.

ora et labora (lat.) bete und arbeite!

Orakel s (~s; ~) (lat.) (Ort für) göttliche Handlungsweisung; rätselhafte Bemerkung; Versuch, Unbekanntes zu erforschen; **orakelhaft** EW rätselhaft; **orakeln** ZW (-lte, -lt) ↗ weissagen; dunkel reden.

oral EW (lat.) mit (auf, in) dem, durch den Mund (*o. eingeben* eine Medizin schlucken lassen; *o.es Stadium* frühe Kindheitsphase, in der die Umwelt über Saugen etc. erfahren wird); **Oral** m (~s; ~e) mit dem Mund gesprochener Laut; **Oral|erotik** w (~; –) Lustgefühle durch den Mund; **oral-genital** EW Geschlechtsteile mit dem Mund stimulierend; **Oral history** w (~ ~; –) (e.) [*orál-*] Geschichte überliefert von Zeitzeugen.

Orange w (~; ~n) (pers.-ar.-sp.-fr.) [-*ransche*] Apfelsine; **Orange** s (~s; –) Goldgelb; EW: **orange** [-*rañsch*] ←; **Orangeade** w (~; ~n) [-*schade*] Apfelsinensaft; **Orangeat** s (~[e]s; ~e) [*orañschât*] getrocknete, gezuckerte Apfelsinenschale; **Orangenhaut** w (~; –) ⚕ Zellulitis; **Orange Pekoe** m (~ ~; –) i. Teesorte; **Orangerie** w (~; -i|en) [*orañscherí*] Gewächshaus (für tropische Pflanzen); **Orangit** m (~s; –) Thorium enthaltendes, orangefarbenes Mineral.

Orang-Utan m (~-~s; ~-~s) (mal.) Menschenaffe.

Orant m (~en; ~en) (lat.) † Beter (als Bild, Plastik); w. s.: **Orante** (~; ~n); **ora pro nobis** bitte für uns!; **Oratio** w (~; –) Rede, Gebet (*O. dominica* Vaterunser; *O. obliqua* indirekte Rede); **Oration** w (~; ~en) † Meßgebet; **Orator** m (~s; -toren) Redner; **oratorisch** EW schwungvoll; **Oratorium** s (~s; -i|en) (lat., = Betsaal) ♪ (meist religiöses) Chorwerk mit Arien und Rezitativen.

orbikular EW (lat.) kreis-, scheibenförmig.

Orbis terrarum m (~ ~; –) (lat.) Erdkreis; **Orbit** m (~s; –) Bahn eines Himmelskörpers (Satelliten); **Orbita** w (~; -tae) ⚕ Augenhöhle; EW: **orbital** ⚕; **Orbital** s (~s; ~e) Raum der Elektronen in Atom oder Molekül; energetischer Zustand eines Elektrons darin; **Orbitalrakete** w (~; ~n) eine Interkontinentalrakete; **Orbitalstation** (~; ~en) Weltraumstation; **Orbiter** m (~s; ~) (e.) Raumfahrtstufe.

Orchester s (~s; ~) (gr.) [-*ke*-] ♪ großer, vielstimmiger Klangkörper; EW: **orchestral**; **Orchestik** w (-; –) Tanzkunst; EW: **orchestisch**; **Orchestration** w (~; ~en) ♪ Bearbeitung für Orchester; **orchestrieren** ZW (-rte, -rt) ↗ ♪ für Orchester einrichten; w. s.: **Orchestrierung** (~; ~en); EW: **orchestrisch**; **Orchestrion** s (~s; -tri|en) ♪ Musikmaschine; Tragorgel, Orgelklavier; Drehorgel.

Orchide|e w (~; ~n) (gr.) ⊕ Knabenkraut; **Orchis** m (~; ~) ⚕ Hoden; **Orchidopexie** w (~; -i|en) ⚕ Operation der Bauchhoden; **Orchitis** w (~; -iti|den) ⚕ Hodenentzündung; **Orchitomie** w (~; -i|en) ⚕ Kastration.

Order w (~; ~n) (lat.) Weisung (*O. parieren* aufs Wort gehorchen); Empfangs- oder Verfügungsberechtigung über eine Ware; **Orderklausel** w (~; ~n) Übertragungsvermerk; **ordern** ZW (-rte, ge*ordert*) ↗ Auftrag erteilen; **Orderpapier** s (~s; ~e) Wertpapier mit Übertragungsvermerk; **Orderscheck** m (~s; ~s) Scheck mit Übertragungsvermerk; **Ordinale** w (~; ~n) = **Ordinalzahl** w (~; ~en) die Reihenfolge bestimmend. (Ordnungs-)Zahl, = **Ordinale** s (~s; -lia); **ordinär** EW gewöhnlich; **Ordinariat** s (~s; ~e) † Diözesanverwaltung; Lehrstuhl; **Ordinari|en|universität** w (~; ~en) Universität alten Stils; **ordinario** (it.) ♪ wie üblich; **Ordinarium** s (~s; -ria) † Ritualbuch; Staatshaushalt; **Ordinarius** m (~; -ri|en) Lehrstuhlinhaber an einer Hochschule; † Bischof; Klassenlehrer; **Ordinärpreis** m (~es; ~e) Buch-, Marktpreis; **Ordinnanz** w (e.) [-*näri schärz*] Stammaktien einer AG; **Ordinate** w (~; ~n) (lat.) ⊰ Senkrechte der Koordinaten; **Ordination** w (~; ~en) † Einführung ins Priester-, Pfarramt; ⚕ Verordnung, Sprechstunde, = **Ordinations|zimmer** s (~s; ~) ⚕ Behandlungsraum; **ordinieren** ZW (-rte, -rt) ↗ † Weihen erteilen; ⚕ verordnen; **Ordo** m (~; –) göttliche Weltordnung; (M: -dines) † Priesterstand; biologisch systematische Ordnung; **Ordo|liberalismus** m (~; –) wirtschaftstheoret. Richtung (Freiburger Schule); **Ordonnanz** w (~; ~en) fr. königlicher Erlaß ↓; ⚔ Befehlsüberbringer; **Ordre** w (~; ~s) (fr.) = **Order** (*O. du cœur* [fr.] [*ordrdükö̱r*] Werthöhengefühl).

Ordovizium s (~s; –) erdgeschichtl. Abschnitt (des Silurs).

oreal EW (gr.-lat.) im (beim, am, vom) Gebirgswald.

Oreophyten M (gr.) ⊕ Alpenpflanzen.

Orfe w (~; ~n) (gr.-lat.) am. Karpfen.

Organ s (~[e]s; ~e) (gr.) Körperteil mit Funktionen; Bevollmächtigter einer jurist. Person; Stimm(stärk)e; Parteizeitung, Informationsblatt einer Interessengruppe (*O. haben* Verständnis aufbringen); **Organ|affinität** w (~; ~en) = → Organotropie; **organal** EW orgelartig; Organ...; **Organbank** w (~; ~en) Sammelstelle verpflanzbarer menschl. Organe.

Organdy m (~s; ~s) (fr.-e.) Kunstseidengewebe.
Organigramm s (~s; ~e) (gr.-lat.) Organisationsschema mit Aufgabenverteilung; **Organik** w (~; –) ♃ Erforschung der Organismen; ☌ organische Chemie; m. s.: **Organiker** (~s; ~) ☌; **organisabel** EW beschaffbar; **Organisation** w (~; ~en) Planung des Kräfteeinsatzes; zweckbestimmte Vereinigung; Bauplan; ♃ Körperstrukur; ♃ Verwandlung von totem Gewebe im Körper in Bindegewebe; **Organisator** m (~s; -toren) formgebender Betriebsgestalter; Keimbezirk; EW: **organisatorisch**; **organisch** EW naturgemäß geformt (bedingt); ♃ auf Veränderungen des Zellaufbaus beruhend (Ggs.: *funktionell*); zur organischen Chemie gehörend (*o.e Chemie* beschäftigt sich mit den Kohlenstoffverbindungen; *o.e Krankheit* verändert Organe oder Gewebe); **organisieren** ZW (-rte, -rt) ↗ geschickt vorbereiten, herbei-, listig beschaffen; einrichten, ordnen; ↖ sich zusammenschließen; MW II: **organisiert** einem (Berufs-)Verband angehörend; **Organismus** m (~; -men) Ganzheit des Körpers; **Organist** m (~en; ~en) † Kirchenmusiker, Orgelspieler; ∪ wer Fehlendes geschickt zu beschaffen weiß; **Organistrum** s (~s; -stren) ♪ Drehorgel; **Organ|klage** w (~; ~n) Klage beim Bundesverfassungsgericht von Verfassungsorgan; **Organ|konserve** w (~; ~n) zur Verpflanzung aufbewahrtes Organ; **Organ|neurose** w (~; ~n) ♃ Neurose mit Funktionsstörung eines Organs; **organogen** EW aus Organismen entwickelt; **Organogene** M Aufbaukörper; **Organogenese** w (~; ~n) Organbildung; **Organogramm** s (~s; ~e) Schaubild vom Informationsempfang eines Organismus; **Organographie** w (~; –) Organ(entstehungs-)beschreibung; ♄ Erforschung der Pflanzenorgane; ♪ Beschreibung von Musikwerken; EW: **organographisch**; **organo|id** EW organähnlich; **Organologe** m (~n; ~n) Organ(ismen)forscher; w. abstr. s.: **Organologie**; EW: **organologisch**; **Organon** s (~s; -na) Werkzeug (zur Wahrheitsfindung [Aristoteles]); **Organotherapie** w (~; –) = → Organtherapie; **organotrop** EW auf Organe wirkend; **Organotropie** w (~; -i|en) ♃ Krankheitserreger, der sich im Wirtskörper festsetzt; **Organozo|on** s (~s; -zo|en) Parasit in einem Organ; **Organpsychose** w (~; ~n) organ. Schäden durch psych. Belastung; **Organschaft** w (~; ~en) Abhängigkeit von einem stärkeren Unternehmen.

Organsin m, s (~s; –) (it.-fr.) gezwirnte Naturseide.

Organtherapie w (~; –) (gr.) ♃ Bestandteile tierischer Organe als Heilmittel; **Organum** s (~s; -gana) ♪ Mehrstimmigkeit (im Gregorian. Gesang); Musikinstrument; Orgel.

Organza m (~s; –) (it.) dünnes naturseidenes Gewebe.

Orgasmus m (~; -men) (gr.-lat.) Höhepunkt des Lustgefühls; EW: **orgastisch**.

Orgel w (~; ~n) (gr.) ♪ großes Tasteninstrument; **orgeln** ZW (-lte, georgelt) ↙ Orgel spielen; laut singen (schreien; *Hirsche o.* röhren); **Orgelprospekt** m (~[e]s; ~e) Schauseite der Orgel.

Orgiasmus m (~; -men) (gr.) Zügellosigkeit, Ausgelassenheit; m. s.: **Orgiast** (~en; ~en); EW: **orgiastisch**; **Orgi|e** w (~; ~n) ausgelassene Feier.

Ori|ent m (~[e]s; –) (lat.) Osten; Morgenland; **Ori|entale** m (~n; ~n) Morgenlandbewohner; **Ori|entalia** M Abhandlungen über das Morgenland; **Ori|entalide** m (~; ~n) Europider im Vorderen Orient; **orientalisch** EW aus (im, vom) Orient (*o.e Kirche* † Ostkirche); **Ori|entalist** m (~en; ~en) Erforscher des Morgenlandes; EW: **ori|entalistisch**; w. abstr. s.: **Ori|entalistik** (~; –); **Ori|entbeule** w (~; ~n) ♃ trop. Hauterkrankung; **ori|entieren** ZW (-rte, -rt) ↖ (lat.) sich richten nach; ↗ (auf die Himmelsrichtung) einstellen; **Ori|entierung** w (~; ~en) Erkenntnis des Standortes; † Kirchenlängs|achsenrichtung; Einstellung (auf die Himmelsrichtungen); Ausrichtung der Moleküle; **Ori|entierungs|stufe** w (~; ~n) 5./6. (11.) Schuljahr zur Wahl des passenden Schultyps.

Original s (~[e]s; ~e) (lat.) Urbild, -form; Sonderling; **original** EW echt (auch ←); eigentümlich; in der Urform, -schrift; **Originalität** w (~; ~en) Ursprünglichkeit, Besonderheit; **originär** EW urtümlich, -sprünglich; **originell** EW eigenartig, -willig; schöpferisch.

Orioniden M (gr.-lat.) herbstlicher Meteorstrom.

Orkan m (~[e]s; ~e) (ind.-sp.-nl.) Sturm in Windstärke 12.

Orkus m (~; –) (lat., = Unterweltsgott) Unterwelt.

Orlean m (~s; –) (nach einem Spanier) roter Pflanzenfarbstoff.
Orleans m (~; –) (nach einer fr. Stadt) [*-leañ*] Glanzbaumwolle.
Orlog m (~s; ~e/~s) (nl.) Krieg.
Orlon s (~s; –) (e.) wollähnliche Kunstfaser.
Orlopdeck s (~[e]s; ~s) (nl.) ⚓ unterstes Schiffsdeck.
Orlowtraber m (~s; ~) (nach dem r. Züchter) [*-loff-*] Pferderasse.
Ornament s (~[e]s; ~e) (lat.) □ Ziermotiv; ♪ Verzierung; EW: **ornamental**; ZW: **ornamentieren** (-rte, -rt) ↗; **Ornamentik** w (~; –) alle Verzierungen (eines Kunstwerks, -kreises); Verzierungskunst; **Ornat** m (~[e]s; ~e) Amtstracht.
Ornis m (~; –) (fr.) Musselin mit Edelmetallfäden; w (~; –) (gr.) Vogelwelt einer Gegend; **Ornithologe** m (~n; ~n) Vogelforscher; w. abstr.: **Ornithologie** (~; –); EW: **ornithologisch**; **ornithophil** EW ⚘ von Vögeln bestäubt *(o.e Pflanzen);* w. abstr. s.: **Ornithophilie** (~; –); **Ornithose** w (~; ~n) ✚ von Vögeln übertragene Krankheit.
Orogen s (~s; –) (gr., KuW) Faltengebirge; **orogen** EW gebirgsbildend; **Orogenese** w (~; ~n) Gebirgsbildung; **Orogenie** w (~; –) Erforschung der Gebirgsbildung; EW: **orogen([et]isch)**; **Orognosie** w (~; –) Gebirgs-, Bodenschatzforschung; EW: **orognostisch**; **Orographie** w (~; –) Gebirgsbeschreibung, -forschung; EW: **orographisch**; **Orohydrographie** w (~; -i|en) Beschreibung der Gebirgswässer; EW: **orohydrographisch**; **Orometrie** w (~; –) vergleichende Gebirgsmessung; EW: **orometrisch**; **Oroplastik** w (~; –) Erforschung der Gebirgsformen; EW: **oroplastisch**.
orphisch EW (gr.-lat., nach dem Sänger der altgr. Sage *Orpheus*) geheimnisvoll.
Orpington s (~s; ~s) (nach einer e. Stadt) [*orpinktn*] Hühnerrasse; w (~; ~s) Zuchtentenrasse.
Orsat|apparat m (~[e]s; ~e) (nach dem Konstrukteur) Gerät zu Gasanalysen.
Örsted s (~s; –) (nach dem dän. Physiker H. Chr. *Örsted*, 1777–1851) Einheit der magnetischen Feldstärke (⚡ *Oe*).
Orthese w (~; ~n) (⚡ orthopäd. + Prothese) Stützkorsett; **Orthetik** w (~; –) ✚ Technik der Konstruktion der Orthesen; EW: **orthetisch**.

Orthikon s (~s; -one/~s) Fernsehbildspeicher.
Orthochromasie w (~; –) (gr.) [*-kro-*] Farbrichtigkeit (von Lichtbildaufnahmen); **orthochromatisch** EW [*-kro-*] tonwertgerecht(er Film [Lichtbildplatte]); **Orthodontie** w (~; -i|en) ✚ Zurechtrückung schiefer Zähne; **orthodox** EW † rechtgläubig *(o.e Kirche* Ostkirche); traditionell-konservativ; engherzig-starr; m. s.: **Orthodoxe** (~n; ~n); **Orthodoxie** w (~; -i|en) † Rechtgläubigkeit (Ggs.: *Heterodoxie*); griechisch-orthodoxe Kirche; starres Festhalten überkommener Meinungen; **Ortho|epie** w (~; –) Aussprachelehre; **Orthodrome** w (~; ~n) ⚓ kürzeste Linie zwischen zwei Punkten auf einer Kugel; **Orthogenese** w (~; ~n) Entwicklungsphase, in der mehrere Generationen *eine* Richtung einhalten; EW: **orthogenetisch**; **Orthogesteine** M kristalline Schiefer aus Erstarrungsgesteinen; **Orthognathie** w (~; -i|en) ✚ normale Kieferstellung; **Orthogon** s (~[e]s; ~e) ⚔ Rechteck; **orthogonal** EW ⚔ senkrecht zueinander; **Orthographie** w (~; -i|en) Rechtschreibung; EW: **orthographisch**; **Ortho|helium** s (~s; –) Heliumatome in bestimmtem Energiezustand; **Orthoklas** m (~en; ~en) (rechtwinklig brechender) Feldspat; **Orthologie** w (~; –) Lehre vom gesunden Körper und seinen Funktionen; **Orthopäde** m (~n; ~n) ✚ Erforscher (Arzt für) körperliche(r) Mißbildungen; w. abstr. s.: **Orthopädie** (~; –); EW: **orthopädisch**; **Orthopädie|mechaniker** m (~s; ~) Hersteller von künstlichen Körperteilen und Korsetts; **Orthopädist** m (~en; ~en) Hersteller orthopädischer Heilgeräte; **Orthopno|e** w (~; –) ✚ größte Atemnot; **Orthoptik** w (~; –) ✚ Korrekturtraining für Schielende; m. s.: **Orthoptist** (~en; ~en); w. s.: **Orthoptistin** (~; ~nen); **Orth|opteren** M Geradflügler (Insekten); **Orthoskop** s (~s; ~e) Gerät zur Kristalluntersuchung, **Orthoskopie** w (~; -i|en) winkeltreue Abbildung; EW: **orthoskopisch**; **Orthostase** w (~;) ✚ aufrechte Haltung; **Orthostigmat** m (~[e]s; ~e) Objektiv (für winkeltreue Abbildungen); EW: **orthostigmatisch**; **Orthothanasie** w (~; -i|en) Sterbehilfe; **Orthowasserstoff** m (~[e]s; ~e) Wasserstoffmoleküle in bestimmtem Energiezustand; **Orthotonie** w (~; –) ♪ korrekte Betonung; **orthotrop** EW ⚘ durch Schwerkraft aufrechtstehend

(*o.e Platten* Fahrbahnplatten mit doppelter Elastität); **Orthozentrum** s (~s; -tren) ⋖ Höhenschnittpunkt im Dreieck; **orthozephal** EW von mittelhoher Schädelform; m. s.: **Orthozephale** (~n; ~n); w. s.: **Orthozephalie** (~; –).

Ortizon s (~s; ~e) (KuW) Wasserstoffper|oxid enthaltendes Desinfektionsmittel.

Ortolan m (~s; ~e) (it.) Goldammer.

Os m, s (~; ~er) (schwed.) ausgefüllte Schmelzwasserrinne.

Oscar m (~s; ~s) (am.) am. Filmpreis.

Oskulation w (~; ~en) (lat.) ⋖ Berührung zweier Kurven; ZW: **oskulieren** (-rte, -rt) ↗.

Osmane m (~n; ~n) (nach Sultan *Osman* I., 1259–1326) Türke; EW: **osmanisch**.

Osmir|idium s (~s; –) (∉ **Osmi**um + **Iridium**) gegen Säuren und Oxidationsmittel unempfindliche Legierung.

Osmium s (~s; –) (KuW; ∉ *Os*) ☿ Platinmetall.

Osmologe m (~n; ~n) (gr.) Erforscher, Kenner von Gerüchen (Düften); w. abstr. s.: **Osmologie** (~; –); EW: **osmologisch; osmophil** EW ⊕ zur Osmose neigend; **osmophor** EW geruchbedingend; **Osmose** w (~; –) Austausch, Eindringen einer in eine andere Flüssigkeit durch eine dünne Scheidewand (= → Diffusion); EW: **osmotisch** (*o.er Druck* bewirkt die Osmose).

Ösophagismus m (~; -men) (gr.) ♀ Speiseröhrenkrampf; **Ösophagoskop** s (~s; ~e) ♀ Speiseröhrenspiegel; EW: **ösophagoskopisch; Ösophagotomie** w (~; -i|en) ♀ Speiseröhrenschnitt; **Ösophagus** m (~; -gi) (gr.-lat., = Speisenbeförderer) ♀ Speiseröhre.

Oss(u)arium s (~s; -ri|en) (lat.) Beinhaus; **Osse|in** s (~s; ~e) (gr.) Gerüsteiweiß der Knochen; **Ossifikation** w (~; ~en) (lat.) ♀ Verknöcherung; ZW: **ossifizieren** (-rte, -rt) ↙.

Osso buco m (~ ~; ~ ~) (it.) gebratene Kalbsfüße.

Ossuarium = → Ossarium.

Ostealgie w (~; -i|en) (gr.) ♀ Knochenschmerz.

ostensibel EW (lat.) vorzeig-, offenbar ↓; **ostensiv** EW (fr.) augenfällig; prunkend ↓; **Ostensorium** s (~s; -ri|en) (lat.) † Monstranz; **Ostentation** w (~; ~en) Prahle-, Prunkerei ↓; **ostentativ** EW augenfällig; prahlerisch, = **ostentiös** ↓ EW (lat.).

Osteoarthritis w (~; -itiden) (gr.) Knochenentzündung; **Osteoblast** m (~en; ~en) ♀ Knochenbildungszelle; **Osteoektomie** w (~; -i|en) ♀ Knochenausmeißelung; **osteogen** EW ♀ vom Knochen ausgehend; knochenbildend; **osteo|id** EW ♀ knochenartig; **Osteoklasie** w (~; –) ♀ Knochenzerbrechung zu ihrer Geraderichtung; **Osteoklast** m (~en; ~en), s (~s; ~en) ♀ Riesenzelle, die das Knochengewebe zerstört; Knochenbrechgerät; **Osteokolle** w (~; ~n) an Knochen erinnernde Wurzelversteinerung; **Osteologe** m (~n; ~n) Knochenforscher; w. abstr. s.: **Osteologie** (~; –); EW: **osteologisch; Osteolyse** w (~; ~n) ♀ Knochengewebeauflösung; **Osteom** s (~s; ~e) ♀ Knochengeschwulst; **Osteomalazie** w (~; -i|en) ♀ Knochenerweichung; EW: **osteomalazisch; Osteomyelitis** w (~; -itiden) Knochenmarkentzündung; **Osteon** s (~s; -onen) ♀ Baustein vom Knochengewebe; **Osteophatie** w (~; -i|en) Knochenleiden; **Osteoplastik** w (~; ~en) ♀ Knochenstückverpflanzung; EW: **osteoplastisch; Osteoporose** w (~; ~n) ♀ Schwund der Knochenmasse; **Osteosarkom** s (~s; ~e) (KuW) bösartige Knochenerkrankung; **Osteosynthese** w (~; ~n) ♀ künstl. Knochenverbindung; **Osteotaxis** w (~; -xen) ♀ Einrenkung von Knochenbrüchen; **Osteotomie** w (~; -i|en) ♀ Knochendurchtrennung.

Osteria w (~; -i|en) (it.) Schenke, = **Osterie** w (~; -i|en).

ostinat(o) (it.) ♪ fortgesetzt wiederholt; s. (m.) s.: **Ostinato** (~s; -ti).

Ostitis w (~; -itiden) (gr.) ♀ Knochenentzündung.

Ostrazismus m (~; –) (gr.-lat.) altathenisches Scherbengericht (seit 488 v. Chr.), = **Ostrakismus** m (~; –).

Östrogen s (~s; ~e) (gr.) w. Sexualhormon; **Ostromanie** w (~; -i|en) ♀ Erregung mit sexuellem Einschlag; Nymphomanie; **Östron** s (~s; –) Follikelhormon; **Östron|gruppe** w (~; ~n) Gruppe der Follikelhormone.

Oszedo w (~; –) (lat.) ♀ Gähnkrampf.

Oszillation w (~; ~en) (lat.) Schwingung; **Oszillations|theorie** w (~; –) Erklärung der Erdkrustenbewegung durch Magmabewegungen im Erdinnern; **Oszillator** m (~s; -toren) Schwingungserzeuger; **oszillatorisch** EW (lat.) zitternd; **oszillieren** ZW (-rte, -rt) ↙ schwingen, schwanken; **oszillierend** EW ⋖ abwechselnd positiv und negativ (*o.e Reihe*); **Oszillogramm** s (~[e]s; ~e) Lichtbild schnell wechselnder Vorgänge; **Oszillograph**

m (~en; ~en) Lichtbild-, Beobachtungsgerät für schnell wechselnde Vorgänge; EW: **oszillographisch; Oszillometrie** w (~; -) ⚕ Pulswellenmessung; EW: **oszillometrisch**.

Otagra s (~s; -) (gr.) = **Otalgie** w (~; -i|en) ⚕ Ohrenschmerzen = **Otodynie** w (~; -i|en); **Otiatrie** w (~; -) ⚕ Ohrenheilkunde; EW: **otiatrisch; Otitis** w (~; -itiden) ⚕ Ohrenentzündung; EW: **otitisch**.

Otium s (~s; -) (lat.) Beschaulichkeit ↓ (*O. cum dignitate* [lat.] wohlverdienter Ruhestand).

Otodynie = → Otalgie; **otogen** EW (gr.) vom Ohr her; **Otolith** m (~s/ ~en; ~e[n]) Gleichgewichtssteinchen im Gehörgang; **Otologe** m (~n; ~n) Spezialist für Ohrenkrankheiten; w. abstr. s.: **Otologie** (~; -); EW: **otologisch; Otophon** s (~[e]s; ~e) Hörrohr; **Otorrhagie** w (~; -i|en) Ohrenbluten; **Otorrhö** w (~; ~en) ⚕ Ohrenfluß; **Otosklerose** w (~; ~n) ⚕ vererbte Schwerhörigkeit; EW: **otosklerotisch; Otoskop** s (~[e]s; ~e) ⚕ Ohrenspiegel; w. abstr. s.: **Otoskopie** (~; -); EW: **otoskopisch; Otozyon** m (~s; ~s) afr. Löffelfuchs.

ottava EW (it.) [*-wa*] ♪ in einer Oktave zu spielen; **Ottaverime** M (it.) Stanze. **Ottoman** m (~[e]s; ~e), = **Ottomane**[1] m (~n; ~) (türk.-fr.) Ripswolle, -seide; **Ottomane**[2] w (~; ~n) Ruhebett; m (~n; ~n) Türke; EW: **ottomanisch**.

out sein ZW (am.) [*aut-*] ✓ nicht mehr aktuell sein; **Out** s (~s; ~s) Aus (bei Ballspielen); **Outburst** m (~; ~s) (e.) [*autbörst*] Strahlungsausbruch; **Outcast** m (~s; ~s) (am.) [*autkâßt*] Ausgestoßener; **Outfit** s (~s; ~s) Ausstattung; **Outgroup** w (~; ~s) [*autgrûp*] die Nichtdazugehörenden; **Outlaw** m (~s; ~s) [*-lou*] Ausgestoßener, Verbrecher; **Outlet** s (~s; ~s) Verkaufsstätte; **Outline** w (~; ~s) [*-lain*] Vorskizze des Layouts; **Outphase** w (~; ~n) Vorschulung im Management; **Output** s (~s; ~s) [*aut-*] Ausgangsleistung eines Rundfunkgerätes; Warenaustausch; Produktionsausstoß; Ausstoß des Computers.

outrieren ZW (-rte, -rt) (fr.) [*û-*] ↗ übersteigern.

Outsider m (~s; ~) (e.) [*autßaid*ᵉ*r*] Außenseiter; Wettkampfteilnehmer (Bewerber) ohne besondere Erfolgsaussichten; Betrieb, der die vereinbarten Wettbewerbsbeschränkungen nicht einhält.

Ouvertüre w (~; ~n) (fr.) ♪ Komposition zur Eröffnung einer Oper (eines Oratoriums).

Ouvrée w (~; -) (lat.-fr.) [*ûwrê*] gezwirnte Rohseide.

oval EW (lat.) eiförmig; **Oval** s (~s; ~e) Eirund; **Ov|albumin** s (~s; ~e) Eiweißkörper im Eiklar; **Ovar(ium)** s (~s; -ri|en) ⚕ Eierstock; **ovarial** EW ⚕ am (im, beim) Eierstock; **Ovarialhormon** s (~s; ~e) im Eierstock entstandenes Hormon; **Ovari|ektomie** w (~; -i|en) ⚕ Ausschneidung der Eierstöcke; **Ovarium** w = → Ovar.

Ovation w (~; ~en) (lat.) Huldigung.

Overall m (~s; ~s) (e.) [*ôwer°l*] einteiliger Arbeitsanzug; **Overconfidence** w (~; -) (am. = Selbstüberschätzung) Überschätzung der Perfektion der Geräte und eigener Fähigkeiten; **overdressed** EW [*ôwerdreßd*] zu festlich gekleidet; **Overdrive** w (~s; ~s) [*-draif*] Ergänzungsgetriebe zur Drehzahldrosselung; Schongang des Kraftfahrzeugmotors; **Overflow** m (~s; -) Speicherüberlastung des Computers; **Overheadprojektor** m (~s; -toren) [*-häd-*] Direktprojektionsgerät hinter den Referenten; **Overkill** s (~s; -) übergroßer Tötungseffekt (der Atomwaffen); **Overlay-Netz** s (~~es; ~-~e) Glasfaserkabel-Netz neben den vorhandenen Übertragungsnetzen; **Overshot** s (~s; ~s) [*-schott*] Fangglocke; **Overstatement** s (~s; -) [*-steit-*] Übertreibung.

Ovidukt m (~[e]s; ~e) (lat.) ⚕ Eileiter; **ovipar** EW eierlegend (Ggs.: *vivipar*); w. abstr. s.: **Oviparie** (~; -); **Ovogenese** w (~; -) = → O|ogenese; **ovoid(isch)** EW eiförmig; **Ovoplasma** s (~s; -men) = → O|oplasma; **Ovulation** w (~; ~en) ⚕ Eisprung; **Ovulations|hemmer** m (~s; ~) ⚕ w. Hormon zur Verhinderung des Eisprungs.

Oxalat s (~[e]s; ~e) (gr.-lat.) ⚗ Salz der Oxalsäure; **Oxalatstein** m (~[e]s; ~e) ⚕ Harnstein aus oxalsaurem Kalk; **Oxalis** w (~; -) ♠ Sauerklee; **Oxalit** s (~s; ~e) ein Mineral; **Oxalsäure** w (~; ~n) ⚗ Kleesäure; **Oxal|urie** w (~; -i|en) ⚕ zu starke Kalkabsonderung im Harn.

Oxer m (~s; ~) (e.) Heckenhindernis im Turniersport.

Oxford s (~s; -) (nach einem e. ON) gestreiftes (kariertes) Baumwollgewebe; **Oxford|einheit** w (~; -) Maß für Penicillindosen.

Oxid s (~s; ~e) (gr.) ⚗ Verbindung eines Elements mit Sauerstoff; **Oxidans** s (~; -ti|en) (KuW) = Oxida-

Oxidase

tionsmittel; **Oxid̲ase** w (~; ~n) ⚕ sauerstoffübertragendes Ferment; **Oxidati̲on** w (~; ~en) ⚕ Verbindung mit Sauerstoff; Entzug von Elektronen aus Atomen eines Grundstoffes; **oxidi̲eren** ZW (-rte, -rt) ↙ ⚕ sich mit Sauerstoff verbinden; **Oxidim̲eter** s (~s; ~) ⚕ Meßgerät für Oxidationsvorgänge; w. s.: **Oxidimetri̲e** (~; -) ⚕; EW: **oxidim̲etrisch; oxi̲disch** EW ⚕ Oxid enthaltend; **Oxyg̲en** s (~s; -) Sauerstoff; **Oxymoron** s (~s; -) (gr.) spitzfindiger Ausdruck; geistreiche Verbindung scheinbarer Gegensätze; **Oxyt̲onon** s (~s; -na) endsilbenbetontes Wort; **Oxy|u̲re** w (~; ~n) Madenwurm.
Oza̲ena w (~; -nen) (gr.-lat.) [oza̲-] ⚕ Stinknase.
O̲zean m (~s; ~e) (gr., nach einem Gott) Weltmeer; **Ozeana̲rium** s (~s; -ri|en) großes Meerwasseraquarium; **Ozeani|en** s (~s; –) Inseln im Stillen Ozean; **ozea̲nisch** EW Meeres...; aus (in, von) Ozeani|en; **Ozean̲ist** m (~en; ~en) Erforscher ozeanischer Kulturen; w. s.: **Ozean̲istik** (~; –); EW: **ozean̲istisch; Ozeanograph** m (~en; ~en) Meeresforscher; **Ozeanolo̲ge** m (~n; ~n); **Ozeanograph̲ie** w (~; –); **Ozeanolog̲ie** w (~; –); EW: **ozeanogr̲aphisch = ozeanolog̲isch** EW.
O̲zelot m (~s; ~e) (ind.) südam. Wildkatze.
Ozoker̲it s (~[e]s; –) (gr.) natürliches mineralisches Erdwachs.
Oz̲on s, m (~s; –) (gr.) dreiatomiger Sauerstoff; **Ozon̲id** s (~s; ~e) ein dickflüssiges Öl; **ozonisi̲eren** ZW (-rte, -rt) ↗ ⚕ mit Ozon behandeln; **Ozonisi̲erung** w (~; –) Trinkwasserentkeimung mit Ozon; **Ozo̲nloch** s (~s; ~) Schädigung der Ozonschicht durch Treibgas (Sprays); **Ozonoly̲se** w (~; ~n) Molekülabbau organischer Substanzen mit Ozon; **Ozonosph̲äre** w (~; –) ozonreiche Schicht der Erdatmosphäre.

P

P̲acemaker m (~s; ~) (e.) [pḁ̂ßma̲ᵢkᵉr] ⚕ Herzschrittmacher; führendes Pferd (Rennsport); ⚕ Schrittmacherzelle der Muskulatur; **P̲acer** m (~s; ~) [pḁ̂ßr] Pferd im Schritt; Paßgänger.
Pach̲ulke m (~n; ~n) (poln.) Tölpel; Strafgefangener; Gehilfe; Teilsatz herstellender Setzer ↓.
Pachy|akri̲e w (~; -i|en) (gr.-lat.) ⚕ Finger-, Zehenschwellung, = → Akromegalie; = **Pachydaktyli̲e** w (~; -i|en); **Pachyd̲ermen** M Dickhäuter; **Pachyderm̲ie** w (~; -i|en) Elefantiasis; **Pachym̲eter** s (~s; ~) Dickenmesser; w. abstr. s.: **Pachymetri̲e** (~; –); EW: **pachym̲etrisch; Pachyzeph̲ale** m (~n; ~n) ⚕ Dickschädel; EW: **pachyzeph̲al**; w. s.: **Pachyzephali̲e** (~; -i|en).
Pack s (~s; ~s) (e.) [pä̲k] Gewicht für Hanf, Leinen, Wolle; **P̲ackage** w (~; ~s) (fr.) [pakås̲cke] von einer Firma gestaltetes Fernsehoriginalprogramm; **P̲ackagetour** w (~; ~en) (e.-fr.) [päkidsch̲tur] vom Reisebüro geplante Einzelpauschalreise im PKW; **P̲ackfong** s (~s; –) (chin.) Art Silberlegierung.
Pädago̲ge m (~n; ~n) (gr.) (berufsmäßiger) Erzieher; w. abstr. s.: **Pädagog̲ik** (~; –); EW: **pädag̲ogisch; Pädagogium** s (~s; -gi|en) (lat.) Knabeninternat; **Pädatrophi̲e** w (~; -i|en) ⚕ gefährliche Abmagerung bei Kleinkindern.
P̲addel s (~s; ~) (e.) Schmalblattruder; ZW: **p̲addeln** (-lte, gepaddelt) ↙.
P̲addock m (~s; ~s) (∪ e.) [pä̲ddeck] Laufgarten (für Pferde); Sattelplatzstand; Beschälerbox.
P̲addy s (~s; –) (mal.-e.) [pä̲ddi] Reisgericht aus entschaltem und einschaligem Reis.
Päder̲ast m (~en; ~en) (gr.) = Liebhaber von Knaben; w. abstr. s.: **Päderasti̲e** (~; –); EW: **päder̲astisch; Pädi̲ater** m (~s; ~) ⚕ Kinderarzt; w. abstr. s.: **Pädiatri̲e** (~; –); EW: **pädi̲atrisch; Pä̲do** m (~s; ~s) ∉ Päderast; **Pä̲do|audiologi̲e** w (~; –) ⚕ Lehre von Hörstörungen bei Kindern; **Pädogen̲ese** w (~; ~n) Larvenentwicklung; = **Pädog̲enesis** w (~; -n̲esen); EW: **pädogen̲etisch; Pädoph̲ile** m (~n; ~n) = Päderast; w. abstr. s.: **Pädophili̲e** (~; –); EW: **pädoph̲il**.
Padr̲one m (~s; ~s) (it.) (Haus-)Wirt; Schutzheiliger; w. s.: **Padr̲ona** (~; -nen).
Pad̲uk m (~s; –) (birm.) ostas. Hartholz für Kunsttischlerei.
Pa|̲ella w (~; ~s) (sp.) [-e̲lja] Reis-

gericht mit Fleisch, Fischen und Krebsen.

Pafesen M (it.) arme Ritter (Weißbrotgericht).

Pagaie w (~; ~n) (mal.-sp.) Stechpaddel.

paganisieren ZW (-rte, -rt) ↗ (lat.) heidnisch machen; **Paganismus** m (~; –) Heidentum; † heidnische Elemente im Christentum.

pagatorisch EW (it.-lat., KuW) (*p.e Bilanz* Jahresabschluß auf Positionen aus Zahlungsvorgängen).

Page m (~n; ~n) (fr.) [*pásche*] Edelknabe ↓; Hoteldiener; **Pagerie** w (~; -i|en) [*-sche*] Pagenschule.

Pagina w (~; -nae) (lat.) Blattseite; **Paging** s (~s; ~s) (e.) [*peidschin*] Zerlegungsverfahren von Computerprogrammen; **paginieren** ZW (-rte, -rt) ↗ nach Blattseiten zählen; mit Seitenzahlen versehen; **Paginiermaschine** w (~; ~n) automatisches Gerät zur Seitensignierung.

Pagode w (~; ~n) (draw.) fernöstlicher Tempel (*schlecht: Pagode* m [~n; ~n] Porzellangötterfigürchen; unbeweglicher Gast [*wie ein P. dasitzen*]).

Paideuma w (~; –) (gr.) prägende Kraft (einer Kultur).

Paidibett s (~[e]s; ~e) (gr.-d.) verstellbares Kinderbett.

paille EW (fr.) [*páj*] strohfarben ←; **Paillette** w (~; ~n) [*pájett*] Atlasseide; aufgenähte Flitter.

Pain s (~s; ~) (fr.) [*pän*] Sulzgericht; Fleischkäse.

Paint-in s (~-~s; ~-~s) (e.) [*peint-*] Kunstausstellung mit praktischen Malübungen der Besucher.

Pair m (~s; ~s) (fr.) [*pár*] Hochadliger.

pair EW (fr.) [*pár*] geradzahlig (beim Roulett); **au pair** [*ôpär*] Leistung gegen Leistung; **Pairing** s (~s; –) (e.) [*pär-*] Partnerschaftstraining.

Pajung m (~s; ~s) (mal.) Sonnenschirm (als Beamtenabzeichen).

Paket s (~s; ~e) (fr.) Bündel; Rolle; ZW: **paketieren** (-rte, -rt) ↗.

Pakistani m (~s; –) Einwohner Pakistans; starke Haschischsorte.

Pakotille w (~; ~) (fr.) [*tíj*] ↓ von der Schiffsmannschaft unverfrachtet mitgenommene Ware; unverfrachtete Mitnahme von Waren.

Pakt m (~[e]s; ~e) (lat.) Vertrag; **paktieren** ZW (-rte, -rt) ↗ (lat.) verhandeln (*paktiertes Gesetz* von 2 Staaten gleichzeitig erlassenes, vorher abgesprochenes Gesetz).

PAL → PAL-System.

Palä(o)anthropologe m (~n; ~n) (gr.) Erforscher ältester Menschenrassen; w. s.: **Paläanthropologie** (~; –); EW: **paläanthropologisch**.

Paladin m (~[e]s; ~e) (lat.) Gefolgsmann ↓; Fürstenberater.

Paladon s (~s; –) (KuW) synthetischer Zahnersatz.

Palais s (~; ~) (fr.) [*palǟ*] Schloß.

Palankin m (~s; ~e) (jav.) Sänfte.

Palanquin m (~s; ~s) (ostas.-fr.) [*-lañkǟñ*] buntes Seidenkaschmirgewebe.

Paläoanthropologe = → Paläanthropologe; **Paläobiologe** m (~n; ~n) (gr.) Erforscher frühester Lebewesen; w. abstr. s.: **Paläobiologie** (~; –); EW: **paläobiologisch**; **Paläobotanik** w (~; –) ♃ Erforschung der frühen Pflanzenwelt; m. s.: **Paläobotaniker** (~s; ~); EW: **paläobotanisch**; **Paläogen** s (~s; –) Alt|tertiär; **Paläogeograph** m (~en; ~en) Erforscher der Geographie in den einzelnen Erdzeitaltern; w. abstr. s.: **Paläogeographie** (~; –); EW: **paläogeographisch**; **Paläograph** m (~en; ~en) Handschriftenforscher; w. abstr. s.: **Paläographie** (~; –); EW: **paläographisch**; **Paläoklimatologe** m (~n; ~n) Erforscher der Klimaverhältnisse in den einzelnen Erdzeitaltern; w. abstr. s.: **Paläoklimatologie** (~; –); EW: **paläoklimatologisch**; **Paläolithen** M Steinwerkzeuge der Altsteinzeit; **Paläolithiker** m (~s; ~) Eiszeitmensch; **Paläolithikum** s (~s; –) Altsteinzeit (etwa 600 000-10 000 v. Chr.); EW: **paläolithisch**; **Paläontologie** w (~; –) Erforschung ausgestorbener Lebewesen; m. s.: **Paläontologe** (~n; ~n); EW: **paläontologisch**; **Paläophytikum** s (~s; –) Altertum der Pflanzenentwicklung; **Paläopsychologie** w (~; –) Erforschung seelischer Urzustände; EW: **paläopsychologisch**; **Paläozän** s (~s; –) ältester Abschnitt des Tertiärs; **Paläozo|ikum** s (~s; –) ältestes Erdzeitalter; EW: **paläozo|oisch**; **Paläozo|ologe** m (~n; ~n) Erforscher der Alttierzeit; w. s.: **Paläozo|ologie** (~; –); EW: **paläozo|ologisch**.

Palast m (~[e]s; -läste) (fr.) □ Schloß; **Palastrevolution** w (~; ~en) Umsturz durch die Umgebung des Regierungschefs.

Palästra w (~; -stren) (gr.) altgr. Übungsplatz der Ringer.

palatal EW (lat.) am (im, beim) Gaumen; **Palatal|laut** m (~[e]s; ~e) Gaumenlaut, = **Palatal** m (~s; ~e); **Palatalisierung** w (~; ~en) = → Mouillierung.

Palatin m (~s; ~e) (lat.) Pfalzgraf ↓; Stellvertreter des ung. Königs; **Palatine** w (~; ~n) (nach der Pfalzgräfin Elisabeth Charlotte) Spitzenhalstuch ↓; Ausschnitts|umrandung; **palatinisch** EW pfälzisch.

Pala|tschinke w (~; ~n) (ung.-rum.) Eierkuchen mit umbackenem Obst.

Palatum s (~s; -ta) (lat.) ⚕ Gaumen.

Palaver s (~s; ~) (port., = Sprache) Verhandlung mit (unter) Negern; endloses Gespräch; ZW: **palavern** (-rte, -rt) ⟋.

Palazzo m (~s; -zzi) (it.) Palast.

pal|eozän EW (gr.-lat.) im (vom, aus dem) ältesten Tertiär; **Pal|eozän** s (~s; -) das älteste Tertiär.

Paletot m (~s; ~) (fr.) [-tô] Damen-, Herrenwintermantel.

Palette w (~; ~n) (lat.-it.-fr.) Farbmischscheibe des Malers; Hebe|unterlage zum Stapeln von Transportgut; ZW: **palettieren** (-rte, -rt) ⟋.

Pali s (~s; -) (skr.) heilige Sprache buddhistischer Schriften.

Palier m = → Polier.

Palimnese w (~; ~n) (gr.) Wiedererinnerung an Vergessenes; **Palimpsest** m, s (~[e]s; ~e) alte Handschrift, die nach Auskratzen der ursprünglichen Beschriftung wieder beschriftet wurde; altes Rest- im Neugestein; **Palindrom** s (~[e]s; ~e) Wort(folge), das (die) auch rückwärts gelesen sinnvoll ist (das vor- und rückwärts gelesen werden kann); **Palingenese** w (~; ~n) Wiedergeburt bei der Seelenwanderung; Neuschmelze von Gestein; Wiederholung von Entwicklungsphasen, = **Palingenesie** w (~; -i|en), **Palingenesis** w (~; -esen); EW: **palingenetisch**.

Palisade w (~; ~n) (lat.) Pfahlbollwerk.

Palisander m (~s; ~) (ind.) am. Luxusholz; EW: **palisandern**.

Pall m (~s; ~e) (fr.) ⚓ Sperrklinke.

Palladium s (~s; -di|en) (nach *Pallas* [gr. Göttin; Planetoid] genannt; ¤ *Pd*) Grundstoff (Platinmetall).

Pallasch m (~s; ~e) (slaw.) schwere Hiebwaffe.

palliativ EW (lat.) ⚕ lindernd (nicht heilend); **Palliativ(mittel)** s (~s; ~) ⚕ schmerzstillendes Mittel, = **Palliativum** s (~s; -va).

Pallium s (~s; -llia) (lat.) † Amtsabzeichen des kath. Kirchenfürsten; Krönungsmantel.

Pall-mall s (~-~s; -) [*pälmäl*] (schottisches) Ballspiel (auch: Londoner Straße).

Pallogramm s (~[e]s; ~e) (gr.) ⚓ Schwingungsaufzeichner; **Pallograph** m (~en; ~en) ⚓ Schwingungsmesser; w. abstr. s.: **Pallographie** (~; -); EW: **pallographisch**.

Pallottiner m (~s; ~) (it., nach dem Kleriker V. *Pallotti*) Angehöriger eines † kath. Ordens; **Pallottinerin** (~;~nen) w. Mitglied im **Pallottinerorden** m (~s; -).

Palm m (~[e]s; ~e) (lat.) Rundholzmaß.

palmar EW (lat.) auf (in, an) der Handfläche.

Palmarum s (~s; -) Sonntag vor Ostern; **Palme** w (~; ~n) tropische Baumgattung (*auf die P.n klettern* als Sinnbild großen Zorns [der Verzweiflung]).

palmen ZW (-lmte, gepalmt) (lat.) ⟋ ⚓ Tau über Hand einholen.

Palmerston m (~s; -) (e.) [*pâmerstn*] schwerer Mantelstoff.

Palmette w (~; ~n) (lat.) □ palmenförmiges Ornament.

palmieren ZW (-rte, -rt) ⟋ (lat.) in der Hand verschwinden lassen; ⚕ beide Augen mit Händen bedecken.

Palmin s (~s; -) Speisefett aus Kokosöl; **Palmitin** s (~s; -) (lat.) ⌐ Fettbestandteil.

palpabel EW (lat.) ⚕ streich-, greif-, tastbar; **Palpation** w (~; ~en) ⚕ Betasten (als Untersuchungsmittel); **palpatorisch** EW ⚕ betastend; **Palpitation** w (~; ~en) ⚕ Herzklopfen; **palpitieren** ZW (-rte, -rt) ⟋ ⚕ klopfen.

PAL-System s (~-~s; -) (¤ Phase Alternating Line) farbgetreue Fernsehbildwiedergabe.

Palte w (~; ~n) (schwed.) = **Palt** m (~en; ~en) Blutkuchen.

Paludarium s (~s; -i|en) (lat., KuW) Pflanzenkübel für Sumpfpflanzen; **Paludismus** m (~; -) (lat.) ⚕ Malaria.

Paludrin s (~s; -) (KuW) ⚕ Malariaheilmittel.

Palynologe m (~n; ~n) (gr.) ⊕ Pollenforscher; w. s.: **Palynologie** (~; -); EW: **palynologisch**.

PAM (¤ Payload Assist Module).

Pampa w (~; ~s) (ind.) südam. Grasebene.

Pampelmuse w (~; ~n) (draw.-nl.) ⊕ Zitrusfrucht.

Pamphlet s (~[e]s; ~e) (lat., nach einer erotischen Dichtung *Pamphletus*) Schmähschrift; m. s.: **Pamphletist** (~en; ~en); EW: **pamphletisch**.

Pan s (~s; –) (KW) Kunstfaser (≠ aus Polyacryl|nitril).

Panaché → Panaschee.

Panade w (~; ~n) (lat.-fr.) Füllungsbrei aus Weißbrot; ZW: **panadieren** (-rte, -rt) ↗.

Pan|afrikanismus m (~; –) (gr.-lat.) nationalistische Negerbewegung in Afrika; EW: **pan|afrikanisch**.

Panama m (~s; ~s) (nach einer mittelam. Stadt) Gewebe in Würfelbindung; Hut aus am. Palmenfasern (= **Panamahut** m [~[e]s; hüte]).

Pan|amerikanismus m (~; –) (gr.-lat.) gesamtamerikanische Solidarität; EW: **pan|amerikanisch** (*P.e Union* loser Zusammenschluß aller am. Republiken; *P.e Konferenz* Delegiertenversammlung aller am. Republiken).

Pan|arabismus m (~; –) (gr.-lat.) ar. Einheitsbestreben; EW: **pan|arabisch**.

Panaritium s (~s; -tia/-ti|en) (gr.-lat.) ⚕ Fingerentzündung.

Panarthritis w (~; -itiden) (gr.) totale Gelenkentzündung.

Panaschee w (~; -e|en) (fr.) Fruchtkompott, -eis; ⊕ s (~s; -e|en) Weißfleckigkeit des Laubes; **panaschieren** ZW (-rte, -rt) ✓ für Kandidaten verschiedener Parteien stimmen; w. abstr. s.: **Panaschierung**[1] (~; ~en); **Panaschierung**[2] w (~; ~en) ⊕ Buntfleckigkeit der Blätter, = **Panaschüre** w (~; ~n).

Pan|athenä|en M (gr.) altgr. Wettspiele zu Ehren der athen. Göttin *Pallas Athene*.

Panazee w (~; -e|en) (gr.) Allheilmittel.

pan|chromatisch EW (gr.-lat.) [-*kro*-] farbempfindlich.

Panda m (~s; ~s) (tibetan.) Katzenbär.

Pandämonium s (~s; -ni|en) (gr.-lat.) alle bösen Geister; ihr Versammlungsort, = **Pandaimonion** s (~s; -nia).

Pandanus m (~; –) (lat.) ⊕ Zierbaum (Schraubenbaum).

Pandekten M (gr.) röm. Rechtssprüche.

Pandemie w (~; -i|en) (gr.) ⚕ über viele Länder verbreitete Seuche; EW: **pandemisch**.

Pandero m (~s; ~s) (sp.) ♪ Tamburin.

Pandit m (~s; ~s) (skr.-hind.) i. Gelehrte(ntitel).

Pandora w (~; –) (gr.) Frauengestalt der gr. Sage (*Büchse der P.* enthält Unheil).

Paneel s (~s; ~e) (nl.) □ tiefes Feld einer Wandvertäfelung; ZW: **paneelieren** (-rte, -rt) ↗.

Pan|egyrikus m (~; -ci) (gr.-lat.) enthusiastische Festrede; EW: **panegyrisch**; m. s.: **Pan|egyriker** (~s; ~).

Panel s (~s; ~s) (am.) [*pänl*] zu testende (zu befragende) Gruppe; Stichprobenerhebung bei gleichbleibender Methode; begrenzter Werbemitteleinsatz; **Panel|analyse** w (~; ~n) [*pänl-*] mehrfache Testbefragung derselben Personen; **Panel|interview** s (~s; ~s) [*pänl-*] Befragung einer Person von mehreren zu verschiedener Zeit.

panem et circenses (lat., = Brot und Spiele) alles fürs Volk.

Pan|enthe|ismus m (~; –) (gr.) Glaube, daß das All in Gott ruht; EW: **panenthe|istisch**; **Pan|europa** s (~s; –) (gr.) europäischer Staatenbund; ZW: **pan|europä|isch**.

Panfilm m (~s; ~e) ≠ **pan**chromat. Film; **Panflöte** w (~; ~n) (nach gr. Gott) aus mehreren Pfeifen gebildetes Blasinstrument.

Panier s (~[e]s; ~e) (d.-fr.) Banner ↓; Wahlspruch.

panieren ZW (-rte, -rt) ↗ (fr.) mit Semmelbrocken verkrusten.

Panik w (~; ~en) (fr., zum lat. Gott *Pan*) plötzliche Angst (der Massen); EW: **panisch** (*p.e Angst*).

Pan|islamismus m (~; –) (lat.) Ziel, alle Mohammedaner staatlich zu einigen.

Panje s (~s; ~s) (poln.) Herr; Bauer.

Pankarditis w (~; -itiden) (gr.) ⚕ totale Herzwandentzündung; **Pankration** w (~; ~en) Verbindung von Faust- und Ringkampf; **pankratisch** EW veränderbar ohne Nacheinstellung (opt. Linsen).

Pankreas s (~; –) (gr.) ⚕ Bauchspeicheldrüse; **Pankreatin** s (~s; –) ⚕ Ferment der Bauchspeicheldrüse; **Pankreatitis** w (~; -itiden) ⚕ Bauchspeicheldrüsenentzündung.

Panmixie w (~; -i|en) (gr.) Kreuzung verschiedenster Erbanlagen.

Panne[1] m (~s; –), w (~; –) (fr.) Hochglanzseidensamt; **Panne**[2] w (~; ~n) Unfall, Schaden; Mißgeschick; Motordefekt.

Panneau m (~s; ~s) (fr.) [*panô*] Sattel für Kunstreiter; hölzerne Platte zum Bemalen.

Pannus m (~; -ni) (lat., = Lappen) ⚕ kleine Hornhauttrübung.

Pan|ophthalmie w (~; -i|en) (gr.) ⚕ totale Augenentzündung; **Panoptikum** s (~s; -ka/-ken) Raritätenschau; **pan|optisch** EW (gr.) von überall einsichtbar (*p.es System* Gefängnis, dessen Zellen von *einer* Stelle überblickbar sind).

357

Panorama s (~s; -men) (gr.) Rundblick, -ansicht, -gemälde; Seitenhängestück (Bühne); **Panorama|bus** m (~ses; ~se) Autobus mit Aussichtsstockwerk; **Panorama|kopf** m (~[e]s; -köpfe) drehbarer Stativkopf; **Panorama|werbung** w (~; ~en) Anzeige(n) über mehrere Seiten; ZW: **panoramieren** (-rte, -rt) ↗ Gesamtbild einer Landschaft durch Drehung des Lichtbildgerätes herstellen.

Pan|ostitis w (~; -itiden) (gr.) Entzündung aller Knochengewebe; **Panphobie** w (~; -i|en) Angst vor allen Erlebnissen; **Panplegie** w (~; -i|en) ⚕ totale Lähmung; **Panpsychismus** m (~; ~) Überzeugung, daß Seelisches allein existent ist.

Pan|roman s (~s; –) (KuW) eine Welthilfssprache.

Pansexualismus m (~; –) (gr.-lat., KuW) frühes psychoanalyt. Erklärungsschema; **Panslawismus** m (~; –) Einheitsstreben aller Slawen; EW: **panslawistisch**; **Pansophie** w (~; –) Zusammenfassung aller Wissenschaften; ZW: **pansophisch**; **Panspermie** w (~; –) Lehre von der Übertragung des Lebens von anderen Himmelskörpern; **Panthe|ismus** m (~; –) (gr.) Überzeugung, daß die Welt schlechthin Gott (Gottes Art zu existieren) ist; m. s.: **Panthe|ist** (~; en; ~en); EW: **panthe|istisch**; **Pantheist** m (~en; ~en) wer annimmt, daß der Wille der Kern aller Dinge sei; m. s.: **Panthelismus** (~; –); EW: **panthelistisch**; **Pantheon** s (~s; –) altröm. runder Kultbau für alle Götter; Ehrenmal berühmter Franzosen.

Panther m (~s; ~) (gr.-lat.) Leopard.

Pantine w (~; ~n) (fr.) Pantoffel mit Holzsohle (*jmdn. aus den P.n kippen* ihn heftig erstaunen).

Panting s (~s; ~s) (e.) [*päntiñ*] ⚓ gefährliche Schiffsschwingung.

Pantoffel m (~s; ~[n]) (it.) bequemer Hausschuh (*den P. schwingen* den Ehemann beherrschen; *unter dem P. sein*); **Pantoffelheld** m (~en; ~en) willenloser Ehemann; **Pantoffelkino** s (~s; ~s) ∪ Fernsehgerät; Fernsehen; **pantoffeln** ZW (-lte, -lt) ↗ Leder narben.

Pantograph m (~en; ~en) (gr.) Storchschnabel (Zeichengerät); Stromabnehmer; **Pantographie** w (~; –) Schattenrißtechnik; EW: **pantographisch**.

Pantokrator m (~s; –) (gr.) Gott; Christus; Christusdarstellung als Weltherrscher.

Pantolette w (~; ~n) (KuW) fersenloser Sommerschuh; Badepantoffel.

Pantometer s (~s; ~) (gr.-lat.) ⚔ Winkelmesser.

Pantomime w (~; ~n) (gr.) wortloses Bühnenspiel; m (~n; ~n) wer nur mit Gesten Bühnenrollen spielt; EW: **pantomimisch**; w. abstr. s.: **Pantomimik** (~; –).

pantophag EW (gr.) alles (fr)essend; w. abstr. s.: **Pantophagie** (~; –); **Pantothensäure** w (~; –) Vitamin der B-Gruppe (tier. Wachstumsfaktor).

Pantry w (~s; ~s) (e.) [*pän-*] ⚓ Anrichtekabine (z. B. in Flugzeugen).

Panty s (~s; ~s) (e.) [*pänti*] Miederhöschen.

Pän|ultima w (~; -mä/-men) (lat.) vorletzte Silbe.

Panvitalismus m (~; –) (gr.-lat.) Vorstellung, daß alles belebt sei.

Päoni|e w (~; ~n) (gr.-lat., nach dem Götterarzt) ⚘ Pfingstrose.

Papabilis m (~; -les) (lat.) Kardinal mit der Aussicht, zum Papst gewählt zu werden, = **Papabili** M (it.); EW: **papabile**.

Papagallo m (~s; -lli) (it.) Halbstarker; junger (it.) Mann, der erot. Abenteuer mit Touristinnen sucht.

Papagei m (~en; ~en) (ar.-fr.) tropischer Baumvogel; Nachschwätzer; geschmacklos (auffällig) gekleidete Frau.

Papa|in s (~s; –) (sp.-lat.) ⚗ eiweißspaltendes Enzym.

papal EW (lat.) † päpstlich; **Papalismus** m (~; –) † Anerkennung des Papstes als obersten Gewaltenträger; EW: **papalistisch**.

Papalsystem s (~s; –) (gr.) † Vorherrschaft des Papstes (seit dem Unfehlbarkeitsdogma von 1870; Ggs.: *Episkopalsystem*); **Papat** m, s (~[e]s; –) † Papstwürde, -amt.

Papaveraze|en M (lat.) ⚘ Mohnarten; **Papaverin** s (~s; –) ⚕ krampflösendes Heilmittel.

Papaya w (~; ~s) (sp.-karib.) = **Papaye** w (~; ~n) Melonenbaum, -frucht.

Papel w (~; ~n) (lat.) Hautknötchen.

Paper s (~s; ~s) (am.) [*pēper*] schriftl. Diskussionsgrundlage; = → Dokument.

Paperback m (~s; ~s) (e.) [*pēperbäck*] Taschenbuch.

Papeterie w (~; -i|en) (fr.) Schreibwarenhandlung, -herstellung; **Papier** s (~s; ~e) (gr.) Werkstoff zum Schreiben, Bedrucken, Einwickeln usw.; Ur-

kunde; Ausweis; Wertpapier; **Papierdeutsch** s (~s; –) geschraubter Stil; **Papiergeld** s (~es; –) Zahlungsmittel aus Papier; **Papierkrieg** m (~s; ~e) Schriftverkehr der (mit den) Behörden; **Papiermaché** s (~s; ~s) (fr.) [*papjêmaschê*] formbare Masse als Werkstoff; **Papiertiger** m (~s; ~) im Grunde harmloser, aber angebender Gegner; drohende, aber uneffektive Waffe; **Papierwährung** w (~; ~en) Währungssystem mit Papiergeld (unverbunden mit Währungsmetall).
Papilionaze|en M (lat.) ⚘ Schmetterlingsblütler.
Papilla = → Papille.
papillar EW (lat.) ⚕ warzenförmig; **Papillarmuskel** m (~s; ~n) ⚕ Herzinnenwandmuskel.
Papille w (~; ~n) (lat.) ⚕ Art Warze, = **Papilla** w (~; -llae); **papilliform** EW warzenförmig; **Papillom** s (~s; ~e) ⚕ nicht bösartige (Schleim-)Hautgeschwulst.
Papillon m (~s; ~s) (fr.) [*-joñ*] Schmetterling; leichtsinniger Mensch; ripsartiges Feingewebe.
papillös EW (lat.) warzig.
Papillote w (~; ~n) (fr.) [*papijôt*] Haarwickel (*en papillote* [*añ-*] in einer Papierhülle gebraten).
Papiros w (~; -rossi) (r.) Zigarette mit langem Pappmundstück, = **Papyrossa** w (~; -ssy).
Papismus m (~; –) (lat.) Papsthörigkeit; m. s.: **Papist** (~en; ~en); EW: **papistisch**.
Pappatacifieber s (~s; –) (it.-d.) [*-tschi-*] Tropenkrankheit (grippeähnlich).
Pappmaché = → Papiermaché.
Pappus m (~; -ppi) (gr.-lat.) ⚘ Federkrone.
Paprika m (~s; ~s) (gr.-lat.-serb.-ung.) ⚘ spanischer Pfeffer.
Papst m (~[e]s; Päpste) (lat.) † Oberhaupt der kathol. Kirche; EW: **päpstlich** (*p.er als der Papst* unerbittlich).
papulös EW (lat.) ⚕ blatterartig.
Papyrin s (~[e]s; –) (gr.-lat.) Pergamentpapierart; **Papyrologe** m (~n; ~n) Papyrusforscher; w. abstr. s.: **Papyrologie** (~; –); EW: **papyrologisch**; **Papyrus** m (~; -ri) Mark der Papyrusstaude (als Schreibmaterial); altäg. Schriftdokument.
Par s (~s; ~s) (e.) festgelegte Zahl der Schläge beim Golfspiel.
para- als Vorsilbe bei chem. Substanzen (zur Molekülzusammensetzung).

Para m (~s; ~s) (fr. KW) Fallschirmjäger.
Parabase w (~; ~n) (gr.) Verfremdungseffekt auf der Bühne.
Parabel w (~; ~n) (gr.) symbolhaltige Kurzerzählung; ⚔ ins Unendliche laufende Kegelschnittkurve; Wurfbahn in einem Vakuum.
Parabellum w (~; ~s) (KuW) Selbstladepistole, = **Parabellumpistole** w (~; ~n).
Parabionten M (gr.) zusammengewachsene Lebewesen; **Parabiose** w (~; ~n) ihr Zusammenleben.
Para-blacks M (e.) [*-bläx*] Klötze auf Skispitzen, um ihr Kreuzen zu verhindern.
Parablepsie w (~; -i|en) ⚕ Sehstörung; **Parabol|antenne** w (~; ~n) Antenne in Parabolspiegelform, um Ultrakurzwellen zu bündeln; **parabolisch** EW ⚔ wie eine Parabel; in Gleichnissen; ZW: **parabolisieren** (-rte, -rt) ✓; **Parabolo|id** s (~[e]s; ~e) ⚔ krumme Fläche ohne Zentrum; **Parabol|spiegel** m (~s; ~) Hohlspiegel in Parabolo|idform.
Para-Cross s (~-~; ~-~) (gr.-e.) militärischer Vierkampf (Hindernislauf, Schwimmen, Fallschirmzielsprung, Pistolenschießen).
Parade w (~; ~n) (fr.) ⚔ Truppenschau; Abwehr beim Degenkampf (*jmdm. in der P. fahren* ihm erfolgreich opponieren); Verhalten des Pferdes im Lauf.
Paradeiser m (~s; ~) (gr.-lat.) Tomate (öst.).
Paradentitis w (~; -iti̯den) = → Paradentose; **Paradentium** s (~s; -tia/-ti|en) (gr.-lat.) ⚕ Zahnbett; **Paradentose** w (~; ~n) (gr.) ⚕ Zahnbettschwund; älter für → Parodontose.
paradieren ZW (-rte, -rt) (fr.) ✓ ⚔ vorbeimarschieren; das Pferd aus dem Gang anhalten; Ablenkung eines Angriffs; sich eitel zur Schau stellen.
Paradies s (~es; ~e) = → (pers.-gr.-lat.) Garten Eden; Vorhalle einer Basilika; herrliche Gegend; oberste Galerie; **Paradies|apfel** m (~s; -äpfel) Tomate; Wildapfel; **Paradiesvogel** m (~s; -vögel) orientalischer Singvogel.
Paradigma s (~s; ~ta/-men) (gr.-lat.) Beispiel; EW: **paradigmatisch**.
Paradox s (~es; ~e) = → Paradoxon; EW: **paradox(al)**; **Paradoxie** w (~; -i|en) (gr.) scheinbar widersinnige Aussage, die etwas Richtiges enthält; scheinbar widersinniger Tatbestand;

Paradoxon s (~s; -xa) die einzelne Paradoxie.
Paraffin s (~[e]s; –) (lat.) wachsartige Masse als Isolator für Elektrizität; ⌔ gesättigter Kohlenwasserstoff; ZW: **paraffinieren** (-rte, -rt) ↗; EW: **paraffinisch; Paraffin|gatsch** m (~es; –) bei Kohleverflüssigung entstehendes halbfestes Gemisch aus Alkanen.
Parafiskus m (~; ~n) (gr.-lat.) (KuW) öfftl. Einrichtung zur allgemeinen Versorgung (Post, Bahn).
Paragenese w (~; ~n) = **Paragenesis** w (~; –) Gesetzmäßigkeit der Entstehung von Mineralien bei Gesteinsbildung.
Parageusie w (~; –) (gr.-lat.) ⚕ schlechte (abnorme) Geschmacksempfindung.
Paragnosie w (~; –) (gr.-lat.) außersinnliche Wahrnehmung; **Paragnost** m (~en; ~en) hellseherisches Medium; EW: **paragnostisch**.
Paragramm s (~[e]s; ~e) (gr.) Einschub; Scherz durch Buchstabenänderung; **Paragrammatismus** m (~; -men) ⚕ Sprachstörung; **Paragraph** m (~en/~s; ~en) Abschnitt (in Gesetzen, Aufsätzen); **Paragraphenreiterei** w (~; –) Gesetzauslegung nach dem Wortlaut, nicht nach dem Geist des Gesetzes; **Paragraphie** w (~; -i|en) Störung des Schreibvermögens; **paragraphieren** ZW (-rte, -rt) ↗ (Gesetz) in Abschnitte gliedern.
Paragummi m (~s; –) (nach einem bras. ON) Gummiart, = **Parakautschuk** m (~s; –).
Parahidrose w (~; ~n) (gr.) Ausscheiden, Absonderung abnorm zusammengesetzten Schweißes; **parakardial** EW ⚕ neben dem Herzen.
Parakautschuk m = → Paragummi.
Paraklase w (~; ~n) (gr.) Kluft durch Erdschichtenverlagerung; **parakletisch** EW hilfreich; **Parakorolle** w (~; ~n) ⚘ Nebenkrone; **Parakusie** w (~; –) ⚕ Falschhören; EW: **par|akustisch; Paraldehyd** s (~[e]s; –) ⚕ Schlafmittel ↓; **Paralexie** w (~; –) ⚕ Lesestörung.
Paralipomena M (gr.) Randbemerkungen (zu einem Buch).
Parallaxe w (~; ~n) (gr.) ⚔ Winkel zwischen 2 zum gleichen Ziel strebenden Linien; Unterschied zwischen der Beobachterstellung und dem Erdmittelpunkt in der Richtung zum Gestirn; EW: **parallaktisch** (*p.es Lineal* dient zur Messung von Zenitdistanzen; *p.e Ungleichheit* Störung der Mondbahn durch die Sonne); **parallel** EW ⚔ ohne gemeinsamen Punkt im Endlichen; in gleichmäßigem Abstand nebeneinander laufend; gleichlaufend; ♪ in Oktaven (Quinten) fortschreitend; w. s.: **Parallele** (~; ~n) *auch:* Vergleich; **Parallelcomputer** m (~s; ~) DV-Anlage mit mehreren gleichzeitig arbeitenden Mikroprozessoren; **Parallelen|axiom** s (~s; –) ⚔ Annahme, daß es zu einer Geraden durch *einen* Punkt nur eine Parallele gibt (Euklid); **Parallelenkunde** w (~; ~n) = → Parsec; **Parallelepipedon** s (~s; -da) ⚔ von 3 parallelen Ebenen begrenzt. Körper, = **Parallelflach** s (~[e]s; –); **parallelisieren** ZW (-rte, -rt) ↗ (zum Vergleich) nebeneinanderstellen; **Parallelismus** m (~; -men) Übereinstimmung in vielen Einzelheiten; gleicher Satz(glieder)bau; **Parallelität** w (~; ~en) ⚔ Gleichlauf; **Parallelkreis** m (~es; ~e) Breitenkreis; **Parallel|lineale** s (~s; ~e) ⚔ durch gleichlange Metallschenkel verbundene Lineale; **Parallelmarkt** m (~[e]s; -märkte) freier Devisenmarkt in devisenbewirtschafteten Ländern; **Parallelogramm** s (~[e]s; ~e) ⚔ Viereck, das von 2 Parallelenpaaren begrenzt wird (*P. der Kräfte* zur Darstellung der Gesamtkraft von 2 Einzelkräften benutztes Parallelogramm); **Parallelperspektive** w (~; ~n) ⚔ geometr. Abbildungsverfahren; **Parallelpolitik** w (~; –) Finanzpolitik der öfftl. Hand mit den Einnahmen entsprechenden Ausgaben; **Parallel|prinzip** s (~s; –) Fertigung soll Absatz nicht übersteigen; **Parallelprojektion** w (~; ~en) ⚔ geometr. Abbildung eines Raumgegenstands auf einer Bildebene; **Parallelschaltung** w (~; ~en) el. Schaltung für mehrere Verbraucher gleichzeitig; **Parallel|tonart** w (~; ~en) ♪ Tonart mit gleichen Vorzeichen, aber in moll (Dur); **Parallelwährung** w (~; ~en) Gleichzeitigkeit zweier gesetzlicher Währungssysteme.
Paralogie w (~; -i|en) (gr.) Irrtum; **Paralogismus** m (~; –) Fehlschluß; **Paralogistik** w (~; –) Beweis durch Trugschluß; EW: **paralogistisch; Paralyse** w (~; ~n) ⚕ Lähmung; syphilitische Hirnrindenentartung (*progressive P.* allmählicher geistiger Verfall bei fortschreitender Syphilis); EW: **paralytisch**; ZW: **paralysieren** (-rte, -rt) ↗; m. s.: **Paralytiker** (~s; ~).
Parament s (~[e]s; ~e) (lat.) † Gottesdienstgewand, -schmuck; w. s.: **Paramentik** (~; –).
Parameter m (~s; ~) (gr.) ⚔ senkrecht

zur Hauptachse durch Brennpunkt laufende Sehne; veränderliche Hilfsgröße bei Kurvenberechnung; unterscheidende Konstante in gleichartigen Funktionen; **parametran** EW $ im Parametrium; **Parametritis** w (~; -itiden) $ Bindegewebeentzündung an der Gebärmutter; **Parametrium** s (~s; -tri|en) $ Bindegewebe an der Gebärmutter.

paramilitärisch EW (gr.-lat.) militärartig.

Par|amnesie w (~; -i|en) (gr.) $ Erinnerungs|trübung; **Paramorphose** w (~; ~n) Kristallform; **Par|änese** w (~; ~n) erbaul. Predigtteil; **par|änetisch** EW ermahnend.

Parang m (~s; ~s) (mal.) breites Hackmesser.

Parano|ia w (~; -oien) (gr.) $ Verrücktheit; **parano|id** EW $ geistesgestört; **Parano|iker** m (~s; ~) Geisteskranker; EW: **parano|isch**; **Parano|ismus** m (~; -) Verfolgungswahn.

para|normal EW (gr.-lat.) nicht natürlich zu erklären.

Paranthese w (~; ~n) (gr.) = → Parenthese.

Par|anthropus m (~; -) (KuW) afr. Frühform des Menschen.

Paranuß w (~; -nüsse) (bras. ON) südam. Fettnuß.

Paraph m (~s; ~e), **Paraphe** w (~; ~n) (gr.) Zeichen am Schriftrand; abgekürzte Unterschrift; **Paraphasie** w (~; -i|en) $ Sprech- durch Kreislaufstörungen im Gehirn; **paraphieren** ZW (-rte, -rt) ↗ (Vertrag) unter-, abzeichnen; **Paraphierung** w (~; ~en) Ab-, Unterzeichnung; **Paraphimose** w (~; ~n) $ Einklemmung der Vorhaut hinter dem Eichelkranz; **Paraphrase** w (~; ~n) Umschreibung; ♪ Ausschmückung eines Themas; ZW: **paraphrasieren** (-rte, -rt) ↗ ♪; **Paraphrast** m (~en; ~en) Erklärer ↓; **Paraphrenie** w (~; -i|en) $ Geistesstörung; **Paraphrosyne** w (~; -) $ Fieberwahn; **Paraplasie** w (~; -i|en) $ Mißbildung; **Paraplasma** s (~s; -men) $ Gewebe zwischen den Zellen; unvererbl. Plasma; **Paraplegie** w (~; -i|en) $ doppelseitige Beinlähmung.

Parapluie m, s (~s; ~s) (fr.) [-plü̱] ∪ Regenschirm.

Parapsychologie w (~; -) (gr.) Lehre von den wissenschaftlich noch nicht erklärbaren (normwidrigen) seelischen Erscheinungen; m. s.: **Parapsychologe** (~n; ~n); EW: **parapsychologisch**.

Par|arthrie w (~; -) $ Sprechstörung.

Parasche w (~; ~n) (heb.) Thora|abschnitt, -lesung.

Parasit m (~en; ~en) (gr.) Schmarotzer; Nebenkrater; EW: **parasitär**; **parasitisch**; m. abstr. s.: **Parasitismus** (~; -); **Parasitologe** m (~n; ~n) Schmarotzerforscher; w. s.: **Parasitologie** (~; -); EW: **parasitologisch**.

Parasol s, m (~s; ~s) (fr.-it.) Sonnenschirm; m.: Schirmpilz, = **Parasolpilz** m (~es; ~e).

Paraski m (~; -) Wintersportdisziplin: Riesenslalom + Fallschirmspringen.

Paraspadie w (~; -i|en) (gr.) $ seitliche Harnröhrenspalte.

Par|ästhesie w (~; -i|en) $ Empfindungsstörung.

parat EW (lat.) fertig, bereit.

parataktisch EW (gr.) nebengeordnet; **Parataxe** w (~; ~n) Satz(glied)nebenordnung; **Parataxie** w (~; -i|en) falsche Wertung von Personen durch überholte Auffassungen.

Parathion s (~s; -) (gr. KuW) Schädlingsbekämpfungsmittel.

Paratonie w (~; -i|en) (gr.) $ Unfähigkeit, Muskeln willensmäßig zu entspannen; **paratonisch** EW ⊕ durch Außenreize bewirkt; **Paratyphus** m (~; -) $ typhusartige Erkrankung; **paratypisch** EW nicht vererbbar; milieubedingt; **Paravariation** w (~; ~en) nicht vererbliche, aus der Umwelt gezogene Eigenschaft; **paravenös** EW $ neben einer Vene.

Paravent m (~s; ~s) (fr.) [-wa̱n] Wandschirm ↓.

par avion (fr.) [-awjo̱n] mit Luftpost befördern!

par|axial EW (lat.-gr.) in Nähe der optischen Achse.

Parazentese w (~; ~n) (gr.) $ Trommelfellstich; **parazentrisch** EW um den Mittelpunkt herum.

parbleu (fr.) [-blö̱] Donnerwetter!

Parceria w (~; -i|en) (port.) [-βe̱-] gleichteilige Bewirtschaftung durch 2 Partner.

Parcours m (~; ~) (fr.) [parku̱r] Reitbahn.

Pard m (~en; ~en), **Parder**, **Pardel** m (~s; -) (gr.-lat.) Leopard.

par distance (fr.) [pardista̱nß] mit Abstand.

Pardon m (~s; -) (fr.) Verzeihung *(P. geben, gewähren)*; **pardonabel** EW verzeihlich ↓; ZW: **pardonieren** (-rte, -rt) ↗.

Pardun s (~[e]s; ~s) = **Pardune** w (~; ~n) (nl.) ⌓ Stütztau.

Par|enchym s (~s; ~e) (gr.) Organ-, Zellengewebe; EW: **par|enchymatös**.
Parental|generation w (~; ~en) (lat.; ⊄ *P*) Elterngeneration; **Parentel** w (~; ~e) [-*tḙl*-] die Nachkommen; Erbfolge; **Parentelsystem** s (~s; –) Erbfolge durch gleichberechtigte Erben.
Parenthese w (~; ~n) (gr.) Einschub, Klammer *(etw. in P. setzen, sagen);* EW: **parenthetisch**.
Par|ergon s (~s; -ga) (gr.) Anhang.
Parese w (~; ~n) (gr.) $ Muskelschwäche; EW: **paretisch**.
Pareto-Kriterium s (~-~s; ~-ien) (it. Nationalökonom) Prinzip ausgewogener Wohlfahrt.
par excellence (fr.) [*parekβelañβ*] vorzugsweise; schlechthin; **par exemple** [*par exañpl*] zum Beispiel.
Parfait s (~s; ~s) (fr.) [*parfät*] Halbgefrorenes; Art Pastete.
Parforcejagd w (~; ~en) (fr.-d.) [-*forβ*] Hetzjagd mit Meute; **Parforcekur** w (~; ~en) Gewaltkur; **Parforcetour** w (~; ~en) [-*tūr*] Gewaltmarsch.
Parfum s (~s; ~s) [-*föñ*], **Parfüm** (fr.) Duftstoff; **Parfümerie** w (~; -i|en) Duftstoffabrik, -laden; **Parfümeur** m (~s; ~e) [-*mör*] Parfumfabrikant; **parfümieren** ZW (-rte, -rt) ↗ mit Duftstoff besprühen.
Pargasit m (~s; ~e) (nach finn. Ort) ein Mineral.
pari EW (it.) gleich (*unter p.* unter dem Nennwert; *über p.* über dem Nennwert).
Paria m (~s; ~[s]) (draw.-e.) Kastenangehöriger; Unterdrückter.
Pari-Emission w (~-~; ~-~en) (it.-lat.) Wertpapierausgabe zum Nennwert.
parieren ZW (-rte, -rt) ↙ (lat.-fr.) gehorchen; ↗ (it.) gegnerischen Stoß erfolgreich abwehren; ↗ (lat.-sp.) Pferd anhalten; ↗ (fr.) Fleisch zum Braten vorbereiten.
pari|etal EW (lat.) wand-, scheitelwärts; **Pari|etal|organ** s (~[e]s; ~e) Sehorgan am Scheitel.
Parifikation w (~; ~en) (lat.) Gleichstellung, Angleichung ↓.
Parikurs m (~es; ~e) (it.-lat.) Kurs = Nennwert.
Parisi|enne w (~; ~s) (fr.) fr. Revolutionslied; leicht verzierte Seide.
parisyllabisch EW (lat.) mit der gleichen Silbenzahl; **Parität** w (~; ~en) zahlengleiche Zusammensetzung; Kursgleichheit zweier Währungen; EW: **paritätisch** (*p.e Mitbestimmung* Montanmitbestimmung); **Paritätsklausel** w (~; ~n) Gleichstellung von Ausmit Inländern.
Park m (~[e]s; ~s) (fr.) großer Garten; Materialdepot.
Parka m (~s; ~s) (esk.) langer warmer Anorak.
Park-and-ride(-System) s (~-~-~[~s]; –) (am.) [*pâkändreid*-] Umsteigen von eig. PKW in öffentl. Verkehrsmittel am Stadtrand; **parken** ZW (-rkte, geparkt) ↗ Kraftfahrzeug abstellen (= **parkieren** [-rte, -rt]).
parkerisieren ZW (-rte, -rt) ↗ (nach dem Erfinder) Eisen gegen Rost mit Schutzschicht überziehen, = **parkern** ZW (-rte, geparkert) ↗.
Parkett s (~[e]s; ~e) (lat.-fr.) getäfelter Holzfußboden (*glattes P.* heikle Situation; *einen aufs P. legen* tanzen); Theaterparterreraum; **parkettieren** ZW (-rte, -rt) ↗ mit Holzfußboden belegen.
parkieren ZW (-rte, -rt) ↗ = → parken; **Parkingmeter** s (~s; ~) = → Parkometer.
Parkinsonismus m (~; -men) (nach dem e. Arzt J. *Parkinson*) $ Schüttellähmung (*Parkinsonsche Gesetze* M [nach dem e. Historiker C. N. *Parkinson*, 20. Jh.] sich ständig vermehrende Bürokratie); = **Parkinsonsche Krankheit** w (~n ~; -).
Parkleitsystem s (~s; ~e) (KuW) Verkehrsleitsystem mit fernsteuerbaren Wegweisern; **Parkleuchte** w (~; ~n) schwache einseitige Leuchte am parkenden Kfz; **Parkometer** s (~s; ~) (e.-gr.) Parkuhr; **Parkscheibe** w (~; ~n) den Parkbeginn anzeigendes Kontrollzifferblatt.
Parlament s (~[e]s; ~e) (lat.-fr.) gewählte Volksvertretung; ihr Sitzungsort; **Parlamentär** m (~s; ~e) Unterhändler im Krieg; **Parlamentari|er** m (~s; ~) Abgeordneter; **parlamentarisch** EW mit dem (durch das) Parlament (*p.es System* Kontrollierung der Regierung durch die gewählte Volksvertretung; *P.er Rat* die das Grundgesetz erarbeitende Versammlung [1948]); **Parlamentarismus** m (~; –) Regierungsform mit gewählter Volksvertretung, welche die Regierung kontrolliert; m. s.: **Parlamentarist** (~en; ~en); **parlamentieren** ZW (-rte, -rt) ↙ verhandeln.
parlando (it.) ♪ im Sprechton, = **parlante** (it.) ♪; s. s.: **Parlando** (~s; -di/ ~s) ♪; **Parlatorium** s (~s; -ri|en) † Sprechzimmer (in Klöstern); **parlieren** ZW (-rte, -rt) ↙ (fr.) (hin und her)

reden; **Parlograph** m (~en; ~en) Diktiergerät.
Parmäne w (~; ~n) (e.) goldrenettenartiger Apfel.
Parmesankäse m (~s; –) (nach der it. Stadt *Parma*) Hartkäseart.
Parnaß m (-sses; –) (nach einem gr. Gebirge) Dichterreich; EW: **parnassisch**.
parochial EW im Kirchspiel gelegen; **Parochialkirche** w (~; ~n) † Pfarrkirche; **Parochie** w (~; -i|en) † Verwaltungsbezirk.
Parodie w (~; -i|en) (gr.) Nachahmung mit humor. Übertreibung; ♪ Wiederverwertung, Entwicklung; ♪ Vertauschung weltl. und geistl. Melodien; m. s.: **Parodist** (~en; ~en); ZW: **parodieren** (-rte, -rt) ↗; EW: **parodistisch**.
Par|odontitis w (~; -itiden) (gr.) Zahnfleischentzündung; **Par|odontose** w (~; ~en) ⚕ nicht entzündliche Zahnbetterkrankung.
Parole w (~; ~n) (fr.) ⚔ Losung; Kennwort (*p. d'honneur* [*paroll donnör*] Ehrenwort); w (~; –) [*paroll*] gesprochene Rede.
Paroli s (~s; ~s) (lat.-it.-fr.) Widerstand *(P. bieten)*; Karte, die nicht zum Gewinn geschlagen wird; Verdopplung des Spieleinsatzes.
Par|onymik w (~; –) (gr.) Wortableitungslehre; **par|onymisch** EW stammverwandt.
par ordre (fr.) auf Befehl (*p. o. du moufti* [-*dü mufti*] notgedrungen).
Par|orexie w (~; -i|en) (gr.-lat. KuW) abnorme Eßgelüste.
Par|osmie w (~; –) (gr.) ⚕ Geruchstäuschung, = **Par|os|phresie** w (~; -i|en); **Par|otis** w (~; –) ⚕ Ohrspeicheldrüse; **Parotitis** w (~; -itiden) ⚕ Mumps, Ziegenpeter.
par|oxysmal EW (gr.) ⚕ anfallsweise; **Par|oxysmus** m (~; -men) ⚕ plötzliche Steigerung der Krankheit; affektive Erregungssteigerung; Krampf; sehr starke Vulkantätigkeit; **Par|oxytonon** s (~s; -tona) auf der vorletzten Silbe betontes Wort.
Parse m (~n; ~n) (pers.) Anhänger Zarathustras.
Parsec, Parsek s (~s; ~[s]) (KW, ⊄ Parallaxensekunde; ⊄ *pc*) astronomisches Entfernungsmaß (= 3,26 Lichtjahre).
Parsismus m (~; –) (pers.) von Zarathustra gestiftete Religion; EW: **parsisch**.
Pars pro toto s (~ ~ ~; –) (lat.) Teil fürs Ganze; **Part**[1] s, m (~s; ~e) ⚖ Anteil an gemeinschaftlich betriebenem Schiff; auch = **Parte** w (~; ~n), = **Part**[2] m, s (~s; ~s) (it.) ♪ Musikstückteil, -stimme; (fr.) Todesanzeige; **Partei** w (~; ~en) Zusammenschluß politisch gleichgerichteter Personen; Beklagter, Kläger; Mieter im Mietshaus; Gruppe *(P. nehmen, sein)*; **Parteibonze** m (~n; ~n) anmaßender Funktionär; **parteichinesisch** EW im schwer verständlichen Parteijargon; **Parteienfinanzierung** w (~; ~en) Bezahlung für Aufwendungen der Parteien aus Mitgliedsbeiträgen (Spenden, Zuschüssen); **Partei|en|demokratie** w (~; -i|en) Umsetzung des Wählerwillens in staatl. Maßnahmen durch Parteien; **Parteifähigkeit** w (~; –) Berechtigung prozess. Rechte und Pflichten zu übernehmen; **partei|isch** EW; **Partei|ini|e** w (~; ~n) Grundsätze der Partei; **Parteisekretär** m (~s; ~e) Geschäftsführer der politischen Partei; **Parteistiftungen** M parteinahe gemeinnützige Organisationen (Bildungs-, Studienförderung); **Parteitag** m (~[e]s; ~e) Versammlung aller Parteidelegierten.
Parterre s (~s; ~s) (fr.) Erdgeschoß; Teil des Zuschauerraums; ebenes Blumenbeet (⊄ *Part.*); Zuschauer im Parterre; EW: **parterre** [auch: unqualifizierbar, betrunken; ohne Geld *(das [er] ist p.)* ←]; **Parterre|akrobat** m (~en; ~en) bodenturnender Akrobat; w. s.: **Parterre|akrobatik** (~; –); EW: **parterre|akrobatisch**.
Parthenogenese w (~; ~n) (gr.) Eientwicklung ohne Befruchtung; EW: **parthenogenetisch**; **parthenokarp** EW ⚘ ohne Bestäubung fruchtbildend; w. abstr. s.: **Parthenokarpie** (~; -i|en); **Parthenophilie** w (~; ~) sexuelle Neigung von Frauen zu Jungfrauen.
partial EW (lat.) zum Teil; **Partial|analyse** w (~; ~n) (KuW) Teilaspekt als Forschungsgegenstand; **Partialdruck** m (~s; –) ⚛ Wirkung eines Teils von einem Gasgemisch; **Partial|obligation** w (~; ~en) Teilschuldverschreibung; **partiarisch** EW am Gewinn beteiligt *(p.es Rechtsgeschäft; p.es Darlehen* zinsloser Kredit mit Beteiligung am Gewinn); **Partie** w (~; -i|en) (fr.) Teil eines Ganzen; Bühnenrolle; Eheschließung *(eine gute, schlechte P.)*; Spiel; Ausflug; Warenposten; ♪ einzelne Stimme (einer Oper[ette]); **parti|ell** EW anteilig; teilweise; **partieren** ZW (-rte, -rt) ↗ teilen ↓; ♪ einzelne Stimmen zusammenstellen; **Partie|ware** w (~; ~n) ausrangierte, verbilligte Ware; **Partikel**[1] w (~; ~n) (lat.) Teil-

Partikel²

chen; unbeugbares Wort; † Hostienteil; **Partikel²** s (~s; ~) (lat.) physikal. Elementarteilchen; **partikulär, -lar** EW (fr.) einzeln, abgesondert; zum Teil; **Partikularismus** m (~; –) Kleinstaaterei; Versuch, Einzelinteressen über das Interesse der Gesamtheit zu stellen; m. s.: **Partikularist** (~en; ~en); EW: **partikularistisch; Partikulier** m (~s; ~e) ⚓ selbständiger Binnenschiffer; **Partimento** m (~s; -ti) (it.) Generalbaßstimme.
Partisan m (~en/~s; ~en) (fr.-it.), **Partisane¹** m (~n; ~n) illegaler Kämpfer.
Partisane² w (~; ~n) (fr.) Stoßwaffe ↓.
Partita w (~; -ten) (it.) ♪ Suite; **Partite** w (~; ~n) Teil; Rechnungsposten; lustiger Streich; **Partition** w (~; ~en) (lat.) logisch zerlegter Begriffsinhalt; **partitiv** EW absondernd; **Partitur** w (~; ~en) ♪ Konspekt aller Stimmen einer Komposition taktgleich übereinander; **Partiturophon** s (~s; ~e) (KuW) ♪ Ätherwellenorgel (1936).
Partizip s (~s; ~i|en) (lat.), = **Partizipium** s (~s; -pia) Mittelwort des Zeitworts; (⊄ *Part.*); **Partizipation** w (~; ~en) Teilnahme; **Partizipations|konto** s (~s; -ten) gemeinsames Konto aller an einem Geschäft Beteiligten; **partizipial** EW als Mittelwort; **Partizipi|ent** m (~en; ~en) Mitglied einer Gelegenheitsgesellschaft, die auf gemeinsame Rechnung Handelsgeschäfte führt; Teilnehmer; **partizipieren** ZW (-rte, -rt) ⤳ teilhaben, -nehmen ↓; **Partizipium** = → Partizip.
Partner m (~s; ~n) (lat.-fr.-e.) Teilnehmer, -haber; Lebens-, Arbeitsgenosse; Gegner; **Partnerlook** m (~s; –) (e.) [-*luck*] abgestimmte Kleidung von Paaren; **Partnerschaft** w (~; ~en) Teilhaberschaft; Miteinander; = **Partner|ship** w (~; –) (e.).
Parton s (~s; -tonen) hypothet. Baustein des Atomkerns.
partout (fr.) [*partû*] unbedingt.
Partus m (~; ~) (lat.) ⚕ Geburt.
Partwork s (~s; ~s) (e.) Werk in Einzelheften, -bänden.
Party w (~; ~s/-ties) (am.) kleines Hausfest.
Parüren M (fr.) brat-, kochfertige Fleischstücke.
Par|usie w (~; –) (gr.) Gotteserscheinung; † Wiederkehr Christi; Existenz der Ideen in den Dingen (Plato).
Parvenü m (~s; ~s) (fr.) Emporkömmling.
parzellar EW (lat.) in Parzellen geteilt; **Parzelle** w (~; ~n) (fr.) kleinste Grundstücks|einheit; einzelner redaktioneller Zeitungs-, Zeitschriftenbeitrag; **parzellieren** ZW (-rte, -rt) ↗ in Parzellen aufteilen; w. abstr. s.: **Parzellierung** (~; ~en).
Pas m (~; ~) (fr.) [*pa*] Schritt (*P. de deux* [*padedö*] Tanz zu zweit; *P. de Calais* [*padekalä*] engste Stelle des Ärmelkanals).
Pascal s (~[s]; ~) (fr. Mathematiker, 17. Jh.) Maßeinheit für Druck und mechan. Spannungen (⊄ *Pa*); eine Programmiersprache; **Pascaldreieck** s (~s; ~e) Anordnung von Binominalko|effizi|ent in Dreiecksform.
Pasch m (~[e]s; ~e) (lat.-fr.) Doppelzahlstein im Domino; Wurf mit gleicher Augenzahl (auf 2 oder mehr Würfeln).
Pascha m (~s; ~s) (türk.) hoher Offizier; Beamter; Haustyrann.
paschen¹ ZW (-schte, gepascht) ⤳ (fr.) (Pasch) würfeln.
paschen² ZW (-schte, gepascht) ⤳ (heb.) schmuggeln; m. s.: **Pascher** (~s; ~).
pascholl (r.) los!, scher dich weg!
Pasdaran m (~s; ~s) (ar.) iran. Revolutionswächter.
Pas de Calais, Pas de deux → Pas.
Pasigraphie w (~; -i|en) (gr.) sprachenfreies Zeichensystem; EW: **pasigraphisch**.
Paslack m (~s; ~s) (slaw.) gutmütiger Trottel; von allen ausgenutzter Dummkopf.
Paso m (~s; ~s) (sp.) Paß; Zwischengericht (*P. doble* Gesellschaftstanz).
Paspel w (~; ~n) (fr.) Nahtbesatz; ZW: **paspelieren** (-rte, -rt) ↗.
Pasquill s (~s; ~e) (nach einem röm. Schuster, 16. Jh.) schriftliche Verleumdung; Schmähschrift; **Pasquillant** m (~en; ~en) wer Schmähschriften verfaßt.
Paß m (-sses; Pässe) (e.) Ballabgabe; Ausweis; (fr.) Bergübergang; ☐ Maßwerkornament; Trab|art; Wildwechsel.
passabel EW (fr.) annehmbar.
Passacaglia w (~; -lien) (it.) [-*kalja*] ♪ langsamer Tanz im ¾-Takt, = **Passacaille** w (~; ~n) (fr.) [-*käj*].
Passade w (~; ~n) (fr.) Kurzgalopp mit rascher Kehrtwendung.
Passage w (~; ~n) (fr.) [-*βâsche*] Durchfahrt, -gang; Überfahrt (zu Schiff, im Flugzeug); ♪ schnelle Tonfolge; Durchgang eines Gestirns durch die Mittagslinie; Gangart der Hohen Reitschule; Ausschnitt aus einem Text

(einer Rede); **Passage|instrument** s (~[e]s; ~e) [-*βásche-*] astronom. Beobachtungsgerät; **Passagier** m (~s; ~e) [-*schîr*] Fahrgast.

Passah s (~s; –) (heb.) jüd. Siebentagefest zur Erinnerung an den Auszug aus Ägypten; Osterlamm.

Passameter s (~s; ~) (lat.-gr.) Gerät für feine Messungen an der Werkstückaußenseite; EW: **passametrisch**.

Passant m (~en; ~en) (fr.) Fußgänger; Vorbeigehender.

Passat m (~[e]s; ~e) (nl.) Ostwind in den Tropen.

passé EW (lat.-fr.) vergangen; überholt; **Passe** w (~; ~n) Schulterstück.

Passement s (~s; ~s) (fr.) [-*βmañ*] Besatzstickerei.

passen ZW (-ßte, gepaßt) ∠ (fr.) auf das Spiel verzichten.

Passenger-Appeal m (~-~s; –) (am.) [*peßendscher epîl*] Wirkung der Flugzeugform auf den Betrachter.

Passepartout m, s (~s; ~s) (fr.) [*pâßpartû*] Freipaß; Dauerkarte; Wechselrahmen; ↓ Hauptschlüssel.

Passepo|il m (~s; ~s) (fr.) [*paßpoâl*] = → Paspel; ZW: **passepo|ilieren** (-rte, -rt) ↗ [*paßpoalî-*].

Passeport m (~s; ~s) (fr.) [-*β|pôr*] Paß; Durchgangserlaubnis.

Paßgang m (~[e]s; –) (lat.-fr.-d.) Gangart, bei der die Beine der gleichen Seite jeweils gemeinsam bewegt werden.

passierbar EW (fr.) zu Fuß durchschreitbar; **passieren** ZW (-rte, -rt) ↗ (lat.) durchreisen; ∠ sich ereignen; ↗ durchsieben; ∠ durchlaufen; zur Not erträglich sein; **Passiergewicht** s (~[e]s; ~e) Mindestgewicht einer gültigen Münze; **Passiermaschine** w (~; ~n) Maschine mit Sieb|einsätzen.

Passiflora w (~; -rae/-ren) (lat.) ⊕ Passionsblume.

passim (lat.), ¢ *pass.*) (lt.) überall; mehrfach vorkommend.

Passimeter s (~s; ~) (lat.-gr.) = → Passameter.

Passion w (~; ~en) (lat.) † Leidensgeschichte (Christi); leidenschaftliches Interesse; **Passional(e)** s (~s; ~e/[~s]) altes Legendenbuch; † Liturgiebuch mit Heiligengeschichten, = **Passionar** s (~s; ~e); **passionato** (it.) ♪ leidenschaftlich, = **passionale** ♪; s. s.: **Passionato** (~s; -ti); **passioniert** EW (lat.) leidenschaftlich; **Passionsspiel** s (~[e]s; ~e) Darstellung der Passion Jesu Christi; **passiv, passiv** EW (lat.) leidend; unbeteiligt (*p.er Wortschatz* dem Sprecher bekannte, aber von ihm nicht benutzte Wörter; *p.e Sicherheit* Maßnahmen zur Verhinderung von Kfz-Unfällen; *p.er Widerstand* Gewaltlosigkeit; *p.es Wahlrecht* Wählbarkeit; Ggs.: *aktiv*); **Passiv** s (~s; ~e), = **Passivum** s (~s; -va) Leideform des Zeitworts (Ggs.: *Aktiv*); **Passiva** M Schulden einer Unternehmung, = **Passiven** M; **Passivator** m (~s; -toren) ⊙ Stoff, der Reaktion hemmt oder verhindert; **Passivgeschäft** s (~[e]s; ~e) Bankgeschäft mit geliehenem Geld für Kredite; **passivisch** EW in der Leideform; **Passivität** w (~; –) Teilnahmslosigkeit; Unangreifbarkeit einiger unedler Metalle; geringes chem. Reaktionsvermögen; **Passivlegitimation** w (~; ~en) Recht, als Beklagter vor Gericht zu erscheinen (Ggs.: *Aktivlegitimation*); **Passivrauchen** s (~s; –) Einatmen verräucherter Luft; **Passivsaldo** m (~s; ~s/-di) Verlustvortrag (in der Buchführung).

Passometer s (~s; ~) (lat.) Schrittzähler; **Passus** m (~; [- *ssûs*]) Abschnitt (eines Prosatextes); **Paßwort** s (~es; -wörter) Kennwort als Zugang zu einer Datei (EDV).

Pasta w (~; -ten), = **Paste** w (~; ~n) (it.) eingedickte Masse; Kunstglasstern; Tonabdruck eines geschnittenen Steins; Teig für Kosmetika (**Past(a) asciutta** [-*aschutta*] [it.] Spaghettigericht mit Käse und Tomatensoße); **Pastell** s (~s; ~e) Farbstiftmalerei; m (~s; ~e) Farbstift.

Pastete w (~; ~n) (fr.) gefülltes Teiggericht (*schöne P.* ärgerliche Sache [*da haben wir die P.!*]; *die ganze P.* alles).

pasteurisieren ZW (-rte, -rt) ↗ (fr., nach dem Chemiker L. *Pasteur*, 1822 bis 1895) [*pastö-*] keimarm, haltbar machen; w. abstr. s.: **Pasteurisierung** (~; ~en), **Pasteurisation** w (~; ~en).

Pasticcio s (~s; ~s) (it.) [-*titscho*] gefälschtes Gemälde; ♪ aus älteren Opern zusammengesetzte Oper; Pastete = **Pastiche** w (~; ~n) (fr.) [-*tîsch*].

Pastille w (~; ~n) (lat.) $ Heilmittel in Kügelchenform.

Pastinak m (~s; ~e), **Pastinake** w (~; ~n) (lat.) Viehfutter, Grünpflanze.

Pastor m (~s; -toren) (lat.) † Geistlicher (*P. primarius* Hauptpfarrer); **pastoral** EW ♪ idyllisch; † seelsorgerlich; pathetisch; salbadernd; **Pastorale** s (~s; ~s) ♪ Hirtenidylle, -stück, -oper; Hirtenbildnis; † Bischofsstab; **Pastorali|en** M † geistliche Verrichtungen; **Pastoralmedizin** w (~; –) † Krankenseel-

Pastoraltheologie

sorge; **Pastoraltheologie** w (~; –) † Lehre vom Gemeindedienst; **Pastorat** s (~s; ~e) Pfarrhaus, -amt; **Pastoration** w (~; ~en) † Anstalts-, Gemeindeseelsorge; **Pastorelle** w (~; ~n) (it.) ♪ Hirtenliedchen; Birnensorte.

pastos, pastös EW (lat.) dick aufgetragen (Farben); dickflüssig; ⚕ aufgeschwemmt; **Pastosität** w (~; –) dickstrichige Schrift.

Patchwork s (~s; ~s) (am.) [*pätsch-*ö*rk*] Flickwerk; buntgewürfeltes Stück Stoff als Decke, Kissen, Rock u. a.

Patella w (~; -llen) (lat.) ⚕ Kniescheibe; EW: **patellar; Patellar(sehnen)reflex** m (~es; ~e) ⚕ Kniesehnenreflex.

Patene w (~; ~n) (lat.) † Hostien-, Kommunionschale.

Patent s (~[e]s; ~e) (lat.-fr.) absolutes Recht an einer Erfindung; rechtverleihende Urkunde; Schutzurkunde; **patent** EW (lat.-fr.) elegant, modisch; ohne Schwierigkeit (*p.er Kerl* umgänglicher Mensch); **patentfähig** EW eine Erfindung zur gewerbl. Verwendung gestaltend; **Patentgerat** s (~[e]s; ~e) Beschwerde|instanz gegen Beschlüsse des Patentamts; **patentieren** ZW (-rte, -rt) ↗ Urheberrecht an Erfindungen durch Registrierung schützen; heiße Stahldrähte im Bleibad abkühlen und dadurch veredeln; **Patent|register** s (~s; ~) = **Patent|rolle** w (~; ~n) amtl. Register der Patente; **Patent|rezept** s (~[e]s; ~e) verblüffend einfache Lösung eines Problems; **Patentschrift** w (~; ~en) Beschreibung eines Patents.

Pater m (~s; -tres) (lat.) † Ordensgeistlicher; (*P. familias* Familienvater); **Paternität** w (~; –) Vaterschaft; **Paternoster** s (~s; ~) † Vaterunsergebet; m (~s; ~) Art Aufzug [= **Paternosterwerk** s (~[e]s; ~e]); † Rosenkranz.

patetico (it.) ♪ leidenschaftlich, = **pathetique** (fr.) [*patêtik*].

Path|ergie w (~; –) (gr.) ⚕ Erforschung der Gewebeentzündungen; **pathetisch** EW leidenschaftlich; übersteigert; **pathogen** EW ⚕ krankheitserregend; **Pathogenese** w (~; ~n) ⚕ Krankheitsentstehung; EW: **pathogenetisch, pathogenität** w (~; –) ⚕ Anreger zu krankhaften Veränderungen; **Pathognomik** w (~; –) ⚕ Lehre von den Krankheitsmerkmalen; Deutung des seelischen Befindens aus Körperbewegungen; **pathognomonisch** EW ⚕ für eine Krankheit charakteristisch, = **patho**gnostisch EW; w. s.: **Pathognostik** (~; –); **Pathographie** w (~; -i|en) Erforschung der Krankheitswirkung auf Leben(sleistung); **Pathologe** m (~n; ~n) ⚕ Krankheitsforscher; **Pathologie** w (~; –) Krankheitslehre; **pathologisch** EW krankhaft (*p.e Anatomie* Lehre von den organischen Krankheiten; *p.e Physiologie* Lehre von den krankhaften Funktionsstörungen); **Pathophobie** w (~; –) Angst vor Krankheit; **Pathophysiologie** w (~; -i|en) ⚕ Erforschung von Funktionsstörungen; **pathoplastisch** EW Krankheitssymptome bestimmend; **Pathopsychologie** w (~; –) Erforschung von Krankheiten im Seelischen; Erforschung seelischer Störungen; EW: **pathopsychologisch; Pathos** s (~; –) Leidenschaftlichkeit; höchste Ergriffenheit; Leiden; Übersteigerung im Ausdruck.

Pati|ence w (~; ~n) (fr.) [*paßjaňs*] Geduldskartenspiel.

Pati|ent m (~en; ~en) (lat.) Kranker in ärztlicher Behandlung; **Pati|entenpaß** m (-passes; -pässe) Auflistung der Krankheiten des Trägers; **Pati|ententestament** s (~s; ~e) schriftl. Wunsch um passive Sterbehilfe.

Patina w (~; –) (it.) Edelrost (*P. ansetzen* altern); ZW: **patinieren** (-rte, -rt) ↗.

Patio m (~s; ~s) (sp.) Innenhof.

Patisserie w (~; -i|en) (fr.) Feingebäck; Feinbäckerei; m. s.: **Patissi|er** (~s; ~s) [-*βjê*].

Patnareis m (~es; –) (nach i. St.) Langkornreis.

Pato|is s (~; –) (fr.) [-*toa*] Mundart.

Patriarch m (~en; ~en) (gr.) Stamm-, Erzvater; † Bischofs(rang)titel; **Patriarchalismus** m (~; –) erbbedingte Herrschaft eines einzelnen im Familienverband; EW: **patriarchalisch; Patriarchat** s (~[e]s; ~e) † Bischofsgebiet, -amt, -würde; Vaterherrschaft; **patriarchisch** EW wie ein Patriarch; **patrilinear** EW in der m. Linie (stehend, erbend, rechnend); **patrimonial** EW ererbt; **Patrimonium** s (~s; -mo-ni|en) väterliche Gewalt; väterliches Erbteil; **Patriot** m (~en; ~en) vaterländischer Gesonnener; EW: **patriotisch;** m. abstr. s.: **Patriotismus** (~; –); **Patristik** w (~; –) (lat.) Kirchenvätertheologie; m. s.: **Patristiker** (~s; ~); EW: **patristisch; Patrize** w (~; ~n) Stempel mit erhabener Prägung (Ggs.: *Matrize*); **patrizial** EW vornehm; **Patriziat** s (~[e]s; ~e) Geschlechterherrschaft; **Patrizi|er** m (~s; ~) Angehöri-

ger eines herrschenden Geschlechts; **patrizisch** EW = → patrizial; **Patrologie** w (~; –) (gr.) = → Patristik; m. s.: **Patrologe** (~n; ~n); EW: **patrologisch**; **Patron** m (~[e]s; ~e) (lat.-fr.) Herr; † Schutzheiliger; Chef; Schuft *(ein übler [sauberer] P.)*; **Patronage** w (~; –) (fr.) [*-nâsch*] Günstlingswirtschaft; **Patronanz** w (~; ~en) Vetternwirtschaft ↓; = → Patronat; **Patronat** s (~[e]s; ~e) † Rechte des Kirchen-, Kapellengründers; Schirmherrschaft; **Patrone** w (~; ~n) Handfeuerwaffenmunition; Musterzeichnung; Kleinfilmbehälter; **patronieren** ZW (-rte, -rt) ↗ Wände mit einer Schablone malen; **Patronin** w (~; ~nen) Beschützerin; † Schutzheilige; **patronisieren** ZW (-rte, -rt) ↗ begünstigen; **Patronymikon** s (~s; -ka) (gr.) nach dem Namen des Vaters gebildeter Name; EW: **patronymisch**.
Patrouille w (~; ~n) (fr.) [*-trulje*] ⚔ Streife, Erkundungsgang; ZW: **patrouillieren** (-rte, -rt) ✓ [*-trulî-*].
Patrozinium s (~s; -ni|en) (lat.) † Feier des Schutzheiligen.
Patschuli s (~s; –) (hind.) ostindisches äther. Öl.
Patt s (~s; ~s) (lat.-rom.) unentschiedenes Spiel|ende (im Schach; Ggs.: *Matt; atomares P.* gleichstark atomar gerüstete Gegner [vermeidet Erstschlag]); EW: **patt**.
Patte w (~; ~n) (fr.) Pfote; Taschenklappe.
Pattern s (~; –) (am.) [*pätt-*] Denkmodell; Satzbaustruktur; **Patternpraxis** w (~; –) modernes Sprachlehrverfahren.
pattieren ZW (-rte, -rt) ↗ (fr.) rastern; ♪ mit Notenlinien beziehen.
Paukant m (~en; ~en) (d.-lat.) wer eine Mensur ausficht.
Paulownia w (~; -ni|en) (nach r. Prinzessin) ostas. Zierbaum, Kaiserbaum.
pauperieren ZW (-rte, -rt) ✓ (lat.) im Vergleich zu den Eltern schlechter werden (Bastarde) (Ggs.: *luxurieren*).
Pauperismus m (~; –) (lat.) Massenarmut.
Paupi|ette w (~; ~s) (fr.) [*pôpjett*] zusammengefaltetes Seezungenfilet
pauschal EW (d.-lat.) in Bausch und Bogen; alles auf einmal; w., s. abstr. s.: **Pauschale** (~s; -i|en); Gesamtschätzsumme; Gesamtbetrag, -abfindung; **pauschalieren** ZW (-rte, -rt) ↗ Teilbeträge zusammenlegen; **Pauschquantum** s (~s; -ta) = → Pauschale.
Pause[1] w (~; ~n) (gr.-lat.) Arbeitsunterbrechung; ♪ Aussetzen einzelner Stimmen; wirkungsvolle Unterbrechung der Rede *(eine P. machen, einlegen);* Schulstundenunterbrechung *(P. haben).*
Pause[2] w (~; ~n) (fr.) Durchkopierung einer Vorlage durch durchsichtiges Papier; **pausen** ZW (-ste, gepaust) ↗ durch Pauspapier kopieren.
pausieren ZW (-rte, -rt) ✓ (gr.-lat.) die Arbeit kurze Zeit ruhen lassen.
Paus|papier s (~[e]s; ~e) (fr.) durchsichtiges Papier zum Pausen.
pauvre EW (fr.) [*pôwr*] armselig.
Pavian m (~s; ~e) (fr.-nl.) afr. Affenart; Bootswächter.
Pavillon m (~s; ~s) (lat.-fr.) [*-wiljoñ*] □ Gartenhäuschen; Viereckzelt; Gebäudeteil; unterer Schliffteil; **Pavillonsystem** s (~s; ~e) [*-wiljoñ-*] □ Auflösung einer Gebäudeanlage in (eingeschossige) Einzelhäuser.
Pay-Back s (~-~s; –) (e.) [*pê'bäck*] Rückgewinnung der Investition; **Paying guest** m (~ ~; ~ ~s) (e.) [*peiñ gëßt*] im Ausland in einer Familie lebender und zahlender Gast; **Pay-Off** s (~-~s; ~-~s) wirkungsvoller Filmschluß; Auszahlung; **Pay-Out** s (~-~s; –) [*-aut*] = → Pay-Back; **Pay-TV** s (~- ~s; –) → Abonnementfernsehen.
Pazifik m (~s; –) (e.) Stiller Ozean; EW: **pazifisch** *(P.er Ozean);* **Pazifikation** w (~; ~en) (lat.) Befriedigung ↓; **Pazifismus** m (~; –) Bestreben, den Krieg auszuschalten; m. s.: **Pazifist** (~en; ~en); EW: **pazifistisch**; **pazifizieren** ZW (-rte, -rt) ↗ beruhigen, befriedigen.
PC ∉ e. = **P**ersonal **C**omputer.
PCB (∉ **p**oly**c**hlorierte **B**iphenyle) hochgiftige synthet. Öle.
Peajacket s (~s; ~s) (e.) [*pîdschäckett*] blaue Seemannsjacke; Feuerwehrmantel; = **Pijacke** w (~; ~n).
Peau m (~s; ~s) (fr.) [*pô*] Seidengewebe *(P. de Crêpe* [*-kräp*] schwere Seide in Taftbindung; *P. de gant* [*-gañ*] Handschuhleder; *P. de poule* [*-pul*] bepunktete Lyoner Seide; *P. d'ange* [*-dañsch*] Satinart).
Pecanuß w (~; -nüsse) (i.-d.) Hickorywalnuß.
Pe-Ce-Faser w (~-~-~; ~-~-~n) (KW) haltbare Kunstfaser.
Pedal s (~[e]s; ~e) (lat.) Fußhebel, ♪ -klaviatur; ∪ Bein, Fuß.
Pedant m (~en; ~en) (it.) Schulmeister; Umstandskrämer; kleinlich denkender Mensch; w. abstr. s.: **Pedanterie** (~; -i|en); EW: **pedantisch**.

Pedell

Pedell m (~s; ~e) (d.-lat.) Hochschulgehilfe.

pedestrisch EW (lat.) zu Fuß; prosa|isch; ↓ niedrig.

Pedigree m (~s; ~s) (e.) [*-grî*] Stammbaum (von Pferden, Hunden, Pflanzen).

Pedikulose w (~; ~n) (lat.) Zustand voller Läuse.

Pediküre w (~; ~n) (lat.-fr.) Fußpflege(rin); ZW: **pediküren** (-rte, -rt) ↗.

Pediment s (~[e]s; ~e) (lat.) Sandfläche vor Gebirgen; **Pediskript** s (~es; ~e) (lat., KuW) mit Füßen Geschriebenes.

Pedlar m (~s; ~s) (e.) [*pedler*] Hausierer.

Pedograph m (~en; ~en) (lat.-gr.) Wegmesser; w. s.: **Pedographie** (~; –); EW: **pedographisch**.

Pedologe m (~n; ~n) (gr.) Bodenforscher; w. abstr. s.: **Pedologie** (~; –); EW: **pedologisch**.

Pedometer s (~s; ~) (gr.) Schrittzähler; EW: **pedometrisch**.

Peeling s (~s; –) (e.) [*pîliñ*] kosmetische Hautschälung.

Peep-show w (~-~; ~-~s) (e.) [*pîpschou*] Schaustellung nackter Frauen durch Sehschlitze; **peepen** ZW (-te, gepeept) ↙ in eine Peep-show gehen.

Peer m (~s; ~s) (e.) [*pîr*] e. Hochadliger (mit Sitz im Oberhaus); w. s.: **Peereß** (~; -resses) [*pîriß*]; **Peer-group** n (~-~; ~-~s) [*pîr grup*] Insiderkreis mit starkem Einfluß.

peesen → pesen.

Pegasus m (~; –) (Tiergestalt der gr. Sage) Dichterroß (*den P. besteigen* dichten).

Pege w (~; ~n) (gr.) [*pêgê*] kalte Quelle.

Peies M (heb.) Schläfenlöckchen.

Peigneur m (~s; ~e) (fr.) [*pänjôr*] Kammwalze.

Pejoration w (~; ~en) (lat.) Verschlechterung; **pejorativ** EW (sich) verschlechternd; **Pejorativ(um)** s (~; ~e/-va) mit abschätziger Nachsilbe gebildetes Wort.

Pekesche w (~; ~n) (poln.) geschnürter Hausrock.

Pekinese m (~n; ~n) (nach der chin. Hauptstadt *Peking*) Zwerghund.

Pekoe m (~s; –) (chin.-e.) [*-ko*] gute (i.) Teequalität.

pekt|anginös EW (lat.) ✚ herz-, brustbeengend.

Pektin s (~[e]s; ~e) (gr.) ⊕ Kohlenhydratverbindung (die Blutgerinnung fördernd, quellfähig, gelierend).

pektoral EW (lat.) an (in, auf, bei) der Brust; **Pektorale** s (~s; -i|en/~s) Brustschmuck, † -kreuz.

pekuniär EW (lat.) durch (mit, von) Geld (*p.e Verpflichtungen* Schulden).

pekzieren ZW (-rte, -rt) ↗ (lat.) sich vergehen; etw. anstellen.

pelagial EW = → pelagisch; **Pelagial** s (~s; –) (gr.-lat.) hohe See; alle Bewohner der hohen See; **Pelagialfauna** w (~; -nen) Tierwelt der Hochsee; **Pelagialflora** w (~; -nen) ⊕ Pflanzenwelt der Hochsee; **pelagisch** EW (gr.) auf (bei, in) der, durch die Tiefsee.

Pelargoni|e w (~; ~n) (gr.) = **Pelargonium** s (~s; -ni|en) ⊕ Storchenschnabelgewächs.

Pelargon|säure w (~; ~n) (gr., KuW) ♡ eine Fettsäure.

pêle-mêle (fr.) [*pâlmâl*] durcheinander; **Pelemele** s (~s; ~s) [*pâlmâl*] Durcheinander; Süßspeise.

Pelerine w (~; ~n) (fr.) Umhang ohne Ärmel.

Pelikan m (~s; ~e) (gr.-lat.) Löffelgans.

Pellagra s (~s; –) (lat.-it.) ✚ Vitaminmangelkrankheit.

pellet(is)ieren ZW (-rte, -rt) ↗ (lat.-fr.-e.) Körnchen zu Kügelchen ballen; **Pellets** M (e.) Preßlinge aus staubfeinen Substanzen.

pelluzid EW (lat.) lichtdurchlässig; **Pelluzidität** w (~; –) Lichtdurchlässigkeit von Gesteinen.

Pelota w (~; –) (lat.-sp.) baskisches Ballspiel mit Korbschlägern.

Peloton s (~s; ~s) (fr.) [*-toñ*] ✕ kleine Truppeneinheit ↓; Hauptfeld (Radrennsport).

Pelotte w (~; ~n) (fr.) Bruchbandpolster.

Pelseide w (~; ~n) (it.-d.) dicke Rohseide aus schlechtem Material.

Peluschke w (~; ~n) (slaw.) ⊕ Hülsenfrucht.

Pemmikan m (~s; ~s) (ind.) Dörrfleischkonserve.

Penalty m (~; ~s) (e.) [*pennelti*] Strafschlag beim Hockey.

Penate m (~n; ~n) (lat.) Hausgott; guter Hausgeist.

PEN-Club m (~-~s; –) (e. KW, ∉ **P**oets, **E**ssayists, **N**ovellists) internationaler Schriftstellerverband (gegründet 1921, London).

Pendant s (~s; ~s) (fr.) [*pañdañ*] Gegen-, Seitenstück; ↓ Ohrschmuck.

Pendel s (~s; ~) (lat.) schwingender Körper; ZW: **pendeln** (-lte, gependelt) ↙; *auch:* an anderm Ort arbeiten als wohnen; **Pendelverkehr** m (~s; –) regelmäßige Verkehrsverbindung; Berufsverkehr zwischen Wohnung und Arbeitsstelle.

Pendentif s (~s; ~s) (fr.) [*pañdañtiff*] □ Hängewickel.

Pendler m (~s; ~) (lat.) wer an einem andern Ort arbeitet als wohnt.

Pendüle, -dule w (~; ~n) (fr.) [*pañ-*] Hänge|uhr ↓.

penetrabel EW (lat.) durchdringend; **penetrant** EW durchdringend; aufdringlich; w. abstr. s.: **Penetranz** (~; –); **Penetration** w (~; ~en) Zwischensiedlung; **penetrieren** ZW (-rte, -rt) ↙ ↗ ein-, durchdringen; **Penetrometer** s (~s; ~) Meßgerät zur Härtebestimmung halbfester Stoffe.

Penholder m (~s; ~) (e.) [*-houl-*] = **Penholdergriff** m (~[e]s; ~e) Federhaltergriff; Haltung des Tischtennisschlägers.

penibel EW (lat.) höchst genau; w. abstr. s.: **Penibilität** (~; –).

Penicillin, Penizillin s (~s; ~e) (lat.) ⚕ Pilzstoffwechselprodukt (Antibiotikum, seit 1928); **Penicillium** s (~s; -llia) penicillinhaltiger Schimmelpilz.

Pen|insula w (~; -ln/-lae) (lat.) Halbinsel; EW: **pen|insular(isch)**.

Penis m (~; -nes/~se) (lat.) m. Glied.

Penizillin = → Penicillin.

Pennal s (~s; ~e) (lat.) Federbüchse ↓; ∪ Oberschule; **Pennäler** m (~s; ~) (lat.) Oberschüler.

Penne w (~; ~n) (jidd.) Herberge; Schlafstelle; (lat.) Oberschule; **pennen** ZW (-nnte, gepennt) ↙ (jidd.) schlafen; **Penner** m (~s; ~) (jidd.) Landstreicher; Langweiler.

Pensee s (~s; ~s) (fr.) [*pañßẹ́*] ⚘ Stiefmütterchen; **pensee** EW [*pañßẹ́*] rötlichbraun ←; **pensi|eroso** (it.) ♪ tiefsinnig.

Pension w (~; ~en) (fr.) [auch: *pañ-*] Ruhegehalt, -stand; Fremdenheim; volle Verpflegung *(in P. leben, sich in P. begeben);* ∪ Strafvollzugsanstalt; **Pensionär** m (~s; ~e) [auch: *pañ-*] Rentner; **Pensionärs|tod** m (~es; ~) [*auch: pañ-*] schneller Verfall Alten der im Ruhestand; **Pensionat** s (~[e]s; ~e) (franz.) Erziehungs|institut *(staatliches P.* Haftanstalt); **Pensionierung** w (~; ~en) [auch: [*pañ-*] Versetzung in den Ruhestand; ZW: **pensionieren** (-rte, -rt) [auch: *pañ-*] ↗; **Pensionierungsbankrott** m (~[e]s; ~e) [auch: *pañ-*] Altersneurose bei Versetzung in den Ruhestand.

Pensum s (~s; -sa/-sen) (lat.) Aufgabe, Arbeitsabschnitt.

Pentachord s (~[e]s; ~e) (gr.) [*-k-*] ♪ Reihe von 5 Tönen.

Pentade w (~; ~n) (gr.) 5 Tage; **Pentadik** w (~; –) Zahlensystem mit 5 als Grundzahl; **Penta|eder** s (~s; ~) ⟨ von 5 Ebenen begrenzter Körper ↓; **Pentagon** s (~s; –) (gr., = Fünfeck) am. Kriegsministerium; **pentagonal** EW fünfeckig; **Pentagondodeka|eder** s (~s; ~) ⟨ von 12 nicht regulären Fünfecken begrenztes Polyeder; **Pentagramm** s (~[e]s; ~e), = **Pentagramma** s (~s; ~ta) magisches Fünfeck; Drudenfuß; **Pent|alpha** s (~s; ~s) = → Pentagramm; **pentamer** EW fünfteilig; **Pentameron** s (~s; –) Fünftagebuch (it. Novellenbuch); **Pentameter** m (~s; ~) gr. Vers (verdoppelter halber Hexameter); EW: **pentametrisch**; **Pentan** s (~s; ~e) (KuW) flüssiger Kohlenwasserstoff (ein Alkan); **Pentanol** s (~s; ~e) davon abgeleiteter Alkohol; **Pentanthermometer** s (~s; ~) Spezialmeßgerät für tiefe Temperaturen; **Pentaprisma** s (~s; -men) fünfseitiges Prisma; **Pentastomiden** M Zungenwürmer (Spinnen); **Pentateuch** m (~s; –) die 5 Bücher Mosis; **Pent|athlon, Pent|athlon** s (~s; –) Fünfkampf; **Pentatonik** w (~; –) ♪ Melodik in fünfstufigen Skalen, 5 Ganztonschritten; EW: **pentatonisch**; **pentazyklisch** EW ⚘ mit 5 Blütenkreisen.

Pent|house s (~; ~s) (am.) [*-hauß*] Hochhaus|apartment auf oder direkt unter dem Dach.

Pentlandit m (~[e]s; ~e) (nach dem Entdecker) ein Nickel|erz.

Pentode w (~; ~n) (gr.) Elektronenröhre mit 5 Elektroden (Fünfpolröhre); **Pentose** w (~; ~n) Einfachzucker.

Pen|umbra w (~; -bren) (lat.) Schattenrand der Sonnenflecke.

Penunzen M (poln.) Geld.

Peon m (~[e]s; ~e) (sp.) verschuldeter südam. Lohnarbeiter; **Peonage** w (~; –) [*-nasch*] sudam. Lohnsystem, das die Arbeiter abhängig macht.

Pep m (~s, –) (am.) Schwung; M: **Peps** Aufputschmittel.

Peperoni M (it.) Paprikafrüchte in Essig.

Pepita m (~; ~s) (sp.) kleingemusterter (hell und dunkel gewürfelter) Stoff.

Peplopause w (~; ~n) (gr.) obere Grenze unserer untersten Luftschicht.

Pepper-Uppers M (e.) [*-apperß*] → Peps, = **Peppille** w (~; ~n).

Peps M → Pep; **Pepsin** s (~s; ~e) (gr.) ⚕ eiweißspaltendes Enzym der Magenschleimhaut; **Peptase** w (~; ~n) (gr.) eiweißabbauendes Ferment der Gerste; **Peptid** s (~[e]s; ~e) Eiweißbaustein; **Peptidase** w (~; ~n) Enzym, das Peptid spaltet; **peptisch** EW verdauungsfördernd; durch Verdauung geworden; **Pepton** s (~[e]s; ~e) Eiweißabbaustoff; **Peptonisierung** w (~; –) Behandlung von Nahrungsmitteln daraufhin, daß sie unverändertes Eiweiß abbauen.

per acclamationem (lat.) durch Zuruf; **per Adresse** über die Anschrift von...; **per annum** für *ein* Jahr; **per anum** ⚕ durch den Mastdarm; **per aspera ad astra** durch Nacht zum Licht; **per aval** (it.) als Bürge.

Perborat s (~[e]s; ~e) (lat.-pers.) Salz der Perborsäure (ein Bleichmittel).

Perbunan m (~s; –) (KuW) Kunstkautschuk.

per cassa (it.) gleich zu zahlen.

Perchlorat s (~[e]s; ~e) (lat.-gr.) Salz der Perchlorsäure.

per conto (lat.-it.) auf Rechnung; **per dato** bei Fälligkeit (zu zahlen).

per definitionem (lat.) im Wortsinn; erklärendermaßen.

perdendo (it.) ♪ leiser werdend; **perdendosi** (it.) ♪ langsam verhallend.

Perdition w (~; –) (lat.) (ewiges) Verderben ↓; **perdu** (fr.) [*perdü*] verloren, futsch.

per|eat (lat.) nieder! M: **per|eant; Pereat** s (~s; ~s) (lat.) Niederruf ↓.

Per|em(p)tion w (~; ~en) (lat.) (Klage-) Rechtsverlust; **per|em(p)torisch** EW (lat.) vernichtend (Ggs.: *dilatorisch*; *p.e Einrede* jeden Klageanspruch für immer ausschließend); endgültig.

per|ennierend EW (lat.) ✿ (den Winter) überdauernd; immer fließend (Flüsse; Ggs.: *periodisch*); hartnäckig; **per|ennis** EW (das ganze Jahr) beständig ↓.

Perestroika w (~; –) (r., = Umbau) polit. und gesellschaftl. Erneuerung der Sowjetunion (seit 1985).

per exemplum (lat.) zum Beispiel; **per fas** auf rechtliche Weise (*p. f. et nefas* [lat.] auf jede erdenkliche Weise).

perfekt EW (lat.) vollkommen; endgültig vereinbart; gültig; **Perfekt** s (~s;~e) vollendete Gegenwart (Zeitwortform), = **Perfektum** s (~s; -ta); **perfektibel** EW fast vollkommen; **Perfektibilismus** m (~; –) Glaube an die Vervollkommnung der Menschen; m. s.: **Perfektibilist** (~en; ~en); **Perfektibilität** w (~; –) Möglichkeit sich zu vervollkommnen; **Perfektion** w (~; ~en) Vollkommenheit; **perfektionieren** ZW (-rte, -rt) ↗ vervollkommnen; **Perfektionismus** m (~; –) Geschichte als ständiger Fortschritt; Vollkommenheitsstreben; m. s.: **Perfektionist** (~en; ~en) auch: Anhänger einer Methodistensekte; EW: **perfektionistisch; perfektiv(isch)** EW die Dauer nach Handlungsabschluß bezeichnend; **perfektivieren** ZW (-rte, -rt) ↗ Zeitwort perfektiv machen; **Perfektum** = → Perfekt.

perfid(e) EW (lat.) treulos; w. abstr. s.: **Perfidität** (~; –) = **Perfidie** (~; –).

perforat EW (lat.) durchlöchert; **Perforation** w (~; ~en) ⚕ Gewebedurchbruch, -durchbohrung; Lochung; (Briefmarken-)Zähnung; Trennlinie (am Papier); **perforieren** ZW (-rte, -rt) ↗ durchlöchern; zähnen.

Pergament s (~[e]s; ~e) (lat., nach der kleinasiat. Stadt *Pergamon*) Leder zum Beschreiben; EW: **pergamenten; Pergamenter** m (~s; ~) Pergamenthersteller; **pergamentieren** ZW (-rte, -rt) ↗ etw. (Papier, Baumwolle) pergamentartig machen; **Pergamin, -myn** s (~s; –) durchscheinendes Papier.

Pergola w (~; -len) (it.) berankter offener Laubengang.

perhorreszieren ZW (-rte, -rt) ↗ (lat.) verabscheuen, zurückweisen.

Perhydrol s (~s; –) (lat.-gr.) konzentrierte wäßrige Lösung von Wasserstoffperoxid.

Perianth(ium) s (~s; ~e/-thi|en) (gr.) ✿ Blütenhülle.

Peri|arthritis w (~; -itiden) (gr.) Gelenkentzündung; **Peri|astron** s (~s; -tren) Sternnähe (bei Doppelsternen), = **Periastrum** s (~s; -tren).

periculum in mora (lat.) Zaudern ist gefährlich!

Periderm s (~s; ~e) (gr.) ✿ Abschlußgewebe, = **Periderma** s (~s; -ta); **Peridot** m (~s; ~e) (fr.) ein Mineral; **Peridotit** m (~s; ~e) gekörntes Tiefengestein; **Peri|enzephalitis** w (~; -itiden) ⚕ Hirnrindenentzündung; **perifokal** EW (gr.-lat.) ⚕ rund um den Krankheitsherd; **Perigäum** s (~s; -gäļen) erdnächster Punkt der Bahn von Himmelskörpern (Satelliten); **Perigenesistheorie** w (~; –) Vererbungslehre Haeckels (1899); **periglazial** EW im Umkreis von Gletscher-(Eis-)rand auftretend; **Perigon** s (~s; ~e) ✿ farbige Blütenhülle, = **Perigonium** s (~s; -ni|en); **Perigramm** s (~s; ~e) Dia-

gramm mit Kreisen; **perigyn** EW ⊕ mittelständig; **Perihel** s (~s; ~e), = **Perihelium** s (~s; -i|en) sonnennächster Punkt einer Planeten-, Kometenbahn; **Perikard** s (~[e]s; ~e) ⚕ Herzbeutel; **Perikard|ektomie** w (~; -i|en) ⚕ Herzbeutelentfernung; **perikardial** EW ⚕ Herzbeutel...; **Perikarditis** w (~; -itīden) ⚕ Herzbeutelentzündung; **Perikarp** s (~[e]s; ~e) ⊕ Fruchtwand; **Periklas** m (~[es]; ~e) Mineral; **Periklin** m (~s; ~e) Mineral; **Perikope** w (~; ~n) † gottesdienstliche Bibellesung; metrischer Abschnitt; **Perikran** s (~s; ~e) ⚕ Schädeldachbeinhaut, = **Perikranium** s (~s; -i|en).
perikulös EW (lat.) gefahrvoll ↓.
Perilla w (~; –) (i., lat.) Gattung von Lippenblütlern.
Perilun s (~s; ~e) (lat.) größte Mondnähe von Raumschiffen.
Perilymphe w (~; ~n) (gr.) ⚕ Flüssigkeit im Ohrlabyrinth; **Perimeter** s (~s; ~) ⚔ Umfang einer ebenen Figur; Bestimmungsgerät des Gesichtsfeldes; **perimetrieren** ZW (-rte, -rt) ↗ Umriß (Gesichtsfeld) bestimmen; EW: **perimetrisch**; **Perimetritis** w (~; -itīden) ⚕ Gebärmutterbauchfellentzündung; **Perimetrium** s (~s; -i|en) ⚕ Gebärmutterbauchfell; **perinatal** EW um die Zeit der Geburt herum (*p.e Medizin* Erforschung und Behandlung des Embryos und des Neugeborenen); **Perinatologe** m (~n; ~n) (KuW) Erforscher der Vorgänge in der Zeit der Geburt; w. s.: **Perinatologie** (~; –); EW: **perinatologisch**; **Perinephritis** w (~; -itīden) ⚕ Nierenkapselentzündung; **Perine|um** s (~s; -ne|en) (lat.) ⚕ Afterdamm; **Perineuritis** w (~; -itīden) ⚕ Bindegewebeentzündung; **Perineurium** s (~s; –) ⚕ Nervenhülle.
Periode w (~; ~n) (gr.) Kreislauf; regelmäßige Wiederholung; Großsatz; ♪ Melodienganzes; Menstruation; Schwingungsdauer; Abstand gleichartiger, sich regelmäßig wiederholender Vorgänge; ♪ (achttaktiger) Abschnitt; **Periodensystem** s (~s; –) natürl. Gruppeneinteilung der chem. Elemente nach Atombau und Ordnungszahl; **Periodik** w (~; –) regelmäßige Wiederholung (eines Vorganges); **Periodikum** s (~s; -ka) (lat.) regelmäßig erscheinende Zeitung (Zeitschrift); **periodisch** EW regelmäßig wiederkehrend (Ggs.: *per|ennierend; p.es System der Elemente* ⊙ Anordnung der Grundstoffe nach ihrem Atomgewicht); **periodisieren** ZW (-rte, -rt) ↗ in gleiche Zeitabschnitte einteilen; **Periodizität** w (~; –) = → Periodik; regelmäßige Wiederkehr; **Periodogramm** s (~s; ~e) Aufzeichnung sich wiederholender Vorgänge; **Periodologe** m (~n; ~n) ♪ Erforscher musikalischen Satzbaues; w. s.: **Periodologie** (~; –); EW: **periodologisch**.
Peri|odontitis w (~; -itīden) (gr.) ⚕ Zahngeschwür; **Peri|öke** m (~n; ~n) spartanischer Kleinbürger; **perioral** EW ⚕ rings um den Mund; **Peri|ost** s (~[e]s; ~e) Knochenhaut; EW: **peri|ostal**; **Periostitis** w (~; -itīden) ⚕ Knochenhautentzündung; **Periostreflex** m (~es; ~e) ⚕ Muskelreflex.
Peripatetiker m (~s; ~) (gr.) Schüler des Aristoteles; EW: **peripatetisch** (*p.e Schule* nacharistotelische Philosophen); **Peripetie** w (~; –) Umschwung (im Drama).
peripher EW (gr.) randhaft, = **peripherisch** EW; **Peripherie** w (~; -i|en) (gr.) ⚔ Kreisflächengrenze; Rand (der Stadt); **Peripheriegerät** s (~es; ~e) an Zentrale angeschlossenes Gerät (EDV).
Periphrase w (~; ~n) (gr.) Umschreibung eines Wortes; EW: **periphrastisch** (*p.e Formen* sind mit Hilfszeitwörtern gebildet); EW: **periphrasieren** (-rte, -rt) ↗.
perirenal EW (gr.-lat.) ⚕ rings um die Niere; **Periskop** s (~[e]s; ~e) U-Boot-Fernrohr; photographisches Objektiv; EW: **periskopisch** (*p.e Brille* hat korrigierte Gläser); **Peristaltik** w (~; ~en) ⚕ Kontraktionswellen des Magens (Darms, Ureters, Samenleiters); EW: **peristaltisch**; **Peristase** w (~; ~n) mitgestaltende Umwelteinflüsse; örtliche Kreislaufstörung; EW: **peristatisch**.
Peristyl s (~s; ~e) ☐ Säulenhalle um Innenhof, = **Peristylium** s (~s; -li|en); **Peritektikum** s (~s; -ken) bestimmte Stoffmischung; **Peritome** w (~; ~n) ⚕ Beschneidung; **peritoneal** EW ⚕ Bauchfell...; **Peritong|um** s (~s; -ne|en) ⚕ Bauchfell; **Peritonitis** w (~; -itīden) ⚕ Bauchfellentzündung.
Perkal m (~s; ~e) (pers.) Baumwollgarngewebe, **Perkalin** s (~s; –) imprägnierter Bucheinbandstoff.
Perkolation w (~; ~en) (lat.) ⊕ Gewinnung konzentrierter Pflanzensäfte; **Perkolator** m (~s; -toren) Gerät zur Gewinnung von Pflanzenextrakt; **perkolieren** ZW (-rte, -rt) ↗ (durch Holz zur Holzverzuckerung) durchseihen.
Perkussion w (~; ~en) (lat.) ⚕ Beklopfen; Stoß-, Schlagzündung (eines Ge-

perkussorisch

wehres); w (~; –) (e.) [*pörkaschn*] ♪ Schlagzeuggruppe; **perkussorisch** EW (lat.) ⚕ durch Perkussion feststellbar; **perkutan** EW ⚕ durch die Haut (*p. wirken* einreiben); **perkutieren** ZW (-rte, -rt) ↗ ⚕ abklopfen; **perkutorisch** EW ⚕ durch Beklopfen diagnostiziert.

Perl w (~; –) (fr.) Schriftgrad.

Perlator m (~s; -toren) (lat.) Siebeinsatz für Wasserhähne.

Perlé m (~s; ~s) (lat.-fr.) weicher, geflockter Mantelstoff.

perlingual EW (lat.) ⚕ durch die Zungenschleimhaut (wirksam).

Perlit m (~s; ~e) (lat.-fr.) Bestandteil des Eisengefüges; Erstarrungsgestein.

Perlon s (~s; –) (KuW) Polyamid-Kunstfaser.

perludieren ZW (~s; ~en) (lat.) vortäuschen; w. abstr. s.: **Perlusion** (~; ~en); EW: **perlusorisch**.

Perm[1] s (~s; –) (nach einer r. Stadt) Abschnitt des Paläozoikums.

Perm[2] s (~s; –) (lat. KW) Gasdurchlässigkeitsmaß.

Perma|frost m (~s; –) (KuW) Dauerfrost, ständige Kälteerstarrung.

Permalloy s (~s; ~s) (e.) [*-leu*] (¢ **perm**anent + **alloy**) eine Metallegierung (mit Nickel, Eisen).

permanent EW (lat.) fortdauernd; unablässig; [*p. press* (e.) bügelfrei]; **Permanenz** w (~; –) Ständigkeit; Unveränderlichkeit der Erdoberfläche (*in P.* unaufhörlich); **Permanenz|theorie** w (~; –) Ansicht, die Kontinente und Ozeane hätten sich während der Erdgeschichte nicht umgegliedert.

Permanganat s (~[e]s; ~e) (lat.-gr.) ⚛ Salz der Übermangansäure; **Permangansäure** w (~; ~n) ⚛ Übermangansäure.

permeabel EW (lat.) durchlässig; w. abstr. s.: **Permeabilität** (~; –) auch: ⚓ Verhältnis der eingedrungenen Wassermenge zum Schiffsraum.

per mille = → pro mille.

permisch EW (nach einem ehem. r. Gouvernement) zum jüngsten Paläozoikum gehörend.

Permiß m (-sses; -sse) (lat.) = **Permeß** m (-sses; -sse) (it.) Genehmigung (*mit P.* mit Verlaub ↓); **Permission** w (~; ~en) ↓ (*P. machen* Spielerlaubnis einholen); **Permit** s (~s; ~s) (e.) Erlaubnis(schein); **permittieren** ZW (-rte, -rt) ↗ gestatten.

permutabel EW (lat.) vertausch-, umstellbar; **Permutation** w (~; ~en) Änderung der Reihenfolge; ⚔ Bildung neuer Zusammenstellungen; **permu-**

tieren ZW (-rte, -rt) ↗ vertauschen; ⚔ Permutation ausführen; **Permutit** s (~s; ~e) Ionenaustauscher.

Pernambukholz s (~es; -hölzer) (nach einer bras. Stadt) Rotholz.

pernasal EW (lat.) durch die Nase (wirksam).

per nefas (lat.) widerrechtlich.

Pernionen M (lat.) ⚕ Frostbeulen.

perniziös EW (lat.) bösartig (*p.e Anämie* gestörte Bildung der roten Blutkörperchen).

Peronismus M (~; –) argent. Bewegung (nach einem Diktator).

per|oral EW (lat.) ⚕ durch den Mund (einzunehmen).

Per|oration w (~; ~en) Schul-, Abschlußrede; Ende einer Rede ↓; **perorieren** ZW (-rte, -rt) ↗ ✓ (lat.) langatmig reden.

per os (lat.) ⚕ durch den Mund.

Per|oxide M (lat., KuW) Sauerstoffverbindungen (Oxidationsmittel); **Peroxidase** w (~; ~n) Enzym, das Spaltung von Peroxiden fördert.

per pedes (lat.) zu Fuß (*p. p. apostolorum* [wie die Apostel] zu Fuß gehend).

Perpendikel s, m (~s; ~) (lat.) Uhrpendel; **perpendikulär, -lar** EW senkrecht.

perpetrieren ZW (-rte, -rt) ↗ (lat.) verüben.

perpetu|ell EW (fr.) dauernd, = **perpetuierlich**; w. abstr. s.: **Perpetuität** (~; –); **Perpetu|um mobile** s (~ ~; ~ ~/ -tua -lia) (lat.) ohne Energiezufuhr unablässig arbeitende Maschine; ♪ Musikstück mit durchgängig unverminderter Schnelligkeit.

perplex EW (lat.) verblüfft; w. abstr. s.: **Perplexität** (~; –).

per procura (it., ¢ *pp.*, *ppa.*) in Vollmacht; **per rectum** (lat.) ⚕ durch den (vom) Mastdarm.

Perron m (~s; ~s) (fr.) [*perron*] Bahnsteig ↓.

per saldo (it.) zum Ausgleich; als Rest; **per se** (lat.) von selbst.

Persenning w (~; ~e[n]/~s) (fr.-nl.) ⚓ wasserdichte Segeltuchhülle.

Perseveranz w (~; ~en) (lat.) Zähigkeit; Ausdauer; **Perseveration** w (~; ~en) Beharrung (des Gedächtnisses) (auch ⚕); ZW: **perseverieren** (-rte, -rt) ↗.

Pershing w (~; ~s) (nach am. General) [*pörsch-*] Mittelstreckenrakete.

Persianer m (~s; ~) (nach den Ländernamen *Persien*) Karakulschafpelz.

Persiflage w (~; ~n) (fr.) [*-flâsche*]

per ultimo

Verspottung; ZW: **persiflieren** (-rte, -rt) ↗.
Persiko m (~s; ~s) (it.) Pfirsich(kern)likör.
Persil s (~s; –) (KuW) Waschmittel; **Persilschein** m (~[e]s; ~e) Leumundszeugnis.
Persimone w (~; ~n) (ind.-e.-fr.) Dattelpflaume.
Persipan s (~s; ~e) (KuW) Marzipanersatz.
persistent EW (lat.) beharrlich; w. abstr. s.: **Persistenz** (~; –); ZW: **persistieren** (-rte, -rt) ↙.
persolvieren ZW (-rte, -rt) ↗ (lat.) Schuldrest bezahlen; † Messe (Gebete) darbringen.
Person w (~; ~en) (lat.) Mensch; Rechtssubjekt *(natürliche P.; juristische P.);* Träger des Geschehens; **Persona grata** w (~ ~; –) (als Diplomat) willkommener Mensch; **Persona ingrata** *(non grata)* unerwünschte Persönlichkeit; **Persona gratissima** hochwillkommene Persönlichkeit; **Personal** s (~[e]s; –) die Betriebsmitarbeiter; **personal** EW persönlich (*p. Computer* [e.] = *Personalcomputer* Kleinrechner [DV]); **Personal|akte** w (~; ~n) Verzeichnis von Bemerkungen zur Person des Angestellten (Beamten, Arbeiters, Soldaten); **Personale** s (~s; -lia) persönliches Fürwort; **Personali|en** M Personenbeschreibung; **personal|intensiv** EW mehr Menschen als Maschinen einsetzend; **personalisieren** ZW (-rte, -rt) ↗ Vorbildern nacheifern; ↙ etwas an Persönlichkeiten festmachen; **Personalismus** m (~; ~) † Überzeugung von der Persönlichkeit Gottes ↓; Philosophie der Persönlichkeit; Beziehung der Person zum Gegenstand; **Personalität** w (~; –) (lat.) Kern einer Persönlichkeit; **Personalitäts|prinzip** s (~s; –) Geltung des angeborenen Rechts auch im Ausland; Strafbarkeit im Inland, wenn dort das Delikt unter Strafe steht; **personaliter** UW persönlich; **Personalkennzeichen** s (–;) zwölfstellige Kennzahl jedes Bundesbürgers (¢ *PKZ*); **Personalkosten** M Aufwendungen für Arbeitnehmer eines Betriebes; **Personalkredit** m (~[e]s; ~e) Kredit auf persönliche Kreditwürdigkeit; **Personalpolitik** w (~; –) (psycholog.) geschickter Umgang und Einstellung von Arbeitnehmern; **Personalpronomen** s (~s; -mina) = → Personale; **Personalrat** m (~[e]s; -räte) Betriebsrat öffentl. Einrichtungen; **Personalsteuer** w (~; ~n) Besteuerung aufgrund persönl. Verhältnisse; **Personal|union** w (~; –) Vereinigung mehrerer Funktionen in *einer* Hand; vorübergehende Beherrschung mehrerer Staaten durch *einen* Herrscher; **personell** EW = → personal; **Personenfirma** w (~; -men) lautet auf Namen eines Gesellschafters; **Personenkonto** s (~s; -ten) auf eine Person lautendes Konto (Ggs.: *Sachkonto*); **Personenkult** m (~[e]s; –) (gelenkte) Verehrung der Führungspersönlichkeit durch das Volk; **Personenstands|urkunde** w (~; ~n) amtl. Bestätigung über Geburt, Eheschließung, Tod; **Personifikation** w (~; ~en) Verkörperung; **Personifizierung** w (~; ~en) = → Personifikation; ZW: **personifizieren** (-rte, -rt) ↗.
Perspektive w (~; ~n) (lat.) Projektion räumlicher Objekte auf eine Ebene; Ausblick *(P.n ergeben, zeigen sich);* EW: **perspektiv(isch)**; **Perspektivismus** m (~; –) Anschauung, daß Realitäten nur unter bestimmten Gesichtswinkeln erkennbar sind; **Perspektivität** w (~; ~en) perspektivische Zuordnung; **Perspektograph** m (~en; ~en) perspektivisch zeichnendes Gerät; EW: **perspektographisch**.
Perspiration w (~; –) (lat.) $ Hautatmung; EW: **perspiratorisch**.
Per|stoff m (~[e]s; –) (KuW) = Perchlorkohlensäuremethylester (ein hochwirksamer Kampfstoff).
Persuasions|therapie w (~; –) (lat.-gr.) $ Krankenbehandlung durch Aufklärung über die Krankheitsursachen.
Persulfat s (~[e]s; ~e) (lat.) Salz der Überschwefelsäure.
PERT (¢ **p**rogram **e**volution and **r**evue **t**echnique, e.) Verfahren der Netzplantechnik.
Perte w (~; –) (fr.) [*pert*] Verlust.
Perthit m (~s; ~e) (nach kanad. Stadt) ein Mineral.
Pertinax s (~es; –) (lat.) isolierende Preßmasse.
Pertinens (~; -enzien), **Pertinenz** w (~; ~en) (lat.) Zubehör.
Pertubation w (~; ~en) (lat.) $ Luftdurchblasung der Eileiter.
Perturbation w (~; ~en) (lat.) bahnstörende Anziehung durch einen Himmelskörper.
Pertussis w (~; -ssen) (lat.) $ Keuchhusten.
Perücke w (~; ~n) (fr.) Haarersatz, Haarmaske *(jmdm. in die P. fahren* ihn anfahren); ⚥ Geweihwucherung.
per ultimo (it.) am Monatsende.

373

pervers EW (lat.) widernatürlich; triebabwegig; **Perversion** w (~; ~en) $ geschlechtliche Verirrung; **Perversität** w (~; –) Naturwidrigkeit; = Perversion; **pervertieren** ZW (-rte, -rt) ✓ entarten; w. s.: **Pervertierung** (~; ~en).

Pervestigation w (~; ~en) (lat.) Durchsuchung.

Pervitin s (~s; –) (lat.) $ Anregungsmittel, Weckamin.

perzeptibel EW (lat.) wahrnehmbar; w. abstr. s.: **Perzeptibilität** (~; –); **Perzeption** w (~; ~en) Wahrnehmung; Reizaufnahme durch die Sinne; **Perzeptionalismus** m (~; –) Anschauung, daß jede Erkenntnis auf Wahrnehmung beruht; **perzeptiv, perzeptorisch** EW Perzeption...; **perzipieren** ZW (-rte, -rt) ↗ wahrnehmen.

Pesade w (~; ~n) (fr.) = → Levade.

pesante (it.) ♪ mit Nachdruck; s. s.: **Pesante** (~s; ~s) ♪.

pesen ZW (-ste, gepest) ✓ (e.) eilen.

Pessar s (~s; ~e) (gr.-lat.) $ Muttermundkappe (Verhütungsmittel).

Pessimismus m (~; –) (lat.) Überzeugung, daß nichts besser wäre als alles andere; Schwarzseherei; m. s.: **Pessimist** (~en; ~en); w. s.: **Pessimistin** (~; ~nen); EW: **pessimistisch**; **Pessimum** s (~s; -ma) ungünstigste Lebensbedingung.

Pest w (~; –) = **Pestilenz** w (~; –) (lat.) $ Seuche; Infektionskrankheit; **pestilenzialisch** EW stinkend; **Pestizid** s (~s; ~e) = → Biozid; Pflanzenschutz-, Schädlingsbekämpfungsmittel.

Petal s (~s; ~en), = **Petalum** s (~s; -len/-a) (gr.) ✿ Kronblatt; **petalo|id** EW ✿ blumenblattartig.

Petarde w (~; ~n) (fr.) Sprengkörper ↓.

Petent m (~en; ~en) (lat.) Bittsteller ↓.

Petersili|e w (~; ~n) (gr.-lat.) ✿ Gewürzpflanze (*die P. ist ihm verhagelt* er ist niedergedrückt).

Petinet m (~s; ~s) (fr.) [-*nệ*] Tüll.

Petit w (~; –) (fr.) [*ptī*] Schriftgrad; **Petitgrain|öl** s (~s; –) [*ptigrä̃*-] Orangenäther.

Petition w (~; ~en) (lat.) Eingabe an die Regierung; ZW: **petitionieren** (-rte, -rt) ✓; **Petitions|ausschuß** m (-schusses; -schüsse) Parlamentsgremium zur Bearbeitung von Bürgerwünschen, -beschwerden; **Petitionsrecht** s (~s; –) (lat.-d.) Bürgerrecht, sich an Behörden und Parlament zu wenden.

Petit mal s (~ ~; ~s maux [*mộ*]) (fr.) [*pti mạl*] $ leichte Epilepsie; **Petit point** m (~ ~; ~s ~s) [*ptipoä̃n*] Wiener Feinstickerei; **Petits fours** M [*ptifụrs*] gefüllte Törtchen.

Petong s (~s; –) (chin.) harte Kupferlegierung.

Petrefakt s (~[e]s; ~e[n]) (lat.) ↓ = → Fossili|en; **petrifizieren** ZW (-rte, -rt) ↗ versteinern; w. s.: **Petrifikation** (~; ~en); **Petrochemie** w (~; –) (gr.) Erdgas(Erdöl-)chemie; **Petrochemikali|en** M Chemikalien aus Erdöl, -gas; **Petrodollars** M US-Dollars in Händen erdölgewinnender Länder; **Petrogenese** w (~; ~n) Gesteinsentstehung; EW: **petrogenetisch**; **Petroglyphen** M Felszeichnungen; **Petrognosie** w (~; –) Gesteinsforschung; **Petrograph** m (~en; ~en) Gesteinsforscher; w. abstr. s.: **Petrographie** (~; –); EW: **petrographisch** (*p.e Provinz* alle Eruptivgesteine einer Landschaft vom gleichen Magmaherd); **Petrol** s (~s; –) Erdöl, ⚠ → Petrole|um; **petrol** EW (gr.-lat.) erdölfarben ←; **Petroläther** m (~s; –) Benzingemisch; **Petrolchemie** w (~; –) Spezialgebiet der Chemie (Gewinnung und Nutzung von Erdöl) = Petrochemie; **Petrole|um** s (~s; –) Erdöl(destillation); **Petrologe** m (~n; ~n) Erforscher der Gesteins|chemie, -physik; w. s.: **Petrologie** (~; –); EW: **petrologisch**; **petrophil** EW Steingrund bevorzugend.

Petschaft s (~s; ~e) (tsch.) Siegel (-stempel).

Petticoat m (~s; ~s) (e.) [-*kô^ut*] gestärkter bauschiger Unterrock; **Pettidreß** m (~; –) Petticoat mit Korselett.

Petting s (~s; ~s) (am.) Geschlechtsverkehr ohne Vereinigung; erotisches Spiel.

Petuni|e w (~; ~n) (ind.-fr.-lat.) ✿ Nachtschattengewächs.

peu a peu (fr.) [*pö a pö*] allmählich.

Pewter m (~s; ~) (e.) [*pjūtr*] ⛃ Legierung (Kupfer, Zinn, Antimon).

pexieren → pekzieren.

Pfirsich Melba m (~s ~; –) (lat.-austr., nach der Sängerin Nellie *Melba*, 1861 bis 1931) Vanille|eis mit Pfirsich.

Phäake m (~n; ~n) (nach einem gr. Sagenvolk) Genußmensch.

Pha|eton m (~s; ~s) (fr.) [*fa|êtoñ*] (nach dem Sohn des gr. Sonnengottes) leichter Vierradwagen; mehrsitziger offener Kraftwagen.

Phagedäna w (~; -nen) (gr.-lat.) $ fressendes Geschwür; **phagedänisch** EW $ sich ausbreitend; **Phagozyte** w (~; ~n) Freßzelle.

Phakosklerose w (~; ~n) (gr.-lat.) ⚕ Altersstar.
Phaläne w (~; ~n) (gr., = Walfisch) Nachtfalter; Untier.
Phalanx w (~; -gen) (gr., = Balken) geschlossene Schlachtlinie (Front); ⚕ einzelnes Finger-, Fußglied.
phallisch EW (gr.) mit steifem m. Glied; **Phallus** m (~; -llen) erigiertes m. Glied; Basidienpilz; **Phallus|kult** m (~[e]s; ~e) Verehrung des m. Glieds als Kraftspender, Fruchtbarkeitssymbol; **Phallus|symbol** s (~[e]s; ~e) Fruchtbarkeitszeichen.
Phanerogame w (~; ~n) (gr.) ⚘ Samenpflanze; **phanerokristallin** EW mit klar sichtbarem Kristallgefüge; **phaneromer** EW mit klar sichtbaren Teilen.
Phänologe m (~n; ~n) (gr.) Erforscher der Pflanzen-, Tierlebensäußerungen; w. abstr. s.: **Phänologie** (~; –); EW: **phänologisch**; **Phänomen** s (~s; ~e) (merkwürdige) Erscheinung; sehr begabter Mensch; was sich den Sinnen (der Erkenntnis) zeigt; **phänomenal** EW auffallend; großartig; **Phänomenalismus** m (~; ~) ausschließliche Anerkennung von Bewußtseinsgegenständen („Phänomenen") als Mittel zur Erkenntnis; EW: **phänomenalistisch**; **Phänomenologe** m (~n; ~n) Erforscher des Erscheinenden in seinem ihm eigenen Wesen; **Phänomenologie** w (~; –) Lehre von den Bewußtseinsgegebenheiten; Geschichte der Vernunft in all ihren Phasen; EW: **phänomenologisch** (*ph.e Methode* nimmt Inhaltsanalyse u. Wesensforschung als wissenschaftliche Grundlage schlechthin); **Phänotyp(us)** m (~[s]; -pen) alle äußeren Merkmale eines Organismus (Ggs.: *Genotyp*); EW: **phänotypisch**.
Phantasie w (~; -i|en) (gr.) Einbildung(skraft); → *Fantasie*; **phantasieren** ZW (-rte, -rt) ✍ schwärmen; in Bewußtlosigkeit reden; ♪ improvisieren; **Phantasma** s (~s; -men/-mata) Trugbild; **Phantasmagorie** w (~; -i|en) (Darstellung von) Truggebilde(n); EW: **phantasmagorisch**; **Phantast** m (~en; ~en) Schwärmer; w. abstr. s.: **Phantasterei** (~; ~en); **phantastisch** EW unwirklich; höchst seltsam; großartig.
Phantom s (~[e]s; ~e) (gr.) Einbildung, Trugbild; sportl. Übungsgerät; **Phantombild** s (~[e]s; ~er) nach Zeugenbeschreibungen gezeichnete Verbrecher(gesichts)skizze; = **Phantomzeichnung** w (~; ~en); **Phantom-**

schmerz m (~es; ~en) Schmerzgefühl im amputierten Glied.
Phäoderm s (~s; –) (gr.-lat.) ⚕ Hautverdunkelung; **Phäophyze|e** w (~; ~n) ⚘ Tang.
Pharao¹ m (~s; -onen) (äg.-heb.-gr.) äg. König; **Pharao**² s (~s; ~s) Glücksspiel.
Pharisä|er m (~s; ~) (heb.) selbstgefälliger Rechtgläubiger; EW: **pharisäisch**; **Pharisä|ismus** m (~; –) Selbstgerechtigkeit.
Pharma|industrie w (~; –) (gr. KuW) alle Zweige der industriellen Heilmittelherstellung; **Pharmakant** m (~en; ~en) Facharbeiter der Pharma|industrie; **Pharmakeule** w (~; ~n) ⚕ sehr starke Arznei; **Pharmakochemie** w (~; –) ⚗ Heilmittelanalyse; m. s.: **Pharmakochemiker** (~s; ~); EW: **pharmakochemisch**; **Pharmakodynamik** w (~; –) Lehre von der Wirkung der Heilmittel; EW: **pharmakodynamisch**; **Pharmakogenetik** w (~; –) ⚕ Spezialgebiet über Einwirkungen von Heilmittel auf Erbanlagen; **Pharmakognosie** w (~; –) ⚕ Heilmittelforschung; m. s.: **Pharmakognost** (~en; ~en); EW: **pharmakognostisch**; **Pharmakologe** m (~n; ~n) ⚕ Erforscher der Heilmittelwirkung; w. abstr. s.: **Pharmakologie** (~; –); EW: **pharmakologisch**; **Pharmakon** s (~s; -ka) Heilmittel; **Pharmakopö|e** w (~; ~n) offizielles Arzneibuch; **Pharmakopsychiatrie** w (~; –) ⚕ Erforschung des Einsatzes der Psychopharmaka bei Geisteskranken; **Pharmakopsychologie** w (~; –) Erforschung der Wirkung von Heilmitteln auf die Psyche; **Pharmakotherapie** w (~; –) ⚕ Anwendung von Heilmitteln; EW: **pharmakotherapeutisch**; m. s.: **Pharmakotherapeut** (~en; ~en) ⚕; **Pharmareferent** m (~en; ~en) Arzneimittelvertreter; **Pharmazeut** m (~en; ~en) ⚕ Heilmittelkundiger; Apotheker; w. s.: **Pharmazeutik** (~; –); **Pharmazeutikum** s (~s; -ka) Heilmittel; EW: **pharmazeutisch**; **Pharmazie** w (~, –) ⚕ Heilmittelkunde.
Pharo ⚕ Pharao².
Pharyngismus m (~;) (gr.) ⚕ Schlundkrampf; **Pharyngitis** w (~; -itiden) ⚕ Rachenkatarrh; **Pharyngologe** m (~n; ~n) ⚕ Erforscher der Rachenkrankheiten; w. s.: **Pharyngologie** (~; –); EW: **pharyngologisch**; **Pharyngoskop** s (~s; ~e) ⚕ Rachenspiegel; w. s.: **Pharyngoskopie** (~; –); EW: **pharyngoskopisch**; **Pharyngospasmus** m (~; -men) = → Pharyngismus; **Pharyngo-**

Pharynx

tomie w (~; –) ⚕ Rachenoperation, -öffnung; **Pharynx** m (~[es]; -yngen) ⚕ Rachen.

Phase w (~; ~n) (gr.) Entwicklungsstufe; Teil eines physikal. (chemischen) Systems; Lichtform des Mondes (eines Planeten); augenblicklicher Zustand; unter Spannung stehender Wechselstromleiter; ⚕ Krankheitsstand; Aggregatzustand eines Gemischs; M: Leitungen des Drehstromnetzes; Wechselströme des Drehstroms; EW: **phasisch** regelmäßig wiederkehrend; Phasen...; **Phasen|pauschalierung** w (~; ~en) besondere Form der Umsatzsteuer.

Phasin s (~s; –) (KuW) giftiger Eiweißbestandteil von Bohnen.

Phellodendron s (~s; -dren) (gr.) ♠ Korkbaum; **Phelloderm** s (~s; ~e) ♠ unverkorktes Rindengewebe; **Phellogen** s (~s; ~e) ♠ korkzellenbildendes Gewebe; **phelloplastisch** EW aus Kork geformt.

Phenacetin s (~s; –) (gr.-lat.) ⚕ Schmerz-, Fiebermittel; **Phenakit** m (~s; ~e) ein Mineral.

Phenol s (~[e]s; ~e) (gr.-ar.) ✧ einfachster Alkoholvertreter; Desinfektionsmittel; M: Ausgangspunkt für Spreng- und Farbstoffe; **Phenol|phthale|in** s (~s; –) ✧ Mischsubstanz als Indikator; ⚕ Abführmittel; **Phenoplast** m (~[e]s; ~e) Kunstharz; **Phenyl** s (~s; –) ✧ einwertige Atomgruppe; **Phenyl|amin** s (~s; ~e) = → Anilin; **Phenylketonurie** w (~; –) Stoffwechselerkrankung.

Pheromone M (KuW) tier. Drüsenabsonderung mit spezif. Wirkung auf Artgenossen.

Phiale w (~; ~n) (gr.) Opferschale.

Phil|anthrop m (~en; ~en) (gr.) Menschenfreund; m. abstr. s.: **Phil|anthropismus** = (~;~en); **Phil|anthropie**, m.: **Phil|anthropinismus** (~; –); auch: Erziehungsgrundsatz des 18. Jh.s; m. s.: **Phil|anthropinist** (~en; ~en); EW: **phil|anthropisch**; **Phil|atelie** w (~; –) Briefmarkenkunde, -sammlerei; m. s.: **Phil|atelist** (~en; ~en); EW: **phil|atelistisch**; **Phil|harmonie** w (~; -i|en) ♪ Vereinigung von Musikfreunden; Gebäude für ihre Konzerte; ihr Orchester; m. s.: **Phil|harmoniker** m (~s; ~) Angehöriger solcher Vereinigung (eines solchen Orchesters); EW: **philharmonisch**.

Philippika w (~; -ken) (lat., nach den Reden des Demosthenes gegen *Philipp* von Makedonien, 382–336) Strafrede.

Philister m (~s; ~) (nach einem Israel benachbarten Volk) Mitglied eines antiken Seevolks (*Ph. über dir* du bist in Gefahr); Nichtstudent; Spießbürger; **Philisterium** s (~s; -i|en) Altherrenschaft, -tum einer Korporation; Spießbürgerleben; **philistrieren** ZW (-rte, -rt) ⟋ in die Altherrenschaft aufnehmen; **philiströs** EW spießbürgerlich.

Philodendron m, s (~s; -dren/-dra) (gr., = Baumfreund) ♠ Kletterpflanze; **Philokartist** m (~en; ~en) Ansichtskartensammler; **Philologe** m (~n; ~n) Sprachforscher; **Philologie** w (~; -i|en) Erforschung von Sprache und Literatur; w. s.: **Philologin** (~; ~nen); EW: **philologisch**; **Philosemit** m (~en; ~en) Judenfreund; m. s.: **Philosemitismus** (~; –); EW: **philosemitisch**; **Philosoph** m (~en; ~en) Denker; **Philosophaster** m (~s; ~) (gr.-lat.) ⌣ schlechter Denker; **Philosophem** s (~s; ~e) (gr.) Theorie; philosophische Ansicht (Äußerung); **Philosophie** w (~; -i|en) Erforschung des Seinsgrundes; alle Versuche in dieser Richtung; EW: **philosophisch**; ZW: **philosophieren** (-rte, -rt) ⟋; **Philosophikum** s (~s; -ka) Nachweis von philosoph. Kenntnissen bei Studenten.

Philtrum s (~s; -tren) (gr.-lat.) ⚕ Oberlippenrinne.

Phimose w (~; ~n) (gr.) ⚕ Vorhautverengung.

Phiole w (~; ~n) (gr.) kugliges Glasgefäß mit krummem (langem) Hals.

Phlebitis w (~; -itiden) (gr.) ⚕ Venenentzündung; **phlebogen** EW ⚕ von Venen ausgehend; **Phlebographie** w (~; -i|en) ⚕ Röntgenbild der Venen (des Pulsschlages); EW: **phlebographisch**; **Phlebolith** m (~en/~s; ~e[n]) ⚕ verkalkter Thrombus; **Phlebologe** m (~n; ~n) Venenforscher; w. s.: **Phlebologie** (~; –); EW: **phlebologisch**.

Phlegma s (~s; -ta) (gr.) Trägheit; geistige (seelische) Schwerbewegbarkeit; ✧ Destillationsrückstand; m. s.: **Phlegmatiker** (~s; ~); EW: **phlegmatisch**; **phlegmatisieren** ZW (-rte, -rt) ⟋ Explosivstoffe durch Zusätze stoßunempfindlich machen.

Phlegmone w (~; ~n) (gr.) ⚕ flächenhafte Unterzellgewebeentzündung.

phlogogen EW (gr.) entzündungsbewirkend; **Phlogosis** w (~; -sen) Entzündung.

Phlox m (~es; ~e) (gr.) ♠ Himmelsleitergewächs.

Phloxin s (~s; -) (gr.) roter Farbstoff.
Phobie w (~; -i|en) (gr.) grundlose Angst.
Phokomelie w (~; -i|en) (gr.-lat.) ⚕ Mißbildung: Extremitäten (fast) am Rumpf.
Phon s (~s; ~s) (gr.) Maß der Lautstärke; **Phon|asthenie** w (~; -i|en) Stimmschwäche; EW: **phon|asthenisch**; **Phonation** w (~; -) Stimmbildung; **Phone-in** s (~~s; ~~s) (am.) [*fóu̯n-*] Bedrängung luftverseuchender Firmen durch unablässige Telephonanrufe; **Phonem** s (~[e]s; ~e) Laut als Sinnträger; **Phonemanship** s (~s; -) (am.) [*fóu̯nmännschipp*] Käuferwerbung telephonisch; **Phonematik** w (~; -) Erforschung der Phoneme; EW: **phonematisch**; **Phonendo|skop** s (~[e]s; ~e) ⚕ Auskultationsgerät; Schlauchhörgerät; **Phonetik** w (~; -) Lautlehre; m. s.: **Phonetiker** (~s; ~); EW: **phonetisch**; **Phonetograph** m (~en; ~en) Wortaufzeichner; EW: **phonetographisch**; **Phon|iatrie** w (~; -) ⚕ medizinische Sprecherziehung, -pflege; EW: **phon|iatrisch**; **phonisch** EW Stimmen...; **Phonismen** M ⚕ Tonhören bei Sinnesreizungen.
Phönix m (~es; ~e) (altäg. Sagenvogel) Sinnbild der Auferstehung *(wie der Ph. aus der Asche)*.
Phonodiktat s (~[e]s; ~e) (gr.-lat. KuW) Diktat auf Tonband; **phonogen** EW bühnenwirksam; **Phonogramm** s (~[e]s; ~e) Aufzeichnung (von Schallwellen, Sprachproben); **Phonograph** m (~en; ~en) Aufnahmegerät für Musik und Sprache ↓; EW: **phonographisch**; **Phonokardiogramm** s (~[e]s; ~e) ⚕ graphische Registrierung der Herztonbildung; **Phonola** w (~; -len) mechanisches Klavier; **Phonolith** m (~en; ~en) Klingstein; **Phonologe** m (~n; ~n) Phonemerforscher; w. abstr. s.: **Phonologie** (~; -); EW: **phonologisch**.
Phonomanie w (~; -) (gr.-lat.) Mordlust; EW: **phonomanisch**.
Phonometer s (~s; ~) (gr.) Schallerzeuger zur Tonschärfenprüfung; w. abstr. s.: **Phonometrie** (~; -); EW: **phonometrisch**; **Phonophobie** w (~; -) Sprechangst; Stottern; **Phonothek** w (~; -en) Tonbandarchiv; **Phonotypistin** w (~; -·~nen) nach Diktaphon schreibende Sekretärin.
Phormium s (~s; -mi|en/-mia) (lat.) ⚘ Neuseeländer Flachs; Blattpflanze.
Phoronomie w (~; -) (gr.) = → Kinematik; Erforschung der Kraftleistung bei körperlicher Bewegung.
Phosgen s (~s; ~e) (gr.) Carbonylchlorid (Zwischenprodukt der Kunststoffproduktion; Giftgas); **Phosphat** s (~[e]s; ~e) 🜊 Salz der Phosphorsäure; Phosphormineral; **Phosphatase** w (~; ~n) für Stoffwechsel wichtiges Enzym; **Phosphat|ersatzstoffe** M Stoffe in Waschmitteln (seit 1984) anstelle des schädlichen Phosphats; **phosphatieren** ZW (-rte, -rt) ↗ Metalle an Oberfläche mit Phosphatschicht versehen (Rostschutz, Haftgrund); Seide durch Phosphate schwerer machen; = → parkerisieren; **Phosphid** s (~[e]s; ~e) Phosphorverbindung mit elektropositivem Grundstoff; **Phosphin** s (~s; -) 🜊 Phosphorwasserstoff; **Phosphorsäuren** M Gruppe phosphorhaltiger organ. Säuren; **Phosphor** m (~s; -) (gr., = Lichtträger) 🜊 Element (Nichtmetall); **Phosphore** M Leuchtmassen; **Phosphoreszenz** w (~; -) Leuchten als Folge vorheriger Beleuchtung; **phosphoreszieren** ZW (-rte, -rt) ↗ nachleuchten; **phosphorig** EW mit Phosphor; **Phosphorismus** m (~; -) Phosphorvergiftung; **Phosphorit** m (~[e]s; -) 🜊 Düngemittel; **Phosphor|pentoxid** s (~s; ~e) Verbrennungsprodukt des Phosphors; **Phosphorsäure** w (~; ~n) Produkt der Reaktion von Phosphorpentoxid mit Wasser.
Phot s (~[e]s; ~) (gr.) Einheit der Beleuchtungsstärke; **Photismen** M ⚕ Licht-, Farbvorstellungen bei Nervenreizungen; **Photo** s (~s; ~s) ¢ Photographie; **Photobiologie** w (~; -) Erforschung der Lichtwirkung bei Lebewesen; **Photochemie** w (~; -) Erforschung der Wechselwirkung zwischen chemischer und strahlender Energie; m. s.: **Photochemiker** (~s; ~); EW: **photochemisch**; **Photochemigraphie** w (~; -) photographisches Verfahren zur Produktion von Metallhochätzungen, m. s.: **Photochemigraph(iker)** (~en/~s; ~[en]); EW: **photochemigraphisch**; **Photochromie** w (~; -i|en) Herstellung von Farbdias; EW: **photochromisch**; **Photodiode** w (~; -n) elektr. Halbleiterdiode mit lichtempfindlicher Sperrschicht; **Photo|effekt** m (~[e]s; ~e) Elektronenaustritt bei Bestrahlung; Verwandlung von Licht in Strom; **Photo|elektrizität** w (~; -) elektrische Wirkung durch Licht; **Photo|elektron** s (~s; -tronen) (gr.) Elektron durch Licht ausgelöst; **Photo|ele-**

photogen

ment s (~[e]s; ~e) ein Halbleiter|element; **photogen** EW für Lichtbildaufnahmen geeignet; bildwirksam; w. s.: **Photogenität** (~; –); **Photogramm** s (~[e]s; ~e) Lichtbild für Vermessungen; **Photogrammetrie** w (~; –) Meßbildverfahren mit Lichtbildern; EW: **photogrammetrisch; Photograph** m (~en; ~en) Lichtbildner; **Photographie** w (~; -i|en) Lichtbild(nerei); EW: **photographisch**; ZW: **photographieren** (-rte, -rt) ↗; **Photographismus** m (~; –) □ konsequenter Realismus unter Verzicht auf Problematik und persönl. Auseinandersetzung (nach 1933); **Photogravüre** w (~; ~n) photographische Reproduktion; **Photokina** w (~; -nen) (KuW) jährliche Lichtbild- und Filmausstellung; **Photokopie** w (~; -i|en) Lichtbild von Urkunden u. ä.; ZW: **photokopieren** (-rte, -rt) ↗; m. s.: **Photokopist** (~en; ~en); **Photolithographie** w (~; -i|en) = → Heliogravüre; **Photolyse** w (~; ~n) ↻ Zersetzung durch Licht; EW: **photolytisch; Photomaton** s (~s; ~e) (KuW) selbsttätiges Lichtbildgerät; **photomechanisch** EW mit Hilfe der Photographie *(ph.es Reproduktionsverfahren);* **Photometer** s (~s; ~) Lichtstärkenmesser; ↻ Meßgerät für Lösungskonzentrationen; EW: **photometrisch**; w. abstr. s.: **Photometrie** (~; –); **Photomontage** w (~; ~n) (gr.-fr.) *[-tâsche]* Bild(schaffung) aus Bildteilen; **Photon** s (~s; -onen) (gr φ) Licht- und Strahlungsquant (Einstein 1905); **Photo|objektiv** s (~s; ~e) Linsenverbindung am Lichtbildgerät; **Photo|oxidantien** M (~) aus Stickstoffen und Kohlenwasserstoffen mit Sonnenlicht entstehende Stoffe (z. B. *Ozon*); **Photoperiodismus** m (~; –) ⊕ Wirkung von Licht (Hell-Dunkel) auf Pflanzen; **photophob** EW lichtscheu; **Photophobie** w (~; -i|en) (gr.) Lichtscheu; **Photophysiologe** m (~n; ~n) ⊕ Erforscher der Lichtwirkung auf die Pflanzen; w. s.: **Photophysiologie** (~; –); EW: **photophysiologisch; Photoplastik** w (~; ~en) photographische Herstellung eines Reliefs; EW: **photoplastisch; Photoprint** s (~s; ~s) (e.) Fotokopie; **Phot|opsie** w (~; -i|en) Funkensehen; **Photoreportage** w (~; ~n) *[-tâsche]* Zeitungsbildbericht; **Photoreporter** m (~s; ~) journalistischer Lichtbildner; **Photoskulptur** w (~; ~en) = → Photoplastik; **Photosphäre** w (~; –) sichtbarer Teil der Sonnenatmosphäre; EW: **photosphärisch; Photosynthese** w (~; ~n) ↻ Aufbau chemischer Stoffe mit Sonnenlicht; EW: **photosynthetisch; phototaktisch** EW auf Licht reagierend; **Phototaxe** w (~; ~n), = **Phototaxis** w (~; -xen) ⊕ Reaktionsfähigkeit auf Licht; **Photothek** w (~; ~en) (gr.) Lichtbildarchiv; **Phototherapie** w (~; –) (gr.) ⚕ heilende Lichtbestrahlung; m. s.: **Phototherapeutiker** (~s; ~); EW: **phototherapeutisch; Phototimer** m (~s; ~) (gr.-am.) *[-taim-]* automatisches Röntgengerät; **Phototropismus** m (~; –) ⊕ Lichtwendigkeit; **Phototypie** w (~; –) photographische Tiefdruckvervielfältigung; **Photozelle** w (~; ~n) Umwandler von Licht- in Stromschwankungen; **Photo|zinkographie** w (~; -i|en) Produktion von Strichätzungen im Lichtbildverfahren.

Phrase w (~; ~n) (gr.) ♪ Kompositionsteil mit eigen. Melodie; Redensart (ohne tieferen Sinn); Geschwätz *(Ph.n dreschen);* **Phraseologie** w (~; -i|en) Erforschung (Sammlung) der Redewendungen; EW: **phraseologisch; Phraseur** m (~s; ~e) (gr.-fr.) *[-søŕ]* Schwätzer; **phrasieren** ZW (-rte, -rt) ↗ Tonstück rhythmisch gliedern; **Phrasierung** w (~; ~en) ♪ musikalischer Gedanke aus mehreren Tönen; ♪ Gliederung beim musikalischen Vortrag.

Phren|algie w (~; -i|en) (gr.) ⚕ Zwerchfellschmerz; **Phrenesis** w (~; –) (gr.) ⚕ Wahnsinn, = **Phrenesie** w (~; -i|en); **phrenetisch** EW (wie) irrsinnig; **Phrenokardie** w (~; -i|en) ⚕ Herzneurose; **Phrenolepsie** w (~; -i|en) ⚕ Zwangsvorstellung; m. s.: **Phrenoleptiker** (~s; ~); EW: **phrenoleptisch; Phrenologe** m (~n; ~n) ⚕ Schädelforscher; **Phrenologie** w (~; –) ⚕ Schädellehre; EW: **phrenologisch; Phrenopathie** w (~; -i|en) ⚕ Geistesgestörtheit; EW: **phrenopathisch**.

Phrilon s (~s; –) (KuW) Chemiefaser.

Phrygana w (~; –) (gr.-lat.) ⊕ Felsenheide (Mittelmeer); **Phryganiden** M (gr.) Köcherfliegen.

Phthalat|harze M (gr. KuW) Lackbindemittel auf Phthalatsäurebasis; **Phthalatsäure** w (~; ~n) organ. Dicarbonsäure; **Phthalsäure** w (~; ~n) wichtige Grundsubstanz bei Farbstoffherstellung.

Phthiriasis w (~; -i|asen) (gr.-lat.) ⚕ Lausbefall (bes. Filzlaus).

Phthise, Phthisis w (~; -sen) (gr.) ⚕ Schwindsucht; m. s.: **Phthisiker** (~s; ~); EW: **phthitisch**.

pH-Wert m (~-~[e]s; ~-~e) Maßzahl zur Angabe sauren oder basischen Verhaltens wäßriger Lösungen.
phyletisch EW (gr.) ⊕ Abstammungs...
Phyllit m (~[e]s/~en; ~e[n]) (gr.) quarzhaltiges grüngraues Schiefergestein; **phyllitisch** EW feinblättrig; **Phyllobiologie** w (~; –) ⊕ Blattforschung; m. s.: **Phyllobiologe** (~n; ~n); EW: **phyllobiologisch**; **Phyllodium** s (~s; -di|en) ⊕ blattartig verbreiteter Stiel; **Phyllokaktus** m (~; -teen) ⊕ Blattkaktus; **Phyllokladium** s (~s; -di|en) ⊕ blattähnlicher Sproß; **Phyllotaxe, -xis** w (~; -xen) ⊕ Blattstellung; EW: **phyllotaktisch**.
Phylogenese w (~; –) (gr.) Stammesentwicklung (biol.); EW: **phylogenetisch**; **Phylogenie** w (~; –) Stammesgeschichte der Lebewesen, = ↓ **Phylogonie** w (~; –).
Phyma s (~s; -men) (gr.) ⚕ Tuberkel; Gewächs.
Phys|iater m (~s; ~) (gr.) ⚕ Naturarzt; w. s.: **Physiatrie** (~; –); EW: **physiatrisch**; **Physik** w (~; –) Erforschung der unbelebten Natur; EW: **physikalisch** (*ph.e Chemie* Anwendung physikal. Gesetze auf chemische Untersuchungen; *ph.e Therapie* ⚕ Heilbehandlung durch Nutzung physikalischer Effekte); m. s.: **Physiker** (~s; ~); w. s.: **Physikerin** (~; ~nen); **Physikochemie** w (~; –) physikalische Chemie; m. s.: **Physikochemiker** (~s; ~); EW: **physikochemisch**; **Physikum** s (~s; -ka) ärztliche Vorprüfung; **Physikus** m (~; -ci/~se) Kreisarzt ↓; **physiogen** EW (gr.) körperlich bedingt; **Physiogeographie** w (~; –) physikalische Geographie; EW: **physiogeographisch**; **Physiognomie** w (~; -i|en) [*-siono-*] (menschl.) Gesichtsausdruck; **Physiognomik** w (~; –) ⚕ Erschließung der Persönlichkeit aus Gesichtsausdruck, Körperform, Bewegung; m. s.: **Physiognom(iker)** (~en/[~s]; ~en/[~]); EW: **physiognomisch**; **Physiographie** w (~; –) Naturbeschreibung; EW: **physiographisch**; **Physioklimatologe** m (~n; ~n) Beschreiber der Witterung; w. s.: **Physioklimatologie** (~; –); EW: **physioklimatologisch**; **Physiokratie** w (~; –) Naturherrschaft; m. s.: **Physiokrat** (~en; ~en); **Physiokratismus** m (~; –) Überzeugung, daß die Landwirtschaft das Herzstück der Wirtschaft sei (18. Jh.); EW: **physiokratisch** (*ph.es System*); **Physiologe** m (~n; ~n) Erforscher der Lebensvorgänge; **Physiologie** w (~; –) ⚕ Erforschung der Körperfunktionen; EW: **physiologisch** (*ph.e Kochsalzlösung* zu Einspritzungen oder bei Bluttransfusionen); **Physionomie** w (~; –) Erforschung der Naturgesetze ↓; m. s.: **Physionomiker** (~s; ~); EW: **physionomisch**; **Physiotherapie** w (~; -i|en) Heilbehandlung mit Naturheilmitteln: Bäder, Gymnastik, Bestrahlung usw.; **Physiotop** s (~s; ~e) kleinste Einheit einer Landschaft; **Physis** w (~; –) Natur; Körperlichkeit; **physisch** EW körperlich (Ggs.: *psychisch*; *ph.e Stärke* reine Körperkraft); natürlich (*ph.e Geographie* physikalische).
Phytochemie w (~; –) (gr. KuW) Biochemie der Pflanzen und ihres Stoffwechsels; **phytogen** EW ⊕ aus Pflanzen; **Phytogeograph** m (~en; ~en) ⊕ Erforscher der Pflanzenstandorte; w. abstr. s.: **Phytogeographie** (~; –); EW: **phytogeographisch**; **Phytohormon** s (~s; ~e) ⊕ Pflanzenhormon; **Phytolithen** M ⊕ Gestein aus Pflanzenmassen; **Phytologe** m (~n; ~n) ⊕ Pflanzenforscher; w. abstr. s.: **Phytologie** (~; –); EW: **phytologisch**; **Phytomedizin** w (~; –) ⊕ Pflanzenmedizin; EW: **phytomedizinisch**; **Phytonosen** M ⚕ Hauterkrankungen durch Pflanzenwirkung; **phytopathogen** EW ⊕ Pflanzenkrankheiten bewirkend; **Phytopathologe** m (~n; ~n) ⊕ Erforscher von Pflanzenerkrankungen; w. abstr. s.: **Phytopathologie** (~; –); EW: **phytopathologisch**; **phytophag** EW pflanzenfressend; m. s.: **Phytophage** (~n; ~n); **Phytophthora** M ⊕ Gattung der Eipilze (Fäulniserreger); **Phytoplankton** s (~s; –) ⊕ alle im Wasser schwebenden Pflanzen; **Phytotherapie** w (~; -i|en) ⚕ Heilbehandlung mit Pflanzenstoffen; ⊕ Pflanzenheilkunde; m. s.: **Phytotherapeut** (~en; ~en); EW: **phytotherapeutisch**; **Phytotomie** w (~; –) ⊕ Pflanzen|anatomie; **Phytotron** s (~[e]s; ~e) ⊕ Pflanzenlabor.
piacevole (it.) [*-tschêwo-*] ♪ mit leichter Anmut.
pia desideria M (lat.) fromme Wünsche; irreale Hoffnungen.
Piaffe w (~; ~n) (it.) Trab auf der Stelle mit Hochheben der Vorderhand; ZW: **piaffieren** (-rte, -rt) ✓.
pia fraus (lat., aus Ovid) Lüge zu gutem Zweck.
piangendo (it.) [*-dschen-*] ♪ klagend.
Pianino s (~s; ~s) (it.) ♪ Klavier mit senkrecht stehenden Saiten; **pianissimo** (it., ¢ *pp*) ♪ ganz leise; s. s.: **Pianissimo** (~s; -mi/~s); **Pianist** m (~en;

pianistisch

~en) (berufsmäßiger) Klavierspieler; EW: **pianistisch**; **Piano** s (~s; -ni/~s) ♪ leise Partie in der Komposition; Klavier; **piano** EW ♪ leise; **Pianoforte** s (~s; ~s) Klavier; **Pianola** s (~s; ~s) (KuW) mechanisches Klavier ↓.

Piarist m (~en; ~en) (lat.) † Angehöriger eines Lehrordens.

Piassava, -ve w (~; -ven) (ind.-port.) Palmenfaser.

Piatti M (it.) zwei Becken als Schlaginstrument.

Piazza w (~; -zzen) (it.) Platz; **Piazzetta** w (~; -tten) kleiner Platz.

Picador m (~s; ~es) (sp.) Stierkämpfer mit Lanze.

Picaro m (~s; ~s) (sp.) Gauner.

Piccalilli M (e.) feines Senfgemüse.

Picciolini M (it.) [*pitscholīni*] eingemachte Oliven, = **Picholines** M (fr.) [*-scholīns*].

Pickles M (e.) = Mixed Pickles.

Picknick s (~s; ~s) (fr.) (mitgenommenes) Mahl im Freien; ZW: **picknicken** (-ckte, gepicknickt) ∕.

Pick-up m (~-~s; ~-~s) (e.) [*pickapp*] Tonabnehmer; landwirtschaftliches Zusatzgerät; Kleinlastwagen mit offener Ladefläche; **Pick-up-Shop** m (~-~-~s; ~-~-~s) (e.) [*-appschopp*] Warenangebot zur verbilligten Selbstmitnahme.

picobello (nl.-it.) prima; sehr fein; **Picofarad** s (~s; ~) 1 billionstel Farad (¢ *pF*).

Picot m (~s; ~s) (fr.) [*pikô*] Spitzenrandzacke; Spitzkeil; **Picotage** w (~; ~n) (fr.) [*-asch*] Ausbau vom Grubenschacht.

Pidgin-Englis(c)h s (~-~s; ~) [*pidschn-inglisch*] as. Verkehrssprache mit e. Wortschatz und chin. Syntax.

Pie w (~; ~s) (e.) [*pai*] Pastete mit Fleisch (Obst).

Pi|ece w (~; ~n) (fr.) [*pi|âβ*] Ton-, Theaterstück (*P. de résistance* [*pjâβ de rēsistañβ*] Hauptgericht, -nummer; Prunkstück; Rückhalt).

Pi|edestal s (~[e]s; ~e) (fr.) Sockel.

Piek w (~;-ken) (e. *peak* Spitze) ⚓ tiefster Schiffsraum (für Wasserballast); Gaffelschräge.

piekfein EW (nl.-d.) außerordentlich gut.

pi|eno (it.) ♪ mit vollem Ton.

Pier m (~s; ~s) (e.) ⚓ Anlegedamm an Meereshäfen.

Pi|errette w (~;~n) (fr.) komische w. Bühnengestalt; w. Maske in Weiß; **Pi|errot** m (~s; ~s) [*-rô*] komische m. Bühnenfigur; m. Maske in Weiß.

Pi|eta [it.: **Pi|età**] w (~; –) (it.) † Bild (Plastik) der trauernden Maria mit dem Leichnam Jesu; **Pi|etät** w (~; –) (lat.) Frömmigkeit; ehrerbietiger Respekt; kindliche Liebe; **Pi|etismus** m (~; –) † prot. Gefühlsglaubensbewegung; m. s.: **Pi|etist** (~en; ~en); EW: **pi|etistisch**; **pi|etoso** (it.) ♪ mit Gefühl, = **con pi|età**.

Pietsch m (~es; ~e) (tsch.) Säufer; ZW: **pietschen** (-tschte, gepietscht) ∕.

Pi|ezochemie w (~; –) (gr.-ar.-rom.) ⚗ Hochdruckforschung; EW: **pi|ezochemisch**; **Pi|ezochromie** w (~; i|en) zurückwandelbare Farbveränderung unter hohem Druck; **pi|ezo|elektrisch** EW elektrisch durch Druck; w. s.: **Pi|ezo|elektrizität** (~; –); **Pi|ezo|lumineszenz** w (~; –) Kristalleuchten; **Pi|ezometer** s (~s; ~) Druck-, Spannungsmesser; EW: **pi|ezometrisch**.

Pig m (~s; ~s) (am.) Schwein (als Schelte); brutaler Polizist.

Pigment s (~[e]s; ~e) (lat.) ⚕ Gewebefarbstoff; Farbkörper; **Pigmentation** w (~; ~en) Ablagerung von Hautfarbstoff; **Pigment|atrophie** w (~; i|en) Hautfarbstoffmangel; **Pigmentdruck** m (~[e]s; ~e) ein Kopierverfahren für Kohledrucke; **pigmentieren** ZW (-rte, -rt) ↗ mit Pigment färben; w. abstr. s.: **Pigmentierung** (~; ~en).

Pignol(i)e w (~; ~n) (lat.-it.) [*pinjô-*] Pinienußnuß.

Pigou-Effekt m (~-~[e]s; ~-~e) (fr.) [*-gû-*] Folgerung aus Preisentwicklung.

Pijacke w (~; ~n) (e.-nd.) ⚓ blaue Überjacke.

Pijiki M (lapp.) Jungrentierfell.

Pik s (~s; ~s) (fr.) Spielkartenfarbe; **Pikade** w (~; ~n) (sp.) südam. Urwaldpfad.

pikant EW (fr.) sehr gewürzt; reizvoll; anzüglich; w. abstr. s.: **Pikanterie** (~; -i|en).

Pike w (~; ~n) (fr.) alte Spießform ↓ (*von der P. an*); Anzüglichkeit.

Pikee, m, s (~s; ~s) (fr.) Doppelgewebe.

Pikesche = → Pekesche.

Pikett s (~s; ~s) (fr.) Kartenspiel; Einsatzmannschaft; **Pikettdienst** m (~[e]s; ~e) Bereitschaftsdienst; **pikieren** ZW (-rte, -rt) ↗ ⚘ Sämlinge umpflanzen; Stofflagen unsichtbar aufeinandernähen; **pikiert** EW (leicht) gekränkt.

Pikkolo[1] m (~s; ~s) (it.) Jungkellner; **Pikkolo**[2] m, w (~; ~[s]) kleine Flasche Sekt; **Pikkoloflöte** w (~; ~n) ♪ kleine

Flöte; **Pikkolosekt** m (~[e]s; –) Viertelflasche Sekt.
Pikofarad = → Picofarad.
Pikör m (~s; ~e) Parforcereiter, der die Meute beaufsichtigt.
pikotieren ZW (-rte, -rt) ↗ (fr.) ⚒ Grubenschacht ausbauen.
Pikrinsäure w (~; –) (gr.-d.) Sprengstoff; **Pikrit** m (~[e]s; ~e) Ergußgestein.
Piktogramm s (~[e]s; ~e) (gr., KuW) Bildzeichen, -symbol; **Piktographie** w (~; i|en) Symbol-, Bilderschrift.
Pilar m (~s; ~e) (sp.) Pflock (im Pferdegatter).
Pilaster m (~s; ~) (fr.) Halbsäule.
Pilau, -law m (~s; –) (pers.-türk.) Reisgericht.
Pile m (~s; ~s) (e.) [*pail*] Reaktor.
pilieren ZW (-rte, -rt) ↗ (lat.-fr.) (Rohseife) stampfen.
Pille w (~; ~n) (lat.) ⚕ Heilmittelkugel (*bittere P.* Mißgeschick; *die P. schlucken* das Unangenehme hinnehmen); Hand-, Fußball; ≠ Antibabypille; **Pillendreher** m (~s; ~) (lat.-d.) ∪ Apotheker.
Pilot m (~en; ~en) (gr.-it.-fr.) ⚓ Lotse ↓; Lotsenfisch; Flugzeugführer; Rennfahrer; **Pilotballon** m (~s; ~s) [-*lloñ*] Wasserstoffbällchen als Höhenwindmesser; **Pilot Charts** M (e.) [*pailet tschárts*] Karten für meteorologische Beobachtungen; **Pilote** w (~; ~n) (roman.) Rammpfahl für Gründungen; **Pilotfilm** m (~[e]s; ~e) Vorfilm zum Test der Publikumsreaktion; **pilotieren** ZW (-rte, -rt) ↗ ⚓ über Gefahrenstelle lotsen; Rammpfahl einschlagen; **Pilotsendung** w (~; ~en) Rundfunktsendung; **Pilot study** s (~~s; ~-dies) [*pailet stadi*] Vortest des Reporters; **Pilot|ton** m (~[e]s; -töne) Hochfrequenzton zur Synchronisierung von Bild und Ton; Hochfrequenzsignal zur Signalentschlüsselung.
Pimelose w (~; ~n) (gr.) Fettleibigkeit.
Piment m, s (~[e]s; ~e) (lat.-sp.) Nelken-, Jamaikapfeffer.
Pimpinelle w (~; ~n) (lat.-fr.) ⚕ ⚘ harntreibende Wurzeldroge, = **Pimpernell** m (~s; ~e).
Pin m (~s; ~s) (e.) getroffener Kegel (Bowling); ⚕ Stift zum Nageln.
Pinakel s (~s; ~) (fr.) □ kleine Spitzsäule.
Pinakothek w (~; ~en) (gr., = Bildersammlung) Gemäldegalerie.
Pinasse w (~; ~n) (nl.) ⚓ Beiboot.
Pinch|effekt m (~[e]s; –) (e.-lat.) [*pintsch*-] Zusammendrückung des Plasmas durch sein Magnetfeld.
Pine|al|organ s (~s; ~e) Zwischenhirnanhang; Sinnesorgan der Reptilien.
Pineapple m (~s; ~s) (e.) [*painäppel*] Ananas.
Pinen s (~s; ~e) (lat. KuW) Hauptbestandteil von Terpentin.
Pingpong s (~s; ~s) (e.) ∪ Tischtennis.
Pingu|in, Pingu|in m (~[e]s; ~e) (kelt.) flugunfähiger Meeresvogel.
Pini|e w (~; ~n) (lat.) ⚘ Mittelmeerkiefer *(schlank wie eine P.)*; Dampfsäule bei Vulkanausbruch.
pink EW (e.) grell blaurosa ←.
Pinke w (~; –) (heb.) Zinnsalzlösung zur Beschwerung der Seide; Geld (= *Pinkepinke* w).
Pinkel m (~s; ~) (heb.) Mann *(feiner P.* Mann mit Geld).
Pinne w (~; ~n) (lat.) waagerechter Steuerarm; Messingstift der Kompaßnadel; Schusterzwecke; Feder.
Pinscher m (~s; ~) (e.) Hunderasse; unbedeutender Mensch *(kleiner P.)*.
Pinsel m (~s; ~) (lat.) Borstenwerkzeug mit Handgriff; Dummkopf; Gas|pedal.
Pin shot m (~ ~s; ~ ~s) (e.) [-*schott*] Drogeneinspritzung.
Pint w (~; ~en), s (~s; ~s) (e.-am.) [*paint*] Hohlmaß (= 0,568 l; ≠ *pt*); m (~s; ~e) m. Glied; **Pinte** w (~; ~n) (fr.) Blechkanne; Bierkrug, -maß; Kneipe.
Pin-up-Girl s (~-~-~s; ~-~-~s) (am.) [*pinn app görl*] Bild von attraktiver Frau als Illustrierten u. ä.
Pinzette w (~; ~n) (fr.) kleines Greifgerät; **pinzieren** ZW (-rte, -rt) ↗ ⚘ entspitzen.
Piombi M (lat.-it.) Bleidächer in Venedig.
Pionier m (~s; ~e) (lat.-fr.) ⚔ Angehöriger eines Bautrupps; Wegbereiter.
Pipa w (~; ~s) (chin.) ♪ viersaitige Laute.
Pipeline w (~; ~s) (e.) [*paiplain*] Rohrleitung.
Piperin s (~s; –) (gr.-lat.) Alkaloid im Pfeffer.
Pipette w (~; ~n) (fr.) Ansaugröhrchen.
Piqué → Pikee; **Piqueur** = → Pikör.
Piranha, Piraya m (~[s]; ~s) (ind.-port.) [-*nja*] Raubfisch.
Pirat m (~en; ~en) (gr.-lat.) Luft-, Seeräuber; **Piratenkontrakt** m (~[e]s; ~e) schlechtes → Engagement; **Piratensender** m (~s; ~) nicht genehmigter Sender (vor der Küste); **Piraterie** w (~; –) Seeräuberei.

Piraya → Piranha.
Piroge w (~; ~n) (kar.-sp.-fr.) Einbaum.
Pirogge w (~; ~n) (r.) Pastetchen.
Pirou|ette w (~; ~n) (fr.) [*-ru|ett*] Tanzkreisel auf einem Fuß; Wirbelbewegung; Drehschwung beim Ringen; Drehen auf der Hinterhand; ZW: **pirou|ettieren** (-rte, -rt) ✓.
Piseebau m (~s; ~ten) (lat.-fr.-d.) ☐ Stampfbau.
Pisso|ir s (~s; ~e/~s) (fr.) [*pißôâr*] Männerabort.
Pistazi|e w (~; ~n) (pers.-gr.-lat.) ⊕ immergrüner Baum (Strauch) im Mittelmeergebiet; dessen Samenkern (Delikatesse).
Piste w (~; ~n) (lat.-fr.) alpine Skibahn; Rollbahn; Trampelpfad; Manegenrand.
Pistill s (~s; ~e) (lat.) Mörserkeule; ⊕ Blütenstempel.
Pistole w (~; ~n) (tsch.) Handfeuergerät (*wie aus der P. geschossen* sehr schnell; *P. auf der Brust* ohne Wahl).
Piston s (~s; ~s) (fr.) [*-toñ*] ♪ Bügelhorn; Klappe am Blasinstrument; Zündstift.
Pitahanf m (~[e]s; –) (ind.-d.) Blattfasern aus Agaven, = **Pita** w (~; –).
Pitaval m (~s; –) (fr., nach dem Sammler von Strafrechtsfällen F. G. de *Pitaval*, 1673–1743) Strafrechtsfallsammlung.
pitchen ZW (-te, gepitcht) (e.) [*pitsch-*] einen bestimmten Golfschlag schlagen; **Pitcher** m (~s; ~) Werfer (Baseball); Spieler, der Ball auf Schläger wirft.
Pitchpine s (~s; –), = **Pitchpineholz** s (~es; -hölzer) (e.) [*pitschpain-*] Pechkieferholz.
Pitch-Shot m (~-~s; ~-~s) (e.) [*pitsch schott*] steiler Annäherungsschlag (Golf).
Pithek|anthropus m (~; –) Urmensch der Altsteinzeit (etwa 600 000 v. Chr.); **pitheko|id** EW (gr.) affenartig.
Pithiatismus m (~; –) (gr.) ✚ Krankheit durch Suggestion.
Pitotrohr s (~[e]s; ~e) (nach einem fr. Physiker [*pitô-*]) Meßrohr für Strömungsstauungen.
pitoyabel EW (fr.) [*pittoajâbel*] erbärmlich.
Pitting s (~s; ~s) (e.) durch Rost bewirkter kleiner Maschinenschaden.
pittoresk EW (it.) malerisch.
Pityriasis w (~; -sen) (gr.) ✚ Fadenpilzhauterkrankung.
più (it.) ♪ mehr.

Pivot m, s (~s; ~s) (fr.) [*-wô*] Schwenkzapfen.
Pizza w (~; -zzen/~s) (it.) salzige Hefeteigplatte mit Belag; **Pizzeria** w (~; ~s) (it.) Gastwirtschaft mit Pizzagerichten.
Pizzikato s (~s; -ti) (it.) Zupfspiel; EW: **pizzicato**.
Placebo s (~s; ~s) (lat.) ✚ Scheinmittel; **Placebo-Effekt** m (~-~[e]s; ~-~e) psycholog. Wirkung dieser Mittel.
Placement s (~s; ~s) (fr.) [*plaßmañ*] Kapitalanlage; Warenabsatz.
placet (lat.) genehmigt; **Placet** s (~s; ~s) Erlaubnis, Genehmigung; → Plazet; **placido** (it.) ♪ [*-tschi-*] gemessen.
placieren ZW (-rte, -rt) ↗ (fr.) [*-βî-*] Wertpapiere unterbringen; Ball genau schlagen; ↖ im Wettkampf gut abschneiden; **Placierung** w (~; ~en) Gewinn eines der ersten (3) Plätze in Wettkämpfen.
plädieren ZW (-rte, -rt) ✓ (fr.) mündlich vertreten; befürworten; Plädoyer halten; **Plädoyer** s (~s; ~s) [*plädoajê*] Gerichts-, Anklage-, Verteidigungsrede.
Plafond m (~s; ~s) (fr.) [*-foñ*] flache Zimmerdecke; äußerster Kreditbetrag.
Plagiar m (~s; ~e) (lat.) Entführer; ⚓ schlechtes Schiff; = → Plagiator; **Plagiat** s (~[e]s; ~e) Diebstahl geistigen Eigentums; m. s.: **Plagiator** (~s; -toren); EW: **plagiatorisch**; ZW: **plagi|ieren** (-rte, -rt) ↗.
Plagi|eder s (~s; ~) (gr.) Querflächner (Kristallform).
Plagioklas m (~es; ~e) (gr.) Feldspatart; **Plagiozephale** m (~n; ~n) Schiefkopf; EW: **plagiozephal**; w. s.: **Plagiozephalie** (~; –).
Plaid s (~s; ~s) (e.) [*plê^ed*] (gewürfelte) Wolldecke.
Plakat s (~[e]s; ~e) (lat.-nl.) Maueranschlag; **plakatieren** ZW (-rte, -rt) ↗ an die Mauer anschlagen; anspruchsvoll veröffentlichen; **plakativ** EW als (wie ein, durch ein) Plakat; betont.
Plakette w (~; ~n) (lat.-fr.) kleines Metallrelief.
plan EW (lat.) flach; **Plan** m (~[e]s; Pläne) großmaßstabige Kartendarstellung kleiner Räume; **Planar** m (~; ~e) Photo|objektiv.
Planari|e w (~; ~n) (lat.) Strudelwurmart.
Planche w (~; ~n) (fr.) [*plañsch*] Fechterbahn.
Planchette w (~; ~n) (fr.) [*plañschett*]

Spiritistentischchen; Meßtischchen; Miederstäbchen.
Planet m (~en; ~en) (gr.) Wandelstern; **planetarisch** EW von (in, bei) den Planeten (*p.er Nebel* Weltraumgas); **Planetarium** s (~s; -ri|en) Vorführraum für Sonnensystembewegungen; **Planetengetriebe** s (~s; ~) Zahnradübersetzungsgetriebe mit „feststehendem Sonnenrad"; **Planeto|id** m (~en; ~en) kleiner Planet (in elliptischer Sonnenbahn); **Planetologie** w (~; -) Erforschung der Oberfläche von Planeten und ihren Satelliten.
Planierbank w (~; ~en) (fr.) Maschine, mit der Hohlkörper aus Metall gefertigt werden; **planieren** ZW (-rte, -rt) ↗ einebnen; **Planifikateur** m (~s; ~e) [-*tör*] nationalökonomischer Planer; **Planifikation** w (~; ~en) zwanglose staatliche Programmierung; **Planiglob** s (~s; ~en) flächenhafte Darstellung einer Erd-, Himmels-, Mondlandschaft; **Planimeter** s (~s; ~) Flächenmeßgerät; **Planimetrie** w (~; -) ⚔ Erforschung der geometrischen Eigenschaften der in einer Ebene befindlichen Figuren; EW: **planimetrisch**.
plankonkav EW (lat.) einerseits flach, andrerseits leicht konkav (Linsen); **plankonvex** EW einerseits flach, andrerseits leicht nach außen gebogen.
Plankton s (~s; -) (gr., = das Schwebende) frei im Wasser lebende Lebewesen mit geringer Eigenbewegung; **planktonisch** EW im Wasser schwebend, = **planktontisch** EW; **Planktont** m (~en; ~en) im Wasser schwebendes Lebewesen.
plano (lat.-it.) ungefalzt (Landkarten).
Planogamet m (~en; ~en) (gr.-lat., KuW) Geschlechtszelle.
planparallel EW (lat.-gr.) von 2 Ebenen begrenzt.
Plantage w (~; ~n) (fr.) [-*tásche*] trop. Großlandgut.
plantar EW (lat.) ⚕ nach der Fußsohle zu.
Plantation-Song m (~-~s; ~-~s) (am.) [*plantā'schn song*] Negerklavenlied.
Plantowolle w (~; -) (KuW) veredelte Jute.
Planum s (~s; -) (lat.) Bahnbettunterlage.
Plaque w (~; ~s) (fr.) [*plak*] Hautfleck; Zahnbelag; Nährbodenloch.
Pläsanterie w (~; -) (fr.) Scherz; **Pläsier** s (~s; ~e) Vergnügen ↓; EW: **pläsierlich** ↓.
Plasma s (~s; -men) (gr.) Durchgang von Strom durch Teilchengemisch;

Jaspisart; → Proto-, → Blutplasma; **Plasma|chemie** w (~; -) Forschungszweig der Chemie; **Plasma|expander** m (~s; ~) ⚕ Erleichterungsmittel zur Erhöhung der Blutflüssigkeit; **Plasmaphysik** w (~; -) Forschungszweig der Physik; **Plasma|pistole** w (~; ~n) Elektroschweißgerät; **Plasma|skalpell** s (~s; ~e) ⚕ Gerät zur Gewebetrennung; **Plasma|technik** w (~; -) Hochtemperaturverfahren zur Verarbeitung von Werkstoffen mit extrem hohen Schmelzpunkten; **plasmatisch** EW zum (Proto-)Plasma gehörend; **Plasmochin** s (~s; -) (KuW) ⚕ Malariamittel; **Plasmodium** s (~s; -di|en) Plasmamasse; ⚕ Schleimpilzprotoplasma; Malariaerreger; **Plasmogonie** w (~; -i|en) Vermehrung im Plasma (Haekkel); **Plasmolyse** w (~; ~n) ⚕ Schrumpfung des Zellgehalts durch Wassermangel; **Plasmon** s (~s; ~e) Erbgut im Zellplasma.
Plasom s (~[e]s;~e) (gr.) kleinste Lebenseinheit.
Plast m (~[e]s; ~e) (KW) Kunststoff; **Plastics** M (am.) [*plä-*] Kunststoffe; **Plastic Block** m (~ ~s; ~ ~s) (e.) [*plästik-*] Kunstharzklischee; **Plastide** w (~; ~n) (gr.) = → Chromatophor; **Plastidul** s (~s; ~e) = → Plasom; **Plastifikator** m (~s; -toren) Weichmacher; ZW: **plastifizieren** (-rte, -rt) ↗; **Plastik** w (~; ~en) Bildhauerei; Bildhauerwerk; Gewebeverpflanzung; dreidimensionale Kulisse; synthet. Stärkemittel (s.: ~s; ~s); **Plastikbombe** w (~; ~n) Sprengkörper mit Gelatine; **Plastiker** m (~s; ~) Bildhauer; **Plastikwährung** w (~; -) (Bezahlung mit) Kreditkarten; **Plastilin** s (~s; -) Modellierstoff, = **Plastilina** w (~; -); **Plastinaut** m (~en; ~en) Kunststoffpuppe als Weltraumversuchsobjekt; **Plastiqueur** m (~s; ~e) (gr.-fr.) [-*kör*] mit Plastikbomben arbeitender Terrorist; **plastisch** EW körperlich; bildsam; knetbar; anschaulich; räumlich gestaltet; verformbar (*p.e Chirurgie* Transplantation, *– p.e Operation, p.es Holz* Formmasse zum Ausbessern von Hölzern); **Plastizier|einheit** w (~; ~en) Teil der Spritzgießmaschine; **plastizieren** ZW (-rte, -rt) ↗ thermoplast. Kunststoffe formbar machen (durch hohe Temperatur); **Plastizität** w (~; ~en) Formveränderbarkeit; Körperlichkeit; Bildhaftigkeit; **Plastom** s (~s; -) alle Erbfaktoren der Plastiden; **Plastopal** s (~s; ~e) Kunstharz für Lack; **Plastoponik** w (~; -) Anwen-

Plastron

dung von Kunststoffschaum zur Bodenverbesserung; **Plastron** m, s (~s; ~s) (fr.) [*-troñ*] Brustschutz der Fechter; gestärkte Hemdbrust; Seidenschlips; Stoßkissen; **Plastronkrawatte** w (~; ~n) breite Krawatte.

Platane w (~; ~n) (gr.-lat.) ⊕ Laubbaum.

Plate s (~s; ~s) (e.) [*pleit*] Druckplatte.

Plateau s (~s; ~s) (fr.) [*platô*] Hochebene.

Platformat s (~s; ~e) Benzin hoher Qualität, gewonnen durch **Platforming** s (~s; –) (∉ **Plat**inum **re**forming process) Verfahren zu besseren Verbrennungseigenschaften von Benzin aus Erdöl.

Platin, auch **-tin** s (~[e]s; ~e) (lat.-sp.) knappes Edelmetall; **platinblond** EW blondgefärbt.

Platine w (~; ~n) (fr.) Hebe|element an Maschinen; Uhrenlagerplatte; auswalzbares Feinblech; Stahlplättchen zum Schleifenlegen.

platinieren ZW (-rte, -rt) ↗ (fr.) mit Platin überziehen; **Platinmohr** s (~s; –) sehr fein gepulvertes Platin; **Platino|id** s (~[e]s; ~e) (KuW) ♌ Legierung (Kupfer, Zink, Wolfram, Nickel).

Platitüde w (~; ~n) (gr.-lat.-fr.) seichte Aussage.

Platoniker m (~s; ~) Plato|anhänger, -kenner; **platonisch** EW (gr., nach dem Philosophen *Plato*, 427–347 v. Chr.) geistig (*p.e Liebe* nicht erotische Liebe; *p.es Jahr* 26 765 Jahre; *p.er Körper* ⚔ besteht aus kongruenten regulären Polygonen; *P.e Schriften* Werke *Platos*); **Platonismus** m (~; –) Ausbau der Platonischen Ideenlehre durch seine Schüler; m. s.: **Platonist** (~en; ~en); EW: **platonistisch**.

plattieren ZW (-rte, -rt) ↗ (gr.-lat.-fr.) mit dünnem Metall überziehen, = → dublieren; umspinnen.

Platyzephale m (~n; ~n) (gr.) ✚ Flachkopf; EW: **platyzephal**; w. s.: **Platyzephalie** (~; –).

plausibel EW (lat.) eingängig.

Play s (~s; ~s) (e.) [*plei*] (Schau-)Spiel; Bearbeitung (♪ eines Musik-, eines Theaterstücks); **Playback** s (~s; ~s) [*pleibäck*] Trennung von Ton- und Bildaufnahme; Synchronisierung beider; Wiederholung des Abspielens (einer Film-, Tonaufnahme); **Playboy** m (~s; ~s) [*pleibeu*] jungenhaft unbekümmerter Lebemann; **Player** m (~s; ~) [*plei-*] (Schau-)Spieler; **Playgirl** s (~s; ~s) [*pleigörl*] Begleiterin von rei-

chen Männern; **Playmate** s (~s; ~s) [*pleimêt*] (anspruchsvolle) Prostituierte; **Play-off** s (~-~s; ~-~s) [*plei-*] Ausscheidungswettkämpfe.

Plaz- → Plac-.

Plaza-Akkord m (~-~s; –) Maßnahme (1985), den Dollarkurs zu drücken.

Plazenta w (~; -ten) (lat.) ✚ Mutterkuchen; EW: **plazental, plazentar**.

Plazet s (~s; ~s) (lat.) Zustimmung.

plazieren ZW = → placieren.

Plebejer m (~s; ~) (lat.) Angehöriger der Unterschicht; **plebejisch** EW pöbelhaft; **Plebis|zit** s (~[e]s; ~e) alternative Volksabstimmung; EW: **plebiszitär**; **Plebs** w (~; –) Pöbel.

Pleinairmalerei w (~; ~en) (fr.-d.) [*pläṉär-*] Freilichtmalerei; = **Plein|air** s (~s; ~s) (fr.), = **Pleinairismus** m (~; –); m. s.: **Plein|airist** (~en; ~en); **Pleinpouvo|ir** s (~s; –) [*pläṉpûwoạr*] Vollmacht.

Pleistozän s (~s; –) (gr.-lat.) Eiszeitstufe; EW: **pleistozän**.

Pleite w (~; ~n) (jidd.) ∪ = → Bankrott; EW: **pleite**.

Plejaden M (pl.) Siebengestirn.

Plektron s (~; -tren) (gr.) ♪ Schlagplättchen für Zupfinstrument.

Plenarsitzung w (~; ~en) (lat.-d.) Vollversammlung; **Plenilunium** s (~s; -ni|en) Vollmond; **plenipotent** EW mit Vollmacht; w. abstr. s.: **Plenipotenz** (~; ~en); **Plenum** s (~s; -nen/-na) das ganze Parlament; Vollversammlung.

Pleochro|ismus m (~; –) (gr.-lat.) wechselnde Farbe von Kristallen je nach Blickwinkel; **pleomorph** EW vielgestaltig; w. abstr. s.: **Pleomorphie** (~; –); **Pleonasmus** m (~; -men) (gr., = Überfluß) doppelt ausgedrückter Sinngehalt; EW: **pleonastisch**; **Pleonexie** w (~; –) Habgier.

Pleoptik w (~; –) (gr.-lat.) ✚ Sehübungen bei Augenschwäche.

Plessimeter s (~s; ~) (gr.) ✚ Klopfplättchen zur Perkussion.

Plethora w (~; -ren) (gr.) ✚ Überfülle.

Pleura w (~; -ren) (gr.) Brustfell; EW: **pleural**; **Pleur|algie** w (~; -i|en) ✚ Rippenfellschmerz.

Pleureuse w (~; ~n) (fr.) [*plörộse*] schwarze Straußenfeder als Hutschmuck ↓; Trauerbesatz ↓; Trauerrand am Kondolenzpapier ↓.

Pleuritis w (~; -it|den) (gr.) ✚ Brust-, Rippenfellentzündung; EW: **pleuritisch**; **Pleurodynie** w (~; –) Seitenstechen; **pleurokarp** EW ⊕ seitenfrüchtig.

plexiform EW (lat.) wie ein Geflecht;

Plexiglas s (~es; –) durchsichtiger Kunststoff; **Plexus** m (~; –) ⚕ Gefäßgeflecht.
Pli m (~s; –) (fr.) Anstand; Geschicktheit.
Plicht w (~; ~en) (nl.) ⚓ Rudergängerraum in Jachten.
pliieren ZW (-rte, -rt) ↗ (fr.) falten ↓; **plikativ** EW (lat.) ⊕ gefaltet.
Plinse w (~; ~n) (r.) Eierkuchen.
Plinthe w (~; ~n) (gr.) □ Säulensockel, -mauer.
Pliozän s (~s; –) (gr.) jüngste Tertiärstufe; EW: **pliozän**.
Plissee s (~s; ~s) (fr.) eingefälteter Stoff; ZW: **plissieren** (-rte, -rt) ↗.
PLO w (∉ Palestine Liberation Organization) palästinens. Befreiungsorganisation.
Plombe w (~; ~n) (fr.) Zahnfüllung; Verschnürungssicherung; Siegel bei Waren, Wagen, Wohnungen usw.; ZW: **plombieren** (-rte, -rt) ↗; w. abstr. s.: **Plombierung** (~; ~en).
Plot m (~s; ~s) (e.) Dichtungsaufbau, -ablauf; tragischer Konflikt (des Bühnenstücks); **Plotte** w (~; ~n) schlechter Film; **plotten** ZW (-ttete, geplottet) (e.) ↗ zeichnen mit dem **Plotter** m (~s; ~s) Zeichengerät als Ausgabe|instrument einer ADVA-Anlage.
Plumage w (~; –) (fr.) [plümậsch] Gefieder.
Plumban s (~s; –) (lat.) Bleiwasserstoff; **Plumbat** s (~[e]s; ~e) (lat.) ☉ Salz der Bleisäure.
Plumeau s (~s; ~s) (fr.) [plümô] Federdeckbett.
Plumpudding m (~s; ~s) (e.) [pl*a*m-] Weihnachts|pudding.
Plunger m (~s; ~) (e.) [pl*a*ndscher] Pumpkolben, = **Plunscher** m (~s; ~).
Plural m (~s; ~e), = **Pluralis** m (~; -les) (lat.) Mehrzahl (*P. majestatis* Anwendung der Mehrzahlform der Fürworts für sich selbst); **Pluraletantum** s (~s; -liatantum/~s)) nur in der M vorkommendes Wort; **pluralisch** EW Mehrheits...; **Pluralismus** m (~; –) Zurückführung der Vielfalt auf mehrere Urprinzip|en (Ggs.: *Monismus*); m. s.: **Pluralist** (~en; ~en); **pluralistisch** EW vielgestaltig (*p.e Gesellschaft*); **Pluralität** w (~; –) Mehrheit; **pluriform** EW vielgestaltig; **Pluripara** w (~; -ren) Frau nach mehreren Geburten; **plus** EW ⊀ zuzüglich; positiv; **Plus** s (~; –) ⊀ Additionszeichen; Vorteil, Überschuß (*ein P. aufweisen*).

Plüsch m (~[e]s; –) (lat.-it.-fr.) samtartiges Gewebe.
Plus|pol m (~s; ~e) (lat.) Anode, positiv geladene Kontaktstelle.
Plusquamperfekt(um) s (~[e]s; ~e) (lat.) Vorvergangenheit (als Zeitwortform); EW: **plusquamperfektivisch**.
Plutokrat m (~en; ~en) reicher Protz; **Plutokratie** w (~; –) (gr., nach dem reichen Unterweltgott *Pluton*) Herrschaft der Reichsten; EW: **plutokratisch**; **Pluton** m (~s; ~e) Tiefengesteinsmassiv; **plutonisch** EW aus (in) der Tiefe (*p.es Gestein* Gang-, Tiefengestein); **Plutonismus** m (~; –) = → Vulkanismus; **Plutonit** m (~s; ~e) vulkanisches Gestein; **Plutonium** s (~s; –; ∉ *Pu*) (gr.-lat.) ☉ giftiges Schwermetall; durch Atomzertrümmerung gewonnenes Element.
Pluviale s (~s; ~s) (lat.) † liturgischer Schultermantel; **Pluvialzeit** w (~; ~en) Regenzeit im Subtropikum; **Pluviograph** m (~en; ~en) Niederschlagsaufzeichner; **Pluviometer** s (~s; ~) Niederschlagsmesser; w. abstr. s.: **Pluviometrie** (~; –); EW: **pluviometrisch**; **Pluvionivometer** s (~s; ~) Regen-, Schneemesser.
Pneu m (~s; ~s) ∉ → Pneumatik oder → Pneumothorax; **Pneuma** s (~s; ~ta/-men) (gr.) († Heiliger) Geist; **Pneumatik** w (~; –) aufgepumpte Luftreifen; Gasverhaltensforschung; Mechanik des Orgelluftdrucks; **Pneumatisation** w (~; ~en) Luftraumbildung in Geweben; **pneumatisch** EW mit Druckluft (*p.e Förderung* Förderung körniger Massengüter mit Druckluft; *p.e Kammer* Druckluftkabine); Luft..., Atem... (*p.e Knochen* Röhrenknochen); luftgefüllt; **Pneumatismus** m (~; –) Überzeugung, daß nur der Geist real existiert; **Pneumatograph** m (~en; ~en) ⚕ Atemmeßgerät; **Pneumatolyse** w (~; ~n) Gaseinwirkung geschmolzener Gesteine auf Umgebung; **Pneumatometer** s (~s; ~) ⚕ Luftdruckmesser; w. s.: **Pneumatometrie** (~; –); EW: **pneumatometrisch**; **Pneumatose** w (~; ~n) ⚕ Luft (Gas) in Geweben (Organen), **Pneumatozele** w (~; ~n) = → Pneumozele; **Pneum|ektomie** w (~; ~n) ⚕ Lungenflügelentfernung; **Pneumoatmose** w (~; ~n) ⚕ Lungenvergiftung durch Gase; **Pneumogramm** s (~[e]s; ~e) Atmungsmessung; **Pneumograph** m (~en; ~en) Atmungsmesser; w. s.: **Pneumographie** (~; –); EW: **pneumographisch**; **Pneumokokkus** m (~;

Pneumokoniose

-kken) ⚕ Lungenentzündung erregende Kugelbakterie; **Pneumokoniose** w (~; ~n) ⚕ Staublunge; **Pneumolith** m (~en; ~en) Lungenstein; **Pneumolyse** w (~; ~n) ⚕ Ablösung der Lunge von der Brust (⚕ durch Eingriff); EW: **pneumolytisch** ⚕; **Pneumomassage** w (~; ~n) [-mass*äs*che] ⚕ Massierung des Rippenfells; **Pneumonie** w (~; -i|en) (gr.) ⚕ Lungenentzündung; EW: **pneumonisch**; **Pneumonik** w (~; -) pneumat. Steuertechnik; **Pneumoperikard** s (~[e]s; –) ⚕ Luft im Herzbeutel; **Pneumopleuritis** w (~; -itiden) (gr.) ⚕ starke Rippenfell- mit leichter Lungenentzündung; EW: **pneumopleuritisch**; **Pneumothorax** m (~es; ~e) ⚕ Gasbrust; **pneumotrop** EW zur Lunge hin; **Pneumozele** w (~; ~n) ⚕ Lungenvorfall; Luft im Gewebe.

Pöbel m (~s; -) (fr.) Packzeug; **pöbeln** ZW (-lte, gepöbelt) ∕ schimpfen.

Pochette w (~; ~n) (fr.) [-*schett*] Taschengeige ↓; **pochettino** (it.) ♪ [-*kett*-] ein bißchen.

pochieren ZW (-rte, -rt) ↗ (fr.) [*posch-*] Eier in Butter (kochendem Wasser) ausschlagen (*pochierte Eier* „verlorene").

Pocketbook s (~s; ~s) (am.) [-*buk*] Taschenbuch; **Pocketing** m (~s; ~s) Futtergewebe.

poco (it.) ♪ ein bißchen.

Podagra s (~s; -) (gr.-lat.) ⚕ Gicht ↓; EW: **podagrisch**; **Pod|algie** w (~; -i|en) ⚕ Fußschmerz; **Podest** s, m (~[e]s; ~e) erhöhter Tritt (Bühnenteil); Treppenabsatz.

Podex m (~; ~e) (lat.) ∪ Hinterer.

Podium s (~s; -di|en) (lat.) erhöhter Fußboden; **Podium(s)diskussion** w (~; ~en) Streitgespräch vor (begrenzter) Öffentlichkeit.

Podometer s (~s; ~) (gr.) Schrittmesser.

Podsol m (~s; -) (r.) Bleicherde der Mischwälder.

Po|em s (~s; ~ata) (gr.) Gedicht; **Po|e|sie** w (~; -i|en) Dichtung; Dichtkunst; **Po|et** m (~en; ~en) Dichter; **Po|eta laureatus** m (~ ~; -) preisgekrönter Dichter; **Po|etaster** m (~s; ~) ∪ Dichterling; **Po|etik** w (~; ~en) Lehre (Lehrbuch) vom Dichten; **po|etisch** EW dichterisch (*p.e Lizenz* dichterische Freiheit gegenüber geschichtlichen Tatsachen); **po|etologisch** EW die Dichtlehre betreffend.

Pofel m (~s; -) (lat.-e.) Schund.

Pogatscherl s (~s; ~[n]) (ung.) Eierküchlein mit Grieben.

Pogrom m (~s; ~e) (r., = Verwüstung) Ausschreitungen gegen religiöse (rassische) staatliche Minderheiten; Judenverfolgung.

Poikilodermie w (~; -) (gr.-lat.) [*peu-*] ⚕ buntgefleckte Haut; EW: **poikiloderm**.

Po|ilu m (~s; ~s) [*poalü*] ∪ fr. Soldat ↓.

Poinsetti|e w (~; ~n) (nach dem am. Entdecker) [*peun-*] ⚘ Weihnachtsstern.

Po|int m (~s; ~s) (fr.) [*poäṅ*] Spitze; Auge (des Würfels, beim Kartenspiel); sichtbares Rassenkennzeichen (des Tiers); Börsennotierung von Waren; **Po|int d'honneur** s (~s ~; ~s ~) [*poäṅdonnör*] Ehrgefühl, Ehrenpunkt; moralischer Grenzwert; **Po|inte** w (~; ~n) [*poäṅte*] springender, Angelpunkt; Überraschungseffekt (*P. servieren* Witz gut vortragen; *P. töten* Witz unwirksam erzählen).

Pointer m (~s; ~) (e.) [*peun-*] kurzhaariger Vorstehhund.

po|intieren ZW (-rte, -rt) ↗ (fr.) [*poäṅ-*] gegen den Bankhalter spielen; betonen; **po|intiert** EW [*poäṅ-*] (witzig) zugespitzt; **po|intillieren** ZW (-rte, -rt) [*poäṅ-*] wie ein Pointillist malen; **Po|intillismus** m (~; -) [*poäṅ-*] Kunstrichtung des Spätimpressionismus; m. s.: **Po|intillist** (~en; ~en) [*poäṅ-*]; EW: **po|intillistisch** [*poäṅ-*]; **Pointlace** w (~; -) (e.) [*peuntlêß*] Bandspitze; **Point of sale** m (~ ~ ~; ~s ~ ~) [*peunt of ßeil*] günstiger Verkaufsplatz einer Ladenware; **Point-of-sale-Terminal** m (~-~-~-~s; ~-~-~-~s) (e.) elektron. Kasse für bargeldlose Zahlungen.

Po|ise s (~; ~) (fr. KW, nach dem Namen eines fr. Arztes) [*poaß*] ⟲ Einheit der dynamischen Zähigkeit von Flüssigkeiten (Gasen).

Poisson-Verteilung w (~-~; ~-~en) (fr.-d., nach fr. Mathematiker) [*poaßoṅ-*] bes. Verteilungskurve in der Wahrscheinlichkeitsrechnung.

Pokal m (~s; ~e) (gr.-lat.) Trinkkelch; Siegerpreis (Sport); **Pokalsystem** s (~s; ~e) Wettkampfaustragsart.

Poker s, m (~s; ~) (am.) Glücksspiel; ZW: **pokern** (-rte, -rt) ∕; *auch:* das Glück herausfordern; **Pokerface** s (~s; ~s) [-*fêß*] stures, unbewegtes Gesicht, = **Pokergesicht** s (~s; ~er).

pokulieren ZW (-rte, -rt) ∕ (lat.) zechen.

Pol[1] m (~s; ~e) (gr.-lat.) Achsenen-

de; ⊀ Unendlichkeitsstelle; Anschlußklemme an Stromquelle; Samtgewebeflor; ⊀ Punkt von besonderer Lage (Bedeutung); Erdachsenendpunkt.
Pol² m (~s; ~e) (lat.-fr.) Samt-, Plüschhaar(decke).
Polacke m (~n; ~n) (poln.) Tölpel; Pole.
polar EW (gr.) zum (am, beim, vom) Pol; el. Ladungen (positiv-negativ); **Polarbanden** M parallele Streifenbanden; **Polardistanz** = → Poldistanz; **Polarfauna** w (~; –) Tiere im Polgebiet; **Polarfront** w (~; ~en) Grenze zwischen tropischer und polarer Luft; **Polarimeter** s (~s; ~) Gerät zur → Polarimetrie; **Polarimetrie** w (~; –) Aktivitäts-, Drehungsbestimmung von Stoffen; EW: **polarimetrisch**; **Polarisation** w (~; ~en) Bildung von Zonen (Punkten) entgegengesetzten Verhaltens; **Polarisations|ebene** w (~; ~n) Schwingungsbereich des el. Feldstärkevektors (elektromagn. Welle); **Polarisationsfilter** m (~s; ~) Platte, die einfallendes Licht polarisiert; **Polarisationsmikroskop** s (~s; ~e) Beobachtungsgerät für Objekte mit polarisiertem Licht; **Polarisator** m (~s; -toren) Gerät zur Erzeugung von polarisiertem Licht; ZW: **polarisieren** (-rte, -rt) ↗ (*polarisiertes Licht* gerichtetes Licht); **Polarität** w (~; ~en) Spannungseinheit; auf eine Achse bezogene Organisation; verschiedene Ausbildung zweier entgegengesetzter Pole; **Polarko|ordination** w (~; ~en) ⊀ Methode, einen Punkt mit Strecke und Winkeln zu bestimmen; **Polarkreis** m (~es; ~e) Breitenkreis, der Pol- von gemäßigten Zonen trennt; **Polarograph** m (~en; ~en) ⊙ Aufzeichner von Stromspannungskurven; **Polarographie** w (~; –) ⊙ elektrochemisches Analyseverfahren; EW: **polarographisch**; **Polaro|idkamera** w (~; ~s) Fotoapparat, der Bild in kürzester Zeit fertig auswirft; **Polarprojektion** w (~; ~en) Abbildung einer Kugeloberfläche auf einer Bildebene; **Polarstern** m (~[e]s; ~e) Nordstern; **Polarzone** w (; n) kaltes, eisbedecktes Gebiet an einem der Pole.
Polder m (~s; ~) (nl.) eingedeichtes (Weide-)Land.
Poldistanz w (~; ~en) (gr.-lat.-fr.) Gestirnwinkel zum Himmelsnordpol [= **Polardistanz** w (~; ~en)].
Polemik w (~; ~en) (gr.) Auseinandersetzung; EW: **polemisch**; ZW: **polemisieren** (-rte, -rt) ⟋; **Polemologe** m

(~n; ~n) Konfliktforscher; w. s.: **Polemologie** (~; –) EW: **polemologisch**.
polen ZW (-lte, gepolt) ↗ (gr.-lat.) an einen elektr. Pol anschließen.
Polenta w (~; ~s) (lat.-it.) Maisgrießbrei.
Polente w (~; –) (jidd.) ∪ Polizei.
Pole-position w (~-~; ~-~s) (e.) [*poulposischn*] beste Startbedingung für Autorennfahrer.
Police w (~; ~n) (fr.) [-*liß*] Versicherungsschein.
Polier m (~s; ~e) (fr.) □ Bauaufseher.
polieren ZW (-rte, -rt) ↗ (lat.) (glänzend) putzen.
Poliklinik w (~; ~en) (gr.) Krankenhaus für (meist) unentgeltliche Untersuchung und Behandlung; EW: **poliklinisch**.
Poliment s (~s; ~e) (lat.) Putzmittel; Blattgolduntergrund.
Poliomyelitis w (~; -itíden) (gr.) ⚕ spinale Kinderlähmung.
Polisario w (~; –) (sp.) Widerstandsbewegung in der Westsahara.
Politbüro s (~s; ~s) (r.-fr.) kommun. Parteispitze; **Politesse** w (~; ~n) Verkehrsbeamtin; (fr.) Höflichkeit; Kniff; **Politik** w (~; –) (gr.) Bemühen um staatliche Ordnung (*P. des billigen Geldes* Staatsmaßnahmen zur Geldversorgung der Wirtschaft); zielgerichtete Handlungsweise; **Politikaster** m (~s; ~) ∪ Biertischpolitiker; **Politiker** m (~s; ~) Staats-, Parteienmann; **Politikum** s (~s; -ka) polit. Gegebenheit; **politisch** EW auf die Politik bezogen (*p.e Geographie* Lehre von der staatlichen Begrenzung der Gebiete; *p.e Polizei* bemüht sich um Vermeidung und Bestrafung politischer Delikte; *p.e Straftat* [*p.es Delikt*] gegen den Staatsbestand gerichtete Tat; *p.es Mandat* Ausrichtung nach der Parteiräson; *p.er Beamter* hochgestellter Regierungsbeamter; *p.e Ökonomie* berücksichtigt Wechselwirkung zw. ökonom. und polit. Systemen; *p.es Asyl* Aufenthaltsrecht für Flüchtlinge); **politisieren** ZW (-rte, -rt) ⟋ (gr.-lat.) Staatsprobleme erörtern; **Politisierung** w (~; –) polit. Ansatz in politikfremdem Bereich; allgemein wachsendes Interesse an Politik; **Politologe** m (~n; ~n) (gr.) Erforscher der Politik; w. abstr. s.: **Politologie** (~; –); EW: **politologisch**; **Politruk** m (~s; ~s) (r. KW) r. Politoffizier.
Politur w (~; ~en) (gr.-lat.) Anstrich; Poliermittel; Glätte, Schliff.
Polizei w (~; –) (gr.-lat.) Verwaltungs-

Polizist

zweig zur Aufrechterhaltung der öffentlichen Ordnung und Sicherheit; m. s.: **Polizist** (~en; ~en); **polizeiwidrig** EW unerlaubt.

Polka w (~; -ken/~s) (tsch.) Rundtanz im ¾-Takt.

Poll s (~s; ~s) (am.) [*po"l*] Meinungserkundung durch Umfrage.

Pollakis|urie w (~; -i|en) (gr.) ⚥ Harndrang.

Pollen m (~s; ~) (lat.) ⊕ Blütenstaub; **Pollen|analyse** w (~; ~n) Erforschung vorgeschichtlicher Pollen; m. s.: **Pollen|analytiker** (~s; ~); EW: **pollenanalytisch**.

Poller m (~s; ~) (nl.) ⚓ Pfosten zur Taubefestigung.

Pollinium s (~s; -ni|en) (lat.) ⚓ Blütenstaub in öliger Klebemasse.

Pollution w (~; ~en) (lat.) Samenerguß (im Schlaf); (e.) [*polljuschn*] Umweltverschmutzung.

Pollopas m (~es; ~e) (KuW) Glasersatz.

Polo s (~s; ~s) (ind.) Reiterspiel; **Polohemd** s (~es; ~en) kurzärmeliges Blusenhemd (m.).

Polonäse, -naise w (~; ~n) (fr.) poln. Schreittanz; Balleröffnung; ♪ Sonatenteil; Klavierstück.

Polonium s (~s; ~) (nach dem lat. Namen für *Polen*) ⚛ radioaktives Element.

Polrad s (~[e]s; -räder) (gr.-lat.-d.) Rad einer Dynamomaschine, das die Feldmagnetpole trägt; **Polschuh** m (~s; ~e) eisernes Endstück eines Elektromagneten; **Polschwankungen** M Lageveränderungen der Rotationsachse der Erde; **Pol|sucher** m (~s; ~) Kontaktstift mit Glimmerlampe.

Poltron m (~s; ~s) (fr.) [*-troñ*] Maulheld; Raisonneur.

Polwechsler m (~s; ~) (gr.-lat.-d.) Wechselrichter zur Umwandlung von Gleich- in Wechselstrom (der Fernsprechanlage).

Poly|acryl s (~s; -) (KuW) weiche Kunststoffaser; **Polyamid** s (~[e]s; ~e) (gr.) synthetischer Kunstfadenstoff; **Polyämie** w (~; -) ⚥ Vollblütigkeit; **Polyandrie** w (~; -) Vielmännerei; EW: **polyandrisch**; **Polyantha** w (~; -then) ⊕ Büschelrose; **Polyarthritis** w (~; -itiden) ⚥ Gelenkrheumatismus; **Poly|ase** w (~; ~n) Kohlenhydrate spaltendes Enzym; **polychrom(atisch)** EW [*-kr-*] mehrfarbig (Ggs.: *monochrom|atisch)*); **Polychromie** w (~; -i|en) Farbigkeit (durch dünnen Stucküberzug); **polychromieren** ZW

(-rte, -rt) ↗ bunt machen; **Polydaktylie** w (~; -i|en) Finger-, Zehenüberzähligkeit; **Polydämonismus** m (~; -) Vielgeisterglaube; **Poly|eder** s (~s; ~) ⊿ durch ebene Flächen begrenzter Körper; EW: **poly|edrisch**; **Poly|ester** M ⊙ hochmolekulare Verbindungen; **Polygalaktie** w (~; -i|en) ⚥ zu starke Milchabsonderung; EW: **polygalaktisch**; **polygam** EW mit mehreren (Ehe-)Partnern lebend; **Polygamie** w (~; -i|en) (gr., = Mehrehe) Mehrpartnerschaft in der Ehe (im Tierverband); ⊕ eingeschlechtige und zwittrige Blüten auf derselben Pflanze; m. s.: **Polygamist** (~en; ~en); **polygen** EW aus vielen Stämmen entstanden; aus vielen Gesteinen bestehend; durch mehrere Erbfaktoren bestimmt; **Polygenese** w (~; -), **Polygenesis** w (~; -) Herkunft von mehreren Stammformen, = **Polygenismus** m (~; -); **polyglott** EW vielsprachig; **Polyglotte** w (~; ~n) mehrsprachige Textausgabe; m, w (~n; ~n) wer viele Sprachen spricht; **Polygon** s (~[e]s; ~e) ⊿ von Geraden begrenzte Ebene; EW: **polygonal**; **Polygonum** s (~s; -na) ⊕ Knöterich; **Polygraph** m (~en; ~en) Art Lügendetektor; Graphiker (DDR); **Polygynie** w (~; -i|en) Vielweiberei; EW: **polygyn**; **Polyhalit** m (~s; ~e) (KuW) Kalimagniumsalz; Düngemittel; **Polyhistor** m (~s; -toren) Vielwisser; **polyhybrid** EW vielfach unterschieden; **Polyhybride** m (~n; ~n), = **Polyhybrid** m (~[e]s; ~e) Bastard von verschiedenartigen Eltern; **Poly|imide** M eine Gruppe von Kunststoffen; **Poly|isopren** s (~s; ~e) Kunstkautschuk; **polykarp(isch)** EW öfter blühend (fruchttragend); **Polykondensation** w (~; ~en) ⊙ Zusammenlagerung von Grundmolekülen zu festen Stoffen (bei Kunststoffen); **Polymastie** w (~; -i|en) Überzahl an Brustwarzen; EW: **polymastisch**; **Polymelie** w (~; -) Zuviel an Gliedmaßen; **polymer** EW mit mehreren Erbanlagepaaren; ⊕ mit mehr Blütenkreisen; ⊙ von verschiedener Molekülgröße; **Polymer** s (~s; ~e) = **Polymere** w (~n; ~n) ⊙ Verbindung aus sehr großen Molekülen; **Polymerie** w (~; -) ⊙ Verschiedenartigkeit makromolekularer Stoffe mit gleicher Zusammensetzung bei verschiedenlangen Molekülen; Abhängigkeit eines Merkmals von mehreren gleichwirkenden Genen; **Polymerisat** s (~[e]s; ~e) Ergebnis der → Polymerisation; **Polymerisation** w (~; ~en) ⊙

Vereinigung von Molekülen zu einem Produkt gleicher Zusammensetzung, aber verschiedenen Molekulargewichts; ZW: **polymerisieren** (-rte, -rt) ↗; **poly|metamorph** EW mehrfach verändert (von Gesteinen); **Polymeter** s (~s; ~) Verbindung von Hygro- und Thermometer; **Polymetrie** w (~; –) = **Polymetrik** w (~; –) ♪ Ineinander verschiedener Taktmaße; **polymorph** EW von vielfacher Gestalt; **Polymorphie** w (~; –) Auftreten eines Stoffes in mehreren Modifikationen; **Polymorphismus** m (~; -men) ⊕ mehrere ungeschlechtige Formen hintereinander; verschiedene Kristallformen bei gleicher Zusammensetzung; Mehrgestaltigkeit der gleichen Tierart; Verschiedenheit der Flügelzeichnung in verschiedenen Jahreszeiten (bei Schmetterlingen); **Polyneuritis** w (~; -itiden) ⚕ Rumpflähmung; **Polynom** s (~s; ~e) ⚔ aus 3 oder mehr, im Plus- oder Minusverhältnis zueinander stehenden Gliedern bestehende Aussage; EW: **polynomisch; polynuklear** EW ⚕ vielkernig; **Polyopie** w (~; -i|en) ⚕ Mehrfachsehen desselben Bildes; **Polyp** m (~en; ~en) ⚕ Schleimhautwucherung; Tintenfisch ↓; festsitzende Hohltierart; (jidd.) ∪ Polizist; **Polypeptid** s (~[e]s; ~e) Zwischenprodukt bei Eiweißauf- und -abbau; **Polyphagie** w (~; –) wahllose Pflanzennahrung; ⚕ Gefräßigkeit; EW: **polyphag**; m. s.: **Polyphage** (~n; ~n); *auch:* Käferart; **polyphän** EW mit vielen Kennzeichen; **polyphon** EW viel-, mehrstimmig, kontrapunktisch; **Polyphon** s (~s; ~e) ♪ mechanisches Tongerät; **Polyphonie** w (~; -i|en) ♪ Mehrstimmigkeit aus gleichberechtigten Stimmen; m. s.: **Polyphoniker** (~s; ~); **Polyphrasie** w (~; –) ⚕ abnorme Redesucht; **polyphyletisch** EW mehrstämmig; **Polyphylie** w (~; –) Vielstämmigkeit (biol.); = **Polyphyletismus** m (~; –); **Polyphyllie** w (~; –) ⊕ Gliederüberzahl; **Polypionie** w (· ;) ⚕ Fettleibigkeit; **Polyplast** s (~[e]s; ~e) Kunstharz; **polyplo|id** EW mit mehr als 2 Chromosomensätzen; **Polypno|e** w (~; –) Beschleunigung des Atems; **Polypol** s (~s; ~e) Markt mit zahlreichen Anbietern und Käufern; **Polypodium** s (~s; -i|en) ⊕ Tüpfelfarnart; **Polyptychon** s (~s; -cha) vielflügliger Altar; **Polyreaktion** w (~; ~en) ⚗ Entstehung hochmolekularer Verbindungen; **Polyrhythmik** w (~; –) ♪ Ineinander verschiedener rhythmischer Formen *eines* Metrums; m. s.: **Polyrhythmiker** (~s; ~); **polyrhythmisch** EW ♪ im selben Takt rhythmisch unterteilt; **Poly|saccharide** M Vielfachzucker aus Großmolekülen; **polysemantisch** EW vieldeutig; w. s.: **Polysemie** (~; –); **Polysialie** w (~; –) ⚕ zu starke Speichelentwicklung; **Polyspermie** w (~; -i|en) Eindringen mehrerer Samenzellen ins Ei; **Polystyrol** s (~s; –) Kunststoff; **Polysyllabum** s (~s; -ba) Vielsilber; **polysyndetisch** EW durch mehrere Bindewörter verbunden; s. s.: **Polysyndeton** (~s; -ta); **polysynthetisch** EW aus mehreren Teilen zusammengesetzt; **Polytechniker** m (~s; ~) Besucher (Absolvent) eines Polytechnikums ↓; **Polytechnikum** s (~s; -ken) Technische Hochschule; EW: **polytechnisch; Polythe|ismus** m (~s; –) Vielgötterei; m. s.: **Polythe|ist** (~en; ~en); EW: **polythe|istisch; Polythelie** w (~; –) ⚕ = Polymastie; **Polytomie** w (~; –) ⊕ Vielteilung; **polytonal** EW ♪ mit mehreren Melodien in verschiedenen Tonarten nebeneinander; w. abstr. s.: **Polytonalität; Polytrichie** w (~; –) ⚕ zu starker Haarwuchs; **polytrop** EW mit mehreren Erbanlagen; höchst anpassungsfähig; m. abstr. s.: **Polytropismus** (~; –); **Polytype** w (~; ~n) Drucktype mit mehr als *einem* Buchstaben; **Poly|uretan** s (~s; –) Kunststoff; **Poly|urie** w (~; -i|en) ⚕ vermehrte Harnabsonderung; **polyvalent** EW mehrfach wirksam; **Polyvinylacetat** s (~s; ~e) Kunststoff; **Polyvinylchlorid** s (~s; –) ⚗ feuer-, säurefester Kunststoff; **Polyzentrismus** m (~; –) zentrale Macht verteilt auf mehrere kleinere Zentren; mehrere Stadtzentren in einer größeren Stadt; **polyzyklisch** EW ⚗ aus mehreren Benzolringen.

pomade EW (poln.-tsch.) gleichgültig ←.

Pomade w (~; ~n) (fr.) fette Schönheits-, Haarsalbe; ZW: **pomadisieren** (-rte, -rt) ↗.

pomadig EW (tsch.) überlangsam.

Pomeranze w (~; ~n) (it.) Orangenart; naives Mädchen (vom Lande).

Pommes chips M (fr.) [*pommschip*] rohe Kartoffelscheiben in Fett gebraten; **Pommes croquettes** M [*-krokett*] Kartoffelbreikügelchen mit Kruste; **Pommes frites** M [*pommfritt*] gebackene Kartoffelstäbchen.

Pomologe m (~n; ~n) (lat.-gr.) Obstforscher; w. abstr. s.: **Pomologie** (~; –); EW: **pomologisch.**

Pomp m (~s; –) (fr.) Prunk.

Pompadour m (~s; ~e) (fr.) [*poñpadúr*] (nach der Geliebten Ludwigs XV., 1721–1764) Damentaschenbeutel ↓.

pompejanisch EW (nach der altröm. Stadt *Pompeji*) wie aus (in) *Pompeji* (*p.es Rot*).

pomphaft EW (fr.-d.) prunkvoll.

Pompon m (~s; ~s) (fr.) [*poñpoñ*] Quaste.

pompös EW (fr.) prunkvoll; ♪ **pomposo** (it.) glänzend.

Pön w (~; ~en) (lat.) (Geld-)Strafe; EW: **pönal; Pönalisierung** w (~; ~en) Mehrbelastung leistungsstärkerer Pferde bei Rennen, = **Pönalität** w (~; ~en).

ponceau EW (lat.-fr.) [*poñßó*] hochrot ←; s. s.: **Ponceau** (~s; –).

Poncette w (~; ~n) (fr.) [*poñßett*] Durchschlagpapier; Glattbimsstein.

Poncho m (~s; ~s) (ind.-sp.) [-*ntsch*-] Schulterdecke, -umhang.

poncieren ZW (-rte, -rt) (fr.) [*poñß-*] ↗ mit Bimsstein abreiben; mit Kohlestaub durchpausen.

Pond s (~s; ~) (lat., ⊄ p) Maßeinheit der Kraft; **ponderabel** EW (lat.) wägbar; **Ponderabili**|**en** M wägbare Dinge (Ggs.: *Imponderabilien*); **Ponderation** w (~; ~en) harmonische Massenaufteilung.

Ponem → Ponim.

Ponente w (~; –) (it.) Westen.

Pongé m (~s; ~s) (fr.) [-*scheé*] feines Seidengewebe.

Pongide M (KuW) Menschenaffen.

ponieren ZW (-rte, -rt) ↗ (lat.) annehmen.

Ponim s (~s; ~) (jidd.) Gesicht, Mund.

Pönitent m (~en; ~en) (lat.) † Büßer; **Pönitentiar** m (~s; ~e) † Beichtvater; **Pönitenz** w (~; –) Buße; **Pönologe** m (~n; ~n) Erforscher der Strafwirkung; w. s.: **Pönologie** (~; –); EW: **pönologisch**.

Pons m (~; –) (lat.) Eselsbrücke (unerlaubte Schülerhilfe) ↓.

Pont s (~s; –) (nach dem lat. Namen für das Schwarze Meer: *Pontus euxinus*) ältestes Pliozän.

Ponte w (~; ~n) (it.) Brücke; breite Fähre (am Drahtseil).

Ponticello m (~s; -lli) (it.) [-*tschello*] ♪ Steg bei Saiteninstrumenten.

pontifikal EW (lat.) † priesterlich; **Pontifikal**|**amt** s (~[e]s; -ämter) vom Bischof zelebrierte Messe; **Pontifikale** s (~s; -li|en) † Liturgiebuch; **Pontifikali**|**en** M † Amtsabzeichen hoher Geistlicher (*in pontificalibus* in voller Amtstracht); **Pontifikat** s (~[e]s; ~e) (Zeitdauer des) päpstl. Amt(es).

pontisch EW (lat.) pliozän; steppenartig.

Pontok m (~s; ~s) (afr.) Negerrundhütte.

Ponton m (~s; ~s) (fr.) [*poñtoñ*] flaches Brückenboot.

Ponum → Ponim.

Pony s, m (~s; ~s) (e.) Zwergpferd; Haar in die Stirn, gerade abgeschnitten.

Pool m (~s; ~s) (e.) [*pûl*] Interessengemeinschaft(vertrag); Sammelbecken; ⚓ Linienverteilung unter mehreren Reedereien; Spieleinsatz; Kartell zur Gewinnverteilung; **Poolbillard** s (~s; –) (am.-fr.) Billard mit seitlichen Löchern am Spieltischrand, in die gespielt werden muß; **poolen** ZW (-lte, gepoolt) [*pûl-*] ↗ gemeinsame Gewinne verteilen; gleichgerichtete Interessen zusammenfassen; **Poolung** w (~; ~en) [*pûl-*] = → Pool.

Poop w (~; ~s) (lat.-e.) [*pûp*] ⚓ Hinterdeckaufbau.

pop EW (am. ⊄ pop**ular**) volkstümlich ←; **Pop** m (~; –) (e.) provokative Jugendbewegung.

Popanz m (~es; ~e) (tsch.) Strohpuppe; Scheingröße.

Pop-art w (~-~; –) (am.) Zusammenstellung alltäglicher Nichtigkeiten zu künstlerischen (auch schockierenden) Zwecken; **Popcorn** m, s (~s; –) Puffmais.

Pope m (~n; ~n) (gr.) † gr., r. Geistlicher.

Popeline w (~; –), = **Popelin** m (~s; –) (fr.) [-*lä̃n*] feines Rippgewebe.

poplig EW (fr.) armselig, gewöhnlich, = **popelig** EW (fr.).

Pop|**farbe** w (~; ~n) (e.-d.) greller Farbton; **Pop**|**festival** s (~s; ~s) (e.) Großveranstaltung mehrerer Gruppen zur Ausübung von **Popmusik** w (~; –) moderner Schlagerstil.

Popper m (~s; ~s) (am.) besonders gepflegter Jugendlicher; Fläschchen mit Betäubungs-, Rauschmittel zum Inhalieren, = **Poppers** M.

poppig EW grell (von Farben, Musik).

Pop|**star** m (~s; ~s) (e.) Sänger von Popmusik; **populär** EW (lat.) volkstümlich; gemeinverständlich; **popularisieren** ZW (-rte, -rt) ↗ (lat.) allgemeinverständlich darstellen; **Popularität** w (~; –) (lat.) Volkstümlichkeit, Beliebtheit; **Populärkultur** w (~; ~en) (Freizeit-)Verhaltensformen der Industriegesellschaft; **Popularphilosophie**

w (~; -i|en) (lat.-gr.) Allgemeinverständlichkeit der Philosophie (18. Jh.); **populärwissenschaftlich** EW neue Forschungen leicht lesbar, faßlich dargestellt; **Population** w (~; ~en) (lat.) Bevölkerung; Gesamtvorkommen in einem Gebiet; **Populationistik** w (~; –) Bevölkerungsforschung; EW: **populationistisch.**

Pore w (~; ~n) (gr.-lat.) Ausgang der Schweiß-, Talgdrüsen; Hohlraum in Körpern; **Por|enzephalie** w (~; -i|en) (gr.-lat.) ⚕ (Schwachsinn durch) Gehirnlücke.

Poriomanie w (~; -i|en) (gr.) (ungesunder) Wandertrieb.

Pörkölt, -kel(t) s (~s; –) (ung.) geschmorte scharfgewürzte (Schweine-) Kalbfleischwürfel.

Porno m, s (~s; ~s) ∉ Handel mit Pornographie; pornographisches Werk, pornographischer Film (Lesestoff); **Pornograph** m (~en; ~en) (gr.) Liebhaber (Sammler, Verkäufer) unzüchtigen Schrifttums; **Pornographie** w (~; –) unzüchtiges, obszönes Schrifttum; EW: **pornographisch.**

porös EW (gr.-lat.-fr.) mit Hohlräumen (Öffnungen); w. abstr. s.: **Porosität** (~; –).

Porphyr m (~s; ~e) (gr.) Ergußgestein; **Porphyrin** s (~s; ~e) Abbauprodukt der Blut- und Blattfarbstoffe; **porphyrisch** EW mit Großkristallen in der Grundmasse der Erstarrungsgesteine; **Porphyrit** m (~s; ~e) Ergußgestein.

Porree m (~s; –) (fr.) ⚘ Lauchart.

Porridge s (~s; –) (e.) [-*ridsch*] Haferflockenbrei.

portabel EW (lat.) tragbar; **Portable** m, s (~s; ~s) (e.) [*portäbel*] tragbares (Fernseh-)Gerät; **Portage** w (~; ~n) (fr.) ⚓ [-*tåsche*] frachtfreies Gepäck (der Schiffsmannschaft); seichte, nicht befahrbare Flußstelle.

Portal s (~s; ~e) (lat.) Tor; Bühnenrahmen; **portal** EW Pfortader...

portamento (it.) ♪ ohne abzusetzen!, s. s · **Portamento** (~s; ~s/-ti).

Portatile s (~s; ~s) (lat.) † Tragaltar; **Portativ** s (~[e]s; ~e) (lat.) kleine Tragorgel.

portato (it.) ♪ breit, aber ungebunden; s. s.: **Portato** (~s; ~s/-ti).

Portées M (fr.) gezinkte Spielkarten.

Portefeuille s (~s; ~s) (fr.) [-*föj*] Brieftasche; Ministeramt (*Minister ohne P. ohne Geschäftsbereich*); Wertpapierbestand; **Portemonnaie** s (~s; ~s) [*portmonnē*] Geldbeutel; **Portepee** s (~s; ~s) ⚔ Schmuckquaste (*am P. fassen* bei der Ehre nehmen ↓).

Porter m (~s; ~) (e., = [Londoner] Lastträger) e. Starkbier; **Porter|housesteak** s (~s; ~s) (e.) [-*haußßtēik*] Rippenstück vom Rind, auf dem Rost gebraten.

Porteur m (~s; ~e) (fr.) [-*tȫr*] Wertpapierinhaber.

Porti|er m (~s; ~s) (fr.) [*portjē*] Hauswart; **Porti|ere** w (~; ~n) [*portjāre*] Türvorhang.

portieren ZW (-rte, -rt) ↗ (fr.) zur Wahl vorschlagen (↖ *sich p.* für jmdn. Interesse zeigen).

Portikus m (~; ~se) (lat.) Säulenvorbau.

Portio w (~; ~nes) (lat.) ⚕ Gebärmutterteil (von der Scheide zugänglich); **Portiokappe** w (~; ~n) Scheidenpessar als Verhütungsmittel.

Portion w (~; ~en) (lat.) Teil (der zugemessenen Speise; *halbe P.* kleiner Kerl); ZW: **portionieren** (-rte, -rt) ↗ ↙; **Portionierer** m (~s; ~) Speisezumeßgerät; **Portions|packung** w (~; ~en) kleine Portion für eine Mahlzeit, einmaligen Gebrauch.

Portlandzement m (~[e]s; –) eine Zementart (∉ *PZ*).

Porto s (~s; -ti) (it.) Beförderungsgebühr; **Portokasse** w (~; ~n) Wechselkasse (in einem größeren Betrieb).

Porträt s (~s; ~s) (fr.) [-*trā*] Bildnis; **porträtieren** ZW (-rte, -rt) ↗ Bildnis machen von jmdm.; m. s.: **Porträtist** (~en; ~en).

Portugieser m (~s; ~) (nach dem Land *Portugal*) Traubenart.

Portulak m (~s; –) (lat.) fleischiges Würzkraut.

Portwein m (~[e]s; ~e) (port. [*Porto* = Stadt in *Portugal*]) Südwein.

Porzellan s (~s; ~e) (lat.-it.) feine gebrannte Tonware; Porzellangeschirr (*P. zerschlagen* plump handeln); **Porzellan|marke** w (~; ~n) Herstellerzeichen auf Porzellan.

Posament s (~s; ~en) (fr.) Besatzware; **Posamenterie** w (~; -i|en) Besatzwarenladen; **Posament|er** m (~s; ~s) [*tjē*], – **Posamenter** m (~s; ~) Posamentenhersteller, -verkäufer, = **Posamentierer** m (~s; ~); **posamentieren** ZW (-rte, -rt) ↗ ↙ Besatzstücke herstellen.

Posaune w (~; ~n) (lat.-fr.) ♪ Blechblasinstrument mit 2 verschiebbaren Rohren; m. s.: **Posaunist** (~en; ~en); **Posaunen|engel** m (~s; ~) ∪ rundwangige w. Person.

Poschti m (~s; ~s) (pers.) = → Puschti.

Pose w (~; ~n) (fr.) bewußt eingenommene Haltung; **Poseur** m (~s; ~s/~e) (lat.) [-söŕ] Wichtigtuer; Schauspieler; **posieren** ZW (-rte, -rt) ⤴ schauspielern; so tun, als ob; **Position** w (~; ~en) Stellung; Betrag; Berufsstellung; ⚲ Standort (auch: eines Flugzeugs); Tanzstellung; Behauptung, ein Ding sei vorhanden (Ggs.: *Negation*); einzelner Warenposten; These; **positionell** EW stellungsmäßig; **positionieren** ZW (-rte, -rt) ⤴ einordnen; **Positionierung** w (~; ~en) Umbruch auf dem Bildschirm; **Positions|laterne** w (~; ~n) Nachtlicht bei Wasser- und Luftfahrzeugen; **positiv** EW zutreffend (Ggs.: *negativ; p.e Theologie* auf der Bibel fußend; *p.es Recht* gesetztes und Gewohnheitsrecht); ⚡ mehr als Null; durch Reiben von Glas elektrisch gemacht; der Uhrzeigerdrehung entgegenlaufend; **Positiv** s (~s; ~e) entwickeltes Lichtbild; Kleinorgel; ⚡ Größe, die größer als Null ist; Glaselektrizität; m (~s; ~e) das nicht gesteigerte Eigenschaftswort; **Positivismus** m (~; -) Ablehnung jeder Spekulation; alleinige Anerkennung von „positiven" Gegebenheiten; m. s.: **Positivist** (~en; ~en); EW: **positivistisch**; **Positiv|verfahren** s (~s; ~) Bildherstellung ohne Negative als Zwischenstufe; **Positron** s (~s; -) (gr.) Elementarteilchen, das einem negativen Elektron ganz gleich, aber positiv geladen ist; **posito** gesetzt den Fall; **Positur** w (~; ~en) auf Wirkung bedachte (herausfordernde) Haltung.

Positronen-Emissions-Tomograph m (~-~-~en; ~-~-~en) (gr.-lat.) modernes Röntgenschichtgerät; → Tomograph.

possessiv EW (lat.) besitzanzeigend; **Possessivpronomen** s (~s; -mina) besitzanzeigendes Fürwort, = **Possessiv** s (~s; ~e), = **Possessivum** s (~s; -va); **possessorisch** EW den Besitz angehend.

possibel EW (lat.) möglich; **Possibilismus** m (~; -) Strategie des Möglichen; verschiedene Nutzbarkeit geograph. Gegebenheiten; **Possibilität** w (~; ~en) Möglichkeit.

possierlich EW (g.-fr.) drollig.

Post w (~; -) (it.) Staatseinrichtung zur Karten-, Brief-, Paketbeförderung mit Fernsprech-, -schreibanlagen; Fahrzeug der Post; Postsendung (*die P. ist da!; ab die P.!* jetzt geht's los); Posthaus; **postalisch** EW in (mit, bei) der Post.

Postament s (~[e]s; ~e) (lat.) Sockel.

Postbarscheck m (~s; ~s) (lat.) Zahlungsanweisung an die Post; **Postdebit** s (~s; -) Zeitungszustellung durch die Post.

post|embryonal EW (lat.) nach der Geburt.

Posten m (~s; ~) (it.) Wache; Dienststelle; ausgeübtes Amt *(einen P. bekleiden, innehaben);* Warenmenge; Rechnungsteil; Jagdschrot; **posten** ZW (-tete, gepostet) ⤴ Botengänge machen.

Poster s (~s; ~) (am.) [*-ou-*] Werbeplakat (als Sammelobjekt); **Poster Shop** m (~ ~s; ~ ~s) [*-schopp*] Laden für Poster.

poste restante (fr.) [*postrestañt*] postlagernd.

Posteriora M (lat.) ∪ Gesäß; **Posteriorität** w (~; ~en) spätes Auftreten; Unterstelltsein ↓; **Posterität** w (~; -) Nachwelt; **Post|existenz** w (~; -) Leben nach dem Tode.

post festum (lat.) zu spät.

Postgiro s (~s; -) (it.-lat.) Zahlungsweise durch Postscheck; **Postgirokonto** s (~s; -ten) → Postscheckkonto.

postglazial EW (lat.) nacheiszeitlich.

postgradu|ell EW (lat.) nach Erhalt eines akadem. Grades; **posthistorisch** EW nicht mehr wandelbar, zeitlos.

posthum = → postum.

postieren ZW (-rte, -rt) ⤴ (lat.) aufstellen.

Postille w (~; ~n) (lat.) † Bibeldeutung; Predigtsammlung.

Postill(i)on m (~s; ~s) (fr.) [*-ljoñ*] Postbote ↓ (*P. d'amour* Liebesbote); Tagesschmetterling.

post|industri|ell EW (lat.) mehr in Dienstleistungsgewerben als in der Produktion beschäftigt *(p.e Gesellschaft);* **postkarbonisch** EW nach dem Karbon; **postkulmisch** EW nach dem Kulm.

post meridi|em (lat.) nachmittags.

Postmoderne w (~; -) (lat.-fr.) Stilrichtung der letzten Jahrzehnte.

postmortal EW (lat.) nach dem Tod (= *post mortem, ⚵ p. m.);* **postnatal** EW nach der Geburt; **postnumerando** EW nachträglich; **Postnumeration** w (~; ~en) Nachzahlung.

Posto m (~s; -ti) (it.) Stand (*P. fassen* seinen Platz einnehmen).

post|operativ EW (lat.) ⚕ nach dem ärztl. Eingriff; **postpalatal** EW ganz hinten im Gaumen gesprochen; **post**

partum nach der Geburt; **postponieren** ZW (-rte, -rt) ↗ ↓ hintansetzen; MW: **postponierend** verspätet; **Postposition** w (~; ~en) Präposition hinter dem Substantiv; ⚄ Verspätung eines Anfalls.

Post|regal s (~s; –) (lat.) Postmonopol des Staates; **Postscheck** m (~s; ~s) bargeldlose Zahlungsanweisung durch die Post; **Postscheckkonto** s (~s; -ten) Guthaben beim Postscheckamt.

Postskript(um) s (~s; -ten/-ta) (lat., ⊄ *PS*) Nachschrift; **post|tertiär** EW nach dem Tertiär; **Post|test** m (~s; ~s) Überprüfung der Wirkung eines Werbemittels.

Postulant m (~en; ~en) (lat.) Bewerber; † Novize; **Postulat** s (~[e]s; ~e) unbeweisbare, aber als notwendig zum Denken geforderte Ansicht; Forderung; Anforderung an die Regierung; **Postulation** w (~; ~en) † Bitte an den Papst, einen leichtbehinderten Bischof zu bestätigen; **postulieren** ZW (-rte, -rt) ↗ fordern.

postum EW (lat.) nachgelassen (*p.es Werk* nach dem Tode des Verfassers veröffentlicht); **Postumus** m (~; -mi) Nachfahre, erst nach dem Tod des Vaters geboren.

Pot[1] s (~s; –) (am.) Marihuana.

Pot[2] m (~s; ~s) (fr.) [*pô*] Topf (*P. de chambre* [*pôdeschanbr*] ↓ Nachttopf); alle Einsätze zusammen.

potamisch EW (gr.) durch die (mit, von der) Flußkunde; **potamogen** EW durch eine Fluß entstanden; **Potamologe** m (~n; ~n) Flußforscher; w. s.: **Potamologie** (~; –).

Potator m (~s; -toren) (lat.) Säufer; **Potatorium** s (~s; -ri|en) ⚄ Trunksucht.

Pot|au|feu m, s (~s; ~s) (fr.) [*pôtôfö*] Rindfleisch in Brühe.

Potemkinsch EW [*potjomkinsch*] (nach dem r. Staatsmann *Potemkin*, 1787) auf Schein gegründet (*P.e Dörfer*).

potent EW (lat.) zeugungs-, zahlungsfähig; **Potentat** m (-en; -en) Machthaber; **Potential**[1] s (~[e]s; ~e) Leistungsreserve, -kraft; skalare Ortsfunktion; elektr. Spannung als Raumfunktion; **potential** EW möglich, die Möglichkeit bezeichnend; **Potentialdifferenz** w (~; ~en) elektr. Spannung, = **Potentialgefälle** s (~s; ~); **Potentialis** m (~; -les) Möglichkeitsform des Zeitworts, = **Potential**[2] m (~s; ~e); **Potentialität** w (~; ~en) latente Wirkungskraft; Möglichkeit, etw. zu werden; **Potential|sonde** w (~; ~n) Gerät zur Messung elektr. Schwankungen in der Atmosphäre; **potenti|ell** EW möglich (*p.e Energie* Energie eines Körpers in seinem Kraftfeld); **Potentiometer** s (~s; ~) Teilspannungsmesser; w. s.: **Potentiometrie** (~; –); EW: **potentiometrisch**; **Potenz** w (~; ~en) Fähigkeit zur Verwirklichung (Voraussetzung des Aktes); Möglichkeit zur Wirklichkeit; Fortpflanzungsfähigkeit (Ggs.: *Impotenz*); ⚄ Produkt gleicher Faktoren; **Potenz|exponent** m (~en; ~en) ⚄ Hochzahl einer Potenz; **potenzieren** ZW (-rte, -rt) ↗ ⚄ zur Potenz steigern; ⚄ homöopathisch verdünnen; steigern; **Potenz|lini|e** w (~; ~n) (lat.) ⚄ Gerade durch die Schnittpunkte zweier sich schneidender Kreise.

Pot-Kopf m (~-~[e]s; ~-Köpfe) (am.-d.) (erfahrener) Marihuanaraucher; **Potparty** w (~; -ties/~s) gemeinsamer Haschischgenuß; **Potpourri** s (~s; ~s) (fr.) ♪ Zusammenstellung beliebter Melodien; Vase mit getrockneten Blumenblättern; Mischgericht aus Fleisch und Gemüsen; Allerlei.

Poudrette w (~; ~n) (fr.) [*pû-*] Düngemehl aus öffentlichen Aborten.

Poularde w (~; ~n) (fr.) [*pû-*] junges Masthuhn, = **Poulard** s (~s; ~s) [*pûlâr*].

Poule w (~; ~s) (fr.) [*pûl*] Spieleinsatz; Billardart.

Poulet s (~s; ~s) (fr.) [*pûlê*] Jungmasthuhn, -hähnchen.

Pound s (~s; ~s) (e.) [*paund*] Gewicht (= 453,6 g) (⊄ *lb [s]*).

Pour le mérite m (~ ~ ~; ~ ~ ~) (fr.) [*pûr-*] d. Verdienstorden (jetzt: für Gelehrte; gegr. 1740).

Poussage w (~; ~n) (fr.) [*pußâsch*] Geliebte; Liebelei, = **Poussade** w (~; ~n) [*pußâd*]; **Poussecafé** m (~s; ~s) [*puß-*] alkohol. Mischgetränk; **poussieren** ZW (-rte, -rt) ↗ [*puss-*] umschmeicheln; ↗ flirten; nachdrücklich betreiben; **Poussierstengel** m (s;) Weiberheld; **Poussiertüchlein** s (~s; ~) Ziertaschentuch.

Pouvoir s (~s; ~s) (fr.) [*puvoar*] Handlungsspielraum, -vollmacht (öst.).

power EW (fr.) arm(selig).

Powerplay s (~s; ~s) (e.) [*pauerplei*] Sturm auf das (Eishockey-)Tor; **Power-slide** m (~s; ~-~s) [*pauerßlaid*] Übersteuern (und dadurch Nach-Außen-Rutschen des Hecks) in der Kurve (beim Kraftfahrzeugrennen).

Powid(e)l m (~s; ~) (tsch.) Pflaumenmus.

Pozz(u)olan|erde w (~; ~n) (it.-d.) Aschentuff.

PPS (e. ≠ **P**roduction **P**lanning **S**ystem) Produktions|planung, -steuerung.

PR (e. ≠ **P**ublic **R**elations) Werbeaktivitäten.

Prä s (~s; –) (lat.) Vorrang; Vorhand (beim Kartenspiel).

Präambel w (~; ~n) (lat.) Einleitung (eines Vertrages, Gesetzes); ♪ Vorspiel.

Prä|animismus m (~; –) (lat.) hypothetische Religion vor dem Seelenglauben; EW: **prä|animistisch**.

Präbende w (~; ~n) (lat.) † Pfründe; **Präbendar** m (~s; ~e) † Pfründennutznießer.

Präboreal s (~s; –) (lat., KuW) Zeitabschnitt nach der letzten Eiszeit.

Pracher m (~s; ~) (tsch.) zudringlicher Bettler; **prachern** ZW (-rte, geprachert) ✓ geizen; betteln; renommieren.

praecox EW (lat.) verfrüht (*Dementia p.* Jugendirresein).

Prädestination w (~; –) (lat.) Vorbestimmung des Menschen durch Gott; ZW: **prädestinieren** (-rte, -rt) ↗.

Prädetermination w (~; ~en) (lat.) Vorherbestimmung; ZW: **prädeterminieren** (-rte, -rt) ↗; **Prädeterminismus** m (~; –) Lehre des Thomas v. Aquin), daß alles menschliche Handeln von Gott vorbestimmt ist.

prädikabel EW (lat.) rühmlich; sagbar; **Prädikabili|en** M Aussageweisen; **Prädikamente** M Aussagegrundformen; **Prädikant** m (~en; ~en) † Prediger ↓; **Prädikanten|orden** m (~s; –) † Dominikanerorden; **Prädikat** s (~[e]s; ~e) das Ausgesagte; Satzaussage; Titel; Zensur; **Prädikation** w (~; ~en) Beilegung einer Tätigkeit (Eigenschaft) an ein Subjekt; **prädikat(is)ieren** ZW (-rte, -rt) ↗ mit Prädikat versehen; **prädikativ** EW aussagend; **Prädikativ** s (~s; ~e), **Prädikativum** s (~s; -va) Teil der Satzaussage; **Prädikatsexamen** s (~s; -examina) gut benotete Abschlußprüfung; **Prädikatswein** m (~[e]s; ~e) d. Wein von besonderer Güte; **Prädiktion** w (~; -en) Voraussage; **prädiktiv** EW vorherzusagen; **Prädiktor** m (~s; -toren) Variable bei einer Voraussage (Statistik).

prädisponieren ZW (-rte, -rt) ↗ (lat.) vorbereiten, -bestimmen; **Prädisposition** w (~; ~en) vorher bestimmte Anlage.

prädizieren ZW (-rte, -rt) ✓ (lat.) Eigenschaft beilegen.

Prädomination w (~; ~en) (lat.) Vorherrschaft; **prädominieren** ZW (-rte, -rt) ✓ überwiegen.

Prä|existenz w (~; –) (lat.) Vorleben der Seele (Christi) vor Eintritt in einen Leib; Vorexistenz der Welt in Gottes Gedanken vor ihrer Erschaffung; **prä|existieren** ZW (-rte, -rt) ✓ vorher bestehen.

Präfabrikation w (~; ~en) (lat., KuW) Fertigbauweise.

Präfation w (~; ~en) (lat.) † Anfang der Messe.

Präfekt m (~en; ~en) (lat., = Vorgesetzter) Statthalter; † Missionsleiter; fr. Verwaltungsleiter; **Präfektur** w (~; ~en) Amt, Büro eines Präfekten.

Präferenz w (~; ~en) (lat.) Vorzug, Ver-, Begünstigung ↓; **Präferenzsystem** s (~s; –) gegenseitige Zugeständnisse im Außenhandel; **Präferenz|zoll** m (~[e]s; -zölle) Vorzugszoll (Begünstigung von Vertragspartnern).

präfigieren ZW (-rte, -rt) ↗ (lat.) mit Präfix versehen.

Präfiguration w (~; ~en) (lat.) Urbild, vorausdeutende Darstellung.

Präfix s (~es; ~e) (lat.) Vorsilbe.

präformieren ZW (-rte, -rt) ↗ (lat.) im Keim vorbilden.

prägenital EW (lat.) noch mit Mund und After sexuell empfinden.

präglazial EW (lat.) voreiszeitlich; diluvial; w. s.: **Präglazialzeit** (~; –), **Präglazial** s (~s; –).

Pragmatik w (~; ~en) (gr.) Sachkunde; Lehre vom Dienstbetrieb; **Pragmatiker** m (~s; ~) pragmatischer Geschichtsforscher; **pragmatisch** EW realistisch; erfahren (*P.e Sanktion* Habsburger Hausgesetz von 1712; *p.e Geschichtsforschung* sucht nach Ursachen und Wirkungen im Geschichtsablauf [als Lehre für die Zukunft]); **pragmatisieren** ZW (-rte, -rt) ↗ fest anstellen; **Pragmatismus** m (~; –) Überzeugung, daß nur „wahr" ist, was für das Handeln zweckmäßig ist; m. s.: **Pragmatist** (~en; ~en).

prägnant EW (lat., = schwanger) bedeutungsvoll, bündig, genau; w. abstr. s.: **Prägnanz** (~; –).

Prägravation w (~; ~en) (lat.) ↓ Überbürdung, -belastung; ZW: **prägravieren** (-rte, -rt) ↗ ↓.

Prähistori|e w (~; –) (lat.) Vorgeschichte; EW: **prähistorisch**; m. s.: **Prähistoriker** (~s; ~).

Prahm m (~s; ~e) (tsch.) ⚓ breites Lastboot (mit Verdeck).
Prähominide m (~n; ~n) (lat.) Vormensch, = **Prähominine** m (~n; ~n).
Präjudiz s (~es; ~e) (lat.) älteres Urteil, das berücksichtigt werden muß; Vorurteil; Vorwegnahme einer Entscheidung durch verpflichtende Handlungsweise *(ein P. schaffen);* **präjudizial, -ziell** EW vorgreifend; **präjudizieren** ZW (-rte, -rt) ↙ Entscheidung vorwegnehmen.
präkambrisch EW vor dem Kambrium; **Präkambrium** s (~s; –) Zeit vor dem Kambrium; **Präkanzerose** w (~; ~n) ⚕ Gewebsveränderung, Vorstadium des Krebses; **präkarbonisch** EW vor dem Karbon; **präkardial** EW ⚕ = → präkordial.
präkavieren ZW (-rte, -rt) ↙ (lat.) vorbeugen ↓.
präkludieren ZW (-rte, -rt) ↗ (lat.) ausschließen; wegen Fristversäumnis verweigern (Rechtsmittelnutzung); **Präklusion** w (~; ~en) Rechtsverwirkung bei Fristversäumnis; **präklusiv(isch)** EW rechtsverwirkend; **Präklusivfrist** w (~; ~en) Gültigkeitszeit eines Rechts.
Präkognition w (~; ~en) (lat., KuW) [-*zion*] Vorauswissen zukünftigen Geschehens.
präkolumbisch EW (lat.) vor Kolumbus (in Mittelamerika).
Präkoma s (~s; ~s) (gr.) ⚕ Beginn einer Bewußtseinsstörung.
präkordial EW (lat.) ⚕ vor dem Herzen liegend.
Prakrit s (~s; –) (skr., = natürliche Mundart) mittelindischer Dialekt.
Praktik w (~; ~en) (gr.) Handhabung; **Praktikabel** s (~s; ~) genormter begehbarer Bühnenaufbau aus Holz; **praktikabel** EW ausführbar; w. s.: **Praktikabilität** (~; –); **Praktikant** m (~en; ~en) noch in der Ausbildung befindlicher Angestellter; **Praktiker** m (~s; ~) erfahrener Mann; Handarbeiter (Ggs.: *Theoretiker*); praktischer Arzt; **Praktikum** s (~s; -ka) Lehrkurs mit Betätigung am Lehrobjekt; **Praktikus** m (~; ~se) = → Praktiker ⌣; **praktisch** EW zweckdienlich; geschickt (Ggs.: *theoretisch; p.er Arzt* Nichtfacharzt); erfahren; **praktizieren** ZW (-rte, -rt) ↗ betreiben; als Arzt (Anwalt, im Beruf) tätig sein; der Brauchbarkeit erproben; wegschaffen; **Praktizismus** m (~; –) Arbeitsleistung ohne Rücksicht auf die Theorie (der kommun. Partei).

präkulmisch EW vor dem Kulm.
Prälat m (~en; ~en) (lat.) † Würdenträger; **Prälatur** w (~; ~en) † Amt (Dienstgebäude) eines Prälaten.
präliminar EW (lat.) vorläufig, = **präliminär** EW; **Präliminarien** M (lat.) Vorverhandlungen; **Präliminarfrieden** m (~s; ~) einstweiliger Frieden; **präliminieren** ZW (-rte, -rt) ↗ vorläufig festsetzen.
Praline w (~; ~n) (fr., nach einem Minister Ludwigs XIV.) Schokoladensüßwerk, = **Pralinee** s (~s; ~s), = **Praliné** s (~s; ~s) auch: steifer Herrenhut.
prälogisch EW (lat.-gr.) vor der Epoche des logischen Denkens; **Prälogismus** m (~; –) Annahme vorlogischer Denkweisen.
präludieren ZW (-rte, -rt) ↙ (lat.) ♪ einleiten; **Präludium** s (~s; -di|en) ♪ Vorspiel, Einleitung.
prämatur EW (lat.) ⚕ frühreif; **Prämaturität** w (~; –) ⚕ Frühreife.
Prämenstru|um s (~s; –) (lat.) Zustand der Frau kurz vor der Menstruation; EW: **prämenstru|ell**.
Prämi|e w (~; ~n) (lat.) Belohnung; Zuschlag zum Zeitlohn; Sondergewinn; Ausfuhrhilfe; Versicherungsbetrag; Reugeld; **prämi|enbegünstigt** EW mit staatlicher Unterstützung sparend; **Prämi|endepot** s (~s; ~s) Gutschrift bei Versicherung; **Prämi|endumping** s (~s; ~s) [-*damping*] Preisnachlaß bei Gewährung von Ausfuhrprämien; **Prämi|enfonds** m (~; ~) (-*fong*[β]) Rücklage für Prämienauszahlung; **präm(i)ieren** ZW (-rte, -rt) ↗ mit einem Preis auszeichnen; belohnen.
Prämisse w (~; ~n) (lat.) Voraussetzung (*praemissis praemittendis* [∉ *p. p.*] die gebührliche Anrede vorausgeschickt; *praemisso titulo* [∉ *p.t.*] den Titel vorausgesetzt) ↓.
Prämolaren M (lat.) vordere Backenzähne.
Prämonstratenser m (~s; ~) (nach dem fr. Ort *Prémontré*) † Orden; w. s.: **Prämonstratenserin** w (~; ~nen); EW: **prämonstratensisch**.
prämortal EW (lat.) vor dem Sterben; **prämundan** EW vorweltlich; **pränatal** EW vor der Geburt.
pränotieren ZW (-rte, -rt) (lat.) ↗ vorher anmerken.
Pränova w (~; -vä) (lat.) Zustand vor dem Sichtbarwerden eines Sterns.
pränumerando (lat.) im voraus (zu zahlen); w. abstr. s.: **Pränumeration** (~;

pränumerieren

~en); ZW: **pränumerieren** (-rte, -rt) ↗.

Prä|okkupation w (~; ~en) (lat.) ↓ Voreingenommenheit; Vorwegnahme; **prä|okkupieren** ZW (-rte, -rt) ↗ ↓ vorwegnehmen; voreingenommen machen; MW: **prä|okkupiert** voreingenommen; anders beschäftigt; **prä|operativ** EW $ vor dem Eingriff.

Präparand m (~en; ~en) (lat.) wer in der Ausbildung steht; **Präparat** s (~[e]s; ~e) zubereiteter Stoff; **Präparation** w (~; ~en) Zubereitung; Konservierung von Tierleichen (*anatomische P.* Freilegung von Körperteilen); m. s.: **Präparator** (~s; -toren); **präparatorisch** EW vorläufig ↓; **präparieren** ZW (-rte, -rt) ↗ vor-, zubereiten; (Tierleichen) konservieren; (Körperteile) freilegen; ↖ sich vorbereiten.

Präponderanz w (~; ~en) (lat.) Übergewicht.

präponieren ZW (-rte, -rt) ↗ (lat.) voranstellen; **Präposition** w (~; ~en) Verhältniswort; EW: **präpositionell, -nal**; **Präpositur** w (~; ~en) † Vorgesetztenstelle; **Präpositus** m (~; -ti) Vorsteher ↓.

präpotent EW (lat.) übermächtig; w. abstr. s.: **Präpotenz** (~; ~en).

Präputium s (~s; -ti|en) (lat.) m. Vorhaut; EW: **präputial.**

Präraffa|elit m (~en; ~en) (lat.-it., nach dem it. Maler *Raffa|el*) Mitglied eine e. antiklassischen, antibürgerlichen Kunstrichtung (1848), die an Raffa|els Vorläufer anknüpften; EW: **präraffa|elitisch.**

Prärie w (~; -i|en) (fr.) baumloses Grasland; **Prärie|auster** w (~; ~n) stark gewürzter alkohol. Cocktail.

Prärogative w (~; ~n) (lat.) Vorrecht, = **Prärogativ** s (~[e]s, ~e).

Prasem m (~s; ~e) (gr.-lat., KuW) leuchtend grüner Quarz.

Präsens s (~; -sentia/-senzi|en) (lat.) Gegenwartsform des Zeitworts; **präsent** EW zugegen; **Präsent** s (~[e]s; ~e) Geschenk; **präsentabel** EW vorzeig-, -stellbar; **Präsentant** m (~en; ~en) Vorleger einer Urkunde (eines Wechsels); **Präsentation** w (~; ~en) Vorzeigung (eines Wechsels); Vorschlag von Kandidaten; Darbietung; **präsentieren** ZW (-rte, -rt) ↗ vorzeigen; ✕ mit dem Gewehr Ehrenbezeigung erweisen; zur Bezahlung vorlegen; zur Besetzung (eines Amtes) vorschlagen; **Präsentierteller** m (~s; ~) Besuchskartenschale ↓; 1. Rang im Theater (*auf dem P. sitzen* von allen gesehen werden); **Präsentierung** w (~; ~en) Vorzeigung, -legung; Darstellung; **präsentisch** EW (lat.) im (als) Präsens; **Präsenz** w (~; -) Anwesenheit; ✕ Gegenwartsstärke einer Streitmacht; **Präsenzbibliothek** w (~; ~en) Bücherei, deren Bücher nicht ausgeliehen werden dürfen; **Präsenzliste** w (~; ~n) Anwesenheitsliste.

Praseodym s (~s; -) (gr., ∉ *Pr*) ⋄ Element (Metall).

Präser ∉ **Präservativ** s (~s; ~e) (lat.) $ Vorbeugungsmittel; **präservativ** EW verhütend; **Präserve** w (~; ~n) (lat.) Trockengemüse; Halbkonserve; **präservieren** ZW (-rte, -rt) ↗ vorbeugen; erhalten.

Präses m (~; -siden) (lat.) = → Präsident; **Präsident** m (~en; ~en) Leiter (des Staates, der Regierung, einer Vereinigung), = **Präside** m (~n; ~n); **präsidiabel** EW fähig zur Präsidentschaft; **präsidial** EW auf den Vorsitzenden abgestellt, von ihm ausgehend; den Vorsitz führend; **Präsidialdemokratie** w (~; -i|en) Staatsoberhaupt und Regierungs|chef in *einer* Person, = **Präsidialsystem** s (~s; -); **präsidieren** ZW (-rte, -rt) ↗ ↙ vorsitzen; **Präsidium** s (~s; -di|en) Vorsitz; die Vorsitzer.

präsilurisch EW (lat.) vor dem Silur.

präskribieren ZW (-rte, -rt) ↗ (lat.) vorschreiben; für überholt (verjährt) erklären; w. s.: **Präskription** (~; -).

prästabel EW (lat.) leistungsfähig; **prästabiliert** EW ein für allemal festgesetzt (*p.e Harmonie* von Gott endgültig bestimmte Weltordnung der Zweckmäßigkeit und Gesetzlichkeit).

präsumieren ZW (-rte, -rt) ↗ (lat.) voraussetzen; **Präsum(p)tion** w (~; ~en) Rechtsvermutung, Voraussetzung; **präsum(p)tiv** EW vermutlich, vorausgesetzt.

Prätendent m (~en; ~en) (lat.) Bewerber (um einen Thron); ZW: **prätendieren** (-rte, -rt) ↙; **Prätention** w (~; ~en) Anspruch; **prätentiös** EW anmaßend, anspruchsvoll.

Prater m (~s; -) (it.) Rummelplatz und Park in Wien.

präter|ital EW (lat.) im Präteritum; **Präteritopräsens** s (~; -sentia/-senzi|en) formal die Vergangenheit, in der Bedeutung die Gegenwart bezeichnendes Zeitwort; **Präteritum** s (~s; -ta) Vergangenheitsform des Zeitworts; EW: **präterital.**

präterpropter (lat.) etwa.

Prätext m (~es; ~e) (lat.) Vorwort.

Prau w (~; ~en) (mal.) Auslegerboot.
prävalent EW (lat.) überwiegend; w. abstr. s.: **Prävalenz** (~; ~en); ZW: **prävalieren** (-rte, -rt) ∠.
prävenieren ZW (-rte, -rt) ∠ (lat.) zuvorkommen ↓; s. abstr. s.: **Prävenire** (~s; –) ↓ (*das P. spielen* Schicksal spielen); **Prävention** w (~; ~en) Vorbeugung; Zuvorkommen; Abschreckung von Verbrechern; **präventiv** EW verhütend; **Präventiv|akkord** m (~[e]s; ~e) Vergleich zur Verhütung eines Konkurses; **Präventivkrieg** m (~[e]s; ~e) ⚔ Angriffskrieg, der dem Gegner zuvorkommt; **Präventivmedizin** w (~; –) ⚕ Erforschung vorbeugender Heilverfahren; **Präventivmittel** s (~s; ~) ⚕ vorbeugende Arznei; = Präservativ.
Prävigili|e w (~; ~n) (lat.) † Tag vor einem hohen Fest.
Praxis w (~; -xen) (gr.) Ausübung; ⚕ Kundenkreis *(eine P. eröffnen, haben);* Erfahrung *(viel [wenig] P. haben;* Ggs.: *Theorie).*
Präzedens s (~; -denzi|en) (lat.) früherer Fall; **Präzedenz** w (~; ~en) beispielhafter Vorfall; **Präzedenzfall** m (~[e]s; -fälle) Musterfall; = → Präjudiz.
Präzeptor m (~s; -toren) (lat.) Hauslehrer ↓.
Präzession w (~; ~en) (lat.) ⚛ Kreiselbewegung; Vorrücken der Tag- und Nachtgleichepunkte auf der Ekliptik.
Präzipitanti|en M (lat.) ⚕ niederschlagende Mittel; **Präzipitat** s (~es; ~e) Niederschlag; **Präzipitation** w (~; ~en) ⚕ Ausfällung eines Niederschlags; **präzipitieren** ZW (-rte, -rt) ↗ ⚕ ausfällen; **Präzipitin** s (~s; ~e) (lat.) Antikörper, der im Blut Fremdstoffe ausfällt; **Präzipu|um** s (~s; -pua) Belohnung eines Gesellschafters für besondere Bemühungen (vor der Gewinnausschüttung).
präzis(e) EW (lat.) genau; **präzisieren** ZW (-rte, -rt) ↗ genau bestimmen; **Präzision** w (~; ~en) (lat.) Genauigkeit; Funktion.
Precancel s (~s; ~s) (e.) [*prıˈkǣnßl*] vom Absender bei Massensendungen entwertete Briefmarke.
precipitando (it.) [*-tschi-*] ♪ beschleunigend.
Predate s (~s; ~s) (e.) [*prīdeit*] vordatierte Ausgabe.
Predella, -lle w (~; -llen) (it., = Fußbank) Sockelfries; † oberste Altarstufe.
Pre|emphasis w (~; –) (lat.-gr.-e.) einseitige Tonverstärkung zur Entstö-
rung; **Pre-Erhebung** w (~-~; ~-~en) (e.-d.) [*pri-*] Vortest des Reporters.
Preference w (~; –) (fr.) [*-rañs*] Kartenspiel.
Preis|index m (~es; ~e/-dizes) (lat.) Normpreis als Preismaß; **Preisstopp** m (~s; ~s) amtl. Preisbegrenzung.
prekär EW (lat.) bedenklich; **Prekareihandel** m (~s; –) Handel zwischen Angehörigen kriegführender Staaten.
Prélude s (~s; ~s) (fr.) [*prêlûd*] ♪ Vorspiel; ♪ Art Fantasie; **Preludin** s (~s; –) stimulierende Droge.
Premi|er m (~s; ~s) (fr.) [*premmjê*] Ministerpräsident; **Premi|ere** w (~; ~n) [*-äre*] erste Aufführung; **Premi|erminister** m (~s; ~) [*-mjê-*] Regierungschef.
Prepregs M (e.) [*prī-*] kunststoffimprägnierte Glasfasermatten.
prerecorded EW (e.) [*prīricôded*] als (Fernseh-, Rundfunk-) Konserve gespeichert.
Presbyopie w (~; -i|en) ⚕ Alterssichtigkeit; **Presbyter** m (~s; ~) (gr., = der Ältere) † Gemeindeältester; EW: **presbyterial; Presbyterianer** m (~s; ~) † schottischer Reformierter; EW: **presbyterianisch; Presbyterium** s (~s; -i|en) † Gemeindekirchenrat; † Priesterschaft; † Chorraum.
Presenter m (~s; ~) (e.) [*pri-*] wer Ware anpreist.
Pre-Shave s (~-~s; ~-~s) (e.) [*prīschê'v*] Hautmittel vor der Rasur; **Pre-Shave-Lotion** w (~-~-~; ~-~-~s) Rasierwasser (vor der Rasur).
pressant EW (fr.) dringend; **pressante** (it.) ♪ drängend.
Presse w (~; ~n) (lat.-fr.) Druck-, Verformgerät; alle gedruckten Zeitungen, Zeitschriften *(heiße P. Sensationspresse);* Nachholschule; Druckergerät; **Presse|agent** m (~en; ~en) Vorbereiter der Reportage; **Presse|agentur** w (~; ~en) Büro für Nachrichtenvermittlung; **Pressedelikt** s (~[e]s; ~e) Straftat, durch Veröffentlichung in einer Zeitung (Zeitschrift) begangen; **Pressekonferenz** w (~; ~en) offizielle Mitteilung für Journalisten; **Pressekonzentration** w (~; ~en) Vereinigung vieler Zeitungen (Zeitschriften) in *einer* Hand; **pressen** ZW (-ßte, gepreßt) ↗ drücken; ⚓ zu viel Segel setzen; ⚔ gewaltsam abwerben; **Presserat** m (~[e]s; –) Selbstkontrollorgan des Zeitungswesens *(Deutscher P.);* **Presseur** m (~s; ~e) [*-ßör*] Gummiwalze an Druckmaschinen; **pressieren** ZW (-rte, -rt) ∠ eilig sein; **Pression** w (~; ~en) (lat.) Nötigung; **Pressure-**

Prestige

group w (~-~; ~-~s) (am.) [*präschr-grûp*] Lobbyisten.

Prestige s (~s; –) (fr.) [*preßtīsch*] Ansehen, Einfluß; **Prestige|effekt** m (~[e]s; ~e) Wirkung in der Anerkennung anderer.

prestissimo (it.) ♪ sehr schnell; s. s.: **Prestissimo** (~s; -mi) ♪; **presto** (it.) ♪ schnell; s. s.: **Presto** (~s; -ti) ♪.

Prêt-à-porter s (~s; ~s) (fr.) [*-tē*] Konfektionskleidung von Couturiers.

Pretest m (~s; ~s) (lat.) Erprobung eines Fragebogens.

Pretiosen M (lat.) Schmuck ↓.

Preview w (~; ~s) (e.) [*priwjû*] Voraufführung.

preziös EW (fr.) kostbar; **Preziöse** w (~n; ~n) geziertes Frauenzimmer; **Preziosen** = → Pretiosen; **Preziosität** w (~; –) Geziertheit.

Priamel w (~; ~n), s (~s; ~) (lat.) kurzes Spruchgedicht; Präambel.

priape|lisch EW (nach dem röm. Zeugungsgott *Priapus*) obszön; mit erigiertem m. Glied, = **priapisch** EW; **Priapismus** m (~; -men) krankhafte Gliedversteifung ohne sexuelle Erregung.

Pricker m (~s; ~) (e.) ⚓ Erweiterungsgerät für Segelösen.

Priem m (~s; ~s) (nl., = Pflaume) Kautabak; **priemen** ZW (-mte, gepriemt) ⚓ Tabak kauen.

Prim w (~; ~en) (lat.) † Teil des Stundengebetes; **Prima** w (~; -men) oberste Oberschulklasse; **prima** UW erstklassig ←; **Prima|akzept** s (~[e]s; ~e) Erstausfertigung eines Wechsels; **Primaballerina** w (~; -nen) (it.) Solotänzerin (im Ballett); **Primadonna** w (~; -nnen) (it.) w. Opernstar.

Prima-facie-Beweis m (~-~-~es; ~-~-~e) (lat.-d.) [*-fazi*|*e*-] Beweis nach erstem Anschein (Augenschein).

Primage w (~; ~n) (fr.) [*-mâsch*] ⚓ Sonderentschädigung an den Reeder für besonders sorgfältige Behandlung der Fracht.

Primaner m (~s; ~) (lat.) Schüler der Prima; **Primanota** w (~; -ten) Grundbuch; **Prima|papiere** M erstklassige Wertpapiere; **primär** EW vorrangig; in der Hauptsache; $ unmittelbar entstanden, eben begonnen; **Primär|affekt** m (~[e]s; ~e) $ erstes Anzeichen einer Infektion; **Primär|energie** w (~; –) aus Kohle, Öl, Gas gewonnene Energie; **Primär|erhebung** w (~; ~en) erste Befragung; **Primär|infekt** m (~[e]s; ~e) $ = Primäraffekt; **Primärkreis** m (~es; ~e) Stromkreis in Transformatorwicklung; **Primärstrahlung** w (~; ~en) kosmische Strahlung; **Primärtumor** m (~s; ~e) Erstgeschwulst; **Primärvorgang** m (~es; -gänge) aus dem Unbewußten wachsende Regungen, Handlungen; **Primary** w (~; -ries) (am.) [*praimeri*] Vorwahl (USA); **Primas** m (~; ~ses/-maten) † Würdenträger; Vorgeiger; **Primat**[1] m, s (~[e]s; ~e) Vorrang, -zug; † oberste päpstliche Gewalt; **Primat**[2] m (~en; ~en) Affen und Menschen; **Primatologe** m (~n; ~n) Erforscher des Menschen und der ihm verwandten Tierordnung; w. s.: **Primatologie** (~; –); EW: **primatologisch**; **prima vista** (it.) ♪ vom Blatt; **Primavistadiagnose** w (~; ~n) $ Diagnose ohne Untersuchung; **prima volta** (it.) ♪ zum erstenmal; **Primawechsel** m (~s; ~) Erstausfertigung eines Wechsels; **Prim(e)** w (~; ~[e]n) ♪ 1. Stufe der Tonleiter; 1. Seite eines Druckbogens; **Primel** w (~; ~n) ✿ Frühlingspflanze; **prime rate** w (e.) [*praim reit*] Sollzinssatz für gute Kunden; **Primeur** m (~s; ~s) (fr.) [*-ör*] junger Rotwein; **Primgeige** w (~; ~n) ♪ 1. Geige; m. s.: **Primgeiger** (~s; ~); **Primipara** w (~; -ren) $ Erstgebärende; EW: **primipar**; **primitiv** EW urzuständlich; dürftig; unentwickelt; kulturarm (*die P.en; p.e Kunst* Kunst der Naturvölker); w. abstr. s.: **Primitivität** (~; –); **Primitivismus** m (~; –) moderne Kunstrichtung; **Primiz** w (~; ~en) † 1. Messe des neugeweihten Priesters, = **Primitial|opfer** s (~s; ~); **Primiziant** m (~en; ~en) † Priester bei (kurz vor, kurz nach) der Primiz; **primo** (it.) ♪ das führende Instrument betreffend; **Primo** s (~s; –) ♪ Diskantpart; **Primogenitur** w (~; ~en) Erstgeburtsrecht, -nachfolge; **prim|ordial** ursprünglich; **Primton** m (~[e]s; -töne) ♪ Grundton; **Primus** m (~; –) Erster (in der Schulklasse) (*Primus inter pares* m [~ ~ ~; -mi ~ ~] Wortführer unter Gleichgestellten); **Primzahl** w (~; ~en) ⚔ nur durch 1 und durch sich selbst teilbare Zahl.

Prince of Wales m (~ ~ ~; –) ([*prinß off wēls*] e. Thronfolger.

principiis obsta! (lat.) leiste sofort Widerstand!

Printe w (~; ~n) (lat.-fr.-nl.) Lebkuchenart.

Printer m (~s; ~) (e.) Massenkopierer (von Negativen).

Printers M (e.) rohes Nesselgewebe.

Printmedi|en M Presse- und Zeitschriften.
Prinz m (~en; ~en) (fr.) nichtregierender Fürst; w. s.: **Prinzessin** (~; ~nen); **Prinzip** s (~s; ~i|en) (lat.) Grundgesetz, -methode (des Seins, des Denkens, des Handelns); Ursprung; **Prinzipal**[1] m (~s; ~e) Lehrherr; Geschäftsinhaber; Theatertruppenleiter; **Prinzipal**[2] s (~s; ~e) ♪ tiefe Trompete; Orgelhauptstimme; **Prinzipalgläubiger** m (~s; ~) Hauptgläubiger; **Prinzipalrolle** w (~; ~n) Haupt-, Bombenrolle; **Prinzipat** m, s (~[e]s; ~e) Vorrang, -herrschaft; **prinzipi|ell** EW grundsätzlich; **Prinzipi|enreiter** m (~s; ~) grundsätzlicher Rechthaber (seit 1845 [Erlaß eines Fürsten von Reuß]); **Prinzregent** m (~en; ~en) (lat.) fürstlicher Stellvertreter eines regierungsunfähigen Monarchen ↓.

Prior m (~s; -oren) (lat.) † Klosterleiter; Abtsvertreter; **Priorat** s (~s; ~e) Amt(sgebäude) des Priors; **Priorität** w (~; ~en) Vorrang, -zug; M: Vorzugsaktien; **Prioritäts|akti|e** w (~; ~n) Vorzugsaktie; **Prioritäts|prinzip** s (~s; ~i|en) Grundsatz, daß bei gleichartigen Rechten die zeitliche Reihenfolge entscheidet.

Prise w (~; ~n) (fr.) erbeutetes Schiff; ein wenig (Schnupftabak).

Prisma s (~s; -men) (gr.-lat.) ⊼ ebenflächiger Körper; Körper aus lichtbrechendem Stoff; EW: **prismatisch**; **Prismenbrille** w (~; ~n) Brille, die durch eingeschliffene Prismen Astigmatismus korrigiert; **Prismenglas** (~es, -gläser) Fernglas mit Prismen statt Spiegeln.

privat EW (lat.) persönlich; nicht dienstlich; vertraulich; vertraut; **Privat|audi|enz** w (~; ~en) persönl. Empfang ohne offizielle Note; **Privatdiskont** m (~[e]s; ~e) privat zustandegekommener Zinssatz; **Privatdozent** m (~en; ~en) junger Hochschullehrer ohne Lehrstuhl; **Privatfernsehen** s (~s; –) durch Werbung finanzierte Fernsehprogramme; **Privati|er** m (·-s; ~s) (fr.) [-*tjé*] Rentner ↓; w. s.: **Privati|ere** (~; ~n) [-*tjäre*]; **privatim** UW persönlich; außerdienstlich; **Privat|initiative** w (~; ~n) nicht vom Staat entwickelter Unternehmensgeist; **privatisieren** ZW (-rte, -rt) ⤴ von seinen Zinsen leben; ⤴ Staats- in Privatvermögen verwandeln; **Privatisierung** w (~; ~en) Überführung in Privateigentum; **Privatissimum** s (~s; -ma) für kleinen Hörerkreis bestimmte Vorlesung; UW: **privatissime**; **Privatist** m (~en; ~en) externer Prüfling; **privativ** EW verneinend; negativ; **Privatpati|ent** m (~en; ~en) Patient ohne gesetzliche Krankenversicherung.

Privileg(ium) s (~s; -gi|en) (lat.) Vorrecht; **privilegieren** ZW (-rte, -rt) ⤴ bevorrechten (*privilegierte Straftat* nicht so hoch bestraftes Vergehen).

Prix m (~; ~) (fr.) [*prí*] Preis.

pro anno (lat., ∉ *p.a.*) jährlich.

probabel EW (lat.) vermutlich; **Probabilismus** m (~; –) Glauben an Wahrscheinlichkeitswerte (nicht an feststehende „Wahrheiten"); **Probabilität** w (~; ~en) Wahrscheinlichkeit; **Proband** m (~en; ~en) der Getestete; Versuchsperson.

probat EW (lat.) bewährt; **Probation** w (~; ~en) Prüfung; Beweis; **Probierelite** w (~; ~n) zur Konsum|erprobung neigende Bevölkerungsschicht; **probieren** ZW (-rte, -rt) ⤴ versuchen; abschmecken; **Probierer** m (~s; ~) ⚔ Prüfer von Zusammensetzungen; **Probierstein** m (~[e]s; ~e) Prüfstein für Metallgeld.

Probion s (~s; -bi|en) = **Probiont** m (~en; ~en) (gr.) frühestes Lebewesen.

Problem s (~s; ~e) (gr.) zu bedenkender Sachverhalt (*das ist kein P.* leicht zu verwirklichen); Frage(stellung); Schachaufgabe; **Problematik** w (~; –) Fragenkreis; Fragwürdigkeit; EW: **problematisch**; ZW: **problematisieren** (-rte, -rt) ⤴; **problem|ori|entiert** EW (gr.-lat.) für ausgesuchte Problemkreise entwickelt (*p.e Programmiersprache*).

Procedere s (~; –) (lat.) ↓ = → Prozedur.

Procedure s (~; ~s) (e.) [*proßídscher*] schrittweises Vorgehen (EDV).

pro centum (lat.) % (∉ *p.c.*).

Procon (∉ e. **Pro**grammed **Con**traction) Sicherheitssystem für Autofahrer.

Prodekan m (~[e]s; ~e) (lat.) Vertreter des Hochschulabteilungsleiters; **Prodekanat** s (~[e]s; ~e) Amt(szeit) eines Prodekans.

pro di|o (lat.) täglich.

pro domo (lat.) in eigener Sache; **pro dosi** ⚕ auf einmal (Heilmittel).

Prodrom m (~s; ~e) (gr.) ⚕ Vorbote einer Krankheit; **Prodromus** m (~; -omen) Vorwort, Vorrede; **Prodromalsymptom** s (~[e]s; ~e) ⚕ 1. Krankheitszeichen; **Prodromalstadium** s (~s; -di|en) ⚕ 1. Krankheitsphase.

Producer m (~s; ~) (am.) [-*djūß*-] Auf-

399

Product-Placement

nahmeleiter bei Film und Funk; **Product-Placement** s (~-~s; ~-~s) (e.) [*proudakt pleiß-*] Werbung für Waren in Spielfilmen; **Product-Manager** m (~-~s; ~-~) [*-mänedscher*] Betreuer eines Industrieprodukts (Planung bis Verkauf); **Produkt** s (~[e]s; ~e) (lat.) Erzeugnis; ⚔ Multiplikationsergebnis; **Produktdifferenzierung** w (~; ~en) Abheben der eigenen Ware von Vergleichsartikeln der Konkurrenz; **Produktenbörse** w (~; ~n) Warenbörse; **Produktion** w (~; ~en) Güterherstellung; **Produktionsfaktor** m (~s; ~en) was Produktion ermöglicht (Kapital, Arbeit, Stoff); **Produktions|kapazität** w (~; ~en) nicht mehr zu steigernde Menge hergestellter Waren in einer bestimmten Zeit; **produktiv** EW schöpferisch; ergiebig; **Produktivität** w (~; –) Ergiebigkeit; Herstellungskraft; **Produktivkraft** w (~; -kräfte) im Arbeitsprozeß Beteiligte (Mensch, Maschine, Rohstoff); **Produzent** m (~en; ~en) Erzeuger; **produzieren** ZW (-rte, -rt) ↗ erzeugen; machen, tun; ↖ sich sehen lassen.
Pro|enzym s (~[e]s; ~e) (gr.-lat., KuW) Vorstufe eines Enzyms.
pro et contra = → Pro und Kontra.
Prof. = ⊄ → Professor.
Pro Familia D. Gesellschaft für Sexualberatung und Familienplanung.
profan EW (lat.) weltlich; alltäglich (Ggs.: *sakral*); **Profanation** w (~; ~en) Entweihung; **Profanbau** m (~s; ~ten) (nicht †) Gebäude; **profanieren** ZW (-rte, -rt) ↗ entweihen; w. abstr. s.: **Profanierung** (~; ~en); **Profanität** w (~; –) Alltäglichkeit; Weltlichkeit.
Pro|ferment s (~s; ~e) (lat., KuW) Vorstufe eines Ferments.
Profeß w (~; -sse) (lat.) † Ablegung der Ordensgelübde; m (-ssen; -ssen) † Novize nach den Gelübden; **Professiogramm** s (~[e]s; ~e) Berufseignungsbild aufgrund von Testreihen; **Profession** w (~; ~en) Beruf; **Professional** m (~s; ~s) (e.) [*profeschenel*] Berufssportler; EW: **professional** (fr.); **Professionalismus** m (~; –) Berufssport; **professionell** EW berufsmäßig; **Professionist** m (~en; ~en) Handwerker; **Professor** m (~s; -oren) Hochschullehrer; Titel für verdiente Künstler; **professoral** EW wie ein Professor; mit gespreizter Lehrhaftigkeit; **Professur** w (~; ~en) Hochschullehrstelle; **Profi** m (~s; ~s) (am. KW) Berufssportler; Fachmann.
Profil s (~[e]s; ~e) (fr.) ⚔ Seitenumriß Gesicht von der Seite; □ Gesimsbildung; Schnitt durch Erdoberfläche; freigelegte Gesteinsschichten; Längsschnitt eines Objektes; Flugzeugquerschnitt; Walzprofil; Reifenrifflung; (starker) Charakter; psychologisches Gesamtbild eines Getesteten; **Profilanalyse** w (~; ~n) Vergleich von Testpersonen, -gruppen; **Profil|eisen** s (~s; ~) profilierte Stahlstange; **profilieren** ZW (-rte, -rt) ↗ in wechselndem Querschnitt wiedergeben; ↖ ein bestimmtes Image annehmen (wollen); **profiliert** EW ausgeprägt, scharf umrissen; w. s.: **Profilierung** (~; ~en); **Profilneurose** w (~; ~n) unruhige Sorge um die Wirkung der eigenen Persönlichkeit; **Profilo|graph** m (~en; ~en) Gerät, das Unebenheiten von Straßen aufzeichnet.
Profit m (~[e]s; ~e) (fr.) Gewinn; **profitabel** EW vorteilhaft; ZW: **profitieren** (-rte, -rt) ✓ ↗; **Profiteroles** M [*-rolls*] Brandteigknöpfchen (für die Suppe, als Vorspeise); **profitlich** EW auf seinen Nutzen bedacht.
pro forma (lat.) zum Schein.
Profos m (~ses; ~se) (lat.-fr.-nl.) ⚔ Strafvollzieher.
profund EW (lat.) gründlich; tief(liegend); **Profundalzone** w (~; ~n) Meeresregion unter der Lichtgrenze.
profus EW (lat.) verschwenderisch.
Progenese w (~; ~n) (gr.) verfrühte Geschlechtsentwicklung; **Progenie** w (~; ni|en) $ vererbbare Gebißentstellung; **Progenitur** w (~; ~en) Nachkommenschaft.
Progerie w (~; –) (gr.-lat.) $ vorzeitige Vergreisung.
Progesteron s (~s; –) (lat.-gr.) $ Gelbkörperhormon.
Prognathie w (~; -i|en) (gr.) $ Gesichtsprofil mit vorgeschobenem Oberkiefer, = **Prognathismus** m (~; –); EW: **prognathisch.**
Prognose w (~; ~n) (gr.) Voraussage ($ einer Krankheit, des Wetters); **Prognostik** w (~; ~en) $ Voraussagekunst; m. s.: **Prognostiker** (~s; ~); EW: **prognostisch;** ZW: **prognostizieren** (-rte, -rt) ↙ ↗.
Programm s (~[e]s; ~e) (gr.) (gedruckte) Vortragsfolge; Plan eines Unternehmens (*ein P. machen*); Jahresbericht (mit gelehrter Abhandlung); in den Computer eingegebener Rechengang; **Programmatik** w (~; –) Zielsetzung; **Programmatiker** m (~s; ~) wer Pläne aufstellt; **programmatisch** EW planvoll; grundsätzlich; **Programmbi-**

bliothek w (~; ~en) Sammlung getesteter Standardprogramme für die Datenverarbeitung; **programmieren** ZW (-rte, -rt) ↗ für eine Rechenanlage zurechtmachen (*programmierter Unterricht* Lernen mit Rechenanlagen); m. s.: **Programmierer** (~s; ~) Fachmann für Erarbeitung von Schaltungen, Ablaufplänen elektron. Datenverarbeitungsgeräte; **Programmier|sprache** w (~; ~n) Maschinensprache (EDV); vereinbarte Zeichen zur EDV-Speisung; **Programmierung** w (~; ~en) „Fütterung" einer, Gestaltung für die Rechenanlage; **Programmierungstechnik** w (~; ~en) Kenntnis der Programmiersprachen und Umsetzen in EDV-Programme; **Programmusik** w (~; –) (gr.-lat.) ♪ Musik, die außermusikalische Vorgänge in Musik setzt.
Progreß m (-sses; -sse) Fortschritt (von der Ursache zur Wirkung); **Progression** w (~; ~en) (lat., = Fortschritt) mit dem Steuerobjekt wachsender Steuersatz; ⚔ (arithmet., geometr.) Reihe; Stufenfolge; **Progressismus** m (~; –) Fortschrittsdenken; **Progressist** m (~en; ~en) wer an den Fortschritt glaubt (in einer Fortschrittspartei mitarbeitet); EW: **progressistisch**; **progressiv** EW fortschreitend, -schrittlich (*p.e Paralyse* ⚕ Geistesstörung durch luetische Hirnentzündung; *p.er Jazz* [auch: *Progressive Jazz (prou-)*] ♪ Jazz mit älteren kunstmusikal. Elementen; *p.e Steuer* steigt mit dem Einkommen); **Progressivismus** m (~; –) = → Progressismus; **Progressivsteuer** w (~; ~n) stufenweise steigende Besteuerung.
prohibieren ZW (-rte, -rt) ↗ (lat.) verbieten; **Prohibition** w (~; ~en); (auch e.: *Prohibition [prohibischn]* w [~; ~s]) Alkoholverbot; **Prohibitionist** m (~en; ~en) Anhänger der Prohibition; EW: **prohibitionistisch**; **prohibitiv** EW hemmend; vorbeugend; **Prohibitivzoll** m (~[e]s, -zölle) Schutzzoll; **prohibitorisch** EW = → prohibitiv.
Projekt s (~[e]s, ~e) (lat.) Vorhaben, **Projektant** m (~en; ~en) = **Projekteur** m (~s; ~e) [-*tör*] (techn.) Planer; **projektieren** ZW (-rte, -rt) ↗ planen; **Projektil** s (~s; ~e) Geschoß; **Projektion** w (~; ~en) Lichteffekt durch Bildwerfer; Erdbild auf Gradnetzen; ⚔ Körperabbildung mit Hilfe von Strahlen auf eine Ebene; **Projektionsapparat** m (~[e]s, ~e) Bildwerfer; **projektiv** EW durch Projektion (unverändert) (*p.er Raum* ⚔ Raum ge-

bündelter paralleler Geraden; *p.e Geometrie* ⚔ bezieht das Bündel paralleler Geraden [= *p.er Punkt*] mit ein); **Projektor** m (~s; -toren) Lichtbildwerfer; **Projektstudi|e** w (~; ~n) wissenschaftl. Untersuchung eines Problems in allen denkbaren Bezügen; **Projektstudium** s (~s; -di|en) → Flexibilität des Studienganges nach Maßgabe neuer wissenschaftl. Feststellungen; **projizieren** ZW (-rte, -rt) ↗ entwerfen; maßstabgetreu zeichnen; das Bild mit dem Bildwerfer sichtbar machen.
Proklamation w (~; ~en) (lat.) Aufruf; ZW: **proklamieren** (-rte, -rt) ↗; **Proklamierung** w (~; ~en) = → Proklamation.
Proklise w (~; ~n) (gr.) Betonungsunterordnung eines Wortes an das nächste, = **Proklisis** w (~; -klisen); EW: **proklitisch**.
Prokonsul m (~s; ~n) (lat.) Provinzstatthalter ↓; **Prokonsulat** s (~[e]s; ~e) Statthalterschaft.
Prokrustesbett s (~[e]s; ~en) (gr.-d., = Ausreckerbett, nach einem altgr. Räuber) unausweichliche Zwangslage.
Prokt|algie w (~; -i|en) (gr.) ⚕ Nervenschmerzen im Mastdarm; **Proktitis** w (~; -itiden) ⚕ Mastdarmentzündung; **proktogen** EW (gr.) ⚕ vom Mastdarm her; **Proktologe** m (~n; ~n) ⚕ Facharzt für **Proktologie** w (~; –) ⚕ Spezialgebiet der Mastdarmerkrankungen; **Proktoplastik** w (~; ~en) ⚕ künstlicher After; EW: **proktoplastisch**; **Proktor|rhagie** w (~; -i|en) ⚕ Mastdarmblutung; **Proktostase** w (~; ~n) ⚕ Kotanhäufung im Mastdarm; **Proktotomie** w (~; -i|en) ⚕ Mastdarmschnitt; **Proktozele** w (~; ~n) ⚕ Mastdarmbruch.
Prokura w (~; -ren) (lat.) Handelsvollmacht; m. s.: **Prokurist** (~en; ~en); **Prokurator** m (~s; -toren) † Prozeßbevollmächtigter; † Klosterverwalter.
Prolaktin s (~s; ~e) (lat., KuW) Hormon, das Milchfluß steuert.
Prolamin s (~s; ~e) (KuW) Eiweiß im Getreidekorn.
Prolan s (~s; ~e) (lat.) Geschlechtshormon.
Prolaps m (~es; ~e) (lat.) ⚕ Organ-, Gebärmuttervorfall, = **Prolapsus** m (~; ~).
Prolegomenon s (~s; -na) (gr.) Grundbegriff; wissenschaftl. Vorwort.
Prolepse w (~; ~n) (gr.) Satzteilvorwegnahme; ⚘ unzeitiges Erscheinen von Pflanzenorganen; = **Prolepsis** w

proleptisch

(~; -sen); **proleptisch** EW zuvorkommend; vorwegnehmend.
Prolet m (~en; ~en) (gr.) = → Proletarier; schmutziger Dummkopf; **Proletariat** s (~s; –) (lat., = Klasse, die dem Staat nur ihre Kinder [*proles*] gibt) niedrigste Bürgerklasse; Arbeiterstand (Engels, 1888); **Proletari|er** m (~s; ~) Angehöriger des Proletariats; w. s.: **Proletari|erin** (~; ~nen); EW: **proletarisch**; **Proletarisierung** w (~; ~en) Absinken des Mittelstandes ins Proletariat; ZW: **proletarisieren** (-rte, -rt) ↗.
Proliferation w (~; ~en) (lat.) ✝ Wucherung (des Zellgewebes); Weitergabe von Informationen oder Material (von, für Kernwaffen); **Proliferationsphase** w (~; ~n) 1. Hälfte des w. Zyklus; ZW: **proliferieren** (-rte, -rt) ✓; EW: **proliferativ** (*p.e Entzündung* Gewebeneubildung während einer Wucherung).
Prolifikation w (~; ~en) (lat.) ✝ Wucherung; Durchwachsung.
Prolin s (~s; ~e) (lat., KuW) eiweißbildende Aminosäure.
pro loco (lat.) anstelle von ↓.
Prolog m (~[e]s; ~e) (gr.) Vorrede (in Versen); Kurzstreckenradrennen (erste Prüfung eines Mehretappenrennens).
Prolongation w (~; ~en) (lat.) Verlängerung, Hinausschieben (eines Vertrages, Kredits, Wechsels, Börsengeschäfts); ZW: **prolongieren** (-rte, -rt) ↗.
Promemoria s (~s; -ri|en) (lat.) Denkschrift; kurze Aktennotiz; **pro memoria** als Gedächtnishilfe; zum Gedächtnis (∉ *p. m.*).
Promenade w (~; ~n) (fr.) Spazierweg, -gang; **promenieren** ZW (-rte, -rt) ✓ spazierengehen, lustwandeln ↓.
Promesse w (~; ~n) (fr.) Schuldschein, -verschreibung.
Promethium s (~s; –) (gr.-lat.) ⌕ künstl. (radioaktives) Element (ein Lanthano|id; ∉ *Pm*).
pro mille (lat.) aufs Tausend; **Promille** s (~s; ~) (lat.) das Vomtausend; Blutalkoholgehalt (in $1/1000$).
prominent EW (lat.) bedeutend; führend; **Prominenz** w (~; ~en) (Mitglied der) Führerschicht (*zur P. gehören*).
promiscu|e UW (lat.) unterschiedslos; **Promiskuität** w (~; ~en) Vermischung; Gemeinschaftsehe; häufiger Partnerwechsel.
Promission w (~; ~en) (lat.) Versprechen ↓; **promissorisch** EW im voraus versprechend (*p. er Eid* beeidet die erst folgende Aussage) ↓.
Promontorium s (~s; -ri|en) (lat.) ✝ Knochenvorsprung.
promoten ZW (-tete, -tet) (e.) ↗ jem. unterstützen, fördern, für jem. werben; **Promoter** m (~s; ~) Boxsportveranstalter, -manager; **Promotion**[1] w (~; ~en) (lat.) Beförderung; Ernennung (zum Doktor); **Promotion**[2] w (~; ~s) (am.) [*promo"schn*] Durchsetzung einer Ware auf dem Markt; **Promotor** m (~s; -toren) Anwalt; wer den Doktor ernennt; Veranstalter; **promovieren** ZW (-rte, -rt) ✓ den Doktor machen; ↗ eine Ware auf dem Markt durchsetzen; im Doktorexamen prüfen.
prompt EW (lat.) rasch, pünktlich, sofort; verfügbar; zur Hand; **Promptgeschäft** s (~[e]s; ~e) Geschäft bei umgehender Lieferung und Abnahme.
Promulgation w (~; ~en) (lat.) behördliche Veröffentlichung; ZW: **promulgieren** (-rte, -rt) ↗.
Pronomen s (~s; -mina) (lat.) Fürwort; EW: **pronominal**.
prononcieren ZW (-rte, -rt) (fr.) [*-noñ ßî-*] ↗ stark betonen; **prononciert** EW [*-noñßîrt*] ausgeprägt.
Prontosil s (~s; –) (KuW) ✝ Sulfonamid als Heilmittel.
Pronunziam(i)ento s (~s; ~s/-ti) (lat.-it.-sp.) Staatsstreich; Aufruf; Militärputsch; **pronunziato** (it.) ♪ stark betont; **Pronunziation** w (~; ~en) (lat.) Aussprache.
Proömium s (~s; -mi|en) (lat.) Vorrede, -spiel, -spruch.
Propädeutik w (~; –) (gr.) Einführung (in die Philosophie); EW: **propädeutisch**.
Propaganda w (~; –) (lat.) systematische Verbreitung einer Ansicht (Lehre); **Propaganda|aktion** w (~; ~en) Werbefeldzug; **Propagandakongregation** w (~; –) † kath. Missionsleitung; **Propagandaministerium** s (~s; -ri|en) Behörde zur Verdeutlichung der Regierungsabsichten; **propagandieren** ZW (-rte, -rt) ↗ = → propagieren; **Propagandist** m (~en; ~en) wer für etw. wirbt; EW: **propagandistisch**; **Propagation** w (~; ~en) Fortpflanzung; **propagieren** ZW (-rte, -rt) ↗ werben für, verbreiten.
Propan s (~s; –) (gr.) brennbares Gas im Erd(öl)gas.
Propar|oxytonon s (~s; -na) (gr.) auf der drittletzten Silbe betontes Wort.

pro patria (lat.) fürs Vaterland.
Propeller m (~s; ~) (e.) Schiffs-, Luftschraube.
Propen s (~s; –) = → Propylen.
proper EW (fr.) eigen, sauber ↓.
Properdin s (~s; –) (KuW) wichtiger Teil des Blutserums.
Propergeschäft s (~[e]s; ~e) (gr.) Eigengeschäft.
Prophase w (~; ~n) (gr.) 1. Kernteilungsabschnitt.
Prophet m (~en; ~en) (gr.) † Verkünder des göttlichen Willens; Zukunftskünder; w. abstr. s.: **Prophetie** (~; -i|en); EW: **prophetisch; prophezeien** ZW (-te, -t) ↗ vorhersagen.
prophylaktisch EW (gr.) vorbeugend; **Prophylaktikum** s (~s; -ka) ⚕ vorbeugendes Mittel; **Prophylaxe** w (~; ~n) (gr., = Wache, Schutz) Vorbeugung.
Prophyllum s (~s; -lla) (gr.) ♁ Vorblatt.
Propionsäure w (~; ~n) (lat., KuW) = Propansäure.
Proponent m (~en; ~en) (lat.) wer einen Vorschlag macht ↓; **proponieren** ZW (-rte, -rt) ↗ vorschlagen, beantragen ↓.
Proportion w (~; ~en) (lat.) (harmonisches) Verhältnis; ⚔ Gleichsetzung zweier Verhältnisse; ♪ Taktfestlegung; **proportional** EW im gleichen Verhältnis; **Proportionalität** w (~; –) rechtes Verhältnis; **proportioniert** EW wohlgeformt; **Proporz** m (~es; ~e) Sitzverteilung nach dem (Stimm-)Verhältnis; Verhältniswahl.
Proposition w (~; ~en) (lat.) Antrag, Vorschlag; alle Voraussetzungen für ein Pferderennen.
propre EW (fr.) = → proper; **propria manu** (lat.) eigenhändig; **Propri|etär** m (~[e]s; ~e) Hausbesitzer; **Proprietät** w (~; ~en) Eigenart, -tum.
pro primo (lat.) zuerst.
Proprium s (~s; -ria) (lat.) † im Lauf des Kirchenjahres wechselnder Teil des Stundengebets.
Props M (e.) Requisiten für Fernsehsendungen.
Propst m (~[e]s; Pröpste) (lat.) † Würdenträger.
propulsiv EW (lat.) ⚕ vorwärts stolpernd (bei Irren).
Propusk m (~s; ~e) (r.) Ausweis.
Propylä|en M (gr.) (Tempel-)Vorhalle; Eingang.
Propylen s (~s; –) (gr.-lat.) ⚛ ungesättigter Kohlenwasserstoff.
pro rata (lat.) anteilmäßig (*p. r. temporis* nach dem Zeitablauf).

Prorektor m (~s; ~en) (lat.) Vorgänger (Stellvertreter) eines Hochschulrektors; **Prorektorat** s (~[e]s; ~e) Dienst (-stelle) des Prorektors.
Prorogation w (~; ~en) (lat.) Vertagung; Gerichtsvereinbarung; EW: **prorogativ;** ZW: **prorogieren** (-rte, -rt) ↗.
Prosa w (~; -sen) (lat.) ungebundene Rede; nüchterne Wirklichkeit; → Sequenz; geistl. Lied des frühen Mittelalters; jeder gesprochene Bühnentext; **Prosa|iker** m (~s; ~) Verfasser von Prosa; **prosa|isch** EW nicht in Versen; trocken; **Prosa|ist** m (~en; ~en) = → Prosa|iker.
Prosektor m (~s; -toren) (lat.) ⚕ Arzt, der Leichenöffnungen durchführt; **Prosektur** w (~; ~en) ⚕ Seziersaal.
Pros|elyt m (~en; ~en) (gr.) † wer die Konfession wechselt; **Pros|elytenmacher** m (~s; ~) wer Andersgläubige zu „bekehren" sucht; w. s.: **Pros|elytenmacherei** (~; ~en).
Proseminar s (~s; ~e) Hochschulanfängerkurs; **Proseminarist** m (~en; ~en) Besucher eines Proseminars.
prosit (lat.) zum Wohl!; s. s.: **Prosit** (~s; ~s) Zutrunk.
proskribieren ZW (-rte, -rt) ↗ (lat.) ächten; w. abstr. s.: **Proskription** (~; ~en).
Proskynese w (~; ~n) (gr., = Fußfall) Bodenkuß beim Fußfall.
Pros|odie w (~; -i|en) (gr.) Silbenlehre; Lehre von der Sprachbehandlung im Vers, = **Pros|odik** w (~; –); EW: **pros|odisch.**
pro|sowjetisch EW für die Sowjetunion eintretend.
Prospekt m (~[e]s; ~e) (lat.) Aus-, Ansicht; r. Allee; Erklärung bei der Ausgabe von Wertpapieren; Bühnenhängestück, -hintergrund; sichtbare Orgelpfeifen; Werbeblatt; Erklärung der wirtschaftlichen Lage vor der Kreditnahme; **prospektieren** ZW (-rte, -rt) ↗ geolog. Lagerstätten suchen und erforschen; **Prospektierung** w (~; ~en) ⚒ Feststellung von Bodenschätzen; Werbeblatt; Lagebericht bei der Ausgabe von Wertpapieren; **prospektiv** EW vorausschend; möglich (*p.e Potenz* mögliches Schicksal eines embryonalen Teils; *p.e Bedeutung* wirkliches Schicksal eines embryonalen Teils); **Prospektor** m (~s; -toren) ⚒ Aufsucher neuer Fündigkeiten.
prosperieren ZW (-rte, -rt) ✓ (lat.) gedeihen; **Prosperität** w (~; ~en) wirt-

schaftlicher Wohlstand, = e.: **Prosperity** w (~; –).
Prospermie w (~; -i|en) (gr.-lat.) $ zu früher Samenfluß.
Prostaglandine M (gr.-lat., KuW) wehenauslösende Stoffe (hormonartig); **Prostata** w (~; –) (gr.-lat.) $ Vorsteherdrüse; **Prostat(a)ektomie** w (~; -i|en) $ Entfernung (von Wucherungen an der) Vorsteherdrüse; **Prostatahypertrophie** w (~; -i|en) $ Vergrößerung der Vorsteherdrüse; **Prostatiker** m (~s; ~) $ wer an einer Vergrößerung der Vorsteherdrüse leidet; **Prostatitis** w (~; -it̯iden) $ Entzündung der Vorsteherdrüse.
prostituieren ZW (-rte, -rt) ↗ (lat.) öffentlich bloßstellen; ↖ sich verkaufen; **Prostitu|ierte** w (~n; ~n) käufliches Mädchen; m (~n; ~n) Strichjunge; **Prostitution** w (~; ~en) käufliche Liebe.
Prostration w (~; ~en) (lat.) † Sichniederwerfen vor dem Priester.
Proszenium s (~s; -ni|en) (gr.) Spielfläche vor dem Bühnenhaus; Übergang vom Zuschauerraum zum Bühnenhaus; **Proszeniumsloge** w (~; ~n) [-lôsche] Zuschauerlaube dicht an der Bühne.
Prot|actinium s (~s; –) (gr.-lat.) ⊙ ein Metall (∉ *Pa*); **Prot|agonist** m (~en; ~en) Wortführer; Hauptdarsteller im antiken Drama; **Prot|amin** s (~[e]s; ~e) basischer Eiweißstoff; **Prot|anopie** w (~; -i|en) Rotblindheit; **Protargol** s (~s; –) ⊙ keimtötende Silber-Eiweiß-Verbindung; **Protease** w (~; ~n) ⊙ Enzym, das Eiweiß spaltet.
Protegé m (~s; ~s) (fr.) [*protêschê*] Schützling; **protegieren** ZW (-rte, -rt) [-*schi-*] ↗ begünstigen.
Prote|ide M (gr.) zusammengesetzte Eiweißkörper; **Prote|in** s (~[e]s; ~e) Eiweißstoff.
prote|isch EW (nach dem gr. Meergott *Proteus*) unzuverlässig; labil.
Proten (e. ∉ Programmed **Ten**sion) = → Procon.
Protektion w (~; ~en) (lat.) Begünstigung; **Protektionismus** m (~; –) Wirtschaftsform mit Schutzmaßnahmen für die Inlandwirtschaft; EW: **protektionistisch**; m. s.: **Protektionist** (~en; ~en); **Protektor** m (~s; -t̯oren) Gönner, Schutzherr; **Protektorat** s (~[e]s; ~e) (lat.) Schutzherrschaft, -gebiet.
pro tempore (lat.) zur Zeit; vorläufig.
Proteolyse w (~; ~n) (gr.) chem. Eiweißauflösung; **proteolytisch** EW ei-

weißverdauend; **Proteosen** M ⊙ Spaltungsergebnisse von Prote|inen.
Protest m (~[e]s; ~e) (lat.) Einspruch; Bescheinigung über erfolglose Vorlage des Wechsels; **Protestant** m (~en; ~en) † reformierter Christ; EW: **protestantisch**; **Protestantismus** m (~; –) † reformiertes Christentum; **protestieren** ZW (-rte, -rt) ↙ Einspruch erheben; **Protestnote** w (~; ~n) schriftl. Beschwerde einer Regierung an (über) eine andere; **Protest|song** m (~s; ~s) (e.) gesellschaftskritisches Chanson.
Proteus m (~; ~) (gr., = der Erste; Name einer vielgestaltigen Mythenfigur) undurchschaubarer Mensch; Olm(gattung).
Prothese w (~; ~n) (gr.) $ künstlicher Körperteil (Gebiß); Vorsetzen eines Lautes (einer Silbe); **Prothetik** w (~; –) Prothesenbau; EW: **prothetisch**.
Protium s (~s; –) (gr.-lat.) leichtestes Wasserstoffisotop.
protogen EW (gr.) bei Gesteinsbildung schon vorhanden.
Proto|industrialisierung w (~; –) (lat., KuW) Ansätze zum Industriezeitalter, die diesem vorausgingen.
Protokoll s (~[e]s; ~e) (lat.) Niederschrift; diplomatische Umgangsvorschriften (*Chef des P.s* Zeremonienmeister einer Regierung); **Protokollant** m (~en; ~en) wer die Niederschrift verfaßt; **protokollarisch** EW in der Niederschrift bestimmt; **Protokollchef** m (~s; ~s) (lat.-fr.) leitet Abteilung für Formfragen im Auswärtigen Amt; **protokollieren** ZW (-rte, -rt) ↗ Niederschrift anfertigen.
Protolyse w (~; ~n) (gr.) ⊙ Säure-Basen-Reaktion.
Proton s (~s; -t̯onen) (gr.) Elementarteilchen (Träger einer positiven Elementarladung); **Protonen|synchrotron** s (~s; ~e) Protonenbeschleuniger.
Proton pseudos s (~ ~; –) (gr.) Grundirrtum.
Protophyten M (gr.) ⊕ Einzeller; **Protoplasma** s (~s; –) eiweißhaltiges Stoffgemisch in der Zelle; EW: **protoplasmatisch**; **Protoplast** m (~en; ~en) alles Protoplasma in der Einzelzelle; M: † die menschlichen Stammeltern; **Prototyp** m (~s; ~en) Vor-, Urbild; Muster; Rennsportwagen; EW: **prototypisch**; **Protozo|ologe** m (~n; ~n) Einzellerforscher; w. s.: **Protozo|ologie** (~; –); EW: **protozo|ologisch**; **Protozo|on** s (~s; -zo|en) Urtier, Einzeller.
protrahiert EW (lat.) verzögert.

Protrusion w (~; ~en) (lat.) ⚕ Nachaußenschieben von inneren Körperteilen.
Protuberanz w (~; ~en) (lat.) ⚕ Knochenvorsprung; Gasausbruch auf der Sonne.
Protze w (~; ~n) (lat.-it.) ⚔ Vorderwagen von Geschützen.
Pro und Kontra s (~s ~ ~s; ~s ~ ~s) (lat.) das Für und Wider.
Provenienz w (~; ~en) (lat.) Herkunft.
Proverb s (~s; ~en) (lat.) Sprichwort; EW: **proverbial(isch), -bi|ell**.
Proviant m (~s; –) (it.) Lebensmittel; ZW: **proviantieren** (-rte, -rt) ↗.
providenti|ell EW (lat.) von der Vorsehung bestimmt; **Providenz** w (~; –) Vorsehung.
Provinz w (~; ~en) (lat.) Verwaltungsbezirk; (Dorf-, Kleinstadt-) Landschaft; **Provinzial** m (~s; ~e) † Ordensoberer; **Provinzialismus** m (~; -men) Dialektausdruck; Spießigkeit; Lokalpatriotismus; **Provinzialist** m (~en; ~en) Spießer; **provinzi|ell** EW nicht großstädtisch; zurückgeblieben; **Provinzler** m (~s; ~) Nichtgroßstädter; EW: **provinzlerisch** = → provinzi|ell.
Provision w (~; ~en) (lat.) Vergütung für Geschäftsabschluß (eines Spediteurs, Kommissionärs); **Provisionsreisende** m, w (~n; ~n) fest angestellte(r) Vertreter(in); **Provisor** m (~s; -soren) angestellter Apotheker; **Provisorium** s (~s; -ri|en) Behelf; EW: **provisorisch**.
Provitamin s (~[e]s; ~e) (lat.) Vorstufe eines Vitamins.
Provo m (~s; ~s) (∉ **Provo**kateur) Jugendlicher, der Ältere durch exaltiertes Auftreten reizen will; **Provokateur** m (~s; ~e) (fr.) [-tör] Aufwiegler, Spitzel; **Provokation** w (~; ~en) (lat.) Herausforderung; tatmilderndes Verhalten des Angegriffenen; letzte Fristansetzung zur Einklagung eines Anspruchs; EW: **provokatorisch**; **provozieren** ZW (-rte, -rt) ↗ (lat.) herausfordern.
proximal EW (lat.) ⚕ zum Rumpf zu.
Prozedere s (~s; ~) (lat.) = Prozedur.
prozedieren ZW (-rte, -rt) ↙ (lat.) nach Plan vorgehen; **Prozedur** w (~; ~en) Verfahren; gemeinsames Unterprogramm mehrerer EDV-Programme; EW: **prozedural**.
Prozent s (~[e]s; ~e) (lat.) ein Teil vom Hundert; **Prozentklausel** w (~; ~en) Mindestquote zur Erringung von Parlamentssitzen; **Prozentkurs** m (~es; ~e) Börsenkurs von Wertpapieren (in Prozenten des Nennwerts); **Prozentspanne** w (~; ~n) Differenz zwischen Ein- und Verkaufspreis (in Prozent); **prozentual** EW im Verhältnis zum Hundert; UW: **prozentualiter** ↓.
Prozeß m (-sses; -sse) (lat.) Gerichtsverfahren (*kurzen P. machen* bedenkenlos vorgehen); Ablauf eines Herganges (Ereignisses, einer Handlung); **Prozeß|agent** m (~en; ~en) ausdrücklich zur mündl. Verhandlung zugelassener Rechtsberater; **prozessieren** ZW (-rte, -rt) ↙ Gerichtsstreit führen; **Prozession** w (~; ~en) † feierlicher Umzug; **Prozeßkostenhilfe** w (~; ~n) unentgeltl. Rechtsschutz für finanziell belastete Staatsbürger; **Prozessor** m (~s; -oren) (lat.) Rechen- und Steuereinheit in der Zentraleinheit von Computern; **Prozeßrechner** m (~s; ~) automat. Datenverarbeitungsanlage zur Steuerung techn. Vorgänge; **prozessual(isch)** EW auf den Rechtsstreit bezogen; **Prozessualist** m (~en; ~en) Verfahrensjurist; **Prozeßwärme** w (~; –) notwendige Temperatur zur Auslösung chem. Vorgänge.
prozyklisch EW (lat.-gr.) entsprechend der herrschenden Konjunktur.
prüde EW (lat.-fr.) zimperlich-verschämt; **Prüderie** w (~; -i|en) zimperliche Verschämtheit.
Prünelle w (~; ~n) (gr.-lat.-fr.) entkernte Dörrpflaume ohne Schale; Pflaumenlikör; Pfirsichart.
Prurigo m (~s; ~s) (lat.) ⚕ Juckflechte; EW: **pruriginös**.
Prytane|um s (~s; -e|en) (gr.-lat.) altgr. Regierungssitz; = **Prytanei|on** s (~s; -eia).
Psaligraphie w (~; –) (gr.) Scherenschnittechnik; EW: **psaligraphisch**.
psallieren ZW (-rte, -rt) ↙ (gr.) murmelnd lesen; **Psalm** m (~s; ~en) † Psalmen singen; **Psalm** m (~s; ~en) † geistliche (biblische) Hymne; **Psalmist** m (~en; ~en) Psalmendichter; **Psalm|odie** w (· ; -i|en) † liturgischer Psalmengesang; jüd. Gebetsgesang; **psalm|odieren** ZW (-rte, -rt) ↙ Psalmodie singen; pathetisch reden; EW: **psalm|odisch**; **Psalter** m (~s; ~) Psalmenbuch; **Psalterium** s (~s; -ri|en) ♪ Zupfinstrument; † Psalmensammlung.
psammophil EW (gr.) sandliebend; **Psammophyten** M Sandpflanzen; **psammotherapeutisch** EW ⚕ mit (durch) Sandbäder(n); w. s.: **Psammotherapie** (~; –).

Pseud|anthium s (~s; -i|en) (gr.) ⊕ Scheinblüte; **Pseudodoxie** w (~; –) Irrlehre; **pseudoglazial** EW wie eiszeitlich aussehend; **Pseudokrupp** m (~s; –) ℟ entzündliche Atemwegserkrankung von Kindern; **Pseudomnesie** w (~; -i|en) ℟ geschrumpftes Erinnerungsvermögen; **Pseudonym** s (~s; ~e) Deckname; EW: **pseudonym;** **pseudosakral** EW wie heilig wirkend.

Psittakose w (~; ~n) (gr.) ℟ Papageienkrankheit, = **Psittakosis** w (~; -sen).

Psoriasis w (~; –) (gr.) ℟ Schuppenflechte.

Psychagoge m (~n; ~n) (gr.) psychologisch geschulter Lehrer; w. abstr. s.: **Psychagogik** (~; –); EW: **psychagogisch; Psych|algie** w (~; -i|en) ℟ Schmerzen durch Aufregung; EW: **psych|algisch; Psych|asthenie** w (~; -i|en) ℟ Mangel an Selbstvertrauen; EW: **psych|asthenisch; Psyche** w (~; ~n) (gr., Name einer Göttin) Seele; **Psychedelic** w (~; ~s) (e.) [*ßaikedelick*] Bewußtseinserweiterung durch Drogen; **psychedelisch** EW rauschhaft; durch Rauschmittel inspiriert; **Psychiater** m (~s; ~) ℟ Facharzt für Geistesstörungen; **Psychiatrie** w (~; –) ℟ Behandlung (Erforschung) geistiger Störungen; Heilanstalt für Geisteskranke; EW: **psychiatrisch; psychisch** EW seelisch (Ggs.: *physisch; p.e Energie* hypothet. Ursache jeglichen Verhaltens); **Psycho** m (~s; ~s) psychologisch angelegter (Kriminal-)Roman; **Psycho|analyse** w (~; –) ℟ Deutung seelischer Erkrankungen aus dem Unbewußten (seit dem Wiener Psychiater Sigmund Freud, 1856–1939); EW: **psycho|analytisch;** m. s.: **Psycho|analytiker; Psycho|asthenie** w (~; –) Seelenschwäche; **Psychobiologie** w (~; –) Überzeugung, daß Seelenvorgänge von biologischen Funktionen herrühren; EW: **psychobiologisch; Psychochirurgie** w (~; –) Hirnchirurgie bei Geisteskranken; **Psychochemie** w (~; –) Erforschung der Stoffwechselerscheinungen im Hirn und ihrer psychischen Folgen; **Psychodiagnose** w (~; ~n) Feststellung seelischer Vorgänge durch Ertestung; m. s.: **Psychodiagnostiker** (~s; ~); EW: **psychodiagnostisch; Psychodiagnostik** w (~; ~en) Erkennung seelischer Eigenschaften durch Test; **Psychodrama** s (~s, -men) Einschauspielerstück; ℟ mimische Konfliktdarstellung durch den Kranken (als Heilmittel); Schauspiel voll seelischer Erregungen (Analysen);

EW: **psychodramatisch; psychogen** EW seelisch bedingt; **Psychogenese** w (~; ~n) ℟ Seelenentwicklung, = **Psychogenesis** w (~; -nesen); EW: **psychogenetisch; Psychogenie** w (~; -i|en) = → Hysterie; EW: **psychogenisch; Psychognostik** w (~; –) Seelenkenntnis, -deutung; m. s.: **Psychognostiker** (~s; ~); EW: **psychognostisch; Psychogramm** s (~[e]s; ~e) (mechanische) Aufzeichnung von Eigenschaften (Fähigkeiten); **Psychograph** m (~en; ~en) Gerät für den Verkehr mit Geistern; w. s.: **Psychographie** (~; –) Beschreibung seelischer Tatsachen; **Psychographik** w (~; ~en) Persönlichkeitsbeschreibung; EW: **psychographisch; Psychohygi|ene** w (~; –) (Lehre von der) Pflege der seelischen Gesundheit; EW: **psychohygi|enisch; psycho|id** EW seelenartig, -ähnlich; **Psycho|id** s (~s; ~e) das unbewußt Seelenähnliche; **Psychokinese** w (~; –) unerklärbare, vom Menschen ausgehende Wirkung auf Stoffliches; EW: **psychokinetisch; Psychokrimi** m (~s; ~s) Krimi (Film) mit psychologischer Haupttendenz; **Psycholinguistik** w (~; –) Erforschung von Spracherwerb und seel. Zustand des Erwerbenden; **Psychologe** m (~n; ~n) Erforscher seelischer Vorgänge; **Psychologie** w (~; –) Lehre vom seelischen Sein; EW: **psychologisch; psychologisieren** ZW (-rte, -rt) zu stark psychische Aspekte betonen; psychologisch durchdenken; **Psychologismus** m (~; –) Überzeugung, daß alle Sachverhalte nur seelisch begreifbar sind; EW: **psychologistisch; Psychometrie** w (~; –) Messung seelischer Vorgänge; prophetische Begabung von Medien; EW: **psychometrisch; psychomotorisch** EW unwillkürlich (*p.er Anfall* ℟ Nichtmehrbeherrschen körperlicher Bewegungen); w. s.: **Psychomotorik** (~; –); **Psychoneurose** w (~; ~n) psychisch bedingte Neurose; **Psychopath** m (~en; ~en) geistig abnormer Mensch; **Psychopathie** w (~; -i|en) ℟ Charakterstörung; EW: **psychopathisch; Psychopathologe** m (~n; ~n) ℟ Erforscher kranken Seelenlebens; w. abstr. s.: **Psychopathologie** (~; –); EW: **psychopathologisch; Psychopharmakologie** w (~; –) Lehre von der Wirkung der Psychopharmaka; **Psychopharmakon** s (~s; -ka) ℟ Heilmittel gegen Gemüts-, Geisteskrankheiten; **Psychophysik** w (~; –) ℟ Erforschung der Wechselwirkungen zwischen Leib und

Seele; **Psychophysiologe** m (~n; ~n) Erforscher der Körperfunktionen (-vorgänge), die seelische Voraussetzungen haben; w. abstr. s.: **Psychophysiologie** (~; –); EW: **psychophysiologisch; psychophysisch** EW leiblich-seelisch; **Psychoreflex** m (~es; ~e) Reaktion auf seelische Vorgänge; **Psychoreflexologie** w (~; –) Erforschung solcher Reaktionen; EW: **psychoreflexologisch; Psychose** w (~; ~n) ⚕ Geistesstörung durch Hirnveränderungen, Vergiftung oder innere Vorgänge; **Psychosekte** w (~; ~n); **Psychosomatik** w (~; –) ⚕ Erforschung der Zusammenhänge von Leib und Seele; EW: **psychosomatisch; Psychotechnik** w (~; –) Anwendung psychologischer Methoden in der Industrie; m. s.: **Psychotechniker** (~s; ~); EW: **psychotechnisch; Psychoterror** m (~s; –) (unlautere) Methode der psych. Einschüchterung; **Psychotest** m (~s; ~s) psycholog. Erhebung; **Psychotherapeut** m (~en; ~en) ⚕ Arzt für seelische Krankheitserscheinungen; EW: **psychotherapeutisch; Psychotherapie** w (~; –) ⚕ seelische Krankenbehandlung; **psychotisch** EW ⚕ geisteskrank; **Psychotonika** M Aufputschmittel; **Psychotop** s (~s; ~e) gewohnte Landschaft; **psychotropisch** EW die Stimmung beeinflussend.

Psychro|algie w (~; -i|en) ⚕ überstarke Reaktion auf Kälte; **Psychrometer** s (~s; ~) (gr., = Kältemesser) [-kro-] Temperatur-, Luftfeuchtigkeitsmesser; EW: **psychrometrisch.**

Pterine M (KuW) Gruppe organischer Farbstoffe.

pterygot EW (gr.) geflügelt (von Insekten).

Ptosis w (~; -sen) (gr.) ⚕ Oberlidlähmung; Eingeweidesenkung.

Ptyalin s (~s; –) (gr.-lat.) Enzym im Speichel, das Stärke spaltet; **Ptyalismus** m (~; –) ⚕ Speichelfluß.

ptygmatisch EW (gr.) faltenartig (*p.e Fältelung* im Gestein).

Pub s (~s; ~s) (e. KW ⊄ **pub**lic **h**ou**s**e) [*pab*] (englisch eingerichtete) Kneipe.

puber EW (lat.) ⚕ geschlechtsreif; **puberal** EW in der Reifezeit; **Pubertät** w (~; –) Entwicklungsjahre; EW: **pubertär; pubeszent** EW mannbar; w. s.: **Pubeszenz** (~; –) ⚕.

Public Call m (~s; ~s) (am.) [*pablick kôl*] Kursbestimmung durch Aufruf zum Angebot; **publice** UW (lat.) öffentlich; **Public goods** M (e.) [*pablick guds*] allgemeine Güter, Errungenschaften; **Public Relations** M [*pablick rileischnz*] (⊄ *PR*) Werbetätigkeit und -wirkung; **Publicity** w (~; –) [*pablißiti*] Öffentlichkeit; Werbung; Bekanntwerden in breiteren Kreisen; **publik** EW (lat.) öffentlich; allgemein bekannt; **Publikation** w (~; ~en) Veröffentlichung; **Publikum** s (~s; –) Zuhörerschaft; Anwesende; Öffentlichkeit; Leser, Zuschauer; (M: -ka) Vorlesung auch für Nichtfachstudenten; **publish or perish** (am.) [*pablisch or perrisch*] veröffentliche oder stirb! (ironische Redensart unter Forschern); **publizieren** ZW (-rte, -rt) ↗ veröffentlichen; w. s.: **Publizierung** (~; ~en); **Publizist** m (~en; ~en) Tagesschriftsteller; **Publizistik** w (~; –) Erforschung der Massenmedien (-wirkung); EW: **publizistisch; Publizität** w (~; –) Verpflichtung zur Veröffentlichung der Geschäftsgegebenheiten; Bekanntsein weithin.

Puck m (~s; ~s) (e.) Eishockeyscheibe; Kobold.

Pud s (~s; ~) (r.) Gewicht (= 16,38 kg).

puddeln ZW (-lte, gepuddelt) ↗ (e.) Schweißeisen gewinnen; s. s.: **Puddeleisen** (~s; ~); **Puddel|ofen** m (~s; -öfen) (e.-d.) Flammofen zur Herstellung von Schmiede- aus Gußeisen.

Pudding m (~s; ~e/~s) (e.) Gericht, Speise; schlechtes Stück (Lied); **Pudding|abitur** s (~s; –) Abgangsprüfung einer Frauenoberschule.

Puddler m (~s; ~) (e.) wer Puddeleisen herstellt.

Puder m (~s; ~) (lat.-fr.) Streupulver; ZW: **pudern** (-rte, gepudert) ↗.

Pudu m (~s; ~s) (ind.-sp.) südam. Hirschart mit Zwergenwuchs.

Pu|eblo m (~s; ~s) (sp., = Dorf) stadtähnliche Siedlung der Pueblo|indianer (nordam. SW).

pu|eril EW (lat.) kindisch, unreif; m. s.: **Pu|erilismus** (~; –); **pu|erilistisch** EW ⚕ kindisch; **Pu|erilität** w (; en) Kinderei; **Pu|erpera** w (~; -rä) Wöchnerin; EW: **pu|erperal; Pu|erperalfieber** s (~s; ~) ⚕ Kindbett(fieber); **Pu|erperalpsychose** w (~; ~n) ⚕ seelische Störung nach der Geburt; **Pu|erperi|um** s (~s; -ri|en) ⚕ Wochenbett.

Puff[1] m (~s; ~s) (fr.) gepolsterter Rundstuhl ohne Lehne; runder Wäschebehälter; Bordell.

Puff[2] s (~s; ~s) (e.) Brettspiel.

Pulcinella m (~[s]; -lle) (it.) w. Hanswurst.

Pulk m (~s; ~s) (r.) ⚔ Armee(teil); ⚔ Flugzeug-, Wagenverband; Schar.

Pull m (~s; ~s) (e.) Linksschlag (beim Golf); ∉ → Pullover; **Pullboy** m (~s; ~s) Gerät zum Schwimmtraining; **pullen** ZW (-llte, gepullt) ⚓ schnell davonjagen (Pferd); Pferd nicht ausreiten; ⚓ rudern; nach links schlagen (Golfball); **Pulli** m (~s; ~s) ∉ → Pullover.

Pullman m (~s; ~s) (am.) ∉ **Pullmanwagen** m (~s; ~) (am., nach dem Unternehmer G. M. *Pullman*, 1831 bis 1897) reich ausgestatteter Eisenbahnwagen; **Pullmanlimousine** w (~; ~n) Luxuskraftfahrzeug.

Pull|over m (~s; ~) (e.) Wolloberteil; **Pullunder** m (~s; ~) ärmelloser Pullover zur Bluse (Jacke).

pulmonal EW (lat.) ⚕ Lungen...; **Pulmonie** w (~; -i|en) ⚕ Lungenentzündung.

Pulp¹ m (~s; ~e[n]) (lat.-fr.-e.) Fruchtbrei für Marmeladen.

Pulp² m (~[e]s; ~e) (gr.-lat.-fr.) Krakenart.

Pulpa w (~; -pae) (lat.) ⚕ Zahnmark; Milzgewebe.

Pulpe w (~; ~n) = → Pulp¹.

Pülpe w (~; ~n) (lat.-fr.) Kartoffelrückstand von der Stärkeproduktion (als Futtermittel); **Pulper** m (~s; ~) Zuckerproduzent, -fachmann; Gerät zur Breigewinnung (zur Kaffee|aufbereitung).

Pulpitis w (~; -itiden) (gr.) ⚕ Zahnmarkerkrankung; **pulpös** EW aus weicher Substanz.

Pulque w (~s; ~s) (sp.) [*-ke*] Agavenschnaps.

Puls m (~es; ~e) (lat.) ⚕ durch die Gefäßwand geleiteter Herzschlag (*den P. fühlen* [*auch:* Meinung festzustellen suchen]); **Pulsare** M (KuW) astronom. Radiowellen mit konstant hoher Frequenz der Strahlung; **Pulsation** w (~; ~en) ⚕ Herzschlag; **Pulsatormaschine** w (~; ~n) Entlüftungsventil; Werkstoffprüfgerät; Druckwechsler (bei Melkmaschinen), = **Pulsator** m (~s; -toren); **pulsieren** ZW (-rte, -rt) ⚓ (regelmäßig) klopfen, = **pulsen** (-ste, gepulst) ⚓; **Pulsion** w (~; ~en) Schlag; **Pulsometer** s (~s; ~) Dampfdruckpumpe ohne Kolben zum Wasserheben; EW: **pulsometrisch**.

Pult s (~[e]s; ~e) (lat.) schräges Lese-, Schreibgestell.

Pulver s (~s; ~) (lat.) ⚕ fein zerteiltes Heilmittel (*das P. nicht erfunden haben* einfältig sein; *keinen Schuß P. wert* nichts; *sein P. verschossen haben* nichts mehr vermögen); Geld; **Pulverisator** m (~s; -toren) Zerstäuber; **pulverisieren** ZW (-rte, -rt) ⚓ stark zerkleinern.

Puma m (~s; ~s) (ind.-sp.) Silberlöwe.

Pumpe w (~; ~n) (fr.) Wasserhebegerät; **pumpen**¹ ZW (-mpte, gepumpt) ⚓ Wasser nach oben heben, auf höheren Druck bringen.

pumpen² ZW (-mpte, gepumpt) ⚓ (rotw.) Geld leihen; **Pumpgenie** s (~s; ~s) wer geschickt zu borgen weiß.

Pumps M (e.) [*pömps*] leichte Halbschuhe.

Puna w (~; -nen) (ind.-sp.) südam. Hochsteppe.

Punch m (~s; ~s) (e.) [*pantsch*] harter Boxschlag; **Puncher** m (~s; ~) [*pantscher*] wer am Trainingsball arbeitet; hart schlagender Boxer; **Punchingball** m (~[e]s; -bälle) [*pantsch-*] Übungsbirne für Boxer.

punctum (lat.): **in puncto puncti** in sexueller Hinsicht; → Punkt.

Punk m (~s; ~s) (e.-am., = Mist) [*pank*] antibürgerliche Jugendbewegung der späten 70er Jahre; Anhänger dieser Bewegung, = **Punker** m (~s; ~); auch: Punkrock-Musiker; EW: **punkig**; **Punkrock** m (~s; –) ♪ harte simple Rockmusik.

Punkt m (~[e]s; ~e) (lat.) ⚔ Schnittstelle zweier Geraden; Raumteil ohne Ausdehnung; Stelle; Druckmaß (= 0,38 mm); Satzzeichen (*nu mach mal'n Punkt!*); Abschnitt; Angelegenheit (*neuralgischer P.* schwierige Sache; *das ist ein wichtiger P.*; *punctum sali|ens* [lat.] wichtigster Punkt); Bewertungsnote (*P.e sammeln* Beliebtheit [Aussichten] vermehren); **Punktalglas** s (~es; -gläser) Brillenglas ohne Verzerrungen; **Punktät** s (~s; ~e) ⚕ durch Punktion erzielter Körpersaft; **Punktation** w (~; ~en) Festlegung der Vertragspunkte; Vokalisierung des Althebräischen; nicht bindender Vertrag; **punktieren** ZW (-rte, -rt) ⚓ Flüssigkeit entnehmen; Tier nach Punkten bewerten; punktweise Übertragung eines Modells auf Stein; mit Punkten tüpfeln; ♪ Note punkten; ♪ um eine Oktave versetzen; **Punktiernadel** w (~; ~n) Hohlnadel zur **Punktion** w (~; ~en) ⚕ Entnahme von Flüssigkeit mit der Hohlnadel; **Punktualität** w (~; –) Genauigkeit; **punktu|ell** EW Punkt für Punkt (einer besonders herausgestellten Tatsache); **Punktum!** Schluß!; **Punktur** w (~; ~en) ⚕ Ein-

stich; Papierrichter (am Druckgerät); = → Punktion.
Punsch m (~es; ~e/Pünsche) (e.) heißes alkoholisches Mischgetränk.
Punze w (~; ~n) (lat.-it.) Stahlstift, -stempel; **punzieren** ZW (-te, -rt) ↗ mit der Punze markieren (verzieren), = **punzen** ZW (-zte, gepunzt) ↗.
Pupe m (~n; ~n) (lat.) Strichjunge, = **Pupenjunge** m (~n; ~n).
pupillar EW (lat.) mündelsicher (= **pupillarisch** EW); Pupillen..; **Pupille** w (~; ~n) § Abbildung der Öffnungsblende eines Linsensystems (z. B. Auge); **Pupillendistanz** w (~; ~en) Augenabstand; **Pupillenreaktion** w (~; ~en) § Verengung der Pupille bei Lichtreiz, = **Pupillenreflex** m (~es; ~e) (lat.).
pupinisieren ZW (-rte, -rt) ↗ (nach dem am. [serb.] Erfinder) durch Induktionsspulen die Güte der (Rundfunk-, Fernsprech-) Übertragung steigern.
Puppe w (~; ~n) (lat.) Spielzeug in verkleinerter Menschengestalt; Mädchen; 10 Garben als Haufen; Ruhezeit des sich entwickelnden Insekts; Statue (*bis in die P.n* sehr weit); **Puppet** s (~s; ~s) (e.) [*pappit*] Marionette; willenloses Werkzeug.
pur EW (lat.) rein, ohne Zusatz; nur.
Purchase tax w (~ ~; ~ ~es) (e.) [*pô̄tscheiß täks*] Verbrauchssteuer.
Püree s (~s; ~s) (fr.) Brei.
Purgans s (~; -ti|en) (lat.) Abführmittel; **purgativ** EW § abführend; s. s.: **Purgativ** (~s; ~e); **Purgatorium** s (~s; -) † Fegefeuer; **purgieren** ZW (-rte, -rt) ↗ § abführen.
pürieren ZW (-rte, -rt) ↗ (lat.-fr.) ein Püree bereiten.
Purifikation w (~; ~en) (lat.) Reinigung; **Purifikatorium** s (~s; -ri|en) † Leinentuch zur Kelchreinigung.
Purim s (~s; -) (heb.) jüd. Freudenfest.
Purin s (~s; ~e) (lat., KuW) organ. Verbindung aus Zellkern-Nukle|insäure.
Purismus m (~; -) (lat.) Fremdwörterjagd; Streben nach künstlerischer Einfachheit; Kunstrichtung der 1. Hälfte des 20. Jh.s; m. s.: **Purist** (~en; ~en); w. s.: **Puristin** (~; ~nen); EW: **puristisch**; **Puritaner** m (~s; ~) † Anhänger des Puritanismus; EW: **puritanisch**; **Puritanismus** m (~; -) e. † kalvinistische Partei (16. Jh.); **Purität** w (~; -) Sauberkeit (der Moral) ↓.
Purple hearts M (e.) [*pôpel hâtß*] Weckdrogen.

Purpur m (~s; -) (gr.-lat.) Farbstoff aus dem Sekret der Purpurschnecke; Kardinalsgewand; Herrschermantel; EW: **purpurn**.
Purpura M (lat.) Hautflecken durch Spontanblutung.
Purser m (~s; ~) (e.) [*pö-*] ⚓ Zahlmeister (auf Schiffen).
purulent EW (lat.) § eiternd; w. abstr. s.: **Purulenz** (~; -), **Puruleszenz** (~; -).
Puschti m (~s; ~s) (pers.) kleiner geknüpfter Vorlegeteppich.
Push m (~; ~s) (e.) [*-sch*] Förderung, neuer Anstoß; **Pushball** m (~s; ~s) (e.) [*puschbôl*] Ballmannschaftsspiel; **pus(c)hen** ZW (-te, gepus(c)ht) dealen, mit Drogen handeln; **Pus(c)her** m (~s; ~) Händler mit harten Drogen.
Pußta w (~; -ten) (ung.) Steppe (in Ungarn).
Pustel w (~; ~n) (lat.) Eiterbläs|chen; **pustulös** EW voller Eiterbläs|chen.
putativ EW (lat.) vermutlich; **Putativdelikt** s (~[e]s; ~e) fälschlich vom Täter für strafbar gehaltene Handlung; **Putativ|ehe** w (~; ~n) ungültige Ehe; **Putativnotwehr** w (~; -) auf falsche Annahme einer Gefährdung erfolgte Verteidigung.
Putrefaktion w (~; -) (lat.) Verwesung; **putrefizieren** ZW (-rte, -rt) ↗ faulen lassen; **Putreszenz** w (~; -) Fäulnis; **putrid** EW faulig.
Putt m (~s; ~s) (e.) Golfschlag (am Spielbahnende).
Putte w (~; ~n) (it.) nacktes Kinderfigürchen in der Kunst.
putten ZW (-ttete, geputtet) (e.) [*pattn*] ↗ den (Golf-)Ball ins Loch schlagen; **Putter** m (~s; ~) Golfschläger zum Einlochen; puttender Golfspieler.
Puzzle s (~s; ~s) (e.) [*pasl*] Geduld-, Zusammensetzspiel, = **Puzzlespiel** s (~[e]s; ~e); **puzzeln** ZW (-lte, gepuzzelt) ein Puzzle legen; eine Sache austüfteln.
Puzzolan m (s; e) (nach dem it. Fundort) Zement|ersatz.
PX (≠ **P**ost **E**xchange) zoll-, steuerfreier Laden für am. Streitkräfte.
Py|ämie w (~; -i|en) (gr.) § Blutvergiftung durch Eitererreger; **Py|elitis** w (~; -itíden) § Nierenbeckenentzündung; **Py|elografie** w (~; -i|en) § Röntgendarstellung mit Kontrastsubstanz; EW: **py|elografisch**; **Py|elotomie** w (~; -) § Nierenbeckenschnitt; **Py|elozystitis** w (~; -tiden) § Gallenblasen- und Nierenentzündung.

Pygist m (~en; ~en) (gr.) = → Päderast.

Pygmä|e m (~n; ~n) (gr., = Fäustling) Zwerg; EW: **pygmä|isch**.

Pygmalionismus m (~; –) (nach einem gr. Sagenhelden) Liebe des Künstlers zum selbstgeschaffenen Bildnis einer Frau.

pygmo|id EW (gr.) kleinwüchsig; M: **Pygmo|iden**.

Pyjama m (~s; ~s) (hind.-e.) [*auch: -dschā-*] Schlafanzug.

Pykniker m (~s; ~) (gr.) untersetzter, gedrungener Mensch; EW: **pyknisch**; **Pyknometer** s (~s; ~) Meßgerät für Flüssigkeitsdichte; EW: **pyknometrisch**; **pyknotisch** EW $ verdickend.

Pylon m (~en; ~en) (gr., = Tor) Turmtor; von Türmen flankiertes Tor (Altäg., Gr.); Feuerpfannenmast.

Pylorospasmus m (~; -men) (gr.-lat.) $ Magenausgangverschluß; **Pylorus** m (~; -ren) $ Magenausgang („Pförtner").

pyogen EW (gr.) eitererzeugend; **Pyoperikard** s (~s; ~e) $ Herzbeutelvereiterung; **Pyothorax** m (~es; ~e) $ eitrige Rippenfellentzündung.

pyramidal EW (gr.) pyramidenartig; gewaltig ⌊; **Pyramide** w (~; ~n) ☐ altäg. Großgrab; ⋋ ebenflächiger Körper mit vieleckiger Basis und dreieckigen Seitenflächen; Kristallform, deren Kanten in *einem* Punkt münden; ⊕ Zwergobstbaumform; **Pyramidendach** s (~[e]s; -dächer) Dach aus 4 gleichen Dreiecksflächen.

Pyramidon s (~s; –) (gr.) $ Fieber-, Schmerzmittel; **Pyranometer** s (~s; ~) (KuW) Sonnenstrahlungsmeßgerät; **Pyretikum** s (~s; -ka) $ Fiebermittel; **pyretisch** EW mit (im) Fieber; **Pyrethrum** s (~s; -ra) (gr.-lat., KuW) ⊕ Untergattung der Chrysanthemen; natürl. Pflanzenschutzmittel, Insektengift; **Pyr|exie** w (~; -i|en) $ Fieberanfall.

Pyrheliometer s (~s; ~) (gr.) Sonnenstrahlenenergiemesser.

Pyridin s (~; ~e) (gr.-lat.) flüssige organ. Stickstoffverbindung.

Pyrit m (~[e]s; ~e) (gr.) Schwefelkies.

Pyro|elektrizität w (~; –) (gr.-lat.) bei Temperaturwechsel auftretende Ladung von Kristallen; **pyrogen** EW (gr.) $ Fieber schaffend; aus Schmelzfluß stammend; **Pyrogene** M Fieberbakterien; **Pyrographie** w (~; -i|en) Einbrennen von Markierungen; EW: **pyrographisch**; **Pyrolyse** w (~; ~n) Stoffzersetzung unter Hitzeeinwirkung; **Pyrolyse|anlage** w (~; ~n) Anlage zur langsamen Müllverbrennung; **Pyromane** m (~n; ~n) Brandstifter durch krankhafte Anlage; w. abstr. s.: **Pyromanie** (~; –); EW: **pyroman(isch)**; **Pyrometer** s (~s; ~) Meßgerät für sehr hohe Temperaturen; Thermoelement; Widerstandsmesser; w. abstr. s.: **Pyrometrie** (~; –); EW: **pyrometrisch**; **Pyron** m (~s; ~e) organ. Verbindung (enthalten in einigen Pflanzenfarbstoffen); **Pyropapier** s (~s; ~e) leicht entflammbares Papier; **Pyrophor** m (~[e]s; ~e) (an der Luft) leichtentzündlicher Stoff; EW: **pyrophor**; **Pyropto** s (~s; ~s) Pyrometer zur Ermittlung der Stärke von Lichtstrahlen; **Pyrosis** w (~; –) $ Sodbrennen; **Pyrotechnik** w (~; –) Feuerwerkerei; m. s.: **Pyrotechniker** (~s; ~); EW: **pyrotechnisch**; **Pyrotherm** s (~s; –) wärme- und zunderbeständige Eisenlegierung; **Pyroxene** M Gruppe von Mineralien.

Pyrrhussieg m (~es; ~e) (gr.-d., nach einem epirischen Herrscher, 279 v. Chr.) viel zu teuer erkaufter Sieg.

Pyrrol s (~s; ~e) (gr., KuW) flüssige organ. Stickstoffverbindung.

pythagore|isch EW (gr., nach dem Mathematiker *Pythagoras*, um 500 v. Chr.) ⋋ dem *Pythagoras* zugeschrieben (*p.er Lehrsatz* ⋋ = **Pythagoras** m [~; –]); m. s.: **Pythagore|er** (~s; ~) Anhänger des Pythagoras.

pythisch EW (gr., nach der delphischen Wahrsagerin) rätselhaft.

Python m (~s; ~s/-onen) (nach einem gr. Sagendrachen) Riesenschlange.

Pyurie w (~; -i|en) (gr.) $ Eiter im Harn.

Pyxis w (~; -xen) (gr.) († Hosti|en-)Behälter mit Elfenbeindeckel.

Q

Q-sort w (~; ~s) (e.) [*kjúßort*] Bewertungsverfahren von Personen und Sachen; **Q-Technik** w (~; –) Forschungsansatz, die Verhaltensdynamik einzelner zu erfassen.

qua (lat.) gemäß, als (*er q. Minister* in seiner Eigenschaft als...).

Quader m (~s; ~), w (~; ~n) (lat.) □ rechteckiger Baustein; ⊀ von 6 Rechtecken begrenzter Körper; **Quadragesima** w (~; –) † Fastenzeit vor Ostern; **Quadrangel** s (~s; ~) ⊀ Viereck; EW: **quadrangulär**; **Quadrant** m (~en; ~en) Sternhöhenmesser; ⊀ ¼ Kreisfläche; ⚔ Geschützrichtgerät; 4 Flächenstücke eines rechtwinkligen Achsenkreuzes; **Quadrat** s (~[e]s; ~e) ⊀ Viereck mit gleichlangen Seiten; Ergebnis der Multiplikation einer Zahl mit sich selbst (*magisches Q*. Quadrat, dessen Unterteilungen nach jeder Richtung dasselbe Ergebnis haben); Füllgeviert beim Druck; **Quadrata** w (~; –) Kapitalis(letter); EW: **quadratisch** (*q.e Gleichung* Ergebnis der Multiplikation einer Zahl mit sich selbst); **Quadratkilometer** m (~s; ~) (∉ *km²*, *qkm*) 1 km in die Länge und in die Breite; **Quadratlatschen** M übergroße Schuhe ∪ ; **Quadratmeter** m (~s; ~) (∉ *m²*, *qm*) 1 m lang wie breit; **Quadratmillimeter** m (~s; ~) (∉ *mm²*, *qmm*) 1 mm lang wie breit; **Quadratschädel** m (~s; ~) Dickkopf; **Quadratur** w (~; ~en) ⊀ Bestimmung der Fläche einer krummlinigen Figur durch Integration; □ architektonische Verwendung eines Quadrats; rechtwinklige Stellung eines Planeten zur Richtung Erde–Sonne (*Q. des Kreises* unlösbare Aufgabe); **Quadraturmalerei** w (~; ~en) perspektivische Bemalung der Innenräume; **Quadratwurzel** w (~; ~n) ⊀ zweite Wurzel *(√)* ; **Quadratzahl** w (~; ~en) ⊀ zweite Potenz einer Zahl (9 = 3 x 3 = 3²); **Quadratzentimeter** m (~s; ~) (∉ *cm²*, *qcm*) 1 cm lang wie breit; **Quadriduum** s (~s; -du|en) 4 Tage nacheinander; **Quadri|ennium** s (~s; -nni|en) 4 Jahre nacheinander; **quadrieren** ZW (-rte, -rt) ↗ in Quadrate einteilen; ⊀ zur 2. Potenz erheben; □ durch Scheinfugen Quadersteine nachahmen; w. s.: **Quadrierung** (~; ~en); **Quadrifolium** s (~s; -li|en) ⚚ Vierblatt; **Quadriga** w (~; -gen) Viergespann; **Quadrille** w (~; ~n) (fr.) [*kadríljə*] Figurentanz; **Quadrillion** w (~; ~en) 1 000 000 Trillionen; **Quadrinom** s (~[e]s; ~e) vierstellige Zahl; **Quadriplegie** w (~; i|en) ✚ Lähmung aller Gliedmaßen; **Quadronal** s (~s; –) ✚ schmerzlinderndes Mittel; **Quadrophonie** w (~; –) (lat.-gr.) richtungsbezogene Stereophonie mit 4 Lautsprechern; EW: **quadrophon**; **Quadro|sound** m (~s; ~s) (am.) [*-ßaund*] quadrophoner Klang; **Quadrumane** m (~n; ~n) (lat.) Vierhänder; **Quadrupel** s (~s; ~) ⊀ 4 zusammengehörende Größen; **Quadrupelfuge** w (~; ~n) ♪ vierthematige Fuge; **Quadrupol** m (~s; ~e) aus 2 magnet. oder elektr. Dipolen bestehendes Gebilde.

Quai m (~s; ~s) (fr.) = Kai.

Quäker m (~s; ~e) (e., = Zitterer) † protestant. Freikirchler; EW: **quäkerisch**; **Quaker Oats** M [*kwāker ōᵘtß*] Haferflocken.

Qualifikation w (~; ~en) (lat.) (Nachweis der) Eignung; Befähigung(snachweis); erkämpfte Teilnahmeberechtigung am entscheidenden Wettkampf; **qualifizieren** ZW (-rte, -rt) ↘ seine Befähigung nachweisen (*qualifizierender Hauptabschluß* bayer. Hauptschulabschluß mit Prüfung; *qualifizierte Gründung* AG-Gründung mit Nebenabsprachen; *qualifizierte Delikte* Verbrechen, die unter strafverschärfenden Bedingungen begangen sind; *qualifizierte Strafe* verschärfte Strafe; *qualifizierte Mehrheit* Zweidrittelmehrheit); ↗ kennzeichnen; ↘ sportliche Testleistung erfüllen; w. s.: **Qualifizierung** (~; ~en); **Qualität** w (~; ~en) Eigenschaft; Empfindungs|art; Klangfarbe des Vokals (*Lebensq*. Vorrang der unverfälschten natürl. Gaben und Genüsse); **qualitativ** EW nach der Beschaffenheit (*q.e Analyse* Feststellung der Einzelheiten eines Stoff[gemisch]s; *q.es Interview* Intensivbefragung; *q.e Merkmale* wesentliche Eigenheiten); **Qualitätsbezeichnung** w (~; ~en) Angabe über Güte einer Ware; **Qualitätskontrolle** w (~; ~n) Überwachung aller Gütemerkmale (von Waren); **Qualitäts|norm** w (~; ~en) gesetzte Prüfschwelle für Waren; **Qualitätsrente** w (~; ~n) ✽ Produktivität guter Böden; **Qualitätszirkel** m (~s; ~) Betriebsgremium für Verbesserungen der Produkte oder Arbeitsabläufe.

Quanten M (lat.) kleinste Energie- oder Elektrizitätsmengen; (große) Füße ∪ ;

quanteln ZW (-lte, -gequanteln) ↗ in Quanten darstellen; w. s.: **Quantelung** (~; ~en); **Quanten|energie** w (~; -) Energie eines Quants; **Quanten-Hall-Effekt** m (~-~-~[e]s; -) Methode der Festlegung des → Ohms auf Naturkonstanten (1980); **Quantenlogik** w (~; -) Logik quantenphysikalischer Aussagen; **Quantenmechanik** w (~; -) Theorie zur Behandlung der Vorgänge in der Atomhülle (seit 1925, Heisenberg); **Quantenphysik** w (~; -), = **Quantentheorie** w (~; -) Behauptung, daß Strahlungsenergie nur in Energiequanten (kleinsten Beträgen) und unstetig abgegeben oder aufgenommen wird (Max Planck, 1900); **Quantenzahlen** M Zahlensystem bei Berechnung der Energiezustände von Elementarteilchen; **Quantifikation** w (~; ~en) Umformung in Größe; **Quantifikator** m (~s; -toren) quantitätsbestimmendes Zeichen; **Quantifizierung** w (~; ~en) Umformung in meßbare Größen; **Quantimeter** s (~s; ~) Meßgerät für Röntgenstrahlungsstärke; **Quantität** w (~; ~en) Größe, Grad; Größenmaß; Laut-, Silbendauer; **quantitativ** EW mengenmäßig; (*q.e Analyse* Mengenfeststellung; *q.es Interview* Fragebogenbefragung); **Quantitäts|theorie** w (~; -) Erklärung des Geldwertes; **Quantité négligeable** w (~ ~; ~s ~s) (fr.) [*kañtité négliscḫabl*] Belanglosigkeit; **quantitieren** ZW (-rte, -rt) ↗ Sprechdauer von Silben messen; **Quantor** m (~s; -toren), = → Quantifikator; **Quantum** s (~s; -ta/-ten) zähl-, meßbare Menge; **Quantuplikations|tabelle** w (~; ~n) Anzeige der Reichweite von Mediakombinationen.

Quarantains M (fr.) [*karañtäñs*] feine Wolltücher; **Quarantäne** w (~; ~n) [*karañ-*] Absperrung (gegen Seuchen).

quarderonnieren ZW (-rte, -rt) ↗ (fr.) Ecken abrunden.

Quark m (~s; -) (poln.) weißer Käse; Schund (*der ganze Q.* alles).

Quarks M (am. KW) (hypothetische) Grundbausteine.

Quart s (~[e]s; ~e) (lat.) Buchformat; e. Flüssigkeitsmaß; w (~; ~en) Fechthieb nach links; ♪ Intervall; **Quarta** w (~; -ten) letzte Unterstufenklasse der Oberschule ↓; **Quartal** s (~s; ~e) Vierteljahr; **quartaliter** UW vierteljährlich ↓; **Quartalssäufer** m (~s; ~) = → Dipsomane; **Quartana** w (~; -nen) Viertagefieber; **Quartaner** m (~s; ~) Schüler der Quarta ↓; **Quartant** m (~en; ~en) Buch in Quartform; **Quartär** s (~s; -) jüngste Erdzeit; EW: **quartär;** auch: an vierter Stelle; als zentrales Atom mit vier organ. Resten; aus 4 Molekülen mit quartärem Atom als Mitte; **Quartation** w (~; ~en) Edelmetallscheideverfahren; **Quarte** w (~; ~n) ♪ 4. Stufe vom Grundton aus; **Quartel** s (~s; ~) ¼ l Bier; **Quarten|akkord** m (~[e]s; ~e) ♪ aus Quarten aufgebauter Akkord.

Quarter s (~s; ~) (am.) [*kwǫrter*] am. Handelsgewicht (11,34–12,7 kg), Hohlmaß; **Quarterback** m (~s; ~s) Spielmacher.

Quarterdeck s (~s; ~s) (e.) ⚓ [*kwǫrtr-*] Hinterdeck.

Quartett s (~s; ~e) (lat.-it.) ♪ Zusammenspiel von 4 Solisten; 4 zusammenspielende Solisten; Vierzeilenstrophe im Sonett; Kartenspiel (für Kinder).

Quartier s (~[e]s; ~e) (lat.-fr.) Unterkunft; Nachtlager; Stadtviertel; ⚔ Truppenunterkunft; **Quarti|er latin** s (~s ~; -) (fr.) [*kartjê latäñ*] (Pariser) Studentenviertel.

quarto (it.) in Quartformat; **Quarto** s (~; -) Viertelbogengröße.

quarzen ZW (-zte, gequarzt) ✓ (r.) rauchen.

Quasare M (lat.) (≠ quasistellare Radiowellen) Quellen starker Radiostrahlung im Weltall.

quasi (lat.) so als ob; gleichsam; **Quasidelikt** s (~[e]s; ~e) unbeabsichtigte Straftat; **Quasigeld** s (~es; ~er) unter 4 Jahren an Nichtbanken verliehenes Termingeld; **Quasikontrakt** m (~[e]s; ~e) rechtlich noch nicht voller abgemachter Kontrakt; **Quasimodogeniti** der „Weiße Sonntag" (nach Ostern); **quasi|optisch** EW sich wie Lichtwellen (fast geradlinig) verbreitend; **quasistatisch** EW nur sehr langsam veränderlich.

Quästion w (~; ~en) (lat.) Frage, Untersuchung; **quästioniert** EW fraglich.

Quästor m (~s; -toren) (lat.) Universitätskassenleiter; **Quästur** w (~; ~en) Universitätskasse.

Quatember m (~s; ~) (lat.) † kath. Bußtag am Vierteljahrsbeginn; **quaternär** EW ⟲ vierteilig; **Quaterne** w (~; ~n) vier „richtige Zahlen" im Lotto; **Quaternion** w (~; ~en) ⚔ vierteiliges Zahlensystem; **Quattrocentist** m (~en; ~en) [*kwattrotschentist*] it. Künstler des 15. Jh.s.; **Quattrocento** s (~s; -) (it.) [*kwattrotschento*] it. 15. Jh.

Quebrachoholz s (~es; -hölzer) (sp., = Axtzerbrecher) [*kêbratscho-*] hartes

südam. Kernholz (Gerbmittel), ∉ **Quebracho** s (~s; ~s).
Queen w (~; ~s) (e.) [*kwîn*] e. Königin; besonders begehrte Frau; bes. begehrter Homosexueller.
Quempas (lat., KuW **quem pas**tores laudavere = den die Hirten lobten...) volkstüml. Wechselgesang zu Weihnachten.
Quenelles M (fr.) [*kenell*] Klößchen.
Quent(chen) s (~s; ~) (lat.) Kleingewicht (1,67 g) ↓ *(kein Q. nachgeben).*
Querel(e) w (~; ~[e]n) (lat.) Beschwerde; Klage; **Querulant** m (~en; ~en) Nörgler; **Querulanz** w (~; –) krankhafte Nörgelei; ZW: **querulieren** (-rte, -rt) ✓.
Querzetin s (~s; –) (lat.) gelber pflanzlicher Farbstoff ↓; **Querzit** m (~s; –) aus Eicheln gewonnener Stoff; **Querzitron** s (~s; –) geraspelte Rinde vom Färberbaum.
Queue s (~s; ~s) (fr.) [*kö*] Billardstock; w (~; ~s) Reihe, „Schlange" (vor Geschäften u. ä.) *(Q. stehen).*
Quibble s (~s; ~s) (am.) Wortspiel; Ausrede.
Quiche w (~; ~s) (fr.) [*kisch*] salziger Mürbeteigkuchen mit Belag (Q. *Lorraine* mit Käse, Schinken, Ei).
Quick-Fix m (~-~es; ~-~es) (e. KuW = flotte Entscheidung) schneller Entschluß zur Bekämpfung des Welthungers.
Quick|step m (~s; ~s) (e.) Gesellschafts|tanz; **Quick-test** m (~-~s; ~-~s) (nach dem e. Arzt Q.) $ Bestimmung des Blutgerinnungsfaktors; **Quicky** m, s (~s; -ies) kurz eingeblendeter Werbespot.
Quidam m (~s; –) (lat.) ein Gewisser (der nicht genannt werden soll oder will).
Quidproquo s (~s; ~s) (lat.) Ersatz; Verwechslung (einer Sache).
Qui|etismus m (~; –) (lat.) tatenlose Hingabe an Gott (17. Jh.); m. s.: **Qui|etist** (~en; ~en); w. s.: **Qui|etistin** (~; ~nen), EW: **qui|etistisch; Qui|etiv** s (~s; ~e) $ Beruhigungsmittel, = **Qui|etivum** s (~s; -va); **qui|eto** (it.) ♪ ruhig.
Quillaja w (~; ~s) (ind.-sp.) ⚘ Seifen-, Panamarindenbaum.
quinkelieren ZW (-rte, -rt) ✓ (lat.) zwitschern ↓; Ausflüchte machen.
Quinquagesima w (~; –) (lat.) † 1. Fastensonntag; Zeit zwischen Ostern und Pfingsten ↓; **Quinquennalfakultät** w (~; ~en) † fünfjährige Amtsbefugnis der Bischöfe; **Quinquennium** s (~s;

-nni|en) 5 Jahre hintereinander ↓;
Quinquillion w (~; ~en) 5. Potenz einer Million; **Quint(e)** w (~; ~[e]n) ♪ Intervall von 5 Tonstufen; Fechthieb; **Quinta** w (~; -ten) Unterstufenklasse der Oberstufe ↓; **Quintana** w (~; –) Fünftagefieber; **Quintaner** m (~s; ~) Schüler der Quinta ↓; **Quinte** = → Quint *(jmdm. springt die Q.* er wird böse); **Quintenzirkel** m (~s; ~) ♪ Kreisdarstellung der Zusammenhänge der Dur- und Molltonarten; **Quinterne** w (~; ~n) (it.) 5 an der Zahl; **Quinternio** m (~s; -onen) (it.) fünfteiliges Ganzes; **Quint|essenz** w (~; ~en) (lat.) Kern (einer Sache); Endergebnis; **Quintett** s (~[e]s; ~e) ♪ fünfstimmige Komposition; die 5 Musiker, die Quintett(e) spielen; **quintieren** ZW (-rte, -rt) ✓ ♪ überschlagen (von der Klarinette); **Quintillion** w (~; ~en) 1 000 000 Quadrillionen; **Quintole** w (~; ~n) (it.) ♪ 5 statt 4 Noten; **quintupel** EW (lat.) fünffach.
Quiproquo s (~s; ~s) (lat.) Verwechslung (einer Person, in Lustspielen).
Quipu s (~s; ~s) (ind.-sp.) [*ki-*] Inkaknotenschrift.
Quirinal m (~s; –) (lat.) röm. Hügel; Sitz des it. Staatspräsidenten.
Quisling m (~s; ~s) (nach einem norw. Faschistenführer) Verräter.
Quisquili|en M (lat.) Kleinigkeiten.
quitt EW (fr.) fertig, wett; **quittieren** ZW (-rte, -rt) ↗ aufgeben *(Stellung q.);* Empfang bestätigen; **Quittung** w (~; ~en) Zahlungs-, Leistungsbescheinigung.
Quivive m (~s; ~s) (fr., = wer da?) [*kiwîf*] Posten *(auf dem Q. sein* auf der Hut sein).
Quiz s (~; ~) (e.) [*kwiß*] Ratespiel; **quiz(z)en** ZW (-zte, gequizt) ✓ Ratespiele veranstalten; **Quiz(z)er** m (~s; ~) Quizfreund; **Quizmaster** m (~s; ~) [*kwiß-*] Leiter eines Ratespiels (im Fernsehen, Rundfunk).

quod erat demonstrandum (lat.) was zu beweisen war; **Quodlibet** s (~s; ~s) ♪ Vorläufer des Potpourris ↓.
Quorum s (~s; -ren) (lat.) zur Entscheidung nötige Mindeststimmenzahl.
Quotation w (~; ~en) (lat.) Börsenkursnotierung; **Quotaverfahren** s (~s; ~) Teilerhebung für Repräsentativumfrage; **Quote** w (~; ~n) Anteil für den einzelnen; Teilbetrag; **Quoten|akti|e** w (~; ~n) Aktie, die auf Vermögensanteil des Unternehmens lautet; **Quotenmethode** w (~; ~n) Meinungsforschungstest(verfahren).

quotidian EW (lat.) täglich; **Quotidianfieber** s (~s; –) täglich auftretender Malaria|anfall, = **Quotidiana** w (~; -nen).
Quoti|ent m (~en; ~en) (lat.) ⚔ Ergebnis einer Division; gebrochene Zahl; **quotieren** ZW (-rte, -rt) ↗ [*kwo-*] bewerten; **Quotierung** w (~; ~en) = → Quotation; **quotisieren** ZW (-rte, -rt) ↗ Gesamtbetrag in Quoten aufteilen.

R

Rabatt m (~[e]s; ~e) (lat.-it.) Preisnachlaß.
Rabatte w (~; ~n) (fr.) Beet an (neben) Wegen.
rabattieren ZW (-rte, -rt) ↗ (it.) Preisnachlaß gewähren; **Rabattkartell** s (~[e]s; ~e) Einigung mehrerer Unternehmen über Gewährung des gleichen Rabattes.
Rabatz m (~es; –) (d.-fr.-nl.?) Krach; Unruhe *(R. machen)*; **Rabatzmacher** m (~s; ~) Radaubruder; **Rabauke** m (~n; ~n) Rohling.
Rabautz m (~es; ~e) (fr.-nl.) Rüpel, Strolch.
Rabbiner m (~s; ~) (heb.) jüd. Seelsorger, ∉ **Rabbi** m (~s; ~s); **Rabbinat** s (~[e]s; ~e) Rabbinerwürde, -amt; **rabbinisch** EW in jüngerer heb. Sprachform; Rabbiner...
Rabbit m (~s; ~s) (e.) [*räbbitt*] unzuverlässiges Rennpferd; **Rabbit-punch** m (~~-~s;~~-~s) [*-pansch*] unerlaubter Boxhieb ins Genick (auf die untere Schädelseite).
Rabe m (~n; ~n) (tsch.) jugendlicher (entlaufener) Sträfling; **raben** ZW (-bte, gerabt) ↗ (tsch.) stehlen.
rabiat EW (lat.) unbeherrscht wütend; **Rabi|es** w (~; –) (lat.) $ Tollwut.
Rabulist m (~en; ~en) (lat.) Haarspalter; w. abstr. s.: **Rabulisterei** (~; ~en); EW: **rabulistisch**.
Racemat s (~s; ~s) (e.) ⊙ Mischung gleicher Mengen von zwei Stoffen mit spiegelbildl. Molekülaufbau.
Rachitis w (~; -itiden) (gr.) $ englische Krankheit; EW: **rachitisch**.
Racing|reifen M (e.d.) [*reißing-*] bes. starke Autoreifen (Rennsport).
Rack m (~s; ~s) (e.) [*räck*] Stofflänge von Gardinen (Spitzen, Tüll); s (~s; ~s) (e.) [*räck*] offenes Gehäuse einer Stereo|anlage.
Racket s (~s; ~s) (e.) [*räckit*] Tennisschläger; am. Gangsterbande; **Racketeer** m (~s; ~s) [*räcketīr*] eigensüchtiger Radaubruder; Gangster.
Rack-jobbing s (~-~s; –) (e.) Mietfläche vom Großhändler in Einzelhandelsgeschäften.
Raclette w, s (~; –) (fr.) [*raklett*] schw. Käsesorte; Zubereitung; Gerätschaften dazu.
Rad s (~[e]s; ~) (KW, ∉ e. **r**adiation **a**bsorbed **d**osis) Einheit der Strahlungsmenge.
Radankuchen m (~s; ~) (fr.-d.) Napfkuchen.
Radar m, s (~s; –) (e., ∉ **Ra**dio **d**etecting **a**nd **r**anging = Entdecken und Entfernungsmessen mit Radio) Flugzeugermittlung durch Ultrakurzwellen; **Radarfalle** w (~; ~n) Anlage, Verkehrssünder mit Radargeräten zu stellen; **Radartechnik** w (~; –) Funkermittlung, -messung; m. s.: **Radartechniker** (~s; ~); EW: **radartechnisch**; **Radarvision** w (~; ~) [*-wischn*] rotierende Antenne.
radial EW (lat.) strahlenförmig; w. s.: **Radialität** (~; –); **Radialgeschwindigkeit** w (~; –) Tempo von Himmelskörpern zur/von der Erde; **Radialreifen** M Gürtelreifen; **radial-symmetrisch** EW = → radiär-symmetrisch; **Radialturbine** w (~; ~) Turbine mit strahlenförmiger Zuführung des Laufmittels zum Laufrad; **Radialverdichter** m (~s; ~) Kreiselpumpe zur Druck|erzeugung; **radiant** EW (aus)strahlend; **Radiant** m (~en; ~en) ⚔ Einheit des Bogenmaßwinkels; (scheinbarer) Sternschnuppenausgang; **radiär** EW strahlenartig; um eine Längsachse herumgebaut; **radiär-symmetrisch** EW durch mehrere Ebenen symmetrisch zerlegbar (Tiere); **Radi|ästhesie** w (~; –) Pendel-, Wünschelrutenpraxis; EW: **radi|ästhetisch**; **Radiation** w (~; ~en) (Aus-) Strahlung; **Radiator** m (~s; -toren) Großflächenheizkörper; **Radi|en** M zu → Radius.
Radicchio m (~s; -cchi) (it.) [*-dikjo*] rotblättr. Salatzichorie.
radieren ZW (-rte, -rt) ↗ (lat.) Schrift mit Hilfsmitteln entfernen; Bild auf Kupfer einritzen; **Radierer** m (~s; ~)

Bildner im Tiefdruckverfahren; **Radierung** w (~; ~en) Tiefdruckverfahren; auf diese Art hergestelltes Bild. **Radies|chen** s (~s; ~) (lat.-fr.) Kleinrettich.
Radikal s (~s; ~e) (lat.) unbeständige, ungesättigte Atomgruppe; **radikal** EW extrem handlungsfreudig; extrem eingestellt; **Radikalinski** m (~s; ~s) wer radikale Ideale hat; ZW: **radikalisieren** (-rte, -rt) ↗; w. abstr. s.: **Radikalisierung** (~; ~en); **Radikalismus** m (~; -) Unentwegtheit; rücksichtslose Verfolgung der Ziele; EW: **radikalistisch**; **Radikalkettenreaktion** w (~; ~en) ↻ Kettenreaktion, bei der freie Radikale als Zwischenprodukte auftreten; **Radikalkur** w (~; ~en) ⚕ aufs Ganze gehende Behandlung; rücksichtslose Behandlung; **Radikal|operation** w (~; ~en) Entfernung ganzer Organe; **Radikand** m (~en; ~en) ⚔ Zahl, aus der eine Wurzel gezogen werden soll; **Radikula** w (~; -len/-lae) ⚘ Keimwurzel bei Samen.
Radio s (~s; ~s) (KW, lat.) Rundfunk (-gerät); **radioaktiv** EW Alpha-, Beta- oder Gammastrahlen ausstrahlend (*r.er Zerfall* Kernzerfall; *r.es Gleichgewicht* Zerfallsprodukt und strahlende Menge zu gleichen Teilen); **Radioaktivität** w (~; -) (lat., = Strahlungstätigkeit) spontane Atomkernumwandlung; **Radioamateur** m (~s; ~e) [*-tör*] nichtberuflicher Kurzwellenforscher; **Radioastronom** m (~en; ~en) Erforscher der Radiostrahlung aus dem Weltraum; w. abstr. s.: **Radioastronomie** (~; -); EW: **radioastronomisch**; **Radiobiologe** m (~n; ~n) Strahlenbiologe; w. s.: **Radiobiologie** (~; -); EW: **radiobiologisch**; **Radiochemie** w (~; -) ↻ Chemie radioaktiver Stoffe; m. s.: **Radiochemiker** (~s; ~); EW: **radiochemisch**; **Radio-Data-System** s (~~-~s; ~~-~e) (⚔ *RDS*) Zusatzdienst im Hörfunk für die Programmsuche in Kraftfahrzeugen); **Radio|element** s (~[e]s; ~e) radioaktiver Grundstoff; **Radiofenster** s (~s; ~) Durchlässigkeit der Erdatmosphäre für elektromagnet. Strahlen mit **Radiofrequenz** w (~; ~en) Wellenbereich des Rundfunks; **Radiofrequenzstrahlen** M elektromagnetische Weltraumstrahlen im Niederbereich; **radiogen** EW für den Rundfunk geeignet; **Radiogen** s (~s; ~e) Element aus einem zerfallenen radioaktiven Stoff; **Radiogoniometer** s (~s; ~) Funkpeilwinkelmesser; **Radiogoniometrie** w (~; -) Winkelmessung mit Radiowellen; EW: **radiogoniometrisch**; **Radiogramm** s (~[e]s; ~e) drahtlos übermitteltes Telegramm ↓; Röntgenbild; **Radiographie** w (~; -) Röntgenlichtbildnerei; EW: **radiographisch**; **Radio|indikatoren** M Stoffe mit einem radioaktiven Isotop, das sie konstant erkennbar erhält (= Tracer); **Radio|isotop** s (~s; ~e) radioaktive Variante eines Elements; **Radio|jodtest** m (~s; ~s) Schilddrüsentest mit radioaktiv angereichertem Jod; **Radiokarbonmethode** w (~; -) Altersbestimmung durch Messung eines noch vorhandenen radioaktiven Kohlenstoffisotops; **Radiokompaß** m (-sses; -sse) Flugpeilgerät; **Radiolari|e** w (~; ~n) Strahlentierchen; **Radiologe** m (~n; ~n) Facharzt für Strahlentherapie; w. abstr. s.: **Radiologie** (~; -); EW: **radiologisch**; **Radio|lumineszenz** w (~; -) Leuchterscheinung durch Radioaktivität; **Radiolyse** w (~; ~n) ↻ alle durch ionisierende Strahlen entstandenen Zerfallserscheinungen; EW: **radiolytisch**; **Radiometer** s (~s; ~) Lichtmühle; Nachweisgerät für Ultrarotstrahlen; w. s.: **Radiometrie** (~; -); EW: **radiometrisch**; **Radionavigation** w (~; ~en) Funkortung; **Radio|nuklid** s (~s; ~e) radioaktiver Atomkern mit gleicher Massen-, Kernladungszahl und Energie; **Radiophonie** w (~; -) (lat.-gr.) drahtloses Fernsprechen; **Radioquelle** w (~; ~n) Weltraumerscheinung, die elektromagnet. Strahlen auf Radiofrequenz ausstrahlt; **Radiorecorder** m (~s; ~) tragbares Radiogerät mit Kassettendeck; **Radioskopie** w (~; -) = → Röntgenoskopie; **Radiosonde** w (~; ~n) unbemannter Meßsatellit; **Radiosturm** m (~[e]s; -stürme) verstärkte Sonnenaktivität mit starker Strahlung im Radiofrequenzbereich; **Radiotechnik** w (~; -) Funktechnik; m. s.: **Radiotechniker** (~s; ~); EW: **radiotechnisch**; **Radiotelegraphie** w (~; -) drahtloser Funk; EW: **radiotelegraphisch**; **Radiotelephonie** w (~; -) drahtloses Fernsprechwesen; EW: **radiotelephonisch**; **Radioteleskop** s (~s; ~e) Hohlspiegel für Radioastronomie; EW: **radioteleskopisch**; **Radiotherapie** w (~; -i|en) ⚕ Heilung durch Strahlen; EW: **radiotherapeutisch**; **Radiotom** s (~s; ~e) elektrisches Messer, das Blutungen verhindert.
Radium s (~s; -) (lat.) radioaktives Erdalkalimetall; **Radium|emanation** w (~; -) ein Edelgas; **Radiumstandard** m

Radiumtherapie

(~s; –) strahlungsstabiles radioaktives Präparat für Eichungen; **Radiumtherapie** w (~; –) ⚕ Heilbehandlung mit Radiumstrahlen; EW: **radiumtherapeutisch**.

Radius m (~s; -di|en) (lat.) ⚕ Unterarmspeiche; ⚔ Halbmesser; M: Strahlen (von Fischflossen, Vogelfedern usw.); **Radiusvektor** m (~s; ~en) ⚔ Leitstrahl eines Punktes.

Radix w (~; -dices) (lat.) ⚕ Heilmittel aus Wurzeln; ⚕ Rückenmarksnervenwurzeln; **radizieren** ZW (-rte, -rt) ↗ ⚔ Wurzel ziehen.

Radök m (~s; ~s) ∉ radikaler („Grüner") **Ökologe**.

Radome s (~s; –) (am.) [*reido*"*m*] Witterungsschutz für Antennen (Radargeräte).

Radon s (~[e]s; ~e) (lat.-gr.) ⊕ Edelgas, Radiumemanation (∉ *Rn*).

Raffinade w (~; ~n) (fr.) gereinigter Zucker; **Raffinage** w (~; ~n) [-*nâsch*] Veredelung durch Läuterung; **Raffinal** s (~s; –) (∉ **raffin**iertes **Al**uminium) hochreines Aluminium (zu 99,99 %); **Raffinat** s (~[e]s; ~e) geläutertes Produkt; **Raffination** w (~; ~en) Stoffreinigung, -veredelung; **Raffinement** s (~s; ~s) [-*mañ*] höchst überlegtes, zweckmäßiges Vorgehen; **Raffinerie** w (~; -i|en) Fabrik zur Reinigung (Veredlung) von Naturstoffen; **Raffinesse** w (~; –) Durchtriebenheit; Überfeinerung; **Raffineur** m (~s; ~e) [-*nôr*] Holzschleifmaschine; **raffinieren** ZW (-rte, -rt) ↗ (Natur-, Kunststoffe) reinigen, veredeln; MW: **raffiniert** durchtrieben; **Raffinierstahl** m (~s; -stähle) veredelter legierter Stahl; **Raffinose** w (~; –) ⊕ Kohlehydrat in Zuckerrübenmelasse.

rafraichieren ZW (-rte, -rt) (fr.) [-*fräsch*-] ↗ mit kaltem Wasser abschrecken.

Raft s (~s; ~s) (e.) Treibholz|insel.

Rag (e.) [*räg*] ∉ = **Rag**time.

Rage w (~; ~n) (fr.) [*räsche*] Wut (*in R. geraten*).

Ragging s (~s; ~s) (e.) [*räggiñ*] Halten des (Eishockey-)Pucks in den eigenen Reihen.

Ragione w (~; ~n) (it.) [*radschô*-] eingetragene Handelsfirma.

Raglan m (~s; ~s) (e., nach dem Feldherrn Lord *Raglan*, 1788–1855) [auch: *räglen*] Wettermantel mit weitgeschnittenen Ärmeln; schräger Ärmelansatz.

Ragout s (~s; ~s) (fr.) [*ragû*] Fleischstückchen in Würzsoße (*Ragoût fin* [-*fäñ*] feine Pastetenfüllung).

Ragtime m (~; –) (am., = zerrissener Takt) [*rägtaim*] ♪ synkopisch verschobener Jazzrhythmus; m (~s; ~s) Musizieren (Tanz) in diesem Rhythmus.

Raid m (~s; ~s) (e.) [*rê*ᵈ*d*] ⚔ begrenzte Operation.

Raigras s (~es; -gräser) (e.-d.) Futterhafer; Grasarten.

Raillerie w (~; -i|en) (fr.) [*räje*-] Scherz; Spötterei.

Ra|is m (~; ~e) (ar.) (Präsidenten-)Titel; Träger desselben.

rajolen ZW (-lte, -lt) (fr.) ↗ Boden umgraben.

Rakete w (~; ~n) (gr.-it.) durch Gasrücktrieb bewegtes Geschoß; Feuerwerkskörper; **Raketen|apparat** m (~[e]s; ~e) Gerät zum Abschießen einer Rettungsrakete; **Raketenbasis** w (~; -sen) ⚔ Raketenabschußanlage; **Raketenmotor** m (~s; ~en) Brennkammer und Düse als Raketenantrieb.

Rakett s (~[e]s; ~e/~s) (ar.-fr.-e.) = → **Rackett**.

rallentando (it.) ♪ langsamer werdend.

ralli|ieren ZW (-rte, -rt) ↗ (fr.) wieder vereinen.

Rallye w (~; ~s) (e.) [*relli*] Autosternfahrt mit Leistungstests; **Rallye-Cross** s (~-~; ~-~) Autowettfahrt im Gelände.

Ramadan m (~s; –) (ar.) mohammedan. Fastenmonat.

Ramagé m (~; ~s) (fr.) [-*schê*] Gewebe mit Rankenmuster.

Raman-Effekt m (~-~[e]s; ~-~e) (i. Physiker 19./20. Jh.) Frequenzverschiebung des Lichts bei Streuung an Molekülen.

Ramasit s (~s; ~e) (KuW) undurchlässiges Gewebe.

Rambas m (~; –) (fr.) saurer Wein.

Rambouilletschaf s (~[e]s; ~e) (fr.) [*rañbûjê*-] feinwolliges Schaf.

Rambur m (~s; ~e) (fr.) Apfelsorte.

Ramie w (~; -i|en) (mal.) Glanzfaser der **Ramiepflanze** w (~; ~n) ⊕ Nesselgewächs.

Ramifikation w (~; ~en) (lat.) ⊕ Verzweigung; ZW: **ramifizieren** (-rte, -rt) ↗ ⊕.

Ramming s (~s; ~s) (e.) [*räm*-] ⚓ Zusammenstoß.

ramollieren ZW (-rte, -rt) ↗ (fr.) Glas erweichen.

Rampe w (~; ~n) (fr.) schiefe Ebene; Verladebühne; steigende Fahrbahn; Lampenreihe an der Vorderbühne.

Rampes = → **Rambas**.

ramponiert EW (fr.) beschädigt.
Ramsch m (~[e]s; ~e) (lat.-fr.) Skatspielart; (heb.) Plunder; minderwertige Ware; vom Zaun gebrochener Streit (ZW: **ramschen** [-mschte, geramscht] ↗ ↙; *auch:* ↗ minderwertige Ware aufkaufen; ↙ Ramsch spielen); **Ramschladen** m (~s; -läden) (lat.-fr.-d.) Geschäft mit **Ramschware** w (~; ~n) (lat.-fr.-d.) Ausschußware.
Ranch w (~; ~[e]s) (am.) [*råntsch*] Viehfarm; **Rancher** m (~s; ~) [*råntscher*] Viehzüchter (auf einer Farm); **Rancho** m (~s; ~s) (sp.) [-*tscho*] südam. Hütte, Farmplatz.
Rand m (~s; ~) (e.) [*ränd*] e. Garnmaß (= 1645,92 m); südafr. Währungseinheit.
Randal m (~s; ~e) (KW?) Lärm; **randalieren** ZW (-rte, -rt) ↙ (pseudofr.) lärmen; **Randalierer** m (~s; ~) Demonstrant; Aufsässiger.
Random sample s (~ ~s; ~ ~s) (e.) [*rändom ßämpel*] zufallsgesteuerte Stichprobe; ZW: **randomisieren** (-rte, -rt) ↗.
Rang m (~[e]s; Ränge) (g.-fr.) Berufsstellung; Zuschauergalerie; Lottogewinnklasse.
Ranger m (~s; ~s) (gr.-fr.-am.) [*rändscher*] berittener Polizist; ⚔ Spezialist für Stoßtrupp-, Sondereinsätze (im besetzten Gebiet).
rangieren ZW (-rte, -rt) ↗ (fr.) [*rañschi̱-*] eingeordnet sein; ↗ Züge zusammenstellen (mit der **Rangierlokomotive** w [~; ~n] [*rañschi̱r*-] ordnen).
Ranküne w (~; ~n) (fr.) Heimtücke, Gehässigkeit ↓.
Ranunkel w (~; ~n) (lat.) ⚘ Hahnenfußgewächs; **Ranunkulaze|e** w (~; ~n) ⚘ Pflanze aus der Familie der Hahnenfußgewächse.
Raney-Metalle M (nach Erfinder) auf chem. Wege pulverisierte Metalle.
Rapé m (~s; ~s) (fr., = zerrieben) [-*pe̱*] Schnupftabak.
Raphia w (~; -i|en) (gr.) ⚘ afr. Nadelpalme; **Raphiden** M ⚘ Kristallnadeln in Zellen.
rapidamente (it.) ♪ schnell; **rapid(e)** EW (lat.) sehr schnell; w. absth. s..
Rapidität (~; -); **rapido** ♪ sehr schnell.
Rapier s (~s; ~e) (fr.) schlanker Degen; **rapieren** ZW (-rte, -rt) ↗ (fr.) Tabak zu Schnupftabak zerstoßen; Fleisch säubern.
Rapilli M (lat.-it.) = → Lapilli.
Rapping s (~s; -) (am.) [*räpp*-] schneller Singsang mit amüsanten Texten.

Rappomacher m (~s; ~) (it.-d.) fliegender Händler mit überhöhten Preisen (und späterem Preisnachlaß).
Rapport m (~s; ~e) (fr.) (bes. ⚔) Meldung, (regelmäßige) Berichterstattung *(R. erstatten)*; Kontakt zwischen Medium und Hypnotiseur; sich wiederholendes (Teppichmuster-)Motiv; m. s.: **Rapporteur** (~s; ~e) [-*tö̱r*-]; **rapportieren** ZW (-rte, -rt) ↙ ↗ melden; zurückbringen; ständig wiederholen.
Rapprochement s (~s; ~s) (fr.) [*rapproschmañ*] Versöhnung; Annäherung aneinander.
Raptus m (~; ~) (lat.) plötzlicher Wutanfall; ⚕ plötzlicher Anfall von Geistesgestörtheit; ⚢ **Raps** m (~es; ~e).
Rapunzel w (~; ~n) (lat.) ⚘ Feldsalat.
Rapuse w (~; ~n) (tsch.) Wirrwarr; Raub; Kartenspiel.
rar EW (lat.) selten *(sich r. machen; R.a avis* w [~ ~; -] [-*w*-] Seltenheit).
Rarebits M (e.) [*rärbitz*] Käsetoasthappen.
Rarefikation w (~; ~en) (lat.) Verdünnung; ⚕ Gewebe-, Knochenschwund, = **Rarefizierung** w (~; ~en); **rarefizieren** ZW (-rte, -rt) ↙ verdünnen, schrumpfen; **Rarität** w (~; ~en) Seltenheit.
rasant EW (fr.) gestreckt; (falsch für:) sehr schnell, rasend; **Rasanz** w (~; -) Gestrecktheit der Flugbahn; große Geschwindigkeit.
Rasch m (~es; ~e) (nach dem fr. ON *Arras*) Wollstoffart; **Raschelmaschine** w (~; ~n) Gardinenwirkmaschine.
Raser m (~s; -) (am. KW, ⚢ ratio amplification for stimulated emission of radiation) chem. Radiowellenverstärker.
Raseur m (~s; ~e) (fr.) [-*sö̱r*] Bartscherer.
Rash m (~s; ~s) (e.) [*räsch*] ⚕ Ausschlag vor Windpockenausbruch.
rasieren ZW (-rte, -rt) ↗ (fr.) (Bart-) Haare mit Gerät entfernen *(naß r. mit Seife u. Hobel; trocken r mit elektr. Gerät);* betrügen, Geld stehlen.
Räson w (~; -) (fr.) [-*sọñ*] Einsicht *(jmdn. zur R. bringen, ihm R. beibringen),* **räsonabel** EW (lat.) vernünftig ↓; **Räsoneur** m (~s; ~e) [-*nö̱r*] Schwätzer; Schimpfer; ständiger Meckerer; **räsonieren** ZW (-rte, -rt) ↙ nörgeln; **Räsonnement** s (~s; ~s) [*räsonnmañ*] Erwägung; Vernünftelei ↓.
Raspa w (~; -s), m (~s; ~s) (sp.) Gesellschaftstanz.
Rasse w (~; ~n) (it.-fr.) ungeklärter anthropologischer Ordnungsbegriff;

edle Art; **rassig** EW von edler Art; **rassisch** EW Rassen...; **Rassismus** m (~; –) Befangenheit im Rassendenken; EW: **rassistisch**.

Rastel s (~s; ~) (it.) Drahtgitter; Messerbänkchen.

Raster m, s (~s; ~) (lat.) Platte mit rechtwinkligen Linien zur Auflösung der Farbwerte in Punkte; Bildschirmfläche; ☐ Gitterliniennetz; ZW: **rastern** (-rte, gerastert) ↗; **Raster(elektronen)mikroskop** s (~s; ~e) elektron. stark vergrößerndes Gerät mit ausgezeichnetem Bild; **Rastertunnelmikroskop** s (~s; ~e) vergrößert millionenfach, auch Chips; **Rastral** (~s; ~e) (lat.) ♪ fünfzikiges Gerät zum Notenziehen; ZW: **rastrieren** (-rte, -rt) ↗.

Rasur w (~; ~en) (lat.) Bartentfernung; Schrifttilgung.

Rät = → **Rhät**.

Rate w (~; ~n) (lat.) Anteil (*auf, in R.n* nach und nach); abzuzahlender Betrag; **Rates** M (e.) [*reitß*] Werbezeitpreise bei Funk und Fernsehen.

Ratifikation w (~; ~en) (lat.) Genehmigung (*R. eines Vertrages* Inkraftsetzung durch das Parlament); **ratifizieren** ZW (-rte, -rt) ↗ (Vertrag) genehmigen; in Kraft setzen; w. s.: **Ratifizierung** (~; ~en).

Ratiné m (~s; ~s) (fr.) mit Kamelhaar gemischte Kräuselwolle; ZW: **ratinieren** (-rte, -rt) ↗.

Rating s (~s; –) (e.) [*rei-*] Beurteilung; Umfrage nach Beliebtheit (einer Sendung) = **Ratingmethode** w (~; ~n); **Ratingskala** w (~; -len) in gleiche Abstände unterteilte Strecke als Bewertungsgrundlage.

Ratio w (~; –) (lat.) Vernunft; Berechnung; Überlegung; methodisches Denken; **Ration** w (~; ~en) Zuteilung; errechneter Teil (*eiserne R.* ✕ Verpflegung für den äußersten Notfall); **rational** EW vernünftig (*r.e Zahl* kann als Bruch mit ganzzahligem Nenner u. Zähler geschrieben werden); **Rationale** s (~s; ~s) † bischöflicher Schulter-Rücken-Bekleidungsteil; **Rationalisator** m (~s; -toren) wer (im Betrieb) die Rationalisierung durchführt; **rationalisieren** ZW (-rte, -rt) ↗ vernünftig ordnen; dem Arbeitsbetrieb anpassen; wirtschaftlich arbeiten lassen; **Rationalisierung** w (~; ~en) planmäßige Gestaltung wirtschaftlicher Vorgänge (Einrichtungen); nachträgliche Rechtfertigung; **Rationalismus** m (~; –) Überzeugung, daß, was ist, auch gedacht werden kann; Überzeugung, daß bes. die Vernunft zur Erkenntnis befähigt ist; m. s.: **Rationalist** (~en; ~en); w. s.: **Rationalistin** (~; ~nen); EW: **rationalistisch**; **Rationalität** w (~; –) ⚔ Ausdrückbarkeit auch durch einen Bruch; **Rationalprinzip** s (~s; -i|en) wirtschaftl. Grundsatz rein vernünftigen Vorgehens; **rationell** EW zweckmäßig; sparsam; ordnungsgemäß; **rationieren** ZW (-rte, -rt) ↗ (lat.) zu-, einteilen; **Rationierung** w (~; ~en) Verteilungsplan für verknappte Güter.

Ratonkuchen m (~s; ~) (fr.-d.) Napfkuchen.

Ratt s (~s; –) (jidd.) Geldstück.

Rattan s (~s; ~e) (mal.) Rohr der Rotangpalmen für Korbwaren, -möbel.

Räuberpistole w (~; ~n) (d.-tsch.) Lüge(ngeschichte).

Raum|akustik w (~; –) (d.-gr.-lat.) (Feststellung der) Hörsamkeit von Räumen; **Raumsonde** w (~; ~n) unbemannter Raumflugkörper; **Raumstation** w (~; ~en) im Weltall auf Dauer befindlicher Flugkörper zum Andocken von Raumtransportern.

Rausch|narkose w (~; ~n) (d.-gr.) ⚕ kurzanhaltende Narkose (= **Rausch** m [~[e]s; Räusche]).

ravagieren ZW (-rte, -rt) (fr.) [-*sch*-] ↗ verwüsten ↓.

Raviler s (~s; ~s) (fr.) [*rawjê*] längliche Salatschüssel.

Ravioli M (it.) gefüllte Nudeln, Maultäschchen.

ravvivando EW (lat.-it.) [-*wiw-*] ♪ beschleunigt.

Rayé m (~s; ~s) (fr.) [*räjê*] gestreiftes Gewebe; **rayé** EW (fr.) [*räjê*] gestreift ←.

Raygras = → Raigras.

Rayon[1] m (~s; –) (e.) [*rêjon*] = → Reyon.

Rayon[2] m (~s; ~s) (fr.) [*räjoñ*] Bezirk; Warenhausabteilung; r. Landkreis; **Rayonchef** m (~s; ~s) [*räjoñscheff*] Abteilungsleiter; **rayonieren** ZW (-rte, -rt) ↗ (ins Meßtischblatt) einzeichnen; rationieren; **Rayonnement** s (~s; ~s) [*räjonn|mañ*] Ausstrahlung.

razemos, -mös EW (lat.) wie eine Traube.

Ražnjići M (serb.) [*raschnjitschi*] Fleischspießchen.

Razzia w (~; -zzi|en) (ar.) große Polizeistreife.

Reader m (~s; ~) (e.) [*rîder*] Sammelband mit Aufsätzen.

ready EW (am.) [*räddi*] bereit, fertig;

Ready Mades M (e.) [*räddi mé¹dz*] zur „Kunst" verfremdete Gegenstände.
Reagens s (~; -enzi|en), **Reagenz** s (~[es]; ~i|en) (lat.) ᴛ͡ Stoff, der auf Wirkung eines andern Stoffes in bestimmter Weise reagiert; **Reagenzglas** s (~es; -gläser) schmales Laborglas zum Probieren; **reagieren** ZW (-rte, -rt) ⟋ eingehen auf etw.; ᴛ͡ eine Reaktion eingehen; **Reakt** m (~[e]s; ~e) Antworthandlung auf Umweltverhalten; **Reaktant** m (~en; ~en) ᴛ͡ (auf anderen) reagierender Stoff; **Reaktanz** w (~; ~en) Wechselstromwiderstand; **Reaktanzrelais** s (~; ~) (lat.-fr.) [*-lä*] Blindwiderstandschaltung; **Reaktion** w (~; ~en) Rückwirkung; an der Vergangenheit orientierte Haltung; entgegengesetzte Kraft eines Körpers; ᴛ͡ Vorgang, der unter stofflicher Veränderung erfolgt; $ Reizverhalten; **reaktionär** EW rückschrittlich; m. s.: **Reaktionär** (~s; ~e); **Reaktionsentropie** w (~; -i|en) Wärmeentwicklung der entstehenden Stoffe bei einer chem. Reaktion; **Reaktionsgeschwindigkeit** w (~; ~en) Konzentrationsänderung eines Stoffes in einer Reaktion (pro Sek.); **Reaktionsgleichung** w (~; ~en) Darstellung eines Reaktionsverlaufs als chem. Gleichung; **Reaktionsguß** m (~gusses; -güsse) Verfahren, Kunststoffteile herzustellen; **Reaktions|harze** M reaktionsfähige Kunststoffe, die durch Zusätze erhärten; **Reaktionsmotor** m (~; ~en) Rückstoßmotor; **Reaktionsnorm** w (~; ~en) übliche Antwort auf das Verhalten der Umwelt; **Reaktionszeit** w (~; ~en) Zeit, bis sich eine Assoziation einstellt; **reaktiv** EW rückwirkend; seelisch bedingt; auf indirektem Wege; **Reaktiv** s (~s; ~e) unmittelbare Antwort auf Umwelteinflüsse; **reaktivieren** ZW (-rte, -rt) ⟋ wieder in Dienst stellen; ᴛ͡ wieder umsetzungsfähig machen; **Reaktivität** w (~; ~en) Maßzahl zur Angabe des Betriebszustandes von Kernreaktoren; **Reaktor** m (~s; -toren) Anlage zur Nutzung von Kernenergie und zur Gewinnung von Zerfallprodukten; **Reaktordynamik** w (~; -) zeitl. Veränderungen der Reaktivität von Kernreaktoren und deren Ursachen; **Reaktorphysik** w (~; -) Teil der Kernphysik.
real EW (lat.) wirklich, sachlich (Ggs.: *ideal*) (r.e Stimme ♪ mit eigener melodischer Bedeutung); **Real|akt** m (~[e]s; ~e) auf ein Grundstück zielende Gerichtshandlung; **Realdefinition** w (~; ~en) Begriffsbestimmung (Ggs.: *Nominaldefinition*); **Realdialektik** w (~; ~en) Entstehung der Gegensätze im realen Wirklichkeitsverlauf; **Real|einkommen** s (~s; ~) Wert der Bezahlung nach durch Preisindex bereinigtem Nominaleinkommen (nach der Kaufkraft); **Realen** M letzte Seinsfaktoren; **Real|enzyklopädie** w (~; -i|en) Sachwörterbuch; **Realgymnasium** s (~s; -si|en) neusprachl. Oberschule ⬇; **Reali|e** w (~; ~n) Gegenstand; **Real|index** m (~; -dizes) Sachregister.
Realignment s (~s; ~s) (am.) [*rí|elain-*] multilaterale Neuordnung der Wechselkurse (1971).
Real|injuri|e w (~; ~n) (lat.) Beleidigung durch Angriff oder Beschimpfung; **Realisation** w (~; ~en) Umwandlung in Geld; = → Realisierung; **Realisations|prinzip** s (~s; -i|en) Gewinne sind erst auszuweisen, wenn sie realisiert worden sind; **Realisator** m (~s; -toren) geschlechtsbildender Faktor; Berater einer wissenschaftl. Fernsehsendung; **realisieren** ZW (-rte, -rt) ⟋ verwirklichen; verstehen; Ding in Geld umsetzen; w. abstr. s.: **Realisierung** (~; ~en); **Realismus** m (~; -) Überzeugung: auch außerhalb des menschl. Bewußtseins gibt es eine erkennbare Wirklichkeit; Überzeugung: auch die Begriffe sind real; Verzicht auf Wunschvorstellungen; ☐ Wirklichkeitskunst; m. s.: **Realist** (~en; ~en); w. abstr. s.: **Realistik** (~; -); EW: **realistisch**; **Realität** w (~; ~en) etwas, alles Wirkliche(s), Daseiende(s) (Ggs.: *Idealität*); M: Grundeigentum; **realiter** UW wirklich; **Realkapital** s (~[e]s; ~i|en) Kaufkraftwert; **Realkatalog** m (~s; ~e) Sachkatalog; **Realkonkurrenz** w (~; ~en) mehrere gleichzeitig abgeurteilte Straftaten; **Realkontrakt** m (~[e]s; ~e) Vereinbarung, die erst durch die Übergabe der betr. Sache wirksam wird; **Realkredit** m (~[e]s; ~e) gegen Sachsicherheit gewährte Wertüberlassung; **Real|lexikon** s (~s; -ka) Sachwörterbuch; **Real|lohn** m (~[e]s; -löhne) Nettolohn; **Real|obligation** w (~; ~en) Pfandbrief; **Realpolitik** w (~; -) Tatsachenpolitik; m. s.: **Realpolitiker** (~s; ~); EW: **realpolitisch**; **Realrepugnanz** w (~; -) einer der echten Widerstreit (Ggs.: *logischer Widerspruch*); **Realschule** w (~; ~n) Mittelschule; **Real|steuer** w (~; ~n) Steuer auf Sachwerte; **Real-time-Verfahren** s (~-~-~s; ~-~-~) (e.) [*ríltaim-*] unmittelbare Verarbeitung eingegebener

Real|union

Daten (EDV); **Real|union** w (~; ~en) Verbindung oberster Staatseinrichtungen mehrerer Staaten; **Realwert** m (~[e]s; ~e) wirklicher Wert.

re|amateurisieren ZW (-rte, -rt) (lat.) ↗ Berufssportler wieder in den Amateurstatus versetzen.

Reanimation w (~; ~en) (lat.) ⚕ Wiederbelebung; ZW: **reanimieren** (-rte, -rt) ↗.

Reassekuranz w (~; ~en) (lat.) Rückversicherung.

Reaumur s (~s; ~) (fr., nach dem Gelehrten F. de *Réaumur,* seit 1730) [r*ê*ômûr] Wärmegrad.

Rebbach m (~s; –) (jidd.) Gewinn *(einen R. machen);* **Rebbes** m (~; –) Gewinn.

Rebell m (~en; ~en), = **Rebelle** m (~n; ~n) (lat.) Aufrührer; ZW: **rebellieren** (-rte, -rt) ↙; **Rebellion** w (~; ~en) (lat.) Aufruhr; EW: **rebellisch**.

Rebound m (~s; ~s) (e.) [*ribaund*] vom Brett abprallender Basketball; Einschießen eines zurückprallenden Balles.

Rebus m, s (~; ~se) (lat.) Bilderrätsel.

rebus sic stantibus (lat.) nach Lage der Dinge.

Recall m (~s; –) (am.) [*rikôl*] Taste von Rechnern, um einen Speicherinhalt anzuzeigen; **Recall-Test** m (~-~s; ~-~s) Erprobung der Erinnerungswirkung von Anzeige oder Produkt.

Récami|er s (~s; ~s) (nach einer fr. Schriftstellerin, 1777–1849) [*rêkamjê*] Liegesofa.

Receiver m (~s; ~) (e., = Empfänger) [*riβîwer*] Radio|empfänger und Verstärker in einem Gerät; Rückhandball.

Rechaud m, s (~s; ~s) (fr.) [*reschô*] Wärmeplatte; Gaskocher.

Recherche w (~; ~n) (fr.) [*rescherche*] Nachforschung; ZW: **recherchieren** (-rte, -rt) [*rescherschî*-] ↗ ↙; m. s.: **Rechercheur** (~s; ~e) [*rescherschôr*].

recipe (lat.) ⚕ nimm! (auf Rezepten; ∉ *Rp., Rec.*).

recitando (it.) [-*tschi*-] ♪ wie eine Erzählung; **Recital** s (~s; ~) (e.) [*riβeitl*] ♪ Virtuosenkonzert; Einmannprogramm.

Recognition Test m (~ ~s; ~ ~s) (e.) [*rekognischn*-] Erprobung der Erinnerungswirkung von Anzeige oder Produkt.

Recorder m (~s; ~) (lat.-fr.-e.) [*rik*-] Abspielgerät (Tonband, Plattenspieler); Ton|aufnahme- und Wiedergabegerät; Funkschnellschreiber; Undulator.

Recycling s (~s; –) (am.) [*riβaikliñ*] Wiederverwertung von Abfall; Rückführung der Bezahlung für Erdöl in die importierenden Länder.

Redakteur m (~s; ~e) (lat.-fr.) [-*tôr*] Schriftleiter; **Redaktion** w (~; ~en) (lat.) Schriftleitung(sbereich, -sraum); EW: **redaktionell**; **Redaktor** m (~s; -toren) kritischer Herausgeber von Sammelwerken (Fernsehdarbietungen); **Redaktrice** w (~; ~n) [-*triβe*] Schriftleiterin.

Red fir s (~ ~; –) (e.) [*rädför*] Holz der kalifornischen Rot|tanne.

Red|emptorist m (~en; ~en) (lat.) † Mitglied eines kath. Missionsordens.

Redgumholz s (~es; –) (e.) [*rädgam*-] Holz des austr. Rotgummibaumes.

redhibieren ZW (-rte, -rt) ↗ (lat.) gegen Kaufpreiserstattung zurücknehmen; w. abstr. s.: **Redhibition** (~; ~en); **redhibitorisch** EW wegen fehlerhafter Beschaffenheit umzutauschen (-wandeln) *(r.e Klage).*

redigieren ZW (-rte, -rt) ↗ (lat.) (als Herausgeber) druckfertig machen.

Redingote w (~; ~n) (e.-fr.) [*redäñgôt*] taillierter, glockiger Damenmantel.

Red|integration w (~; ~en) (lat.) Wiederergänzung ↓; nach einem Krieg wieder geltender Vertrag.

Re|diskont m (~s; ~e) (lat.) Notenbankdiskont für diskontierte Wechsel; ZW: **rediskontieren** (-rte, -rt) ↗; **Rediskontierung** w (~; ~en) Ankauf eines bereits privat angekauften Wechsels durch eine Staatsbank.

Redistribution w (~; ~en) (lat.) Besteuerung der hohen und Stützung der niedrigen Einkommen.

redivivus EW (lat.) wieder belebt (erneuert).

Redon w (~; –) (KuW) Kunstfaser.

Redopp m (~s; ~s) (fr.) Reitgang mit 2 Hufschlägen (Hohe Schule).

Redoute w (~; ~n) (fr.) [*redût*] Tanzgesellschaft, Maskenball ↓; ⚔ Schanze ↓.

Red|oxysystem s (~s; –) (KW) ⊙ Verfahren, einen Stoff zu **ox**idieren, einen andern zu **red**uzieren.

Red Power w (~ ~; –) (am.) [-*pauer*] Autonomiebewegung der nordam. Indianer.

Redressement s (~s; –) (lat.-fr.) [-*mañ*] ⚕ Brucheinrenkung; orthopädische Behandlung der Extremitäten.

Reduktase w (~; ~n) (lat.) reduzierendes Enzym in Rohmilch; **Reduktion** w (~; ~en) ⊙ Entfernung von Sauerstoff; ⚕ Rückführung eines gebrochenen Gliedes in die Normallage; Minderung; ⊕ Rückbildung; Rückführung auf *ein* Prinzip; Rückführung von etwas Schwierigem auf etwas Einfaches (z. B. auf einen einfacheren Ausdruck); **Reduktionismus** m (~; –) Verallgemeinerung, ohne die Verzahnung von Einzelheiten zu berücksichtigen; **Reduktions|mittel** s (~s; ~) Atom, das bei Reaktionen Elektronen abgibt; Verbindung mit solchen Atomen; **Reduktions|ofen** m (~s; -öfen) sauerstoffarmer Schmelzofen zur Metalläuterung; **Reduktions|teilung** w (~; ~en) Kernteilung vor der Bildung von Geschlechtszellen; **Reduktions|zirkel** m (~s; ~) Stellzirkel zur Streckenübertragung; **Reduktor** m (~s; -toren) Glimmlampe zur Herabsetzung gleichstromiger Netzspannung; ⚡ Einrenkgerät; Klingeltransformator.

redundant EW (lat.) sehr reichlich; im Überfluß; **Redundanz** w (~; ~en) Information mit mehreren (überflüssigen) sprachlichen Mitteln; Überfluß.

Reduplikation w (~; ~en) (lat.) Verdopplung (Wörter, Silben, Silbenteile); ZW: **reduplizieren** (-rte, -rt) ↗.

Reduzent m (~en; ~en) (lat.) Organismus, der organ. in anorgan. Stoffe umwandelt; **reduzibel** EW (lat.) ⋖ zerlegbar; **reduzieren** ZW (-rte, -rt) ↗ verringern; ⋖ Gleichung auf Normalmaß zurückführen; ⋖ Zahlenwerte richtigstellen und auf Vergleichsgrößen beziehen; **reduziert** EW geschwächt; **Reduzierventil** s (~s; ~e) Leitungsventil zur Dampf-, Flüssigkeitsdruckminderung.

Redwood s (~s; –) (e.) [*rädwûd*] Rotholz.

Re|education w (~; –) (e.) [*ri|êdjukê'schn*] Aufklärung über den Nationalsozialismus (durch die Alliierten).

Reefer m (~s; ~) (am.) [*rî-*] Drogenzigarette.

re|ell EW (fr.) zuverlässig (*r.e Zahlen* können im Dezimalsystem geschrieben werden), zu verwirklichen; w. s.: **Re|ellität** (~; –).

Re|entry w (~; -tries) (e.) [*rî|äntrî*] Rückkehr aus dem Drogenrausch.

reesen ZW (-ste, gereest) ↙ (e.) ⚓ übertreiben.

Re|evolution w (~; ~en) (lat.) ⚡ Rückkehr aus Trance (Epilepsie).

Re|export m (~s; ~e) (lat., KuW) Ausfuhr importierter Güter.

Refait s (~s; ~s) (lat.-fr.) [*refä*] unentschiedenes Spiel.

Refakti|e w (~; ~n) (lat.-nl.) Abzug bei schadhafter Ware; Umsatzrabatt der Eisenbahn bei Frachtaufträgen; ZW: **refaktieren** (-rte, -rt) ↗.

Refektorium s (~s; -ri|en) (lat.) † klösterlicher Speisesaal.

Referat s (~[e]s; ~e) (lat.) Bericht; **Referate|organ** s (~s; ~e) period. Fachveröffentlichung mit Zusammenfassungen wesentlicher Publikationen; **Referendar** m (~s; ~e) unterste Rangstufe der höheren Beamtenlaufbahn; **Referendariat** s (~[e]s; ~e) Vorbereitungsdienst für höhere Beamte; **Referendum** s (~s; -da/-den) Volksentscheid; **Referent** m (~en; ~en) Sachbearbeiter; Berichterstatter; **Referenz** w (~; ~en) Auskunft; Empfehlung; **Referenz|periode** w (~; ~n) Zeitraum, auf den man sich bezieht; **referieren** ZW (-rte, -rt) ↙ ↗ vortragen, berichten.

Refinanzierung w (~; ~en) (lat.) Kreditaufnahme als Voraussetzung zur Kreditvergabe.

Reflation w (~; ~en) (lat.) Bekämpfung einer → Deflation durch eine mäßige → Inflation; **reflationär** EW den Geldumlauf erhöhend.

Reflektant m (~en; ~en) (lat.) Bewerber; Kauf-, Mietlustiger; **reflektieren** ZW (-rte, -rt) ↗ spiegeln; erwägen, in Betracht ziehen; erstreben; **Reflektor** m (~s; -toren) (lat., = Rückstrahler) Spiegel hinter einer Lichtquelle; Spiegelfernrohr; Bündelanlage für elektromagnetische Wellen; **reflektorisch** EW durch Reflex entstanden; unwillkürlich; **Reflex** m (~es; ~e) Rückstrahlung; Nervenreaktion ohne Einfluß des Gehirns; automatische Reizwirkung; **Reflexion** w (~; ~en) prüfendes Nachdenken über etwas; Hinwendung des Bewußtseins auf sich selbst; Strahlen-(Wellen-)Zurückwerfen; **reflexiv** EW rückbezüglich (*r. es Zeitwort*); **Reflexiv** s (~s; ~e) rückbezügliches Fürwort, = **Reflexivpronomen** s (~s; -mina), = **Reflexivum** s (~s; -va); **Reflexologie** w (~; –) Lehre von der Reflexion; EW: **reflexologisch**; **Reflexzunenbehandlung** w (~; -i|en) Fußmassage, um andere Körperteile zu stimulieren.

Reflux m (~es; –) (lat.) ⚡ Rückfluß.

Reform w (~; ~en) (lat.) (verbessernde) Umgestaltung; **Reformation** w (~; –) † Begründung des Protestantismus; **Reformator** m (~s; -toren) Umgestalter († der Kirche); EW: **reformatorisch**; ZW: **reformieren** (-rte, -rt) ↗ ändern, umformen (*reformierte Kirche*); **Reformer** m (~s; ~) wer eine

Verbesserung anstrebt (durchführt); EW: **reformerisch**; **Reformhaus** s (~es; -häuser) Geschäft mit gesunder Kost; **reformieren** ZW (-rte, -rt) ↗ verbessern; erneuern; ⚙ die Oktanzahl von Benzinen steigern; **reformiert** EW † protestantisch nach Calvin und Zwingli; m. s.: **Reformierte** (~n; ~n); **Reformingverfahren** s (~s; ~) Verbesserung der Oktanzahl von Treibstoffen durch katalyt. Molekülumlagerung; **Reformismus** m (~; –) Überzeugung, das Ziel (der kommun. Partei) sei durch Reformen zu erreichen (K. Marx, 1852); Verbesserungsbewegung; m. s.: **Reformist** (~en; ~en); EW: **reformistisch**; **Reformkatholizismus** m (~; –) † Versuch einer Modernisierung der kath. Kirche (um 1900).

refraichieren ZW (-rte, -rt) (fr.) [-*fräschi*-] ↗ gekochtes Fleisch abschrecken.

Refrain m (~s; ~s) (fr.) [*refräñ*] Kehrreim.

refraktär EW (lat.) unbeeinflußbar; widerspenstig (*r.e Phase des Herzens* ⚕ folgt auf das Zusammenziehen des Herzens und hebt Reizempfindlichkeit für kurze Zeit auf); **Refraktion** w (~; ~en) Lichtablenkung von Gestirnen; Schallwellen-, Lichtbrechung; **Refraktions|anomalie** w (~; -i|en) ⚕ Brechungsfehler des Auges; **Refraktometer** s (~s; ~) Brechungsmesser für feste oder flüssige Körper; EW: **refraktometrisch**; **Refraktor** m (~s; -toren) astronomisches Fernrohr; **Refrakturierung** w (~; ~en) ⚕ Wiederbrechen eines schlecht geheilten Bruchs.

Refrigeranzi|en M Erfrischungsmittel; **Refrigerator** m (~s; -toren) (lat.) Kühlschrankaggregat.

Refuge s (~; ~s) (fr.) [*refüsch*] Schutzhütte in den Alpen; **Refugialgebiet** s (~[e]s; ~e) Rückzugsgebiet bedrohter Arten; **Refugi|é** m (~s; ~s) (fr.) [*refüdsche*] weltanschaulich Verfolgter, Flüchtling; **Refugium** s (~s; -i|en) (lat.) Zufluchtsort.

refundieren ZW (-rte, -rt) ↗ (lat.) zurückerstatten; w. abstr. s.: **Refusion** (~; ~en).

refüsieren ZW (-rte, -rt) ↗ (fr.) (unerbittlich) ablehnen ↓.

Refutation w (~; ~en) (lat.) Widerlegung ↓.

Regal[1] s (~s; -i|en) oder **Regale** s (~s; -li|en) (lat.) nutzbares Hoheitsrecht.

Regal[2] s (~s; ~e) (lat.) Fächergestell; ♪ Kleinorgel.

regalieren ZW (-rte, -rt) ↗ (lat.) reich bewirten.

Regatta w (~; -tten) (it.) Boots-, Wasserwettkampf; Baumwollgewebe.

Regel w (~; ~n) (lat.) Vorschrift; Menstruation.

Regelation w (~; ~en) (lat.) Wiedereinfrieren nach Druck|entfernung.

Regeldetri w (~; –) ⚔ Dreisatzrechnung; **Regeltechnik** w (~; ~en) mechanische oder elektronische Regelung (Steuerung); m. s.: **Regeltechniker** (~s; ~); EW: **regeltechnisch**.

Régence w (~; –) (fr.) [*reschañß*] Kunststil des 18. Jh.s; = **Régence|stil** m (~s; –).

Regenerat s (~[e]s; ~e) (lat.) ⚙ gereinigter, zur Wiederverwendung aufbereiteter Abfallstoff (z. B. Glas); **Regeneration** w (~; ~en) Erneuerung; Neubildung; Gewebeersetzung; ⚙ Rückgewinnung, Wiederherstellung; **regenerativ** EW ⚙ wiedergewinnend; durch Rückgewinnung (Wiederherstellung) entstanden; **Regenerativfeuerung** w (~; ~en) Vorwärmen der Verbrennungsluft durch Abgase; **Regenerator** m (~s; -toren) Vorrichtung zum Erwärmen der Verbrennungsluft durch Abgase; **regeneratorisch** EW = → regenerativ; **regenerieren** ZW (-rte, -rt) ↗ erneuern, auffrischen (*regenerierte Fasern* Kunstfasern aus Naturstoffen); ⚙ wiedergewinnen.

Regens m (~; -gentes/-genten) (lat.) † Seminarleiter; **Regent** m (~en; ~en) Herrscher (als Ersatz für den [minderjährigen] Monarchen); **Regentschaft** w (~; ~en) Amtsdauer, -zeit eines Regenten.

Regesten M (lat.) Urkundenauszüge (mit Randbemerkungen).

Reggae m (~s; –) (am.) [*redschi*] Stampftanzrhythmus (Popmusikstil).

Regie w (~; –) (fr.) [-*schi*] Leitung beim Einstudieren eines Bühnen-, Film-, Rundfunkspiels, -werks, einer Sendung; **Regie|assistent** m (~en; ~en) [-*schi*-] Helfer des Regisseurs; **Regiebetrieb** m (~s; ~e) [-*schi*-] Gewerbe|unternehmen in öffentlicher Verwaltung; **regieren** ZW (-rte, -rt) ↗ herrschen; Exekutive leiten; einen Beugungsfall nach sich ziehen; **Regierung** w (~; ~en) Staatsleitung, Exekutive (*meine R.* meine Frau [Eltern] ∪); **Regime** s (~s; ~[s]) [*reschim*] (fragwürdiges) Regierungssystem; **Regiment** s (~[e]s; ~er) Herrschaft; ⚔ Truppenverband; **Regimekritik** w (~;

–) (fr.-gr.) [-*schi*-] negatives Urteil über Regierung.
Region w (~; ~en) (lat.) (begrenztes) Gebiet; ⚕ Körperbereich; **regional** EW gebietsmäßig; **Regionalismus** m (~; –) Erstreben von Sonderrechten für bestimmte Staatsgebiete; Heimatkunst; m. s.: **Regionalist** (~en; ~en); EW: **regionalistisch**; **Regionalliga** w (~; -gen) Sportklasse unter der Bundesliga ↓; **Regionalpolitik** w (~; –) Regierungsförderung für benachteiligtes Gebiet; **Regionalprogramm** s (~s; ~e) nur in begrenztem Raum zu empfangende Sendefolge; **Regionalsystem** s (~[e]s; ~e) nach Gebieten gegliederte Behörden; **regionär** EW in (bei, mit) einem Bezirk.
Regisseur m (~s; ~e) (fr.) [-*ssör;* auch: -*schissör*] Spielleiter (Wien, seit 1771).
Register s (~s; ~) (lat.) Liste (*offene R.* Schiffsregister der 3. Welt); alphabet. Verzeichnis; laufende Beurkundung von Rechtstatsachen; ♪ Tonreihe gleicher Stimmbandeinstellung; Orgelteil; ins Papier zum Nachschlagen eingeschnittene Stufen (*langes R.* großer Mensch); **registered** EW (e.) [*rídschißterd*] eingeschrieben; patentiert; **Registergericht** s (~s; ~e) für amtl. Registrierungen zuständiges Gericht; **Registertonne** w (~; ~n) (⋵ *RT*) ⚓ Schiffsraummaß (1 RT = 2,83 m³); **Registervergaser** m (~s; ~) in 2 Stufen arbeitender Kraftstoffvergaser (für Ottomotoren); **Registrande** w (~s; ~n) (it.) Eingangsbuch ↓; **Registrator** m (~s; -toren) Registerführer; Ordnungsmappe; **Registratur** w (~; ~en) Aktenarchiv, -stelle; **Registrier|apparat** m (~[e]s; ~e) Gerät zur selbsttätigen Aufzeichnung einer Größenänderung; **Registrierballon** m (~s; ~s) [-*lloñ*] unbemannter Luftballon zur Beobachtung höherer Luftschichten; **registrieren** ZW (-rte, -rt) ⤴ eintragen; Zusammenhang zweier Meßgrößen graphisch darstellen; ♪ Registerstimmen verbinden, **Registrierkasse** w (~; ~n) Gerät zur selbsttätigen Aufzeichnung und Verrechnung von Kasseneinnahmen.
Reglement s (~s; ~s/~e) (fr.) [*regl*e-*mañ*] Dienstvorschrift ↓; ZW: **reglementieren** (-rte, -rt) ⤴; w. s.: **Reglementierung** (~; ~en).
Reglette w (~; ~n) (fr.) Zeilenabstandverbreiterer (Metallstreifen).
Regleur m (~s; ~e) [-*glör*] Uhrspiralenregulierer.
Re|granulat s (~s; ~e) (lat., KuW) Kunststoffabfälle, durch Granulieren nutzbar gemacht; ZW: **regranulieren** (-rte, -rt) ⤴.
Regredi|ent m (~en; ~en) (lat.) wer auf den Hauptschuldner zurückgreift; ZW: **regredieren** (-rte, -rt) ⤵.
Regreß m (-sses; -sse) (lat.) Rückgriff auf jmdn. (den Hauptschuldner) zur Schadenersatzleistung; Zurückdenken von der Wirkung zur Ursache; **Regressand** m (~en; ~en) ⊀ abhängige Variable einer Regression; **Regressat** m (~en; ~en) wer für den Ersatzschuldner einsteht; **Regression** w (~; ~en) Rückfall in frühere Entwicklungsabschnitt; Variablenuntergliederung, um statist. Näherungswerte zu erzielen; ⚕ Krankheitsrückgang; Zurückweichen des Meeres; nachträgl. Erläuterung durch Wiederholung; **regressiv** EW rückschrittlich; ⚕ sich zurückbildend; von der Wirkung zur Ursache zurückdenkend; **Regressor** m (~s; -oren) unabhängige Variable einer Regression; **Regreßpflicht** w (~; ~en) Ersatzverpflichtung.
regrettieren ZW (-rte, -rt) ⤴ (fr.) bedauern ↓.

regulär EW (lat.) üblich (*r.es Heer* ✕ stehende Truppe); zum kubischen Kristallsystem gehörig; **Regulari|en** M übliche Geschäftsangelegenheiten; **Regularkleriker** m (~s; ~) † Ordenspriester (Ggs.: *Säkularkleriker*) = **Regulare** m (~n; ~n); **Regularität** w (~;–) Regelmäßigkeit; **Regulation** w (~; ~en) Herstellung einer Ordnung; Selbstbeseitigung von Störungen; **Regulativ** s (~s; ~e) Verhaltensvorschrift ↓; steuerndes Element; **regulativ** EW richtungsweisend, regelnd; **Regulator** m (~s; -toren) Regler (einer Regelmaschine); Wanduhr im Kasten mit kompensiertem Pendel; EW: **regulatorisch**; **regulieren** ZW (-rte, -rt) ⤴ regeln; richten, gleichmäßigen Lauf (einer Maschine) einrichten; w. abstr. s.: **Regulierung** (~; ~en); **regulinisch** EW aus reinem Metall; **Regulus** m (~; -li/~se) kleiner Singvogel; Metallklumpen, aus Erzen geschmolzen.
Rehabilitation w (~; ~en) (lat.) ⚕ Wiederherstellung in der **Rehabilitationsklinik** w (~; ~en), im **Rehabilitationszentrum** s (~s; -tren); Wiedereingliederung in den Arbeitsablauf; Ehrenrettung; Wiedereinsetzung in entzogene Rechte, = **Rehabilitierung** w (~; ~en); ZW: **rehabilitieren** (-rte, -rt) ⤴.
Rehaut m (~s; ~s) (fr.) [*re|ó*] lichte Stelle auf Bildern.

Reibach = → Rebbach.
Re|implantation w (~; ~en) (lat.) ⚕ Wiedereinpflanzung.
Re|import m (~s; ~e) (lat. KuW) Wiedereinfuhr ausgeführter Güter.
Reineclaude w (~; ~n) (fr., nach einer Königin *Claudia*, 16. Jh.) [*rēneklǭde*] edle Pflaume.
Re|infektion w (~; ~en) (lat.) ⚕ Wiederansteckung.
Re|inforcement s (~s; –) (e.) [*ri|inforß-*] was Anerzogenes (Gewohntes) stützt.
Re|inkarnation w (~; ~en) (lat.) neues Leben, Wiederbeseelung.
re|installieren ZW (-rte, -rt) ↗ (lat.) wiedereinsetzen (ins Amt).
Re|integration w (~; ~en) (lat.) Wiederherstellung des unverletzten Zustandes; Wiedervereinigung; ZW: **re-integrieren** (-rte, -rt) ↗.
Re|investition w (~; ~en) (lat.) Wiederanlage freiwerdender Kapitalbeträge in Produktionsanlagen.
Reizphysiologe m (~n; ~n) (d.-gr.) ⚕ Erforscher der Reizwirkungen; w. abstr. s.: **Reizphysiologie** (~; –); EW: **reizphysiologisch**; **Reiztherapie** w (~; -i|en) ⚕ Einspritzung von Reizkörpern zur Weckung von Abwehrkräften; EW: **reiztherapeutisch**.
Rejektion w (~; ~en) (lat.) energische Ablehnung, Zurückweisung; **Rejektorium** s (~s; -i|en) (die Berufung) abweisendes Gerichtsurteil; **rejizieren** ZW (-rte, -rt) ↗ verwerfen; streng zurückweisen.
Rekaleszenz w (~; ~en) (lat.) Wiedererwärmung.
Rekapitulation w (~; ~en) (lat.) knappe Zusammenfassung (des Gesagten, Gelernten); **rekapitulieren** ZW (-rte, -rt) ↗ (kurz) zusammenfassen.
Reklamant m (~en; ~en) (lat.) Beschwerdeführer; **Reklamation** w (~; ~en) Beanstandung; **Reklame** w (~; ~n) (fr.) Werbung *(R. für etwas machen)*; **reklamieren** ZW (-rte, -rt) ↗ beanstanden; zurückfordern.
Reklination w (~; ~en) (lat.) das Zurückbiegen.
Rekognition w (~; ~en) (lat.) Beglaubigung; Anerkennung.
rekognoszieren ZW (-rte, -rt) ↗ (lat.) ⚔ erkunden; Echtheit anerkennen; ∪ auskundschaften; **Rekognoszierung** w (~; ~en) ⚔ Erkundung.
Rekombination w (~; ~en) (lat.) Wiedervereinigung positiver und negativer Ladungs|träger; Bildung neuer Genkombination während Meiose; ZW: **rekombinieren** (-rte, -rt) ↗.

Rekommandation w (~; ~en) (lat.) Empfehlung ↓; ZW: **rekommandieren** (-rte, -rt) ↗.
Rekompabilität w (~; ~en) (lat.) Schwarzweißbild auf Farbfernseher.
Rekomparation w (~; ~en) (lat.) Wiederkauf ↓.
Rekompens m (~es; ~e), **Rekompensation** w (~; ~en) (lat.) Entschädigung; ZW: **rekompensieren** (-rte, -rt) ↗.
rekonstruieren ZW (-rte, -rt) ↗ (lat.) wiederherstellen; **rekonstruktabel** EW wiederherstellbar; w. abstr. s.: **Rekonstruktion** (~; ~en); *auch:* wirtschaftliche Umgestaltung; m. s.: **Rekonstrukteur** (~s; ~e) [-*tör*].
Rekonvaleszent m (~en; ~en) (lat.) ⚕ Genesender; EW: **rekonvaleszent**; **Rekonvaleszenz** w (~; ~en) Genesung; ZW: **rekonvaleszieren** (-rte, -rt) ↙.
Rekonziliation w (~; ~en) (lat.) † Neuweihe; Aufhebung der Exkommunikation.
Rekord m (~[e]s; ~e) (e.) Höchstleistung *(R. einstellen* sie erreichen); m. s.: **Rekordler** (~s; ~); **Rekord|spritze** w (~; ~n) teilbare Injektionsspritze.
Rekre|ation w (~; ~en) (lat.) ↓ Freizeit; ↓ Erfrischung; ZW: **rekre|ieren** (-rte, -rt) ↗.
Rekreditiv s (~[e]s; ~e) (lat.) schriftliche Empfangsbestätigung der Mitteilung, daß ein Diplomat von seinem Staat abberufen ist.
Rekrimination w (~; ~en) (lat.) ↓ Gegenbeschuldigung; ZW: **rekriminieren** (-rte, -rt) ↙.
Rekristallisation w (~; ~en) (lat.) Kristallneubildung.
Rekrut m (~en; ~en) (lat.-fr.) ⚔ Anlernling; **rekrutieren** ZW (-rte, -rt) ↗ als Soldat anwerben; ↘ sich zusammensetzen.
Rektafikation w (~; ~en) (lat.) ⚗ Reinigung durch mehrfaches Destillieren; ∢ Bestimmung eines Kurvenbogens; **Rekta-Indossament** s (~-~s; ~-~s) (lat.-fr.) [-*mañ*] Zusatz „Nicht an Order" zu einem → Indossament; = **Rektaklausel** w (~; ~n), = → Rektawechsel.
rektal EW (lat.) ⚕ vom (durch den) Mastdarm; **Rekt|algie** w (~; i|en) ⚕ Mastdarmschmerz; **Rektalnarkose** w (~; ~n) ⚕ Einlauf zur Betäubung.
rekt|angulär EW (lat.) rechteckig ↓.
Rekta|papier s (~[e]s; ~e) (lat.) Papier mit ausdrücklicher Benennung der Berechtigten; **Rekta|scheck** m (~s; ~s)

nicht übertragbarer Scheck mit negativer Order-Klausel.
Rekt|aszension w (~; ~en) (lat.) in die Höhe steigen; Bogen auf dem Himmelsäquator zwischen Frühlingspunkt und Deklinationskreis.
Rektawechsel m (~s; ~) (lat.-d.) nicht übertragbarer Wechsel.
Rektifikat s (~s; ~e) (lat.) ○ Ergebnis einer chem. **Rektifikation** w (~; ~en) Berichtigung ↓; Reinigung durch mehrfache Destillation; ⚔ Bestimmung einer Bogenlänge; **rektifizieren** ZW (-rte, -rt) ↗ richtigstellen; **Rektifikationskolonne** w (~; ~n) Gerät, das die Destillationsvorgänge zusammenfaßt, = **Rektifiziersäule** w (~; ~n); **Rektion** w (~; ~en) Beugungsfähigkeit eines Wortes; **Rekto** s (~s; ~s) Blattvorderseite.
Rektor m (~s; -toren) (lat.) Haupt-, Hochschulleiter; † Leiter eines Seelsorgebezirks; **Rektorat** s (~[e]s; ~e) Amtssitz des Rektors; **Rektorenkonferenz** w (~; ~en) Arbeitsgemeinschaft der Hochschulleiter.
Rektoskop s (~s; ~e) (lat.-gr.) ⚕ Darmspiegel; **Rektoskopie** w (~; -i|en) ⚕ Spiegelung des inneren Darms; EW: **rektoskopisch**; **Rektozele** w (~; ~n) ⚕ Mastdarmvorfall; **Rektum** s (~s; -ta) (lat.) ⚕ Mastdarm.
rekultivieren ZW (-rte, -rt) ↗ nach Auslaugung wieder Boden bebauen.
Rekuperation w (~; ~en) (lat.) Rückgewinnung (von Gebieten, von Kraft); Vorwärmverfahren durch warme Abgase; **Rekuperator** m (~s; -toren) Vorwärmer.
Rekurrensfieber s (~s; ~) (lat.) Rückfallfieber; **rekurrent** EW rückläufig; **rekurrieren** ZW (-rte, -rt) ↙ Beschwerde einlegen; Zuflucht nehmen; **Rekurs** m (~es; ~e) Einspruch bei Verfahrensmängeln; **Rekursion** w (~; ~en) Berechnung eines Wertes mit **Rekursionsformel** w (~; ~n); **rekursiv** EW ⚔ auf bekannte Werte zurückgehend.
Rekusation w (~; ~en) (lat.) Ablehnung (einer Gerichtsperson).
Relais s (~; ~) (fr) [*relä*] Schalt|element mit kleineren zur Steuerung sehr großer Energiemengen; ✕ Melderkette; Lautverstärker; **Relais|diagramm** s (~[e]s; ~e) [*relä-*] Aufzeichnung der Relaisvorgänge; **Relais|station** w (~; ~en) [*relä-*] Pferdewechselort bei der Pferdepost ↓; Zwischenstation für Sendungen (für Nachrichtenübermittlung).

Relance w (~; ~n) (fr.) [*rölāñß*] Rückwendung zu früheren polit. Ideen (schw.).
Relaps m (~es; ~e) (lat.) ⚕ Rückfall.
relata refero (lat.) ich berichte nur, was ich gehört habe (was man redet); **Relation**[1] w (~; ~en) Bericht(erstattung).
Relation[2] w (~; ~en) (lat.) Verhältnis; **relational** EW bezüglich; **Relationismus** m (~; –) Behauptung, die Wirklichkeit bestehe aus Wechselbeziehungen; m. s.: **Relationist** (~en; ~en); EW: **relationistisch**.
relativ EW (lat.) beschränkt, bedingt (Ggs.: *absolut*); bezüglich; **Relativ** s (~s; ~e) = → Relativpronomen; **relativieren** ZW (-rte, -rt) ↗ einschränken; in Beziehung setzen; **Relativismus** m (~; –) (lat.) Überzeugung, daß es nur für wahr gehaltene Anschauungen (keine „Wahrheiten") gibt, die vom einzelnen Menschen abhängen; m. s.: **Relativist** (~en; ~en); EW: **relativistisch**; **Relativität** w (~; ~en) Bedingtheit; **Relativitäts|theorie** w (~; –) Lehre, daß Raum- und Zeitmaße nicht absolut sind, sondern vom Bewegungszustand des auf sie bezogenen Körpers abhängen (A. Einstein, 1905); **Relativpronomen** s (~s; -mina) bezügliches Fürwort, = **Relativum** s (~s; -va) (lat.); **Relativsatz** m (~es; -sätze) durch Relativ eingeleiteter Satzteil.
Relaxans s (~s; -anzi|en/-antia) (lat.) ⚕ (Muskellockerungsmittel); **Relaxation** w (~; ~en) ⚕ Entkrampfung; Entspannung; Herabsetzung der Elastizität; **relaxed** EW (e.) [*riläkßd*] entspannt, locker; **relaxen** ZW (-te, -t) ↙ sich entspannen.
Relay m (~s; ~s) (am.) [*rilā*] Nachrichtensatellit.
Release-Center s (~-~s; ~-~) (e.) [*rilīs-*] Heilstätte für Drogensüchtige; **Releaser** m (~s; ~) wer Drogensüchtige behandelt; **Release-Zentrum** s (~-~s; ~-~tren) = Release-Center.
Relegation w (~; ~en) (lat., = Verbannung) Ausschluß von der Hochschule; ZW: **relegieren** (-rte, -rt) ↗.
relevant EW (lat.) wichtig; w. s.: **Relevanz** (~; ~en).
Reliabilität w (~; ~en) (lat.-e.) Zuverlässigkeit eines psychol. Tests.
Relief s (~s; ~s) (lat.-it.-fr.) □ flächige Plastik; plastische Erdoberflächennachbildung; ZW: **reli|efieren** (-rte, -rt) ↗; **Reli|efklischee** s (~s; ~s) Ra-

sterätzung mit rückwärtiger Reliefprägung.
Religion w (~; ~en) (lat.) Abhängigkeitsgefühl vom und Verehrung des Göttlichen; **Religions|pädagoge** m (~n; ~n) Erforscher der relig. Erziehung; w. abstr. s.: **Religions|pädagogik** (~; –); EW: **religions|pädagogisch**; **Religions|philosoph** m (~en; ~en) Erforscher des religiösen Wesens; w. abstr. s.: **Religions|philosophie** (~; –); EW: **religions|philosophisch**; **Religions|psychologe** m (~n; ~n) Erforscher religiöser Vorgänge und Erlebnisse als seelische Erscheinungen; w. abstr. s.: **Religions|psychologie** (~; –) EW: **religions|psychologisch**; **Religions|soziologe** m (~n; ~n) Erforscher sozialer Bedingtheiten und Wirkungen der Religion(en); w. abstr. s.: **Religions|soziologie** (~; –); EW: **religions|soziologisch**; **religiös** EW von der Religion ausgehend, aus ihr schöpfend, von ihr existierend (*r.e Dichtung, Kunst; r.er Sozialismus* † Verbindung von Christentum und Sozialismus); **Religiose** m (~n; ~n) † Ordensmitglied; **Religiosität** w (~; –) Frömmigkeit; **religioso** (it.) ♪ [*-dschô-*] fromm.
Relikt s (~[e]s; ~e) (lat.) Rest(form, -bestand); **relikt** EW nur in Resten vorhanden; **Reliktenfauna** w (~; –) Reste ausgestorbener Tierwelt.
Reliquiar s (~s; ~e) (lat.) Reliquienbehälter; **Reliqui|e** w (~; ~n) † Rest eines Heiligenkörpers oder -eigentums.
Relish s (~s; ~es) (e.) [*-lisch(iz)*] Würzsoße.
Reluktanz w (~; ~en) (lat.) magnetischer Widerstand.
REM ∉ **R**aster**e**lektronen**m**ikroskop.
rem (e.) ∉ **R**öntgen **e**quivalent **m**an (= Maßeinheit radioaktiver Strahlung in ihrer Wirkung auf Menschen).
Remake s (~s; ~s) (am.) [*rimâk*] Erneuerung eines alten Films; Neuverfilmung.
remanent EW (lat.) zurückbleibend (*r.er Magnetismus* der nach Beendigung der Induktion noch vorhanden ist); **Remanenz** w (~; ~en) Festhalten der magnetischen Kraft auch nach Entfernung des magnetisierenden Feldes; Fortbestand eines Reizes; **Remanit** m (~[e]s; ~e) nichtrostender Stahl.
Rematerialisation w (~; ~en) (lat.) Wiedereintritt in ein materielles Sein.
Rembours m (~; ~) (fr.) [*rañbûr*] Rückerstattung von Auslagen; **Remboursgeschäft** s (~s; ~e) Begleichung von Forderungen in Überseegeschäften unter Einschaltung eines Kreditinstitutes; **remboursieren** ZW (-rte, -rt) [*rañburs-*] ↗ vergüten; ↖ sich für eine Forderung bezahlt machen; **Rembourskredit** m (~[e]s; ~e) [*rañbûr-*] Bankkredit für Überseegeschäft.
remedieren ZW (-rte, -rt) (lat.) heilen; **Remedium** s (~s; -dia/-di|en) Heilmittel; zulässige Toleranz in Gewicht und Gehalt bei Münzprägung; **Remedur** w (~; ~en) Abhilfe ↓ (*R. schaffen* Mißbrauch abstellen).
Remigrant m (~en; ~en) (lat.) zurückkehrender Emigrant.
Remilitarisierung w (~; ~en) (lat.) ⚔ Wiederaufrüstung; ZW: **remilitarisieren** (-rte, -rt) ↗.
Reminis|zenz w (~; ~en) (lat.) Erinnerung; **Reminiszere** † 2. Fastensonntag.
Remis s (~; ~[en]) (fr.) [*remî*] unentschiedenes (Schach-)Spiel; EW: **remis** [*remî*].
Remise w (~; ~n) (fr.) Wagenschuppen; ⚜ Schutzgehölz für Wild.
Remisi|er m (~s; ~e) (fr.) [*remîsjê*] Börsenvertreter ausländischer Firmen; Zwischenhändler im Börsengeschäft; **remisieren** ZW (-rte, -rt) ⚔ Spiel unentschieden ausgehen lassen.
Remission w (~; ~en) (lat.) Rücksendung; Straf-, Abgabe|erlaß; ⚕ Krankheitsrückgang; Rückwerfen von Licht an nicht durchsichtigen Stellen.
Remittende w (~; ~n) (lat.) vom Buchhändler an den Verleger zurückgeschicktes Buch; **Remittent** m (~en; ~en) Wechselnehmer; **remittieren** ZW (-rte, -rt) ↗ zurückschicken; zahlen ↓; ↙ ⚕ zurückgehen (einer Krankheit).
remonetisieren ZW (-rte, -rt) (lat.) ↗ Sachgüter in Geld umsetzen; (Münzen wieder) in Umlauf bringen.
remonstrieren ZW (-rte, -rt) ↙ (lat.) Einspruch erheben; w. abstr. s.: **Remonstration** (~; ~en).
remontant EW (lat.) ⚘ zum 2. Mal blühend; **Remonte** w (~; ~n) (fr.) Jungpferd; **remontieren** ZW (-rte, -rt) ↙ ⚘ zum 2. Male blühen; Pferdebestand ergänzen; **Remontierung** w (~; ~en) ⚔ Ankauf (Verteilung) der Jungpferde.
Remonto|ir m (~s; ~e) (fr.) [*-moñtoâr*] Aufzieh-, Stellkrone (an Taschenuhren); **Remonto|ir|uhr** w (~; ~en) [*-moñtoâr-*] Taschenuhr mit Krone zum Stellen und Aufziehen.
Remorqueur m (~s; ~e) (fr.) [*-kör*]

kleiner Schleppdampfer; **remorquieren** ZW (-rte, -rt) ↗ schleppen.
Remote sensing s (~ ~s; ~ ~s) (e.) [*rimout-ßenz-*] Erforschung sehr entlegener Phänomene (Weltraum).
Remotion w (~; ~en) (lat.) Entlassung; ⚕ Organentfernung; **remotiv** EW (lat.) verneinend; ausscheidend.
Remoulade w (~; ~n) (fr.) [*-mû-*] gewürzte Mayonnaise.
removieren ZW (-rte, -rt) ↗ (lat.) entlassen ↓; ⚕ Organ entfernen.
REM-Phase w (~-~; ~-~n) (e. ≠ **r**apid **e**ye **m**ovement) Traumphase (mit heftigen Augenbewegungen).
Remuneration w (~; ~en) (lat.) Vergütung ↓.
Ren[1] s (~s; ~s) (schwed.) arktischer Hirsch.
Ren[2] m (~; ~es) (lat.) [*-ê-*] ⚕ Niere.
Renaissance w (~; –) (fr., = Wiedergeburt) [*renäßañs*] Wende vom mittelalterlichen zum neuzeitlichen Weltbild.
renal EW (lat.) ⚕ Nieren...
Renaturierung w (~; ~en) (lat.) ↻ Entgällung; ZW: **renaturieren** (-rte, -rt) ↗.
Rendant m (~en; ~en) (fr.) Kassenleiter; **Rendantur** w (~; ~en) Kasse.
Rendement s (~s; ~s) (fr.) [*rañdemañ*] Verhältnis des neuen Bestandteils zum Gesamtgewicht des Rohstoffs (Roheisen zu Erz z. B.).
Rendezvous s (~; ~) (fr.) [*rañdêwû*] Begegnung; Stelldichein.; **Rendezvous-Manöver** s (~-~-s; ~-~) Zusammenkoppelung von Raumschiffen.
Rendite w (~; ~n) (lat.-it.) tatsächliche Verzinsung.
Renegat m (~en; ~en) (lat.) Abtrünniger († im Glauben).
Reneklode w (~; ~n) (fr., nach der Königin *Claudia*, 16. Jh.) = → Reineclaude.
Renette w (~; ~n) (fr.) Apfelsorte.
Renforcé s (~s; –) (fr.) [*rañforßê*] feines Hemdentuch; starkes Taftband.
renitent EW (lat.) widerspenstig; w. s.: **Renitenz** (~; –).
Renkontre s (~s; ~s) (fr.) [*rañkoñtr*] (feindliche) Begegnung.
Renographie w (~; -i|en) (lat.-gr.) ⚕ Nierendurchleuchtung; EW: **renographisch**.
Renommage w (~; ~n) (fr.) [*-mâsche*] Angeberei ↓; **Renommee** s (~s; ~s) Leumund; **renommieren** ZW (-rte, -rt) ↙ prahlen; MW: **renommiert** geachtet; **Renommist** m (~en; ~en) Angeber; w. abstr. s.: **Renommisterei** (~; ~en); EW: **renommistisch**.

Renonce w (~; ~n) (fr.) [*-noñß*] Fehlfarbe (im Kartenspiel); neues Mitglied (im Verein o. ä.); **renoncieren** ZW (-rte, -rt) [*-noñßî-*] ↙ Mitglied auf Probe sein.
Renovation w (~; ~en) (lat.) Wiederherstellung ↓; **renovieren** ZW (-rte, -rt) ↗ erneuern; wieder herrichten; w. abstr. s.: **Renovierung** (~; ~en) *(R. einer Wohnung, eines Geschäfts).*
rentabel EW (lat.) wirtschaftlich lohnend; **Rentabilität** w (~; ~en) Einträglichkeit; Einsatzverzinsung (in Prozenten); **Rente** w (~; ~n) nicht auf Leistung beruhendes Einkommen; Versorgungszahlung an Alte, Kranke; M: alle festverzinslichen Wertpapiere; **Renten|anpassung** w (~; ~en) Steigerung der Renten entsprechend der wirtschaftlichen Entwicklung; **Rentenmarkt** m (~[e]s; –) Teil der Börse, an dem festverzinsliche Wertpapiere gehandelt werden; **Rentenneurose** w (~; ~n) ⚕ Beharren in eingebildeten Krankheiten; **Rentenpapiere** M = Renten; **Rentenschuld** w (~; –) Grundschuld; **Rentenversicherung** w (~; ~en) Pflichtversicherung für Arbeiter und Angestellte *(gesetzliche R.);* **Renti|er** m (~s; ~s) [*-tjê*] Rentenempfänger ↓, = **Rentner** m (~s; ~); **rentieren** ZW (-rte, -rt) ↘ sich lohnen; Gewinn (Rente) abwerfen.
Renumeration w (~; ~en) (lat.) Rückzahlung; ZW: **renumerieren** (-rte, -rt) ↗.
Renuntiation, -ziation w (~; ~en) (lat.) Verzicht; **renunzieren** ZW (-rte, -rt) ↙.
Renvers s (~; –) (fr.) [*rañwär*] Seitengang (Pferde-Dressur).
Reorganisation w (~; ~en) (lat.) Umgestaltung; ⚕ Rekonvaleszenz; **Reorganisator** m (~s; -toren) wer eine Umgestaltung (erfolgreich) durchführt; **reorganisieren** ZW (-rte, -rt) ↗ umgestalten; neu aufbauen.
Rep m (~s; ~s) (≠ e. **rep**resentative [*reprizentatiw*]) Vertreter; **rep** ≠ **rep**etativ: zu wiederholen! (auf Rezepten).
reparabel EW (lat.) wiederherstellbar; **Reparation** w (~; ~en) ✕ Strafgeld des Besiegten; Ersatz(leistung); ⚕ Organregeneration durch Verletzung; **Reparatur** w (~; ~en) Ausbesserung *(R.en ausführen);* **reparieren** ZW (-rte, -rt) ↗ ausbessern; w. s.: **Reparierung** (~; ~en).
repartieren ZW (-rte, -rt) ↗ (lat.) (Wertpapiere) zuteilen; (untereinander) aufteilen *(Auslagen r.);* **Reparti-**

tion w (~; ~en) genaue Auf-, Verteilung.
repassieren ZW (-rte, -rt) ↗ (fr.) zurückreisen; Laufmaschen aufheben.
repatri|ieren ZW (-rte, -rt) ↙ (lat.) wiedereinbürgern; w. abstr. s.: **Repatri|ierung** (~; ~en).
Repeat s (~s; ~s) (e.) [*ripīt*] = **Repeatperkussion** w (~; –) ♪ Tonwiederholung kurz hintereinander (elektron. Orgel).
Repellents M (lat.-e.) [*ripällentz*] ʊ nichtschädigende (wasserabstoßende) Stoffe; undurchlässig machende Zusätze zu Geweben; Substanz zur Abschreckung tier. Schädlinge.
Reperkussion w (~; ~en) (lat.) Rückfall; ♪ † Psalmodieren; ♪ vollständige Durchführung eines Fugenthemas; ♪ Tonwiederholung.
Reperto|ire s (~s; ~s) (fr.) [*-toâr*] Spielplan; **Reperto|iretheater** s (~s; ~) [*-toâr-*] Bühne mit täglich wechselndem Spielplan; **Repertorium** s (~s; -ri|en) (lat.) Nachschlagewerk; Wiederholungsbuch; wiederholende Übung (für Studenten); **Repetent** m (~en; ~en) Einpauker; sitzengebliebener Schüler; **repetieren** ZW (-rte, -rt) ↗ wiederholen; einüben; **Repetiergewehr** s (~s; ~e) Mehrlader; **Repetier|uhr** w (~; ~en) Taschenuhr mit Schlagwerk; **Repetition** w (~; ~en) Wiederholung (eines bekannten Stoffes); **Repetitor** m (~s; -toren) = → Repetent; Rolleneinpauker; **Repetitorium** s (~s; -ri|en) Wiederholungskurs, -buch.
Replantation w (~; ~en) (lat.) ⊕ Wiedereinpflanzung.
Replik w (~; ~en) (fr.) Antwort, Gegenrede; 2. Vortrag des Klägers; 2. Anfertigung eines Kunstwerks durch denselben Künstler; **Replikat** s (~s; ~e) täuschend echte Nachbildung eines Kunstwerks; **replizieren** ZW (-rte, -rt) ↗ erwidern; Replik herstellen.
reponibel EW (lat.) ⚕ wieder in die Normallage zu bringen; ZW: **reponieren** (-rte, -rt) ↗ ⚕.
Report m (~s; ~s) (fr.) Bericht; Verlängerung eines auf → Hausse spekulierten Termingeschäfts; **Reportage** w (~; ~n) [*-tâsche*] aktueller Bericht für ein Massenmedium; **Reporter** m (~s; ~) Berichterstatter; **Reportgeschäft** s (~[e]s; ~e) Verlängerungsgeschäft im Hinblick auf eine → Hausse.
Reposition w (~; ~en) (lat.) ⚕ Wiedereinbringung eines Eingeweideteils in die Bauchhöhle; **Repositorium** s (~s; -ri|en) Bücher-, Aktenbock ↓; **Repositur** w (~; ~en) Aktenraum; Einordnung ins Aktengeschäft.
Repoussoir s (~s; ~s) (fr.) [*repußoar*] Gegenstand im Vordergrund auf Bildern.
Reppe-Chemie w (~-~; –) (d. Chemiker, 20. Jh.) Teilgebiet der organ.-techn. Chemie.
repräsentabel EW (lat.) stattlich; vorzeigewert; **Repräsentant** m (~en; ~en) (lat.) Abgeordneter; Vertreter; **Repräsentantenhaus** s (~es; –) zweite Kammer des USA-Kongresses; **Repräsentanz** w (~; ~) Auslandsvertretung; Aufwand; Vertretung; Gegenwart am Wohnort; **Repräsentation** w (~; ~en) Aufwand; Stellvertretung; Vorstellung; Vertretung durch gewählte Abgeordnete; **repräsentativ** EW charakteristisch; würdig; ansehnlich *(ein r.es Geschenk)*; beauftragt, andere Interessen wahrzunehmen; **Repräsentativ|erhebung** w (~; ~en) Stichprobe als Grundlage für Aussagen über die Gesamtheit; **Repräsentativ|system** s (~s; –) Ausübung der Staatsgewalt (z. T.) durch gewählte Vertreter; **Repräsentativ|umfrage** w (~; ~n) = Repräsentativerhebung; **repräsentieren** ZW (-rte, -rt) ↗ dar-, etwas vorstellen; standesgemäß auftreten.
Repressali|e w (~; ~n) (lat.) Vergeltung; Zwangsmaßnahme; **repressiv** EW unterbindend, wehrend *(r.es Gesetz gegen staatsgefährdende Umtriebe)*.
Reprint m (~s; ~s) (e.) [*ri-*] fotomechan. Nach-, Neudruck.
Reprise w (~; ~n) (fr.) Wiederholung (einer Aufführung, ♪ des 1. Themas); ⚔ ⚓ dem Gegner wieder abgenommene Prise; Aufschlag der durchschnittlichen Feuchtigkeit auf das Trockengewicht der Wolle.
Repristination w (~; ~en) (lat.) Wiederherstellung des ursprünglichen Zustandes ↓.
Reprivatisierung w (~; ~en) (lat.) Zurückführung in Privatbesitz *(R. des Grundbesitzes)*; ZW: **reprivatisieren** (-rte, -rt) ↗.
Repro s (~s; ~s) (∉ **Repro**duktion) Druck einer (Bild-)Vorlage.
Reprobation w (~; ~en) (lat.) Mißbilligung; † Ablehnung einer Wahl; † Verzicht auf die Seele (im Hinblick auf die Prädestination).
Reproduktion w (~; ~en) (lat.) Nachbildung; Fortpflanzung; Wiederbe-

schaffung; **Reproduktionsfaktor** m (~s; ~en) kennzeichnende Zahl für das Verhalten einer Kettenreaktion; **Reproduktions|kosten** M was die Wiederherstellung eines Gutes kostet; **Reproduktionsmedizin** w (~; -), = **Reproduktions|technologie** w (~; -i|en) soll kinderlosen Ehepaaren die natürliche Elternschaft ermöglichen; **reproduktiv** EW nachbildend; ersetzend; **reproduzieren** ZW (-rte, -rt) ↗ neu hervorbringen; vervielfältigen; **Reprographie** w (~; -i|en) (lat.-gr.) Vervielfältigungsverfahren; EW: **reprographisch**.

Reptil s (~s; -li|en) (lat.) Kriechtier; **Reptili|enfonds** m (~; ~) [-*foñ*] Geldmittel der Regierung, über die keine Rechenschaft erstattet werden muß (Bismarck, 1869).

Republik w (~; ~en) (lat.-fr.) unmonarchische Staatsform (Ggs.: *Monarchie*); m. s.: **Republikaner** (~s; ~); w. s.: **Republikanerin** (~; ~nen); EW: **republikanisch**.

Repudiation w (~; ~en) (lat.) Abweisung (*R. des Geldes* Annahmeverweigerung wegen Inflation); Staatsbankrott.

Repugnanz w (~; ~en) (lat.) Widerstreit.

Repulsion w (~; ~en) (lat.) Abstoßung, = ↓ **Repuls** m (~es; ~e); **Repulsions|motor** m (~s; ~en) Einphasenmotor für Wechselstrom; **repulsiv** EW abstoßend; -weisend.

Repunze w (~; ~n) (lat.) Stempel für Edelmetallfeingehalt; ZW: **repunzieren** (-rte, -rt) ↗.

Reputation w (~; ~en) (lat.) Ansehen, guter Ruf; **reputierlich** EW ansehnlich.

Requi|em s (~s; ~s) (lat.) ♪ Totenmesse; Totenfeier; **requi|escat in pace** er (sie) ruhe in Frieden!

requirieren ZW (-rte, -rt) ↗ (lat.) ⚔ beschlagnahmen; ⌒ wegnehmen; nachforschen; Rechtshilfe erbitten; w. abstr. s.: **Requirierung** (~; ~en).

Requisit s (~s; ~en) (lat.) Gebrauchsgegenstände (zum Bühnenspiel); **Requisiteur** m (~s; ~e) [-*tôr*] Verwalter der Bühnenrequisiten; **Requisition** w (~; ~en) Eigentumsbeanspruchung durch den Staat; Bitte um Rechtshilfe.

Research s (~s; ~) (am.) [*ríßörtsch*] Marktforschung (durch Meinungsumfrage); m. s.: **Researcher** (~s; ~) [*ríßörtscher*].

Reseda, Resede w (~; -den) (lat.) ⊕ Wau; EW: **reseda**.

Resektion w (~; ~en) (lat.) ⚕ Ausschneiden eines Organteils.

Resene M (gr.-lat.) unverseifbare Harzteile.

resequent EW (lat.) in Fall-, Fließrichtung.

Reserpin s (~s; -) (KuW) ⚕ Mittel zur Senkung des Blutdruckes.

Reservage w (~; ~n) (fr.) [-*wâsche*] Schutzbeize; **Reservat** s (~[e]s; ~e) (lat.) Vorbehalt; Schutzgebiet; **Reservatfall** m (~[e]s; -fälle) † Vergehen, das nur von einem hochgeweihten Priester vergeben werden darf; **Reservatio mentalis** = → Mentalreservation; **Reservation** w (~; ~en) Vorbehalt, = **Reservation** w (~; ~s) (am.) [*riserwê'schn*] Indianerschutzbezirk; **Reserve** w (~; ~n) Rücklage; Zurückhaltung; ⚔ einsatzbereite Truppe; nicht ausgeschütteter Gewinn; Vorrat; ⚔ alle ausgebildeten, aber nicht im Wehrdienst stehenden Soldaten; **Reservebank**[1] w (~; -bänke) Sitzplatz für Ersatzspieler; **Reservebank**[2] w (~; ~en) Geldinstitut mit internat. Geldrücklagen; **Reservefonds** m (~; ~) [-*foñ*] Rücklage; **Reserve|rad** s (~es; -räder) Ersatzrad; **Reservewährung** w (~; ~en) von Zentralbanken als Reserven gehaltene Zahlungsmittel (US-Dollar, schw. Franken, jap. Yen, DM); **reservieren** ZW (-rte, -rt) ↗ für sich zurückbehalten *([für] sich etw. r.)*; vormerken, -bestellen; belegen *(Platz r.)*; **reserviert** EW zurückhaltend, distanziert; **Reservist** m (~en; ~en) (lat.) ⚔ Mitglied der Reserve; **Reservo|ir** s (~s; ~e) (fr.) [-*woâr*] Flüssigkeitsbehälter; Reservebestand, Rücklage.

resezieren ZW (-rte, -rt) (lat.) ↗ ⚕ etwas entfernen.

Resident m (~en; ~en) (lat.) Vertreter eines Staates; Statthalter; Geschäftsträger; **Residenz** w (~; ~en) Wohnort des Herrschers (Kirchenfürsten, Regierenden u. a.); **Residenzpflicht** w (~; -) Pflicht, den Amts- zum Wohnsitz zu machen; Pflicht des Anwalts zur Betreibung eines Büros; **residieren** ZW (-rte, -rt) ⌒ wohnen (von Staatsführern); **residual** EW (lat.) ⚕ zurückbleibend; **Residuat** s (~[e]s; ~e) Rückstandsgestein; **Residu|um** s (~s; -du|en) Rest.

Resignation w (~; ~en) (lat.) Verzicht (auf ein Amt); **resignativ** EW in Resignation, resignierend; **resignieren** ZW (-rte, -rt) ∕ entsagen.

Résistance w (~; -) (fr.) [*rêsistañs*] fr.

resistent

Untergrundbewegung gegen Deutschland; **resistent** EW widerstandsfähig; **Resistenz** w (~; ~en) (lat.) Widerstand(sfähigkeit); Härtegrad; **Resistenza** w (~; –) (it.) Widerstand 1943–1945 in It.; **resistieren** ZW (-rte, -rt) ✓ widerstehen; **resistiv** EW hartnäckig; w. s.: **Resistivität** (~; –).

Resite M (lat.) Kunstharze.

reskribieren ZW (-rte, -rt) ✓ (lat.) schriftlich antworten ↓; **Reskript** s (~[e]s; ~e) Verfügung; Bescheid ↓; † Papst-, Bischofsentscheid; **Reskription** w (~; ~en) Schatzanweisung.

Resole M (lat.) schmelzbare Kunstharze.

resolut EW (lat.) entschlossen; kräftig; **Resolution** w (~; ~en) Entschluß; Entschlossenheit; Zusammenfassung einer Besprechung *(eine R. fassen)*; ⚕ Schrumpfung krankhafter Erscheinungen.

Resolvente w (~; ~n) (lat.) ⚔ Hilfsgleichung; **resolvieren** ZW (-rte, -rt) ↗ auflösen ↓; ✓ sich entschließen; ⚔ Zahl durch kleinere Einheit bezeichnen.

Resonanz w (~; ~en) (lat.) Mitschwingen; Verständnis; Wirkung; **Resonanz|teilchen** s (~s; ~) instabile Elementarteilchen von extrem kurzer Lebensdauer; **Resonator** m (~s; -toren) schwingungsfähiges System; EW: **resonatorisch**; **resonieren** ZW (-rte, -rt) ✓ mitschwingen; **Resonoskop** s (~s; ~e) ♪ objektives Stimmgerät.

Resopal s (~s; –) (lat.) Kunststoff für strapazierfähige Oberflächen (Platten).

resorbieren ZW (-rte, -rt) ↗ (lat.) aufsaugen; **Resorcin** s (~s; ~e) (KuW) organ. Verbindung: ein Phenol; **Resorption** w (~; ~en) ⚕ Stoffaufnahme ins Gewebe; Wiederaufschmelzen von Metallen; Wiederauflösung von Kristallen.

resozialisieren ZW (rte-, -rt) ↗ (lat.) wieder in die Gesellschaft eingliedern; w. s.: **Resozialisierung** (~; ~en).

Respekt m (~[e]s; –) (lat.) Achtung; gehorsamheischende Scheu *(R. vor jmdm. haben)*; freibleibender Blattrand; **respektabel** EW achtbar; w. abstr. s.: **Respektabilität** (~; –) ↓; **Respektblatt** s (~es; -blätter) leeres Blatt am Buchanfang; **respektieren** ZW (-rte, -rt) ↗ (be)achten; Wechsel honorieren; **respektierlich** EW achtbar ↓; **respektive** oder (∉ *resp.*); **Respekt|tage** M Frist nach der Fälligkeit eines Wechsels.

respirabel EW (lat.) atembar; **Respiration** w (~; ~en) ⚕ Atmung; **Respirator** m (~s; -toren) ⚕ Be|atmungsgerät; **respiratorisch** EW Atmungs...; ZW: **respirieren** (-rte, -rt) ↗; **Respiro** m (~s; –) (it.) Zahlungs|aufschub.

Respizi|ent m (~en; ~en) (lat.) Berichterstatter ↓; **respizieren** ZW (-rte, -rt) ↗ berücksichtigen ↓.

respondieren ZW (-rte, -rt) ✓ (lat.) antworten (auch ♪); widerlegen; **responsabel** EW verantwortlich ↓; **Responsion** w (~; ~en) betonende Wortwiederholung; **Responsorium** s (~s; -ri|en) † ♪ antwortender Gesang.

Ressentiment s (~s; ~s) (fr.) *[reßañtimañ]* Voreingenommenheit; anhaltende Gekränktheit; Andauern eines schmerzlichen Gefühls.

Ressort s (~s; ~s) (fr.) *[reßôr]* Dienstbereich.

Ressourcen M (lat.-fr.) *[-ßurß-]* Hilfsmittel, Geldreserven.

Restant m (~en; ~en) (lat.) Schuldner im Rückstand; nicht abgeholtes Wertpapier; unverkäufliche Ware.

Restart m (~[e]s; ~s/~e) (e.) *[ri-]* Wiederaufnahme, -anlauf eines unterbrochenen Programms (der Datenverarbeitung).

Restaurant s (~s; ~s) (fr.) *[restorañ]* Wirtshaus; **Restaurateur** m (~s; ~e) *[restoratôr]* Gastwirt; Erneuerer von Kunstwerken; **Restauration** w (~; ~en) *[resto-]* Wiederherstellung früherer Zustände (von Kunstwerken); Gastwirtschaft; **restaurativ** EW auf die Erneuerung früherer Zustände bedacht; **Restaurator** m (~s; -toren) Kunstwerkpfleger; **restaurieren** ZW (-rte, -rt) ↗ [auch: -sto-] wiederherstellen; ☐ erneuern; ⇃ sich erfrischen; w. abstr. s.: **Restaurierung** (~; ~en).

restituieren ZW (-rte, -rt) ↗ (lat.) wiederherstellen; erstatten; **Restitutio in integrum** Aufhebung eines unbilligen Gerichtsentscheids; Wiedereinsetzung in den vorigen Stand (den früheren Zustand); ⚕ Heilung; **Restitution** w (~; ~en) Zurückerstattung; Organneubildung; Erstarkung des ursprünglichen Rassenelements; Schadenersatzleistung; Aufhebung eines unbilligen Rechtsentscheids.

Restriktion w (~; ~en) (lat.) Einschränkung (des Kredits, eines Urteils); Vorbehalt; **Restrictio mentalis** w (~ ~; –) (lat.) geheimer Vorbehalt, ♪ kanonische Imitation bei der Fuge; **restriktiv** EW beschränkend *(r.e Konjunktion* einschränkendes Bindewort).

Resultante w (~; ~n) (lat.) ⚔ Mittelkraft; **Resultat** s (~[e]s; ~e) (fr.) Ergebnis; Erfolg; **resultativ** EW erfolgbewirkend; **resultieren** ZW (-rte, -rt) ⤢ sich ergeben, herleiten; **Resultierende** w (~; ~n) → = Resultante.

Resümee s (~s; ~s) (fr.) Zusammenfassung; **resümieren** ZW (-rte, -rt) ⤢ knapp berichten.

Retabel s (~s; ~) (lat.) Altaraufsatz; **retablieren** ZW (-rte, -rt) ⤤ (fr.) wiedereinsetzen, -herstellen ↓; ⤡ wieder zurechtkommen; **Retablissement** s (~s; ~s) [-*blißmaṉ*] Wiederaufbau, -einsetzung ↓.

Retake s (~s; ~s) (am.) [*ritäk*] spätere Einfügung neuhergestellten Filmmaterials.

Retard (fr.) [*retạ̄r*] Uhrhebelstellung für Verlangsamung (∉ *R*); **Retardation** w (~; ~en) (lat.) Verzögerung (♪ in der Stimmführung; im Handlungsverlauf eines Schauspiels); **retardieren** ZW (-rte, -rt) ⤤ verzögern (*r.des Element* im Drama); **Retardierung** w (~; ~en) Verzögerung (der Geschlechtsreife).

Retent s (~[e]s; ~e) zurückbehaltene Akte; **Retention** w (~; ~en) (lat.) Speicherung, Speicherfähigkeit; Unfähigkeit zur Hingabe; ✚ Zurückhaltung von Körperstoffen.

retikulär, -lär EW (lat.) netzförmig (*r.es Gewebe*), = **retikuliert** EW; **Retikulom** s (~s; ~e) (lat.) ✚ gutartige Knotenbildung; **Retikulose** w (~; ~n) ✚ Wucherungen (Knochenmark, Leber, Milz, Lymphknoten); **Retikulum** s (~s; -la) ✚ Netzmagen; Netzwerk im Zellenkern vor der Teilung.

Retina w (~; -nae/-nen) (lat.) ✚ Netzhaut; ein Lichtbildgerät ↓; **Retinitis** w (~; -itịden) ✚ Netzhautentzündung; **Retinoblastom** s (~s; ~e) ✚ Netzhautgeschwulst.

Retirade w (~; ~n) (fr.) Rückzug; Abort ↓; **retirieren** ZW (-rte, -rt) ⤢ (auch: ⤡) sich zurückziehen; Rentner werden; ∪ schnell weglaufen.

Retorsion w (~; ~en) (lat.) erwiderte Beleidigung; heimgezahlte Körperverletzung; **Retorsions|zoll** m (~[e]s; zölle) Zoll als Vergeltungsmaßnahme gegen best. Handelspolitik anderer Staaten.

Retorte w (~; ~n) (lat.) ⚗ (gläserne) Destillationsblase; **Retortenbaby** s (~s; ~s/-bies) [-*bēbi*] Kind aus nicht im Mutterleib vollzogener Befruchtung.

retour EW (fr.) [-*tụ̄r*] zurück; **Retoure** w (~; ~n) zurückgewiesene Ware; Begleichung mit Waren (im Außenhandel); **Retourkutsche** w (~; ~n) [-*tụ̄r*-] Heimzahlung nach dem Muster des Partners (Gegners); **retournieren** ZW (-rte, -rt) ⤤ [-*turnī*-] zurückschicken.

Retraite w (~; ~n) (fr.) [*retrạ̈t*] ⚔ Rückzug; Zapfenstreich (der Kavallerie; *R. blasen* ↓).

Retraktion w (~; ~en) (lat.) ✚ Schrumpfung (von Narben).

Retribution w (~; ~en) (lat.) Wiedererstattung.

Retrieval s (~s; ~s) (e.) [*ritrîwel*] Zurückgewinnung von Daten aus Datenspeicher; **Retriever** m (~s; ~) [*ritrî-wer*] Apportierhund.

retro|aktiv EW (lat.) rückwirkend; rückschauend; **retroflex** EW mit zurückgestülpter Zungenspitze; **Retroflexion** w (~; ~en) ✚ Rückwärtsknickung (von Organen); **Retrofraktiometer** s (~s; ~) ✚ Gerät zur Messung der Blutgerinnbarkeit; **retrograd** EW rückläufig (*r.e Amnesie* rückläufige Erinnerungslücke); **retrospektịv** EW rückblickend; **Retrospektive** w (~; ~n) Rückschau; **Retro|stellung** w (~; ~en) umgekehrte Befestigung des Objektivs für Makrophotographien; **Retrovakzine** w (~; ~n) ✚ durch Verpflanzung vom Menschen auf das Tier gewonnener Impfstoff; **Retroversion** w (~; ~en) ✚ Rückwärtsbeugung; **retrovertieren** ZW (-rte, -rt) zurückwenden; **retrozedieren** ZW (-rte, -rt) ⤢ zurückweichen, -treten ↓; ⤤ rückversichern; **Retrozession** w (~; ~en) Rückversicherung.

Return m (~s; ~s) (e.) [*ritörn*] Rückschlag (des Tennisballes); **Return-Anweisung** w (~~; ~~en) Programmierbefehl zur Rückkehr vom Unterzum Hauptprogramm (EDV).

Retusche w (~; ~n) (fr.) Überarbeitung; Lichtbildverschönerung; ZW: **retuschieren** (-rte, -rt) ⤤; **Retuschierer** m (~s; ~), = **Retuscheur** m (~s; ~e) [-*schö̈r*] Lichtbildverbesserer.

Re|union w (~; –) (fr.) [*rē|ünjoṉ*] geselliges Beisammensein ↓; (*auch:* lat.) Wiedervereinigung.

re|üssieren ZW (-rte, -rt) ⤢ (fr.) Erfolg haben.

Revakzination w (~; ~en) (lat.) ✚ 2. Impfung; ZW: **revakzinieren** (-rte, -rt) ⤤.

revalieren ZW (-rte, -rt) ⤢ (lat.) Schuld abdecken; w. s.: **Revalierung** (~; ~en).

revalorisieren ZW (-rte, -rt) ⤤ (lat.)

Revalorisierung

Währung auf urspr. Stand erhöhen; w. s.: **Revalorisierung** (~; ~en).
Revalvation w (~; ~en) (lat.) Aufwertung (einer Währung); ZW: **revalvieren** (-rte, -rt) ↗.
Revanche w (~;–) (fr.) [*rewañsch*] Vergeltung; Rückspiel; **revanchieren** ZW (-rte, -rt) ↖ [*-wañschi-*] sich erkenntlich zeigen; Gleiches mit Gleichem vergelten; sich rächen; **Revanchismus** m (~; –) [*-wañschis-*] Wunsch, dem siegreichen Gegner seine Siegesfrüchte wieder abzunehmen; m. s.: **Revanchist** (~en; ~en) [*-wañschist*]; EW: **revanchistisch** [*-wañschistisch*].
Reveille w (~; ~n) (fr.) [*-wâj*] ✕ Wecksignal ↓.
Revenue w (~; ~n) (fr.) [*rewenü*] Ertrag, Rente; Mehrwert.
re vera (lat.) wirklich.
Reverend m (~s; ~s) (e.) [*rewrend*] † Anrede des e. Geistlichen; **Reverenz** w (~; ~en) Ehrbezeigung *(seine R. erweisen);* Ehrerbietung ↓.
Revers s, m (~es; ~e) (fr.) [*rewär*] Münzrückseite; Aufschlag (am Mantel, Jackett); Verpflichtungs-, Verzichtschein; **Reversale** s (~s; -li|en) Betonung der Vertrags|treue; **reversibel** EW (lat.) umkehrbar (Ggs.: *irreversibel*); w. s.: **Reversibilität** (~; –); **Reversible** m (~s; ~s) (fr.) beidseitig tragbares Kleidungsstück; Stoff mit einer glänzenden, einer stumpfen Seite; **reversieren** ZW (-rte, -rt) ↗ Maschine umsteuern; **Reversion** w (~; ~en) Umdrehung, -kehrung; **Reversionspendel** m (~s; ~) Gerät zur Messung der Erdbeschleunigung; **Reversionsprisma** s (~s; -men) sich verschiebendes Prisma.
revidieren ZW (-rte, -rt) ↗ (lat.) nach-, überprüfen.
Revier s (~s; ~e) (fr.) (Jagd-, Forst-) Bezirk; ✕ Fördergebiet; ✕ Krankenstation; Polizeistation; Bedienungsbereich (eines Kellners); **revieren** ZW (-rte, -rt) ∠ Hund Jagdbezirk absuchen lassen.
Review w (~; ~s) (e.) [*riwjû*] Rundschau, Überblick.
Revindikation w (~; ~en) (lat.) Klage auf Rückgabe ↓; ZW: **revindizieren** (-rte, -rt) ↗.
Revirement s (~s; ~s) (fr.) [*rewîrmañ*] Diplomaten-, Beamtenwechsel; Abrechnungsart.
Revision w (~; ~en) (lat.) plötzliche Prüfung; Überprüfung eines Gerichtsurteils *(in die R. gehen);* Kassenprüfung; 2. Druckbogenkorrektur; Meinungsänderung; **Revisionismus** m (~; –) (kommun.) Reformpolitik; auf Vertragsänderung zielendes Bemühen; m. s.: **Revisionist** (~en; ~en); EW: **revisionistisch**; **Revisor** m (~s; -soren) (von der Behörde beauftragter) Nachprüfer.
revitalisieren ZW (-rte, -rt) ↗ (lat.) ✚ den Körper stärken.
Revokation w (~; ~en) (lat.) Widerruf.
Revolte w (~; ~n) (lat.-it.-fr.) Aufstand einzelner Personen; ZW: **revoltieren** (-rte, -rt) ∠; **Revolution** w (~; ~en) (polit., wirtschaftl., wissenschaftl.) Umwälzung; Umlauf eines Himmelskörpers um ein Hauptgestirn (Ggs.: *Rotation*) oder um sich selbst; Gebirgsbildung; Solospiel (im Skat); **revolutionär** EW umstürzlerisch *(r.e Zellen* linksterrorist. Gruppierungen); avantgardistisch; m. s.: **Revolutionär** (~s; ~e); ZW: **revolutionieren** (-rte, -rt) ↗; **Revoluzzer** m (~s; ~) ∪ → Revolutionär.
Revolver m (~s; ~) (e.) Handwaffe mit Trommelmagazin; drehbares Haltegerät; **Revolverdrehbank** w (~; -bänke) Drehbank mit Haltegerät; **Revolverpresse** w (~;–) (e.-lat.) Sensationszeitung, = **Revolverblatt** s (~[e]s; -blätter); Zeitungs|kartell, die (das) mit Enthüllung droht; **Revolverschnauze** w (~; ~n) schnelles Mundwerk; **revolvieren** ZW (-rte, -rt) ↗ zurückdrehen; **Revolving-Kredit** m (~-~[e]s; ~~-e) (e.) [*riwolwiñ-*] Umschuldungskredit.
revozieren ZW (-rte, -rt) ↗ (lat.) zurücknehmen.
Revue w (~; ~n) (fr.) [*rewü*] Bühnenschaustück; Zeitschrift(entitel); ✕ Parade (*R. passieren lassen* rückblickend betrachten).
Rewriter m (~s; ~) (am.) [*rirait*r] wer Zeitungsartikel stilisiert.
Reynolds-Zahl w (~-~; ~-~en) (e. Physiker 19./20. Jh.) Kennzahl zur Charakterisierung von Flüssigkeits- und Gasströmungen.
Reyon m, s (~[s]; –) (fr.-e.) [*rêjoñ*] Kunstseide aus Chemiefasern.
Rezensent m (~en; ~en) (lat.) Bühnen-, Film-, Buch-, Fernsehkritiker; ZW: **rezensieren** (-rte, -rt) ↗; **Rezension** w (~; ~en) Vergleich der Ausgabe mit der Urschrift; Besprechung; **Rezensions|exemplar** s (~[e]s; ~e) Freistück zur kritischen Würdigung.
rezent EW (lat.) nicht ausgestorben (Ggs.: *fossil; r.e Kulturen*).
Rezepisse s (~s; ~) (lat.) Empfangsbescheinigung ↓; ⚖ einstweiliger Verla-

deschein; **Rezept** s (~[e]s; ~e) ⚕ Heilmittel-, Kochvorschrift; Muster; **Rezeptakulum** s (~s; -la) Behälter; ⊕ Blütenstandachse; **rezeptibel** EW empfänglich; w. abstr. s.: **Rezeptibilität** w (~; –); **rezeptieren** ZW (-rte, -rt) ✍ ↗ ⚕ verschreiben; **Rezeption** w (~; ~en) Übernahme fremden Rechts (bei uns: des Römischen Rechts); Empfangsbüro (im Hotel); **rezeptiv** EW empfänglich; **Rezeptivität** w (~; –) Aufnahmefähigkeit; Empfänglichkeit; **Rezeptor** m (~s; -toren) Sinnesorgan; Reizempfänger; EW: **rezeptorisch**; **Rezeptpackung** w (~; ~en) Zusammenstellung aller Zutaten zu einer Speise; **Rezeptur** w (~; ~en) Anfertigung von Heilmitteln; Raum dafür; ♡ Mischung von Chemikalien nach Vorschrift.

Rezeß m (-sses; -sse) Verhandlungsprotokoll; Vergleich; **Rezession** w (~; ~en) (lat., = Zurückweichen) rückläufige Konjunktur; **rezessiv** EW zurücktretend, überdeckt (Ggs.: *dominant*); **Rezessivität** w (~; ~en) Zurücktreten schwächerer Erbfaktoren; Rückläufigkeit.

rezidiv EW (lat.) ⚕ rückfällig; **Rezidiv** s (~s; ~e) ⚕ Rückfall; **rezidivieren** ZW (-rte, -rt) ✍ ⚕ immer wiederkehren.

Rezipient m (~en; ~en) (lat.) Glasgerät zur Erzeugung eines Vakuums; **rezipieren** ZW (-rte, -rt) ↗ annehmen.

reziprok EW (lat.) wechselseitig; **Reziprozität** w (~; ~en) Wechsel-, Gegenseitigkeit; ⊿ 2 Zahlen, deren Produkt 1 ist.

Rezitation w (~; ~en) (lat.) Vortrag einer Dichtung; m. s.: **Rezitator** (~s; -toren); EW: **rezitatorisch**; **Rezitativ** (~[e]s; ~e) ♪ Sprechgesang in der Oper (im Oratorium); EW: **rezitativisch**; **rezitieren** ZW (-rte, -rt) ↗ (auswendig) vortragen.

Rhabarber m (~s; ~) (gr.) ⊕ Kompott-, Heilpflanze; s (~s; –) Volksgemurmel.

Rhabdom s (~|e|s; ~e) (gr.) ⚕ Sehstäbchen im Auge.

Rhachis w (~; –) (gr.) langes Gebilde (z. B. Mittelachse eines Blattes, Schaft von Vogelfeder).

Rhapsode m (~n; ~n) (gr.) (fahrender ♪) Vortragskünstler; **Rhapsodie** w (~; -i|en) Gesang eines Homerischen Epos; ♪ feierliche Gesangskomposition; ♪ volksliedartige Komposition; EW: **rhapsodisch**.

R(h)ät s (~s; –) (nach den *R[h]ät*. Alpen) jüngste Keuperstufe (Geologie).

Rhenium s (~s; –) (KuW) seltenes chem. Element, ein Schwermetall (∉ *Re*).

rheobiont EW (gr.) nur lebensfähig in fließenden Gewässern; **Rheographie** w (~; -i|en) ⚕ Verfahren, Gefäße zu untersuchen; **Rheokardiographie** w (~; -i|en) Untersuchungsverfahren der Herztätigkeit mit el. Strom; **Rheologe** m (~n; ~n) Erforscher der Fließ- und Verformungsvorgänge; w. abstr. s.: **Rheologie** (~; –); EW: **rheologisch**; **Rheometer** s (~s; ~) im Viskosimeter, **Rheometrie** w (~; –) messende Erfassung der Fließ- und Verformungsvorgänge; EW: **rheometrisch**; **rheophil** EW fließendes Wasser schätzend; **rheoplex** EW bei steigender Fließgeschwindigkeit mit größerem Widerstand; **Rheostat** m (~[e]s; ~e[n]) Regulierwiderstand; EW: **rheostatisch**; **Rheotan** s (~s; ~e) (KuW) Nickelbronze (als Material für el. Widerstände); **Rheotaxis** w (~; –) tierische Fähigkeit, den Körper in die Fließrichtung zu stellen; **Rheotron** s (~s; ~e/~en) (KW) Betatron; **Rheotropismus** m (~; –) ⊕ Stellung einzelner Pflanzenteile zur Wasserströmung.

Rhesusfaktor m (~s; ~en) (gr.-lat.; ∉ *Rh-Faktor*) Erbmerkmal der roten Blutkörperchen, nach dem *Rhesusaffen*, einem i. Affen; = *Rhesus* m (~; –).

Rhetor m (~s; -toren) (gr.) (großer, guter) Redner; **Rhetorik** w (~; –) Redekunst; m. s.: **Rhetoriker** (~s; ~); EW: **rhetorisch** (*r.e Frage* Scheinfrage).

Rheuma s (~s; ~s) ∉ **Rheumatismus** m (~; -men) (gr.-lat., = Fluß) schmerzhafte Muskel-, Gelenkerkrankung; m. s.: **Rheumatiker** (~s; ~); EW: **rheumatisch**; **rheumatoid** EW rheumaähnlich; **Rheumatoid** s (~s; ~e) nach Infektion rheumaähnliche Erscheinungen; **Rheumatologe** m (~n; ~n) (gr.) Spezialarzt für Rheumaleiden; w. abstr. s.: **Rheumatologie** (~; –); EW: **rheumatologisch**.

Rh-Faktor = ∉ → Rhesusfaktor.

Rhinallergose w (; n) (gr.) Heuschnupfen; **Rhinitis** w (~; -itiden) ⚕ Schnupfen; **rhinogen** EW von (in, aus) der Nase; **Rhinologe** m (~n; ~n) ⚕ Nasenarzt; w. abstr. s.: **Rhinologie** (~; –); EW: **rhinologisch**; **Rhinophym** s (~s; ~e) ⚕ Knollennase; **Rhinoplastik** w (~; ~en) ⚕ kosmetische Nasenoperation; m. s.: **Rhinoplastiker** (~s; ~); EW: **rhinoplastisch**; **Rhinoskop** s

Rhinoskopie

(~[e]s; ~e) ⚥ Nasenspiegel; w. abstr. s.: **Rhinoskopie** (~; –); EW: **rhinoskopisch**; **Rhinozeros** s (~; ~se) Nashorn; ∪ großer Dummkopf.

rhizoid EW (gr.) wurzelähnlich; **Rhizom** s (~s; ~e) ⊕ Wurzelstock; **Rhizophore** w (~; ~n) Mangrovebaum; **Rhizophyt** m (~en; ~en) Gewächs mit echten Wurzeln; **Rhizopoden** M (lat.) Wurzelfüßer; **Rhizosphäre** w (~; ~n) durchwurzelte Bodenschicht.

Rhodanide M (KuW) Salze der **Rhodan|wasserstoffsäure** w (~; ~n) Verbindung aus Kohlenstoff, Stickstoff, Schwefel und Wasserstoff; **Rhodanzahl** w (~; ~en) Kennziffer für Ungesättigtsein von Ölen, Fetten.

Rhodeländer M (am.-d.) (nach einem USA-Staat) Hühnerrasse.

rhodinieren ZW (-rte, -rt) ↗ (gr.) mit Rhodium beziehen; **Rhodium** s (~s; –) (⊄ *Rh*) Grundstoff (Platinmetall).

Rhododendron s (~s; -ren/-ra) (gr.) ⊕ Alpenrose.

Rhod|opsin s (~s; –) (gr.) Sehpurpur (Farbstoff im Auge).

rhombisch EW (gr.) wie ein Rhombus; **Rhombo|eder** s (~s; ~) ⊲ Polyeder, das 6 gleichwertige rhombische Flächen begrenzen; **Rhombo|id** s (~s; ~e) ⊲ Parallelogramm mit schiefen Winkeln; **rhombo|id** EW rautenartig; **Rhombus** m (~; ~se/-ben) ⊲ gleichseitiges Rhomboid.

Rhonchus m (~; –) (gr.) Rasselgeräusch.

Rhotazismus m (~; -men) (gr.) Übergang von s zu r zwischen Vokalen.

Rhus m (~; –) (gr.) ⊕ Pflanzengattung (subtrop. immergrüne Bäume); Essigbaum.

Rhynchoten M (gr.) Schnabelkerfe.

Rhythmik w (~; –) (gr.) Zeit-, Versmaßlehre; **Rhythmiker** m (~s; ~) ♪ (modernen) Rhythmus bevorzugender Tonsetzer; **rhythmisch** EW in gesetzmäßigen Bewegungen (*r.e Gymnastik* tänzerisches Turnen); **rhythmisieren** ZW (-rte, -rt) ↗ in Rhythmus versetzen; **Rhythmus** m (~; -men) ♪ Spannung zwischen bewegten und ruhenden Klangwerten (langen und kurzen Tönen); Gliederung eines Kunstwerks durch Bewegung; **Rhythmusgitarre** w (~; ~n) el. Gitarre zur Beatverstärkung; **Rhythmusgruppe** w (~; ~n) (gr.-lat.-d.) ♪ Schlagzeuger beim Jazz.

RIAS (KW, ⊲ **R**adio **i**n the **Am**erican **S**ector) Rundfunk im am. Sektor (von Berlin).

Ribattuta w (~; -ten) (it.) ♪ schneller werdender Triller.

Ribisel w (~; ~n) (it.) Johannisbeere (öst.).

Riboflavin s (~s; ~e) (KuW) zum Vitamin-B-Komplex gehörender Naturstoff (ein Wachstumsfaktor).

Ricardo-Effekt m (~-~[e]s; ~-~e) (e. Ökonom, 18./19. Jh.) verstärkter Einsatz von Maschinen bei steigenden Löhnen und umgekehrt.

Ricercare s (~s; -ri) (it.) [*ritscherkâre*] ♪ Vorform der Fuge, = **Ricercar** s (~s; ~e) [*ritscherkâr*]; **ricercare** (it.) ♪ [*-tscherkâ-*] frei vorspielen.

Richardson-Effekt m (~-~[e]s; ~-~e) [*ritschertsen-*] Elektronen|austritt in den Raum bei Erhitzung von Metallen.

Richelieustickerei w (~; ~en) (fr.) [*rischeljö-*] (nach einem fr. Staatsmann, 18. Jh.) Weißstickerei um ausgeschnittene Formen.

Rickettsi|en M (nach einem am. Pathologen) ⚥ kleinste Fieberbakterien; **Rickettsiose** w (~; ~n) Fleckfieber (eine durch Läuse übertragene Infektionskrankheit).

Rideau m (~s; ~s) (fr.) [*ridô*] Gardine.

ridikül EW (fr.) komisch; **Ridikül** m, s (~s; ~e) Strick-, Nähbeutel ↓.

ri|en ne va plus (fr.) [*riâñ newa plü*] es darf (am Roulett) nicht mehr gesetzt werden!

Ries s (~; ~) (ar.-lat.) Papiermaß (10 Buch zu 10 Heft, jedes zu 10 Bogen).

Riesenslalom m (~s; ~s) (d.-norw.) Skiwettlauf (Abfahrts- + Torlauf).

Rifampicin s (~s; –) (KuW) wichtiges Antituberkulosemittel.

Riff m (~s; ~s) (am.) fortgesetzte Wiederholung eines Thementeils (Jazz).

Rififi s (~s; ~s) (nach fr. Film, 1955) heimliches, raffiniertes Verbrechen.

Rigaudon s (~s; ~s) (fr., Name eines Ballettmeisters?) [*-gôdoñ*] fr. Tanz.

Rigg s (~s; ~s) (e.) Schiffstakelage.

Righeit w (~; –) (lat.) Elastizität fester Körper (Geol.).

Right-Livelihood-Preis m (~-~-~es; ~-~-~e) (e.-d.) [*rait laiwelihud-*] Preis für Lösung drängender Menschheitsprobleme (gestiftet 1980 von *Uexküll*).

rigid EW (lat.) starr, steif; w. abstr. s.: **Rigidität** (~; –).

Rigole w (~; ~n) (fr.) Entwässerungsrinne; **rigolen** ZW (-lte, -lt) = → rajolen.

Rigorismus m (~; –) (lat.) Überzeugung: Gesetz wird unter allen Umständen durchgeführt; Befolgung des Sittengesetzes um seiner selbst willen; EW: **rigoristisch**; **rigoros** EW streng; w. abstr. s.: **Rigorosität** (~; –); **rigoroso** (it.) ♪ (im Takt) genau; **Rigorosum** s (~; Rigorosa) (lat., = strenge Prüfung) mündliche Doktorprüfung *(das R. ablegen)*.

Rigweda m (~s; –) (skr.) alti. Hymnensammlung.

rijolen ZW (-lte, -lt) (it.) ↗ = → rajolen.

Rikambio m (~s; -bi|en) (it.) Spesen für einen Protestwechsel; **Rikambiowechsel** m (~s; ~) Rückwechsel.

Rikorswechsel m (~s; ~) (it.-d.) Rückwechsel.

rikoschettieren ZW (-rte, -rt) ⟋ (lat.) aufschlagen und abprallen ↓.

Rikscha w (~; ~s) (jap.-e.) Zweiradwagen (meist von Menschen gezogen, oder mit Fahrradantrieb).

rilasciando (it.) [-*laschan*-] ♪ nachlassend.

Rimessa w (~; -ssen) (lat.-it.) Fechtfigur; **Rimesse** w (~; ~n) Sendung (von Geld, Wechseln); gezogener Wechsel.

Rinascimento s (~s; –) (it.) [-*schimento*] Renaissance.

rinforzando (it.) ♪ verstärkt, = **rinforzato** ♪; s. s.: **Rinforzando, Rinforzato** (~s; -di/-ti).

Ringlotte w (~; ~n) (fr.) = → Reineclaude.

ripi|eno (it.) ♪ mit allen Streichern (≠ *rip.*); s. s.: **Ripi|eno** (~s; -ni/~s) ♪.

Riposte w (~; ~n) (fr.) Fechthieb, -stoß nach der Abwehr; schlagfertige Antwort; ZW: **ripostieren** (-rte, -rt) ⟋.

Ripper m (~s; ~) (e.) Frauenmörder.

Ripresa w (~; -sen) (it.) Wiederholung (*R. d'attacco* wiederholter Fechterangriff).

Rips m (~es; –) (e.) grobes Garngewebe.

Risalit m, s (~s; ~e) (lat.) □ vorspringender Gebäudeteil.

Risiko s (~s; ~s) (gr.-lat.-it.) (geschäftliches) Wagnis *(ein R. eingehen)*; Erwachsenenspiel; **Risikokapital** s (~s;) Förderungsmittel für Firmengründungen in der Hochtechnologie; **Risikoprämi|e** w (~; ~n) (gr.-lat.-it.) Zuschlag bei leicht verderblicher Ware; **Risikoschub** m (~s; -schübe) größere Entscheidungsfreude von Gruppen als von Einzelpersonen; **Risikoverhalten** s (~s; –) individuelle Disposition gegenüber Gefahren.

Risi-Pisi M (it.) Reis mit Erbsen.

riskant EW (fr.) gefährlich; **riskieren** ZW (-rte, -rt) ↗ (fr.) wagen.

Riskonto m (~s; -ti) (it.) Lotterielos.

Riskontro s (~s; -tri) (it.) Kontokorrentbuch; Kontrollbuchführung.

risoluto (it.) ♪ energisch.

Risorgimento s (~s; –) (it., = Wiedererhebung) [*rißordschimento*] Vorbereitungszeit auf das geeinte Königreich Italien (1815–1861).

Risotto m (~s; -tti/~s) (it.) gedünsteter Reis.

rissolé EW (lat.-fr.) braun (gebraten); **Rissole** w (~; ~n) Pastetchen; **Rissolette** w (~; ~n) Toast mit Hackfleisch.

Ristorante s (~; -ti) (it.) Lokal, Restaurant.

ristornieren ZW (-rte, -rt) ↗ (lat.-it.) Buchung tilgen; m. (s.) s.: **Ristorno** (~s; ~s).

Ristretto s (~s; -tti) (it.) kurzer Auszug.

risvegliando (it.) [-*weljan*-] ♪ wieder lebhafter; **risvegliato** (it.) [-*welja*-] ♪ wieder lebhaft.

ritardando (it.) ♪ langsamer (≠ *rit.*); **Ritardando** s (~s; -di) ♪ langsamer werdendes Musikstück.

rite (lat.) feierlich; ausreichend.

ritenente (lat.-it.) ♪ zögernd.

Ritenkongregation w (~; –) (lat.) † Kardinalskollegium für Fragen der Liturgie und Heiligsprechung (seit 1588).

ritenuto (it.) ♪ verzögert, zurückhaltend (≠ *rit[en].*); s. s.: **Ritenuto** (~s; -ti/~s).

ritornare (it.) ♪ zurückkehren (*r. al segno* [it.] [*ßenjo*] ♪ bis zum Zeichen zurückkehren; *r. al tempo* [it.] ♪ wieder im Haupttempo); **Ritornell** s (~s; ~e) Dreizeilenstrophe; Gedicht zu solchen; ♪ Refrainart; Vor-, Zwischen-, Nachspiel (bei Arien); wiederholter Satz.

Ritratte w (~; -tten) (it.) Rückwechsel.

Ritual s (~[e]s; ~i|en) (lat.) festliche Zeremonie; EW: ritual; **Rituale** (~s; –) † Kultbuch (*R. Romanum* † kath. Liturgiebuch, seit 1614); **Ritualismus** m (~; –) † Formbestreben der anglikan. Kirche; sinnentleerter Gottesdienstbetrieb; m. s.: **Ritualist** (~en; ~en); **Ritualmord** m (~[e]s; ~e) Mord aus religiösen (gottesdienstlichen) Gründen; **ritu|ell** EW (fr.) nach feierlicher Gewohnheit; **Ritus** m (~; -ten) (lat., = Gebrauch) † alte Gottesdienstformen; feierl. Brauch.

Rivale m (~n; ~n) (lat.) Nebenbuhler; **rivalisieren** ZW (-rte, -rt) ⟋ wett-

eifern; **Rivalität** w (~; ~en) Nebenbuhlerschaft.
River (~s; ~s) (e.) feinste Brillantqualität; **Riverboatparty** w (~; -ties); = **Riverboatshuffle** w (~; ~s) [*-boutschaffel*] vergnügte Geselligkeit bei Musik auf Schiff in Binnengewässern.
riverso (it.) [*-ßo*] umgekehrt; ♪ rückwärts zu lesen.
Rizin s (~[e]s; -) Gift in der Rizinusstaude; **Rizinus** m (~; ~[se]) (lat.) ⊕ Wolfsmilchgewächs; Abführmittel.
Road w (~; ~s) (e.) [*rōd*] Landstraße; **Roadie** m (~s; ~s) (am.) [*rou-*] wer beim Transport und Aufbau von Rockmusikgruppen hilft; **Roadmanager** m (~s; ~) (am.) [*-mänedscher*] Verantwortlicher für Bühnen-, Rockmusiktransport; **Roadster** m (~s; ~) (e.) [*rōd-*] offener Sportzweisitzer (Kraftfahrzeug).
Roaring Twenties M (am.) [*rōr-*] die „goldenen Zwanziger Jahre".
Roastbeef s (~s; ~s) (e.) [*roustbîf*] gerösteter Rinderbraten.
Robber m (~s; ~) (e.) [*rubb-*] 2 Gewinnpartien der gleichen Partei (beim Whist, Bridge).
Robe w (~; ~n) (fr.) Talar; Festkleid.
Roberonde w (~; ~n) (fr.) [*-rōñd^e*] Rundschleppe(nkleid).
Robertson-lag m (~~s; ~-~s) (e.) [*-läg*] zeitl. Verzögerung zwischen Einkommenserhalt und -ausgabe.
Robini|e w (~; ~n) (fr.-lat., nach dem fr. Botaniker Jean *Robin* [*robän*], 1550 bis 1629) ⊕ Schottendorn.
Robinsonade w (~; ~n) (e., nach dem Helden von Defoes Roman, 1719) Abenteuergeschichte; nach einem e. Torwart) kühne, gefährliche Ballabwehr (beim Fußball); **Robinsonliste** w (~; ~n) Verzeichnis von Leuten, die keine Werbebroschüren erhalten möchten.
Roborans s (~; -ranzi|en) (lat.) ⚕ Stärkungsmittel; **roborierend** EW ⚕ stärkend.
roboten ZW (-tete, gerobotet) ↙ (tsch.) hart arbeiten; **Roboter** m (~s; ~) programmierbarer, elektronisch gesteuerter Automat zur Arbeitsersparung; wie eine Maschine Arbeitender.
Roburit m (~s; ~e) (lat. KuW) Sprengstoff.
robust EW (lat.) stämmig; **robusto** (it.) ♪ kräftig.
Rocaille w (~; ~n) (fr.) [*rokâj*] □ Rokoko|ornament ↓.
Rochade w (~; ~n) (fr.) [*rosch-*] Figurenumstellung (König–Turm) beim Schach; **Rocher de bronce** m (~ ~ ~; -) [*roschē debroñß*] unerschütterlicher Fels; starker Charakter.
Roches m (~; -) (jidd.) Zorn.
Rochett s (~s; ~s) (d.-it.-fr.) [*-schett*] † engärmeliges Chorhemd (mit Spitzen).
Rochette w (~; ~s) (fr.) [*-schett*] Salzasche zur Glaserzeugung.
rochieren ZW (-rte, -rt) ↙ (fr.) [*roschî-*] die → Rochade ausführen; Fußballspieler umstellen.
Rochus = → Roches.
Rock and Roll m (~ ~ ~; ~ ~ ~s) (am.) [*-änd-*] ♪ synkopierter Tanz; = **Rock 'n' Roll** m (~ ~ ~; ~ ~ ~s); **rocken** ZW (-te, gerockt) ↙ Rockmusik machen, dazu tanzen; **Rocker** m (~s; ~s) (e.) Rowdy; **Rockmusik** w (~; -) Tanzmusik mit Elementen des Rock 'n' Roll.
Rocks M (e.) Fruchtzuckerwerk (*on the r.* [alkohol. Getränke] mit Eis).
Rockwell-Härte w (~-~; ~-~n) Kennzahlen zur Charakterisierung der Härte von Werkstoffen (durch Eindrücken einer Nadelspitze gemessen).
Rodel m (~s; ~), w (~; ~n) = → Rotel.
Rodentizid s (~s; ~e) (lat.) Ratten-, Mäusegift.
Rodeo m (~s; ~s) (lat.-sp.-am.) Cowboyvorführung.
Rodinal s (~s; -) (KuW) photograph. Entwickler (aus Aminophenol).
Rodomontade w (~; ~n) (it.) Angeberei.
Rogate (lat., = bittet!) † 5. Sonntag nach Ostern; **Rogation** w (~; ~en) † Bittprozession.
Rohrkrepierer m (~s; ~) (d.-lat.-it.) im Geschützrohr detonierendes Geschoß; ∪ Selbstbeschädigung; Versager.
Rokoko s (~s; -) (fr.) Spätbarock (1730 bis 1775).
Rollback s (~s; ~s) (am.) [*ro^ulbäck*] ✕ Rückzug, Flucht; Zurückdrängen der kommunist. Einflußsphäre; **Rollbook** m (~s; -) (e.) [*-bûk*] weitmasch. Baumwollgewebe; **Rollerdisko** w (~; ~s) [*rouler-*] Vergnügungshalle zum **Rollerskating** s (~s; -) [*-ßkeit-*] Rollschuhlaufen auf **Rollerskates** M Diskorollern (→ Skateboards).
rollieren ZW (-rte, -rt) (fr.-d.) = → roulieren.
Rolling s (~s; ~) (e.) [*rouliñ*] Flugzeugdrehung um Längsachse in gleichbleibender Höhe.
Rollo, Rollo s (~s; ~s) = → Rouleau.

Roll-on-roll-off-Schiff s (~-.~-.~-.~- ~[e]s; ~-.~-.~-.~-e) (e.-d.) befahrbares Frachtschiff.
Rolls-Royce m (~-.~-; ~-.~-) (e., nach den Konstrukteuren, 19./20. Jh.) [*rollsreuß*] e. Luxusauto.
Rom m (~; ~a) (skr.-zig. = [Ehe-]Mann) Selbstbezeichnung der Zigeuner.
ROM (e. ¢ **R**ead **O**nly **M**emory) Nur-Lesespeicher (DVA).
Romadur m (~s; ~s) (fr.) Weichkäse.
Roman m (~s; ~e) (fr.) längere Erzählung; unglaubliche Geschichte *(R.e erzählen);* **Romanci|er** m (~s; ~s) [*-mañßjé*] Romanschriftsteller; **Romane** m (~n; ~n) Angehöriger eines roman. sprechenden Volkes.
Romani s (~s; –) (zig. = Mann) Zigeunersprache.
Romanik w (~; –) (lat.) vorgotische Kunst im frühen europäischen Mittelalter; **romanisch** EW vom Lateinischen beeinflußt *(r.e Sprachen);* im Stil der → Romanik gebaut *(r.er Stil);* ZW: **romanisieren** (-rte, -rt) ↗; **Romanist** m (~en; ~en) Erforscher der romanischen Sprachen (Literaturen, des römischen Rechts); w. abstr. s.: **Romanistik** (~; –); EW: **romanistisch**; **Romantik** w (~; –) Kunstrichtung, die den humanistischen Klassizismus ablöste (subjektiv, kulturell reaktionär, politisch liberal); m. s.: **Romantiker** (~s; ~); EW: **romantisch**; ZW: **romantisieren** (-rte, -rt) ↗.
Romantsch s (~; –) rätoroman. Sprache Graubündens.
Romanze w (~; ~n) (fr.) balladeskes Gedicht; ♪ lyr. Komposition; Liebesgeschichte *(eine R. erleben);* **Romanzero** m (~s; ~s) (sp.) [*-dsęro*] (sp.) Romanzensammlung.
Romeo m (~s; ~s) (it., nach Shakespearefigur, 1593) Liebhaber.
Rommé s (~s) (e.-fr.) Kartenspiel.
Rondate w (~; ~n) (lat.-it.) Drehüberschlag (beim Bodenturnen).
Ronde w (· ; · ~) (fr.) ✕ Wachrunde; Schriftart; **Rondeau** s (~s; ~s) [*roñdô*] = → Rondell; **Rondell** s (~s; ~e) runde Garten-, Park-, Platzanlage; runder Festungseckturm ↓; **Rondo** s (~s; ~s) ♪ Rundgesang; ♪ Komposition aus aneinandergereihten Perioden.
röntgen ZW (-tgte, geröntgt) ↗ durchleuchten; scharf prüfen (beobachten; = *Röntgen|augen machen*); **Röntgendermatitis** w (~; –) Hautschädigung durch Röntgenstrahlen; **Röntgenlithographie** w (~; -i|en) Verfahren zur Herstellung von (Mikro-) → Chips; **Röntgenogramm** s (~[e]s; ~e) (nach dem d. Physiker W. C. Röntgen, 1845 bis 1923) Röntgenbild; **Röntgenograph** m (~en; ~en) ⚕ Röntgenspezialist; w. s.: **Röntgenographie** (~; –); EW: **röntgenographisch**; **Röntgenologe** m (~n; ~n) ⚕ Röntgenspezialist; w. s.: **Röntgenologie** (~; –); EW: **röntgenologisch**; **Röntgenoskopie** w (~; -i|en) ⚕ Durchleuchtung; EW: **röntgenoskopisch**; **Röntgenpaß** m (-passes; -pässe) persönl. Liste aller vorgenommenen Durchleuchtungen; **Röntgen-Struktur|analyse** w (~-~; ~-~n) Methode zum Erkennen von Molekülstrukturen.

Roob m (~s; ~s) (ar.) Heilsirup.
Rooming-in-Prinzip s (~-.~-.~-s; –) (am.-lat.) [*rumiñ-*] weitgehend gemeinsame Unterbringung von Mutter und Kind im Krankenhaus.
Root(s)gebläse s (~s; ~) (nach am. Erfinder) [*rûtß-*] Kapselgebläse.
Rorschach-Test m (~-.~-s; ~-.~-s) (nach Schweizer Psychologen, seit 1921) Tintenkleckstest.
Roquefort m (~s; ~s) (nach einem fr. Dorf) [*rockfôr*] Schafschimmelkäse, = **Roquefortkäse** m (~s; ~s).
Rorate M (lat.) † Frühmessen im Advent (= *Rorate|ämter* M); 4. Adventssonntag.
Ro-Ro-Schiff s (~-.~-.~-[e]s; ~-.~-.~-e) ¢ **Roll-on-roll-off-Schiff**.
rosa EW (lat.) ← hellrot (*r. Zeiten* Termine für verbilligte Bundesbahnfahrten); ∪ zum Marxismus neigend; s. s.: **Rosa** (~s; –); **Ros|anilin** s (~s; –) (KuW) Farbstoff; **Rosarium** s (~s; -ri|en) Rosengarten, -kranz; **Rosaze|e** w (~; ~n) ✿ rosenartige Pflanze; **Rosé** m (~s; ~s) gleich nach der Ernte abgepreßter schwachroter Wein; **rosé** EW ← rosig; **Roseole** w (~; ~n) ⚕ Hautausschlag, = **Roseola** w (~; -olen); **Rosette** w (~; ~n) ♪ rundes Schalloch; ⃞ Rose als Bauornament; Diamantenschliff; Bandverzierung an Damenkleidern.
Rosesche Metall s (~n ~s; ~n ~e) um 95°C schmelzende Legierung aus Wismut, Blei, Zinn.
Rosinante w (~; ~n) (sp., nach dem Pferd des Don Quichotte) Klepper.
Rosine w (~; ~n) (lat.-fr.-nl.) getrocknete Weinbeere (*R.n im Kuchen* das Beste; *dicke R.n* übertriebene Ansprüche); **Rosinenbomber** m (~s; ~) Versorgungsflugzeug für Berlin (1948) ∪.

Rosmarin m (~s; –) (lat.) ⊕ Meertau; immergrüner Strauch.

Roso(g)lio m (~s; ~s) (it.) [-s*o*ljo] Rosenlikör.

Rotaprint w (~; ~e) (lat.-e.) Flachdruckmaschine; Vervielfältigungsmaschine.

Rota Romana w (~ ~; –) (lat.) höchstes kathol. Gericht.

Rotary w (~; ~s) (e.) [ro*t*ᵉri] Anlegegerät für Druckbogen; **Rotary Club** m (~ ~s; ~ ~s) [e.Ausspr.: ro*t*ᵉri klab] Vereinigung führender Männer zu Information, Wohltätig- und Geselligkeit; m. s.: **Rotari|er** (~s; ~).

Rotation w (~; ~en) (lat.) Drehung; Umlauf (astronom. Ggs.: *Revolution*); Veränderung der Reihenfolge der Listen (von Testpersonen), Wechsel der Abgeordneten einer Partei während der Legislaturperiode; Wiederkehr in der Fruchtfolge; ✕ routinehaft wechselnde Ausbildungsplätze; **Rotationsdruck** m (~s; ~e) Druck mit Walzen; **Rotations|energie** w (~; -i|en) Bewegungsenergie kreisender Körper; **Rotations|induktor** m (~s; ~en) Erdinduktor zur Messung des Erdmagnetismus; **Rotationslautsprecher** m (~s; ~) Vibrato erzeugender kreiselnder Lautsprecher; **Rotationsmagnetismus** m (~; –) Magnetismus schnell gedrehter Körper; **Rotationsmaschine** w (~; ~n) Druckmaschine, die auch schneidet und falzt; **Rotations|photographie** w (~; ~) Verfahren zur Erstellung von Großauflagen von Photokopien.

Rotatori|en M (lat.) Aufgußtierchen.

Rotel m (~s; ~), w (~; ~n) Aktenbündel, -verzeichnis; Bühnenrolle, = **Rotulus** m (~; -li) (lat.).

Rotel Tour w (~ ~; ~ ~en) (am.-fr.) Busreise mit Übernachtung im Bus.

rotieren ZW (-rte, -rt) ✓ (lat.) um eine Achse laufen.

Rotisserie w (~; -i|en) (fr.) Grillgaststätte für Spießbraten; **Rôtisseur** m (~s; ~s/~e) [-*b*ộ̂r] Spießbratenkoch.

Rotor m (~s; -*o*ren) (lat.) Umlaufteil einer Maschine (Ggs.: *Stator*); Hubschrauberflügel; ⚓ sich drehender Schiffszylinder; Drehofen zur Stahlherstellung; Teilchen, um automat. Uhren aufzuziehen.

rotulieren ZW (-rte, -rt) ✓ ↗ (lat.) Akten ordnen.

Rotulus = → Rotel.

Rotunde w (~; ~n) (lat.) □ Rundbau; öffentlicher Abort; Schriftart.

Roué m (~s; ~s) (lat.-fr.) [rû|*e*] Wüstling.

rouge EW (lat.-fr.) [*rûsch*] rot (als Gewinnfarbe beim Roulett) ←; **Rouge** s (~s; ~s) [*rûsch*] Gesichtsschminke (*R. auflegen)*; **Rouge et no|ir** s (~ ~ ~; –) [*rûsch ênoậr*] Glücksspiel.

Roulade w (~; ~n) (fr.) [rû-] gefülltes Fleischröllchen; ♪ schmückender Läufer; **Rouleau** s (~s; ~s) [rul*ộ*] Rollvorhang; **Roulett** s (~[e]s; ~e) Glücksspiel, = **Roulette** w (~; ~n); auch: Rädchen am Kupferstechergerät; **roulieren** ZW (-rte, -rt) ✓ (fr.) [rû-] umlaufen; rollieren, mit der Hand säumen.

Round-table-Konferenz w (~-~-~; ~-~-~en) (e.-lat.) [*raund tậ̂bl*-] Verhandlung zwischen Gleichberechtigten.

Route w (~; ~n) (fr.) [*rût*ᵉ] (Reise-)Weg; **Routine** w (~;–) [*rû*-] Gewandtheit, Übung, Erfahrenheit; **Routini|er** m (~s; ~s) [*rûtînjê*] wer Erfahrung nutzt; **routiniert** EW [*rû*-] erfahren.

Roux m (~; ~) (fr.) [*rû*] zerlassene Butter als Soße; Mehlschwitze.

Roving m (~s; ~s) (e.) [*rou*-] Textil-, Glasfaserbündel vor Weiterverarbeitung.

Rowdy m (~s; ~s) (am.) [*raudi*] Raufbold, Lümmel.

Royal s (~s; ~s) (fr.) [*roajall*] Zuckerglasur; Kunstseide in Ripsbindung.

Royalty s (~; -ties) (lat.-fr.-e.) [*reu*ᵉ*lti*] Lizenzvergütung (im Verlagswesen).

Rubber m (~s; ~) (ar.-e.) [*rabb*-] Radiergummi.

Rubeola w (~; –) (lat.) ⚚ Röteln.

Rubidium s (~s; ~) (lat., ⚛ *Rb*) ⊙ metallischer Grundstoff.

Rubin m (~s; ~e) (lat.) Edelstein, Korund; s (~s; –) roter Farbstoff; EW: **rubin; Rubizell** m (~[e]s; ~e) gelbroter Halbedelstein.

Rubrik w (~; ~en) (lat.) Abschnitt; Über-, Vorschrift (†); **rubrizieren** ZW (-rte, -rt) ↗ einteilen, -ordnen; **Rubrum** s (~s; -bren) rotgeschriebene Überschrift (einer Akte); knappe Inhaltsübersicht.

Rudbecki|e w (~; ~n) (nach einem schwed. Naturforscher) ⊕ Sonnenhut.

rüd(e) EW (lat.) roh.

Rudera M (lat.) Trümmer, Überbleibsel; **Ruderalia** M ⊕ Trümmerpflanze, = **Ruderalpflanze** w (~; ~n).

Rudiment s (~[e]s; ~e) (lat.) Restorgan; Überlebsel; Verkümmerung; M: Anfangsgründe; **rudimentär** EW verkümmert; ansatzweise.

Rudität w (~; –) (lat.) Roheit ↓.

Rugby s (~s; –) (nach einer mittele. Stadt) [*ragbi*] Art Fußballspiel mit eiförmigem Ball.
Ru|in m (~s; –) (lat.-fr.) Verfall; wirtschaftlicher Niedergang; **Ru|ine** w (~; ~n) □ Bauwerkreste; hinfälliger Mensch; **ru|inieren** ZW (-rte, -rt) ↗ (lat.-fr.) zerstören; **ru|inös** EW verderblich; schadhaft; baufällig (*r.e Konkurrenz* Schleuderkonkurrenz).
Ruktation w (~; ~en) (lat.) Rülpsen.
Rum m (~s; ~s) (e.) Rohrzuckerschnaps.
Rumba m, w (~[s]; ~s) urspr. kuban. Tanz im ¼-Takt (europ. seit 1930).
Rumfordsuppe w (~; ~n) (am., nach dem Grafen *Rumford*, 1753 bis 1814, der sie eingeführt hat) [*ramferd-*] billige Suppe aus Schweinefleisch und Graupen.
Rumination w (~; ~en) (lat.) das Wiederkäuen (auch $); ZW: **ruminieren** (-rte, -rt) ✓; **ruminiert** EW zernagt (⊕ von Samen).
rumoren ZW (-rte, -rt) ✓ (lat.) lärmen; rumpeln.
Rumpsteak s (~s; ~s) (e.) [*rummßtêk*] Rindslendenbraten.
Run m (~s; ~s) (e.) [*ran*] Ansturm; Bankpanik; **Run-away** m (~-~s; ~-~s) [*ran ewä'*] jugendl. Ausreißer.
Rundell s (~s; ~s) (fr.) rundes Gartenbeet; Metallscheibe.
Rune w (~; ~n) (an.) g. Schriftzeichen; **Runologe** m (~n; ~n) Runenforscher; w. abstr. s.: **Runologie** (~; –); EW: **runologisch**.

Runner m (~s; ~) (e.) ♞ [*rann-*] Proviantversorger.
Runway w (~; ~s) (e.) [*ranwei*] Start-, Landebahn.
Rupia w (~; -|ien) $ Pustel.
Rupi|e w (~; ~n) (hind.) Währungseinheit verschied. ar., as. Länder.
Ruptur w (~; ~en) (lat.) $ Gefäß-, Muskel-, Organzerreißung.
rural EW (lat.) bäuerlich ↓.
Rüsche w (~; ~n) (fr.) eingebügelte Kleiderfalte.
Rus M sl. Stämme im ersten r. (Kiewer) Reich (9./10. Jh.).
Rush m (~[e]s; ~) (e.) [*rasch*] plötzlicher Vorstoß (beim Wettkampf), Endspurt; Drang der Geschäfte; **Rushhour** w (~-~; –) [*rasch au^er*] Hauptgeschäfts-, -verkehrszeit.
Russell-Diagramm s (~-~[e]s; ~-~e) (am. Astronom 19./20. Jh.) [*rassel-*] graph. Darstellung der Spektralklasse und absoluter Helligkeit von Sternen.
Rustika w (~; -ken) (lat.) Mauerwerk mit rauher Steinfront; römische Schriftform; **rustik(al)** EW bäuerlich; **Rustizität** w (~; –) Plumpheit ↓.
Ruthenium s (~s; –) (nach dem lat. Namen für *Rußland*) ☿ leichtes, schwer schmelzbares Platinmetall.
Rutil m (~s; –) (KuW) mineral. Titandioxid; **Rutilismus** m (~; –) (lat.) Rothaarigkeit.
Rutin s (~s; –) (gr.-lat.) $ blutstillendes Vitaminpräparat.
Ryakolith m (~en; ~en) (gr.) glasiger Felsspat.

S

SAARC (e. ⊄ South Asian Association for Regional Cooperation) Vereinigung südasiat. Staaten für regionale Zusammenarbeit.
Sabadille w (~; ~n) (lat.-sp.) ⊕ Lilienart.
Sabayon s (~s; ~s) (fr.) [-*jon*] Weinschaumsoße, → Zabaione.
Sabbat m (~s; ~e) (heb.) wöchentlicher Feiertag der Juden; **Sabbatist** m (~en; ~en) † wer den Samstag heiligt; m. abstr. s.: **Sabbatismus** (~; –).
Säbel m (~s; ~) (ung.) Hiebwaffe mit einschneidiger, spitzer Klinge.
Sabotage w (~; ~n) (fr.) [-*tâsche*] böswillige Schädigung; m. s.: **Saboteur**
(~s; ~e) [-*tǫ̂r*]; ZW: **sabotieren** (-rte, -rt) ↗.
Sabres M (heb.) in Israel geborene Kinder.
Sa(c)charase w (~; ~n) (lat., KuW) Enzym, das Rohrzucker spaltet; **Sa(c)charide** M $ Zuckerstoff; **Sa(c)charifikation** w (~; ~en) Zuckerherstellung; **Sa(c)charimeter** s (~s; ~) Zuckergehaltmesser; **Sa(c)charimetrie** w (~; –) Zuckerbestimmung; **Sa(c)charin** s (~s; –) künstlicher Süßstoff; **Sa(c)charomyzeten** M die Hefe- und Sproßpilze; **Sa(c)charose** w (~; ~n) Rohrzucker.
SACEUR m (e. ⊄ Supreme Allied

Commander **Eur**ope) Oberster NATO-Befehlshaber.

Sack m (~[e]s; Säcke) (gr.-lat.) Stoff-, Papierbeutel; e. Gewicht (1 S. Mehl = 127 kg; 1 S. Wolle = 165,17 kg).

Sacrificium intellectus (lat.) [*-tûs*] Verzicht auf die eigene Überzeugung.

SADCC (e. ≠ Southern African Development Coordination Conference) Konferenz zur koordinierten Entwicklung in südl. Afrika.

Sadebaum m (~[e]s; -bäume) (lat.-d.) ⊕ tropischer Nadelbaum.

Sadhu m (~; –) (skr.) Ehrentitel für (wandernde) Asketen.

Sadismus m (~; -men) (fr.-lat., nach dem Marquis de *Sade* [*sâd*], 1740 bis 1814, der unter sexuellen Anomalien litt und sie beschrieb) sexuelle Grausamkeit; m. s.: **Sadist** (~en; ~en); EW: **sadistisch**; **Sadomasochismus** m (~; –) (lat.) Trieb, sich durch Quälen (anderer) sexuell zu erregen; m. s.: **Sadomasochist** (~en; ~en); EW: **sadomasochistisch**.

Safari w (~; ~s) (ar.-kis.) Überlandreise durch Afrika (zur Jagd, zum Photographieren); **Safari|park** m (~s; ~s) kommerziell betriebener Park mit Wildtieren.

Safe m (~s; ~s) (e.) [*βeif*] Geldschrank, Tresor; **Safer Sex** m (~ ~; –) [*βeif*-] empfängnisverhütender Geschlechtsverkehr mit Kondom (Schutz vor Geschlechtskrankheiten [auch vor → Aids]).

Saffian m (~s; –) (pers.) feines Ziegenleder.

Saflor m (~s; –) (it.) ⊕ Färberdistel.

Safran m (~s; –) (ar.-it.-fr.) ⊕ Krokusgewürz; **Safrol** s (~s; ~e) Öl aus Kampferöl.

Saga w (~; ~s/Sögur) (an.) [*β*-] Prosabericht Altislands.

sagittal EW (lat.) der Sagittal|ebene parallel; **Sagittal|ebene** w (~; ~n) der Pfeilnaht parallele Ebene.

Sago m (~s; –) (mal.-e.-nl.) tropische Baummarkstärke.

Sagu|erzucker m (~s; –) (port.-d.) Palmzucker.

sahara EW (ar., = Wüste; eigentl. Name d. nordafr. Wüste) wüstensandfarben ←.

Sahelzone w (~; –) (ar.-d.) Trockenregion entlang der Sahara.

Sahib m (~s; ~s) (ar.) Europäer (als i. Anrede).

Saiga w (~; ~s) (r.) asiat. Antilopenart.

Saison w (~; ~s) (fr.) [*sêsoñ*] Hauptverkehrs-, -geschäfts-, Spielzeit; rhythmisch wiederkehrende Konjunkturschwankung; EW: **saisonal**; **Saison|index** m (~s; -indices) Kennzahl für Saisonschwankungen; **Saisontarif** m (~s; ~e) verbilligter Luftfahrttarif.

Sake m (~s; –) (jap.) Reisschnaps, -wein.

sakkadiert EW (fr.) $ kurz abgesetzt.

Sakko m (~s; ~s) (it.) Herrenjacke.

sakra! (lat.) verflucht!; **sakral** EW (lat.) heilig; † kultisch (Ggs.: *profan*; *s.e Kunst*); $ Kreuzbein...; **Sakrament** s (~[e]s; ~e) † gottesdienstliche gnadenbringende Handlung; EW: **sakramental**; **Sakramentali|e** w (~; ~n) † Segnung; **Sakramentar** s (~s; ~e) frühe Form des Meßbuchs; **Sakramenter** m (~s; ~) Schelte für dreisten Menschen; **Sakrifizium** s (~s; -zi|en) Meßopfer (vgl. → Sacrificium); **Sakrileg** s (~[e]s; ~e) † Entweihung; Schandtat; EW: **sakrilegisch**; **Sakristan** m (~s; ~e) † Küster ↓; **Sakristei** w (~; ~en) † kirchlicher Nebenraum für den Geistlichen; **sakrosankt** EW unverletzlich.

säkular EW (lat.) alle 100 Jahre; hundertjährig; weltlich (Ggs.: *geistlich*); **Säkularisation** w (~; ~en) Überführung aus kirchlichem in staatlichen Besitz; Entkirchlichung, Verweltlichung; **säkularisieren** ZW (-rte, -rt) ↗ verweltlichen (bes. Kirchenbesitz); w. abstr. s.: **Säkularisierung** (~; ~en) auch: Genehmigung für Ordenspriester, im Weltklerus zu wirken; **Säkularkleriker** m (~s; ~) † Weltpriester (Ggs.: *Regularkleriker*); **Säkularvariation** (~; ~en) langdauernde Veränderung der Erdkruste; **Säkulum** s (~s; -la) (lat.) Jahrhundert.

Sal s (~s; –) ≠ Silicium + Aluminium, = Sial.

Salamander m (~s; ~) (gr.-lat.) Schwanzlurch.

Salami w (~; ~s) (it.) gewürzte Dauerwurst (*Endstation S.* Fleberwurst).

Salamine w (~; ~n) (fr.) Seidengewebe mit schwarzer Kette u. farbigem Schuß.

Salamitaktik w (~; –) (it.-lat.) Politik der kleinen Schritte.

Salangane w (~; ~n) (mal.) schwalbenartiger Seglervogel (in Südostasien).

Salar m (~[e]s; ~es) (sp.) Salzsumpf.

Salär s (~s; ~e) (lat.-fr.) Lohn; Bezahlung; ZW: **salarieren** (-rte, -rt) ↗.

Salat m (~[e]s; ~e) (it.) Blattgemüse, kaltes Gericht aus den verschiedensten Zutaten (*S. machen* Spielkarten betrügerisch mischen; Verwirrung stiften; *da haben wir den S.!* was wir fürchte-

ten; *der ganze S.* alles); **Salati|ere** w (~; ~n) (fr.) Salatschüssel.
Salazität w (~; –) (lat.) große Geilheit.
Salchow m (~s; ~s) (nach einem schwed. Eiskunstlaufweltmeister) Doppelsprung beim Eiskunstlauf.
Salden M (it.) zu Saldo; **Saldenbilanz** w (~; ~en) Gegenüberstellung der Roh-(bilanz-)Salden; **Saldenmechanik** w (~; –) Versuch, Übertragung von Geldwertschwankungen abhängig von Leistungsbilanz zu erklären; **saldieren** ZW (-rte, -rt) ↗ Kontenseiten aufrechnen; **Saldo** m (~s; ~s/-den/-di) (it., = Ausgleich) Restbetrag beim Kontenabschluß; **Saldoquittung** w (~; ~en) Bescheinigung über abgeleistete Schulden.
Salep m (~s; –) (ar.) ⚕ trockene Orchideenwurzel als stopfendes Heilmittel.
Sales display s (~ ~s; ~ ~s) (e.) *[βeilz displei]* Verkaufsauslage.
Salesianer m (~s; ~) (nach einem Heiligen) † Mitglied eines Ordens (einer Priestergenossenschaft) für Jugendseelsorge.
Sales impact m (~ ~s; –) (e.) *[-päkt]* Verkaufserfolg duch Werbung; **Salesmanager** m (~~~s; ~~~) (am.) *[βḗ¹lsmännedscher]* Verkaufsleiter; **Salesmanship** s (~s; –) *[βḗ¹lsmännschipp]* Verkaufslehre, -kunst; **Sales-promoter** m (~~~s; ~~~) *[βḗ¹lspromoᵘt'r]* Vertriebskaufmann, Marktbeobachter; w. s.: **Sales-promotion** *[βḗ¹lspromôuschn]* Verkaufsförderung.
Salicylsäure w (~; ~n) (lat.) Konservierungsmittel und Ausgangsstoff für Farb-, Heilmittel, Duftstoffe.
Saline w (~; ~n) (lat.) Abbaustätte (Anlage zur Gewinnung) von Kochsalz; EW: **salinisch**.
Saliromanie w (~; –) (gr.) (sexuell bedingte) Sucht zu besudeln.
Salizylsäure (wiss.: → *Salicylsäure*).
Salk|impfung w (~; ~en) (nach am. Bakteriologen) *[sok-]* Schutzimpfung gegen Kinderlähmung.
Salm m (·s; -c) (gr.-lat. – → Psalm) Geschwätz; „Bla-bla" *(S. machen)*.
Salmi s (~s; –) (fr.) Wildvogelragout.
Salmiak m (~s; –) (lat.) ◯ Ammoniumchlorid ↓.
Salmonelle w (~; ~n) (nach einem am. Bakteriologen) ⚕ krankheitserzeugende Darmbakterie; **Salmonellose** w (~; ~n) ⚕ Erkrankung durch Salmonellen.
Salmoniden M (lat.-gr.) die Lachse.
salomonisch EW klug (wie der jüd. König *Salomo*, um 950 v. Chr.; *ein s.es Urteil* ist verblüffend einfach).

Salon m (~s; ~s) (fr., auch = Ausstellung!) *[saloñ]* Empfangsraum; kosmetisch. (Bekleidungs-)Geschäft; Kunst-, Kraftfahrzeugausstellung; **Salondame** w (~; ~n) *[-loñ-]* Bühnenrolle der eleganten Frau; **Salonlöwe** m (~n; ~n) *[-loñ-]* erfolgreicher Gesellschaftsmensch; **Salonschleicher** m (~s; ~) *[-loñ-]* → Bonvivant; **Salontiroler** m (~s; ~) *[-loñ-]* Geck in Älpertracht; **Saloon** m (~s; ~s) (am.) *[βalûn]* Kneipe.
salopp EW (fr.) ungezwungen; lässig; ↓ schlampig; nachlässig; **Saloppe** w (~; ~n) ärmelloses weites (w.) Überkleid.
Salpeter m (~s; ~) (lat.) (Kalium-)Nitrat.
Salpikon m (~s; ~s) (sp.) feines Muschelragout; Pastetchen.
Salpingitis w (~; -itiden) (gr.) ⚕ Eileiterentzündung; **Salpingographie** w (~; -i|en) ⚕ Röntgenkontrastdarstellung von Gebärmutter und Eileitern; **Salpinx** w (~; –) (lat.) ♪ große Heertrompete; ⚕ Gehörgang; Eileiter.
Salse w (~; ~n) (lat.) Würzsoße; Schlammsprudel.
SALT (e. ⊄ **S**trategic **a**rms **l**imitation **t**alks) Verhandlungen über Rüstungsbegrenzung zwischen UdSSR und USA.
Salta s (~s; ~s) (lat.) Brettspiel (seit kurz vor 1900); **saltato** (it.) ♪ mit springendem Bogen; s. s.: **Saltato** (~s; -ti) ♪; EW: **saltatorisch** (auch ⚕); **Salto** m (~s; ~s/-ti) Überschlagsprung um 360° *(einen S. schlagen; S. mortale* Luftsprung mit Körperüberschlag).
Salü (fr.) Grußformel (schw.).
Salubrität w (~; –) (lat.) Zuträglichkeit (des Klimas).
Salut m (~[e]s; ~e) (lat.) ⚔ Ehrengruß *(S. schießen);* **salutieren** ZW (-rte, -rt) ⚔ grüßen; **Salutismus** m (~; –) Prinzipien der Heilsarmee; m. s.: **Salutist** (~en; ~en).
Salvarsan s (~s; –) (lat.-gr.) ⚕ organ. Arsenverbindung (seit 1910 Heilmittel gegen Syphilis).
Salvation Army w (~ ~; –) (am.) *[βalwā̌¹schn ȃmi]* Heilsarmee; **Salvator** m (~s; –) (lat.) † Heiland; m, s (~s; –) bayr. Starkbier; **Salvatorianer** m (~s; ~) † Angehöriger eines kath. Ordens (seit 1881) (⊄ *SDS*); **salvatorisch** EW nur ergänzend (aushilfsweise) geltend *(s.e Klausel);* **Salve** w (~; ~n) Schuß aus mehreren Feuerwaffen; **salvieren** ZW (-rte, -rt) ↗ retten ↓; ↘ sich decken, sich herausreden; **salvis omissis**

salvo errore

Auslassungen vorbehalten; **salvo errore** Irrtum vorbehalten.
SAM (e. ≠ Sequential access method) serieller Zugriff.
Samariter m (~s; ~) (nach der Landschaft *Samaria*) Krankenpfleger.
Samarium s (~s; –) (nach r. Mineralogen) chem. Element (Schwermetall aus Lanthanoid-Gruppe) (≠ *Sm*); **Samarskit** m (~s; –) ein Mineral mit Uran und Tantal.
Samarkand m (~s; ~s) (nach einer as. Stadt) Knüpfteppich.
Samba m (~s; ~s) (afr.-port.) (brasilian.) Tanz im ¼-Takt.
Sambals M (mal.) indones. Gewürze.
sämisch EW (slaw.) fettgegerbt.
Samoa m (~s; ~s) (Name einer Inselgruppe) Nacktbadestrand.
Samos m (~; ~) (nach einer gr. Insel) Süßwein.
Samowar m (~s; ~e) (r., = Selbstkocher) Teewasserkessel (mit Holzkohlenfeuer).
Sampan m (~s; ~s) (chin.) Wohnboot.
Sample s (~s; ~s) (am.) [*ßämpl*] repräsentative Befragung; Mustersendung; **Sampling** s (~s; ~s) [*ßämp-*] Auswahl eines repräsentativen Querschnitts.
Samschu m (~s; –) (chin.) Reiswein.
Samt m (~[e]s; ~e) (gr.-lat.) Gewebe mit kurzen hochstehenden Fasern.
Samum s (~s; ~s) (ar.) Wüstenwind.
Samurai m (~s; ~s) (jap.) (Angehöriger des) Kleinadel(s).
sanabel EW (lat.) heilbar; **Sanatogen** s (~s; –) ⚕ Stärkungsmittel aus Eiweiß; **Sanatorium** s (~s; -ri|en) ⚕ Kuranstalt.
Sanctum officium s (~ ~s; –) (lat.) † Kardinalskongregation für Glauben und Sitte.
Sandal m (~s; –) (gr.) festes Leinengewebe; s (~s; ~s) (pers.-ar.-türk.) spitzes Schmalboot; **Sandale** w (~; ~n) (nach einem lyd. Gott) Riemenschuh; **Sandalette** w (~; ~n) sandalenartiger Sommerschuh.
Sandarak m (~s; –) (gr.-lat.) Zypressenholz (für Lacke und Pflaster).
Sandelholz s (~es; -hölzer) (skr.-ar.-d.) weißes (rotes) i. Edelholz.
Sander m (~s; ~) (isl.) Schotterhalde vor einem Gletscher.
Sandhi m (~s; –) (skr.) Lauterscheinung in der Fuge von Wortzusammensetzungen oder der Wortfolge im Satz.
Sandinisten M (sp.) Angehörige der linksgerichteten Regierungs|partei in Nicaragua.
Sandschak m (~s; ~s) (türk.) Regierungsbezirk; Standarte.

Sandwich s (~es; ~es) (e., nach einem Earl of *Sandwich*, 18. Jh.) [*ßändwitsch*] belegtes Brötchen; **Sandwichman** m (~s; -men) [*ßändwitschmän*] Werbeplakatträger, = **Sandwichpicker** m (~s; ~); **Sandwichplatten** M Platten aus verschiedenen Schnitten von Werkstoffen.
Sanfor (KuW) krumpfechtes Gewebe; ZW: **sanforisieren** (-rte, -rt) ↗ Gewebe durch Hitze schrumpfen lassen.
Sang-de-boeuf s (~-~-~; ~s-~-~) (fr.) [*ßandeböff*] chin. Porzellan mit roter Glasur.
Sangria w (~; –) (sp.) kalte Rotweinbowle.
Sangrita w (~; –) (mex.) Gewürzsaft.
Sangu|iniker m (~s; ~) (lat.) Leichtblütiger; EW: **sangu|inisch; sangu|inolent** EW ⚕ blutend.
sanieren ZW (-rte, -rt) ↗ (lat.) keimfrei, gesund machen; gesunde Lebensverhältnisse herstellen; wieder leistungsfähig machen (Unternehmen); ↖ seinen Vorteil (bedenkenlos) wahrnehmen; wirtschaftlich gesunden; ↗ alte Bausubstanz restaurieren und erneuern; **Sanierung** w (~; ~en) Maßnahmen zur Gesundung eines Betriebes (eines Stadtteils); **Sanierungsbilanz** w (~; ~en) Schlußbilanz bei einer Sanierung.
Saninet m (~s; ~s) (fr.) [-*nå*] Baumwollsatin.
sanitär EW (lat.) gesundheitlich, -heitsgemäß *(s.e Anlagen)*, = **sanitarisch** EW; **Sanitäter** m (~s; ~) ✕ Krankenpfleger (auch im Zivildienst); **Sanitätspolizei** w (~; –) Gesundheits|polizei.
Sanktion w (~; ~en) (lat.) Zwangsmaßnahme; **sanktionieren** ZW (-rte, -rt) ↗ bestätigen.
Sanktissimum s (~s; –) (lat.) † Hostie; **Sanktuarium** s (~s; -ri|en) † Altarraum.
sans façon (fr.) [*ßañfassoñ*] ohne weitere Umstände; **sans gêne** [*ßañschän*] ungezwungen ↓.
Sanskrit s (~s; –; ≠ *skr.*) (skr.) altindische Kult- und Bildungssprache; **Sanskritist** m (~en; ~en) Sanskritforscher; EW: **sanskritisch**.
Santer m (~s; ~) (e.) = → Kanter.
Saphir m (~s; ~e) (skr.-heb.-gr.-lat.) Edelstein (Korund); Tonabnehmernadel.
sapi|enti sat (lat.) der Eingeweihte braucht keine nähere Erklärung.
Sapine w (~; ~n) = → Sappel.
Saponaria w (~; -i|en) (lat.) Seifenkraut; **Saponifikation** w (~; ~en) ↻

Verseifung; ZW: **saponifizieren** (-rte, -rt) ↗; **Saponin** s (~[e]s; ~e) ↻ aufschäumendes Glukosid; **Saponit** m (~[e]s; ~e) Seifenstein; **Sapotoxin** s (~s; ~e) sehr giftiges Saponin.
Sappanholz s (~[e]s; -hölzer) (i.-d.) i. Rotholz (zum Färben).
Sappe w (~; ~n) (it.-fr.) ✕ vorderster Schützengraben.
Sappel m (~s; ~) (it.-fr.) Spitzhacke zum Fortziehen von Baumstämmen.
sapperlot! (lat.-fr.) verflucht!, = **sapperment** (lat.).
Sappeur m (~s; ~e) (fr.) [*sappô̱r*] ✕ (schw.) Pionier.
Sapphismus m (~; –) (nach der altgr. Dichterin *Sappho*) lesbische Liebe; EW: **sapphisch** *(s.e Liebe)*.
Sapr|ämie w (~; -i̱|en) (gr.) ⚕ Blutvergiftung.
sapristi! (fr.) potztausend!
Saprobien M (gr.) von verweilenden organ. Stoffen existierende Lebewesen; **saprogen** EW fäulniserregend; **Sapropel** s (~s; ~e) Faulschlamm; EW: **sapropelitisch; Sapropelit** m (~s; ~e) Faulschlammkohle; **Saprophyt** m (~s; ~en) Pflanze, die von Fäulnis lebt; **Saprozo|en** M Tiere, die von Fäulnis leben.
Sarab m (~s; ~s) (nach einem iran. ON) kleiner Knüpfteppich, -läufer; **Saraband** m (~s; ~s) palmwedelgemusterter Knüpfteppich.
Sarabande w (~; ~n) (sp.) ♪ alter Gesellschafts|tanz im ¾(²/₂)-Takt.
Sarafan m (~s; ~e) (pers.-r.) r. Bäuerinnengewand ohne Ärmel.
Sarazene m (~n; ~n) (ar.-lat.) Mohammedaner; Araber ↓; EW: **sarazenisch**.
Sardelle w (~; ~n) (gr.-lat.-it.) (eingesalzener) Hering in Öl.
Sardine w (~; ~n) (gr.-lat.-it.-fr.) marinierter (in Öl gekochter) Hering.
sardonisch EW (gr.-lat.) höhnisch, grimmig *(s.es Lachen* ⚕ Lachkrampf).
Sardonyx m (~es; ~e) (gr.) mehrfarbiger Achat.
Sari m (~s; ~s) (i.) w. Wickelgewand für den ganzen Körper.
Sarkasmus m (~; -men) (lat.) beißender Hohn; EW: **sarkastisch**.
sarko|id EW (gr.) ⚕ sarkom|artig; **Sarkom** s (~s; ~e) ⚕ bösartige Fleischgeschwulst; EW: **sarkomatös**; w. s.: **Sarkomatose** (~; ~n) ⚕; **Sarkophag** m (~[e]s; ~e) (gr., = Fleischfresser) Steinsarg; **Sarkose** w (~; –) ⚕ Fleischbildung; **Sarkosin** s (~s; ~e) organ. Substanz aus der Reihe der Aminosäuren.

Sarong m (~s; ~s) (mal., = Behälter) (gebatiktes) Hüftgewand der Malaien.
Sarraß m (-sses; -sse) (poln.) schwerer Säbel.
Sarsaparille/Sassaparille w (~; ~n) (sp.) Rauschgift mit Saponinen.
Sarsenet m (~s; ~s) (e.) [*ßárßnit*], = **Sarsenett** m (~[e]s; ~e) Baumwollkattun.
Saruk m (~s; ~s) (nach einer iran. Stadt) kurzgeschorener Knüpfteppich.
Sarzinen M (lat., = Gepäck) ⚕ ballenartig zusammengewachsene Körperbakterien.
Sassaparille = → Sarsaparille.
Sassolin s (~s; –) (nach Fundort in der Toskana) mineral. Borsäure.
SAT ∉ **S**atelliten(fernseh)**p**rogramm.
Satan m (~s; ~e) (heb.) Teufel; keifendes Weib; EW: **satanisch; Satanismus** m (~; –) dualistische Weltschau; m. s.: **Satanist** (~en; ~en); EW: **satanistisch; Satansbraten** m (~s; ~) Scheltwort.
Satellit m (~en; ~en) (lat.) Himmelskörper, der um Planeten kreist; Raumsonde, von Trägerrakete in Erdumlauf gesetzter Flugkörper; abhängiger Politiker, = → Satellitenstaat; **Satellitenfernsehen** s (~s; ~) Fernsehübertragung durch Satellitensysteme; **Satellitenfoto** s (~s; ~s) Fotografie des Wettergeschehens auf der Erde; **Satellitenpiraten** M wer über Satellit verbreitete Fernsehprogramme unerlaubt empfängt; **Satellitenrechner** m (~s; ~) an einen Zentralrechner angeschlossener Rechner einer größeren EDV-Anlage; **Satellitenstaat** m (~s; ~en) von anderem abhängiger Staat; **Satellitenstadt** w (~; -städte) Trabantenstadt.
Satemsprache w (~; ~n) (pers.-d.) ostindogermanische Sprache.
Satin m (~s; ~s) (fr.) [*satä̱n*] Glanzgewebe; **Satinade** w (~; ~n) gestreifter Seidenatlas; leichter Kleiderstoff mit Atlasstreifen; **Satinage** w (~; ~n) [*-nāsche*] Papierglättung; **Satinella** m (~s; -llen) (it.) Hochglanzfutterstoff; **satinieren** ZW (-rte, -rt) ↗ mit Walzen glätten (Papier); w. s.: **Satiniermaschine** (~; ~n).
Satire w (~; ~n) (lat., = Mischgericht) ironische Kritik (als literarische Form); EW: **satirisch**; m. s.: **Satiriker** (~s; ~).
Satisfaktion w (~; –) (lat.) Genugtuung *(S. geben, verweigern)*.
Satrap m (~en; ~en) (pers.-gr.) Pro-

vinzstatthalter; **Satrapie** w (~; -i|en) Statthalterschaft.

Satsuma w (~; ~s) (jap.) eine Mandarinenart; glasierte jap. Keramik.

Saturation w (~; -) (lat.) Sättigung; Verfahren der Zuckerproduktion; **saturieren** ZW (-rte, -rt) ↗ zufriedenstellen; **saturiert** EW zufriedengestellt; gesättigt.

Saturnismus m (~; -men) (lat.) ✚ Bleivergiftung (nach dem Planeten [eigtl.: röm. Gott] *Saturn* m [~s; -]); **saturnin** EW bleihaltig.

Satyr m (~s; ~e) (gr.) altgr. Wald-, Feldgeist; **Satyriasis** w (~; -) krankhafter m. Geschlechts|trieb.

Sauce = → Soße; **Sauci|er** m (~s;(fr.) [*soßjê*] Soßenkoch; **Sauci|ere** w (~n) [*soßjä̱r*] Soßengießer; **saucieren** ZW (-rte, -rt) ↗ [*soßi̱-*] (Tabak) beizen; **Saucis|chen** s (~s; ~) [*soßiß-*] (Brat-)Würstchen.

Sauna w (~; ~[s]) (finn.) Heißluftraumbad; **saunieren** ZW (-rte, -rt) ↙ ein Heißluftraumbad nehmen.

Sauri|er m (~s; ~) (gr.) ausgestorbenes Reptil; ausgestorbene Amphibi|e; **Saurolith** m (~en; ~en) versteinerter Saurier; **Saur|opoden** M Sammelname für Pflanzenfresser unter den Riesensauriern; **Saur|opsiden** M die Vögel und Reptilien.

Sauternes m (~s; ~) (fr.) [*ßote̱rn*] weißer Bordeauxwein.

sautieren ZW (-rte, -rt) ↗ (lat.-fr.) [*ßôt-*] in Butter (Öl) über der Flamme schwenken; **sautiert** EW [*ßô-*] geröstet.

sauve qui peut! (fr.) [*ßôf kipö̱*] rette sich, wer kann!

Savama m (~; -) (ar.) iran. Geheimdienst.

Savanne w (~; ~n) (sp.) [*ßa-*] tropische Gras-Baum-Steppe.

Savarin m (~s; ~s) (fr.) [*ßawarä̱ñ*] Hefekranzkuchen in Rum.

Savo|ir-vivre s (~-~; -) (fr.) [*ßawoar wi̱wr*] Lebensart.

Saxhorn s (~s; -hörner) (nach fr. Erfinder, 1814–1894) ♪ Horn mit Ventilen statt Klappen.

Saxifragaze|en M (lat.) ✥ die Steinbrechgewächse.

Saxophon s (~s; ~e) (fr.-gr.) ♪ Blasinstrument mit konischem Rohr, Einrohrblattmundstück und aufwärts gebogenem Schalltrichter (nach dem fr. Erfinder A. *Sax*, 1814 bis 1894); m. s.: **Saxophonist** (~en; ~en).

Sayettegarn s (~[e]s; ~e) (fr.) [*ßajętt-*] weiches Garn.

Scala w (~; -) (lat.-it., = Treppe) die Mailänder Oper.

Scaling s (~s; -) (e.) [*ßke̱il-*] Vergrößern und Verkleinern von Fotos.

Scalping operations M (am.) [*ßkä̱lpiñ operä̱'schns*] Börsengeschäfte zur Nutzung kleinster Kursschwankungen.

Scampi M (it.) Adriakrebse.

Scandium s (~s; -) (lat., = Skandinavien) ✪ Grundstoff (seltene Erde) (∉ *Sc*).

Scanner m (~s; ~) (am.) [*skä̱n-*] Abtastcomputer, elektron. Auge; **Scannerkasse** w (~; ~n) elektron. Kassensystem, das Preise und Warenbestand erfaßt; **Scanning** s (~s; ~s) Untersuchung mit einem Scanner.

S-Card w (~; ~s) (e.) Kundenkarte der d. Sparkassen.

Scatgesang m (~[e]s; -gesänge) (am.-d.) [*skęt-*] ♪ (Jazz-)Singen in zusammenhanglosen Silben (∉ **Scat** m [~; ~s]).

Scene w (~; -) (e.) [*ßîn*] Rauschgift-, Drogenbereich; Bereich von Gruppen (*grüne S.; linke S.*).

scemando (it.) [*schê-*] ♪ abgeschwächt.

Schabber m (~s; ~) (heb.) kleines Brecheisen.

Schabbes m (~; ~) (jidd.) jüd. Feiertag (= → Sabbat); **Schabbesdeckel** m (~s; ~) (schwarzer) Hut.

Schablone w (~; ~n) (fr.) Formbrett; ZW: **schablon(is)ieren** (-rte, -rt) ↗ mit einer Schablone behandeln.

Schabotte w (~; ~n) (fr.) Unterbau für Maschinenamboß.

Schabracke w (~; ~n) (türk.) Satteldecke ↓.

Schach s (~s; ~s) (pers.) „königliches" Brettspiel (*S. spielen; S. bieten* den gegnerischen König angreifen).

Schacher m (~s; -) (heb.) Geschäft mit Feilschen; ZW: **schachern** (-rte, geschachert) ↙.

schachmatt EW (pers.) dem gegnerischen Angriff schutzlos preisgegeben; handlungsunfähig; abgespannt.

schächten ZW (-tete, geschächtet) (heb.) ↗ nach dem Gesetz schlachten; m. s.: **Schächter** (~s; ~).

Schadchen m (~s; ~) (heb.) Heiratsvermittler.

Schafott s (~[e]s; ~s) (fr.) Hinrichtungsbühne.

Schah m (~s; ~s) (pers.) pers., islam. Königstitel (*S.-in-schah* Titel des pers. Kaisers ↓; vgl. → Schach!).

Schaitan m (~s; -) (ar.) Teufel.

Schakal m (~s; ~e) (skr.-pers.) Raubhund.

Schäker m (~s; ~) (heb.) wer gern neckt; ZW: **schäkern** (-rte, geschäkert) ⟋.

Schal m (~[e]s; ~e/~s) (e.) Hals-, Umschlagtuch.

Schalanken M (ung.) Pferdegeschirrschmuck.

Schalmei w (~; ~en) (fr.) ♪ Holzblasinstrument; Dudelsackpfeife; Orgelzungenstimme.

S(c)halom! (heb.) [*scha-*] Frieden(sgruß).

Schalotte w (~; ~n) (nach dem fr. ON *Askalon*) Zwiebelart.

Schaluppe w (~; ~n) (nl.) ⚓ kleines Segel-, Beiboot; Frachtschiff.

Schalwar m (~[e]s; ~s) (pers.) blaue Frauenhose.

Schamade w (~; ~n) (fr.) Trommelwirbel zum Zeichen der Kapitulation *(S. schlagen)*.

Schamane m (~n; ~n) (tung.) Zauberarzt; EW: **schamanisch**; **Schamanismus** m (~; -) (tung.) Geisterglaube.

Schambock m (~s; ~s/~e) (nl.) afr. Nilpferdpeitsche.

Schammes m (~; ~) (heb.) Synagogendiener.

Schamotte w (~; ~n) (fr.) □ gebrannter und gemahlener Ton; Geld, = **Schamott** m (~s; -); ZW: **schamottieren** (-rte, -rt) ⟋.

Schampun s (~s; -) (hind.-e.) Haarwaschmittel; **schampunieren** ZW (-rte, -rt) ⟋ die Haare waschen; = → Shampoo, shampoonieren.

Schampus m (~; -) (fr.-lat.) ∪ Sekt.

schanghaien ZW (-haite, -hait) ⟋ (nach der chin. Stadt *Schanghai*) ⚓ Matrosen verschleppen und zum Dienst zwingen.

Schanker m (~s; ~) (lat.-fr.) ⚕ Geschwür durch Geschlechtskrankheit; **schankrös** EW ⚕ schankerartig.

Schantung|seide w (~; ~n) (nach einer chin. Provinz) Wildseiden-, Kunstfasergewebe.

Schappe w (~; ~n) (fr.) Tussahseidenabfall, = **Schappseide** w (~; -).

Scharade w (; -n) (fr.) Verrätselung einer Wortzusammensetzung aus Silben.

Schäre w (~; ~n) (schwed.) Insel, Klippe.

Scharia w (~; -) (ar.) islamisches Lebensgesetz.

Scharlach m (~s; ~e) (pers.-lat.) rote Pflanzenfarbe; ⚕ Infektionsfieber mit Hautausschlägen; EW: **scharlachen**.

Scharlatan m (~[e]s; ~e) (fr.-it.) Kurpfuscher, Schwindler, Angeber; w. s.: **Scharlatanerie** (~; -i|en) = **Scharlatanismus** (~; -men).

Scharlotte w (~; ~n) (fr.) feiner Semmelpudding mit Obst.

Scharmützel s (~s; ~) (it.) Geplänkel; ZW: **scharmützeln** (-lte, -lt) ⟋; **scharmutzieren** ZW (-rte, -rt) ⟋ umschmeicheln.

Scharnier s (~[e]s; ~e) (fr.) Gelenkelement.

Schärpe w (~; ~n) (fr.) Schmuckband.

Scharpie w (~; -) (fr.-nl.) gezupfte Verbandleinwand ↓ *(S. zupfen)*.

scharrieren ZW (-rte, -rt) ⟋ (lat.-fr.) Steine mit dem Steinmetzbeil bearbeiten.

Scharteke w (~; ~n) (fr.-nd.) Schmöker; alte Frau *(alte S.)*.

scharwenzeln ZW (-lte, -lt) ⟋ (tsch.) liebedienern.

Schaschlik m, s (~s; ~s) (türk.-r.) am Spieß gebratene (Hammel-)Fleischstücke mit Speck und Zwiebeln.

schassen ZW (-ßte, geschaßt) ⟋ (fr.) verjagen, ausschließen (von der Schule, aus dem Betrieb); **schassieren** ZW (-rte, -rt) ⟋ mit kurzen Schritten geradlinig tanzen.

Schatulle w (~; ~n) (lat.) Schmuckkästchen; fürstliche Privatkasse; *(alte S.* alte Frau).

Schechina w (~; -) (heb.) Gottes Herrlichkeit in (den Dingen) der Welt.

Scheck m (~s; ~s) (e.) Zahlungsanweisung an die Bank; **Scheck|inkasso** s (~s; ~s) (e.-it.) Einziehung des Kundenschecks bei bezogenen Banken.

Schedbau m (~s; ~ten) (e.-d.) eingeschossiger Maschinenbau mit Oberlicht; **Scheddach** s (~s; -dächer) Satteldach.

Schedule s (~[s]; ~s) (gr.-it.) [*ßkedjull*] Programm, Abfolge.

Scheich m (~s; ~e) (ar.) (islam.) Stammeshäuptling.

Schelf m, s (~s; ~e) (e.) Kontinentensockel.

Schellack m (~[e]s; ~e) (nl.) ostindisches oder synthetisches Harz (für Firnis, Lacke).

Schema s (-s; -mata/ s/-men) (gr.) Darstellung des Wichtigsten aus einem Sachverhalt; Grund-, Umriß *S. F* hergebrachte Form); † gr. Mönchsgewand; **Schemabrief** m (~es; ~e) vollständig vorformulierter Brief; **schematisch** EW vereinfachend; gedankenlos; in Umrissen; schablonenhaft; **schematisieren** ZW (-rte, -rt) ⟋ nach einem Schema behandeln; **Schematismus** m

Schen(g)

(~; –) grob vereinfachende Denkweise; Formenkram; Rangliste.
Scheng(g) s (~s; ~s) (chin.) Mundorgel.
Scherbett = → Sorbett.
scherwenzeln ZW (-lte, -lt) ↙ = → scharwenzeln.
scherzando (it.) [*sker-*] ♪ scherzhaft; s. s.: **Scherzando** (~s; ~s/-di) [*sker-*] ♪; **Scherzo** s (~s; -zi) [*sk-*] ♪ leichtbewegte Komposition.
schesen ZW (-ste, geschest) ↙ (fr.-e.) eilen.
Schibboleth s (~s; –) (heb.) Losungs-, Erkennungswort.
Schick m (~s; –) (pseudofr.) modische Form; gefälliger Geschmack; gutes Geschäft; EW: **schick**.
Schickse w (~; ~n) (jidd.) (Juden-)Mädchen.
Schi|it m (~en; ~en) (ar.) Angehöriger einer der zwei islam. Hauptsekten; EW: **schi|itisch**.
Schikane w (~; ~n) (fr.) böswillige Erschwerung (*mit allen S.n* mit allem Dazugehörigen); Rechtsmißbrauch; ZW: **schikanieren** (-rte, -rt) ↗; EW: **schikanös**.
schikker EW (heb.) betrunken; **Schikkermoos** s (~es; –) Geld zum Vertrinken, = **schikkern** ZW (-rte, geschikkert) ↙.
Schimäre w (~; ~n) (gr., nach dem Fabeltier *Chimäre*) Hirngespinst; EW: **schimärisch**.
Schimpanse m (~n; ~n) (ba.) Menschenaffe; **schimpanso|id** EW wie ein Schimpanse.
Schinakel m (~s; ~[n]) (ung.) Kahn; M: ausgetretene Schuhe.
Schinto|ismus m (~; –) (jap., = Götterweg) Naturreligion mit Ahnenverehrung; m. s.: **Schinto|ist** (~en; ~en); EW: **schinto|istisch**.
Schiras m (~; ~) (pers. ON) Fettschwanzschafpelz; weicher Wollteppich.
Schirokko m (~s; ~s) (it.) warmer Mittelmeerwind.
Schirting m (~s; –) (e.) gebleichter Hemdenstoff.
Schirwan m (~s; ~s) (nach einer Kaukasuslandschaft) kurzgeschorener, geometrisch gemusterter Teppich.
Schisma s (~s; -men) (gr.) [auch: β|*chis*] † (Kirchen-)Spaltung; ♪ kleinstes Intervall; m. s.: **S|chismatiker** (~s; ~); EW: **s|chismatisch**; **S|chistosomi|asis** w (~; –) = Bilharziose; **s|chizogen** EW [*βchi-*] durch Spaltung entstanden; w. abstr. s.: **S|chizogonie** (~; –) Vermehrung durch Teilung; **s|chizo|id** EW [*βchi-*] gespalten; **S|chizomyzeten** M (gr.) Spaltpilze; **S|chizophasie** w (~; -i|en) [*βchi-*] Sprachverwirrung; **S|chizophrenie** w (~; -i|en) [*βchi-*] ⚕ Bewußtseinsspaltung; EW: **s|chizophren**; m. s.: **S|chizophrene** (~n; ~n); **S|chizophyten** M [*βchi-*] durch Spaltung sich vermehrende Einzeller; **s|chizothym** EW [*βchi-*] zwiespältig veranlagt; w. abstr. s.: **S|chizothymie** w (~; -i|en).

Schlamassel m (~s; ~) (heb.) Unglück; Wirrwarr.
Schlattenscham(m)es m (~; –) (heb., = schick den Diener!) ∪ Schauspieler für alle Rollen.
Schlawiner m (~s; ~) (= Slowene) Listiger; Taugenichts.
Schlemihl m (~s; ~e) (heb.) ∪ Pechvogel.
Schlemm m (~s; ~s) (e.) Kartenspielgewinn (*Groß-S.*: alle Stiche; *Klein-S.*: ein Stich).
Schlipp m (~s; ~s) (e.) schiefe Werftebene; **schlippen** ZW (-ppte, geschlippt) ↗ ⚓ Ende der Kette über Bord laufen lassen.
Schlips m (~es; ~e) (e.) Krawatte (*beim S. kriegen* zurechtweisen; verhaften; *auf den S. treten* kränken).
Schmalte w (~; ~n) (g.-it.) Kobaltschmelze.
Schmasche w (~; ~n) (poln.) Fell nichtgeborener Lämmer.
Schmonze(s) m (~[s]; ~[s]) (jidd.) dummer Schwatz (*S. machen*); jüdischer Witz.
Schmu m (~s; –) (heb.) unsauberes Geschäft; unredlicher Gewinn (*einen S. machen*); EW: **schmu** ↙; ZW: **schmuen** (-ute, geschmut) ↙; **Schmugeld** s (~es; ~er) widerrechtlich einbehaltenes Geld.
Schmus m (~; –) (jidd.) Gerede (*S. machen*); **schmusen** ZW (-ste, geschmust) ↙ reden; schmeicheln; liebkosen; dringend empfehlen; **Schmuser** m (~s; ~) Schmeichler; EW: **schmuserisch**.
Schneemobil s (~s; ~e) (d.-lat.) Motorroller auf Kufen.
schnorren ZW (-rrte, geschnorrt) ↗ (jidd.) betteln; m. s.: **Schnorrer** (~s; ~).
Schock m (~[e]s; ~s) (nl.-fr.) ⚕ Gefäßlähmung durch Schreck (Schlag, Stoß); **schocken** ZW (-ckte, geschockt) ↗ ⚕ mit Schock behandeln; jmdn. abstoßen; **Schocker** m (~s; ~) Schauerfilm, -roman; großer Schreck; große Enttäuschung; **schockfrosten** ZW (v. a.: schockgefrostet) ↗ schnell

446

tieffrieren; **schockieren** ZW (-rte, -rt) ↗ erschrecken, abstoßen, bestürzt machen; **Schockmetamorphose** w (~; ~n) Gesteinsumwandlung durch plötzlichen Druck; **Schocktherapie** w (~; -i|en) ⚕ Auslösung epileptischer Anfälle durch Stromstöße.

schofel(ig) EW (jidd.) schäbig; **Schofel** m (~s; -) Schund.

Schokolade w (~; ~n) (mex.-sp.-nl.) Genußmittel aus Kakao und Zucker; **schokoladen** EW aus Schokolade; schokoladenbraun; **schokolieren** ZW (-rte, -rt) ↗ mit Schokoladenüberzug versehen.

Scholar m (~en; ~en) (lat.) (fahrender) Schüler ↓, = **Scholast** m (~en; ~en) ↓; **Scholastik** w (~; –) philosophische Prüfung der christlichen und der nichtchristlichen Glaubensvorstellungen aus dem christl. Glauben heraus (im Mittelalter); m. s.: **Scholastiker** (~s; ~); EW: **scholastisch**.

Scholiast m (~en; ~en) (gr.-lat.) Autor von (philologischen) Randnotizen (= **Scholi**|**e** w [~; ~n] = **Scholion** s [~s; -i|en]).

Schoner m (~s; ~) (e.) ⚓ Mehrmaster.

Schöps m (~es; ~e) (tsch.) Hammel, ∪ Dummkopf; schlechtes Bier.

Schore = → Sore.

Schores m (~; –) (jidd.) betrügerischer Gewinn.

Schose w (~; ~n) (fr.) (peinliche) Angelegenheit.

Schott m (~s; ~s) (ar.) Salzsumpf.

schraffieren ZW (-rte, -rt) ↗ (it.) Fläche mit feinsten Parallellinien bedecken; w. s.: **Schraffur** (~; ~en).

Schrapnell s (~s; ~s) (e., nach einem Artillerieoffizier, 1803) Sprengkugel.

Schredder m (~s; ~) (e.) Schrottvernichter.

schrinken ZW (-kte, geschrinkt) ↗ (e.) Gewebe durch Feuchtigkeit krumpffest machen.

Schtschi M (r.) Kohlsuppe.

Schubiack m (-s, -s) (nl.) mieser, hinterhältiger Kerl

Schute w (~; ~n) (nl.) ⚓ offenes Schiff mit geringem Tiefgang; Biedermeierdamenhut ↓.

Schwadron w (~; ~en) (lat.-it.) ⚔ kleine kavalleristische Truppeneinheit; **Schwadronade** w (~; ~n) wortreiche Prahlerei; **schwadronieren** ZW (-rte, -rt) ↙ unablässig reden; m. s.: **Schwadroneur** (~s; ~e) [-nör].

Schwer|**athlet** m (~en; ~en) (d.-gr.) Kraftsportler *(arbeiten wie ein S.)*; w. abstr. s.: **Schwer**|**athletik** (~; –); EW: **schwer**|**athletisch**.

schwoien ZW (-te, geschwoit) ↙ (e.) ⚓ sich vor Anker (durch Wind, Strömung) drehen.

Science-fiction w (~-~; ~-~s) (am.) [*ßainsfickschn*] (technische) Utopie; **Scientology** w (~; –) [*ßaientolodschi*] religiöse Utopie, wissenschaftl. untermauert; prakt. Philosophie zur Änderung von Personen und der Gesellschaft.

scilicet (lat.) [*szi-*] (⚔ *sc[il]*.) nämlich.

sciolto (it.) [*schol*-] ♪ frei vorgetragen.

Sclera w (~; -ren) (gr.) ⚕ Lederhaut des Auges.

SCOPE (e. ⚔ Scientific Committee on Problems of the Environment) wissenschaftliche Vereinigung für Umweltprobleme.

Scoop m (~s; ~s) (e.) [*ßkúp*] Exklusivbericht, umwerfende Nachricht.

Scopolamin s (~s; ~) (KuW) Alkaloid der Nachtschattengewächse (für Beruhigungsmittel).

Scordatura w (~; –) (lat.-it.) ♪ Umstimmung (von Saiten); ♪ abweichende Stimmung.

Score m, s (~s; ~s) (am.) [*ßkôr*] Testergebnis; Zahl der erreichten Treffer (beim Lotto) oder Punkte (beim Sport); ZW: **scoren** (-rte, gescort) ↗; **Scorer** m (~s; ~) wer die Punkte zählt.

Scotch m (~s; ~s) (e.) [*ßkotsch*] ⚔ schottischer Whisky.

Scotch|**terri**|**er** m (~s; ~) (e.) [*ßkotsch-*] Hunderasse.

Scotland Yard m (~ ~s; –) [*skotländ járd*] e. Kriminalpolizei (nach der Straße ihres Gebäudes in London).

Scoured s (~s; –) (e.) [*skaurd*] vorgewaschene Wolle.

Scout ⚔ → Boy-Scout.

Scrabble s (~s; ~s) (e.) [*ßkräbbel*] Wortbildespiel.

Scraps M (e.) [*skräps*] Tabak von den unteren Blättern.

scratch (e.) [*ßkrätsch*] ohne Vorgabe (Golf); **Scratchspieler** m (~s; ~) sehr guter Golfspieler.

Screen advertising s (~ ~s; ~ ~s) [*skrín ädwôt-*] (e.) Filmwerbung; **Screening** s (~s; ~s) Vorgehen bei Reihenuntersuchungen; statist. Datenauswertung, = **Screening-Test** m (~-~s; ~-~s).

Scribble s (~s; ~s) (e.) [*ßkribbl*] Skizze für Werbegraphik.

Scrip m (~s; ~s) (lat.-e.) Zinsgutschein; Interimsschein für neue Wertpapiere.

Scrub m (~s; ~s) (e.) [*βkrab*] Hartlaub-, Dornbuschregion in Zentralaustralien.

SDI (e. ≠ **S**trategic **D**efense **I**nitiative) strateg. Verteidigungsinitiative der USA, um Interkontinentalraketen abzuwehren.

Seal m, s (~s; ~) (e.) [*βîl*] (Pelz der) Bärenrobbe.

Sealab s (~s; ~s) (am.) [*βîlab*] Unterwasserlabor.

Sealskin m, s (~s; ~s) [*βîl-*] = → Seal; Plüschgewebe.

Séance w (~; ~n) (fr.) [*βē|āñs*] (spiritistische) Zusammenkunft.

Season w (~; ~s) (e.) [*βîsn*] = → Saison.

SEATO w (~; ~) (KW, ≠ **S**outh **E**ast **A**sia **Tr**eaty **O**rganization) antikommunistischer Verteidigungspakt in Südostasien.

Seborrhö w (~; ~en) (gr.) ✚ Talgfluß.

sec EW (fr.) [*säck*] trocken, herbe; **secco** EW (it.) [*βek-ko*] trocken [*al s.* auf trockener Fläche (Ggs.: *al fresco*)]; ♪ Rezitativ mit Cembalobegl. (= **Seccorezitativ** s [~s; ~e]); → Sekkomalerei.

SECAM-System s (~-~s; ~) fr. Farbfernsehsystem.

Secentismus m (~; ~) (it.) [*sētsch-*] Kunstform des 17. Jh.s; **Secentist** m (~en; ~en) [*sētsch-*] Künstler (Kenner) des 17. Jh.s; EW: **secentistisch** [*sētsch-*]; **Secento** s (~s; ~) [*sētsch-*] 17. Jh.

Second hand (e.) [*βecknd händ*] gebraucht gekauft; **Secondhandgeschäft** s (~s; ~e) Laden mit gebrauchter Kleidung; **Second line** w (~ ~; ~) [*βecknd lain*] ♪ Jazznachwuchs; **Secondo** s (~s; ~s/-di) (it.) ♪ zweite Stimme, Baßstimme (beim Klavier) (vgl. → Sekondo).

Secret Service m (~ ~; ~) [*βikret βōr̄wiß*] e. Geheimdienst; am. Sicherheits|polizei.

Securities M (e.) [*βikjuitiz*] Wertpapiere.

sedativ EW (lat.) ✚ beruhigend; **Sedativ(um)** s (~s; ~e/-va) ✚ Beruhigungsmittel; **sedentär** EW seßhaft.

Seder m (~[s]; -darim) (heb.) häusliche Passahfeier.

Sedez s (~; ~) (lat.) Buchformat (Bogen zu 32 Seiten).

sedieren ZW (-rte, -rt) ↗ (lat.) (durch Medikamente) beruhigen, ruhigstellen; **Sediment** s (~[e]s; ~e) (lat.) Ablagerung; ⓣ Bodensatz; **sedimentär** EW durch Ablagerung entstanden; **Sedimentation** w (~; ~en) Stoffabsetzung infolge Abtragung; ⓣ Bodensatzbildung; ZW: **sedimentieren** (-rte, -rt) ↙.

Sedisvakanz w (~; ~en) (lat.) † (Dauer des) Nichtbesetztsein(s) eines hohen Kirchenamtes.

Sedum s (~s; ~) (lat.) ⊕ Pflanzengattung (Dickblattgewächse).

Segment s (~[e]s; ~e) (lat.) Abschnitt; ⋖ Flächenstück (von Kurvenbogen und Sehne begrenzt); **segmental** EW in Segmentform; **segmentär** EW aus Abschnitten bestehend; **Segmentierung** w (~; ~en) Organgliederung.

Segno s (~s; ~s) (it.) [*βenjo*] Zeichen (*dal s.* ♪ vom Zeichen an; *al s.* ♪ bis zum Zeichen).

Segregation w (~; ~en) (lat.) Absonderung von Menschengruppen; ZW: **segregieren** (-rte, -rt) ↗; **Segregat** s (~[e]s; ~e) das Ausgeschiedene.

Segue s (~s; ~s) (e.) [*βiguei*] (it.) ♪ pausenloser Takt-(Tempo-)Wechsel in Musikfolge.

Seguidilla w (~; -llen) (sp.) [*βegedilja*] Kastagnettentanz.

Seicento s (~s; ~) (it.) [*βeitsch-*] Kunst des 17. Jahrhunderts.

Seignettesalz s (~es; ~) (nach einem fr. Apotheker) [*βēnjett-*] Salz der Weinsäure (✚ Abführmittel).

Seigneur m (~s; ~s) (fr.) [*βenjōr*] Weltmann; EW: **seigneurial** [*βenjō-*].

Seismik w (~; ~) (gr.) Erdbebenforschung; **seismisch** EW Erdbeben...; **Seismogramm** s (~[e]s; ~e) Erdbebenaufzeichnung; **Seismograph** m (~en; ~en) Erdbebenmeßgerät, = **Seismometer** s (~s; ~); EW: **seismographisch**, **seismometrisch**; **Seismologie** w (~; ~) Erdbebenforschung; EW: **seismologisch**; **Seismometer** = → Seismograph; **Seismonastie** w (~;~;) ⊕ Pflanzenbewegung, durch Stoß bewirkt; **Seismophon** s (~[e]s; ~e) Gerät, das entfernte Erdbeben hörbar macht.

Sejm m (~s; ~) (poln.) [*βaim*] Parlament.

Sejunktion w (~; ~en) (lat.) nachlassende Gabe, Bewußtseinsstränge aufeinander zu beziehen.

Sekante w (~; ~n) (lat.) ⋖ eine krumme Linie schneidende Gerade.

sekkant EW (lat.-it.) quälend ↓; ZW: **sekkieren** (-rte, -rt) ↗; **Sekkatur** w (~; ~en) Schikane.

Sekkomalerei w (~; ~en) (it.-d.) Malerei auf Trockengrund; vgl. → secco.

Sekkorezitativ = → Seccorezitativ.

Sekonde w (~; ~n) (fr.) [-*koñd*] Hieb von unten nach oben (beim Fechten).

Sekret¹ s (~[e]s; ~e) (lat.) ⚕ Drüsenausscheidung; **Sekret**² w (~; ~e) † stilles Gebet des Priesters vor der Messe; **sekret** EW (lat.) geheim ↓; **Sekretar** m (~s; ~e) Abteilungsleiter; **Sekretär** m (~s; ~e) Beamter des gehobenen Dienstes; Schriftführer; Schreib(tisch)schrank, -kommode; Kranichgeier; **Sekretariat** s (~[e]s; ~e) Geschäftsstelle; **sekretieren** ZW (-rte, -rt) ↗ ⚕ absondern; wegschließen; **Sekretin** s (~[e]s; ~e) ⚕ Darmhormon; **Sekretion** w (~; ~en) Absonderung; ⚕ Drüsenzellenarbeit; **Sekretodermatosen** M ⚕ Hautkrankheit durch überstarke Absonderung; **sekretorisch** EW durch (mit, infolge) Sekretion.

Sekt m (~[e]s; ~e) (it.) Schaumwein.

Sekte w (~; ~n) (lat.) † vom Dogma abweichende Glaubensgemeinschaft; **Sekten|telefon** s (~s; ~e) Telefondienst als Hilfsangebot für Angehörige von Sektenanhängern; m. s.: **Sektierer** (~s; ~); w. s.: **Sektiererin** (~; ~nen); EW: **sektiererisch**; **Sektierertum** s (~s; –) Neigung zur Absonderung (von der kommun. Parteilinie); **Sektion** w (~; ~en) Gruppe; ⚕ Leichenöffnung; **Sektions|chef** m (~s; ~s) [-scheff] Abteilungsleiter; **Sektor** m (~s; -toren) ⚔ Teil der Kreisfläche; Ausschnitt; Teil(gebiet); **Sektorenblende** w (~; ~n) Vorrichtung zur period. Unterbrechung der Strahlengangs (bei Filmkameras); **Sektorengrenze** w (~; ~n) Linie zwischen verschiedenen Sektoren Berlins.

sekunda EW (lat.) 2. Güte; **Sekunda** w (~; -den) Mittelstufe der Oberstufe einer Oberschule ↓; m. s.: **Sekundaner** (~s; ~) ↓; w. s.: **Sekundanerin** (~; ~nen) ↓; **Sekund|akkord** m (~es; ~e) ♪ 3. Umkehrung des Septakkordes; **Sekundant** m (~en; ~en) Duellhelfer; w. s.: **Sekundanz** (~; –) (auch: bistand); **sekundär** EW zweitrangig; untergeordnet; **Sekundär|analyse** w (~; ~n) neue Bearbeitung alter Daten; **Sekundär|effekt** m (~[e]s; ~e) Aufprall von Primärelektronen auf Metalloberflächen und dadurch Herausschlagung von Sekundär|elektronen; **Sekundär|elektronen** M Elektronen, durch Aufprall der Primär|elektronen aus Metalloberflächen herausgeschlagen; **Sekundär|emission** w (~; ~en) Auslösung von Sekundär|elektronen aus einem festen Stoff durch Elektronenbeschuß; **Sekundär|energie** w (~; -i|en) Energiequelle aus bereits gewonnenen Energieträgern (Strom); **Sekundär|infektion** w (~; ~en) ⚕ Ansteckung durch ein bereits erkranktes Organ; **Sekundärliteratur** w (~; –) wissenschaftlicher Beitrag zu einem Problem; **Sekundärmission** w (~; ~en) = → Sekundär|effekt; **Sekundärstatistik** w (~; ~en) aus alten Daten gewonnene Erhebung; **Sekundärstrahlung** w (~; ~en) durch Aufprall schneller Elektronen auf Atome bewirkte Strahlung; **Sekundar|stufe** w (~; ~n) Mittel-, resp. Oberstufe an Gymnasien; Aufbaustufe (I = Klassen 5–10; II = 10–13); **Sekundärwicklung** w (~; ~en) ans Verbrauchernetz angeschlossene Transformatorwicklung; **Sekundawechsel** m (~s; ~) zweite, als solche gekennzeichnete Wechselausfertigung.

Sekunde w (~; ~n) (lat.; ₡ s[ec], sek., Sek.) 60. Teil einer Minute (⚔ einer Bogenminute), ♪ Abstand zweier Töne in der Tonleiter.

sekundieren ZW (-rte, -rt) ↙ (lat.) (im Zweikampf) beistehen.

Sekundogenitur w (~; ~en) (lat.-gr.) Familienfide|ikommiß für die 2. Linie.

Sekurit s (~[e]s; –) (lat.) Sicherheitsglas; **Sekurität** w (~; ~en) Sorglosigkeit; **Sekuritglas** s (~es; -gläser) = → Sekurit.

sela (heb.) ♪ abgemacht!; **Sela** s (~s; ~s) ♪ † Psalmenzeichen.

Selachi|er M (gr.) die Knorpelfische.

Seladon¹ m (~s; ~s) (fr.) [-doñ] Liebhaber (nach einer Romanfigur des 17. Jh.s).

Seladon² s (~s; –) (chin.) Porzellan mit graugrüner Lasur; **seladon** EW blaßgrün ←.

Selaginella w (~; -lae) (lat.) ⚘ Bärlappgewächs.

Seldschuke m (~n; ~n) (ar.) Angehöriger eines Türkenstamms.

selektieren ZW (-rte, -rt) ↗ (lat.) züchterisch auswählen, **Selektion** w (~; ~en) Auslese; natürliche Auslese, = **Selektions|theorie** w (~; –) (nach Darwin); **selektionieren** ZW (-rte, -rt) ↗ = → selektieren; **selektiv** EW auswählend; trennscharf; ⚕ in nur eine Richtung wirkend; **Selektivität** w (~; –) Trennschärfe; **Selektor** m (~s/~en; -toren) Fernsehgerät, um verschiedene Seiten einer Bildschirmzeitung zu wählen; **Selektorkanal** m (~s; -näle) Gerät zur Datenübertragung aus schnellen Magnetbändern (Platten).

s-Elektron s (~s; -tronen) Elektron mit Bahndreh|impulsquantenzahl 1 = 0.

Selen s (~s; –) (nach der gr. Mondgöt-

Sel<u>e</u>n(foto)zelle

tin) ↻ Element (Nichtmetall; ≠ *Se*); **Sel<u>e</u>n(foto)zelle** w (~; ~n) Fotowiderstand mit Selen als lichtempfindl. Leitermaterial; **Selen<u>i</u>de** M binäre Metallverbindungen des Selens; **Selen<u>i</u>t** m (~en; –) Gips; EW: **selen<u>i</u>tisch; Selenograph** m (~en; ~en) wissenschaftlicher Beschreiber des Mondes; w. s.: **Selenograph<u>ie</u>** (~; –); EW: **selenogr<u>a</u>phisch; Selenol<u>o</u>ge** m (~n; ~n) Mondforscher; w. abstr. s.: **Selenolog<u>ie</u>** (~; –); EW: **selenol<u>o</u>gisch; Sel<u>e</u>n|zelle** w (~; ~n) = Selenfotozelle.

S<u>e</u>lfaktor m (~s; -t<u>o</u>ren) (e.) Feinspinnmaschine ↓.

Selfapp<u>e</u>al m (~s; –) (am.) [*bälf|ep<u>i</u>l*] Werbung durch die Ware selbst; **S<u>e</u>lfemployment** s (~-~s; ~-~s) [-*pleu*-] selbständ. Berufstätigkeit; **S<u>e</u>lf-liqu<u>i</u>dator** m (~-~s; ~-~s) [-*deiter*] sich selbst tragendes Werbemittel; **S<u>e</u>lfmademan** m (~s; -men) [*bälfmä´dmän*] aus eigener Kraft (durch Selbststudium) Emporgekommener; **S<u>e</u>lf-service** m (~-~; –) Selbstbedienung.

Sell<u>e</u>rie m (~s; ~[s]), w (~; ~) (gr.-lat.-it.-fr.) ⚘ Gemüsepflanze.

S<u>e</u>ller(s)-market m (~-~s; ~-~s) (e.) besonders starke Stellung der Anbieter; **S<u>e</u>ller-Teller** m (~-~s; ~-~) Wochenliste der Bestseller; **S<u>e</u>lling** s (~; –) (am.) [*β-*] Verkauf.

Sem<u>a</u>ntik w (~; –) (gr.) Zeichen-, Bedeutungslehre; m. s.: **Sem<u>a</u>ntiker** (~s; ~); EW: **sem<u>a</u>ntisch; Semaph<u>o</u>r** m, s (~s; ~e) (gr., = Zeichenträger) Eisenbahnsignal; EW: **semaph<u>o</u>risch; Semasiolog<u>ie</u>** w (~; –) Bedeutungslehre; m. s.: **Semasiol<u>o</u>ge** (~n; ~n); EW: **semasiol<u>o</u>gisch; Semeiograph<u>ie</u>** w (~; –) Noten-, Zeichenschrift; **Semei<u>o</u>tik** w (~; –) Ausdrucks-, Bedeutungslehre; EW: **semei<u>o</u>tisch; Sem<u>e</u>m** s (~s; ~e) Bedeutungsinhalt eines Morphems.

Sem<u>e</u>ster s (~s; ~) (lat.) Studienhalbjahr; EW: **semestr<u>a</u>l** ↓.

semi|ar<u>i</u>d EW (lat.) mitteltrocken (von Regionen mit 20–400 l Niederschlagsmenge pro m² im Jahr); **Semifin<u>a</u>le** s (~s; ~) Vorentscheidungsspiel; m. s.: **Semifinal<u>i</u>st** (~en; ~en); **semihum<u>i</u>d** EW mittelfeucht (von Regionen mit jährlichen Niederschlagsmengen von 400–500 l pro m²); **Sem<u>i</u>kolon** s (~s; -la/-len) Strichpunkt; **semilun<u>a</u>r** EW halbmondförmig.

Semin<u>a</u>r s (~s; ~e/-ri/~en) (lat.) Fortbildungsanstalt, -kurs; Hochschulinstitut; m. s.: **Seminar<u>i</u>st** (~en; ~en); EW: **seminar<u>i</u>stisch**.

Semiol<u>o</u>ge m (~n; ~n) (gr.) Erforscher der Krankheitsmerkmale; w. abstr. s.: **Semiolog<u>ie</u>** (~; –); EW: **semiol<u>o</u>gisch; Semi<u>o</u>tik** w (~; –) = → Semiologie; EW: **semi<u>o</u>tisch**.

semiperm<u>e</u>abel EW (lat.) halbdurchlässig; w. abstr. s.: **Semipermeabilit<u>ä</u>t** (~; –).

Sem<u>i</u>t m (~en; ~en), **Sem<u>i</u>te** m (~n; ~n) (nach Noahs sagenhaftem Sohne *Sem*) Halbnomade aus der ar. Halbinsel; EW: **sem<u>i</u>tisch** (*s.e Schrift* linksläufige Buchstabenschrift; *s.e Sprachen*); **Semit<u>i</u>st** m (~en; ~en) Erforscher der semitischen Sprachen und Kulturen; w. s.: **Semit<u>i</u>stik** (~; –); EW: **semit<u>i</u>stisch**.

s<u>e</u>mper <u>a</u>liquid h<u>a</u>eret (lat.) etwas bleibt immer hängen; **s<u>e</u>mper <u>i</u>dem** EW immer derselbe; von gleichbleibender Güte (Cicero über Sokrates).

Sempervivum s (~s; -va) (lat.) ⚘ Hauswurz.

s<u>e</u>mplice (it.) [-*pl<u>i</u>tsche*] ♪ einfach.

s<u>e</u>mpre (it.) [*βem*-] ♪ immer.

Sen<u>a</u>t m (~[e]s; ~e) (lat.) Regierung der Hansestädte und Berlins; Spruchkammer der hohen Gerichte; 1. Kammer (USA); leitender Hochschulausschuß; **Sen<u>a</u>tor** m (~s; -t<u>o</u>ren) (lat.) Mitglied des Senats; EW: **senat<u>o</u>risch** (*s.e Dienststelle*).

Send<u>i</u>tron s (~s; ~e) (KuW) Quecksilber enthaltende Elektronenröhre zum Schalten.

Senesz<u>e</u>nz w (~; –) (lat.) ♏ Altern; **sen<u>i</u>l** EW greisenhaft; w. abstr. s.: **Senilit<u>ä</u>t** (~; –); **s<u>e</u>nior** EW älter; **Seni<u>o</u>r** m (~s; -<u>o</u>ren) der Ältere; **Senior<u>a</u>t** s (~[e]s; –) Ältestenrecht; = → Majorat; **Seni<u>o</u>rchef** m (~s; ~s) älterer Firmeninhaber; **Seni<u>o</u>renhotel** s (~s; ~s) Alten(wohn)heim; **Seni<u>o</u>renklasse** w (~; ~n) Sportabteilung für Ältere; **Seni<u>o</u>renpaß** m (-passes; -pässe) Ausweis für Rentner für ermäßigte Fahrten auf der Deutschen Bundesbahn; **Seniorit<u>ä</u>tsprinzip** s (~s; –) am Alter orientierte Regelung des Aufstiegs; **S<u>e</u>nium** s (~s; –) ♏ Greisenalter.

S<u>e</u>nna w (~; –) (ar.) orient. Strauchblatt (Abführmittel), = **S<u>e</u>nnablätter** M (ar.-d.).

S<u>e</u>nne m (~s; ~s) (nach einem pers. ON) [-*n<u>ê</u>*] kleiner Kurzhaarteppich mit Palmettenmuster.

S<u>e</u>nnesblätter M (ar.-rom.-d.) ♏ Abführmittel (aus i. und äg. Kräutern).

Sensati<u>o</u>n w (~; ~en) (lat.) Überraschung; verblüffende Handlung, verblüffendes Ereignis; (e.) (~; ~s) [*βän*-

450

sĕ̱schn] Sinneswahrnehmung; EW: **sensationell**.

sensibel EW (lat.) empfindlich; **Sensibilisator** m (~s; -toren) Lichtwellen absorbierender Stoff; **sensibilisieren** ZW (-rte, -rt) ↗ (licht)empfindlich machen; w. abstr. s.: **Sensibilisierung** (~; ~en); auch: allergische Reaktion; **Sensibilität** w (~; ~en) ⚕ Vermögen, Sinneseindrücke aufzunehmen; Empfindsamkeit; Empfindlichkeit der Rundfunkempfänger; **sensitiv** EW reizbar, empfindsam; w. abstr. s.: **Sensitivität** (~; –); **sensitivieren** ZW (-rte, -rt) ↗ photograph. Schichten hochempfindlich machen; **Sensitivity Training** s (~ ~s; ~ ~s) (e.) [-trein-] Gruppentherapie, um Gefühlshemmungen abzubauen; **Sensitometer** s (~s; ~) Empfindlichkeitsmesser für photogr. Platten; **Sensitometrie** w (~; –) Meßverfahren für die Lichtempfindlichkeit von Platten; EW: **sensitometrisch**; **Sensomobilität** w (~; –) ⚕ Nervenzusammenarbeit; **Sensomotorik** w (~; –) reizbedingtes Zusammenspiel von Muskeln und Sinnesorganen; **Sensophon** s (~[e]s; ~e) mit feinen Strichen auf den Fingern arbeitendes Morsegerät; **Sensor** m (~s; -soren) ⚕ Fühl|organ; elektron. Auslöser durch Berührung; Eingangssignalmesser; **sensori|ell**; **sensorisch** EW Sinnes..., Sinnesorgan...; **Sensorium** s (~s; -ri|en) Sinneswahrnehmung; Bewußtsein; **Sensualismus** m (~s; –) Überzeugung, daß die Seele ausschließlich sinnlich empfinden kann; m. s.: **Sensualist** (~en; ~en); EW: **sensualistisch**; **Sensualität** w (~; –) ⚕ Empfindungsvermögen; **sensu|ell** EW mit Sinnen wahrzunehmen, Sinnen...; **Sensus communis** allgemeiner Menschenverstand.

Sentenz w (~; ~en) (lat. Aus-, Denkspruch; gültiges Urteil; **sentenziös, -tiös** EW wie eine Sentenz geformt (vorgebracht, wirkend).

Sentiment s (~s; ~s) (fr.) [β̃antimã] komplexe Reaktion auf ein Objekt; Weichheit; → **Sentimentalität**; **sentimental** EW weich, gefühlvoll; **Sentimentale** w (~; ~n) Schauspielerin für Jungmädchenrollen; **sentimentalisch** EW zur Sentimentalität neigend; w. abstr. s.: **Sentimentalität** (~; ~en); **Sentimento** s (~s; –) (it.) [βen-] Gefühl (*con s.* ♪ gefühlvoll).

Senussi m (~s; ~/-ssen) (nach dem ar. Gründer) Angehöriger eines islam. Ordens (seit 1837).

senza (it.) [β-] ohne.

Separanda M (lat.) ⚕ im Giftschrank aufzubewahrende Heilmittel; **separat** EW gesondert; **Separata** M Sonderdrucke; **Separation** w (~; ~en) Absonderung; Aufbereitung mit Sieben; Flurbereinigung; **Separatismus** m (~; –) Bestreben, ein Gebiet vom Staat abzutrennen (selbständig zu machen); m. s.: **Separatist** (~en; ~en); EW: **separatistisch**; **Separator** m (~s; -toren) Zentrifuge; **Séparée** s (~s; ~s) (fr.) [βê-] abgeteilter Raum in Gaststätten; **separieren** ZW (-rte, -rt) ↗ trennen, ablösen (*Eier s.* das Eigelb vom -weiß scheiden).

Sephardim M (heb.) aus Südwesteuropa stammende Juden; EW: **sephardisch**.

Sepia w (~; –) (gr.-it.) brauner Farbstoff des Tintenfisches; EW: **sepia** ←.

Seppuku s (~[s]; ~s) (jap.); → Harakiri.

Sepsis w (~; -sen) (lat.) ⚕ Blutvergiftung.

Sept(e) w (~; ~[e]n) (lat.) ♪ ⌀ → Septime; **Sept|akkord** m (~s; ~e) ♪ ⌀ → Septimenakkord; **September** m (~s; ~) der 9. (*früher:* 7.) Monat; **septennal** EW siebenjährig; s. abstr. s.: **Septennat** (~es; ~e) = **Septennium** s (~s; -i|en); **septentrional** EW nördlich.

Septett s (~[e]s; ~e) (lat.) ♪ Musikstück für 7 Stimmen; **Septime** w (~; ~n) ♪ der 7. Ton der Tonleiter; **Septim(en)akkord** m (~[e]s; ~e) ♪ Terz, Quinte und Septime.

Sept|hämie w (~; -i|en) (gr.) = Sepsis; **Septik(h)ämie** w (~; -i|en) = Sepsis; **septisch** EW (gr.) faulig (Ggs.: *aseptisch*).

Septuagesima w (~; –) (lat.) † 9. Sonntag vor Ostern; **Septuaginta** w (~; –) das gr. AT.

Septum s (~s; -ta/-ten) (lat.) ⚕ Scheidewand.

sepulkral EW (lat.) vom (im, beim, durch das, wie das) Grab ↓.

Sequenz w (~; ~en) (lat.) ♪ Wiederholung einer melodischen Tonreihe auf anderer Tonstufe; ♪ Durcharbeitung einer bestimmten Tonfigur; Text eines liturgischen Gesanges aus einer Festmesse; EW: **sequens** (⌀ *seq.*); **Sequenzer** m (~s; ~) Kleincomputer als Teil des Synthesizers zur Speicherung von Tonfolgen; **sequenzieren** ZW (-rte, -rt) ↗ ♪ Sequenz durchführen; **Sequenzialität** w (~; ~en) Kursfolge im Oberstufenunterricht; EW: **sequenti|ell**.

Sequester s (~s; ~) (lat.) ⚕ abgestorbe-

Sequestration

nes, abgestoßenes Gewebestück; m (~s; ~) einstweiliger Verwalter; **Sequestration** w (~; ~en) einstweilige Verwaltung durch einen Dritten; seine behördliche Einsetzung; Zwangsverwaltung eines Landes durch den Bund (eines feindlichen Gebietes); **sequestrieren** ZW (-rte, -rt) ↗ beschlagnahmen; Sequestration verfügen; **Sequestrotomie** w (~; -i|en) ⚕ Ausschneidung eines abgestorbenen Knochenteils.

Sequoia, Sequoi|e w (~; -i|en) (ind.) Mammutbaum.

Serabend m (~s; ~s) = → Saraband.

Serail s (~s; ~s) (pers.) [*berâj*] Sultansschloß; m (~s; ~s) feines Wolltuch.

Seraph m (~s; ~im/~e) (heb.) Engel mit 6 Flügeln; **seraphisch** EW engelgleich, verzückt.

Serenade w (~; ~n) (sp.) ♪ Ständchen; leichte Abendmusik.

Serenissimus m (~; -mi) (lat.) Kleinstaatfürst; Oberster; **Serenität** w (~; –) Heiterkeit ↓.

Serge m, w (~; ~n) (fr.) [*bersch*] Futterstoff.

Sergeant m (~en; ~en) (fr.) ✗ [-*schant*] Unteroffizier, -feldwebel [auch e.: *ßadschnt*]; Schlagzwinge zur Holzbearbeitung.

Sergette m (~s; ~s) (fr.) [-*schett*] heller, tuchartiger Serge.

serial EW (lat.) in Reihen; **Serial** s (~s; ~s) (e.) [*ßiriäl*] (Fernseh-)Sendung in Teilen; **Seri|e** w (~; ~n) (lat.) Reihe (gleichartiger Gegenstände, zusammengehöriger Sendungen); Linienfolge im Spektrum; **seri|ell** EW reihenmäßig (hergestellt) (*s.e Musik* Zwölftonmusik; *s.er* Rechner Datenverarbeitungsgerät, das die Bits einer Dateneinheit nacheinander transportiert und verarbeitet); **Seri|enfabrikation** w (~; ~en) Herstellung auf Fertigungsstraße, = **Seri|enfertigung** w (~; ~en), = **Seri|enproduktion** w (~; ~en).

Serifen M (lat.-nl.-e.) Abschlußstriche der Buchstabenköpfe, -füße (im Druck); EW: **serifenlos** ohne Strichabschluß der Buchstaben.

Serigraphie w (~; -i|en) (gr.) Schablonendruck; **Serimeter** s (~s; ~) Prüfgerät für die Dehnbarkeit von Seidenfäden; EW: **serimetrisch**.

Serin s (~s; ~e) (KuW) wichtige eiweißbildende Aminosäure.

serio (it.) ♪ ernst; **seriös** EW (fr.) ernsthaft; zuverlässig; w. s.: **Seriosität** (~; –).

Serizit m (~s; ~e) (gr.-lat.) ein Mineral.

Sermon m (~[e]s; ~e) (lat.) (langweilige) Rede, Strafpredigt *(einen S. halten)*; Redeschwall.

Serodiagnostik w (~; ~en) (lat.) ⚕ Krankheitserkennung durch Blutserumprüfung; m. s.: **Serodiagnostiker** (~s; ~); EW: **serodiagnostisch**; **Serologe** m (~n; ~n) ⚕ Blutserumforscher; w. abstr. s.: **Serologie** (~; –); EW: **serologisch**; **Serom** s (~s; ~e) ⚕ seröse Flüssigkeitsansammlung; **seropurulent** EW aus Serum und Eiter; **serös** EW ⚕ voll Blutwasser *(s.e Haut)*; **Serotherapie** w (~; –) ⚕ Behandlung mit Serum (Seren); EW: **serotherapeutisch**; **Serozele** w (~; ~n) ⚕ eingekapselter Erguß.

Serpel w (~; ~n) (lat.) Röhrenwurm; **Serpent** m (~[e]s; ~e) ♪ Blechblasinstrument.

Serpentin m (~s; ~e) (lat.) grünes Mineral; Gestein, das aus ihm vornehmlich besteht.

Serpentine w (~; ~n) (lat.) Zickzackweg.

Serra w (~; ~s) (port.) [*ß*-] Bergkette.

Serradella, Serradelle w (~; -llen) (port.) ⊕ Vogelfuß (Futterpflanze).

Sersche = → Serge.

Serum s (~s; -ren/-ra) (lat.) ⚕ Blutwasser; ∪ Schnaps; **Serumtherapie** w (~; -i|en) ⚕ Heilserumbehandlung.

Serval m (~s; ~e) (port.) Raubkatze.

Servante w (~; ~n) (lat.-fr.) Anrichte; Vitrine; **Server** m (~s; ~) (e.) [*ßörwer*] Aufschlag (beim Tennis); **Service**[1] m, s (~; ~s) [*ßôrwiß*] Kundendienst(-stelle); Aufschlag beim Tennisspiel; **Service**[2] s (~s; ~) (fr.) [*ßerwiß*] Tischgeschirr; **servieren** ZW (-rte, -rt) ↗ Speisen auf-, abtragen, anbieten; Ball aufschlagen, vorlegen; **Serviererin** w (~; ~nen) Kellnerin; = **Serviertochter** w (~; -töchter); **Servi|ette** w (~; ~n) Mundtuch; **servil** EW unterwürfig; **Servilität** w (~; –) Unterwürfigkeit, = ↓ **Servilismus** m (~; –); **Servis** m, s (~; –) (Bezahlung für) Bedienung; Kellnerbereich; Wohn-, Verpflegungsgeld; **Serviteur** m (~s; ~s) [-*tôr*] Diener; Anrichte ↓; Verbeugung; Vorhemd; **Servitut** w (~; ~en); s (~; ~e) ◊ Dienstbarkeit.

Servobremse w (~; ~n) Bremse für schwere Fahrzeuge; **Servofokus** m (~; –) Autozoom; selbsttätige Bereichwahl (bei Kameras); **Servogerät** s (~[e]s; ~e) Steuerungshilfe; **Servolenkung** w (~; ~en) Hilfsgerät zur Erleichterung des Lenkens; **Servomechanismus** m (~; -men) (lat.-gr.-lat.) Hilfssteuergerät, = **Servomotor** m (~s; ~en) *auch:* Hilfstriebwerk bei Reglergeräten; **Servus!** (lat., = Sklave) Ihr Diener! Guten Tag!

Sesam m (~s; ~s) (gr.-lat.) ⊕ Ölsamenpflanze (*S., öffne dich!* Schatzzauberformel im Märchen); **Sesamkuchen** m (~s; ~) Viehfutter aus entöltem Sesam.

Sesel m (~s; ~) (gr.) ⊕ Bergfenchel.

sessil EW (lat.) schwer lösbar, schwer bewegbar (Wassertiere); w. abstr. s.: **Sessilität** (~; -).

Session w (~; ~en) (lat.) Parlamentsperiode, -sitzung; (e.) [*βeschen*] Dauer eines Drogenrauschs.

Set m, s (~s; ~s) (e.) [*β-*] Gedeckdeckchen; s (~s; -) Dickeneinheit bei Monotypelettern; Erwartungszustand vom Drogenrausch; Film-, Fernsehdekoration.

Settecento s (~s; -) (it.) [*-tschen-*] 18. Jahrhundert (als it. Kunstperiode).

Setter m (~s; ~) (e.) [*β-*] Vorstehhund.

Setting s (~s; ~s) (e.) alle Merkmale eines Prozesses; alles das Drogenerlebnis beeinflussenden Umstände.

Settlement s (~s; ~s) (e.) [*βätlment*] Niederlassung; e. Sozialbewegung (19. Jh.); **Settlementbewegung** w (~; -) [*βätlment-*] e. Studentenbemühungen um Klassenausgleich; **settlen** ZW (-lete, gesettlet) ↗ einrichten.

Sèvresporzellan s (~s; -) (fr.-lat.-it.) (nach einer Vorstadt von Paris) [*βäwr-*] fr. Porzellan (18. Jh.), = **Sèvres** s (~; -) (fr.) [*βäwr*].

Sewage w (~; ~n) (e.) [*βiwidsch*] Bewässerung durch Überrieselung oder mit Röhren.

Sex m (~es; -) (am. KW) [*βäx*] Geschlecht(s|trieb); Erotik; EW: **sex** (*s. sein*) ←.

Sexagesima w (~; -) (lat.) † 8. Sonntag vor Ostern; **sexagesimal** EW mit der Grundzahl 60; ⊀ Unterteilung in 60 Minuten (Sekunden); **Sexagon** s (~s, ~e) ⊀ Sechseck.

Sex and Crime (e.) [*βäks änd kraim*] Bezeichnung für rüdes (Film-)Geschehen; **Sex-Appeal** m (~-~s; -) (e.) [*βäx epíl*] Aufreizung des andern Geschlechts; **Sexbombe** w (~; ~n) sehr stark auf Männer wirkendes Wesen; **Sexboutique** w (~; ~n) (e.-fr.) [*-butík*] Geschäft mit stimulierenden Artikeln; **Sexer** m (~s; ~) (lat.-e.) Jungtier-, Kükensortierer; w. abstr. s.: **Sexerin** (~; ~nen); **Sexismus** m (~; -) diskriminierende Einstellung gegen Frauen; **Sexist** m (~en; ~en) Mann, der Frauen als Frauen verachtet; **Sexmuffel** m (~s; ~) erotisch gleichgültiger Mann; **Sexologe** m (~n; ~n) Geschlechtsforscher; w. abstr. s.: **Sexologie** (~; -); **sexologisch** EW; **Sexshop** m (~s; ~s) Geschäft mit stimulierenden Artikeln.

Sext w (~; ~en) ⊄ → Sexte; **Sexta** w (~; -ten) (lat.) unterste Oberschulklasse ↓; m. s.: **Sextaner** (~s; ~); **Sextakkord** m (~[e]s; ~e) ♪ Akkord aus Grundton, Terz und Sexte; **Sextant** m (~en; ~en) ⊀ ⅙ Kreis; Sternfernrohr; **Sexte** w (~; ~n) ♪ 6. Stufe der Tonleiter; **Sextett** s (~[e]s; ~e) ♪ Musikwerk für 6 Stimmen; **Sextole** w (~; ~n) (it.) ♪ 6 Töne mit dem Zeitwert von 4–8 Tönen. **Sextourismus** m (~; -) (KuW) Reisen um sexueller Erlebnisse willen; **sexual** EW (lat.) Geschlechts...; **Sexualbiologie** w (~; -) Erforschung der aus der Geschlechtlichkeit stammenden Lebensformen; **Sexualdelikt** s (~s; ~e) Straftat durch sexuellen Mißbrauch; **Sexualethik** w (~; -) Geschlechtsmoral; EW: **sexual|ethisch**; **Sexualhormon** s (~s; ~e) ⚥ Hormon der Keimdrüsen; **Sexualität** w (~; -) alle Äußerungen des Geschlechtstriebs; **Sexualneurose** w (~; ~n) (lat.-gr.) ⚥ durch geschlechtliche Vorgänge bedingte Neurose; **Sexualobjekt** s (~[e]s; ~e) wer für andere den Geschlechtstrieb befriedigt; **Sexual|organ** s (~[e]s; ~e) Geschlechtsteil; **Sexualpädagogik** w (~; -) sexu|elle Aufklärung; EW: **sexualpädagogisch**; **Sexualpathologe** m (~n; ~n) Erforscher der krankhaften Geschlechtstriebe; w. abstr. s.: **Sexualpathologie** (~; -); EW: **sexualpathologisch**; **Sexualproportion** w (~; ~en) Verhältnis von m. zur w. Bevölkerung; **Sexualpsychologe** m (~n; ~n) Erforscher der seelischen Bedingtheiten (Wirkungen) des Geschlechtslebens; w. s.: **Sexualpsychologie** (~; -); EW: **sexualpsychologisch**; **Sexualsphäre** w (~; ~n) die Gänze des Geschlechtslebens; **Sexualzyklus** m (~; -klen) ⚥ ▹ Menstruation; regelmäßige Vorgänge in den w. Geschlechts|organen; **sexu|ell** EW geschlechtlich; **Sexuologie** w (~; -) Erforschung des Geschlechtslebens; m. s.: **Sexuologe** (~n; ~n); EW: ∪ **sexuologisch**; **Sexus** m (~; -) Geschlecht; **Sexwelle** w (~; -) Vorherrschen erotischer Themen im öffentlichen Leben; **sexy** EW (am.) sexu|ell (erotisch) attraktiv ←.

sezernieren ZW (-rte, -rt) ↗ (lat.) abson-

Sezession

dern; **Sezession** w (~; ~en) Absonderung; avantgardistische Malergruppe, -ausstellung; **Sezessionist** m (~en; ~en) Angehöriger einer avantgardistischen Künstlergruppe; EW: **sezessionistisch**; **sezieren** ZW (-rte, -rt) ↗ Leiche öffnen.
sforzando (it., ⊄ *sf, sfz, fz, sff, sffz*) ♪ zu betonen; s. s.: **Sforzando** (~s; -di) = **Sforzato** s (~s; -ti) ♪; **sforzato** ♪ stark betont (⊄ *sf*[*z*]).
Sfumato s (~s; -ti) (it., = duftig) verschwimmende Umrisse in der Malerei; **sfumato** EW verschwimmend gemalt.
Sgraffiti M (it.) Zeichnungen an (Abort-)Wänden; **Sgraffito** s (~s; -ti) □ Schabeschmuck (an Häusern).
Shag m (~s; ~s) (e.) [*schäg*] (feiner) Pfeifentabak für die **Shagpfeife** w (~; ~n).
Shake s (~s; ~s) (am.) [*schēˇk*] ♪ Jazzvibrato (als Schluß einer Phrase); **Shakehands** M [*schēˇkhänds*] Händedruck; **Shaker** m (~s; ~) [*schēˇ-*] Mixschüttler; ZW: **shakern** (-rte, geshakert) ↗ [*schēˇ-*].
Shalom = → Schalom.
Shampoo s (~s; ~s) (e.) [*schampū*] Haarwaschmittel; ZW: **shampoonieren** (-rte, -rt) ↗; = → Schampun, schampunieren.
Shamrock m, s (~s; ~s) (e.) [*schäm-*] Weißkleeblatt; ir. Wahrzeichen.
Shanty s (~s; ~s) (e.) [*schänti*] Matrosenlied.
SHAPE (am. KW) (⊄ **S**upreme **H**eadquarters **A**llied **P**owers **E**urope) NATO-Oberkommando in Europa.
Shaper m (~s; ~) (e.) [*schēˇper*] Hobelmaschinenform, = **Shapingmaschine** w (~; ~n) [*schēˇpiñ-*].
Share m (~; ~s) (e.) [*schår*] Anteilschein, Akti|e.
Shed- → Sched-.
Sheriff m (~s; ~s) (e.-am.) [*sche-*] Verwaltungsbezirks-, Orts|polizist.
Sherlock Holmes m (~ ~; ~ ~) (e., nach einer Romanfigur von A. C. Doyle, 1859–1930) [*scherrlock holms*] Meisterdetektiv.
Sherry m (~s; ~s) (e., nach dem sp. Ort *Jerez*) [*sch-*] sp. Weinsorte; **sherry** EW [*sch-*] sherryfarben ←; **S. Cobbler** m (~ ~s; ~ ~s) Getränk aus Sherry, Orangensaft und Curaçao.
Shetland m (~s; ~s) (e., nach schott. Inseln) [*schettländ*] graugepunkteter feiner Wollstoff; **Shetlandpony** s (~s; ~s) kleines Arbeits|pferd; **Shetlandwolle** w (~; -) rauhes Wollgewebe.
shiften ZW (-tete, geshiftet) ↗ (am.) [*sch-*] alle Ziffern einer Zahl (im Computer) nach rechts oder links bewegen.
Shigelle w (~; ~n) (nach jap. Bakteriologen) Salmonellenart.
Shimmy m (~s; ~s) (am.) [*sch-*] foxtrottähnlicher Gesellschafts|tanz (um 1920).
Shipping weight s (~ ~s; ~ ~s) (e.) [*-ueit*] Transport-, Verschiffungsgewicht von Waren.
Shirt s (~s; ~s) (e.) [*schört*] Baumwollhemd.
Shit s (~s; -) (am.) [*schitt*] Haschisch; **shitten** ZW (-ttete, geshittet) ✓ [*sch-*] Haschisch rauchen.
shocking EW (e.) [*schockiñ*] anstößig; *als Ausruf:* pfui!
Shoddy s (~s; -) (e.) [*sch-*] Kunstwolle; Spinnstoff aus Lumpen.
Shop m (~s; ~s) (e.) [*schopp*] Laden; **Shopping** s (~s; -) [*schoppiñ*] Markt; Geschäft; Einkaufen; **Shopping-center** m, s (~~~s; ~~~s) [*schoppiñß-*] Einkaufszentrum.
Shore-Härte w (~~; ~-~n) (nach e. Entwickler des Meßverfahrens) [*sch-*] Werkstoffkennzahl.
Shorthornrind s (~es; ~er) (e.-d.) [*sch-*] in Norddeutschland häufige Rinderart.
Shorts M (e.) [*schôˇts*] kurze Sporthosen; **Short story** w (~ ~; ~ -ies) [*sch-*] Kurzgeschichte; **Short ton** w (~ ~; ~ ~s) (e.) Gewichtsmaß (907,185 kg) in Großbritannien; **Shorty** s, m (~s; ~s) [*schôrti*] = → Babydoll.
Shout m (~s; ~s) (am., = rufen) [*schaut*] ♪ rezitativer Schreigesang, = **Shouting** s (~s; ~s) [*schautiñ*].
Show w (~; ~s) (am.) [*schoᵘ*] Unterhaltungsvorstellung; ♪ Jazzeinlage; **Showbiz** ⊄ **Showbusineß** s (~; -) [*schoᵘbisniß*] Schaugeschäft; **Showdown** m (~s; ~s) [*schoᵘdaun*] Entscheidungskampf; **Showman** m (~s; -men) [*schoᵘmän*] Unterhaltungsschauspieler; Artist; auf Wirkung bedachter Propagandist; **Showmaster** m (~s; ~) (e.) [*schoᵘ-*] Leiter einer Unterhaltungssendung im Fernsehen.
Shredder m (~s; ~) (e.) [*schr-*] Reißwolf zur Verschrottung von Kraftfahrzeugen (Zerreißung von Papier).
Shrimps M (e.) [*sch-*] Krabben.
Shunt m (~s; ~s) (e.) [*schant*] Nebenschlußwiderstand; ⚕ Verbindung zwischen Pfortader und unterer Hohlvene; **shunten** ZW (-tete, geshuntet) [*schan-*] ↗ durch Parallelschaltung eines Widerstandes den Strom regeln.
Shuttle s (~s; ~s) (e.) [*schättel*] Pendelverkehr; Raumfähre.

Shylock m (~s; ~s) [*schai-*] (nach einer Shakespearefigur) hartherziger Gläubiger.

Sial s (~s; –) (KuW) oberste Gesteinszone des Erdmantels.

Sial|adenitis w (~; -itiden) (gr.-lat.) ⚕ Speicheldrüsenentzündung.

siallitisch EW (KW) tonig.

siamesisch EW (zum alten Namen *Siam* = Thailand) eineiig und zusammengewachsen *(s.e Zwillinge);* **Siamosen** M (baumwollene) Schürzenstoffe.

Sibilant m (~en; ~en) (lat.) Zischlaut; ZW: **sibilieren** (-rte, -rt) ✓.

Sibylle w (~; ~n) (lat.) altröm. Seherin; EW: **sibyllisch, sibyllinisch** (*S.e Bücher* altröm. Prophezeiungen).

sic (lat.) [*sik*] so! genauso! (bei falscher Lesung oder vermeintlich „falscher" Schreibung).

Sick-out s (~-~s; ~-~s) (e.) [-*aut*] Krankmeldung.

Sideboard s (~s; ~s) (e.) [*βaidbôᵃrd*] (kleine) Anrichte.

sideral EW (lat.) = **siderisch** EW (lat.) Fixstern... *(s.es Jahr* Sternjahr; *s.er Monat* Zeit eines Mondumlaufs; *S.es Pendel* Metallstück an dünnem Faden [als Wünschelrute]); **Siderit** m (~s; ~e) (Spat-) Eisenstein; Meteorit aus nickelhaltigem Eisen; **Siderolith** m (~en; ~en) (gr.) eisenhaltiger Meteor; **Siderologe** m (~n; ~n) Eisenforscher; w. abstr. s.: **Siderologie** (~; –); EW: **siderologisch**; **Siderose** w (~; ~n) ⚕ Erkrankung (der Lunge) durch Eisenstaub; **Sideroskop** s (~s; ~e) ⚕ Magnetnadelgerät zur Findung von Eisensplittern (im Auge); EW: **sideroskopisch**; **Siderurgie** w (~; –) Eisen-, Stahlbearbeitung; EW: **siderurgisch.**

Sidestep m (~s; ~s) (e.) [*βaidstep*] Ausweichschritt beim Boxkampf.

Si|ena s (~s; –) (nach einer it. Stadt) braune Malerfarbe; EW: **si|ena** ←.

Si|erra w (~; ~s) (sp.) = → Serra; (port.) Hering.

Si|esta w (~; -ten/-~s) (sp.) kleine Ruhepause; Schläfchen (am Tage).

Sif|flöte w (~; ~n) (fr.) ♪ hohe Orgelstimme.

Sigel s (~s; ~) (lat.) Abkürzung(szeichen).

Sightsee|ing s (~s; ~s) (am.) [*βaitsi|iŋ*] Besichtigung; **Sightsee|ing Tour** w (~ ~; ~ ~s) (e.) [-*túr*] Stadtrundfahrt im Bus.

Sigill(um) s (~s; -llen/-lla) (lat.) Siegel; **Sigle** w (~; ~n) (lat.) = → Sigel.

Sigma s (~s; –) (gr. Buchstabe [= σ] Symbol für Standardabweichung; **Sigmatismus** m (~; -men) ⚕ Lispeln.

Signal s (~s; ~e) (fr.) Zeichen für Verständigung, Nachrichtenübermittlung; Eisenbahnsicherung; Startzeichen; **Signalement** s (~s; ~s) [*signalmañ*] Tier-, Personenbeschreibung; **signalisieren** ZW (-rte, -rt) ↗ benachrichtigen; mitteilen; warnen; **Signalkelle** w (~; ~n) Stoppscheibe; Abfahrtszeichen; **Signalprozessoren** M Anzeiger wichtiger Schritte in der DV; **Signatar** m (~s; ~e) (lat.) Unterzeichner; unterzeichnender Staat (= **Signatarmacht** w [~; -mächte]); **Signatur** w (~; ~en) Urheberzeichen; ⚔ Truppenzeichen; normiertes Symbol; Unterzeichnung (von Akten, Kunstwerken); Einschnitt oberhalb des Letternfußes; Kennzeichen des Bibliothekbuches (eines zu einem Ordnungssystem gehörenden Teils); Bezeichnung der Bogenfolge (im Buch); **Signet** s (~s; ~e/ ~s) (fr.) [auch: *βinjê*] Petschaft; Drukker-, Verlagszeichen; Visitenkarte; **signieren** ZW (-rte, -rt) ↗ (mit Namen) zeichnen; **signifikant** EW (lat.) bemerkenswert, = **signifikativ** EW; **Signifikanz** w (~; ~en) Sicherheit einer (statist.) Aussage; **signifizieren** ZW (-rte, -rt) ↗ anzeigen; bezeichnen; **signitiv** EW hinweisend.

Signor(e) m (~s; -ri) (it.) [*βinjôr(e)*] Herr; **Signora** w (~; ~s/-re) [-*βinjô-*] Frau, Dame; **Signorina** w (~; ~s/-ne) [*βinjo-*] Fräulein.

Signum s (~s; -na/-nen) (lat.) Zeichen.

Sigrist m (~s; ~e) (lat.) † Küster ↓.

Si|litonenschritt m (~[e]s; ~e) Abart des Skilanglaufs (nach finn. Langläufer).

Sikhs M (i.) Angehörige einer i. Religionsgemeinschaft.

Sikkativ s (~s; ~e) (lat.) härtender, trocknender Farbzusatz; ZW: **sikkativieren** (-rte, -rt) ↗.

Silage w (~; ~n) (sp.-fr.) [-*lâsche*] Sauerfutter.

Silane M (KuW) Klasse von Verbindungen aus Silicium und Wasserstoff.

Sild m (~s; ~s) (dän.) (eingelegter) Hering; → → Sill.

Silen m (~s; ~e) (gr., = Stumpfnase) Satyr (der gr. Mythologie).

Silentium s (~s; -ti|en/-tia) (lat.) Ruhe, Schweigen *(S. halten, gebieten).*

Silhouette w (~; ~n) (fr., nach einem fr. Finanzminister, 18. Jh.) [*silu|ette*] Schattenriß; ZW: **silhouettieren** (-rte, -rt) [-*u|ettî-*] ↗.

Silica|gel s (~s; ~e) (lat.) Kieselgel; **Si-**

Silicium

licid s (~s; ~e) Verbindung von Silicium und einem Metall; **Silicium** s (~s; –) ♥ Grundstoff (≠ *Si*).
silieren ZW (-rte, -rt) (sp.-lat.) ↗ Gemüse (Grünfutter) einlagern.
Silifikation w (~; ~en) (lat.) Verkieselung; ZW: **silifizieren** (-rte, -rt) ✓ ↗;
Silikat (wissensch. Schreibung: *Silicat*) s (~[e]s; ~e) ♥ Salz der Kieselsäure; EW: **silikatisch**; **Silikatose** w (~; ~n) ♣ Staublungen|erkrankung; **Silikon** s (~[e]s; ~e) (wissensch. Schreibung: *Silicon*) elastischer Kunststoff; **Silikose** w (~; ~n) ♣ Kiesellunge, Steinhauerkrankheit.
Silit s (~[e]s; –) (KW) Siliciumkarbid; **Silizium** = → Silicium.
Silk m (~s; ~s) (e.) Art Seide; (lat.) Petersilie; **Silkgras** s (~es; -gräser) Ananasfaser; **Silk-Screen** s (~-~s; ~-~s) (e.) [-*skrîn*] Siebdruck; **Silkworm** s (~; –) (e.) ♣ Operationsfaden.
Sill m (~s; ~s) (schwed.) (eingelegter) Hering (= → Sild).
Sillabub s (~s; ~s) (e.) [*βilebap*] Mischgetränk aus Wein, Milch, Zitrone.
Sillimanit s (~s; –) (nach am. Chemiker des 19. Jh.s) asbestfasriges Aluminiumsilicat; Kunststein aus Aluminium und Siliciumverbindungen.
Silo m (~s; ~s) (sp.) Großspeicher; Gärfutterbehältnis.
Silon s (~s; –) (KuW) eine Kunstfaser.
Silumin s (~s; –) (KW) Leichtmetalllegierung.
Silur s (~s; –) (nach einem Waliser Volkeltenstamm) Erdzeitalter (im → Paläozo|ikum); EW: **silurisch**.
Silvaner m (~s; –) (= der Herkunft nach aus Siebenbürgen = Transsilvanien) eine Rebsorte.
Silvester s (~s; ~) (nach Papst Silvester I., 4. Jh., dem Tages|patron) 31. XII.
s'il vous plaît (fr.) [*βilwûplǟ*] wenn es Ihnen recht ist; bitte.
Sima s (~s; –) (KW ≠ Silicium + Magnesium) Erdmantelteil direkt unter der Erdkruste; w (~; ~s/-men) (gr.) □ Traufleiste am gr. Tempel.
simile (it.) [*β*-] ♪ unverändert weiter (wiederholen); **Simili** m, s (~s; ~s) (Edelstein-)Imitation.
Simonie w (~; –) (nach einem Zauberer *Simon*, 1. Jh.) Ämterschacher; EW: **simon(ist)isch**.
simpel EW (lat.) einfach; naiv; töricht; **Simpel** m (~s; ~) Dummkopf; **simpeln** ZW (-lte, gesimpelt) ✓ dummes Zeug reden; sich naiv gebaren; vor sich her starren; **Simplex** s (~es; -plices) unzusammengesetztes Wort; **Sim-**

plexkanal m (~s; -näle) nur in eine Richtung übertragender Informationskanal (im Computer); **Simplexware** w (~; ~n) Handschuhstoff; **simpliciter** UW schlechthin; **Simplifikation** w (~; ~en) Vereinfachung; ZW: **simplifizieren** (-rte, -rt) ↗; w. s.: **Simplifizierung** (~; ~en); **Simpliziade** w (~; ~n) Abenteuerroman in der Art von Grimmelshausen (d. Dichter, 17. Jh.); **Simplizität** w (~; ~en) Einfachheit; Torheit; **Simplum** s (~s; -pla) das Einfache (einer Summe); einfacher Steuersatz.
Simulant m (~en; ~en) (lat.) wer eine Krankheit vortäuscht; **Simulation** w (~; ~en) ♣ bewußte Vortäuschung von Krankheiten; Nachahmung von (ökonom.) Realprozessen mit dem Computer; **Simulator** m (~s; -toren) Anlage zur wirklichkeitsnahen Ausbildung von Raumfahrern, Flugzeug- und Kfz-Führern; ZW: **simulieren** (-rte, -rt) ✓ (Krankheit) vortäuschen; nachahmen.
simultan EW (lat.) gemeinsam, gleichzeitig (s. *dolmetschen* gleichzeitig mit dem Sprecher dolmetschen); **Simultan|anlage** w (~; ~n) Übersetzungs|anlage, die gleichzeitig mit dem Vortrag den übersetzten Text liefert; **Simultanbühne** w (~; ~n) Mehrszenenbühne; **Simultan(e)ität** w (~; –) Gleichzeitigkeit (mehrerer Vorgänge auf *einem* Bild); **Simultankirche** w (~; ~n) † Kirche für mehrere Bekenntnisse; **Simultanschule** w (~; ~n) interkonfessionelle Schule mit getrenntem Religionsunterricht; **Simultan|spiel** s (~[e]s; ~e) (Schach-)Spiel gegen mehrere Gegner gleichzeitig.
Sin|anthropus m (~; -pi) (gr.-lat.) Urzeitmensch Chinas (*S. pekinensis*).
Sinapismus m (~; –) (lat.) ♣ Senfpflaster; **Sinaplast** s (~s; ~e) (KuW) Verbundwerkstoff (Aluminium und PVC-Spezialfolie).
sine anno (lat., ≠ *s.a.*) ohne Jahresangabe (*s.a. et loco* ohne Zeit- und Ortsangabe; ≠ *s.a. e. l.*); **sine ira et studio** ganz objektiv; **Sinekure** w (~; ~n) einträgliches, kaum forderndes Amt; **sine loco** (lat.) ohne Angabe des Erscheinungsortes (eines Buches); **sine obligo** ohne Gewähr; **sine tempore** (≠ *s. t.*) ohne Zeitangabe; pünktlich.
Sinfonie = → Symphonie; **Sinfoni|etta** w (~; -tten) (it.) kleine Symphonie.
Singhalesen M (i.) buddhist. Bevölkerungsmehrheit auf Sri Lanka.
Single s (~; ~s) (e.) [*βingl*] Einzelspiel

(im Tennis); Zweierspiel (im Golf); Einzelkabine, -zimmer; Schallplatte mit nur je einem Schlager auf jeder Seite; Alleinlebender; **Singleton** m (~; ~s) [*ßingltn*] „Blatt" von nur einer Farbe (beim Kartenspiel).

Sing-out s (~-~s; ~-~s) (e.) [*-aut*] öfftl. Vortrag von Protestliedern.

Sing-Sing s (~-~s; –) (nach einem alten ON aus der Nähe New Yorks) ehem. New Yorker Staatsgefängnis.

Singular m (~s; ~e) (lat.) Einzahl; **singulär** EW einzigartig; vereinzelt; **Singularetantum** s (~s; -lariatantum) nur in E vorkommendes Wort; **singularisch** EW in der Einzelheit; **Singularismus** m (~; –) Vorstellung, die Welt sei eine Einheit mit nur scheinbar selbständigen Teilen; **Singularität** w (~; –) Besonderheit; M: jahreszeitlich bedingte regelmäßige Wetterlagen; ⚔ Punkt, an denen Flächen (Kurven) sich nicht normal verhalten; **Singulett** s (~s; ~s) Spektrallinie (nicht aufgespalten).

sinister EW (lat.) unglücklich.

Sinn Fein (ir., = wir selbst) [*schinn fe'n*] nationale Südirenpartei (seit 1905); m. s.: **Sinnfeiner** (~s; ~).

Sinologe m (~n; ~n) (lat.-gr.) Chinaforscher; w. abstr. s.: **Sinologie** (~; –); EW: **sinologisch.**

Sinto m (~s; -ti) (zig.) [*ß-*] europ. Zigeuner.

Sinu|itis = → Sinusitis.

sinuös EW (lat.) ⚕ mit zahlreichen Vertiefungen.

Sinus m (~; ~) (lat.) ⚔ Verhältnis der Gegenkathete zur Hypotenuse; ⚕ Hohlraum (Ausbuchtung, an Schädelknochen), Einbuchtung; **Sinusfunktion** w (~; ~en) ⚔ Winkelfunktion; **Sinusleistung** w (~; ~en) Höchstdauer für einen unverzerrten → Sinus|ton; **Sinusschwingung** w (~; ~en) Darstellung eines Schwingungsvorgangs; **Sinus|ton** m (~[e]s; -töne) obertonfreier durch Sinusschwingung verursachter Ton.

Sinu(s)itis w (~; -itiden) (lat.) ⚕ Nebennasenhöhlenentzündung.

Siphon m (~s; ~s) (gr.) gebogenes Rohr (Geruchsverschluß); Flasche mit Auslaßventil; Leitung unter einer Straße (einem Wasserlauf); **Siphonophore** w (~; ~n) Röhrenqualle.

Sir m (~s; ~s) (e.) [*ßŏr*] Herr; = **Sire** m (~s; –) (fr.) [*ßir*] (bes. als Anrede für Könige).

Sirene w (~; ~n) (gr.) Meerjungfrau; Alarmgerät; Dampfpfeife; Seekuh; Verführerin; **sirenenhaft** EW verführerisch.

Siriometer s (~s; ~) (gr.) astronomische Längeneinheit; **Sirius** m (~s; –) (gr., = der Flackernde) Hundsstern.

Sirtaki m (~s; ~s) (neugr.) Rundtanz.

Sirup m (~s; –) (ar.) dunkle Zuckermasse, -lösung; Fruchtsaftkonzentrat.

Sisal m (~s; –) (nach einem mex. Hafen) Agavefaser, = **Sisalhanf** m (~[e]s; –).

sistieren ZW (-rte, -rt) ↗ (lat.) zeitweise zurückstellen (Anspruch, Verfahren, Forderung); zur Wache bringen; w. abstr. s.: **Sistierung** (~; ~en).

Sistrum s (~s; -tren) (gr.-lat.) altäg. Rassel.

Sisyphus|arbeit w (~; ~en) (gr., nach dem sagenhaften Gründer von Korinth) schwere, nutzlose Arbeit.

Si-Sy-System s (~-~-~s; –) (KW); ¢ *Système internationale*) Einheitssystem (auf wenigen Grundeinheiten aufbauend; seit 1970).

si tacu|isses! (lat.) hättest du doch geschwiegen! (Fortsetzung: *philosophus mansisses* man hätte dich weiter für einen Philosophen gehalten!).

Sitar m (~[s]; ~[s]) (iran.) vorderas. Saiteninstrument.

Sit-down s (~-~s; ~-~s) (am.) [*ßit daun*] Sitzstreik; **Sit-in** s (~-~s; ~-~s) [*ß-*] Sitzstreik im geschlossenen Raum.

Sit(i)omanie w (~; –) (lat.-gr.) Freßsucht; **Sitophobie** w (~; –) (lat.-gr.) ⚕ Nahrungsverweigerung; EW: **sitophob.**

Sittich m (~s; ~e) (gr.) Papageienart.

Situation w (~; ~en) (fr.-lat.) Lage; alle gekennzeichneten Besonderheiten einer Landkarte; **Situationskomik** w (~; –) unfreiwillige, durch den Zufall entstandene Komik; **situativ** EW lagebedingt; **Situations|test** m (~[e]s; ~s) Persönlichkeitsmessung unter wirklichen oder fiktiven Bedingungen; **situiert** EW (lat.) gestellt; **Situs** m (~; ~) Lage (⚕ der Körperorgane).

stt venia verbo (lat.) mit Verlaub zu sagen.

Six Days (e.) [*ßixdā'ß*] Sechs|tagerennen; **Sixt** w (~; ~) (lat.) Fechtposition; **Sixty-nine** (e. = 69) gleichzeitiger oraler Geschlechtsverkehr beider Partner.

Ska s (~s; –) (am.) = → Reggae.

Skabi|es w (~; –) (lat.) ⚕ Krätze; EW: **skabiös**; **Skabiose** w (~; ~n) ⚘ Witwenblume.

Skadenz w (~; ~en) (it.) Fälligkeits|termin eines Wechsels (einer Schuld) ↓.

Skai s (~s; –) (KW) ein Kunstleder.
skål! (skand.) [*skôl*] Zum Wohl!
Skala w (~; -len) (it., = Treppe) Stufenfolge; Meßstriche; ♪ Tonleiter; bezeichnete Teilung technischer Geräte; Einzeldruck jeder Farbdruckform;
Skalar m (~s; ~e) (lat.) ⚔ Größe ohne Richtung, die durch nur eine Zahl angegeben werden kann; Aquarienfisch; **skalar** EW durch Zahl(en) bestimmt; **Skale** w (~; ~n) = → Skala; **Skalen|elastizität** w (~; –) Veränderung des Ergebnisses je nach Veränderung der Inputmengen/Größen; **Skaleno|eder** s (~s; ~) (gr.) Vieleck aus 12 Dreiecken; **skalieren** ZW (-rte, -rt) ↗ in statist. Reihe einordnen.
Skalp m (~[e]s; ~e) (an.-e.) Haarteil der Kopfhaut.
Skalpell s (~s; ~e) (lat.) ⚕ Chirurgenmesser.
skalpieren ZW (-rte, -rt) ↗ (an.-e.) die Kopfhaut mit (an) den Haaren abziehen.
Skandal m (~s; ~e) (gr.) grobe Ungebührlichkeit; Lärm; ZW: **skandalieren** (-rte, -rt) ↗; **skandalisieren** ZW (-rte, -rt) ↗ vor den Kopf stoßen; **Skandalon** s (~s; -la) Ärgernis; **skandalös** EW sehr anstößig.
skandieren ZW (-rte, -rt) ↗ (lat.) mit Betonung der Versfüße (Silben) lesen (sprechen); w. s.: **Skansion** (~; ~en) ↓.
Skapulier s (~[e]s; ~e) (lat.) † Ordensgewand.
Skapulodynie w (~; -i|en) (lat.-gr.) ⚕ Schulterblattrheuma.
Skarabä|us m (~; -bä|en) (gr.-lat.) Pillendreher (Käfer); Nachbildung als Brosche, Amulett, = **Skarabä|engemme** w (~; ~n).
skarifizieren ZW (-rte, -rt) ↗ (gr.-lat.) ⚕ (Haut) einritzen; w.s.: **Skarifikation** (~; ~en) ⚕ kleiner Hautschnitt.
Skarn m (~s; ~e) (schwed.) Eisen- und (Edel-)Metallagerstätte bei Kontaktmetamorphose.
skarpieren ZW (-rte, -rt) ↗ (it.) abböschen.
Skat m (~[e]s; –) (it.) Kartenspiel *(S. spielen, dreschen, kloppen);* verdeckt zur Aufnahme bereitgelegte Karten (beim Skatspiel); ZW: **skaten** (-tete, geskatet) ↙.
Skateboard s (~s; ~s) (e.) [*skeitbôrd*] Fahrbrett mit vier Rädern.
Skater m (~s; ~) Skatspieler.
Skating m (~s; ~s) (e.) [*βkêtiñ*] ungleicher Rillendruck von Tonabnehmern;
Skating|ring m (~[e]s; ~e) Rollschuhbahn.
Skatol s (~s; –) (KuW) bei Eiweißfäulnis entstehende Substanz.
Skatologie w (~; –) (gr.) Geschlechtserregung durch Fäkalien; Kotuntersuchung.
Skeetschießen s (~s; ~) (e.-d.) [*βkît-*] Tontaubenschießen.
Skeleton m (~s; ~s) (e., = Skelett) [*-ten*] zweikufiger Rennschlitten für Bauchlagelenkung.
Skelett s (~[e]s; ~e) (gr.) ⚕ (Knochen-)Gerüst; **Skelettbau** m (~s; -bauten) ☐ Rahmengerüst mit dazwischengespannten Wänden; **skelettieren** ZW (-rte, -rt) ↗ alles bis auf die Knochen entfernen.
Skepsis w (~; –) (gr.) Zweifel; **Skeptiker** m (~s; ~) wer kein Vertrauen hat, Zweifler; = → Skeptizist; **skeptisch** EW mißtrauisch; distanziert; zweiflerisch; **Skeptizismus** m (~; –) Haltung des Zweifelns (als Weltanschauung); m. s.: **Skeptizist** (~en; ~en); EW: **skeptizistisch.**
Sketch m (~s; ~e) (it.-e.) [*-tsch*] Kabarettszene.
Ski m (~s; ~er) (norw.) [*schî*] Brett(er) zum Schneegleiten.
Skiameter s (~s; ~) (gr.) Meßgerät für die Stärke von Röntgenstrahlen; EW: **skiametrisch**; **Skiaskopie** w (~; -i|en) ⚕ Durchleuchtung; ⚕ Schattenprobe zur Augenprüfung.
Skibob m (~s; ~s) Bobschlitten mit Fahrer auf Skiern; die damit betriebene Sportart.
Skiff s (~[e]s; ~e) (e.) Einmannboot.
Skiffle m, s (~s; –) (e.) Jazz auf primitiven Instrumenten.
Skifuni m (~s; ~s) (norw.) [*schi-*] Drahtseilschlitten zur Sportlerbeförderung; **Skihase** m (~n; ~n) (norw.-d.) w. Skiläufer; **Skikjöring** s (~s; ~s) (norw.) Skilauf mit Vorspann (Pferde, Motorfahrzeug); **Skilift** m (~s; ~s) (norw.-e.) Seilbahn für (stehende) Skifahrer.
Skin|effekt m (~[e]s; ~e) (e.) Wechselstromfluß an der Leiteroberfläche; **Skinheads** M (e.) [*-hädz*] jugendliche Rechtsextremisten.
Skink m (~s; ~s) (gr.) nordafr. Wühleidechse.
Skinner-Box w (~-~; ~-~es) (e.) Experimentierkäfig für Tier-Lernvorgänge.
Skino|id s (~s; –) (KuW) Kunstleder für Bucheinbände.
Skin-Verpackung w (~-~; ~-~en)

(e.) eng anliegende Verpackung aus Schrumpffolie.
Ski|optikon s (~s; -ken/~s) (gr.) Bildwerfer ↓.
Skip m (~s; ~s) (e.) ✹ Kippkübel.
Skipper m (~s; ~) (e.) Mannschaftsführer (Segel-, Rudersport).
Skiwasser s (~s; ~) (norw.-d.) Erfrischungs-, Heißgetränk.
Skizze w (~; ~n) (it.) schnelle Kurzaufzeichnung eines Einfalls; Kurzgeschichte; rasche Zeichnung zur Festhaltung eines Eindrucks (Gedankens); ZW: **skizzieren** (-rte, -rt) ↗; w. abstr. s.: **Skizzierung** (~; ~en).
Sklave m (~n; ~n) (lat., = Slawe) Leibeigener; **Sklaverei** w (~; –) Knecht-, Leibeigenschaft; **Sklavin** w (~; ~nen) w. Sklave; EW: **sklavisch**.
Sklera = Sclera.
Skler|adenitis w (~; itiden) (gr.) ✠ Bubo, Drüsenverhärtung; **Sklerem** s (~[e]s; ~e) ✠ Hautverhärtung; **Skleritis** w (~; -itiden) ✠ Lederhautentzündung (am Auge); **Sklerodermie** w (~; –) ✠ Hautverhärtung; **Sklerom** s (~s; ~e) ✠ Verhärtung der Rachen- und Kehlschleimhaut; = → Sklerodermie; **Sklerometer** s (~s; ~) Härtemesser für Minerale; **Sklerophyllen** M ⊕ Hartlaubpflanzen; **Skleroprote|ine** M faserbildende Eiweißstoffe; **Sklerose** w (~; ~n) ✠ Verhärtung, Verkalkung; **Skleroskop** s (~[e]s; ~e) Härteprüfer für Werkstoffe; **Sklerotiker** m (~s; ~) ✠ Sklerosekranker; **sklerotisch** EW verhärtet; **Sklerotomie** w (~; -i|en) ✠ Lederhautstich (am Auge).
Skolex m (~; -lizes) (gr.) Vorderende des Bandwurms mit Haftorganen; **Skoliose** w (~; ~n) ✠ seitliche Verkrümmung der Wirbelsäule; **Skolopender** m (~s; ~) (gr.) Hundertfüßler.
Skonto s (~s; ~s/-ti) (it.) Abzug bei fristgerechter Zahlung; ZW: **skontieren** (-rte, -rt) ↗.
Skontration w (~; ~en) (it.) Fortschreibung, Bestands-, Aufwandsermittlung durch Erfassung der Lagerab- und -zugänge; **skontrieren** ZW (-rte, -rt) ↗ (it.) abrechnen; ausgleichen; fortschreiben; **Skontro** s, m (~s; -ren) Ausgleich; Lagerbuch.
Skooter m (~s; ~) (e.) [βkû-] Jahrmarktauto; dafür bestimmte Bahn.
Skopol|amin s (~s; –) (gr.-lat.) ✠ schweres Betäubungsmittel; **Skopophilie** w (~; –) (gr.) ✠ (sexuell bedingte) Schaulust; EW: **skopophil**.
Skorbut m (~[e]s; ~e) (r.-lat.?) ✠ Vitaminmangelkrankheit; EW: **skorbutisch**.
Skordatur w (~; –) ♪ = → Scordatura.
Skorpion m (~s; ~e) (gr.-lat.) Giftspinne; Südsternbild.
Skotom s (~[e]s; ~e) (gr.) ✠ Gesichtsfeldlücke (dunkler Fleck) bei Netzhaut-, Sehnerv|erkrankungen; **skotomisieren** ZW (-rte, -rt) ↗ ableugnen.
Skraper m (~s; ~) (e.) [βkrei-] Entborster(Gerät).
Skribent m (~en; ~en) (lat.) (Viel-)Schreiber, = **Skribifax** m (~es; ~e); **Skript** s (~[e]s; ~en) Nieder-, Nachschrift; Drehbuch; **Skriptgirl** s (~s; ~s) [-görl] Protokollführerin für den Filmregisseur; **Skriptum** s (~s; -ta/-ten) Niederschrift; Schriftstück; **Skriptur** w (~; ~en) Schriftstück ↓.
Skrofel, Skrofulose w (~; ~n) (lat.) ✠ tuberkulöse Kinderkrankheit der Haut und der Lymphknoten; EW: **skrofulös**.
skrotal EW (lat.) bei den (durch die) Hoden; **Skrotum** (wissensch.: *Scrotum*) s (~s; -ta) ✠ Hodensack.
Skrubber m (~s; ~) (e.) [βkrabber] Gerät zur Abnahme des Ammoniaks aus dem Rohgas.
Skrubs M (e.) [βkrapz] schlechte Tabakblätter.
Skrupel m (~s; ~) (lat.) Bedenken; ↓ Apothekergewicht; **skrupellos** EW ohne Bedenken; **skrupulös** EW voller Bedenken; w. s.: **Skrupulosität** (~; ~en) ↓.
Skull s (~s; ~s) (e.) Einhandruder; **Skuller** m (~s; ~) Einhandruderboot, = **Skullboot** s (~[e]s; ~e); ZW: **skullen** (-llte, geskullt) ↙.
Skulptur w (~; ~en) (lat.) Bildhauerkunstwerk; ZW: **skulpt(ur)ieren** (-rte, rt) ↗.
Skunk m (~s; ~s) (ind.-e.) Stinktier; sein Fell.
Skupschtina w (~; ~s) (serb.) jugoslawische Volksvertretung.
skurril EW (lat.) albern; verschnörkelt; w. abstr. s.: **Skurrilität** (~; ~en).
Skyeterri|er m (~s; ~) (e.) [βkai-] rauhhaarige Dachshundart.
Skyjacker m (~s; ~) (am.) [βkaidschä-] = Hijacker; **Skylab** s (~s; ~s) [βkailäb] Forschungslabor im Weltraum; **Skylight** s (~s; ~s) [βkailait] ⚓ Oberlicht; **Skylightfilter** m (~s; ~) opt. photograph. Filter, um Kurzwellenbereich (Blau, Violett) abzuschwächen; **Skyline** w (~; ~s) [βkailain] Horizont; Kontur(en); **Skyport** m (~s; ~s) (e., = Himmelshafen) [βkai-] Hubschrau-

berlandeplatz in der City; **Skysurfer** m (~s; ~) [βkaißör-] Segelflieger mit Segeltuchgerät; **Skywriting** s (~s; ~s) (e.) [-raitiñ] Himmelsreklame.

Slacks M (e.) [βläcks] weite, lange Damen(arbeits)hose.

Slalom s, m (~s; ~s) (norw., = sanft geneigte Spur) Skiwettlauf mit Toren; Zickzacklauf.

Slancio m (~s; ~s) (it.) [-tscho] Schwung (con s. ♪ schwungvoll).

Slang m, s (~s; ~s) (e.) [βläñ] = → Jargon.

Slankbrot s (~[e]s; ~e) (am.-d.) [slänk-] Schlankheitsbrot.

Slapstick s (~s; ~s) (am.) [βläp-] komischer Stummfilmgag.

slargando (it.) ♪ breiter werdend.

Slawist m (~en; ~en) (slaw.) Erforscher slaw. Sprachen und Literaturen; w. abstr. s.: **Slawistik** (~; –); EW: **slawistisch**; **slawophil** EW slawen-, russenfreundlich; m. s.: **Slawophile** (~n; ~n); w. s.: **Slawophilie** (~; –).

Sleeper-effect m (~-~s; ~-~s) (e.) [slī-] nachlassende Glaubwürdigkeit eines Augenzeugenberichts.

slentando (it.) ♪ = → lentando.

Slibowitz m (~; –) (serb.) Zwetschenschnaps, = **Sliwowitz** m (~; –).

Slice m (~; –) (g.-e.) [βlaiß] stark unterschnittener Ball (beim Tennis); Rechtsschlag (beim Golf); **slicen** ZW (-te, geslict) ↗ einen Slice spielen.

Slick m (~s; ~s) (am.) profilloser Rennwagenreifen.

Sliding s (~s; ~s) (e.) [βlaidiñ] ♫ Bootsgleitsitz; **Sliding-tackling** s (~-~s; ~-~s) [βlaidiñ täck-] = → Tackling.

Slimhemd s (~[e]s; ~en) (e.-d.) tailliertes Oberhemd.

Sling m (~s; ~s) (am., = Schluck) Mischgetränk aus Whisky, Rum (Genever) u. Zitronensaft.

Slink s (~s; ~s) (e.) Fell junger (weißer chin.) Fettschwanzschafe.

Slip m (~s; ~s) (e.) kurze (beinlose) Unterhose; Wertpapieranhänger mit genaueren Angaben; ♫ schiefe Rollplattform für wassernde (ländende) Schiffe; seitl. Gleitflug mit großem Höhenverlust; ♫ Vortriebsverlust; maschinelle Buchungsnotierung, Kassenzettel; M: modische Heimschuhe für Damen.

Slippen s (~s; –) (e.) Veränderung der Fallrichtung beim Fallschirmspringen.

Slipper m (~s; ~) (e.) Straßen-(Haus-)schuh ohne Absatz, Verschnürung oder Verschluß; leichter Überwurf (-mantel).

Sliwowitz = → Slibowitz.

Slogan m (~s; ~s) (e.) [βlôgen] Werbeschlagwort; Redensart.

Sloop w (~; ~s) (e.) [βlûp] ♫ Segeljacht.

Slop m (~s; ~s) (am.) Modetanz im ¾-Takt; M: modische Heimschuhe für den Herrn.

Slot-racing s (~-~s; ~-~s) (e.) [-reiß-] Spielen mit elektron. Rennautomodellen.

Slowfox m (~es; ~e) (am.) [βlôu-] langsamer Foxtrott im ⁴⁄₄-Takt; **Slow motion** w (~ ~; –) (e.) [sloumouschn] Zeitlupe.

Slum m (~s; ~s) (e.) [βlam] Elendsquartier, -viertel.

Slump m (~s; ~s) (am.) [βlamp] plötzlicher Preissturz, = → Baisse.

Small band w (~ ~; ~ ~s) (am.) [βmôl bänd] kleines Jazzorchester; **Small talk** m (~ ~s; ~ ~s) Unterhaltung ohne Tiefgang.

Smalte w (~; ~n) = → Schmalte.

Smaragd m (~s; ~e) (i.-gr.-lat.) Edelstein; EW: **smaragden** aus Smaragd; grün.

smart EW (e.) gewandt; geschickt.

Smash s (~s; ~s) (e.) [βmäsch] Schmetterball.

Smegma s (~s; –) (gr.) Absonderung des m. Geschlechtsgliedes (der Eichel-, Vorhautdrüsen).

smektisch EW (KuW) mit kennzeichnenden Eigenschaften bestimmter Flüssigkeitskristalle.

Smog m (~s; –) (e., KuW: **smoke** + **fog** = Industrienebel) Luftverunreinigung bei ungünstiger Wetterlage; **Smogalarm** m (~s; –) Warnung vor Smog.

Smok|arbeit w (~; ~en) (nl.-e.-d.) Zierarbeit aus farbigen Faltenbündeln; **Smoke-in** s (~-~s; ~-~s) (am.) Gesellichkeit mit gemeinsamem Haschischgenuß; **smoken** ZW (-kte, gesmokt) ↗ in Fältchen ziersticken; **Smoking** m (~s; ~s) [-kiñ] „kleiner" Abendanzug.

Smörgåsbord m (~s; ~s) (schwed.) Vorspeisentisch.

smorzando (it.) ♪ verlöschend; s. s.: **Smorzando** (~s; -di).

Smyrna m (~s; ~s) (nach einer Stadt in Kleinasien) langfloriger, großgemusterter Teppich.

Snackbar w (~; ~s) (e.) [βnäck-] Imbißstube.

Sniffing s (~s; ~s) (e.) Inhalieren von

Dämpfen flüchtiger Stoffe als Rauschmittel.
Snipe s (~s; ~s) [*ßnaip*] Segelboot der internat. Klasse.
Snob m (~s; ~s) (e. KW) Vornehm-, Wichtigtu|er; dünkelhafter Angeber; **Snob-Appeal** m (~-~s; –) [*epil*] auf Snobs wirkende Art; **Snob-Effekt** m (~-~s; –) Sinken der Nachfrage nach einem allgemein bekannten Produkt; **Snobiety** w (~; –) [*-aie-*]; **Snobismus** m (~; –) Arroganz eines Snobs; EW: **snobistisch**.
Snow m (~[s]; –) (e.) [*ßnou*] weißes pulverisiertes Rauschmittel; **Snowmobil** s (~s; ~e) Kfz zum Fahren auf Schnee.
soave (it.) ♪ sanft.
Sobranje w (~; ~n), s (~s; ~n) (slaw.) bulgarisches Parlament.
Sobri|etät w (~; –) (lat.) Nüchternheit ↓.
Soccer m (~s; –) (e.-am.) [*ßokk-*] Fußballspiel.
Social costs M (e.) [*ßouschl-*] Aufkommen der Gesellschaft für industrielle Verschmutzung von Luft, Wasser; **Social engineering** s (~ ~s; –) (e.) [*ßousch'l endschiniriñg*] Berücksichtigung psycholog. Notwendigkeiten bei der Arbeit.
Socke w (~; ~n) (gr.-lat.) Kurzstrumpf *(sich auf die S.n machen)*.
Sockel m (~s; ~) (gr.-lat.) Würfel|untersatz für eine Figur (Säule).
Soda s (~s; –) (ar.-lat.) ⚕ Natriumsalz, -karbonat.
Sodale m (~n; ~n) (lat.) † Mitglied einer Bruderschaft; w. abstr. s.: **Sodalität** w (~; ~en).
Sodawasser s (~s; -wässer) (ar.-lat.-d.) Wasser mit Kohlensäure.
Sodoku s (~; –) (jap.) ⚕ Rattenbißkrankheit.
Sodomie w (~; –) (nach der biblischen Stadt *Sodom*) Geschlechtsverkehr mit Tieren; m. s.: **Sodomit** (~en; ~en); EW: **sodomistisch**.
Sofa s (~s; ~s) (ar.-fr.) Polstersitzmöbel für mehrere Personen mit Lehnen; Sport-, Renn-, Luxuswagen.
Soffitto w (~; ~n) (it.) Hängestück als Abdeckung nach oben (Bühne); hängende Bühnenlampe.
soft EW (e.) weich (Jazzstil; neue Männlichkeit); **Softball** m (~[e]s; –) (e.) Art → Baseball; **Softcreme** w (~; ~s); Nachtisch; **Softdrink** m (~s; ~s) [*-drink*] Getränk ohne (mit wenig) Alkohol; **Soft drug** s (~ ~; ~ ~s) (e.) [*-drag*] weiches Rauschgift; **Soft-Eis** s (~-~es; –) Sahneeis; **soften** ZW (-tete, gesoftet) ↗ ein Lichtbild weich zeichnen; **Softener** m (~s; ~) Quetschvorrichtung um Textilfasern weich zu machen; **Softie/Softy** m (~s; ~s) empfindungsstarker Jüngling, Mann; **Software** w (~; ~s) (am.-d.) Programmierungssysteme und ihre Techniken; (*S. Piraterie* = illegales Kopieren und Verwenden von Computerprogrammen).
so|igniert EW (fr.) [*ßôanjirt*] gepflegt.
Soiree w (~; ~n) [*ßoa-*] Abendgesellschaft (mit musikalischen Darbietungen).
Soixante neuf w (~ ~; –) (fr.) [*ßoaßañt nöff*] Stellung 69 (erotische Position).
Soja w (~; -jen) (chin.-jap.), = **Sojabohne** w (~; ~n) asiat. Hülsenfrucht; **Sojasauce, -soße** w (~; ~n) Würzsoße aus gegorenen Sojabohnen.
Sojus m (~; –) (r., = Bund) r. Weltraumtransporter.
Sokol m (~s; ~s) (tsch.) (Angehöriger einer) tsch. national. Turnerbewegung (seit 1861).
sokratisch EW (gr.) von *Sokrates* (470 bis 399 v. Chr.) ausgebildet, angewandt (*s.e Methode,* = **Sokratik** w [~; –]).
sola fide (lat.) † nur durch den Glauben.
Solanin s (~s; –) (lat., KuW) giftiges Alkalo|id (von Nachtschattengewächsen); **Solanum** s (~s; -nen) (lat.) ⚘ Nachtschatten.
solar(isch) EW (lat.) Sonnen...; **Solarchemie** w (~; –) (lat.-gr.) ⚕ Ermittlung der Sonnenelemente; **Solar|energie** w (~; –) Sonne als Energiequelle; **Solarfarm** w (~; ~en) Gebiet mit zahlreichen Sonnenkollektoren; **Solargenerator** m (~s; ~en) zur Stromgewinnung zusammengeschaltete Solarzellen; **Solarimeter** s (~s; ~) Gerät, um Sonnen-, Himmelsstrahlung zu messen; **Solarisation** w (~; ~en) Umkehrung der Lichteinwirkung bei überlanger Belichtung; **Solarium** s (~s; -i|en) Ganzkörperbestrahlungsanlage; **Solarkollektor** m (~s; ~en) Bauelement, das Sonnenlicht in Energie umsetzt; **Solarkonstante** w (~; ~n) Wärmemenge, die mittelich bei senkrechter Sonneneinstrahlung in die Atmosphäre eindringt; **Solarplexus** m (~; ~) ⚕ Nervengeflecht in der Magengegend; **Solartechnik** w (~; –) Erforschung und Nutzung der Sonnenenergie; **solarthermisch** EW durch Sonnenenergie-, -wärme; **Solarzelle** w (~; ~n)

Bauelement aus Halbleitern (erzeugt direkt aus Sonnenenergie Strom).
Solawechsel m (~s; ~) (lat.-d.) eigener Wechsel.
Sold m (~[e]s; –) (lat.-fr.-it.) Lohn (des Soldaten).
Soldanelle w (~; -llen) (it.) ✤ Alpenglöckchen.
Soldat m (~en; ~en) (fr.) Wehrdienstausübender; **Soldateska** w (~; -ken) undisziplinierter Soldatenhaufen; EW: **soldatisch**.
Soleil m (~[s]; –) (fr., = Sonne) [*βolei*] Kammgarngewebe.
solenn EW (lat.) festlich; w. s.: **Solennität** (~; ~en).
Solenoid s (~[e]s; ~e) (gr.) Stromspule mit Eisenkern.
Solfataren M (it., nach einem Krater) vulkanische Schwefelgasquellen.
Solfeggio s (~s; -ggien) (it.) [*solfedscho, -dschen*] Gesangsübung (ohne Text); ZW: **solfeggieren** (-rte, -rt) [-*fedschi-*] ✓.
solid(e) EW (lat.) haltbar; zuverlässig.
Solidarbürge m (~n; ~n) (lat.-d.) Hauptbürge; **solidarisch** EW sich gegenseitig verpflichtet fühlend; ZW: **solidarisieren** (-rte, -rt) ↖; w. abstr. s.: **Solidarität** (~; –); **Solidarność** w (~; –) (poln.) Gewerkschaftsbund; **Solidar|obligation** w (~; ~en) Verpflichtung aller Einzelschuldner zur Gesamterfüllung der Leistung; **Solidarpathologie** w (~; –) ⚕ Aufsuchen der Krankheitsursachen in den festen Körperbestandteilen; EW: **solidarpathologisch**.
solide = → solid; w. abstr. s.: **Solidität** (~; –).
Solifluktion w (~; ~en) (lat.) Abwärtsrutschen von Schutt (von Halden); **Solifluktionsdecke** w (~; ~n) eiszeitlicher Frostschuttboden.
Soliloquium s (~s; -qui|en) (lat.) Selbstgespräch (in der antiken Literatur).
Sol|ion s (~s; ~en) (lat.-gr.) Steuerelement zum Stromtransport in Ionenleitungslösungen.
Solipsismus m (~; –) (lat.) Überzeugung, daß nur das Ich existiert; m. s.: **Solipsist** (~en; ~en); EW: **solipsistisch**; **Solist** m (~en; ~en) ♪ Einzelspieler, -sänger; w. s.: **Solistin** (~; ~nen); EW: **solistisch**.
solitär EW (fr.) einsam (lebend); **Solitär** m (~s; ~e) einzelner Edelstein in Fassung; Brettspiel für 1 Person.
Söller m (~s; ~) (lat.) offener Umgang ums Haus; Altan; Speicher ↓.
Sollizitant m (~en; ~en) (lat.) Bittsteller ↓; ZW: **sollizitieren** (-rte, -rt) ✓ ↓.

Solluxlampe w (~; ~n) (lat.) elektr. Wärmestrahlgerät.
Solmisation w (~; –) (it.) ♪ Silben als Ton|namen; ZW: **solmisieren** (-rte, -rt) ✓.
Solo s (~s; -li) (it.) ♪ Spiel eines Soloinstrumentes (Solisten) im Ggs. zum Orchester; Einzelspiel; Alleingang eines Spielers; EW: **solo** ←; **Soloszene** w (~; ~n) Einzelauftritt auf der Bühne.
Solstitium s (~s; -ti|en) (lat.) Sonnenwende, = **Solstiz** s (~[es]; ~e).
solubel EW (lat.) auflösbar, = **solubile** ⟲ (lat.); **Solution** w (~; ~en; ∉ *Sol.*) ⚕ Arzneilösung.
Solutré|en s (~s; –) (nach einem fr. Fundort) [*βolütrēāñ*] Altsteinzeitperiode.
solvabel EW (lat.) auflösbar; zahlungsfähig; **Solvat** s (~[e]s; ~e) ⟲ lockere Verbindung aus Lösungsmitteln und Kolloidteilchen; w. s.: **Solvatation** (~; ~en) ⟲ Anlagerung von Molekülen an Ionen; Umhüllung von Kolloidteilchen mit Molekülen (des Lösungsmittels); **Solvens** s (~; -venzi|en/-ventia) ⚕ lösendes Mittel; **solvent** EW zahlungsfähig; w. s.: **Solvenz** (~; ~en); **solvieren** ZW (-rte, -rt) ↗ ⟲ (auf)lösen; **Solvolyse** w (~; ~n) (KuW) Zersetzung eines Stoffs durch chem. Einwirkung des Lösemittels.
somatisch EW (gr.) körperlich; **somatogen** EW (gr.) ⚕ körperlich bedingt; aus Zellen gebildet; **Somatogramm** s (~s; ~e) Schaubild der Kleinkindstadien; **Somatologe** m (~n; ~n) ⚕ Erforscher der menschl. Leibesbeschaffenheit; w. abstr. s.: **Somatologie** (~; –); EW: **somatologisch**; **Somatometrie** w (~; -i|en) Körpermessung(en); EW: **somatometrisch**; **Somatopsychologie** w (~; –) (gr.) Erforschung der Beziehungen zwischen Körper und Seele; **Somatose** w (~; ~n) ⚕ appetitanregendes Stärkungsmittel; **Somatoskopie** w (~; -i|en) ⚕ Untersuchung des Körpers; EW: **somatoskopisch**; **Somatotropin** s (~s; –) (KuW) ⚕ ein Wachs|tumshormon.
Sombrero m (~s; ~s) (lat.-sp.) Breitrand(stroh)hut.
Sommation w (~; ~en) (lat.-fr.) gerichtliche Vorladung (Mahnung).
somnambul EW (lat.) schlafwandlerisch; **Somnambule** m, w (~n; ~n) Schlafwandler; **Somnambulismus** m (~; -men) Schlafwandeln; **somnolent** EW ⚕ krankhaft schläfrig; benommen; **Somnolenz** w (~; –) ⚕ Schläfrigkeit.
Sonagramm s (~s; ~e) (lat.) Graphik

von akustischen Abläufen; **Sonagraph** m (~en; ~en) Geräuschaufzeichner; **Sonant** m (~en; ~en) (lat.) silbenbildender Laut; EW: **sonantisch**; **Sonar** s (~s; ~e) Gerät zur Unterwasserortung, -suche, = **Sonargerät** s (~[e]s; ~e); **Sonate** w (~; ~n) ♪ Instrumentalstück aus mehreren Sätzen; **Sonatine** w (~; ~n) ♪ Kleinform der Sonate.
Sonde w (~; ~n) (fr.) ⚚ Röhrchen (Schlauch) zum Einführen in Körper|öffnungen; Bodenuntersuchungsgerät; Meßgerät für die Atmosphäre; Flugkörper für Erdumkreisungen; Druck-, Schnelligkeits-, Temperatur-, Richtungsmeßgerät für Flüssigkeiten; ✕ Probebohrer, -bohrung; **sondieren** ZW (-rte, -rt) ↗ ⚚ mit einer Sonde untersuchen; erkunden; w. s.: **Sondierung** (~; ~en).
Sone w (~; ~) (lat.) Maß für die Lautstärke (≠ *sone*).
Sonett s (~[e]s; ~e) (it.) 14zeiliges Gedicht.
Song m (~s; ~s) (e.) beliebter Schlager; **Songbook** s (~s; ~s) Liederbuch mit allen Songs eines Sängers.
Sonnyboy m (~s; ~s) (e.) [*ßannibeu*] fröhlicher Knabe.
Sonogramm s (~s; ~e) (KuW, gr.) Stimmabdruckvergleich; **Sonometer** s (~s; ~) Schallmeßgerät; **sonor** EW volltönend; **Sonore** M Selbstlaute, = **Sonorlaute** = **Sonotrode** w (~; ~n) (KuW) Ultraschallwellensender.
Sophisma s (~s; -men/-mata) (gr.) Spitzfindigkeit; Trugschluß; **Sophismus** m (~; -men) Trugschluß durch Scheinbeweis; **Sophist** m (~en; ~en) antiker Aufklärer; **sophisticated** EW (e.) [*ßofistikeitid*] (übermäßig) gelehrt, geistreich; weltläufig; **Sophistik** w (~; -) sophistische Lehre; Spitzfindigkeit; **Sophistikation** w (~; ~en) (e.) Schluß von etwas Bekanntem auf etwas Unbekanntes (Kant); **sophistisch** EW spitzfindig.
Sopor m (~s; -) (lat.) ⚚ Betäubung; **soporös** EW (lat.) schwer betäubt.
Sopran m (~s; ~e) (it.) ♪ höchste Stimmlage; ihr(e) Träger(in); alle Sopransänger im Chor; m. s.: **Sopranist** (~en; ~en); w. s.: **Sopranistin** (~; ~nen).
Sopraporte w (~; ~n) (lat.-it.) □ Feld (für Verzierungen, Gemälde usw.) über der Tür.
Sorbet(t) m, s (~s; ~s) (pers.) Eisfruchtgetränk, -gefrorenes.
Sorbit m (~s; ~e) (lat.) sechswertiger Alkohol (aus dem Saft der Eisbeere).

Sorbonne w (~; -) [*ßor*-] (fr., nach ihrem Kanzler R. de *Sorbon* [*ßorbon*], 13. Jh.) Pariser Universität.
Sorbose w (~; ~n) (lat.) Oxidation des → Sorbits.
Sordino m (~s; -ni/~s) (it.) [*ßor*-] ♪ Tondämpfer, = **Sordine** w (~; ~n); **sordo** ♪ gedämpft.
Sore w (~; ~n) (heb.) Diebsgut.
Sorgho, Sorghum s (~s; -) (it.-lat.) Kaffernhirse.
Soroff m (~s; ~) (jidd.) Schnaps.
Sorption w (~; ~en) (lat.) Aufnahme eines Gases (einer Lösung).
Sorte w (~; ~n) (it.) Gattung; Art; ⊕ Standardtyp; M: Devisen; **Sortier|apparat** m (~[e]s; ~e) Elektronen|automat; **Sortier|argument** s (~[e]s; ~e) = → Sortierkriterium; **sortieren** ZW (-rte, -rt) ↗ sondern; aussuchen; ordnend zusammenstellen; **Sortierer** m (~s; ~) Sortiermaschine; wer von Hand sortiert; **Sortierkriterium** s (~s; -ri|en) Zeichenanzahl in Dateneinheit, die die Reihenfolge gewährleistet; **Sortiermaschine** w (~; ~n) Gerät zum Sortieren u. Trennen von Lochkarten; **Sortiment** s (~[e]s; ~e) Warenangebot im Laden, ≠ Sortimentsbuchhandel; **Sortimenter** m (~s; ~) Ladenbuchhändler.
Sortita w (~; -ten) (it.) ♪ Eintritts-, Abgangsarie der 1. Sängerin.
Soruff = → Soroff.
SOS (e. KW; vielleicht ≠ save our souls [*ße͜i au͡er ßô͡uls*] = rettet unsere Seelen) internat. Seenotzeichen.
sos|pirando (it.) ♪ wie ein Hauch, = **sos|pirante.**
Soße w (~; ~n) (fr.) Tunke; Beize (*rote S. Blut; in der S. sitzen* in Verlegenheit sein); **soßen** ZW (-ßte, gesoßt) ↗ (Tabak) in Würzbeize einweichen.
sostenuto (it.) ♪ getragen (≠ *sost.*); s. s.: **Sostenuto** (~s; -ti).
Soteriologie w (~; -) (gr.) † Erlösungslehre; EW: **soteriologisch.**
Sottise w (~; ~n) (fr.) dumme Bemerkung; Frechheit.
sotto (it.) [*ß-*] ♪ unten (*s. voce* [-*wotsche*] gedämpft).
Soubrette w (~; ~n) (fr.) [*ßû-*] Sopransängerin für Operettenrollen.
Souche w (~; ~n) (fr.) [*ßûsch*] Wertpapierstammabschnitt; Stammabschnitt im Scheck-, Quittungsbuch.
Souchong m (~s; ~s) (chin.-fr.) [*ßûschoŋ*] mittelguter Tee.
Soufflé s (~s; ~s) (fr.) [*ßufflê*] Auflauf.
Souffleur m (~s; ~e) (fr.) [*ßufflȫr*] Einsager (*auf den S. spielen* Rolle nicht

Souffleuse

beherrschen); **Souffleuse** w (~; ~n) [*βuffló̱se*] Einsagerin; **soufflieren** ZW (-rte, -rt) [*βufflī̱-*] ↗ einsagen, (Bühnenrolle) leise vorsagen.

Souflaki m (~[s]; ~[s]) (gr.) [*su-*] Fleischspießchen.

Soul m (~s; –) (am.) [*βŏ"l*] ♪ Affektbeat.

Soulte w (~; ~n) (fr.) [*βûlt*] Ausgleichszahlung bei Anleihenumtausch.

Sound m (~s; ~s) (am.) [*βaund*] Schall(-richtung); **Soundabout** s (~s; ~s) (e.) [*β-äbaut*] = Walkman; Geräuschkulisse; **Soundcheck** m (~s; ~s) (e.) [*-tschäck*] Geräusch-, Klangprobe; **Sound man** m (~ ~s; ~ men) [*βaund män*] Geräuschemacher; **Sound track** m (~ ~s; ~ ~s) Tonstreifen bei Tonfilmen; Musik zum Film.

Soupcon m (~s; ~s) (fr.) [*βupβo̱n̄*] Verdacht, Mißtrauen ↓.

Souper s (~s; ~s) (fr.) [*βûpé̱*] anspruchsvolles Abendessen; ZW: **soupieren** (-rte, -rt) [*βûpî̱-*] ✓.

Sour m (~[s]; ~s) (am.) [*βaur*] starkes alkoholisches Mischgetränk.

Sousaphon s (~[s]; ~e) [*su-*] (nach einem am. Komponisten) ♪ Jazzhelikon.

Soutache w (~; ~n) (ung.-fr.) [*βûta̱sch*] geflochtene Besatzschnur; ZW: **soutachieren** (-rte, -rt) [*-tschî̱-*] ↗.

Soutane w (~; ~n) (fr.) [*βû-*] † langer Alltags|talar; **Soutanelle** w (~; ~n) [*βû-*] kleinere Soutane.

Souterrain s (~s; ~s) (fr.) [*βuterrä̱n̄*] Kellergeschoß.

Souvenir s (~s; ~e) (fr.) [*βu-*] Andenken.

souverän EW (lat.-fr.) [*βu-*] unabhängig; überlegen; **Souverän** m (~[e]s; ~e) (absoluter) Herrscher; **Souveränität** w (~; ~en) Staatsunabhängigkeit; Überlegenheit.

Sowchose w (~; ~n) (r.) [*βofcho̱-*] Staatsgut, = **Sowchos** m, s (~; -osen); **Sowjet** m (~s; ~s) höchste Staatsbehörde in Rußland *(der Oberste S.);* **sowjetisch** EW russisch-kommunistisch *(die s.e Gefahr);* w. abstr. s.: **Sowjetisierung** (~; ~en).

Soxhlet m (~s; ~s) [*-ehlet*] (nach dem Erfinder Franz von *Soxhlet*, 1848 bis 1926) Gerät zur Milchsterilisierung (zum Entziehen fester Stoffe).

Sozi ⊄ → Sozialdemokrat ∪; **soziabel** EW (lat.) gesellig; verträglich; **Soziabilität** w (~; –) Neigung zur Gesellschaftsbildung; **sozial** EW gesellschaftlich.; menschlich, hilfsbereit (*s.es Dumping* durch niedriges Lohnniveau

Preisunterbietung; *s.e Frage* Problem der Beseitigung von Armut; *s.e Indikationen* Meßzahlen über Stand und Fortschritte von Lebensqualität; *s.er Wohnungsbau* Bereitstellung von Wohnungen für Einkommensschwache); **Sozial|abgaben** M alle (Pflicht-)Beiträge zu Versicherungen; **Sozialanthropologe** m (~n; ~n) Erforscher der sozialen Unterschiede; w. abstr. s.: **Sozial|anthropologie** (~; –); EW: **sozial|anthropologisch**; **Sozialbilanz** w (~; ~en) Rechnungslegung, um gesellschaftl. Verhalten in Unternehmen zu erfassen; **Sozialbiologe** m (~n; ~n) Erforscher der Lebensbedingungen von Menschengruppen (Entstehen und Vergehen); w. abstr. s.: **Sozialbiologie** (~; –); EW: **sozialbiologisch**; **Sozialbudget** s (~s; ~s) [*-büdsche*] buchhalterische Darstellung aller sozialpolit. Leistungen und ihre Finanzierung; **Sozialdemokrat** m (~en; ~en) Mitglied einer sozialreformerischen Arbeiterpartei; w. abstr. s.: **Sozialdemokratie** (~; ~n); EW: **sozialdemokratisch** (*S.e Partei Deutschlands,* ⊄ *SPD*); **Sozialdemokratismus** m (~; –) kommun. Schelte für die Sozialdemokratie; **Sozial|enquete** w (~; ~n) (lat.-fr.) [*-añkät*] Bericht über Wirkung der Sozialgesetzgebung; **Sozial|ethik** w (~; –) durch gesellschaftliche Zusammenhänge bedingte sittliche Maßstäbe (Forderungen); **Sozialfaschismus** m (~; –) chin. Bezeichnung für sowjet. Herrschaftsform; **Sozialgeograph** m (~en; ~en) Erforscher der von menschlichen Gruppen bewohnten Räume; w. s.: **Sozialgeographie** (~; –); EW: **sozialgeographisch**; **Sozialhilfe** w (~; –) staatliche Leistungen für Personen in Not; **Sozialhormon** s (~s; ~e) tier. Hemmstoff (um Artgenossen zu erkennen); **Sozialhygi|ene** w (~; –) ⚕ Erforschung der Umwelteinflüsse auf die Gesundheit; EW: **sozialhygi|enisch**; **Sozialisation** w (~; ~en) Einordnung in die Gemeinschaft; **sozialisieren** ZW (rte, -rt) ↗ Produktionsmittel verstaatlichen; **Sozialisierung** w (~; ~en) Vergesellschaftung; Verstaatlichung; **Sozialisierungs|prozeß** m (-sses, -sse) Einfügung in eine Gesellschaft; **Sozialismus** m (~; –) Überordnung der Gemeinschafts- über die Individualrechte; Organisierung des Wirtschafts-, Gesellschaftslebens auf Kollektivkräfte; m. s.: **Sozialist** (~en; ~en); EW: **sozialistisch** *(die S.e Inter-*

nationale); **Sozialkunde** w (~; –) Schulfach über gesellschaftl. Fragen; **Sozialleistungen** M Versorgung durch öfftl.-rechtl. Körperschaften des einzelnen gegen Krankheit, Unfälle (Versicherungsbeiträge); **sozialliberal** EW; **Soziallohn** m (~s; -löhne) auf Familienstand des Arbeitnehmers bezogene Bezahlung; **Sozialmedizin** w (~; –) = → Sozialhygiene; EW: **sozialmedizinisch**; **Sozialmorphologe** m (~n; ~n) Erforscher der Gruppenformen; w. s.: **Sozialmorphologie** (~; –); EW: **sozialmorphologisch**; **Sozial|ökologie** w (~; –) Erforschung des Zusammenhangs zwischen Sozialverhalten und Umwelt; **Sozial|ökonomie** w (~; –), = **Sozialökonomik** w (~; –) (lat.-gr.) Volkswirtschaftslehre; EW: **sozial|ökonomisch**; **Sozialpädagoge** m (~n; ~n) (außerschulischer) Erzieher von Kindern und Jugendlichen; w. abstr. s.: **Sozialpädagogik** (~; –); EW: **sozialpädagogisch**; **Sozialpartner** M die einen Tarifvertrag schließenden Parteien (Gewerkschaften – Arbeitgeberverband); **Sozialpolitik** w (~; –) staatl. Einsatz für die Gesellschaftsordnung; m. s.: **Sozialpolitiker** (~s; ~); EW: **sozialpolitisch**; **Sozialprestige** s (~; –) [*-tíseh*] Ansehen durch gesellschaftliche Stellung; **Sozialprodukt** s (~[e]s; ~e) Geldwert aller in einer Zeit gewonnenen Güter der Volkswirtschaft; **Sozialpsychologe** m (~n; ~n) Erforscher der Umwelteinflüsse auf die seelische Struktur; w. abstr. s.: **Sozialpsychologie** (~; –); EW: **sozialpsychologisch**; **Sozialquote** w (~; ~n) Anteil der sozialen Leistungen am Bruttosozialprodukt; **Sozialrentner** m (~s; ~) Bezieher einer Sozialversicherungsrente; **Sozial|staat** m (~[e]s; ~en) Staat mit umfassender Absicherung der unteren Schichten; **Sozialstruktur** w (~; ~en) Aufbauform einer Gesellschaft; **Sozialtarif** m (~s; ~e) Fahrpreisermäßigung für bestimmte Gruppen (z.B. Rentner); **Sozialversicherung** w (~; ~en) gesetzl. festgelegte Absicherungen weiter Bevölkerungskreise gegen Existenzrisiken; **sozi|etär** EW gesellschaftlich bedingt; **Sozi|etät** w (~; ~en) Genossen-, Gesellschaft ↓; **Soziobiologie** w (~; –) erforscht Sozialverhalten (Tier, Mensch); **Soziogramm** s (~[e]s; ~e) zeichnerische Darstellung einer Sozialstruktur; **Soziographie** w (~; –) Beschreibung gesellschaftl. Zustände; m. s.: **Soziograph** (~en; ~en); EW: **soziogra**phisch; **Soziologe** m (~n; ~n) Gesellschaftsforscher; **Sozio|linguistik** w (~; –) Erforschung des Sprachverhaltens verschiedener gesellschaftl. Gruppen; **Soziologie** w (~; –) Gesellschaftslehre; EW: **soziologisch**; **Soziologismus** m (~; –) Übertreibung soziolog. Betrachtungsweise; EW: **soziologistisch**; **Soziomatrix** w (~; -trizen) tabellarische Wiedergabe soziometr. Ergebnisse; **Soziometrie** w (~; –) soziologische Strukturforschungsmethode; EW: **soziometrisch**; **soziomorph** EW durch soziale Gegebenheiten bedingt; **Soziotherapie** (~; -i|en) $ gesellschaftlich integrierende Krankenbehandlung; **Sozius** m (~; -se) Teilhaber; Beifahrer(sitz); ∪ Genosse.

spaced high (am.) [*βpēⁱβd hai*] im Drogenrausch; **Space discount** m (~ ~s; ~ ~s) [*βpeiβ diβkaunt*] Mengenrabatt; **Space-Hopper** m (~-~s; ~-~) [*βpēⁱβ-*] Rasenhüpfgerät; **Spacelab** s (~s; ~s) [*-läb*] wiederverwendbares Weltraumlabor; **Space-shuttle** m (~-~s; ~-~s) [*βpēⁱβ schattl*] mehrfach benutzbare Raumfähre.
Spada w (~; ~s) (sp.) Sportdegen.
Spadix m (~; –) (gr.) ⚘ Blütenknollen.
Spagat m (~[e]s; ~e) (it.) Bindfaden; m, s (~[e]s; ~e) größtmögliche Beinspreizung; **Spaghetti** M (it.) fadenförmige Nudeln; lange ungepflegte Haare.

spagirisch EW (gr.-lat.) alchimistisch *(s.e Kunst).*
Spagnolett m (~[e]s; ~e) (it.) [*βpanjo-*] beidseitig aufgerautes Baumwollgewebe.
Spalett s (~[e]s; ~e) (gr.-lat.-fr.) hölzerner Fensterladen.
Spalier s (~s; ~e) (it.) ⚘ Blumenstütze; Ehrenreihung für vorbeiziehende Persönlichkeit *(S. bilden);* **Spalier|obst** s (~es; –) Formobst.
Spallation w (~; ~en) (lat., KuW) Kernreaktion mit Abspaltung leichter von schweren Atomkernen.
Spani|el m (~s; ~s) (e.) [e.: *βpänjel*] Stöberhund; **Spaniol** m (~s; –) (sp.) rotgefärbter Schnupftabak; **Spaniole** m (~n; ~n) Nachkomme von Juden aus Spanien (der Levante, dem Balkan).
Spargel m (~s; ~[n]) (gr.) Gemüsepflanze *(den S. quer essen* angeben).
Sparring s (~s; ~s) (e.) [*-riñ*] Übungsboxbirne; Trainingskampf (beim Boxen); ZW: **sparren** (-rrte, gesparrt) ⁄.
Spart m, s (~s; ~e) (sp.) ⚘ sp. Ginster.
Spartakiade w (~; ~n) Ostblockkampf-

Spartakist

spiele (nach dem röm. Sklavenrevolutionär *Spartacus*, † 71 v. Chr.); **Spartakist** m (~en; ~en) Anhänger eines militanten Kommunismus; EW: **spartakistisch**.

spartanisch EW (nach der altgr. Stadt *Sparta* = Lakedaimon) streng; karg.

Sparte w (~; ~n) (it.) Teilgebiet; Rubrik, Abteilung; Sportart, Wissenszweig.

Sparterie w (~; -i|en) (fr.) Flechtwerk (aus sp. Ginster).

spartieren ZW (-rte, -rt) ↗ (lat.) ♪ Einzelstimmen zur Partitur verdichten.

Sparto s (~s; ~s) (sp.) = → Spart.

spasmatisch EW (gr.) = → spastisch, = **spasmisch** EW, = **spasmodisch** EW, = **spasmogen** EW ⚕ krampf|erzeugend; **Spasmolytikum** s (~s; -ka) ⚕ krampflösendes Mittel; EW: **spasmolytisch**; **spasmophil** EW ⚕ zu Krämpfen neigend; **Spasmophilie** w (~; -i|en) ⚕ Übererregbarkeit, die zu Krämpfen führen kann; **Spasmus** m (~; -men) ⚕ Krampf; **Spastiker** m (~s; ~) spastisch Gelähmter; **spastisch** EW (gr.) krampfartig.

Spatiographie w (~; -i|en) (KuW) Beschreibung des Weltraums.

spati(on)ieren ZW (-rte, -rt) ↗ (lat.) (im Druck) sperren; EW: **spatiös**; **Spatium** s (~s; -ti|en) Zwischenraum (zwischen den Druckbuchstaben, -wörtern).

spazieren ZW (-rte, -rt) ↙ (lat.-it.) kleinere Wegstrecken zur Erholung gehen.

Speaker m (~s; ~) (e.) [*βpîˑ*] Unterhaus|präsident.

Special s (~s; ~s) (e.) [*βpäschel*] Radio-, Fernsehsendung mit eng begrenztem Thema.

spedieren ZW (-rte, -rt) ↗ (it.) Fracht befördern; **Spediteur** m (~s; ~e) (fr.) [-*tŏr*] gewerbsmäßiger Güterversender; **Spediteur-Konnossement** s (~~s; ~~s) [-*nossemań*] Urkunde des Transportunternehmers; **Spedition** w (~; ~en) Beförderung (von Waren); Gütertransport|unternehmen.

Speech m (~es; ~es) (e.) [*βpîtsch*] Rede.

Speed m (~s; ~s) (e.) [*βpîd*] Spurtstärke (Geschwindigkeit) eines Rennpferds (Läufers); aus der Luft geschlagener (Tennis-)Ball; Anregungs|pillen, Rauschgiftdrogen; **Speedball** m (~s; ~s) [*bŏl*] v Heroin-Kokain-Gemisch; **Speedway** m (~s; ~s) [*βpîdwe¹*] runde (ovale) Sandrennbahn für Motorräder; Motorradrennen (alle ge-

gen alle, = **Speedwayrennen** s [~s; ~]).

Speicherkapazität w (~; ~en) (d.-lat.) Höchstzahl der Zeichen in einem Computerspeicher; **Speichermedi|en** M Datenträger zur Bereitstellung von Informationen.

Speik m (~[e]s; ~e) (lat.) ⊕ alpiner Baldrian, Lavendel.

spektabel EW (lat.) ansehnlich; **Spektabilität** w (~; ~en) (Anrede für den) Hochschuldekan ↓; **Spektakel** m (~s; ~) (lat.) Lärm; Skandal; ZW: **spektakeln** (-lte, -lt) ↙; EW: **spektakulär**, **spektakulös** ↓; auch: = → skandalös.

spektral EW (lat.) Spektrum...; **Spektral|analyse** w (~; ~n) Methode zur Untersuchung des von einem Stoff ausgesandten Lichts; **Spektral|apparat** m (~[e]s; ~e) Beobachtungsgerät für ein Spektrum; **Spektral|farben** M ungemischte sieben Farben verschiedener Wellenlänge; **Spektral|klasse** w (~; ~n) Ordnungseinheit für Sterne (nach ihrem Spektrum); **Spektral|lini|e** w (~; ~n) einfarbiges Spaltbild von Licht *einer* Wellenlänge; **Spektral|okular** s (~[e]s; ~e) Nebengerät am Mikroskop zur Beobachtung von Lichtfarbenabsorptionen; **Spektral|seri|e** w (~; ~n) Gruppe zusammenliegender Spektrallinien; **Spektrographie** w (~; -i|en) Lichtbildaufnahme eines Spektrums; EW: **spektrographisch**; **Spektroheliograph** m (~en; ~en) Sonnenlichtbildgerät; **Spektrohelioskop** s (~[e]s; ~e) Sonnenbeobachtungsgerät im Licht *einer* Wellenlänge; EW: **spektroheliskopisch**; **Spektrometer** s (~s; ~) Wellenlängenmesser für Spektrallinien; EW: **spektrometrisch**; **Spektroskop** s (~[e]s; ~e) Gerät zur Untersuchung einer elektromagnetischen Strahlung; w. abstr. s.: **Spektroskopie** (~; –); EW: **spektroskopisch**; **Spektrum** s (~s; -tra/-tren) Bandformbild eines projizierten Lichtstreifens.

Spekulant m (~en; ~en) (lat.) wer alles vom Zufall abhängig macht; Hasardspieler; **Spekulation** w (~; ~en) auf Gewinn aus Preisänderung arbeitende Geschäfts-, Börsentätigkeit; nur auf theoretischen Grundsätzen aufbauendes Denken; intuitives Erkennen natürlicher Zusammenhänge; EW: **spekulativ** *(s.es Denken)*; **Spekulatius** m (~; ~) (lat.) weihnachtliches Figurengebäck; **spekulieren** ZW (-rte, -rt) ↙ (lat.) gewagte Geschäfte machen; überlegen, bedenken, grübeln; erkun-

den; (genau) sehen; **Spekulum** s (~s; -la) (lat.) ⚕ Untersuchungsröhre, Spiegel.
Speläologie w (~; –) (gr.) Höhlenforschung; EW: **speläologisch**.
Spelunke w (~; ~n) (lat.) üble Kneipe.
Spenser, Spenzer m (~s; ~) (e., nach einem Grafen Spencer, 18./19. Jh.) kurze Herrenjacke.
Sperenz(i)en M (lat.) Umwege, -schweife; Ausflüchte, = **Sperenzchen** M *(S. machen)*.
Sperma s (~s; -men) (gr.) m. Samen; **Spermatitis** w (~; -itiden) ⚕ Samenstrang|entzündung; **spermatogen** EW samentragend; **Spermatogenese** w (~; ~n) Samenbildung; **Spermatophyten** M ♣ Blüten-, Samenpflanzen; **Spermatozo|on** s (~s; -zo|en) Samenfaden; **Spermazet** s (~s; ~e) Walrat; **Spermi|e** w (~; ~n) = → Spermatozo|on, = **Spermium** s (~s; -i|en).
Spesen M (it.) Ausgaben für den Auftraggeber *(S. machen)*.
spetten ZW (-ttete, gespettet) ⚔ (it.) aushelfen; **Spetter** m (~s; ~) (it.) Hilfsarbeiter.
Spezerei w (~; ~en) (it.) Feingewürz; **Spezi** m (~s; ~s) (KW) guter Kamerad; **spezial** EW (lat.) besonders; **Spezial** m (~[e]s; ~e) (lat.) Apotheker; Trinkschoppen, Schankwein; Kramladenhändler; Freund; **spezialisieren** ZW (-rte, -rt) ⚔ sich gründlich auf einem Teilgebiet auskennen; ⚔ gliedern, unterscheiden; **Spezialisierung** w (~; ~en) Beschränkung auf einzelne Arbeitsgebiete; m. s.: **Spezialist** (~en; ~en); EW: **spezialistisch**; **Spezialität** w (~; ~en) Besonderheit; engeres Fachgebiet; **Spezialprävention** w (~; ~en) Versuch, durch Einwirkung auf den Straffälligen weitere Delikte zu vermeiden; **Spezialslalom** m (~s; ~s) kurzstreckiger (Ski-)Torlauf mit vielen Toren; **spezi|ell** EW eine Art betreffend; eingehend, besonders; **Spezi|es** w (~; ~) (lat.) Gattung, Art; ⚔ Grundrechnungsart; unauswechselbares Schuldobjekt; **Spezi|es|schuld** w (~; ~en) Stückschuld; **Spezifikation** w (~; ~en) Aufteilung der verschiedenen Rechnungs|posten; Einteilung der Gattung in Arten; Einzelauszählung; Einarbeitung substanzverändernder Arbeiten; **Spezifikum** s (~s; -ka) ⚕ Heilmittel für nur eine Krankheit; Besonderheit; **spezifisch** EW art|eigen, bezogen; ⚕ für eine gewisse Art kennzeichnend *(s.er Druck* bezieht sich auf die Flächeneinheit; *s.es Gewicht* Quotient aus Gewicht und Volumen; *s.e Ladung* Ladung geteilt durch Masse bei Ionen und Elementarteilchen; *s.e Wärme* Quoti|ent aus Wärmemenge und der von ihr verursachten Temperatursteigerung; *s.es Volumen* Volumen der Gewichts|einheit); **Spezifität** w (~; ~en) alle kennzeichnenden Eigenschaften; ⚔ kennzeichnende Reaktion; **spezifizieren** ZW (-rte, -rt) ⚔ (lat.) aufgliedern; im einzelnen angeben; w. s.: **Spezifizierung** (~; ~en).
Spezimen s (~s; -mina) (lat.) Muster-, Probe|arbeit; **speziös** EW (lat.) stattlich; (fr.) nur scheinbar.
Sphagnum s (~s; -men) (gr.-lat.) Torfmoos.
Sphalerit m (~s; –) (gr.-lat.) Zinkblende.
Sphäre w (~; ~n) (gr., = Himmelskugel) Wirkungs-, Ausstrahlungsbereich; **Sphärenmusik** w (~; ~en) überirdische Musik der Planetenschalen beim Durchlaufen der Bahn, = **Sphärenharmonie** w (~; –); **Sphärik** w (~; –) ⚔ Konstruktion und Erforschung größter Kreise auf Kugeloberflächen; **sphärisch** EW kugelförmig; Himmels... *(s.e Ab|erration* Abbildungsfehler bei kugelförmigen Linsen; *s.e Trigonometrie* Erforschung der trigonometrischen Beziehungen eines aus 3 Großkreisen einer Kugelfläche bestehenden Dreiecks [= *s.es Dreieck*]); **Sphäro|id** s (~s; ~e) Gebilde als Plattkugel; EW: **sphäro|idisch**; **Sphärolith** m (~en; ~en) Ergußgestein in Kugelform; EW: **sphärolithisch**; **Sphärologe** m (~n; ~n) ⚔ Kugelforscher; w. s.: **Sphärologie** (~; –); EW: **sphärologisch**; **Sphärometer** s (~s; ~) Linsenmeßgerät; EW: **sphärometrisch**; **Sphärosiderit** m (~en; ~en) kugliger Eisenspat; **Sphärozyten** M (gr.) Kugelzellen.
Sphen m (~s; –) (gr.) titanhaltiges Mineral, **spheno|idal** EW (gr.-lat.) keilförmig.
Sphinkter m (~s; -tere) (gr.) ⚕ Schließmuskel.
Sphinx w (~; ~e) (gr.) rätselhaftes w. Wesen (urspr.: Flügellöwe mit Frauenkopf); Abendpfauenauge (Schmetterling).
Sphragistik w (~; –) (gr.) Siegelkunde; EW: **sphragistisch**.
Sphygmogramm s (~[e]s; ~e) (gr.) aufgezeichnete Pulskurve; **Sphygmograph** m (~en; ~en) ⚕ Pulsschreiber; EW:

sphygmographisch; **Sphygmomanometer** s (~s; ~) ≸ Blutdruckmesser.

spianato (it.) ♪ ganz einfach.

spiccato (it.) ♪ mit leichtem Stoßstrich bei springendem Bogen; s. s.: **Spiccato** (~s; -ti) ♪.

Spider m (~s; ~) (e.) [βp*aider*] offener Sportwagen.

Spiel(i)othek w (~; ~en) (KuW) Leihstelle für Gesellschafts|spiele.

Spike w (~; ~n) (lat.) ⊕ Lavendel.

Spikes M (e.) [βp*aiks*] (Rennschuhe mit) Dornen; Kraftfahrzeugreifen mit Stiften.

Spillage w (~; ~n) (d.-fr.) [βp*ijâsch*] durch Falschpackung von Trockenwaren entstandener Verlust.

Spin m (~s; -) (e.) Drehimpuls der Elementarteilchen.

Spina w (~; -nae/-nen) (lat.) ≸ Knochendorn; **spinal** EW Rückenmark... *(s.e Kinderlähmung)*; **Spin|algie** w (~; -) ≸ Durchreizbarkeit der Wirbel; **Spinalperkussion** w (~; ~en) ≸ Beklopfen der Brustwirbelsäule.

Spinat m (~[e]s; -) (pers.-ar.-lat.) ⊕ Gemüsepflanze.

Spinell m (~s; ~e) (lat.) aluminiumhaltiges Mineral.

Spinett s (~[e]s; ~e) (it., nach dem Erfinder) ♪ kleines → Cembalo.

Spinnaker m (~s; ~) (e.) großes Hilfssegel; Segler mit großem Hilfssegel.

Spin-offs M (am.) Nebenerzeugnisse der Weltraumforschung; **Spin-off-Effekt** m (~-~-~[e]s; ~-~-~e) unerwartetes Nebenergebnis (Technik, Soziales).

spinös EW (lat.) dornenhaft; schwierig; überkritisch.

Spinozismus m (~; -) Lehre des port. Denkers *Spinoza*; EW: **spinozistisch**.

Spinquantenzahl w (~; ~en) (KuW) zahlenmäßige Darstellung des Spins von Elementarteilchen.

Spinthariskop s (~[e]s; ~e) (gr.) Sichtbarmacher radioaktiver Strahlen; **Spintherismus** m (~; -) ≸ Funkensehen.

spintisieren ZW (-rte, -rt) ∕ (aus: *spinn*en + sin*nieren*) (unfruchtbaren) Gedanken nachhängen.

Spion m (~s; ~e) (d.-rom.) Späher, Agent; ↓ Fensterspiegel; Fühlerlehre zum Messen von Spalten; **Spionage** w (~; -) (fr.) [-*nâsche*] Beschaffung von staatl. oder wirtschaftl. Geheimnissen bei einer oder für eine fremde Macht; ZW: **spionieren** (-rte, -rt) ∕; **Spionage|staub** m (~es; -) chem. Markierungsstoff zur Überwachung von Diplomaten (Agenten).

Spiräa, -rä|e w (~; -ä|en) (gr.-lat.) ⊕ Blüte mit bunten Rispen; **spiralig** wie eine Schnecke gedreht; **Spirale** w (~; ~n) Schneckenlinie; schneckenförmige Uhrfeder; Art Feuerwerkskörper; **Spiralnebel** m (~s; ~) Sternwolke in Spiralform; **Spiralturbine** w (~; ~n) Wasserturbine in schraubenartig geformtem Kasten.

Spirant m (~en; ~en) (lat.) Reibelaut, = **Spirans** w (~; -anten); EW: **spirantisch**.

Spirillen M (gr.-lat.) ≸ Schraubenbakterien; **spirillizid** EW Spirillen tötend.

Spirit m (~s; ~s) (e.) Gespenst; **Spiritismus** m (~; -) (lat.) Geisterlehre, -forschung, -glauben; m. s.: **Spiritist** (~en; ~en); EW: **spiritistisch** *(s.e Sitzung);* **spirito** (it.) Geist *(con s.* ♪ feurig); **Spiritual** m, s (~s; ~s) (am.) [*βpiritjuᵉl*] ♪ geistlicher Jazzgesang; (lat.) m (~en; ~en) † Beichtvater; **spiritual** EW (lat.) übersinnlich; † durch den (im, vom) Heiligen Geist; **Spirituale** m (~n; ~n) † Klosterpfarrer; † strenger Franziskaner; **Spirituali|en** M † geistliche Angelegenheiten; **spiritualisieren** ZW (-rte, -rt) ↗ vergeistigen; **Spiritualismus** m (~; -) Überzeugung, daß der Geist das Weltprinzip darstellt (Ggs.: *Materialismus*); m. s.: **Spiritualist** (~en; ~en); EW: **spiritualistisch**; **Spiritualität** w (~; -) Geistigkeit; **spiritu|ell** EW durch (mit, im) Geist; **spirituos, -ös** EW mit Weingeist; **Spirituose** w (~; ~n) Alkoholgetränk; **spirituoso** (it.) ♪ feurig; **Spiritus** m (~; -) Geist, Äthylalkohol (*S. vini* Weingeist; *S. rector* geistiger Urheber; *S. Sanctus* † Heiliger Geist; *S. asper* H-Anlaut; *S. familiaris* Hausgeist; *S. lenis* Anlaut ohne H).

Spirochäte w (~; ~n) (gr.) Art Schraubenbakterie.

Spiro|ergometrie w (~; -) (gr.) Messung der Menge des ausgeatmeten Sauerstoffs; **Spirometrie** w (~; -) (gr.) ≸ Grundumsatzmessung; Messung der ausgeatmeten Luft; s. s.: **Spirometer** (~s; ~); EW: **spirometrisch**.

Spital s (~s; -täler) (lat.) Krankenhaus; Altersheim; **Spitäler, -taler** m (~s; ~) Krankenhaus|patient; Altersheiminsasse, = **Spittler** m (~s; ~).

Splanchnologe m (~n; ~n) (gr.-lat.) ≸ Eingeweideforscher; w. s.: **Splanchnologie** (~; -); EW: **splanchnologisch**.

Spleen m (~s; ~e/~s) (e.) [*βplîn*] Schrulle; EW: **spleenig** [*βplîn*-].

splendid(e) EW (lat.) freigebig (*S. isolation* [*βplendid aiβolĕ'schn*] noble Distanz; selbstgewählte Einsamkeit).

Splenitis w (~; -itiden) (gr.) ⚕ Milzentzündung; **splenogen** EW (gr.) ⚕ von der (durch die) Milz; **Splenom** s (~[e]s; -e) ⚕ (nicht bösartige) Milzgeschwulst; **Splenomegalie** w (~; -i|en) ⚕ Milzvergrößerung; EW: **splenomegal**; **Splenotomie** w (~; -i|en) ⚕ Milzoperation.

splitten ZW (-ttete, gesplittet) ↗ (am.) aufgliedern, -spalten; **Splitting** s (~s; -) [-*iñ*] Besteuerungsverfahren für Eheleute; mit Erst- und Zweitstimme (verschiedene) Parteien wählen.

Spodium s (~s; -) (gr.) Knochenkohle.

Spodumen m (~s; -e) (gr.-lat. KuW) ein Mineral.

Spoiler m (~s; ~) (am.) Luftleitblech am Rennwagen (Klappe am Flugzeugflügel).

Spoils-system s (~-~s; -) (e.-am.) [*βpeuls βistem*] Wahlsystem, bei dem nach dem Wahlsieg alle Ämter mit Anhängern der Sieger besetzt werden.

Spoli|en M (lat.) Kunstwerkteile von andern Werken; Waffenbeute ↓; Nachlaß geistlicher Fürsten für die Kirche ↓.

Spompanadeln M (it.) Prahlereien; Widerstände.

Sponde w (~; ~n) (lat.) Bettgestell.

Sponde|us m (~; -de|en) (lat.) antiker Versfuß (--); EW: **sponde|isch**.

Spondylitis w (~; -itiden) (gr.-lat.) ⚕ Wirbelentzündung; **Spondylose** w (~; ~n) ⚕ Bandscheibenschaden, Wirbelveränderung.

Spongada w (~; -den) (it.) Eisspeise mit Eiweißschaum; **Spongia** w (~; -i|en) (lat.) Schwamm; **Spongin** m (~s; -) jodhaltiger Eiweißstoff; **Spongiologe** m (~n; ~n) Schwammforscher; w. s.: **Spongiologie** w (~; -); EW: **spongiologisch**; **spongiös** EW schwammartig.

Sponsali|en M (lat.) Verlobung(sgeschenke); **sponsern** ZW (-rte, gesponsert) ↗ Künstler, Sportler, Wissenschaftler fördern; **Sponsor** m (~s; ~s/~en) Förderer; Bürge; Werbefilmauftraggeber im Fernsehen; **Sponsorwerbung** w (~; -) Fernsehfinanzierung durch Dritte.

spontan EW (lat.) von selbst; **Spontan(e)ität** w (~; ~en) unangeregte Tat (Leistung); aus sich wirkende Handlungsfreudigkeit; **Spontanfraktur** w (~; ~en) ⚕ Bruch ohne Gewalt; **Sponti** m (~s; ~s) wer in der Regel spontanen Eingebungen folgt; wer sich als links empfindet.

Spoon m (~s; ~s) (e.) [*βpûn*] hölzerner Golfschläger für hohe Schläge.

sporadisch EW (gr.) vereinzelt, selten.

sporco (it.) = → brutto; **Sporko** s (~s; -) Bruttogewicht, = **Sporkogewicht** s (~[e]s; -).

Spore w (~; ~n) (gr.) ungeschlechtige Fortpflanzungszelle; Bakterienform.

Sporko → sporco.

sporogen EW (gr.) ⚘ sporenbildend; **Sporophyll** s (~s; -e) ⚘ Blatt als Sporenträger; **Sporozo|en** M Sporentierchen; **Sporozyste** w (~; ~n) Larve der Eingeweidewürmer.

Sport m (~[e]s; -e) (lat.-fr.-e.) geistig-körperliche Bemühung um Körperertüchtigung; Neubildung durch Mutation; **sportiv** EW (e.) sportlich (wirkend); **Sportkanone** w (~; ~n) bedeutender Leistungssportler; **Sportler** m (~s; ~) wer Sport treibt; **Sports|wear** m, s (~; -) (e.) [*βpộtβuär*] sportliche Kleidung; **Sporttoto** s (~s; ~s) staatl. Unternehmen für Wettkampfwetten.

Spot m (~s; ~s) (e.) kurze Werbesendung; = → Spotlight; **spot** EW sofort lieferbar; **Spotgeschäft** s (~[e]s; -e) Sofortlieferung und -zahlung; **Spotlight** s (~s; -) [*βpottlait*] Rampen-, Scheinwerferlicht (auf *eine* Person, *einen* Punkt) gerichtet; **Spotmarkt** m (~s; -märkte) freier Rohölmarkt; **Spot-Next-Geschäft** s (~-~-~[e]s; ~-~-e) Börsengeschäft am folgenden Tage.

Sprachbarri|ere w (~; ~n) sozial bedingte Behinderung der Teilnahme am *ganzen* Sprachgeschehen der Umwelt; **Sprachlabor** s (~s; ~s) Sprachunterricht mit Hilfe von Tonbändern usw.

Spray m (~s; ~s) (e.) [*βprä'*] Gesprüh; Zerstäuber; ZW: **sprayen** (-ayte, gespr**ayt**) ↗ [*βprä'*-].

Spreader m (~s; ~) (e.) [*βprî-*] Aufleg-, Aufbereitgerät der Spinnereitechnik; **Spread-sheet** s (~-~s; ~-~s) (e.) [*βprîdschît*] Vorlage für Training (Bedienung) des Computers.

Sprinkler m (~s; ~) (e.) Großflächen-, Feuerschutzsprenger; Luftbefeuchter.

Sprint m (~[e]s; ~s) (e.) Kurzstreckenlauf; ZW: **sprinten** (-tete, gesprintet) ↗; m. s.: **Sprinter** (~s; ~).

Sprit m (~s; -) (KW ≠ *Spiritus*) Kraftstoff; Brennspiritus; **spritig** EW spritartig.

Spumante m (~s; -ti) (it.) Schaumwein.

Spurt m (~s; ~s/~e) (e.) Endkampfan-

spurten

strengung (beim Lauf); ZW: **spurten** (-tete, gespurtet) ✓.
Sputnik m (~s; ~s) (r.) r. Erdsatellit.
Sputum s (~s; -ta) (lat.) ≢ Auswurf.
Squalen s (~s; ~e) (KuW) ungesättigter Kohlenwasserstoff vieler tier. und pflanzl. Organismen.
Square dance m (~ ~; ~ ~s) (e.-am.) am. Volks|tanz in Vierergruppen.
Squash s (~s; –) (e.) [*βkwosch*] tennisartiges Ballspiel; gegrillter Kürbis; Fruchtsaft, -sirup.
Squatter m (~s; ~) (e., = Hocker) [*βkwott̯r*] (am.) Ansiedler ohne Rechtstitel; (austr.) Staatsgutpächter.
Squaw w (~; ~s) (ind.-e.) [*βkwô*] am. Indianerfrau.
Squire m (~s; ~s) (e.) [*βkwair*] Gutsherr.
Sraßy s (~s; ~s) (poln.) gedünstetes Rindfleisch.
Stabelle w (~; ~n) (it.) Holzschemel, -stuhl.
stabil EW (lat.) fest, sicher, beständig (Ggs.: *labil*); **Stabile** s (~s; ~s) abstrakte Bodenplastik; **Stabilisator** m (~s; -toren) ⭕ haltbar machender Zusatz; Leitwerkteil, der Flugstabilität (das Schiffsgleichgewicht) herstellt; Kraftwagenfederung; ≢ Mittel gegen Blutgerinnen; **Stabilisierung** w (~; ~en) Erzeugung eines gleichbleibenden Zustandes; ZW: **stabilisieren** (-rte, -rt) ↗; **Stabilität** w (~; –) Standfestigkeit; Fähigkeit zur Innehaltung der Fluglage.
staccato (it.) ♪ Ton für Ton abgestoßen (Ggs.: *legato*); **Staccato** s (~s; -ti) ♪ gestoßen gespieltes Musikstück (oder Teil eines solchen) (≢ *stacc.*).
Stadion s (~s; -di|en) (gr.) Wettkampfplatz; antikes Längenmaß (192,27 m).
Stadium s (~s; -di|en) (lat.) Abschnitt (einer Entwicklung); Zustand.
Stafette w (~; ~n) (fr.) Eilbote ↓; Staffellauf; **Stafettenlauf** m (~[e]s; -läufe) Mannschaftslauf mit Läuferwechsel.
Staffage w (~; ~n) (fr.) [-*fásche*] nur (das Bild) belebende Figurengruppe; ausschmückendes (nutzloses) Beiwerk *(S. bilden);* **staffieren** ZW (-rte, -rt) ↗ mit Stoff auslegen, schmücken.
Stage w (~; ~n) (fr.) [*βtasche*] Probezeit.
Stagflation w (~; ~en) (KW) Wirtschaftsstillstand bei Geldentwertung.
Stagione w (~; ~s) (it.) [*βtadschône*] Opernspielzeit, -truppe.
Stagnation w (~; ~en) (lat.) Behinderung; kalte, sich nicht mit warmem Wasser mischende Schicht in Binnenseen; Wirtschaftsflaute; **stagnieren** ZW (-rte, -rt) ✓ stehenbleiben, stocken; w. s.: **Stagnierung** (~; ~en).
stained EW (e.) [*βteind*] rötlich, bräunlich (von Baumwolle); **Stainless Steel** m (~ ~; –) [*βteinleß βtíl*] rostfreier Stahl (als Qualitätsangabe).
Stake m (~s; ~s) (e.) [*βteik*] Renneinsatz.
Staket s (~[e]s; ~e) (nl.) Lattenzaun.
Stakkato = → Staccato.
Stalagmit m (~en; ~en) (gr.) emporwachsender Tropfstein; EW: **stalagmitisch**; **Stalagmometer** s (~s; ~) Spannungsmesser für Flüssigkeitsoberflächen; Tropfenmesser; **Stalaktit** m (~en; ~en) herabwachsender Tropfstein; EW: **stalaktitisch**.
Stalinismus m (~; –) (durch *J. Stalin* geprägte) Form des (diktatorischen) Kommunismus; m. s.: **Stalinist** (~en; ~en); EW: **stalinistisch**; **Stalin|orgel** w (~; ~n) schwenkbares r. Raketengeschütz.
Stall m (~s; ~s) (e.) [*βtôl*] Absacken eines Flugzeugs bei mangelndem Auftrieb.
Stallion m (~s; ~s) (e.) [*βtälljen*] Zuchthengst.
Stamokap m (~[s]; –) (KW) ≢ staatsmonopolist. Kapitalismus.
Stampe w (~; ~n) (fr.) Kneipe.
Stampede w (~; ~n) (sp.-am.) (auch: *βtämpîde*] fluchtartiger Aufbruch von (Rinder-)Herden.
Stampiglie w (~; ~n) (it.) [-*pilje*] Stempelgerät, -abdruck.
Standard m (~s; ~s) (e.) Norm-, Richtmaß; **Standard|abweichung** w (~; ~en) Maß für mittlere Abweichung von Versuchsergebnissen, Statistiken vom Mittelwert; **Standardisation** w (~; ~en), = **Standardisierung** w (~; ~en) Vereinheitlichung, Normung; ZW: **standardisieren** (-rte, -rt) ↗ *(s.iertes Interview* mit Fragebogen durchgeführte Umfrage); **Standardklasse** w (~; ~n) technisch genormtes Segelflugzeug; **Standards** M (e.) [*βtändertß*] Muster für Durchschnittsqualität von Waren; **Standardtänze** M langsamer u. Wiener Walzer, Foxtrott, Slowfox u. Tango (geschlossen getanzt); **Standardwerk** s (~[e]s; ~e) grundlegendes Buch; **Standarte** w (~; ~n) (d.-fr.) ✕ Reiter-, Motortruppen-, Regierungsfahne; ⚑ Fuchs-, Wolfsschwanz; nach Alkohol riechender Atem.
Stand-by m (~-~s; ~-~s) (am.) [*βtänd-*

bai] Fluggast, ohne Buchung, auf der Warteliste.
Stander m (~s; ~) = → Standarte.
Standing s (~s; -) (e.) [*ßtändiñ*] Posten; Ruf; Ansehen (*S. Group* [*grúp*] Nato-Führung; *S. Order* Dauerauftrag).
Stannan s (~s; -) (KuW, lat.) ⊕ Verbindung aus Zinn und Wasserstoff; **Stannat** s (~[e]s; ~e) ⊕ Salz der Zinnsäure; **Stanniol** s (~s; -) (lat.) Zinnfolie zum Verpacken ↓; **Stannum** s (~s; -; ⊄ *Sn*) Zinn.
stante pede (lat.) sogleich; ⊄ *stantepe* UW.
Stanze w (~; ~n) (it.) achtzeilige Strophe; **Stanzen** M Vatikanräume mit Raffaels Fresken.
Stapeli|e w (~; ~n) (nach einem nl. Arzt) ⊕ kaktusartige Aasblume.
Staphyle w (~; ~n) (gr., = Traube) Gaumenzäpfchen; **Staphylitis** w (~; -itiden) ⚕ Entzündung des Gaumenzäpfchens; **Staphylokokkus** m (~; -kken) ⚕ eitererregende Bakterie; **Staphylom** s (~s; ~e) ⚕ Beerengeschwulst am Auge; **Staphyloplastik** w (~; ~en) Kunstgaumen.
Star m (~s; ~e) (e., = Stern) Publikumsliebling; **Starfighter** m (~s; ~) [-*faiter*] (am.) ✕ Überschall-Düsenflugzeug; **Starlet(t)** s (~s; ~s) (e., = Sternchen) [*ßtålätt*] w. Filmnachwuchs; junge Schaukünstlerin (von minderer Bedeutung).
Starost m (~en; ~en) (poln.) [-*scht*] poln. Landrat.
Stars and Stripes M (am.) [*ßtá's änd ßtraips*] USA-Flagge.
START (e. ⊄ **S**trategic **A**rms **R**eduction **T**alks) Abrüstungsverhandlungen zwischen der USA und UdSSR über strateg. Bewaffnung.
Start m (~s; ~s) (e.) Renn-, Wettlaufbeginn; Anfang einer Laufbahn (Arbeit) (*S. ermöglichen*); **starten** ZW (-rtete, gestartet) ↗ Zeichen zum Beginn des Wettkampfs geben; ✓ (mit dem Wettkampf) beginnen; **Starter** m (~s; ~) wer das Startzeichen gibt; Kraftwagenanlasser; **Startmaschine** w (~; ~n) mechanisches Gerät zum Pferderennstart.
Stase w (~; ~n) (gr.) ⚕ Stockung von Körpersäften, = **Stasis** w (~; -sen).
statarisch EW (lat.) durch Erläuterungen fortlaufend unterbrochen (*s.e Lektüre*).
State Department s (~ ~;-) (am.) [*ßtḗt dipȃtment*] USA-Außenministerium.
Statement s (~s; ~s) (e.) [*ßteit-*] Erklärung.

Stathmograph m (~en; ~en) (gr.) Meßgerät für Eisenbahnfahrten, Haltedauer, Geschwindigkeit.
statieren ZW (-rte, -rt) ✓ (lat.) Statist sein; **Statik** w (~; -) (gr.) Lehre vom Gleichgewicht; □ Erfüllung der Gleichgewichtsgesetze; m. s.: **Statiker** (~s; ~); **Station** w (~; ~en) (lat.) Bahnhof; Aufenthalt (*S. machen*); ⚕ Krankenhausabteilung; Sendestelle; **stationär** EW ortsfest; unverändert (*s.e Behandlung* ⚕ im Krankenhaus); **stationieren** ZW (-rte, -rt) ↗ ✕ in einen Standort (ver)legen.
statiös EW (fr.) prachtvoll; **statisch** EW (lat.) (in sich) ruhend (Ggs.: *dynamisch*; *s.es Moment* Drehungsmoment; *s.es Organ* ⚕ Gleichgewichts|organ); **Statist** m (~en; ~en) (lat.) = → Komparse; unwichtige Nebenfigur (*S. sein*); **Statisterie** w (~; -i|en) alle stummen Schauspieler; **Statistik** w (~; ~en) (lat.) zahlenmäßige Untersuchung von Massenvorgängen; ihre Darstellung (Aufzeichnung, -stellung); m. s.: **Statistiker** (~s; ~); EW: **statistisch** (*s.e Masse* Grundgesamtheit; *s.e Reihe* Meßzahlen aus zusammengehörigen Größen sinnvoll zusammengestellt); **Stativ** s (~s; ~e) (lat.) beweglicher Ständer (für Geräte).
Statolith m (~en; ~en) (gr.) ⚕ Steinchen im Gleichgewichts|organ; ⊕ Stärkekorn in Wurzeln.
Stator m (~s; -toren) (lat.) feststehender Maschinenteil (Ggs.: *Rotor*); **Statoskop** s (~s; ~e) Flughöhenmesser; EW: **statoskopisch**; **statuarisch** EW (lat.) standbildartig; **Statu|e** w (~; ~n) Standbild; **Statu|ette** w (~; ~n) Kleinplastik; **statuieren** ZW (-rte, -rt) ✓ (lat.) festsetzen, bestimmen (*ein Exempel s.* durch harten Eingriff warnen); **Statur** w (~; ~en) Körperbau; **Status** m (~; ~) Zustand; ⚕ fast pausenloses Auftreten von Anfällen (*S. nas|cendi* Zustand des Werdens); **Status quo** m (~ ~; -) derzeitiger Zustand (*Status quo ante* dem jetzigen Stand vorangehender Zustand); **Statussymbol** s (~s; ~e) äußeres Zeichen, das Position in der Umgebung unterstreicht; **Statut** s (~s; ~en) Satzung; EW: **statutarisch**.
Staurothek w (~; ~en) (gr.) † Kreuzreliqui|enkästchen.
Steadyseller m (~s; ~) (am.) [*ßteddi ßell*ᵉ*r*] Bestseller auf längere Zeit.
Steak s (~s; ~s) (e.) [*ßték*] rasch gebratenes Lendenstück; **Steak|let** s (~s; ~s) Hackfleischklößchen.

Stealthbomber m (~s; ~) (am.) [*βtelβ-*] von Radar nicht wahrnehmbares Kampfflugzeug.

Steamer m (~s; ~) (e.) [*βtî-*] Dampfer.

Stearin s (~s; –) (gr.) Rohstoff für Kerzen; Fetthauptbestandteil; **Steatit** s (~[e]s; –) Specksteinmineral für Isoliermaterial; **Steatom** s (~s; ~e) ⚕ Talggeschwulst; **Steatomerie** w (~; -i|en) ⚕ Hüftverfettung; **Steatopygie** w (~; -i|en) Fettsteiß; **Steatosis, Steatose** w (~; -sen) ⚕ Verfettung.

Steeplechase w (~; ~n) (e.) [*βtîpᵉltschä's*] Querfeldeinrennen; **Steepler** m (~s; ~) [*βtîp-*] Hindernisrennpferd.

stekum UW (jidd.) = stiekum.

Stele w (~; ~n) (gr.) senkrechte (Grab-) Platte.

Stella w (~n; –) (lat.) Stern (*S. maris* Polarstern; *S. matutina* Morgenstern).

Stellage w (~; ~n) (nl.) [*-lâsche*] Gestell; = **Stellagegeschäft** s (~[e]s; ~e) [*-lâsche*] Recht des Wählers, am Börsentermin über Kauf oder Verkauf von Aktien zu entscheiden.

stellar EW (lat.) Fixstern... (Ggs.: terrestrisch); **Stellar|astronomie** w (~; –) Fixsternforschung; EW: **stellar|astronomisch**; **Stellardynamik** w (~; –) Herleitung der Bewegungen aus dem Milchstraßenkraftfeld; EW: **stellardynamisch**; **Stellarstatistik** w (~; ~en) Beschreibung der Eigenschaft, Verbreitung und Bewegung von Sterngruppen; EW: **stellarstatistisch**; **Stellerator** m (~s/-atoren; -atoren) (KuW) kernphysikal. Gerät zur Durchführung von Kernfusionen.

Stemma s (~s; ~ta) (gr.-lat.) Stammbaum, Abfolge der Ausgaben lit., histor. Werke).

Steno s (~s; ~s) ∉ **Stenogramm** s (~[e]s; ~e) Kurzschriftnachschrift; **Stenodaktylo** w (~; ~s) ∉ **Stenodaktylographin** w (~; ~nen) = → Stenotypistin; **Stenograph, -graf** m (~en; ~en) (gr.) wer ein Stenogramm (berufsmäßig) aufnimmt; **Stenographie, -fie** w (~; –) Kurzschrift; EW: **stenographisch, -fisch**.

stenohalin EW (gr.) gegen Salzwasser unempfindlich; **sten|ök** EW auf Umwelteinflüsse reagierend.

Stenokardie w (~; -i|en) (gr.) = → Angina pectoris.

Sten|ökie w (~; –) (gr.) Umweltgebundenheit (von Lebewesen).

Stenokontoristin w (~; ~nen) Sekretärin mit Kontorkenntnissen.

Stenose w (~; ~n) (gr.) ⚕ Verengung (von Kanälen, Öffnungen); **stenotherm** EW nur schwache Temperaturänderungen ertragend; **Stenothorax** m (~es; ~e) ⚕ zu enger Brustkorb; **stenotop** EW mit nur kleinem Lebensraum.

Stenotypie w (~; –) (gr.) Kurz-, Maschinenschrift; **stenotypieren** ZW (-rte, -rt) ↗ nach Stenogrammaufnahme in Maschinenschrift übertragen; m. s.: **Stenotypist** (~en; ~en); w. s.: **Stenotypistin** (~; ~nen).

stentando (it.) ♪ zögernd, = **stentato** ♪.

Stentorstimme w (~; ~n) (gr.-d., nach einem homerischen Helden) sehr laute Stimme.

Step m (~s; ~s) (e.) Tanz, bei dem die Schuhspitzen und -absätze den Takt klopfen.

Steppe w (~; ~n) (r.) baumloses Hartgrasgelände.

steppen ZW (-ppte, gesteppt) ✓ (e.) Step tanzen; m. s.: **Stepper** (~s; ~).

Ster m (~s; ~) (fr.) Raummeter (Holzmaß).

Steradiant m (~en; ~en) (KuW) (∉ *sr*) Raumwinkel (wenn Verhältnis der zugehörigen Kugelfläche zum Quadrat des Halbmessers = 1 ist).

Stereo s (~s; ~s) ∉ → Stereotypie; Raumhörgerät, -platte; **Stereo|akustik** w (~; –) (gr.) Erforschung des räumlichen Hörens; **Stereochemie** w (~; –) ⚛ Erforschung des räumlichen Baus von Verbindungen; m. s.: **Stereochemiker** (~s; ~); EW: **stereochemisch**; **Stereofernsehen** s (~s; ~) Fernsehen mit räumlicher Tonqualität; **Stereofilm** m (~[e]s; ~e) Raumfilm; **stereographisch** EW ⚔ kreistreu (*s.e Projektion* in der Landkartenzeichnung); **stereo|isomer** EW gleiche Zusammensetzung, aber spiegelbildlich angeordnet (von Atomen eines Moleküls); **Stereokamera** w (~; ~s) Lichtbildgerät für Raumaufnahmen; **Stereokomparator** m (~s; -toren) (gr.-lat.) Gerät zur Feststellung von Fixsternbewegungen; Meßgerät für Raumlichtbilder; **Stereometer** s (~s; ~) (gr.) Meßgerät für Festkörpervolumina; **Stereometrie** w (~; –) (gr.) ⚔ Erforschung räumlicher Figuren; EW: **stereometrisch**; **Stereomikroskop** s (~s; ~e) binokulares Mikroskop mit 2 Objektiven; **stereophon** EW durch zwei Kanäle elektro|akustisch übertragen (*s.e Musik, Rundfunk, Schallplatte*); w. abstr. s.: **Stereophonie** (~; –); EW (auch): **stereophonisch**; **Stereophotogrammetrie** w (~; –) Nutzung von Raumbildern für die Kartographie;

EW: **stereophotogrammetrisch**; **Stereophotographie** w (~; -i|en) Raumlichtbildaufnahme, -herstellung; EW: **stereophotographisch**; **stereo|selektiv** EW wenn bei chem. Reaktionen mit 2 möglichen Produkten überwiegend eins entsteht; **Stereo|skop** s (~s; ~e) binokulares Gerät; w. abstr. s.: **Stereoskopie** (~; -i|en); EW: **stereo|skopisch** (*s.es Sehen* räumliches Sehen); **Stereotaxie** w (~; –) ⚕ durch Öffnung des Kopfes punktuell exakte Gehirnbehandlung; **Stereotomie** w (~; -i|en) ⚕ Lehre vom Körperschnitt ↓; **stereotyp(isch)** EW gleichmäßig wiederkehrend (*s.e Wendungen);* unveränderlich; abgedroschen; **Stereotypdruck** m (~[e]s; ~e) Druck von der Stereoplatte; **Stereotype** w (~; ~n) (abgenutzte) Redensart; **Stereotypeur** m (~s; ~e) [-*pǫr*] Materngießer; **Stereotypie** w (~; -i|en) Bleiabgußdruck; ⚕ unablässige Wiederholung krankhafter Bewegungen u. ä. (∉ *Stereo*).
steril EW (lat.) unfruchtbar; keimfrei; **Sterilisation** w (~; ~en) Keimfreimachung; **Sterilisator** m (~s; -toren) Entkeimgerät; ZW: **sterilisieren** (-rte, -rt) ↗ keimfrei (haltbar, zeugungsunfähig) machen; **Sterilisierung** w (~; ~en) ⚕ Unfruchtbarmachung; **Sterilität** w (~; –) ⚕ Unfruchtbarkeit (Ggs.: *Fertilität*); Keimfreiheit; geistiges Unvermögen.
Sterin s (~[e]s; ~e) (gr.-lat.) ↻ organische Verbindung; mehrkerniger Alkohol mit Benzolkern.
sterkoral EW (lat.) ⚕ verkotet, kotig.
Sterlet m (~s; ~s) (r.) Kleinstör.
Sterling m (~s; ~e) (e.) [*βtö*-] alte Münze aus Silber; e. Währungs|einheit; **Sterlingblock** m (~s; –) (e.-d.) [*βtö*-] Währungsverbund mit e. Pfund *(£)* als Leitwährung.
sternal EW (gr.-lat.) ⚕ Brustbein...;
Stern|algie w (~; -i|en) (gr.) ⚕ Brustbeinschmerz; **Sternalpunktion** w (~; ~en) ⚕ Brustbeinpunktion; **Sternum** s (-s; -na/-n**en**) ⚕ Brustbein.
Stero|ide M (KuW) Klasse wichtiger, im Aufbau sich ähnlicher Naturstoffe (vieler Hormone, Saponine usw.).
stertorös EW (lat.) ⚕ röchelnd.
Stethoskop s (~s; ~e) (gr.) ⚕ Hörgerät zur Auskultation; EW: **stethoskopisch**.
Stetson m (~s; ~s) (nach dem e. Hersteller) [*βtetsn*] weicher breitkrempiger Filzhut.
Steward m (~s; ~s) (e.) [*βtju|art*] Schiffs-, Flugzeug-, Omnibusbetreuer;

Wettkampfschiedsrichter; **Stewardeß** w (~; -ssen) [*stjuardeß*] Publikumsbetreuerin.
sthenisch EW (gr.-lat.) kraftvoll.
Stichomythie w (~; -i|en) (gr.) schnelle Rede und Gegenrede (bes. im antiken Drama).
Sticker m (~s; ~) (e.) Aufkleber, Plakat.
Stick|oxidul s (~s; –) (d.-gr.-lat.) ↻ Lachgas.
Sticks M (am.) Marihuanazigaretten; Salzstangen; Kosmetikstift.
stiekum UW (jidd.) insgeheim, = **stieke** UW.
Stigma s (~s; -mata) (gr.) bleibendes Merkmal; Brand-, Wundmal; Narbe; Atemöffnung bei Insekten u. ä.; Augenfleck der Einzeller.
Stigmasterin s (~s; ~e) (KuW) pflanzl. Naturstoff aus der Reihe der Steroide.
Stigmatisation w (~; ~en) (lat.) † Teilhaben an den Wundmalen Christi; ⚕ hysterische Störung; ZW: **stigmatisieren** (-rte, -rt) ↗; w. abstr. s.: **Stigmatisierung** (~; ~en).
stikum → stiekum.
Stil m (~[e]s; ~e) (lat.) kennzeichnender Ausdruck (eines Kunstwerks, einer Epoche, eines Künstlers, eines Menschen).
Stilb s (~s; ~) (gr., ∉ *sb*) Einheit der Leuchtdichte.
Stilett s (~[e]s; ~e) (it.) Kleindolch.
stilisieren ZW (-rte, -rt) ↗ (lat.) etw. unter Fortlassung des Zufälligen (Einmaligen) nachbilden; **Stilist** m (~en; ~en) Kenner (Beherrscher) des (sprachlichen) Ausdrucks; **Stilistik** w (~; ~en) Erforschung der sprachlichen Ausdrucksmittel; ihre Darstellung; EW: **stilistisch**.
Stilton m (~s; ~s) (nach einem e. ON) [*-tn*] Fettweichkäse mit Schimmelbelag.
Stimulans s (~; -anzi|en) (lat.) ⚕ Reizmittel, **Stimulation** w (~; ~en) Reizung; Erhöhung der Keimfähigkeit durch besondere Behandlung; **stimulieren** ZW (-rte, -rt) ↗ ⚕ anregen, reizen; w. s.: **Stimulierung** (~; ~en); **Stimulus** m (~; -li) Antrieb, -sporn, -reiz.
Stipel w (~; ~n) (lat.) ⚘ Nebenblatt.
Stipendiat m (~en; ~en) (lat.) wer eine Studienbeihilfe erhält; **Stipendium** s (~s; -di|en) Studienbeihilfe.
Stippvisite w (~; ~n) (fr.) kurzer Besuch.
Stipulation w (~; ~en) (lat.) (mündli-

stipulieren

che vertragliche) Abmachung; ZW: **stipulieren** (-rte, -rt) ↗.

Stirlingmotor m (~s; -toren) neuer Kfz-Motor im Entwicklungsstadium.

Stoa w (~; –) (nach einer Säulenhalle in Athen) altgr. Philosophenschule.

Stochastik w (~; –) (gr.-lat.) Wahrscheinlichkeitsberechnung statistischer Massen; EW: **stochastisch**.

Stöchiometrie w (~; –) (KuW, gr.) Lehre von der Menge der benötigten Stoffe für chem. Reaktionen.

Stock m (~s; ~s) (e.) Vorrat; Anleihenbetrag; Grundkapital; M: Staatspapiere; **Stock-Car** m (~-~s; ~-~s) schnelles Serienauto; **Stock-Exchange** m (~-~; –) [-iks|tscheinsch] Londoner Börse; Effektenbörse; **Stockjobber** m (~s; ~) [-dschobbr] Londoner Börsenhändler auf eigene Rechnung; **Stockpiling** s (~s; ~s) [-pail-] staatl. Rohstoffbevorratung.

Sto|iker m (~s; ~) (gr.-lat.) Gleichmütiger; Anhänger des → Sto|izismus; **sto|isch** EW (gr.) ganz beherrscht *(s.e Ruhe);* **Sto|izismus** m (~; –) gr. Philosophenschule (= → Stoa); Leidenschaftslosigkeit, Gleichmut.

Stokes s (~; ~) (nach einem e. Physiker; ¢ *St*) [βtǫ"kβ] Zähigkeitsmaß.

Stola w (~; -len) (lat.) langes Gewand; † liturgischer Schulterstreifen; langer schmaler Umhang.

Stolonen M (lat.) ⊕ Pflanzenausläufer, -trieb in der Erde.

Stoma s (~s; -ta) (gr.) Mund; Spalte; **stomachal** EW ⚕ aus dem (vom, durch den) Magen; **Stomatitis** w (~; -itįden) ⚕ Mundschleimhautentzündung; **stomatogen** EW ⚕ aus dem (vom, im) Mund; **Stomatologe** m (~n; ~n) Mundhöhlenforscher, -arzt; w. abstr. s.: **Stomatologie** (~; –); EW: **stomatologisch**.

Stomp m (~s; ~s) (am., = stampfen) ♪ Negerstampftanz; eine Jazzrhythmik, = **Stomping** m (~s; ~s) (am.) [*stompiñ*].

stoned (high) EW (am.) [βtound(hai)] drogenberauscht.

stop (e.) unterbrich!, mache einen Punkt!, halt!; **Stop-and-go-Verkehr** m (~-~-~s; ~-~-~s) langsames Vorankommen des Verkehrs durch häufiges Halten; **Stop-loss-Order** w (~-~-~; ~-~-~s) Verkaufsauftrag für deponiertes Wertpapier, sobald Kurs festgesetzte Höhe unterschreitet; **stoppen** ZW (-ppte, gestoppt) ↗ Zeitaufwand des Sportlers messen; anhalten; ∠ Fußballstopper sein; ↗ Fußball in der Luft abfangen; **Stopper** m (~s; ~) Mittelläufer beim Fußballspiel; Blickfang; **Stopping** s (~s; ~s) Verabreichung leistungsdämpfender Mittel an Rennpferde (Ggs.: *Doping*); **Stopplicht** s (~[e]s; ~er) rotes Lichtzeichen; plötzliche Einschränkung der Handlungsfreiheit; **Stop-Time** w (~-~; –) [-taim] ♪ rhythmische Jazztechnik.

Storage s (~; ~s) (e.) [βtoridsch] Speicherung.

Store¹ m (~s; ~s) (lat.-it.-fr.) [βtor] durchsichtige Gardine.

Store² m (~s; ~s) (e.) [βtor] Vorrat, Lager; Laden.

Storekeeper m (~s; ~) (e.) [-kî-] ♀ Lagerverwalter; Geschäftsinhaber.

stornieren ZW (-rte, -rt) ↗ (it.) streichen; rückbuchen; w. s.: **Stornierung** (~; ~en); **Storno** m, s (~s; -ni) Rückbuchung, Löschung.

Stor|ting s (~s; –) (norw.) norw. Parlament.

Story w (~; ~s) (e.) (Fabel einer) Geschichte, Erzählung; **Storyboard** s (~s; ~s) [-bord] in Einzelbildern skizzierte Bildfolge.

Stout m (~s; ~s) (e.) [βtaut] Bitterbier.

Strabismus m (~; -men) (gr.) ⚕ Schielen; **Strabo** m (~s; ~s) Schielender; **Strabometer** s (~s; ~) ⚕ Schielwinkelmesser; w. s.: **Strabometrie** (~; –); EW: **strabometrisch**; **Strabotomie** w (~; -i|en) ⚕ operative Beseitigung des Schielens.

Stracciatella s (~[s]; –) (it.) [-tschatella] Vanille|eis mit Schokoladenstückchen.

Straddle m (~s; ~s) (e.) [*sträddl*] Hochsprung mit Beinspreizung.

Stradivari w (~; ~s) (nach einer it. Geigenbauerfamilie, 17., 18. Jh.) berühmte alte Geige.

Stragula s (~s; –) (lat.) Linole|umersatz.

Strahlentherapie w (~; –) (d.-gr.) ⚕ Heilbehandlung mit schnellen Elektronen; **strahlentherapeutisch** EW.

Straight m (~s; ~s) (e.) [βtrẹ"t] Pokerkombination von fünf Karten; **straight** EW hetero|sexu|ell.

Stralzierung w (~; ~en) (it.) Vergleich (mit dem Rechtsgegner); Liquidation; = **Stralzio** m (~s; -zi/~s).

Stramin m (~s; ~e) (lat.) weitmaschiges Leinwandgewebe.

Strangeness w (~; –) (am.) [*βtrẹndschneß*] Quantenzahl zur Ordnung der Elementarteilchen.

Strangulation w (~; ~en) (lat.) Erdrosselung, = **Strangulierung** w (~; ~en);

ZW: **strangulieren** (-rte, -rt) ↗; **Strang|urie** w (~; -i|en) (gr.) ⚕ Harnzwang.

Strapaze w (~; ~n) (it.) gewaltige Anstrengung; **strapazieren** ZW (-rte, -rt) ↗ überbeanspruchen; abnutzen; **strapaziös** EW sehr anstrengend.

Straps m (~es; ~e) (e.) [*βträps*] Strumpfhalter.

strasciando (it.) [*-schan-*] ♪ = **strascinando** [*-schi-*] ♪ schweifend.

Straß m (-sses; -) (nach fr. Juwelier) (Schmuck aus) Bleiglas.

Stratameter s (~s; ~) (lat.-gr.) Meßgerät für Bohrlöcher.

Stratege m (~n; ~n) (gr.) ⚔ Feldherr; **Strategem** s (~s; ~e) ⚔ Kriegslist; **Strategie** w (~; -) ⚔ Feldherrnkunst; EW: **strategisch** (*s.e Manöver* Handlungsweise zur Erreichung eines Zieles; *s.e Waffen* [atomare] Interkontinentalwaffen).

Stratifikation w (~; ~en) (lat.) Schichtung (von Saatgut zur Keimbeschleunigung, von Gesteinen); **stratifizieren** ZW (-rte, -rt) ↗ Saat zum Vorkeimen in Gefäße einschichten; die Schichtenfolge von Gesteinen feststellen; **Stratigraph** m (~en; ~en) (gr.) Erforscher der Gesteinsalter; w. abstr. s.: **Stratigraphie** (~; -); EW: **stratigraphisch**; **Stratokumulus** m (~; -li) (lat.) ausgedehnte Wolkenballung; **Stratoradar** m, s (~s; ~s) (KW) Fernsuchgerät zur Luftüberwachung; **Stratosphäre** w (~; -) (gr.) Stufe der Atmosphäre (10–40 km hoch); EW: **stratosphärisch**; **Stratovision** w (~; ~en) Fernsehübertragung über Satelliten (oder Flugzeuge in größer Höhe); **Stratus** m (~; ~) Hochnebel; Schichtwolke, = **Stratuswolke** w (~; ~n).

Strazza w (~; -zzen) (it.) Abfälle von Naturseide beim Zwirnen; **Strazze** w (~; ~n) (it.) Kladde.

streaken ZW (-kte, gestreakt) (e.) [*βtrî-*] provozierend nackt herumlaufen.

Streamer m (~s; ~) (e.) [*βtrî-*] Angelhaken (für Lachse).

Streetworker m (~s; ~s) (e.) [*βtrîtwöker*] Jugendsozialarbeiter vor Ort.

Streik m (~[e]s; ~s) (e.) Arbeitsniederlegung einer Mehrzahl von Arbeitnehmern zur Verwirklichung eines Zweckes (*wilder S.* von der Gewerkschaft nicht kontrolliert); ZW: **streiken** (-kte, gestreikt) ↙; *auch:* nicht mehr funktionieren; m. s.: **Streiker** (~s; ~); **Streikbrecher** m (~s; ~) wer trotz Streik weiterarbeitet; Spielverderber.

Strenu|ität w (~; -) (lat.) Tüchtigkeit; Mut ↓.

strepit(u)oso (it.) ♪ rauschend.

Streptokinase w (~; ~n) (gr.-lat.) ⚕ ein Enzym; **Streptokokkus** m (~; -kken) (gr.-lat.) vielgestaltige Kugelbakterie; **Streptomycin, -zin** s (~s; -) ⚕ Antibiotikum gegen Tuberkeln (Abscheidung eines Strahlenpilzes); **Streptotrichose** w (~; ~n) ⚕ Entzündung durch Fadenbakterien.

Streß m (-sses; -sse) (e.) ⚕ plötzliche Reizwirkung; ihre Alarmwirkung im Körper; einseitiger Druck (der Gesteine); **Stressor** m (~s; -oren) Streßauslöser.

Stretch m (~es; ~es) (e.) [*-tsch*] dünner Kräuselgarnstrumpf.

Stretta w (~; -te) (it.) ♪ rasanter Schlußteil; **stretto** (it.) ♪ eilig.

Stridulations|organ s (~[e]s; ~e) (lat.-gr.) Zirp|organ einiger Kerbtiere.

Strike m (~s; ~s) (e.) [*βtraik*] gelungener erster Wurf (Bowling); nicht aufgenommener erster Wurf (Baseball).

strikt(e) EW (lat.) genau, streng; **Striktur** w (~; ~en) (lat.) ⚕ narbige Verengung (z. B. von Harn-, Speiseröhre); **stringendo** (it.) [*-dschen-*] ♪ beschleunigt (≠ *string.*); s. s.: **Stringendo** (~s; -di) [*-dschen-*] ♪; **stringent** EW (lat.) ein-, nachdrücklich, bündig; **Stringenz** w (~; -) überzeugender Beweis; **Stringer** m (~s; ~) (e.) [*-scher*] Verstärkung an Außenhaut von Schiffen, Flugzeugen; **stringieren** ZW (-rte, -rt) ↗ genau nehmen; eng zusammenziehen; die gegnerische Klinge auffangen.

Stringwand w (~; -wände) (e.-d.) Wandmöbelgarnitur aus Hängeschränken und -regalen.

Strip m (~s; ~s) (am.) Wundpflasterstreifen; Bildergeschichte mit fortlaufender Handlung; ≠ Striptease; **Stripper** m (~s; ~) (e., = Abstreifer) Kran zum Abheben der Gußformen von den fertigen Blöcken; Stripteasetänzerin; **Stripping** s (~s; ~s) (e.) Fotomontage; Art der Kernreaktion; **Striptease** s (~s; -) (am.) [*-tíß*] Entkleidungsszene.

strisciando (it.) [*-schan-*] ♪ schleifend; s. s.: **Strisciando** (~s; -di) [*-schan-*] ♪.

Strizzi m (~s; ~s) (it.) Strolch; Zuhälter.

Strobo m (~s; ~s) ≠ **Stro**mzahlungs**bo**ykotteur.

Stroboskop s (~s; ~e) (gr.) Gerät zur Beobachtung eines regelmäßig wiederkehrenden Vorganges; Frequenzbestimmer für umlaufende Systeme; EW: **stroboskopisch**.

Stroganow s (~s; ~s) (r., nach einem Grafen, 19. Jh.) [*-noff*] Rindslendengulasch.

Stroma s (~s; ~ta) (gr.) ⊕ Fruchtlager (der Schlauchpilze); Drüsengrundgewebe.

Stromatik w (~; –) (gr.) Teppichwebkunst.

Strontium s (~s; –) (nach einem schott. ON) Erdalkalimetall (∉ *Sr*).

Strophantus m (~; –) (gr.-lat.) ⊕ afr. Hundsgiftgewächs; **Strophantin** s (~s; –) Herzmittel daraus.

Strophe w (~; ~n) (gr., = Wendung) rhythmische Vers|einheit; **Strophik** w (~; –) Strophenbaukunst; **strophisch** EW in Strophen; ♪ mit gleicher Melodie für jede Strophe.

Struck s (~s; ~s) (e.) [*βtrack*] festes, kordartiges Gewebe.

Struktogramm s (~[e]s; ~e) (KuW) Diagramm zur Verdeutlichung von Programm|elementen; **Struktur** w (~; ~en) (lat.) Aufbauform, Zellen-, Organbau; Gesteinsgefüge; Gesamtheit der seelischen Vorgänge; EW: **strukturell** (auch: **struktural**); **Strukturalismus** m (~; –) Erforschung und Darstellung der Elemente als Bestandteil eines organ. Ganzen (Sprache; Kulturen); m. s.: **Strukturalist** (~en; ~en); EW: **strukturalistisch**; **Strukturanalyse** w (~; ~n) Aufbauforschung; **strukturell** EW = → strukturell (*s.e Arbeitslosigkeit* ist volkswirtschaftl. bedingte); **Strukturformel** w (~; ~n) chem. Formel für Moleküle und die Bindungen der enthaltenen Atome; **strukturieren** ZW (-rte, -rt) ↗ mit einer Struktur versehen; **Strukturpsychologie** w (~; –) Erforschung seelischer Ganzheitszusammenhänge; EW: **strukturpsychologisch**.

Struma w (~; -men) (lat.) ⚕ Kropf; **Strum|ektomie** w (~; -i|en) (gr.) ⚕ operative Kropf|entfernung; **strumös** EW (lat.) kropfig.

Strusa w (~; -sen) (it.) Seidenabfall beim Kokonverarbeiten.

Strychnin s (~s; –) (gr.-lat.) ⊕ Gift der Brechnuß.

Stuartkragen m (~s; ~) (e.-d., nach einem schott. Königsgeschlecht) [auch: *stjû-*] gesteifter Spitzenkragen für Damenkleider.

Stuck m (~s; –) (it.) Mörtelart; Wand-, Deckenschmuck; **Stuckgips** m (~es; –) Formgußmaterial aus gemahlenem Rohgips; **stuckieren** ZW (-rte, -rt) ↗ mit Stuck verzieren; **Stuckmarmor** m (~s; –) nachgemachter Marmor.

Student m (~en; ~en) (lat.) Hochschüler (∉ *stud.*); EW: **studentisch**; **Studi|e** w (~; ~n) Vorarbeit, Entwurf; Kurzabhandlung; **studieren** ZW (-rte, -rt) ↗ erforschen; ↙ eine Hochschule besuchen; **Studiker** m (~s; ~) ∪ Student; **Studio** s (~s; ~s) kleines Experimentiertheater; Rundfunk-, Filmaufnahmeraum; Künstlerwerkstatt; **Studiofilm** m (~s; ~e) Schmalfilm als Übung (Versuch); **Studium** s (~s; -di|en) wissenschaftl. Fachausbildung (*S. generale* allgemeinbildendes Vor-, Begleitstudium).

Stufata w (~; ~s) (it.) geschmortes Rindfleisch.

Stuffer m (~s; ~) (e.) [*βta-*] Werbebeilagen in Postsendungen.

Stukkateur m (~s; ~e) (it.-fr.) [*-tộr*] Stuckarbeiter; **Stukkator** m (~s; -toren) Stuckplastiker; **Stukkatur** w (~; ~en) = → Stuck.

Stuntman m (~s; -men) (am.) [*βtantmän*] → Double für gefährliche Filmszenen; w. s.: **Stuntwoman** w (~; -men) [*-wu-*], **Stuntgirl** s (~s; ~s) [*-görl*].

Stupa w (~; -pen) (skr., = Haarknoten) i. Tempelbau.

stupend EW (lat.) verblüffend; **stupid(e)** EW (lat.) dämlich; langweilig; w. abstr. s.: **Stupidität** (~; –); **Stupor** m (~s; -poren) ⚕ gänzliche Unbewegtheit, Unbeweglichkeit; EW: **stupurös**.

Stuprum s (~s; -pra) (lat.) Notzucht; ZW: **stuprieren** (-rte, -rt) ↗.

Stuß m (-sses; –) (heb.) Blödsinn, Quatsch.

stygisch EW (nach dem Grenzfluß zur gr. Unterwelt Styx m [~; –]) schauerlich.

stylen ZW (-lte, gestylt) (e.) [*βtai-*] gestalten, formen; **Styler** m (~s; ~) wer stylt; **Styling** s (~s; –) [*βtailiñ*] Formgebung; **Stylist** m (~s; ~s) [*βtai-*] Formgestalter.

Stylit m (~en; ~en) (gr.) Säulenheiliger.

Stylographie w (~; -i|en) (lat.-gr.) Kupferdruckplattenproduktion.

Stypsis w (~; –) (gr.) ⚕ Blutstillung; **Styptika** M ⚕ blutstillende Mittel; ⚕ Mittel gegen Durchfall.

Styrol s (~s; –) (KuW) eine flüssige organ. Säure; **Styropor** s (~s; –) (KuW) leichter geschäumter Kunststoff.

Suada, -de w (~; -den) (lat.) [*βwa-*] Redefluß.

sub|a|erisch EW (lat.-gr.) sich unter

Luft (in freier Atmosphäre) vollziehend; sub|akut EW (lat.) ⚕ weder chronisch noch akut; nicht sehr heftig; sub|alpin(isch) EW unter der Alpenhöhe (*s.e Stufe* Vegetation zwischen Ebene und Alpen); sub|altern EW (lat.) untergeordnet; Sub|alternation w (~; ~en) Unterordnung (eines Begriffs unter einen übergeordneten Begriff); Sub|alterne m (~n; ~n) niederer Angestellter (Beamter); sub|alternieren ZW (-rte, -rt) ↗ unterordnen (z. B. ein Urteil unter ein übergeordnetes Urteil); Sub|alternität w (~; -) Abhängigkeit; Untertänigkeit; sub|ant|arktisch EW zwischen der (südl.) gemäßigten Zone und dem Südpolgebiet; sub|aqual EW unter Wasser; sub|aquatisch EW unter der Wasseroberfläche; sub|arktisch EW zwischen der (nördl.) gemäßigten Zone und dem Nordpolgebiet; Sub|atlantikum s (~s; ~en) jüngstes Alluvium; EW: sub|atlantisch; sub|atomar EW weniger als atomgroß; Sub|azidität w (~; ~en) ⚕ Salzsäuremangel (im Magen).

Subbotnik m (~s; -) (r.) freiwilliger unbezahlter Arbeiter am Sonnabend (Ostblock).

subchordal EW (lat.) unter der Stimmritze; subdermal EW ⚕ unter der (die) Haut; Subdivision w (~; ~en) Untergliederung; Subdominante w (~; ~n) ♪ Dreiklang auf Quarte des Grundtons.

Suberate M (lat., KuW) Salze der Korksäure; Suberin s (~s; -) Korkstoff.

subfebril EW (lat.) ⚕ dicht unter der Fiebergrenze liegend; subfossil EW nach der Urzeit ausgestorben; subglazial EW unter dem Gletscher|eis; Subhastation w (~; ~en) Zwangsversteigerung ↓.

subito (it.) ♪ plötzlich (einsetzend).

Subjekt s (~[e]s; ~e) (lat.) Satzgegenstand; Träger von Zuständen (Erlebnissen, Gefühlen); das erkennende Ich; gemeiner Kerl; ♪ Führer in der Fuge; Subjektion w (~; ~en) Unterwerfung; Fragestellung und -beantwortung durch die gleiche Person; subjektiv EW individu|ell; nicht für alle gültig; nicht der Realität entsprechend (Ggs.: *objektiv*); einseitig, parteiisch; Subjektivismus m (~; -) Einsatz persönlicher Urteile, Ansichten, Gefühle; m. s.: Subjektivist (~en; ~en); EW: subjektivistisch; Subjektivität w (~; -) die eigene Einstellung; geistige Eigenständigkeit; alles, was einem Subjekt gehört.

Subkontinent m (~[e]s; ~e) (lat.) eigenständiger Teil eines Kontinents; subkrustal EW unter der Erdkruste; Subkultur w (~; ~en) geschlossene Kultur|einheit in größerem Kulturraum; Untergrundkultur; subkutan EW ⚕ unter die (der) Haut; subletal EW nicht tödlich, aber gefährlich; sublim EW sehr verfeinert; Sublimat s (~[e]s; -) 🜛 Quecksilberchlorid; fester Stoff aus der → Sublimation; Sublimation w (~; ~en) Vergeistigung (des Geschlechtstriebes); 🜛 Übergang vom festen in gasförmigen Zustand (und umgekehrt); ZW: sublimieren (-rte, -rt) ↗; Sublimierung w (~; ~en) geistige Verfeinerung; subliminal EW unterschwellig; sublingual EW unter der Zunge; sublunar(isch) EW unter dem Mond; auf der Erde; submarin EW (lat.) im Meer; Submergenz w (~; -) Versinken unter den Meeresspiegel (Land); submers EW Wasser... (von Tieren, Pflanzen); Submersion w (~; ~en) Untertauchen (bei der Taufe, als Strafe); Submikronen M Teilchen, die mikroskopisch noch schwach erkennbar sind; submikroskopisch EW auch mit dem Ultramikroskop nicht mehr erkennbar; submiß EW unterwürfig; Submission w (~; ~en) Ausschreibung; Angebot; Verdingung; Submittent m (~en; ~en) Kaufmann, der einen Auftrag anstrebt; submittieren ZW (-rte, -rt) ↙ Auftrag anstreben; Sub|ordination w (~; -) (lat.) Disziplin; Unterordnung; ZW: sub|ordinieren (-rte, -rt) ↙.

Sub|oxid s (~s; ~e) (gr.lat.) mit vermindertem Sauerstoffgehalt.

subphrenisch EW (lat.-gr.) = → hypophrenisch.

subpolar EW (lat.) zwischen den Polargebieten und der gemäßigten Zone.

Subproletariat s (~s; -) (lat.-gr.) nicht zur Arbeit verwendbarer Teil des Proletariats.

sub rosa (lat.) insgeheim.

Subrosion w (~; ~en) (lat.) Auslaugung, -spülung durch Grundwasser.

Subset s (~s; ~s) (am.) [*βabβet*] Gerät zur Übertragung von Maschinensignalen in eine übertragbare oder lesbare Form.

subsidiär EW (lat.) unterstützend, = subsidiarisch EW (*s.e Haftung* Haftung in dem Fall, daß andere ihre Verpflichtungen nicht erfüllen; *s.es Recht* Anwendung einer Rechtsbestimmung, wenn eine andere unergiebig bleibt); Subsidiarismus m (~; -) Ansicht, der

Subsidiarität

Staat sei nur als Hilfe kleinerer Gemeinschaften berechtigt, = **Subsidiarität** w (~; –); **Subsidiaritäts|prinzip** s (~s; ~i|en) Eingriffsrecht höherer Instanzen erst bei Versagen der unteren; **Subsidi|en** M Hilfsgelder.

sub sigillo (lat.) unter dem Siegel (*s. s. confessionis* unter dem Beichtgeheimnis).

Subsistenz w (~; ~en) (lat.) das Durchsichselbstdasein; Lebensunterhalt; **subsistieren** ZW (-rte, -rt) ⟋ bestehen; **Subskribent** m (~en; ~en) wer sich zum Bezug eines noch nicht erschienenen Buches verpflichtet; **subskribieren** ZW (-rte, -rt) ⟋ sich zum Bezug einer Veröffentlichung (meist gegen Preisnachlaß) verpflichten; **Subskription** w (~; ~en) Verpflichtung zur Übernahme (eines Wertpapiers, Buchexemplars, Betrages); **sub|sonisch** EW unter Schallgeschwindigkeit.

sub speci|e aeternitatis (lat.) [*-ät-*] angesichts der Ewigkeit.

Sub|spezi|es w (~; –) (lat.) Unterart; **substanti|ell** EW wesentlich, = **substantial** EW; **Substantialismus** m (~; –) Anschauung der Seele als dinghaftes Wesen; **substanti|ieren** ZW (-rte, -rt) ⟋ bevollmächtigen; mit Tatsachen belegen; **Substantiv** s (~[e]s; ~e) Hauptwort; **substantiv** EW unmittelbar (*s.er Farbstoff*); **substantivieren** ZW (-rte, -rt) ⟋ als Hauptwort benutzen; w. s.: **Substantivierung** (~; ~en); **substantivisch** EW hauptwörtlich; **Substanz** w (~; ~en) (lat., = was zugrunde liegt) Seins|einheit als Grundlage der Seinsweisen, Urgrund (Ggs.: *Akzidens*); dauerhafter Zustand; **Substanzwert** m (~[e]s; ~e) Sachwert.

Substitu|ent m (~en; ~en) (lat.) ⟲ Atom(gruppe) anstelle eines Wasserstoffs in einer Verbindung; **Substituierbarkeit** w (~; –) Ersetzbarkeit eines Gutes durch ein anderes; ZW: **substituieren** (-rte, -rt) ⟋; **Substitut** m (~en; ~en) Ersatzmann (für den Rechtsanwalt); s (~s; ~e) ebenso gutes, jedoch billigeres Ersatzmittel; **Substitutin** w (~; ~nen) Stellvertreterin; Verkaufsleiterin; **Substitution** w (~; ~en) Stellvertretung, Ersetzung; = → Substituierbarkeit; ⟲ Austausch von Atom(grupp)en in Verbindungen; Ersetzung von Gütern durch gleichwertige andere (eines Produktionsfaktors durch einen andern); ⚔ Ersetzung einer durch eine ihr entsprechende Größe.

Substrat s (~[e]s; ~e) (lat.) Unterlage; Eigenschafts|träger; Nährboden; Einfluß der Sprache des Besiegten auf die Sieger; **Substruktion** w (~; ~en) Grund-, Unterbau; **subsumieren** ZW (-rte, -rt) ⟋ ein-, unterordnen; w. abstr. s.: **Subsum(p)tion** (~; –); **subsum(p)tiv** EW vermeintlich.

Sub|teen m, w (~s; ~s) (am.) [*βabtîn*] Junge/Mädchen vor der Pubertät.

subtil EW (lat.) zart; schwierig; w. abstr. s.: **Subtilität** (~; –); **Subtrahend** m (~en; ~en) abzuziehende Summe; **subtrahieren** ZW (-rte, -rt) ⟋ (Kleineres von Größerem) abziehen; w. abstr. s.: **Subtraktion** (~; ~en); **subtraktiv** EW ⚔ durch Subtraktion erworben; **Subtropen** M Übergang von der gemäßigten Zone zu den Tropen; EW: **subtropisch**.

Sub|urb w (~; ~s) (am.) [*βab örb*] Trabanten-, Vorstadt; **Sub|urbination** w (~; ~en) Verstädterung durch Trabantenstädte; **Sub|urbia** w (~; –) (am.) [*βab örbia*] Bürgertum der Vorstädte.

subvenieren ZW (-rte, -rt) ⟋ (lat.) unterstützen, helfen ↓; **Subvention** w (~; ~en) Finanzhilfe (aus öffentl. Mitteln), Unterstützung; ZW: **subventionieren** (-rte, -rt) ⟋; **Subversion** w (~; ~en) Umsturz; EW: **subversiv**.

sub voce (lat.) unter dem Stichwort (¢ *s. v.*).

Subway M (e.) [*βabwē¹*] Untergrundbahn; Straßenunterführung.

Succinate M (KuW) Salze der Bernsteinsäure.

Sudamen s (~s; -mina) (lat.) ⚕ Schweißbläs|chen; **Sudation** w (~; ~en) Ausbruch von Schweiß; **Sudatorium** s (~s; -ri|en) Schweißbad; **Sudoriferum** s (~s; -ra) ⚕ schweißtreibendes Mittel.

suffigieren ZW (-rte, -rt) ⟋ (lat.) mit Suffix versehen.

Süffisance w (~; -) (fr.) [*-βañs*] Dünkel, Selbstgefälligkeit; **süffisant** EW (lat.) selbstgefällig; frech.

Suffix s (~es; ~e) (lat.) Nachsilbe.

suffizi|ent EW (lat.) ⚕ ausreichend; **Suffizi|enz** w (~; ~en) ausreichendes Vermögen.

suffocato (it.) ♪ erstickt; **Suffokation** w (~; ~en) (lat.) ⚕ Erstickung.

Suffragan m (~[e]s; ~e) (lat.) † Bischof, der unter einem Erzbischof steht.

Suffragette w (~; ~n) (lat.-e.) rabiate Frauenrechtlerin (etwa 1903–1914); **Suffragium** s (~s; -gi|en) Abstim-

mung; Stimmrecht; † Gebet um Fürbitte der Heiligen.
Suffusion w (~; ~en) (lat.) ⚕ (schwerer) Bluterguß.
suggerieren ZW (-rte, -rt) ↗ (lat.) einreden; **suggestibel** EW beeinflußbar; w. abstr. s.: **Suggestibilität** (~; –); **Suggestion** w (~; ~en) Einwirkung durch Beeinflussung; **suggestiv** EW seelisch beeindruckend; **Suggestivfrage** w (~; ~n) Frage, die die erwünschte Antwort nahelegt; **Suggestivität** w (~; –) Beeinflußbarkeit.
sui generis (lat.) einzigartig.
Suitcase s (~s; ~s) (e.) [*sjutkeiß*] Köfferchen.
Suite w (~; ~n) (fr.) [*swit*] Folge; Reihenfolge; ♪ Reihe von Tänzen in verwandter Tonart, aber mit wechselndem Charakter; Zimmerfolge (im Hotel); Gefolge.
Su|izid m, s (~[e]s; ~e) (lat.) Freitod; EW: **su|izidal**; m. s.: **Su|izident** (~en; ~en); w. s.: **Su|izidentin** (~; ~nen); **Su|izidologie** w (~; –) Selbstmordforschung; EW: **su|izidologisch**.
Sujet s (~s; ~s) (lat.-fr.) [*büschê*] Stoff (einer künstlerischen Darstellung).
Sukkade w (~; ~n) (rom.) gezuckerte Zitrusfruchtschale.
sukkulent EW (lat.) saftig, fleischig; **Sukkulente** w (~; ~n) ✾ wasserhaltige Fettpflanze; **Sukkulenz** w (~; –) ✾ Saftfülle, Wasserspeicherung.
Sukkurs m (~es; ~e) (lat.) Hilfe; ⚔ Verstärkung.
sukzedieren ZW (-rte, -rt) ↙ (lat.) nachfolgen ↓; **Sukzeß** m (-sses; -sse) Erfolg ↓; **Sukzession** w (~; ~en) (Rechts)Nachfolge; Pflichten- und Rechtsübernahme durch einen andern Staat; ✾ Übergang in eine andere Pflanzengesellschaft; **sukzessiv(e)** EW nach und nach; **Sukzessor** m (~s; -ssoren) Nachfolger (in einem Rechtsverhältnis) ↓.
Sukzinat s (~[e]s; ~e) (lat.) Salz der Bernsteinsäure, = **Sukzinylsäure** w (~; –).
Sulf|amid s (-[c]s; -c) (lat.-gr., KuW) = → Sulfonamid; **Sulfane** M Verbindungen aus Schwefel und Wasserstoff; **Sulfanilamid** s (~[e]s; ~e) = → Sulfonamid; **Sulfat** s (~[e]s; ~e) (lat.) ⭘ Salz der Schwefelsäure; **Sulfat|reduktion** w (~; ~en) biochem. Gewässerreaktion; **Sulfid** s (~[e]s; ~e) ⭘ Salz der Schwefelwasserstoffsäure; EW: **sulfidisch**; **Sulfit** s (~[e]s; ~e) ⭘ Salz der schwefligen Säure; **Sulfon|amid** s (~[e]s; ~e) bakterienhemmender Stoff; **Sulfur** m (~s; –) Schwefel (∉ S); **Sulfurierung** w (~; –) chem. Reaktion von schwefelfreien zu schwefelhaltigen Verbindungen.
Sulky s (~s; ~s) (e.) [*balki*] zweirädriger Trabrennwagen.
Sultan m (~s; ~e) (ar.) unabhängiger Herrscher; türkischer Ganzwollteppich; **Sultanat** s (~[e]s; ~e) Herrschaftsgebiet, -zeit eines Sultans; **Sultanine** w (~; ~n) (ar.-lat.) kleine kernlose Rosine.
Sumach m (~s; ~e) (ar.-lat.) Gerbstoff enthaltendes Holz.
Sumak m (~s; ~s) (nach einem kaukasischen ON) Teppichart.
Summa w (~; -mmen) (lat.) vollständige Zusammenstellung; ⚔ Ergebnis der Addition; **summa cum laude** mit größtem Lob; **Summand** m (~en; ~en) ⚔ hinzuzuzählende Zahl; **summarisch** EW knapp zusammengefaßt, bündig; **Summary** s (~s; -ries) (e.) [*ßammeri*] Zusammenfassung; knapper Abriß; **summa summarum** insgesamt; **Summation** w (~; ~en) Zusammenrechnung; **summativ** EW aneinandergefügt, zusammengezählt; **Summe** w (~; ~n) (∉ Σ) ⚔ Additionsergebnis; Gesamtwert; Geldbetrag; **Summen|akti|e** w (~; ~n) auf Nennwert festgelegte Aktie; **Summenbilanz** w (~; ~en) Gegenüberstellung von Soll und Haben; **summen** ZW (-mmte, gesummt) ↖ anwachsen ↓; **summieren** ZW (-rte, -rt) ↗ zusammenrechnen; ↖ sich anhäufen; **Summus Episcopus** m (~ ~; ~ ~) Papst; Herr der Kirche.
Sumption w (~; ~en) (lat.) † Einnahme der Kommunion; **sumptuös** EW verschwenderisch ↓.
Sunna w (~; –) (ar.) Überlieferung von Mohammed; **Sunnit** m (~en; ~en) Anhänger einer islamischen Glaubensrichtung.
Super m (~s; ~) ∉ → Superheterodynempfänger; ∉ → Supermarkt; ∪ besonders tatkräftiger (leistungsfähiger) Mann; **Super|azidität** w (~; –) (lat.) ⚕ Magenübersäuerung (= → Hyper|azidität).
süperb EW (fr.) ausgesucht schön ↓.
Supercup m (~s; ~s) (e.) [*-kap*] Pokalwettbewerb zwischen ermittelten Siegern; **Super|ego** s (~s; ~s) (lat.-e.) [*-ígo/äigo*] Überich; **superfizi|ell** EW (lat.) ⚕ oberflächlich; **superflu|id** EW Eigenschaft von Helium; **Superfötation** w (~; ~en) Überschneidung zweier Trächtigkeitszeiten durch mehrfache Deckung; **Superhet** m (~s;

Superheterodyne

~s) (KW) Rundfunkempfangsschaltung zur Erhöhung der Trennschärfe (⊄ **Superheterodyne** w [~; ~n] = **Superheterodyn|empfänger** m [~s; ~]); **super|infiziert** EW wieder mit gleichen Erregern angesteckt; **Super|ikonoskop** s (~s; ~e) Fernsehröhre bestimmter Bauart; **Super|intendent** m (~en; ~en) † Kirchenkreisleiter; **Super|intendentur** w (~; ~en) † Amt (Büro, Wohnung) eines Super|intendenten; **Super|involution** w (~; ~en) = → Hyperinvolution.

Superior m (~s; -oren) (lat.) † Ordensoberer; w. s.: **Superiorin** (~; ~nen); **Superiorität** w (~; –) Überlegenheit.

Superkargo m (~s; ~s) (lat.) ↓ Bevollmächtigter des Befrachters; **superklug** EW fast zu intelligent; **Superlativ** m (~s; ~e) (lat.) höchster Steigerungsgrad; EW: **superlativisch**; **Superlativismus** m (~; –) Übertreibung(s|sucht); **Superleiter** m (~s; ~) = → Supraleiter; **Supermarkt** m (~[e]s; -märkte) Großwarenhaus mit Selbstbedienung; **Supernaturalismus** m (~; –) Glaube an Übernatürliches; EW: **supernaturalistisch**; **Supernova** w (~; -vae) scheinbar neu aufleuchtender Fixstern; **Supernumerar** m (~s; ~e) angehender Beamter ↓; **Super|oxid** s (~s; ~e) = → Per|oxid; **Superphosphat** s (~s; ~e) Düngemittel; **Superposition** w (~; ~en) Überlagerung; **Superrevision** w (~; ~en) Überprüfung; **Supersekretion** w (~; ~en) $ übergroße Absonderung (= → Hypersekretion); **supersonisch** EW schneller als die Schallgeschwindigkeit; **superstitiös** EW abergläubisch ↓; **Superstrat** s (~[e]s; ~e) Einfluß der Sieger auf die Besiegten (Kultur, Sprache); **Superstruktur** w (~; ~en) Überbau; **Supervisor** m (~s; ~) [βjûperwaisr] Schlüsselelement der Steuerungs|programme; Kontrolleur.

Suppedane|um s (~s; -nea) (lat.) Fußstütze des Gekreuzigten; oberste Altarstufe.

Supper s (~s; ~) (e.) [βap-] Abendmahlzeit.

Supplement s (~[e]s; ~e) (lat.) Nachtrag; ⊄ Ergänzungswinkel; EW: **supplementär**; **suppletorisch** EW ergänzend ↓; **suppli|ieren** ZW (-rte, -rt) ↗ ausfüllen; ergänzen ↓.

Supplik w (~; ~en) (lat.) Bittschrift ↓; **Supplikant** m (~en; ~en) Bittsteller ↓; w.s.: **Supplikation** (~; ~en) ↓; **supplizieren** ZW (-rte, -rt) ↗ dringend bitten ↓.

Supply m (~s; –) (e.) [βöplai] Bestand, Vorrat einer bestimmten Ware (wie von Wertpapieren); → Visible supply.

supponieren ZW (-rte, -rt) ↗ (lat.) unterstellen.

Support m (~s; ~s) (lat.) verstellbarer Werkzeugträger an Drehbänken.

Supposition w (~; ~en) (lat.) Unterstellung; Voraussetzung; Benutzung desselben Wortes für Verschiedenes; **Suppositorium** s (~s; -ri|en) $ Zäpfchen.

Suppression w (~; ~en) (lat.) Heimlichhaltung; Unterdrückung; **suppressiv** EW unterdrückend; **supprimieren** ZW (-rte, -rt) ↗ (lat.) unterdrücken.

suppurativ EW (lat.) $ eiternd.

Supraleiter m (~s; ~) (lat.-d.) Stromleiter, der am absoluten Nullpunkt sprunghaft arbeitet.

Supramid s (~[e]s; –) (lat. KuW) $ Kunststoff für Knochenersatz.

supranational EW (lat.) überstaatlich; **supranatural** EW übernatürlich; **Supranaturalismus**, **supranaturalistisch** → Super-; **Supraporte** w (~; ~n) = → Sopraporte; **suprapubisch** EW oberhalb des Schambeins; **suprarenal** EW $ oberhalb der Niere; **suprasternal** EW $ oberhalb des Brustbeins; **Suprastrom** m (~[e]s; -ströme) elektr. Strom im Supraleiter.

Supremat m (~[e]s; ~e) (lat.) = → Primat; **Suprematie** w (~; -i|en) Oberherrschaft.

Surah m (~s; ~s) (ar.-fr. oder nach einem i. ON) gerippte Seide.

Surcharge w (~; ~s) (e.) [βörtschadsch] Zuschlag im Seefrachtgeschäft für unvorhergesehene Hemmnisse.

Sure w (~; ~n) (ar.) Koran|abschnitt.

Surfboard s (~s; ~s) (am.) [βörfbord] = **Surfbrett** s (~s; ~er) Kunststoffbrett zum Wellenreiten; ZW: **surfen** (-rfte, gesurft) ↗; **Surfer** m (~s; ~) wer surft; **Surfing** s (~s; –) Wellenreiten, = **Surfriding** s (~s; –) [βörfraidiñ].

Surplus s (~; ~) (am.) [βörplaβ], (fr.) [βürplü] Gewinn.

Surprise Party w (~ ~; ~ ~s) (am.) [βörprais pâti] Überraschungsbesuch mit mitgebrachten Getränken o. a.

surreal EW (lat.) überwirklich; hintergründig; **Sur|realismus** m (~; –) □ antinaturalistische Kunstform, die das Überwirkliche und Antireale sichtbar machen will; m. s.: **Surrealist** (~en; ~en); EW: **surrealistisch**.

Surrogat s (~[e]s; ~e) (lat.) Ersatz (-stoff); als Ersatz eingebrachter Ver-

mögens|teil; **Surrogation** w (~; ~en) Einschiebsel; Ersatz für einen Teil des Vermögens.
sursum corda (lat.) die Herzen empor!
Surtaxe w (~; ~n) (lat.-fr.) [*βürtax*] Nachsteuer; Zollzuschlag.
Survey m (~s; ~s) (e.) [*βörwê^i*] Überblick; Vermessung; Gutachten beim Schiedsgericht; Marktbefragung; **Surveyor** m (~s; ~) [*sörweier*] Gutachter im Warengeschäft.
Survivals M (lat.-fr.-am.) [*βörwaiwels*] alte Kulturformen (Vorstellungen) im heutigen Volksleben.
Susine w (~; ~n) (nach pers. Stadt *Susa*) eine Pflanzenart.
sus|pekt EW (lat.) verdächtig.
sus|pendieren ZW (-rte, -rt) ↗ (lat.) die Amtsrechte zeitweilig entziehen; ☊ aufschwemmen; **Sus|pension** w (~; ~en) ☊ Aufschwemmung unlöslicher Stoffe; Amtsentzug; ⚕ Aufhängung des Kranken; **sus|pensiv** EW aufschiebend (*s.es Rechtsmittel* verzögert [verhindert] die Urteilsvollstreckung); **Sus|pensorium** s (~s; -ri|en) ⚕ Aufhängeverband, Tragbinde.
Sustain s (~s; ~s) (e.) [*βeßtein*] (Ton-)Aushalten (von Synthesizern); **Sus|tentation** w (~; ~en) (lat.) Unterhalt; Verpflegung ↓.
suszeptibel EW (lat.) reizbar; **Suszeptibilität** w (~; ~en) Größe der Magnetisierbarkeit; Reizbarkeit; **Suszeption** w (~; ~en) Übernahme; ⚕ Reizaufnahme; ZW: **suszipieren** (-rte, -rt) ↗.
Sutur w (~; ~en) (lat.) ⚕ (Knochen-)Naht; Gesteinsnaht.
Su|um cu|ique! (lat.) jedem das Seine!
svegliato (it.) [*βweljâto*] ♪ frisch.
Swamps M (e.) [*βwomps*] durch Entwässerung fruchtbares Land; Küstensumpfwälder.
Swanboy m (~s; ~s) (e.) [*β^uonbeu*] Moltongewebe; **Swan|skin** m (~s; ~s) [*β^uon-*] feiner Flanell.
Swapgeschäft s (~[e]s; ~e) (e.-d.) [*β^uäp-*] Devisenkauf; Kurssicherungsgeschäft; ¢ **Swap** (~s; ~s) [*β^uäp*].
SWAPO ¢ (e., South-West African People's Organization) Befreiungs|organisation in Namibia.
Swarabhakti w (~; -) (skr.) Vokaleinschub in Konsonantengruppe.
Swastika w (~; -ken) (skr.) i. Hakenkreuz.
Sweater m (~s; ~) (e., = Schweizer) [*βwê-*] Wolljacke; **Sweatingsystem** s (~s; -) [*βwêtiñ-*] Einschaltung eines Auftragvermittlers zwischen Arbeitgeber und -nehmer, der die Löhne drückt; **Sweatshirt** s (~s; ~s) weiter Baumwollpullover.
Sweep|stake s (~s; ~s) (e.) [*βwîpßteik*] Gewinnverteilung auf Lose vor der Verlosung.
Sweet m (~s; –) (am.) [*βwît*] ♪ versüßlichter Jazz.
Swimming-pool m (~-~s; ~-~s), **Swimmingpool** m (~s; ~s) (e.) [*βwimmiñpûl*] Schwimmbad im Garten; **Swimming-pool-Reaktor** m (~-~-~s; ~-~-toren) Prüfungsanlage für Atomforscher.
Swing m (~s; ~s) (am.) [*swiñ*] ♪ Schwungrhythmus; Jazzstil; Kreditgrenze bei bilateralen Handelsabkommen; **swingen** ZW (-gte, geswingt) ⚔ Swing tanzen; **Swingfox** m (~es; ~e) durch den Foxtrott bereicherter Swing; **swinging** EW anziehend, lebhaft, belebt, aufregend.
Switch m (~[e]s; ~[e]) (am.) [*βwitsch*] Verkauf ungünstiger Wertpapiere zur besseren Kapitalanlage; **switchen** ZW (-tchte, geswitcht) [*βwitsch-*] ↗ über ein drittes Land Außenhandel treiben; s. s.: **Switchgeschäft** (~[e]s; ~e).
Sybarit m (~en; ~en) (nach der altgr. Kolonie *Sybaris* in Süditalien) dekadenter Weichling; EW: **sybaritisch**; m. abstr. s.: **Sybaritismus** (~; -).
Sy|enit m (~s; ~e) (nach einem altäg. ON) ein Tiefengestein.
Sykomore w (~; ~n) (gr.) ostafr. Feigenbaum.
Sykophant m (~en; ~en) (gr.) gewerbsmäßiger Verleumder; EW: **sykophantisch**.
Sykose w (~; ~n) (gr.) Sacharin; ⚕ Bartflechte, = **Sykosis** w (~; -kosen).
syllabieren ZW (-rte, -rt) ↗ (gr.) Silbe für Silbe lesen |; EW: **syllabisch** (♪ *auch:* Silbe für Silbe komponiert); **Syllabus** m (~; -bi) (gr.-lat.) Verzeichnis († undogmatischer Anschauungen).
Syllogismus m (~; -men) (gr.-lat.) dreiteiliger Schluß (im logischen Denken); EW: **syllogistisch**; **Syllogistik** w (~; -) Beherrschung des logischen Schlusses.
Sylphe m (~n; ~n), w (~; ~n) (lat., eigtl. = Luftgeist) zarte w. Person; **Sylphide** w (~; ~n) leichtfüßiges w. Wesen.
Sylvin s (~s; -) (nach nl. Arzt, 17. Jh.) mineral. Kaliumchlorid.
Symbiont m (~en; ~en) (gr.) Teilhaber einer → Symbiose; **symbio(n)tisch** EW zusammenlebend; **Symbiose** w (~; ~n) für beide Partner vorteilhafte Be-

Symbol

ziehung zweier Organismen (Lebewesen; Völker).
Symbol s (~s; ~e) (gr.) Sinnbild; Charakteristikum; Gleichniszeichen; Kurzzeichen; † Bekenntnis(schrift); ⊰ Zeichen als Rechenbefehl (für physik. Größen); Zeichen (Wort) zur Darstellung eines Begriffs (Namens; in der Computertechnik); **Symbolik** w (~; ~en) Sinnbildgehalt; Lehre von den (Verwendung von) Sinnbildern; EW: **symbolisch** sinnbildlich; ZW: **symbolisieren** (-rte, -rt) ↗; **Symbolisierung** w (~; ~en) Darstellung im Sinnbild; Traumerleben seelischer Problematik; **Symbolismus** m (~; –) literar. Bemühen, Musik in Sprache umzusetzen (seit etwa 1885); m. s.: **Symbolist** (~en; ~en); EW: **symbolistisch**; **Symbol|sprache** w (~; ~n) auch: zum Programmieren vorbereitete Diktion.
Symmetrie w (~; –) (gr.) Gleich-, Ebenmaß; EW: **symmetrisch**.
sympathetisch EW (gr.) geheim verbunden (Wirkung ausstrahlend) (*s.e Tinte* Geheimtinte); **Sympathie** w (~; -i|en) Mitfühlen; Zuneigung; Miterleben; innere Verbundenheit der Welt; Ineinanderwirkung der Naturkräfte; Ähnlichkeit im Erleben (der Überzugungen); **Sympathikus** m (~; –) $ Lebensnerv; **Sympathisant** m (~en; ~en) wer sich zu einer (polit.) Gruppe hingezogen fühlt; **sympathisch** EW gleichgestimmt; angenehm (Ggs.: *antipathisch*); $ den Lebensnerv betreffend; **sympathisieren** ZW (-rte, -rt) ↙ (gr.) mitfühlen, ebenso empfinden.
Sym|petalen M (gr.-lat.) ⊕ zusammengewachsene Blütenblätter.
Symphonie, auch: **Sinfonie** w (~; -i|en) (gr.-it.) Zusammenklang; ♪ mehrsätzige Orchesterkomposition; **Symphonie|orchester** s (~s; ~) ♪ Klangkörper aus vielen Instrumenten; **Symphoniker** m (~s; ~) Mitglied eines (berühmten) Symphonie|orchesters; **symphonisch** EW ♪ aus (mit) vielen (für viele) Instrumente(n).
symphronistisch EW (gr.) sachlich übereinstimmend.
Symphyse w (~; ~n) (gr.) $ Bindegewebe zwischen 2 Knochen; zur Geburt erweiterte Schamfuge; **symphytisch** EW zusammengewachsen.
Symposion s (~s; -si|en) (gr.) Gelage; zwanglose wissenschaftliche Tagung, = (schlecht!) **Symposium** s (~s; -si|en).
Symptom s (~[e]s; ~e) (gr.) Anzeichen (einer Krankheit); **Symptomatik** w (~;

–) = → Semiotik; **symptomatisch** EW be-, kennzeichnend; anzeigend; **Symptomatologie** w (~; –) $ Erforschung der Krankheitserscheinungen; EW: **symptomatologisch**.
Synagoge w (~; ~n) (gr.) jüd. Tempel.
Syn|algie w (~; -i|en) (gr.) $ Miterleben von Schmerzen; **syn|allagmatisch** EW gegenseitig (*s.er Vertrag*, = **Syn|allage** w [~; -llagen]); **Syn|alöphe** w (~; ~n) Vokalverschmelzung; **syn|andrisch** EW ⊕ mit verwachsenen Staubblättern; **Syn|anthie** w (~; -i|en) ⊕ Mißbildung durch Verwachsung; **Synapse** w (~; ~n) Nahtstelle der Nerven; **Synärese** w (~; ~n) Lautzusammenziehung; **Syn|arthrose** w (~; ~n) $ starre Knochenverbindung; EW: **synarthrotisch**; **Syn|ästhesie** w (~; -i|en) Empfindung eines Reizes auch an einer 2., unbetroffenen Stelle; EW: **synästhetisch**; **Syn|axis** w (~; -xen) † orthodoxe Messe.
synchron EW (gr.) [-k-] zeitgleich; gleichlaufend; **Syn|chronie** w (~; -i|en) Sprachbeschreibung einer Periode (Ggs.: *Diachronie*); **Synchronisation** w (~; ~en) Zusammenpassung des Bildfilms; Anpassung der eigenen Sprechlaute und -bewegungen an die des fremdsprachigen Originals; Einregulieren mechanischer (elektrischer) Vorgänge auf zeitlichen Zusammenklang; **synchronisch** EW *eine* Sprachperiode betreffend; ZW: **synchronisieren** (-rte, -rt) ↗ zwei Abläufe taktgleich machen; übereinstimmend machen (Film); w. abstr. s.: **Synchronisierung** (~; ~en); **Synchronismus** m (~; -men) Gleichlauf; Zusammentreffen verschiedener Ereignisse; zeitliche Zusammenpassung von Bild (Ton, Musik); **synchronistisch** EW Gleichzeitiges verbindend; **Synchronmaschine** w (~; ~n) Strom|erzeuger u. Motor in *einer* Maschine; **Synchronmotor** m (~s; ~en) Motor mit unveränderbarer Drehzahl; **Synchrotron** s (~s; ~e) Beschleunigergerät für Elementarteilchen.
Syndaktylie w (~; -i|en) (gr.) $ Finger-, Zehenverwachsung; **Syndesmose** w (~; ~n) $ Knochenverbindung durch festes Bindegewebe; **Syndetikon** s (~s; –) Klebstoff; **syndetisch** EW verbunden (durch ein Bindewort).
Syndikalismus m (~; –) (gr.-lat.) Anstreben eines Gewerkschafts- statt eines Staatssozialismus; studentische Gewerkschaftsbewegung; m. s.: **Syn-**

dikalist (~en; ~en); EW: **syndikalistisch**; **Syndikat** s (~[e]s; ~e) Geschäftsstelle eines Kartells; Gewerkschaft; Amt (Büro) eines Syndikus; Verbrecher|organisation; **Syndikus** m (~; ~se/-dici) (gr.-lat., = Sachwalter) Rechtsbeistand; Geschäftsführer; **syndiziert** EW (gr.-lat.) im Syndikat vereint.

syn|diotaktisch EW (KuW, gr.) Eigenschaft von Polymeren mit Makromolekülen bestimmter Symmetrie.

Syndrom s (~[e]s; ~e) (gr.) ⚕ kennzeichnende Krankheitsmerkmale.

Syn|echie w (~; -i|en) (gr.) ⚕ Körperteilverwachsung; **Syn|echologie** w (~; –) die (Herbartsche) Lehre, daß Zeit, Raum und Stoff zusammenhängen; **Syn|edrium** s (~s; -i|en) (gr.) altjüd. Obergericht; **Syn|ekdoche** w (~; ~n) Verwendung des Teils für das Ganze; EW: **syn|ekdochisch**; **Syn|ektik** w (~; –) Diskussion zwischen vorbereiteten Teams; **Syn|ergeten** M ⚕ zusammenarbeitende Muskeln; **syn|ergetisch** EW behilflich; zusammenwirkend; **Syn|ergie** w (~; -i|en) (gr.) Zusammenwirken (⚕ von Muskeln); **Syn|ergismus** m (~; –) Zusammenwirken mehrerer Vorgänge (⚕ Muskeln, Organe, Heilmittel) zu *einer* Leistung; † Zusammenwirken von Gott und Mensch bei der Erlösung; **Syn|ergisten** M ⚕ zusammenarbeitende Muskeln; † Anhänger des Synergismus; EW: **syn|ergistisch**.

syngenetisch EW (gr.-lat.) zur gleichen Zeit entstanden; **Synhairese** w (~; ~n) (gr.) = → Synärese; **Syn|izese** w (~; ~n) (gr.) Kontraktion; **Synkarpie** w (~; -i|en) (gr.) ⊕ Zusammenwachsen der Fruchtknoten; EW: **synkarp**; **Synkinese** w (~; ~n) ⚕ Mitbewegung; EW: **synkinetisch**; **synklinal** EW wie eine Mulde; **Synklinale** w (~; ~n) durch Faltung entstandene Mulde, = **Synkline** w (~; ~n); **Synkopation** w (~; ~en) ♪ willkürliche Veränderung des metrischen Akzents; **Synkope**, **Synkope** w (~; ~n) (gr., = Durchprügelung, Zerbrechung) ♪ Verlagerung des Akzents auf unbetonten Taktteil („Zerschneidung"); ⚕ Kollaps, Herztod; Auslassung eines Vokals im Wort; ZW: **synkopieren** (-rte, -rt) ↗; EW: **synkopisch**; **Synkretion** w (~; ~en) (gr.-lat.) Zusammenwachsen; **Synkretismus** m (~; -men) Verschmelzung mehrerer Religionen; EW: **synkretistisch**; **Synkrise** w (~; ~n) (gr.) Verbindung, Vergleichung; EW: **synkritisch**.

synodal EW (gr.-lat.) † zur Synode gehörend; **Synodale** m, w (~; ~n) † Vertreter(in); Mitglied einer Synode; **Synode** w (~; ~n) (gr.) † Vertreterversammlung; **syn|odisch** EW durch die (von, in, bei den) Lichtphasen des Mondes (der Planeten) (*s.er Umlauf; s.er Monat* Umlaufzeit des Mondes um die Erde); = → synodal; **Syn|ökologie** w (~; –) Erforschung der Umweltbeziehungen von Lebensgemeinschaften.

Synol s (~s; ~e) (KuW) ölartiges Gemisch als Produkt der Kohleverflüssigung.

Synonym s (~s; ~e/~a) (gr.) sinnverwandtes Wort; **synonym(isch)** EW gleichbedeutend; **Synonymie** w (~; –) Anwendung von gleichbedeutenden Wörtern; **Synonymik** w (~; ~en) Lehre von den Sinnverwandten.

Syn|opsis w (~; -sen) (gr.) gedrängte Übersicht; † Abdruck der 3 ersten Evangelien nebeneinander; = **Syn|opse** w (~; ~n); **Syn|optik** w (~; ~en) Analyse gleichzeitiger Wetterbeobachtung; **Syn|optiker** m (~s; ~) † Markus, Matthäus, Lukas; **syn|optisch** EW auf einen Blick überschaubar *(s.er Druck);* weitgehend übereinstimmend *(s.e Evangelien);* großräumig arbeitend *(s.e Meteorologie).*

Synostose w (~; ~n) (gr.) ⚕ Knochenverbindung durch Knochenmasse; **Syn|ovitis** w (~; -it|den) (gr.) ⚕ Gelenkentzündung.

Syntagma s (~s; -men/~ta) (gr.) Sammlung inhaltsgleicher Schriften; **Syntax** w (~; –) (gr.) Satzlehre; EW: **syntaktisch**.

Synthese w (~; ~n) (gr.) einheitliche Vorstellung oder Wahrnehmung vieler Einzelheiten; Erkenntnis durch Kenntnisse; Zusammenfassung mehrerer Meinungen zu einer umfassenden Ansicht; Vereinigung von These und Gegenthese; ⊕ Aufbau von Verbindungen aus ihren Elementen (einfacheren Verbindungen); **Synthesis** w (~; -thesen) (nach Kant) Zusammenfügung von Begriffen (Ideen, Wahrnehmungen) zur Erkenntnis; **Synthesizer** m (~s; ~) (gr.-e.) [*binteßaiser*] ♪ elektron. Musikgerät für künstliche Töne; **Synthetics** M (gr.-e.) Kunstfasergewebe; daraus hergestellte Produkte; **synthetisch** EW zusammenfassend; ⊕ künstlich hergestellt *(s.es Benzin, s.e Edelsteine);* nur begrifflich entwickelt *(s.e Geometrie);* EW: **synthetisieren** (-rte, -rt) ↗ ⊕.

Syn|tropie

Syn|tropie w (~; -i|en) (gr.-lat.) ✣ Zusammenfallen von zwei Krankheiten.
Syn|urie w (~; -i|en) (gr.) ✣ Fremdstoffausscheidung durch den Harn.
Syphilis w (~; –) (lat., nach dem Titel eines it. Lehrgedichts) ✣ schwere Geschlechtskrankheit; m. s.: **Syphilitiker** (~s; ~); EW: **syphilitisch**; **Syphilom** s (~s; ~e) ✣ lu|etische Geschwulst; **Syphilose** w (~; ~n) = Syphilis.
Syringe w (~; ~n) (gr.) ⊕ Flieder; **Syringitis** w (~; -it|den) ✣ Ohrtrompeten|entzündung; EW: **syringistisch**; **Syrinx** w (~; ~e) Rohrflöte; Vogelstimmenorgan; ✣ Ohrtrompete.
Syrologie w (~; –) (gr.-lat.) Erforschung der alten Sprachen und Kulturen des Landes *Syrien*.
systaltisch EW (gr.) (sich) zusammenziehend.
System s (~s; ~e) (gr., = Gebilde) in sich geschlossenes, regelhaftes Gefüge aus Gliedern oder Teilen; Bau- oder Leistungs|plan eines Gerätes; Methode; Anordnung; Grundgedanken einer Denkrichtung (eines Philosophen); Staatsform; Tier-, Pflanzeneinordnung; ♪ Fünflinienschrift; ♪ Aufbau der Tonverbindungen; **System|analyse** w (~; ~n) Zerlegung von Problemen zum Programmieren; Durchdenken der Nutzungsmöglichkeiten von Computern; **Systematik** w (~; -en) Ordnung vieler Einzelheiten zu einem überschaubaren, eingängigen Ganzen; m. s.: **Systematiker** (~s; ~); EW: **systematisch** (*s.e Theologie* † Darstellung der Kirchenlehre in Zusammenhang der ihr innewohnenden göttl. Wahrheit); **systematisieren** ZW (-rte, -rt) ↗ einheitlich ordnen; w. s.: **Systematisierung** (~; -en); **Systemierung** w (~; ~en) Teil der Datenverarbeitung; **system|immanent** EW durch (polit.) Ordnung vorgegeben; **System|ingenieur** m (~s; ~e) [-*inschenjör*] Sachkenner für Computer|einsatz; **Systemkamera** w (~; ~s) auswechselbare Zusätze zur Kamera; **systemkonform** EW mit dem polit. System übereinstimmend; **Systemtest** m (~[e]s; ~e/~s) Kontrollierung eines Datenprogramms.
Systole w (~; -olen) (gr.) ✣ Herzmuskelzusammenziehung; Kürzung eines langen Vokals im Vers (Ggs.: *Diastole*).
Szenario s (~s; –) (it.) = **Szenar(ium)** s (~s; ~e/-ri|en) (lat.) genauer Bühnenstückplan mit Szenenfolge, Bühnenbildern, Requisiten; Umwelt eines Vorgangs; **Szene** w (~; ~n) Akteil im Schauspiel; Bühnenraum; Auftritt, Zank *(jmdm. eine S. machen);* Vorgang *(etw. in S. setzen);* Schaustellung *(sich in S. setzen);* → Scene; **Szenerie** w (~; -i|en) Bühnen-, Landschaftsbild; Umgebung eines Vorganges; **szenisch** EW bühnenmäßig, -haft; **Szenotest** m (~[e]s; ~e/~s) Charakterforschung mit Hilfe umformbarer Puppen.
Szi|entismus m (~; –) (lat.) wissenschaftliche Einstellung, = **Szi|entifismus** m (~; –); m. s.: **Szi|entist** (~en; ~en); EW: **szi|entistisch**.
Szilla w (~; -llen) (gr.) ⊕ Blaustern (Heil-, Zierpflanze).
Szintigramm s (~[e]s; ~e) (lat.-gr.) Leuchtbild durch radioaktive Strahlung; **Szintigraph** m (~en; ~en) Gerät, um Szintigramme zu produzieren; **Szintigraphie** w (~; –) ✣ Technik, von Organen Szintigramme herzustellen; **Szintillation** w (~; ~en) Funkeln (der Fixsterne, der Elektronen [Protonen] beim Auftreffen auf eine fluoreszierende Substanz); **Szintillationsbrillanz** w (~; –) [-*lljanz*] Farbenstrahlung geschliffener Edelsteine; **szintillieren** ZW (-rte, -rt) ✓ funkeln; **Szintillometer** s (~s; ~) Gerät zur Farbwechselmessung von Fixsternen; Strahlenmesser zur Uransuche.
Szirrhus m (~; -hen) (gr.-lat.) ✣ hartes Karzinom.
Szission w (~; ~en) (lat.) Spaltung ↓; **Szissur** w (~; ~en) ✣ Riß, Einschnitt.

T

TA ∉ Technische Anleitung (in Zusammensetzungen [z.B. TA Luft]).
Tab m (~s; ~s) (e.) [*täb*] herausragendes Merkzeichen (Reiter) einer Karteikarte.
Tabak m (~s; ~e) (lat.) ⊕ Nachtschattengewächs; Rauchwaren daraus (*starker T.* etwas kaum Glaubliches); **Tabakose** w (~; ~n) ⚕ Tabakstaublunge.
Tabasco m (~s; –) (nach mexikan. Bundesstaat) scharfe Chilisoße.
Tabati̱ere w (~; ~n) (fr.) [*tabatjä̱r*] Tabaksdose ↓.
tabellarisch EW (lat.) als Tabelle; übersichtlich; ZW: **tabellarisieren** (-rte, -rt) ↗; **Tabelle** w (~; ~n) übersichtliche Zahlenliste; **tabellieren** ZW (-rte, -rt) ↗ Tabelliermaschine benutzen; m. s.: **Tabellierer** (~s; ~); **Tabelliermaschine** w (~; ~n) Lochkartengerät für Bürobedarf.
Tabernakel m, s (~s; ~) † Hostienschrein; ∪ Kopf.
Taberne = → Taverne.
Tabes w (~; –) (lat.) ⚕ Rückenmarksschwindsucht; **Tabeszenz** w (~; ~en) ⚕ Auszehrung; m. s.: **Tab(et)iker** (~s; ~); **tab(et)isch** EW an Rückenmarksschwindsucht erkrankt.
Tableau s (~s; ~s) (fr.) [*tablo̱*] Schauspieler auf der Bühne; Zusammenstellung von Übersichts|tafeln; Ausruf: allgemeine Bestürzung!; Signaltafel (*T. économique* Graphik des Wirtschaftskreislaufs); **Table d'hôte** w (~ ~; ~ s ~) [*tabldo̱t*] gemeinsame Wirtshausmahlzeit ↓; **Tablett** s (~s; ~s) (Auftrage-)Brett; **Tablette** w (~; ~n) ⚕ Preßling; ZW: **tablettieren** (-rte, -rt) ↗; **tablieren** ZW (-rte, -rt) ↗ Bonbonzucker rühren; dicken Zucker weiter eindicken; **Tablo|id** s (~s; ~e) (e.) [*täb-*] Bilderzeitung.
Taboparalyse w (~; ~n) (lat.-gr.) ⚕ syphilitische Rückenmarksschwindsucht.
Täbris m (~; ~) (nach einem iran. ON) kurzgeschorener medaillongemusterter Teppich.
Tabu s (~s; ~s) (polyn.) unantastbare Selbstverständlichkeit; unaussprechliche (undiskutable) Tatsache; EW: **tabu** (*etw. ist t.*) ←; **tabuieren** ZW (-rte, -rt) ↗ für unverletzlich (unaussprechbar) erklären, = **tabuisieren** ZW (-rte, -rt) ↗.
Tabula rasa w (~ ~; –) (lat., = geglättete Tafel) reiner Tisch (*T. r. machen*); **Tabulator** m (~s; -toren) Schreibmaschinenvorrichtung für Kolumnenschreiben; **Tabulatur** w (~; ~en) ♪ Notenschriftsystem ↓; **Tabulett** s (~s; ~e) Holzkasten für Hausierer ↓.
Taburett s (~[e]s; ~s) (ar.) Hocker (-stuhl) ↓.
tacet (lat., = er schweigt) ♪ Stimme fällt aus.
Tacheles s (~; –) (jidd.) offene Aussprache (*T. reden*); Geständnis.
Tachismus m (~; –) (fr.) [*tasch-*] auf dem Zufall aufbauende moderne Malweise; m. s.: **Tachist** (~en; ~en); EW: **tachistisch**; **Tachistoskop** s (~[e]s; ~e) Prüfgerät für optische Aufmerksamkeit.
Tacho m (~s; ~s) ∉ → Tachometer; **Tachograph** m (~en; ~en) (gr.) schreibendes Tachometer; EW: **tachographisch**; **Tachometer** m, s (~s; ~) Geschwindigkeitsmesser (an Maschinen: Drehzahlmesser); **Tachygraph** m (~en; ~en) = → Tachograph; **Tachykardie** w (~; -i|en) ⚕ Pulsbeschleunigung; **Tachymeter** s (~s; ~) Schnellmeßgerät für Gelände|aufnahmen; **Tachymetrie** w (~; -i|en) Meßverfahren zur Landkartenaufnahme; EW: **tachymetrisch**; **Tachypno|e** w (~; –) ⚕ Kurzatmigkeit; **Tachyonen** M Teilchen mit Überlichtgeschwindigkeit.
Tackling s (~s; ~s) (e.) [*täckliñ*] Blockierung des Fußballs mit Sohle oder Innenseite des Fußes; Trennen des Gegners vom Ball.
Tacks, Täcks, Täks M (e.) [*täcks*] Stahlnägelchen zur Befestigung der Brandsohle.
taff EW (jidd.) [*toff*] v straff, hart.
Taft m (~[e]s; ~e) (pers.-türk.-it.) gesteiftes Seidengewebe, = **Taffet** s (~s; ~s); EW: **taften**.
Tag m (~; ~s) (am.) [*täg*] ♪ kurze Schlußfigur beim Jazz.
Tagetes w (~; –) (lat.) ⊕ Studentenblume.
Tagliatelle M (it.) [*talja-*] Bandnudeln, = **Tagliati** M [*talja-*].
Taguan m (~s; ~e) (philipp.) ⚶ Flughörnchen.
Taifun m (~[e]s; ~e) (chin.-e.) tropischer Wirbelsturm.
Taiga w (~; –) (r.) sibirisches Waldgebiet.
tailachen ZW (-chte, getailacht) ↙ (jidd.) gehen.
Tailgate m (~s; –) (am.) [*te̱ilge̱ⁱt*] ♪ Jazzposaunenstil.
Tailings M (e., = Schwänze) [*te̱ⁱ-*] ⌀

Taille

Zwischenstufen zwischen Konzentraten und tauben Bestandteilen.

Taille w (~; ~n) (fr.) [*talje*] Gürtelweite; Aufdecken der Karten beim Spiel; ♪ Tenorlage (bei Instrumenten); enger Kleider|oberteil; **Tailleur** m (~s; ~e) [*tajör*] Schneider; Kartenspielbankhalter; e. Jackenkostüm; ZW: **taillieren** (-rte, -rt) ↗ [*taji̯-*]; **tailliert** EW [*taji̯rt*] auf Taille geschnitten; **Tailormade** s (~s; ~s) (e.) [*té̱i̯lermä̱i̯d*] Schneiderkleid.

Take s (~s; ~s) (am.) [*té̱i̯k*] Nonstop-Szene(n|aufnahme) im Film (Fernsehen); Zug aus Haschischzigarette; M Probeschallplatten|aufnahme.

Takelage w (~; ~n) (d.-fr.) [*-lâsche*] ⚓ Abstützung der Masten und Stangen; ∪ Kleidung.

Take-Off s (~-~s; ~-~s) (am.) [*té̱i̯k-*] Start (des Flugzeuges, der Rakete); sprunghafter Anstieg des Wirtschaftswachs|tums.

Takt m (~[e]s; ~e) (lat.) ♪ Teil des Rhythmus; Schicklichkeitsgefühl; gute Lebensart; Arbeitsgang (des Kolbens beim Verbrennungsmotor, am Fließband, in der Automation); **taktfest** EW ♪ im Rhythmus sicher; zuverlässig *(nicht t. sein* kränkeln); **Taktgeber** m (~s; ~) Synchronisator des arbeitenden Computers; **taktieren** ZW (-rte, -rt) ╱ (fr.) den Takt schlagen; eine Sache vorsichtig behandeln; **Taktik** w (~; ~en) (gr.) ⚔ Gefechtslehre; zielbedingte Handlungsweise; planvoll eingeteilter Sportwettkampf; m. s.: **Taktiker** (~s; ~); **taktil** EW berührbar; **Taktion** w (~; ~en) Berührung; **taktisch** EW planvoll; ⚔ den Regeln der Taktik entsprechend *(t.e Manöver);* **Taktizität** w (~; ~en) Regelmäßigkeit im Molekülbau polymerer Stoffe.

Talar m (~s; ~e) (lat.) wallende Amtstracht.

Talbotypie w (~; -i|en) (nach einem e. Physiker) Lichtbildkopieren auf Papier ↓.

Talent s (~es; ~e) (gr., = Waage) Begabung für etwas Besonderes; altgr. Gewichts-, Währungs|einheit; **Talent cost** s (~ ~s; ~ ~s) (e.) [*tälent-*] Produktionskosten; **talentiert** EW (lat.) ziemlich begabt.

Talion w (~; -) (lat.) Vergeltung.

Talisman m (~s; ~e) (ar.) hilfreicher Zaubergegenstand.

talis qualis (lat.) ohne Vergütung.

Talje w (~; ~n) (lat.-it.-nl.) ⚓ Flaschenzug; **taljen** ZW (-ljte, getaljt) ↗ ⚓ aufwinden.

Talk m (~s; -) (ar.) seifiges Mineral.

Talk-master m (~-~s; ~-~) (e.) [*tôk-*] Leiter einer **Talk-show** w (~-~; ~-~s) [*tôkschou*] amüsante Unterhaltung mit geladenen Gästen in Radio oder Fernsehen.

Talkum s (~s; -) = → Talk; *auch:* Streupuder; ZW: **talkumieren** (-rte, -rt) ↗.

Tallis m (~; ~) (heb.) jüd. Gebetsschal, = **Tallith** m (~; ~).

Tallöl s (~s; ~e) (schwed.-d.) Nebenprodukt der Zellstoffproduktion.

Tallyman m (~s; -men) (e.) [*tällimän*] ⚓ Überprüfer der Frachtgüterzahl.

Talmi s (~s; -) (fr., nach einem Juwelier *Tallois* [*taloa*]), seit einem Roman von H. v. Zobeltitz; um 1880) Zink-Kupfer-Legierung mit Goldüberzug; Unechtheit; EW: **talmi(n)** ←.

Talmud m (~s; -) (heb.) Sammlung jüd. Schriften; EW: **talmudisch**; m. abstr. s.: **Talmudismus** (~; -); m. s.: **Talmudist** (~en; ~en); EW: **talmudistisch**.

Talon m (~s; ~s) (lat.-fr.) [*-loñ*] Gut-, Erneuerungsschein; nach dem Kartengeben verbliebene Spielkarten; Kaufstein (b. Domino); ♪ unterer Bogenteil.

Talus m (~; -li) (lat.) Sprungbein.

Tamarinde w (~; ~n) (ar., = indische Dattel, d.) afr. Fruchtbaum; **Tamariske** w (~; ~n) (ar.-lat.) ♄ Uferheide.

Tambour m (~s; ~s) (ar.-fr.) [*-bûr*] ⚔ Trommler; rotierende Maschinentrommel; □ Kuppelzylinder; **Tambourmajor** m (~s; ~e) Anführer des Spielmannszuges; **Tambur** m (~s; ~e) Stickrahmen; **tamburieren** ZW (-rte, -rt) ↗ (beim Perückenmachen) den Scheitelstrich vorbereiten; Zierstichstickerei anwenden; **Tamburin** s (~s; ~s) ♪ Schellentrommel; it. Ballspiel; Stickrahmen; Taktschlaggerät (zu gymnastischen Übungen); Tanz zur Dudelsackmusik.

Tamil s (~[s]; -) (i.) Sprache der **Tamilen** M hinduistische Volksgruppe auf Sri Lanka; EW: **tamilisch.**

Tammeter s (~s; ~) (KW, gr.) Benutzungszähler an Fernsehgeräten.

Tampiko|faser w (~; ~n) (nach mex. ON) Ananasfaser.

Tampon m (~s; ~s) (gr.-fr.) [fr.: *tañpoñ*] ☥ Watte-, Mullbausch; Einschwärzballen für Druckplatten; **Tamponage** w (~; ~n) [*-asche*] Bohrdichtung; ZW: **tamponieren** (-rte, -rt) ↗.

Tamtam s (~s; ~s) (hind.) ♪ Schlaginstrument, Gong; Lärm, Reklame *(T. machen)*.

Tandem s (~s; ~s) (lat.-e.) hintereinander gespanntes Doppelgespann; Radzweisitzer mit einem Lenker u. zwei Tretkurbelpaaren; hintereinander angeordnete Zylinder mit durchlaufender Kurbelstange; **Tandembeschleuniger** m (~s; ~) Teilchenbeschleuniger zur Erzeugung von Protonenstrahlen; **Tandem(dampf)maschine** w (~; ~n) Kolbenmaschine mit 2 Zylindern hintereinander.

Tang m (~s; -) (dän.) ⊕ Algen.

Tanga m (~s; ~s) (port.) mod. Bikini, knapp geschnitten.

Tangens w (~; ~) (lat.) ⊀ Verhältnis der gegenüberliegenden zur anliegenden Kathete (¢ *tang.*); **Tangens|kurve** w (~; ~n) Zeichnung einer Tangensfunktion in ihren Koordinaten; **Tangente** w (~; ~n) ⊀ Gerade, die eine Kurve einmal berührt; **Tangentenbussole** w (~; ~n) Strommeßgerät; **Tangenten|phänomen** s (~s; ~e) Ansatz zur Erklärung der Preisbildung bei monopolistischer Konkurrenz; **tangential** EW ⊀ berührend; **Tangential|ebene** w (~; ~n) ⊀ Ebene, die eine krumme Fläche berührt; **tangieren** ZW (-rte, -rt) ↗ berühren; angehen; **Tangiermanier** w (~; ~en) Musterübertragung auf Steindruckplatte (Klischeezink).

Tango m (~s; ~s) (sp.) urspr. argentinischer Tanz im ¾-Takt; **Tango|rezeptoren** M (lat.) auf Berührung sensibel reagierende Organe.

Tank m (~s; ~s) (e.) ⚔ Panzer ↓; Flüssigkeitsbehälter; ZW: **tanken** (-kte, getankt) ↗ sich mit Treibstoff (Tinte, Benzin, Gas, Geld) versorgen; ⚔ ∪ trinken; **Tanker** m (~s; ~) ⚓ Schiff für Öl-, Benzinbeförderung; **Tankstelle** w (~; ~n) Stelle für Brennstoffausgabe; ∪ Kneipe; **Tankwagen** m (~s; ~) Kesselwagen für Flüssigkeiten.

mme Fläche berührt; **tangieren** ZW (-rte, -rt) ↗ berühren; angehen; **Tangiermanier** w (~; ~en) Musterübertragung auf Steindruckplatte (Klischeezink).

Tango m (~s; ~s) (sp.) urspr. argentinischer Tanz im ¾-Takt; **Tango|rezeptoren** M (lat.) auf Berührung sensibel reagierende Organe.

Tank m (~s; ~s) (e.) ⚔ Panzer ↓; Flüssigkeitsbehälter; ZW: **tanken** (-kte, getankt) ↗ sich mit Treibstoff (Tinte, Benzin, Gas, Geld) versorgen; ⚔ ∪

trinken; **Tanker** m (~s; ~) ⚓ Schiff für Öl-, Benzinbeförderung; **Tankstelle** w (~; ~n) Stelle für Brennstoffausgabe; ∪ Kneipe; **Tankwagen** m (~s; ~) Kesselwagen für Flüssigkeiten.

Tannat s (~[e]s; ~e) (lat.) gerbsaures Salz; **tannieren** ZW (-rte, -rt) ↗ mit Tannin behandeln; **Tannin** s (~s; -) (fr.) Gerbsäure.

Tantal s (~s; -) (nach einem phrygischen Sagenkönig) ⊙ Element (Hartmetall) (¢ *Ta*); **Tantalusqual** w (~; ~en) unstillbares Verlangen; **Tantalide** m (~n; ~n) Abkomme des Tantalus.

Tantel m (~s; ~) (rotw.) Dietrich.

Tanti|eme w (~; ~n) (lat.-fr.) [auch: *tañ-*] Gewinnbeteiligung.

tant mieux (fr.) [*tañmjö*] um so besser ↓; **tanto** ♪ sehr.

Tantra s (~[s]; -) (skr.) i. Religionslehren; **tantrisch** EW vom Tantra bestimmt; **Tantrismus** m (~; -) i. religiöse Bewegung.

Tao s (~s; -) (chin., = Wort) Sein, Ursprung; **Tao|ismus** m (~; -) im Taobegriff wurzelnde chin. Lebenslehre; m. s.: **Tao|ist** (~en; ~en); EW: **taoistisch**.

Tapa w (~; ~s) (polyn.) Rindenstoff.

Tapanhuna m (~s; ~s) (bras.) [-*nju-*] Neger-Indianermischling.

Tape s (~; ~s) (e.) [*tẽ*ᵖ*p*] Papierstreifen zur Zeichen- und Buchstabenaufnahme im Morsegerät (Fernschreiber, Tonband); Modeschmuckband.

Tapet s (~s; ~e) (gr.-lat.) Tischteppich (*etw. aufs T. bringen* zur Sprache bringen); **Tapete** w (~; ~n) (gr.-lat.) Wandbekleidung; **Tapetenwechsel** m (~s; -) Luftveränderung; Wohnungs-, Lokalwechsel; **tapezieren** ZW (-rte, -rt) ↗ (Wand) bekleiden; mit Stoff beziehen; m. s.: **Tapezier(er)** (~s; ~e/ [~]).

Tapioka w (~; -) (port.) Sago|art aus Maniok.

Tapir, Tapir m (~[e]s; ~e) tropisches Huftier; **Tapirschnauze** w (~; ~n) Verdickung der Lippenmuskulatur.

Tapisserie w (~; i|en) (fr.) Bildteppich; Kreuzstichstickerei auf Kanvas.

Tara w (~; -ren) (it.) Verpackungsgewicht.

Tarantel w (~; ~n) (nach einer it. Stadt) Wolfsspinne (*wie von der T. gebissen* wie verrückt); **Tarantella** w (~; -llen) it. Volks|tanz im ⅚-Takt.

Tarar m (~s; ~e) (fr.) Getreidereiniger.

tardando (it.) ♪ (ver)zögernd; s. s.: **Tardando** (~s; -di) ♪.

Tardeno|isi|en s (~s; –) (nach einem fr. ON) [*-noaßän*] Mittelsteinzeitstufe ↓.

tardiv EW (lat.) ≢ zögernd eintretend; **tardo** ♪ langsam.

Target s (~s; ~s) (e.) [*tâdschit*] der Bestrahlung ausgesetztes Objekt (bei Experimenten mit Teilchenstrahlen).

Tarhonya w (~; –) (ung.) [*-honja*] Suppeneinlage (Beigericht) aus Eiern und Mehl.

tarieren ZW (-rte, -rt) ↗ (it.) Verpackungsgewicht ausweigen (wiegend ausgleichen).

Tarif m (~[e]s; ~e) (ar.-fr.) vertraglich festgesetzter Satz (für Löhne, Zölle, Preise, Strafen); **Tarif|autonomie** w (~; -i|en) im Grundgesetz verankertes Recht der Arbeitgeber- und -nehmerverbände, Bedingungen unter sich unbeeinflußt auszuhandeln; **Tarifeur** m (~s; ~e) (ar.-fr.) [*-főr*] Preisschätzer; ZW: **tarifieren** (-rte, -rt) ↗ durch Tarif festlegen; **Tarifkommission** w (~; ~en) Gremium zur Beratung der Tarifverträge; **Tarifpartner** m (~s; ~) Arbeitgeber und -nehmer im Tarifgespräch; **Tarifpolitik** w (~; –) Abstimmung aller Aspekte der Lohnpolitik.

Tarlatan m (~s; –) (fr.) Baumwollmusselin.

Taro m (~s; ~s) (mal.) ⊕ Südseeknollenfrucht.

Tarock m, s (~s; –) (it.) Kartenspiel ↓; ZW: **tarockieren** (-rte, -rt) ✓.

Tarpan m (~s; ~e) (r.) europ. Wildpferd (ausgestorben).

Tarpaulin m (~s; –) (e.) [*tâpo-*] Jutegewebe (Futterstoff oder Packmaterial).

Tarragona m (~s; ~s) (nach einem sp. ON) Süßwein.

Tars|algie w (~; -i|en) (gr.) ≢ Plattfußentzündung; **Tarsus** m (~; -sen) ≢ Lidknorpel; Fußwurzel; mehrgliedriger Insektenfuß.

Tartan[1] m (~s; ~s) (e.) [*tärtn*] schottisches Wollgewebe.

Tartan[2] m (~s; ~s) (am. KuW) Kunststoffwettkampfbahn.

Tartane w (~; ~n) (it.) Mittelmeerfischerboot (ungedeckt).

Tartarus[1], **-ros** m (~; –) (gr.-lat.) Unterwelt.

Tartarus[2] m (~; –) (ar.) Gärungsniederschlag, Weinstein.

Tartelette w (~; ~n) (fr.) gefülltes Törtchen.

Tartrat s (~[e]s; ~e) (KuW, gr.) Salz der Weinsäure.

Tartüff m (~s; ~s) (fr., nach einer Gestalt v. Molière) scheinheiliger Heuchler.

Task m (~s; ~s) (e.) Spitzenleistung; mehrfache Lösung eines Schachproblems.

TASS w (~; –) (r. KW, ≢ Telegrafnoje Agenstwo Sowjetskowo Sojusa) r. Telegraphenagentur.

Tastatur w (~; ~en) (it.) die Tasten (♪ eines Klaviers, einer Orgel; einer Schreib-, Setzmaschine); = → Taster; **Taste** w (~; ~n) Gerätehebel; **tasten** ZW (-tete, getastet) ✓ vorsichtig im Dunkeln gehen (auch ↗); Taste(r) bedienen; **Taster** m (~s; ~) Tastatur an der Setzmaschine; Setzer am Taster; ⚔ Greifzirkel; Borstenwurmtaste; **Taste Seller** m (~ ~s; ~ ~s); (am.) [*téʹst ßellʳr*] geschmackbestimmende Gesellschaftsschicht; **Tasti|era** w (~; ~s/-re) (it.) Tastatur; ♪ Griffbrett.

Tatar(beefsteak) s (~s; ~s) [*-bîfstêk*] rohes Schabefleisch mit Ei und Gewürzen; **Tatarennachricht** w (~; ~en) unglaubwürdige Schreckenskunde (nach dem mongolo|iden Stamm der *Tataren*).

tatauieren ZW = → tätowieren; **Tatauierung** = **Tätowierung** w (~; ~en) (polyn.-e.-fr.) Einsticheln (Einschneiden) von Figuren in die Haut; ZW: **tätowieren** (-rte, -rt) ↗.

Tattersall m (~s; ~s) (e., nach dem Stallmeister *Tattersall*, seit 1766) öffentliche Reitanstalt.

Tattoo s (~[s]; ~s) (e.) [*tattu*] Zapfenstreich.

taupe EW (lat.-fr.) [*tôp*] braun-, maulwurfgrau ←.

Taurin s (~s; –) (KuW) organ. Verbindung in der Galle als Abbauprodukt des Eiweißstoffwechsels.

tauschieren ZW (-rte, -rt) ↗ (ar.-sp.-it.) Zeichnung in Metall einstichen; w. abstr. s.: **Tauschierung** (~; ~en).

Tautazismus m (~; –) (gr.-lat.) Häufung gleicher Laute; **Tautologie** w (~; -i|en) (gr.) unnötige Doppelaussage („alter Greis"); ⚔ Aussagen, die alle „wahr" sind; EW: **tautologisch**; **tautomer** EW gleichgewichtig (von Isomeren) *(t.er Zustand)*; **Tautomerie** w (~; -i|en) Möglichkeit gegenseitiger Umwandlung gleichgewichtiger Isomeren.

Taverne w (~; ~n) (lat.) Kneipe.

Taxameter m (~s; ~) (gr.) Fahrpreisanzeiger (vgl. auch → Taxe); **Taxation** w (~; ~en) Wert(ein)schätzung; **Taxator** m (~; -toren) (vereidigter) Wertschätzer, = → **Taxierer** m (~s; ~); **Taxe** w (~; ~n) behördlich bestimm-

ter Preis (Kurswert); Mietkraftwagen (¢ **Taxameter** m [~s; ~] ↓); **Tax-free-shop** (~-~-~s; ~-~-~s) [*taksfrīschopp*] = → Duty-free-shop; **Taxi** s, m (~s; ~s) Mietkraftwagen.
Taxidermie w (~; –) (gr.) Ausstopfen von Tieren.
Taxie w (~; -i|en) (gr.) ⊕ Reizbewegung der Pflanzen.
tax(ier)en ZW (-rte, -rt) ↗ Wert (Abstand, Zeitverlauf) abschätzen; **Taxierer** = → Taxator; **Taxis** w (~; –) Zurückbringen von Eingeweidebrüchen; **Taxiway** m (~s; ~s) (am.) [-*weĭ*] Rollweg auf Flugplätzen; **Taxkurs** m (~es; ~e) Schätzkurs.
Taxodium s (~s, -di|en) (gr.-lat.) (am.) Sumpfzeder.
Taxonome m (~n; ~n) (gr.) Erforscher der natürlichen Verwandtschaft der Lebewesen aus allen bekanntgewordenen Tatsachen; w. abstr. s.: **Taxonomie** (~; –) Systematisierung von Tieren und Pflanzen; EW: **taxonom(isch)**.
Taxus m (~; ~) (lat.) ⊕ Eibenart.
Taylorismus m (~; –) (am., nach dem Unternehmer F. W. *Taylor*, 1856 bis 1915) [*tēĭ*-] Rationalisierungssystem, = **Taylorsystem** s (~s; –).
Tazette w (~; ~n) (it.) südeurop. Narzissenart.
T-Bone-Steak s (~-~s; ~-~s) (e.) [*tībounsteik*] Rinderrippensteak.
Tea m (~s; –) (am.) [*tī*] Marihuana.
Teach-in s (~-~s; ~-~s) (am.) [*tītsch*-] demonstrative störende Diskussion in einer Lehrveranstaltung.
Teak s (~s; –) [*tīk*], = **Teakholz** s (~es; –) (e.) [*tīk*-] Holz eines tropischen Baumes; EW: **teaken** [*tī*-]; **Teakmöbel** M Hausrat aus diesem Holz.
Team s (~s; ~s) (e.) [*tīm*] (Arbeits-) Gruppe, (Sport-)Mannschaft; **Teamteaching** s (~s; ~s) [*tīmtītsching*] gemeinsame Unterrichts|planung und -bewertung; **Teamwork** s (~s; ~s) [*tīmwörk*] Gemeinschaftsarbeit; Arbeitsgruppe.
Tea-room m (~-~s; ~-~s) (e.) [*tīrūm*] Teestube, -raum.
Teaser m (~s; –) (e.) [*tī*-] Werbegag.
Technetium c (~-c;) (gr. lat.) (¢ *To*) Spaltprodukt des Urans.
Technicolor s (~s; –) veraltetes Farbfilmverfahren; **Technik** w (~; -en) (gr.) Leistung durch Nutzung von Naturkräften, -stoffen; alle Fertigkeiten zur Erreichung eines Ziels; Ingenieurwissenschaften; Arbeitsweise; ¢ Technische Hochschule; **Techniker** m (~s; ~) Fachkraft für technische Arbeiten;

Technikum s (~s; -ken) (gr.-lat.) Ingenieurschule; **technisch** EW mit der (durch die) Technik (*T.e Hochschule; T.e Nothilfe* freiwillige Organisation für Katastropheneinsatz); **technisieren** ZW (-rte, -rt) ↗ für techn. Bearbeitung (Herstellung) vorbereiten; **Technizismus** m (~; –) techn. Ausdruck; **Technokratie** w (~; –) Wohlstandswirtschaft auf techn. Grundlage; m. s.: **Technokrat** (~en; ~en); EW: **technokratisch**; **Technologe** m (~n; ~n) Fachmann für Umwandlung von Rohstoffen in Produkte; **Technologie** w (~; –) Arbeitsmethoden der chem. Technik zur Herstellung von Produkten aus Rohstoffen; **Technologiepark** m (~s; ~s) Betriebsgelände für zukunftsorientierte Unternehmen, = **Technologiezentrum** s (~s; -tren); **Technologietransfer** m (~s; ~s) Übertragung bewährter Techniken in Entwicklungsländer; EW: **technologisch**; **technomorph** EW technisch entstanden.
Techtelmechtel s (~s; ~) (it.) Flirt; mehr spaßhafter Streit.
TED (¢ **T**elevision **d**isk) Fernsehspeicherung auf rotierender Kunststoffplatte.
Ted ¢ Teddy-Boy; **Teddy** m (~s; ~s) (am., nach dem Präsidenten *Theodore* Roosevelt, 1858–1919) Stoffbär; synthetischer Schafs|pelz; **Teddy-Boy** m (~-~s; ~-~s) [-*beu*] Halbstarker im Stil der fünfziger Jahre.
Tede|um s (~s; -de|en) (lat. KW) † Danklied.
Tee m (~s; ~s) (chin.-mal.) Aufguß aus getrockneten Blättern (des Teestrauches) (*im T. sein* betrunken; *seinen T. kriegen* gerügt werden).
TEE m (~s; ~s) ¢ **T**rans-**E**uropa-**E**xpress.
Teen m (~s; ~s) (am.) [*tīn*] Backfisch; Junge im Pubertätsalter; **Teen|ager** m (~s; ~) [*tīnēĭdsch*ə*r*] Mädchen in der Pubertätszeit; Halbwüchsige; EW: **teen|agig** [*tīnēĭdschich*]; **Teenie** m (~s; ~s) junger Teenager.
Tefigramm s (~s; ~e) (gr., KuW) Darstellung der Wetterlage.
Tefillin M (heb.) Gebetsriemen.
Teflon s (~s; –) (KuW, ¢ Poly**tetra-f**luorethyl**e**n) hitzebeständige Kunststoffbeschichtung.
Teichoskopie w (~; -i|en) (gr.) Bühnenbericht über Geschehnisse, die auf der Bühne nicht dargestellt werden.
Te|in s (~s; –) (chin.-lat.) Koffein im Tee.

Teint m (~s; –) (fr.) [*tän*] Beschaffenheit der Haut; Gesichtsfarbe.
tektieren ZW (-rte, -rt) ↗ (lat.) Buchstelle mit Deckstreifen überkleben.
tektisch EW (gr.) Kristalle aus Schmelzen absondernd; **Tektite** M (gr.) grüne (braune) Glasrundgebilde; Glasmeteorite.
Tektogenese w (~; –) (gr.) Umformungen der Erdkruste; Gebirgsbildung; EW: **tektogenetisch**; **Tektonik** w (~; –) (Erforschung des) Erdkrustenbau(s); □ Lehre vom Zusammenfügen der Bauteile (einer Dichtung); EW: **tektonisch**.
Tektur w (~; ~en) (lat.) Decke; Deckstreifen (zum Überkleben falschgedruckter Buchzeilen).
Tela w (~; -len) (lat.) ⚕ Bindegewebe.
Tele|arbeit w (~; ~en) Job zu Hause am Bildschirm; **Telebox** w (~; ~es) (lat.-e.) → Mailbox; **Telebrief** m (~s; ~e) Eilbrief durch Telekopierer; **Teledisc** w (~; ~s) Spielfilmplatte zum Abspielen im Fernsehgerät; **Telefax** s (~; –) (KuW) Fernkopierdienst der D. Bundespost; **Telefon, Telephon** s (~s; ~e) (gr.) Fernsprechgerät; **Telefonat** s (~[e]s; ~e) Ferngespräch; **Telefongirl** s (~s; ~s) durch Telefonanruf Kunden werbende Verkäuferin; **Telefonhandel** m (~s; –) Börsenhandel außerhalb des Börsenlokals; **Telefonie** w (~; –) Fernsprechen; ZW: **telefonieren** (-rte, -rt) ↗; *auch:* sich heimlich verständigen; EW: **telefonisch**; m. s.: **Telefonist** (~en; ~en); w. s.: **Telefonistin** (~; ~nen); **Telefonkette** w (~; ~n) lose Vereinigung von Fernsprechkunden, die sich regelmäßig anrufen, unterhalten, helfen usw.; **Telefotographie, -grafie** w (~; -i|en) Fernaufnahme; EW: **telefotographisch (-f-); telegen** EW (gr.) fürs Fernsehen gut geeignet; **Telegonie** w (~; -i|en) vermeintliche Beeinflussung späterer Kinder durch den ersten Partner der Mutter; **Telegramm** s (~[e]s; ~e) Drahtnachricht; **Telegrammstil** m (~s; –) möglichst weitgehender Verzicht auf → Redundanz, Reduktion der Information; **Telegraph, Telegraf** m (~en; ~en) Drahtfernschreibegerät; w. abstr. s.: **Telegraphie** (~; –) **(-f-)**; **telegraphieren (-f-)** (-rte, -rt) ↙; EW: **telegraphisch (-f-)**; m. s.: **Telegraphist** (~en;~en) **(-f-)**; **Telekinese** w (~; ~n) (okkulte) Fernbewegung; EW: **telekinetisch**; **Telekolleg** s (~s; ~s) Unterricht, der über den Bildschirm ausgestrahlt wird; **Telekommunikation** w (~; –) Datenfernübertragung; **Telekonto** s (~s; -ten) Kontoführung über Bildschirmtext; **Telekonverter** m (~s; ~) Zwischenring mit Linsensystem.
Telemark m (~s; ~s) (norw.) Skischwung; Aufsprung beim Skispringen; **Telemarkvioline** w (~; ~n) ♪ Hardangerfiedel.
Telemeter s (~s; ~) (gr.) Abstandsmesser; w. s.: **Telemetrie** (~; -i|en) Meßwertübertragung auf Funkweg; EW: **telemetrisch**; **Teleobjektiv** s (~s; ~e) Linsensystem zur Aufnahme sehr entfernter Dinge.
teleoklin EW (gr.) zielstrebig; **Teleologie** w (~; –) Überzeugung, daß die Wirklichkeit ziel- und zweckgerichtet ist; EW: **teleologisch** *(t.er Gottesbeweis)*; **Teleosis** w (~; –) (nach Haeckel) Vervollkommnung während der Stammesentwicklung.
Tele|osti|er M (gr.) die Knochenfische; **Telepath** m (~en; ~en) wer telepathisch wirkt; **Telepathie** w (~; -i|en) Gedankenübertragung; EW: **telepathisch**; **Telephon** → Telefon; **Teleplasma** s (~s; -men) angeblich in Trance hergestellte Materie; **Teleplayer** m (e.) (~s; ~) Abspielgerät für aufgezeichnete Sendungen; **Tele|processing** s (~s; ~s) [*teiliprouβäßiñ*] Datenfernverwertung; **Teleprompter** m (~s; ~) Textrolle für Fernsehsprecher(innen); **Teleran** s (~s; –) Flugnavigation mit Radar + Television; **Teleröntgentherapie** w (~; -i|en) (gr.) Fernbestrahlung; **Telesatz** m (~s; -sätze) Satz mit ferngesteuerter Setzmaschine; **Teleskop** s (~[e]s; ~e) Fernrohr; **Teleskop|fisch** m (~[e]s; ~e) Goldfischrasse mit vorgeschobenen Augen; **Teleskopie** w (~; –) Erblicken von fernen (versteckten) Dingen; EW: **teleskopisch**; **Teletest** m (~s; ~s) Befragung von Fernsehzuschauern; **Teletex** s (~es; –) (KuW) elektron. Bürofernschreiben; **Teletypesetter** m (~s; ~) (am.) [*teletaipßetter*] (durch Lochband) ferngesteuerte Setzmaschine; **Television** w (~; ~en) Fernsehen, Fernsehübertragung (e. [*telewischn*] ⊄ *TV*); **Telex** s (~es; ~) (⊄ *teleprinter exchange* [*-ixtschē̂ntsch*]) Fernschreiben; Fernschreibnetz; **Telexnetz** s (~es; ~e) Fernschreibernetz in der BRD; **Telexogramm** s (~[e]s; ~e) über das Telex gesandtes Telegramm.
Tellur s (~s; –) (lat., ⊄ *Te*) ☉ Schwefelgruppenmetall; **tellurisch** EW Erd…, = **tellurig** EW *(t.e Linien* Linien im Gestirnspektrum, die von der Erdat-

mosphäre bedingt sind; *t.e Kräfte* Vorgänge in der Erdkruste); **Tellurium** s (~s; -ri|en) Gerät zur Veranschaulichung der Erd- und Mondbewegung; **Tellurometer** s (~s; ~) sehr genaues elektron. Entfernungsmeßgerät.

Telophase w (~; ~n) (gr.) letzter Abschnitt der Kernteilung; **Telos** s (~; –) letztes Ziel.

tel quel, telquel (fr.) [*tälkä̱ll*] (die Ware) so annehmen, wie sie ist; ohne Zinsen.

Temex s (~; –) ($\notin$ e. **tele**metry **ex**change) Fernübermittlung von Meßdaten.

Temp m (~s; ~s) (KW, $\notin$ **Temp**eratur) Kennwort für meteorologische Codemeldungen.

Tempel m (~s; ~) (lat.) Gebetsstätte; **Tempeln** s (~s; –) Kartenglücksspiel; ZW: **tempeln** (-lte, getempelt) ✓.

Tempera w (~; ~s) (lat.-it.) Malerei mit Farben, die mit Leinöl, Eigelb, Gummi|arabikum u. ä. vermischt sind (**Temperafarben** M – **Temperamalerei** w [~; ~en]).

Temperament s (~[e]s; ~e) (lat.) Gemütsart, Stimmungslage; Erregbarkeit; Schwung *(T. haben)*; **Temperatur** w (~; ~en) Wärmegrad (des Körpers, der Luft); ♪ temperierte Stimmung; **Temperaturko|effizi|ent** m (~en; ~en) ☉ Maßzahl für Abhängigkeit einer physikal. Meßgröße von der Temperatur; **Temperenz** w (~; –) (e.) Mäßigkeit (im Genuß alkoholischer Getränke); m. s.: **Temperenzler** (~s; ~); **Temperguß** m (-sses; -güsse) (e.-d.) mehrfache Durchglühung von weißem Roheisen in Eisentöpfen; **temperieren** ZW (-rte, -rt) ↗ 1. mildern; Temperatur regeln; ♪ (Tasteninstrument) auf temperierte Stimmung bringen; **temperiert** EW angewärmt; gemäßigt; **tempern** ZW (-rte, getempert) ↗ (e.) längere Zeit auf gleichbleibender erhöhter Temperatur halten; → Temperguß herstellen.

Tempest w (~; ~s) (e.) [*tämpest*] Segelrennboot für zwei Segler.

tempestoso (lat.-it.) ♪ heftig.

Tempo s (~s; -pi) (it.) Geschwindigkeit *(T.! T.!* schnell!); ♪ Zeitmaß (*Tempi passati* verflossene Zeiten); **Tempo|limit** s (~s; ~s) Geschwindigkeitsbegrenzung für Kraftfahrzeuge; **temporal**[1] EW zeitlich.

temporal[2] EW (lat.) $ Schläfen...; **Temporali|en** M (lat.) Einkünfte aus Kirchenamt; **Temporalis** w (~; -les) Schläfenader.

tempora mutantur (lat.) die Zeiten ändern sich; **temporär** EW zeitweilig; **temporell** EW vergänglich ↓; **Tempus** s (~; -pora) Zeitform des Zeitworts.

Temulenz w (~; –) (lat.) $ Trunkenheit (⊕ durch Taumellolch).

Tenakel s (~s; ~) (lat.) Blatthalter für den Setzer.

Ten|algie w (~; -i|en) (gr.-lat.) $ Sehnenschmerz.

Tenazität w (~; ~en) (lat.) Zähig-, Ziehbarkeit; Hartnäckigkeit.

Tendenz w (~; ~en) (lat.-fr.) Strömung, Entwicklungslinie; Grundstimmung (der Börse); **tendenzi|ell** EW entwicklungsgemäß; **tendenziös** EW zielgerichtet; parteilich, -isch.

Tender m (~s; ~) (e.) Kohlen-, Wasserwagen (der Eisenbahn) ↓; ⚓ Hafenverkehrsboot; ⚓ Begleit-, Hilfsschiff; **Tendersystem** s (~s; –) nach der Nachfrage wechselnder Zinsfuß eines Schatzscheines.

tendieren ZW (-rte, -rt) ✓ (lat.) hinneigen zu etwas; **Tendinitis** w (~; -itiden) (lat.) $ Sehnenentzündung; **Tendovaginitis** w (~; –) $ Sehnenscheidenentzündung.

teneramente (it.) ♪ zart.

Tenesmus m (~; –) (gr.-lat.) $ Harn-, Stuhldrang.

Tennis s (~; –) (e.) ein Ballspiel mit Schläger; **Tennis|ell(en)bogen** m (~s; ~) $ schmerzhafte entzündliche Veränderung des äußeren Ell(en)bogens bei Überbe|anspruchung best. Muskeln.

Tenno m (~s; ~s) (jap., = himmlischer Herrscher) jap. Kaisertitel.

Tenor[1] m (~s; –) (lat.) Haltung; Wortlaut, -sinn.

Tenor[2] m (~s; -nöre) (lat.) ♪ hohe m. Stimmlage; EW: **tenoral**; m. s.: **Tenorist** (~en; ~en).

Tenotom s (~[e]s; ~e) (gr.) $ Operationsmesser für subkutane Sehnenschnitte; **Tenotomie** w (~; -i|en) $ Sehnenschnitt.

Tensid s (~s; ~e) (KuW, lat.) wasserlösl. Stoff, der die Oberflächenspannung senkt (Zusatz in Waschmitteln); **Tension** w (~; ~en) Gasdruck; Spannung; **Tensor** m (~s; -soren) ⚔ Hilfsgröße der Differentialgeometrie; $ Muskel.

Tentakel m, s (~s; ~) (lat.) Fangarm, -haar, -faden.

Tentamen s (~s; -mina) (gr.) (Vor-) Prüfung; $ Versuch; **tentieren** ZW (-rte, -rt) ↗ prüfen; arbeiten; bezwecken.

Tenu|is w (~; -nu|es [*-ēs*]) (lat.) stimm-

tenu|is
loser Verschlußlaut; **tenu|is** EW $ zart.

tenuto (it.) ♪ ausklingen lassend, anhaltend (∉ *ten.*).

Tephigramm s (~[e]s; ~e) (gr.) meteorologische Meßgraphik.

Tephrit m (~[e]s; ~e) basaltisches dunkles Ergußgestein.

Tepidarium s (~s; -ri|en) (lat.) geheiztes Gewächshaus (ursprüngl.: angeheizter Raum im röm. Bad).

Tequila m (~s; –) (mex.-sp.) [*tekila*] aus → Pulque destillierter Branntwein.

teratogen EW (gr.) Mißbildungen hervorrufend (*t.e Nebenwirkung* von Medizinen, Strahlen); **Teratologe** m (~n; ~n) $ Erforscher von Mißbildungen; w. abstr. s.: **Teratologie** (~; –); EW: **teratologisch; Teratom** s (~s; ~e) $ Geschwulst aus mehreren Geweben.

Terbium s (~s; –) (nach einem schwed. ON) ⚛ seltenes Erdmetall.

Terebinthe w (~; ~n) (gr.) ⚘ Baum im Mittelmeerraum.

Terephthalsäure w (~; ~n) (KuW) aromat. Karbonsäure (wichtiger Ausgangsstoff der Kunststoffindustrie).

Tergal s (~s; –) (KuW) eine Kunstfaser.

Term m (~[e]s; ~e) (lat.-fr.) Differenz zweier Größen (einer Spektralwellenlinienzahl); ⚔ für sich stehendes Formelglied; **Terme** m (~s; ~n) (fr.) Grenzstein ⚊; **Termin** m (~[e]s; ~e) (lat.) Frist; Gerichtsverhandlung; festgesetzter Zeitpunkt; Zahlungsfrist; **Terminal** s (~s; ~s) (lat.-am.) [*törminel*] ein-, ausgebendes oder (und) datenübertragendes Zusatzgerät am Computer; Abfertigungshalle für Fluggäste; Bahnhof; **terminal** EW Grenz… ↓, End…; **Terminant** m (~en; ~en) † Bettelmönch; **Termination** w (~; ~en) Beendigung; **Terminator** m (~s; -toren) Beleuchtungsgrenze auf einem Planeten (dem Mond); **Terminer** m (~s; ~) Angestellter zur Errechnung der Liefertermine (zur Berechnung des Produktionsablaufes); **Termingeschäft** s (~[e]s; ~e) Zeitgeschäft; spätere Lieferung zum Kurs des Abschlusses; **terminieren** ZW (-rte, -rt) ↗ befristen, begrenzen; † Almosen einsammeln; **Terminismus** m (~; –) Ansicht, daß Allgemeinbegriffe nur gedacht werden (nicht wirklich existieren); m. s.: **Terminist** (~en; ~en); EW: **terministisch; Terminologe** m (~n; ~n) Erforscher der Fachausdrücke; w. abstr. s.: **Terminologie** (~; –); EW: **terminologisch; Terminpapiere** M zum Termingeschäft zugelassene Wertpapiere; **Terminus** m (~; -ni) Fachausdruck (*T. technicus* Fachwort; *T. ad quem* Frist, bis zu der gerechnet wird; *T. a quo* Frist, von der an gerechnet wird; *T. ante quem* Frist, vor der das besprochene Ereignis liegen muß).

Termite w (~; ~n) (lat.) weiße Ameise.

Termon s (~s; ~e) (KuW) geschlechtsbestimmender Wirkstoff.

Terms of Payment M (e.) [*törms of peiment*] Zahlungsgeschäft von Importeuren entsprechend der Wechselkursschwankungen; **Terms of Trade** M (e.) [*-treid*] Real|austauschverhältnis; Verhältnis von Ex- zu Importgüterpreisen (∉ *TOT*).

ternär EW (lat.) dreifach (eine *t.e Verbindung* ⚗ baut sich aus 3 Grundstoffen auf); **Terne** w (~; ~n) 3 Ziffern im Lotto, = **Terno** m (~s; ~s).

Terp w (~; ~en) (nl.) Wohnhügel.

Terpen s (~s; ~e) (gr.-lat.) ⚗ Kohlenwasserstoff in ätherischen Pflanzenölen; **Terpentin** m, s (~s; ~e) Nadelholzbalsam.

Terra w (~; –) (lat.) Erde (*T. incognita* unerforschtes Gebiet; *T. sigillata* rotgebranntes Tongefäß); **Terrain** s (~s; ~s) (fr.) [*tärrä̃*] Gebiet; Grundstück; **Terrain|kur** w (~; ~en) [*tärrä̃-*] Heilung durch Geh-, Steigübungen; **Terrakotta, -tte** w (~; -tten) gebrannte, unglasierte Skulptur; **Terramare** w (~; ~n) Landpfahlbau; Bronzezeitdorf (in der Po|ebene); **Terramycin** s (~s; –) weitwirkendes Antibiotikum; **Terrarium** s (~; -ri|en) (lat.) Pflegebehälter für Lurche und Reptilien; **Terrasse** w (~; ~n) Absatz im abfallenden Gelände; (gepflasterter) Sitzplatz am Haus; Plattform; ein Kleingebäck; **terrassieren** ZW (-rte, -rt) ↗ Gelände stufen; **Terrazzo** m (~s; -zzi) (it.) Zementfußboden mit bunten Marmorsteinchen.

Terre des Hommes w (~ ~ ~; –) (fr.) [*terdêsomm*] internat. Kinderhilfsorganisation.

terrestrisch EW Erd…; irdisch (Ggs.: *marin, stellar; t.es Fernrohr* astronomisches Gerät, das aufrechte Bilder ergibt).

terribel EW (fr.) schrecklich.

Terri|er m (~s; ~) (lat.-e.) Hunderasse.

terrigen EW (lat-.gr.) vom Festland stammend; **Terrine** w (~; ~n) (fr.) tiefe (Suppen-)Schüssel (mit Deckel).

territorial EW (lat.) inländisch; Gebiets…; **Territorialität** w (~; ~en) Zugehörigkeit zu einem Staatsgebiet; **Territorialitäts|prinzip** s (~s; –) Grundsatz, daß das Landesrecht für alle im Land Befindlichen gilt; **Territorium** s (~s; -ri|en) Lebensbereich; Bezirk, Gebiet.

Terror m (~s; –) (lat.) Gewaltherrschaft, -anwendung; brutale Unterdrückung; **terrorisieren** ZW (-rte, -rt) ↗ einängstigen; vergewaltigen; **Terrorismus** m (~; –) Gewaltanwendung, um Staatswesen und Bürger zu verunsichern; **Terrorist** m (~en; ~en) wer mit Gewaltmaßnahmen (durch Abschreckung) sein Ziel erreichen will; EW: **terroristisch**.

Terry-Report m (~-~s; –) ⚕ (nach US-Gesundheitsminister) Expertise über Auswirkung des Rauchens (1964).

Tertia w (~; -ti|en) (lat.) Mittelstufe der Oberschule; E.: Sechzehnpunktschrift; **Tertial** s (~s; ~e) Jahresdrittel ↓; **tertian** EW dreitägig; **Tertianfieber** s (~s; ~) Dreitagewechselfieber; **tertiär** EW an 3. Stelle (*t.er Sektor* Dienstleistungsbereich); aus dem (im) Tertiär; **Tertiär** s (~s; –) Anfang der Erdneuzeit; **Tertiare** m (~n; ~n) † Angehöriger des 3. Ordens; **Tertiarin** w (~; ~nen) w. Angehörige des 3. Ordens; **Tertiawechsel** m (~s; ~) 3. Ausfertigung eines Wechsels; **Terti|e** w (~; ~n) 60. Teil einer Sekunde; **Tertium comparationis** s (~ ~; –) übereinstimmendes Motiv zweier verschiedener Dinge; **tertium non datur** etwas Drittes gibt es nicht; **Tertius gaudens** m (~ ~; –) der Dritte, der sich freut, wenn zwei streiten.

Terylen(e) s (~s; ~) (KuW) Kunstfaser.

Terz w (~; ~en) (lat.) † Teil des Stundengebets; ♪ Intervall; Fechthieb; m (~;–) lautstarker Protest (*mach keinen T.!*).

Terzerol s (~s; ~e) (it.) Taschenpistole ↓.

Terzerone m (~n; ~n) (lat.-it.) Mischling zwischen Europäer und Mulattin.

Terzett s (~[e]s; ~e) (lat.-it.) ♪ Dreigesang in Oper (Oratorium); Dreizeilenstrophe im Sonett; **Terziare, -rin** = → Tertiare, -rin; **Terzine** w (~; ~n) Strophe aus 3 Elfsilbern.

Tesching s (~s; ~) (vielleicht nach der böhm. Stadt *Teschen?*) Kleinkalibergewehr.

Tesla s (~s; ~) (nach einem kroatischen Elektrotechniker, 1856–1943) Einheit der magnetischen Induktion (∉ *T*); **Teslastrom** m (~[e]s; -ströme) hochfrequenter Wechselstrom.

Tessar s (~s; ~e) (KuW) ein lichtstarkes Lichtbildobjektiv.

tesselarisch EW (lat.) gewürfelt.

tesseral EW (lat.) regulär *(t.es System).*

Test m (~s; ~s) (e.) Probe; experimentelle Feststellung; Prüfverfahren (zur Ermittlung der Begabung, für Material [-eignung], Instrumente); Einstellmarke an optischen Geräten.

Testament s (~[e]s; ~e) (lat.) letztwillige Verfügung; † Bibel(teil); EW: **testamentarisch**.

Testant m (~en; ~en) Gehilfe des Fechters; **Testat** s (~[e]s; ~e) Bescheinigung (im Vorlesungsbuch).

Testator m (~s; -toren) Erblasser.

Testbatterie w (~; -i|en) Prüfung mit mehreren Prüfverfahren; **Testdummy** s (~s; ~s) (am.) [-*dammi*] Testpuppe; **testen** ZW (-tete, getestet) ↗ (e.) (durch Test) prüfen; **Tester** m (~s; ~) Warenprüfer.

testieren ZW (-rte, -rt) ↗ (durch Unterschrift) beglaubigen; Letzten Willen aufsetzen.

Testikel m (~s; ~) (lat.) Hoden; **Testikelhormon** s (~s; ~e) m. Geschlechtshormon (Stero|id).

Testimonium paupertatis s (~ ~; –) (lat.) Armutszeugnis; amtl. Armutsnachweis zur Prozeßkostenhilfe.

Test|item s (~s; ~s) (am.) [-*aitem*] Textaufgabe, -frage.

Testkampagne w (~; ~n) (e.-fr.) [-*panje*] Probewerbung; **Testmanual** s (~s; ~s) Anweisung zur Durchführung von standardisierten psycholog. Tests.

Testo m (~; -ti) (lat.-it.) ♪ Rezitator im Oratorium.

Testosteron s (~s; –) = → Testikelhormon.

Testpilot m (~en; ~en) (e.-gr.-it.-fr.) auf die Prüfung neuer Flugzeugmodelle spezialisierter Flieger; **Testprogramm** s (~[e]s; ~e) festliegende Prüffolge zur Erleichterung der Fehlersuche (im Computerprogramm); **Testsatellit** m (~en; ~en) Testgerät für die Er- und Übermittlung der Weltraumverhältnisse; **Test|theorie** w (~; -i|en) Theorie des Messens sozialer und psychol. Sachverhalte.

Tetanie w (~; -i|en) (gr.-lat.) ⚕ gesteigerte Krampfbereitschaft; **tetaniform** EW (gr.-lat.) ⚕ starrkrampfartig; **tetanisch** EW am Starrkrampf erkrankt; **Tetanus** m (~; –) ⚕ Wundstarrkrampf.

Tête-à-tête s (~-~-~; ~-~-~s) [*tätatät*] Gespräch zu zweit; zärtliche Begegnung.

Tetra m (~s; –) ∉ **Tetrachlorkohlenstoff** m (~[e]s; –) (gr.-d.) nicht brennbares Lösungsmittel aus Kohlenstoff und Chlor; **Tetrachord** m, s (~[e]s; ~e) (gr.) [-*k-*] ♪ Hälfte einer Oktave; **Tetrachromie** w (~; -i|en) Vierfarbendruck; **Tetra|cylen** s (~s; ~e) wichtiges Antibiotikum; **Tetrade** w (~; ~n)

Vierheit; Ganzes aus 4 Teilen; **Tetra|eder** s (~s; ~) ⚔ von vier gleichseitigen Dreiecken begrenzter Körper; EW: **tetra|edrisch**; **Tetra|edrit** m (~[e]s; ~e) Fahlerz; **Tetrafluor|äthylen** s = **Tetrafluor|ethen** s (~s; ~e) fluorhaltige organ. Verbindung und Ausgangssubstanz wichtiger Kunststoffe; **Tetragon** s (~s; ~e) (gr.) ⚔ Viereck; EW: **tetragonal**; **tetragynisch** EW ⊕ viernarbig; **Tetrahydrofuran** s (~s; ~e) flüssige organ. Verbindung und Zwischenprodukt der Kunststoffsynthese; **Tetralogie** w (~; -i|en) Vierzahl der am gleichen Tag aufgeführten (gr.) Stücke; Dichtung aus 4 selbständigen, aber zusammengehörigen Teilen; **tetramer** EW vierteilig; **Tetrameter** m (~s; ~) vierfüßiger Vers; EW: **tetrametrisch**; **tetrandisch** EW ⊕ mit 4 gleichlangen Staubblättern; **tetrapetalisch** EW ⊕ mit 4 Kronen-, Blumenblättern; **Tetraplegie** w (~; -i|en) ⚕ vollständige Lähmung; **Tetrapode** w (~; ~n) Vierfüßler; **Tetrarchie** w (~; -i|en) Vierfürstenstaat; **Tetrode** w (~; ~n) Vierpolröhre; **Tetryl** s (~s; -) (gr.) Explosivstoff.

Tex s (~; ~) (KuW) Maßeinheit für den Titer von Fäden (Fasergewicht von 1 Tex = 1 g pro 1 km Länge) (¢ *tex*).

Texasfieber s (~s; -) (nach einem USA-Staat) Rindermalaria.

Text m (~[e]s, ~e) (lat.) genauer Wortlaut; Bibel-, Buch-, Versstelle (*jmdm. den T. lesen* ihn abkanzeln); Beschriftung; Prosa|abschnitt; w (~; -) Zwanzigpunktschrift; **texten** ZW (-tete, getextet) ↗ (Reklameslogan, Schlagertext) gestalten; **Texter** m (~s; ~) (Schlager-, Werbetext-)Verfasser; **textieren** ZW (-rte, -rt) ↗ mit Text versehen.

textil EW (lat.) gewebt; Weberei...; **Textil|chemie** w (~; -) Faser-, Farbstoffchemie; **textilfrei** EW ∪ nackt; **Textili|en** M Waren aus Faserstoffen; **Textil|industrie** w (~; -i|en) Textilwaren herstellende (bearbeitende) Betriebe; **Textilwaren** M Fasergewebe.

Textkritik w (~; -) (lat.-gr.) Prüfung und Analyse von Texten aus der Vergangenheit; EW: **textkritisch**.

Textur w (~; ~en) (lat.) Gemengteile im Gestein (Kristallite in Faserstoffen, Werkstücken); Faserung; Gefüge|änderung bei Kaltverformung; **texturieren** ZW (-rte,- rt) ↗ Faserung beachten.

Thalamus m (~; -) ⚕ Sehhügel im Gehirn.

thalassogen EW (gr.) durchs Meer entstanden; **Thalassographie** w (~; -) Meereskunde; EW: **thalassographisch**; **Thalassometer** s (~s; ~) Meßgerät für Meeres|tiefen; EW: **thalassometrisch**; **Thalassotherapie** w (~; -) ⚕ Seebäder-, -salzheilkunde; EW: **thalassotherapeutisch**.

Thalidomid s (~s; -) (gr.) ⚕ Bestandteil schädlicher Beruhigungsmittel (= *Contergan*).

Thalleiochin = → Dalleochin.

Thallium s (~s; -) (gr.-lat., ¢ *Tl*) (gr.-lat.) giftiges bleiartiges Schwermetall.

Thallom = → Thallus; **Thallophyt** m (~en; ~en) (gr.) ⊕ Lagerpflanze (Pilze, Algen, Flechten); **Thallus** m (~; -llen) ⊕ Pflanzenkörper, = **Thallom** s (~s; ~e).

thanatophob EW (gr.) voller Angst vor dem Tode; w. s.: **Thanatophobie** (~; -).

Thanksgiving-Day m (~-~s; -) (am.) [*bänxgiwiñ dä́*] am. Erntedankfest.

Thaumaturg m (~en; ~en) (gr.) Wundertäter.

Theater s (~s; ~) (gr.) darstellende Kunst *(T. spielen)*; Gebäude hierfür *(ins T. gehen)*; Aufführung eines Bühnenstücks; Aufregung, Getue *(T. machen)*; **Theatercoup** m (~s; ~s) [*-kû*] Knalleffekt (zunächst auf der Bühne).

Theatiner m (~s; ~) (nach dem lat. ON einer it. Stadt) † Mitglied eines 1524 gegründeten Ordens.

Theatralik w (~; -) (gr.) schauspielerhaftes Getue; **theatralisch** EW bühnengerecht; gesucht, überchargiert; **Theatrum** s (~s; -) = Theater *(T. anatomicum* anatomischer Hörsaal; *T. mundi* Welt[theater]); Kasten mit beweglichen Figuren.

Thé dansant m (~ ~; ~s ~s) (fr.) [*têdañßañ*] Hausball ↓.

The|in s (~s; -) (chin.-lat.) ⌑ Teebestandteil, = → Te|in.

The|ismus m (~; -) (gr.) Überzeugung, daß Gott, der Weltschöpfer und -lenker, eine vollkommene Persönlichkeit ist; m. s.: **The|ist** (~en; ~en); EW: **the|istisch**.

Theke w (~; ~n) (gr.) Schank-, Ladentisch; Richtertisch; **Theken|display** s (~s; ~s) (gr.-e.) [*-dißplei*] Werbung auf dem Ladentisch.

Thelematismus m (~; -),= **Thelematologie** w (~; -) = → Thelismus; EW: **thelematologisch**; **Thelismus** m (~; -) (gr.-lat.) Lehre vom Willen; EW: **thelistisch**.

494

Thema s (~s; -men/-mata) (gr.) (zu behandelnder) Stoff (*T. 1* Erotik); Grundgedanke; ♪ Leitmelodie; Gesprächsstoff; **Thematik** w (~; –) Inhalt einer Abhandlung; Ausführung eines Werkes; Ausführung eines Themas (auch ♪); Leitgedanke; EW: **thematisch**; **Themavokal** m (~s; ~e) zwischen Zeitwortstamm und -endung eingeschobener Vokal.

Theobromin s (~s; –) (gr.-lat.) Alkaloid der Kakaobohne.

Theodizee w (~; -e|en) (gr.) Rechtfertigung Gottes gegenüber den Mängeln der Welt.

Theodolit m (~[e]s; ~e) (ar.-e.) Geländewinkelmesser.

Theognosie w (~; –) (gr.) Gotteserkenntnis; EW: **theognostisch**; **Theogonie** w (~; -i|en) Ansicht über die Entstehung der Götter; **Theokratie** w (~; -i|en) † Priesterherrschaft; EW: **theokratisch**; **Theologe** m (~n; ~n) † Geistlicher; Forscher der Theologie; **Theologem** s (~s; ~e) † theologischer Lehrsatz; **Theologie** w (~; -i|en) † Lehre von Gott; EW: **theologisch**; **theologisieren** ZW (-rte, -rt) ↙ theologische Fragen erörtern; **Theologumenon** s (~s; -na) † theolog. Lehr-, Grundsatz; **Theomanie** w (~; –) relig. Wahnsinn; EW: **theoman(isch)**; **theomorph(isch)** EW in Gottesgestalt; **theonom** EW unter göttlichem Gesetz; **Theophanie** w (~; -i|en) † Erscheinung Gottes.

Theophyllin s (~s; –) (chin.-gr.) ⚕ Teeblätteralkalo|id.

Theorbe w (~; ~n) (it.) ♪ große Barocklaute.

Theorem s (~s; ~e) (gr.) wissenschaftliche Behauptung; **Theoretiker** m (~s; ~) Mensch, der sich mit der Theorie einer Erscheinung (Gegebenheit) beschäftigt (Ggs.: *Praktiker*); Weltfremder; **theoretisch** EW lehrmäßig; (nur) gedanklich (Ggs.: *praktisch*); (nur) wissenschaftlich bestehend (betrachtet) (*t.e Physik* nicht experimentierende, sondern berechnende Physik); **theoretisieren** ZW (-rte, -rt) ↙ durchdenken (ohne zu erproben), **Theorie** w (~; i|en) denkende Bewältigung eines Sachbereiches; systematische Erklärung für verwandte Tatsachen aus ihren eigenen Voraussetzungen; wissenschaftliche Anschauungsweise (Ggs.: *Praxis*); reine Erkenntnis; lebensfremde Vorstellung; ♪ Musiklehre.

Theosophie w (~; –) (gr., = Weisheit von Gott) † Erlösung durch Ausbildung natürlicher Anlagen; m. s.: **Theosoph** (~en; ~en); EW: **theosophisch**; **theozentrisch** EW mit Gott im Mittelpunkt.

Therapeut m (~en; ~en) (gr.) ⚕ Arzt; w. abstr. s.: **Therapeutik** (~; –); **Therapeutikum** s (~s; -ka) Heilmittel; EW: **therapeutisch**; **Therapie** w (~; -i|en) (gr.) ⚕ Krankheitsbehandlung.

Theriak m (~s; –) (gr.-lat.) ⚕ opiumhaltiges Heilmittel.

theriomorph EW (gr.) von Tiergestalt; **theriophor** EW mit Tiernamen versehen.

therm|aktin EW (KuW, gr.) aus der Wärmespeicherung (strömenden Meerwassers; zweier Körper); **thermal** EW (gr.-lat.) Wärme...; **Thermalquelle** w (~; ~n) natürliche warme Heilquelle (über 20°); **Therme** w (~; ~n) warme Heilquelle; röm. öffentl. Bad; **Thermik** w (~; –) Luftströmung nach oben; **Thermikflug** m (~[e]s; -flüge) Segelflug mit Aufwärtswind; **Therm|ionen** M durch Atomzusammenprall entstandene Ionen; EW: **therm|ionisch**; **thermisch** EW durch (mit, von) Wärme (*t.e Maschine* Wärmekraftmaschine; *t.er Äquator* Verbindungslinie zwischen den Orten höchster mittlerer Temperatur; *t.e Dissoziation* ↻ Spaltung durch Wärme); **Thermistor** m (~s; -toren) ↻ Halbleiter mit temperaturbedingtem Widerstand; **Thermit** s (~[e]s, –) (gr.) ↻ Aluminiumgrieß mit Eisenoxid; **Thermit|verfahren** s (~s; ~) Entzug reinen Metalls aus Oxiden durch Reduktion mit Thermit; **Thermochemie** w (~; –) (gr.) Erforschung der Wärme|umsetzungen chemischer Vorgänge; m. s.: **Thermochemiker** (~s; ~); EW: **thermochemisch**; **thermochrom** EW [-*kr*-] durch Temperaturänderung farbverändernd, -geändert; w. s.: **Thermochromie** (~; –) [-*kr*-]; **Thermochrose** w (~; –) [-*kr*-] Wärmefärbung; **Thermodiffusionsverfahren** s (~s; ~) Trennrohrverfahren zur Auftrennung gasförmiger Stoffgemische; **Thermodynamik** w (~; –) Erforschung der Umwandlung von Wärme in mechanische Energie; m. s.: **Thermodynamiker** (~s; ~); EW: **thermodynamisch**; **Thermo|effekt** m (~[e]s; ~e) Entstehung elektr. Energie aus Wärme|energie; **Thermo|elektrizität** w (~; –) durch Elektrizität erzeugte Wärme; EW: **thermo|elektrisch**; **Thermo|element** s (~[e]s; ~e) Verlötung verschiedenmetalliger Drähte an ihren

Thermogramm

Enden zur Erzeugung elektr. Spannungen; **Thermogramm** s (~s; ~e) durch Wärmestrahlen erzeugtes Infrarotlicht; **Thermograph** m (~en; ~en) Gerät zur laufenden Aufzeichnung von Temperaturen; **Thermohygrograph** m (~en; ~en) Temperatur- und Luftfeuchtigkeitsmeßgerät; **Thermokaustik** w (~; ~en) $ Verschorfung mit Hilfe eines Thermokauters; **Thermokauter** m (~s; ~) $ Platin|ausbrenngerät; **thermolabil** EW wärmeunbeständig; w. s.: **Thermolabilität** (~; –); **Thermolumineszenz** w (~; –) Farbleuchten bei Erwärmung; **Thermolyse** w (~; ~en) ☉ Zerlegung chemischer Verbindungen durch Hitze; **Thermometer** s (~s; ~) Temperaturmeßgerät; **Thermometrie** w (~; –) Wärmemessungslehre; EW: **thermometrisch**; **Thermo|morphose** w (~; ~n) ⊕ Pflanzenwachstum in Abhängigkeit von der Temperatur; **thermonuklear** EW die bei Kettenreaktion entstehende Wärme angehend; **Thermopane** s (~s; –) [-*pein*] Isolierglas; **thermophil** EW wärmeliebend; w. s.: **Thermophilie** (~; –); **Thermophor** m (~[e]s; ~e) $ wärme|entwickelnder, -speichernder Gummibeutel (mit Salzmischung gefüllt); **Thermoplast** m (~[e]s; ~e) schmelzbarer Kunststoff mit Plastizität in großer Temperaturspanne; **thermoplastisch** EW warm verformbar; **Thermoreaktor** m (~s; -toren) Kernreaktor für thermonukleare Prozesse; **Thermosäule** w (~; ~n) hintereinandergeschaltete Thermo|elemente; **Thermoschalter** m (~s; ~) bei einer bestimmten Temperatur sich selbständig ein-(aus-)schaltender Schalter; **Thermosflasche** w (~; ~n) Warmhalteflasche; **Thermosicherung** w (~; ~en) auf eine best. Temperatur reagierende Sicherung; **Thermoskop** s (~[e]s; ~e) Meßgerät für Temperaturwandlungen; EW: **thermoskopisch** (*t.e Farbe* ändert sich bei Wärme|änderung); **Thermosphäre** w (~; ~n) äußerste Schicht der Atmosphäre; EW: **thermosphärisch**; **thermostabil** EW wärme|unempfindlich; w. s.: **Thermostabilität** (~; –); **Thermostat** m (~en/~[e]s; ~e[n]) Gerät zur Herstellung einer gleichmäßigen Temperatur; EW: **thermostatisch**; **Thermostrom** m (~[e]s; -ströme) aus Thermo|effekt entstehende Elektrizität; **Thermotherapie** w (~; –) $ Wärmebehandlung.
thesaurieren ZW (-rte, -rt) ↗ (gr.-lat.) horten; **Thesaurierung** w (~; ~en) Ansammlung; Hortung von Edelmetallen; **Thesaurierungs|fonds** m (~; ~) Investmentfonds, dessen Gewinne sofort wieder investiert werden; **Thesaurus** m (~; -ren) Wortschatz; Sammelwerk.

These w (~; ~n) (gr.) unbewiesene Behauptung.

Thesis w (~; -sen) (gr.) ♪ betonter Taktteil; ♪ erster Schlag des Taktstocks; Versenkung.

Thes|pis|karren m (~s; ~) (gr.-lat.-d., nach einem attischen Wandermimen, 6. Jh. v. Chr.) Wanderbühne.

Thetik w (~; –) (gr.) alle (fraglichen) Thesen; Thesen-, Dogmenlehre; **thetisch** EW als These; dogmatisch.

The|urg m (~en; ~en) (gr.) Wundertäter; **The|urgie** w (~; –) magische Beschwörungskunst; EW: **the|urgisch**.

Thi|amin s (~[e]s; –) (KW) Vitamin B_1.

Thigmotaxis w (~; -xen) (gr.) $ mechanisch ausgelöster Reiz.

Thiobazillen M (gr.) Schwefelbakterien zur Metallgewinnung; **Thiophen** s (~s; –) benzolartiger Steinkohlenteerbestandteil; **Thioplast** m (~[e]s; ~e) kautschukartiger Kunststoff; **Thioschwefelsäure** w (~; ~n) leicht zersetzl. anorgan. Verbindung; **Thiosulfat** s (~[e]s; ~e) Salz der Thioschwefelsäure.

Thixotropie w (~; –) (gr.) Verflüssigung bei Druck oder Schüttelung; EW: **thixotrop** *(t.er Lack).*

Thomaner m (~s; ~) (nach dem Apostel *Thomas*) Mitglied des Leipziger Thomanerchors (der Leipziger Thomasschule); **Thomasbirne** → siehe unten; **Thomas|kantor** m (~s; ~en) Organist der Leipziger Thomaskirche; **Thomas-Konverter** m (~-~s; ~-~) (e.) [-*konwörter*] Verfahren, Roheisen Phosphor zu entziehen; **Thomasmehl** s (~s; –) (nach dem e. Hütteningenieur S. G. *Thomas,* 19. Jh.) Phosphorschlackendünger, im **Thomas|prozeß** pm [-sses; -sse]) mit der **Thomasbirne** (w [~; ~n]) hergestellt; **Thomismus** m (~; –) Philosophie des Thomas v. Aquin (1225 bis 1274); m. s.: **Thomist** (~en; ~en); EW: **thomistisch**.

Thora, Thorá w (~; –) (heb.) jüd. (mosa|isches) Gesetz.

thorakal EW (gr.) $ am (im, beim) Brustkorb; **Thorakoplastik** w (~; ~en) $ operative Ruhigstellung der Lungen; **Thorakoskop** s (~s; ~e) $ Gerät zur Untersuchung der Brusthöhle von innen; w. abstr. s.: **Thora-**

koskopie (~; -i|en); **Thorakotomie** w (~; -i|en) ⚕ Brusthöhlenschnitt; **Thorakozentese** w (~; ~n) ⚕ Brustfellraumpunktion; **Thorax** m (~; ~e) ⚕ Brust(korb); **Thoraxchirurgie** w (~; –) ⚕ Brustkorboperationen.

Thorit m (~s; –) (nach altnord. Gott *Thor*) schwarzes, thoriumhaltiges Mineral; **Thorium** s (~s; –) (∉ *Th*) radioaktives Element; **Thoriumreihe** w (~; –) ⚛ eine der 3 Zerfallsreihen; **Thoron** s (~s; –) Teil der Radiumemanation.

Thre|onin s (~s; –) (KuW) ⚛ eine eiweißbildende Aminosäure; **Thre|ose** w (~; ~n) zuckerartiger Stoff aus einfachen Molekülen.

Thriller m (~s; ~) (am.) [*ßr*-] Filmreißer; spannendes Buch; Schauerroman; Gruselfilm.

Thrips m (~; ~) (gr.-lat.) Blasenfüßler (Insekt).

Thrombin s (~s; –) (gr.) ein Enzym zur Blutgerinnung; **Thrombogen** s (~s; –) Blutgerinnungsfaktor; **Thrombopenie** w (~; -i|en) ⚕ Blutplättchenmangel; **Thrombose** w (~; ~n) ⚕ Verschluß der Schlagader; Blutpfropf; **Thrombozyt** m (~en; ~en) ⚕ Blutplättchen; **Thrombozytose** w (~; ~n) ⚕ Vermehrung der Blutplättchen; **Thrombus** m (~; -ben) ⚕ Blutpfropf.

Thron m (~[e]s; Throne) (gr.) großer Stuhl für den Regierenden.

Thuja, Thuje w (~; -jen) (gr.) ⚘ Lebensbaum.

Thulium s (~s; –) (nach dem sagenhaften Nordland *Thule;* ∉ *Tm*) ⚛ seltenes Erdmetall.

Thunfisch m (~[e]s; ~e) (gr.-lat.-d.) Mittelmeermakrele.

Thusnelda w (~; -den) (g., nach der Frau des Cheruskerherrschers Arminius, 1. Jh.) überspannte (große) Weibsperson.

Thymian m (~s; ~e) (gr.-lat.) ⚘ Quendel.

Thymin s (~; –) (gr.) ⚛ eine Nukle|inbase.

thymogen EW (gr.) durch Affekt entstanden; an einer Drüse hinter dem Brustbein.

Thymol s (~s; ~e) (gr.-lat.-ar.) Bestandteil vom Öl der Thymianpflanze.

Thymom s (~[e]s; ~e) (gr.-lat.) Geschwulst aus der Thymusdrüse; **Thymopath** m (~en; ~en) ⚕ im Affektleben gestörter Geisteskranker; EW: **thymopathisch**; **Thymopsyche** w (~; –) Gemütsleben; EW: **thymopsychisch**; **Thymose** w (~; ~n) ⚕ Pubertätsgereiztheit; **Thymus** m (~; –) innere Ausscheidungsdrüse, = **Thymusdrüse** w (~; ~n).

Thyratron s (~s; ~e) (gr.) gasgefüllte Elektronenröhre.

thyreogen EW (gr.) ⚕ von (aus) der (durch die) Schilddrüse; **Thyreo|id|ektomie** w (~; -i|en) ⚕ Entfernung der Schilddrüse; **Thyreo|iditis** w (~; -iti den) ⚕ Schilddrüsenentzündung; **Thyreotomie** w (~; -i|en) ⚕ Schildknorpelschnitt; **Thyreotoxikose** w (~; ~n) ⚕ Schilddrüsenüberfunktion; EW: **thyreotoxisch**; **thyreotrop** EW ⚕ schilddrüsensteuernd; **Thyristor** m (~; -toren) ein Transformator für Schalt- und Steuerungen; **Thyroxin** s (~s; –) ⚕ Hauptstoff des Schilddrüsenhormons.

Thyrsus m (~; –) (gr.-lat.) laubbekränzter Bacchantenstab.

Tiara w (~; -ren) (pers.-gr.-lat.) † Papstkrone.

Tibet m (~s; ~s) (nach dem Ländernamen) feines Kammgarngewebe; chin. Lammfell; Reißwolle (Gütegrad).

Tibia w (~; -bi|en) (lat.) ⚕ Schienbein; Insektenbeinglied; röm. Flöte.

Tic m (~; ~s) (fr.) [*tick*] ⚕ Muskelzuckung; **Tick** m (~s; ~s) Schrulle; ⚕ Gesichtszucken.

Ticket s (~s; ~s) (e.) Fahrschein; Eintrittskarte; Lieferschein; **Ticket-Police** w (~-~; ~-~s) (e.) [-*poliß*] Quittung über Fahrkartenversicherung.

Tick-fever s (~-~s; ~-~) (e.) [-*fiwer*] ⚕ Rückfallfieber („Zeckenfieber").

Tie-Break m (~-~s; ~-~s) (e.) [*taibreik*] spielentscheidender (verkürzter) Satz nach unentschiedenem Spielstand (Tennis).

Tiers-état m (~-~; –) (fr.) [*tjärsêta*] weder zum Adel noch zum Klerus gehörender fr. „3. Stand" (17./18. Jh.).

Tiger m (~s; ~) (pers.-gr.-lat.) Großkatze; **tigern** ZW (-rte, -getigert) ⟋ eilen; **Tigon** m (~s, ~e) (∉ e. tiger + lion) Kreuzung von m. Tiger und Löwin (Ggs.: *Liger*); **tigro|id** EW gefleckt (wie ein Tiger).

Tilbury m (~s, ~s) (e.) [-*böri*] Zweisitz-zweiradwagens.

Tilde w (~; ~n) (sp.) Schleife (˜) als Aussprache- oder Wiederholungszeichen.

Tiliaze|e w (~; ~n) (lat.) ⚘ Lindengewächs.

Tillit m (~s; ~e) (e., KuW) harter Geschiebelehm.

Timbale w (~; ~n) (pers.-ar.-sp.-fr.) [auch: *tänbal*] Aspikgefäß; Pastete; M: 2 gleiche, verbundene Trommeln.

Timber m, s (~s; ~s) (e.) Stückangabe (40) für Raucherartikel.

Timbre m, s (~s; ~s) (fr.) [*täñbr*] Klangfarbe; **timbriert** EW durch die Klangfarbe charakterisiert.

Time w (~; ~s) (e.) [*taim*] käufl. Werbezeit (*t. is money* Zeit ist Geld); **Time-lag** s (~-~s; ~-~s) [-*läg*] Zeitverzögerung zwischen Maßnahme und Wirkung; **timen** ZW (-mte, getimt) ↙ [*tai-*] (Zeit) stoppen; Beginntermin festlegen; **Time-out** s (~-~; ~~s) [-*aut*] kurze Spielunterbrechung (Basket-, Volleyball); **Time-sharing** s (~-~s; ~-~s) (am.) [*taimschäriñ*] Parallelnutzung einer Rechenanlage.

timid EW (lat.) furchtsam, zaghaft; w. abstr. s.: **Timidität** (~; -).

Timing s (~s; ~s) (e.) [*taimiñ*] zeitliche Steuerung; Festlegung des günstigsten Zeitpunktes; Einrichtung zeitgleichen Ablaufes; Zeitmessung, -bestimmung; termingerechte Vorbereitung.

Timpani M (it.) ♪ Pauken.

Tinged m (~s; ~s) (e.) [*tindschd*] verfärbter Baumwollballen; **tingieren** ZW (-rte, -rt) ↗ (lat.) färben; **tingiert** EW gefärbt; dünn versilbert; **Tinkal** m (~s; -) (KuW) Borax; **Tinktion** w (~; ~en) Färbung; **Tinktur** w (~; ~en) (lat.) Alkohollösung; Pflanzenauszug (*Berliner T.* heroinartige Rauschdroge).

Tinnef m (~s; -) (jidd.) Schund; Unsinn.

Tintometer s (~s; ~) (gr.) = → Kolorimeter.

Tip m (~s; ~s) (e., = Spitze) Andeutung (einer Gewinnaussicht); Vorhersage; Wettschein; Börsen|information; Fingerzeig.

Tipi s (~s; ~s) (ind.) rundes Indianerzelt aus Stangen und Stoff oder Fellen.

tippen[1] ZW (-ppte, getippt) (e.) ↙ (beim Sportkampf) Voraussage abgeben *(auf jmdn. t.)*; vermuten; **tippen**[2] ZW (-ppte, getippt) ↙ maschineschreiben; **Tipper** m (~s; ~) Wettender; Lottospieler; **Tipp-Kick** s (~-~s; ~-~s) Tischfußball(spiel); **Tippse** w (~; ~n) (e.-d.) ∪ Stenotypistin.

tipptopp EW (e.) ohne jeden Tadel.

Tipster m (~s; ~) (e.) Berufswetter.

T.I.R. (fr., ⊄ Transports Internationaux Routiers) LKW-Kennzeichnung für beschleunigte Zollabfertigung.

Tirade w (~; ~n) (it.-fr.) beliebig lange Strophe; hochtrabende Redensart; langatmige Ansprache; ♪ schnelle Verbindung zweier Töne.

Tiraß m (-sses; -sse) (fr.) Vogelfangnetz; ZW: **tirassieren** (-rte, -rt) ↗.

Titan m (~en; ~en) (gr.) Riese; s (~s; -) stahlhartes Metall; **Titandioxid** s (~s; ~e) Sauerstoffverbindung des Titans und wichtigstes weißes Farbpigment *(Titanweiß);* **titanisch** EW riesenhaft; **Titanit** m (~[e]s; -) Mineral; Hartmetall; **Titan-Rakete** w (~-~; ~-'~n) am. Weltraumflugkörper; **Titanweiß** → Titandioxid.

Titel m (~s; ~) (lat.) Inschrift; Überschrift eines Werkes; Amts-, Standesbezeichnung; vollstreckbares Gerichts|urteil; Teil eines Paragraphen; Rechtsgrund; **Titelei** w (~; ~en) alle Seiten vor dem Buchtext; **titeln** ZW (-lte, getitelt) ↗ Film mit Überschrift versehen; **Titelpart** m (~s; ~s) Hauptrolle (= Spieltitel).

Titer m (~s; ~) (fr.) Seidenfadenfeinmaß (0,05 g auf 450 m); ↻ Lösungsgehalt an einer Substanz.

Tito|ismus m (~; -) Kommunismus in der Form, die der jugoslawische Staatsmann *Tito* (1892–1980) geprägt hat; m. s.: **Tito|ist** (~en; ~en); EW: **titoistisch**.

Titration w (~; ~en) (fr.-lat.) ↻ Maßanalyse durch Zusetzung einer bekannten Lösung; **Titrier|analyse** w (~; ~n) Maßanalyse; **titrieren** ZW (-rte, -rt) ↗ ↻ Maßanalyse vornehmen; **Titrimetrie** w (~n) = → Titrier|analyse.

Titulatur w (~; ~en) (lat.) der ganze Titel (als Anrede); Titelunwesen; **titulieren** ZW (-rte, -rt) ↗ mit dem (vollen) Titel anreden; einen Titel angeben; (be)nennen.

Tituskopf m (~[e]s; -) (lat.-d., nach Titus Rembrandt, 17. Jh.) kurzgeschorenes Haar (bei Damen).

Tivoli s (~s; ~s) (it., eigtl. ON) Glücksspiel; Vergnügungs|park.

tizianblond EW (nach dem it. Maler *Tizian,* 1477–1576) rotblond.

Tjäle w (~; ~) (schwed.) Dauerfrostboden.

Tjalk w (~; ~en) (nl.) ⚓ Einmastsegler.

Tmesis w (~; -) (gr.-lat.) Trennung zusammengehöriger Wortteile.

Toast m (~s; ~e/~s) (e.) [*tôst*] Röstschnitte; Trinkspruch; **toasten** ZW (-tete, getoastet) [*tôst-*] ↗ Brotschnitte rösten; ↙ Trinkspruch ausbringen; **Toaster** m (~s; ~) [*tôst-*] elektr. Röster; Trinkspruchredner.

Toboggan m (~s; ~s) (ind.-am.) Schlittenart.

Toches m (~; ~) (jidd.) Gesäß.
Toddy m (~[s]; ~s) (hind.-e.) Palmwein; Art Grog.
Toe-loop m (~-~s; ~-~s) (e.) [*toulûp*] Drehsprung (Eiskunstlauf).
toff EW (jidd.) gut (gekleidet).
Toffee s (~s; –) (e.) [*-fi*] Sahnebonbon.
toft(e) EW (jidd.) = → toff.
Tofu m (~s; ~s) (jap.) Käse aus Sojabohnenmilch.
Toga w (~; -gen) (lat.) altröm. (weißes) Obergewand.
Tohuwabohu s (~s; ~s) (heb.) Durcheinander.
To|ile m (~s; ~s) (lat.-fr.) [*toâl*] (Kunst-)Seide in Leinwandbindung (*T. de soie* [*toâl de βoa*] feinfädige Waschseide); **To|ilette** w (~; ~n) (fr.) [*toa-*] Putztisch; w. Abendkleid (*in großer T. gehen; T. machen* sich [für die Gesellschaft] anziehen); Abort; **Toiletten|artikel** m (~s; ~) Körperpflegemittel; **Toilettenwasser** s (~s; -wässer) → Parfum.
Tokadille s (~s; –) (sp.-fr.) [*-dilje*] Brettspiel.
Tokaier m (~s; ~) (nach einem ung. ON) Dessertwein, = **Tokajer** m (~s; ~).
Tokkata w (~; -ten) (it., = die Geschlagene) ♪ Komposition für Tasten- oder Schlaginstrumente; ♪ improvisiertes Klavier(Orgel-)stück; **tokkieren** ZW (-rte, -rt) ↗ (lat.) (kräftig) skizzieren; mit kurzen Pinselstrichen malen.
Tokologie w (~; –) (gr.-lat.) ⚕ Lehre der Geburt(shilfe); EW: **tokologisch**.
Tokus m (~; -se) (jidd.) = → Toches.
tolerabel EW (lat.) erträglich ↓; **tolerant** EW duldsam, versöhnlich; **Toleranz** w (~; –) Duldung anderer Meinung; Abweichungsgrad; ⚕ Widerstandskraft (gegen Medizinen); Qualitätsmaß für Ungenauigkeit; **Toleranzdosis** w (~; -sen) höchste Strahlenbelastung in einer bestimmten Zeit; **Toleranzstadium** s (~s; -i|en) ⚕ volle Narkose; **tolerieren** ZW (-rte, -rt) ↗ erdulden; geschehen lassen; zulässige Abweichung gestatten.
Tolpatsch m (~es; ~e) (ung., = Breitfuß) Tölpel↓ EW: **tolpatschig**.
Tolu|idin s (~s; –) (nach kolumbian. Stadt) organ. Stickstoffverbindung als Ausgangsstoff bei Farbstoffsynthesen; **Toluol** s (~s; –) (sp.-ar.) organ. Substanz (Methylbenzol).
Tomahawk m (~s; ~s) (am.) [*tom*ᵉ*hôk*] ind. Streitaxt.
Tomate w (~; ~n) (ind.-sp.-fr.) ⚘ Nachtschattengewächs (Gemüsepflanze) (*treulose T.* Wortbrüchiger ∪); **tomatisieren** ZW (-rte, -rt) ↗ mit Tomatenpüree vermengen.
Tombak m (~s; –) (skr.-mal.-nl.) Zink-Kupfer-Legierung; EW: **tombaken**.
Tombasil s (~s; –) (KW) Messingsorte.
Tombola w (~; -len) (it.) Verlosung.
Tommy m (~s; ~s) (e., nach einem militär. Taschenbuch) ∪ der e. Soldat (Polizist).
Tomographie w (~; –) (gr.) ⚕ Röntgenschichtaufnahme; EW: **tomographisch**.
Tomus m (~; -mi) (gr.-lat., ¢ *Tom.*) Einzelband eines Mehrbandwerkes ↓.
Ton m (~[e]s; Töne) (gr.-lat.) ♪ Klang; Farbwirkung, Abtönung; ♪ Melodie eines Gedichts ↓; Benehmen, Art (zu sprechen) (*einen T. am Leibe haben*); **tonal** EW ♪ Grundton ...; **Tonalität** w (~; –) ♪ Bezogenheit aller Töne eines Musikwerks auf die Tonika.
Tondo s (~s; -di) (it. KW) Rundbild, -relief.
Tonfrequenz w (~; ~en) (gr.-lat.) Häufigkeit der Schallwellen.
Tonic s (~s; ~s) (e.) Sprudel, = **Tonic-Water** s (~-~s; ~-~) [*-ᵘâtᵉr*].
Tonika w (~; -ken) (it.) ♪ Tonartgrundton und sein Dreiklang; ♪ 1. Stufe der Tonleiter; **Tonikum** s (~s; -ka) (lat.) ⚕ Stärkungsmittel; **tonisch** EW ⚕ langwährend *(t.e Krämpfe)*; stärkend *(t.e Mittel;* auch: **tonisierend**); ♪ auf dem Grundton aufbauend *(t.er Dreiklang)*.
Tonkabaum m (~[e]s; -bäume) (ind.-d.) am. Fruchtbaum; **Tonkabohne** w (~; ~n) seine Frucht.
Tonkonserve w (~; ~n) (lat.) Schallplatte; Tonband.
Tonnage w (~; ~n) (fr.) [*-nâsche*] ⚓ Schiffsrauminhalt; Gesamtrauminhalt einer Flotte; **Tonne** w (~; ~n) (lat.) großes Faß; Dickwanst; ⚓ schwimmendes Seezeichen; Massen-, Gewichtseinheit (¢ *t*; = 1000 kg); ¢ Registertonne; **Tonnenkilometer** m (~s; ~) (¢ *tkm*) Einheit der Güterbeförderungsleistung.
Tonograph m (~en; ~en) (gr.) ⚕ Aufzeichnungsgerät für schnelle Druckschwankungen (des Blutdrucks); **Tonographie** w (~; -i|en) ⚕ Anwendung des Tonometers; EW: **tonographisch**; **Tonometer** s (~s; ~) ⚕ Augeninnen-, Blutdruckmesser; w. akust. s.: **Tonometrie** (~; –) EW: **tonometrisch**.
Tonsille w (~; ~n) (lat.) ⚕ Gaumen-, Rachenmandel; EW: **tonsillar**; **Tonsillektomie** w (~; -i|en) ⚕ Mandelaus-

schälung; **Tonsillotomie** w (~; -i|en) ✚ Mandelkappung.
Tonsur w (~; ~en) (lat.) partielle Haupthaarrasur († für Geistliche); ZW: **tonsurieren** (-rte, -rt) ↗.
Tonus m (~; –) (lat.) ständige Gewebe-, Muskel-, Organspannung.
top EW (e.) hervorragend ←.
Top m (~s; ~s) (am.) Bluse, Pullover; in Zusammensetzungen = Spitzen-.
Topas m (~es; ~e) (gr.-lat.) Edelstein; **topasieren** ZW (-rte, -rt) ↗ (Quarz) zu Topas brennen.
Top-class w (~-~; –) (am.) Spitzenklasse; **Top|etage** w (~; ~en) (e.-fr.) [-*asche*] oberstes Stockwerk von Großbetrieben, wo Manager residieren; **topfit** EW (e.) bester (körperlicher) Verfassung; **Top-Hit** m (~-~s; ~-~s) Spitzenschlager.
Topik w (~; –) (gr.) Lehre von den Gemeinplätzen der Rede (von der Satz-, Wortstellung); Stelle eines Begriffs im Verstand.
Topinambur m (~s; ~s/~e), w (~; ~en) (bras.-fr.) ⊕ Futterknolle.
topisch EW (gr.) örtlich; ✚ äußerlich.
Toplader m (~s; ~) (e.-d.) von oben beschickbares Gerät (Waschmaschine); **topless** EW (e.) oben ohne; **Top-Leute** M (am.-d.) erste Kräfte; **Topmanagement** s (~-~s; ~-~s) [-*männedschment*] oberste Unternehmensleitung.
Topo|algie w (~; -i|en) (gr.) ✚ lokal bestimmbarer Schmerz; **Topo|chemie** w (~; –) Teilgebiet der Chemie zur Reaktion an der Oberfläche fester Stoffe; **topogen** EW von einer bestimmten Stelle aus; **Topograph** m (~en; ~en) Orts-, Landbeschreiber, -aufzeichner; **Topographie** w (~; -i|en) (gr., = Ortsbeschreibung) Kartenvermessung; EW: **topographisch** (*t.e Karten* im Maßstab 1:10000 bis 1:100000, mit Oberflächenregistrierung; *t.e Aufnahme* genaue Geländeaufzeichnung; *t.e Anatomie* ✚ Beschreibung der Organlagen); **Topologie** w (~; –) ⊲ Erforschung der Gestalt und Lage geometrischer Figuren; EW: **topologisch**; **Topometer** s (~s; ~) kleiner Geländemesser; **Toponomastik** w (~; –) Ortsnamenforschung; = **Toponymie** w (~; -i|en); EW: **toponomastisch**; **topophob** EW in (mit, voller) Platzangst; w. s.: **Topophobie** (~; –); **Topos** m (~; -poi) Lage; (übliche) rhetorische Wendung, literarisches Klischee.
topp (fr.) einverstanden!
Topp m (~s; ~en) (e.) ⚓ Mastspitze;

toppen ZW (-ppte, getoppt) ↗ Öl auf best. Art raffinieren; ⚓ Rahen waagerecht stellen.
Top-secret s (~-~s; ~-~s) (e.) [-*ßîkrit*] höchste Geheimhaltung; EW: **topsecret**; **Topspin** s (~s; ~s) (e.) → Effet beim (Tisch-)Tennis; **Topstar** m (~s; ~s) Spitzenkraft im Film, Fernsehen; **Topten** M Hitparade der 10 beliebtesten Schallplatten, Werke; **Top-weight** s (~-~s; –) [-*"ě't*] schwerstes Gewicht beim Pferderennen.
Toque w (~; ~n) (fr.) [*tock*] Samt-, Seidenbarett mit schmaler Krempe.
tordieren ZW (-rte, -rt) ↗ (lat.-fr.) verdrehen, -drillen.
Toreador m (~s; ~e) (sp.) Stierkämpfer zu Pferde; **Torero** m (~s; ~s) Stierkämpfer zu Fuß.
Toreut m (~en; ~en) (gr.) Metallbildner; **Toreutik** w (~; –) (Metall-)Treibarbeit.
Torgament s (~s; –) (KuW) ein Baustoff.
Tori|i s (~[s]; ~[s]) (jap.) Tempelbogen.
torisch EW (lat.) wulstig geschliffen (*t.e Augengläser*).
Torkel m (~s; ~), w (~; ~n) (lat.) Obstpresse; Weinkeller.
Torkret m (~s; –) (KuW) Spritzbeton.
Tormentill m (~s; ~en) (lat.) ⊕ Blutwurz; s (~s; –) Heilmittel aus ihrer Wurzel.
Tormina M (lat.) ✚ Beschwerden.
Törn m (~s; ~s) (e.) ⚓ Tauwindung; Arbeits-, Wachzeit.
Tornado m (~s; ~s) (sp.) Wirbelsturm (im S der USA); afr. Wärmegewitter.
Tornister m (~s; ~) (tsch.) Ranzen; **Tornister|bombe** w (~; ~n) = Atommine.
Toroß m (~sses; -sse) (r.) übereinandergeschobene Eisschollen.
torpedieren ZW (-rte, -rt) ↗ (lat.) ⚔ mit Torpedo beschießen; (gewaltsam) verhindern; **Torpedo** m (~s; ~s) ⚔ steuerbares hochbrisantes Geschoß; Zitterrochenart; Gegenantrag, -befehl.
torpid EW (lat.) schlaff; stumpf(sinnig) (*t.es Geschwür* ✚ nicht entzündliches); **Torpidität** w (~; –) Stumpfsinnigkeit, = **Torpor** m (~s; –) (lat.).
Torques m (~; –) (lat.) gedrehter Metallring; **torquieren** ZW (-rte, -rt) ↗ drehen, krümmen.
Torr s (~s; ~) (nach dem it. Physiker *Torricelli*, 1608–1648) Druckeinheit (⚡ *T*; 1 T = 1 mm Quecksilbersäule); **Torricellische Vakuum** s (~n ~s; –) =

luftleerer Raum über Quecksilberspiegel im Quecksilberbarometer.
Torrente m (~; ~n) (it.) nur nach Regen gefülltes Bachbett.
Torsiograph m (~en; ~en) (lat.-gr.) Meßgerät für Schwingungen von Maschinenwellen; **Torsion** w (~; ~en) Drillung; Deformation durch Drillung; ⚔ Windung einer Raumkurve; ⚕ Drehung (um die Längsachse); **Torsionsdynamometer** s (~s; ~) Drehmomentmesser; **Torsions|elastizität** w (~; –) schraubenartige Längsfasern, die durch die Kraft des Stoffes in ihre alte Lage geführt werden; **Torsionsmodul** m (~s; ~n) Materialkonstante mit entgegengerichteten Drehmomenten.
Torso m (~s; ~s/-si) (it.) Bruchstück (einer Plastik, einer Dichtung, eines Menschen).
Tort m (~s; ~s) (fr.) Kränkung *(einen T. antun)*.
Torte w (~; ~n) (it.) Feingebäck aus verschiedenen Scheiben und mit verschiedenem Belag; **Tortelette** w (~; ~n) (fr.) Törtchen; Mürbeteigboden, = **Tortelett** s (~[e]s; ~s).
Tortikollis m (~; –) (lat.) ⚕ Schiefhals.
Tortilla w (~; -llen) (sp.) [-*tilja*] Maisfladen.
Tortue w (~; ~s) (fr.) [*tortü*] Schildkröte *(en [à la] t.* nach Schildkrötenart).
Tortur w (~; ~en) (lat.) Folter, Qual.
Torus m (~; -ri) (lat.) ⊕ Tüpfelhautverdickung; ⚕ Überaugenwulst; ⚔ Ringfläche, die durch Drehung eines Kreises um eine diesen nicht treffende Gerade entstanden ist.
Tory m (~s; -ies) (e.) e. Konservativer (seit 17. Jh.); EW: **torystisch**.
tosto (it.) ♪ schnell *(più t.* ♪ schneller).
total EW (lat.) ganz, vollständig *(t.er Krieg* auf alle Bevölkerungsteile ausgedehnter Krieg); **Total|analyse** w (~; ~n) (lat.) Gesamtbeurteilung aller wirtschaftl. Größen; **Totale** w (~; ~n) die ganze Szene erfassende Kameraeinstellung; **Total|herbicid** s (~[e]s; ~e) Stoff zur völligen Beseitigung des Pflanzenwuchses; **Totalisator** m (~s; -toren) (lat.) Wetteinrichtung; Rennwettenbuchungsstelle; Niederschlagssammelgerät; **totalisieren** ZW (-rte, -rt) ↗ zusammenzählen; **totalitär** EW ganzheitlich *(t.er Staat* Diktatur); **Totalitarismus** m (~; –) Diktatur; **Totalität** w (~; –) Gänze; Vollständigkeit; vollständige Sonnen-, Mondfinsternis; **totaliter** UW ganz; **Totalreflexion** w (~; ~en) Erscheinung beim Lichtstrahlenübergang aus einem Medium mit höherem in eines mit niederem Brechungs|index; **Totalsynthese** w (~; ~n) Herstellung einer chem. Verbindung aus den in ihr vorhandenen Elementen.
Totem s (~s; ~s/~e) (ind.-e.) als Urahn verehrtes Tier (Pflanze, Ding); **Totemismus** m (~; –) Glaube an ein Totem; EW: **totemistisch**.
Toto m, s (~s; ~s) (KW, ∉ Totalisator) Wetteinrichtung unter Staatsaufsicht.
Touch m (~s; –) (e.) [*tatsch*] Anflug; Beigeschmack; **touchieren** ZW (-rte, -rt) ↗ (fr.) [*tusch-*] (Hindernis, Fechtgegner, Billardkugel) leicht berühren; ⚕ mit dem Stift ätzen; ⚕ mit den Fingern untersuchen (vgl. → tuschieren!).
Toupet s (~s; ~s) (fr.) [*tupê*] künstlicher Haareinsatz; **toupieren** ZW (-rte, -rt) ↗ Haar aufrauhen.
Tour w (~; ~en) (fr.) [*tûr*] Ausflug; Umlauf, Umdrehung; Runde (*T. de France* größte Berufsradrennfahrt); Art und Weise *(die billige T.)*; Absicht; komische Laune; Trick *(die billige [feine, krumme, schräge] T.)*; Geschäftsreise *(auf T. sein)*; M: Umdrehungen *(auf T.en bringen)*; **Tour d'horizon** w (~; ~s; ~~s) (fr.) [*-dorisoñ*] weiter Ausblick rundum; **Tourismus** m (~; –) [*tû-*] individu|eller und organisierter Reiseverkehr; Fremdenverkehr; **Tourist** m (~en; ~en) [*tû-*] Wanderer; Ausflügler; Reisender; **Touristenklasse** w (~; ~n) [*tû-*] billigere Klasse (auf Schiffen, in Flugzeugen); **Touristik** w (~; –) [*tû-*] Sportwandern, -reisen; Fremden|industrie, -verkehr; EW: **touristisch**.
Tournant m (~s; ~s) (fr.) [*turnañ*] Ersatzportier, -kellner.
Tourné s (~s; ~s/-é|en) (fr.) [*tûrnê*] Skatrunde nach Aufdecken des Trumpfs.
Tournedos m (~; ~) (fr.-sp.) [*turnedô*] schnell gebratene Lendenschnitte.
Tournee w (~; ~s/-é|en) (fr.) Runde; Rund-, Gastspielreise; **tournieren** ZW (-rte, -rt) [*tur-*] ↗ Spielkarten aufdecken; Gemüse ausstechen; **Tourniquet** s (~s; ~s) (fr.) [*turnikê*] ⚕ Aderpresse; Drehkreuz; M: Blätterteiggebäck in Korkzieherform.
tout comme chez nouz (fr.) [*tû komm schê nû*] alles wie bei uns (zu Hause).
Towarischtsch m (~s; ~s) (r.) Genosse.
Tower m (~s; ~) (e.) [*tau-*] Flughafenleitstelle, -kontrollturm.
Towgarn s (~[e]s; ~e) (e.-d.) [*tô-*] Garn aus Flachswerg.
Tox|(h)ämie w (~; -i|en) (gr.) ⚕ Blutvergiftung; **Toxidermie** w (~; -i|en) ⚕

Toxiferin

Hautreizung durch Einnahme einer Medizin; **Toxiferin** s (~s; –) giftiger Bestandteil (Alkaloïd) des Giftes Kurare; **toxigen** EW ⚕ durch Gift; gifterzeugend; giftig werdend; **Toxik|ämie** w (~; -i|en) ⚕ Blutzersetzung durch Gift; **Toxikologe** m (~n; ~n) ⚕ Erforscher von Giften und Vergiftungen; w. abstr. s.: **Toxikologie** (~; –); EW: **toxikologisch**; **Toxikomanie** w (~; -i|en) Gift-, Drogensucht; **Toxikose** w (~; ~n) ⚕ Vergiftung; **Toxikum** s (~s; -ka) ⚕ Giftstoff; **Toxin** s (~s; ~e) ⚕ giftiges Stoffwechselprodukt aus Bakterien; **Toxin|ämie** w (~; –) = → Tox(h)ämie; **toxisch** EW giftig; **Toxizität** w (~; –) Giftigkeit (⚕ von einer bestimmten Dosis an); **toxogen** EW = → toxigen; **Toxonose** w (~; ~n) = → Toxikose; **Toxoplasmose** w (~; ~n) ⚕ durch Protozoo|en verbreitete europ. Seuche.

TP ⚕ Trigonometr. Punkt.
tr. ⚕ ♪ Triller.

Trabant m (~en; ~en) (it.) Mond; Gefolgsmann; Automarke (DDR); M: ∪ Kinder; schmale Impulse zur Synchronisierung von Fernsehbildern; **Trabantenstadt** w (~; -städte) wirtschaftlich und kulturell weitgehend eigenständige Großstadtrandsiedlung.

Tracer m (~s; ~) (am.) [*treißr*] radioaktiv(gemacht)er Markierstoff.

Trachea w (~; -e|en) (gr.) ⚕ Luftröhre; EW: **tracheal**; **Trache|e** w (~; ~n) Atmungsorgan vieler Gliederfüßler; Luftröhre; ⚕ wasserleitende Röhre im Holz (= **Trache|ide** w [~; ~n]); **Trache|itis** w (~; -iti̯den) ⚕ Luftröhrenentzündung.

Trachelismus m (~; -men) (gr.-lat.) ⚕ epileptischer Muskelkrampf.

Tracheo|bronchitis w (~; -iti̯den) (gr.) ⚕ Luftröhrenkatarrh; **Tracheoskop** s (~[e]s; ~e) ⚕ Luftröhrenspiegel; **Tracheoskopie** w (~; -i|en) ⚕ Kehlkopfspiegelung; EW: **tracheoskopisch**; **Tracheostenose** w (~; ~n) ⚕ Luftröhrenverengung; **Tracheotomie** w (~; -i|en) ⚕ Luftröhrenschnitt; ZW: **tracheotomieren** (-rte, -rt) ↗; **Trachom** s (~s; ~e) (gr.) äg. Augenkrankheit.

Trachyt m (~[e]s; ~e) (gr.-lat.) Ergußgestein für Pflasterungen.

Track m (~s; ~s) (e.) [*träck*] ⚓ Schiffsroute; Zugkräften Widerstand leistende Getriebeglieder; Trabennbahn; Fahrstraße; Schiene, Gleis; Zuggeräte.

Trade-bill s (~-~s; ~-~s) (e.) [*treid-*] aufgrund einer Warenlieferung gezogener Wechsel; **Tradecenter** s (~; ~[s]) [*treidßenter*] Industrie|ausstellung; **Trademark** w (~; ~s) (e.) [*treidmåk*] Warenzeichen.

Tradeskanti|e w (~; ~n) (nach dem e. Gärtner *Tradescant*) am. Staudenpflanze.

Trade-Union w (~-~; ~-~s) (e.) [*trḁ̊d jūnjen*] Gewerkschaft.

tradieren ZW (-rte, -rt) ↗ (lat.) überliefern; **Tradition** w (~; ~en) Überlieferung; † außerbibl. Glaubenslehren; **Traditionalismus** m (~; –) Überbewertung der Überlieferung; m. s.: **Traditionalist** (~en; ~en); EW: **traditionalistisch**; **traditionell** EW herkömmlich; **Traditions|papier** s (~[e]s; ~e) Bescheinigung über Lade-, Fracht-, Lagergut; **Traditions|prinzip** s (~s; –) grunds. Bewahrung der Überlieferung (auch †).

Trafik m (~s; ~s), w (~; ~en) (it.) Verkaufsbude, -stelle; Tabakladen, -handel; **Trafikant** m (~en; ~en) Inhaber einer Trafik.

Trafo m (~s; ~s) ⚕ → Transformator.

Tragant m (~[e]s; ~e) (gr.-lat.) ⚕ Schmetterlingsblütler; gummiartiger Schleim (Bindemittel für ⚕ Pillen); **tragieren** ZW (-rte, -rt) ↗ (gr.) pathetisch sprechen; **Tragik** w (~; –) Ausgeliefertsein an zerstörende Faktoren; unentrinnb. Schicksalhaftigkeit; **Tragiker** m (~s; ~) Trauerspieldichter; **tragikomisch** EW halb zum Lachen, halb zum Weinen; w. abstr. s.: **Tragikomik** (~; –); **Tragikomödi|e** w (~; ~n) mit lustspielhaften Zügen belebtes Trauerspiel; **tragisch** EW schicksalsverstrickt; traurig (*etw. t. nehmen* zu ernst); **Tragöde** m (~n; ~n) Schauspieler tragischer Rollen; **Tragödi|e** w (~; ~n) Trauerspiel.

Trailer m (~s; ~) (am.) [*trei-*] Vorfilm; Ankündigung durch Kurzfilm; Ende des Filmstreifens; bewohnbarer LKW-Anhänger.

Traille w (~; ~n) (fr.) [*trâj*] Fähre; Fährseil.

Train m (~s; ~s) (fr.) [*trä̃n*] ⚔ Heeresnachschub(truppe) ↓; **Trainee** m (~s; ~s) (am.) [*treinī*] Anlernling im Wirtschaftsbetrieb; **Trainer** m (~s; ~) [*trḁ̊-*] Sportlehrer; Vorbereiter für einen Wettkampf; **trainieren** ZW (-rte, -rt) [*trḁ̊-*] sich zum Wettkampf vorbereiten; genau einüben; **Training** s (~s; ~s) [*treinĩñ*] Übungssport; ⚕ geschulte Anpassung an höhere Leistungen (*autogenes T.* Methode zur Selbstentspannung); **Trainings|zentrum** s

(~s; -tren) [*treiniñ*-] Hauptübungsstelle für Wettkampfvorbereitung.
Traiteur m (~s; ~e) (fr.) [*trätör*] Koch.
Trajekt s (~[e]s; ~e) (lat.) Eisenbahnfähre; **Trajektori|en** M ⊰ Linien, die alle Kurven einer ebenen Kurvenschar mit gleichem Winkel schneiden.
Trakt m (~[e]s; ~e) (lat.) Gebäudeteil; Straßenstrecke; Handelsweg; Strang; Gesamtlänge; Landstrich; **traktabel** EW (lat.) fügsam; umgänglich ↓; **Traktandum** s (~s; -den/-da) Tagesordnungs|punkt; Verhandlungsgegenstand; **Traktat** m, s (~s; ~e) Abhandlung; (erbauliche) Flugschrift, = **Traktätchen** s (~s; ~); **Traktätchenstil** m (~s; –) frömmelnder Stil; **traktieren** ZW (-rte, -rt) ↗ (reichlich) bewirten; behandeln; **Traktion** w (~; ~en) ⚵ Geburtshilfe; **Traktor** m (~s; -toren) (lat.) Zugmaschine; **Traktorist** m (~en; ~en) Schlepperfahrer; **Traktur** w (~; ~en) ♪ Orgelmechanik.
Tralje w (~; ~n) (lat.-fr.-nl.) Gitterstab, -werk; Geländerstab.
Tram w (~; ~s), s (~s; ~s) (e.) ⚵ **Trambahn** w (~; ~en) = Straßenbahn.
Trame w (~; –) (lat.-fr.) [*tramm*] gedrehte Naturseide als Schußfaden; **Tramette** w (~; ~n) grobe Schußseide.
Traminer m (~s; ~) (nach einem Südtiroler ON) Rotwein; Traubensorte.
Tramontana w (~; –) (it.) Nordwind (in Italien).
Tramp m (~s; ~s) (e.) [*trämp*] Fußreise(nder); wandernder Gelegenheitsarbeiter; Dampfer für (auf) Gelegenheitsfahrt; **trampen** ZW (-pte, getrampt) [*trämp*-] zu Fuß reisen; als Anhalter reisen; m. s.: **Tramper** (~s; ~) [*trämp*-].
Trampolin s (~s; ~e) (d.-it.) Federbrett (Sportgerät), = **Trampoline** w (~; ~n).
Trampschiff s (~[e]s; ~e) (e.) [*trämp*-] Schiff für Gelegenheitsfrachten (gebaut von der **Tramp|reederei** w [~; ~en]); **Trampschiffahrt** w (~; ~en) je nach Charter eingesetzte Schiffahrt.
Tramway w (~; ~s) (e.) [-*uäi*] → Tram.
Trance w (~; ~n) (lat.-fr.) [*tranß*] ⚵ Hypnosezustand (*in T. sein* nicht bei sich sein).
Tranche w (~; ~n) (lat.-fr.) [*trañsch*] Abschnitt; dicke Fleisch-, Fischschnitte; Teilbetrag einer Wertpapier|emission; **Trancheur** m (~s; ~e) [*trañschör*] Vorschneider ↓; **tranchieren**

ZW (-rte, -rt) ↗ [*trañschi̱*-] (Speisen) zerlegen.
Tranquilizer m (~s; ~) (e.) [-*lais*ᵉ*r*] ⚵ Dämpfungs-, Beruhigungsmittel; **tranquillamente** (it.) [-*ku|il*-] ♪ ruhig, = **tranquillo** [-*ku|il*-]; s. s.: **Tranquillo** (~s; -lli) [-*ku|il*-] ♪.
Trans|aktion w (~; ~en) (lat.) Übereinkunft; großes (Bank-)Geschäft (*T.en vornehmen*).
trans|alpin(isch) EW (lat.) südlich der Alpen; **trans|atlantisch** EW (lat.) jenseits des Atlantik.
Trans|atmosphären-Jet m (~-~s; ~-~s) (lat.-e.) Weltraumflugzeug für Nutzlasten.
Transcription w (~; ~s) (e.) [*tränßkriptsch'n*] besonders qualitätsvolle Tonbandaufnahme für Rundfunksendungen.
Transduktor m (~s; -toren) (lat.) Magnetverstärker.
Tran|sept m, s (~[e]s; ~e) (lat.-e.) † Kirchenquerschiff.
Trans-Europa-Expreß Fernschnellzug durch mehrere Länder (⚵ *TEE*).
Transfer m (~s; –) (e., = Übertragung) zwischenstaatliche Geldleistungen; Übergang eines Profisportlers an einen andern Verein; Übertragung erlernter Vorgänge auf eine neue Aufgabe; **transferabel** EW umwechselbar; **Transferbahn** w (~; ~en) Übergangsbahn stationärer Satelliten aus Erdumlaufbahn in die Erdsynchronbahn; **Transferbilanz** w (~; ~en) Teil der Zahlungsbilanz; **transferieren** ZW (-rte, -rt) ↗ (lat.) (Zahlungen [ins Ausland]) übertragen; **Transfer|manifest** s (~s; ~e) schriftl. Verpflichtung der Fluggesellschaften, Fracht weiterzuleiten; **Transferstraße** w (~; ~n) (lat.-d.) zur Leistung verschiedener Arbeitsgänge gekoppelte Werkzeugmaschinen (Fertigungsstraße).
Transfiguration w (~; ~en) (lat.) † Verklärung (Christi).
transfinit EW (lat.) unendlich.
Transfluxor m (~s; -xoren) (lat.) elektronisches Bauelement aus magnetisierbarem Stoff.
Transfokator m (~s; -toren) (lat.) Objektiv mit einstellbarer Brennweite.
Transformation w (~; ~en) (lat.) Umwandlung; ⊰ Übergang in ein anderes Koordinatensystem; Umformung von Wechselstromspannungen; Sublimierung sexueller Triebe; **Transformator** m (~s; -toren) Umspanner; EW: **transformatorisch**; **transformieren** ZW (-rte, -rt) ↗ umwandeln, -formen;

Transformismus m (~; –) Annahme, daß die höheren von niederen Lebewesen abstammen; Anpassung der Regierung an die derzeitige Parlamentszusammensetzung.

transfundieren ZW (-rte, -rt) ↗ (lat.) (Blut) übertragen; von einem ins andere Gefäß gießen; **Transfusion** w (~; ~en) ⚕ (Blut-)Übertragung.

transgalaktisch EW (lat.) jenseits der Milchstraße.

transgen EW (lat.) fremde Gene übertragend (*t.e Tiere* mit je einem Gen pro Zelle aus anderem Organismus).

transgredieren ZW (-rte, -rt) ↙ (lat.) weithin überfluten; **Transgression** w (~; ~en) Vordringen des Meeres über die Küste.

Transhumance w (~; –) (lat.-fr.) [*-ümãñß*] ↓, = **Transhumanz** w (~; –) Weidewirtschaft an wechselnden Orten; Almweide im Sommer.

Transigenz w (~; –) (lat.) Toleranz; Verträglichkeit; **transigieren** ZW (-rte, -rt) ↙ verhandeln; Vertrag (Vergleich) schließen.

Transistor m (~s; -toren) (lat.) Halbleiter-, Verstärkerelement; mit Transistoren betriebener (tragbarer) Rundfunkempfänger, = **Transistorgerät** s (~[e]s; ~e), = **Transistorradio** s (~s; ~s); **transistorieren** ZW (-rte, -rt) ↗ mit Transistor ausstatten.

Transit m (~s; ~s) (lat.) Warendurchfuhr; **Transit|abkommen** s (~s; –) Vertrag über Durchfuhr (zwischen BRD und DDR 1972); **Transithandel** m (~s; –) Warenverkehr durch ein Land ohne Abladen und Bearbeitung; **transitieren** ZW (-rte, -rt) ↙ durchgehen; ↗ durchführen; **Transition** w (~; ~en) Übergang, -gehung ↓; **transitiv** EW zielend (*t.es Zeitwort* = **Transitiv** s [~s; ~e] = **Transitivum** s [~s; -va]); **transitivieren** ZW (-rte, -rt) ↗ transitiv machen; **Transitklausel** w (~; ~n) Lieferungsvereinbarung (Zoll trägt Käufer); **Transitori|en** M nur ausnahmsweise bewilligte Staatsgelder; **transitorisch** EW vorübergehend; nachher wegfallend; **Transitorium** s (~s; -ri|en) einmalige Nachbewilligung im Haushalt; **Transitron** s (~s; -trone) (lat.-gr.) Röhrenkippschaltung zur Impulserzeugung; **Transitvisum** s (~s; -va) (lat.) Durchreiseerlaubnis, -stempel.

Trans|kau|kassion w (~; –) (r.) Kaukasuslinie (Eisenbahn).

trans|kontinental EW (lat.) durch einen Erdteil hindurch (über ihn hinweg).

transkribieren ZW (-rte, -rt) ↗ (lat.) um-, überschreiben, in eine andere Schrift umschreiben; ♪ (Komposition) umschreiben; **Transkription** w (~; ~en) ♪ Bearbeitung eines fremden Stückes für neue Besetzung; Übertragung in eine andere Schrift.

trans|kutan EW (lat.) ⚕ durch die Haut.

Translation w (~; ~en) (lat.) ⚔ geradlinig fortschreitende Körperbewegung; Übersetzung; Übertragung (eines Rechts auf ein anderes); = → Trope; Parallelverschiebung von Kristallflächen; Bewegung von Gletschern; **Translator** m (~s; -toren) Dolmetscher.

Transliteration w (~; ~en) (lat.) buchstabengetreue Wiedergabe in anderer Schrift; ZW: **transliterieren** (-rte, -rt) ↗.

Translokation w (~; ~en) (lat.) Verlagerung eines Chromosomenteils in ein anderes Chromosom; ZW: **translozieren** (-rte, -rt) ↗.

trans|lunar(isch) EW (lat.) jenseits des Mondes.

transluzent EW (lat.) durchscheinend, = **transluzid** EW (lat.) (Ggs.: *opak*).

transmarin(isch) EW (lat.) überseeisch.

Transmigration w (~; ~en) (lat.) Seelenwanderung.

Transmission w (~; ~en) (lat.) Einrichtung zur Übertragung von Drehmomenten; Durchlassung von Strahlen durch einen andern Stoff ohne Frequenzänderung; **Transmitter** m (~s; ~) Mikrophon; Sender; **transmittieren** ZW (-rte, -rt) ↗ übertragen, -bringen, -setzen.

transmontan EW (lat.) jenseits der Berge; † streng katholisch.

Transmutation w (~; ~en) (lat.) vererbbare Genveränderung; **Transmutations|theorie** w (~; –) Abstammungslehre; **transmutieren** ZW (-rte, -rt) ↗ umwandeln.

trans|ozeanisch EW (lat.) jenseits des Ozeans.

trans|parent EW (lat.) durchsichtig; **Trans|parent** s (~[e]s; ~e) (lat.) durchscheinendes Bild; Spruchband; **Trans|parenz** w (~; –) Lichtdurchlässigkeit; Durchsichtigkeit.

Transpiration w (~; ~en) (lat.) Hautausdünstung; ⚘ Wasserabgabe als Dampf; **transpirieren** ZW (-rte, -rt) ↙ schwitzen.

Trans|plantat s (~[e]s; ~e) (lat.) ⚕ verpflanztes Gewebe; **Trans|plantation** w (~; ~en) ⚕ Gewebeverpflanzung; ⚘

Pfropfung; ZW: trans|plantieren (-rte, -rt) ↗.

Trans|pluto m (~s; –) (KuW) vorläufiger Name für vermutetes Gestirn im Sonnensystem jenseits des Pluto.

Transponder m (~s; ~) (KuW, e. ⊄ transmit + respond) Verstärkeranlage für die Nachrichtenübermittlung.

trans|ponieren ZW (-rte, -rt) ↗ (lat.) ♪ in andere Tonart umsetzen; w. s.: Trans|ponierung (~; ~en).

Trans|port m (~[e]s; ~e) (lat.) Menschen-, Sachbeförderung; Fracht(gut); Übertragung (auf die nächste Seite); Schreibmaschinenteil; trans|portabel EW trag-, beförderbar; Trans|portation w (~; ~en) Beförderung; Transporter m (~s; ~) ✕ Flugzeug für Truppenbeförderung; Trans|port|auto, -schiff; Trans|porteur m (~s; ~e) [-tör] Beförderer; ⊲ Winkelmesser, -auftrager; trans|portieren ZW (-rte, -rt) ↗ versenden; befördern; Transportierung w (~; ~en) = → Transportation.

Trans|position w (~; ~en) (lat.) ♪ Übertragung in andere Tonart; dreifacher Chromosomenbruch als Ursache einer Bruchstückumlagerung; Umstellung.

Transquilit m (~s; ~e) (lat. KuW) (im „Meer der Stille" gefundenes) Mondgestein.

Trans|rapid s (~s; –) (KuW) Magnetschwebebahn (bis 500 km/h).

Trans|sexualismus m (~; –) (lat.) Drang, dem anderen Geschlecht anzugehören.

trans|sonisch EW (lat.) über die Schallgeschwindigkeit hinausgehend.

Trans|substantiation w (~; ~en) (lat.) Umformung einer Substanz; † Verwandlung der Hostie.

Trans|sudat s (~[e]s; ~e) (lat.) ⚕ Blutausschwitzung; Trans|sudation w (~; ~en) Erguß; Ergießung.

Trans|uran s (~s; ~e) (lat.) durch Beschuß von Uran mit Neutronen erzeugtes radioaktives Element, EW: trans|uranisch von höherer Ordnungszahl als Uran (= 92).

transversal EW (lat.) quer; Transversale w (~; ~n) ⊲ Gerade, die eine Figur schneidet; Dressur|gang|art (Reitsport).

transvestieren ZW (-rte, -rt) ↙ (lat.) Kleider des andern Geschlechts benutzen; Transves(ti)tismus m (~; ~) ♀ Drang zum Tragen von Kleidern des anderen Geschlechts; m. s.: Transvestit (~en; ~en).

trans|zendent EW (lat., = übersteigend) außerhalb des Bewußtseins, der Erfahrung (Ggs.: immanent); außerweltlich; unfaßbar (t.e Zahl nichtalgebraische Zahl); trans|zendental EW bewußt, aber nicht erfahren; allem Seienden eigen, übergattungsmäßig; = → transzendent; Trans|zendentalphilosophie w (~; –) System erfahrbarer trans|zendenter Begriffe (Kant); m. s.: Trans|zendentalismus (~; –); Transzendenz w (~; –) Überschreitung der Bewußtseinsgrenze; Gebiet jenseits der Bewußtseinsgrenze; Jenseits; trans|zendieren ZW (-rte, -rt) ↗ überschreiten.

Trapez s (~es; ~e) (gr.) ⊲ Viereck mit nur 2 parallelen Seiten; Turngerät; Trapezo|id s (~[e]s; ~e) ⊲ Viereck ohne Parallelen.

Trapper m (~s; ~) (e., = Fallensteller) [auch: träp-] Pelzjäger.

Trappist m (~en; ~en) (nach dem fr. Kloster La Trappe, 1664) † strenger Zisterzi|enser.

Traps m (~; ~) (e.) [träpß] Geruchsverschluß an Ausgüssen.

trascinando (it.) [-schi-] ♪ schleppend; s. s.: Trascinando (~s; -di).

Traß m (-sses; -sse) (lat.-fr.-nl.) Vulkantuff.

Trassant m (~en; ~en) (lat.) Aussteller (eines gezogenen Wechsels); Trassat m (~en; ~en) Bezogener eines Wechsels.

Trasse w (~; ~n) (fr.) Straßen-, Bahn-, Kanallinie; trassieren ZW (-rte, -rt) ↗ (e.) Weg abstecken; Wechsel auf jmdn. ziehen (ausstellen).

trätabel EW (fr.) fügsam ↓.

Tratte w (~; ~n) (lat.-it.) gezogener Wechsel.

Trattore m (~; -ri) (it.) Gastwirt; Trattoria w (~; -i|en) (it.) Wirtshaus, = Trattorie w (~; -i|en).

Trauma s (~s; -mata) (gr.) anhaltende seelische Erschütterung; Verletzung durch Gewalteinwirkung; EW: traumatisch; w. abstr. s.: Traumatologie (~; –) Lehre vom Trauma; EW: traumatologisch.

Trautonium s (~s; -i|en) (d.-lat., nach dem d. Physiker F. Trautwein, 1888 bis 1956) ♪ elektronisches Musikgerät.

Travellerscheck, -cheque m (~s; ~s) (e.) [träw-] Reisescheck.

travers EW (lat.) quer(gestreift); Travers s (~; ~) (fr.) [-wär] Seitengang des Pferdes; Traverse w (~; ~n) Querverbindung(sstück); Schulterwehr; Ausleger; □ Querbalken; =

traversieren

Travers; **traversieren** ZW (-rte, -rt) ↗ durchqueren; ↙ zur Seite hin ausfallen; ↗ quer durchreiten; einen Hang horizontal entlanggehen; w. s.: **Traversierung** (~; ~en).
Travestie w (~; -i|en) (it.) (literarische) Verspottung ernster Stoffe; ZW: **travestieren** (-rte, -rt) ↗.
Trawl s (~s; ~s) (e.) [*trôl*] Grundschleppnetz; **Trawler** m (~s; ~) [*trô-*] ⚓ Netzfischdampfer.
Treasure s (~s; ~) (e.) [*trẹscher*] Schatz; **Treasury** s (~; –) [*trẹschʼri*] e. Schatzamt.
Treatment s (~s; ~s) (am.) [*trît-*] ins einzelne geh. Drehbuch (Exposé).
Trecentist m (~en; ~en) (it.) [-*tschen*-] Künstler des 14. Jh.s; **Trecento** s (~s; –) [*trêtschento*] 14. Jh. (in Italien).
Treck m (~s; ~s) (nl.) Ochsenkarrenzug (der Buren); Kolonne flüchtender (wandernder) Wagen.
Treff s (~s; ~s) (lat.-fr.) „Eichel" (Kartenblattfarbe, = Kreuz).
treife EW (heb.) unrein.
Treille w (~; ~s) (fr.) [*trå̊j*] Geländesprosse; eisernes Kreuzgitter; vgl. → Tralje.
Trekking s (~s; ~s) Wandern mit Trägern.
Trelon s (~s; –) (KuW) strapazierfähige Kunstfaser.
Trema[1] s (~s; ~ta/-men) (gr.) zwei Punkte nebeneinander zum Zeichen getrennter Aussprache benachbarter Selbstlaute; Schneidezahnlücke.
Trema[2] s (~s; –) (gr.) Angst, Zittern.
Trematoden M (gr.-lat.) Saugwürmer.
tremblieren ZW (-rte, -rt) ↗ (fr.) [*trañbl-*] eine Zitterlinie eingravieren; **tremolando** (it., ≠ trem.) ♪ zitternd; **tremolieren** ZW (-rte, -rt) ↙ ♪ denselben Ton schnell oft wiederholen; **Tremolo** s (~s; -li) ♪ Aufteilung *einer* Note in schnelle Tonrepetitionen (≠ trem.); **Tremor** m (~s; -ores) ✚ Zittern (der Muskeln); **Tremulant** m (~en; ~en) ♪ Orgelhilfsregister; **tremulieren** ZW (-rte, -rt) ↙ ♪ = → tremolieren.
Trenchcoat m (~s; ~s) (e.) [*trenschkôᵘt*] Sportwettermantel.
Trend m (~s; ~s) (e.) Grundrichtung; Wirtschaftskurve ohne die gelegentl. Abweichungen; **Trendsetter** m (~s; ~) wer die Grundrichtung bestimmt.
Trense w (~; ~n) (sp.-nl.) einfache Pferdezäumung; Schnur.
Trente-et-quarante s (~-~-~; –) (fr.) [*trañt êkarañt*] Glückskartenspiel; **Trente-et-un** s (~-~-~; –) [*trañtê ö̱n*] Glückskartenspiel.

Trepanation w (~; ~en) (gr.-lat.) Schädeldachaufmeißelung; ZW: **trepanieren** (-rte, -rt) ↗.
Trepang m (~s; ~s/~e) (mal.-e.) Seewalze (Delikatesse).
trepanieren → Trepanation.
Trephine w (~; ~n) (lat.-e.) ✚ Operationswerkzeug (Ringsäge).
Tresor m (~s; ~e) (gr.-lat.-fr.) Stahlkammer; **Tresorknacker** m (~s; ~) Geldschrankräuber.
Tresse w (~; ~n) (fr.) Schmuckborte (aus [mit] Metallfäden); **tressieren** ZW (-rte, -rt) ↗ Haare mit Zwirn verknoten; **Tressierer** m (~s; ~) Flechter von Haareinlagen.
très vite (fr.) [*träwit*] ♪ sehr schnell.
Treuga De|i w (~~; –) (lat.) bei Gott beschworener Landfriede.
Trevira s (~s; –) (KuW) Polyesterfaser.
Triade w (~; ~n) (lat.) Dreizahl, Dreiheit; EW: **triadisch**.
Triage w (~; ~n) (fr.) [-*âsch*] zweite Wahl (der Ware).
Trial[1] m (~s; ~e) (lat.) Numerus für Dreizahl.
Trial[2] s (~s; ~s) (e.) [*traiel*] Vorprüfung von Rennpferden; Motorradrennen; **Trial-and-error-Prinzip** s (~-~-~-~s; –) [*traieländ-*] Lerntechnik („aus Fehlern lernen").
Trialismus m (~; –) (lat.) Dreiteilungsprinzip (im Denken: These-Antithese-Synthese; in der Weltvorstellung: Leib-Seele-Geist); EW: **trialistisch**.
Triangel m (~s; ~) (lat.) ♪ Musikinstrument; **triangulär** EW dreieckig; **Triangulation** w (~; ~en) Dreiecksnetz zur Geländevermessung; **Triangulatur** w (~; ~en) □ Dreieck als Proportionsbasis; **triangulieren** ZW (-rte, -rt) ↗ mit Dreiecken messen; Bäume auf bestimmte Art pfropfen; **Triangulierung** w (~; ~en) = → Triangulation.
Triarchie w (~; -i|en) (gr.) = → Triumvirat.
Trias w (~; –) (gr.) ✚ Gruppe dreier gemeinsam auftretender Krankheitsmerkmale; älteste Epoche des Erdmittelalters; EW: **triassisch**.
Tri|athlon m (~; –) (gr.) Sportdisziplin (Dreikampf).
Tribade w (~; ~n) (gr.) w. Homosexuelle; **Tribadie** w (~; –) w. Homosexualität (lesbische Liebe)
Tribalismus m (~; –) (e.-lat.) Stammesbewußtsein.
Tribologie w (~; –) (gr.) Erforschung der Oberflächenabnützung; EW: **tribologisch**; **Tribo|lumineszenz** w (~; –)

Leuchterscheinungen beim Zerbrechen, -reißen von Kristallen; **Tribometer** s (~s; ~) Gerät zur Feststellung des Reibungsko|effizi|enten.

Tribrachys m (~; ~) (gr.) Versfuß aus 3 Kürzen (∪∪∪).

Tribulation w (~; ~en) (lat.) Peinigung; Belästigung; ZW: **tribulieren** (-rte, -rt) ↗.

Tribun m (~[e]s; ~e) (lat.) hoher altröm. Beamter; **Tribunal** s (~[e]s; ~e) Gericht(shof); **Tribunat** s (~[e]s; ~e) Amt eines Tribuns; **Tribüne** w (~; ~n) (fr.) Redner-, Zuschauerbühne; Zuschauer, -hörer.

Tribus w (~; ~) (lat., = Stamm) biologische Klasse zwischen Familie und Gattung.

Tribut m (~[e]s; ~e) (lat.) altröm. Steuer; Abgabe (des Besiegten) *(seinen T. zollen)*; **tributär** EW zinspflichtig ↓.

Trich|algie w (~; -i|en) (gr.-lat.) Kopf(haut-)Schmerz; **Trichiasis** w (~; -) (gr.) = → Trichose; **Trichine** w (~; ~n) Fadenwurm; **trichinös** EW voller Fadenwürmer; **Trichinose** w (~; ~n) ⚕ Erkrankung durch Fadenwürmer.

Trichloräth(yl)en s (~s; ~e) (gr.-lat.) organ. Chlorverbindung als Löse- und Reinigungsmittel; **Trichlormethan** s (~s; ~e) = Chloroform.

Trichom s (~[e]s; ~e) (gr.-lat.) ⚕ Haargebilde; Haarverfilzung durch Läuse; **Trichomyzeten** M Haarpilze; **Trichose** w (~; ~n) Überbehaarung; die Augen berührende Wimpernstellung; **Trichotomie** w (~; -i|en) (gr.) Dreigliederung; EW: **trichotomisch**; **Trich|uriasis** w (~; -) (gr.-lat.) ⚕ Wurmerkrankung; **Trich|uris** w (~; -) die Fadenwürmer.

Tricinium s (~s; -i|en) (lat.) ♪ kontrapunktischer Satz für drei Singstimmen.

Trick m (~s; ~s) (e.) Kniff; Kartenstich; **Trickfilm** m (~[e]s; ~e) gefilmte Einzelbilder; **tricksen** ZW (-ckste, getrickst) ↗ Ballspielgegner um-, ausspielen; **Trickski** m (~; ~er) (e. norw.) [*-schi*] besonderer Ski für besondere Skikunstformen; **Tricktrack** s (~ s; ~ s) Brettspiel (= Puff), **Tricky Dicky** m (~ ~s; ~ ~s) (nach am. Präsidenten Nixon) listiger Bursche.

tridentinisch EW (nach der it. Stadt *Tri|ent*) zu (aus, in, von) Tri|ent (*T.es Glaubensbekenntnis* †, 1564); **Tridentinum** s (~s; -) Trientiner Reformkonzil (1545–1563).

Tridu|um s (~s; -du|en) (lat.) 3 Tage.

Tridymit m (~s; ~e) (KuW) Mineral (Modifikation von Siliciumdioxid).

Tri|ederbin|okel s (~s; ~) (lat., KuW) Doppelfernrohr.

tri|ennal EW (lat.) dreijährig; **Tri|ennale** w (~; ~n) alle 3 Jahre stattfindende Veranstaltung; **Tri|ennium** s (~s; -ni|en) 3 Jahre.

Tri|ere w (~; ~n) (lat.) altröm. Dreibankruderer.

Tri|eur m (~s; ~e) (fr.) [*-ör*] Getreidereiniger.

Trifle s (~s; ~s) (e.) [*traifl*] Zwiebackauflauf mit Früchten.

Trifokalglas s (~es; -gläser) (lat.-d.) Brillenglas für drei verschiedene Weiten.

Trifolium s (~s; -li|en) (lat.) Dreiblatt; 3 Personen (Dinge).

Triforium s (~s; -i|en) (lat.) □ got. Innenwandgliederung.

Triga w (~; ~s/-gen) (lat.) dreifach bespannter Wagen; Dreigespann.

Trigeminus m (~; -ni) (lat.) ⚕ dreiteiliger Gesichtsnerv; **Trigeminusneuralgie** w (~; -i|en) ⚕ Reizzustand der Hirnnerven.

Trigger m (~s; ~) (e.) Auslöser; Auslöse|impuls.

Triglotte w (~; ~n) (gr.) (Wörter-)Buch in 3 Sprachen.

Triglyphe w (~; ~n) (gr.) oder **Triglyph** m (~en; ~en) □ Friesfurche am dorischen Tempel.

trigonal EW (gr.-lat.) dreieckig.

Trigonometer m (~s; ~) (gr.) Landvermesser, der mit → Triangulation arbeitet; **Trigonometrie** w (~; -) ⚔ Lehre von den ebenen Flächen mit Hilfe der Dreieckswinkelfunktionen; EW: **trigonometrisch** (*t.er Punkt* Eckpunkt einer → Triangulation; *t.e Funktion* ⚔ Winkelfunktion zur Dreiecksberechnung).

triklin(isch) EW (gr.) ⚔ auf 3 verschiedene lange Achsen bezogen, die sich in schiefen Winkeln schneiden (*t.es System* bei Kristallen).

Trikoline w (~; ~n) (fr.) Baumwollgewebe; Oberhemdenrips.

trikolor EW (lat.) dreifarbig; **Trikolore** w (~; ~n) dreifarbige Flagge (Frankreichs).

Trikot m, s (~s; ~s) (fr.) [*-kó*] gewirkter Maschenstoff; enganliegendes Kleidungsstück; **Trikotagen** M [*-tâschen*] poröse Wirkwaren; **Trikotine** m (~s; ~s) [*-tín*] trikotartiger Wollstoff.

Trikresylphosphat s (~s; ~e) (KuW) organische Phosphorverbindung und Kunststofferweicher.

Triller

Triller m (~s; ~) (it.) ♪ Verzierung.
Trilliarde w (~; ~n) (lat.) 1000 Trillionen; **Trillion** w (~; ~en) 1000000 Billionen.
Trilobit m (~en; ~en) (gr.-lat.) ausgestorbene Krebsform.
Trilogie w (~; -i|en) (gr.) dreiteiliges Werk.
trimer EW (gr.) dreiteilig.
Trimester s (~s; ~) (lat.) 3 Monate; ein Drittel des Studienjahres.
Trimeter m (~s; ~) (gr.) Vers aus zweimal 3 Jamben.
Trimm m (~s; -) (e.) ⚓ richtige Schwimmlage; guter Zustand eines Schiffes; **trimmen** ZW (-mmte, getrimmt) ↗ ⚓ in die richtige Schwimmlage bringen; Funkgerät auf höchste Leistung bringen; Langhaarhund scheren; auf den besten Stand bringen, herrichten; vom (Kohle-)Bunker zum Kessel bringen; **Trimmer** m (~s; ~) ⚓ Kohlenzieher; Kleinkondensator zum Abgleichen von Schwingungen; **Trimmflosse** w (~; ~n) Horizontalfläche am Flugzeugschwanz (reguliert Längsneigung); **Trimmung** w (~; ~en) ⚓ Längsrichtung eines Schiffes.
trimorph(isch) EW (gr.) dreigestaltig; m. abstr. s.: **Trimorphismus** (~; -).
Trimurti w (~; -) (skr.) ikonogr. Darstellung der göttl. Dreifaltigkeit des Hinduismus (Hauptgötter Brahma, Wischnu und Schiwa).
trinär EW (lat.) dreifach; **Trination** w (~; ~en) † 3 Messen am Tag vom selben Geistlichen.
Trinitari|er m (~s; ~) (lat.) † Augustinermönch (seit 1198); † Drei|einigkeitsgläubiger; **trinitarisch** EW † die Drei|einigkeit Gottes angehend; **Trinität** w (~; -) † Dreifaltigkeit; **Trinitatis** s (~; -) † Dreifaltigkeitsfest (1. Sonntag nach Pfingsten).
Trinitrotoluol s (~s; -) (lat. KuW) ⚗ Sprengstoff (≠ *TNT*).
Trinom s (~s; ~e) (gr.) ⚔ dreistellige, -gliedrige Zahl; EW: **trinomisch**.
Trio s (~s; ~s) (lat.-it.) ♪ Stück für 3 Instrumente (mit fortlaufendem Baß); ♪ Mittelsatz (urspr. nicht mit vollem Orchester gespielt); **Triode** w (~; ~n) (gr.) Elektronenröhre mit 3 Elektroden; **Triole** w (~; ~n) (it.) ♪ 3 gleichlange Töne in 2 Taktteilen; **Triolismus** m (~; -) Geschlechtsverkehr zu dritt.
Triotar s (~s; ~e) (KuW) Lichtbildobjektiv mit langer Brennweite.
Tri|özie w (~; -) (lat.) ⚘ Dreihäusigkeit; EW: **tri|özisch** ⚘.
Trip m (~s; ~s) (e.) Reise; Drogenrausch *(T.s werfen);* Rauschdrogenmenge.
Tripalmitin s (~s; -) (KuW) in vielen Fetten enthaltene Substanz.
Tripel m (~s; -) (nach dem ON *Tripolis*) Kiesel|erde.
Tripelkonzert s (~s; ~e) (fr.-lat.) ♪ Orchesterkonzert mit 3 Solisten; **tripelsec** EW (fr.) sehr trocken (von alkoholischen Getränken); **Tripelspiegel** m (~s; ~) Anordnung von 3 ebenen Spiegeln.
Triphthong m (~s; ~e) (gr.-lat.) Dreilaut.
Triplé s (~s; ~s) (lat.-fr.) Zweibandenspiel (Billard).
Triplikat s (~[e]s; ~e) (lat.) 3. Urkundenausfertigung; **Triplikation** w (~; ~en) dreimalige Wortwiederholung; **Triplit** m (~[e]s; ~e) Eisenpecherz; **Triplizität** w (~; -) Dreifachheit; dreifaches Auftreten; **triplo|id** EW mit dreifachem Chromosomensatz; **Triplum** s (~s; -pla) das Dreifache ↓.
Tripmadam w (~; ~s/~en) (fr.) ⚘ Fetthenne.
Tripodie w (~; -i|en) (gr.) Dreitaktvers.
Triptik s (~s; ~s) (e.) Einfuhrbescheinigung für Kraftfahrzeuge.
Tripton s (~s; -) (gr.) organ. Schwebestoffe im Wasser.
Triptychon s (~s; -cha/-chen) (gr.) Dreiflügelaltar.
Triptyk = → Triptik.
Tripus m (~; -poden) (gr.-lat.) altgr. Dreifußgestell für Gefäß (Siegerpreis, Weihegeschenk).
Trireme w (~; ~n) (gr.) Dreiruderer.
Trirotron s (~s; ~e) (gr., KuW) Hochleistungsverstärker (auf Elektronenbeschleunigung beruhend).
Tri|saccharid s (~s; ~e) (gr., KuW) Kohlehydrate aus je 3 einfachen Zuckermolekülen.
Trischa w (~; ~s) (jap.-e.) Fahrrad mit Beiwagen.
Trisektion w (~; ~en) (lat.) ⚔ Dreiteilung des Winkels; **Trisektrix** w (~; -) (lat.) ⚔ ebene Kurve 3. Ordnung.
Trismus m (~; -men) (gr.) ✚ Kieferklemme, -sperre, -krampf.
trist EW (lat.) trübselig, traurig; w. s.: **Tristesse** (~; -) (fr.).
tristich EW (gr.) ⚘ dreizeilig; **Tristichon** s (~s; -cha) (gr.) Strophe aus 3 Versen.
trisyllabisch EW (gr.) dreisilbig.
Tritan|opie w (~; -i|en) (gr.) ✚ Farbenblindheit.
Triterium s (~s; -) (gr.-lat.) = → Tritium.

Triticum s (~s; –) (lat.) ⊕ Weizen.
Tritium s (~s; –) (gr.) ☉ Isotop des Wasserstoffs (≄ T); **Triton**¹ s (~s; -onen) Atomkern des Tritiums.
Triton² m (~s; -onen) (gr.-lat.) fischleibiger Meergott; Salamanderart; Kinderroller.
Tritonus m (~; -ni) (gr.-lat.) ♪ Intervall von 3 Ganztönen.
Trituration w (~; ~en) (lat.) ⚕ Verreibung.
Triumph m (~[e]s; ~e) (lat.) Siegesjubel; Einzug des siegreichen Feldherrn; **triumphal** EW siegreich; frohlockend; sieghaft; **Triumphator** m (~s; -toren) Sieger; **triumphieren** ZW (-rte, -rt) ↙ seiner Siegerfreude Ausdruck geben; jmdn. überzeugend besiegen (*t. über jmdn.*).
Triumvirat s (~[e]s; ~e) (lat.) Dreimännerregierung.
trivalent EW (lat.) ☉ dreiwertig.
trivial EW (lat.) alltäglich; abgedroschen; w. abstr. s.: **Trivialität** (~; ~en); **Trivial|literatur** w (~; –) anspruchslose Unterhaltungsromane, -erzählungen; **Trivialname** m (~ns; ~n) unwissenschaftliche Bezeichnung; **Trivium** s (~s; –) Unterstufe im mittelalterl. Studium.
Trizeps m (~; ~e) (lat.) ⚕ dreiköpfiger (Oberarm-)Muskel.
Trochä|us m (~; -ä|en) (gr.) antiker Versfuß (– ◡); EW: **trochä|isch**.
Trochozephale m (~n; ~n) (gr.) ⚕ Rundkopf; Rundköpfiger; w. abstr.: **Trochozephalie** (~; –); EW: **trochozephalisch**.
Troglodyt m (~en; ~en) (gr.) Höhlenbewohner; Eiszeitmensch; EW: **troglodytisch**.
Trogon m (~s; -onten) (gr.) südam. Vogelart mit Nageschnabel.
Troicart m (~s; ~s) = → Trokar.
Tro|ika w (~; -ken) (r.) Dreigespann.
trojanisch EW (vom ON *Troja*) aus (in, von) Troja (*T.es Pferd* listige Überraschung [des Gegners]; eigentl.: hölzernes Hohlpferd, mit gr. Kriegern gefüllt, die Troja eroberten).
Trokar m (~s; ~e), **Troicart** m (~s; ~s) [*troakâr*] (lat.-fr.) ⚕ dreikantige Nadel mit Röhre.
trokieren ZW (-rte, -rt) ↗ ↙ (fr.) Waren tauschen.
Trolley s (~s; ~s) (e.) [*trolli*] Kontaktschiene, -rolle; m (~s; ~s) [*trolli*] ≄ **Trolleybus** m (~ses; ~se) [*trolli*-] Oberleitungsbus.
Trombe w (~; ~n) (it.) Luftwirbel; Sand-, Wind-, Wasserhose.

Trombikulose w (~; ~n) (gr.-lat.) ⚕ Heukrätze.
Trompe-d'œuil s, m (~-~s; ~-~s) (fr. = Augentäuschung) [*trônpdoí*] perspektivisch realistische Malerei.
Trompete w (~; ~n) (fr.) ♪ Blechblasinstrument mit konischem Rohr und Kesselmundstück, in waagerechter Haltung gespielt; **trompeten** ZW (-tete, -tet) ↙ ♪ Trompete blasen; laut sprechen, sich laut schneuzen; zechen; m. s.: **Trompeter** (~s; ~).
trompieren ZW (-rte, -rt) ↗ (fr.) täuschen.
Trope w (~; ~n) (gr.) rhetorisches Bild; Bildvertauschung; ♪ Texterweiterung (im Gregor. Gesang); **Tropen** M (gr., = Wendekreise) Zone mit tropischem Klima; **Tropen|institut** s (~[e]s; ~e) Anstalt zur Erforschung der tropischen Krankheiten.
Trophä|e w (~; ~n) (gr.) Siegeszeichen; Jagdbeute.
trophisch EW (gr.) ⚕ gewebe|ernährend; **Trophoblast** m (~en; ~en) ⚕ Nährhülle des Embryos; **trophogen** EW natürliche Nahrung (für Tiere) bildend; **Trophologe** m (~n; ~n) Ernährungswissenschaftler; **Trophologie** w (~; –) Ernährungslehre.
Tropical m (~s; ~s) (gr.-e.) [-*kel*] luftdurchlässiger Kleiderstoff; **Tropika** w (~; –) ⚕ schwere Malaria; **tropisch** EW aus (in, bei, von) den Tropen; auf den Frühlings|punkt bezogen (*t.er Zyklon* Wirbelsturm in den Tropen; *t.es Jahr* Zeit zwischen 2 Frühlingsdurchgängen der Sonne); **Tropismus** m (~; -men) (gr.-lat.) Richtungs|änderung durch Reiz (bei Pflanzen, festsitzenden Tieren); **Tropopause** w (~; –) (gr.) Atmosphäre zwischen Troposphäre und Stratosphäre; **Trophophyt** m (~en; ~en) ⊕ Pflanze auf Boden wechselnder Feuchtigkeit; **Troposphäre** w (~; –) (gr.) tiefster Teil der Atmosphäre (bis 16 km hoch), Wetterschicht; **Tropotaxis** w (~; -taxen) Richtungs|änderung frei beweglicher Lebewesen.
troppo (it.) ♪ zu sehr.
Tropus m (~; -pen) (gr.-lat.) bildlicher Ausdruck; ♪ kirchenmusikalische Erweiterung der Liturgie; ♪ Kirchenton.
Troß m (-sses; -sse) (lat.-fr.) ⚔ = → Train.
Trosse w (~; ~n) (fr.) Hanf-, Drahtseil.
Trott m (~s; –) (it.) langsamer (Geschäfts-)Gang; **Trotteur** m, s (~s; –) (fr.) [*trottôr*] = **Trotteurschuh** m (~s;

Trotto|ir

~e) [*-tôr-*] Laufschuh mit niedrigem Absatz; **Trotto|ir** s (~s; ~e) [*-toậr*] Bürgersteig.

Trotzkismus m (~; –) (nach dem r. Politiker L. *Trotzki,* 1879–1940) Abweichung von der kommunist. Parteilinie; m. s.: **Trotzkist** (~en; ~en); EW: **trotzkistisch**.

Troubadour m (~s; ~e) (fr.) [*trûbadậr*] Liebesdichter; Verliebter.

Trouble m (~s; –) (e.) [*trạbbel*] Ärgernis, Unruhe; **Trouble-shooter** m (~-~s; ~-~) (e.) [*trạbbel schậ-*] Streitschlichter; Krisenmanager.

Troupi|er m (~s; ~s) (fr.) [*trupjệ*] Frontsoldat, -offizier.

Trouvaille w (~; ~n) (fr.) [*truwạij*] geglückter Fund.

Troygewicht s (~s; ~e) (nach fr. Stadt *Troyes*) [*troạ-*] Gewichts|einheit für Edelmetalle, -steine (= 31,1035 g).

Trubel m (~s; –) (fr.) Gelärme.

Truck m (~s; ~s) (am.) [*track*] Lastkraftwagen; **Trucksystem** s (~s; –) (e.-gr.) [*track-*] Entlohnung in Waren.

Trüffel w (~; ~n) (lat.-it.-fr.-nl.) Würzpilz; Konfekt; ZW: **trüffeln** (-lte, getrüffelt) ↗; mit Würzpilzen anrichten.

Tru|ismus m (~; –) (e.-lat.) Binsenweisheit.

Trullo m (~s; -lli) (it.) □ Einraumrundbau ohne Fenster.

Trumeau m (~s; ~s) (fr.) [*trümộ*] hoher Spiegel ↓.

Trumpf m (~[e]s; Trümpfe) (lat.) die am meisten geltende Farbe im Kartenspiel *(T. spielen);* alle Spielkarten dieser Farbe; Druckmittel *(T. ausspielen).*

Trupp m (~s; ~s) (fr.) Gruppe, Schar; **Truppe** w (~; ~n) ✕ Einheit; umherziehende Gruppe von darstellenden Künstlern; ✕ einsatzbereites Heer.

Trust m (~s; ~s) (e.) [*trast*] Zusammenschluß von Unternehmungen zur Marktbeherrschung; **Trustee** m (~s; ~s) [*trastí*] Treuhänder.

Trypanose w (~; ~n) (gr.) ⚕ Erkrankung durch Blutschmarotzer; **Trypanosom** s (~s; ~e) einzellige Krankheits|erreger, = **Trypanosoma** (~s; -men).

Trypsin s (~[e]s; ~e) (gr.-lat.) ⚕ eiweißspaltendes Bauchspeicheldrüsenferment; **Tryptophan** s (~s; –) ✥ Aminosäure in Eiweißstoffen.

Tschako m (~s; ~s) (ung.) Lederhelm.

Tschamara w (~; ~s/-ren) (tsch.-poln.) Schnürjacke.

Tschandu s (~s; –) (hi.) Opium zum Rauchen.

Tschanoju = → Chanoyu.

Tschapka w (~; -ken) (poln.) Ulanenhelm ↓.

Tschardasch m (~[es]; ~e) (ung.) ung. Volks|tanz.

tschau (it.: ciao) Guten Tag! Auf Wiedersehen!

Tscheka w (~; –) (r. KW) r. Geheimpolizei der frühkommunistischen Zeit (1917–1922); **Tschekist** m (~en; ~en) Mitglied der Tscheka.

Tschernobyl (r.) Standort des 1986 explodierten Reaktorblocks und Symbol für Risiko friedlicher Atomnutzung.

Tschernosem s (~s; ~e) (r.) [*-sjọm*] Schwarzerde, Lößboden.

Tschibuk m (~s; ~s) (türk.) Tabakspfeife mit langem Rohr.

Tschinellen M (it.) ♪ Schlagzeugbecken.

Tsetsefliege w (~; ~n) (ba.-d.) afr. Stechfliege.

T-Shirt s (~-~s; ~-~s) (e.) [*tịschört*] Baumwollhemd mit kurzem Arm.

Tsunami w (~; ~s) (jap.) Flutwelle nach Seebeben.

TTL-Messung w (~-~; ~-~en) (∉ e. through the lens) Innenmessung bei Foto|apparaten.

Tub s (~s; ~) (e.) [*tab*] e. Butter-, Teegewicht (38,10/27,22 kg).

Tuba w (~; -ben) (lat.) ✕ altröm. Infanterietrompete; ♪ tiefes Bügelhorn; ⚕ Eileiter und Eustachische Röhre, = Tube[1]; **Tubar|gravidität** w (~; –) (KuW, lat.) Bauchhöhlen-, Eileiterschwangerschaft.

Tübbing m (~s; ~s) (nl.-e.) Eisenring zum Schachtausbau.

Tube[1] w (~; ~n) → Tuba; **Tube**[2] w (~; ~n) (lat.) biegsamer Farb-, Salbenbehälter *(auf die T. drücken* Leistung steigern; Gas|pedal betätigen; derb anfahren*).*

Tuberkel m (~s; ~), w (~; ~n) (lat.) ⚕ Entzündungsknötchen als Ursache der Tuberkulose; **Tuberkelbazillus** m (~; -llen; ∉ *TbB.*) ⚕ Erreger der Tuberkulose; **tuberkular** EW ⚕ knotig; **Tuberkulin** s (~s; –) ⚕ Gift aus den Tuberkulosebazillen; **Tuberkulom** s (~s; ~e) ⚕ tuberkulöse Gewebegeschwulst; **tuberkulos, tuberkulös** EW (∉ *tbc*) ⚕ an Tuberkulose erkrankt, schwindsüchtig; **Tuberkulose** w (~; ~n) ⚕ chronische Infektionskrankheit (∉ *Tb[c]*); **tuberos** EW (lat.) höckerig; **Tuberose** w (~; ~n) (lat.) ✿ Narzissengewächs (Zierpflanze).

Tubifex m (~es; ~e) (lat.) Brunnen-

wurm; **tubulär** EW (lat.) schlauch-, röhrenförmig, = **tubulös** EW.
Tubus m (~; -ben) (lat.) ↓ Fernrohr; Glasrohr|ansatz; Rohr für die Linse(n).
Tudorstil m (~[e]s; –) (nach einem e. Königshaus, 1485–1603) [*tjûder-*] e. Spätgotik.
Tuff[1] m (~s; ~e) (lat.-it.) versteinerte Vulkan|asche; Kalkablagerung an fließenden Gewässern.
Tuff[2] m (~s; ~s) (nl.-fr.) kunstvolle Schmuckschleife; fester kurzstieliger Blumenstrauß; ⊕ Blumenbusch.
Tuftex s (~; –) (altfr.) maschinengewebter Teppich; **Tuftingware** w (~; ~n) Schlingengewebe, -ware.
Tukan m (~[e]s; ~e) (ind.-sp.-e.-fr.) Pfefferfresser (südam. Vogel).
Tular|ämie w (~; -i|en) (nach einer kalifornischen Landschaft) ⚕ Hasenpest.
Tulasilber s (~s; –) (nach einem r. ON) Silber mit schwarzen Mustern.
Tulifant m (~[e]s; ~e) (it., = Turban) Baby-, Kinderhäubchen, -kleidchen ↓; Gernegroß.
Tüll m (~s; –) (nach einem fr. ON) feines Maschengewebe.
Tulpe w (~; ~n) (pers.-türk.-it.-nl.) ⊕ Liliengewächs; Bierglas mit Stiel; Versager.
Tumba w (~; -ben) (gr.) Art Sarkophag; Katafalk.
Tumbler m (~s; ~) (am.) [*tambler*] Whiskyglas; Trommelwaschmaschine; el. Wäschetrockner.
Tumeszenz w (~; ~en) (lat.) ⚕ Schwellung.
Tümmler m (~s; ~) (nl.) Zahnwal; Haustaubenrasse.
Tumor m (~s; -oren) ⚕ Geschwulst.
Tumult m (~[e]s; ~e) (lat.) Unruhe; Aufruhr, Lärm; **Tumultuant** m (~·-en; ~en) Lärmstifter; **tumultuarisch** EW lärmend; leidenschaftlich aufgeregt; **tumultuos, -ös** EW stürmisch, wild; **tumultuoso** (it.) ♪ sehr erregt.
Tumulus m (~; -li) (lat.) Hügelgrab der Vorzeit.
Tundra w (~·; -dren) (finn.-r.) nordasiatische Kältesteppe.
Tunell s (~s; ~e) südd., öster., schw. für → Tunnel.
tunen ZW (-nte, getunt) ⤴ (e.) [*t(j)û-*] Kraftfahrzeugleistung durch Veränderungen steigern; **Tuner** m (~s; ~) [*t(j)û-*] Abstimmvorrichtung an Fernseh-, Rundfunkgeräten; Verbesserer von Kraftfahrzeugen; **Tuning** s (~s; ~s) [*t(j)û-*] nachträgliche Verbesserung von Kraftfahrzeugen.

Tunica w (~; -cae) (lat.) ⊕ Außenschicht des Vegetationskegels; zartes Hautgewebe; **Tunika** w (~; -ken) Gewand ohne Ärmel; **Tunikaten** M die Manteltiere.
Tunnel m (~s; ~/~s) (e.) Unter-, Durchquerung von Bergen (Gewässern) für den Verkehr.
Tupamaro m (~s; ~s) (nach dem Indiorebellen *Tupuk Amaru*, 18. Jh.) Stadtguerilla.
Turas m (~; ~se) (fr.-nd.) Eimerbaggerkettenrad.
Turban m (~s; ~e) (türk.) ori|entalische Kopfbedeckung.
Turbellari|e w (~; ~n) (lat.) Strudelwurm; **turbinal** EW gewunden; **Turbine** w (~; ~n) kreisende Kraftmaschine; **Turbogenerator** m (~s; ~en) von Turbinen angetriebener Generator, = **Turbodynamo** m (~s; ~s); **Turbokompressor** m (~s; ~en) Kompressions|pumpe mit Turbine; **Turbolader** m (~s; ~) Kfz-Motorenteil zur Erhöhung der Motorleistung; **Turbomaschine** w (~; ~n) Kreiselmaschine zur Energie|umsetzung; **Turboprop** m (~s; ~s) Flugzeugtriebwerk mit gasturbinengetriebenem Propeller, = **Turboprop|flugzeug** s (~s; ~e); **Turboventilator** m (~s; ~en) schwachdruckiger Kreisellüfter; **turbulent** EW stürmisch (*t.e Strömung* Strömungszustand mit Wirbeln); **Turbulenz** w (~; –) Wirbelströmung, -bildung; Ungestüm; Wirbel.
turca (it.) türkisch (♪ *alla t.* nach türkischer Art [mit Triangeln, Becken, Trommeln]).
Turf m (~s; ~s) (e.) Rennplatz; Pferdesport.
Turgeszenz w (~; ~en) (lat.) Schwellung; Blutfülle; ZW: **turgeszieren** (-rte, -rt) ⤴; **Turgor** m (~s; –) ⚕ Gewebespannung; ⊕ Zellsaftdruck.
Turing-Maschine w (~·-~; ~·-~n) (nach einem e. Mathematiker) großspeicherige Rechnermaschine.
Turkbaft m (~s; ~s) (pers.) Kurzschurteppich mit Mittelstern.
Turkey m (~s; ~s) (e.) [*törki*] Übelkeit bei Drogen|entzug.
Türkis m (~es; ~e) (fr., = der Türkische) Edelstein; **türkis** EW blaugrün; **Turkologe** m (~n; ~n) (türk.-gr.) Erforscher des Türkischen; w. s.: **Turkologie** (~; –); EW: **turkologisch**.
Turmalin m (~s; ~e) (singh.-fr.) Edelstein.
Turn m (~s; ~s) (e.) [*törn*] (regelmäßiger) Wechsel; Kunstflugwende; sich

wiederholende Reihenfolge; **Turnier** s (~s; ~e) (fr.) Kampfspiel; ZW: **turnieren** (-rte, -rt) ⟋; **Turnüre** w (~; ~n) (fr.) Hüftpolster; gewandtes Benehmen ↓; **Turnus** m (~; –) (lat.) regelmäßiger Wechsel; Reihenfolge.

Tusch m (~s; ~s) (slaw.) ♪ geblasene Fanfare als Ehrung *(einen T. blasen, ausbringen);* ↓ Beleidigung.

Tusche w (~; ~n) (fr.) Zeichentinte; ZW: **tuschen** (-schte, getuscht) ⟋; **tuschieren** ZW (-rte, -rt) ⟋ (fr.) zum Zweikampf reizen ↓; Metalloberfläche glätten (vgl. → touchieren!).

Tuskulum s (~s; -la) (nach einer altröm. Stadt) gemütlicher Landsitz; behagliche (abgelegene) Wohnung.

Tussah|seide w (~; –) (hi.) eine Wildseide.

Tussis w (~; –) (lat.) ✚ Husten.

Tutel w (~; ~en) (lat.) Vormundschaft ↓; EW: **tutelarisch**.

Tutor m (~s; -toren) (lat.; auch e.: [*tjûter*]) Studi|enhelfer, -berater.

tutti (it.) ♪ alle (Instrumente, Stimmen); **Tutti** s (~s; ~s) ♪ volles Orchester; **Tuttifrutti** M gemischte eingemachte Früchte; **tutti quanti** [-*kuan*-] alle ohne Ausnahme.

Tutu s (~s; ~s) (fr.) [*tütü̱*] Ballettröckchen.

TV (e. ∉ Television) [*tîwi̱*] Fernsehen.

Tweed m (~s; ~s/~e) (e.) [*twîd*] Wolltuch mit Baumwolle; lockerer Streichgarnstoff.

Twen m (~s; ~) (e. KW) junger Mann, Bursche (seit 1960, Köln).

Twill m (~s; –) (e.) Seidenköper mit Organsinkette.

Twinset m, s (~[s]; ~s) (e.) Wollpullover mit gleichfarbiger Jacke.

Twist[1] m (~s; ~e) (e.) Baumwollgarn; **Twist**[2] m (~s; ~s) Modetanz im ⁴/₄-Takt; Drall des Balles (Tennis); Schraube (Turnsport); **twisten** ZW (-tete, getwistet) ⟋ Twist² tanzen.

Two-Beat m (~~s; –) (e.) [*tû̱*-] traditioneller Jazz mit zwei Hauptschlägen im Takt; **Twostep** m (~s; ~s) [*tû̱*-] Tanz im ²/₄-Takt.

Tychismus m (~; –) (gr.-lat.) Zufallsgläubigkeit.

Tycoon m (~s; ~s) (jap.-am.) [*taikû̱n*] Großkapitalist; Parteiführer.

Tylom s (~s; ~e) (gr.) ✚ Schwiele.

Tympanon s (~s; -na) (gr., = Pauke) antike Trommel; □ Portalbogenfeld; ✚ Ohrpaukenhöhle; = (lat.) **Tympanum** s (~s; -na), *auch:* ♪ Pauke.

Typ m (~s; ~en) (gr.) Beispiel; durch Gemeinschaftsmerkmale geprägte Einzelpersönlichkeit; Grundform, Muster, Bauart *(das ist mein T.* er ist mir sympathisch; es gefällt mir); **Type** w (~; ~n) Letter; Schriftzeichen der Schreibmaschine; Sonderling; Gesinnungsgenosse; Bauart, Muster; **typen** ZW (-pte, getypt) ⟋ nur festgelegte Größen eines Artikels (maschinell) herstellen; **Typenpsychologie** w (~; –) Rückführung seelischer Erscheinungen auf Typen; **Typewriter** m (~s; ~) [*taipraitᵉr*] Schreibmaschine.

Typhlitis w (~; -iti̱den) (gr.) ✚ Blinddarmentzündung; **Typhlon** m (~s; ~e) ✚ Blinddarm; **Typhlotomie** w (~; -i̱|en) ✚ Blinddarmschnitt.

Typho|id s (~s; ~e) (gr.) ✚ Krankheit mit typhus|artigen Erscheinungen; **Typhomanie** w (~; -i̱|en) ✚ Delirium im Typhus.

Typhon s (~s; ~e) (gr.-lat., KuW) ♫ Sirene.

typhös (gr.) ✚ an Typhus erkrankt; typhus|artig; **Typhus** m (~; –) ✚ schwere ansteckende Fieber|erkrankung.

Typik w (~; –) (gr.) Typenlehre; **typisch** EW kennzeichnend; vorbildlich; zu einem Typ gehörend; **Typisierung** w (~; ~en) = → Typung; ZW: **typisieren** (-rte, -rt) ⟋; **typogen** EW für das Setzen sehr geeignet (*t.es Manuskript* ist so geschrieben, daß eine Manuskriptzeile eine Druckzeile ergibt); **Typogenese** w (~; –) Entwicklung der Tiere und Pflanzen; **Typograph** m (~en; ~en) Schriftsetzer; Zeilensetzmaschine; **Typographie** w (~; -i̱|en) Gestaltung eines Druckwerks; Druckerkunst; EW: **typographisch** (*t.er Punkt* Maßeinheit beim Buchdruck, = 0,376 mm); **Typologie** w (~; –) Gruppenforschung, -lehre; † Voraus|prägung neutestamentlicher Geschehnisse (Gestalten) im AT; EW: **typologisch**; **Typometer** s (~s; ~) graphisches Meßgerät; **Typoskript** s (~[e]s; ~e) maschinengeschriebenes Manuskript; **Typung** w (~; ~en) Vereinheitlichung von Massenwaren; **Typus** m (~; -pen) Grundform, Gattung; Bauart.

Tyrann m (~en; ~en) (gr.) Usurpator; Gewaltherrscher; am. Vogel; **Tyrannei** w (~; ~en) Willkür-, Gewaltherrschaft; **Tyrannis** w (~; –) (altgr.) absolute Alleinherrschaft; **tyrannisch** EW gewaltsam; herrisch; diktatorisch; **tyrannisieren** ZW (-rte, -rt) ⟋ quälen; mit Gewalt zwingen.

Tyrom s (~s; ~e) (gr.-lat.) ✚ Lymphknotengeschwulst.

Tyrosin s (~s; –) (KuW, gr.) eiweißbildende Aminosäure.
Tx ≠ **Telex**.

Tyrosis w (~; -sen) (gr.) Verkäsung.
Tyr|rhener M (it.) Etruri|er; EW: **tyrrhenisch** (*T.es Meer*) Mittelmeerteil.

U

Überkompensation w (~; ~en) (d.-lat.) Verdeckung einer Schwäche durch Überbetonen des Gegenteils; ZW: **überkompensieren** (-rte, -rt) ↗; **Übermikroskop** s (~s; ~e) Elektronenmikroskop.

ubi bene, ibi patria (lat.) wo es mir gut geht, ist meine Heimat; **Ubikation** w (~; ~en) Anwesenheit an bestimmtem Ort; **Ubiquist** m (~en; ~en) Pflanze (Tier), das überall vorkommt; **ubiquitär** EW überall verbreitet; **Ubiquität** w (~; ~en) Überallvorhandensein.

Ucha w (~; –) (r.) Graupensuppe mit Fisch.

Udometer s (~s; ~) (lat.-gr.) Regenmesser.

UFO, Ufo s (~s; ~s) (am. KW) ≠ Unidentified Flying Object = Flugobjekt außerirdischer Herkunft.

Ukas m (~; ~se) (r.) Erlaß (des Zaren).

Ukelei m (~s; ~e/~s) (slaw.) Weißfisch, dessen Schuppen Perlmutterlack liefern.

Ukulele s (~; ~n) (haw.) ♪ Hawaiigitarre.

Ulan m (~en; ~en) (türk.-poln.) ⚔ Lanzenreiter ↓; **Ulanka** w (~; ken) kurzschößiger Uniformrock.

Ulcus → **Ulkus**.

Ulitis w (~; -itiden) (gr.-lat.) ⚕ Zahnfleischentzündung.

Ulkus, Ulcus m (~; -zera/-cera) (lat.) ⚕ (Magen-, Darm-)Geschwür.

Ulmaze|en M (lat.) ✿ alle Ulmengewächse.

Ulna w (~; -nae) (lat.) ⚕ Unterarmknochen; EW: **ulnar**; **Ulnaris** m (~; –) ⚕ Unterarmnerv.

Ulose w (~; ~n) (gr.-lat.) ⚕ Narbenbildung.

Ulster m (~s; ~) (e., nach der ir. Provinz) [*alster*] leichtes Wollgewebe; weiter Herrenmantel.

ult. ≠ → **ultimo**; **Ultima** w (~; -mae) (lat.) letzte Silbe; **Ultima ratio** w (~ ~; –) äußerstes Mittel; **ultimativ** EW als Ultimatum ausgesprochen; eindringlich; **Ultimatum** s (~s; -ten) letzte befristete Aufforderung; **Ultimo** m (~s; -mi/~s) letzter Geschäfts|tag im Monat; EW: **ultimo**.

Ultra m (~s; ~s) (lat.) polit. Radikaler (M = ≠ Ultra-Konsumenten); **Ultrafax** s (~; ~e) (lat.) drahtlose(s) Übertragung(sgerät für) originalgroße(r) Bilder; **Ultrafiche** s, m (~; ~s) [-*fisch*] sehr stark verkleinerter Mikrofilm; **Ultrafilter** m (~s; ~) (lat.) durchlässiger Filter; w. s.: **Ultrafiltration** (~; ~en); **Ultrakondensator** m (~s; -toren) auch für mikroskop. Zwecke geeignete Beleuchtungslinse; **Ultra-Konsumenten** M genußsüchtiger Kundentyp; **Ultrakurzwelle** w (~; ~n) 1 m–10 m lange elektromagnetische Welle (≠ *UKW*); **Ultramarin** s (~s; –) Lasurit; blaue Malerfarbe; EW: **ultramarin** kornblumenblau; **Ultramid** s (~s; ~e) = Polycaprolactam (wichtiger Kunststoff).

Ultramikronen M (lat.-gr.) auch mikroskopisch unsichtbare Teilchen; **Ultramikroskop** s (~s; ~e) (lat.-gr.) Gerät zur Untersuchung winziger Teilchen; w. s.: **Ultramikroskopie** (~; –); EW: **ultramikroskopisch**.

ultramontan EW (lat.) streng katholisch; m. abstr. s.: **Ultramontanismus** (~; –); m. s.: **Ultramontane** (~n; ~n) = **Ultramontanist** m (~en; ~en).

ultramundan EW (lat.) jenseitig.

ultra posse nemo obligatur (lat.) niemand braucht mehr zu tun, als er vermag.

Ultrarot s (~s; –) (lat.-d.) = → Infrarot; EW: **ultrarot** (*u.e Strahlen* Wärmestrahlen); **Ultrarot|photometrie** w (~; –) Sternlichtmessung mit Infrarotstrahlen; **Ultraschall** m (~es; –) (lat. d.) Schall mit mindestens 20000 Schwingungen in der Sekunde; **Ultraschalldiagnostik** w (~; –) (lat.-gr.) ⚕ Untersuchungsverfahren; **Ultraschall-Koagulation** w (~~; ~~en) Luft-, Abwasserreinigung durch Ballung von Schwebestoffen; **Ultrasonographie** w (~; -i|en) ⚕ Hilfsmittel der Augenheilkunde; **Ultrastrahlung** w (~; ~en) kosmische Strahlung; **ultraviolett** EW (lat.; ≠ *UV*) jenseits des violetten Lichtspektrums liegend (*u.e Strahlung*, ≠ *UV-Strahlung*); s. s.: **Ultravio-**

lett (~s; –); **Ultraviolettfilter** m (~s; ~) Schutzfilter gegen UV-Strahlen; **Ultrazentrifuge** w (~; ~n) Rotationsgerät zur Nutzung stärkster Fliehkräfte.

Ulzeration w (~; ~en) (lat.) $ Geschwürbildung; ZW: **ulzerieren** (-rte, -rt) ↗; EW: **ulzerös**.

Umbellifere w (~; ~n) (lat.) ⚘ Doldengewächs; **Umbelifloren** M (lat.) ⚘ die Doldenblütler.

Umber[1] m (~s; –) (lat.) = → Umbra; **Umber**[2] m (~s; ~n) (lat.) eßbarer Mittelmeerfisch; **Umbra** w (~; -bren) Sonnenfleckkern; braune Erdfarbe; EW: **umbra** ←; **Umbralglas** s (~es; -gläser) Sonnenbrillenschutzglas.

umfrisieren ZW (frisierte **um**, -rt) ↗ (d.-fr.) (betrügerisch) verändern.

umfunktionieren ZW (funktionierte **um**, -rt) ↗ (d.-lat.) einem andern Aufgabenbereich zuweisen.

Umiak m (~s; ~s) (esk.) Eskimofellboot.

umoristico (it.) ♪ lustig.

Umpire m (~s; ~s) (e.) [*ạmpai̯ᵉr*] Schiedsrichter beim Sportwettkampf.

umpolen ZW (polte **um**, **um**gepolt) (d.-lat.) ↗ Pole umschalten.

UN ≠ → United Nations.

un|akkurat EW (lat.) ungenau.

unanim EW (lat.) einstimmig ↓; w. abstr. s.: **Unanimität** (~; –) ↓.

un|artikuliert EW (lat.) undeutlich (ausgesprochen).

Una Sancta w (~ ~; –) (lat.) † Gesamtheit (Einheit) der christlichen Kirchen; **Una-Sancta-Bewegung** w (~-~-~; –) † ökumenische Bewegung zur Überwindung der Kirchenspaltung.

un|ästhetisch EW (d.-gr.) unsauber; geschmacklos.

UNCTAD (e. ≠ United Nations Conference on Trade and Development) UN-Organisation zum Ausgleich des N-S-Konflikts.

Uncle Sam m (~ ~s; –) (am.) [*ankl ßäm*] ∪ Nordamerikaner; Symbolgestalt der US-Bürger ∪.

Undation w (~; ~en) (lat.) Geländefaltung durch Landbewegung; **Undations|theorie** w (~; –) Erklärung der Geländefaltung.

Undecan s (~s; –) (lat.) flüssiger Kohlenwasserstoff (ein Alkan im Heizöl).

Underdog m, w (~s; ~s) (am.) [*ander-*] (sozial) Schwache(r).

Underground m (~s; ~s) (e.) [*andergraund*] Untergrundbewegung; tabubrechende lit. Richtung (USA).

Understatement s (~s; ~s) (e.) [*anderstệi̯tment*] Untertreibung (bei Gefühlen).

Underwriter m (~s; ~) (e.) [*ạnderrai̯tᵉr*] Bankmakler; Versicherer.

undiszipliniert EW (d.-lat.) zuchtlos; w. s.: **Undiszipliniertheit** (~; –).

Undograph m (~en; ~en) (gr.) Aufnahmegerät für Schallwellen; **Undulation** w (~; ~en) (lat.) Wellenbewegung; durch Bodenbewegung entstandene Geländefaltung; $ Auf- und Abwogen; **Undulations|theorie** w (~; –) Lichtwellentheorie (von Ch. Huygens, 1678); **Undulator** m (~s; -toren) Empfangsgerät für Überseetelegraphie; **undulatorisch** EW in Wellen; **undulieren** ZW (-rte, -rt) ↗ sich (wie) in Wellen bewegen.

UNESCO w (~; –) (am. KW; ≠ United Nations Educational, Scientific and Cultural Organization) Abteilung der Vereinten Nationen für Erziehung, Wissenschaft, Kultur.

unfair EW (e.) [*-fảr*] unsportlich; unredlich; unbillig; **ungeniert** EW (d.-fr.) [*-sche̱-*] vorwitzig; ohne sich zu schämen.

Ungu|entum s (~s; -ta) (lat.) $ Salbe (≠ *Ung.*).

Ungulaten M (lat.) Huftiere.

Uni w (~; ~s) ≠ → Universität; s (~s; ~s) (lat. oder fr.: *üni*) von Personen beider Geschlechter zu tragend. Kleidungsstück; einfarbige Kleidung; **uni** EW (fr.) [*üni*] einfarbig; ohne Muster ←.

UNICEF w (~; –) (e. ≠ United Nations International Children's Emergency Fund) Kinderhilfswerk der United Nations; **UNIDO** w (~; –) (e. ≠ United Nations Industrial Development Organization) UN-Organisation für industrielle Entwicklung.

uniert EW (lat.) vereint (*u.e Kirche*); **Unifikation** w (~; ~en) = **Unifizierung** w (~; ~en) Vereinheitlichung, Vereinigung; ZW: **unifizieren** (-rte, -rt) ↗; **uniform** EW gleichförmig, einheitlich; **Uniform** w (~; ~en) Diensttracht (✖) (Ggs.: *Zivil*); **uniformiert** EW vereinheitlicht; in Dienstkleidung; ZW: **uniformieren** (-rte, -rt) ↗; **Uniformismus** m (~; –) Erstreben der Vereinheitlichung; m. s.: **Uniformist** (~en; ~en); **Uniformität** w (~; –) Gleichmäßigkeit, Einheitlichkeit; **Unikat** s (~[e]s; ~e) einzigartiges Stück; **Unikum** s (~s; -ka) einziges Stück seiner Art; nur einmal vorhand. (hergestelltes) Buch; Sonderling; **unilateral**

EW (nur) einseitig; **unilinear** EW in (nur) *einer* Richtung.

un|interessant EW (d.-lat.-fr.) langweilig; **un|interessiert** EW gleichgültig; w. s.: **Un|interessiertheit** (~; -).

Unio mystica w (~ ~; -) (lat.) Vereinigung mit Gott; **Union** w (~; ~en) Zusammenschluß, Vereinigung (Menschen, Parteien, Staaten); = CDU/CSU; **Union Jack** m (~ ~s; -) [*jūnjen dschäck*] e. Nationalflagge.

unipetal EW (lat.) ⊕ einblättrig; **unipolar** EW einpolig; **Unipolarmaschine** w (~; ~n) Gerät zur Entnahme starken Gleichstroms aus kleiner Spannung; **unisex** EW dem andern Geschlecht angenähert *(u.e Mode)*; **Uni-Sex** m (~ ~; -) nicht geschlechtsbetonte (-gebundene) Kleidung; **unisono** (it.) ♪ einstimmig; **Unisono** s (~s; -ni) Einklang; **Unit** w (~; ~s) (e.) [*junit*] Lernkomplex; Fertigbauteil für techn. Geräte; Gruppe; **unitär** EW (lat.) = → unitarisch; **Unitari|er** m (~s; -) (lat.) † die Dreifaltigkeitslehre ablehnender Protestant; **unitarisch** EW zur Einheit strebend; † der Lehre der Unitarier zugeneigt; **Unitarisierung** w (~; ~en) = → Unitarismus; **Unitarismus** m (~; -) staatlicher Zentralismus; † Unitarierlehre; ✠ Anschauung, daß verschiedene Krankheiten auf die gleichen Ursachen zurückgehen; m. s.: **Unitarist** (~en; ~en); EW: **unitaristisch**; **Unität** w (~; ~en) Einmaligkeit; ∉ → Universität ∪; Übereinstimmung; † Brüdergemeinde; **United Nations** M (e.) [*junaited nē*š*chns*] Vereinte Nationen, ∉ *UN*; → UNO; **unitis viribus** (lat.) mit vereinten Kräften; **univalent** EW ⊕ einwertig; **universal** EW allgemein; alles umfassend; **Universalgenie** s (~s; ~s) [*-sche-*] für vieles begabter Mensch; ∪ Alleskönner; **Universalia** M Grund-, allgemeine Begriffe, = **Universali|en** M; **Universalinstrument** s (~[e]s; ~e) Gestirnshöhenmesser; **Universalismus** m (~; -) Ganzheitsdenken; m. s.: **Universalist** (~en; ~en); EW: **universalistisch**; **Universalität** w (~; -) Gesamtheit; umfassende Bildung; **Universalprinzip** s (~s; ~i|en) Grundsatz, nach dem jeder Staat auch die im Ausland verübten Delikte seiner Ausländer verfolgen muß; **Universal|spender** m (~s; ~) Träger der Blutgruppe 0 (= Spender für A-, B-, 0-Träger); **Universalsukzession** w (~; ~en) (lat.) Generalerbfolge; **Universe** s (~; ~s) (e.) [*juniwörß*] statist. Gesamtmasse; **universell** EW = → universal; **Universiade** w (~; ~n) Studentenweltmeisterschaften im Hochschulsport (Vorbild: Olympische Spiele); **Universität** w (~; ~en) Hochschule zur Pflege und Verbreitung der Wissenschaft, = **Universitas litterarum** w (~ ~; -); **Universum** s (~s; -) Weltall; **Universum-Modell** s (~-~s; -) Nachbildung der räumlichen Struktur des Universums; **univok** EW eindeutig; w. abstr. s.: **Univozität** (~; -).

Unktion w (~; ~en) (lat.) ✠ Einsalbung.

UNO w (~; -) (KW, ∉ United Nations Organization) Organisation der Vereinten Nationen (seit 1945).

un poco (it.) (♪) ein wenig; **un pochettino** ♪ [*-pokett-*] ganz wenig.

Unterbilanz w (~; ~en) (d.-it.) Defizit beim Abschluß.

Unterhaltungs|elektronik w (~; -) (d.-gr.) (elektron. Geräte zur) Wort-, Bild-, Ton|aufzeichnung.

unterminieren ZW (-rte, -rt) ↗ (d.-lat.) (mit Sprengladungen) untergraben.

Unze w (~; ~n) (e.) Gewichtseinheit für Boxhandschuhe (= 28,35 g); **Unziale** w (~; ~n) (lat.) Majuskelschrift, = **Unzialschrift** w (~; -).

Uperisation w (~; ~en) (lat.) (∉ Ultrapasteurisation) Art der Milchsterilisierung; ZW: **uperisieren** (-rte, -rt) ↗.

UPI w (~; -) (KW) [*jupiai*] ∉ United Press International = am. Nachrichtenagentur.

Upper class w (~ ~; ~ ~es) (e.) [*app-*] Oberschicht; **Uppercut** m (~s; ~s) (e.) [*app*ᵉ*rkat*] Boxhieb nach oben; **Upper ten** M [*app*ᵉ*r tenn*] Oberschicht.

Ups M (am.) [*aps*] stimulierende Drogen.

up to date (e., = bis heute) [*aptudāt*] zeitgemäß, tagesnahe.

Uracil s (~s; -) (KuW) ⊕ organ. Stickstoffverbindung (eine Nucle|inbase).

Urämie w (~; -i|en) (gr.) ✠ Harnvergiftung; EW: **urämisch**.

Uran s (~s; -) (∉ *U*) ⊕ Schwermetall; **Uranfission** w (~; ~en) Urankernspaltung in 2 Bruchstücke; **Uranismus** m (~; -) (nach einem gr. Gott) m. Homosexualität; m. s.: **Uranist** (~en; ~en); EW: **uranistisch**; **Uranographie** w (~; -) Himmelsbeschreibung ↓; **Uranometrie** w (~; -) Gestirnortsmessung; Sternkatalog; Kartographie der Fixsterne ↓; **Uranoplastik** w (~; ~en) (gr.) künstl. Füllung von Gaumenlücken; **Uranoskopie** w (~; -i|en) Himmelsbeobachtung ↓.

Urat s (~[e]s; ~e) (gr.) $ Harnsäuresalz; **uratisch** EW Harnsäure...
Uräusschlange w (~; ~n) (gr.-d.) afr. Schlange (als äg. Sonnensymbol).
urban EW (lat.) gebildet; höflich; **urbanisieren** ZW (-rte, -rt) ↗ verfeinern; verstädtern; **Urbanität** w (~; ~en) Höflichkeit; **Urban|stein** m (~s; ~e) hypothetisches Elementarteilchen (= Quark); **urbi et orbi** für Rom und die Welt († päpstliche Segensformel).
Urdu s (~s; -) (i.) i.-pers. Mischsprache; Staatssprache Pakistans.
Urea w (~; -) (gr.) $ Harnstoff; **Ureometer** s (~s; ~) $ Harnstoffbestimmgerät; **Urese** w (~; ~n) $ Urinablassen; **Ureter** m (~s; ~) Harnleiter; **Ureteritis** w (~; -itiden) $ Harnleiterentzündung; **Ureterotomie** w (~; -i|en) $ operative Harnleiteröffnung; **Urethane** M ʘ Gruppe organ. Stickstoffverbindungen (in Schlafmitteln, zur Schädlingsbekämpfung); **Urethra** w (~; -ren) $ Harnröhre; EW: **urethral**; **Urethralstriktur** w (~; ~en) $ Harnröhrenverengung; **Urethrismus** m (~; -) $ Harnröhrenkrampf; **Urethritis** w (~; -itiden) $ Harnröhrenentzündung; **Urethroskop** s (~s; ~e) $ Ausleuchtgerät für die Harnröhre; w. abstr. s.: **Urethroskopie** (~; -); EW: **urethroskopisch**; **uretisch** EW harntreibend.
urgent EW (lat.) drängend, dringend; w. abstr. s.: **Urgenz** (~; -); ZW: **urgieren** (-rte, -rt) ↗.
UR-Glas s (~-~es; ~-Gläser) Glas, das Ultrarotlicht durchläßt.
Urian m (~s; ~) Teufel; **Uriasbrief** m (~[e]s; ~e) (nach einer bibl. Figur vom Hofe Davids, 970 v. Chr.) unheilbringender Brief.
Urik|ämie w (~; -) (gr.) $ Harnsäureüberschuß im Blut.
Urin m (~s; -) (lat.) Harn; EW: **urinal**; **Urinal** s (~s; ~e) Harnflasche; **urinieren** ZW (-rte, -rt) ⟋ $ harnen; EW: **urinös**.
Urlinde w (~; ~n) (= → *Urninde*) w. Homosexu|elle.
Urne w (~; ~n) (lat.) Aschengefäß (bei Feuerbestattungen); Stimmzettelbehälter (*zur U. gehen*).
Urninde w (~; ~n) (eigtl.: Beiname der Aphrodite) w. Homosexu|elle; **Urning** m (~s; ~e) = → Uranist; **urnisch** EW homosexu|ell.
Urobilin s (~s; -) (gr.) $ Gallenfarbstoff im Urin; **Urochrom** s (~s; -) [-*kr*-] $ gelber Harnfarbstoff; **urogenital** EW $ an den Harn- und Geschlechtsorganen; **Urographie** w (~; -i|en) Röntgenaufnahme des Harngangs; **Urohämatin** s (~s; -) = → Uromelanin; **Urolalie** w (~; -i|en) Fluchen mit Wörtern aus dem Harnbereich; **Urolith** m (~en; ~en) $ Harnstein; **Urologe** m (~n; ~n) $ Harn(organ)forscher; Facharzt für Harn|erkrankungen; w. abstr. s.: **Urologie** (~; -); EW: **urologisch**; **Uromelanin** s (~s; -) $ Harnfarbstoff; **Urometer** s (~s; ~) $ Harnwaage (zur Feststellung des spezifischen Gewichtes); **Uroskop** s (~s; ~e) $ Gerät zur Harnprüfung; w. abstr. s.: **Uroskopie** (~; -i|en); EW: **uroskopisch**; **Urotropin** s (~s; -) ʘ organ. bas. Stickstoffverbindung und Konservierungsmittel.
Urtikaria w (~; -ri|en) (lat.) $ Nesselfieber.
Urtiter m (~s; ~) (fr.) chem. Lösung mit genauer Inhaltsbestimmung für Analysen.
Usambaraveilchen s (~s; ~) (nach einer afr. Landschaft) ⊕ Zierpflanze.
Usance w (~; ~n) (fr.) [*üsaṅß*] (Geschäfts-)Brauch; **usancemäßig** EW [*ü-*] nach dem Geschäftsbrauch; **Usancenhandel** m (~s; -) [*ü-*] Devisengeschäft, bei dem 2 nichtheimische Währungen gegeneinander gehandelt werden.
Uschak m (~s; ~s) (nach einem kleinasiatischen ON) geringer Teppich.
Uschebti s (~s; ~) (äg.) menschl. Kleinplastik in altäg. Gräbern (Hilfsarbeiter des Toten).
User m (~s; ~) (am.) [*jūser*] wer Drogen gebraucht, ohne schon abhängig zu sein.
Uso m (~s; -si) (it.) Geschäftsbrauch; handelsübliches Verfahren; **Usowechsel** m (~s; ~) Wechsel mit ortsüblicher Fälligkeit; **usu|ell** EW (lat.) üblich; **Usukapion** w (~; ~en) Eigentums|erwerb durch anhaltenden Besitz.
Usur w (~; ~en) (lat.) $ Schwund; **Usurpation** w (~; ~en) Aneignung; unrechtmäßige Machtausübung; m. s.: **Usurpator** (~s; -toren); EW: **usurpatorisch**; ZW: **usurpieren** (-rte, -rt) ↗.
Usus m (~; -sen) (lat.) Gebrauch, Rechtsbrauch; **Ususfruktus** m (~; -) Nießbrauch.
Utensili|e w (~; ~n) (lat.) Hilfsmittel.
uterin EW (lat.) $ Gebärmutter...; **Uteroskop** s (~s; ~e) (KuW, lat.-gr.) Gebärmutterspiegel; **Uterus** m (~; -ri) $ Gebärmutter.
Util(itar)ismus m (~; -) (lat.) Nützlichkeitslehre; m. s.: **Utilitari|er** (~s; ~),

= **Utilitarist** m (~en; ~en); EW: **utilitaristisch**; **Utilität** w (~; –) Nützlichkeit ↓.
Utopie w (~; -i|en), = **Utopia** w (~; -pi|en) (gr.) Vorstellung eines lehrreichen, aber nicht zu verwirklichenden Idealzustandes; Traumland; Zukunftsstaat; umwälzende technische Tat; EW: **utopisch**; m. abstr. s.: **Utopismus** (~; -men); m. s.: **Utopist** (~en; ~en).
Utraquist m (~en; ~en) (lat.) † gemäßigter Hussit; m. s.: **Utraquismus** (~; –); EW: **utraquistisch**.

ut supra (lat.) ♪ wie oben, wie vorher; ∉ *u. s.*
UV-Absorber m (~-~s; ~-~) (e.) Additiv (lichtempfindl. Stoff zum Schutz vor ultravioletter Strahlung).
uviol EW (KW) = ultraviolett; **Uviolglas** s (~es; -gläser) (KW, ∉ **ultraviolett** + **Glas**) Glas, das ultraviolettes Licht durchläßt.
UV-Strahlen M → ultraviolett.
Uvula w (~; -lae) (lat.) ⚕ Zäpfchen; **Uvular** m (~es; ~e) am Gaumenzäpfchen gebildeter Laut; EW: **uvular**.

V

va banque (fr.) [*wabañk*] es geht um die Bank (im Glücksspiel) (*v. b. spielen* ↗ alles riskieren).
vacat (lat.) unbesetzt *(eine Stelle v.);* fehlend *(eine Textstelle v.);* → Vakat.
Vacheleder s (~s; ~) (fr.) [*wasch-*] glaciertes Schuhsohlenleder; **Vachetten** M [*wasche̱-*] Handtaschenleder.
Vacherin m (~s; ~s) (fr.) [*waschrä̱ñ*] Käseart; Baisereistorte.
Vademekum s (~s; ~s) (lat.) Taschenbuch; kleines Lehrbuch, Leitfaden.
vados EW (lat., = seicht) vom Grundwasser stammend *(v.es Wasser).*
vag(e) EW (lat.) unbestimmt; **Vagabondage** w (~; –) [*wagabondȧsch*] Landstreicherei; **Vagabund** m (~en; ~en) Strolch; **vagabundieren** ZW (-rte, -rt) ↗ = → vagieren *(v.de Ströme* Kriechströme im feuchten Erdreich); **Vagant** m (~en; ~en) fahrender Schüler; **vage** EW = → vag(e); **vagieren** ZW (-rte, -rt) ↗ herumstrolchen, bummeln; **vagil** EW frei beweglich, ausbreitungsfähig (von Tieren).
Vagina w (~; -nen) (lat.) w. Scheide; **vaginal** EW (lat.) ⚕ Scheiden...; **Vaginismus** m (~; –) ⚕ Scheidenkrampf; **Vaginitis** w (~; -ltiden) ⚕ Scheidenkatarrh.
Vagotonie w (~; –) (lat.) ⚕ Übererregbarkeit durch Überbeanspruchung des Hauptnervs; **Vagotonikum** s (~s; -ka) ⚕ Mittel für das parasympathische Nervensystem; **vagotrop** EW ⚕ den Hauptnerv steuernd; **Vagus** m (~; –) ⚕ Gehirn(haupt)nerv.
vakant EW (lat.) unbesetzt; erledigt; **Vakanz** w (~; ~en) (lat.) unbesetzte Stelle; M: Feri|en; **Vakat** s (~s; ~s) Leerseite; **Vakuole** w (~; ~n) Zellen-

hohlraum; **Vakuum** s (~s; -kua) (luft-)leerer Raum; **Vakuumdestillation** w (~; ~en) Destillation bei Minderdruck; **vaku|umieren** ZW (-rte, -rt) ↗ ☉ bei minderem Luftdruck verdampfen lassen; **Vakuum|meter** s (~s; ~) Luftdruckmesser für Drücke unter 1 bar.
Vakzin s (~s; ~e), = **Vakzine** w (~; ~n) (lat.) ⚕ Impfstoff; w. abstr. s.: **Vakzination** (~; ~en); **Vakzinetherapie** w (~; -i|en) ⚕ Bekämpfung ansteckender Krankheiten durch Einimpfung getöteter Krankheitserreger; **vakzinieren** ZW (-rte, -rt) ↗ mit Kuhpockenlymphe impfen.
Val s (~s; –) (KW, ∉ → Äquivalent) Grammenge, die dem Äquivalent entspricht.
vale! (lat.) leb wohl!
Valenci|ennes|spitze w (~; ~n) (nach einer fr. Stadt) [*walañßje̱nn-*] feine geblümte Klöppelspitze.
Valenz w (~; ~en) (lat.) Zahl der Wasserstoffatome, die ein Atom binden; ☉ Wertigkeit *(auch: des Zeitwortes);* ⚕ Stärke der Geschlechtsfaktoren im Zellplasma und in den Chromosomen; Reiz wahrgenommener Personen (Gegenstände); **Valenz|elektronen** M ☉ für die Bindung verantwortliche Außenelektronen; **Valenzzahlen** M Wertigkeit chem. Verbindungen.
Valeriansäure w (~; ~n) (lat.) unangenehm riechende Fettsäure.
Valet s (~s; –) (lat.) Abschied *(V. geben* ↗ verabschieden ↓).
valetieren ZW (-rte, -rt) ↗ (fr.) [*wa-*] aufbügeln.
Valeur m (~s; ~s) (fr.) [*walȫr*] ↓ Wert

(-papier); M: Farbwerte, Lichtabstufungen.

valid EW (lat.) (rechts)kräftig; **Validation** w (~; ~en) Gültigkeitserklärung ↓; **validieren** ZW (-rte, -rt) ↗ begleichen; vollziehen; ✓ gültig sein; w. s.: **Validierung** (~; ~en); **Validität** w (~; –) Rechtsgültigkeit ↓; Gültigkeit eines Experimentes; **Validity** w (~; -ties) (e.) [*wäliditi*] Übereinstimmung von Aussagen eines Befragten mit der Realität; **valieren** ZW (-rte, -rt) ✓ gelten ↓.

Valin s (~s; –) (KuW) natürl. Aminosäure (in vielen Eiweißstoffen).

Valor m (~s; -oren) (lat.) Wert(papier) ↓; M: Wert-, Schmucksachen; Wertpapiere; Papiergeld; **Valorisation** w (~; ~en) Wertregelung; Verknappung zur Erzielung eines angemessenen Preises; **valorisieren** ZW (-rte, -rt) ↗ aufwerten.

Valuta w (~; -ten) (it., = Wert) Währungs-, Warenwert; ausländische Währung; (Gegen-)Wert; **Valuta-Akzept** s (~-~s; ~-~e) auf fremde Währung lautender Wechsel; **Valutadumping** s (~s; ~s) [*-dampiń*] Marktunterbietung durch Währungsabwertung; **Valutaklausel** w (~; ~n) Vermerk der Barzahlung auf Wechseln; Wertsicherungsvorbehalt; **Valutakredit** m (~[e]s; ~e) Kredit in fremder Währung; **Valuten** M auf fremde Währung lautende Zinsscheine ausländ. Wertpapiere; **valutieren** ZW (-rte, -rt) ↗ bewerten; Frist für Leistung setzen; Wert angeben.

Valvation w (~; ~en) (lat.) Schätzung des (Münz-)Wertes; ZW: **valvieren** (-rte, -rt) ↗.

Vamp m (~s; ~s) (e.) [*wämp*] bewußt verführerische Frau; **Vampir** m (~s; -pire) (serb.) blutsaugender Toter; Riesenfledermaus; **vampirisch** EW blutsaugerisch; **Vampirismus** m (~; –) sadistische Umarmung; sexu|elle Erregung beim Anblick (Geschmack) des Partnerbluts.

Vanadin s (~s; –) (nach dem Beinamen einer g. Göttin), = **Vanadium** s (~s; –) ⊙ sprödes, fast säurefestes Metall.

Van-Allen-(Strahlungs-)Gürtel m (~-~-~s; –) (nach am. Entdecker) [*fänällen-*] parallel zum Äquator ringförmig die Erde umgebende Zone hoher Strahlungsintensität.

Van-Carrier m (~-~s; ~-~) (e.) [*fänkärrier*] Gerät zum Verschieben von Containern.

Vandale usw. → Wandale usw.

Vanguard w (~; ~s) (am.) [*wängât*] Weltraumrakete für Forschungszwecke.

Vanille w (~; –) (lat.-sp.) [*-nilje*] ⚘ Orchideenart; Sentimentalität; kitschige Sache; **vanille** EW [*-nilje*] gelblichweiß ←; **Vanillin** s (~s; –) nach Vanille riechender Duftstoff.

Vapeur m (~s; ~s) (fr.) [*wapôr*] feinstes Baumwollgewebe; M: Launen; ⚕ Blähungen.

Vaporetto m (~s; ~s/-tti) (it.) kleines Linienboot (in Venedig).

Vaporimeter s (~s; ~) (lat.) Alkoholmesser; **Vaporisation** w (~; ~en) Verdampfung (⚕ als Mittel zur Blutreinigung); **vaporisieren** ZW (-rte, -rt) ↗ ⊙ Alkoholgehalt feststellen; verdampfen; **Vaporisierung** w (~; ~en) = → Vaporisation; **vaporoso** (it.) verschwimmend; **Vaporozonegerät** s (~[e]s; ~e) elektrisches Gerät für Gesichtsdampfbäder.

Vaquero m (~s; ~s) (sp.) [*bakêro*] Cowboy (mex., sp. Rinderhirte mit Pferd).

Varia M (lat.) Allerlei; **variabel** EW veränderlich; **Variabilität** w (~; ~en) Veränderlich-, -barkeit; **Variable** w (~; ~n) ⚔ Größe, die alle Werte ihres Bereiches annehmen kann; **variant** EW (lat.) bei Umformung veränderbar; **Variante** w (~; ~n) Spielart; ♪ Wechsel von der Dur- zur gleichnamigen Molltonart; ⚔ bei Umformung veränderbare Größe; abweichende Lesart (einer Handschrift); **Varianz** w (~; ~en) ⚔ Veränderbarkeit bei Umformung; aus Abweichung vom Mittelwert berechnete statistische Größe; **variatio delectat** Abwechslung macht Spaß; **Variation** w (~; ~en) Veränderung; ♪ Abwandlung des Themas; Ungleichheit; Verschiedenheit vom Normaltypus der Art; ⚔ Anordnung von Elementen in ihrer Reihenfolge; durch die Sonne bewirkte Umlaufstörung des Mondes; **variato** (it.) ♪ verändert; **Variator** m (~s; -toren) = → Variometer; **Vari|età** w (~; ~en) Abart; Gruppe gleichtypiger Lebewesen; Unterschiede der Elemente elektron. Geräte (DV); **Vari|eté** s (~s; ~s) (fr.) [*wa-*] Theater für Artistik; **Vari|ety** w (~; -ties) (am.) [*wäraileti*] reichhaltiges Angebot; **vari|ieren** ZW (-rte, -rt) ✓ abweichen; anders sein.

varikös EW (lat.) ⚕ mit Krampfadern; w. s.: **Varikosität** (~; –) ⚕; **Varikozele** w (~; ~n) ⚕ Krampfaderbruch.

Variograph m (~en; ~en) (gr.) auto-

mat. Aufzeichner für Messungen des → Variometers.
Variola w (~; -lä/-olen) (lat.) ✝ Pocken, = **Variole** w (~; ~n); **Variolation** w (~; ~en) Immunisierung mit Impfstoff aus Pockenpusteln.
Variometer s (~s; ~) (gr.) Erdmagnetismus-, Luftdruckschwankungsmesser; Spulenanordnung in Hochfrequenzgeräten; Selbstinduktionsmesser für Wechselstrom; Gerät zur Messung von Steig-, Sinkgeschwindigkeit von Flugzeugen; **Vario|objektiv** s (~s; ~e) Foto|objektiv mit veränderlicher Brennweite.
variskisch EW (lat.) in NO-SW-Richtung (von Höhenzügen); = **varistisch, variszisch**.
Varistor m (~s; -toren) (lat.-e.) Widerstand mit steigendem Leitwert bei wachsender Spannung.
Varityper m (~s; ~) (am.) [wǎritai-] Setzmaschine nach Schreibmaschinenart.
Varize w (~; ~n) (lat.) ✝ Krampfader, = **Varix** w (~; -izen).
Varizellen M (lat.) ✝ Windpocken.
vasal EW (lat.) ✝ (Blut-)Gefäß...
Vasall m (~en; ~en) (kelt.-lat.) Lehnsmann; Untergebener; EW: **vasallisch**.
Vase w (~; ~n) (lat.) Ziergefäß (für Blumen).
Vas|ektomie w (~; -i|en) (gr.) ✝ partielle Samenleiterentfernung.
Vaselin s (~s; -) = **Vaseline** w (~; -) (¢ Wasser + gr. *elaion* = Öl) ✝ bei der Erdöldestillation gewonnene Fettart.
vaskular EW (lat.) ✝ mit Blutgefäßen; **Vaskularisation** w (~; ~en) ✝ Bildung von Blutgefäßen; **vaskulös** EW ✝ voller Blutgefäße.
Vasodilatation w (~; ~en) (lat.) [w-] ✝ Blutgefäßerweiterung: **Vasodilatoren** M gefäßerweiternde Gefäßnerven; **Vasographie** w (~; -i|en) Röntgenaufnahme von Blutgefäßen; **Vasokonstriktion** w (~; ~en) ✝ Blutgefäßverengung; **Vasokonstriktoren** M zusammenziehende Gefäßnerven; **Vasoligatur** w (~; ~en) ✝ Gefäßunterbindung; **Vasomotion** w (~; ~on) ✝ Dehnung (Zusammenziehung) der Haargefäße; **Vasomotoren** M blutgefäßverengende oder -erweiternde Gefäßnerven; **vasomotorisch** EW ✝ auf (in, von, bei) den Gefäßnerven *(v.e Nerven)*; **Vasoneurose** w (~; ~en) ✝ Störung der Gefäßnerven bei der Versorgung der Blutgefäße; EW: **vasoneurotisch**; **Vasopressin** s (~s; -) ✝ Hormon, das Blutdruck steigert; **Vasotomie** w (~; -i|en) ✝ Durchschneidung des Samenleiters.
vast EW (lat.) [w-] ausgedehnt; öde ↓.
Vatikan m (~[e]s; -) (lat.) † Papstresidenz, -regierung; EW: **vatikanisch** *(das V.e Konzil)*.
Vaudeville s (~s; ~s) (fr.) [wôdewill] Bühnenburleske.
Veblen-Effekt m (~-~[e]s; ~-~e) (nach am.) Soziologen) Phänomen des Prestigekonsums (höhere Nachfrage bei Preiserhöhung).
Vedette w (~; ~n) (fr.) ⚔ Reiterwache ↓.
Vedute w (~; ~n) (it.) Gemälde einer Stadt; ⚔ Beobachtungsstelle; M: Ruinenhintergrund auf einem Gemälde.
ve|emente (it.) ♪ heftig.
Vegetabili|en M (lat.) Pflanzenstoffe zur Ernährung; EW: **vegetabilisch**; **Vegetari(an)er** m (~s; ~) (lat.) wer ausschließlich oder überwiegend pflanzliche Kost zu sich nimmt; ; w. s.: **Vegetari|erin** (~; ~nen); EW: **vegetarisch**; **Vegetarismus** m (~; -) = **Vegetarianismus** m (~; -) ✝ Ernährung ausschließlich durch Pflanzenkost; **Vegetation** w (~; ~en) ⊕ Gebietsflora; M ✝ Wucherungen; **Vegetations|organ** s (~[e]s; ~e) ⊕ Wurzeln, Blätter u. ä.; **Vegetations|periode** w (~; ~n) ⊕ jährliche Wachstumszeit; **vegetativ** EW ⊕ pflanzlich; ungeschlechtlich; Fortpflanzung und Wachstum betreffend; nicht vom Willen abhängig *(v.e Dystonie* Gleichgewichtsstörung; *v.es Nervensystem* das Lebensnerven; *v.e Neurose* funktionelle Störung im Nervensystem); **Vegetativum** s (~s; -) vegetatives Nervensystem; **vegetieren** ZW (-rte, -rt) ⚲ ärmlich daherleben.
vehement EW (lat.) ungestüm; **Vehemenz** w (~; -) Wucht; Ungestüm.
Vehikel s (~s; ~) (lat.) (schlechtes) Fahrzeug; ✝ Heilmittelträgersubstanz.
Veiling s (~s; ~s) (e.) [wįliñ] Versteigerung von Naturprodukten.
Vektor m (~s; -toren) (lat.) ⊲ Raumstrecke mit Richtungssinn; gerichtete Größe; EW: **vektori|ell** ⊲; **Vektorkardiographie** w (~; -i|en) Darstellung der Herzmuskelfaserströme; **Vektorrechner** m (~s; ~) Rechner (DV), der Befehle nacheinander abarbeitet.
Velar m (~s; ~e) (lat.) Gaumensegellaut; EW: **velar**; **Velarlaut** m (~[e]s; ~e) = → Velar.
Velin s (~s; ~s) (fr.) [wellǟñ] pergamentähnliches Papier.
Velo s (~s; ~s) ¢ → Veloziped; **veloce** (it.) [welôtsche] ♪ schnell; **Velodrom** s

Vel<u>ou</u>r

(~[e]s; ~e) (gr.) Radrennbahn (in der Halle).

Vel<u>ou</u>r s (~s; ~s/~e) (fr.-lat.) [*well<u>û</u>r*] auf der Fleischseite zugerichtetes samtartiges Leder, = **Vel<u>ou</u>rleder** s (~s; ~); **Vel<u>ou</u>rpapier** s (~s; ~e) [*well<u>û</u>r-*] Samtpapier; **Vel<u>ou</u>rs** m (~; ~) [*well<u>û</u>r*] Baumwollsamt (*V. Chiff<u>o</u>n* [*-schiff<u>o</u>n*] Seidensamt; *V. fris<u>é</u>* = → Epinglé); ZW: **velouris<u>ie</u>ren** (-rte, -rt) ↗ beflocken; **velout<u>ie</u>ren** ZW (-rte, -rt) ↗ aufrauhen (durch Abschleifen).

V<u>e</u>lox s (~; –) (KuW) Fotoproduktion einer gerasterten Strichzeichnung; **V<u>e</u>loxkessel** m (~s; ~) Hochdruckdampfkessel.

Veloz<u>i</u>ped s (~s; ~e) (lat.) Fahrrad ↓; m. s.: **Veloziped<u>i</u>st** (~en; ~en); **Veloz<u>i</u>tät** w (~; –) Geschwindigkeit.

V<u>e</u>lum s (~s; -la) (lat.) Gaumensegel; † Kelchhülle; † Priesterschultertuch; Quallenrand; ⊕ Pilzhülle.

Velver<u>e</u>t m (~s; ~s) (e.) [*welw-*] Baumwollrippsamt; **Velv<u>e</u>t** m (~s; ~s) kurzgeschorener Samt.

ven<u>a</u>l EW (lat.) käuflich; bestechlich ↓.

Vend<u>e</u>tta w (~; -tten) (it.) (Blut-)Rache.

V<u>e</u>ne w (~; ~n) (lat.) ⚕ Blutader.

Venef<u>i</u>cium s (~s; -cia) (lat.) ⚕ Giftmord.

Ven|ektas<u>ie</u> w (~; -i|en) (lat.-gr.) ⚕ Venenausweitung durch Erschlaffung der Blutaderwände.

venen<u>ö</u>s EW (lat.) giftig.

vener<u>a</u>bel EW (lat.) verehrungswürdig; **Venerab<u>i</u>le** s (~s; –) † = → Sanktissimum.

ven<u>e</u>risch EW (lat., zu: *V<u>e</u>nus* Liebesgöttin) Geschlechts... (*v.e Krankheiten* ⚕ Geschlechtskrankheiten); **Venerol<u>o</u>ge** m (~n; ~n) ⚕ Facharzt für Geschlechtskrankheiten; w. s.: **Venerolog<u>ie</u>** (~; –); EW: **venerol<u>o</u>gisch.**

V<u>e</u>nia legendi w (~ ~; –) (lat.) Lehrerlaubnis; auch nur: **V<u>e</u>nia** w (~; -i|en).

v<u>e</u>ni, v<u>i</u>di, v<u>i</u>ci (lat.) ich kam, sah und siegte (Caesar).

V<u>e</u>nn-Diagramm s (~-~[e]s; ~-~e) bildl. Mengendarstellung innerhalb einer geschlossenen Linie.

ven<u>ö</u>s EW (lat.) an (von, bei, in) den Venen (*v.es Blut).*

Vent<u>i</u>l s (~[e]s; ~e) (lat.) abschließendes Maschinenelement; ♪ Windklappe der Orgel; **Ventilat<u>io</u>n** w (~; ~en) Lüftung(s|anlage); m. abstr. s.: **Vent<u>i</u>lator** (~s; -toren); **ventil<u>ie</u>ren** ZW (-rte, -rt) ↗ für Frischluft sorgen; genau bedenken; zu erkunden suchen; w. s.: **Ventil<u>ie</u>rung** (~; ~en).

ventr<u>a</u>l EW (lat.) an (auf) der Bauchseite (des Tiers); **v<u>e</u>ntre à t<u>e</u>rre** (fr.) [*wa͂tratā͂r*] im gestreckten Galopp; **Ventr<u>i</u>kel** m (~s; ~) ⚕ Hohlraum (Magen, Herz-, Gehirnkammer); EW: **ventrikul<u>ä</u>r**; **Ventriloqu<u>i</u>st** m (~en; ~en) Bauchredner.

V<u>e</u>nture C<u>a</u>pital s (~ ~s; –) (e.) [*w<u>e</u>ntscher k<u>ä</u>pitel*] = Mittelbereitstellung für Hochtechnologie-Unternehmen; → Risikokapital.

Ven<u>u</u>le w (~; ~n) (lat.) kleine Vene.

V<u>e</u>nusberg m (~[e]s; ~e) (lat.-d.) (nach der altröm. Liebesgöttin) w. Schamhügel.

Ver|absolut<u>ie</u>rung w (~; ~en) (d.-lat.) unerlaubte Außerbeziehungssetzung; ZW: **ver|absolut<u>ie</u>ren** (-rte, -rt) ↗.

Ver<u>a</u>nda w (~; -den) (sp.) Anbaulaube.

Veraz<u>i</u>tät w (~; –) (lat.) Wahrhaftigkeit.

Verb = → Verbum; **verb<u>a</u>l** EW (lat.) mündlich *(v.e Aussage);* zum Zeitwort gehörend; **Verb<u>a</u>l|abstraktum** s (~s; -ta) abstraktes Hauptwort, das von einem ZW abgeleitet ist; **Verb<u>a</u>ldefinition** w (~: ~en) Erklärung eines Wortes durch ein anderes; **Verb<u>a</u>le** s (~s; -lia) vom Zeitwort abgeleitetes Hauptwort; mündliche Äußerung; **Verb<u>a</u>l|injuri|e** w (~; ~n) wörtliche Beleidigung, Schimpfwort; **Verb<u>a</u>l|inspirat<u>io</u>n** w (~; ~en) † wortwörtliche Eingebung durch den Heiligen Geist; **verbalis<u>ie</u>ren** ZW (-rte, -rt) ↗ zum ZW machen; **Verbal<u>i</u>smus** m (~; –) Bewertung der Wörter über die Sachen; m. s.: **Verbal<u>i</u>st** (~en; ~en); EW: **verbal<u>i</u>stisch**; **verb<u>a</u>liter** UW wörtlich; **Verb<u>a</u>lkontrakt** m (~s; ~e) mündl. Vereinbarung; **Verb<u>a</u>lnomen** s (~s; -mina) vom Zeitwort abgeleitetes Eigenschafts-, Hauptwort; **Verb<u>a</u>lnote** w (~; ~n) schriftliche (vertrauliche) Bestätigung eines diplomatischen Schrittes; **Verb<u>a</u>lsuggestion** w (~; ~en) Beeinflussung durch Worte.

Verb<u>a</u>skum s (~s; -ken) (lat.) ⊕ Königskerze.

Verb<u>e</u>ne w (~; ~n) (lat.) ⊕ Eisenkraut.

Verbigerat<u>io</u>n w (~; ~en) (lat.) ⚕ sinnlose Wortwiederholungen bei Geisteskranken oder Gehirngeschädigten; **verb<u>o</u>s** EW wortreich ↓; w. s.: **Verbosi<u>tä</u>t** (~; –) ↓; **verbot<u>e</u>nus** UW wortwörtlich ↓; **V<u>e</u>rbum** s (~s; -ben) Zeitwort (*V. fin<u>i</u>tum* Personalform eines ZW.s; *V. infin<u>i</u>tum* ZW ohne Personalangabe).

verchartern ZW (-rte, -rt) (d.-e.) [*-sch-*] ↗ befristet vermieten.

Verdikt s (~[e]s; ~e) (lat.) Verurteilung.

Verifikation w (~; ~en) (lat.) Bekräftigung; Beglaubigung; **verifizierbar** EW überprüfbar; w. s.: **Verifizierbarkeit** (~; –); ZW: **verifizieren** (-rte, -rt) ↗; **Verismus** m (~; -men) (it.) Realismus; m. s.: **Verist** (~en; ~en); EW: **veristisch**; **veritabel** EW (fr.) wahrhaftig, echt.

Verkabelung w (~; ~en) (lat.) Breitbandkabelinstallation für Informations|techniken.

verkadmen ZW (-mete, -met) ↗ = → kadmieren; **verkitschen**[1] ZW (-tschte, -tscht) (rotw.) ↗ billig verkaufen.

verkitschen[2] ZW (-tschte, -tscht) (e.) ↗ geschmacklos gestalten (verändern).

verklauseln ZW (-lte, -lt) ↗ (durch Klauseln) unübersichtlich machen; verumständlichen, = **verklausulieren** ZW (-rte, -rt) ↗; **verkohlen** ZW (-lte, -lt) ↗ (jidd.) verspotten; **verkokst** EW (sp.) im Kokainrausch; **vermaledeien** ZW (-deite, -deit) ↗ (lat.) verfluchen.

Vermeil s (~s; –) (lat.-fr.) [*wermâj*] vergoldetes Silber; **vermeil** EW hochrot ←.

Vermicelli M (lat.-it., = Würmchen) [*-tschelli*] Fadennudeln.

vermiesen ZW (-ste, -st) ↗ (jidd.) die Freude schmälern; **vermiest** EW unlustig.

vermiform EW (lat.) wurmförmig; **vermikular** EW $ wurmartig, -förmig.

Vermillon s (~s; ~s) (fr.) [*wärmijoñ*] künstlicher Zinnober.

Vermizid s (~s; ~e) (lat.) $ Mittel gegen Würmer; **vermizid** EW $ wurmtötend.

vermuren ZW (-rte, -rt) (e.) ↗ ⚓ vor 2 Anker legen.

Vernalisation w (~; ~en) (lat.) = → Jarowisation; ZW: **vernalisieren** (-rte, -rt) ↗; **Vernation** w (~; ~en) ⊕ Knospenlage.

Vernissage w (~; ~n) (fr.) [*wernissâsche*] Ausstellungs|eröffnung, -vorbesichtigung.

Veronal s (~s; –) (nach dem it. ON *Verona*) Schlafmittel.

Veronika w (~; -ken) (gr.) ⊕ Ehrenpreis, Männertreu.

verpönen ZW (-nte, -nt) ↗ (lat.) mißbilligen; verachten.

Verrophon s (~s; ~e) (fr.-gr.) [*w-*] ♪ Glasinstrument; **Verroteri|en** M kleine Glaswaren.

verrukös EW (lat.) $ warzenartig, -förmig.

Vers m (~es; ~e) (lat.) [*f-*] metrische Einheit (Zeile) eines Gedichts (*sich einen V. auf etw. machen* zu verstehen beginnen); † kleiner Bibelabschnitt; **Versal** m (~s; ~i|en) (lat.) Großbuchstabe (im Druck).

versatil EW (lat.) ruhelos; beweglich; gewandt; w. abstr. s.: **Versatilität** (~; –).

Versetto s (~s; ~s/-tti) (it.) ♪ kleines Orgelzwischenspiel.

versiert EW (lat.) geübt; bewandert; w. s.: **Versiertheit** (~; –).

Versifikation w (~; ~en) (lat.) Umsetzung von Prosa in Verse; **versifizieren** ZW (-rte, -rt) ↗ in Verse bringen.

Version w (~; ~en) (lat.) Lesart; Fassung.

versnobt EW (e.) extravagant.

Verso s (~s; ~s) (lat.) Blattrückseite.

versprayen ZW (-ayte, -ayt) ↗ (e.) [*-spräˀen*] versprühen.

Versur w (~; ~en) (lat.) Handels|umsatz ↓.

verte! (lat.) drehe um! (≠ *vert.*), = **vertatur!**

vertebral EW (lat.) $ Wirbel(säulen)...; **Vertebrat** m (~en; ~en) Wirbeltier, = **Vertebrate** m (~n; ~n).

Vertibus m (~ses; ~se) (KuW) Senkrechtstarter.

vertiginös EW (lat.) $ schwindlig.

vertikal EW (lat.) senkrecht (Ggs.: *horizontal*); w. s.: **Vertikale** (~; ~n); **Vertikal|ebene** w (~; ~n) ⊀ senkrecht zu einer anderen stehende Ebene; **Vertikal|intensität** w (~; –) lotrechte Stärke des erdmagnetischen Feldes; **Vertikalismus** m (~; –) □ Neigung, lotrecht zu bauen; **Vertikalprojektion** w (~; ~en) □ ⊀ Aufriß.

Vertiko s, m (~s; ~s) (nach einem Berliner Tischler) Aufsatzschränkchen.

vertikulieren = **vertikutieren** ZW (-rte, -rt) ↗ (lat.) Rasenboden belüften; **Vertikutierer** m (~s; ~) Gerät dazu.

vertobaken ZW (-kte, -kt) ↗ (jidd.) verprügeln.

vertrusten ZW (-tete, -tet) ↗ (e.) [e.: *-traßtˀn*] in einen Trust einordnen.

Verve w (~; ~n) (fr.) [*wärwe*] Begeisterung.

vesikal EW (lat.) $ zur Blase gehörend; **Vesikatorium** s (~s; -ri|en) $ Zugpflaster; **vesikulär** EW $ bläs|chenartig, **vesikulos** EW voller Bläs|chen.

Vesper w (~; ~n) (lat.) † abendliches Stundengebet; Abendbrot, Jause; ZW: **vespern** (-rte, gevespert) ↙.

Vestibül

Vestibül s (~s; ~e) (fr.) Eingangshalle; **Vestibular|apparat** m (~[e]s; ~e) ⚭ Gleichgewichts|organ.
Vestitur w (~; ~en) (lat.) Einkleidung, -führung († ins geistliche Amt).
Vesuvian m (~s; ~e) (nach dem it. Vulkan *Vesuv*) brauner oder grüner Edelstein; **Vesuvin** s (~s; –) brauner Farbstoff.
Veteran m (~en; ~en) (lat.) alter (entlassener) Soldat; alter Arbeiter (Gelehrter, Beamter).
Veterinär m (~s; ~e) (lat.) Tierarzt; EW: **veterinär**; **Veterinärhygi|ene** w (~; ~n) Stallpflege; **Tier|ernährungskunde**; Seuchenlehre; **Veterinärmedizin** w (~; –) Tierheilkunde (Ggs.: *Humanmedizin*); m. s.: **Veterinärmediziner** (~s; ~); EW: **veterinärmedizinisch**; **Veterinärpolizei** w (~; –) tierärztliche Seuchenbekämpfung.
Veto s (~s; ~s) (lat., = ich verbiete) Einspruch(srecht); **Vetogruppe** w (~; ~n) Minderheit, die durch Einspruch Entscheidungen blockieren kann.
Vettel w (~; ~n) (lat.) bösartige (schmutzige) Alte.
Vexierbild s (~[e]s; ~er) (lat.-d.) Bild mit einer versteckten Figur, die gesucht werden soll; **vexieren** ZW (-rte, -rt) ↗ zu täuschen suchen; quälen.
vezzoso (it.) ♪ liebevoll.
via (lat.) über (*v. Rotterdam*); **Viadukt** m (~[e]s; ~e) (lat.) Straßen-, Tal-, Verkehrslinienüberführung; **Viatikum** s (~s; -ka) † letzte Kommunion; Reiseproviant, -geld.
Vibrant m (~en; ~en) (lat.) Zitterlaut, -ton ♪); **Vibraphon** s (~[e]s; ~e) ♪ Musikinstrument aus Klangstäben und Pauke; m. s.: **Vibraphonist** (~en; ~en); **Vibration** w (~; ~en) zitternde Schwingung; **Vibrations|galvanometer** s (~s; ~) Strom|meßgerät; **Vibrationsmassage** w (~; ~n) [*-massâshe*] Massage mit Schwinggeräten; **vibrato** (it.) ♪ mit feinster Höhenänderung; s. s.: **Vibrato** (~s; -ti); **Vibrator** m (~s; -toren) Schwinggerät für Maschinenprüfungen; Betonrüttler; Massagegerät; elektromagnet. Schwingsystem; **vibrieren** ZW (-rte, -rt) ↙ zitternd schwingen; **Vibrogramm** s (~[e]s; ~e) Aufzeichnung durch Vibrograph; **Vibrograph** m (~en; ~en) Meß-, Aufzeichnungsgerät für Schwingungen; EW: **vibrographisch.**
Viburnum s (~s; –) (lat.) ⚭ Schneeball (Zierstrauch).
vice versa (lat.) umgekehrt.

Vichy m (~s; ~s) (fr. Stadt) [*wischi*] Baumwollgewebe mit kleinen Karos.
Vickers|härte w (~; ~n) (nach einer e. Rüstungsfirma) Maßzahl zur Kennzeichnung der Härte von Werkstoffen.
Victoria regia w (~; ~) (nach einer e. Königin) ⚭ südam. Seerose.
vide (lat.) siehe!; **Video** s (~s; ~s) ⊄ von: **Video|anlage** w (~; ~n) Vorrichtung zur Aufzeichnung/Wiedergabe von Fernsehsendungen; **Videoband** s (~es; -bänder) Magnetband zur Aufzeichnung von Fernsehsendungen; **Videoclips** M (e.) kurze Musikfilme zur (Schallplatten-)Werbung; **Videokassette** w (~; ~n) Hülle und Schutz für Videobänder; **Videokonferenz** w (~; ~en) Fernzusammenkunft mit Ton- und Bildverbindung; **Videorecorder** m (~s; ~) Speicher für Fernsehaufnahmen; **Videosignal** s (~s; ~e) Fernseh-, Radarbildsignal; **Videotechnik** w (~; –) alle Einrichtungen, die zur Aufnahme und Wiedergabe von Videofilmen dienen; **Videotelefon** s (~s; ~e) Bildtelefon (zu sehen ist der andere Teilnehmer); **Videotex** s (~es; –) schw. Bildschirmtextsystem; **Videotext** m (~[e]s; ~e) Informationssystem zur Übermittlung geschriebener, mit Fernsehgerät empfangbarer Texte; **Videothek** w (~; ~en) Sammlung gespeicherter Videofilme (Fernsehsendungen); **Vidi** s (~s; ~s) Vermerk der Kenntnisnahme; **vidi** (lat.) Abzeichnungsvermerk; **Vidikon** s (~s; -kone) Fernsehaufnahmeröhre; **Vidimation** w (~; ~en) Beglaubigung, = **Vidimatum** s (~s; -ta); ZW: **vid(im)ieren** (-rte, -rt) ↗.
Vi|etminh w (~; –) (KW) vietnamesische kommunistische Unabhängigkeitsbewegung (seit 1941).
vif EW (lat.-fr.) [*wîf*] munter; aufgeweckt; wach; schlau ↓.
Vigantol s (~s; –) (KW) Vitamin-D-Präparat.
Vigil w (~; ~i|en) (lat.) † liturgische Vorfeier; **vigil** EW wachend; **Vigilant** m (~en; ~en) Polizeispitzel; **vigilant** EW wachsam; klug; w. abstr. s.: **Vigilanz** (~; –); **Vigilanz|aufgabe** w (~; ~n) Dauerbeobachtung (bei Tests).
Vignette w (~; ~n) (fr., = Weinranke) [*winj-*] Randschmuck in Handschriften; kleiner Kupferstich (Holzschnitt); Band zur teilweisen Abdeckung des Negativs beim Entwickeln; **Vignettierung** w (~; ~en) [*winjett-*] Abblendung des Gesichtsfeldes.

Vigogne w (~; ~n) (fr.) [-*gonje*] Strumpfgarn.

vigoros, -rös EW (lat.) vollstark; **vigoroso** (it.) ♪ kräftig; **Vigoureux** m (~; -) (fr.) [*wigurö*] (fr.) gesprenkeltes, streifenweise bedrucktes Kammgarn.

Vikar m (~s; ~e) (lat.) † Hilfspfarrer; s. abstr. s.: **Vikariat** (~[e]s; ~e); **Vikarin** w (~; ~nen) † w. Hilfspfarrer.

Viktimologie w (~; -) (lat.-gr.) Erforschung der Beziehungen zwischen Opfer und Täter.

Viktoria w (~; -) (lat.) Siegesgöttin; **viktorianisch** EW zur Zeit der e. Königin Viktoria (2. Hälfte 19. Jh.).

Viktuali|en M (lat.) Lebensmittel; **Viktuali|enbrüder** M Seeräuber.

Vikunja s (~s; ~s), w (~; -jen) (ind.) höckerloses südam. Kamel.

Villa w (~; -llen) (lat.) Landhaus; Haus mit Garten; Einfamilienhaus; **Villanella** w (~; -llen) (it.) altes it. Volkslied.

villös Ew (lat.) zottig.

Vinaigrette w (~; ~n) (fr.) [*winägrett*] pikante Kräutersoße aus Weinessig und Öl; Fleischsalat.

Vindikation w (~; ~en) (lat.) Eigentumsklage; Herausgabe|anspruch (auf eine Sache); **Vindikations|zession** w (~; ~en) Abtretung des Herausgabeanspruches; ZW: **vindizieren** (-rte, -rt) ↗; w. s.: **Vindizierung** (~; ~en) = → Vindikation.

Vingt-et-un s (~-~-~; -) (fr.) [*wängtöñ*] ein Glücksspiel.

Vinkulation w (~; ~en) (lat.) Verpflichtung (kein Wertpapier ohne Genehmigung des Emittenden zu übertragen); **Vinkulations|geschäft** s (~[e]s; ~e) Vorschuß auf Waren; ZW: **vinkulieren** (-rte, -rt) ↗; w. s.: **Vinkulierung** (~; ~en).

Vinothek w (~; ~en) (lat.-gr.) gepflegter privater Weinkeller; **Vinothekar** m (~s; ~e) kenntnisreicher Besitzer eines Weinkellers.

Vinyl s (~s; ~e) (KuW) ein ungesättigter Kohlenwasserstoff; **Vinyl|acetat** s (~s, ~e) (KuW, lat.) Zwischenprodukt der Kunststoffherstellung; **Vinyl|chlorid** s (~s; ~e) Ausgangsstoff für Polyvinylchlorid.

Vinzentiner m (~s; ~) (nach dem hl. *Vinzenz* v. Paul) † = Lazarist (Ordensangehöriger); w. s.: **Vinzentinerin** (~; ~nen).

Viola w (~; -olen) (it.) ♪ (¢ *V. da braccio* [*bratscho*]) Armgeige (*V. da gamba* Kniegeige; *V. d'amore* Art Bratsche); Veilchen; **Violaze|en** m Veilchengewächse.

violent EW (lat.) gewaltsam ↓; w. abstr. s.: **Violenz** (~; -) ↓.

violett EW (gr.-lat.-it.-fr.) veilchenfarben; s. s.: **Violett** (~s; ~s); **Violetta** w (~; -tten) (it.) ♪ kleine Viola; **Violine** w (~; ~n) Geige; **Violinist** m (~en; ~en) ♪ Geiger; w. s.: **Violinistin** (~; ~nen); **Violoncello** s (~s; -lli) [-*schello*], abgekürzt: → Cello, ♪ Streichinstrument, zwischen den Knien gestrichen, = **Violoncell** s (~s; ~e); **Violone** w (~; ~n) ♪ große Viola (Kontrabaß); ♪ Orgelstimme; **Violotta** w (~; -tten) ♪ vergrößerte Viola; **Violophon** s (~[e]s; ~e) Jazzvioline mit Schalldose.

VIP, V.I.P. w (~; ~s) (e. ¢ *very important person*) wichtige Persönlichkeit (auch: ∪).

Viper w (~; ~n) (lat.) Giftschlange.

Viraginität w (~; -) (lat.) m. Empfinden einer Frau; **Virago** w (~; ~s/-gines) m. aussehende Frau.

Vir|ämie w (~; -i|en) (lat.-gr.)⚕ Verbreitung von Viren im Blut.

Virement s (~s; ~s) (fr.) [*wirmañ*] Übertragung eines Rechnungsbetrages auf einen andern Haushaltposten.

Virgel w (~; ~n) (lat.) Schrägstrich (/).

Virginal s (~[e]s; ~e) (lat.) ♪ = → e. Cembalo; m. s.: **Virginalist** (~en; ~en).

Virginia w (~; ~s) (nach einem USA-Staat) [auch: -*dsch*-] Zigarre mit Strohhalm (als Mundstück).

Virginität w (~; -) (lat.) Jungfräulichkeit; Keuschheit.

viribus unitis (lat.) mit vereinten Kräften; gemeinsam; **viril** EW männlich; **Virilismus** m (~; -) ⚕ frühe m. sexuelle Reife; Vermännlichung w. Wesen; **Virilität** w (~; -) Männlichkeit, Mannbarkeit; **viritim** EW Mann für Mann ↓.

Virologe m (~n; ~n) (lat.-gr.) ⚕ Virusforscher; w. s.: **Virologie** (~; -); EW: **virologisch**; **virös** EW viruskrank; w. s.: **Virose** (~; ~n).

virtual EW (lat.) = → virtuell; w. abstr. s.: **Virtualität** (~, -) Kraft, Möglichkeit; **virtuell** EW nur gedacht, scheinbar; imaginär (*v. e Bilder*).

virtuos EW (lat.) (technisch) vollendet; w. abstr. s.: **Virtuosität** (~; -) (bes. ♪); m. s.: **Virtuose** (~n; ~n) Meister seiner Kunst; w. s.: **Virtuosin** (~; ~nen); **Virtuoso** m (~s; -si) (it.) vollendet Gebildeter; **Virtus** w (~; -) Tugend, Tüchtigkeit.

Virulenz w (~; -) (lat.) Ansteckungsfähigkeit; ansteckende Tätigkeit der Bakterien; EW: **virulent**.

Virus s (~; -ren) (lat.) ⚕ infektiöser Parasit; isolierte vermehrungsfähige Zellstruktur.
Vis w (~; ~) (lat., = Kraft) [w-] Maß der Kraft (= 10 Mill. Dyn).
Visage w (~; ~n) (fr.) [*wîsậsche*] (dummes) Gesicht; **Visagist** m (~en; ~en) Gesichtskosmetiker; **vis-à-vis** [*wîsawî*] gegenüber; s. s.: **Visavis** (~; ~).
Viscera → Viszera.
visibel EW (lat.) sichtbar ↓; **Visibilität** w (~; –) Wahrnehmbarkeit sozial einschneidender Prozesse und Eigentümlichkeiten; **Visible supply** m (~ ~s; –) (am.) [*wisebl βeplai*] erfaßbarer Warenbestand (einer Weltware); **Visier** s (~s; ~e) (fr.) aufklappbarer Helmschutz; Zielvorrichtung; **visieren** ZW (-rte, -rt) ↙ zielen; ausmessen; ↗ beglaubigen; mit Visum versehen; **Vision** w (~; ~en) (lat.) Erscheinung; Trug-, Traumbild; **visionär** EW nur im Geist geschaut; **Visionär** m (~s; ~e) Geisterseher ↓; **Visionsradius** m (~; -dien) Sehachse; **Visitation** w (~; ~en) † Besichtigung; Überprüfung; Durchsuchung; ZW: **visitieren** (-rte, -rt) ↗; **Visite** w (~; ~n) (Arzt-)Besuch; täglicher Kontrollgang des Stationsarztes (in Krankenhäusern); **Visitenkarte** w (~; ~n) Besuchskarte; Zeichen der Anwesenheit, Spur *(seine V. abgeben, hinterlassen)*; Legitimationsmarke; beachtliche Leistung.
viskos, -ös EW (lat.) zähflüssig; **Viskose** w (~; ~n) Kunstseidenfaden; **Viskosimeter** s (~s; –) Zähflüssigkeitsmesser; w. s.: **Viskosimetrie** (~; -); EW: **viskosimetrisch**; **Viskosität** w (~; –) Zähflüssigkeit.
Vista w (~; -ten) (it.) [*w*-] Wechselvorzeigung (*a prima v.* auf den 1. Blick); ♪ vom Blatt); **Vistavision** w (~; ~en) (lat.) Breitwandfilm.
Vistra w (~; –) (KuW) Textil-Kunststoffkombination; **Vistramin** s (~s; ~e) leichte weiche Perlonwirkware.
Visualizer m (~s; ~) (lat.) [*wischulaisᵉr*] Werbegraphiker; **visu|ell** EW mit dem (durch das) Sehen (*v.er Eindruck; v.er Typ* wer Gesehenes besser behält als Gehörtes); **Visuell** s (~s; ~s) (e.) [*wischuäl*] Demonstration einer Werbe|idee; **Visum** s (~s; -sen/-sa) (lat., = das Gesehene) Sichtvermerk; ⚕ Augenschein; **Visus** m (~; –) Gesichtssinn; Sehschärfe.
Viszera, Viscera M (lat.) ⚕ Eingeweide; **viszeral** EW (lat.) ⚕ Eingeweide...
Vita w (~; -ten) (lat.) Lebensdarstellung (*V. activa* tätiges Leben; *V. con-*

templativa besinnliches Leben); **vital** EW lebenswichtig, -kräftig; **Vitalchemie** w (~; –) alle das Leben tragenden chemischen Veränderungen im Körper; **Vitali|enbrüder** M = → Viktuali|enbrüder; **vitalisieren** ZW (-rte, -rt) ↗ beleben; **Vitalismus** m (~; –) Überzeugung, das organische Leben sei durch nichtphysische Komponenten bedingt; m. s.: **Vitalist** (~en; ~en); EW: **vitalistisch**; **Vitalität** w (~; –) natürliche Lebendigkeit; **Vitalkapazität** w (~; ~en) größte auszuatmende Luftmenge; **Vit|amin** s (~s; ~e) ⚕ Ergänzungsstoff (seit 1912); **Vitamin(is)ierung** w (~; ~en) ⚕ Anreicherung mit Vitaminen; ZW: **vitamin(is)ieren** (-rte, -rt) ↗.
vite(ment) (fr.) [*wit(mañ)*] ♪ schnell.
Vitiligo w (~; –) (lat.) ⚕ Hautfleckenbefall.
vitiös EW (lat.) lasterhaft ↓; **Vitium** s (~s; Vitia) ⚕ Fehler.
Vitrage w (~; ~n) (fr.) [-*trậsche*] Scheibengardine; Zugvorhang ↓.
Vitrine w (~; ~n) (lat.) Glasschrank; **Vitriol** s (~s; –) (lat.) Schwermetallsalz der Schwefelsäure ↓; **Vitrum** s (~s; -tra/-tren) ⚕ Arzneiflasche (¢ *Vitr.*).
vivace (it.) [*wîwậtsche*] ♪ lebhaft; **vivacetto** [-*tschetto*] ♪ ein wenig lebhaft; **vivacissimo** [-*tschiss-*] ♪ sehr lebhaft; s. s.: **Vivacissimo** (~s; -mi); *vivant sequentes!* (lat.) es leben die Folgenden (Nachkommen, -folger)!; **Vivarium** s (~s; -ri|en) Tierbehälter; **vivat** [*wîwat*] er (sie, es) lebe hoch! **Vivat** s (~s; ~s) Hochruf; **vivat, crescat, floreat!** möge er (sie, es) leben, wachsen, blühen!
Vivianit s (~s; ~e) (nach einem e. Mineralogen) Blaueisenerz.
vivipar EW (lat.) [*wiwi-*] lebend gebärend (Ggs.: *ovipar*); **Viviparie** w (~; –) Lebendgeburt; ⊕ Keimung, während Same und Mutterpflanze noch verbunden sind; **Vivisektion** w (~; ~en) wissenschaftl. Tierversuch; ZW: **vivisezieren** (-rte, -rt) ↙ ↗.
Vize m (~s; ~) (lat.) Stellvertreter.
Vlieseline w (~; –) (KuW) Einlagestoff zur Versteifung.
vocale (lat.-it.) ♪ stimmlich; als (im) Gesang; **Voce** w (~; -ci) [*wộtsche*] ♪ Stimme (*mezza v.* ♪ mit halber Stimme; *sotto v.* ♪ leise).
Vogue w (~; –) (fr.) [*wộg*] Bewegung (in der Mode) (*en v.* im Schwange).
Voicegramm s (~s; ~e) (e.) [*weuβ-*] bildliche Darstellung des Sprechduktus.

vo|**ilà!** (fr.) [*woala*] sieh da!
Vo|**ile** m (~s; ~s) (lat.-fr.) [*wôậl*] Schleiergewebe.
Voix mixte w (~ ~; -) (fr.) [*woamixt*] ♪ Mischung von Kopf- und Bruststimme; mittleres Orgelregister.
Vokabel w (~; ~n) (lat.) Wort; Fremdwort; **Vokabular(ium)** s (~s; ~e/-ri|en) Wortverzeichnis, Wörterbuch; **Vokal** m (~s; ~e) Selbstlaut (Ggs.: *Konsonant*); **vokal** EW singend; **Vokalharmonie** w (~; -) Beeinflussung eines durch anderen Selbstlaut; **Vokalisation** w (~; ~en) Aussprachebezeichnung im hebräischen Text; Vokalgestaltung beim Singen; Aussprache eines Mitlautes als Selbstlaut; ZW: **vokalisieren** (-rte, -rt) ↗; **Vokalise** w (~; ~n) Stimmübung; **Vokalisierung** w (~; ~en) = → Vokalisation; **Vokalismus** m (~; -) alle Selbstlaute einer Sprache; **Vokalmusik** w (~; -) ♪ gesungene Musik; **Vokation** w (~; ~en) Berufung († ins Kirchenamt); **Vokativ** m (~s; ~e) Anredefall (der Beugung).
Volant m (~s; ~s) (fr.) [*wollañ*] Besatz; Kraftfahrzeugsteuer; Kleiderschmuckborte.
Volapük s (~s; -) (e. KW) eine Welthilfssprache.
volar EW (lat.) ⚕ Hohlhand ...
volatil EW (lat.) ⚕ flüchtig.
Vol-au-vent m (~-~-~; ~-~-~s) (fr.) [*wollôwañ*] Blätterteigpastete.
Voli|**ere** w (~; ~n) (fr.) [*volljậre*] großer Vogelkäfig.
volitional EW (lat.) vom Willen bedingt.
volley EW (e.) [*wolli*] im Flug zurückgeschlagen (Ball); **Volleyball** m (~s; -) [*wolli*-] Flugballspiel; Art Korbballspiel; der Spielball für diese Spiele.
Volontär m (~s; ~e) (fr.) (unbezahlter) Anlernling; **Volontariat** s (~[e]s; ~e) Tätigkeit eines Anlernlings; Anlernlingszeit; **volontieren** ZW (-rte, -rt) ✓ als Volontär arbeiten.
Volt s (~s; ~; ⧸ V) [*w*-] (it., nach dem Physiker A. *Volta*, 1745–1827) Einheit der elektr. Spannung.
Volta o (o; o) (it.) Drehung; ♪ Wiederholung; Tanz.
Volta|**effekt** m (~s; ~e) (nach dem it. Physiker *Volta*, 1794) Spannung zwischen zwei einander berührenden Metallen; **Volta**|**element** s (~[e]s; ~e) galvanisches Element; **Voltameter** s (~s; ~) Meßgerät für die Strommenge, die aus abgeschiedenem Metall oder Gas zutritt; **Volt**|**ampere** s (~s;

~) [*woltañpậr*] (⧸ VA) Einheit der elektr. Leistung.
Volte w (~; ~n) (fr.) [*w*-] Reiten im kleinen Kreis; Kartenmischart; Kniff beim Falschspiel; **voltieren** ZW (-rte, -rt) [*w*-] ✓ rasch kreisen (beim Fechten); falsch spielen; auf den (das) Pferd kunstvoll springen; **Voltige** w (~; ~n) [*woltísch*] Aufsitzen im Sprung auf das galoppierende (trabende) Pferd; **Voltigeur** m (~s; ~e) [-*schôr*] = → Voltigierer; **voltigieren** ZW (-rte, -rt) [*woltigí*- oder *woltischí*-] ✓ kunstreiten am laufenden Pferd; halsbrecherische Leistungen vollbringen; Volte reiten; **Voltigierer** m (~s; ~) [-*schí*-] Kunstspringer (am Pferd).
Voltmeter s (~s; ~) (it. [nach dem Physiker A. *Volta*, 1745–1827]) Spannungsmesser.
volubel EW (lat.) beweglich ↓; w. abstr. s.: **Volubilität** (~; -).
Volume s (~s; ~s) (e.) [*woljum*] Lautstärke; **Volumen** s (~s; -mina) (lat.) Rauminhalt; (⧸ *vol*.); Umfang; Buchband; Übertragungsstärke einer Fernseh-, Rundfunksendung; **Volum(en)**-**gewicht** s (~[e]s; ~e) spezifisches Gewicht; **Volumenkontraktion** w (~; ~en) Abnahme des Rauminhalts; **Volumenometer** s (~s; ~) Rauminhaltmesser; **Volum(en)prozent** s (~[e]s; ~e) Hundertsatz vom Rauminhalt; **Volumeter** s (~s; ~) ⚕ Senkwaage zur Dichtebestimmung; **Volumetrie** w (~; -) ⚕ Maßanalyse; EW: **volumetrisch**; **voluminös** EW umfangreich; sehr beachtlich.
Voluntarismus m (~; -) (lat.) Überzeugung, daß der Wille die wichtigste Seelenäußerung sei; m. s.: **Voluntarist** (~en; ~en); EW: **voluntaristisch.**
Volute w (~; ~n) (lat.) □ Schneckenzierat; **Volutin** s (~s; -) Kornstruktur in Bakterien.
Volva w (~; -ven) (lat.) [*wolwa*] ⚕ Eihaut.
volvieren ZW (-rte, -rt) ↗ (lat.) wälzen, rollen; überlegen; **Volvox** w (~; -) Kugel|alge; **Volvulus** m (~; -li) ⚕ Darmverschlingung.
vomieren ZW (-rte, -rt) ✓ (lat.) ⚕ sich erbrechen; **Vomitiv** s (~s; ~e) ⚕ Brechmittel, = **Vomitivum** s (~s; -va), = **Vomitorium** s (~s; -ria/-ri|en); **Vomitus** m (~; ~) ⚕ Erbrechen.
Vorzensur w (~; ~en) (d.-lat.) staatliche Kontrolle vor der Veröffentlichung.
votieren ZW (-rte, -rt) ✓ (lat.) abstimmen; **Votiv** s (~s; ~e) (lat.) Gelübde;

† gelobtes Bild, Ding; EW: **votiv**; **Votivbild** s (~[e]s; ~er) † Gedenk-, Dankbildchen; **Votivgabe** w (~; ~n) † Weihegeschenk; **Votivmesse** w (~; ~n) Messe aus besonderem Anlaß; **Votum** s (~s; -ta/-ten) Entscheidung durch Stimmabgabe; Urteil; Gelübde.
Voucher m, s (~s; ~s) (e.) [*wautscher*] Gutschein (vorausbezahlt).
Voute w (~; ~n) (fr.) [*wûte*] □ Hohlkehle; Versteifungs|teil.
Vox w (~; –) (lat.) [*w-*] Stimme (*v. humana* Menschenstimme [Orgelregister]; *v. celestis* Himmelsstimme [Orgelregister]; *v. populi, v. De|i* Volkes Stimme – Gottes Stimme).
Voyeur m (~s; ~s/~e) (fr.) [*woajôr*] wer beim Zusehen eines Geschlechtsaktes (intimer Vorgänge) sexu|elle Befriedigung findet; w. s.: **Voyeuse** (~; ~n) [*woajôs*]; **Voyeurismus** m (~; –) [*woajör-*] sexu|elle Befriedigung beim Anblick geschlechtlicher Vorgänge.
vozieren ZW (-rte, -rt) (lat.) ↗ berufen; vorladen.
vulgär EW (lat.) gewöhnlich; **vulgarisieren** ZW (-rte, -rt) ↗ volks|tümlich machen; unters Volk bringen; **Vulgarität** w (~; ~en) Roheit; **Vulgata** w (~; –) †

älteste lat. Bibel (4. Jh.); **vulgivag** EW umherstreunend; **Vulgivaga** w (~; –) herabsetzend für die Liebesgöttin *Venus*; **vulgo** UW gewöhnlich.
Vulkan m (~[e]s; ~e) (lat., nach dem Feuergott) feuerspeiender Berg; **Vulkanfiber** w (~; –) (lat.) Zellulosekunststoff; **Vulkanisat** s (~[e]s; ~e) vulkanisierter Kautschuk; **Vulkanisation** w (~; ~en) = → Vulkanisierung; **vulkanisch** EW durch Vulkan|ausbruch entstanden (herausgeschleudert) *(v.es Gestein);* **Vulkaniseur** m (~[e]s; ~e) [*-sôr*] Gummispezialarbeiter; **vulkanisieren** ZW (-rte, -rt) ↗ Rohkautschuk durch Schwefelzusatz festigen; w. s.: **Vulkanisierung** (~; ~en); **Vulkanismus** m (~; –) magmabedingte Kräfte (Erscheinungen); **Vulkanit** m (~s; ~e) vulkanisches Gestein; **Vulkanologe** m (~n; ~n) Erforscher der Vulkantätigkeit; w. s.: **Vulkanologie** (~; –); EW: **vulkanologisch**.
vulnerabel EW (lat.) verwundbar; w. s.: **Vulnerabilität** (~; –).
Vulva w (~; -ven) (lat.) w. Geschlechtsteil; **Vulvitis** w (~; -itiden) ⚕ Entzündung der w. äußeren Geschlechtsteile.

W

Wad s (~s; –) (e.) Manganschaum.
Wadi s (~s; ~s) (ar.) Wüstentrockental.
Wafd m (~s; –) (ar., = Abordnung) nationaläg. Partei.
Wafer m (~s; ~[s]) (e.) [*weifer*] Mikroplättchen (EDV).
Waggon m (~s; ~s) (fr.) [*-goñ*] Eisenbahnwagen ↓; **Waggon-Lit** m (~-~; ~-~s) [*wagoñli*] Schlafwagen.
Wahhabit m (~en; ~en) ar.) Angehöriger einer islam. Sekte.
Waldenser m (~s; ~) (nach dem Stifter Peter *Waldes*, 12. Jh.) † Angehöriger einer Sekte; EW: **waldensisch**.
Walkie-lookie m (~-~s; ~-~s) (e.) [*wôkilûki*] tragbares Fernseh(aufnahme)gerät; **Walkie-Talkie** m (~-~s; ~-~s) [*wôkitôki*] Tragegerät für Rund- und Sprechfunk; **Walkingbass** m (~; ~) [*wôkiñbäß*] ♪ Baßfiguration im Boogie-Woogie; **Walkman** m (~s; -men) [*wôkmän*] tragbarer Kassettenrecorder mit Kopfhörer.

Wallach m (~s; ~e) (kelt.-g.-slaw.) kastrierter Hengst.
Wallstreet w (~; –) (am., Straße in New York) [*wollstrît*] am. Finanzzentrum.
Walone m (~s; ~n) (gr.-it.) ⊕ Fruchtbecher der Eiche.
Walrat m, s (~[e]s; –) (am.) Stirnhöhlen|öl der Wale, Spermazet.
Wampum m (~s; ~e) (ind.) Muschelgürtel der am. Indianer (auch Zahlungsmittel).
Wandale m (~n; ~n) (eigtl.: Angehöriger eines g. Volksstammes) blindwütiger Zerstörer; EW: **wandalisch**; m. s.: **Wandalismus** (~; –).
Wapiti m (~s; ~s) (ind.) kanad. Hirsch.
Waran m (~s; ~e) (ar.) großes tropisches Kriechtier.
Wardein m (~s; ~e) (g.-fr.-nl.) Münzprüfer; ZW: **wardieren** (-rte, -rt) ↗.
Warm-up s (~-~s; ~-~s) (e.) [*uom app*] Vorwärmen des Automotors.
Warp m (~s; ~s) (e.) [*"orp*] Kettenfäden, -garn; Schürzenstoff.
Warrant m (~s; ~s) (e.) [*worrent*] Voll-

macht; Lagerermächtigung, -pfandschein; übertragbares Wertpapier; **Warrantkredit** m (~[e]s; ~e) [*worrent-*] Bankkredit gegen Lagerscheinverpfändung.

Warve w (~; ~n) (schw.) jahreszeitl., farblich wechselnde Ablagerung.

Wash-and-wear (e.) [*uosch änd uär*] Vermerk: pflegeleicht.

Washington|e w (~; ~n) (nach dem 1. USA-Präsidenten) [*wosch-*] Fächerpalme.

Washprimer m (~s; ~) (e.) [*woschpraimer*] Grundierung vor dem Lackieren von Metallen.

Wasserstoffper|oxid s (~s; -) (d.-gr.) ↻ stark oxidierende Verbindung, = **Wasserstoffsuper|oxid** s (~s; -).

Watch-list w (~-~; ~-~s) (e.) [*wotsch-*] Übersicht unerwünschter Personen.

Watergate-Affäre w (~-~; -) (am.) [*wotergeit-*] US-am. Vertrauenskrise 1972, über die Präsident Nixon stürzte.

Waterjacket s (~s; ~s) (e.) [*uôtedschäckit*] metallener Hochofenmantel; **Waterkantgate** s (~s; -) (e., KW) [*woterkantgeit*] Vertrauenskrise der schleswig-holstein. CDU 1987.

Watermark w (~s; ~s) (e.) [*uôte-*], **Waterproof** m (~s; ~s) [*uôteprûf*] Regenmantel(stoff); EW: **waterproof** wasserabweisend.

Watt s (~s; ~; ∉ W) (e., nach dem Mechaniker James *Watt*, 1736–1819) Einheit der elektr. Leistung; **Wattmeter** s (~s; ~) Meßgerät für elektr. Leistung; **Wattsekunde** w (~; ~n) Energie-, Arbeitseinheit (∉ *Ws*).

Way of life m (~ ~ ~s; -) (am.) [*weⁱ of leif*] Lebensweise, -zuschnitt.

WC s (~s; ~s) ∉ Wasserklosett (e.: **watercloset**) [*"äter-*].

Wealden s (~s; -) (nach e. Landschaft) [*wil-*] älteste Kreideformation.

Weck|amin s (~s; ~e) (KuW) ⚕ belebendes Kreislaufmittel.

Weda m (~s; -den) (skr.) heilige Schrift der i. Brahmanen; EW: **wedisch**; m. s.: **Wedismus** (~; -) wedische Religion.

Wedgwood s (~s, ~s) (nach einem e. Hersteller, 1730–1795) [*wedschwûd*] mattgebranntes unglasiertes blauweißes Steinzeug, = **Wedgwoodware** w (~; ~n).

Weed s (~s; -) (e.) [*uîd*] Haschisch.

Week|end s (~s; ~s) (e.) [*wîk-*] Wochenende.

Weft s (~s; ~s) (e. *cheviot*) (Cheviot-) Schußgarn.

Weight s (~s; ~s) (e.) [*ueit*] Papiergewicht.

Weimutskiefer w (~; ~n) = → Weymouthskiefer.

Wellikel s (~s; ~) (KuW) materieller Punkt der Mechanik, der weder (nur) Welle noch (nur) Licht ist.

Welsh rabbit s (~ ~s; ~ ~s) (e.) [*wälsch räbbit*] Käsetoast, = **Welsh rarebit** [*wälsch rärbitt*] s (~ ~s; ~ ~s).

Weltergewicht s (~[e]s; -) (e.-d.) (Angehöriger einer) Gewichtsklasse (Ringen: 73 kg, Boxen: 67 kg).

Welwitschi|e w (~; ~n) (nach einem öst. Botaniker) ⚘ südafr. Pfahlwurzelpflanze.

Wenzel m (~s; ~) (tsch.) „Unter", „Bube" (beim Kartenspiel).

Werbe|agentur w (~; ~en) (lat.) Unternehmen, das Werbemaßnahmen plant und durchführt; **Werbekampagne** w (~; ~n) (fr.) [*-kampanje*] intensive anhaltende Propaganda; **Werbe|spot** m (~s; ~s) (e.) kurzer Reklamefilm.

Werst w (~; ~) (r.) altes r. Längenmaß (= 1,067 km) (∉ *W*) ↓.

Wesir m (~s; ~e) (ar., = Stütze) höchster türk. Beamter ↓; Minister in islam. Monarchi|en.

Wesleyaner m (~s; ~) (nach einem e. Pfarrer) [*-li-*] † Methodist.

West-coast-Jazz m (~-~-~; -) (am.) [*"estkô"stdschäß*] moderner Jazzstil.

Weste w (~; ~n) (fr.-lat.) ärmelloses Kleidungsstück.

Western m (~s; ~) (am.) Wildwestfilm, -roman; **Westerner** m (~s; ~) Westernheld; **Western-Store** m (~-~s; ~-~s) Laden für Wildwestutensilien; **Western Style** m (~ ~s; -) [*-ßtail*] (Vordringen) am. Lebensformen.

West|over m (~s; ~) (am.) Pullover in Westenform.

Weymouthskiefer w (~; ~n) (am., nach einem e. Lord) [*weimeß-*] nordam. Nadelbaum.

Whig m (~s; ~s) (e.) [*"ik*] e. Liberaler.

Whipcord m (~s; ~s) (e., = Peitschenschnur) [*"ipk-*] Kammgarngewebe.

Whipper m (~s; ~s) (e.) [*"ipp-*] parlamentarischer „Einpeitscher"; 2. Führer der Parforcemeute.

Whippet m (~s; ~s) (e.) [*wippit*] Rennhund.

Whirlpool m (~s; ~s) (e.) [*uôrlpûl*] Bassin mit parfümiertem Brodelwasser.

Whisker m (~s; ~) (e.) [*uisker*] reißfeste Kristallfaser.

Whiskey m (~s; ~s) ir. und am.: **Whisky** m (~s; ~s) (kelt.) urspr. schotti-

scher Branntwein; **whisky** EW (kelt.) whiskyfarben ←.
Whisper m (~s; ~) (e.) Gerücht; Zeitungssparte für Literatenpersonalien; Cocktailart.
Whist s (~[e]s; –) (e.) ["*ist*] Kartenspiel.
Whitecoat m (~s; ~s) (e.) ["*aitkout*] Jungseehundsfell; **White-collar** m (~-~s; ~-~s) [*uait kollär*] Angestellter; **White-collar-crime** s (~-~-~s; ~-~-~s) ["*ait koller kraim*] Schreibtisch-, Wirtschaftsverbrechen, = **White-collar-Kriminalität** w (~-~-~; –); **White light** s (~ ~s; –) ["*ait lait*] letzte Selbsterkenntnis im Drogenrausch; **White stuff** m (~ ~s; –) (e.) [*-staff*] Kokain.
WHO (e. ≠ Word **H**ealth **O**rganization) Weltgesundheitsorganisation.
Who's who s (~ ~; ~ ~) (e.) [*hûs hû*] jährliches Verzeichnis bekannter Personen.
Widia s (~s; ~s) (≠ **wi**e **Dia**mant) Hartmetall aus Wolframcarbit und Kobalt.
Wife swopping s (~ ~s; ~ ~s) (am.) [*waif ßwoppiñ*] Ehefrauenaustausch.
Wigwam m (~s; ~s) (ind.-e.) Indianerhütte, -zelt.
Wildschur w (~; ~en) (poln.) Reisepelz.
Wind-band w (~-~; ~-~s) (e.) ["*ind-*] Blasorchester; **Winder** m (~s; ~) [*uain-*] automat. Spann- und Transportgerät in Kameras; **Windfall-Gewinne** M (e. = *w. profits*) [*uindfôll-*] Differentialrente (Gewinne durch niedrigere Produktionskosten); **Windjammer** m (~s; ~s) (e.) großer Segler; **Winds** M Bläser im Orchester.
Window-Dressing s (~-~s; ~-~s) (am.) ["*indo" dressiñ*] Zurechtrückung („Frisierung") der Bilanz; **Window shopping** s (~ ~s; ~ ~s) ["*indo" schoppiñ*] Schaufensterbummel.
Windsorknoten m (~s; ~) (nach dem [früheren] Herzog von *Windsor*) Dreieckskrawattenknotung.
Wind|surfing s (~s; –) (e.) [*-börfiñ*] Wellenreiten auf Segelbrett.
Winkelfunktionen M (d.-lat.) ⚔ Sinus, Kosinus, Tangens, Kotangens.
Wirkungsquantum s (~s; -ten) (d.-lat.) Energie mal Zeit.
Wirsing m (~s; ~e) (it.) ⊕ Gartenkohl.
Wismut m (~s; –) (lat.) ⊙ Grundstoff.

Witherit m (~s; ~e) (KuW) ein weißes Mineral.
wobbeln ZW (-lte, gewobbelt) ↗ (e.) Hochfrequenzschwingum im Rhythmus einer Niederfrequenzschwingung ändern; m. s.: **Wobbler** (~s; ~) Gerät hierfür; Handmorsetaste mit Kontakten auf jeder Hebelseite.
Wodka m (~s; ~s) (r., = Wässerchen) Korn-, Kartoffelschnaps.
Wofatit s (~s; ~e) (KuW) Ionen|austauscher zur Wasserhärtung.
Woilach m (~s; ~e) (r.) grobe Pferdedecke.
Woiwode m (~n; ~n) (poln.) Herzog ↓; Wahlfürst ↓; Provinzleiter.
Wok m (~s; ~s) (chin.) weitmundige Metallschale zum Kurzbraten.
Wolverines M (am.) [*wulwerîns*] Jazzart in Chicagostil.
Wombat m, s (~s; ~s) (austr.-e.) Beuteltier.
Women's Lib w (~ ~; –) (e. ≠ **Wo**men's **Lib**eration Movement) am. Frauenbewegung.
Woods M (e. = Hölzer) [*wudz*] hölzerne Golfschläger.
Worcestersoße w (~; ~n) (nach einer e. Stadt) [*wußter-*] Würzsoße.
Work|aholic m (~s; ~s) (e.) [*uôkeholik*] wer unter Arbeitszwang steht; **Work|shop** m (~s; ~s) (e.) [*uôkschopp*] Diskussionsrunde zur Lösung gestellter Aufgaben, Probleme; **Work-Songs** M (am.) ["*ök-*] Negerarbeiterlieder; **Work-Structuring** w (~-~; –) (am., = Arbeitsgliederung) ["*ök stracktschering*] Ausnutzung der Arbeitskraft durch Berücksichtigung aller Besonderheiten des Arbeitenden.
WORM-Speicher m (~-~s; ~-~) (≠ e. **W**rite **o**nce, **r**ead **m**ostly) Bildplatte, ein Informations|träger.
Wrasen m (~; ~) (nl.) in Verdampfungsanlagen entstehender Wasserdampf.
Wurlitzer|orgel w (~; ~n) (nach dem am. Erfinder) Kinoorgel (Instrumental-, Geräuschwirkung).
Wurtzit m (~s; ~e) (nach fr. Chemiker) Strahlenblende.
Wyandotte w (~; ~n), s (~; ~s) (am.) ["*aindott*] (nach einem Indianerstamm) mittelschwere Hühnerrasse.

X

X-Achse w (~; ~n) ⊀ Abzissen|achse.
Xanthin s (~s; –) (gr.) ⟲ organische Verbindung in Harn, Leber; **Xanthinurie** w (~; –) übermäßige Xanthinausscheidung.
Xanthippe w (~; ~n) (gr., nach der Gattin des Sokrates) zänkische Frau.
xanthochrom EW (gr.) [-*króm*] gelbhäutig, -farbig; w. s.: **Xanthochromie** (~; –) [-*kr*-]; **Xanthodermie** w (~; -i|en) Hautgelbheit; EW: **xanthoderm**; **Xanthogensäure** w (~; ~n) organische Schwefelverbindung; **Xanthom** s (~[e]s; ~e) ✣ gelber Hautknoten mit Fett; **Xanthomatose** w (~; ~n) Xanthomhäufung; **Xanthophyll** s (~s; –) ⚘ Vergilbstoff; **Xanth|opsie** w (~; -i|en) ✣ Gelbsehen.
X-Chromosom s (~[e]s; ~en) (gr.) ✣ geschlechtsbestimmender Zellfarbkörper; **X-Einheit** w (~; ~en) unzulässige Längen|einheit für Röntgenstrahlen (∉ *XE* = 1,002 × 10⁻¹³ cm).
Xenion s (~s; -i|en) (gr.) Epigramm (von Martial-Goethe-Schiller); ⚘ Änderung von Gestalt (Farbe) eines Pflanzenteils; = **Xeni|e** w (~; ~n).
Xenobiotika M (gr.) lebensfremde, nicht abbaubare Stoffe; **Xenogamie** w (~; –) ⚘ Fremd-, Kreuzbestäubung; EW: **xenogam**; **Xenoglossie** w (~; –) unbewußtes Sprechen einer dem Sprecher unbekannten Sprache; **Xenokratie** w (~; -i|en) Fremdherrschaft; **Xenolith** m (~s/~en; ~e[n]) Einschluß im Ergußgestein.
Xenon s (~s; –) (gr; ∉ *Xe*) ⟲ Edelgas.
xenophil EW (gr.) fremdenfreundlich; w. abstr. s.: **Xenophilie** (~; –) ↓; **xenophob** EW fremdenscheu; w. s.: **Xenophobie** (~; –); **Xenotest-Prüfung** w (~–~; ~–~en) Ermittlungsverfahren für Werkstoffbeständigkeit; **Xenotim** m (~s; ~e) ein Mineral.

Xer|anthemum s (~s; -ma/-themen) (gr.) ⚘ Strohblume; **Xeroderma** s (~s; -mata) ✣ Pergamenthaut (schwere Kinderkrankheit); **Xerodermie** w (~; -i|en) ✣ Hauttrockenheit; **Xeroform** s (~s; –) Wundstreupulver; **Xerographie** w (~; –) elektrostatische Reproduktionsmethode; EW: **xerographisch**; **Xerokopie** w (~; -i|en) xerographische Vervielfältigung; ZW: **xerokopieren** (-rte, -rt) ↗; **xeromorph** EW ⚘ gegen Austrocknung geschützt; **xerophil** EW ⚘ Trockenheit bevorzugend; w. abstr. s.: **Xerophilie** (~; –); **Xerophthalmie** w (~; -i|en) = → Xerose; **Xerophyt** m (~en; ~en) ⚘ gern trocken lebende Pflanze (mit wasserspeichernden Blättern); **Xerose** w (~; ~n) zu große Trockenheit (✣ der oberen Luftwege); ✣ Augendarre; EW: **xerotisch**; **Xerostomie** w (~; –) ✣ Mundhöhlen|aus|trocknung.
Xoanon s (~s; –ana) (gr.) altgr. Götterbild aus Holz.
Xographie w (~; -i|en) (KuW) Bildwiedergabe mit dreidimensionaler Wirkung.
X-Strahlen M [*ix-*] Röntgenstrahlen.
Xylan s (~s; –) (gr.) Holzgummi; **Xylem** s (~s; ~e) ⚘ wasserleitendes Gefäßbündel; **Xylograph** m (~en; ~en) Holzschneider; **Xylographie** w (~; –) Holzschneidekunst; EW: **xylographisch**; **Xylol** s (~s; –) ⟲ Kohlenwasserstoffverbindung; **Xylolith** m (~s/~en; ~e[n]) Steinholz (Fußbodenbelag); **Xylometer** s (~s; ~) Raummeßgerät für ungleichgroße Holzstücke; EW: **xylometrisch**; **Xylophon** s (~s; ~e) ♪ Holzschlag|instrument; **Xylose** w (~; ~n) Holzzucker.
Xystos m (~; Xysten) (gr.) gedeckter Säulengang in altgr. Gymnasien; **Xystus** m (~; -ti) altröm. Gartenanlage.

Y

Y-Achse w (~; ~n) ⊀ Ordinaten|achse.
Yagi|antenne w (~; ~n) (nach dem jap. Erfinder) Ultrakurzwellen-, Kurzwellen-Fernsehantenne.
Yak m (~s; ~s) (tib.) = → Jak.
Yaleschloß s (-sses; -schlösser) (e.) [*jeil-*] Zylinderschloß mit flachen Schlüsseln.

Yams(wurzel) w (~; ~[n]) (skr.) eßbare Knollenpflanze.
Yang s (~; –) (chin.) das Männliche (Stärke, Himmel) symbolisierende Prinzip der chin. Philosophie.
Yankee m (~s; ~s) (am., = Hänschen) [*jänkî*] urspr.: e. Zuwanderer nach Amerika; scherzhaft für Amerikaner

(*Y.-doodle* [-*dūdl*]) am. Nationalgesang).
Yard s (~s; ~) (e.) [*j*-] Längenmaß (= 0,914 m; ≠ *Yd.*).
Yastik m (~s; ~s) (türk.) = → Jastik.
Yawl w (~; ~s) (e.) [*jâl*] ⚓ Zweimastsegler.
Y-Bazillen M (lat.) Erreger der Bazillenruhr; **Y-Chromosom** s (~s; ~e) (gr.) m. Geschlechts|chromosom.
Yellow Pages M (e.) [*jellou peidschiz*] Branchenverzeichnis im Telefonbuch; **Yellow Press** w (~ ~; ~ ~es) (e.) Sensations|presse.
Yeomanry w (~; –) (e.) [*jōᵘmenri*] e. Milizreiterei.
Yeti m (~s; ~s) (nepal.) im Himalajagebiet vermuteter Schneemensch.
Yin s (~; –) (chin.) das Weibliche (Erde, Nachgiebigkeit) symbolisierende Prinzip in der chin. Philosophie.
Ylang-Ylang s (~-~s; ~-~s) (mal.) ✿ in den Blüten ölhaltiger Baum (Amonengewächs).
YMCA (e. ≠ **Y**oung **M**en's **C**hristian **A**ssociation) † Christlicher Verein junger Männer.
Yoga m, s (~s; –) (i., = Anspannung) [*jo-*] Meditationssystem; **Yogi** m (~s; ~s) Yoga|anhänger, = **Yogin** m (~s; ~s).
Yohimbin s (~s; –) (ba.) Reizmittel (aus der Rinde eines afr. Baumes).

Yoldia w (~; –) (nach einem dän. Adligen) Nußmuschel; **Yoldiazeit** w (~; –) Urzeitabschnitt (als Atlantik, Ostsee und Weißes Meer verbunden waren).
Yomud m (~s; ~s) (nach einem turkmenischen Stamm) Teppich mit Hakenrhomben.
Youngplan m (~[e]s; –) [*jang-*] (nach dem Bankmann Owen D. *Young*, 1874–1962) Schuldentilgungs|plan für Deutschland (1929).
Young-Set m (~-~s; ~-~s) [*jañßett*] Modekleidung für Jugendliche; **Youngster** m (~s; ~) [*jañster*] Sportnachwuchskraft; zweijähriges Rennpferd.
Yoni s (~; –) (skr.) hl. Symbol für Weiblichkeit in Indien.
Yquem m (~s; ~s) (fr.) [*ikêm*] weißer Bordeauxwein.
Ysop m (~s; ~e) (bab.-heb.-gr.-lat.) ✿ Würzpflanze.
Ytterbium s (~s; –) (nach einem schwed. ON) ⚪ Metall; **Yttrium** s (~s; –) ⚪ Metall.
Yucca w (~; ~s) (sp.) ✿ Palmlilie (Zier- und Heilpflanze).
Yukawa-Feld s (~-~es; ~-~er) (nach jap. Physiker, 20. Jh.) im Kern herrschendes Kraftfeld.
Yuppie m (~s; ~s) (e.) [*jappi*] erfolgreicher, modischer Jungmanager, -unternehmer.

Z
(Vergleiche auch C- und K-!)

Zaba(gl)ione w (~; –) (it.) [*zabajo-*] Weinschaumspeise.
Zamak s (~; –) (KW) feine Zinklegierung.
Zamba w (~; ~s) (sp.) [*β-*] w. Mischling zwischen Neger und Indianer; **Zambo** m (~s; ~s) [*β-*] m. Mischling von Neger und Indianer.
Zander|apparat m (~[e]s; ~e) (schwed.-lat., nach einem schwed. Arzt, 19. Jh.) heilgymnastisches Gerät.
Zanella m (~s; ~s) (it.) halb-, baumwollener Futterstoff.
zaponieren ZW (-rte, -rt) ↗ (KuW) mit hauchdünnem Metallüberzug bestreichen; **Zaponlack** m (~[e]s; ~e) verdünnter Nitrozelluloselack.
Zapping s (~s; –) (am.) [*säp-*] Abschalten der Werbespots im Fernsehen.

Zar m (~en; ~en) (lat.-r.) slawischer Monarch; **Zarewitsch** m (~[e]s; ~e) Kronprinz; **Zarismus** m (~; –) diktatorische Zarenherrschaft.
Zaster m (~s; –) (zig.) Geld.
Zäsur w (~; ~en) (lat.) Einschnitt; Pause im Vers.
Zeaxanthin s (~s; –) (KuW) gelber Farbstoff in Maiskörnern.
Zebra s (~s; ~s) (ba.-port.) Tigerpferd; **Zebraholz** s (~es; –) afr. Holz, = **Zebrano** m (~s; ~s); **Zebrina** w (~; -nen) ✿ gestreiftblättrige Zimmerpflanze; **Zebro|id** s (~en; ~en) Bastard von Zebra und Pferd (Esel).
Zebu s (~s; ~s) (tib.-fr.) Buckelrind.
Zechine w (~; ~n) (it.) Dukaten; M: Geld.
Zedent m (~en; ~en) (lat.) Gläubiger einer abgetretenen Forderung.

Zeder w (~; ~n) (heb.-gr.-lat.) ⊕ immergrüne Kiefernart; EW: **zedern.**
zedieren ZW (-rte, -rt) ↗ (lat.) abtreten.
Zedrat s (~[e]s; ~e) (lat.) Gewürzdroge; = → Zitronat.
Zeeman-Effekt m (~-~s; –) (nach nl. Physiker, 20. Jh.) Beeinflussung der Wellenlänge von Spektrallinien im magnet. Feld.
Ze|in s (~s; –) (gr.-lat.) Eiweiß im Maiskorn.
Zelebrant m (~en; ~en) (lat.) † messelesender Priester; w. s.: **Zelebration** (~; ~en); **zelebrieren** ZW (-rte, -rt) ↗ feierlich begehen *(die Messe z. †)*; bedächtig ausführen; w. s.: **Zelebrierung** (~; ~en); **Zelebrität** w (~; ~en) Berühmtheit; Fest.
Zelle w (~; ~n) (lat.) kleinstes Baustück eines Lebewesens; kleiner Einzelraum (eines Klosters, einer Haftanstalt); Batterie|element eines Akkumulators; kleinste Parteieinheit; **Zellit** s (~s; –) Kunststoff aus Celluloseacetat; **Zellobiose** w (~; –) Doppelzucker aus Cellulose; **Zellon** s (~s; –) Kunststoff (Glasersatz); **zellular** EW in (an, von, bei) den Zellen; **Zellularpathologie** w (~; –) ⚕ Auffassung der Krankheiten als Veränderung der Zellen (R. Koch, 1843–1910); EW: **zellularpathologisch**; **Zellulartherapie** w (~; –) ⚕ Einspritzung von Frischzellen; EW: **zellulartherapeutisch**; **Zellulase** w (~; ~n) Zellulose verarbeitendes Enzym; **Zellulitis** w (~; -tiden), *Cellulitis* (lat.) ⚕ Zellgewebs|entzündung, Orangenhaut; **Zellulo|id** s (~[e]s; ~e) Kunststoff für Filmherstellung; **Zellulose** w (~; ~n) Hauptbestandteil der Zellwände bei Pflanzen und (einigen) Pilzen (wissenschaftl.: *Cellulose*).
zelosamente (it.) ♪ feurig, = **zeloso** (it.) ♪.
Zelot m (~en; ~en) (gr.) Eiferer; fanatischer Jude (zu Christi Zeiten); m. abstr. s.: **Zelotismus** (~; –); EW: **zelotisch.**
Zement m (~[e]s; –) (lat.) ☐ Baustoff; ⚕ Zahnwurzelknochengewebe, **Zementation** w (~; ~en) Einsatzhärten; Abscheidung von Edelmetallen durch ein Metall mit größerer Affinität; **zementieren** ZW (-rte, -rt) ↗ Zementmörtel herstellen; mit ihm bestreichen; Haltung unwiderruflich bekräftigen (w. s.: **Zementierung** [~; ~en]);
Zementit s (~[e]s; –) Eisenkarbid; EW: **zementitisch.**

Zen s (~s; –) (skr.-chin.-jap.) [*s*-] Einswerden mit Buddha.
Zener-Diode w (~-~; ~-~n) (nach einem am. Physiker) Halbleiterbau|element für Regelstrecken und Stetigkeit von Gleichspannungen.
Zenit m, s (~s; ~e) (ar.) Scheitelpunkt (des Himmels); EW: **zenital**; **Zenitdistanz** w (~; ~en) Großkreisbogen zwischen Zenit und Gestirn.
Zenotaph = → Kenotaph.
zensieren ZW (-rte, -rt) ↗ (lat.) beurteilen, bewerten; **Zensor** m (~s; -oren) Zensurausübender; EW: **zensorisch**; **Zensur** w (~; ~en) staatliche Kontrolle öffentlicher Äußerungen; Bewertungsnote; † Kirchenstrafe; Verwerfung einer Meinung; ZW: **zensurieren** (-rte, -rt) ↗; **Zensus** m (~; ~[-*sûs*]) Beschränkung des Wahlrechts auf besteuerte Bürger ↓; Erhebung der Bevölkerungsdaten durch staatl. Stellen; Frühdruckverzeichnis.
Zentaur m (~en; ~en) (gr.-lat.) Fabelwesen mit Pferdeleib und Menschenrumpf.
Zentenar m (~s; ~e) (lat.) Hundertjähriger; **Zentenarium** s (~s; -ri|en) Hundertjahrfeier, = **Zentenarfeier** w (~; ~n).
zentern ZW (-rte, gezentert) ↗ (e.) Fußball in die Spielfeldmitte schießen.
zentesimal EW (lat.) hundertteilig; **Zentifoli|e** w (~; ~n) gefüllte Gartenrose; **Zentigramm** s (~[e]s; ~e) 1/100 g (¢ *cg*); **Zentiliter** m (~s; ~) (fr.) 1/100 l (¢ *cl*); **Zentimeter** m (~s; ~) 1/100 m (¢ *cm*).
zentral EW (lat.) im (vom, beim) Mittelpunkt; **Zentral|abitur** s (~s; ~ien) Abschlußprüfung des Gymnasiums mit landeseinheitl. Fragen und Bewertungen; **Zentral|atom** s (~s; ~e) Koordinationsverbindung; **Zentrale** w (~; ~n) Mittelpunkt, Hauptort; Kraftstation; Fernsprechvermittlung; ⚔ Verbindung von Kreis-, Kugelmittelpunkten; **Zentral|einheit** w (~; ~en) Haupt- (Steuerungs-)gerät eines Computers; **Zentralisation** w (~; ~en) Ausrichtung auf einen Mittelpunkt; **zentralisieren** ZW (rte, rt) ↗ auf einen Mittelpunkt ausrichten; w. s.: **Zentralisierung** (~; ~en); **Zentralismus** m (~; –) Machtkonzentration; Verwaltung von einem Mittelpunkt aus; EW: **zentralistisch**, **Zentralit** m (~[e]s; ~e) Harnstoff für raucharmes Schießpulver; **Zentralkatalog** m (~es; ~e) Verzeichnis der Bestände mehrerer Institutionen; **Zentralkomitee** s

(~s; ~s) oberste Spitze der kommunistischen Partei; **Zentralnervensystem** s (~s; ~e) $ Konzentration von Nervengeweben; **Zentralprojektion** w (~; ~en) Abbildungsverfahren mit von einem Mittelpunkt ausgehenden Strahlen; **zentrieren** ZW (-rte, -rt) (lat.) ⤴ auf den Mittelpunkt einstellen; **zentrifugal** EW vom Mittelpunkt fortstrebend; **Zentrifugalkraft** w (~; -kräfte) Fliehkraft; **Zentrifugalpumpe** w (~; ~n) Kreiselpumpe mit Schaufelrad; **Zentrifugal|ventilator** m (~s; ~en) Fliehkraftlüfter; **Zentrifuge** w (~; ~n) Schleudergerät zur Trennung schwerer von leichteren Körpern; ZW: **zentrifugieren** (-rte, -rt) ⤴; **zentripetal** EW zum Mittelpunkt strebend (hinweisend); **Zentripetalkraft** w (~; -kräfte) Normalkraft; **zentrisch** EW in der Mitte; **Zentriwinkel** m (~s; ~) ⚔ Winkel zwischen 2 Kreisradien; **Zentrosom** s (~s; ~en) Zellteilungsmitte; **zentrovertiert** EW ichbezogen; **Zentrum** s (~s; -tren) Mittel(punkt); d. katholische Partei ↓; Innenstadt; Schachbrettmitte.

Zenturi|e w (~; ~n) (lat.) altröm. Heeres|abteilung (100 Mann); **Zenturio** m (~s; -onen) Befehlshaber einer Zenturie.

Zeolith m (~[e]s; ~e) (gr., KuW) kieselsäurehaltiges Mineral (Ionenaustauscher).

zephalo-, Zephalo = → Kephalo-; **Zephalopoden** M (gr.) die Tintenfische.

Zephir, Zephyr m (~s; ~e) Abend-, Westwind ↓; leichter Baumwollstoff; EW: **zephirisch, zephyrisch; Zephirol** s (~s; ~e) organ. Stickstoffverbindung (Desinfektionsmittel).

Zepter s (~s; ~) (gr.-lat.) Herrscherstab.

Zerat s (~[e]s; ~e) (lat.) Wachssalbe.

Zerberus m (~; ~se) (gr., Name des Höllenhundes) grimmiger Wächter *(wie ein Z. aufpassen);* Sternbild.

Zere|ali|en M (lat.) Getreide; Nahrung aus Getreidekörnern; **Zerealin** s (~s; –) (lat.) Teil der Getreidekornschale.

Zerebellum s (~s; -llen) (lat.) Kleinhirn der Wirbeltiere; **zerebral** EW Gehirn...; **Zerebral** m (~s; ~e) Laut, der mit der Zungenspitze am Gaumen gebildet wird; **Zerebral|affektion** w (~; ~en) Gehirnleiden; **Zerebralisation** w (~; ~en) $ Gehirnbildung; **Zerebralisierung** w (~; ~en) Lautung eines Zerebrals; **Zerebralsystem** s (~[e]s; –) Gehirnnerven; **Zerebrosid** s (~[e]s; ~e) $ stickstoffhaltiger Gehirnstoff.

Zeremonie w (~; -i|en) (lat.) feierliche (im einzelnen vorgeplante) Handlung; † Gottesdienstritus; **Zeremoni|ell** s (~s; ~e) Vorschriften für feierliche Anlässe; EW: **zeremoni|ell, zeremoniös.**

Zeresin s (~s; –) (lat.) gebleichtes Erdwachs; **Zerin** s (~s; ~e) Fettsäure im Bienenwachs.

zernieren ZW (-rte, -rt) ⤴ (lat.) einschließen ↓.

Zero w, s (~s; ~s) (ar.-fr.) [sę-] Nichts, Null (beim Roulett) (*Z.s [e. ziroußß]* Nullzins|anleihen); Zeitpunkt Null (beim Raketenstart).

Zerograph m (~en; ~en) (gr.) Hersteller von Wachsgravierungen; w. abstr. s.: **Zerographie** (~; -i|en); EW: **zerographisch; Zeroplastik** w (~; ~en) Wachsmodellbildnerei; m. s.: **Zeroplastiker** (~s; ~); EW: **zeroplastisch; Zerotinsäure** w (~; ~n) = = **Zerin**, = **Zerotin** s (~s; ~e).

Zertifikat s (~[e]s; ~e) (lat., = Gewißgemachtes) Bescheinigung; **Zertifikation** w (~; ~en) = schriftliche Bestätigung; ZW: **zertifizieren** (-rte, -rt) ⤴; w. s.: **Zertifizierung** (~; ~en) = Zertifikation.

Zerussit m (~s; ~e) (lat.) Weißbleierz.

Zervelatwurst w (~; -würste) (lat.-it.-d.) Dauerwurst.

zervikal EW (lat.) am (im, beim) (Gebärmutter-)Hals, Genick.

zessibel EW (lat.) übertragbar; w. s.: **Zessibilität** (~; –); **Zession** w (~; ~en) Abtretung; **Zessionar** m (~s; ~e) der, an den eine Forderung abgetreten wird.

Zestoden M (gr.-lat.) die Bandwürmer.

Zetan s (~s; –) (gr.-lat.) ⟶ gesättigter Kohlenwasserstoff; **Zetanzahl** w (~; ~en) Zündwilligkeitsmaß für Dieselkraftstoff.

Zetaze|en M (gr.-lat.) die Walfische.

Zetazismus m (~; -men) (gr.-lat.) Übergang von k zu z vor hellem Vokal.

Zetin s (~s; –) (gr.-lat.) Walratfett.

Zeugma s (~s; -mata) (gr.) Bezug der Satzaussage auf mehrere Satzgegenstände, die auch z. T. zu ihm stimmen.

ZEVIS (∉ **Z**entrales **V**erkehrs-**I**nformationssystem) Datenbank der d. Kraftfahrzeuge.

Zibebe w (~; ~n) (ar.-it.) sp. Rosine.

Zibeline w (~; ~n) (fr.) Zobelfellimitation.

Zibet m (~s; –) (afr.-ar.-it.) Drüsenab-

sonderung der **Zibetkatze** w (~; ~n) afr.-as. Schleichkatze; **Zibeton** s (~s; –) Riechstoff aus deren Drüsenabsonderung.
Ziborium s (~s; -ri|en) (lat.) † Tabernakel; † Hostienkelch.
Zichori|e w (~; ~n) (gr.-lat.-it.) [-*go*-] ⚘ Wegwarte; ⚘ Korbblütlergattung; = → Chicorée.
Zider m (~s; ~) (fr.) Apfelwein.
Ziesel m (~s; ~) (slaw.) Nagetier.
Ziest m (~[e]s; ~e) (slaw.) Heilpflanze.
Ziffer w (~; ~n) (lat.) Zahlzeichen.
Zigarette w (~; ~n) (fr.) in Papier gerollter Rauchtabak; **Zigarillo** m, s (~s; ~s) (auch: m [~; ~s]) (ind.-sp.) Kleinzigarre; **Zigarre** w (~; ~n) stabförmiger Rauchtabak; ∪ Rüge, Verweis *(eine [dicke] Z. verpassen)*.
Zigeuner m (~s; ~) (tsch.-i.) Angehöriger eines Nomadenvolks; Landstreicher; Wildling; **Zigeunerprimas** m (~; ~) Vorgeiger.
Zikade w (~; ~n) (lat.-rom.) Heimchen.
Zikkurat s (~s; ~s) (assyr.) [*z*-] babylon. Stufenturm.
ziliar EW (lat.) ⚥ an (in, bei) den Wimpern; **Ziliarkörper** m (~s; ~) Strahlkörper im Auge; **Ziliaten** M Wimpertierchen; **Zili|e** w (~; ~n) feines Haar.
Zille w (~; ~n) (tsch.) Flußkahn.
Zimeli|e w (~; ~n) (gr.-lat.) wertvolles Buch aus der Antike oder dem Mittelalter; † wertvoller Gegenstand.
Ziment s (~[e]s; ~e) (lat.-fr.) Maßzylinder für Gastwirte; **zimentieren** ZW (-rte, -rt) ↗ Maßgefäße eichen (prüfen).
Zimt m (~[e]s; –) (mal.) stangenförmiger oder pulverisierter Trieb des Zimtbaums; Unsinn; m (~s; –) (jidd.) Geld.
Zinckenit m (~[e]s; –) (nach einem d. Gesteinsforscher) Mineral.
Zindel m (~s; –) (lat.-e.) Seidengewebe; **Zindeltaft** m (~[e]s; –) Futterstoff.
Zinder m (~s; ~) (e.) ausgeglühte Steinkohle.
Zinelle w (~; ~n) (it.) ♪ Becken (Musikschlaginstrument, = → Tschinelle).
Zinerari|a w (~; -ri|en) (lat.) ⚘ Aschenblume; = **Zinerari|e** w (~; ~n).
zingarese (it.) ♪ nach Zigeunerart.
Zingel m (~s; ~) (lat.) Burgmauer.
Zink m (~[e]s; –) (Wortschöpfung des Paracelsus) ein Metall (☉ Element 30); **Zinkographie** w (~; -i|en) (d.-gr.) Zinkflachdruck; EW: **zinkographisch**; **Zink|oxid** s (~s; –) Zinkweiß.

Zinnamom s (~[e]s; ~e) (gr.) Zimt (-baum).
Zinni|e w (~; ~n) (nach einem d. Blumenzüchter, 18. Jh.) ⚘ Gartenblume.
Zinnober m (~s; –) (pers.) Mineral; gelbrote Farbe; Unsinn *(Z. reden)*; EW: **zinnober** ←.
Zionismus m (~; –) (heb.-lat.) die Rückkehr nach Israel anstrebende jüd. Bewegung; m. s.: **Zionist** (~en; ~en); EW: **zionistisch**.
Zipolle w (~; ~n) (lat.) ⚘ Zwiebel.
Zipping s (~s; ~s) (am.) [*sip*-] Überspringen der Werbespots im Fernsehen durch Umschalten auf Videofilme.
zirka (lat., ¢ *ca.*) etwa.
Zirk|aloy s (~s; ~s) (e.) [-*äleu*] bestimmte Zirkoniumlegierung in der Kerntechnik.
Zirkas m (~ses; ~se) (fr.) Tuchgewebe.
Zirkel m (~s; ~) (gr.-lat.) ⚔ geometr. Zeichengerät; Entfernungsmesser; Reiterkreis; Personengruppe im Verkehr miteinander; student. Verbindungsmonogramm; **Zirkelkanon** m (~s; ~s) ♪ endloser Kanon; **zirkeln** ZW (-lte, gezirkelt) ↗ (genau) abmessen; ⚔ Kreis schlagen; **Zirkel|training** s (~s; ~s) Konditions|training (= *Circuittraining*).
Zirkon m (~[e]s; ~e) (ar.-fr.) Mineral; Edelstein; **Zirkonium** s (~s; –) ☉ seltenes Metall (¢ *Zr*).
zirkular, zirkulär EW (lat.) kreisförmig (*z.es Irresein* manische Depression); **Zirkular** s (~s; ~e) Rundschreiben; **Zirkularnote** w (~; ~n) diplomatische Mitteilung an den eigenen Gesandten; **Zirkularpolarisation** w (~; ~en) Kreisbewegung als Sonderfall polarisierten Lichts; **Zirkulation** w (~; ~en) Kreislauf (des Blutes, der Luft, der Wirtschaft); Strömung im Röhrensystem; **zirkulieren** ZW (-rte, -rt) ↙ (lat.) kreisen.
Zirkumferenz w (~; ~en) (lat.) Umkreis, Ausmaß; **zirkumflektieren** ZW (-rte, -rt) ↗ mit Zirkumflex versehen; **Zirkumflex** m (~es; ~e) Dehnungszeichen (∧, z. B.: â); **Zirkum|meridianhöhe** w (~; ~n) Sternhöhe beim Meridiandurchgang; **zirkumpazifisch** EW um den Stillen Ozean herum; **zirkumpolar** EW in der Polnähe; **Zirkumpolarstern** m (~[e]s; ~e) für den Beobachter nicht untergehender Stern; **Zirkumpolarstrom** m (~[e]s; -ströme) starke Strömung um den Südpol; **zirkumskript** EW umschrieben; genau begrenzt; **zirkumterrestrisch**

nahe; **Zirkumzision** w (~; ~en) (lat.) ⚕ Beschneidung; **Zirkus** m (~; ~se) (Gebäude für) artistische Darstellungen (*Z. machen* [eine Rolle] übertrieben spielen; Aufsehen erregen).

Zirrhose w (~; ~n) (gr.) ⚕ Bindegewebewucherung an der Leber; EW: **zirrhotisch**.

zirriform EW (lat.) rankenförmig.

Zirrokumulus m (~; -li) (lat.) Schäfchenwolke; **Zirrostratus** m (~; ~/-ti) Schleierwolke; **Zirrus** m (~; ~/-rren) ♁ Ranke; Federwolke; Armanhang von Tiefseetieren; Plattwurmgenital; **Zirruswolke** w (~; ~n) = Zirrokumulus.

zirzensisch EW (lat.) Zirkus...

zis|alpin(isch) EW (lat.) auf der südlichen Alpenseite.

Ziseleur m (~s; ~e) (fr.) [-*lö̱r*] Metallstecher; **ziselieren** ZW (-rte, -rt) ↗ Ornamente aus Metall herausarbeiten; **Ziselierer** m (~s; ~) = → Ziseleur.

Zissali|en M (lat.-fr.) mißlungene Münzplatten; wieder einzuschmelzende Münzen.

Zissolide w (~; ~n) (gr.-lat.) ⊰ Kurve 3. Ordnung.

Ziste w (~; ~n) (gr.) antikes Bronzegefäß mit Deckel; etruskische Aschenurne.

Zisterne w (~; ~n) (lat.) Regenspeicher.

Zisterzi|enser m (~s; ~) (nach einem fr. ON) † Mitglied eines Reformordens der Benediktiner (seit 1098).

Zitadelle w (~; ~n) (it.) Festungswerk ↓.

Zitat s (~[e]s; ~e) (lat.) wörtlich und namentlich angeführte Schriftstelle; berühmter Ausspruch; **Zitation** w (~; ~en) Vorladung ↓.

Zither w (~; ~n) (gr.) ♪ Zupfinstrument.

zitieren ZW (-rte, -rt) ↗ (lat.) herbeirufen, -befehlen; ↙ Zitat gebrauchen, wörtlich anführen.

Zitrin m (~s; ~e) (lat.) gelber Bergkristall; Vitaminwirkstoff; **Zitronat** s (~[e]s; ~e) (gr.-lat.-it.) eingezuckerte Schale von unreifen Zitronen; **Zitrone** w (~; ~n) Zitrusfrucht (Limone) (-baum); **zitrone** EW gelbgrün ←; **Zitrusfrüchte** M ♁ Zitronengewächse.

Zitz m (~es; -) (chin.-e.) Kattungewebe.

Zivi m (~s; ~s) ∉ **Zivi**ldienstleistender; **zivil** EW (lat.) bürgerlich; angemessen (*z.e Preise*); **Zivil** s (~s; -) Bürgerkleidung (Ggs.: *Uniform*); **Zivilcourage** w (~; -) [-*kurậsche*] Mut zur eigenen Meinung; **Zivildienstleistender** m (~n; ~n) wer statt in der Bundeswehr zu dienen zu nichtmilitärischen Dienstleistungen gezogen wird; **Zivil|ehe** w (~; ~n) standesamtl. geschlossene Ehe; **Zivil|ingenieur** m (~[e]s; ~e) [-*inschenjö̱r*] freiberuflich tätiger Ingenieur; **Zivilisation** w (~; ~en) entwickeltes, geordnetes Leben; **Zivilisationskrankheit** w (~; ~en) durch verminderten Widerstand häufige Krankheit; **Zivilisationsschäden** M Schädigung von Mensch und Umwelt durch Industrie und Technik; **zivilisatorisch** EW zur Zivilisation gehörig; **zivilisieren** ZW (-rte, -rt) ↗ gesittet machen; **Zivilist** m (~en; ~en) Nichtsoldat; **Zivilität** w (~; -) Höflichkeit; **Zivilprozeß** m (-sses; -sse) Verfahren in bürgerlichen Rechtsstreitigkeiten.

Zobel m (~s; ~) (r.) Marderart.

zocken ZW (-ckte, gezockt) ↙ (jidd.) (mit kleinem Einsatz) Glücksspiel betreiben; m. s.: **Zocker** (~s; ~).

zodiakal EW (gr.-lat.) Tierkreis...; **Zodiakallicht** s (~[e]s; ~er) Schimmer um die Sonne; **Zodiakus** m (~; -) Tierkreis.

Zoff m (~s; -) (jidd.) Streit.

Zölestin s (~s; -) (lat.) Mineral; **zölestisch** EW himmlisch.

Zölestiner m (~s; ~) (nach dem Stifter) † Benediktinerkongregation (bis 18. Jh.).

Zöliakie w (~; -i|en) (gr.) ⚕ allergische Verdauungsstörung.

Zölibat s, m (~[e]s; -) (lat.) † Ehelosigkeit; EW: **zölibatär**.

Zölostat m (~s; ~en) (gr.-lat.) Spiegelanordnung, um Lichteinfall zu richten.

Zombie m (~s; ~s) (afr.-am.) wiederbelebter Toter (Horrorfilm/motiv); willenloser (abscheulicher) Drogensüchtiger.

Zönakel s (~s; ~) (lat.) † Klosterspeisesaal.

zonal EW (gr.) an (in, bei) der Zone, = **zonar** EW; **Zone** w (~; ~n) Teil der Erdoberfläche; durch einheitliche Flora und Fauna gekennzeichnetes Gebiet; Kristallflächenverband; ⊰ abgeschnittener Teil der Kugeloberfläche; ✕ besetztes Teilgebiet; Horizont; ⚕ Bezirk; Kanäle 11 u. 12 einer Lochkarte.

Zönobit m (~en; ~en) (gr.) † Mönch im Kloster; EW: **zönobitisch** †; **Zönobium** s (~s; -bi|en) (lat.) † Kloster; Lebensgemeinschaft (von Einzellern); **Zönokarp** s (~s; ~e) ♁ Fruchtknoten aus mehreren Fruchtblättern.

Zo|ochemie w (~; –) (gr.) Lehre von der chemischen Zusammensetzung der Tiere; m.s.: **Zo|ochemiker** (~s; ~); EW: **zo|ochemisch**; **Zo|ochorie** w (~; –) ⚘ Samenverbreitung durch Tiere; **zo|ogen** EW aus Tierresten; **Zo|ogeograph** m (~en; ~en) Erforscher der Tierverbreitung; w. s.: **Zo|ogeographie** (~; –); EW: **zo|ogeographisch**; **Zo|ograph** m (~en; ~en) Tierordnungs-, -namenforscher; w. abstr. s.: **Zo|ographie** (~; –); EW: **zo|ographisch**; **Zo|olith** m (~en; ~en) Tierversteinerung; Stein aus Tierresten; **Zo|ologe** m (~n; ~n) Tierforscher; w. abstr. s.: **Zo|ologie** (~; –); EW: **zo|ologisch**.

Zoom s (~s; ~s) (e.) [*zūm*] Vario|objektiv, = **Zoom|objektiv** s (~[e]s; ~e); ZW: **zoomen** (-mte, gezoomt) ↗.

Zo|onose w (~; ~n) (gr.) ⚕ von einem Tier übertragene Krankheit; **Zo|on politikon** s (~s ~; ·) der Mensch als Gemeinschaftswesen; **zo|ophag** EW fleischfressend; m. s.: **Zo|ophage** (~n; ~n); **Zo|ophyt** m (~en; ~en) örtlich festsitzendes Tier ↓; **Zo|oplankton** s (~s; –) tierisches Plankton; **Zo|ospermi|e** w (~; ~n) Samenfaden; **Zo|ospermie** w (~; -i|en) Samenfäden in der Ejakulation; **Zo|ospore** w (~; ~n) Schwärmspore; **Zo|osterine** M im tierischen Organismus vorkommende Storoide (z. B. Cholesterin); **Zo|otomie** w (~; –) Anatomie der Tiere; **Zo|otoxin** s (~s; ~e) tierisches Gift.

zoppo (it.) ♪ schleppend.

Zores m (~; –) (jidd.) Ärger.

zoroastrisch EW (aw.-gr.-lat.) von (durch) Zarathustra (= Zoroaster).

Zossen m (~s; ~) (jidd.) Pferd; ⌴ Schiff.

Zōtus m (~; -ten) (lat.) Jahrgang.

Zucchetto m (~s; -tti) (it.-schweiz.) [*zuk|kätto*], = **Zucchino** m (~s; -ni) (it.) [*zuk|ki-*] Gurkenart.

Zyan s (~s; –) (gr.) ⚗ Kohlenstoff-Stickstoffverbindung (wissenschaftl. Schreibung: *Cyan*); **Zyane** w (~; ~n) ⚘ Kornblume; **Zyanid** s (~s; ~e) ⚗ Salz der Blausäure (wissenschaftl. Schreibung: *Cyanid*); **Zyankali** s (~s; –) ⚗ Kaliumsalz der Blausäure; **Zyanometer** s (~s; ~) Himmelsbläuemesser; **Zyanose** w (~; ~n) ⚕ Blaukrankheit (der Haut); EW: **zyanotisch**; **Zyanotypie** w (~; -i|en) Blaudruck.

Zygäne w (~; ~n) (gr.) Hammerhai; rotgetupfter stahlblauer Schmetterling.

Zygote w (~; ~n) (gr.) eben befruchtetes Ei; Erzbelle.

Zykade|en M (gr.-lat.) ⚘ die Palmfarne.

zyklam EW (gr.-lat.) lilarot ←; **Zyklamen** s (~s; ~) ⚘ Alpenveilchen, = **Zyklame** w (~; ~n).

zyklisch EW (gr.) kreisläufig; sich regelmäßig wiederholend (*z.es Irresein* manische Depression; *z.e Verbindung* ⌬ Verbindung mit ringförmig angeordneten Atomen; wissenschaftl. Schreibung: *cyklisch*); **Zyklogenese** w (~; ~n) Entstehung von Zyklonen; **Zyklogramm** s (~[e]s; ~e) graph. Darstellung aufeinanderfolgender Handlungsabläufe; **zyklo|id** EW ⚆ kreisartig; ⚘ stark in der Stimmung schwankend; **Zyklo|ide** w (~; ~n) ⚆ Radlinie, -kurve; **Zyklolyse** w (~; ~n) Auflösung von Zyklonen; **Zyklometrie** w (~; -i|en) ⚆ Maßbestimmung am Kreis; **zyklometrisch** EW Kreisbogen... (*z.e Funktion* ⚆ Umkehr- der Winkelfunktion); **Zyklon** m (~[e]s; ~e) heftiger tropischer Wirbelsturm; Entstaubungsanlage (Fliehkraftabscheider für Gase); Durchgangsmittel für Schädlinge; **Zyklone** w (~; ~n) Tiefluftdruckgebiet; **Zyklonopath** m (~en ~en) wetterfühliger Mensch; **Zyklonopathie** w (~; –).

Zyklop m (~en; ~en) (gr.) einäugiger Sagenriese; □ unbehauener Mauerstein; **Zyklopie** w (~; -i|en) ⚕ Gesichtsmißbildung; **zyklopisch** EW riesig (*z.e Mauer* aus unbehauenen Feldsteinen).

zyklothym EW (gr.) mit schwankender Stimmung; m. s.: **Zyklothyme** (~n; ~n); w. abstr. s.: **Zyklothymie** (~; -i|en); **Zyklotron** s (~[e]s; ~e) Zirkularbeschleuniger; EW: **zyklotronisch**; **Zyklus** m (~; -klen) Kreis(lauf); ⚆ Periode; ⚕ Zeit zwischen 2 Menstruationen; ♪ zusammenhängende Werke (Dichtungen, Vorträge); **Zykluszeit** w (~; ~en) Zeitspanne, die ein Kernspeicher vom Lesen bis zum Abgeben der Information gebraucht.

Zylinder m (~s; ~) (gr.-lat.) ⚆ Körper mit 2 parallelen, krummen, kongruenten Grundflächen; Pumpenstiefel; Signalwalze; ⚕ Fremdkörper im Harn; Röhre in Kolbenmaschinen; röhrenartige m. Kopfbedeckung (*den Z. nehmen* in Pension gehen); alle auf 10 Magnetplatten übereinanderliegenden Spuren eines Kernspeichers; **Zylinder-**

zylindrisch

projektion w (~; ~en) Erdkartenherstellungsart (auf einem Zylindermantel); **zylindrisch** EW walzenförmig.

Zyma s (~s; ~s) (gr.) Hefe; **Zymase** w (~; ~n) Hefeferment; **zymisch** EW durch Gärung; **Zymogen** s (~[e]s; ~e) Fermentvorstufe; **Zymol** s (~[e]s; ~) aromatischer Kohlenwasserstoff; **Zymologe** m (~n; ~n) Ferment-, Gärungsforscher; w. abstr. s.: **Zymologie** (~; ~); EW: **zymologisch**; **Zymotechnik** w (~; ~) Gärungs|technik; EW: **zymotechnisch**; **zymotisch** EW Gärung verursachend.

Zyniker m (~s; ~) (gr.) hemmungsloser Spötter; EW: **zynisch**; m. abstr. s.: **Zynismus** (~; ~).

Zypergras s (~es; -gräser) (gr.-d.) (sub-)tropische Sumpfpflanze.

Zypresse w (~; ~n) (lat.-it.) ⊕ immergrüne Zedernart; EW: **zypressen**.

Zyst|algie w (~; -i|en) (gr.) Blasenschmerz; **Zyste** w (~; ~n) ⚕ Harnblase; ⚕ mit Flüssigkeit gefüllte Geschwulst; Verkapselung; **Zyste|in** s (~s; ~e) Eiweißbestandteil (Aminosäure); **Zyst|ektomie** w (~; -i|en) (gr.) ⚕ Ausschneidung einer Zyste; **Zystis** w (~; -sten) ⚕ (Harn-)Blase; EW: **zystisch**; **Zystitis** w (~; -it|den) ⚕ Blasenentzündung; **Zystizerkus** m (~; -ken) Bandwurmfinne; **Zystoskop** s (~s; ~e) ⚕ Blasenspiegel; **Zystoskopie** w (~; -i|en) ⚕ Blasenspiegelung; EW: **zystoskopisch**; **Zystospasmus** m (~; -men) ⚕ Blasenkrampf; EW: **zystospasmisch**; **Zystostomie** w (~; –) (gr.) Anlegen eines künstl. Blasenausgangs; **Zystotomie** w (~; -i|en) ⚕ Schnitt in die Blase.

Zytisin s (~s; ~e) (gr.) giftiges Alkaloid.

Zytoarchitektonik w (~; –) (gr.) ⚕ Zellenaufbau (der Gehirnrinde); **Zytoblast** m (~en; ~en) Zellkern; **Zytoblastom** s (~s; ~e) (gr., KuW) bösartiges Zellgewächs; **Zytochemie** w (~; –) Lehre von den Vorgängen in der lebenden Zelle; **Zytochrom** s (~[e]s; ~e) [-kr-] Zellfarbstoff.

Zytode w (~; ~n) (gr.) nicht in Zellkern- und -protoplasma scheidbare Zelle; **Zytodiagnostik** w (~; –) ⚕ Körperflüssigkeits|untersuchung auf Zellen; EW: **zytodiagnostisch**; **zytogen** EW zellbildend; von einer Zelle gebildet; **Zytogenetik** w (~; –) Erbgut- und Zellforschung; m. s.: **Zytogenetiker** (~s; ~); EW: **zytogenetisch**; **Zytologe** m (~n; ~n) Zellenforscher; **Zytologie** w (~; –) (gr.) Zellenlehre; EW: **zytologisch**; **Zytolyse** w (~; ~n) ⚕ Zellauflösung in Blut; **Zyto|lysin** s (~s; ~e) Antikörper, der Zellen abbaut; **Zytoplasma** s (~s; -men) Zellplasma; **Zytoskopie** w (~; -i|en) ⚕ = Zytodiagnostik; **Zytosom** s (~[e]s; ~e) Zellkörper; **Zytostatikum** s (~s; -ka) ⚕ geschwürhemmender, zellenwirksamer Stoff; EW: **zytostatisch**; **Zytostom** s (~[e]s; ~e) Zellenmund; **Zytotoxin** s (~[e]s; ~e) Gift in Körperzellen.

DIE WÄHRUNGEN DER WELT

Afghanistan → Afghani
Ägypten → Pfund
Albanien → Lek
Algerien → Dinar
Andorra → Franc
Angola → Kwanza
Antigua und Barbara → Dollar
Argentinien → Austral
Äthiopien → Birr
Australien → Dollar
Bahamas → Dollar
Bahrain → Dinar
Bangladesch → Taka
Barbados → Dollar
Belau → Dollar
Belgien → Franc
Belize → Dollar
Benin → Franc
Bhutan → Ngultrum
Birma → Kyat
Bolivien → Peso
Bophuthatswana → Rand
Botswana → Pula
Brasilien → Cruzado
Brunei → Dollar
Bulgarien → Lew
Burkina Faso → Franc
Burundi → Franc
Chile → Peso
China → Ren mimbi Yuan
China, Taiwan → Dollar
Ciskei → Rand
Costa Rica → Colon
Dänemark → Krone
Deutschland, BRD → Mark
Deutschland, DDR → Mark
Dominica → Dollar
Dominikanische Republik → Peso
Dschibuti → Franc
Ecuador → Sucre
Elfenbeinküste → Franc
El Salvador → Colon
Fidschi → Dollar
Finnland → Finnmark
Frankreich → Franc
Gabun → Franc
Gambia → Dalasi
Ghana → Cedi
Grenada → Dollar
Griechenland → Drachme
Großbritannien und Nordirland → Pfund Sterling
Guatemala → Quetzal
Guinea → Syli
Äquatorial-Guinea → Ekwele
Guinea-Bissau → Peso

Guyana → Dollar
Haiti → Gourde
Honduras → Lempire
Indien → Rupie
Indonesien → Rupiah
Irak → Dinar
Iran → Rial
Irland → Pfund
Island → Krone
Israel → Schekel
Italien → Lira
Jamaika → Dollar
Japan → Yen
Jemen-Nord → Rial
Jemen-Süd → Dinar
Jordanien → Dinar
Jugoslawien → Dinar
Kamerun → Franc
Kamputschea → Riel
Kanada → Dollar
Kap Verde → Escudo
Katar → Rial
Kenia → Schilling
Kiribati → Dollar
Kolumbien → Peso
Komoren → Franc
Kongo → Franc
Korea – Nord → Won
Korea – Süd → Won
Kuba → Peso
Kuwait → Dinar
Laos → Kip
Lesotho → Lothi
Libanon → Pfund
Liberia → Dollar
Libyen → Dinar
Liechtenstein → Franken
Luxemburg → Franc
Madagaskar → Franc
Malawi → Kwacha
Malaysia → Ringgit
Malediven → Rufiyaa
Mali → Franc
Malta → Pfund
Marokko → Dirham
Mauretanien → Ougulya
Mauritius → Rupie
Mexiko → Peso
Monaco → Franc
Mongolei → Tugrug
Mosambik → Metical
Namibia → Rand
Nauru → Dollar
Nepal → Rupie
Neuseeland → Dollar
Nicaragua → Córdoba

Niederlande → Gulden
Niger → Franc
Nigeria → Naira
Norwegen → Krone
Oman → Rial
Österreich → Schilling
Pakistan → Rupie
Panama → Balboa
Papua-Neuguinea → Kina
Paraguay → Guarani
Peru → Sol
Philippinen → Peso
Polen → Zloty
Portugal → Escudo
Rumänien → Leu
Rwanda → Franc
Saint Kitts/Nevis → Dollar
Saint Lucia → Dollar
Saint Vincent → Dollar
Salomonen → Dollar
Sambia → Kwacha
Samoa – West → Tala
San Marino → Lira
São Tomé und Principe → Dobra
Saudi-Arabien → Rial
Schweden → Krone
Schweiz → Franken
Senegal → Franc
Seschellen → Rupie
Sierra-Leone → Leone
Singapur → Dollar
Somalia → Schilling
Sowjetunion → Rubel
Spanien → Peseta
Sri Lanka → Rupie
Südafrika → Rand
Sudan → Pfund
Surinam → Gulden
Swasiland → Lilangeni
Syrien → Pfund
Tansania → Schilling
Thailand → Baht
Togo → Franc
Tonga → Pa'anga
Transkei → Rand
Trinidad und Tobago → Dollar
Tschad → Franc
Tschechoslowakei → Krone
Tunesien → Dinhar
Türkei → Pfund
Tuvalu → Dollar
Uganda → Schilling
Ungarn → Forint
Uruguay → Neuer Peso
Vaniatu → Vatu
Vatikanstadt → Lira
Venda → Rand
Venezuela → Bolivar
Vereinigte Arabische Emirate → Dirham
Vereinigte Staaten von Amerika → Dollar
Vietnam → Neuer Dong
West-Sahara → Dirham
Zaire → Zaire
Zentralafrikanische Republik → Franc
Zimbabwe → Dollar
Zypern → Pfund

Afghani m (~s; ~[s]) (vom Ländernamen Afghanistan, pers. = Land der Afghanen; auf afghanisch = *Koh* = Gebirgsland); Währungseinheit in Afghanistan; 1 Afghani (¢ *Af*) = 100 Puls
Agorot m (~s; ~) israelische Scheidemünze; 100 Agorot = 1 israel. Pfund
Aurar → Eyrir
Austral m (~s; ~[s]) (gr. = Süd) Währungseinheit in Argentinien; 1 Austral = 1000 alte Pesos = 100 Centavos
Baht m (~s; ~) Währungseinheit in Thailand; 1 Baht (¢ *B*) = 100 Stangs
Baiza m (~s; ~s) Scheidemünze in Oman; 1000 Baizas = 1 Rial
Balboa m (~s; ~) Währungseinheit in Panama (nach dem sp: Entdecker Vasco Núñez de Balboa [1475–1517]); 1 Balboa (¢ *BL*) = 100 Centésimos
Ban m (~s; B**a**ni) (rum.) Scheidemünze in Rumänien; 100 Bani = 1 Leu
Bipk m (~s; ~) Scheidemünze in Äquatorial-Afrika
Birr m (~s; ~) Währungseinheit in Äthiopien; 1 Birr (¢ *Br*) = 100 Cents
Bolivar m (~s; ~) Währungseinheit in Venezuela (nach dem südam. Helden Simón Bolivar [1783–1830]); 1 Bolivar = 100 Céntimos
Butut m (~s; ~s) Scheidemünze in Gambia; 100 Bututs = 1 Dalasi
Cauri m (~s; ~s) Scheidemünze in Guinea; 100 Cauris = 1 Syli
Cedi m (~s; ~) Währungseinheit in Ghana; 1 Cedi (¢ *C*) = 100 Pesewas
Cent m (~s; ~s) Scheidemünze in Äthiopien; 100 Cents = 1 Birr; Scheidemünze in Australien, auf Barbados, Taiwan, in Belize, Dominica, den

Fidschi, auf Grenada, Guyana, Jamaika, in Kanada, Liberia, auf Malta, Neuseeland, in Singapur, den USA und Zimbabwe; 100 Cents = 1 Dollar; Scheidemünze auf Mauritius; 100 Cents = 1 Rupie; Scheidemünze in den Niederlanden; 100 Cents = 1 Gulden; Scheidemünze in Sierra Leone; 100 Cents = 1 Leone; Scheidemünze in Südafrika; 100 Cents = 1 Rand; Scheidemünze in Surinam; 100 Cents = 1 Gulden; Scheidemünze in Swasiland; 100 Cents = 1 Lilangeni; Scheidemünze in Tansania; 100 Cents = 1 Shilling; Scheidemünze in Uganda; 100 Cents = 1 Shilling

Centavo m (~s; ~s) [*βäntawo*]; Scheidemünze in Argentinien; 100 Centavos = 1 Austral; Scheidemünze in Bolivien; 100 Centavos = 1 Peso; Scheidemünze in Chile; 100 Centavos = 1 Peso; Scheidemünze in der Dominikan. Republik; 100 Centavos = 1 Dominikan. Peso; Scheidemünze in Ecuador; 100 Centavos = 1 Sucre; Scheidemünze in Guatemala; 100 Centavos = 1 Quetzal; Scheidemünze in Honduras; 100 Centavos = 1 Lempira; Scheidemünze in Kolumbien, auf Kuba, in Mexiko, auf den Philippinen; 100 Centavos = 1 Peso; Scheidemünze in Peru; 100 Centavos = 1 Sol; Scheidemünze in Portugal; 100 Centavos = 1 Escudo; Scheidemünze in Nicaragua; 100 Centavos = 1 Córdoba; Scheidemünze in El Salvador; 100 Centavos = 1 Colón

Centesimo m (~s; –mi) [*βentesimo*] Scheidemünze in Somalia; 100 Centesimi = 1 Somalischer Shilling

Centésimo m (~s; ~s) Scheidemünze in Panama; 100 Centésimos = 1 Balbóa; Scheidemünze in Uruguay; 100 Centésimos = 1 Neuer Peso

Céntimo m (~[s]; ~s) Scheidemünze in Paraguay; 100 Céntimos = 1 Guarani; Scheidemünze in Spanien; 100 Céntimos = 1 Peseta; Scheidemünze in Venezuela; 100 Céntimos = 1 Bolivar; Scheidemünze in São Tomé und Principe; 100 Céntimos = 1 Dobra

Centime m (~[s]; ~s) Scheidemünze in Algerien; 100 Centimes = 1 Algerischer Dinar; Scheidemünze in Äquatorial-Guinea, Benin, der Elfenbeinküste, in Gabun, Kamerun, Niger, Senegal, Tschad, der Zentralafr. Republik; 100 Centimes = 1 CFA-Franc; Scheidemünze in Belgien; 100 Centimes = 1 Belg. Franc; Scheidemünze in Burundi; 100 Centimes = 1 Burundi-Franc; Scheidemünze in Dschibuti; 100 Centimes = 1 Dschibuti-Franc; Scheidemünze in Frankreich; 100 Centimes = 1 Franz. Franc; Scheidemünze in Haiti; 100 Centimes = 1 Gourde; Scheidemünze in Komoren; 100 Centimes = 1 K-Franc; Scheidemünze in Luxemburg; 100 Centimes = 1 L-Franc; Scheidemünze in Madagaskar; 100 Centimes = 1 Madagaskar-Franc (*FMG*); Scheidemünze in Mali; 100 Centimes = 1 M-Franc; Scheidemünze in Marokko, in West-Sahara; 100 Centimes = 1 Dirham

Chetrum m (~s; ~) Scheidemünze in Bhutan; 100 Chetrum = 1 Ngultrum

Chon m (~; ~) [*tschôn*] Scheidemünze in Süd- und Nordkorea; 100 Chon = 1 Won

Colón m (~[s]; ~[s]) Währungseinheit von Costa Rica (nach span. Namensform von Kolumbus); 1 Colón (¢ *C*) = 100 Centimos; Währungseinheit in El Salvador; 1 Colón (¢ *C*) = 100 Centavos

Córdoba m (~s; ~) Währungseinheit in Nicaragua; 1 Córdoba (¢ *C$*) = 100 Centavos

Cruzado m (~s; ~s) (port.) Währungseinheit in Brasilien; 1 Cruzado = 1000 alte Cruzeiros

Cruzeiro m (~s; ~s) Scheidemünze in Brasilien; 1000 alte Cruzeiros = 1 Cruzado

Dalasi m (~s; ~s) Währungseinheit in Gambia; 1 Dalasi (¢ *D*) = 100 Bututs

Dinar m (~s; ~e) (lat.-gr.-ar., vom altröm. Denar) Währungseinheit in Algerien; 1 Dinar (¢ *DA*) = 100 Centimes; Währungseinheit in Bahrain; 1 Dinar (¢ *BD*) = 1000 Fils; Währungseinheit in Irak; 1 Dinar (¢ *ID*) = 1000 Fils; Scheidemünze in Iran; 100 Dinare = 1 Rial; Währungseinheit im Jemen-Süd (¢ *YD*), Jordanien (¢ *JD*), Kuwait (¢ *KD*.); 1 Dinar = 1000

Fils; Währungseinheit in Jugoslawien; 1 Dinar (*Din*) = 100 Para; Währungseinheit in Tunesien; 1 Dinhar = 1000 Millimes; Währungseinheit in Libyen; 1 Dinar = 1000 Dirhams

Dirham m (~s; ~s) (gr.-ar., auch: Dirhem) Scheidemünze in Libyen: 1000 Dirhams = 1 Dinar; Währungseinheit in Marokko und West-Sahara; 1 Dirham (¢ *DH*) = 100 Centimes; Währungseinheit in den Vereinigten Arabischen Emiraten; 1 Dirham (¢ *DH*) = 100 Fils.

Dobra m (~s; ~[s]) Währungseinheit in São Tomé und Principe; 1 Dobra (¢ *Db*) = 100 Centimos

Dollar m (~s; ~s) (e.-am., = d. Taler) Währungseinheit in Antigua und Barbuda (Ostkaribischer D.; ¢ *EC$*), Australien (¢ *$A*), auf den Bahamas (¢ *B$*), Barbados (¢ *BD$*), in Belau, Belize (¢ *B$*), Brunei (¢ *BR$*), Dominica (¢ *EV₁₃₁*), auf Fidschi (¢ *$F*), in Grenada (¢ *EC$*), Guyana (¢ *G$*), Jamaika (¢ *J$*), Kanada (¢ *Kan. $*), Kiribati, Liberia (¢ *Lib$*), Nauru, Neuseeland (¢ *NZ$*), Saint Kitts / Nevis (¢ *EC$*), Saint Lucia (¢ *EC$*), Saint Vincent (¢ *EC$*), Salomonen (¢ *SI$*), in Singapur (¢ *S$*), Taiwan (¢ *NT$*), Trinidad und Tobago (¢ *TT$*), Tuvalu, USA (¢ *$*); 1 Dollar = 100 Cents

Dong m (~s; ~) (vietn.) Währungseinheit in Vietnam; 1 Neuer Dong = 100 Hao

Drachme w (~; ~n) (gr., = Griff) Währungseinheit in Griechenland; 1 Drachme (¢ *Dr.*) = 100 Lepta

Ekwele m (~s; ~s) Währungseinheit in Äquatorial-Afrika; Scheidemünze: Bipk

Escudo m (~s; ~[s]) (sp., = Schild) Währungseinheit in Portugal und Kap Verde; 1 Escudo (¢ *Esc*) = 100 Centavos

Eyrir m, s (~; Aurar) (isl.) Scheidemünze auf Island; 100 Aurar = 1 Krone

Fillér m (~[s];~) (ung., = d. Heller) Scheidemünze in Ungarn; 100 Fillér = 1 Forint

Fils m (~; ~) (ar.) Scheidemünze in Bahrain; 1000 Fils = 1 Bahrain-Dollar; Scheidemünze in Jemen, Jordanien, Kuwait; 1000 Fils = 1 Dinar; Scheidemünze in den Vereinigten Arabischen Emiraten; 100 Fils = 1 Dirham

Finnmark w (~; ~) Währungseinheit in Finnland; 1 Finnmark (¢ *Fmk*) = 100 Penniä

Forint m (~s; ~s) (ung.) Währungseinheit in Ungarn; 1 Forint (¢ *Ft*) = 100 Fillér

Franc m (~s; ~) (fr.) [*frañ*] Währungseinheit in Frankreich (¢ *FF*), in Belgien (¢ *bfr*), Luxemburg (¢ *lfr*), Monaco; 1 Franc = 100 Centimes; Währungseinheit in Andorra, Benin (¢ *FC. F. A.*), Burkina Faso, Burundi, Dschibuti, Elfenbeinküste, Gabun, Kamerun, Komoren, Kongo, Madagaskar, Mali, Niger, Rwanda, Senegal, Togo, Tschad, Zentralafrikanische Republik; 1 CFA-Franc = 100 Centimes

Franken m (~; ~) Währungseinheit in der Schweiz und Liechtenstein; 1 Franken (¢ *sFr*) = 100 Rappen

Gourde m (~; ~) (fr.) [*gurd*] Währungseinheit auf Haiti; 1 Gourde (¢ *Gde*) = 100 Centimes

Groschen m (~s; ~) (aus lat.-d. denarius *grossus* = Dickpfennig) Scheidemünze in Österreich; 100 Groschen = 1 Schilling

Grosz m (~; ~y) [*grosch*] (= d. Groschen) Scheidemünze in Polen; 100 Groszy = 1 Złoty

Guarani m (~; ~) (südamer.) Währungseinheit in Paraguay; 1 Guarani (¢ *G*) = 100 Céntimos

Gulden m (~s; ~) Währungseinheit in den Niederlanden (¢ *hfl*), Surinam (¢ *Sf*); 1 Gulden = 100 Cents

Haléŕ m (~;~u) (=d. Heller [*hallärsch*]) Scheidemünze in der Tschechoslowakei; 100 Haléŕu = 1 Krone

Jiao Yuan Scheidemünze in China; 10 Jiao Y. = 1 Ren mimbi Yuan

Khoum m (~s; ~s) Scheidemünze in Mauretanien; 5 Khoums (*KH*) = 1 Ouguiya

Kina m (~s; ~s) Währungseinheit in Papua-Neuguinea; 1 Kina (¢ *K*) = 100 Toea

Kip m (~s; ~s) Währungseinheit in Laos

Kobo m (~s; ~) Scheidemünze in Nigeria; 100 Kobo = 1 Naira

Kopeke w (~; ~n) Scheidemünze in der Sowjetunion; 100 Kopeken = 1 Rubel

Krone w (~; ~n) Währungseinheit in Dänemark (¢ *dkr*), Norwegen (¢ *nkr*), Schweden (¢ *skr*); 1 Krone = 100 Öre; Währungseinheit auf Island (¢ *ikr*); 1 Krone = 100 Aurar; Währungseinheit in der Tschechoslowakei (¢ *Kčs*); 1 Krone = 100 Haléřu

Kuruş m (~; ~) (türk.) [*kurusch*] Scheidemünze in der Türkei; 100 Kuruş = 1 Pfund

Kwacha m (~s; ~s) Währungseinheit in Malawi; 1 Kwacha (¢ *MK*) = 100 Tambala; Währungseinheit in Sambia; 1 Kwacha (¢ *K*) = 100 Ngwee

Kwanza m (~s; ~s) Währungseinheit in Angola (¢ *Kz*), = 100 Lwei

Kyat m (~s; ~) Währungseinheit in Birma; 1 Kyat (¢ *K*) = 100 Pyas

Lar m (~s; ~i) Scheidemünze auf den Malediven; 100 Lari = 1 Rufiyaa

Lek m (~s; ~) Währungseinheit in Albanien; 1 Lek = 100 Quindarka

Lempira w (~; ~s) Währungseinheit in Honduras; 1 Lempira (¢ *L*) = 100 Centavos

Leone m (~s; ~) Währungseinheit in Sierra Leone; 1 Leone (¢ *Le*) = 100 Cents

Lepton s (~s; –ta) (gr., = das Schmale) Scheidemünze in Griechenland; 100 Lepta = 1 Drachme

Leu m (~s; Lei) (lat.-rum., = der Löwe) Währungseinheit in Rumänien; 1 Leu (¢ *l*) = 100 Bani

Lew m (~s; Lewa) (lat.-bulg., = der Löwe) Währungseinheit in Bulgarien (¢ *Lw*); 1 Lew = 100 Stótinki

Lilangeni m (~s; ~) Währungseinheit in Swasiland; 1 Lilangeni (¢ *E*) = 100 Cents

Lisente M Scheidemünze in Lesotho; 100 Lisente = 1 Lothi

Lothi m (~s; ~) Währungseinheit in Lesotho; 1 Lothi (¢ *M*) = 100 Lisente

Lira w (~; Lire) (lat.-it., = Waage) Währungseinheit in Italien (¢ *Lit*), im Vatikanstaat (*Vat. Lira*), in San Marino; 1 Lira = 100 Centesimi

Mark w (~; ~) Währungseinheit in der Bundesrepublik Deutschland (¢ *DM*), in der DDR (¢ *M*); 1 DM, 1 M = 100 Pfennig[e]

Metical m (~s; ~s) Währungseinheit in Mosambik; 1 Metical (¢ *MT*) = 100 Centavos

Mies M Scheidemünze auf Zypern; 1000 Mies = 1 Cypern-Pfund

Millime w (~; ~s) Scheidemünze in Tunesien; 1000 Millimes = 1 Dinar (¢ *tD*)

Mongo m (~s; ~) Scheidemünze in der Mongolischen Volksrepublik; 100 Mongo = 1 Tugrug

Naira m (~s; ~s) Währungseinheit in Nigeria; 1 Naira (¢ *N*) = 100 Kobo

Ngultrum m (~s; ~) Währungseinheit in Bhutan; 1 Ngultrum (¢ *NU*) = 100 Chetrum

Ngwee m (~s; ~) Scheidemünze in Sambia; 100 Ngwee = 1 Kwacha

Öre s (~s; ~), w (~; ~) Scheidemünze in Dänemark, Norwegen, Schweden; 100 Öre = 1 Krone

Ouguiya m (~; ~) Währung in Mauretanien; 1 Ouguiya (¢ *UM*) = 5 Khoums

Pa'anga m (~s; ~) Währung in Tonga; 1 Pa'anga (¢ *T$*) = 100 Seniti

Paisa w (~; Paise) Scheidemünze in Indien, Nepal, Pakistan; 100 Paise = 1 Rupie

Para m (~; ~) (pers.-türk.) jugoslawische Scheidemünze; 100 Para = 1 Dinar

Penni m (~; P̱enniä) (= d. Pfennig) Scheidemünze in Finnland; 100 Penniä = 1 Finnmark

Penny m (~s; P̱ennies) (e., = d. Pfennig) Scheidemünze in Großbritannien; 100 Pennies = 1 Pfund

Peseta w (~; ~s) (lat.-sp.) Währungseinheit in Spanien; 1 Peseta (¢ *Pta*) = 100 Céntimos

Peso m (~[s]; ~[s]) Währungseinheit in Bolivien (¢ *$b*), Chile (¢ *Chil. $*), in der Dominikan. Republik (¢ *dom$*), Guinea-Bissau (¢ *PG*), Kolumbien (¢ *kol$*), auf Kuba (¢ *kub$*), in Mexiko (¢ *mex$*), auf den Philippinen (¢ *P*); 1 Peso = 100 Centavos; Währungseinheit in Uruguay (Neuer Peso; ¢ *urugN$*); 1 Peso = 100 Centésimos

Pfennig m (~s; ~[e]) (d. aus lat. p̱annus = Tuchstückchen [als Zahlungsmittel] Scheidemünze in der BRD und der DDR; 100 Pfennig[e] = 1 Mark

Pfund s (~s; ~) (d. aus lat., eig. Gewicht) Pfund Sterling = Währungseinheit in Großbritannien (¢ *£*) und Irland (¢ *Ir£*); 1 Pfund = 100 New Pence; Währungseinheit in Ägypten (¢ *ägypt£*), im Libanon (¢ *L£*), Sudan (¢ *sud£*), Syrien (¢ *syr£*); 1 Pfund = 100 Piaster; auf Malta (¢ *£M*); 1 Pfund = 100 Cents; Währungseinheit in der Türkei; 1 Pfund (¢ *T£*) = 100 Kuruş; Währungseinheit auf Zypern; 1 Pfund (¢ *C£*) = 1000 Mies

Piaster m (~[s]; ~) (türk., = Metallplättchen) Scheidemünze in Ägypten, Sudan, Syrien; 100 Piaster = 1 Pfund

Poisha m (~; ~) Scheidemünze in Bangladesch; 100 Poisha = 1 Taka

Pul m (~s; ~s) (pers.) Scheidemünze in Afghanistan; 100 Puls = 1 Afghani

Pula m (~; ~) Währungseinheit in Botswana; 1 Pula (¢ *P*) = 100 Thebe(t)

Pyas M Scheidemünze in Birma; 100 Pyas = 1 Kyat

Qirsh m (~; ~es) Scheidemünze in Saudi-Arabien; 20 Qirshes = 100 Hallalas = 1 Saudi Rial

Quetzal m (~s; ~) (= Name des Wappenvogels) Währungseinheit in Guatemala; 1 Quetzal (¢ *Q*) = 100 Centavos

Quindarka M Scheidemünze in Albanien; 100 Quindarka = 1 Lek

Rand m (~s; ~) (e.) [*ränd*] Währungseinheit in Südafrika, Bophuthatswana, Ciskei, Namibia, Transkei, Venda; 1 Rand (¢ *R*) = 100 Cents

Rappen m (~; ~) (d., = Rabe, nach Wappenvogel auf alter Münze) Scheidemünze in der Schweiz; 100 Rappen = 1 Franken

Ren mimbi Yuan m (~ ~ ~s; ~ ~ s) (¢ *RMBY*) Währungseinheit in China; 1 Ren mimbi Yuan = 10 Jiao Y.

Rial m (~; ~) Währungseinheit in Iran; 1 Rial (¢ *Rl*) = 100 Dinare; Währungseinheit in Jemen-Nord; 1 Rial (¢ *YRl*) = 100 Fils; Währungseinheit in Katar; 1 Rial (¢ *QR*) = 100 Dirhams; Währungseinheit in Oman; 1 Rial-Omani (¢ *R. O.*) = 1000 Baizas; Währungseinheit in Saudi-Arabien; 1 Rial (¢ *SRl.*) = 20 Qirshes

Riel m (~; ~) Währungseinheit in Kamputschea; 1 Riel = 100 Sen

Ringgit m (~; ~) Währungseinheit in Malaysia; 1 Ringgit (*M$*) = 100 Sen

Rubel m (~s; ~) (r.) sowjet. Währungseinheit; 1 Rubel (¢ *Rbl*) = 100 Kopeken

Rufiyaa m (~; ~) Währungseinheit auf den Malediven; 1 Rufiyaa = 100 Lari

Rupiah w (~; ~) Währungseinheit in Indonesien; 1 Rupiah (¢ *Rp.*) = 100 Sen

Rupie w (~; ~n) Währungseinheit in Indien (¢ *iR*), Nepal (¢ *NR*), Pakistan (¢ *PR*); 1 Rupie = 100 Paise; Währungseinheit auf Mauritius (¢ *MR*); den Seschellen (¢ *SR*), in Sri Lanka (¢ *S.L.Re.*); 1 Rupie = 100 Cents

Schekel m (~s; ~) Währungseinheit in Israel; 1 Schekel (¢ *IS*) = 100 New Agorot

Schilling m (~s; ~[e]) Währungseinheit in Österreich; 1 Schilling (¢ *S*) = 100 Groschen; Währungseinheit in Kenia (¢ *K.Sh.*), Tansania (¢ *T.Sh.*), Uganda (¢ *U.Sh.*); 1 S(c)hilling = 100 Cents; Währungseinheit in Somalia; 1 Shilling (¢ *So. Sh.*) = 100 Centesimi

Sen m (~s; ~) Scheidemünze in Indonesien; 100 Sen = 1 Rupiah; Scheidemünze in Japan; 100 Sen = 1 Yen; Scheidemünze in Kamputschea; 100 Sen = 1 Riel
Sene m (~; ~) Scheidemünze in West-Samoa; 100 Sene = 1 Tala
Senit m (~; ~i) Scheidemünze auf Tonga; 100 Seniti = 1 Pa'anga (*T$*)
Shilling → Pfund Sterling; → Schilling
Sol m (~; ~) (lat.-sp.) Währungseinheit in Peru; 1 Sol (¢ *Sl*) = 100 Centavos
Stang m (~s; ~s) (siam.) Scheidemünze in Thailand; 100 Stangs = 1 Baht
Sterling → Pfund
Stotinka w (~; –ki) bulgarische Scheidemünze; 100 Stotinki = 1 Lew
Sucre m (~s; ~) (sp.) [*βûkr*] Währungseinheit in Ecuador; 1 Sucre (¢ *sl.*) = 100 Centavos
Syli m (~; ~) Währungseinheit in Guinea; 1 Syli (¢ *SY*) = 100 Cauris
Taka m (~; ~) Währungseinheit in Bangladesch; 1 Taka (¢ *Tk.*) = 100 Poisha
Tala m (~; ~) (= d. Taler) Währungseinheit in West-Samoa; 1 Tala (¢ *WS$*) = 100 Sene
Tambala m (~; ~) Scheidemünze in Malawi; 100 Tambala = 1 Kwacha
Thebe(t) m (~; ~) Scheidemünze in Botswana; 100 Thebe(t) = 1 Pula
Tugrug m (~; ~) Währung der Mongolischen Volksrepublik; 1 Tugrug (¢ *Tug.*) = 100 Mongo
Vatu m (~; ~) Währung in Vanuatu (Ozeanien) (¢ *VT*)
Won m (~; ~) Währung in Nord- und Südkorea; 1 Won (¢ *W* = Nord; *WD* = Süd) = 100 Chon
Yen m (~; ~) Währung in Japan; 1 Yen = 100 Sen
Zaire m (~; ~) Währung in Zaire; 1 Zaire (¢ *Z*) = 100 Makuta
Zloty m (~s; ~) Währung in Polen; 1 Złoty (¢ *Zl*) = 100 Groszy